Hans-Hermann Hertle

Der Fall der Mauer

Hans-Hermann Hertle

Der Fall der Mauer

Die unbeabsichtigte Selbstauflösung des SED-Staates

Westdeutscher Verlag

Alle Rechte vorbehalten
© 1996 Westdeutscher Verlag GmbH, Opladen

Der Westdeutsche Verlag ist ein Unternehmen der Bertelsmann Fachinformation.

Das Werk einschließlich aller seiner Teile ist urheberrechtlich geschützt. Jede Verwertung außerhalb der engen Grenzen des Urheberrechtsgesetzes ist ohne Zustimmung des Verlags unzulässig und strafbar. Das gilt insbesondere für Vervielfältigungen, Übersetzungen, Mikroverfilmungen und die Einspeicherung und Verarbeitung in elektronischen Systemen.

Umschlaggestaltung: Horst Dieter Bürkle, Darmstadt
Umschlagbild: Erich Fuchs: Werk-Nr. 57/20, Öl/Hartfaser, 1957, 100 × 149 cm
Druck und buchbinderische Verarbeitung: Lengericher Handelsdruckerei, Lengerich
Gedruckt auf säurefreiem Papier
Printed in Germany

ISBN 3-531-12927-9

Inhaltsverzeichnis

Einleitung 9

**Kap. 1
Der Schein der Stabilität: Krisenerscheinungen des politisch-
ökonomischen Systems in der Ära Honecker** 17

1.1.	Der Sturz Ulbrichts	20
1.2.	Der Machtantritt Honeckers	28
1.3.	Der Weg in die Verschuldung (1971-1980)	34
1.4.	Moskau - Ost-Berlin I: Anzeichen der Stagnation und des Rückzuges der Vormacht	42
1.5.	Gratwanderung am Abgrund (1981-1983)	48
1.6.	Ost-Berlin - Bonn I: Die Stabilisierung der DDR durch die Milliardenkredite 1983 und 1984	53
1.7.	"Sieg oder Niederlage": Die Forcierung des Mikroelektronik-Programms	60
1.8.	Die Schürer/Mittag-Kontroverse 1988	66
1.9.	Die Phase der Agonie	71

**Kap. 2
Vor dem Zusammenbruch der DDR: Szenen des Verfalls** 75

2.1.	Bruderzwist im Warschauer Pakt	75
2.1.1.	Reisen und Ausreisen: Das Staatsproblem der DDR	76
2.1.2.	Der KSZE-Folgeprozeß in Wien	87
2.1.3.	Die Öffnung der ungarisch-österreichischen Grenze	91
2.2.	Zwischen Gewaltfreiheit und Bürgerkrieg - Tage der Entscheidung	109
2.3.	"Eine Situation wie kurz vor den konterrevolutionären Ereignissen am 17. Juni 1953" - Die PB-Sitzung vom 10./11.10.1989	117
2.4.	Der Sturz Honeckers	122
2.5.	Die "Wende" der SED	132
2.6.	Der Reisegesetz-Entwurf	138
2.7.	Vor dem Bankrott: Die ökonomische Lage der DDR im Herbst 1989	143
2.8.	Moskau - Ost-Berlin II: "Die deutsche Frage - kein Problem der aktuellen Politik"	149
2.9.	Ost-Berlin - Bonn II: Das "Geheimkonzept für die BRD" und sein Scheitern	154

Kap. 3
Der Fall der Berliner Mauer 163

3.1.	Der Reisebeschluß des Zentralkomitees	164
3.2.	Die Pressekonferenz von Günter Schabowski und die Reaktion der Medien	169
3.3.	Der Mauerdurchbruch	176
3.3.1.	Bornholmer Straße	180
3.3.2.	Sonnenallee	187
3.3.3.	Friedrich-/Zimmerstraße ("Checkpoint Charlie")	189
3.3.4.	Invalidenstraße	193
3.3.5.	Brandenburger Tor	195
3.4.	Schabowskis Zettel oder Warum die Mauer fiel	202
3.4.1.	"Wir brauchen keine Gesetze, die Mauer muß weg!" - Die Reaktionen auf die Veröffentlichung des Reisegesetz-Entwurfs	203
3.4.2.	Die Politbüro-Sitzung vom 7.11.1989	208
3.4.3.	Die Ausarbeitung der Reiseregelung vom 9. November	210
3.4.4.	Die militärische Führung und der Fall der Mauer	230

Kap. 4
Nach dem Fall der Mauer 241

4.1.	Die Reaktion der SED-Spitze	241
4.1.1.	Lähmung und politisches Ende des SED-Zentralkomitees	242
4.1.2.	Die Konstituierung einer "operativen Führungsgruppe" des Nationalen Verteidigungsrates	246
4.1.2.1.	Zivile Maßnahmen	248
4.1.2.2.	Militärische Maßnahmen	252
4.2.	Die Reaktion der Sowjetunion	263
4.3.	Die Reaktion der USA	274
4.4.	Die Reaktion der Bundesregierung	275
4.5.	Die friedliche Lösung	278
4.5.1.	Eskalation und Befriedung der Lage am Brandenburger Tor	280
4.5.2.	Der Abbruch militärischer Einsatzvorbereitungen	283
4.6.	Ausblick	291

Kap. 5
Der Fall der Mauer:
Eine nicht-beabsichtigte Folge sozialen Handelns 299

Anhang

I. Gespräche — 312

Gerhard Schürer
Das reale Bild war eben katastrophal — 313

Gerhard Lauter
Der 9. November 1989 ist nicht dieser große Wundertag — 322

Wolfgang Herger
Der 9. November 1989 war ein Akt der Selbstbefreiung — 336

Valentin Falin
Das war das Ende der Republik — 353

Klaus-Dieter Baumgarten, Joachim Goldbach, Fritz Streletz
Jede Konfrontation war zu vermeiden — 362

Harald Jäger
Kontrollen eingestellt - nicht mehr in der Lage. - Punkt — 380

Manfred Grätz
Ein Alleingang der DDR war politisch nicht denkbar und militärisch nicht vertretbar — 390

Georg Schertz
Die Berliner Polizei hat einen wesentlichen Beitrag zur Vermeidung eines kaum abschätzbaren Konflikts geleistet — 399

II. Dokumente — 405

III. Quellennachweis — 563

1. Archive — 565
2. Gespräche mit Zeitzeugen — 566
3. Literatur — 569
4. Film- und Tondokumentationen — 581
5. Zeitungen — 583

Abkürzungsverzeichnis — 585

Einleitung

Ost-Berlin, 9. November 1989, 18.53 Uhr: Günter Schabowski, Mitglied des Politbüros der SED, teilt am Ende einer internationalen Pressekonferenz, die vom DDR-Fernsehen live übertragen wird, mit, die SED-Spitze habe sich entschlossen, eine Regelung zu treffen, die "die ständige Ausreise regelt, also das Verlassen der Republik." Dann liest er die neue Reiseregelung, die der Ministerrat beschlossen habe, von einem Zettel ab. DDR-Bürger sollen ständige Ausreisen und Privatreisen ohne Vorliegen der bis dahin geforderten Voraussetzungen beantragen können, die Genehmigungen würden kurzfristig erteilt. "Wann tritt das in Kraft?", fragt ein Journalist. Schabowski wirft einen Blick auf seine Papiere, dann antwortet er: "Sofort, unverzüglich!" Drei Stunden später erzwingen die herandrängenden Ost-Berliner den ersten Durchbruch, sechs Stunden später stehen alle Grenzübergänge zwischen beiden Stadthälften offen und Tausende von Berlinern tanzen auf der Mauer vor dem Brandenburger Tor.

Der Fall der Mauer in der Nacht vom 9. auf den 10. November 1989 ist ein erstaunliches und faszinierendes Ereignis der deutschen Geschichte und zugleich der Weltgeschichte. Er beendete auf friedliche Weise die zweite deutsche Diktatur dieses Jahrhunderts und bildete den Ausgangspunkt für die staatliche Einheit Deutschlands. Nach den in Polen und Ungarn bereits eingeleiteten politischen Umwälzungen wirkte er als Fanal für die Revolutionen in Mittel- und Osteuropa und beschleunigte den Zerfall des sowjetischen Imperiums - kurze Zeit später brach die Sowjetunion zusammen. Der Fall der Mauer steht, zusammen mit der Demontage des "Eisernen Vorhangs" im Mai und der Öffnung der Grenze zwischen Ungarn und Österreich im September als Symbol für das Ende des kalten Krieges, für die Aufhebung der Teilung Deutschlands und des europäischen Kontinents.

Der am 9. November und in den Tagen danach am häufigsten zu hörende zeitgenössische Kommentar lautete "Wahnsinn". Darin klang die Unfaßbarkeit des bis dahin Unvorstellbaren an, das über Nacht Wirklichkeit wurde, wie auch das Rätselhafte und Unerklärliche des Geschehens, das die Menschen in Ost und West emotional überwältigte. Vernon Walters, 1989 Botschafter der Vereinigten Staaten in der Bundesrepublik, hatte als Militär den Zweiten Weltkrieg, den Bürgerkrieg in Griechenland, den Korea- und schließlich auch den Vietnamkrieg miterlebt. "Niemals und nirgendwo in meinem Leben", schilderte Walters seine Eindrücke nach einem Besuch der Glienicker Brücke am 11. November 1989, "habe ich jemals so viele erwachsene Männer mit Tränen in den Augen gesehen."[1]

Politische Jahrhundertereignisse wie der Fall der Mauer sind ein bevorzugtes Objekt der Mythen- und Legendenbildung, und dies erst recht, wenn sie emotional stark befrachtet und symbolbeladen sind und ihre Hintergründe im Dunklen liegen. Die Legendenbildung setzt im vorliegenden Fall zumeist mit Schabowskis Pressekonferenz ein.

War der Fall der Mauer wirklich Ergebnis absichtsvollen Handelns der Führung der SED, wie es Egon Krenz und Günter Schabowski schon kurze Zeit nach

---

1 Walters 1994, S. 85. - Geweint wurde in diesen Tagen aber nicht nur vor Freude. Viele Grenzsoldaten und Stasi-Mitarbeiter fühlten sich von ihrer Führung verraten und waren wütend, enttäuscht und niedergeschlagen; für sie brach mit der Mauer ihre Welt zusammen. "Die Genossen sitzen in ihren Zimmern und heulen", hielt ein Mitarbeiter der Berliner Bezirksverwaltung für Staatssicherheit (BVfS) in den Tagen nach dem Mauerfall in seinem Arbeitsbuch fest (vgl. BStU, ZA, MfS-SdM 2130, Bl. 19).

dem 9. November 1989 für sich reklamierten?[2] War er, wie der Wittenberger Bürgerrechtler Friedrich Schorlemmer mußmaßte, die letzte Rache der SED, um die Bürgerbewegung um ihre Revolution zu betrügen?[3] Wurde die SED-Spitze gar von vier leitenden Mitarbeitern des MfS und MdI als den Autoren der von Schabowski bekanntgegebenen Reiseregelung überlistet? Bescherte ein "historischer Irrtum" den Deutschen den Fall der Mauer und in dessen Konsequenz die deutsche Einheit?[4] Und wenn schon das Ministerium für Staatssicherheit beteiligt war: Könnte der Fall der Mauer nicht Bestandteil oder gar krönender Abschluß jenes "Opus magnum" des MfS gewesen sein, als das Henryk Broder den Umbruch in der DDR interpretiert sehen möchte?[5] Wurde Schabowski der von ihm verlesene Zettel erst während der Pressekonferenz zugeschoben, womöglich gar vom KGB? Handelte die SED-Spitze auf Anweisung Moskaus oder in welcher Form sonst war die sowjetische Führung beteiligt? War sie am Ende überhaupt nicht über die Absichten der DDR informiert? Schließlich: Bestand die Absicht, das Ereignis mit einer militärischen Aktion rückgängig zu machen?

Erstaunlicherweise hat die zeitgeschichtliche Forschung die Aufarbeitung dieses historischen Schlüssel-Ereignisses bislang ausgespart. Generell ist ein Mangel an Überblicks-Darstellungen zum Umbruch in der DDR festzustellen, die auf einer soliden Auswertung der überreichlich vorhandenen Quellen beruhen. Streifen die vorliegenden Arbeiten den 9. November 1989[6], greifen sie überwiegend auf Zeitungswissen zurück oder reproduzieren die Berichte und Legenden aus der Memoirenliteratur von SED-Führungsmitgliedern.

Auch die Vielzahl politologischer und soziologischer Revolutions- bzw. Zusammenbruchs-Analysen hat diesen Mangel nicht kompensieren können.[7] Das empirische Defizit dieser Analysen, ihre mangelnde Aufarbeitung der Ereignisgeschichte, wird häufig durch die vergröbernde Allgemeinheit breitspektraler Aussagen überspielt und am treffsichersten von multikausal operierenden Ansätzen überbrückt. Das Angebot an möglichen Ursachen des Zusammenbruchs ist groß, der Kombination verschiedener Ursachen sind kaum Grenzen gesetzt. So lassen sich für den Zusammenbruch einerseits externe Faktoren wie die politische und ökonomische Schwäche des sowjetischen Systems identifizieren, andererseits sind aber auch in der inneren Struktur der DDR eine Reihe von Schwächen zu verorten, die einzeln oder im Ensemble zumindest im nachhinein überzeugende Revolutions- oder Zusammenbruchsgründe abgeben.

Die Gewißheit, mit der der Zusammenbruch der DDR nach 1989 aus ihren externen Strukturproblemen und inneren Widersprüchen (re-)konstruiert wird, muß insofern verwundern, als diese vor 1989 so gering veranschlagt wurden, daß allgemein eher von einer Stabilität der DDR ausgegangen wurde[8], als daß ihr unmittelbar bevorstehender Zusammenbruch prognostiziert worden wäre.

Der methodischen Gefahr eines retrospektiven Determinismus, der ex-post-Interpretationen immer ausgesetzt sind[9], hat Offe die These entgegengestellt, daß die Gründe für den "völlig unerwarteten Wandel der DDR" weder in Kategorien des Willens noch in denen einer historischen Logik langfristig sich zuspitzender innerer Widersprüche, "sondern in der Kategorie eines historischen 'Zufalls' und

---

2 Vgl. Krenz 1990 und 1992; Schabowski 1990 und 1991.
3 Vgl. Schorlemmer 1990, S. 54.
4 Vgl. Schnibben 1990.
5 Vgl. Henryk Broder, Eine schöne Revolution, in: Die Zeit 3/1992, bzw. Broder 1994, S. 22.
6 Vgl. z.B. Pond 1993; Görtemaker 1994; Jarausch 1995.
7 Vgl. den Überblick bei Wilhelmy 1995.
8 Vgl. etwa die Beiträge in Glaeßner 1988.
9 Vgl. Pirker u.a. 1995, S. 7.

der von ihm ausgelösten Kettenreaktion", zu suchen seien.[10] Die Zuspitzung seiner These verleitete Offe dann dazu, eine akute ökonomische Krise als Ursache des Zusammenbruchs kategorisch auszuschließen, weil die DDR - wie er ohne weitere Begründung meinte - "ein durchaus erträgliches (...) Maß an ökonomischer Effizienz erreicht" hatte.[11]

Die Wiederentdeckung des Zufalls brachte von Beyme auf den Plan, und zwar aus einem forschungspragmatischen Grund: Sie drohe nämlich, wandte er ein, die Theoretiker der Transformationsforschung und des Systemwechsels auf die historische Deskription zurückzuwerfen; für ihn offenbar ein schlimmer Rückschlag, der aus zwei Gründen, die genau besehen identisch sind, zu vermeiden sei: "Einmal drängt die goße Zahl der Fälle zu Generalisierungen, zum anderen ist wegen der internationalen Dimension des Transformationsprozesses der Zufall in geringerem Maße wirksam, als der Augenschein vermuten ließe."[12] Die Kategorie des singulären Zufalls, meinte von Beyme, erkläre "allenfalls kleine Schritte: ob Schabowski die Mauer am Brandenburger Tor zu früh, aufgrund von Mißverständnissen oder eigenmächtig öffnete. Hätte er es nicht getan, wäre zwei Tage später vermutlich das gleiche geschehen."[13] Abgesehen davon, daß von Beyme im Dunklen läßt, was denn das "gleiche", das "vermutlich" geschehen wäre, gewesen wäre, so hat Schabowski, anders als der Augenschein vermuten läßt, die Mauer am Brandenburger Tor nicht geöffnet.

Wenn Soziologie und Politische Wissenschaft, wie Joas und Kohli zu Recht festgestellt haben, damit überfordert waren, den Zusammenbruch der DDR vorherzusehen[14], sollten sie bemüht sein, zumindest im nachhinein die historischen Fakten zur Kenntnis zu nehmen. Diese Kritik will den positiven Gehalt bisher vorliegender Revolutions- und Zusammenbruchsanalysen keineswegs pauschal in Abrede stellen, sondern lediglich darauf hinweisen, daß die Verknüpfung langfristiger Faktoren mit einem für die Auflösung des SED-Staates so zentralen Ereignis wie dem Fall der Mauer bislang unzureichend in den Blick geriet. Faßt man den Zusammenbruch als Endpunkt einer "unprognostizierbaren Verkettung von kontingenten Ereignissen"[15], so ist dieses Ergebnis ohne eine Rekonstruktion der Ereignisgeschichte historisch nicht zu erklären.

Dieser Aufgabe stellt sich die vorliegende Studie, die die Vorgeschichte und Hintergründe des Falls der Berliner Mauer analysiert und dabei den Versuch unternimmt, Struktur- und Ereignisgeschichte zu verknüpfen. Im Mittelpunkt der Untersuchung steht die minutiöse Rekonstruktion des Handlungsgeschehens am 9. und 10. November. Es werden die Prozesse der Willensbildung und Entscheidungsfindung in der SED-Führung, die ihnen zugrundeliegenden außen- und innenpolitischen Einwirkungen sowie die technisch-organisatorischen Verfahren der Implementation und Umsetzung politischer Vorgaben des Parteiapparates durch den verparteilichten Staatsapparat beschrieben und analysiert und im Detail nachgezeichnet, was ursprünglich beabsichtigt war, welche Ablenkungen zum Fall der Mauer führten, und warum er unumkehrbar war.

Die Studie beruht auf einer günstigen Quellen- und Materialbasis. Sie hat in hohem Maße von der für die zeitgeschichtliche Forschung einzigartigen Mög-

---

10 Offe 1993, S. 296.
11 Vgl. ebd., S. 289/90. - Wie Offe befassen sich auch Opp und Voß gar nicht erst intensiver mit der ökonomischen Lage der DDR oder mit den diesbezüglichen Entscheidungsprozessen in der Führungsspitze der SED, wissen aber mit Bestimmtheit mitzuteilen, daß "die wirtschaftliche Situation der DDR keine Rolle für die Entscheidungen des Regimes im Herbst 1989" spielte (vgl. Opp/Voß 1993, S. 237).
12 Von Beyme 1994, S. 97.
13 Ebd., S. 98.
14 Joas/Kohli 1993, S. 11.
15 Ebd., S. 11.

lichkeit Gebrauch gemacht, die Auswertung der schriftlichen Quellen mit der Befragung der Produzenten bzw. Veranlasser dieser Quellen sowie zusätzlicher beteiligter Akteure zu kombinieren.

Schriftliche Quellengrundlage sind die einschlägigen Aktenbestände der DDR-Archive. Ausgewertet wurden insbesondere die Akten des Politbüros, verschiedener Politbüro-Mitglieder (insbesondere Krenz, Axen, Mittag), des Zentralkomitees, verschiedener ZK-Abteilungen sowie des Ministerrates, der Ministerien für Staatssicherheit, für Nationale Verteidigung, des Innern und der Staatlichen Plankommission, des Präsidiums der Volkspolizei Berlin, einiger Bezirksbehörden der Deutschen Volkspolizei sowie des Polizeipräsidenten von (West-)-Berlin.[16] Hinzu kommen Materialien aus Privatbesitz, die dem Verfasser im Zuge seiner Recherchen in Kopie überlassen wurden. Zu bedauern ist, daß die Akten des Ministeriums für Auswärtige Angelegenheiten, die 1990 vom Auswärtigen Amt übernommen wurden, mit einer Sperrfrist von 20 Jahren belegt wurden und das für diese Untersuchung relevante Material somit zumindest am Ursprungsort nicht einsehbar ist. Kopien des Schriftverkehrs des Außenministers finden sich jedoch aufgrund der politischen Abstimmungserfordernisse im Ministerrat und mit dem Zentralkomitee der SED häufig in deren Beständen. Wenn auch insbesondere im noch unerschlossenen Fundus des Bundesbeauftragten für die Stasi-Unterlagen noch weitere für das hier behandelte Thema relevante Dokumente vermutet werden können, so ist die schriftliche Quellenbasis dieser Studie sowohl im Hinblick auf die Entscheidungsanalyse wie die Rekonstruktion der Abläufe als außerordentlich reichhaltig und ergiebig zu bezeichnen.

Die Auswertung des schriftlichen Quellenmaterials wird durch weit über einhundert Gespräche mit etwa achtzig Zeitzeugen ergänzt, wobei sich die Notwendigkeit zu dieser großen Zahl von Gesprächen auch daraus ergab, die Personalisierung und Fragmentierung der Willensbildung und Entscheidungsfindung im Partei- und Staatsapparat[17] nicht auf die Untersuchung durchschlagen zu lassen, sondern deskriptiv und analytisch zu überwinden.

Die Gespräche wurden geführt mit[18]
- Entscheidungsträgern aus dem Politbüro, dem Zentralkomitee, dem Ministerrat sowie den relevanten Ministerien;
- in die Entscheidungsvorbereitung dieser Institutionen einbezogenen Abteilungsleitern und ihren Stellvertretern;
- Leitern der Büros und Sekretariate der genannten Institutionen, die innerhalb ihres Kontextes die technisch-organisatorischen Abläufe der Beschlußorgane veranlassen und die Umsetzung der Beschlüsse mitkontrollieren;
- Offizieren und Soldaten der Nationalen Volksarmee und der Grenztruppen sowie der Paßkontrolle des MfS;
- zwei Funktionären des ZK der KPdSU sowie einem Diplomaten der sowjetischen Botschaft in Ost-Berlin;
- zwei hochrangigen Beamten des Bundeskanzleramtes;
- zwei Vertretern des West-Berliner Senats sowie dem Polizeipräsidenten von (West-)Berlin sowie
- einer Reihe von Journalisten aus Ost und West, die den 9. November als Augen- und Ohrenzeugen in Berlin erlebten.

Das erste Gespräch fand ein halbes Jahr, das letzte sechseinhalb Jahre nach dem Fall der Mauer statt. Ort der Begegnung waren zum überwiegenden Teil die Privatwohnungen der Gesprächspartner, in einigen wenigen Fällen ihre Arbeits- bzw. Dienststellen bzw. die Wohnung des Verfassers. Die Dauer der Gespräche,

---

16 Vgl. die Aufstellung der benutzten Archive am Ende dieses Buches.
17 Vgl. dazu Lepsius 1995, S. 347 ff.
18 Siehe das Verzeichnis der Gespräche mit den Zeitzeugen am Ende dieser Studie.

die in der Regel auf Tonband mitgeschnitten wurden, variierte zwischen einer und acht Stunden.
Wie bereits in unserer Untersuchung "Der Plan als Befehl und Fiktion" einleitend angemerkt, gelten die allgemeinen methodischen Einwände gegen retrospektive Befragungen in den Sozialwissenschaften auch für diese Gespräche.[19] Es ist schwer zu bestimmen, inwieweit die Gespräche inhaltlich durch den Zeitablauf beeinflußt wurden und nachträglich erworbenes Wissen sowie neue Bewertungen zurückprojiziert werden. Allerdings kommt der vorliegenden Studie zugute, daß sich die Gespräche im Kern auf einen eng gefaßten Zeitraum beziehen, der sich aufgrund seiner historischen Bedeutung und der mit ihm verbundenen, jeweils besonderen beruflichen und politischen Anforderungen fast allen Gesprächspartnern besonders tief eingeprägt hat.

Die Gespräche wurden als offene Gespräche ohne strukturierten Leitfaden oder Fragebogen durchgeführt. Ihr Thema ergab sich aus der Rolle des Gesprächspartners im Entscheidungs- und Handlungsgeschehen des 9. November 1989. Kontrollmöglichkeiten der Interviewaussagen ergaben sich zumeist aus komplementär durchgeführten Gesprächen; lagen Dokumente vor, bestand die Möglichkeit eines "cross checking". Wo immer nötig, wurden Dokumente bereits in die Gespräche eingeführt bzw. falls erforderlich zum Gegenstand von Nachfragen gemacht.

Die Auswertung der schriftlichen Quellen- und Aktenbestände und der weit über 100 Gespräche ergibt zusammen mit einer umfassenden Literatur- und Medienauswertung (Presseagenturen, Presse, Funk, Film und Fernsehen in Ost und West) eine einzigartige und schon jetzt nicht wiederholbare Quellen- und Materialgrundlage.[20]

Zum Forschungsprozeß selbst ist zu anzumerken, daß er nicht als Implementation einer im voraus festgelegten Strategie, sondern iterativ, als schrittweises Weiterkommen angelegt war. Das hatte im wesentlichen objektive Gründe: zum einen kam die Bestandserschließung in den meisten Archiven aufgrund der Fülle des einzuarbeitenden Materials nur langsam voran, so daß sich die Akteneinsicht über einen längeren Zeitraum hinzog. Zum anderen standen die Gesprächspartner nicht als geschlossene Gruppe abrufbar zur Verfügung, sondern fanden sich - häufig durch Vermittlung des vorhergehenden - erst aufeinanderfolgend ein. Und schließlich weckten erst neue Dokumentenfunde das Interesse an weiteren, zum neuen Sachverhalt aussagefähigen und gesprächsbereiten Zeitzeugen. Die Publikation von Zwischenergebnissen, verbunden mit der Bitte um Kritik und ergänzende Hinweise, erfüllte in diesem iterativen Forschungsprozeß die Funktion, mit der Offenlegung des Erkenntnisinteresses und des Kenntnisstandes möglicherweise vorhandenes Mißtrauen zu beseitigen, Interesse am Thema zu wecken, das Forschungsfeld und den Zugang zu Quellen und Gesprächspartnern zu erweitern und auf diese Weise den Forschungsprozeß voranzutreiben - ein Vorgehen, das in einem außerordentlichen Maße erfolgreich war.[21]

Wie die Untersuchung anderer "großer" historischer Ereignisse[22] führt die Rekonstruktion der Details auch im Fall des 9. November 1989 zu der paradox anmutenden Erkenntnis, daß deren Besonderheit nur dann verstehbar wird, wenn

---

19 Vgl. Pirker u.a. 1995, S. 11.
20 Acht Interviews sowie achtunddreißig Schriftstücke von zentraler Bedeutung sind im Anhang dieser Arbeit dokumentiert.
21 Vgl. Hertle/Maximytschew 1994a und 1994b; Hertle 1995a, 1995b, 1995c, 1995d und 1995e.
22 Vgl. etwa die Studien von Winfried Schulze zum 14. Juli 1789 (Schulze 1989) sowie von Pierre Bourdieu zum Mai 1968 an den Hochschulen Frankreichs (Bourdieu 1992).

sie in den historischen Kontext eingeordnet werden und "damit gerade wieder aufgehoben wird, was ihre Einzigartigkeit ausmacht."[23]

Für die Geschichte des SED-Staates gilt generell, daß die Entwicklungen und Veränderungen in Politik und Wirtschaft bis zu seiner Selbstauflösung nur als Geschichte der politischen und wirtschaftlichen Beziehungen im Macht- und Einflußdreieck zwischen der Sowjetunion, der Bundesrepublik und der DDR zu analysieren und zu beurteilen sind. Die inneren und äußeren Bedingungen für den schnellen Zusammenbruch der DDR nach dem Fall der Mauer waren langfristig in der nur scheinbar stabilen Periode herangereift und hatten die Grundpfeiler des politischen Herrschaftssystems allmählich ausgehöhlt. Ohne den konkreten geschichtlichen Ablauf zu präjudizieren, steckten sie den Rahmen möglicher Handlungsoptionen der SED-Führung im Herbst 1989 ab. Deshalb beginnt die Studie mit einer Darstellung der krisenhaften ökonomischen Entwicklung der DDR in der Ära Honecker im Spannungsfeld der Beziehungen zwischen Moskau, Bonn und Ost-Berlin:

Kapitel 1 beschreibt die Entwicklung der DDR in der Ära Honecker als kumulativen Prozeß ökonomischen Substanzverlusts und zunehmender Außenverschuldung. Dynamik und Brisanz dieses Prozesses resultierten aus dem spezifischen Bestands- und Legitimationsdilemma des SED-Staates. Als Zwangs- und Kunstprodukt der weltpolitischen Interessen und imperialen Machtansprüche der Sowjetunion hingen die DDR und ihre Machthaber einerseits unmittelbar von der Unterstützung der Sowjetunion ab und waren damit zugleich in besonderer Weise deren Prärogativen unterworfen. Als deutscher Teilstaat unterlag die DDR andererseits im Hinblick auf die am politischen und wirtschaftlichen Niveau der Bundesrepublik orientierten Erwartungen der Bevölkerung besonderen inneren Legitimationsanforderungen. Sich zur Lösung des zweiten Problems die ökonomischen Potentiale spezifischer innerdeutscher Beziehungen zu erschließen, war eine ökonomisch erfolgversprechende, aber bündnispolitisch zugleich heikle Option der SED-Führung, wie die Ablösung Ulbrichts belegt. Dennoch trat diese Option in den achtziger Jahren immer stärker in den Vordergrund, um neben den eigenen wirtschaftlichen Effizienzproblemen den Ausfall ökonomischer Leistungen der Sowjetunion kompensieren zu können. 1989 war die DDR überschuldet und stand - auch in der Selbstwahrnehmung der SED-Führung - vor dem ökonomischen Bankrott. Ihr Legitimationsdilemma war nicht länger auszubalancieren: die Sicherung der Massenloyalität durch Konsumorientierung und die bündnispolitische Außenlegitimierung des SED-Staates nach den bisherigen Prinzipien standen in Frage, damit aber noch nicht ohne weiteres zur Disposition.

Kapitel 2 exponiert vor diesem Hintergrund das Problem des Reisens und Ausreisens als grundlegendes Staatsproblem der DDR und - durch den KSZE-Prozeß forciert - als unmittelbaren Katalysator des politischen Umbruchs. Diese Katalysatorwirkung ergab sich aus der Öffnung der ungarisch-österreichischen Grenze, mit der der externe Bestandsschutz der DDR löchrig wurde. Die Massenausreise von DDR-Bürgern und die Gegenmaßnahmen der SED-Führung führten zu einer Verallgemeinerung des Reisekonflikts über den Kreis der Ausreisewilligen hinaus und zur Herausbildung einer vom Regime nicht mehr kontrollierbaren politischen Öffentlichkeit. Der Versuch, dem Druck der Demonstrationen mit personellen Revirements nachzugeben, bewirkte den gegenteiligen Effekt. Eine Lösung der ökonomischen Probleme aus eigener Kraft, mußte das Politbüro Ende Oktober 1989 realisieren, war unmöglich geworden; die prekäre Verschuldungssituation erlaubte nicht einmal eine befriedigende Finanzierung der ins Auge gefaßten, erweiterten Reiseregelung. Vor diesem Hintergrund entstand der Plan führender

---

23 Vgl. Bourdieu 1992, S. 258.

SED-Ökonomen, der Bundesregierung für neue Kredite und eine erweiterte wirtschaftliche Kooperation die Mauer als Tauschmittel anzubieten.

Kapitel 3 bildet den Kern der Untersuchung. Es rekonstruiert den Geschehnisablauf des 9. November 1989 und die diesem vorausgehenden internen Willensbildungs- und Entscheidungsprozesse im Partei- und Staatsapparat und entschlüsselt das Durcheinander der Einzelhandlungen. Unabhängig vom Willen und gegen die Absichten und Planungen der politischen Akteure setzt sich mit dem Fall der Mauer eine Auflösung der Situation durch, die von niemandem so angestrebt wurde. Der Fall der Mauer - das ist die zu belegende These - folgt einer kontingenten Situationslogik, die im nachhinein Sinn macht, auf die die Entwicklung aber nicht von selbst hinausgelaufen ist oder hinauslaufen mußte. Der Mauerfall ist das Resultat der Konfrontation einer spezifischen Entscheidungsordnung und der von ihr geprägten Entscheidungsträger mit einer völlig unvorhergesehenen - und unvorhersehbaren - Situation mit sich zeitlich überschlagenden Handlungsanforderungen - und insofern also kein bloßes Zufallsprodukt.

Kapitel 4 rückt die unmittelbare Folgenbewältigung des Ereignisses in den Mittelpunkt. Es führt zunächst den politischen Ausfall und die Handlungslähmung des Zentralkomitees als höchstem Beschlußgremium der SED zwischen den Parteitagen vor Augen. Die schließlich von der SED-Spitze eingeleiteten Maßnahmen zur Zurückgewinnung der Kontrolle über die Handlungsabläufe an der Grenze blieben ohne Erfolg. Am Beispiel der Einleitung und des Abbruchs militärischer Einsatzvorbereitungen wird der rapide Kohärenzverlust der zentralistischen Führungsstruktur des SED-Staates demonstriert, die der Verlust der Aussenabgrenzung vollends zur Auflösung treibt. Bei der Darstellung der internationalen Reaktionen wird naturgemäß der Haltung der Sowjetunion die größte Aufmerksamkeit geschenkt. Vom Fall der Mauer völlig überrascht, folgte auf eine zunächst bestürzte und nervöse Reaktion die Entscheidung, das Ereignis als "souveränen Akt" der SED-Spitze zu betrachten und die sowjetische Politik an diese unangemessene Situationsdefinition anzupassen. Als Grundlage für eine realistische Politik erwies sich diese Einschätzung binnen kürzester Zeit als unbrauchbar, weil sie den faktischen Souveränitätsverlust der DDR und dessen Dynamik ignorierte. Mit der Mauer hatte die DDR die Verfügungsgewalt über ihre Bürger verloren und gegenüber der Bundesrepublik das letzte für ihr politisches und ökonomisches Überleben vorhandene Tauschmittel für Kredite eingebüßt. Der SED-Staat löste sich auf.

Kapitel 5 faßt zum Abschluß Handlungsrahmen und Entscheidungshintergrund zusammen und kontrastiert resümierend den ursprünglich geplanten Handlungsablauf und dessen erwartete Folgen mit dem schließlich eingetretenen Handlungsgeschehen. Ein Theorem des amerikanischen Soziologen Robert K. Merton aufgreifend wird der Fall der Mauer als nicht-beabsichtigte Folge sozialen Handelns interpretiert.

Die vorliegende Studie ist die geringfügig überarbeitete Fassung einer im Sommer 1996 vom Fachbereich Politische Wissenschaft der Freien Universität Berlin angenommenen Dissertation.[24] Vielen, und nicht nur den hier Genannten, habe ich zu danken. Mein Dank gilt besonders Johanna Repenthin, Johannes Hertle und Erich Jirjahlke. Sie haben die ersten Vorentwürfe und Interviews gelesen und mich durch ihr Interesse nicht nur angespornt, das Thema zu vertiefen, sondern mich auch ermahnt, es in einer verständlichen Form darzustellen. Danken möchte ich Bernd Keichel, Christian Ladwig und Ekkehard Runge, die das Projekt von den ersten Anfängen bis zu seinem Abschluß als ständiger Beirat be-

---

24 Eine umgearbeitete, gekürzte und mit Fotos illustrierte Fassung erscheint im Herbst 1996 unter dem Titel "Chronik des Mauerfalls" im Chr. Links Verlag, Berlin.

treut und auf zahlreichen Beiratssitzungen mit nüchterner Kritik vorangetrieben haben.

Für ihre Hilfsbereitschaft und freundliche Unterstützung bei der Dokumentenrecherche danke ich Carola Aehlich, Heinz Braun, Sylvia Gräfe, Volker Lange, Anneliese Müller und Peter Vier in der Stiftung Archiv der Parteien und Massenorganisationen der DDR im Bundesarchiv, Angela Rogalla und Wolfgang Borkmann in der Behörde des Bundesbeauftragten für die Stasi-Unterlagen, Frau Boissier und Frau Friedrich in den Abteilungen Potsdam des Bundesarchivs sowie Cordula Albrecht im Archiv und Bärbel Schönefeld im Polizeihistorischen Museum des Polizeipräsidenten in Berlin.

Allen Zeitzeugen möchte ich dafür Dank aussprechen, daß sie mir ihre Zeit für meist mehrstündige Interviews zur Verfügung gestellt haben und mit ihren Erinnerungen, gelegentlich auch ihren persönlichen Aufzeichnungen, zur Rekonstruktion der Ereignisse und zum Verständnis der Abläufe beigetragen haben. Gerhard Schürer und Wolfgang Herger zeigten sich immer wieder bereit, neu auftauchende Fragen und Probleme mit mir zu diskutieren; Helmut Koziolek, Claus Krömke, Alexander Schalck, Siegfried Wenzel und Günther Wyschofsky verdanke ich tiefere Einblicke in die Zusammenhänge der politischen Ökonomie der DDR, als sie allein den Akten zu entnehmen sind. Joachim Goldbach und Fritz Streletz erschlossen mir das Zugang zum Verständnis der militärischen Problematik aus der Sicht der Führung; vor allem Peter Thomsen und Hans-Werner Weber verdanke ich in dieser Hinsicht viele kritische und vertiefende Ergänzungen. Im Zuge meiner Recherchen wurde mir zudem von verschiedener Seite Gelegenheit zur Einsichtnahme in private Unterlagen und Materialien gegeben. Dafür danke ich besonders Herrn Rochna sowie Volker Koop und Hans-Jürgen Mader.

Andrea Fuchs, Franz-Otto Gilles, Roman Grafe, Hilde Kroll, Olaf Mager, Igor Maximytschew und Rainer Weinert haben Teile des Manuskripts, Jürgen Kädtler und Erika Laurent das gesamte Manuskript gegengelesen und mich mit Kritik und vielfältigen Anregungen bei der Überarbeitung unterstützt - dafür danke ich ihnen herzlich.

Besonders verpflichtet bin ich Professor M. Rainer Lepsius, Institut für Soziologie der Universität Heidelberg, Professor Theo Pirker, langjähriger Vorsitzender des Zentralinstituts für sozialwissenschaftliche Forschung der Freien Universität Berlin und vor allem Professor Peter Steinbach, Leiter der Arbeitsstelle Diktatur und Demokratie am Fachbereich Politische Wissenschaft der Freien Universität Berlin, in deren Forschungszusammenhang diese Arbeit eingebettet war und mit deren tatkräftiger Unterstützung sie zu einem erfolgreichen Abschluß gebracht werden konnte.

1. Der Schein der Stabilität: Krisenerscheinungen des politisch-ökonomischen Systems in der Ära Honecker

Mit der Kriegsniederlage, die der nationalsozialistischen Diktatur ein Ende bereitete, wurde das Deutsche Reich 1945 in vier Besatzungszonen eingeteilt. Die politische, wirtschaftliche und soziale Ordnung in der sowjetischen, amerikanischen, britischen und französischen Zone legten die Siegermächte des II. Weltkrieges fest. Aus dieser Periode der "Diktatur der Besatzungsmächte"[1] gingen 1949 zwei deutsche Teilstaaten hervor. In den drei westlichen Besatzungszonen, der späteren Bundesrepublik Deutschland, akzeptierten die Westdeutschen vor dem Hintergrund steigenden Wohlstandes die ihnen von den Westmächten auf der Basis einer privatwirtschaftlichen Eigentumsordnung zunächst "verordnete" Demokratie. Der demokratische Verfassungsstaat und eine pluralistische Institutionenordnung entwickelten sich über vierzig Jahre zu einem stabilen politischen Ordnungsrahmen; über die im Grundgesetz verankerten Wertvorstellungen bildete sich ein gesellschaftlicher Konsens heraus.

In der sowjetischen Besatzungszone, der späteren Deutschen Demokratischen Republik, blieb der von der Besatzungsmacht oktroyierten kommunistischen Einparteienherrschaft dagegen die innere Legitimität versagt. Die SED schaltete die bürgerlichen Parteien und die Gewerkschaften gleich und unterdrückte jede politische Opposition. Freie Wahlen wurden nicht abgehalten, Bildungschancen und beruflicher Aufstieg an kommunistische Überzeugungen und ideologische Anpassung geknüpft. Die blutige Niederschlagung des Volksaufstandes am 17. Juni 1953 durch sowjetische Truppen führte wie der Bau der Mauer am 13. August 1961 vor Augen, daß die staatliche Existenz der DDR auf dem imperialen Machtanspruch und Machtwillen der Sowjetunion beruhte und ohne die ständige Bereitschaft zur Gewalt gegen die Bevölkerung nicht zu erhalten war. Die mögliche Wiederkehr eines 17. Juni - durch die Kette der Volksaufstände und Arbeiterunruhen in den "Bruderstaaten" 1956, 1968, 1970, 1976 und 1981 eine immer wieder aktualisierte Befürchtung - wurde zu einem Trauma der SED-Führung, das ihre Mentalität und ihre Politik bis 1989 prägte.

Nach dem 17. Juni 1953 verstärkte sich die Fluchtbewegung aus der DDR dramatisch; in den Folgejahren schwoll sie mit jeder Repressionsmaßnahme und jedem politischen Ereignis, das die Spaltung Deutschlands vertiefte, an[2]: 1955 nach der Unterzeichnung des Warschauer Pakts, 1956 nach der Gründung der Nationalen Volksarmee, 1957 mit der Verschärfung des Kampfes gegen die Kirchen, 1958 mit dem Berlin-Ultimatum Chruschtschows[3], 1960 mit der Kol-

---

1   Von der Beschreibung der unmittelbaren Nachkriegsperiode als Militärdiktatur der Besatzungsmächte, die "nicht so recht in die Legende der Entstehung der Bundesrepublik und so gar nicht in die Legende der Entstehung des 'ersten Arbeiter- und Bauernstaates in der deutschen Geschichte" passe, nahm Theo Pirkers Arbeit über die Grundlagen und Erscheinungen der Restauration in den Westzonen und der Bundesrepublik nach 1945 ihren Ausgang. Für die Entstehungsphase der Bundesrepublik prägte Pirker den im folgenden Absatz zitierten analytischen Begriff der "verordneten Demokratie" (vgl. Pirker 1977).
2   Vgl. Schumann 1995, S. 2363-65; Wendt 1991, S. 389.
3   Chruschtschow forderte am 10. November 1958 die Umwandlung West-Berlins in eine "selbständige politische Einheit", eine entmilitarisierte Freie Stadt, und den Abzug der westalliierten Streitkräfte innerhalb von sechs Monaten. Für den Fall einer Ablehnung dieser Forderung drohte er den Abschluß eines separaten Friedensvertrages mit der DDR an, was Ulbricht zu Hoffnungen, dem Westen dagegen zu Be-

lektivierung der Landwirtschaft. Bis Ende 1960 verließen jährlich zwischen 140.000 und 330.000, insgesamt 1.856.466 Menschen das Land; in den ersten sieben Monaten des Jahres 1961 kamen 133.574 Personen hinzu, so daß sich die Gesamtzahl der Flüchtlinge zwischen 1946 und Ende Juli 1961 auf über drei Millionen addierte. Und mit dem Ausbau der Sperranlagen und der Verschärfung der Kontrollen an der innerdeutschen Grenze stieg der Anteil der Flüchtlinge, die der DDR über West-Berlin den Rücken kehrten: 1960 lag er bei 76 Prozent, 1961 bei 80 Prozent.

Die unmittelbare Urheberschaft für den Bau der Mauer[4] hat der sowjetische Diplomat Julij Kwizinskij, bis 1991 sowjetischer Botschafter in Bonn, Walter Ulbricht zugewiesen. Mitte 1961 habe Ulbricht den sowjetischen Botschafter in Ost-Berlin, Michail Perwuchin, zu einem Gespräch gebeten, an dem Kwizinskij in seiner damaligen Funktion als Chefdolmetscher teilnahm. Ulbricht habe mitgeteilt, "die Lage in der DDR verschlechtere sich zusehends. Der wachsende Flüchtlingsstrom desorganisiere immer mehr das ganze Leben der Republik. Bald müsse es zu einer Explosion kommen. (...) Perwuchin solle Chruschtschow mitteilen, wenn die gegenwärtige Situation der offenen Grenze weiter bestehen bleibe, sei der Zusammenbruch unvermeidlich." Einige Tage später habe Chruschtschow sein Einverständnis übermittelt, "die Grenze zu Westberlin zu schließen und mit der praktischen Vorbereitung dieser Maßnahme unter größter Geheimhaltung zu beginnen."[5] Erst einige Wochen danach, am 5. August 1961, sei die förmliche Zustimmung der Warschauer Vertragsstaaten eingeholt worden, um die Aktion nach außen nicht als alleiniges Vorhaben der DDR erscheinen zu lassen und die Bundesrepublik und ihre Verbündeten von einer militärischen Intervention abzuhalten.

Dagegen überlieferte der Botschafter der Bundesrepublik in Moskau, Hans Kroll, den Inhalt einer Unterredung mit Chruschtschow, in der sich der sowjetische Parteichef zum Befehl für den Bau der Mauer bekannt habe. Chruschtschow habe ihm gesagt: "Ich weiß, die Mauer ist eine häßliche Sache. Sie wird auch eines Tages wieder verschwinden. Allerdings erst dann, wenn die Gründe fortgefallen sind, die zu ihrer Errichtung geführt haben. Was sollte ich denn tun? (...) Man kann sich unschwer ausrechnen, wann die ostdeutsche Wirtschaft zusammengebrochen wäre, wenn wir nicht alsbald etwas gegen die Massenflucht unternommen hätten. Es gab aber nur zwei Arten von Gegenmaßnahmen: die Lufttransportsperre oder die Mauer. Die erstgenannte hätte uns in einen schweren Konflikt mit den Vereinigten Staaten gebracht, der möglicherweise zum Krieg geführt hätte. Das konnte und wollte ich nicht riskieren. Also blieb nur die Mauer übrig. Ich möchte Ihnen auch nicht verhehlen, daß ich es gewesen bin, der letzten Endes den Befehl dazu gegeben hat. Ulbricht hat mich zwar seit längerer Zeit

---

 fürchtungen bezüglich der künftigen Zugangsmöglichkeiten der alliierten Streitkräfte nach West-Berlin Anlaß gab.
4 Zur Vorgeschichte und den Hintergründen des Mauerbaus vgl. Arenth 1993; Cate 1980; Catudal 1981; Harrison 1993 und 1995; Lemke 1995; Mahncke 1995; Mitter/Wolle 1993; Rühle/Holzweißig 1986. - Hope Harrison hat insbesondere auf der Grundlage der Akten des sowjetischen Außenministeriums bisher am klarsten die durch den Mauerbau hervorgerufenen Veränderungen der sowjetisch-ostdeutschen Beziehungen herausarbeiten können. Die von Chruschtschow lange Zeit nicht präferierte Einmauerung Ulbrichts habe es der Sowjetunion in der Folgezeit ermöglicht, so Harrison, vor allem die ökonomischen Forderungen der SED gegenüber Moskau zurückzudrängen und Ulbrichts Einfluß auf die sowjetische Deutschlandpolitik insgesamt einzudämmen.
5 Kwizinskij 1993, S. 179/180.

und in den letzten Monaten immer häufiger dazu gedrängt, aber ich möchte mich nicht hinter seinem Rücken verstecken. Er ist viel zu schmal für mich."[6]

Nur durch die hermetische Abriegelung der DDR und die militärische Sicherung der Grenze nach innen, so erkannten Chruschtschow und Ulbricht als übereinstimmendes Interesse, war die Massenabwanderung zu stoppen; nur wenn auch noch das "Schlupfloch West-Berlin" gestopft war, konnte die Sowjetunion ihr militärisches Vorfeld und das SED-Regime sein zur Herrschaftsausübung unabdingbares Staatsvolk bewahren. Der Verzicht auf den Mauerbau, räumte Honecker 1992 vor dem Berliner Landgericht ein, hätte bereits 1961 zur Aufgabe der DDR geführt.[7]

Das politische Herrschaftssystem des SED-Staates entsprach in seinen Grundzügen dem sowjetischen Vorbild. Es war gekennzeichnet durch das Machtmonopol der SED und den Primat der Parteipolitik in Staat, Wirtschaft und Gesellschaft, die Verstaatlichung des Eigentums an den Produktionsmitteln, die zentrale Planung und Leitung der Wirtschaft und die Zentralisierung aller Entscheidungskompetenzen auf die höchste politische Ebene. Die Staatsorgane, alle Massenorganisationen, Blockparteien und gesellschaftlichen Organisationen anerkannten die führende Rolle der Partei. Die Suprematie der SED war in Artikel 1 der Verfassung der DDR verankert[8] und wurde durch die Verschmelzung der Leitungsfunktionen von SED und allen staatlichen Organen, gesellschaftlichen Organisationen und wirtschaftsleitenden Einheiten personell durchgesetzt. Der Aufrechterhaltung des Machtmonopols diente die Kaderselektion auf der Grundlage des Nomenklatursystems ("Herrschaft durch Kader"[9]), die ideologische Erziehung der Anhänger und ihre ständige, ritualisierte Mobilisierung sowie die Unterdrückung systemgegnerischen Verhaltens durch repressive Apparate.

In der Person des Generalsekretärs, der als Vorsitzender des Staatsrates zugleich Staatsoberhaupt war und als Vorsitzender des Nationalen Verteidigungsrates die oberste militärische Befehlsgewalt ausübte, wurden die höchsten Ämter in Partei und Staat zusammengeführt. Mit ihm an der Spitze bildeten die Mitglieder und Kandidaten des Politbüros, von denen zehn als Sekretären des Zentralkomitees besondere, ressortbezogene Entscheidungsbefugnis zukam, den engeren Führungszirkel, dessen Machtausübung sich auf die Verfügung über den ZK-Apparat mit seinen rund 2.000 hauptamtlichen Mitarbeitern stützte.[10]

In der vierzigjährigen Geschichte der DDR gab es an der Spitze der SED lediglich zwei Führungswechsel: am 3. Mai 1971 löste Erich Honecker den 78jährigen Walter Ulbricht ab und am 18. Oktober 1989 trat Egon Krenz die Nachfolge des damals 77jährigen Honecker an. Beiden Führungswechseln gingen heftige interne Auseinandersetzungen voraus, die Einblick in die Machtstrukturen und Entscheidungsmechanismen gewähren; beide markierten Krisen-Höhepunkte in der Geschichte der DDR: Der erste leitete die Ära Honecker ein, die

---

6   Kroll 1967, S. 512.
7   Honecker 1992b, S. 12.
8   Art. 1, Abs. 1 der DDR-Verfassung lautete: "Die Deutsche Demokratische Republik ist ein sozialistischer Staat der Arbeiter und Bauern. Sie ist die politische Organisation der Werktätigen in Stadt und Land unter Führung der Arbeiterklasse und ihrer marxistisch-leninistischen Partei" (zit. nach Roggemann 1989, S. 392).
9   Vgl. Glaeßner 1977.
10 Zur SED-Elite sind die zuletzt 214 Mitglieder und Kandidaten des Zentralkomitees sowie die Mitglieder der Sekretariate der 18 SED-Bezirksleitungen (15 Bezirke plus drei Ministerien der bewaffneten Organe: MfS, MfNV, MdI) und rund 260 SED-Kreisleitungen zu zählen. Zu den auch aufgrund der schwierigen Quellenlage bis 1989 eher begrenzten Versuchen einer empirischen Analyse der SED-Elite vgl. Schneider 1994, Meyer 1991 und Alt 1987, die an die frühen Arbeiten von Ernst Richert und vor allem von Peter Christian Ludz anknüpften (Richert 1964; Ludz 1968).

nach außen bis zu ihrem Ende als Periode der politischen und ökonomischen Stabilität erschien[11]; der zweite entpuppte sich als nur noch kurzes Zwischenspiel auf dem Weg in den Untergang. Das sowjetische Imperium war seit mindestens einem Jahrzehnt im Niedergang begriffen, die Wirtschaft der DDR stand vor dem Ruin, die "führende Kraft" der Partei war erschöpft, die SED-Führung von jahrelangem Krisenmanagement zermürbt, die Parteikader verschlissen, die Ideologie entleert, die Repressionsorgane politisch desorientiert.

Die inneren und äußeren Bedingungen für den schnellen Zusammenbruch der DDR nach dem Fall der Mauer waren langfristig in der nur scheinbar stabilen Periode herangereift und hatten die Grundpfeiler des politischen Herrschaftssystems allmählich ausgehöhlt. Der Sturz Walter Ulbrichts erhellt schlaglichtartig die ökonomische Problem- und politische Kräftekonstellation, von der die Ära Honecker ihren Ausgang nahm.

1.1. Der Sturz Ulbrichts

Am 3. Mai 1971 trat Walter Ulbricht vor das Zentralkomitee der SED. "Nach reiflicher Überlegung habe ich mich entschlossen," trug der 78jährige vor, "das Zentralkomitee auf seiner heutigen Tagung zu bitten, mich von der Funktion des Ersten Sekretärs des ZK der SED zu entbinden. Die Jahre fordern ihr Recht und gestatten es mir nicht länger, eine solche anstrengende Tätigkeit wie die des Ersten Sekretärs auszuüben. Ich erachte daher die Zeit für gekommen, diese Funktion in jüngere Hände zu geben und schlage vor, Genossen Erich Honecker zum Ersten Sekretär zu wählen."[12] Das Zentralkomitee folgte diesem Vorschlag mit der üblichen Einstimmigkeit. Mit zwei exakt gleich großen Portraits des alten und neuen Ersten Sekretärs auf der Titelseite, dem Abdruck der "Bitte" Ulbrichts und einer Würdigung seiner Verdienste durch den Nachfolger informierte das "Neue Deutschland" am darauffolgenden Tag über den altersbedingten Führungswechsel. Nichts hätte das Bild dieser harmonischen Amtsübergabe gestört, wäre Ulbricht nicht vier Wochen später dem VIII. Parteitag der SED ferngeblieben. Das mußte deshalb besonders auffallen, weil er als Eröffnungs-Redner angekündigt war. Statt dessen trug Hermann Axen die Ansprache Ulbrichts vor und entschuldigte dessen Abwesenheit als "krankheitshalber" bedingt. Da Ulbricht es sich jedoch am Vorabend nicht hatte nehmen lassen, in offenbar guter Laune und bei bester Gesundheit ausländische Delegationen zum Parteitag zu begrüßen, rief Axens Erklärung auf dem Parteitag Erstaunen hervor. Westdeutsche DDR-Forscher nahmen den Vorgang als erstes Indiz, hinter der parteioffiziellen Inszenierung eines harmonischen, altersbedingten Amtswechsels den Sturz des "großen alten Mannes des ostdeutschen Kommunismus" zu vermuten.[13]

Die tatsächlichen Hintergründe jedoch blieben bis 1989 im Dunklen. Sie erschienen selbst Honecker als so brisant, daß er die diesbezüglichen Dokumente nicht ins Interne Parteiarchiv abgab, sondern im Panzerschrank seines Büros verschloß. Doch Anfang 1989 holte er die zum Teil handschriftlichen Papiere hervor und ließ sie von seiner Sekretärin abschreiben. Der Leiter des Büros des Politbüros, Edwin Schwertner, erhielt den Auftrag, die Dokumente mit einem repräsentativen Einband versehen zu lassen und den Mitgliedern und Kandidaten des Politbüros unter dem Titel "Dokumente zur Geschichte" als Vorlage für die Sitzung des Politbüros am 21.2.1989 zuzustellen. Wie Schwertner damals rätseln die meisten Mitglieder des Politbüros noch heute, welche Absicht Honecker damit ver-

---

11 Vgl. etwa die Beiträge in: Glaeßner 1988.
12 Neues Deutschland, 4. Mai 1971. Vgl. auch Geschichte der SED 1978, S. 553; Honecker 1980, S. 241 ff.
13 Vgl. Spittmann 1971, S. 569; dazu auch: Ludwig 1971, S. 584 ff.

folgte. Zum Beispiel Günter Schabowski: "Vielleicht sollten die Papiere sagen, an mir kommt niemand vorbei, Anspruch und Warnung."[14] Oder Egon Krenz: "Offensichtlich wollte er im hohen Alter auf seine Verdienste um die Erarbeitung des vom VIII. Parteitag der SED ausgegangenen Kurses hinweisen."[15] Eine offene Diskussion der Dokumente im Politbüro wollte Honecker offenbar nicht. Auf eine entsprechende Frage Schwertners erwiderte Honecker sinngemäß, es sei an der Zeit, daß mal wieder daran erinnert werde.[16]

Die von Honecker gehüteten Dokumente zeigen, daß der Ablösung Ulbrichts tiefgreifende Konflikte im Politbüro und Kontroversen mit der sowjetischen Führung über den weiteren Kurs der SED vorausgegangen waren. In deren Mittelpunkt stand die Frage, wie die ökonomischen und politischen Probleme gelöst werden sollten, die sich gegen Ende der sechziger Jahre in der DDR selbst und in ihren Beziehungen zur Sowjetunion angestaut hatten.

Dreh- und Angelpunkt war zunächst die Ökonomie. Im Wettbewerb der Systeme sollte der marxistisch-leninistischen Ideologie zufolge die Wirtschaft die Arena sein, auf dem die realsozialistischen Staaten ihre Überlegenheit über die von Krisen geschüttelte und unter Gebrechen wie Arbeitslosigkeit und Inflation leidende kapitalistische Welt beweisen und sie wohlstandsökonomisch überholen würden. Mit diesem wohlfahrtsökonomischen Versprechen setzten sich die kommunistischen Parteien einem selbsterzeugten Erwartungsdruck aus. Aus zwei Gründen lastete dieser Druck auf der SED besonders schwer: Einerseits fehlte der DDR als von der sowjetischen Besatzungsmacht konstituierten deutschen Teilstaat die Identität einer "distinkten Nation"[17]; Ersatzstrategien wie die Orientierung an einer zukünftigen gesamtdeutschen Nation unter sozialistischen Vorzeichen in der Ulbricht-Zeit oder der zu Beginn der Ära Honecker vollzogene Richtungswechsel, die DDR fortan als "sozialistische Nation" zu definieren, erwiesen sich als artifiziell.[18] So war die DDR nichts anderes als ein "nach staatssozialistischen Prinzipien gestaltetes, eigenständiges Wirtschaftssystem", das keine nationale, sondern "lediglich eine ökonomische Identität hatte."[19] Als Maßstab der Leistungsfähigkeit dieses staatssozialistischen Wirtschaftssystems aber diente der ostdeutschen Bevölkerung der Lebensstandard in der benachbarten Bundesrepublik. Mit der SED-Losung der fünfziger und frühen sechziger Jahre: "So wie wir heute arbeiten, werden wir morgen leben" ließ sich die Arbeiterklasse nur für eine begrenzte Zeit auf die Zukunft vertrösten. Das Ziel des Siebenjahrplanes, im Zeitraum zwischen 1959 bis 1965 das ostdeutsche Versorgungsniveau an das der Bundesrepublik anzugleichen, zeigte schon, daß die SED das Referenzsystem der Bevölkerung so ernst nahm, daß sie es nicht nur adaptierte, sondern mit Parolen wie "Überholen-ohne-Einzuholen" auch noch zu übertrumpfen versprach.

Die objektiven Voraussetzungen für die Überlegenheit der Planungsökonomie galten theoretisch mit der Verstaatlichung der Produktionsmittel, der Kollektivierung der Landwirtschaft und der Beseitigung der Anarchie des Marktes durch zentrale staatliche Planung und Lenkung als erfüllt. Auf ihre kürzeste theoreti-

---

14 Schabowski 1991, S. 202.
15 Krenz 1990, S. 52.
16 Gespräch d. Vf. mit Dr. Edwin Schwertner, 6.1.1995. Im März sammelte Schwertner sämtliche Vorlagen wieder ein; drei Exemplare gingen ins Archiv, der Rest wurde verkollert. - Zu Darstellungen und Interpretationen der Ablösung Ulbrichts auf der Grundlage dieser Dokumente siehe Przybylski 1991; Weinert 1995; Oldenburg 1995b; Podewin 1995.
17 Offe 1993, S. 283.
18 Zu den Versuchen, die "sozialistische Nation" legitimatorisch abzusichern, vgl. Meuschel 1988, S. 77-93.
19 Offe 1993, S. 283.

sche Formel gebracht ist die dem Primat der Politik der kommunistischen Einheitspartei unterworfene realsozialistische Planungsökonomie als "Mengenplanung der Zentrale bei administrierten Preisen" zu definieren.[20] Damit wurde bewußt mit den Lehrsätzen der liberalen Ökonomie gebrochen und gleich drei ihrer werttheoretisch fundierten Normen aufgehoben: "Die Verletzung des Kostendeckungsprinzips konstituiert das Primat zentraler Planung gegenüber der Autonomie der Betriebe, die eine uneingeschränkte wirtschaftliche Rechnungsführung verlangt; die Verletzung des Prinzips ökonomischer Effizienz beruht darauf, daß den Betrieben keine Knappheitsbedingungen reflektierende Preise zugestanden werden; die Verletzung des Prinzips eines Ressourcenüberschusses, die eine Mangelwirtschaft bedeutet, resultiert wiederum aus der Dominanz der Planung über die Geldfunktion".[21] Die Aufhebung dieser Normen der bürgerlichen Ökonomie sollte der Anspruch rechtfertigen, durch politisch vorgegebene und zentral gesteuerte volkswirtschaftliche Planungs- und Lenkungsprozesse ein höheres Maß an gesamtgesellschaftlicher Rationalität zu erreichen als sie im Geltungsbereich privatwirtschaftlicher, einzelbetrieblicher Rationalitätskriterien mit der Folgeerscheinung periodisch auftretender Krisen, von Arbeitslosigkeit und Inflation gegeben ist.

Auf die immanenten Schwächen einer zentralistisch gesteuerten, politischen Direktiven folgenden und allein auf Quantität orientierten Wirtschaftsplanung hatten sowjetische Ökonomen bereits in den zwanziger Jahren hingewiesen und Konflikte mit der Parteibürokratie provoziert, die sich gegen jede Einschränkung des Primats der Politik zu Wehr setzte.[22] Bald nach Stalins Tod tauchte diese Kritik insbesondere in den Schriften Libermans wieder auf, der insbesondere auch die negativen Aspekte der "Planverhandlungen" zwischen Zentrale und wirtschaftenden Einheiten thematisierte.[23]

Zur Erreichung des höchstmöglichen Wachstums als oberstem Ziel des Wirtschaftens war die Tätigkeit der zentralen wirtschaftsplanenden Instanzen auf jährlich höhere, "anspruchsvolle" und rigide durchzuführende Pläne ausgerichtet. Nur auf diese Weise glaubte die Zentrale, einerseits alle vorhandenen Ressourcen maximal ausnutzen und andererseits ihrer Verantwortung für die Realisierung der engen Lieferungs-Verflechtungen zwischen den Betrieben - der inneren Kohärenz des Planes - in höchstem Maße gerecht werden zu können. In den Betrieben dagegen dominierte das entgegengesetzte Interesse an "weichen" Plänen mit möglichst niedrigen Planvorgaben, aber hohen Investitionsmittelzuweisungen, weil der Umfang ihrer materiellen und moralischen "Belohnung" in entscheidendem Maße von der Erfüllung und Übererfüllung der Pläne abhing. Aus der Sicht der Zentrale verfestigten sich diese gegenläufigen Interessen zu einem Negativeffekt, der intern zugleich als eine der Hauptursachen für Ineffizienz und Wachstumsschwäche betrachtet wurde: "Im Laufe der Zeit bildeten sich auf beiden Seiten feststehende Erfahrungen heraus: in den Betrieben, um welche Größe die Planangebote unter den offiziellen Vorgaben liegen sollten; in der Zentrale, um welche Größe man oben die Plangebote, ohne die Realität wesentlich zu verfehlen, nach oben korrigieren konnte - also eine destruktive, demotivierende Negativspirale."[24] Auf der einen Seite sah sich die Zentrale gezwungen, immer mehr Ressourcen auf die Erweiterung ihrer zentralistischen Weisungs- und Kontrollrechte und die Verfeinerung ihrer Instrumente zu konzentrieren, um noch nicht nutzbare

---

20 Riese 1990, S. 30.
21 Ebd., S. 30.
22 Lewytzkyj 1967, S. 205 ff.
23 Vgl. die Darstellung der Wirtschaftsreform-Diskussionen in den fünfziger und sechziger Jahren in: Brus 1975, S. 164 ff.
24 Wenzel 1992, S. 16.

und vermeintlich oder tatsächlich zurückgehaltene Leistungsreserven erfassen und über sie verfügen zu können. Auf der anderen Seite dagegen spornte dies den Erfindungsreichtum der Betriebe zur Verschleierung ihrer Leistungspotentiale weiter an. Dahinter verbarg sich die Absicht, den als Tauschreserve angelegten Gütervorrat, der aus Gründen der erfahrungsgemäß während des Planjahres auftretenden Ressourcenknappheiten (Rohstoffe, Vorprodukte, Arbeitskräfte) für die Erfüllung der zugewiesenen Aufgaben für erforderlich gehalten wurde, dem Zugriff der Zentrale zu entziehen und im übrigen zugleich für außerplanmäßige, zusätzliche Anforderungen im Rahmen politischer Kampagnen gewappnet zu sein.

Das zugrundeliegende ökonomische Prinzip, die Quote der Planerfüllung und nicht die Wirtschaftlichkeit der Produktion als primären Maßstab für die Bewertung des wirtschaftlichen Erfolgs der Betriebe heranzuziehen, spielt als "weiche Budgetbeschränkung" eine zentrale Rolle in Kornais modellhafter Beschreibung der Planwirtschaft als Mangelwirtschaft.[25] Weiche Budgetbeschränkungen bewahren die Betriebe im Falle mangelnder Wirtschaftlichkeit vor Sanktionen der Zentrale. In Verbindung mit den steigenden Wachstumsforderungen der Zentrale ("quantity drive"), dem Expansionstrieb der Betriebe ("expansion drive") und der generell geringen Bedeutung von Geld als Steuerungsmedium in den produzierenden Einheiten führen weiche Budgetbeschränkungen zu einem unstillbaren Investitionshunger der Betriebe, der die für Produktionsmittel zur Verfügung stehenden Ressourcen ununterbrochen aufsaugt. Da auch die erweiterte Reproduktion mengenmäßig und ohne die Institutionalisierung des Zwangs zur Beachtung von Effizienzkriterien gesteuert wird, bewegt sich die wirtschaftliche Entwicklung in einem Teufelskreis: Die Mangelwirtschaft wird perpetuiert.

Die Mängel in der Planung und Leitung der Wirtschaft und ihr Rückstand insbesondere im Vergleich zur Bundesrepublik waren zu Beginn der sechziger Jahre so unübersehbar, daß bald nach dem Mauerbau eine wirtschaftliche Reformdiskussion einsetzte, die 1963 mit dem "Neuen Ökonomischen System der Planung und Leitung" (NÖS), seit 1967 in "Ökonomisches System des Sozialismus" (ÖSS) umbenannt, ein wirtschaftliches Reformprogramm hervorbrachte.[26] Das NÖS wurde von seinen Autoren als Absage an die "Tonnenideologie" des stalinistischen Wirtschaftsmodells verstanden. Es rückte zwar nicht von der zentralistisch-staatlichen Leitung der Wirtschaft ab, beinhaltete jedoch Elemente einer Orientierung auf Gewinn und Rentabilität als Rationalitätskriterien wirtschaftlichen Handelns, eine Reform des Preissystems[27] sowie den Abbau von Subventionen, und sah eine größere juristische und ökonomische Selbständigkeit der Betriebe vor.[28]

Abgesehen von seinen inneren Widersprüchen und diffus bleibenden Vorstellungen, beispielsweise in der Eigentumsfrage, enthielt das NÖS politische Implikationen, mit denen es auf zwei mächtige Feinde stieß. Der eine war die Parteibürokratie, denn die beabsichtige "Ökonomisierung der politischen Ökonomie"

---

25 Vgl. Kornai 1980.
26 Vgl. die Richtlinie für das Neue Ökonomische System der Planung und Leitung, Beschluß des Präsidiums des Ministerrates der DDR vom 11.7.1963, bestätigt vom Staatsrat am 15.7.1963, in: Neues Deutschland, 16.7.1963 (Sonderbeilage).
27 Das Politbüro hatte 1950 beschlossen, daß künftige Preisänderungen "nur mit Zustimmung der Partei vorgenommen werden" dürften. Vgl. Protokoll Nr. 10 der Sitzung des Politbüros des Zentralkomitees am 26. September 1950, S. 1 (SAPMO-BArch, ZPA-SED, J IV 2/2/110).
28 Zur Konzeption des NÖS und den Ursachen seines Scheiterns vgl. die Gespräche mit Günter Mittag, Claus Krömke, Siegfried Wenzel, Gerhard Schürer und Helmut Koziolek, in: Pirker u.a. 1995, sowie Krömke 1994; Wenzel 1992; Berger 1991; Koziolek 1996; Wolf 1991; Schürer 1994; Schürer 1996, S. 55 ff.; Mittag 1991, S. 134 ff.

(Koziolek) griff den Primat der Parteipolitik an; die Stärkung der Interessen der Betriebe mußte zwangsläufig die Rechte des Staates schwächen und damit die Befugnisse der Parteibürokratie schmälern. Der andere war die Sowjetunion, denn das NÖS schloß eine wirtschaftliche Öffnung zum Westen ein. Nur durch den Import modernster westlicher Technologien, hatten die NÖS-Protagonisten erkannt, bestand eine Chance, den Abstand der Arbeitsproduktivität zu den kapitalistischen Ländern zu verringern. Dahinter verbarg sich auch der ideologische Glaube, "daß es in Verbindung mit den 'Vorzügen des Sozialismus' möglich sein würde, die von den Kapitalisten gekaufte neue Technik in der DDR effektiver einzusetzen als es in den westlichen Ländern möglich schien"[29] - besonders dann, so wäre hinzuzufügen, wenn die Sowjetunion Rohstoffe und Vorprodukte zu Preisen unterhalb des Weltmarktniveaus lieferte und der DDR komparative Kostenvorteile verschaffte. Schon in den Wirtschaftsverhandlungen zwischen KPdSU und SED in den Jahren 1965 und 1969 hatte sich jedoch gezeigt, daß die Führung der KPdSU nicht willens und auch nicht in der Lage war, den ihr im Modernisierungskonzept Ulbrichts zugedachten Part des uneigennützigen Billig-Lieferanten einer ständig höheren Tonnage an Rohstoffen zu übernehmen.[30] Wollte die SED nun ihre Technologie-Importe aus dem Westen erhöhen, so mußte dies unweigerlich eine Steigerung der Exporte dorthin nach sich ziehen, was wiederum ebenso zwingend nur zu Lasten der Kooperations- und Wirtschaftsbeziehungen mit der Sowjetunion zu realisieren war.

In ihrer Propaganda hatte sich die SED zwar stets von der Bundesrepublik abgegrenzt und insbesondere die Beteiligung der "rechten SPD-Führung" unter Willy Brandt an der Großen Koalition als deren "Integration in das staatsmonopolistische kapitalistische System" und als Unterstützung "der Expansionspolitik des westdeutschen Imperialismus" verurteilt. Doch seit der Bildung der sozialliberalen Koalition Ende 1969 wuchs in der Spitze der KPdSU der Verdacht, daß Ulbricht seine ökonomische Vorwärtsstrategie nunmehr in allzu enger Verbindung mit den westdeutschen Sozialdemokraten an der Sowjetunion vorbei zu verwirklichen trachtete.

In Moskau und Ost-Berlin organisierten sich die Gegenkräfte. In einem vor Ulbricht und vermutlich dem Politbüro der SED insgesamt geheimgehaltenen Gespräch zwischen Leonid Breschnew und Erich Honecker im Juli 1970 kamen alle Besorgnisse und Vorwürfe zur Sprache. Honecker schien über Anhaltspunkte zu verfügen, daß Ulbricht nicht mehr ihn, den langjährigen Kronprinzen, sondern möglicherweise Günter Mittag als Nachfolger favorisierte.[31] Doch Breschnew be-

---

29 Krömke 1994, S. 16.
30 Zu den Wirtschaftsverhandlungen zwischen SED und KPdSU in den Jahren 1965 und 1969 vgl. Staadt 1993, S. 209 ff. u. 266 ff.
31 Vgl. L. I. Breschnew, 28.7.70 (SAPMO-BArch, ZPA-SED, J IV 2/2A/3196). - Honecker selbst hat nach 1989 zu Protokoll gegeben, daß Ulbricht im Politbüro die Frage gestellt habe, "mich als seinen Stellvertreter abzulösen" (Honecker, in: Andert/Herzberg 1991, S. 271). Wolfgang Berger, langjähriger wissenschaftlicher Mitarbeiter Ulbrichts, konnte die These, Ulbricht habe in dieser Zeit Mittag als Nachfolger favorisiert, nur indirekt bestätigen: "Auch wenn Ulbricht mir gegenüber in dieser Hinsicht nie ein Wort fallen ließ, gehe ich davon aus, daß er sich seit längerem auf die Erkenntnis zubewegte, Honecker würde in dieser hochkompliziert gewordenen Zeit nicht fähig sein, erfolgreich an der Spitze der Partei und des Staates zu wirken. Ulbricht hatte sich auf Mittag orientiert und wollte damit gewissermaßen eine ganze Generation überspringen" (Berger 1991, S. 13). - Naumann/Trümpler geben als Bericht von Zeitzeugen wieder, "Günter Mittag habe sich damit gebrüstet, daß Walter Ulbricht in einem persönlichen Gespräch seine Absicht bekundet hatte, ihn als seinen Nachfolger vorzuschlagen. Andeutungen Mittags wiesen zugleich darauf hin, daß er Erich Honecker über dieses Gespräch informiert und erklärt habe, einen solchen Vorschlag abzulehnen" (Naumann/Trümpler 1990, S. 53).

ruhigte ihn und setzte Honecker schon einmal vorab als Ersten Sekretär der SED ein. Selbst der Gegner, so der KPdSU-Chef, rechne bereits damit, "daß Du die Parteiarbeit leitest." Ulbricht solle allerdings noch Vorsitzender des Staatsrates bleiben. Mit einem unmißverständlichen Hinweis auf die sowjetische Intervention in der CSSR 1968 eröffnete Breschnew Honecker sodann unverblümt, daß die DDR als "unsere Errungenschaft, die mit dem Blut des Sowjetvolkes erzielt wurde, (...) nicht nur eure, sondere unsere gemeinsame Sache ist."[32] Man werde es Ulbricht nicht gestatten, "an uns vorbei zu regieren, unüberlegte Schritte gegen Sie und andere Genossen des PB zu unternehmen. Wir haben doch Truppen bei Ihnen. Erich, ich sage Dir ganz offen, vergesse das nie: die DDR kann ohne uns, ohne die SU, ihre Macht und Stärke - nicht existieren. Ohne uns gibt es keine DDR."[33]

Breschnew beließ es nicht dabei, Honecker die imperiale Machtformel für die Existenz der DDR und die "Partnerschaft" im Bruderbund einzuschärfen. Heftig kritisierte der sowjetische Parteichef die Ulbricht unterstellte Absicht, mit der SPD zusammenzuarbeiten: "Was will Walter mit der Möglichkeit, durch nichts zu beweisenden Möglichkeit, der Zusammenarbeit mit der westdeutschen Sozialdemokratie, was versteht er unter der Forderung, der Regierung Brandt zu helfen? Gut, Sie wissen es nicht, ich auch nicht." Und im Anschluß daran folgte der zweite Merksatz für den künftigen 1. Sekretär der SED: "Es gibt und es kann keine, es darf zu keinem Prozeß der Annäherung zwischen der BRD und der DDR kommen. (...) Für uns ist wichtig die Festigung der Positionen der DDR, ihre weitere positive ökonomische Entwicklung, die entsprechende Erhöhung der Lebensbedingungen der Bevölkerung, der Arbeiterklasse der DDR. Auf diese Aufgaben muß man sich weiter konzentrieren. (...) Also, alles konzentrieren auf die allseitige Stärkung der DDR."[34] Die Sowjetunion werde das Ergebnis ihres Sieges auch künftig sichern und einen Anschluß der DDR an Westdeutschland nicht zulassen: "Im Gegenteil - die Abgrenzung, der Graben zwischen DDR und BRD wird noch tiefer werden."[35]

Der Sturz von Ulbricht war somit schon eingefädelt, als sich das Blatt noch einmal zu wenden schien. Im August 1970 trafen Delegationen der Politbüros von KPdSU und SED unter Leitung von Breschnew und Ulbricht in Moskau zusammen. Nach einem Vieraugengespräch mit Ulbricht gab Breschnew die Übereinstimmung beider kund, daß es weder von Ulbrichts noch von seiner Seite Ursachen zu personellen Veränderungen im Politbüro der SED gäbe. Vielmehr solle alles gelöscht werden, was vorgefallen sei. Falls dies nicht ohnehin ein Schachzug Breschnews war, um Ulbricht in Sicherheit zu wiegen und Honecker Zeit für die Organisierung einer Fronde im SED-Politbüro zu verschaffen, mußten ihn die anschließenden Einlassungen Ulbrichts erneut vor den Kopf stoßen. Denn Ulbricht setzte zu einem Höhenflug an und verkündete als Nahziel, die USA wissenschaftlich-technisch schlagen und die Weltspitze überholen zu wollen. Die Investitionen in die Modernisierung der chemischen Industrie der DDR seien dafür das Musterbeispiel für den gesamten RGW. Für Breschnew konnten diese Äußerungen nichts anderes als ein erneuter Beweis der "nationalen Überheblichkeit" Ulbrichts sein, die den Führungsanspruch der Sowjetunion im Bündnis unterminierte.

Und als wollte er die sowjetischen Vorbehalte gegenüber seiner Deutschland-Politik noch einmal bestätigen, führte Ulbricht anschließend zur Zusammenarbeit mit der Bundesrepublik aus: "Wenn wir die Existenz einer unter sozialdemokrati-

---

32 L.I. Breschnew, 28.7.70 (SAPMO-BArch, ZPA-SED, J IV 2/2A/3196).
33 Ebd.
34 Ebd.
35 Ebd.

scher Führung stehenden Regierung Westdeutschlands nicht maximal ausnutzen, um die friedliche Koexistenz zu erreichen, dann werden uns die Völker das nicht verzeihen, auch nicht das Sowjetvolk."[36] Als er abschließend auch noch betonte, die DDR wolle sich in der künftigen Kooperation mit der Sowjetunion als "echter deutscher Staat entwickeln" und hervorhob: "Wir sind nicht Bjelorußland, wir sind kein Sowjetstaat. Also echte Kooperation", war sein Schicksal endgültig besiegelt.[37]

Nur kurze Zeit später, am 8. September 1970, leitete das SED-Politbüro in Abwesenheit von Ulbricht eine Wende in der Wirtschaftspolitik ein.[38] Der 1967 beschlossene Kurs der Parteiführung, "Durchbruchstellen zur Front der wissenschaftlich-technischen Revolution" zu organisieren, hatte die Möglichkeiten der DDR-Wirtschaft überreizt. Zwischen März 1968 und September 1969, berichtete der damalige stellvertretende Vorsitzende der Plankommission, Herbert Wolf, seien "außerhalb des Planes ca. 30 zentrale Beschlüsse gefaßt worden, die ein Investitionsvolumen von 20,3 Mrd. Mark umfaßten, was das Investvolumen der gesamten Industrie von etwa zwei Jahren ausmachte."[39] Als Folge dieser zusätzlichen, außerplanmäßigen Investitionen, deren Realisierung weder von der Seite der Vorleistungen noch der Finanzierung abgedeckt war, traten Zulieferprobleme in der Produktion und Versorgungslücken im privaten Konsum auf; die Auslandsschulden im Westen stiegen bis 1970 auf etwa zwei Milliarden Valutamark an. Als akute wirtschaftliche Probleme wurden in einer Politbüro-Vorlage vom August 1970 aufgezählt: außerplanmäßige Verteuerung der Investitionen und zu hoher Materialaufwand; Nichterfüllung von Kooperationsverpflichtungen und hohe Vertragsrückstände; Unterversorgung mit landwirtschaftlichen Erzeugnissen; außergewöhnlich hohe, den Plan weit überschreitende Importsteigerungen, besonders aus dem westlichen Ausland, dadurch Belastung der Zahlungsbilanz; Exportrückgänge und entsprechend hohe Minussalden im Handel mit den sozialistischen Ländern.[40] Eine Analyse, inwieweit diese Probleme Wirkungsmechanismen des NÖS oder aber der administrativ-zentralistischen Durchsetzung außerplanmäßiger Investitionsvorhaben zuzuschreiben waren, wurde nicht erstellt.

Sowohl die Vorlage vom 14. August 1970 als auch der Politbüro-Beschluß vom 8. September 1970 forderten als Reaktion auf die aktuellen Probleme eine "planmäßig proportionale Entwicklung der Volkswirtschaft." Der Begriff entstammte der Stalinschen Politischen Ökonomie und war als Kampfbegriff gleichermaßen gegen das NÖS wie gegen die Strukturpolitik Ulbrichts und seine Politik "der vorrangigen Entwicklung der führenden Industriezweige" gerichtet; in seinem Gefolge wurden als vordringliche Aufgaben die disziplinierte Durchfüh-

---

36 Vermerk über die gemeinsame Besprechung der Delegation des ZK der KPdSU mit der Delegation des ZK der SED am 21.8.1970, Moskau, angefertigt durch die Genossen Axen und Hager, bestätigt durch die Genossen Stoph, Honecker und Mittag, S. 10 (SAPMO-BArch, ZPA-SED, J IV 2/2A/3196).
37 Ebd.
38 Vgl. "Beschlußentwurf zur Analyse über die Plandurchführung im 1. Halbjahr 1970" im Arbeitsprotokoll Nr. 40 der Politbüro-Sitzung vom 8.9.1970 (SAPMO-BArch, ZPA-SED, J IV 2/2A/1463). - Günter Mittag gilt dieser Beschluß, dessen Vorbereitung er Gerhard Schürer zuschreibt, als grundsätzlicher Korrekturbeschluß zur bis dahin verfolgten NÖS-Politik (vgl. Günter Mittag, in: Pirker u.a. 1995, S. 22/23). Ganz so überraschend, wie Mittag es darstellt, kann ihn der Beschluß jedoch nicht getroffen haben; die Beschlußvorlage wurde nicht nur von Stoph, sondern auch von Mittag selbst unterschrieben und im Politbüro eingereicht.
39 Wolf 1993, S. 164.
40 Vgl. Alfred Neumann, Vorlage für das Politbüro des Zentralkomitees der SED, Betreff: Bericht über Schwerpunktprobleme der Planerfüllung im 1. Halbjahr 1970 in Verbindung mit der Sicherung der vollständigen Planerfüllung 1970, Berlin, den 14. August 1970 (SAPMO-BArch, ZPA-SED, J IV 2/2A/1461).

rung des Volkswirtschaftsplans 1970, die Wahrung der Stabilität des Reproduktionsprozesses auf der Grundlage der mit der Sowjetunion abgeschlossenen Abkommen, die Verhinderung einer Abhängigkeit von West-Importen, die Sicherung der Stabilität der Preise und schließlich die "Anwendung der Wert- und Mengenplanung nach Zweigen, Bereichen und Territorien" aufgeführt. Für die Wirtschaftsreformer bedeutete letzteres nichts anderes als die "Wiedereinführung der Naturalwirtschaft nach sowjetischem Muster". Der Beschluß signalisierte ihnen die "bedingungslose Umkehr zum sowjetischen Modell."[41]

Diese Umkehr war nicht mit einem offenen Angriff auf das NÖS verbunden, das immerhin Gegenstand zahlreicher Beschlüsse des Politbüros und Ministerrats gewesen war. Die weitgehendste Kritik äußerte noch Hanna Wolf, seit 1950 Direktor der Parteihochschule "Karl Marx", auf der 14. ZK-Tagung im Dezember 1970. Im 1969 erschienenen und noch vom NÖS inspirierten Lehrbuch "Politische Ökonomie des Sozialismus und ihre Anwendung in der DDR" werde das Gesetz der planmäßig proportionalen Entwicklung der Volkswirtschaft zu wenig berücksichtigt, lautete ihr Seitenhieb, den sie jedoch indirekt anbrachte. Denn Wolf wagte es nicht, diese Kritik als ihre eigene darzustellen, sondern versteckte sich hinter der Meinung ihrer Schüler an der Parteihochschule.[42] Der Herausgeber-, Mitarbeiter- und Beraterkreis des kritisierten Buches liefert Anhaltspunkte, warum sich auch aus der Sicht der Ulbricht-Kritiker eine öffentliche Kritik des Buches verbot: Zum Autorenkollektiv unter Federführung von Günter Mittag gehörten mit Walter Halbritter, Werner Jarowinsky, Wolfgang Berger, Werner Kalweit, Helmut Koziolek, Claus Krömke, Otto Reinhold und Herbert Wolf die führenden Ökonomen der Partei, die auf Zuarbeiten von mehr als zwanzig Mitarbeitern aus den wichtigsten Stäben des Zentralkomitees und Ministerrates zurückgegriffen hatten. Besonderer Dank wurde im Vorwort neben Walter Ulbricht weiteren Mitgliedern des Politbüros ausgesprochen, weil sie sich in mehreren Sitzungen mit dem Buch befaßt und seine "theoretische Substanz ... maßgeblich beeinflußt" hätten. Genannt wurden Willi Stoph, Gerhard Grüneberg, Kurt Hager, Günther Kleiber - und nicht zuletzt Erich Honecker selbst. Eine kritische Analyse des NÖS ließ sich damit nicht allein gegen die Person Walter Ulbricht wenden und seinem "Subjektivismus" zuschreiben; sie hätte unweigerlich die gesamte Partei- und Staatsspitze einer "Fehlerdiskussion" mit nicht begrenzbaren personellen Konsequenzen ausgesetzt. Auch deshalb mußte die wirtschaftspolitische Wende lautlos und schleichend stattfinden.

Die interne Abrechnung erfolgte in einer von Honecker unterzeichneten 26seitigen politischen Anklageschrift, in der Ulbricht die zu weit gehende Wirtschaftsreform des NÖS, mangelnder Kooperationswille mit der Sowjetunion, Absichten für eine zu enge Zusammenarbeit mit der Bundesrepublik und die Ausschaltung der Parteibürokratie bei der Politikformulierung vorgeworfen wurden.[43]

Bis zum Januar 1971 war es Honecker gelungen, dreizehn der zwanzig Mitglieder und Kandidaten des Politbüros gegen den noch amtierenden Ersten Sekretär um sich zu scharen. Mit der Begründung, Ulbricht sei öffentlich gegen den Politbüro-Beschluß vom 8. September 1970 und die Linie der 14. ZK-Tagung aufgetreten, habe die Partei auf "irreale Ziele" orientiert und gegenüber der BRD

---

41 Krömke 1994, S. 20 und 22; vgl. das Gespräch mit Günter Mittag, in: Pirker u.a. 1995, S. 22 ff.
42 Diskussionsbeitrag von Hanna Wolf auf der 14. Tagung des ZK der SED, 9.-11.12.1970, dok. in: Naumann/Trümpler 1990, S. 114 ff. - Der Beitrag Wolfs wurde damals vermutlich aufgrund dieser Kritik nicht im Neuen Deutschland veröffentlicht.
43 Vgl. Erich Honecker, Zur Korrektur der Wirtschaftspolitik Walter Ulbrichts auf der 14. Tagung des ZK der SED, o.D. (SAPMO-BArch, ZPA-SED, J IV 2/2A/3196). Eine zusammenfassende Darstellung bietet: Weinert 1995, S. 294 ff.

eine persönliche Linie verfolgt, die die Abstimmung mit der Sowjetunion störe, habe zudem Prognosen vorgelegt, "die sich keine andere Partei der sozialistischen Staatengemeinschaft stellt" und sei überhaupt angesichts seines Alters zu einem menschlichen und biologischen Problemfall geworden, richtete die Verschwörergruppe am 21. Januar 1971 die "große Bitte" an den sowjetischen Parteichef Breschnew, mit Ulbricht ein klärendes Gespräch zu führen und ihn auf die Linie eines freiwilligen Rücktritts zu verpflichten. Denn Ulbricht, so legte der Tenor ihres Briefes Breschnew nahe, sei zu einer ernsten Gefahr für die Beziehungen zwischen der SED und der KPdSU geworden. Noch vor dem VIII. Parteitag, so schlugen sie vor, solle Ulbricht ein Ersuchen an das ZK der SED richten, "ihn auf Grund seines hohen Alters und seines Gesundheitszustandes von der Funktion des Ersten Sekretärs des Zentralkomitees der Sozialistischen Einheitspartei Deutschlands zu entbinden."[44]

Das Gespräch der beiden Ersten Sekretäre fand in Anwesenheit Honeckers am Rande des XXIV. Parteitages der KPdSU im April 1971 in Moskau statt und führte zu dem gewünschten Ergebnis.[45] Dank der disziplinierten Mitwirkung Ulbrichts konnte seine Absetzung erfolgreich als alters- und gesundheitsbedingte Amtsübergabe inszeniert werden.[46]

1.2. Der Machtantritt Honeckers

Hatte Ulbricht den Typ des "universalen kommunistischen Parteiführers" verkörpert, so stand mit Honecker ein Apparat-Fachmann für Parteiorganisation, Parteikontrolle und Sicherheitsfragen an der Spitze der SED.[47] Mit einer behutsamen Kaderpolitik ohne jähe Entscheidungen stellte Honecker die absolute Dominanz der Parteibürokratie wieder her, womit er die wichtigste Voraussetzung für die "uneingeschränkte Re-Etablierung des Primates der Politik" schuf.[48] Um nach außen jeglichen Anschein einer politischen Abrechnung zu vermeiden, wurden die kaderpolitischen Maßnahmen geräusch- und friktionslos umgesetzt.[49] Der wirtschaftstechnokratische Flügel verlor seinen Einfluß; die NÖS-Protagonisten - allen voran Wolfgang Berger, der engste Mitarbeiter Ulbrichts, Herbert Wolf, als stellvertretender Vorsitzender der Staatlichen Plankommission einer der Väter des NÖS, und Walter Halbritter, der staatlich Beauftragte für das NÖS -, verschwanden fast unbemerkt aus ihren Positionen und wurden mit ihren Mitstreitern im Partei- und Staatsapparat "ins zweite Glied gestellt." Auch für westliche Be-

---

44 Ebd.
45 Das Protokoll dieser Beratung in Moskau wurde bis heute nicht aufgefunden.
46 Für Hermann Axen war der Amtswechsel, "indem wir uns immer kommunistisch benommen haben", politisch korrekt verlaufen und vor allem in Ulbrichts eigenem Interesse: "Die Ablösung war kein Coup, kein Komplott. Es war nicht gemanagt. Hätten wir dies nicht getan, wäre Walter Ulbricht früher gestorben; wir haben sein Leben verlängert" (vgl. Axen 1996, S. 305 ff., hier S. 325). - Honecker bezeichnete den Sturz Ulbrichts in seinem Gespräch mit Andert/Herzberg als ein "Musterbeispiel" dafür, "wie man ältere Genossen, die große Leistungen vollbracht haben, achtet." Honecker: "Das war ein kulturvoller Übergang von einem Älteren auf einen Jüngeren" (Erich Honecker, in: Andert/Herzberg 1991, S. 273). Im Vergleich mit den unter Stalin üblichen Methoden der Inhaftierung, Folterung und Hinrichtung sowie der unter Chruschtschow gebräuchlichen öffentlichen Abrechnung und Entehrung gestürzter Mitglieder der Parteiführung hatten Honecker und Axen sicher recht. - Zur öffentlichen Demontage Ulbrichts und seiner Drangsalierung durch Honecker vgl. Podewin 1995, S. 473 ff.
47 Zur Vertiefung dieser Charakterisierung vgl. Ludz 1977, S. 148 ff.
48 Weinert 1995, S. 298.
49 Vgl. dazu aus zeitgenössischer Perspektive Ludz 1977; Zimmermann 1980, S. 37 ff.; Weber 1985.

obachter auffallend viele Vertreter wirtschaftlicher und landwirtschaftlicher Berufe schieden 1971 aus dem Zentralkomitee aus.[50] Die horizontale Karriere-Mobilität aus leitenden Funktionen der Wirtschaft in Führungsämter der Partei wurde fortan minimiert, der wirtschaftliche Fachverstand in der Partei unterhalb der Führungsebene in den Abteilungen des ZK-Apparats konzentriert und unter die politische Kontrolle des ZK-Sekretariats und Politbüros gestellt.

Soweit es die Zusammensetzung des Politbüros betraf, verfolgte Honecker die Strategie, seine Machtbasis über einen längeren Zeitraum gestreckt durch eine personelle Auffüllung des Führungsgremiums auszubauen. Zunächst belohnte er seine Mitverschwörer: Werner Krolikowski, Harry Tisch und Erich Mielke rückten 1971 ins Politbüro auf; Gerhard Schürer, der Vorsitzende der Staatlichen Plankommission folgte 1973 nach. Mit Werner Lamberz (1971), Werner Felfe (1973), Joachim Herrmann (1973), Inge Lange (1973), Konrad Naumann (1973) und Egon Krenz (1976) fanden sich Honeckers enge Vertraute aus dem Zentralrat der FDJ im Politbüro wieder. Auch Horst Dohlus (1976), im ZK-Apparat zuvor Honeckers Abteilungsleiter für die Parteiorgane, wurde ins Politbüro befördert. Und schließlich erhielt mit Verteidigungsminister Heinz Hoffmann neben Mielke ein weiterer Repräsentant der bewaffneten Organe 1973 Sitz und Stimme im Machtzentrum der SED. Durchgängiges Eignungsmerkmal aller neuen Mitglieder und Kandidaten des Politbüros war neben ihrer persönlichen Verbundenheit mit dem Generalsekretär der Verlauf ihrer Karriere im Parteiapparat.

Als Honecker 1976 den Vorsitz des Staatsrates übernahm, war es ihm gelungen, in fünf Jahren die Machtfülle Ulbrichts auf seine Person zu übertragen; der Generalsekretär war unangefochtener Herrscher in Partei und Staat. Nun holte er Günter Mittag, der sich 1970 gerade noch rechtzeitig auf Honecker umorientiert hatte, aber dennoch für mehrere Jahre im Ministerrat verschwunden war, als Wirtschaftssekretär in das Zentralkomitee zurück. Auch Willi Stoph, der nach Ulbrichts Tod im Jahre 1973 in den Staatsrat abgeschoben worden war, durfte 1976 in das Amt des Vorsitzenden des Ministerrates zurückkehren, das er an Horst Sindermann hatte abtreten müssen. Und Sindermann schließlich wurde auf dem Stuhl des eher unbedeutenden Präsidenten der Volkskammer plaziert. Diese 1976 abgeschlossene Machtverteilung blieb bis zum Ende der achtziger Jahre stabil.

Politisch stand Honecker nach dem Sturz Ulbrichts in der Pflicht, den Gleichklang mit der Vormacht wiederherzustellen. Mit Stoph, Hager und Sindermann eilte er bereits Mitte Mai 1971 nach Moskau, um Breschnew Vollzug zu melden ("Alles ist jetzt auf seinem richtigen Platz"[51]) und ihm für seine Unterstützung zu danken. Kein Ereignis und keine Schwankung der vergangenen 25 Jahre habe die Freundschaft gestört, begrüßte Breschnew Honecker; so werde es auf seiten der KPdSU bleiben. "Wir hoffen", wandte sich Breschnew warnend der Zukunft zu, "daß auch Sie keine Schwankungen haben werden." (S. 2) Noch jedenfalls schwankte bei Honecker nichts. Gleich mehrfach versicherte er, "daß wir fest auf der Position der völligen Klassenabgrenzung gegenüber der imperialistischen BRD stehen, so wie wir dies vereinbart haben." (S. 26) Wirtschaftlich werde die SED die Linie der Unabhängigkeit von der BRD fortsetzen, um nicht in politische Abhängigkeit zu geraten. Die "gewisse Verschuldung" gegenüber der Bundesrepublik werde in den nächsten Jahren abgebaut. Die "allseitige Stärkung" der DDR könne nur durch engste politische, ökonomische und ideologische Zusammenarbeit mit der Sowjetunion und den übrigen Partnern im Warschauer Vertrag

---

50 Vgl. Ludz 1977, S. 152.
51 Information über das Treffen der Partei- und Regierungsdelegation der UdSSR und der DDR am 18. Mai 1971 in Moskau, S. 3 (SAPMO-BArch, ZPA-SED, J IV 2/2A/1514). - Die folgenden Seitenangaben im Text beziehen sich auf diese Quelle.

erfolgen: "Wir sind uns mit aller Deutlichkeit bewußt, daß es für uns keinen anderen Weg gab, gibt und geben wird." (S. 27) Brav repetierte Honecker, was ihm Breschnew im Juli 1970 vorgetragen hatte: "Die DDR ist unser gemeinsames Kind. Sie ist das Ergebnis des Sieges des Sowjetvolkes im Großen Vaterländischen Krieg über den Hitlerfaschismus. Das werden wir nie vergessen." (S. 27)

Einen ökonomischen Bonus erhielt Honecker für sein politisches Wohlverhalten nicht. Eher beiläufig, aber unüberhörbar, merkte Honecker an, daß sich die DDR im nächsten Planjahrfünft bedauerlicherweise "keinen bedeutenden Aufschwung der materiellen und kulturellen Lebensbedingungen des Volkes zum Ziel setzen" könne (S. 11). Man werde sich darauf konzentrieren müssen, "die Versorgung (...) zu verbessern und zu stabilisieren und die vielfältigen Störungen auf diesem Gebiet zu überwinden" (S. 11). Die sich daraus ergebenden "Bitten" der DDR trug Willi Stoph vor. Sie betrafen zusätzliche Lieferungen von Erdöl, Erdgas, Steinkohle, Elektroenergie und Walzstahl. (S. 36) Breschnew nahm die Wünsche freundlich entgegen: "Für einen Russen sei es so, daß er Freunden bei dem nicht widerstehen kann, worum sie ihn bitten" (S. 39). Manches aber, so fügte er schlitzohrig hinzu, "ist nicht schon ab 1972, sondern erst ab 1975 möglich, aber wir gehen vorwärts" (S. 39).

Der Linie Breschnews und Honeckers, es dürfe zu keinem Prozeß der Annäherung zwischen der DDR und der BRD kommen, wurde vor und auf dem VIII. Parteitag im Juni 1971 ideologisch-propagandistisch mit einer scharfen öffentlichen Abgrenzung zur Bundesrepublik Rechnung getragen. Das "Ausüben von Regierungsgeschäften durch rechte sozialdemokratische Führer" bewirke keinesfalls, "daß sich der volksfeindliche aggressive Charakter der staatsmonopolistischen Herrschaft" verändere; alle Parteien stünden im Dienste des "imperialistischen Systems in der BRD", Illusionen seien deshalb unangebracht.[52] Rechtzeitig in Vorbereitung des Parteitages war einer Arbeitsgruppe des Politbüros der marxistisch-leninistisch untermauerte Nachweis gelungen, daß sich die beiden deutschen Staaten mit der fortschreitenden Integration in ihre Bündnissysteme immer weiter voneinander entfernten und sich der Prozeß der Abgrenzung "objektiv" fortsetze[53], eine Formulierung, auf die Honecker in seinen Reden fortan immer wieder zurückgriff.[54]

Bei ihren Überlegungen zur Korrektur der Wirtschaftspolitik profitierte die SED vom XXIV. Parteitag der KPdSU, der vom 30. März bis 8. April 1971 in Moskau stattfand. Er verhalf ihr zu wichtigen neuen Erkenntnissen, die Honecker dem Zentralkomitee der SED nicht vorenthielt: "Die sozialistische Sowjetordnung ist die fortschrittlichste, demokratischste Ordnung; sie erlaubt es der Arbeiterklasse, der Bauernschaft, der Intelligenz, ihre Kräfte am vollständigsten zur Geltung zu bringen."[55] Wollte die SED im Geleitzug der KPdSU "als Pionier des menschlichen Fortschritts" Schritt halten, lag es geradezu auf der Hand, die Leitsätze des KPdSU-Parteitages auch für die SED für "allgemeingültig" zu erklären. Dazu entschloß sich das Politbüro am 15. April 1971.[56]

Der Text der Parteitags-Direktive der KPdSU zum Fünfjahrplan 1971 bis 1975 befreite die für die Vorbereitung einer entsprechenden Direktive des SED-Partei-

---

52 Geschichte der SED 1978, S. 556.
53 Vgl. Die BRD in der Klassenauseinandersetzung unserer Zeit, November 1970/Januar 1971, S. 4/5 (SAPMO-BArch, ZPA-SED, IV 1/VIII/17, Bl. 176/77).
54 Vgl. Neues Deutschland, 12.12.1970, 31.1.1971 und 4.5.1971.
55 Bericht der Delegation des ZK der SED über den XXIV. Parteitag der KPdSU, Berichterstatter: Erich Honecker, in: Neues Deutschland, 4.5.1971.
56 Beschluß des Politbüros des ZK der SED zu den Ergebnissen des XXIV. Parteitages der KP der Sowjetunion, in: Neues Deutschland, 16.4.1971.

tags zuständige Arbeitsgruppe aus einer großen Not.⁵⁷ Sie hatte Ende Februar 1971 gleich zwei Varianten einer neuen "Hauptaufgabe" der künftigen Wirtschaftspolitik formuliert und wußte sich offenbar nicht so recht für eine der beiden zu entscheiden:

"Variante 1: Das Ziel des Fünfjahrplanes 1971-1975 ist die Hebung des Volkswohlstandes, die Erzielung eines weiteren Aufschwunges des materiellen und kulturellen Lebensniveaus des Volkes. Zur Erreichung dieses Ziels besteht die Hauptaufgabe in der Sicherung eines hohen Entwicklungstempos der Produktion und der Erhöhung der Effektivität der gesellschaftlichen Arbeit auf der Grundlage einer hohen Steigerung der Arbeitsproduktivität durch allseitige Intensivierung der sozialistischen Reproduktion und Beschleunigung des wissenschaftlich-technischen Fortschritts.

Variante 2: Das grundlegende Ziel (handschriftl. durchgestrichen und ersetzt durch: Die Hauptaufgabe, d. Vf.) des Fünfjahrplanes 1971-1975 besteht in der weiteren Hebung des Volkswohlstandes durch die zielstrebige Entwicklung der materiellen und kulturellen Lebensbedingungen der Bevölkerung auf der Grundlage eines hohen Entwicklungstempos der sozialistischen Produktion, der Erhöhung ihrer Effektivität, des wissenschaftlich-technischen Fortschritts und eines hohen Wachstums der Arbeitsproduktivität."⁵⁸

Beide Varianten unterschieden sich durch ihre Prioritätensetzung. Variante 1 rückte die Produktion in den Mittelpunkt sozialistischen Wirtschaftens und wies eine mittlerweile verdächtige Nähe zu Formulierungen auf, wie sie in dem der vergangenen Periode angehörenden Lehrbuch "Politische Ökonomie des Sozialismus und ihre Anwendung in der DDR" niedergeschrieben waren.⁵⁹ Variante 2 dagegen legte das Hauptgewicht auf die Befriedigung der Bedürfnisse und damit auf die Konsumtion. Diese Unterschiede waren für die Beteiligten "nicht einfach nur Haarspalterei." Nach Auffassung von Claus Krömke wurde mit der Annahme einer der beiden Varianten "darüber entschieden, welcher Stellenwert der Wirtschaft als Lebensgrundlage der gesellschaftlichen Entwicklung beigemessen wurde; ob die Wirtschaft ein eigenständiges Gewicht erhielt und ihre eigenen Reproduktionsbedürfnisse artikulieren konnte, oder ob sie rein instrumental als Mittel zum Zweck betrachtet wurde."⁶⁰

Nach dem XXIV. Parteitag der KPdSU gehörten die Formulierungsprobleme der Arbeitsgruppe der Vergangenheit an. In Anlehnung an die Hauptaufgabe der KPdSU⁶¹ gab Erich Honecker in einer Beratung mit Gerhard Schürer, zu der

---

57 Mitglieder der Arbeitsgruppe: "Zur Direktive für den Perspektivplan 1971-75" waren Wolfgang Rauchfuß (Leiter), Gerhard Schürer, Hermann Pöschel (Leiter der ZK-Abteilung Forschung und technische Entwicklung) und Erich Wappler. Später wurden Horst Heinze (Sekretär des Bundesvorstandes des FDGB) und Bruno Kiesler (Leiter der ZK-Abteilung Landwirtschaft) hinzugezogen (SAPMO-BArch, ZPA-SED, IV 1/VIII/17).
58 "Ausarbeitungen der Arbeitsgruppen für den Entschließungsentwurf", S. 1/2 (SAPMO-BArch, ZPA-SED, IV 1/VIII/17, Bl. 89/90).
59 "Das ökonomische Grundgesetz des Sozialismus besagt: ständige Erweiterung, Vervollkommnung und Intensivierung der sozialistischen Produktion und Reproduktion auf Basis des wissenschaftlich-technischen Höchststandes zur Stärkung der sozialistischen Ordnung, der ständig besseren Befriedigung der materiellen und kulturellen Bedürfnisse der Bürger, der Entfaltung ihrer Persönlichkeit und ihrer gesellschaftlichen Beziehungen" (Autorenkollektiv 1969, S. 237).
60 Krömke 1994, S. 26.
61 Als "Hauptaufgabe" des XXIV. Parteitags der KPdSU wurde beschlossen: "Die Hauptaufgabe des Fünfjahrplans besteht darin, einen bedeutenden Aufschwung des materiellen und kulturellen Lebensniveaus des Volkes auf der Grundlage eines raschen Entwicklungstempos der sozialistischen Produktion und der Steigerung ihrer Effektivität, des wissenschaftlich-technischen Fortschritts und der Beschleunigung

auch dessen Stellvertreter Siegfried Wenzel hinzugezogen worden war, einen Textentwurf zu Protokoll[62], der auf dem VIII. Parteitag der SED im Juni 1971 unverändert als Hauptaufgabe der Wirtschaftspolitik der SED beschlossen wurde: "Die Hauptaufgabe des Fünfjahrplans besteht in der weiteren Erhöhung des materiellen und kulturellen Lebensniveaus des Volkes auf der Grundlage eines hohen Entwicklungstempos der sozialistischen Produktion, der Erhöhung der Effektivität des wissenschaftlich-technischen Fortschritts und des Wachstums der Arbeitsproduktivität."[63]

Politisch-ideologisch beendete die Formel der "Hauptaufgabe" die Reformperiode des Neuen Ökonomischen Systems; die SED kehrte im Schulterschluß mit der KPdSU zu den Dogmen der Politischen Ökonomie Stalins zurück.[64] Denn die Definition der "Hauptaufgabe" war fast wörtlich Stalins Schrift "Ökonomische Probleme des Sozialismus" aus dem Jahre 1952 entlehnt, in der die "Sicherung der maximalen Befriedigung der ständig wachsenden materiellen und kulturellen Bedürfnisse der gesamten Gesellschaft durch ununterbrochenes Wachstum und stetige Vervollkommnung der sozialistischen Produktion auf der Basis der höchstentwickelten Technik" in den Rang eines "ökonomischen Grundgesetzes des Sozialismus" erhoben wurde.[65]

An die Stelle der effizienzorientierten, auch die Wirtschaftseinheiten stärkenden Ziele des Neuen Ökonomischen Systems trat bis zum Ende der DDR das Stalinsche Leitbild einer "planmäßig proportionalen Entwicklung der Volkswirtschaft."[66] Politisch-administrativ wurden als Folge die zentralistischen Planungs- und Leitungsmechanismen verstärkt und die Befugnisse der Zentrale erhöht. In diesem Kontext erfolgte die Erweiterung der zentralgeplanten und -bilanzierten Planpositionen, die Verstaatlichung der noch bestehenden halbstaatlichen Betriebe und industriell produzierenden Produktionsgenossenschaften des Handwerks im Jahr 1972 sowie die Durchorganisierung der gesamten Wirtschaft in überwiegend zentralgeleitete Kombinate bis zum Ende der siebziger Jahre.

Politisch-legitimatorisch zielte das in der "Hauptaufgabe" enthaltene wohlfahrtsstaatliche Versprechen der SED-Führung, das sich im Wohnungsbauprogramm, Lohn- und Rentenerhöhungen, einer verbesserten Versorgungssituation sowie zahlreichen sozialpolitischen Maßnahmen manifestierte, darauf ab,

---

des Wachstums der Arbeitsproduktivität zu sichern" (vgl. "Die Direktiven des XXIV. Parteitages der KPdSU zum Fünfjahrplan für die Entwicklung der Volkswirtschaft der UdSSR in den Jahren 1971-1975", in: Neues Deutschland, 7.4.1971).

62 Mitteilung von Siegfried Wenzel an den Vf., 31.3.1995.
63 Protokoll der Verhandlungen des VIII. Parteitages der Sozialistischen Einheitspartei Deutschlands, 15. bis 19. Juni 1971, Berlin/Ost 1971, Bd. 2, S. 322; vgl. auch S. 19 ff. sowie Bd. 1, S. 61.
64 Vgl. dazu auch Kusch u.a. 1991. Zur schleichenden Restalinisierung der sowjetischen Wirtschaftstheorie und -politik seit der zweiten Hälfte der sechziger Jahre vgl. Arbatow 1993, S. 162 ff. Die Rückbesinnung auf Stalin wurde auch von Vertretern der bundesdeutschen DDR-Forschung bemerkt, ihre Bedeutung jedoch nicht erfaßt (vgl. etwa Staritz 1985, S. 200).
65 Stalin 1953, S. 41. - Mit dem strukturkonservativen Stalinschen Begriff der Vervollkommnung, der sich bis zum Herbst 1989 durch die Beschlüsse der SED zog, war jeder beliebige Zustand a priori als vollkommen definiert und gegen grundsätzliche Kritik und Reformansprüche immunisiert.
66 Vgl. Stalin 1953, S. 8/9 und S. 22 ff. - In seiner letzten Rede vor der Volkskammer beklagte Willi Stoph am 13. November 1989 rückblickend, daß die "planmäßig proportionale Entwicklung" der Volkswirtschaft durch "Entscheidungen, die nicht im Ministerrat getroffen wurden," beeinträchtigt worden sei (vgl. Volkskammer der Deutschen Demokratischen Republik, 9. Wahlperiode, 11. Tagung, 13.11.1989, Stenografische Niederschrift, S. 255).

"mangelndes Legitimationseinverständnis durch materielle Versorgung und soziale Sicherheit zu kompensieren."[67]

Fünf Jahre später wurde der Bevölkerung auf dem IX. Parteitag eine erfolgreiche Bilanz der Umsetzung der "Hauptaufgabe" vorgeführt: Die Mindestlöhne und Renten waren erhöht und die Zusatzrentenversicherung verbessert worden, vollbeschäftigte berufstätige Mütter in den Genuß einer Reihe von Vergünstigungen gekommen, die von der Verkürzung der Arbeitszeit bei vollem Lohnausgleich über die Erhöhung des Mindesturlaubs und eine Verlängerung des bezahlten Mutterschaftsurlaubs bis hin zu Geburtenprämien reichten. Als "Herzstück der Hauptaufgabe" war das Wohnungsbauprogramm mit dem Ziel angelaufen, bis 1990 drei Millionen Wohnungen zu errichten; gleichzeitig blieben die Mieten niedrig. Dies alles trug dazu bei, daß die Realeinkommen der Bevölkerung im Jahre 1975 offiziellen Angaben zufolge auf 131 Prozent gegenüber 1970 angewachsen waren.[68] Die Verwirklichung der "Hauptaufgabe", so beschloß es der IX. Parteitag der SED, sollte auch künftig im Zentrum der Politik der SED stehen; aus Furcht vor sozialen Eruptionen und politischer Instabilität blieb sie bis zum Untergang der DDR unangetastet. "Wer gegen die Politik der Hauptaufgabe geht", gab Honecker Günter Mittag zu verstehen, "dem stelle ich ein Bein."[69]

Das später in die griffige Formel der "Einheit von Wirtschafts- und Sozialpolitik"[70] gefaßte realsozialistische Wohlfahrtspostulat hatte jedoch schon bis 1976 einen Verschuldungsmechanismus beschleunigt, der in der Folgezeit rasch an Brisanz zunahm, da die sozialpolitischen Leistungen aus eigener Wirtschaftskraft nicht finanzierbar waren. Schon bald wurde für die Wirtschaftspolitik der Ära Honecker der Versuch kennzeichnend, die Leistungsdefizite der Binnenwirtschaft und des Intrablockhandels im RGW durch einen Ausbau der Außenhandelsbeziehungen zu westlichen Industrieländern auszugleichen.

Voraussetzung für einen vorteilhaften Außenhandel mit kapitalistischen Ländern waren wettbewerbsfähige und devisenrentable Exportgüter, an denen es der DDR jedoch aufgrund ihres technologischen Rückstandes und der vergleichsweise geringeren Arbeitsproduktivität mangelte; die Struktur ihres West-Exports war dementsprechend in hohem Maße grundstofflastig. Die höchsten Erträge konnte sie dort realisieren, wo sich die zu Preisen unterhalb des Weltmarktniveaus aus der Sowjetunion importierten Rohstoffe entweder unverarbeitet oder in veredelter Form - wie im Falle der Erdölprodukte - in den Westen exportieren ließen. Einen strategischen Stellenwert für die Devisenbilanz gewann darüber

---

67 Lepsius 1994a, S. 10.
68 Vgl. Geschichte der SED 1978, S. 632-637.
69 Günter Mittag, in: Pirker u.a. 1995, S. 24.
70 Keiner meiner Gesprächspartner aus der Wirtschaftsführung der DDR vermochte Aufschluß darüber zu geben, wer eigentlich die Formel der "Einheit von Wirtschafts- und Sozialpolitik" erfunden hat. Des Rätsels Lösung bergen die Akten der SED-Programmdiskussion des Jahres 1975. Im 2. Entwurf des Parteiprogramms der SED vom Oktober 1975 taucht die Formel der "Einheit von Wirtschafts- und Sozialpolitik" erstmals auf (vgl. SAPMO-BArch, ZPA-SED, IV B 2/2.024/15). Im ersten Entwurf des Programms waren die Ziele der Wirtschafts- und Sozialpolitik noch voneinander getrennt dargestellt worden (vgl. SAPMO-BArch, ZPA-SED, IV B 2/2.024/14), was in der ersten Sitzung der Programmkommission u.a. von Günter Mittag als Trennung der in der "Hauptaufgabe" enthaltenen "Einheit von Ziel und Weg" kritisiert wurde. Honecker griff diese Kritik auf, verknüpfte sie mit dem Wunsch, "daß wir eine Bereicherung (des Programms, d.Vf.) in der Richtung vornehmen, daß es in der Bevölkerung mit Begeisterung aufgenommen wird", und kreierte dann mit der Forderung nach einer "einheitlichen Wirtschafts- und Sozialpolitik" den Vorläufer der Formel von der "Einheit der Wirtschafts- und Sozialpolitik" (vgl. Stenographische Niederschrift der Sitzung der Programmkommission des ZK der SED am Montag, dem 2. Juni 1975, in: SAPMO-BArch, ZPA-SED, J IV 2/201/1200).

hinaus der unter Beibehaltung der Abgrenzungsrhetorik forcierte Ausbau der politischen und wirtschaftlichen Beziehungen zur Bundesrepublik. Besonders die finanziellen Transferleistungen der Bundesrepublik für "menschliche Erleichterungen" vor allem im Reiseverkehr und in der Kommunikation zwischen beiden deutschen Staaten sicherten der DDR in den siebziger Jahren ständig wachsende Deviseneinnahmen, die sich im darauffolgenden Jahrzehnt auf hohem Niveau stabilisierten.

Die Konfrontation mit dem Weltmarkt setzte die Binnenökonomie der DDR somit nicht nur dessen Einwirkungen und Schwankungen aus; ihre ertragreichsten Außenhandelsgeschäfte waren zudem politischen Machtverhältnissen und Konjunkturzyklen unterworfen, die dem autonomen Handlungsspielraum der SED-Führung entzogen waren:
- von der Fähigkeit und Bereitschaft der Sowjetunion, zur Aufrechterhaltung ihres Imperiums ihre Verbündeten über die für die RGW-Verpflichtungen erforderliche Grundversorgung hinaus mit preiswerten Rohstoffen zu beliefern und dabei zumindest temporär eine Ausbeutungssituation und damit verbundene ökonomische Verluste in Kauf zu nehmen und
- von politischen Zugeständnissen ("menschlichen Erleichterungen"), von denen die Bundesrepublik die Höhe der finanziellen Transferleistungen und die Gewährung wirtschaftlicher Vorteile im innerdeutschen Handel abhängig machte, bei denen sich jedoch die Sowjetunion aus Furcht vor einem wachsenden Einfluß der Bundesrepublik auf die DDR bis 1989 ein Vetorecht, mindestens aber ein Mitspracherecht, vorbehielt.

Die folgenden Abschnitte analysieren die Entwicklungen und Veränderungen der Wirtschaftspolitik in der Ära Honecker im Spannungsfeld der Beziehungen zwischen Moskau, Bonn und Ost-Berlin. Sie beschreiben, wie die Probleme, die aus der Politik der "Einheit von Wirtschafts- und Sozialpolitik", der außenwirtschaftlichen Öffnung und in deren Folge aus der steigenden Devisenverschuldung erwuchsen, in der SED-Führung bearbeitet wurden. Die dabei zu Tage tretenden internen und externen Lösungsblockaden mündeten in einen kumulativen Prozeß ökonomischer Unterentwicklung.

1.3. Der Weg in die Verschuldung (1971-1980)

Bereits die Reformanstrengungen der sechziger Jahre und ihre ökonomische Begründung legten beredtes Zeugnis darüber ab, daß in der SED-Führung eine ungetrübte Problemsicht auf die Funktionsmängel der Planungsökonomie vorhanden war. Die wirtschaftspolitischen Materialien und Beschlußvorlagen für das Politbüro insgesamt und für den "Kleinen Kreis", eine exklusive Gruppe unter Vorsitz von Honecker mit Wirtschaftsfragen befaßter Politbüro-Mitglieder[71], sowie die Beratungsprotokolle dieser Gremien zeigen, daß die zunehmend krisenhafte ökonomische Entwicklung der DDR bereits seit Mitte der siebziger Jahre entgegen dem selbst inszenierten und nach außen erfolgreich vermittelten Bild immer wiederkehrender Gegenstand der Erörterung auf höchster SED-Ebene war. Spätestens 1976 stand intern fest, daß die ökonomische Leistungskraft der DDR nicht ausreichte, das auf dem VIII. Parteitag der SED 1971 nach Honeckers Machtantritt verkündete und auf dem IX. Parteitag bekräftigte sozialpolitische Programm und die Verbesserung der Versorgung der Bevölkerung zu finanzieren.

---

71 Zum "kleinen Kreis" siehe: Hertle 1992a, S. 133, sowie das Gespräch mit Günter Mittag, in: Pirker u.a. 1995, S. 30.

Im Gefolge des Jom-Kippur-Krieges im Oktober 1973 explodierten die Weltmarktpreise für Rohstoffe, insbesondere für Erdöl; im RGW führten Mißernten in Folge zum Ausfall fest vereinbarter sowjetischer Getreide- und Futtermittellieferungen. Indem die Lieferschwierigkeiten im Intrablockhandel und Versorgungsengpässe bei Konsumgütern durch Westimporte, die sich zugleich durch nicht einkalkulierte Preissteigerungen verteuerten, substituiert wurden, scheiterte die der Außenwirtschaftsstrategie der SED zugrundeliegende Konzeption, die "zunächst ein weitgehend kreditfinanziertes Wachstum technologieintensiver Westimporte zur Modernisierung des eigenen Wirtschaftspotentials" vorgesehen hatte, um dann in der zweiten Hälfte der siebziger Jahre "mittels einer durch diese Importe induzierten Exportoffensive die aufgelaufene Verschuldung" zu tilgen.[72]

Schon lange vor dem IX. Parteitag, um die Jahreswende 1974/75, hatte Honecker dem Direktor des Zentralinstituts für sozialistische Wirtschaftsführung, Helmut Koziolek, und dem Direktor der Akademie für Gesellschaftswissenschaften, Otto Reinhold, den Auftrag übermitteln lassen, die Auswirkungen dieser außenwirtschaftlichen Veränderungen auf die zukünftige Durchführung der "Hauptaufgabe" zu analysieren. Koziolek und Reinhold, die ihre Stellvertreter Willi Kunz und Karl-Heinz Stiemerling als weitere Mitarbeiter hinzuzogen, errechneten aus den für das Planjahrfünft 1976 bis 1979 zu erwartenden Preiserhöhungen für Rohstoffe eine Mehrbelastung von mindestens 25 bis 30 Milliarden Mark; ein Betrag, der in etwa der Höhe der für diesen Zeitraum vorgesehenen Investitionsmittel für das Wohnungsbauprogramm entsprach. "Es wird nicht an Versuchen fehlen, einen Teil der entstehenden Mehrbelastungen durch die Senkung der Akkumulationsrate, vor allem des Anteils der produktiven Investitionen, abzufangen", lautete ihre Warnung. "Das hätte unweigerlich zur Folge, daß die erweiterte Reproduktion (und zum Teil sogar die einfache Reproduktion) in wichtigen Bereichen der Volkswirtschaft nicht mehr gesichert werden kann. Damit würde der Politik der Intensivierung weitgehend die materielle Basis entzogen. Eine kontinuierliche Fortsetzung der vom VIII. Parteitag beschlossenen Wirtschafts- und Sozialpolitik wäre auf dieser Grundlage nicht mehr möglich."[73]

Die Vorschläge der Arbeitsgruppe für eine nach ihrer Ansicht "optimale Entwicklung von Akkumulation und Konsumtion in den nächsten Jahrfünften" (S. 20) schlossen jedoch eine bruchlose Fortsetzung dieser Politik ebenfalls aus. Um eine "entschiedene Wende in der Entwicklung der Effektivität der Volkswirtschaft" (S. 33) herbeizuführen, griffen die Autoren auf die Überlegungen und Instrumente der NÖS-Periode zurück und propagierten wie zu Ulbrichts Zeiten einerseits die Steigerung der Arbeitsproduktivität durch die Anwendung hochproduktiver Technologien, die Verbesserung der Arbeitsorganisation und die Einführung einer leistungsorientierten und -stimulierenden Lohnpolitik; andererseits plädierten sie für eine wirtschaftlich effektivere Rechnungsführung der Kombinate, als deren Voraussetzung unverändert eine Preisreform und darauf aufbauend die Erhöhung der Rolle des Gewinns betrachtet wurde. Als konkrete Maßnahmen schlugen sie neben einer mittelfristig umzusetzenden, an den Kosten orientierten Industriepreisreform die Abschaffung von Subventionen im Energiebereich, Preiserhöhungen für Erzeugnisse außerhalb des Grundbedarfs, einkommensgestaffelte Mieterhöhungen, die Beseitigung der automatischen Auszahlung der

---

72 Haendcke-Hoppe 1988, S. 52.
73 Helmut Koziolek/Otto Reinhold/Willi Kunz/Karl-Heinz Stiemerling, Einige Grundfragen der wirtschaftlichen Entwicklung der DDR und notwendige Maßnahmen zur weiteren Durchführung der vom VIII. Parteitag beschlossenen Linie der Wirtschafts- und Sozialpolitik, o. J. (1974/75), S. 19 (PdV). - Die folgenden Seitenangaben im Text beziehen sich auf diese Quelle.

Jahresendprämie, die Verbannung gesellschaftlicher Veranstaltungen aus der Arbeitszeit und schließlich eine Reduzierung des unproduktiven Verwaltungspersonals in allen Bereichen vor. Da nach ihrer Überzeugung Honecker vom Partei- und Staatsapparat ausschließlich gefilterte Informationen vorgelegt und über die tatsächliche wirtschaftliche Lage in Unkenntnis gehalten wurde, sollte, so ihre Idee, direkt beim 1. Sekretär der SED eine "kleine Einrichtung" geschaffen werden, "die unabhängig von anderen Organen Analysen und Expertisen zur wirtschaftlichen Entwicklung der DDR und anderer RGW-Länder ausarbeitet" (S. 45).

Doch der Vorstoß, Grundideen des NÖS durch eine Seitentür wiedereinzuführen und dabei zugleich den seit dem Sturz Ulbrichts verlorengegangenen Einfluß der Parteiakademiker auf den 1. Sekretär zu reinstitutionalisieren, hatte keinen Erfolg. Die Vorschläge fanden weder bei der Vorbereitung des Fünfjahrplanes noch des IX. Parteitages Beachtung; als "Kapitulation vor dem Kurs der Einheit von Wirtschafts- und Sozialpolitik" wurden sie vielmehr entschieden zurückgewiesen. Immerhin wurde den Autoren die Zusicherung Honeckers übermittelt, daß ihnen "nichts passieren werde."[74]

Seit der zweiten Hälfte der siebziger Jahre wurde die steigende Verschuldung zum Dauerthema der Beratungen der Parteispitze. In Verbindung mit der Vorbereitung des Fünfjahrplan-Entwurfs 1976 bis 1980 wies Planungschef Gerhard Schürer im März 1976 erstmals und im Oktober 1976 erneut auf die außerordentliche Verschärfung der Zahlungsbilanzsituation gegenüber dem "nichtsozialistischen Wirtschaftsgebiet" (NSW) hin, die in immer größerem Umfang die Aufnahme neuer Finanzkredite allein für die pünktliche Rückzahlung der Zinsschulden erforderlich machte.[75] Im Oktober lag seiner Mahnung eine Aufschlüsselung des die Zahlungsbilanzprobleme verursachenden Importüberschusses in Höhe von 8,9 Mrd. Valutamark (VM) für den Zeitraum von 1971 bis 1975 zugrunde, die exogenen Veränderungen widerspiegelte: 2,2 Mrd. VM waren zusätzlichen Importen an Getreide und Futtermitteln, 1,9 Mrd. VM Preiserhöhungen beim Import von Rohstoffen und Nahrungsmitteln und 2,1 Mrd. VM zur Sicherung der inneren Kooperation besonders in der chemischen und metallverarbeitenden Industrie sowie zur Beseitigung von Disproportionen in der Konsumgüterindustrie geschuldet; 2,4 Mrd. VM gingen schließlich auf das Konto ausgebliebener Exporte in das NSW.[76] Daraus folgerte Schürer, daß die Exporte in das nichtsozialistische Wirtschaftsgebiet zu erhöhen und gleichzeitig die Importe aus dem Westen zu verringern seien.

Eine Drosselung der Einfuhr westlicher Konsumgüter mußte wegen der unmittelbar zu befürchtenden Verschlechterung des Versorgungsniveaus der Bevölkerung ebenso auf politische Bedenken stoßen wie eine Steigerung der Exporte in den Westen, wenn die dafür vorgesehenen Güter nicht auf realen Produktionszuwächsen beruhten, sondern dem Binnenmarkt entzogen werden mußten. Die weitere Möglichkeit, den Handel mit den westlichen Ländern zu Lasten des Warenaustausches mit den realsozialistischen Partnerstaaten auszubauen, wurde ab 1975 durch die Einführung eines neuen Preisbildungsmechanismus im RGW entscheidend eingeschränkt. Statt der bis dahin üblichen Vereinbarung fester Vertragspreise für eine gesamte Fünfjahrplan-Periode wurden die RGW-

---

74 Vgl. Helmut Koziolek, in: Pirker u.a. 1995, S. 267/68.
75 Vgl. den Brief von Gerhard Schürer an Erich Honecker vom 31.3.1976 mit der Anlage: Gerhard Schürer, Zu einigen Problemen der Ausarbeitung des Entwurfs des Fünfjahrplans 1976-1980, Berlin, 30.3.1976 (BArch/P, E-1 56323), sowie: Gerhard Schürer, Zusammengefaßte Einschätzung zum Entwurf des Fünfjahrplans 1976-1980, 6.10.1976 (BArch/P, E-1 56296).
76 Schürer, Zusammengefaßte Einschätzung ..., S. 12.

Preise auf Drängen des Hauptrohstofflieferanten Sowjetunion seit 1975 bzw. 1976 aus dem Durchschnitt der Weltmarktpreise der vorangegangenen fünf Jahre gebildet und jährlich angepaßt; für 1976 lagen den Vertragspreisen somit die Weltmarktpreise der Jahre 1971 bis 1975 zugrunde.[77] Solange die Rohstoffpreise schneller als die Preise für Industrieerzeugnisse stiegen, verbesserten sich die terms of trade der Sowjetunion, während sie sich für die Industrieländer im RGW verschlechterten.

Der von Schürer vorgeschlagenen Exportoffensive in den Westen standen somit steigende Lieferverpflichtungen und eine zunehmende Verschuldung der DDR gegenüber der Sowjetunion im Wege.[78] Ein alternativer Weg zur Lösung ihrer Devisenprobleme bestand in einer Erhöhung der Rohölbezüge aus der Sowjetunion, mit deren Re-Export auf die Westmärkte aufgrund der weiterhin unter dem Weltmarktniveau liegenden RGW-Preise Extra-Gewinne zu erzielen waren. Mit dem Begehren, die Rohöllieferungen ab 1977 um zwei Millionen Tonnen jährlich zu erhöhen, reiste Ministerrats-Vorsitzender Willi Stoph im Dezember 1976 nach Moskau, wo er seinem sowjetischen Amtskollegen Alexej Kossygin ausführlich die Zahlungsbilanzprobleme der DDR schilderte. Doch seine Bitte wurde abschlägig beschieden. Für die Bedarfssteigerung der DDR, so Kossygin, habe die UdSSR keine Ressourcen; man müsse die Atomenergiewirtschaft in Gang bringen oder die Entwicklung der Volkswirtschaften bremsen. Im Protokoll der Unterredung heißt es weiter: "Genosse Kossygin: 'Bei uns ist der Mangel an Energie akut, trotzdem liefern wir voll unsere Verpflichtungen an die RGW-Länder. Eine Erhöhung ist jedoch keinesfalls möglich. Die Aufwendungen, insbesondere für den Transport, sind riesig. Es geht nicht darum, daß wir nicht wollen, sondern daß uns die Voraussetzungen fehlen. (...) Ich bin überzeugt, im kommenden Fünfjahrplan wird die Versorgung mit Erdöl und Erdgas noch viel komplizierter als in diesem. Wir werden uns um die Beibehaltung des Lieferniveaus aus diesem Fünfjahrplan bemühen. Aber wesentliche Zuwachsraten sind nicht möglich. Sie müssen also aus den Wolken heruntersteigen.' - Genosse Stoph: 'Ich bin nicht im Himmel.'"[79]

Nur dort, wo sich die DDR bereiterklärte, sowjetische Rohstoffe mit Erzeugnissen zu bezahlen, die die Sowjetunion im Westen kaufen mußte, gab Kossygin nach: "Dieser Weg ist der einzige, der geht; wenn Sie bei uns Valutawaren kaufen, müssen Sie uns natürlich Valutaware liefern."[80] Die für die DDR bequemste Lösung, sich der Zahlungsbilanzprobleme unter Ausnutzung der Differenzen zwischen RGW- und Weltmarktpreisen letztendlich auf Kosten der Sowjetunion zu entledigen, war mit dieser Mission Stophs grundsätzlich gescheitert.

"Erstmals sind wir in akuten Zahlungsschwierigkeiten"[81], schlugen Schürer und Mittag im März 1977 in einem gemeinsam verfaßten Brief an Honecker Alarm, wobei die Geringfügigkeit des Anlasses - der Anstieg der Kaffee- und Kakaopreise - die prekäre wirtschaftliche Lage unterstrich, in die die DDR vor allem durch umfangreiche Getreideimporte geraten war. Noch betrachteten die späteren Widersacher nicht die absolute Höhe der Forderungen und Verbindlich-

---

77 Für 1975 galten als Sonderregelung die Durchschnittspreise der vorangegangenen drei Jahre. Vgl. Haendcke-Hoppe 1978, S. 1286 ff.
78 Zwischen 1977 und 1982 nahm die DDR Kredite in Höhe von 1,6 Mrd. Rubel bei der Sowjetunion auf, von denen bis 1988 1,4 Mrd. Rubel zurückgezahlt wurden.
79 Niederschrift über die Verhandlungen zwischen dem Vorsitzenden des Ministerrates der DDR, Genossen Willi Stoph, und dem Vorsitzenden des Ministerrates der UdSSR, Genossen A.S. Kossygin, am 10.12.1976 in Moskau, Berlin, den 13.12.1976, S. 11 (PdV).
80 Ebd., S. 11.
81 Brief von G. Mittag und G. Schürer an Erich Honecker, 14.3.1977, S.2 (BArch/P, E-1-56323).

keiten, sondern das Bargelddefizit als "Grundfrage für die DDR": "Im Jahre 1978 haben wir 11 Milliarden Bargeld aufzubringen, allein um Kredite und Zinsen zurückzuzahlen. Die Bargeldeinnahmen aus unserem Export betragen dagegen 9,3 Milliarden und reichen bereits nicht aus, um neue Importgeschäfte zu finanzieren."[82] Schon zu diesem Zeitpunkt sahen sich die Wirtschaftsführer gezwungen, neue Kredite zur Tilgung der Altschulden aufzunehmen. Erneut lautete der dringlich unterbreitete Vorschlag, umgehend eine umfassende Exportoffensive in das NSW, verbunden mit einer entschiedenen Importablösung zu starten.

In einem Gespräch mit Schürer und Mittag reagierte Honecker empört: "Ich bin überrascht, wie einige Fragen in dem Material gestellt werden. Es ist richtig, offen die Probleme auf den Tisch zu legen. Es ist aber unverständlich, warum das nicht zum Parteitag, oder zum Beginn des Jahres, oder zum 5. Plenum geschehen ist. Wir können doch nicht von heute auf morgen die ganze Politik ändern. Was vorgeschlagen wird, bedeutet tiefe Einschnitte in die Politik. Wir müßten vor's ZK gehen und sagen: Wir haben das nicht vorausgesehen oder wir haben Euch belogen. Die Ursache ist nicht der Kaffee- oder Kakao-Preis. Die Ursache ist auch nicht, wie Ihr schreibt, daß seit 1971 mehr verbraucht als produziert wird. Dann wären die Beschlüsse des VIII. Parteitages falsch und die des IX. Parteitages auch. Die Ursache besteht darin, daß wir Importe nicht erhalten haben wie Getreide, Ölsaaten u.a. Anderen wie uns hat man das gegeben, wir mußten auf andere Importe ausweichen. Wir haben immerhin den Handel DDR/BRD von zwei auf acht Mrd. entwickelt und zwar ausgeglichen, sonst wäre das noch schlimmer. Übrigens schießen wir jährlich 1 Mrd. in freien Devisen zum Plan ein. Im Material kommt es so raus, als sei die Politik nach Ulbricht falsch gewesen, als habe Ulbricht keine Schulden gemacht und Honecker macht Schulden. Welche Politik hätten wir denn machen sollen? Die Politik der Preiserhöhung hätte keines der Probleme gelöst. Der Importüberschuß hat seine Ursachen nicht in unseren Beschlüssen, sondern z.B. darin, daß Genosse Schürer jährlich 2,5 Mrd. VM für die Chemie importiert."[83]

Mittag und Schürer gaben nach. "Es war nicht unsere Absicht, daß bei Dir ein solcher Eindruck entsteht. Wenn es solche Formulierungen gibt, die das hervorrufen, werden wir sie auf jeden Fall ändern", zog Mittag zurück, und Schürer drückte sich noch deutlicher aus: "Wie könnte gerade ich und wie könnten gerade wir in der Staatlichen Plankommission, die wir Dir, Erich, tief dankbar sind, daß Du uns ermöglicht hast, reale Pläne auszuarbeiten, persönliche Angriffe auf Dich und die beschlossene Politik formulieren? Wir sind bereit, Formulierungen zu korrigieren (...)."[84] Statt grundlegende Veränderungen einzuleiten, einigte sich die Runde auf kurzfristig greifende, "operative" Maßnahmen wie die Erhöhung des KoKo-Einschusses in die Zahlungsbilanz, den Verkauf von Gold aus der Reserve und die Bereitstellung der Staatsreserve für Spekulationsgeschäfte des Bereiches Kommerzielle Koordinierung.

Je höher sich die Probleme innerhalb der Planwirtschaft auftürmten, umso größere Bedeutung wuchs dem 1966 im Ministerium für Außenhandel und Innerdeutschen Handel (MAI, später MAH) gegründeten und damit der Regierung unterstellten Bereich Kommerzielle Koordinierung zu, dessen einzige Aufgabe die maximale Erwirtschaftung von Devisen außerhalb des Staatsplanes war.[85]

---

82 Ebd., S. 5.
83 Zit. nach: Gerhard Schürer, Persönliche Aufzeichnungen vom 27.4.1977 (BArch/P, E-1-56323).
84 Ebd.
85 Vgl. zum folgenden den Abschlußbericht des Schalck-Untersuchungsausschusses des Deutschen Bundestages (Bundestag 1994a) sowie das für den Ausschuß erstellte

Von seiner Gründung an war der Bereich sowohl wegen seiner Beschaffungstätigkeit für den Geheimdienst als auch wegen dessen Interesse, die Außenhandelsbeziehungen nachrichtendienstlich zu nutzen, eng mit dem Ministerium für Staatssicherheit verflochten.[86] Seit Beginn der siebziger Jahre expandierte KoKo vor allem durch die Akkumulation politischer Transfermittel aus der Bundesrepublik zu einem finanzkräftigen Zirkulationskonzern. Neben seiner operativen Rolle als Devisenfeuerwehr entsprang seine seit Anfang der siebziger Jahre wachsende volkswirtschaftliche Bedeutung vor allem aus seiner Betätigung als Importeur moderner Technologien dort, wo die Investitionsmittel der Plankommission erschöpft waren, aber durch einen außerplanmäßigen Mitteleinsatz sowohl eine Steigerung der Leistungsfähigkeit der DDR-Wirtschaft und ihre Modernisierung als auch eine Gewinnmaximierung des Bereiches zu erwarten war. Die vertragsmäßigen Bedingungen der zumeist von KoKo-Außenhandelsbetrieben vorfinanzierten Technologie- und Anlagenimporte wurden in der Regel in "Industrievereinbarungen" mit den beteiligten Partnern - den Kombinaten, zuständigen Ministerien und der Plankommission - niedergelegt; nach einer Phase der Refinanzierung, die aus der mit den importierten Anlagen erstellten Produktion erfolgen sollte und KoKo einen beträchtlichen Gewinnanteil sicherte[87], wurden die neu geschaffenen Produktionskapazitäten in den offiziellen Plan überführt.

Der Ausbau dieses in der planwirtschaftlichen Außenhandelstheorie nicht vorgesehenen Bereiches zu einem flexiblen und pragmatischen Instrument der Parteispitze zur Gewährleistung der Zahlungsfähigkeit der DDR stellte die wichtigste wirtschaftspolitische Innovation der Ära Honecker dar. Seit 1972, als der Bereich KoKo durch eine Verfügung des stellvertretenden Vorsitzenden des Ministerrates, Horst Sindermann, den Status eines Devisenausländers erhielt, über dessen Konten die Geschäftsbanken gegenüber Dritten nicht auskunftsberechtigt waren, wurde er sukzessive der Kontrolle des Ministeriums und der Regierung insgesamt, insbesondere ihrer Finanz- und Kontrollorgane, entzogen, bevor er per Beschluß des Politbüros vom 2. November 1976 Günter Mittag und damit Erich Honecker weisungsmäßig unterstellt und trotz seiner staatlich-exekutiven Tätigkeit praktisch wie eine Abteilung des Zentralkomitees behandelt wurde. Unter strengster Geheimhaltung und Abschirmung gegenüber allen anderen Abteilungen des ZK, der Plankommission sowie dem Politbüro war der Bereich KoKo fortan ausschließlich Honecker und Mittag rechenschaftspflichtig. Die Verfügung über den Bereich KoKo trug zu einer außerordentlichen Steigerung ihrer persönlichen Macht bei. Das privilegierte Wissen um die außerplanmäßig vorhandenen Reserven versetzte Honecker und Mittag in die Lage, die Plankommission mit dem geheimnisvollen Hinweis auf noch vorhandene Möglichkeiten zur Heraufsetzung gesamtwirtschaftlicher Plankennziffern zu ermuntern und Krisensituationen we-

---

KoKo-Gutachten (HWWA-Institut für Wirtschaftsforschung Hamburg, Gutachten "Die Bedeutung des Bereiches Kommerzielle Koordinierung für die Volkswirtschaft der DDR", in: Ebd., Anhangband, S. 3-158).

86 Für seine Tätigkeit als Staatssekretär und Leiter des Bereiches wurde Alexander Schalck 1966 als Offizier im besonderen Einsatz (OibE) vom MfS zunächst ohne, ab 1970 mit Besoldung freigestellt. Zusätzlich zu seinen Staatssekretärs-Bezügen erhielt Schalck 1989 das Gehalt eines MfS-Generalmajors. Insgesamt plazierte das MfS 19 OibE und ca. 180 inoffizielle Mitarbeiter im Bereich KoKo. Vgl. Bundestag 1994a, S. 105 ff. und S. 478.

87 Der Aufschlag von KoKo überstieg den Importwert um 42 Prozent und setzte sich wie folgt zusammen: 12 Prozent für Warennebenkosten (Transportkosten, Vertreterprovision etc.), 15 Prozent für "Finanzierungskosten zur Sicherung der Währungsgleichheit" und 15 Prozent "Handelsspanne". Vgl. HWWA, Gutachten "Die Bedeutung ...", in: Bundestag 1994, Anhangband, S. 38.

sentlich gelassener gegenüberzutreten.[88] Der von Honecker erwähnte "Einschuß" zum Plan in Höhe von einer Milliarde DM, der sich etwa zur Hälfte aus politischen Transferleistungen der Bundesrepublik (Transit- und Postpauschale, Mindestumtausch, Visagebühren etc.) und zur anderen Hälfte aus den sonstigen Valutageschäften von KoKo speiste, erhöhte sich in den achtziger Jahren auf annähernd zwei Milliarden DM jährlich.

Trotz des Wissens um seine "Reserven" hatte Honecker das Bündnis zwischen seinem Wirtschaftssekretär und dem Vorsitzenden der Plankommission so mißtrauisch gemacht, daß er Unterstützung mobilisierte. Die Plankonzeption Schürers, so der Ministerrats-Vorsitzende Stoph zwei Monate später in einem Schreiben an Honecker, "muß man in ihrer Gesamtheit als Modell der Restriktionen bezeichnen, das auch über die Jahre 1977 und 1978 hinaus wirkt und die vollständige Erfüllung der Ziele des Fünfjahrplans in Frage stellt. Die Plankonzeption geht allein von der Sicherung der Zahlungsfähigkeit in den Jahren 1977 und 1978 aus. Diese Frage wird zum Maßstab der Wirtschaftspolitik gemacht. Neben bedeutenden Kürzungen der NSW-Importe, die zu einer Senkung der Produktion führen, soll die Zahlungsfähigkeit zum entscheidenden Teil auf dem Wege der Umverteilung der Fonds des Fünfjahrplanes gewährleistet werden. Vor allem ist das mit einem tiefen Einschnitt in die Akkumulation und mit einer bedeutenden Erhöhung des NSW-Exports verbunden. Wenn dem Modell der SPK gefolgt würde, entstünde die schwerwiegende Tatsache, daß der Kurs der stabilen, kontinuierlichen und dynamischen Leistungsentwicklung der Volkswirtschaft in Größenordnungen gestört werden würde."[89] Eine Verwirklichung des Planentwurfs von Schürer bewirke nicht nur beträchtliche Rückgänge im Versorgungsniveau der Bevölkerung, sondern stehe auf einer Reihe von Gebieten "im Widerspruch zu Beschlüssen des IX. Parteitages", beschneide "den Leistungswillen der Kombinate und Betriebe" und berge die Gefahr von "Korrekturdiskussionen" auf vielen Ebenen.[90]

Der einzig gangbare Weg, stellte Honecker nach diesem Verdikt Stophs fest, sei die Verwirklichung der "Politik des Wachstums, des Wohlstandes und der Stabilität. (...) Einen anderen Weg kann es gar nicht geben. Jeder andere Weg führt in den Abgrund. Das ist der Weg der Restriktionen. Das hat man in der Weimarer Republik schon versucht. Im Grunde genommen haben uns die außenwirtschaftlichen Bedingungen in diese Lage gebracht. Sie haben sich seit dem VIII. Parteitag verändert und verändern sich weiter. Man muß doch ganz offen sagen: Eine andere Konzeption anzunehmen als die wachstumsorientierte Konzeption würde unter unseren Bedingungen sehr weitgehende Folgen haben."[91]

Doch mit der "wachstumsorientierten Konzeption" wuchs auch die Verschuldung weiter. Bereits im Mai 1978 schlug Schürer erneut Alarm. Der Schuldenstand war zum Jahresende 1977 auf 18,6 Milliarden VM geklettert. Detailliert führte Schürer den Mitgliedern des Politbüros die Schuldenspirale vor Augen: "Die Importüberschüsse ab 1973 wurden durch warengebundene Kredite finanziert, deren Aufnahme sich von 3,8 Mrd. VM 1972 auf 7,4 Mrd. VM 1977 erhöhte. Durch die hohen Kreditaufnahmen waren in den Jahren 1973 bis 1977 4,2

---

88 Vgl. das Gespräch mit Gerhard Schürer und Siegfried Wenzel, in: Pirker u.a. 1995, S. 74/75.
89 Zum Material der Staatlichen Plankommission 'Zur weiteren Durchführung des Volkswirtschaftsplanes 1977 sowie zur Ausarbeitung des Volkswirtschaftsplanes 1978'", Anlage zu: Schreiben von Willi Stoph an Erich Honecker, 20.5.1977, S. 1 (BArch/P, E-1-56348).
90 Ebd., S. 8/9.
91 Beratung beim Generalsekretär des Zentralkomitees der SED, Erich Honecker, zur weiteren Durchführung des Planes 1977 und zur Ausarbeitung des Volkswirtschaftsplanes 1978 am 2. Juni 1977, S. 31/34 (BArch/P, E-1-56323).

Mrd. VM bare Valutamittel für Zinszahlungen erforderlich. Die zur Kredittilgung und Zinszahlung erforderlichen Valutamittel wurden nicht im notwendigen Umfang erwirtschaftet. Ab 1975 reichten die Exporterlöse und die eingesetzten Sondermittel des Staates zur Bezahlung der in konvertierbaren Devisen fällig werdenden Kredittilgungen und Zinszahlungen nicht mehr aus. Auch durch die nicht wiederholbaren Sonderexporte aus staatlichen Reserven (Gold u.a. in Höhe von 300 Mio. VM 1977) konnten die Valutaeinnahmen und -ausgaben nicht bilanziert werden. Zum Ausgleich der Zahlungsbilanz wurden deshalb umfangreiche Bargeldkredite aufgenommen. Deren Stand erhöhte sich von 1,7 Mrd. VM 1975 auf 6,1 Mrd. VM 1977. Fällige Kredite wurden durch neue Kredite abgelöst und Zinsen durch Kredite bezahlt. Trotz hoher Exportzuwachsraten, Maßnahmen zur Importsenkung und weiteren Einsatz der geplanten Sondermittel des Staates reichen ab 1978/79 die Möglichkeiten zur Aufnahme neuer Bargeldkredite nicht mehr aus, um die nunmehr sowohl aus warengebundenen Krediten als auch aus Bargeldkrediten fälligen Tilgungen und Zinsen zu bezahlen."[92]

Im "kleinen Kreis" überzog Honecker den Überbringer der Botschaft mit einer deftigen Schelte: "Von einer vorausschauenden Planung muß man verlangen, daß rechtzeitig die Schlußfolgerungen gezogen werden und die Sache nicht erst zu einer solch zugespitzten Situation führt."[93] Denn für das Jahresende 1978 sagte Schürer eine Schuldenhöhe von 21,3 Mrd. VM voraus. Und da ein Drittel der fälligen Tilgungs- und Zinszahlungen nur geleistet werden könnten, wenn kapitalistische Banken dafür neue Bargeldkredite zur Verfügung stellten, sei die "Durchführung des Imports und die ständige Sicherung der Zahlungsfähigkeit weitestgehend von der Bereitschaft kapitalistischer Banken abhängig, uns Kredite zu gewähren."[94]

Doch um die Bonität der DDR war es zunehmend schlechter bestellt. Die Schuldendienstrate der DDR betrage 115 Prozent, bei konvertierbaren Devisen bereits 168 Prozent, so Schürer in einer gemeinsamen Vorlage mit Finanzminister Siegfried Böhm und den Bankpräsidenten Horst Kaminsky und Werner Polze Anfang 1979. Deshalb warnten die Finanzexperten eindringlich vor der Schuldenzins-Spirale: "International gehen die Großbanken in der Regel davon aus, daß ein Kreditnehmer nicht mehr als 25 Prozent seiner Valutaeinnahmen für Kredittilgungen und Zinszahlungen einsetzt. Da die Valutaausgaben für Zinszahlungen und Kredittilgungen die Einnahmen wesentlich übersteigen, entstehen jährlich neu die Bargelddefizite in größerem Umfang. Zum Ausgleich werden weitere Bargeldkredite aufgenommen, was Verschuldung und Zinsen weiter erhöht. Diese Spirale kann nicht fortgesetzt werden."[95]

Weil alle guten Vorsätze, die Exporte zu steigern und die Importe zu senken, fruchtlos blieben, regten Schürer, der Leiter des Amtes für Preise beim Ministerrat, Walter Halbritter, und Finanzminister Siegfried Böhm 1979 in Abstimmung mit Günter Mittag eine Erhöhung der Verbraucherpreise an. Doch ihr Vorstoß scheiterte, obwohl im "Kleinen Kreis" der Wirtschaftsverantwortlichen des Politbüros alle zugestimmt hatten. Erich Honecker: "Die Sitzung hat stattgefunden; die Genossen waren alle dafür. Ich habe vorgeschlagen, diese Fragen vorzubereiten und mit dem Plan zu entscheiden. Danach habe ich mit Genossen Stoph

---

92 Staatliche Plankommission/Der Vorsitzende, Stand und Probleme der Ausarbeitung der staatlichen Aufgaben für das Jahr 1979. Geheim! Nur Persönlich! 16.5.1978, S. 6/7 (BArch/P, E-1-56348).
93 Zur Beratung am 26.5.1978 (ohne Autor) (BArch/P, E-1-56348).
94 Staatliche Plankommission/Der Vorsitzende, Stand und Probleme der Ausarbeitung der staatlichen Aufgaben für das Jahr 1979, 16.5.1978, S. 8 (BArch/P, E-1-56348).
95 G. Schürer, S. Böhm, H. Kaminsky, W. Polze, Stand der Zahlungsbilanz der DDR gegenüber dem nichtsozialistischen Wirtschaftsgebiet 1978 und 1979 sowie erforderliche Maßnahmen, Berlin, 1.2.1979, S. 16 (BArch/P, E-1-56323).

und Genossen Mittag gesprochen und habe gesagt: 'Wenn man das macht, dann kann gleich das Politbüro zurücktreten und die Regierung auch.'"[96] Wie er es auch Breschnew vorgetragen habe, seien die wachsenden wirtschaftlichen Probleme nicht aufgrund des sozialpolitischen Programms des VIII. Parteitags entstanden, "sondern weil die im Plan vorgesehene Steigerung des Exports nicht eingetreten ist. Das heißt, Jahr für Jahr wurde der Plan im Export mit zwei bis drei Mrd. VM nicht gebracht."[97] Nicht einmal Breschnew, für den dieses Argument geschnitzt worden war, ließ sich mit derlei Spitzfindigkeiten umnebeln. Bei seinem Besuch in Ostberlin im Oktober 1979 schlug er "vor dem gesamten Politbüro mit der Faust auf den Tisch"[98] und ermahnte die SED-Führung, die Arbeitsproduktivität zu heben, "denn es ist richtig, wenn gesagt wird, daß man nur das verbrauchen kann, was man erzeugt hat. Es ist doch so, daß keiner von uns auf Kosten anderer leben oder sich für bankrott erklären will."[99]

Die unterlassene Anpassung an die veränderten außenwirtschaftlichen Bedingungen, die Kürzung der sowjetischen Rohöllieferungen ab 1982 als sichtbarstem Ausdruck der ökonomischen Schwäche der Sowjetunion sowie der Kreditboykott des Westens gegenüber allen osteuropäischen Staaten nach der Verhängung des Kriegsrechts in Polen am 13. Dezember 1981 führten die DDR jedoch genau dorthin: 1982/83 stand sie am Rande der Zahlungsunfähigkeit.

1.4. Moskau - Ost-Berlin I: Anzeichen der Stagnation und des Rückzuges der Vormacht

Die warnenden Worte Breschnews deuteten auf die Spannungen zwischen Moskau und Ostberlin am Ende der siebziger Jahre an. Aus sowjetischer Sicht war dagegen die erste Zeit nach Honeckers Amtsantritt "ohne Konflikte (verlaufen). Honecker trug nicht wenig zum Abschluß des vierseitigen Abkommens bei, war ein flexibler, aber energischer Verhandlungspartner der Bundesrepublik und setzte sich vor allem für die Idee der sozialistischen Integration im Rahmen des Rates für gegenseitige Wirtschaftshilfe ein. Er bat Breshnew ausdrücklich, die DDR de facto als eine Unionsrepublik der UdSSR zu betrachten und sie als solche in die Volkswirtschaftspläne der UdSSR einzubeziehen."[100] Schnell aber wurde in Moskau bekannt, daß der plötzliche Wohlstand der DDR auf Pump beruhte. Bei den Verhandlungen über die Rohstofflieferungen der Sowjetunion an die DDR von Alexej Kossygin im August 1973 zur Rede gestellt, offenbarte Ministerrats-Vorsitzender Stoph seinem sowjetischen Amtskollegen, "daß die internen Hinweise des Genossen Breschnew zur Verhinderung einer stärkeren Abhängigkeit und übermäßigen Verschuldung in kapitalistischen Ländern nicht ver-

---

96 Notizen zur Beratung des Politbüros des Zentralkomitees der SED zum Planentwurf 1980 am 27. November 1979, 27.11.1979, S. 3 (BArch/P, E-1-56296).
97 Ebd., S. 5.
98 Handschriftliche Aufzeichnung von Werner Krolikowski vom 16.1.1990, dok. in: Przybylski 1991, S. 327.
99 Stenographische Niederschrift der Zusammenkunft des Generalsekretärs des ZK der SED und Vorsitzenden des Staatsrates der DDR, Genossen Erich Honecker, sowie der weiteren Mitglieder und Kandidaten des Politbüros des ZK der SED mit dem Generalsekretär des ZK der KPdSU und Vorsitzenden des Präsidiums des Obersten Sowjets der UdSSR, Genossen Leonid Iljitsch Breschnew, sowie den anderen Mitgliedern der sowjetischen Partei- und Regierungsdelegation am 4.10.1979 im Amtssitz des Staatsrates der DDR, S. 23 (BArch/P, E-1-56296).
100 Kwizinskij 1993, S. 258.

wirklicht werden konnten."[101] Je weniger Rohstoffe sie aus der Sowjetunion und den übrigen sozialistischen Ländern erhalte, kündigte Stoph an, umso höher werde sich die DDR bis 1980 verschulden müssen.

Unstimmigkeiten in der Kampfgemeinschaft von KPdSU und SED ergaben sich bald auch auf dem Feld der Deutschlandpolitik. Auf der Woge der internationalen Anerkennung der DDR und getrieben vom Hunger nach Devisen stieg Honecker 1974 ohne nach sowjetischem Dafürhalten ausreichende Konsultationen in die deutsch-deutsche Arena und rang der Bonner Regierung in der Folgezeit Zahlungen für die Benutzung und den Ausbau der Verkehrswege zwischen der Bundesrepublik und West-Berlin sowie allerlei andere Leistungen ab, die jährlich schnell die Milliardengrenze überschritten.[102] Im Gegenzug gewährte die DDR "humanitäre Erleichterungen": Verwandtenbesuche und Touristenreisen, den Ausbau von Telefonverbindungen, weniger Beschränkungen für Postpakete und anderes mehr. Auch die Umsätze im regulären innerdeutschen Handel hatten sich im Vollzug der Entspannungspolitik zwischen 1970 und 1975 annähernd verdoppelt.

Moskau sah die These Breschnews von einer verschärften politischen Abgrenzung beider deutscher Staaten falsch verstanden. Als die SED-Spitze Ende 1974 mit der Rücknahme der im Jahr zuvor angeordneten Verdoppelung der Zwangsumtauschsätze um zwei Drittel[103] und der Befreiung der Rentner von der Umtauschpflicht auf ein politisches Junktim der Bundesregierung einging, das ihr im Gegenzug die Aufstockung des zinslosen Überziehungskreditrahmens im innerdeutschen Handel ("Swing") auf 850 Millionen DM jährlich einbrachte, wurde sie Anfang 1975 zum "politischen Uhrenvergleich" (Gromyko) in den Kreml einbestellt. Außenminister Andrej Gromyko drängte auf eine engere Abstimmung der Westpolitik der SED: "Im Verlaufe der letzten Monate war es so, daß die deutschen Genossen Vorschläge unterbreiten, uns um Meinungsäußerung bitten. Wir kommen aber nicht immer rechtzeitig dazu, unsere Meinung zum Ausdruck zu bringen, bevor die Realisierung von Vorschlägen seitens der DDR bereits in Angriff genommen worden ist. Wir sagen Ihnen das als unseren guten Freund(en). So etwas sagt man nur wahren Freunden. Wir sind gute Freunde, wir haben brüderliche Beziehungen. Das Gute hat bekanntlich keine Grenzen. Es kann immer verbessert werden. Ich möchte, daß Sie mich richtig verstehen."[104]

Axen, der zunächst den Vorwurf mangelnder Konsultation zurückgewiesen und betont hatte, daß die DDR "keiner unakzeptablen westdeutschen Forderung zugestimmt" habe, verstand und teilte Gromyko nach Rücksprache mit Honecker noch am selben Abend mit, "daß die DDR die Verhandlungen mit der BRD so führen wird, daß sie im Sande verlaufen. Wir werden sowohl inhaltlich unsere

---

101 Niederschrift über die Verhandlungen zwischen dem Vorsitzenden des Ministerrates der DDR, W. Stoph, und dem Vorsitzenden des Ministerrates der UdSSR, A.N. Kossygin, im Kreml am 20.8.1973, S. 13 (BArch/P, E-1-56286).
102 Die Zahlungen der Bundesrepublik an die DDR (Transitpauschale, Visagebühren, Postpauschale, Häftlingsfreikauf etc.) stiegen zwischen 1975 und 1979 von 599,5 Mio. DM auf 1,556 Mrd. DM an und blieben bis Ende der achtziger Jahre auf diesem Niveau. Vgl. HWWA, Gutachten "Die Bedeutung ...", in: Bundestag 1994a, Anhangband, S. 124 ff.
103 Der tägliche Umtauschsatz wurde mit Wirkung vom 15.11.1974 von 20 DM auf 13 DM gesenkt.
104 Aufzeichnungen über Beratungen einer Delegation des ZK der SED unter Leitung des Genossen Hermann Axen, Mitglied des Politbüros und Sekretär des ZK der SED, mit einer Delegation des ZK der KPdSU unter Leitung von Genossen A.A. Gromyko, Mitglied des Politbüros des ZK der KPDSU und Minister für Auswärtige Angelegenheiten der UdSSR am 27. und 28. Januar 1975 im Moskauer Kreml-Palast, S. 16 (SAPMO-BArch, ZPA-SED, IV 2/2.035/56).

Forderungen erhöhen als auch die Termine hinausschieben."[105] Zu einem Abbruch der Verhandlungen über den Ausbau und die Verbesserung der Verkehrswege zwischen Berlin und dem Bundesgebiet ließ sich die SED-Spitze jedoch nicht bewegen; tatsächlich wurden sie aber in die Länge gezogen und erst am 19. Dezember 1975 abgeschlossen. Neben der Beteiligung der Bundesrepublik an den Baukosten brachten sie der DDR eine Erhöhung der Transitpauschale für den Zeitraum zwischen 1976 und 1979 von 234 auf 400 Millionen DM ein.

Auch die Warnung Gromykos vor ökonomischer Kooperation mit der BRD, die sich die Sowjetunion aufgrund ihrer Größe leisten könne, hingegen für die kleine DDR gefährlich sei, wies Axen zurück. Die DDR sei auf maximale Verflechtung mit der UdSSR orientiert. Da sie jedoch bestimmte Rohstoffe nicht erhalte, müsse es im Interesse der ökonomischen und politischen Stabilität NSW-Importe geben.

Im Oktober 1975 unterzeichnete die SED-Führung in Moskau einen neuen Vertrag über Freundschaft, Zusammenarbeit und gegenseitigen Beistand, und Breschnew nutzte die Gelegenheit, Honecker wissen zu lassen, daß er in bezug auf die kommerziellen Geschäfte und den zunehmenden Reise- und Besucherverkehr zwischen beiden deutschen Staaten die Grenze, "die aus der Kontrolle des Politbüros gerät", überschritten sah.[106]

Doch die internationale Anerkennung der DDR durch über 100 Staaten sowie ihre Repräsentanz in der UNO und auf der Helsinki-Konferenz 1975 hatten das Selbstbewußtsein der Ost-Berliner Führung auch gegenüber der Vormacht gestärkt. Wenn sie sich auch, wie nach dem Nachrüstungsbeschluß der NATO im Dezember 1979, gedrängt sah, dem massiven sowjetischen Druck durch scharfe Abgrenzungsreden nachzugeben, den Zwangsumtausch erhöhte und die Zahl der akkreditierten Journalisten verringerte, agierte sie doch in einer neuen politischen Konstellation: Militärisch, politisch und ökonomisch in das sowjetische Imperium eingeordnet, ließ sich die DDR nicht davon abhalten, die Defizite des ökonomischen Austauschs im RGW in wachsendem Maße durch den Ausbau der politischen und wirtschaftlichen Beziehungen zum Westen zu kompensieren. Die Bundesrepublik war dabei der wichtigste Partner, doch geschickt verband sie sich auch mit anderen Ländern. Neben Frankreich entwickelten sich Japan und Österreich zu den wichtigsten Handelspartnern und Kreditgebern. Die Absicht jedoch, die Exporte der DDR in diese Länder zu steigern und gleichzeitig die Importe zu reduzieren, ließ sich nicht lange verwirklichen. "Natürlich sind die Kapitalisten nicht dumm und bemerken unsere Absicht", vertraute Honecker seinem ungarischen Kollegen Kadar an: "Sie werden so etwas nicht lange zulassen."[107] Daß diese Länder in der Tat einen Aktivsaldo der DDR im bilateralen Handel über längere Zeit nicht hinzunehmen bereit waren und auf den Rückgang der DDR-Importe eine Drosselung der Käufe in der DDR vornehmen würden, war Che-

---

105 Ebd., S. 26.
106 Stenographische Niederschrift der Verhandlungen der Partei- und Staatsdelegationen der DDR und der UdSSR in Moskau, Montag, den 6.10.75, S. 26 (SAPMO-BArch, ZPA-SED, IV B 2/20/155). - Wenn innerhalb eines Jahres 40.000 PKW mit westdeutschen Insassen ein DDR-Städtchen mit 12.000 Einwohnern besuchten, wie es ihm berichtet worden sei, sagte Breschnew vorwurfsvoll, käme die Ideologie mit hinein. Und, so fragte er Honecker, "woher soll der Sekretär der Parteiorganisation der SED wissen, wer da kommt, wenn es 40.000 PKWs sind?" (Ebd., S. 27).
107 Niederschrift über das Gespräch des Genossen Erich Honecker mit Genossen Janos Kadar am 30.11.1983, S. 14 (SAPMO-BArch, ZPA-SED, IV 2/2.035/73).

mieminister Günther Wyschofsky zuvor bei Verhandlungen in Frankreich erklärt worden.[108]

Auf die sich in der zweiten Hälfte der siebziger Jahre entfaltende Abhängigkeit Ost-Berlins von Bonn fand die Sowjetunion keine strategische Antwort. Trotz der Paralysierung des Moskauer Entscheidungszentrums durch Machtkämpfe während der langen Siechtumsphase Breshnews[109] schaute die Sowjetunion jedoch ganz so tatenlos, wie Kwizinskij suggeriert, nicht zu, wie die DDR "den goldenen Angelhaken immer tiefer (schluckte), von dem sie dann nicht mehr loskam."[110] Nach dem Nachrüstungsbeschluß der NATO im Dezember 1979 wurde die SED-Führung an die Abgrenzungsfront geschickt: "Hätte Schmidt nicht die bekannte Rolle gespielt, wäre es eventuell möglich gewesen, die Raketenbeschlüsse aufzuschieben", behauptete Boris Ponomarjow, der Leiter der Internationalen Abteilung des ZK der KPdSU, Anfang 1980 gegenüber Axen[111], und Breschnew trieb Honecker im Sommer auf der Krim in den Affront zur Bundesrepublik. Um Vorwürfen bezüglich der Westverschuldung die Spitze zu nehmen, hatte das Politbüro schon im Vorfeld des Krim-Besuches beschlossen, den "Sockel"[112] der Verschuldung bis 1985 zu halbieren.[113]

Unmittelbare Folge war nun die Erhöhung des Zwangsumtausches auf 25 DM. Dem Schlag gegen die innerdeutsche Kommunikation - die Besuchsreisen aus der Bundesrepublik gingen um über vierzig Prozent zurück - folgte eine scharfe Abgrenzungsrede Honeckers in Gera, in der er vier Forderungen gegenüber der Bundesregierung erhob: die Respektierung der Staatsbürgerschaft der DDR und keine Ausstellung von BRD-Pässen für DDR-Bürger, die Auflösung der "Zentralen Erfassungsstelle für Menschenrechtsverletzungen in der DDR" in Salzgitter, die Umwandlung der Ständigen Vertretungen in Botschaften und die Festlegung des Verlaufs der Staatsgrenze auf der Elbe in der Mitte des Flusses.[114]

Besorgt erkundigte sich Bonns Ständiger Vertreter in Ost-Berlin, Günter Gaus, wenige Tage später bei Honecker, ob mit den Geraer Forderungen eine grundsätzliche Veränderung der Politik gegenüber der Bundesrepublik zu erwarten

---

108 Vgl. den Bericht des DDR-Chemieministers Wyschofsky über seine Verhandlungen in Frankreich vom 20.11.1982 (SAPMO-BArch, ZPA-SED, Büro Mittag, vorl. SED 30158).
109 Über den Zustand Breschnews während seiner letzten Lebensjahre äußerte sich der bulgarische Parteichef Todor Shiwkow in einem Gespräch mit dem ungarischen Kadar-Nachfolger Karoly Grosz: "Sieben bis acht Jahre war Breschnew eine Leiche. Und Kadar weiß und ich weiß, daß man absolut keinen Dialog mit ihm führen konnte. Wir gehen hin, ich sage ihm etwas, der Dolmetscher übersetzt es, und Tschernenko erklärt ihm, was ich gesagt habe. Dialoge kamen nicht zustande. Zum Schluß las Breshnew nicht einmal mehr und Tschernenko las, was ihre Anmerkungen zu unserer Angelegenheit sind" (Über das Gespräch des Genossen Todor Shiwkow mit Genossen Karoly Grosz, 17. April 1989, Residenz 'Bojana', S. 12). Die Aufzeichnung des Gespräches, die keinen Urheber nachweist, wurde von Honecker am 6.6.1989 abgezeichnet und an alle Mitglieder und Kandidaten des Politbüros verteilt (SAPMO-BArch, ZGA-FDGB, BUVO o.Nr.).
110 Vgl. Kwizinskij 1993, S. 261.
111 Bericht über ein Arbeitstreffen des Genossen Hermann Axen mit leitenden Genossen des Zentralkomitees der KPdSU am 23. und 24. Januar 1980 in Moskau, S. 14 (SAPMO-BArch, ZPA-SED, IV B 2/20/156).
112 Die (solide und stabil klingende) Bezeichnung "Sockel" wurde in der Sprache des Politbüros als Synonym für die (dynamisch wachsende) Verschuldung benutzt.
113 Vgl. "Konzeption zum Abbau der Höhe der Verbindlichkeiten der DDR gegenüber dem nichtsozialistischen Wirtschaftsgebiet, Berlin, 27.6.1980 (SAPMO-BArch, ZPA-SED, J IV 2/2A/2334). Siehe dazu weiter unten.
114 Vgl. die Rede Honeckers in Gera, abgedruckt in: Neues Deutschland, 14.10.1980.

sei.[115] Doch Honecker versicherte, daß mit seinen Ausführungen "keinesfalls der Rückwärtsgang in den Beziehungen zwischen der DDR und der BRD eingeschaltet worden" sei - "von einem Kurswechsel könne keine Rede sein."[116]

Im Politbüro fand diese politisch-pragmatische Flexibilität des Generalsekretärs keine uneingeschränkte Unterstützung. Als Konfident der KPdSU im SED-Politbüro meldete Werner Krolikowski, der als Stellvertreter Stophs die geheimdienstlichen Aktivitäten im Apparat des Ministerrates koordinierte, Honeckers Aktivitäten als "unverantwortliche, doppelgesichtige Zick-Zack-Politik" nach Moskau weiter.[117] "EH verschaukelt uns und die sowjetischen Freunde," gab Krolikowski die Einschätzung Mielkes über die Begegnung von Honecker und Gaus wieder. Nach Mielkes gegenüber Stoph geäußerter Meinung spiele Honecker "nach beiden Seiten, einmal so, einmal so." Man müsse damit rechnen, befürchte Mielke, "daß EH weitere politische Geschäfte mit der BRD macht."[118] Als Konsequenz schlug Krolikowski Moskau vor, mit Honecker "über die gemachten Fehler zu sprechen, damit die Grundlage für einen prinzipiell klaren außenpolitischen Kurs gegenüber der BRD erarbeitet und dem X. Parteitag (im Jahr 1981, d.Vf.) zur Beschlußfassung vorgeschlagen wird."[119]

Eine ernsthafte politische Alternative zu Honeckers Kurs konnten die Freunde Moskaus jedoch nicht anbieten. Wenn die Sowjetunion schon die seit Jahren heraufziehende polnische Wirtschaftskrise nicht hatte verhindern helfen können, wie sollte sie dann der DDR, dem Land mit dem höchsten Lebensstandard im RGW, Unterstützung für eine Abkopplung von der BRD gewähren? Schon seit Jahren tat sie das Gegenteil: Allein für die Substitution vereinbarter, aber ausbleibender sowjetischer Getreide- und Futtermittellieferungen durch Importe aus westlichen Industrieländern mußte die DDR in den zwölf Jahren zwischen 1971 und 1981 insgesamt 15 Mrd. VM aufwenden.[120]

Als symptomatisch für den sich zuspitzenden Verteilungskampf innerhalb des RGW erwiesen sich die Auseinandersetzungen um die Erdöllieferungen der Sowjetunion im Jahre 1981. "Unsere Ökonomen, Erich, haben errechnet, daß der direkte Vorteil der Bruderländer durch die Brenn- und Rohstoffimporte aus der UdSSR im vergangenen Jahrfünft 15 Milliarden Rubel ausmachte, und in diesem Jahrfünft fast 30 Milliarden betragen wird. Das ist eine große Summe", trug Breschnew im Sommer 1981 Honecker auf der Krim vor. "Es gibt auch sachkundige Leute, die feststellen, daß der Vorteil noch größer ist", referierte er weiter, "da nicht selten die Empfänger der sowjetischen Lieferungen von Erdöl und Erdölprodukten diese an Kapitalisten weiterverkaufen"[121] - eine unmißverständliche Anspielung auf die entsprechenden Geschäfte der DDR. Die offizielle Ankündi-

---

115 Vgl. Niederschrift über ein Gespräch des Generalsekretärs des ZK der SED und Vorsitzenden des Staatsrates der DDR, Erich Honecker, mit dem Leiter der Ständigen Vertretung der BRD in der DDR, Staatssekretär Günter Gaus, am 3.11.1980 (SAPMO-BArch, ZPA-SED, J IV J/87).
116 Ebd., S. 2 und S. 15.
117 Notiz von Werner Krolikowski über Honecker und seine Politik vom 16.12.1980, dok. in: Przybylski 1991, S. 342.
118 Notiz von Werner Krolikowski über ein Gespräch zwischen Willi Stoph und Erich Mielke am 13.11.1980, in: Przybylski 1991, S. 345-348.
119 Notiz von Werner Krolikowski über Honecker und seine Politik vom 16.12.1980, dok. in: Przybylski 1991, S. 343.
120 Vgl. HWWA, Gutachten "Die Bedeutung ...", in: Bundestag 1994a, Anhangband, S. 92.
121 Niederschrift über das Treffen zwischen Genossen L.I. Breschnew und Genossen E. Honecker am 3. August 1981 auf der Krim, S. 5 (SAPMO-BArch, ZPA-SED, J IV 2/2A/2419).

gung der Sowjets, die Erdöllieferungen zu kürzen[122], traf die DDR, die 1980/81 bereits in größerem Umfang Steinkohlelieferungen aus Polen wegen der dortigen Streiks abschreiben und durch West-Importe kompensieren mußte, hart. Der Verlust auch nur eines Teils der sowjetischen Lieferungen werde sich "außerordentlich negativ auf die Volkswirtschaft der DDR auswirken. Offen gesagt", teilte Honecker Breschnew mit, "damit würden die Grundpfeiler der Existenz der Deutschen Demokratischen Republik untergraben."[123]

In dramatischen Verhandlungen versuchte zunächst Schürer, dann Honecker selbst, die Sowjets umzustimmen. 3,7 Milliarden Rubel, darunter eine Milliarde Dollar, habe die DDR in die tiefere Spaltung des Erdöls investiert, um den Ausstoß von hellen Produkten zu steigern: "Man kann der DDR nicht Erdöl kürzen, ohne gewaltige Verluste in der ganzen Breite der Volkswirtschaft zu verursachen", trug Schürer Nikolai Baibakow vor, dem Vorsitzenden von Gosplan.[124] "In den sechzehn Jahren unserer Zusammenarbeit, Nikolai Konstantinowitsch, haben wir beide viele komplizierte Probleme gelöst, aber es gab nie ein so ernstes wie heute. Ich gehe doch wohl zu Recht davon aus, daß eine gesunde, stabile, sozialistische DDR eine wichtige Rolle im strategischen Konzept der UdSSR spielt. Wir haben den Imperialismus vor unserer Haustür mit seiner Hetze auf drei Fernsehprogrammen. Jetzt haben wir auch noch die Konterrevolution in Polen in unserem Rücken."[125] Doch Baibakows Verhandlungsspielraum war gering. Er bot Schürer den Weiterbezug der zur Kürzung anstehenden 2,168 Millionen Tonnen Erdöl an - aber nur gegen freie Devisen in Höhe von rund 600 Mio. Dollar, die die Sowjetunion dringend für Getreideimporte benötige.

Keinen günstigeren Verlauf nahm die Verhandlung, die Honecker selbst mit Konstantin Russakow, dem Sekretär des ZK der KPdSU für Internationale Fragen führte. Die beabsichtigte Kürzung hätte "verheerende Auswirkungen", warnte Honecker und bat Russakow, Breschnew zu fragen, "ob es zwei Millionen Tonnen Erdöl wert sind, die DDR zu destabilisieren und das Vertrauen unserer Menschen in die Partei- und Staatsführung zu erschüttern."[126] Russakow, der bereits zuvor auf die katastrophale Mißernte und auf eine mysteriöse Havarie, ein Unglück von einem Ausmaß, "wie es seit der Existenz der Sowjetunion noch nicht gegeben hat" (S. 28)", hingewiesen hatte, wiederholte sich: "Genosse Leonid Iljitsch hat mich beauftragt, dem Politbüro der SED mitzuteilen, in der UdSSR gibt es ein großes Unglück. Wenn ihr nicht bereit seid, die Folgen dieses Unglücks mit uns gemeinsam zu tragen, dann besteht die Gefahr, daß die Sowjetunion ihre gegenwärtige Stellung in der Welt nicht halten kann und das hat dann Folgen für die ganze sozialistische Gemeinschaft" (S. 30). Weder Honecker noch Günter Sieber, der als Leiter der Abteilung für Internationale Fragen des ZK an dem Gespräch teilnahm, verstanden damals, um welches "Unglück" und welche "Havarie" es sich handeln sollte und was Russakow in diesem Zusammenhang mit der Formulierung meinte, die Sowjetunion stehe praktisch wieder

---

122 Vgl. Schreiben von Leonid Breschnew an Erich Honecker, 27.8.1981 (SAPMO-BArch, ZPA-SED, J IV 2/2A/2422).
123 Schreiben von Erich Honecker an Leonid Breschnew, Berlin, 4.9.1981, S. 2 (SAPMO-BArch, ZPA-SED, J IV 2/2A/2422).
124 Niederschrift über die Beratung der Genossen Schürer und Baibakow am 15.9.1981, S. 10 (BArch/P, E-1-56296).
125 Ebd., S. 10.
126 Niederschrift über das Gespräch des Generalsekretärs des ZK der SED, Genossen Erich Honecker, mit dem Sekretär des ZK der KPdSU, Genossen Konstantin Viktorowitsch Russakow am 21. Oktober 1981, Berlin, den 21. Oktober 1981, S. 29 (SAPMO-BArch, ZPA-SED, J IV 2/2A/2431). - Die folgenden Seitenangaben im Text beziehen sich auf diese Quelle.

vor Brest-Litowsk.[127] Weil Sieber auch auf Nachfrage keine nähere Erklärung erhielt, was den Friedensabschluß von Brest-Litowsk mit der Kürzung der Erdöllieferungen an die DDR verband, nahm er diese Anspielung nicht in das Gesprächsprotokoll auf.[128] Erst nach 1989 kam ihm der Gedanke, daß dies das erste Anzeichen für das "Ende der sowjetischen Globalstrategie und das damit zwangsläufig verbundene Abkoppeln der DDR" gewesen war.[129]

1.5. Gratwanderung am Abgrund (1981-1983)

Bereits vor dem Konflikt mit der Sowjetunion um die Höhe der Erdöllieferungen war die krisenhafte Zuspitzung der wirtschaftlichen Lage der DDR in der Vorbereitungsphase des Fünfjahrplans 1981 bis 1985 Anlaß gewesen, über grundlegende ökonomische Schwächen des DDR-Wirtschaftssystems im Politbüro nachzudenken. Am 30. Oktober 1979 beriet das Politbüro eine auf Vorarbeiten der SPK beruhende "Analyse zur Effektivität der Investitionen in der Volkswirtschaft der DDR."[130]

Die Untersuchung förderte zu Tage, daß sich der Anteil der "produktiven Akkumulation" (Nettoinvestitionen im produzierenden Bereich) am verwendeten Nationaleinkommen über eine lange Zeit kontinuierlich verringert hatte, und zwar von durchschnittlich 11,4 Prozent im Zeitraum 1966 bis 1970 über 10,5 Prozent im Jahresdurchschnitt der folgenden fünf Jahre auf nur noch 9,6 Prozent im Jahre 1978. Demgegenüber war der Anteil der im nicht-produzierenden Bereich eingesetzten Investitionen gestiegen - und zwar vor allem im Wohnungsbau. Zugleich war die Effektivität der Investitionen im produzierenden Bereich (Nationaleinkommenszuwachs je 1000 Mark Bruttoinvestitionen) beträchtlich gesunken: von 234 Mark im Zeitraum 1971 bis 1975 auf 184 Mark in den Jahren zwischen 1976 und 1978. Schließlich zeigte auch die Grundfondsquote - die Produktion von Nationaleinkommen je 1000 Mark Grundfonds -, eine rückläufige Tendenz. Besonders hervorgehoben wurde, daß auf der einen Seite ein hoher Anteil des Bestandes an Ausrüstungen, nämlich vierzig Prozent, nicht älter als fünf Jahre sei, auf der anderen Seite jedoch gleichzeitig der Bestand an völlig überalterten Ausrüstungen stark zugenommen habe; ein Ausdruck des Mißverhältnisses zwischen den (getätigten) Erweiterungs- und den (unterlassenen) Rationalisierungsinvestitionen. Das Volumen und die Effektivität der produktiven Akkumulation reiche nicht aus, hieß es zusammenfassend, "um sowohl die unabdingbare Erweiterung der Produktionskapazitäten zur Sicherung eines hohen dynamischen Wachstums als auch die umfassende Rekonstruktion und Erneuerung der vorhandenen Grund-

---

127 In Brest-Litowsk hatte Lenin im März 1918, um Zeit für die innere Konsolidierung zu gewinnen und das nach der Oktoberrevolution zerrissene Land zu retten, einem Friedensabschluß mit den Mittelmächten Deutschland, Österreich-Ungarn, Bulgarien und der Türkei zugestimmt, durch den Sowjetrußland auf Polen, Litauen, Kurland, der Ukraine und Teilen Armeniens auf einen beträchtlichen Teil seines äußeren Einflußgebietes verzichten mußte.
128 Gespräch d. Vf. mit Günter Sieber, 20.10.1993.
129 Sieber 1992, S. 232; Sieber 1994, S. 71 ff.
130 Vgl. Günter Mittag/Willi Stoph, Vorlage für das Politbüro, Betreff: Aufgaben zur Erhöhung der Effektivität der Investitionen zur weiteren Stärkung der ökonomischen Leistungsfähigkeit der DDR, Berlin, 18.10.1979, Anlage 3: Analyse zur Effektivität der Investitionen in der Volkswirtschaft der DDR, (SAPMO-BArch, ZPA-SED, J IV 2/2A/2269, Band 1). Der Titel der entsprechenden Vorarbeit der Staatlichen Plankommission lautete: "Hauptergebnisse aus der Analyse des Einsatzes der Akkumulation und ihrer Effektivität seit 1960 insbesondere für die Entwicklung der produktiven Akkumulation, Berlin, 28. September 1979 (SAPMO-BArch, ZPA-SED, J IV 2/2A/2271). - Die folgenden Seitenangaben im Text beziehen sich auf Anlage 3 dieser Quelle.

fonds mit dem Hauptziel der Einsparung von gesellschaftlicher Arbeit zu sichern" (S. 3). Die Hauptursache für steigende Instandhaltungsaufwendungen und das Anwachsen der Reparaturarbeiten liege in der "nicht ausreichenden Bereitstellung von Ausrüstungen", was insbesondere "mikroelektronische Bauelemente, Werkzeugmaschinen, numerische und nicht-numerische Steuerungen, Meß- und Prüfmittel, Rationalisierungsmittel für Transport-, Umschlag- und Lagerprozesse und Baumechanismen" betreffe. Als Grund dafür wiederum wurde angegeben, daß die Leistungsfähigkeit der Ausrüstungsproduzenten nicht ausreichend entwickelt worden sei: "Der Anteil der Investitionen im Maschinenbau und in der Elektrotechnik an den Gesamtinvestitionen der Industrie ist von 27,9 Prozent im Jahre 1970 auf 21,5 Prozent im Jahr 1978 zurückgegangen" (S. 6).

Die Effektivität der Investitionsvorhaben, so wird in der Analyse weiter beklagt, leide insgesamt unter der Verschwendung von Ressourcen, dem Nachhinken hinter dem neuesten Stand von Wissenschaft und Technik und zu langen Bauzeiten. Der generelle Mangel an Reserven, bedingt durch den hohen Grad der Vorbestimmung und Verplanung der zur Verfügung stehenden Mittel in den Fünfjahrplänen und der jährlichen Volkswirtschaftspläne, wirke sich zudem innovationshemmend aus; zusätzliche Aufgaben, die sich aus neuen Erkenntnissen von Wissenschaft und Technik ergäben, seien in der Regel nur zu Lasten von geplanten oder bereits begonnenen Vorhaben zu realisieren (S. 14).

Das Ursprungsmaterial der Plankommission warf als "Grundfrage" auf, "die weitere Erhöhung der produktiven Akkumulation mit einer wesentlichen Verbesserung ihrer volkswirtschaftlichen Effektivität zu verbinden."[131] Für die achtziger Jahre wurden ein weiterer Anstieg der Rohstoffpreise, erhöhte Aufwendungen zur Sicherung der inländischen Rohstoffbasis sowie eine wesentlichen Erhöhung des Warenexports gegen Devisen zur Sicherung der Zahlungsfähigkeit der DDR prognostiziert. Wichtigste Aufgabe sei deshalb eine generelle Erhöhung des Anteils der Akkumulation am Nationaleinkommen, insbesonders aber die spezifische Verstärkung des Anteils der produktiven Akkumulation. Der Zuwachs der Akkumulation in den "nicht-produzierenden Bereichen" sei auf den Wohnungsbau zu konzentrieren; für "andere nicht-produzierende Bereiche" dagegen - genannt wurden das Bildungs-, Gesundheits- und Sozialwesen sowie die Bereiche Kultur und Erholung - könne das Volumen nicht wachsen.[132]

Damit die zur Verfügung stehenden Ausrüstungsinvestitionen im Sinne hoher Produktionswirksamkeit optimal eingesetzt werden könnten, schlug die Plankommission eine Total-Überprüfung aller vorgesehenen Vorhaben vor. Die extensive Ausweitung von Produktionskapazitäten sei zu begrenzen, statt dessen Rationalisierungsinvestitionen der Vorzug zu geben, wobei einer umfassenden Anwendung der Mikroelektronik eine Schlüsselrolle zugewiesen wurde.[133] Auch refinanzierbaren Kompensationsgeschäften mit kapitalistischen Firmen "in den Hauptbereichen der materiellen Produktion" wurde eine wichtige Rolle bei der Stärkung der Akkumulationskraft der DDR-Wirtschaft zugeschrieben.

Den grundlegenden Fakten zur Verschlechterung der Effektivität der Investitionen als "Problem, das uns alle alarmieren muß" (Honecker), verschloß sich das Politbüro nicht. "Hier muß wirklich das Steuer herumgerissen werden", betonte der Generalsekretär.[134] "Wir sprechen über die sozialistische Rationalisie-

---

131 Hauptergebnisse aus der Analyse des Einsatzes der Akkumulation ..., S. 14.
132 Ebd., S. 18.
133 Ebd., S. 25.
134 Niederschrift zur Sitzung des Politbüros über die Aufgaben zur Erhöhung der Effektivität der Investitionen zur Stärkung der ökonomischen Leistungsfähigkeit der DDR am 30.10.1979, S. 4 (PdV). - Zur Behandlung der Akkumulationsanalyse im Politbüro vgl. das Gespräch mit Gerhard Schürer und Siegfried Wenzel, in: Pirker u.a. 1995, S. 79.

rung, wir sprechen über die Freisetzung von Arbeitskräften. Aber das Verhältnis (zwischen Erweiterungs- und Rationalisierungsinvestitionen, d.Vf.) hat sich noch verschlechtert. Das sind alles Dinge, die gegen unsere Propaganda sprechen. Diese qualitativen Kennziffern sprechen gegen uns. Sie sprechen dafür, daß wir gut zu reden verstehen, aber die Wirklichkeit vollzieht sich anders."[135] Doch bereits die in der Analyse der SPK vorgenommene Unterscheidung in "produktive" und "nicht-produktive" Bereiche stieß auf den Widerspruch des Generalsekretärs und der Vertreter der "nicht-produktiven" Bereiche im Politbüro. Honecker vermochte darin nur eine Unterschätzung des "sogenannten nicht-produktiven Bereichs" zu erkennen; weil die industrielle Entwicklung ohne das Bildungs- und Gesundheitssystem nicht vorstellbar sei, forderte der Generalsekretär "die Ideologie (zu) beseitigen, daß der sogenannte produktive Bereich dem sogenannten nichtproduktiven Bereich gegenübergestellt wird."[136] Insbesondere verwahrte er sich dagegen, das Wohnungsbauprogramm als nichtproduktiv zu bezeichnen. In der Diskussion sprangen ihm Kurt Hager, Alfred Neumann, Inge Lange, Horst Sindermann und Harry Tisch bei. Chefideologe Hager inkriminierte, daß der von der SPK verwendete Begriff der nicht-materiellen Produktion bei Marx nicht auftauche. Während er sich nachhaltig gegen die unterstellte Vernachlässigung der in seine Zuständigkeit fallenden Bereiche von Bildung bis zu Sport, Kunst und Kultur aussprach, hatte Harry Tisch das Ende des FDGB-Feriendienstes vor Augen und legte vorsorglich Protest gegen einen Bau-Stop von Erholungsheimen ein.

Als Ergebnis der Diskussion im Politbüro faßte Honecker zusammen, daß die Analyse lediglich zur Kenntnis genommen, nicht aber verbreitet werden sollte; man werde im übrigen planmethodische Veränderungen vornehmen müssen, um die "falsche Ideologie" der Plankommission zu beseitigen. Den strukturpolitischen Vorschlägen der SPK folgte das Politbüro nicht; sein Beschluß erschöpfte sich im wesentlichen in Maßnahmen zur Verstärkung der Kontrolle der Mittelverwendung bei Investitionsvorhaben und in allgemeinen Appellen zur Erhöhung der Effektivität von Investitionen, vor allem durch Materialeinsparungen und eine bessere "Sekundärrohstoffverwertung". Beschlossen wurde dagegen, daß bei der Ausarbeitung des Fünfjahrplans eine Investitionsreserve von fünf bis zehn Prozent des Investitionsumfangs für die kurzfristige Verwirklichung neuer Aufgaben gebildet werden sollte. Ohne die von der SPK vorgeschlagenen Einschnitte und Schwerpunktsetzungen bei der Investitionsplanung bestand dafür jedoch von vornherein keinerlei Spielraum und damit keine Realisierungschance.

Bereits ein halbes Jahr später war im Planansatz für die Ausarbeitung des Volkswirtschaftsplans 1981 von einer "Investitionsreserve" keine Rede mehr. Statt dessen wurde das exakte Gegenteil entschieden und die Akkumulationsquote zugunsten der Konsumtionsrate weiter gesenkt. Die Grundlinie des Planansatzes für 1981 bestand darin, bei einer gegenüber dem Vorjahr auf ein Niveau von 95,2 Prozent abgesenkten Akkumulation eine gesellschaftliche Konsumtion vorzusehen, die gegenüber 1980 auf 101,3 Prozentpunkte ansteigen sollte.[137] Diese Vorentscheidung gewann im weiteren Verlauf der Ausarbeitung auch des Fünfjahrplanes grundsätzlichen Charakter: Gegenüber einem durchschnittlichen Anteil von 22,8 Prozent in den Jahren 1976 bis 1980 und 22,5 bzw. 20,3 Prozent in den Jahren 1980 und 1981 wurde der Anteil der Akkumulation am verwendeten Nationaleinkommen mit 18,7 Prozent für 1982, 18,6 Prozent 1983, 18 Prozent

---

135 Ebd., S. 7.
136 Ebd., S. 3.
137 Vgl. Planansatz für die Ausarbeitung des Volkswirtschaftsplanes 1981 einschließlich des Entwurfs der Zahlungsbilanz, Berlin, 27.6.1980, GVS B 5-1381/80, S. 15 (SAPMO-BArch, ZPA-SED, J IV 2/2A/2333).

für 1984 und 18,9 Prozent für 1985 auf das Niveau der frühen sechziger Jahre heruntergedrückt.[138]

Zur gleichen Zeit wurde die Situation in der Zahlungsbilanz immer prekärer. Die Verschuldung gegenüber dem NSW betrug Ende 1979 22,7 Mrd. VM[139]; für Ende 1980 zeichnete sich mit 24,4 Mrd. VM ein neuer Höchststand ab.[140] Die Zahlungsverpflichtungen allein für Zinsen und Tilgungen betrugen 1980 120 Prozent der geplanten Exporteinnahmen.[141] "Wenn die kapitalistischen Banken der DDR keinen Kredit mehr gewähren, würde schon in wenigen Monaten die Lage eintreten, daß die DDR nicht mehr zahlungsfähig ist und keine Importe mehr durchführen kann", schrieb die SPK im Juni 1980 in einer Politbüro-Vorlage, in der sie, ihrer Linie treu bleibend, erneut eine enorme Steigerung der Exporte in das NSW und eine Verringerung der Importe aus dem NSW vorschlug, um die Verschuldung bis 1986 auf weniger als die Hälfte des Jahres 1980 herunterzudrücken.[142]

Zur Sicherung der Zahlungsbilanz waren bereits seit der zweiten Explosion der Erdölpreise in den Jahren 1978/79 vereinzelte Sparmaßnahmen im Heizöl- und Kraftstoffverbrauch durchgeführt worden. Als sich 1981 die Kürzung der sowjetischen Erdöllieferungen abzuzeichnen begann, wurden die bis dahin unsystematischen Einzelmaßnahmen in einem umfassenden Programm der "Heizölablösung" in der gesamten Wirtschaft, im privaten Verbrauch und selbst bei den "bewaffneten Organen" einschließlich der sowjetischen Streitkräfte in der DDR gebündelt. Mit einem zentralistischen Gewaltakt wurden republikweit die Heizwerke und Dampferzeuger von Öl- auf Braunkohleverbrauch umgerüstet. Bis Ende 1983 wurde das für die Wärmeversorgung eingesetzte Heizöl vollständig durch Braunkohle ersetzt, was einen Gesamtinvestitionsaufwand von rund 12 Milliarden Mark erforderte. Die Rohbraunkohleförderung wurde von 258 Mio. Tonnen im Jahre 1980 auf über 300 Mio. Tonnen 1985 gesteigert.[143] In Verbindung mit weiteren Sparmaßnahmen im Kraftstoffverbrauch gelang es auf diese Weise, dem inländischen Markt etwa sechs Millionen Tonnen Heizöl und andere Erdölprodukte zu entziehen. Der überwiegende Teil der freigesetzten Menge wurde devisenbringend auf dem westeuropäischen Markt abgesetzt. Um die Ausbeute der Raffinerien und Cracker in den erdölverarbeitenden Kombinaten in Schwedt und Leuna an hellen Produkten, vor allem Diesel und Benzin, zu erhöhen, wurden - wie bereits in den zurückliegenden Jahren - auch zwischen 1982 und 1984 moderne Verarbeitungsanlagen für die tiefere Spaltung des Erdöls mit einem Investitionsaufwand von über einer Milliarde VM komplett aus dem Westen importiert.

Die strukurpolitischen und ökologischen Folgen der "Heizölablösung" waren verheerend. Völlig überalterte und bereits zur Stillegung vorgesehene Anlagen

---

138 Vgl. Staatliche Plankommission, Information über den bisher erreichten Stand der Ausarbeitung des Fünfjahrplanes 1981 bis 1985 sowie des Volkswirtschaftsplanes 1982 in Verwirklichung der Direktive des X. Parteitages der SED und Maßnahmen zur weiteren Arbeit, Berlin, 4. September 1981, S. 10 (SAPMO-BArch, ZPA-SED, J IV 2/2A/2422).
139 Westdeutsche DDR-Forscher gingen demgegenüber auf der Basis des im Westen zugänglichen Zahlenmaterials von einer Netto-Westverschuldung der DDR Ende 1979 in Höhe von nur 15 Mrd. DM aus (vgl. Thalheim 1982, S. 62).
140 Vgl. Planansatz für die Ausarbeitung des Volkswirtschaftsplanes 1981 einschließlich des Entwurfs der Zahlungsbilanz, Berlin, 27.6.1980, S. 11 (SAPMO-BArch, ZPA-SED, J IV 2/2A/2333).
141 Konzeption zum Abbau der Höhe der Verbindlichkeiten ..., S. 1.
142 Ebd., S. 7.
143 Vgl. Schürer/Mitzinger/Wambutt, Vorlage für das Politbüro. Betr.: Grundlinie der Entwicklung der Braunkohlenindustrie im Zeitraum 1981-1985 und bis 1990, Berlin, 9.3.1981 (SAPMO-BArch, ZPA-SED, J IV 2/2A/2390).

der Carbochemie in Böhlen und Espenhain mußten weiter in Betrieb gehalten werden. Die Steigerung des Braunkohleverbrauchs führte zur höchsten Schadstoffbelastung der Luft durch Schwefeldioxyd, die in Europa gemessen wurde. Einige Standorte in Berlin sowie in den Bezirken Leipzig und Cottbus "hätten entsprechend den von der UNO empfohlenen Grenzwerten für Umweltbelastungen als nicht bewohnbar eingestuft werden müssen."[144]

In der zweiten Hälfte des Jahres 1982 spitzte sich die Wirtschaftslage der DDR dramatisch zu. "Wir spüren einen totalen Kreditboykott gegenüber der DDR, an dem sich auch Banken der BRD nicht unwesentlich beteiligen, die vorher bei Warenlieferungen und Finanzkrediten zu normalen Bedingungen an der Kreditvergabe internationaler Konsortien beteiligt waren", beschwerte sich Alexander Schalck im Juni 1982 bei dem Leiter der Ständigen Vertretung der Bundesrepublik in der DDR, Hans-Otto Bräutigam.[145] Während seines Krim-Treffens mit Honecker im August 1982 griff Breschnew den "besorgniserregenden Charakter" der finanziellen Abhängigkeit der DDR vom Westen auf und forderte von seinem ostdeutschen Amtskollegen, daß die DDR mit der CSSR und der Sowjetunion eine Schrittmacherfunktion bei der Reduzierung der Abhängigkeit von westlicher Technologie übernehmen solle.[146]

Seit dem 13. Dezember 1981, dem Tag, an dem in Polen das Kriegsrecht verhängt wurde, richteten sich "die Sanktionen des Imperialismus" auch gegen die DDR, klagte Honecker Ende 1982 dem polnischen Außenminister Olszowski: "Die DDR hat seit diesem Zeitpunkt keinen Dollar Kredit erhalten."[147] Um weiterhin Kredittilgungen und Zinszahlungen vornehmen zu können, gelang unter diesem Zwang, was jahrelang fehlgeschlagen war: eine Reduzierung der NSW-Importe, beispielsweise von Getreide und Futtermitteln. Für den zu dieser Zeit "täglichen Kampf um die Gewährleistung der Zahlungsfähigkeit" (Schürer) wurde neben der von Günter Mittag geleiteten "Arbeitsgruppe Zahlungsbilanz" des Politbüros eine "Arbeitsgruppe zur ständigen operativen Leitung und Kontrolle der Durchführung der Zahlungsbilanz der DDR mit dem NSW" unter Vorsitz von Planungschef Schürer eingerichtet, die Sofortmaßnahmen für den außerplanmäßigen Export von Waren ergriff, die im internationalen Handel gewöhnlich mit Bargeld bezahlt werden.[148] Ohne Rücksicht auf die Wirtschaftlich-

---

144 Kusch u.a. 1991, S. 70.
145 A. Schalck, Vermerk über das Gespräch zwischen Genossen Schalck und Bräutigam am 3.6.1982, Berlin, den 3.6.1982 (SAPMO-BArch, ZPA-SED, Büro Mittag vorl. SED 42177).
146 Niederschrift über das Treffen des Genossen Erich Honecker mit Genossen Leonid Iljitsch Breschnew auf der Krim am 11. August 1982, S. 5 (SAPMO-BArch, ZPA-SED, J IV 2/2A/2502).
147 Vermerk über ein Gespräch des Generalsekretärs des ZK der SED und Vorsitzenden des Staatsrates der DDR, Genossen Erich Honecker, mit dem Mitglied des Politbüros des ZK der PVAP und Minister für Auswärtige Angelegenheiten der VRP, Stefan Olszowski, am 4.11.1982, S. 10 (BArch/P, E-1-56275).
148 Die Einrichtung der "Ständigen Arbeitsgruppe Zahlungsbilanz" war Bestandteil des Politbüro-Beschlusses "Weitere Maßnahmen zur Durchführung der außenwirtschaftlichen Aufgaben der DDR im Jahre 1982" vom 22.6.1982 (vgl. SAPMO-BArch, ZPA-SED, J IV 2/2A/2491). Mitglieder der Arbeitsgruppe waren neben Gerhard Schürer als Leiter und Karl Grünheid als Sekretär Außenhandelsminister Gerhard Beil, der Leiter des Bereiches Kommerzielle Koordinierung, Alexander Schalck, der Präsident der Deutschen Außenhandelsbank (DABA), Werner Polze und die stellvertretende Finanzministerin Herta König.
Über die Tätigkeit der "Arbeitsgruppe Zahlungsbilanz" berichtete Gerhard Schürer am 29.12.1989 dem damaligen Generalstaatsanwalt der DDR, Harry Harrland: "Die Arbeitsgruppe hatte die Aufgabe, Dokumente für die Plan-Zahlungsbilanz für die damalige Parteiführung und Regierung zu beraten, operative Valutadispositionen zu bestätigen und Einzelentscheidungen zur Sicherung des Exports und des Zahlungs-

keit der Geschäfte und überwiegend zu Lasten der inländischen Versorgung wurden zusätzlich Rohstoffe und Konsumgüter wie Erdölprodukte und chemische Erzeugnisse, Stickstoff und Kali, Eier und Zement, Möbel, Haushalts- und Industrienähmaschinen, Mähdrescher, Gasherde und Fahrräder, Fleisch und Düngemittel, Butter und Waffen gegen Devisen verkauft, um den Ausfall von Waren- und Finanzkrediten zu kompensieren und auf diese Weise den Schuldendienst bedienen zu können. Auch mit extrem teuren Drehgeschäften, bei denen Waren, ohne sie umzuschlagen, auf Kreditbasis gekauft wurden, um sie sofort gegen cash weiterzuverkaufen, besorgte sich die DDR Bargeld. Für eine kurze Zeit konnte man mit dieser Politik das Überleben sichern - auf mittlere Sicht jedoch mußte sie in den Ruin führen. Doch Honeckers optimistische Äußerung gegenüber Olszowski, "auf Grund der unterschiedlichen Interessenlage der imperialistischen Staaten" sei es möglich, trotz des bedrohlichen Wirtschaftskrieges "Lücken zu finden", sollte sich bestätigen.[149]

1.6. Ost-Berlin - Bonn I: Die Stabilisierung der DDR durch die Milliardenkredite 1983 und 1984

Die Lücke, die den drohenden ökonomischen Kollaps und die dabei zu erwartenden inneren Konflikte zu vertagen half, war ein halbes Jahr später gefunden. Bereits im August 1982 hatte Schalck dem Leiter der Ständigen Vertretung der Bundesrepublik in Ost-Berlin, Bräutigam, unter Hinweis auf das Krim-Gespräch zwischen Honecker und Breschnew versucht, deutlich zu machen, daß die Bundesregierung in den Sog des "praktizierten Wirtschaftskrieges" und der weiteren internationalen Zuspitzung einbezogen werde, "wenn nicht deutliche Signale zur Wiederherstellung der über Jahrzehnte hinweg praktizierten Kreditbeziehungen zwischen der DDR und internationalen Großbanken, darunter auch zu Banken der BRD, gegeben werden."[150]
Nach dem Regierungswechsel in Bonn im Herbst 1982 blieb in der Deutschlandpolitik die angesichts des Widerstandes der CDU gegen die Ostverträge befürchtete "Wende zurück in die sechziger Jahre" aus.[151] Bundeskanzler Helmut Kohl kündigte für die konservativ-liberale Bundesregierung an, daß man zu den Verträgen mit dem Osten und den darin übernommenen Verpflichtungen stehen werde.[152] Im Juni 1983 übermittelte Schalck auch dem bayerischen Ministerpräsidenten Franz Josef Strauß die massive Warnung Honeckers, daß die "Schotten (zur Bundesrepublik, d.Vf.) dichtgemacht" würden, wenn der Handel mit der DDR "eingeschränkt oder nicht durchgeführt" werde. Die DDR werde in diesem Fall ihre "Aufgaben mit Hilfe des RGW lösen."[153] Wenn Strauß der DDR jedoch

---

verkehrs sowie zum Import zu treffen". Besonders wichtig war es Gerhard Schürer zu betonen, daß er als Leiter dieser Arbeitsgruppe "zu keinem Zeitpunkt ein Entscheidungsrecht gegenüber dem Bereich Kommerzielle Koordinierung" hatte. Vgl. Schreiben von Gerhard Schürer an Generalstaatsanwalt Dr. Harrland, 29.12.1989, S. 5 (BArch/P, E-1-56346). Vgl. auch Schürer 1996, S. 117/118.
149 Gesprächsvermerk Honecker/Olszowski, 4.11.1982, S. 10.
150 Alexander Schalck, Vermerk über ein Gespräch zwischen Genossen Schalck und Bräutigam am 26.8.1982, Berlin, den 26.8.1982 (SAPMO-BArch, ZPA-SED, Büro Mittag, vorl. SED 42177, Band 1).
151 Vgl. Der Spiegel Nr. 40/1982, S. 17.
152 Vgl. die Regierungserklärung Helmut Kohls, dok. in: Bundesministerium für innerdeutsche Beziehungen 1986, S. 130 ff.
153 So die nach der Aufzeichnung Schalcks an Strauß übermittelte Position Honeckers (Alexander Schalck, Niederschrift über das geführte Gespräch zwischen dem Vorsitzenden der CSU, F.J. Strauß, dem Staatsminister im Bundeskanzleramt, Jenninger, und Genossen Schalck am 5.6.1983 in Spöck/Chiemsee, Berlin, den 6.6.1983, S. 3, in: Bundestag 1994a, Anlagenband 3, Bl. 3395).

helfen könne, die Zahlungsbilanzkrise zu überwinden, erinnerte sich der bayerische Ministerpräsident später an die von Schalck überbrachte Botschaft Honekkers, wäre ihm "der Weg nach Westen" lieber. Als Gegenleistung stellte Honekker eine Reihe humanitärer Erleichterungen in Aussicht, - vorausgesetzt, Strauß mache sein Anliegen nicht publik.[154] Auf Drängen von Strauß übernahm die Bundesregierung in den Jahren 1983 und 1984 die Garantie für zwei ungebundene Finanzkredite von westdeutschen Landes- und Privatbanken über eine Milliarde bzw. 950 Millionen DM an die DDR, wobei sie ihr Risiko durch die Verpfändung der Transitpauschale absicherte. Als heimlicher Kredit wirkten zudem weitere 300 Millionen DM, die die Bundesregierung der DDR im Zuge der Neufestsetzung der Postpauschale am 15.11.1983 zukommen ließ.[155] Die DDR verbrauchte die Kredite nicht, sondern legte sie als Guthaben bei Banken an, womit ihre Bonität auf den internationalen Finanzmärkten wiederhergestellt wurde.[156]

Ein umfassenderes deutsch-deutsches Finanzprojekt, das in der Endphase der sozialliberalen Koalition unter der Bezeichnung "Zürcher Modell" (ZM) konzipiert worden war, kam nach der Vergabe der Milliardenkredite nicht mehr zum Zuge.[157] Es sah die Gründung einer Finanzgesellschaft mit Sitz in Zürich vor, an der sich seitens der DDR die KOKO-Handelsfirma Intrac, seitens der Bundesrepublik eine nicht näher bezeichnete staatliche Institution beteiligen sollte, der von einem ebenfalls noch nicht feststehenden westdeutschen Kreditgeber, - gedacht war an die Kreditanstalt für Wiederaufbau -, ein Rahmenkredit von vier Milliarden DM vor allem für die Finanzierung langfristiger Investitionsmaßnahmen in der DDR eingeräumt werden sollte. Eine Erhöhung des Geschäftsvolumens auf

---

154 Strauß 1989, S. 473.
155 Die Postpauschale betrug im Jahr 1982 99,5 Mio. DM, während 1983 399,5 Mio. DM an die DDR überwiesen wurden. In dieser Summe waren zwei als "Vorauszahlungen" getarnte Kredite in Höhe von je 50 Mio. DM enthalten, die 1987 und 1990 verrechnet werden sollten, worauf einer Aufstellung des HWWA zufolge auch im Jahr 1987 verzichtet wurde (vgl. den Abdruck der Vereinbarungen zur Verbesserung des Postverkehrs vom 15.11.1983, in: BMIB 1986, S. 160-162; zu den Zahlungen der Bundesregierung siehe die Aufstellung in HWWA, Gutachten "Die Bedeutung ...", in: Bundestag 199a, Anhangband, S. 124/125).
156 In der Frage des nach 1990 heftig diskutierten Verbleibens der Provisionen, die sich bei beiden Krediten zusammengenommen auf rund siebzehn Millionen DM beliefen, schuf ein Untersuchungsausschuß des Bayerischen Landtages Aufklärung. Sie flossen entsprechend der banküblichen Gepflogenheiten an die das kreditgebende Banken-Konsortium führende Bayerische Landesbank. Dort seien sie verblieben, sofern sie nicht weitergegeben wurden - an die anderen beteiligten Banken (vgl. Bayerischer Landtag 1994, S. 32). Warum sich Schalck mit dem Kreditbegehren über den im innerdeutschen Handel stark engagierten Fleischhändler Josef März ausgerechnet an Strauß wandte, konnte der Ausschuß ebensowenig abschließend klären wie den Hintergrund einer späteren Mitteilung von Schalck an Staatssicherheitschef Mielke, das Unternehmen März wirke als "gedeckte Finanzquelle der CSU" (Alexander Schalck, Vermerk für Genossen Minister Mielke, Berlin, 27.10.1988) (PdV).
157 Vgl. das Protokoll der ersten Beratungsrunde über das "Zürcher Modell" am 10.3.1982. Beteiligt waren von westdeutscher Seite der frühere parlamentarische Geschäftsführer der SPD-Bundestagsfraktion und SPD-Staatssekretär im Bundeskanzleramt, Karl Wienand, und Holger Bahl, Direktor der Bank für Kredit und Außenhandel in Zürich, einer Tochterbank der Landesbank Rheinland-Pfalz; von DDR-Seite der Generaldirektor der KOKO-Firma INTRAC Handelsgesellschaft mbH, Horst Steinebach, und sein für die Finanzen zuständiger Stellvertreter Günter Grötzinger (SAPMO-BArch, ZPA-SED, Büro Mittag, vorl. SED 42004).

bis zu zehn Milliarden DM schien den Initiatoren nicht ausgeschlossen.[158] Der Haken für die DDR-Seite war, daß sein Zustandekommen von westdeutscher Seite junktimförmig an Zugeständnisse der DDR im humanitären Bereich - wie die Senkung des Reisealters für Rentner von 65 auf 60 Jahre - gekoppelt sein sollte, was mit Sicherheit auf zusätzliche Vorbehalte der Sowjetunion gestoßen wäre. So attraktiv allein die Höhe des in Aussicht gestellten Kreditrahmens wirken mochte, so widersprach zudem die Konzentration auf eine einzige Finanzgesellschaft dem Interesse der DDR an einer Diversifizierung ihrer Kreditbeziehungen, um einseitige Abhängigkeiten zu vermeiden. Dem Vorschlag haftete deshalb offensichtlich frühzeitig das Odium der Geheimdienst-Nähe an, konnte eine gemeinsame Finanzierungsgesellschaft doch vor allem westlichen, insbesondere westdeutschen Diensten einen tiefen Einblick in die wirtschaftliche Lage der DDR und neue Stützpunkte für Spionage jeder Art eröffnen. So scheint es plausibel, daß das Spiel mit dem Zürcher Modell auch nach der Zuteilung des zweiten Milliardenkredites nur deshalb fortgesetzt wurde, um die Absichten der jeweils anderen Seite und die Hintergründe der beteiligten Personen gründlicher auszuspähen. Im Vorfeld des Honecker-Besuches in der Bundesrepublik wurden die diesbezüglichen Ränke und Gedanken-Spiele abgebrochen.[159]

Mit der Wiederherstellung der Bonität der DDR auf den internationalen Finanzmärkten gelang es Strauß und Kohl auf der einen sowie Honecker und Schalck auf der anderen Seite, den Eintritt einer politischen Krisensituation in der DDR zu vertagen, deren Lösung sich zur damaligen Zeit kaum von der polnischen - der Verhängung des Kriegsrechts - unterschieden hätte. Als sein und des Bundeskanzlers zentrales Motiv hob Strauß bei der Einfädelung des ersten Kredites gegenüber Honeckers Unterhändler Schalck hervor, "daß die Abkapselung der DDR im RGW der Entwicklung des Friedens in Europa, besonders der allseitigen Entwicklung der Beziehungen zwischen den beiden deutschen Staaten, nicht dienlich sein wird."[160] Daß die DDR-Drohung ernst genommen wurde, hatte einen tieferen Grund: Die Bundesregierung und der bayerische Ministerpräsident waren zu diesem Zeitpunkt nicht nur über die ernste Wirtschaftslage der DDR bestens informiert[161] und über deren mögliche innere Auswirkungen besorgt, sondern sie wußten auch, daß die im Herbst 1983 anstehende Umsetzung des NATO-Nachrüstungsbeschlusses die Gefahr einer neuen politischen Eiszeit in Mitteleuropa barg, die zuallererst die deutsch-deutschen Beziehungen erkalten lassen würde.

---

158 Vgl. Holger Bahl, Aktenvermerk. Betrifft: Zusammenarbeit zwischen einer staatlichen Institution der Bundesrepublik Deutschland und der Intrac Handelsgesellschaft mbH, DDR-Berlin, im internationalen Kreditgeschäft, Zürich, den 17.2.1982.
159 Zum "Züricher Modell" und dem darauf aufbauenden "Länderspiel" vgl. Bundestag 1994a, S. 504/505; Bayerischer Landtag 1994, insbes. S. 30-39; Beil 1993, S. 121-127; Nitz 1995; Der Spiegel Nr. 12, 22.3.1993; Der Spiegel Nr. 6, 6.2.1995.
160 Alexander Schalck, Vermerk für Genossen Minister Mielke, Berlin, 27.10.1988, S. 7, in: Bundestag 1994a, Anlagenband 3, Bl. 3399. - Zu seiner politischen Motivation, den Kredit einzufädeln, vgl.: Strauß 1989, S. 476.
161 Dafür sorgten zum einen exzellente Außenwirtschaftsanalysen wie die von Maria Haendcke-Hoppe aus der Forschungsstelle für gesamtdeutsche wirtschaftliche und soziale Fragen, zum anderen der Bundesnachrichtendienst und das Bundesamt für Verfassungsschutz. Beide Nachrichtendienste verfügten sowohl von prominenten Überläufern wie Günter Asbeck, dem vorherigen Leiter der KoKo-Firma ASIMEX, wie von über einem Dutzend Agenten allein in den KoKo-Firmen, darunter mehreren Generaldirektoren und Direktoren, über ausgezeichnete und umfassende Informationen über die Wirtschaftslage der DDR und den Stand ihrer Verschuldung. Siehe dazu: Köppe, Ingrid, KoKo - Ein deutsch-deutsches Geheimdienstunternehmen, in: Bündnis 90/Die Grünen (Hg.), Pressedienst Nr. 216 vom 1.10.1992, sowie: Brinkschulte u.a. 1993, S. 249 ff.

Aus Rücksichtnahme auf die Beziehungen der DDR zur Sowjetunion hatten Strauß und die Bundesregierung darauf verzichtet, ein förmliches Junktim zwischen der Kreditgewährung und menschlichen Erleichterungen herzustellen, was jedoch nicht bedeutete, daß es entsprechende mündliche Absprachen, die es der DDR erlaubten, ihr Gesicht gegenüber der Vormacht zu wahren, nicht gab. Und der politische Preis, den die DDR für ihre ökonomische Stabilisierung zu zahlen sich bereit fand, war nicht gering; er offenbarte, wie hart der Kreditboykott sie getroffen hatte[162]: Die DDR machte erstens die Mauer durchlässiger[163] und gestand Erleichterungen im Reise- und Besucherverkehr[164] sowie eine "großzügigere" Genehmigungspraxis bei Ausreiseanträgen ihrer Bürger zu.[165] Und zweitens ging sie nach dem Scheitern der amerikanisch-sowjetischen Abrüstungsgespräche in Genf in einer Zeit härtester weltpolitischer Konfrontationen um die Stationierung der sowjetischen Mittelstreckenraketen und den Nachrüstungsbeschluß der NATO mit dieser deutsch-deutschen Politik auf Abstand zum außenpolitischen Kurs ihrer Vormacht. Denn die Sowjetunion ließ es nicht dabei bewenden, ihrerseits die Stationierung weiterer Atomraketen in der DDR und der CSSR zu beschleunigen: "Die Staaten, die der Stationierung der Raketen zugestimmt haben, müssen jetzt politisch die Folgen dieser Entscheidung spüren", teilte die Führung der KPdSU dem SED-Politbüro nach dem NATO-Stationie-

---

162 In einer Information über die Kostenentwicklung im Bereich "Kommerzielle Koordinierung" teilte Schalck Günter Mittag 1988 rückblickend mit: "In den Jahren 1981-1983, in denen Kredite von den Banken überhaupt nicht gewährt und selbst ihre kurzfristigen Depoteinlagen von unseren Banken abgezogen wurden, mußte alles Geld über äußerst kurzfristige Warentransaktionen beschafft werden, die Kosten von 35-45 Prozent, zum Teil bei Ex-/Import-Geschäften bis zu 60 Prozent pro Jahr verursachten. Die Bezahlung dieser Kosten wiederum war auch nur durch derartige Transaktionen möglich, auch sie wurden praktisch bis zum Folgejahr kreditiert". Nach der Gewährung der Milliardenkredite ging die Kostenbelastung des Bereichs KoKo über zwanzig Prozent im Jahr 1985 auf fünfzehn Prozent im Jahr 1987 zurück (A. Schalck, Information zur Kostenentwicklung. Brief an Günter Mittag, Berlin, den 5.9.1988, S. 1).
163 Häufig wird auch der Abbau der Selbstschußanlagen und Splitterminen an der Grenze zur Bundesrepublik, mit dem die DDR im Herbst 1983 begann, - wobei gleichzeitig die Wirksamkeit der Grenzüberwachung durch die Installation eines elektronisch gesicherten Grenzsignalzaunes und den Ausbau von Hundelaufanlagen erhöht wurde -, als eine der Gegenleistungen für den Milliardenkredit genannt. Franz Josef Strauß nahm jedoch nie für sich in Anspruch, den Abbau der Minen gefordert zu haben; dies sei ihm vielmehr, schrieb Strauß, von Honecker als Gegenleistung für den Kredit angeboten worden (Strauß 1989, S. 473). Doch diese Offerte fiel dem SED-Generalsekretär leicht, denn die DDR stand in der Frage der Minen unter internationalem Druck: Am 10. Oktober 1980 hatten die Vereinten Nationen die "Konvention über Verbote oder Beschränkungen der Anwendung bestimmter konventioneller Waffen, die übermäßig verletzen oder unterschiedslos wirken können" beschlossen. Zu dieser Konvention gehörte ein "Protokoll über Verbote oder Beschränkungen der Anwendung von Minen, heimtückischen Fallen und anderen Vorrichtungen". Artikel 3 dieses Protokolls beinhaltete ein absolutes Verbot, Minen "gegen die Zivilbevölkerung als solche oder gegen andere Zivilpersonen im Angriff, zur Verteidigung oder als Repressalie zu richten." Die DDR hatte die Konvention bereits 1981 unterschrieben; am 2. Dezember 1983 trat sie für die DDR in Kraft. Der Abbau aller Minen, die sich ausschließlich gegen die eigene Bevölkerung richteten, wurde somit durch eine zwingende völkerrechtliche Verpflichtung erwirkt.
164 Die Reisegenehmigungen aus der DDR in die Bundesrepublik in "dringenden Familienangelegenheiten" wurden 1983 um vierzig Prozent gegenüber dem Vorjahr erhöht.
165 Die Zahl der legalen, genehmigten Übersiedlungen stieg um mehr als das Vierfache von 7.729 1983 auf 34.982 im Jahr 1984 an. Daneben verdoppelte die DDR 1984 und 1985 den Export von politischen Häftlingen in die Bundesrepublik (1983: 1.105; 1984: 2.236; 1985: 2.676).

rungsbeschluß am 28. November 1983 postwendend mit[166] und kündigte an erster Stelle eines "Aktionsplanes" negative Auswirkungen auf die Beziehungen zwischen der BRD und der UdSSR und den anderen sozialistischen Ländern an. Die "deutschen Freunde" forderte man auf, "der BRD begreiflich zu machen, wie sehr sich die Lage nach der Stationierung dieser Raketen verändert hat, unter anderem durch das beharrliche Aufwerfen politischer Probleme - der Frage der Grenzen, der Staatsbürgerschaft usw., durch verstärkte Kontrollen bei der Einreise westdeutscher Bürger in die DDR und anderes mehr."[167]

Weil die SED-Führung mit Honeckers Formeln von einer "Politik der Schadensbegrenzung" und "Koalition der Vernunft" auf geradezu demonstrative Weise weiterhin einen eigenständigen Kurs steuerte und die Entgegennahme des zweiten Milliardenkredites einer neuen Eiszeit vorzog, wurden Honecker, Hager, Axen und Mielke im August 1984 zum Rapport nach Moskau zitiert. Konstantin Tschernenko als Interims-Generalsekretär, Michail Gorbatschow, der noch Landwirtschaftssekretär des ZK der KPdSU war, Verteidigungsminister Dmitrij Ustinow und Wiktor Tschebrikow, der damalige KGB-Chef, saßen den SED-Politbüromitgliedern gegenüber. In scharfer Form wies Tschernenko Honeckers Losungen über die "Schadensbegrenzung" und die "Koalition der Vernunft" zurück, die von denjenigen benutzt würden, "die versuchen, ihre Politik zu tarnen, die Menschen durch Phrasen ohne Klassensinn zu täuschen."[168] Als Beispiel für eine solche Phrase, die "nur Heuchelei, nur ideologische Tarnung" sei, zitierte Ustinow Bundeskanzler Kohl, der in Übereinstimmung mit Honecker mehrfach erklärt hatte, daß von deutschem Boden nie mehr eine Gefahr für den Frieden ausgehen dürfe (S. 69). Hatte der sowjetische Verteidigungsminister erst im Juni gegenüber der Spitze der NVA seine Bedenken darüber kundgetan, daß die Beseitigung der Minensperren an der deutsch-deutschen Grenze "zu einer gewissen Beeinträchtigung der Sicherheit der Staatsgrenze führen" könnte[169], so griff nun Tschernenko die für die Kredite gewährten Reiseerleichterungen an. Diese seien "vom Standpunkt der inneren Sicherheit der DDR zweifelhaft und stellen einseitige Zugeständnisse an Bonn dar. Sie (Honecker und seine Begleiter, d.Vf.) erhalten dadurch finanzielle Vorteile, aber in Wirklichkeit sind das scheinbare Vorteile. Hier geht es um zusätzliche, finanzielle Abhängigkeiten der DDR von der BRD. Die Ereignisse in Polen sind eine schwerwiegende Lehre, aus der man Schlußfolgerungen ziehen sollte" (S. 58). Eine Warnung der KPdSU gab Tschernenko der SED-Spitze mit auf den Heimflug. Er "bat" die Ost-Berliner Genossen, vom Besuch Honeckers in der Bundesrepublik Abstand zu nehmen, denn: "Wenn es zu einer Annäherung mit der BRD auf dem Wege der Schwächung der Positionen des Sozialismus durch ungewollte Ermunterung der Ansprüche Bonns gegenüber der DDR kommt, so würde das uns allen einen großen Schaden zufü-

---

166 Information des ZK der KPdSU, 28.11.1983, S. 2 (SAPMO-BArch, ZPA-SED, IV 2/2.035/70, Bl. 211).
167 Ebd., S. 8 (Bl. 214).
168 Niederschrift über das Treffen zwischen Genossen Erich Honecker und Genossen Konstantin Ustinowitsch Tschernenko am 17. August 1984, S. 51 (SAPMO-BArch, ZPA-SED, J IV 2/2A/2678). - Die folgenden Seitenangaben im Text beziehen sich auf diese Quelle.
169 Schreiben von Heinz Keßler an Erich Honecker vom 4.6.1984 mit der Anlage: Wesentlicher Inhalt des Gesprächs des Mitglieds des Politbüros des Zentralkomitees der KPdSU und Ministers für Verteidigung der UdSSR, Marschall der Sowjetunion Ustinow, mit dem Stellvertreter des Ministers und Chef des Hauptstabes der NVA, Generaloberst Streletz, am 20.6.1984 (BArch/P, MZA, Strausberg AZN 32647, Bl. 29).

gen" (S. 50). Der sowjetischen Bitte mochte sich die SED-Führung nicht verschließen; der bereits fest geplante Besuch Honeckers wurde abgesagt.[170]

Im März 1985 wurde mit Tschernenko der dritte Generalsekretär der KPdSU innerhalb von drei Jahren zu Grabe getragen und Michail Gorbatschow an die Spitze der Partei gestellt. Stagnation und sinkende Wachstumsraten kennzeichneten die Lage in der sowjetischen Wirtschaft; von der wirtschaftlichen Krise ging für die Weltmacht die größte Bedrohung ihrer Politikfähigkeit nach innen und außen aus.[171] Nicht Glasnost oder Perestroika, sondern "Uskorenije" - Beschleunigung der sozialökonomischen Entwicklung - hieß dementsprechend das Zauberwort, das am Beginn des Reformprozesses im Jahre 1985 stand.[172] "Uskorenije" bedeutete, die Planwirtschaft auf quantitative und qualitative Wachstumszuwächse zu verpflichten, die zunächst allein mit traditionellen Mitteln erreicht werden sollten, vor allem mit der Konzentration der Ressourcen auf die Anwendungsbereiche des wissenschaftlich-technischen Fortschritts (Maschinenbau und Chemie), der Reduzierung des bürokratischen Leitungsapparates durch die Zusammenlegung von Ministerien, der Verstärkung der Kontrolle der Betriebe und mit schärferen Maßnahmen zur Überwachung der Arbeitsdisziplin, in deren Kontext die Anti-Alkohol-Kampagne gehörte.[173] Es war die Erfolglosigkeit der Politik der "Uskorenije", die zur allmählichen Erweiterung der Reformpolitik führte und mit den Begriffen Glasnost und Perestroika weltweit Beachtung erregte. Als Lockerung der Fesseln der Diktatur gedacht, mit der der "menschliche Faktor eingeschaltet" (Gorbatschow), die Masseninitiative stimuliert und Dynamik erzeugt werden sollte, entwickelte die politische Erneuerungsstrategie jene Eigendynamik, die schließlich die Sprengung der Diktatur mit herbeiführte.

Die SED-Führung stand den Veränderungen in der Sowjetunion zunächst eher abwartend und reserviert gegenüber, bevor die Irritation in versteckte und offene Ablehnung umschlug.[174] Als Gorbatschow und Honecker am Rande des XI. Parteitags der SED im April 1986 in Berlin zusammenkamen, waren zwar die in den Jahren 1983 und 1984 sichtbar gewordenen Meinungsverschiedenheiten über die internationale Sicherheitspolitik durch die im Laufe des Jahres 1985 wiederaufgenommenen Rüstungsverhandlungen der Supermächte weitgehend ausgeräumt; an den sowjetischen Vorbehalten gegenüber einer selbständigen deutsch-deutschen Politik der SED und ihren Befürchtungen über eine wachsende ökonomische Abhängigkeit der DDR von der Bundesrepublik jedoch hatte sich nichts geändert. Wie 1984 Tschernenko stemmte sich Gorbatschow energisch gegen eine Reise Honeckers in die Bundesrepublik und setzte trotz dessen nachhaltigen Widerspruchs die Aussetzung des für Juli 1986 vorgesehenen Besuchstermins in Bonn durch.[175] Der Grund für diese Blockadepolitik lag auf der Hand: Zwar war die sowjetische Politik, die Bundesregierung für ihre entschiedene Unterstützung der amerikanischen Rüstungspolitik mit einer Abkühlung der deutsch-deutschen Beziehungen zu bestrafen, gescheitert, eine Neubestimmung des Verhältnisses zu

---

170 Vgl. zu dieser Moskau-Visite der SED-Führung auch: Oldenburg/Stephan 1995, S. 791 ff.
171 Vgl. Höhmann 1990, S. 140-161; Gorbatschow 1993, 1993, S. 8/9.
172 Vgl. Maximytschew 1994b, S. 3/4; Oldenburg 1993, S. 103-161.
173 Vgl. Simon/Simon 1993, S. 105 ff.
174 Vgl. Oldenburg 1994.
175 Information über das Treffen des Genossen E. Honecker mit Genossen M.S. Gorbatschow am 20. April 1986 in Berlin, zit. nach: Küchenmeister 1993, S. 98 ff. - Günter Mittag zufolge trug dieses Besuchsverbot maßgeblich zum feindschaftlichen Verhältnis Honeckers gegenüber Gorbatschow bei. Vgl. das Gespräch mit Günter Mittag, in: Pirker u.a. 1995, S. 28.

Bonn jedoch noch nicht erfolgt. Eine abgekoppelte und eigennützige Westpolitik der SED konnte zu diesem Zeitpunkt die sowjetischen Interessen nur schwächen.

Im Stile seiner orthodoxen Vorgänger schnitt Gorbatschow ebenfalls das Verschuldungs-Thema an und tat seine "Beunruhigung" darüber kund, daß "in der Periode der Entspannung einige Länder in der Entwicklung der ökonomischen Zusammenarbeit zu weit gegangen seien."[176] Polen liege "auf dem Kreuz", Ungarn befinde sich im Würgegriff des Internationalen Währungsfonds, dem es 1982 beigetreten war, und was die DDR betreffe, so verfüge Ministerpräsident Nikita Ryshkow über die Information, "daß die BRD versucht, die Verpflichtungen der DDR gegenüber anderen Ländern aufzukaufen, um die DDR an die BRD zu binden."[177] Wie gegenüber seinen drei Vorgängern wies Honecker auch im Gespräch mit Gorbatschow diese Sorge als unbegründet zurück, wobei er sich allerdings im Unterschied zu den Vorjahren auf eine berufene Zeugin stützen konnte: Die offiziellen und für westliche Kreditgeber maßgeblichen Angaben der Bank für internationalen Zahlungsausgleich in Basel (BIZ) wiesen die DDR, so Honecker, mit einer Nettoverschuldung von lediglich 3,5 Milliarden Dollar neben der Sowjetunion als finanziell potentes Land aus. Die überraschende Metamorphose der DDR von einem kränkelnden Schuldner zu einem vor Liquidität strotzenden und hohe Kreditwürdigkeit ausstrahlenden Kunden, die auch im Westen Erstaunen und Verblüffung hervorrief[178], beruhte auf dem Trick, bereits mobilisierte, aber noch nicht eingesetzte Kredite ausländischer Banken bis zu ihrer Verwendung kurzfristig als Guthaben im Ausland anzulegen. Gleiches geschah mit den Depositen von Devisenausländern, die dadurch als Guthaben der DDR erschienen, obwohl ihnen Zahlungsverpflichtungen in der gleichen Höhe gegenüberstanden. Der wichtigste dieser Devisenausländer, der auf Anweisung Mittags dazu übergegangen war, der Deutschen Außenhandelsbank (DABA) der DDR einen Teil seiner Gewinne als Kredite zur Verfügung zu stellen - im Jahre 1985 in einer Gesamthöhe von 4,3 Mrd. VM[179] -, war der Bereich Kommerzielle Koordinierung.[180] Und um die Vorspiegelung von Liquidität perfekt zu machen, verzichtete die DDR seit 1984 auf die Ausschöpfung des zinslosen Überziehungskredites ("Swing"), der ihr im innerdeutschen Handel von der Bundesregierung eingeräumt wurde.[181] Möglicherweise benutzte die Sowjetunion ähnliche Buchungstricks wie die DDR, um der Baseler Bank ihre Liquidität vorzutäuschen, jedenfalls vertiefte Gorbatschow diesen Punkt nicht.

Mit dem Fall der Weltmarktpreise für Rohöl seit der Jahreswende 1985/86 sprach der Generalsekretär der KPdSU dann eine Entwicklung an, deren umfassend negative Auswirkung auf die Zahlungsbilanz beider Länder und ihre bilaterale Handelsbilanz absehbar war. Seit der Explosion der Erdölpreise im Jahre 1973 hatte sich die Sowjetunion als Großexporteur an den Ölreichtum gewöhnt, "der plötzlich auf uns herabregnete."[182] Anstatt den ihr im Windschatten der

---

176 Information über das Treffen des Genossen E. Honecker mit Genossen M.S. Gorbatschow am 20. April 1986 in Berlin, zit. nach: Küchenmeister 1993, S. 89.
177 Ebd., S. 90.
178 Vgl. Haendcke-Hoppe 1984, S. 1067.
179 Vgl. Schreiben von Alexander Schalck an Günter Mittag vom 10.12.1985, Anlage: Abrechnung über die Erfüllung der ökonomischen Aufgabenstellung des Bereiches Kommerzielle Koordinierung im Jahre 1985 (SAPMO-BArch, ZPA-SED, Büro Mittag 42004, Bl. 92).
180 Vgl. Schreiben von Alexander Schalck und Herta König an Hans Modrow, 14.11.1989.
181 Die durchschnittliche Inanspruchnahme des Swing lag bis Anfang der achtziger Jahre über 80 Prozent und 1983 noch bei 71 Prozent; 1984 wurde er nur noch zu 31 Prozent, 1985 zu 29 Prozent und 1986 zu 22 Prozent genutzt. Vgl. Haendcke-Hoppe 1994, S. 56/57.
182 Arbatow 1993, S. 240.

OPEC zufallenden Reichtum in die Modernisierung von Industrie und Landwirtschaft zu investieren, hatte sie ihn durch den Import von Getreide, Nahrungsmitteln und Industriegütern konsumptiv verwendet. Der Sturz der Weltmarktpreise traf die UdSSR nun mit doppelter Härte: Auf der einen Seite mußte sie im Handel mit den kapitalistischen Ländern Devisenausfälle in Milliardenhöhe verkraften und ihre Valutaimporte entweder kreditfinanzieren oder um ein entsprechendes Volumen reduzieren; allein für 1986 habe man Importe für sechs Milliarden Dollar streichen müssen, teilte Gorbatschow Honecker mit. Auf der anderen Seite verschlechterten sich auch ihre terms of trade im Intrablockhandel des RGW rapide. War die Sowjetunion bis dahin der größte Kreditausreicher an die Bruderländer, so drohte ihr nun eine Verringerung des Warenaustausches, wenn nicht gar der Absturz zum größten Schuldner innerhalb des RGW. Aber auch für die DDR wirkten sich die binnenwirtschaftlichen Folgen dieser außenwirtschaftlichen Entwicklung verheerend aus.

1.7. "Sieg oder Niederlage": Die Forcierung des Mikroelektronik-Programms

Die Bonner Milliardenkredite wirkten international wie eine politische Bürgschaft der Bundesrepublik für die DDR und halfen, ihre Kreditwürdigkeit wiederherzustellen. Zusammen mit den zwischen 1981 und 1985 im Handel mit den westlichen Industrieländern erzielten Exportüberschüssen in Höhe von 14,1 Mrd. Valutamark bewahrten sie die DDR vor dem Absturz in die Zahlungsunfähigkeit. Das Mitte 1980 selbstgesteckte Ziel, die Verschuldung bis 1985 auf 14 Mrd. VM zu senken, war nicht erreicht worden; immerhin war es ihr aber gelungen, den Schuldenstand mit 24 Mrd. VM (1985) gegenüber 1980 in etwa konstant zu halten und damit die Schuldenspirale anzuhalten.

Den bedeutendsten Anteil am Handelsbilanzüberschuß mit dem Westen hatte die Ausfuhr von Erdölprodukten. Sie war im Zeitraum zwischen 1981 und 1985 gegenüber dem vorhergehenden Planjahrfünft von 12 Mio. auf 27 Mio. Tonnen gesteigert worden und trug mittlerweile gut dreißig Prozent der Erlöse im Westhandel ein. Die DDR war damit "zu einem der bedeutendsten Exporteure auf dem Mineralölsektor unter den Nichtförderländern avanciert."[183] Umso härter traf sie der 1985 einsetzende Rückgang und die sturzartige Halbierung der Weltmarktpreise für Erdölprodukte im ersten Halbjahr 1986, während für den Rohöl-Import aus der Sowjetunion aufgrund der RGW-Preisbildungsprinzipien zur gleichen Zeit Höchstpreise zu entrichten waren. Betrug der Erlös für einen Export von 5,385 Mio. Tonnen Mineralölerzeugnisse 1985 noch 2,5 Mrd. Valutamark, so schmolz er 1986 bei einer leicht reduzierten Ausfuhrmenge von 4,927 Mio. Tonnen auf weniger als die Hälfte, nämlich 1,043 Mrd. Valutamark zusammen. Die verzweifelte Suche nach exportfähigen Gütern, die diesen Einbruch auszugleichen imstande waren, erwies sich nicht nur deshalb als schwierig, weil sich die Wettbewerbsfähigkeit der DDR auf dem Weltmarkt durch den Verfall des Dollar-Kurses vor allem gegenüber den Schwellenländern weiter verschlechterte. Vielmehr drängte sich die Erkenntnis auf, daß der technologische Rückstand in den Kernbereichen der Industrie zum Haupthemmnis des West-Exports geworden war. So waren insbesondere hochwertige Erzeugnisse des DDR-Maschinenbaus wie nu-

---

[183] Haendcke-Hoppe 1987, S. 50. - Der Anteil mineralischer Brennstoffe am Export der DDR in westliche Industrieländer einschließlich der Bundesrepublik Deutschland stieg von 19,6 Prozent im Jahr 1979 über 24,4 Prozent (1980), 27,9 Prozent (1981), 30,0 Prozent (1982) auf 30,2 Prozent im Jahr 1983. Vgl. HWWA, Gutachten "Die Bedeutung ...", in: Bundestag 1994a, Anhangband, S. 44.

merisch gesteuerte Werkzeugmaschinen im Westen immer weniger gefragt[184]; wurden sie gekauft, dann zumeist nur unter der Bedingung, daß die elektronischen Steuerungsteile aus der Produktion westlicher Konzerne stammten. Deren "Beistellung" schmälerte jedoch den Devisenertrag der DDR erheblich.[185]

Auf den Preisverfall erdölabhängiger Produkte reagierte das Politbüro im Mai 1986 mit "Vorschlägen für Maßnahmen zur ökonomischen Stärkung der DDR"[186], denen als strategische Zielsetzung vorangestellt wurde, "die Unangreifbarkeit der DDR gegenüber dem NSW zu gewährleisten und den Saldo aus Forderungen und Verbindlichkeiten gegenüber dem NSW bis 1990 zu halbieren."[187] Was das zweite Ziel betraf, enthielt der Beschluß wiederum einen Appell zur Sparsamkeit und einen langen Maßnahmenkatalog zur Senkung der NSW-Importe in allen Industriezweigen, die Günter Mittag in der Politbüro-Sitzung ausdrücklich auf den Produktionsverbrauch beschränkt wissen wollte; Fragen der Konsumtion sollten von Importeinschränkungen nicht berührt werden.[188] Optisch mochte der Beschluß des Politbüros wiederum die Funktion miterfüllen, der Sowjetunion zu zeigen, daß sie die Reduzierung der Schulden ernst nahm.[189] Praktisch dagegen blieb er wirkungslos und wurde nur ein Jahr später schon fast routinemäßig durch einen neuerlichen Politbüro-Beschluß ersetzt, der die Halbierung des "Sockels" um fünf Jahre, nämlich auf das Jahr 1995, verschob.[190]

Im Mittelpunkt des Politbüro-Beschlusses vom 20. Juni 1986 aber stand der Vorschlag, "die Aufgaben für die Leistungen, die Produktion und die Effektivität auf der Grundlage einer höheren Wirksamkeit von Wissenschaft und Technik, insbesondere der größeren Breitenwirkung von Schlüsseltechnologien sowie von Spitzenleistungen weiter zu erhöhen" (S. 2). Um trotz der Maßnahmen zur Halbierung des "Sockels" die Akkumulationskraft der DDR zu stärken, seien "einige Investitionsobjekte, die eine hohe Rentabilität und sichere Rückzahlung gewährleisten, als NSW-Anlagenimporte auf der Basis langfristiger Kredite über

---

184 Der Anteil von Erzeugnissen der metallverarbeitenden Industrie am gesamten NSW-Export der DDR ging von 29 Prozent 1982 auf 24 Prozent 1987 zurück (vgl. Zentralinstitut für Wirtschaftswissenschaften der Akademie der Wissenschaften der DDR, Studie "Zu Entwicklungstendenzen des ökonomischen Wachstums auf dem Wege der umfassenden Intensivierung der Volkswirtschaft in den 90er Jahren (und darüber hinaus), ausgearbeitet von einer Arbeitsgruppe unter Leitung von Prof. Dr. Wolfgang Heinrichs. Berlin, Mai 1989, S. 90 (BStU, ZA, MfS-SdM 2076, Bl. 113).
185 Vgl. dazu das Gespräch mit Alexander Schalck, in: Pirker u.a. 1995, S. 146/47.
186 Vgl. Betreff: Vorschläge für Maßnahmen zur ökonomischen Stärkung der DDR unter Berücksichtigung der veränderten Preise für Erdölprodukte 1986 und für den Fünfjahrplan 1986-1990, Beschluß des Politbüros vom 20.5.1986 (SAPMO-BArch, ZPA-SED, J IV 2/2A/2882).
187 Ebd., S. 1.
188 Vgl. Niederschrift über die Beratung des Tagesordnungspunktes 'Vorschläge über Maßnahmen zur ökonomischen Stärkung der DDR' im Politbüro des ZK der SED am 20. Mai 1986 (ohne Autor), S. 2 (PdV).
189 Das Mißlingen der Schuldenreduzierung hielt Honecker nicht davon ab, gegenüber Gorbatschow das Gegenteil zu behaupten und Vollzug zu melden. So teilte er Gorbatschow im Oktober 1986 mit: "Die DDR habe ihre Zahlungsbilanz zum Westen jetzt wieder voll in der Hand. Innerhalb von fünf Jahren sei es gelungen, die Verbindlichkeiten zu halbieren" (Niederschrift über ein Gespräch des Genossen Erich Honecker, Generalsekretär des ZK der SED und Vorsitzender des Staatsrates der DDR, mit Genossen Michail Gorbatschow, Generalsekretär des ZK der KPdSU, am 3.10.1986, dok. in: Küchenmeister 1993, S. 147).
190 Vgl. Gerhard Schürer/Wolfgang Rauchfuß/Gerhard Beil/Alexander Schalck/Ernst Höfner, Vorlage für das Politbüro, Betreff: Vorschlag zur Verwirklichung der grundlegenden Aufgabe, den Saldo aus Forderungen und Verbindlichkeiten gegenüber dem NSW zu halbieren, Berlin, 19.6.1987, GVS B 5 - 1226/87 (SAPMO-BArch, ZPA-SED, J IV 2/2A/3035). - Die folgenden Seitenangaben im Text beziehen sich auf diese Quelle.

diese Rechnung der Zahlungsbilanz hinaus dem Politbüro gesondert zur Entscheidung vorzulegen" (S. 3). Durch solche Importe - der Politbüro-Beschluß nennt als ersten ausgerechnet ein weiteres Vorhaben zur vertieften Erdölspaltung im Petrolchemischen Kombinat Schwedt mit einem Investitionsvolumen von 770 Mio. Mark und einem zusätzlichen Valutaaufwand von 408 Mio. VM - werde die "komplizierte handelspolitische Aufgabe zur Erzielung eines hohen NSW-Exportüberschusses unterstützt" (S. 3).

Die genaueren Modalitäten regelte ein Politbüro-Beschluß vom 26. August 1986. Da innerhalb des bis 1990 laufenden Fünfjahrplanes keine Umschichtungsmöglichkeiten gesehen wurden, sollten die Technologieimporte zur "zielstrebigen Erneuerung der Produktionsbasis, insbesondere der Elektrotechnik/Elektronik sowie des Maschinenbaus", die auch als "Leistungsimporte" bezeichnet wurden, ausserhalb des Planes und der Plan-Zahlungsbilanz vom Bereich Kommerzielle Koordinierung auf Kreditbasis vorfinanziert werden.[191] Für ihre Rückzahlung nach 1990 bzw. 1995 wurde jedoch die Plankommission in die Pflicht genommen[192]. Der Vorteil, die Technologieimporte über KoKo abzuwickeln, lag darin, daß der Bereich wie eine kapitalistische Bank agieren, den Kombinaten zumindest etwas härtere Budgetrestriktionen setzen und nahezu risikolos operieren konnte. Die Nichterfüllung der mit der Kreditausreichung bzw. Bereitstellung der importierten Investitionsgüter eingegangenen Rückzahlungsverpflichtungen - durch zusätzlich zu den Planauflagen zu erwirtschaftende NSW-Exportgüter bzw. Importsubstitution - wurde mit Sanktionen belegt. Kamen die Kombinate im außerplanmässigen Bereich ihren Verpflichtungen nicht nach, konnte sich der Bereich KoKo im Planbereich schadlos halten.

Die Angaben über das Gesamtvolumen der Leistungsimporte in der zweiten Hälfte der achtziger Jahre schwanken zwischen acht und zehn Milliarden VM. Die Grundidee dieser Investitionspolitik ließ sich dann realisieren, wenn die Refinanzierung der importierten Anlagen mit den damit neu hergestellten Gütern im festgelegten Zeitraum gelang und die Kombinate anschließend - vor allem im Außenhandel - Gewinne erwirtschafteten. Gelang sie jedoch nicht, wäre die Plan-Zahlungsbilanz ab 1991 mit den dann nicht gedeckten Krediten zusätzlich belastet worden. In dem Industriezweig, in den die mit Abstand meisten Mittel flossen, gelang dies eindeutig nicht: Die mikroelektronische Industrie erwies sich als ein Milliardengrab.

Der XI. Parteitag der SED im April 1986, dem die Forcierung des Mikroelektronik-Programms gelegentlich zugeschrieben wird, autorisierte mit seinem Beschluß "zur beschleunigten Entwicklung und Einführung von Schlüsseltechnologien in der Volkswirtschaft der DDR" lediglich die bereits zuvor eingeleitete Entwicklung.[193] Die Weichen für die massive Konzentration der Kräfte und Mittel auf die Mikroelektronik waren im Januar 1986 auf einer Beratung bei Günter Mittag gestellt worden. Zu deren Vorgeschichte gehörte, daß die UdSSR die vertraglich vereinbarten Lieferungen von mikroelektronischen Bauelementen im Planjahr 1985 in erheblichem Umfang unterschritten hatte und für 1986 mit weiteren Lieferausfällen fest zu rechnen war. Für das Ministerium für Elektrotechnik

---

191 Zur Entwicklung der Leistungsimporte vgl. das Gespräch mit Alexander Schalck, in: Pirker u.a. 1995, S. 164.
192 Vgl. Beschluß des Politbüros des ZK der SED vom 26.8.1986, Maßnahmen zur Durchführung der Beschlüsse des XI. Parteitages der SED für die Qualifizierung der Leitung, Planung und wirtschaftlichen Rechnungsführung bei der weiteren Ausarbeitung des Fünfjahrplanes 1986-1990 sowie des Jahresvolkswirtschafts- und Staatshaushaltsplanes 1987, dok. in: Bundestag 1994a, Anlagenband 3, S. 3031 ff.
193 Vgl. Protokoll der Verhandlungen des XI. Parteitages der Sozialistischen Einheitspartei Deutschlands im Palast der Republik in Berlin, 17. bis 21. April 1986, Berlin/Ost 1986.

und Elektronik (MfEE) ergab sich aus den Unzulänglichkeiten der Arbeitsteilung die unabweisbare Konsequenz, den Aufbau von Parallelproduktionen zur UdSSR voranzutreiben. Der aus diesem Strategiewechsel resultierende Vorschlag, zwei komplette Halbleiterfabriken mit einem Investitionsvolumen von drei Milliarden Mark und rund 500 Mio. VM zusätzlich zu den bisherigen Planvorhaben zu errichten, überforderte die Finanzierungsmöglichkeiten des Plans und stieß auf den Widerstand der SPK. Als maximale Größe hielt Schürer die Mobilisierung einer zusätzlichen Investitionssumme von einer Milliarde Mark und 300 Mio. VM für realisierbar.[194]

Anlaß der Beratung bei Mittag war neben diesen Differenzen die Nichterfüllung des Jahresplans 1985, insbesondere die erhebliche Unterschreitung seiner NSW-Exportkennziffern, sowie Forderungen der Minister aller wichtigen Industriezweige nach mehr Investitionen in zweistelliger Milliardenhöhe, denen die Plankommission hilflos gegenüberstand. Nachholende Investitionen in die Mikroelektronik als Zukunftsindustrie schienen in dieser Situation die einzige Möglichkeit, um sowjetische Unzuverlässigkeiten zu kompensieren und zugleich die für einen Industriestaat unhaltbare rohstofflastige NSW-Exportstruktur durch das Angebot intelligenter Produkte zu verbessern. Welchem anderen Land im RGW wenn nicht der DDR, die zudem mit ihren exzellenten geschäftlichen Verbindungen nach Japan und den innerdeutschen Wirtschaftsbeziehungen über die erfolgversprechendsten Hebel gegen die Embargobeschränkungen des Westens verfügte, sollte der technologische Sprung zum "Japan des RGW" gelingen können? Hatte die DDR aber erst einmal im zivilen Sektor des RGW die Spitzenposition als Produzent mikroelektronischer Bauelemente erreicht, bestand die Chance, sich als Monopolanbieter im Intrablockhandel durchzusetzen und sich insbesondere aus der Rohstoffabhängigkeit von der Sowjetunion zu lösen. Nutze man die Möglichkeit nicht, dramatisierte Günter Mittag am 17. Januar 1986, "dann haben wir uns auf der Welt verabschiedet." Die DDR müsse sich "in die Mikroelektronik hineinquälen", auf diesem Gebiet gehe es um "Sieg oder Niederlage."[195] Seine Siegeszuversicht begründete er mit dem Hinweis auf das erfolgreiche Vorbild der milliardenteuren, aus dem Westen importierten Spaltanlagen der erdölverarbeitenden Kombinate: Schon einmal, so Mittag, sei es in einer ähnlichen Situation gelungen, mit dem West-Import neuer Technik einen großen Aufschwung zu erreichen und leistungsfähig zu bleiben - "obwohl es damals auch Gegner gab" (S. 7). Der Fehler dieser Analogie lag auf auf der Hand: Erfolgsgeheimnis des Ölgeschäfts war gewesen, daß die DDR an den Weltmarktpreisen verdient hatte. In der Mikroelektronik dagegen mußte sie sich von Beginn an aus eigener Kraft der Weltmarktkonkurrenz stellen. Doch die Bedenkenträger in der Staatlichen Plankommission meldeten sich nicht zu Wort. Ihr gewichtigstes Gegenargument - die offene Finanzierungsfrage - wurde von Alexander Schalck entkräftet, denn der KoKo-Chef warf sich mit dem Vorschlag in die Bresche, den

---

194 Vgl. Staatliche Plankommission, Niederschrift über eine Beratung beim Vorsitzenden der Staatlichen Plankommission zur Konzeption für die weitere Beschleunigung der Mikroelektronik, insbesondere der Produktion mikroelektronischer Bauelemente und Schaltkreise in der DDR, 3.1.1986 (PdV). Teilnehmer der Beratung waren Schürer, Meier, Schalck, Nendel, Wenzel, Heinze und Paul. Der Beratung lag der Entwurf einer Konzeption "Zur Aufnahme bzw. Erweiterung der Parallelproduktion von mikroelektronischen Schaltkreisen in der DDR infolge nichtgesicherter UdSSR-Importe" von Karl Nendel, dem für die Mikroelektronik verantwortlichen Staatssekretär im MfEE, zugrunde.
195 Heinz Klopfer, Persönliche Niederschrift über die Beratung beim Mitglied des Politbüros und Sekretär des ZK der SED, Genossen Dr. Günter Mittag am 17.1.1986, Berlin, 20.1.1986, S. 6 ff. (BArch/P, E-1-56287). - Die folgenden Seitenangaben im Text beziehen sich auf diese Quelle.

Investitionsbedarf des Ministers für Elektrotechnik und Elektronik, der mittlerweile auf eine Höhe von 1,2 Mrd. VM hochgeschraubt worden war, aus KoKo-Mitteln vorzuschießen: "Zur Mikroelektronik schlage ich vor, daß die 1,2 Mrd. Valutamark, die jetzt offen sind, als Kredit an den Staat eingeräumt werden und wir (der Bereich KoKo, d. Vf.) werden das als Kompensationsvorhaben übernehmen. Die Refinanzierung soll dann nach 1990 erfolgen und die Zinsen werden durch uns erwirtschaftet. Die Rückzahlung sollten wir also in die Bilanzen nach 1990 aufnehmen. Diese Verpflichtung traue ich mir zu, mit meinen Kommunisten zu übernehmen" (S. 15). In diesen Äußerungen ist unschwer der Gedanke zu erkennen, der dem Politbüro-Beschluß im August 1986 zugrunde lag. In einer "Vereinbarung über die Finanzierung und Refinanzierung von NSW-Importen für die beschleunigte Einführung von Schlüsseltechnologien Mikroelektronik und CAD/CAM" zwischen dem Vorsitzenden der Plankommission, dem Minister für Elektrotechnik und Elektronik sowie dem Leiter des Bereiches Kommerzielle Koordinierung hatte er bereits am 29. Januar 1986 vertragliche Form angenommen.[196] Inhalt der Vereinbarung war die zusätzliche, außerplanmäßige Bereitstellung von 1,050 Mrd. VM bis 1990 durch den Bereich KoKo für den Import "von technologischen Spezialausrüstungen, elektronischen Bauelementen und Baugruppen sowie peripheren Geräten der Rechentechnik, die überwiegend strengen Embargobestimmungen unterliegen."[197] Zusammen mit den ohnehin im Fünfjahrplan 1986-1990 veranschlagten planmäßigen Finanzmitteln in Höhe von 1,171 Mrd. VM, der Zuweisung von 1 Mrd. VM durch den Vorsitzenden der Plankommission sowie "weiterer gesondert getroffener Entscheidungen" standen der mikroelektronischen Industrie im letzten Fünfjahrplan der DDR insgesamt etwa 3,5 bis 4 Mrd. VM zur Verfügung.[198] An Ausgaben in Mark der DDR kamen bis 1988 14 Mrd. Mark der DDR für Investitionen in die Mikroelektronik und weitere 14 Mrd. Mark für Forschung und Entwicklung hinzu.[199]

Den Stand, den die DDR mit dem konzentrierten Einsatz all dieser Mittel im internationalen Vergleich erreichte, resümierte eine Studie der Akademie der Wissenschaften (AdW): Trotz eines wesentlich höheren Investitionsaufwandes hinkte die DDR bei der Entwicklung und Produktion des 64- und 256-Kbit-Speicherschaltkreises mit einem Abstand von rund acht Jahren dem internationalen Standard hinterher, erreichte nur zehn Prozent der Stückzahlen westlicher Hersteller und dies zu astronomisch hoch anmutenden Einführungspreisen, während das internationale Preisniveau zur gleichen Zeit durch die im Westen frühere Produktionsaufnahme bereits auf einen Bruchteil des Einführungspreises gefallen war. Im Jahr 1988 war der in der DDR mit Aufwandskosten von 93 Mark hergestellte 64-Kbit-Chip auf dem Weltmarkt für einen Dollar, der mit Aufwandskosten von 534 Mark produzierte 256-Kbit-Chip für zwei Dollar erhältlich. Aus all dem ergebe sich, so die AdW-Autoren, "daß insgesamt die Verwertung der Vor-

---

196 Vgl. den Abdruck der Vereinbarung vom 29.1.1986, in: Bundestag 1994a, Anlagenband 2, Dokument 545.
197 Ebd.
198 Vgl. Siegfried Wenzel, Information für den Vorsitzenden der Staatlichen Plankommission, Genossen Gerhard Schürer, 15.4.1988 (PdV). - Die Gesamtsumme von rd. vier Mrd. VM errechnet sich auch aus den Angaben des stellvertretenden Generaldirektors des Außenhandelsbetriebes Elektronik Export-Import, Gerhardt Ronneberger. Vgl. Schreiben von Gerhardt Ronneberger, Elektronik Export-Import, an Genossen Neubert, Ministerium für Außenwirtschaft, vom 14.12.1989, in: Bundestag 1994a, Anlagenband 2, Dokument 557.
199 Vgl. Zentralinstitut für Wirtschaftswissenschaften der Akademie der Wissenschaften der DDR, Studie "Zu Entwicklungstendenzen des ökonomischen Wachstums auf dem Wege der umfassenden Intensivierung der Volkswirtschaft in den 90er Jahren (und darüber hinaus), ausgearbeitet von einer Arbeitsgruppe unter Leitung von Prof. Dr. Wolfgang Heinrichs. Berlin, Mai 1989, S. 88 (BStU, ZA, MfS-SdM 2076, Bl. 112).

leistungen in der DDR um mehrere Zehnerpotenzen ungünstiger sein muß als bei den international führenden Produzenten."[200] Der Industrieabgabepreis für den 64-Kbit-Chip in Höhe von 15,40 Mark wurde 1988 mit 75 Mark, der Abgabepreis für den 256-Kbit-Chip in Höhe von 16,80 Mark mit 517 Mark staatlich gestützt.

Bei diesen hohen Gestehungskosten war nicht nur eine Refinanzierung der Leistungsimporte völlig ausgeschlossen; statt zu einem "Zugpferd" entwickelte sich die Mikroelektronik vielmehr zu einem gefräßigen Subventionsbereich, der 1988 ein zusätzliches Loch von mehr als einer halben Milliarde Mark für Preissubventionen in den Staatshaushalt riß.

Als das Politbüro am 17. November 1987 die Planentwürfe für das Jahr 1988 erörterte, die - wie Honecker bemerkt hatte -, weder "in wirtschaftspolitischer noch in sozialpolitischer Hinsicht" bilanzierten[201], wurden massive Schuldzuweisungen an den Ministerrat und einzelne Minister, vor allem aber an die Plankommission laut. Diese Richtung der Kritik hatte Honecker vorgegeben, der als Ursache der Vertragsrückstände einiger Ministerien, der verzögerten Inbetriebnahme neuer Produktionskapazitäten, der Nichterreichung der Selbstkostensenkung wie der Versorgungsprobleme subjektive Fehler, nämlich das "nicht rechtzeitige Erkennen der Probleme" identifizierte (S. 9). Der Aufbau einer neuen PKW-Produktion der DDR in einer Größenordnung von 10 Mrd. Mark, griff sich der Generalsekretär einen der zahlreichen Skandalposten heraus, sei nicht vom Politbüro beschlossen, "und ich weiß nicht, wie man eine solche Größenordnung zusätzlich in den Plan hineinpressen kann", attackierte er vor allem die Plankommission. "Wie kann man das Politbüro und den Ministerrat so hinter das Licht führen?" (S. 10/11). Krolikowski und Neumann vertieften die Kritik an der ungenügenden Leitungstätigkeit vor allem der Plankommission; Tisch wiederum ging die Regierung insgesamt einschließlich der beiden stellvertretenden Ministerrats-Vorsitzenden an: "Genosse Neumann, Du bist doch für die Eisenbahn verantwortlich? Wie nimmst Du die Verantwortung wahr? Wozu habe ich eine Regierung? Nimmt die Regierung ihre Verantwortung wahr? Wir müssen uns ja nun einmal einig werden: Wer trägt in unserem Lande wofür die Verantwortung?" (S. 25a). Am Ende werde immer alles auf den Generalsekretär und die Partei abgeschoben. Das aber, so Tisch, "kann nicht wahr sein." (S. 26a)

Hatte das Politbüro gerade erst im Juni die Halbierung des "Sockels" bis 1995 beschlossen, so sah der Plan der Zahlungsbilanz mit dem NSW für 1988 statt eines Schuldenabbaus einen Anstieg der Verschuldung um drei Mrd. VM vor. "Nach Angaben der verantwortlichen Genossen", hieß es in einer Stellungnahme der ZK-Abteilung Planung und Finanzen, "wird eine solche Entwicklung der Zahlungsbilanz und die damit verbundene Zwischenfinanzierung künftig für nicht mehr beherrschbar gehalten."[202] "So kann man nicht wirtschaften", schimpfte Honecker. "Das ist doch unverantwortlich gegenüber unserer Republik und völlig

---

200 Ebd.
201 Niederschrift über die Beratung des Politbüros des ZK der SED zum Entwurf des Volkswirtschaftsplanes 1988 am 17.11.1987, S. 8 (PdV). - Die Seitenzahlen der Niederschrift sind ab S. 17 doppelt vergeben und werden hier wie folgt zitiert: auf den Seiten 17a-26a ist die Fortsetzung der Diskussion im Politbüro stenographiert (Keßler, Hager, Krolikowski, Stoph, Neumann, Tisch); die Seiten 17b-20b geben das Schlußwort Honeckers wieder. - Die Seitenangaben im Text beziehen sich auf diese Quelle.
202 ZK-Abteilung Planung und Finanzen, Stellungnahme zur Vorlage für das Politbüro des ZK der SED, Betr.: Entwurf des Volkswirtschaftsplanes, des Staatshaushaltsplanes und der Kreditbilanz 1988, S. 3 (SAPMO-BArch, ZPA-SED, J IV 2/2A/3073).

unverständlich."²⁰³ Auch Verteidigungsminister Keßler verstand die eigenen Genossen nicht mehr: "Wenn es so wäre", daß die Sache nicht mehr für beherrschbar gehalten werde, warf er am 17. November 1987 im Politbüro militärisch knapp ein, "müßten wir aufhören."²⁰⁴

1.8. Die Schürer/Mittag-Kontroverse 1988

Anfang 1988 verdichteten sich für den Vorsitzenden der Plankommission die Anzeichen weiter, daß die wirtschaftliche Katastrophe unaufhaltsam näherrückte, denn auch in den außenwirtschaftlichen Beziehungen zu den Mitgliedsländern des RGW traten zunehmend Spannungen auf. Ungarische und polnische, aber auch sowjetische Betriebe überraschten ihre DDR-Vertragspartner mit einer eigenmächtigen Preisfestsetzungspolitik. Die Sowjetunion kam in wachsendem Umfang ihren vertraglichen Rohstoff-Lieferungsverpflichtungen gegenüber der DDR nicht mehr nach. Im Dezember 1987 kündigte sie ihren Bruderländern eher beiläufig unter Hinweis auf die erschwerten Erschließungs- und Förderbedingungen die Verringerung der Erdöllieferungen nach dem Auslaufen der Lieferverträge im Jahre 1990 an.²⁰⁵

Als Reaktion auf die inneren Funktionsmängel des RGW²⁰⁶ und auf den für 1992 bevorstehenden "Gemeinsamen Markt" in der Europäischen Gemeinschaft war auf der 43. Tagung des RGW im Oktober 1987 die Arbeit zur "Umgestaltung des Mechanismus der Zusammenarbeit" im RGW aufgenommen worden, in deren Mittelpunkt Gorbatschow die "Frage des Zentralismus" rückte.²⁰⁷ Anfang Februar 1988, auf der 126. Sitzung des Exekutivkomitees des RGW in Prag, unterbreitete die Sowjetunion ein weitreichendes Reformprogramm, um "zu einem prinzipiell neuen ökonomischen Mechanismus der Integration, zur schrittweisen Herausbildung (...) eines vereinigten Marktes der RGW-Länder überzugehen."²⁰⁸ Die sowjetischen RGW-Experten verabschiedeten sich von der zentralistischen Planungsökonomie und schlugen statt dessen eine radikalisierte Version der NÖS-Ideen auf supranationaler Ebene vor: Bei der gemeinsamen Planung sei es erforderlich, "das Schwergewicht vom zentral geregelten Austausch auf die Entwicklung des direkten Austausches von Erzeugnissen zwischen den Wirt-

---

203 Niederschrift über die Beratung des Politbüros des ZK der SED zum Entwurf des Volkswirtschaftsplanes 1988 am 17.11.1987, S. 12 (PdV).
204 Ebd., S. 17a.
205 Vgl. die Weitergabe dieser Mitteilung im Schreiben von Gerhard Schürer an Günter Mittag, 10.12.1987 (SAPMO-BArch, ZPA-SED, Büro Mittag, vorl. SED 41813).
206 Über die Arbeit des RGW hatte sich Gorbatschow bereits im Oktober 1986 gegenüber Honecker äußerst kritisch geäußert und vorgeschlagen, den RGW-Apparat wesentlich zu verkleinern und seine Struktureinheiten zu verringern. Dort gebe es, so Gorbatschow, "viele Nichtstuer. Viele Apparate des RGW seien die reinsten Friedhöfe für neue Ideen. Es seien Schutzgebiete für Nichtstuer und Verschleppungstaktiker. Damit könne man unsere Sache zugrunde richten" (Niederschrift über ein Gespräch des Genossen Erich Honecker, Generalsekretär des ZK der SED und Vorsitzender des Staatsrates der DDR, mit Genossen Michail Gorbatschow, Generalsekretär des ZK der KPdSU, am 3.10.1986, dok. in: Küchenmeister 1993, S. 151).
207 Niederschrift über ein Treffen des Generalsekretärs des ZK der KPdSU mit den Vorsitzenden der Ministerräte und den Sekretären der ZK der Bruderparteien der RGW-Länder anläßlich der 43. (außerordentlichen) Tagung des Rates für Gegenseitige Wirtschaftshilfe am 14. Oktober 1987 in Moskau, S. 6 (SAPMO-BArch, ZPA-SED, Büro Mittag, vorl. SED 41813).
208 A. Russanow (UdSSR, 1. Stellvertreter des Ständigen Vertreters im RGW), Vorschläge der sowjetischen Experten zum Inhalt und zu den Etappen der Arbeit zur Umgestaltung des Mechanismus der Zusammenarbeit und der sozialistischen ökonomischen Integration sowie der Tätigkeit des RGW, 31.12.1987, S. 1 (SAPMO-BArch, ZPA-SED, Büro Mittag, vorl. SED 41813).

schaftseinheiten, auf die Regelung der gegenseitigen Beziehungen mit Hilfe der Nutzung ökonomischer Methoden und Hebel der Leitung der Integration zu verlagern (...)."[209] Neben dem Vorschlag, die gegenseitige Konvertierbarkeit der nationalen Währungen als Vorstufe zur Konvertierbarkeit mit westlichen Währungen einzuleiten, stieß insbesondere die Absicht der Sowjets, die Außenhandelspreise der RGW-Länder ab 1991 an die Weltmarktpreise anzupassen, auf scharfe Ablehnung der DDR. Der Grund lag auf der Hand: Über siebzig Prozent der Importe der DDR aus der Sowjetunion waren Rohstoffe, während neunzig Prozent ihrer Exportlieferungen in die UdSSR Fertigerzeugnisse darstellten. Die Rohstofflieferungen der Sowjetunion waren "NSW-wertig", die Fertigerzeugnisse der DDR dagegen nicht. Eine Berechnung der Plankommission kam zu dem Ergebnis, "daß der Import von Rohstoffen aus der UdSSR für die DDR eine Lebensfrage und durch nichts ersetzbar ist. Wenn alle Rohstoffe, die die DDR aus der Sowjetunion importiert (die alle NSW-wertig sind), aus dem NSW bezogen werden müßten, so wären dafür in Dollar 37 Milliarden und in Mark der DDR (Inlandaufwand) 289 Milliarden Mark erforderlich. Gegenüber der UdSSR beträgt der Inlandaufwand 105 Milliarden Mark. Der Aufwand bei einem Import aus dem NSW wäre 2,8 mal höher als aus der UdSSR."[210] Der Vorschlag der sowjetischen Experten zielte auf nichts anderes ab, als diesen Preisvorteil der DDR im bilateralen Handel zugunsten der Sowjetunion vollständig abzuschöpfen. Das Dilemma der DDR bestand darin, daß sie für ihre prinzipielle Gegenposition, die bisherige Preisbildung nach den fünfjährigen durchschnittlichen Weltmarktpreisen beizubehalten, mit Ausnahme der rumänischen Führung keine Bündnispartner fand.[211]

Im Frühjahr 1988 zeichnete sich für die Leitung der Plankommission immer deutlicher die drohende Zahlungsunfähigkeit der DDR wegen ihrer Verpflichtung ab, die vom Bereich KoKo vorgeschossenen Kredite ab 1991 in die Zahlungsbilanz einordnen zu müssen, ohne mit Refinanzierungsleistungen der Empfänger rechnen zu können. Auf geradezu dramatische Weise hatte sich die Lage in der mikroelektronischen Industrie zugespitzt. Ohne ein Konzept für die Rückzahlung der KoKo-Kredite vorlegen zu können, trat das MfEE Anfang 1988 mit Investitionsforderungen in Höhe von 42 Mrd. Mark für das Planjahrfünft von 1991-1995 an die Plankommission heran, was einer Steigerungsrate von 220 Prozent gegenüber dem vorhergehenden Zeitraum entsprach. Daneben beanspruchte es für die Mikroelektronik weitere zwei Milliarden Valutamark für den Import westlicher Ausrüstungen. Für die Plankommission, deren internes Konzept zu diesem Zeitpunkt von einem Gesamtinvestitionsvolumen des Bereiches Elektrotechnik/-Elektronik von maximal 28 Mrd. Mark ausging, war das Ende der Fahnenstange erreicht.[212]

---

209 Ebd., S. 2.
210 Volkswirtschaftliche Berechnungen zum Warenaustausch DDR/UdSSR, o.D. (1986), S. 3 (BArch/P, E-1-56348).
211 Vgl. die Randnotizen von Egon Krenz zum Tagesordnungspunkt 9 der Politbüro-Sitzung vom 22.3.1988: "Standpunkt zum Auftreten der Vertreter der DDR in den Organen des RGW bei der Vorbereitung von Beschlüssen zur Festlegung der Vertragspreise im gegenseitigen Handel für den Zeitraum 1991 bis 1995", S. 8 (SAPMO-BArch, ZPA-SED, IV 2/2.039/59, Bl. 126 ff.).
212 Vgl. Siegfried Wenzel, Information für den Vorsitzenden der Staatlichen Plankommission, Genossen Gerhard Schürer, 15. April 1988 (PdV). Siegfried Wenzel informierte in diesem Papier über eine Beratung im "Parteistab Mikroelektronik", in der der Entwurf einer Politbüro-Vorlage "Konzeption zur Entwicklung des Elektronikmaschinenbaus in der DDR" diskutiert wurde. Das der Konzeption zugrundegelegte Zahlenmaterial war Gerhard Schürer schon einige Wochen vorher zugestellt worden.

Ende April 1988 entschloß sich Schürer nach einer Beratung mit seinen Stellvertretern zur Intervention. An Mittag und am Politbüro vorbei stellte er Honekker direkt ein Papier mit "Überlegungen zur weiteren Arbeit am Volkswirtschaftsplan 1989 und darüber hinaus" zu. Weil "wichtige Fragen der materiell-technischen Sicherung, der Versorgung der Bevölkerung und besonders der Zahlungsbilanz gegenüber dem NSW" in den Planentwürfen für 1989 nicht gewährleistet seien, schlug Schürer darin einen einschneidenden Kurswechsel der bisherigen Wirtschaftspolitik vor.[213]

Letzter Anstoß zu Schürers "Überlegungen" waren Bilanzierungslücken im Entwurf des Volkswirtschaftsplans 1989 in Höhe von 8,1 Milliarden Mark sowie ein weiterer Anstieg der Auslandsverschuldung bis Ende 1989 um 4,4 Milliarden auf insgesamt 38,9 Milliarden Valutamark. Die Mittag unterstellte ZK-Abteilung Planung und Finanzen errechnete, daß, um eine weitere Verschuldung aufzuhalten, ein Exportüberschuß im Handel mit dem NSW in Höhe von 6,5 Milliarden notwendig sei, tatsächlich aber nur ein Überschuß von maximal 2,1 Milliarden Valutamark realisierbar sei.[214] "Nicht nur was, sondern vor allem mit welchen Kosten und Gewinn etwas produziert wird", sei in der Konfrontation mit den "harten ökonomischen Bedingungen des Weltmarktes" zur "entscheidenden Frage" geworden, versuchte Schürer den Generalsekretär zu überzeugen und schlug ihm im einzelnen neun Maßnahmen vor:

1. einen Ausbaustop für die kapitalintensive, äußerst ineffektive und subventionsträchtige Mikroelektronik und die Verwendung der dadurch freigesetzten Investitionsmittel für den Verarbeitungsmaschinenbau;
2. die Zurückstellung großer Investitionsvorhaben zur Erweiterung der Produktion von Endprodukten zugunsten von Vorhaben der Zulieferindustrie;
3. Investitionen für eine rationellere Energieanwendung und verlustarme Energieumwandlung und -übertragung statt der Durchführung großer Erweiterungs-Investitionsvorhaben im Bereich der Energieerzeugung;
4. die Rückführung der auf Berlin konzentrierten Baukapazitäten in die Bezirke;
5. ein Einfrieren des ökonomischen Fonds für den "Sonderbedarf I" (bewaffnete Organe);
6. eine Zurückführung der überdurchschnittlich wachsenden Aufwendungen für die gesellschaftliche Konsumtion durch Maßnahmen zur Zurückstellung von Investitionen im gesellschaftlichen Bereich und eine Einsparung von Aufwendungen in der gesellschaftlichen Konsumtion sowie die Erhöhung des - in den letzten Jahren rückläufigen - Verhältnisses von Arbeitsproduktivitätssteigerung und Lohneinkommen;
7. eine schrittweise Ablösung der Leistungsimporte aus sozialistischen Ländern und eine "prinzipielle Wende" zum NSW-Export;
8. eine Änderung der Politik der stabilen Verbraucherpreise für den Grundbedarf durch Kürzung der Subventionen für Mieten, Energie, Kindererzeugnisse und Artikel außerhalb der Grundbedürfnisse (Blumen und Zierpflanzen, Fest- und Scherzartikel, Ruder- und Faltboote, Baumaterialien u.a.);

---

213 Gerhard Schürer, Überlegungen zur weiteren Arbeit am Volkswirtschaftsplan 1989 und darüber hinaus, Berlin, 26. April 1988, dokumentiert in: Hertle 1991, Bl. XXXIV-XLVI. - Im folgenden zitiert als Schürer, Überlegungen.
214 Vgl. Abt. Planung und Finanzen (G. Ehrensperger), Stellungnahme zur Vorlage für das Politbüro des ZK der SED, Betreff: Information und Vorschläge zur Arbeit am Entwurf der staatlichen Aufgaben des Volkswirtschaftsplanes und des Staatshaushaltsplanes 1989, Berlin, 27.4.1988 (SAPMO-BArch, ZGA-FDGB, BUVO Nr. 13553).

9. die Abschöpfung der schneller als die Warenfonds gestiegenen Geldeinkommen (Kauffonds) beispielsweise durch die Erweiterung des Exquisithandels.[215]

Um sich politisch abzusichern, versäumte es Schürer nicht, Honecker abschließend darauf hinzuweisen, daß es sich "bei allen vorgenannten Überlegungen und Vorschlägen (...) nicht um abgestimmte Maßnahmen (handelt), sondern um Gedanken, die der Erörterung bedürfen."[216] Eine Fraktion, so wollte er Honecker bedeuten, hatte er nicht gebildet. Weil Schürer keine Chance sah, seine gegen die bisherige Wirtschaftspolitik gerichteten "Überlegungen" auf dem Dienstweg, also über den ZK-Wirtschaftssekretär, an Honecker heranzubringen, wollte er ihm unter vier Augen klar machen: "Unsere Republik geht Pleite."[217]

Doch das erhoffte persönliche Gespräch kam nicht zustande. Honecker mußte Schürers "Überlegungen" als Frontalangriff gegen die Politik der beschleunigten Entwicklung der Mikroelektronik wie gegen die "Einheit von Wirtschafts- und Sozialpolitik" verstehen, für die nicht allein der Wirtschaftssekretär, sondern er, der Generalsekretär persönlich, verantwortlich zeichnete. Wenn zudem der Vorsitzende der Plankommission, der nicht einmal Vollmitglied, sondern nur Kandidat des Politbüros war, einen solchen Vorstoß wagte, standen dann nicht ganz andere Kräfte hinter ihm? Hatte sich Schürer mit Willi Stoph und Werner Krolikowski verbündet, die schon seit Ende 1986 in Moskau und in Gesprächen mit dem sowjetischen Botschafter in Ost-Berlin auf eine Ablösung Honeckers drängten?[218] Was immer über die entsprechenden Bemühungen der "Moskauer Gruppe" im Politbüro und im Ministerrat zu diesem Zeitpunkt zu Honecker vorgedrungen sein mochte: Daß auf diese Weise der Sturz von Generalsekretären vorbereitet wurde, war Honecker aufgrund seiner eigenen Aktivitäten bei der Ablösung Ulbrichts wohlvertraut.

Honecker entschloß sich, Schürers "Überlegungen" zur Prüfung an Günter Mittag weiterzuleiten. Weil "es sich um ein Material handelt, in dem Grundfragen der Politik unserer Partei der Vergangenheit und der Zukunft behandelt werden", brachte er Mittags vernichtendes Prüfungsergebnis dann als Chefsache ins Politbüro ein.[219] Mittag räumte Schürers "Überlegungen" mit einem politischen Verdikt vom Tisch: "Diesen Überlegungen des Genossen Schürer zu folgen würde bedeuten, in einem umfassenden Maße Beschlüsse des VIII. Parteitages und des XI. Parteitages der SED in Frage zu stellen und somit die Einheit von Wirtschafts- und Sozialpolitik. Das Material geht nicht konsequent aus von der ökonomischen Strategie des XI. Parteitages der SED; sie wird überhaupt nicht erwähnt."[220] Schürers Vorschlag, aus Kostengründen nach der Entwicklung und Herstellung des 256-KBit-Chips den Ausbau der Mikroelektronik zugunsten der Förderung des Verarbeitungsmaschinenbaus zu stoppen, rief die schärfste Kritik Mittags hervor. Die DDR habe auch weiterhin keine andere Wahl, als sich bei der Entwicklung der Mikroelektronik als "strategischer Aufgabe ersten Ranges" im Vorderfeld zu bewegen, "will sie ihren sozialen und gesellschaftspolitischen Handlungsspielraum behaupten und ihre Position auf den Weltmärkten ausbauen."[221] Beide Positionen umrissen das wirtschaftspolitische Dilemma der

---

215 Vgl. Schürer, Überlegungen, Bl. XXXIV ff. (S. 1 ff.).
216 Ebd., Bl. XLVI (S. 13).
217 Gerhard Schürer, in: Hertle 1991, S. 18.
218 Vgl. Kotschemassow 1994, S. 59 ff., und Kusmin 1995. Siehe dazu Kap. 2.
219 Vgl. Erich Honecker, An die Mitglieder und Kandidaten des Politbüros des ZK der SED, Berlin, 4.5.1988, abgedruckt in: Hertle 1991, Bl. I.
220 Günter Mittag, Vorlage für das Politbüro des ZK der SED. Betr.: Zur Prüfung des Materials des Vorsitzenden der Staatlichen Plankommission, Genossen Gerhard Schürer, abgedruckt in: Hertle 1991, Bl. XXV/XXVI (S. 23/24).
221 Ebd., Bl. V (S. 3)

DDR von zwei verschiedenen Seiten: Während Schürer keinen Weg aufzeigen konnte, wie sich die DDR ohne die Fortentwicklung der eigenen mikroelektronischen Industrie die erforderliche Technologie beschaffen sollte, um auf dem Weltmarkt - etwa mit den Produkten des Maschinenbaus - konkurrenzfähig aufzutreten, hatte Mittag außer Beschwörungsformeln keine Lösung für die Finanzierung des Mikroelektronikprogramms anzubieten.[222]

Die der Bilanzierungslücke und Schuldenzunahme zugrundeliegenden ökonomischen Disproportionen bestritt der Wirtschaftssekretär inhaltlich im wesentlichen nicht; statt dessen konzentrierte er sich auf eine politische Kritik an der Arbeit der Staatlichen Plankommission und gab ihren Versäumnissen und Unterlassungen die Schuld am nicht-bilanzierten Planansatz. Mittags Schlußfolgerung lautete: "Die gesamte Arbeit zeigt, daß es von entscheidender Bedeutung ist, daß der Vorsitzende der Staatlichen Plankommission und alle Mitarbeiter der Staatlichen Plankommission konsequent von den Beschlüssen der Partei ausgehen und sie zur festen Grundlage der Arbeit machen, daß entsprechend den Beschlüssen die Qualität der Arbeit entschieden erhöht wird, die politisch-ideologische Arbeit allseitig entwickelt wird und die fachliche Weiterbildung erfolgt. In der Staatlichen Plankommission sind 2000 Mitarbeiter beschäftigt, darunter 1.768 Genossen."[223] Durch seine Stellungnahme zog sich die ständig wiederholte Aufforderung an die SPK, für den Planentwurf 1989 und den Planansatz für den Zeitraum 1991 bis 1995 endlich "entscheidungsreife", "konkret begründete, ökonomisch berechnete und bilanzierbare Entscheidungsvorschläge" vorzulegen - eine Aufgabe, deren Undurchführbarkeit mit den bisherigen politischen Vorgaben Schürer maßgeblich zu seinen "Überlegungen" inspiriert hatte.

Im Politbüro fand Schürer keine Unterstützung. Willi Stoph eröffnete seine ausführliche Stellungnahme mit einem ausdrücklichen Bekenntnis zur Verwirklichung der Beschlüsse des XI. Parteitages. Alle Kräfte seien darauf zu konzentrieren, das von der Plankommission aufgezeigte "große Loch" zu schließen; die wichtigste Aufgabe sehe er in einer "bedeutenden Erhöhung der Produktion qualifizierter Endprodukte - wie nie zuvor müssen wir dafür unsere Reserven mobilisieren in der Staatlichen Plankommission, den Ministerien - konkret jedoch in den Kombinaten und allen ihren Betrieben."[224] Am meisten, so Stoph, beunruhige ihn die Entwicklung des Schuldendienstes: "Vor ein paar Wochen habe ich Dich, Erich, darüber informiert, daß in der von Genossen Schürer geleiteten Zahlungsbilanz-Gruppe von einem Genossen darauf hingewiesen wurde, daß der Schuldendienst der DDR nur noch für 1988 beherrschbar ist. Genosse Schürer hat damals dieser Meinung zugestimmt. (...) Diese Entwicklung ist von keinem von uns mehr verantwortbar."[225] Doch als Lösung befürwortete er ein Konzept, "das die Weiterführung des Kurses der Hauptaufgabe in der Einheit von Wirtschafts- und Sozialpolitik bei einem Stopp der Verschuldung und ihrem allmählichen Abbau gewährleistet."[226] Um diese Quadratur des Kreises zu bewerkstelligen, zu der sich Schürer nicht mehr imstande sah, versprach er, den Ministerrat auf einen "kampferfüllten, realen Plan 1989" zu verpflichten.[227] "Nach meiner Auffassung hat Genosse Mittag in allen Punkten recht", beendete Honek-

---

222 Zu den kontroversen Positionen zur Mikroelektronik vgl. die Gespräche mit Günter Mittag (in: Pirker u.a. 1995, S. 25), mit Gerhard Schürer und Siegfried Wenzel (in: Pirker u.a. 1995, S. 88-90) sowie mit Wolfgang Biermann (in: Pirker u.a. 1995, S. 229-231).
223 Günter Mittag, abgedruckt in: Hertle 1991, Bl. XXV/XXVI (S. 23/24).
224 Niederschrift des Redebeitrags von Willi Stoph im Politbüro am 10.5.1988, S. 2 (BArch/P, E-1-56320).
225 Ebd., S. 3. - Der von Stoph erwähnte "Genosse" war Alexander Schalck.
226 Ebd., S. 4.
227 Ebd., S. 15.

ker das Thema im Politbüro. "Die Stellungnahme des Genossen Mittag ist richtig. Genosse Stoph hat hier die Verantwortung des Ministerrates dargelegt. (...) Es muß ein akzeptabler Planentwurf vorgelegt werden."[228]

1.9. Die Phase der Agonie

Trotz "aufrüttelnder Parteiberatungen" Günter Mittags und seiner ZK-Abteilungen und anschließenden Beratungen der Plankommission mit allen Ministern und Generaldirektoren gelang es in den folgenden Wochen nicht, die Differenzen zwischen den staatlichen Aufgaben auf der einen Seite und dem Leistungsangebot und den Ressourcenforderungen der Ministerien und Kombinate auf der anderen Seite zu beseitigen. Wie immer wurde der "Springpunkt" in der Unterschreitung der Plankennziffern für den NSW-Exportüberschuß gesehen, wo die Differenz noch mehr als zwei Milliarden Valutamark betrug. Doch genauso gravierend waren die Lücken, die im Investitionsbereich klafften. Die ständige Verringerung der Akkumulationsquote in den achtziger Jahren bei gleichzeitiger Konzentration der Investitionen auf die Heizölablösung, die tiefere Spaltung des Erdöls, das PKW-Programm und die Mikroelektronik hatten zu einer Vernachlässigung fast aller anderen Bereiche, allen voran des Verarbeitungsmaschinenbaus, der Zulieferindustrie, des Verkehrswesens und des gesamten Infrastruktur- und Dienstleistungsbereiches geführt. "Die Generaldirektoren vertreten Mehrforderungen an Investitionen in einer Höhe von 7.658,2 Mio. Mark und an NSW-Importen von 638,8 Mio. VM, obwohl sie die den staatlichen Aufgaben zugrundeliegenden Warenproduktion noch nicht erreichen", berichtete Stoph im Juni 1988 im Politbüro.[229] Auf der gleichen Sitzung verteidigten mehrere Politbüro-Mitglieder ihre Ressortetats so hartnäckig gegen Kürzungen, daß sich Erich Honecker zu der Mahnung veranlaßt sah, es gebe "keinen Grund, in Panik zu machen."[230] Statt seiner üblichen Vorlage im Frühsommer verschob das Politbüro die Beschlußfassung über den Planentwurf auf den Herbst, wobei sich Honecker prinzipiell gegen jegliche Überlegungen zu einer Preisreform wandte und namentlich Walter Halbritter aufforderte, endlich aufzuhören, "dazu im Ministerrat zu diskutieren."[231] Als Argument verwies er in dieser wie in einer späteren Sitzung des Politbüros auf die Erfahrungen der Bruderländer: "Alle Länder, die die Preis-Lohn-Spirale begonnen haben, haben dann bankrott gemacht, siehe VRP, UVR - in der CSSR bahnt sich das gleiche an. Wir können auch den rumänischen Weg nicht gehen, das läßt die Lage mit der BRD nicht zu. Daher müssen wir klug vorgehen, einiges abbauen und Strukturpolitik treiben."[232]

Als der "Kleine Kreis" am 5. September 1988 zusammenkam, war die Nervosität seiner Teilnehmer sichtlich gestiegen. "Wir sind an einem Punkt, wo die Sache umkippen kann", orakelte Günter Mittag und beklagte ein weitverbreitetes Abschieben der Verantwortung von unten nach oben, während der FDGB-Vorsitzende Tisch resigniert auf das Anspruchsdenken der DDR-Bürger als Ursache für die sich ausweitenden Versorgungsprobleme verwies: "Unsere Leute wollen die soziale Sicherheit, Geborgenheit, sichere Arbeitsplätze und Ausbildung von uns

---

228 Niederschrift des Redebeitrages von Erich Honecker im Politbüro am 10.5.1988, S. 1/2 (BArch/P, E-1-56320).
229 Heinz Klopfer, Persönliche Notizen über die Beratung im Politbüro des ZK der SED am 28.6.1988, S. 2 (BArch/P, E-1-56349).
230 Heinz Klopfer, Persönliche Notizen über die Beratung im Politbüro des ZK der SED am 28.6.1988, S. 17 (BArch/P, E-1-56349).
231 Kurt Fenske, Aktenvermerk für Genossen Minister Dr. Beil, Berlin, den 29. Juni 1988, S. 8 (PdV).
232 Kurt Fenske, Aktenvermerk für Genossen Minister Dr. Beil, Berlin, den 16.9.1988, S. 4 (PdV).

und die Kaufhäuser aus der BRD."[233] Selbst Honecker war in der Zwischenzeit zu der Erkenntnis gelangt, daß oberste Priorität "das Problem der Gewährleistung der Zahlungsfähigkeit der DDR" hatte und stellte eine Reduzierung des "Sonderbedarfs"[234] um zehn Prozent sowie Einschränkungen des "gesellschaftlichen Verbrauchs" zur Diskussion.[235] Wie bereits Stoph im Juni schlug nun Gerhard Schürer vor, eine "kleine Gruppe verantwortlicher Genossen des Politbüros" unter Leitung Honeckers damit zu beauftragen, die erforderlichen weitreichenden Schritte zur Wahrung der Zahlungsfähigkeit auszuarbeiten. Zur Mitarbeit in dieser Gruppe sei er selbstverständlich bereit, so der Vorsitzende der Plankommission, aber er glaube, "daß wir die hohe Autorität unseres Generalsekretärs brauchen, sein großes Wissen, seinen Überblick und seine Weitsicht, um solche Vorschläge zu machen, die politisch und ökonomisch realisierbar sind."[236] Der Vorschlag, der Schürers Erfahrungen aus seiner Kontroverse mit Honecker und Mittag im Mai widerspiegelte, blieb ohne Resonanz. Offensichtlich waren weder Honecker noch Mittag bereit, sich auf diese Weise unmittelbar und konkret in die Verantwortung für das zu erarbeitende Sparprogramm ziehen zu lassen.

Der am 15. September vom Politbüro beschlossene Entwurf der staatlichen Aufgaben für das Jahr 1989 kam nur dadurch zustande, daß die Plankommission die immer noch bestehenden Differenzen und Lücken mit einem "Maßnahmeplan" schloß, der nicht mit den betroffenen Ministern abgestimmt worden war. Was die Partei stets zu vermeiden gesucht hatte, trat nun ein: eine Konfrontation der Institutionen.[237] Zum ersten Mal in der Ära Honecker stieß ein Beschluß des Politbüros im Ministerrat auf offenen Widerstand. Sieben Minister, allen voran Landwirtschaftsminister Bruno Lietz und der Minister für Elektrotechnik und Elektronik, Felix Meier, kritisierten mit unterschiedlicher Schärfe die Vorgehensweise, - zu der sich die Vertreter der Plankommission während der Sitzung nicht äußerten -, und verlangten, daß zunächst die Mittelzuweisungen an die Kombinate ihrer Industriezweige bzw. an ihre Zuständigkeitsbereiche mit ihnen zu klären seien, bevor der Entwurf der staatlichen Aufgaben veröffentlicht würde.[238]

Nur fünf Tage später übermittelte Willi Stoph den Standpunkt des Politbüros zu dem unbotmäßigen Verhalten der Minister: "Das Politbüro ist der Meinung, daß entsprechend der staatlichen Ordnung der Ministerrat verpflichtet ist, die Beschlüsse des Politbüros konsequent durchzuführen. Darum entspricht das Verhalten einiger Mitglieder des Ministerrates in der Sitzung am 15.9.1988 nicht der festgelegten Ordnung. Im Gesetz über den Ministerrat ist bekanntlich eindeutig formuliert, daß der Ministerrat seine Aufgaben in Verwirklichung der Beschlüsse der Partei der Arbeiterklasse erfüllt (§ 2) und die Volkswirtschaft entsprechend den Direktiven der Sozialistischen Einheitspartei Deutschlands leitet (§ 3). (...) Unter diesem Gesichtspunkt ist die weitere Arbeit am Plan 1989 zu organisieren

---

233 Siegfried Wenzel, Arbeitsniederschrift über eine Beratung beim Generalsekretär des ZK der SED, Genossen Erich Honecker, zu den Materialien des Entwurfs der staatlichen Aufgaben 1989, 6.9.1988 (BArch/P, E-1-56318). Teilnehmer der Beratung waren E. Honecker, W. Stoph, H. Sindermann, G. Mittag, W. Krolikowski, W. Jarowinsky, G. Kleiber, H. Tisch, G. Schürer, E. Höfner und G. Ehrensperger.
234 Der Begriff "Sonderbedarf" wurde als Chiffre für die Etats der Ministerien der bewaffneten Organe verwendet.
235 Ebd., S. 11.
236 Ebd., S. 9.
237 Vgl. das Gespräch mit Siegfried Wenzel und Gerhard Schürer, in: Pirker u.a. 1995, S. 74.
238 Vgl. Siegfried Wenzel, Persönliche Notizen zur Beratung des Ministerrates der DDR über den Entwurf der staatlichen Aufgaben für den Volkswirtschaftsplan und den Staatshaushaltsplan 1989 am 15.9.1988, 16. September 1988; Heinz Klopfer, Persönliche Notizen zur Beratung des Ministerrates am 15.9.1988, Berlin, 16.9.1988 (BArch/P, E-1-56321).

und durchzuführen. Damit sind die beschlossenen Maßnahmen Punkt für Punkt abzuarbeiten."[239] Die Minister beugten sich.

Doch weder mit der Schelte des Ministerrates und Erzwingungsmaßnahmen gegenüber einzelnen Ministern noch mit der im November beschlossenen Kürzung des Etats der bewaffneten Organe (MfNV, MfS und MdI) um zwei Milliarden Mark und Ausgabensenkungen im Bereich der sogenannten "gesellschaftlichen Konsumtion" ließen sich die über achtzehn Jahre aufgelaufenen Probleme lösen. Als der "Kleine Kreis" im Mai 1989 zusammentrat, mußte Schürer vermelden, daß die Verschuldung nun monatlich um 500 Millionen Valutamark zunahm und "bei Fortsetzung dieser Entwicklung die DDR 1991 zahlungsunfähig ist". Die bereits eingeleiteten Kürzungen müßten dringend "mit einer Reihe ökonomischer Maßnahmen im Bereich der Konsumtion" verbunden werden.[240] Doch niemand im "Kleinen Kreis" wollte sich der Aufgabe stellen, den Lebensstandard der Bevölkerung einzuschränken. "Was sagen wir dann dem Volk, wie treten wir dann dem Volk gegenüber auf?" fragte Harry Tisch.[241] "Eine Umkehrung, eine völlige Wende ist meiner Ansicht nach nicht möglich", warf Werner Jarowinsky ein.[242] Und Egon Krenz gab als richtungweisende Parole aus: "Wir sollten jetzt nach vorne sehen. Es ist für mich gar keine Frage, ob die Einheit von Wirtschafts- und Sozialpolitik fortgeführt wird. Sie muß fortgeführt werden, denn sie ist ja der Sozialismus in der DDR!"[243]

---

239 Erklärung des Vorsitzenden des Ministerrates und Mitglied des Politbüros des ZK der SED, Genossen W. Stoph, entsprechend dem Beschluß des Politbüros des ZK der SED vom 20.9.1988, S. 2/3 (BArch/P, E-1-56321).
240 Darlegungen Gerhard Schürers zur Zahlungsbilanz mit dem nichtsozialistischen Wirtschaftsgebiet, 16.5.1989 (BArch/P, E-1-56317).
241 Heinz Klopfer, Persönliche Notizen über die Beratung beim Generalsekretär des ZK der SED und Vorsitzenden des Staatsrates der DDR, Erich Honecker, betreff Entwurf des Volkswirtschaftsplanes und des Staatshaushaltsplanes 1990, Berlin, 16.5.1989, S. 25 (BArch/P, E-1-56317). Teilnehmer der Sitzung waren E. Honecker, G. Mittag, W. Stoph, E. Krenz, G. Kleiber, W. Jarowinsky, W. Krolikowski, H. Tisch, K. Hager, G. Schürer, G. Ehrensperger, E. Höfner und H. Klopfer.
242 Ebd., S. 33.
243 Ebd., S. 42.

2. Vor dem Zusammenbruch der DDR: Szenen des Verfalls

2.1. Bruderzwist im Warschauer Pakt

Nicht nur der unaufhaltsam fortschreitende ökonomische Verfall zermürbte im Sommer 1989 die SED-Führung. Auf Initiative der sowjetischen Führung brachen die Staaten des Warschauer Paktes im Juli 1989 auf der Tagung des Politisch-Beratenden Ausschusses (PBA) in Bukarest in einem offiziellen Dokument mit dem Superioritäts- und Hegemonieanspruch der Sowjetunion und damit auch mit der Panzerphilosophie der begrenzten Souveränität der Mitgliedsstaaten ("Breschnew-Doktrin"). Im Kommuniqué der Tagung bekundeten die Partei- und Staatsführer der Ostblock-Länder, daß es "keinerlei universelle Sozialismus-Modelle" gebe und "niemand das Monopol auf die Wahrheit" besitze. Sie unterstrichen die Notwendigkeit, die Beziehungen untereinander "auf der Grundlage der Gleichheit, Unabhängigkeit und des Rechtes eines jeden, selbständig seine eigene politische Linie, Strategie, und Taktik ohne Einmischung von außen auszuarbeiten, zu entwickeln."[1] Die Befreiung von sowjetischer Bevormundung, das Recht auf Selbstbestimmung und Unabhängigkeit bürdete den "befreundeten Staaten" indes eine schwere Last auf: Entfiel die sowjetische Bestandsgarantie für die kommunistischen Regime, so waren diese vor die Aufgabe gestellt, ihre Herrschaft fortan mit eigenen Mitteln vor ihren Völkern zu legitimieren.

Die sprachlose Reaktion der DDR-Delegationsführer war von hoher symbolischer Aussagekraft: Erich Honecker erlitt während der Tagung eine Gallenkolik und verließ Bukarest noch vor der Unterzeichnung des Abschlußdokuments; als Willi Stoph in Vertretung Honeckers von Gastgeber Ceaucescu bei der informellen Beratung der Parteiführer nach Michail Gorbatschow, Todor Schiwkow, Milos Jakes, Rezsö Nyers und Woyciech Jaruzelski das Wort zu seiner Einschätzung der politischen Lage erhielt, war er völlig unvorbereitet und brachte nicht einen einzigen Satz hervor.[2]

Das Kommuniqué des PBA vollendete die 1986 von Gorbatschow behutsam eingeleitete Politik, von der Allgemeingültigkeit des sowjetischen Modells für die Bruderländer abzugehen und sich von der Breschnew-Doktrin zu entfernen.[3] Beabsichtigt war damit keinesfalls, das Bündnis aufzulösen; die neuen Prinzipien der Unabhängigkeit und Selbständigkeit der nationalen Parteien, der Gleichberechtigung der Beziehungen und der Freiwilligkeit der Zusammenarbeit sollten die Gemeinschaft vielmehr auf eine qualitativ anspruchsvollere Geschäftsgrundlage stellen. Denn noch 1989 war Gorbatschow überzeugt, "die Konfrontation (mit dem Westen, d.Vf.) unter Beibehaltung der entgegengesetzten sozialpolitischen Systeme abbauen zu können."[4]

---

1 Kommuniqué der Tagung des Politisch-Beratenden Ausschusses der Mitgliedsstaaten des Warschauer Vertrags am 7. und 8. Juli 1989 in Bukarest, in: Europa-Archiv, Folge 20/1989, S. 599.
2 Vgl. Stenographische Niederschrift des informellen Treffens der Generalsekretäre nach der Tagung des Politisch-Beratenden Ausschusses der Teilnehmerstaaten des Warschauer Vertrages in Bukarest, Sonnabend, 8. Juli 1989, S. 48 (SAPMO-BArch, ZPA-SED, IV 2/2.039/290, Bl. 117). - Zur Stimmung in der Delegation der SED siehe Keßler 1996, S. 242-247 sowie 253-256.
3 Zur allmählichen Aufgabe der Breschnew-Doktrin durch Gorbatschow vgl. Oldenburg 1994, S. 23; Küchenmeister/Stephan 1994.
4 Tschernajew 1993, S. 245.

Der sowjetische Wille zum Abbau der außenpolitischen Konfrontation resultierte vor allem aus den immensen Rüstungslasten, die sich die Weltmacht mit der Fortsetzung des Kalten Krieges aufgebürdet hatte und die zu einer alles erdrückenden Kostenfrage geworden waren.[5] Ohne deren Reduzierung hatten weder die wirtschaftlichen noch die politischen Reformen, weder die Politik der "Uskorenije" noch der "Glasnost", Aussicht auf Erfolg. Als dritter Säule der Politik der Erneuerung Gorbatschows fiel deshalb vor allem der Außenpolitik die Aufgabe zu, durch eine konfliktreduzierende Entspannungspolitik und abrüstungspolitische Initiativen "der Perestroika im Innern Flankenschutz zu geben."[6]

Die Unterzeichnung des INF-Vertrages[7] am 8. Dezember 1987 in Washington, in dem die weltweite Abschaffung der landgestützten atomaren Mittelstreckenwaffen vereinbart wurde, betrachtete die sowjetische Führung als Durchbruch der neuen außenpolitischen Linie auf dem Gebiet der nuklearen Abrüstung.[8] Auch den Abschluß der Wiener-KSZE-Folgekonferenz im Januar 1989, auf der man die Aufnahme von Verhandlungen über die Reduzierung der konventionellen Streitkräfte in Europa vereinbarte, verbuchte die Sowjetunion als großen Erfolg. Doch im Gegenzug hatte sie sich zu weitreichenden Zugeständnissen in Menschenrechtsfragen bereitfinden müssen. So verpflichteten sich die Unterzeichner-Staaten im Wiener Abkommen unter anderem, das Recht eines jeden "auf Ausreise aus jedem Land, darunter aus seinem eigenen, und auf Rückkehr in sein Land uneingeschränkt" zu achten. Ähnliche internationale Abmachungen hatte selbst die DDR schon mehrfach unterzeichnet, ohne sie je in innerstaatliches Recht umzusetzen. Doch in Wien verpflichtete sie sich erstmals, dieses Recht gesetzlich zu garantieren und die Einhaltung dieser Verpflichtung beobachten zu lassen.[9] Die Außenpolitik der Sowjetunion zwang somit insbesondere dem Verbündeten in Ost-Berlin innenpolitische Verpflichtungen auf, deren Umsetzung wenn noch nicht die Existenz, so doch die politische Stabilität der DDR bedrohten.

2.1.1. Reisen und Ausreisen: Das Staatsproblem der DDR

Reisen

Mehr als drei Millionen Menschen hatten die DDR zwischen 1945 und 1961 in Richtung Westdeutschland verlassen, als die SED der Abwanderung am 13. August 1961 mit dem Bau der Berliner Mauer ein gewaltsames Ende setzte.

Übersiedlungen und Besuchsreisen in die Bundesrepublik wurden danach fast vollständig unterbunden. Ohne Genehmigung war die DDR nur unter Einsatz des Lebens zu verlassen. Wurden Genehmigungen erteilt, waren sie an einen wirtschaftlichen Vorteil für die DDR gebunden. Rentner etwa, die in den Westen übersiedelten, halfen der DDR Rentenzahlungen und Sozialleistungen einzusparen. Politische Häftlinge erwiesen sich sogar als Devisenschlager. 12.000 Akten über politische Verurteilungen führte die Rechtsschutzstelle der Bundesregierung in Berlin zu Beginn der sechziger Jahre. In geheimen Verfahren waren Tausende von Menschen ohne ordentliche Verteidigung wegen angeblicher Kriegsverbrechen, Spionage, "antisowjetischer Hetze" oder "Diversion" von sowjetischen

---

5 Vgl. dazu Schewardnadse 1991a, S. 117.
6 Simon/Simon 1993, S. 190; vgl. auch Maximytschew 1994, S. 7.
7 INF = Intermediate-Range Nuclear Forces (nukleare Mittelstreckenwaffen).
8 Zu den Hintergründen siehe Gorbatschow 1995, S. 571 ff.
9 Konferenz über Sicherheit und Zusammenarbeit in Europa. Abschließendes Dokument des Wiener KSZE-Folgetreffens. Wien, 15. Januar 1989, dokumentiert in: Deutschland Archiv 4/1989, S. 467 ff.

Militärtribunalen, wegen angeblicher Vergehen aufgrund der berüchtigten "Boykottgesetze" oder anderer politischer Aktivitäten gegen die SED von DDR-Gerichten zu langjährigen Zuchthausstrafen abgeurteilt worden.[10] Nach einem Probelauf mit acht Häftlingen im Jahr 1963, bei dem beide Partner mit Erfolg testeten, daß die jeweils andere Seite die Vertraulichkeit dieses Handels zu gewährleisten willens und imstande war, zeigte sich die DDR bereit, zwischen 500 und 1.500 politische Strafgefangene jährlich in die Bundesrepublik zu exportieren.[11] Der Kopfpreis wurde individuell je nach beruflicher Ausbildung und der Höhe der Strafe vereinbart.[12] Für Gegenleistungen im Wert von über 3,5 Milliarden DM erreichte die Bundesregierung zwischen 1964 und 1989 die vorzeitige Freilassung von 33.755 Häftlingen, die Übersiedlung von 2.000 Kindern zu ihren Eltern und rund 250.000 Familienzusammenführungen.[13]

Selbst Besuchsreisen in die Bundesrepublik oder nach West-Berlin wurden DDR-Bürgern unterhalb des Rentenalters bis Mitte der achtziger Jahre nur in Ausnahmefällen, sogenannten "dringenden Familienangelegenheiten", gestattet. Die zulässigen Reisegründe, bei denen Genehmigungen erteilt werden *konnten*, waren gemäß einer 1972 erlassenen Anordnung des Innenministers auf Geburten, Eheschließungen, lebensgefährliche Erkrankungen und Sterbefälle von westdeutschen Verwandten 1. Grades beschränkt; 1973 wurde dieser Katalog auf silberne und goldene Hochzeiten sowie 60-, 65- und 70-jährige Ehejubiläen erweitert.[14] Voraussetzung einer Genehmigung war einerseits die schriftliche Zustimmung der Arbeitsstelle, andererseits das Vorhandensein von Familienangehörigen, insbesondere von Kindern, die als Geiseln in der DDR zurückgelassen werden mußten. Jährlich etwa 40.000 DDR-Bürgern wurde bis 1982 die Erlaubnis zum Besuch ihrer Verwandten in der Bundesrepublik erteilt. Als die Reiseanlässe 1982 auf Jugendweihen, Konfirmationen, Kommunionen sowie den 60., 65., 70., 75. und jeden weiteren Geburtstag ausgedehnt wurden[15], stieg die Zahl der Genehmigungen auf rund 60.000 an.

Mit der Unterzeichnung der Schlußakte von Helsinki im Jahre 1975 und dem Abschluß des Madrider KSZE-Gipfeltreffens im September 1983 wuchs der internationale, aber auch der innere Druck auf die SED-Spitze, die innerstaatliche Reise- und Ausreisepraxis der DDR den internationalen Konventionen anzugleichen. Je tiefer die DDR Anfang der achtziger Jahre in die ökonomische Krise geriet, desto erfolgreicher agierte die Bundesregierung in ihrem Bemühen, die DDR in den innerdeutschen Verhandlungen über finanzielle Transfers und wirtschaftlichen Austausch auch zu Reiseerleichterungen zu bewegen. Im Zusammenhang mit der Vergabe der Milliardenkredite 1983 und 1984 und der Neuvereinbarung des zinslosen Überziehungskredites im innerdeutschen Handel im Jahr 1985 wurden sowohl der Kreis der Anspruchsberechtigten als auch der Umfang der

---

10 Vgl. Rehlinger 1991, S. 17 ff.
11 Nur in den Jahren 1984 wurde diese Zahl mit 2.236, 1985 mit 2.676 Häftlingen überschritten.
12 Zur Geschichte des Häftlingsfreikaufs vgl. Barzel 1976, S. 31-41; Rehlinger 1991; Geißel 1991; Whitney 1993, S. 73 ff.
13 So die Bilanz der "besonderen Bemühungen der Bundesregierung im humanitären Bereich" bei Rehlinger 1991, S. 247.
14 Vgl. Anordnung über Regelungen im Reiseverkehr von Bürgern der DDR vom 17.10.1972, in: GBl. DDR II, 1972, S. 653; Anordnung Nr. 2 über Regelungen im Reiseverkehr von Bürgern der DDR vom 14.6.1973, in: GBl. DDR I, 1973, S. 269 (abgedruckt in: BMIB 1980, Dok. 46 und Dok. 68).
15 Vgl. Anordnung über Regelungen zum Reiseverkehr von Bürgern der DDR vom 15.2.1982, in: GBl. DDR I, 17. März 1982, S. 187 (abgedruckt in: BMIB 1986, Dok. 36).

Reiseanlässe auf der Grundlage einer "zentralen Entscheidung"[16] ab dem 1. August 1984, die durch einen Beschluß des ZK-Sekretariats vom 13. März 1985 nachträglich kodifiziert, aber nicht veröffentlicht wurde[17], und am 10. Dezember 1985 erneut auf "zentrale Weisung" wesentlich erweitert.[18] Nutznießer bereits des Sekretariats-Beschlusses vom 13. März 1985 wurden erstmals auch die Mitglieder und Kandidaten der SED, die zumindest formal vom Kreis der Reiseberechtigten "in dringenden Familienangelegenheiten" nicht länger ausgeschlossen wurden.[19] Um den Charakter auch der zweiten "zentralen Weisung" als Gegenleistung für die wirtschaftliche Hilfe Bonns nach außen nicht sichtbar werden zu lassen, wurden die erweiterten Genehmigungsmöglichkeiten nicht veröffentlicht, sondern als innerdienstliche Weisungen des Innenministers ab 1. Februar 1986 stillschweigend von den zuständigen Behörden praktiziert.[20] Die zentrale Weisung Honeckers vom 10. Dezember 1985 besagte, daß auch bei Vorliegen sogenannter "besonderer humanitärer Anliegen" Reisen in dringenden Familienangelegenheiten genehmigt werden *konnten*. Konkrete Hinweise auf anspruchbegründende Verwandtschaftsverhältnisse und Anlässe enthielt die Weisung nicht, statt dessen wurde lediglich festgestellt, "daß Genehmigungen auch erteilt werden *können*, wenn ein in den Regelungen
- genanntes Verwandtschaftsverhältnis vorliegt und ein über den Charakter der dringenden Familienangelegenheit hinausgehender Antragsgrund besteht,
- genannter Antragsgrund vorliegt und ein über die Regelungen hinausgehendes Verwandtschaftsverhältnis besteht."[21]

Die Weisung erweiterte den Ermessensspielraum der Behörden, mehr Reisen zu Verwandten zu genehmigen - solange dies erwünscht war. Ein berechenbares und einheitliches Verwaltungshandeln erlaubte sie nicht. Der Begriff "besonderes humanitäres Anliegen" wurde zwischen den Bezirken und Kreisen und sogar von den Mitarbeitern ein und desselben Volkspolizei-Kreisamtes unterschiedlich angewandt.[22] Doch da die Weisung "großzügig" ausgelegt wurde, stieg die Zahl

---

16 "Zentrale Weisungen" oder "zentrale Entscheidungen" waren Entscheidungen des Generalsekretärs.
17 Vgl. den Ministerrats-"Beschluß über Grundsätze und Regelungen im Reiseverkehr zwischen der DDR und nichtsozialistischen Staaten sowie Westberlin", dem das ZK-Sekretariat am 13. März 1985 "zustimmte" (SAPMO-BArch, ZPA-SED, J IV 2/3A/4221).
18 Der Beschluß führte die Politik der Sippenhaft bzw. Sippenverfemung fort. Reiseanträge waren generell abzulehnen, "wenn *Verwandte* aus feindlicher Einstellung Antragsteller auf Übersiedlung waren und aus der Staatsbürgerschaft der DDR entlassen wurden." ("Beschluß über Grundsätze und Regelungen im Reiseverkehr zwischen der DDR und nichtsozialistischen Staaten sowie Westberlin", S. 41 (SAPMO-BArch, ZPA-SED, J IV 2/3A/4221).
19 Jedenfalls wurden die 1. Sekretäre der Bezirksleitungen von Honecker in einem Begleitbrief zu den "Grundsätzen" vom 13.3.1985 entsprechend informiert und instruiert (vgl. SAPMO-BArch, ZPA-SED, J IV 2/3/3794, Bl. 61).
20 Zum Inhalt der "zentralen Entscheidung" vom 10.12.1985 vgl.: "Entwicklung des Reiseverkehrs von Bürgern der DDR in dringenden Familienangelegenheiten nach nichtsozialistischen Staaten und Westberlin im Jahre 1987." Geheime Verschlußsache, ZK 02-Politbüro-Beschlüsse, 8/88 vom 23.2.1988, Anlage 5: Maßnahmen zur weiteren Verwirklichung des Beschlusses des Sekretariats des ZK der SED vom 13. März 1985 in bezug auf den Reiseverkehr zwischen der DDR und nichtsozialistischen Staaten sowie Westberlin (Zentrale Entscheidung vom 10. Dezember 1985), S. 20-25 (SAPMO-BArch, ZGA-FDGB, Bundesvorstand, A 200.13552).
21 Regelungen der Privatreisen nach nichtsozialistischen Staaten und Berlin (West), o.D., S. 2 (SAPMO-BArch, ZPA-SED, IV 2/2.039/307, Bl. 16). - Hervorhebung v. Vf.
22 Vgl. Gerhard Hötling, Bericht über die Untersuchungen durch die Abteilung für Sicherheitsfragen des ZK hinsichtlich der Reisen in dringenden Familienangelegenhei-

der Reisen in den Westen sprunghaft von 139.000 im Jahre 1985 auf 573.000 in 1986 an. 1987 waren es bereits 1.297.399 Reisen, wobei rund 300.000 weitere Anträge in diesem Jahr entweder abgelehnt oder gar nicht erst angenommen worden waren.

Bereits im Februar 1988 registrierte das Politbüro die destabilisierenden Folgen dieses Reiseverkehrs mit großer Besorgnis. Zwar benutzten 1987 nur 3.009 Reisende, umgerechnet 0,23 Prozent, ihren Westaufenthalt zur Flucht. Jedoch handelte es sich bei ihnen zumeist um Träger hoher fachlicher Qualifikationen. Die SED-Spitze beurteilte die "Verunsicherung im Umfeld der betreffenden Personen" und die zusätzlichen Probleme in den Betrieben ebenso negativ wie die politischen Wirkungen der Reisen insgesamt: "Die Mehrzahl der Reisenden schätzt die soziale Geborgenheit in der DDR hoch ein. Bei nicht wenigen jedoch bestehen Illusionen über die tatsächliche Lage in der BRD und Westberlin. Sie lassen sich vom äußeren Erscheinungsbild in der BRD und Westberlin (Warenangebot, äußeres Bild der Städte, 'Freizügigkeit') blenden."[23] Deshalb beschloß das Politbüro am 23. Februar 1988, die Reiseregelungen wieder restriktiver zu handhaben. So sollten "künftig gemeinsame Reisen von Ehepaaren, Eltern bzw. Elternteilen mit ihren erwachsenen Kindern, Bürgern, die in Lebensgemeinschaft leben, nicht mehr" zugelassen[24], die für die Antragstellung erforderlichen Verwandtschaftsverhältnisse eingeengt, die Antragsgründe verringert und bei Anträgen von Hoch- und Fachschulkadern sowie Spezialisten "gründliche Überprüfungen zur vorbeugenden Verhinderung eines möglichen Mißbrauchs dieser Reisen" durchgeführt werden.[25]

Als die Einschränkungen des geheim gehaltenen Beschlusses nach kurzer Zeit wirksam wurden, sprach Bonns Ständiger Vertreter in der DDR, Hans-Otto Bräutigam, bei Egon Krenz vor. Er gab Krenz zu verstehen, "daß es aus der Sicht der Bundesregierung keinen auffälligen Rückschlag im Reiseverkehr geben dürfe."[26] Krenz, der für den entsprechenden Politbüro-Beschluß als Sicherheits-Sekretär des Zentralkomitees verantwortlich zeichnete, verleugnete schlichtweg die restriktivere Genehmigungspraxis der vorhergehenden Wochen, machte Bräutigam aber gleichwohl klar, daß die SED-Führung den Reiseverkehr vor allem als politische Handelsware in den innerdeutschen Beziehungen betrachtete: "Die Zahl der Reisen sei keine für alle Zeiten gültige Größe. Alles hängt von den Gesamtbeziehungen (zwischen der DDR und der Bundesrepublik, d. Vf.) ab. Zu beachten seien ökonomische Fragen und die politische Atmosphäre. Die Auffassung, daß der Reiseverkehr eine unveränderliche Tatsache ist, sei also nicht zutreffend."[27]

Bei den Verhandlungen mit Alexander Schalck über die Neufestsetzung der Transitpauschale im Mai 1988 wurden Bundesinnenminister Wolfgang Schäuble die Devisennöte der DDR offenbar. Schalck begründete die Forderung nach einer Heraufsetzung der Pauschalsumme von 525 Mio. DM auf 890 Millionen DM jährlich mit den gestiegenen Valutaaufwendungen der DDR im Reiseverkehr. Bei Schäuble stieß er mit dieser Argumentation, die der Bundesregierung die Alimentierung des DDR-Reiseverkehrs aufnötigte, auf Verständnis. Für die Bundes-

---

ten nach nichtsozialistischen Staaten und Westberlin, 25.6.1986, S. 5 (SAPMO-BArch, ZPA-SED, IV 2/2.039/306, Bl. 82).
23 Entwicklung des Reiseverkehrs ..., S. 7.
24 Ebd., S. 12.
25 Ebd., S. 13.
26 Vermerk über ein Gespräch des Genossen Egon Krenz mit dem Leiter der Ständigen Vertretung der BRD in der DDR, Hans-Otto Bräutigam, am 13. April 1988 im Hause des Zentralkomitees der SED, Berlin, 13. April 1988, S. 3 (SAPMO-BArch, ZPA-SED, IV 2/2.039/303, Bl. 252).
27 Ebd., S. 4.

regierung, so gab Schalck den Kanzleramtschef in seiner Aufzeichnung des Gesprächs wieder, bestehe bei der Transitpauschale schon allein auf Grund ihres Volumens "die einzige Möglichkeit, der DDR entsprechende Kosten im Reiseverkehr ohne Offenlegung gegenüber der Öffentlichkeit in bestimmtem Maße auszugleichen."[28] Ohne ein formelles Junktim herzustellen, stellte Schäuble die Forderung, "daß für den vorgesehenen längeren Zeitraum durch entsprechende gesetzliche Bestimmungen der DDR sichergestellt ist, daß der Reise- und Besucherverkehr von Bürgern der DDR in das NSA weiter in dieser dargelegten positiven Richtung verläuft."[29] Mit einem gesetzlich garantierten Reiserecht, informierte Schalck seine Vorgesetzten über Schäubles Standpunkt, könne es der DDR auch besser gelingen, Übersiedlungsabsichten ihrer Bürger - an denen auch die Bundesregierung kein Interesse habe - einzudämmen.

Ausreisen

Nur wenige Tage vor den Verhandlungen zwischen Schalck und Schäuble, am 19. April 1988, war die rapide zunehmende Zahl der Ausreiseanträge aus der DDR im Politbüro beraten worden. Seit dem Mauerbau hatte es über zwei Jahrzehnte keinerlei Rechtsgrundlage für entsprechende Anträge gegeben. Ausreisewillige unterhalb des Rentenalters wurden in dieser Zeit, wenn sie nicht dazu bewegt werden konnten, von ihrem Vorhaben Abstand zu nehmen, in der Regel ausgegrenzt, diskriminiert und kriminalisiert. Der Weg in den Westen öffnete sich in der Regel nur denjenigen, die bereit waren, zur Durchsetzung ihrer Ausreise Gefängnisstrafen auf sich zu nehmen. Für politische Häftlinge bestand dann die Chance, nach einer geraumen Zeit von der Bundesregierung freigekauft zu werden.

Grundlage des Umgangs der SED mit Ausreisewilligen bildeten geheime Verfügungen und Dienstanweisungen des Ministerrates, des Ministeriums des Innern und des MfS.[30] Nominell zuständiger Dienstzweig für die Bearbeitung sogenannter "Übersiedlungsersuchen" waren zwar die der Hauptabteilung Innere Angelegenheiten des MdI unterstellten Bereiche Inneres der Räte der Bezirke, Kreise, Städte und Stadtbezirke. Faktisch fungierte das Innenministerium jedoch in Ausreise- und Reisefragen als nachgeordnete Behörde des MfS. Bei der Erarbeitung aller Grundsatzdokumente und Angelegenheiten des Reiseverkehrs nahm das MfS ein Direktivrecht gegenüber den anderen beteiligten Ministerien wahr; dem Innenministerium wurde lediglich die Durchführung der im Politbüro und im ZK-Sekretariat bzw. der direkt zwischen Honecker und Mielke getroffenen Entscheidungen zugewiesen. Aufgrund seiner Mitgliedschaft im Politbüro war der Staatssicherheitsminister dem Minister des Innern, der lediglich Mitglied des Zentralkomitees war, vorgeschaltet, verfügte über einen Informationsvorsprung und den ersten Zugriff auf die Bearbeitung der im Politbüro aufgeworfenen, sicherheitspolitisch relevanten Fragen und Probleme. Wie Mielke dem Innenminister Dickel, so waren auch die leitenden Mitarbeiter des MfS ihren Kollegen im MdI mit gleichem militärischen Dienstrang de facto vorgesetzt. Die Vorrangstellung des MfS kam nicht zuletzt in seiner besseren finanziellen und dementsprechend moderneren technischen Ausstattung in allen Bereichen zum Ausdruck, angefangen von der Vergütung der Mitarbeiter über die Bewaffnung, die Funkelektronik und den Fahrzeugpark bis hin zur Büroausstattung und Schreibtechnik.

---

28 Information über das Gespräch zwischen dem Bundesminister und Chef des Bundeskanzleramtes der BRD, Schäuble, und Genossen Schalck am 5.5.1988, S. 7 (SAPMO-BArch, ZPA-SED, Büro Mittag 42168).
29 Ebd., S. 8.
30 Vgl. Lochen/Meyer-Seitz 1992.

Wurde das MdI mit der Ausarbeitung einer Vorlage für das Politbüro, den Nationalen Verteidigungsrat oder den Ministerrat betraut, geschah dies in der Regel auf der Grundlage diskret-direktiver Anweisungen des MfS. Ihre Umsetzung wurde von den zuständigen Experten des Staatssicherheitsdienstes in gemeinsamen Arbeitsgruppen beider Ministerien in "parteilicher, kameradschaftlicher Zusammenarbeit", wie es intern hieß, angeleitet und kontrolliert. Entwürfe von Beschlußvorlagen legte Dickel dem Stasi-Chef zur Zustimmung oder Mitunterzeichnung vor. Erst nach einer abschließenden Prüfungshandlung im MfS und der Zustimmung Mielkes konnten die Dokumente als Vorlagen in die Beschlußgremien von Partei und Staat eingebracht werden.

Die Anleitung und Kontrolle der Tätigkeit des MdI erfolgte durch die 357 Mitarbeiter starke Hauptabteilung VII des MfS, die von Generalmajor Dr. Jochen Büchner geleitet wurde.[31] Ihr oblag einerseits die Spionageabwehr, die die ständige Kontrolle vor allem der Leitungskader einschließlich des Ministers - eines gebürtigen Westdeutschen und ehemaligen Mitarbeiters des militärischen Geheimdienstes der Sowjetunion (GRU) - und seiner Stellvertreter einschloß, sowie andererseits die Organisierung und Koordinierung des politisch-operativen Zusammenwirkens von MfS und MdI. Für diesen Zweck verfügte sie im MdI über eine offizielle Dienst- und Verbindungsstelle ("007"), zahlreiche "Offiziere im besonderen Einsatz" (OibE) und und ein dichtes Netz inoffizieller Mitarbeiter (IM). Mindestens vier der sechs Stellvertreter des Ministers wurden als IM bzw. "Gesellschaftliche Mitarbeiter Sicherheit" (GMS) geführt.[32] Insbesondere die Leitungsstrukturen der Dienstzweige Inneres sowie Paß- und Meldewesen waren von den Räten der Städte bzw. den Volkspolizei-Inspektionen über die Bezirksebenen bis ins Innenministerium mit OibE bzw. IM durchdrungen. Im internen Sprachgebrauch des MfS wurde das MdI als "Etage" des MfS bezeichnet; der 1. Stellvertreter des Leiters der Hauptabteilung VII, Oberst Dr. Hans-Joachim Krüger, galt im MfS als "Abschnittsbevollmächtigter" für das MdI.

Soweit es die Koordinierung und Steuerung aller Aktivitäten auf dem Gebiet der Ausreisen betraf, war 1975 neben der HA VII auf Befehl des Ministers eine Spezialabteilung, die "Zentrale Koordinierungsgruppe" (ZKG), eingerichtet worden, die wie die HA VII dem für die bewaffneten Organe zuständigen stellvertretenden MfS-Minister, zuletzt Generalleutnant Gerhard Neiber, unterstellt war.[33] In der ZKG waren 1989 rund 190 Mitarbeiter tätig; ihre Leitung hatte 1986 Generalleutnant Gerhard Niebling als Nachfolger des auf ungeklärte Weise ums Leben gekommenen Heinz Volpert übernommen.[34] Die ZKG monopolisierte und koordinierte den Export von DDR-Bürgern in die Bundesrepublik und er-

---

31 Vgl. Der Bundesbeauftragte 1995, S. 252 ff. Die Mitarbeiterzahl bezieht sich auf das Jahr 1989.
32 Vgl. die entsprechende Aktenlage im Zentralarchiv des BStU.
33 Zu Neibers Verantwortungsbereich gehörten neben der HA VII und der ZKG auch die Abwehrarbeit in der NVA und den Grenztruppen (HA I/"Bereich 2000", 2.319 Mitarbeiter) sowie die Personenkontroll- und Fahndungseinheiten an den Grenzübergängen (HA VI, 2.025 Mitarbeiter). - Die vom BStU erstellte Organisationsstruktur weist die Planstellen der Paßkontrolleinheiten an den Grenzübergängen in Berlin folgendermaßen aus: PKE Bahnhof Friedrichstraße 289, PKE Bornholmer Straße 77, PKE Friedrich-/Zimmerstraße 87, PKE Heinrich-Heine-Straße 66, PKE Invalidenstraße 84, PKE Sonnenallee 71, PKE Flughafen Schönefeld 237 Mitarbeiter. Vgl. Der Bundesbeauftragte 1995, S. 237 ff.
34 Vgl. dazu Whitney 1993, S. 281 ff. Volpert promovierte 1970 gemeinsam mit Alexander Schalck an der Juristischen Hochschule des MfS in Potsdam zum tschekistischen Doktor der Jurisprudenz. Ihr Dissertationsthema lautete: "Zur Vermeidung ökonomischer Verluste und zur Erwirtschaftung zusätzlicher Devisen im Bereich Kommerzielle Koordinierung des Ministeriums für Außenwirtschaft der Deutschen Demokratischen Republik" (vgl. Schalck/Volpert 1970).

füllte eine dreifache Aufgabenstellung. Zum einen hatte sie mit Familienzusammenführungen, Häftlingsverkäufen und der Lösung der "Botschaftsfälle" Devisen für die DDR einzuspielen, die über den Bereich Kommerzielle Koordinierung abgerechnet wurden.[35] Zum anderen oblag ihr die Bekämpfung und Ausschaltung unliebsamer Konkurrenz in Form westlicher Fluchthilfe-Unternehmen ("kriminelle Menschenhändlerbanden"), die wesentlich preisgünstiger arbeiteten.[36] Und schließlich hatte sie im Zusammenwirken mit allen Diensteinheiten des MfS und unter Einsatz aller zur Verfügung stehenden Mittel den "Zurückdrängungsprozeß" von Ausreisewilligen zentral zu koordinieren, zu kontrollieren und eine ständige Einschätzung der Lage zu gewährleisten.[37]

Ein Beschluß des ZK-Sekretariats vom 16.2.1977 wies die staatlichen Instanzen eigens darauf hin, daß in den Rechtsvorschriften der DDR "ein Recht zur Übersiedlung nach nichtsozialistischen Staaten nicht vorgesehen" sei.[38] Die Berufung auf die Schlußakte von Helsinki oder andere völkerrechtliche Dokumente wurde unter Strafandrohung gestellt. Nur in Ausnahmefällen könnten Übersiedlungs-Genehmigungen aus "humanitären Gründen" arbeitsunfähigen Bürgern - Rentnern und Pflegebedürftigen - erteilt werden sowie Ehepartnern zum Zwecke ihrer Zusammenführung, wenn ein Ehegatte mit staatlicher Genehmigung bereits übergesiedelt sei. Der Beschluß des ZK-Sekretariats bildete die Grundlage für die Ausarbeitung entsprechender interner Verwaltungsregeln des Ministerrates.[39]

Nach dem Madrider KSZE-Gipfeltreffen veröffentlichte der Ministerrat erstmals im September 1983 eine Verordnung, die das bisherige "Partei-Recht" staatlich offizialisierte und rein formal ein Antragsrecht auf "eine Wohnsitzänderung nach dem Ausland" gewährte, dieses aber auf Übersiedlungen zu Verwandten 1. Grades und Ehepartnern beschränkte.[40] Ein Rechtsanspruch auf eine Genehmigung bestand jedoch selbst in diesen Fällen nicht, denn die Verordnung war als Kann-Bestimmung gefaßt. Zudem enthielt sie nicht weniger als zehn Versagungsgründe, womit die Rechte des Staates an seinen Bürgern ebenso gewahrt blieben wie die Rechtlosigkeit der Bürger, denen nicht einmal ein schriftlicher

---

35 Vgl. dazu Alexander Schalck, in: Pirker u.a. 1995, S. 155 ff.
36 Einer der Großen im Fluchthilfe-Geschäft, Hasso Herschel, der nach eigenen Angaben etwa eintausend Menschen zur Flucht in den Westen verhalf, bezifferte seine Einnahmen pro Flüchtling auf maximal 14.000,- DM (vgl. BZ, 1.10.1995). Demgegenüber lag der Durchschnittspreis pro Häftling bereits bei der ersten Freikauf-Aktion im Jahr 1963 bei 42.500,- DM (vgl. Rehlinger 1991, S. 9 ff.); 1989 schließlich betrug der Kopfpreis rund 96.000,- DM (vgl. Brinkschulte u.a. 1993, S. 24).
37 Zu den Aufgaben der ZKG vgl. den Befehl Nr. 1/75 "zur Vorbeugung, Aufklärung und Verhinderung des ungesetzlichen Verlassens der DDR und Bekämpfung des staatsfeindlichen Menschenhandels" des Ministers für Staatssicherheit, dok. in: Lochen/Meyer-Seitz 1992, S. 73 ff.; Der Bundesbeauftragte 1995, S. 278 ff.; Eisenfeld 1995; Whitney 1993, S. 282.
38 Minister des Innern, Minister für Staatssicherheit, Minister für Auswärtige Angelegenheiten, Leiter der Abteilung für Sicherheitsfragen des ZK, Leiter der Abteilung Staats- und Rechtsfragen des ZK, Vorlage für das Sekretariat des ZK, Betr.: Unterbindung rechtswidriger Versuche von Bürgern der DDR, die Übersiedlung nach nichtsozialistischen Staaten und Westberlin zu erreichen, 16.2.1977, Anlage: Beschluß zur Gewährleistung des einheitlichen, abgestimmten Vorgehens der Staats- und wirtschaftsleitenden Organe, Betriebe, Kombinate und Einrichtungen sowie gesellschaftlichen Organisationen zur Unterbindung rechtswidriger Versuche von Bürgern der DDR, die Übersiedlung nach nichtsozialistischen Staaten und Westberlin zu erreichen, S. 1 (SAPMO-BArch, ZPA-SED, J IV 2/3A/2940).
39 Vgl. ebd., S. 2/3.
40 Vgl. Verordnung zur Regelung von Fragen der Familienzusammenführung und der Eheschließung zwischen Bürgern der DDR und Ausländern vom 15. September 1983, in: GBl. I DDR, 27. September 1983, S. 254 (abgedr. in: BMIB 1986, Dok. 70).

Bescheid ausgehändigt werden mußte und als Beschwerdeinstanz keine andere als die für die Antragsbearbeitung zuständige Behörde zugemutet wurde.[41] "Die DDR geht grundsätzlich davon aus", wurden die Mitarbeiter des Dienstzweigs Innere Angelegenheiten im Mai 1984 in einem Schulungsmaterial instruiert, "daß es im Sozialismus keine objektiven gesellschaftlichen Ursachen dafür gibt, daß ein Bürger der DDR seinen sozialistischen Staat verlassen muß. Denn der Sozialismus ist die Gesellschaft des realen Humanismus."[42]

Fehlte Anträgen auf "Wohnsitzänderung nach dem Ausland" die Berechtigung im Sinne der Verordnung vom 15.9.1983, galten sie als "Übersiedlungsersuchen", die "im Rahmen einer differenzierten und offensiven politisch-ideologischen Einflußnahme durch die zuständigen staatlichen Organe der DDR zurückzuweisen (sind), soweit eine Abstandnahme von ihrem Versuch nicht erreicht wird."[43] Ausreisewillige, die in den Dienstbereichen Inneres vorsprachen oder dort ihren Antrag einreichten, lösten einen umfassenden Überprüfungsvorgang aus. Im "politisch-operativen Zusammenwirken" (POZW) der Abteilungen Inneres, der Volkspolizei, den Kreisdienstverwaltungen des MfS und den Kaderabteilungen der Betriebe wurde der Antragsteller und seine Familie, seine Verwandten und Bekannten, sein Verhalten im Arbeits-, Wohn- und Freizeitbereich offiziell und inoffiziell ausgespäht und ausgeforscht. Im Anschluß an diese Total-Durchleuchtung des Tuns und Denkens wurden die Ausreisewilligen danach klassifiziert, ob ihr Antrag aus der Sicht des MfS von "humanitären Gründen" getragen war, oder ob sie vom Gegner "Irregeleitete" oder gar "negative Kräfte mit einer feindlichen Grundeinstellung zur DDR" waren. Im ersten Fall wurde der Antrag, in den beiden anderen Fällen vor allem der Antragsteller bearbeitet.[44] Denn das gesamtgesellschaftliche Anliegen, das die Partei definierte und das MfS exekutierte, wurde darin gesehen, "durch das einheitliche, abgestimmte Vorgehen aller staatlichen Organe, Kombinate, Betriebe und Einrichtungen, einschließlich der Genossenschaften, in Zusammenarbeit mit gesell-

---

41 Nach § 8 Abs. 2 war die Genehmigung beispielsweise zu versagen, "wenn die Interessen der DDR, insbesondere zum Schutz der öffentlichen Ordnung sowie ihrer Sicherheit entgegenstehen."
42 Ministerium des Innern/HA Innere Angelegenheiten, Hinweise zum offensiven Auftreten gegenüber Bürgern, die Versuche zur Erreichung der Übersiedlung nach der BRD oder nach Westberlin unternehmen, Berlin, den 15. Mai 1984, S. 4 (BStU, ZA, MfS-Arbeitsbereich Neiber 751). - Die Strafandrohung bei Berufung auf KSZE-Dokumente wurde auch nach der Madrider KSZE-Konferenz beibehalten: "Bürger, die unter Berufung auf die Schlußakte der KSZE, Dokumente der Nachfolgekonferenzen, andere völkerrechtliche Dokumente oder innerstaatliche Rechtsvorschriften versuchen, die DDR der Nichteinhaltung völkerrechtlicher Verpflichtungen oder innerstaatlicher Rechtsvorschriften zu bezichtigen oder Straftaten oder andere Rechtsverletzungen androhen, sind auf mögliche strafrechtliche oder andere rechtliche Konsequenzen ihres Handelns mit Nachdruck hinzuweisen" (ebd., S. 22/23).
43 Verfügung Nr. 143/83 des Vorsitzenden des Ministerrates zur Gewährleistung eines einheitlichen, abgestimmten Vorgehens der staatlichen Organe, Kombinate, Betriebe, Einrichtungen und Genossenschaften in Zusammenarbeit mit gesellschaftlichen Organisationen zur Unterbindung und Zurückdrängung von Versuchen von Bürgern der DDR, die Übersiedlung nach nichtsozialistischen Staaten und Westberlin zu erreichen, vom 27. September 1983, abgedruckt in: Lochen/Meyer-Seitz 1992, S. 155.
44 Zur Struktur des Zusammenwirkens von MfS und den Bereichen Inneres der MdI bei der Bearbeitung und Bekämpfung Ausreisewilliger siehe beispielhaft die MfS-Diplomarbeit von Major Hans Lehmann, Die Möglichkeiten der Bereiche Inneres im Bezirk bei der Organisierung der Differenzierung, Unterbindung und Zurückdrängung von Versuchen, die Übersiedlung nach der BRD oder Westberlin zu erreichen sowie zur Unterstützung politisch-operativer Aufgaben des MfS und deren praktische Nutzung, 1984 (BStU, ZA, MfS-JHS 397/84).

schaftlichen Organisationen Versuche von Bürgern der DDR zur Erreichung der Übersiedlung zu unterbinden und zurückzudrängen."[45]

Der Versuch, mit der Ministerrats-Verordnung des Jahres 1983 einen "geordneten" Neuanfang zu institutionalisieren und sich der annähernd 40.000 "Eiterbeulen", wie Stasi-Chef Mielke "unverbesserliche" Antragsteller bezeichnete[46], durch eine einmalige Ausreise-Genehmigungsaktion im Frühjahr 1984 mit einem Schlag zu entledigen, ging gründlich daneben. Die Massengenehmigung, so die interne Auswertung des MfS, bewirkte einen Sog mit der Folge eines sprunghaften Anstiegs der Ausreiseanträge.[47] Auf mehr als 70.000 schnellte die Zahl der Anträge 1986 empor; 1987 waren es bereits 112.000.[48]

Weil demgegenüber die Zahl der Genehmigungen der "Übersiedlungsersuchen" restriktiv gehandhabt worden war (1985: 20.147; 1986: 16.902; 1987: 10.420), war die Unzufriedenheit und der Druck der Ausreisewilligen sowie ihre Bereitschaft zu organisiertem und offenem Protest gewachsen: "In verstärktem Maße führen in letzter Zeit Übersiedlungsersuchende Aktionen gegen den sozialistischen Staat durch. Insbesondere werden Zusammenrottungen, illegale Zusammenkünfte, Provokationen oder Schweigedemonstrationen und -spaziergänge durchgeführt. Sie verbreiten antisozialistische Schriften. Diese Aktionen lassen Organisationscharakter erkennen. Verschiedene Kräfte sind auch bemüht, Organisationen von Übersiedlungsersuchenden bzw. Organisationen, die sich mit solchen Fragen befassen, zu schaffen, z.B. 'Arbeitsgruppe für Staatsbürgerschaftsrecht'. Die im Zusammenhang mit den Ereignissen am 17. Januar 1988 erfolgten Übersiedlungen von Provokateuren haben zu verstärkten Aktivitäten eines Teils der Übersiedlungsersuchenden geführt. In Berlin erschienen z. B. an einem Tag (09.02.1988) 1.344 Bürger bei den Räten der Stadtbezirke. Eine sachliche Gesprächsführung mit diesen ist in der Regel nicht möglich. Ihr Auftreten ist extrem aggressiv, höhnisch und arrogant. Verschiedene drohen mit demonstrativen Aktionen, insbesondere am 1. Mai. Diese Entwicklung zeigt, daß die ideologische Einflußnahme des Gegners bei einem Teil unserer Bürger Wirkung hat. In zunehmendem Maße versucht er, Bürger der DDR in Gegensatz zur Politik der Partei und des Staates zu bringen und sie zum Verlassen der DDR zu inspirieren. Übersiedlungsersuchende sollen in die feindlichen Bestrebungen zur Schaffung einer inneren Opposition mit konterrevolutionärer Zielsetzung einbezogen werden. Demagogisch werden einige individuelle Rechte, wie Freizügigkeit und Reisefreiheit, als erstrangige Menschenrechte deklariert."[49]

---

45 Dienstanweisung Nr. 2/83 des Ministers für Staatssicherheit zur Unterbindung und Zurückdrängung von Versuchen von Bürgern der DDR, die Übersiedlung nach nichtsozialistischen Staaten und Westberlin zu erreichen, sowie für die vorbeugende Verhinderung, Aufklärung und wirksame Bekämpfung damit im Zusammenhang stehender feindlich-negativer Handlungen, Berlin, 13. Oktober 1983, abgedruckt in: Lochen/Meyer-Seitz 1992, S. 92.
46 "Das Entstehen von Eiterbeulen darf nicht zugelassen werden", hatte Mielke bereits im Juni 1983 im Kollegium des MfS ausgeführt. Wo keine Chance bestehe, Antragsteller zurückzugewinnen, "wo wir es mit sogenannten Unverbesserlichen zu tun haben", dürfe "nichts verschleppt, muß schnell gehandelt werden" (Protokoll über die Sitzung des Kollegiums am 29. Juni 1983, in: BStU, ZA, MfS-SdM 1567, Bl. 75).
47 Vgl. Hinweis zu negativen Folgen, die mit überhöhten Übersiedlungen verbunden wären, Berlin, Oktober 1987, S. 3 (BStU, ZA, MfS-ZKG 105, Bl. 7).
48 Mit mehr als 30.000 wurden allein 27 Prozent der Anträge im Bezirk Dresden gestellt; es folgten die Bezirke Karl-Marx-Stadt mit knapp 17.000, Berlin mit 15.000 und Leipzig mit über 10.000 Anträgen. Insgesamt 87 Prozent der Antragsteller waren jünger als vierzig Jahre.
49 "Information über den gegenwärtigen Stand bei Übersiedlungsersuchen nach der BRD und Berlin (West), Vertrauliche Verschlußsache, ZK 02 - Politbüro - Beschlüsse 16/88 vom 19.4.1988, S. 3/4 (SAPMO-BArch, ZGA-FDGB, FDGB-BUVO

Die Lösung des Ausreiseproblems, die die Experten des MfS im Frühjahr 1988 ausarbeiteten, bemaß sich streng an ihren geheimdienstlichen Fähigkeiten: Dem "beachtlichen Drohpotential gegenüber der sozialistischen Staatsmacht", befand die ZKG, sollte mit "Entschiedenheit und gebotener Härte" begegnet[50], Repression und Unterdrückung sollten verschärft werden. Ihr Vorschlag lautete, mit "inoffiziellen Kräften und Mitteln und tschekistischem Können in die Zusammenschlüsse der Antragsteller einzudringen, um sie zu zerschlagen und die Initiatoren und Organisatoren ohne vorherige Belehrung und Verwarnung festzunehmen und abzuurteilen. Mit Maßnahmen der "Verunsicherung, Aufweichung, Zersetzung und schließlichen Auflösung von Zusammenschlüssen" sollte den Beteiligten die Sinnlosigkeit des Versuchs der Druckausübung demonstriert werden.

Eine Erhöhung der Anzahl von Übersiedlungen lehnten Mielkes Experten kategorisch ab. Den "Feinden", so warnten sie, würde dadurch enormer Auftrieb gegeben und die Sogwirkung zur Ausreise weiter verstärkt. Außerdem, so warnten sie, würden die westdeutschen Medien dieses Thema aufgreifen und als massenhafte Abwendung der Bürger von der DDR verbreiten. Gleichzeitig würde eine Lähmung der Aktivität bzw. Resignationserscheinungen aller im Zurückdrängungsprozeß tätigen Kräfte und Organe eintreten.[51] Aus sicherheitspolitischer Sicht jedenfalls, bekräftigten die ZKG-Experten des MfS, bestünde kein Erfordernis für eine höhere Zahl von Übersiedlungen.

Doch mit einer "zentralen Entscheidung" setzte sich Honecker über die Vorschläge des MfS hinweg. Er legte fest, die Anzahl der Übersiedlungs-Genehmigungen von monatlich 1.000 auf künftig 2.000 bis 3.000 zu erhöhen, dabei insbesondere regionale Konzentrationen abzubauen und vornehmlich Personen zu berücksichtigen, die sich an öffentlichkeitswirksamen Aktionen beteiligt hatten. Diese Maßnahme, so Mielke-Stellvertreter Mittig am 16. April 1988 an Egon Krenz, sei nicht als Änderung der bisherigen Festlegungen zu verstehen, "sondern zum Abbau des Druckes und zur Beherrschung der Lage notwendig."[52]

Daß Honecker aus übergeordneten politischen Erwägungen den restriktiven Empfehlungen des MfS nicht folgte und das Ausreiseventil etwas weiter öffnete, bedeutete dementsprechend nicht die Einstellung der Repressionen gegenüber Ausreisewilligen. Die Bezirks- und Kreisleitungen der SED, beschloß zwei Tage später das Politbüro, sollten die Grundorganisationen in allen Bereichen befähigen, die "politisch-ideologische Arbeit offensiver und überzeugender zu führen und dabei auf alle Fragen einzugehen, die die Bürger bewegen. (...) In den betreffenden Parteiorganisationen ist in Mitgliederversammlungen zu Übersiedlungsabsichten Stellung zu nehmen."[53] Unter Führung der Partei sei "zu gewährleisten, daß alle gesellschaftlichen Organisationen, insbesondere der FDGB und die FDJ, ihren Einfluß auf die Erziehung ihrer Mitglieder zur Verbundenheit mit der DDR verstärken und die Anstrengungen zur Vorbeugung bzw. Zurückdrän-

---

A 200.13552). Die "Information" beruhte auf einer Ausarbeitung der ZK-Abteilung Sicherheitsfragen vom 14.4.1988 (vgl. SAPMO-BArch, ZPA-SED, J IV 2/2A/3114).
- Zur Geschichte und Tätigkeit der Arbeitsgruppe "Staatsbürgerschaftsrecht der DDR" vgl. die Darstellung ihres Gründungsmitglieds Günter Jeschonnek (Jeschonnek 1988).
50 ZKG, Vorschläge und Lösungsvarianten einschließlich damit verbundener Folgen zur vorbeugenden Verhinderung und wirksamen Unterbindung öffentlichkeitswirksamer feindlich-negativer Handlungen Übersiedlungsersuchender, o.D. (1988), Bl. 71/72 (BStU, ZA, MfS-ZKG 105).
51 Ebd., Bl. 77.
52 Brief von Rudi Mittig an Egon Krenz, 16.4.1988 (SAPMO-BArch, ZPA-SED, IV 2/2.039/308, Bl. 111).
53 Ebd., S. 6/7.

gung von Übersiedlungsersuchen erhöhen."⁵⁴ Bei ungerechtfertigten Übersiedlungsersuchen seien Maßnahmen einzuleiten, "daß die Bürger ehrlich und dauerhaft von ihrem Ersuchen Abstand nehmen und wieder fest in unsere Gesellschaft eingegliedert werden. Bei der Arbeit zur Zurückdrängung des Ersuchens dürfen keine ungerechtfertigten arbeitsrechtlichen Maßnahmen und keine Diskriminierung der betreffenden Person eintreten."⁵⁵

"Ungerechtfertigte arbeitsrechtliche Maßnahmen" in diesem Sinne - und deshalb wies der Beschluß darauf ausdrücklich hin - waren zum Beispiel betriebliche Kündigungen oder fristlose Entlassungen dann, wenn sie von den Betrieben mit der Antragstellung auf ständige Ausreise bzw. deren Ablehnung begründet wurden. Auf Einspruch des betroffenen Beschäftigten mußten diese in Verfahren von den Kreisgerichten der DDR für unwirksam erklärt werden, weil sie nach dem Arbeitsgesetzbuch der DDR nicht zulässig waren. Wie die Betriebe Antragsteller auf ständige Ausreise rechtlich einwandfrei schikanieren, diskriminieren und entlassen konnten, wurde deshalb zum Gegenstand vertraulicher "Orientierungen des Obersten Gerichts, des Generalstaatsanwalts der DDR und des Staatssekretariats für Arbeit und Löhne in Übereinstimmung mit dem Bundesvorstand des FDGB zur einheitlichen Behandlung arbeitsrechtlicher Probleme, die sich bei Anträgen von Bürgern auf ständige Ausreise ergeben", gemacht.⁵⁶ Besonders leicht fiel dies bei Beschäftigten mit Kenntnis von Staatsgeheimnissen, in Leitungsfunktionen, im Medienbereich, im Ausbildungs- und Erziehungssektor sowie an für die Volkswirtschaft oder den militärischen Sektor wichtigen Anlagen, an die sich aus Rechtsvorschriften und arbeitsrechtlichen Vereinbarungen "besondere Anforderungen an die berufliche Tätigkeit, insbesondere hinsichtlich der Pflichten" ergäben.⁵⁷ Kämen sie diesen nicht nach, könnten sie auf einen anderen Arbeitsplatz umgesetzt, in einen anderen Betrieb versetzt oder - bei einer Weigerung - per Aufhebungsvertrag - aus dem Betrieb herausgesetzt werden.

Nur über diese Umwege werde schließlich auch eine fristgerechte Kündigung möglich: "Kommt trotz differenzierter Einflußnahme ein Änderungs-, Überleitungs- oder Aufhebungsvertrag nicht zustande, ist über den Anspruch der fristgemäßen Kündigung des Arbeitsrechtsverhältnisses (§ 57 Abs. 7 Buchst. b AGB) zu entscheiden, weil der Beschäftigte für die vereinbarte Arbeitsaufgabe nicht geeignet ist, wenn er den besonderen Anforderungen für die berufliche Tätigkeit nicht mehr gerecht wird."⁵⁸ Fristlose Entlassungen, so der dezent verkleidete Hinweis - kämen in Betracht, "wenn eine schwerwiegende Verletzung der Arbeitsdisziplin oder staatsbürgerlichen Pflichten vorliegt"⁵⁹ - die "Orientierungen" verstanden sich als Hilfe, diese erfolgreich durchzusetzen.

Der steile Anstieg der Übersiedlungsanträge und der genehmigten Ausreisen im Jahr 1988 zeigte, daß es den Staatsorganen auch mit dem umfassenden Einsatz disziplinierender, diskriminierender und offen repressiver Maßnahmen immer

---

54 Ebd., S. 7
55 Ebd., S. 7/8.
56 Vgl. die "Orientierungen des Obersten Gerichts, des Generalstaatsanwalts der DDR und des Staatssekretariats für Arbeit und Löhne in Übereinstimmung mit dem Bundesvorstand des FDGB zur einheitlichen Behandlung arbeitsrechtlicher Probleme, die sich bei Anträgen von Bürgern auf ständige Ausreise ergeben", Anlage 4 zur "Dienstanweisung Nr. 2/1988 zur Zurückdrängung von Antragstellungen auf ständige Ausreise nach nicht-sozialistischen Staaten und Westberlin sowie zur vorbeugenden Verhinderung, Aufklärung und Bekämpfung damit in Zusammenhang stehender feindlich-negativer Handlungen" des Ministers für Staatssicherheit vom 10.12.1988 (BStU, ZA, MfS-Dok. 103535). Vgl. auch Lochen/Meyer-Seitz 1992.
57 Ebd., S. 3.
58 Ebd., S. 4.
59 Ebd., S. 5.

weniger gelang, Ausreisewünsche erfolgreich zu bekämpfen.[60] Eine immer größere Anzahl von Menschen war bereit, sich selbst mehrjährigen Verfolgungsmaßnahmen bis hin zu Gefängnisstrafen auszusetzen, wenn nur am Ende die Ausreise in die Bundesrepublik stand.

Der Helsinki-Prozeß und die wachsende ökonomische Abhängigkeit der DDR von der Bundesrepublik entzog es immer mehr dem freien Ermessen der SED-Führung, ob sie ihre Bürger willkürlich je nach geheimdienstlicher Begutachtung unter Abwägung der politischen Lage und der wirtschaftlichen Erfordernisse unter DDR-Stubenarrest beließ oder ihnen, in der Regel abgesichert durch eine Geiselnahme von Familienangehörigen, Reisen und Ausreisen in das westliche Ausland, insbesondere in die Bundesrepublik, gestattete. Durch die KSZE-Konferenz in Wien und ihr Abschlußdokument vom Januar 1989 wurde der freie Ermessensspielraum der DDR in diesen Fragen weiter eingeengt.

2.1.2. Der KSZE-Folgeprozeß in Wien

Wenig spektakulär, hatte das Folgetreffen der KSZE in Wien zunächst den gewohnten Verlauf genommen: "1986, 1987 und teilweise sogar noch 1988 ergingen sich die sowjetischen Unterhändler in Polemik, Konfrontation und scharfer Zurückweisung. Alles war so wie früher."[61] Doch das äußere Bild trog, denn spätestens seit Mitte 1987 sah sich die sowjetische Führung wegen der ökonomischen Krise ihres Landes gezwungen, auf die westliche Verhandlungsstrategie in Wien einzugehen, die Fortschritte bei den Abrüstungsverhandlungen, eine Ausweitung der Handelsbeziehungen und wirtschaftliche Hilfeleistungen von Zugeständnissen der Sowjetunion im humanitären Bereich abhängig machte. Zum offenen Entsetzen der SED-Führung waren Gorbatschow und Schewardnadse im Zuge ihrer Bestrebungen, "friedliche und günstige äußere Bedingungen für die innenpolitischen Reformen" in der Sowjetunion zu schaffen[62], ohne Abstimmung mit ihren Verbündeten - und wie die SED-Führung meinte, vornehmlich auf deren Kosten - zu weitgehenden Zugeständnissen in Menschenrechtsfragen bereit.[63]

---

60 Das MfS steigerte seine Maßnahmen bis zu der Absurdität, Ausreisewilligen, "die zur Erzwingung der Übersiedlung öffentlich Symbole oder andere Zeichen in einer staatlichen Interessen widersprechenden Weise verwenden", Ordnungsstrafverfahren und Ermittlungsverfahren anzuhängen. Die Befestigung eines weißen Bandes als Symbol des Ausreisewunsches am Kraftfahrzeug etwa sollte mit einem zeitweiligen Entzug der Fahrerlaubnis bis hin zum Einziehen der Autos in hartnäckigen Fällen geahndet werden (vgl. die entsprechende Information Honeckers auf der Sitzung des ZK-Sekretariats am 20. September 1988, in: SAPMO-BArch, ZPA-SED, IV 2/2.039/86, Bl. 53
61 Voß 1993, S. 93. Dr. Hans Voß war Stellvertreter des Leiters der DDR-Delegation in Wien.
62 Schewardnadse 1991a, S. 106.
63 Interne Dokumente des DDR-Außenministeriums zeigen, daß der SED-Spitze dieses Einschwenken seit Juli 1987 bekannt war: "Im Interesse eines für die sozialistischen Staaten positiven Abschlusses des Wiener Treffens und insbesondere der Vereinbarung eines Mandats für Verhandlungen über die Reduzierung von Streitkräften und konventionellen Rüstungen in Europa ist die Sowjetunion zu Zugeständnissen vor allem im Bereich der Menschenrechte, der menschlichen Kontakte und der Information bereit. Entsprechende Hinweise wurden durch Genossen Loginow auf einer Beratung der stellvertretenden Außenminister der Staaten des Warschauer Vertrages zum Wiener Treffen in Warschau bereits gegeben. (...) Zugleich erklärte der sowjetische Delegationsleiter, falls Bruderstaaten in bestimmten Fragen den vorgeschlagenen Zugeständnissen nicht zustimmen könnten, müßten sie ihre Positionen auf dem Treffen selbst vertreten" (Herbert Krolikowski, Entscheidungsbedarf im Zusammenhang mit der Erarbeitung eines abschließenden Dokuments des Wiener Treffens, 14.7.1987 (BArch/P, MdI 54467). - Zum Junktim-Vorgehen der Nato-Staaten vgl. das Blitztele-

Ein solches Zugeständnis war die Gewährleistung rechtlicher Verfahren bei Verletzungen von Menschen- und Freiheitsrechten, deren Aufnahme in das Abschlußdokument bereits im Mai 1988 alle realsozialistischen Staaten prinzipiell zugestimmt hatten. In Verbindung mit der Zusicherung von Freizügigkeit lag hier für die SED eines der Probleme, "die für die DDR - im Vergleich zu anderen Bruderstaaten - von besonderer politischer Sensibilität und sicherheitspolitischer Wertigkeit sind", wie man in Moskau - ohne Wirkung - zu bedenken bat.[64] Denn in der Reisefrage herrschte im SED-Staat bis dahin absolute Gesetzlosigkeit und Rechtsunsicherheit: Die geheim gehaltenen Beschlüsse des Politbüros und Ministerrates sowie die Weisungen und Durchführungsbestimmungen des Ministeriums für Staatssicherheit und des Innenministeriums befreiten die staatlichen Behörden von der Notwendigkeit, ablehnende Entscheidungen zu Reiseanträgen oder "Übersiedlungsersuchen" schriftlich zu begründen und boten den Bürgern keine Rechtsmittel gegen ergangene Entscheidungen.[65] Nur dem Personenkreis, der nach herrschender Auffassung vom Geltungsbereich der Verordnung vom 15. September 1983 erfaßt wurde - das waren weniger als fünf Prozent der "Übersiedlungsersuchenden" - wurde die Möglichkeit einer Beschwerde eingeräumt. Alle anderen Ausreisewilligen hatten überhaupt keine Rechte; ihre Schreiben und Vorsprachen wurden gemäß der Verfügung Nr. 143/83 des Vorsitzenden des Ministerrates nicht einmal als Eingaben gewertet und mußten dementsprechend nicht entgegengenommen, geschweige denn beantwortet werden.[66] Um sich noch während der Verhandlungen in Wien aus der Schußlinie zu manövrieren, veranlaßte das Politbüro den Justizminister im Mai 1988 zur Erarbeitung eines Gesetzentwurfs zur gerichtlichen Nachprüfung von Verwaltungsentscheidungen; die gleichzeitig angeordnete Überprüfung der Beschlüsse zum Reiseverkehr mündete in eine Regelung des Politbüros, die am 30.11.1988 im Gesetzblatt der DDR als Ministerrats-Verordnung veröffentlicht wurde.[67] Politische Vorgabe war, keine über die bisherige Praxis hinausgehenden

gramm des Leiters der DDR-Delegation auf der Wiener KSZE-Nachfolgekonferenz, Peter Steglich, an Außenminister Oskar Fischer, 4.2.1988 (BArch/P, MdI 54467). - Zur Wahrnehmung der Entwicklung der sowjetischen Verhandlungsstrategie in Wien aus bundesdeutscher Sicht vgl. Wrede 1990 (Hans-Heinrich Wrede war Mitglied der bundesdeutschen Delegation in Wien).

64 HA Grundsatzfragen und Planung (des Ministeriums für Auswärtige Angelegenheiten), Bericht über die Konsultationen mit dem Leiter der Abteilung Sicherheit und Zusammenarbeit in Europa des Außenministeriums der UdSSR, Genossen J.S. Derjabin, am 22.7.1987 in Moskau (BArch/P, MdI 54467).

65 Vgl. Minister für Auswärtige Angelegenheiten/Abt. Internationale Verbindungen, Vorlage für das Politbüro des ZK der SED, Betreff: Ergänzung der Direktive für das Auftreten der DDR-Delegation in der Redaktionsarbeit der Wiener Folgetreffens der Teilnehmerstaaten der KSZE in der Frage rechtlicher Verfahren bei der Inanspruchnahme von Menschenrechten und Grundfreiheiten, Berlin, 3. Mai 1988 (SAPMO-BArch, ZPA-SED, J IV 2/2A/3120).

66 Vgl. ebd., S. 3.

67 Die Verordnungen, hieß es im Beschlußentwurf des Politbüros, für den Krenz, Mielke und Dickel verantwortlich zeichneten, "sind *im Gesetzblatt der DDR und in der Tagespresse zu veröffentlichen.*" Der Leiter des Büros des Politbüros stellte die formale Ordnung der DDR her und korrigierte handschriftlich: "Sie sind *im Ministerrat zu behandeln und danach im Gesetzblatt ... zu veröffentlichen.*" (Hervorhebung v. Vf.) Siehe: Egon Krenz/Erich Mielke/Friedrich Dickel, Vorlage für das Politbüro des ZK der SED, Betreff: Regelungen zu Reisen von Bürgern der DDR nach dem Ausland, zur Gewährung des ständigen Wohnsitzes für Ausländer in der DDR und zur Eheschließung von Bürgern der DDR mit Ausländern, Berlin, den 3.11.1988 (SAPMO-BArch, ZPA-SED, J IV 2/2A/3169). - Die Mißachtung der rechtsetzenden Kompetenz des Ministerrates in Vorlagen der Minister der bewaffneten Organe für das Politbüro hatte System; derselbe Faux-pas steckte bereits in dem

Reisemöglichkeiten zu schaffen und auch die ständigen Ausreisen nicht zunehmen zu lassen.[68] Die Reiseverordnung wurde einerseits als Rechtsfortschritt dargestellt; andererseits löste sie wegen ihrer im Vergleich zur vorherigen Handhabung restriktiveren Genehmigungspraxis eine solche Welle von Kritik in der DDR aus, daß sie im März 1989 liberalisiert werden mußte.[69]

Wie in der Reisefrage war die DDR auch in vielen anderen Punkten in eine "singuläre Position" geraten; sie betrafen "die Veröffentlichung von Zahlungsbilanzangaben und detaillierten Außenhandelsdaten; die Schadenshaftung bei Industrieunfällen; die Zusammenarbeit bei der Messung und Bewertung von Luftschadstoffen; die Erleichterung ungehinderter Verbindungen zwischen Universitäten und anderen Hochschul- und Forschungseinrichtungen sowie persönlicher Kontakte zwischen Wissenschaftlern; die schriftliche Begründung abgelehnter Ausreise- und Übersiedlungsanträge, das Recht der Bürger auf Freizügigkeit."[70] Die sozialistischen Staaten seien nicht einig, "es herrscht heilloses Durcheinander. Ungarn und Polen sind für alle westlichen Vorschläge", berichtete Außenminister Fischer am 15. September im Politbüro, das laufend die Direktiven für die DDR-Verhandlungsdelegation in Wien korrigieren mußte.[71] Bis Anfang Januar 1989 hielt die DDR ihre Blockadeposition in bezug auf Formulierungen zur Abschaffung des Zwangsumtausches sowie der Zulassung unabhängiger Menschenrechts- und Überwachungsgruppen aufrecht.[72] Erst nach einem Gespräch mit dem Leiter der sowjetischen Delegation in Wien, Jurij Kaschlew, am 5. Januar 1989 in Ost-Berlin lenkte Honecker unter dem massiven Druck der Vormacht ein: Für den Fall, daß sie in Wien allein stehe, werde die DDR keinen Einwand gegen das Abschlußdokument erheben, mußte er Kaschlew zusagen. Innerstaatlich jedoch, so Honecker, bleibe es beim Mindestumtausch und keiner Legalisierung von Helsinki-Gruppen. Die DDR lasse sich weder "ausplündern" noch denke sie daran, "konterrevolutionäre Aktivitäten" zu legalisieren."[73]

Während die Bruderländer mit Ausnahme Rumäniens und der CSSR das Abschlußdokument euphorisch "als bahnbrechenden Erfolg" bewerteten[74], plagten die SED-Spitze zwiespältige Gefühle: Wichtigstes Ergebnis sei zwar einerseits die vereinbarte Aufnahme von Abrüstungsverhandlungen; andererseits sei es den westlichen Staaten jedoch gelungen, "mit den Festlegungen im 'humanitären Bereich' ein sofort gegen die sozialistischen Länder nutzbares Einmischungsinstrumentarium zu erreichen."[75] Die Attacken der NATO-Staaten richteten sich insbe-

---

Vorentwurf dieser Vorlage, der am 8.3.1988 im Politbüro behandelt, aber zurückgestellt worden war (SAPMO-BArch, ZPA-SED, J IV 2/2A/3101).
68 Vgl. die PB-Vorlage "Regelungen zu Reisen ...", 3.11.1988, Anlage 3, S. 3 u. 7 (SAPMO-BArch, ZPA-SED, J IV 2/2A/3169).
69 Hintergrund der Kritik waren die Auswirkungen des sogenannten "Onkel-und-Tante-Problems": Entgegen der vorherigen Praxis wurde die Verwandtschaft des Ehepartners des Verwandten nach der Reiseverordnung vom 30.11.1988 nicht mehr als reisebegründendes Verwandtschaftsverhältnis akzeptiert und entsprechende Reiseanträge abgelehnt.
70 Vgl. Veränderungen zur Direktive der DDR-Delegation für die Redaktionsarbeit am Schlußdokument des Wiener KSZE-Folgetreffens (SAPMO-BArch, ZPA-SED, J IV 2/2/2294), zit. nach: Crome/Franzke 1993, S. 910.
71 Vgl. SAPMO-BArch, ZPA-SED, IV 2/2.039/65, Bl. 46.
72 Zum Konflikt um den "Pflichtmindestumtausch", wie der Zwangsumtausch im KSZE-Kauderwelsch genannt wurde, vgl. Wrede 1990, S. 109 ff.
73 Vgl. die Aufzeichnungen von Krenz über die Sitzungen des Politbüros im Januar 1989 (SAPMO-BArch, ZPA-SED, IV 2/2.039/69), sowie Crome/Franzke 1993, S. 912.
74 Vgl. den Bericht über die Tagung der Außenminister der WV-Staaten am 11./12.4.1989 in Berlin in den Notizen von Krenz aus der Politbürositzung vom 18.4.1989 (SAPMO-BArch, ZPA-SED, IV/2.039/72, Bl. 23).
75 Vgl. ebd.

sondere gegen die DDR, beschwerte sich Axen Ende Januar in Moskau. Axen: "Der Gegner gebraucht für seine Angriffe gegen die DDR die für die UdSSR gültigen Losungen der Perestroika als vergiftete Pfeile."[76]

Mit der festen Absicht, die Heuchelei der siebziger Jahre fortzusetzen und die KSZE-Verpflichtungen zwar zu unterzeichnen, sie aber unter keinen Umständen zu erfüllen, ging die SED-Spitze in die Phase nach Wien.[77] Wie weit die Zweigleisigkeit des Denkens ging, zeigt ein Vorschlag von Innenminister Dickel, für den er im Januar 1989 die Zustimmung von Mielke einholte: Um "negativen Kräften und Gruppierungen" bei der Gründung einer Menschenrechts-Überwachungsgruppe zuvorzukommen, sollte der Charakter und die Tätigkeit von bereits existierenden partei- und staatsnahen Organisationen wie des "Komitees für Menschenrechte der DDR" so verändert werden, daß sie "die Funktionen, die den sogenannten Helsinki-Überwachungsgruppen zugedacht sind, im Sinne der Politik der DDR wahrnehmen. (...) Über entsprechende Festlegungen im Statut dieser Vereinigung wäre es möglich, interessierte und im progressiven Sinne wirkende Bürger einzubeziehen sowie ein 'legales' Wirken negativer Kräfte und Gruppen auszuschließen. Erforderlich wäre auch", fügte Dickel hinzu, "geeignete Organe für die Anleitung dieser Vereinigung festzulegen."[78]

Was die Praxis des als Rechtsfortschritt im Sinne des Wiener Abschlußdokumentes gepriesenen Gesetzes zur gerichtlichen Nachprüfung von Verwaltungsentscheidungen bei Reisen und Ausreisen betraf, zog das Ministerium für Justiz im Oktober 1989 eine vernichtende Bilanz: "Die gegenwärtige Praxis der Gerichte im Nachprüfungsverfahren, die faktisch immer auf eine Bestätigung der Entscheidung der Abt. Inneres hinausläuft, trägt nicht dazu bei, auf diesem Gebiet die Rechtssicherheit zu erhöhen."[79] Mit dem Hinweis, daß die gerichtliche Nachprüfung lediglich eine Gesetzlichkeitsüberprüfung darstelle, waren sämtliche Entscheidungen des MfS und MdI, die sich in Reiseangelegenheiten auf den in der Reiseverordnung eingeräumten "Ermessensspielraum" der staatlichen Organe bezogen, für die Gerichte tabu. Jenseits aller feierlichen Proklamationen und hinter der Fassade scheinbar rechtsförmiger Verfahren beherrschte der lange Arm des MfS den Dienstweg in die Ministerien für Inneres und für Justiz sowie in die Gerichte; das MfS blieb auch nach Wien die letzte Entscheidungsinstanz über den Umfang der Rechte der Bürger.

Auch in den äußeren Beziehungen behalf man sich zunächst wie zuvor, als die erwarteten "Einmischungen" begannen. Auf acht Seiten hielt die Bundesregierung

---

76 Bericht über die Konsultationen mit dem ZK der KPdSU am 26. und 27. Januar 1989 in Moskau zu Fragen der weiteren sicherheitspolitischen Zusammenarbeit SED-SPD, S. 19 (SAPMO-BArch, ZPA-SED, IV 2/2.035/60).

77 Die von Kotschemassow wiedergegebene Äußerung Honeckers: "Wir geben Weisung, dieses Dokument zu unterzeichnen, werden es aber nicht erfüllen" (Kotschemassow 1994, S. 76) war tatsächlich kein Scherz Honeckers, wie der sowjetische Botschafter glauben machen will, sondern sein bitterer Ernst. "Bei uns gelten nur unsere Gesetze", hatte Honecker Außenminister Fischer schon im August 1988 belehrt, als dieser wieder einmal eine neue Instruktion für Wien erbat, weil die DDR als einziger realsozialistischer Staat die Formulierung ablehnte, "daß es Journalisten bei der Ausübung ihrer beruflichen Tätigkeit freisteht, Zugang zu öffentlichen und privaten Informationsquellen zu suchen und mit diesen Kontakt zu pflegen" (vgl. Schreiben des Ministers für Auswärtige Angelegenheiten an den Generalsekretär des ZK der SED, 2.8.1988, in: BArch/P, MdI 54467).

78 MdI, Information zu Problemen, die sich hinsichtlich der Vereinigung von Bürgern aus dem Abschlußdokument auf dem KSZE-Nachfolgetreffen in Wien ergeben, 20.1.1989 (BStU, ZA, MfS-SdM 87, Bl. 5).

79 Ministerium für Justiz/Abt. Rechtsanwälte, Aktuelle Probleme im Zusammenhang mit der ständigen Ausreise und dem illegalen Verlassen der DDR, Berlin, 2.10.1989 (BStU, ZA, MfS-RS 658, Bl. 24/25).

der DDR im April 1989 in einem "Non-paper" Verletzungen der menschlichen Dimension des Abschlußdokumentes vor und drückte die Erwartung aus, daß die DDR die eingegangenen Verpflichtungen erfüllen werde[80]. Der stellvertretende Außenminister Kurt Nier schickte den Leiter der Ständigen Vertretung, Franz Bertele, der das Papier in Ost-Berlin überreichte, mit der Warnung zurück, jeglichen Versuch zu unterlassen, "unter Berufung auf die KSZE-Dokumente in die DDR hineinwirken und destabilisieren zu wollen. Dies beschwöre die Gefahr von Rückschritten in den Beziehungen herauf."[81] Und in dem zwei Monate später überreichten, ebenfalls inoffiziellen Antwortpapier teilte Außenminister Fischer lapidar im alten Stil mit: "Über Fragen der Wahrung der Rechtsordnung der DDR gibt es für niemanden, auch nicht in der BRD, ein Mitspracherecht."[82]

Die schlimmsten Befürchtungen der DDR wurden auf dem KSZE-Informationsforum im April 1989 in London und der Pariser Menschenrechtskonferenz im Juni 1989 noch übertroffen. Während Polen und Ungarn, die das Presse- und Meinungsmonopol der Partei bereits aufgegeben hatten, in London als Musterschüler des KSZE-Prozesses auftraten und die Sowjetunion mit dem wiederum nicht mit den Verbündeten abgestimmten Vorschlag eines gesamteuropäischen Fernsehprogramms Sympathiepunkte sammelte, wurden die Pressezensur und die restriktiven Arbeitsbedingungen für Journalisten in der DDR, Bulgarien, Rumänien und der CSSR angeprangert. Auf der Menschenrechtskonferenz in Paris schließlich hagelte es Vorwürfe gegen die DDR: ihre restriktive Ausreisepraxis, der Schießbefehl und immer wieder die Mauer selbst wurden zum zentralen Thema der Tagung.[83] Die außenpolitische Isolierung der DDR verwandelte sich in ein innenpolitisches Problem, als Ungarn am 2. Mai 1989 mit dem Abbau des Eisernen Vorhangs zu Österreich begann.

2.1.3. Die Öffnung der ungarisch-österreichischen Grenze

Wie alle realsozialistischen Staaten befand sich auch die Ungarische Volksrepublik (UVR) am Ende der achtziger Jahre in einer verzweifelten wirtschaftlichen Lage. Was der DDR neben ihrer regulären Kreditaufnahme als "müheloses Einkommen" aus den Verträgen mit der Bundesrepublik an Devisen zufloß, mußten ihre Bruderländer zusätzlich als Kredit mobilisieren. Zwischen 1985 und 1987 hatte sich die Nettoverschuldung Ungarns verdoppelt. Erste ökonomische Reformen führten nicht zu einer Stabilisierung; die Realeinkommen sanken, die Preissteigerungsrate erreichte fast zwanzig Prozent.[84] Anfang 1989 war das Land offiziellen Angaben zufolge mit siebzehn Milliarden Dollar im Westen verschuldet und benötigte allein 2,5 Milliarden Dollar jährlich für den Zins- und Kapitaldienst.[85] Ökonomische Hilfe aus Moskau war nicht zu erwarten; schon 1988

---

80 Vgl. Non-paper der Bundesregierung vom 18.4.1989 (BArch/P, MdI 54467).
81 Vermerk über ein Gespräch des Stellvertreters des Ministers für Auswärtige Angelegenheiten, Genossen Kurt Nier, mit dem Leiter der BRD-Vertretung, Bertele, am 18. April 1989 im MfAA, S. 2 (BArch/P, MdI 54467).
82 Non-paper der DDR-Regierung vom 6.6.1989 (BArch/P, MdI 54467).
83 Vgl. den detaillierten Bericht in der FAZ, 7.6.1989.
84 Vgl. Vermerk über das Gespräch des Genossen Mittag mit Genossen Miklós Németh, Mitglied des Politbüros und Sekretär der USAP, am 8.9.1988 in Berlin (SAPMO-BArch, ZPA-SED, Büro Mittag, vorl. SED 41801).
85 Im November 1989 offenbarte der ungarische Ministerpräsident Németh dem Budapester Parlament, daß die wichtigsten Wirtschaftsdaten Ungarns in der Vergangenheit einer "Kosmetikbehandlung" unterzogen worden waren, um die Mitgliedschaft im Internationalen Währungsfonds zu erreichen. Die tatsächliche Auslandsverschuldung bezifferte er auf 20 Mrd. Dollar (vgl. Süddeutsche Zeitung, 23.11.1989).

hatte Gorbatschow einen entsprechenden Wunsch Jaruzelskis für Polen, das mit annähernd 40 Mrd. US-Dollar noch wesentlich höher im Westen verschuldet war, nicht erfüllen können.[86] Mit den Beschlüssen des Zentralkomitees der Unabhängigen Sozialistischen Arbeiterpartei (USAP) vom Februar 1989, das Machtmonopol der kommunistischen Partei aufzugeben und zum Mehrparteiensystem überzugehen sowie das Grenzsicherungssystem zu Österreich zu verändern, beschritt Ungarn den Weg weitreichender demokratischer Reformen und der Annäherung an den Westen. In schneller Folge wurde in der ersten Jahreshälfte auf die führende Rolle der Partei verzichtet, die Partei-Nomenklatur für Staatsfunktionen, die der Arbeiterpartei bis dahin den alleinigen Zugriff auf alle führenden Staatsämter vorbehielt, abgeschafft und der kommunistische Jugendverband aufgelöst.[87] Die "Konterrevolution" des Jahres 1956 wurde parteioffiziell in einen Volksaufstand umbewertet, womit der kommunistischen Partei eine wichtige Legitimationsgrundlage entzogen war.[88]

Einigen Bruderländern stockte der Atem. Die ungarische Parteiführung verfüge offensichtlich nicht mehr über den Willen, "die politische Macht zu verteidigen. Der Prozeß einer spürbaren Erosion sozialistischer Machtverhältnisse, Errungenschaften und Werte hat sich beschleunigt und alle gesellschaftlichen Gebiete ergriffen", teilte Honecker den 1. Sekretären der SED-Bezirksleitungen Ende April 1989 mit. Die DDR werde jedoch alles tun, um "zur Verteidigung der sozialistischen Gesellschaftsverhältnisse in Ungarn beizutragen."[89]

Entscheidender als die Kritik der SED-Führung war die Tolerierung des ungarischen Reformprozesses durch die sowjetische Vormacht. Am 3. März 1989 hatte der frischbestellte ungarische Ministerpräsident Miklós Németh Moskau seinen Antrittsbesuch abgestattet und die Beschlüsse seiner Partei erläutert. Gorbatschow, so Németh, habe nicht nur die beabsichtigte Einführung des Mehrparteiensystems begrüßt, sondern ihn ausdrücklich auf das Ende der Breschnew-Doktrin aufmerksam gemacht: Die Zeiten seien zu Ende, in denen die Sowjetunion andere Länder politisch oder militärisch angreife, um einen anders gearteten sozialistischen Versuch zu stoppen.[90] Ohne auf Widerspruch zu stoßen, so Németh, habe er Gorbatschow über die Pläne zum Abbau der Grenzanlagen informiert, allerdings ohne einen konkreten Zeitpunkt anzugeben. "An der Schwelle des 3. Jahrtausends gibt es keine abgeschlossenen Gesellschaften mehr. Deshalb können wir uns auch nicht selbst isolieren", führte Németh in Moskau aus. "Wir müssen zur äußeren Welt nicht nur die Fenster, sondern auch die Türen öffnen (...)."[91] Németh zufolge hielt es Gorbatschow zu diesem Zeitpunkt ge-

---

86 Vgl. ZK-Abt. Internationale Verbindungen, Zur Entwicklung in der VR Polen, 5.4.1989, S. 4 (SAPMO-BArch, ZPA-SED, IV 2/2.035/50, Bl. 165).
87 Vgl. auch die diesbezügliche Information von Keßler an Honecker, 16.5.1989 (BArch/P, MZA, Strausberg AZN 32665, Bl. 101/102).
88 Vgl. dazu Ash 1990, S. 371-384; zum Systemwandel in Ungarn siehe Józsa 1992; Brunner 1993.
89 Schreiben von Erich Honecker an die 1. Sekretäre der Bezirksleitungen der SED, 26.4.1989 (SAPMO-BArch, ZPA-SED, IV 2/2.035/73, Bl. 202/203).
90 Vgl. die Ausführungen Némeths über sein Gespräch mit Gorbatschow in: Kurz 1991a, S. 132/33. Beim Besuch des Parteivorsitzenden der USAP, Károly Grósz, am 24.3.1989 in Moskau wiederholte Gorbatschow diese Äußerungen und betonte die ausschließlich eigene Verantwortung jeder Bruderpartei für die Lösung der Probleme und für die Wahl des Schrittmaßes. Jegliche Einmischung in die inneren Angelegenheiten sei ausgeschlossen. Vgl. das Telegramm von König an Sieber/Ott vom 28.3.1989, S. 1, das auf Informationen des stellvertretenden ZK-Abteilungsleiters Mussatow über das Treffen Gorbatschow/Grósz an den DDR-Botschafter in Moskau beruhte (SAPMO-BArch, ZPA-SED, IV 2/2.039/294).
91 Auszug aus der Rede Némeths, in: Ständige Vertretung der Paritätischen Regierungskommission, Information über den Besuch des Vorsitzenden des Minister-

nausowenig wie er selbst für wahrscheinlich, daß nach der Öffnung der Türen "womöglich Millionen unzufriedener Menschen aus dem Osten in den Westen flüchten könnten."[92]

So wurde die Ankündigung der Veränderung des ungarischen Grenzregimes an der Staatsgrenze zu Österreich zunächst weder im Westen als sensationell noch im Osten als besorgniserregend empfunden. Von Fernsehstationen weltweit übertragen, durchtrennten ungarische Grenzsoldaten am 2. Mai 1989 den Eisernen Vorhang; die Demontage des Stacheldrahtzaunes zu Österreich begann. Noch am 6. Mai ging DDR-Verteidigungsminister Keßler in einer Information an Honecker über den Beginn der "planmäßigen Demontage des Grenzsignalzaunes an der Staatsgrenze der Ungarischen Volksrepublik zu Österreich" davon aus, daß es sich lediglich um eine grenzkosmetische Maßnahme handele und die ungarische Regierung die weitere Sicherung der Grenze gewährleisten werde.[93] "Bürger der DDR, die über Ungarn in den Westen zu fliehen versuchen," hatte Keßler kurz zuvor im Politbüro erklärt, "würden auch künftig von ungarischen Grenzern daran gehindert werden."[94]

Am 12. Juni 1989 trat der drei Monate zuvor erklärte Beitritt Ungarns zur Genfer Flüchtlingskonvention in Kraft. Die ungarische Regierung erhoffte sich von diesem Schritt in erster Linie internationale Unterstützung, um Zehntausende aus ihren Dörfern vertriebene und nach Ungarn geflohene Rumänen den Gepflogenheiten des Völkerrechtes entsprechend versorgen und ihre Aufnahme auch durch andere europäische Länder erreichen zu können. Im Ministerium für Staatssicherheit in der Berliner Normannenstraße löste der Beitritt zur Flüchtlingskonvention eine stärkere Beunruhigung aus als der Abbau der Grenzanlagen. 800.000 DDR-Bürger hatten 1988 Ungarn besucht; mehrere hunderttausend Reisende mußten Ungarn auf ihrem Weg nach Bulgarien und Rumänien durchqueren. Privatreisen nach Ungarn bedurften zwar keines Visums, waren aber nach der Reiseverordnung vom 30.11.1988 bei den zuständigen Stellen der Volkspolizei in doppelter Ausfertigung zu beantragen. Die Prüfung des Antrags erfolgte durch die Volkspolizei im Zusammenwirken mit der Kreisdienststelle des MfS, die das zweite Antragsexemplar erhielt. Antragsteller, über die eine Ausreisesperre verhängt war oder die aus anderen Gründen vom paß- und visafreien Reiseverkehr ausgeschlossen waren, wurden durch Computerabfrage im MdI und MfS herausgefiltert und abschlägig beschieden. Im Jahr 1988 wurden 2.118 Versagungen ausgesprochen; die Ablehnungsquote betrug damit 0,37 Prozent.[95] Im Gegensatz zu Reisen in das westliche Ausland brauchte der Abschnittsbevollmächtigte der Volkspolizei bei Reisen nach Ungarn keine schriftliche Einschätzung über das Verhalten des Antragstellers im Wohn- und Freizeitbereich, das heißt die politische Haltung, die Bindung an die DDR und die familiäre Situation, anzufertigen. Die Genehmigung zur Reise aus der DDR wurde auf einer Reiseanlage ("PM 105") zum Personalausweis erteilt.[96] Zwei Abkommen mit der ungarischen Regierung verschafften der DDR eine nahezu hundertprozentige Si-

---

rates der UVR, Gen. Miklós Németh, in der UdSSR, Moskau, den 6.3.1989, S. 5 (BArch/P, E-1-56305).
92 Németh, in: Kurz 1991a, S. 134.
93 Vgl. Schreiben von Keßler an Honecker, 6.5.1989 (BArch/P, MZA, Strausberg AZN 32665, Bl. 78/79).
94 Zit. nach Schabowski 1991, S. 221.
95 Vgl. Schreiben des Leiters der Hauptabteilung Paß- und Meldewesen/MdI an das Ministerium für Staatssicherheit: Zum Reiseverkehr von Bürgern der DDR nach der UVR, 10.7.1989 (BArch/P, MdI 41780).
96 Vgl. Leiter der Hauptabteilung Paß- und Meldewesen, Information zum Reiseverkehr von Bürgern der DDR nach der Ungarischen Volksrepublik, 4.5.1989 (BArch/P, MdI 41780).

cherheit über die reguläre, notfalls aber auch unfreiwillige Rückkehr dieser Reisenden. Das geheime Zusatzprotokoll zum "Abkommen zwischen der Regierung der Deutschen Demokratischen Republik und der Volksrepublik Ungarn über den visafreien grenzüberschreitenden Reiseverkehr" vom 20. Juni 1969 verpflichtete beide Seiten zu gewährleisten, "daß Bürger des anderen Staates nicht nach dritten Staaten, für die Reisedokumente keine Gültigkeit haben, ausreisen."[97] Die ebenfalls geheime Zusatzvereinbarung beider Staatssicherheitsdienste zum Rechtshilfevertrag zwischen der DDR und Ungarn regelte die Verfahrensweise für die Auslieferung von "Straftätern."[98] Wer als Bürger der DDR wegen der Vorbereitung oder Durchführung eines Fluchtversuchs in Ungarn verhaftet worden war, wurde bis Mitte 1989 nach Abschluß des Untersuchungsverfahrens mitsamt der Ermittlungsakte an das MfS ausgeliefert und in der DDR auf der Grundlage von § 213 StGB ("ungesetzlicher Grenzübertritt", "rechtswidrige Nichtrückkehr" bzw. "nicht fristgemäße Rückkehr"[99]), gegebenenfalls in Verbindung mit weiteren strafrechtlichen Konstruktionen[100], in der Regel zu einer mehrjährigen Gefängnisstrafe verurteilt. Während 1988 nur 210 Bürgern von Ungarn aus die Flucht nach Jugoslawien oder Österreich gelungen war, waren 397 bei einem Fluchtversuch festgenommen und an das MfS ausgeliefert worden.[101]

Im Unterschied zu dieser gängigen Auslieferungspraxis untersagte es die Genfer Konvention, Flüchtlinge in den Staat zurückzuschicken, aus dem sie geflohen waren. Und als Flüchtling definierte sie eine Person, "die ... aus der begründeten Furcht vor Verfolgung wegen ihrer Rasse, Religion, Nationalität, Zugehörigkeit zu einer bestimmten sozialen Gruppe oder wegen ihrer politischen Überzeugung sich außerhalb des Landes befindet, dessen Staatsangehörigkeit sie besitzt, und den Schutz dieses Landes nicht in Anspruch nehmen kann oder wegen dieser Befürchtungen nicht in Anspruch nehmen will". Der Beitritt Ungarns zu diesem Abkommen beunruhigte die Leitung des MfS so sehr, daß eine MfS-Delegation noch am Tage seiner Inkraftsetzung in Budapest eintraf, um sich bei den ungarischen Sicherheitsorganen über den Fortbestand der für die DDR überaus bewährten bisherigen Auslieferungspraxis zu vergewissern.

---

97 Protokoll zum Abkommen zwischen der Regierung der Deutschen Demokratischen Republik und der Regierung der Ungarischen Volksrepublik über den visafreien grenzüberschreitenden Verkehr vom 20. Juni 1969 (BArch/P, MdI 41780).
98 Vereinbarung zwischen dem Minister für Staatssicherheit der DDR, Erich Mielke, und dem Minister des Innern der Volksrepublik Ungarn, Janos Pap, vom 23.6.1963 (BStU, ZA, MfS-HA IX 2450, Bl. 42-48).
99 § 213 StGB der DDR lautete:
"(1) Wer widerrechtlich die Staatsgrenze der DDR passiert oder Bestimmungen des zeitweiligen Aufenthalts in der DDR sowie des Transits durch die DDR verletzt, wird mit Freiheitsstrafe bis zu zwei Jahren oder mit Verurteilung auf Bewährung, Haftstrafe oder mit Geldsrafe bestraft.
(2) Ebenso wird bestraft, wer als Bürger der DDR rechtswidrig nicht oder nicht fristgerecht in die DDR zurückkehrt oder staatliche Festlegungen über seinen Auslandsaufenthalt verletzt.
(3) In schweren Fällen wird der Täter mit Freiheitsstrafe von einem Jahr bis zu acht Jahren bestraft.(...)
(4) Vorbereitung und Versuch sind strafbar."
100 So zum Beispiel den §§ 97 und 98 ("Spionage"), § 99 ("landesverräterische Nachrichtenübermittlung"), § 100 ("landesverräterische Agententätigkeit"), § 106 ("staatsfeindliche Hetze"), § 214 ("Beeinträchtigung staatlicher oder gesellschaftlicher Tätigkeit"), § 219 ("ungesetzliche Verbindungsaufnahme") des Strafgesetzbuches der DDR.
101 Vgl. Hinweis zum verstärkten Mißbrauch des Territoriums der UVR durch Bürger der DDR zum Verlassen der DDR sowie zum Reiseverkehr nach der UVR, Berlin, 14.7.1989, S. 1/2 (SAPMO-BArch, ZPA-SED, IV 2/2.039/309, Bl. 39/40).

Dem Bericht der MfS-Emissäre zufolge akzeptierte der ungarische Staatssicherheitschef, Generalmajor Ferenc Pallagi, grundsätzlich den ihm vorgetragenen Standpunkt des MfS, "daß die politische und die Rechtsordnung der DDR eine Verfolgung von Bürgern der DDR durch den Staat wegen der in der Konvention genannten Gründe ausschließt. Folglich könne es keine Flüchtlinge im Sinne der Konvention aus der DDR geben."[102] Pallagi teilte seinerseits mit, daß künftige Ersuchen legal eingereister DDR-Bürger auf Anerkennung als politische Flüchtlinge vermutlich einem formellen Überprüfungsverfahren unterzogen werden müßten, was mit einer zeitweiligen Unterbringung der Antragsteller in den noch einzurichtenden Flüchtlingslagern verbunden sein werde. Als sicher könne jedoch gelten, meinte der Geheimdienstchef im Vorgriff auf die zu erwartenden Ergebnisse des künftigen Prüfungsverfahren seine MfS-Partner beruhigen zu können, "daß eine Anerkennung als Flüchtling nicht erfolgt, sondern der Betroffene im Ergebnis der Prüfung aus der Ungarischen Volksrepublik ausgewiesen werde. Eine Ausreise nach der BRD/Österreich oder einem anderen Staat eigener Wahl wird nicht gestattet."[103] Wegen der geänderten ungarischen Gesetzgebung würden jedoch künftig gegen Grenzverletzer keine Ermittlungsverfahren mehr eingeleitet, sondern eine Ausweisung verfügt, die aber nicht wie bisher in den Personalausweis eingestempelt werden könnte. Zwar versprach Pallagi, dem MfS auch künftig die Personalien der aufgegriffenen DDR-Bürger zu übermitteln; wegen der Neuverteilung der diesbezüglichen Verantwortung im ungarischen Innenministerium und der Bildung neuer Institutionen wie eines "Direktorats für Asylangelegenheiten" seien jedoch die genauen Modalitäten der Unterrichtung des MfS erst später zu klären. Trotz aller Zusicherungen mußten die MfS-Emissäre mit dem Eindruck nach Berlin zurückkehren, daß die "Konsequenzen, die sich für die innerstaatlichen Praktiken aus der Konvention ergeben, (...) noch weitgehend unklar (sind)", und mangels Rechtsvorschriften "die Vorstellungen der ungarischen Seite weitgehend unverbindlich bleiben."[104]

Seit Anfang Juli stellte das MfS fest, daß nicht mehr alle aus Ungarn ausgewiesenen DDR-Bürger in seine Verfügungsgewalt überstellt wurden, wobei die Strafverfolgung selbst in diesen Fällen mangels Informationen über die Umstände der Grenzverletzung in Ungarn erschwert wurde. Immer häufiger konnten Ausgewiesene aufgrund fehlender Stempel bei ihrer Rückreise in die DDR von den MfS-Paßkontrolleuren nicht als solche erkannt werden, während ein anderer Teil gar nicht mehr zurückkam. Aus Furcht vor der zu erwartenden Gefängnisstrafe in der DDR begab sich eine zunehmende Zahl von DDR-Bürgern, deren Fluchtversuch an der ungarisch-österreichischen Grenze gescheitert war, in die Botschaft der Bundesrepublik in Budapest, um dort ihre Ausreise zu erwirken. Am 21. Juli hielten sich 52 bzw. 55 ausreisewillige DDR-Bürger in den westdeutschen Botschaften in Budapest und Prag auf; 51 Besucher hatten sich zu diesem Zeitpunkt in der Ständigen Vertretung in Ost-Berlin festgesetzt. Anfang August waren es 130 Zufluchtsuchende in Budapest, 20 in Prag sowie 80 in Ost-Berlin.

Seit den Botschaftsbesetzungen des Jahres 1984 hatte sich als ständige, aber informelle Praxis der Lösung der Botschaftsfälle seitens der DDR die Zusage von Straffreiheit bei Rückkehr in den Heimatort durchgesetzt, verbunden mit dem Versprechen, daß das Ausreiseanliegen "wohlwollend" geprüft und die anwaltliche Vertretung durch das Büro von Rechtsanwalt Wolfgang Vogel, Honeckers

---

102 Bericht über eine Dienstreise in die UVR vom 12.-14. Juni 1989, Berlin, 15. Juni 1989, S. 2 (BStU, ZA, MfS-HA IX 2540, Bl. 84).
103 Ebd., S. 3 (Bl. 85).
104 Ebd., S. 2 (Bl. 84).

Beauftragtem für "humanitäre Fragen", gewährleistet werde.[105] Die Handhabung der prinzipiell gegensätzlichen Standpunkte zur Staatsbürgerschaftsfrage als pragmatische Lösung von Einzelfällen hatte es beiden deutschen Staaten erlaubt, ihre diplomatischen Beziehungen von diesem ständigen Konfliktstoff weitgehend frei zu halten. Normalerweise dauerte es zwei Tage, bis die Zusagen Vogels in den Botschaften eintrafen und die Besetzer die Gebäude verließen.[106] Ohne daß es zu größeren Zuspitzungen kam, waren alle Botschaftsflüchtlinge zwischen 1985 und 1989 im Stillen ausgereist. Doch allein im Jahr 1989 hatten über 2.000 Menschen bis zum Sommer auf diese Weise - meist über die Ständige Vertretung in Ost-Berlin - ihre Ausreise erzwungen, und die Tendenz war Anfang August weiter ansteigend. Eine Information der Abteilung Sicherheitsfragen des ZK beklagte deshalb im August die schädlichen Folgen dieser Genehmigungspraxis, die "Sogwirkungen und Nachahmungseffekte" ausgelöst habe und durch die "ein bestimmter Mechanismus zur Erzwingung ständiger Ausreisen unter Umgehung der Reiseverordnung entstanden" sei.[107]

Um diesen "Erzwingungsmechanismus" zu unterbrechen, kündigte die SED-Führung die Anwaltszusage auf. Am 7. August teilte Rechtsanwalt Vogel dem Bundesministerium für innerdeutsche Beziehungen mit, daß er Zufluchtsuchenden in den Vertretungen der Bundesrepublik nur noch Straffreiheit bei Verlassen und Rückkehr in die DDR, nicht aber mehr wie bisher eine schnelle positive Entscheidung des Ausreiseantrags zusagen könne.[108] In einer offiziellen Erklärung des DDR-Außenministeriums wurde die Bundesregierung in scharfen Worten wegen der Wahrnehmung von Obhutspflichten für DDR-Bürger einer "groben Einmischung in souveräne Angelegenheiten der DDR" bezichtigt, die eine "typische großdeutsche Anmaßung" sei und zu "folgenreichen Konsequenzen führen" könne.[109] Die DDR-Bürger in den westdeutschen Vertretungen wurden ultimativ zu sofortiger Rückkehr an ihre Wohnorte aufgefordert. Von der ungarischen Regierung erwartete man deren Abschiebung in die DDR.

Wegen der zu befürchtenden Konflikte mit den Urlaubern hielten sowohl die Sicherheitsabteilung des ZK als auch das MfS eine Einschränkung des Reiseverkehrs nach Ungarn, wie sie in der Bundesrepublik vielfach erwartet wurde, nicht für ratsam. Eine solche Maßnahme schien auch insofern noch nicht zwingend erforderlich, weil sich zu Beginn der Sommerferien zwar mit dem Reiseverkehr auch der Flüchtlingsstrom nach Ungarn verstärkt hatte, die Grenze zu Österreich aber abgesehen von einzelnen Schlupflöchern im Grenzzaun noch bewacht wurde.

---

105 Zu den Botschaftsbesetzungen des Jahres 1984 vgl. Rehlinger 1991, S. 121-193, sowie Whitney 1993, S. 265-278. Über die bis dahin geheimgehaltene Praxis der verbindlichen Anwaltszusage als Lösungsmechanismus für die Botschaftsfälle informierte Walter Priesnitz, der als Nachfolger Rehlingers 1988/89 für den Freikauf zuständige Staatssekretär im Bundesministerium für innerdeutsche Beziehungen, erstmals auf einer Pressekonferenz am 8. August 1989 (vgl. FAZ, 9.8.1989).
106 Vgl. Whitney 1993, S. 289/90.
107 Abt. Sicherheitsfragen, Vorlage für das Politbüro des ZK der SED, Betr.: Information und Schlußfolgerungen zu einigen aktuellen Fragen der feindlichen Einwirkung auf Bürger der DDR (Entwurf), o. D. (August 1989), S. 16 (SAPMO-BArch, ZPA-SED, IV 2/2.039/309, Bl. 112). Die Vorlage wurde entgegen der Intention von Krenz nicht auf der Politbüro-Sitzung am 15.8.1989 behandelt, sondern im Panzerschrank von Honecker verschlossen. Krenz zufolge hatte Honecker sie mit den Worten kommentiert: "Was willst du damit erreichen? Warum stellt ihr überhaupt die Zahlen der Ausreisenden zusammen? Was soll das? Vor dem Mauerbau sind vielmehr von uns weggegangen" (Krenz 1990, S. 28).
108 Vgl. Whitney 1993, S. 290; FAZ, 9.8.1989.
109 Vgl. Neues Deutschland, 8.8.1989.

Bis Mitte August kam es nicht nur zu zahlreichen Festnahmen und Rückführungen in die DDR, sondern es gab auch noch Todesfälle.[110]

Informationen des militärischen Aufklärungsdienstes mochten zudem die SED-Spitze in dem Glauben bestärken, daß sie sich auch weiterhin zumindest grundsätzlich auf die Anwendung polizeilicher Zwangsmaßnahmen der ungarischen Behörden - den Entzug der Aufenthaltsgenehmigung, Ausweisungen und Einreiseverbote - verlassen könnte.[111] Im übrigen hatte der ungarische Geheimdienstchef Pallagi einer neuerlichen Delegation des MfS am 10. August wiederum versichert, daß sich erstens die Verfahrensweise bei der Behandlung von Grenzverletzern nicht geändert habe und die Zurückweisungen zugenommen hätten, zweitens DDR-Bürger in Ungarn kein politisches Asyl gewährt und die Flüchtlingskonvention auf sie nicht angewandt werden würde und drittens die Ausreise von DDR-Bürgern mit Dokumenten ohne Visum auch künftig nicht gestattet werden würde. Im Unterschied zur vorhergehenden Beratung im Juni verknüpfte Pallagi diese Vorgehensweise der ungarischen Seite nun allerdings mit der Bedingung, daß die DDR ihren Bürgern bei Rückkehr in die DDR Straffreiheit garantieren müsse. Tue sie das nicht, liefere sie ihren Bürgern selbst den Grund, sich als politisch Verfolgte auf die Flüchtlingskonvention berufen zu können. Noch an Ort und Stelle erteilten die MfS-Vertreter Pallagi die gewünschte Straffreiheits-Zusicherung.[112] Eine entsprechende Mitteilung der Konsularabteilung der Botschaft der DDR in Ungarn, die auch die Bürger einschloß, "die keine gültigen Reisedokumente mehr besitzen", wurde am 16. August veröffentlicht.[113] Der Effekt dieser Meldung auf die Rückkehrbereitschaft war gering, weil die Mehrzahl der DDR-Bürger in Ungarn derlei Versprechungen ihres Staates keinerlei Glauben schenkte. Im MfS dagegen löste die Straffreiheitszusage für Ungarn-Flüchtlinge Verwirrung aus, weil sie die Frage aufwarf, inwieweit die strafrechtliche Verfolgung der Nichtrückkehr aus anderen Ländern noch aufrechtzuerhalten war, ohne sich massiven Vorwürfen der ungleichen Anwendung der Gesetze der DDR auszusetzen. Im eng geknüpften und äußerst effektiven Netz der politischen Strafverfolgung in der DDR entstanden erste Löcher.

Solange die SED-Führung sicher sein konnte, daß Ungarn und die CSSR die Botschaftsflüchtlinge nicht gegen den Willen Ost-Berlins in die Bundesrepublik ausreisen lassen würden, waren ihre Erfolgsaussichten im Ausreisekonflikt gut. Weil die Bundesregierung die Botschafts-Flüchtlinge nicht aus eigener Kraft über die Grenze befördern konnte, würde sie sich letztendlich konzessionsbereit verhalten müssen. Bei allem Mitgefühl über die persönlichen Schicksale, mit denen die Botschaftsangehörigen und Diplomaten konfrontiert wurden, und der Unterstützung, die die Zufluchtsuchenden in den westdeutschen diplomatischen Vertretungen erfuhren, so wurden sie doch im diplomatischen Alltagsgeschäft überwiegend als Störfaktor empfunden. Egoistische Interessen einzelner Bürger schoben sich vor allgemeine Staatsinteressen und drohten zum Stillstand zu bringen, was Diplomaten mit kleinen Schritten und zäher Geduld in jahrelangen Verhandlungen ventiliert, geprüft und abschlußreif vorangetrieben hatten. Je schneller

---

110 Zum Zusammenwirken von Kriminalpolizei, MfS und den Meldestellen der DVP bei der Strafverfolgung von DDR-Bürgern, deren Fluchtversuch von den ungarischen Grenzern vereitelt worden war und die in die DDR abgeschoben wurden, siehe die Hinweise der Hauptabteilung Paß- und Meldewesen des MdI, in: BArch/P, MdI 41780.
111 Vgl. Schreiben von Fritz Streletz an Egon Krenz, 11.8.1989 (BArch/P, MZA, Strausberg AZN 32698, Bl. 60/61).
112 Vgl. Information über das vereinbarte Arbeitsgespräch mit dem Stellvertreter des Ministers des Innern der UVR, Genossen Generalmajor Pallagi, Berlin, 10. August 1989 (BStU, ZA, MfS-HA IX 2450, Bl. 28-31).
113 Vgl. Neues Deutschland, 16.8.1989.

man eine Lösung fände, desto weniger Schaden würde das mühevoll aufgebaute, auf Vertrauensbeziehungen gegründete Verhandlungsklima zwischen beiden deutschen Staaten nehmen.

So hatte die Bundesregierung auf die Information Vogels zwar mit förmlichem Protest reagiert, aber die Ständige Vertretung in Ost-Berlin, in der sich 130 DDR-Bürger aufhielten, am 8. August geschlossen. Am 14. und 22. August folgten die Schließungen der Botschaften in Budapest und Prag, in denen sich 171 bzw. 140 Fluchtwillige aufhielten. Bei nahezu jeder Begegnung mit den Spitzen der SED hatten bundesdeutsche Politiker ihr Desinteresse an einer Ausreisewelle aus der DDR betont. Bundesdeutsche Regierungs- und Oppositionspolitiker warnten die DDR-Bürger nun öffentlich vor einer Flucht. In der westdeutschen Öffentlichkeit begann eine Diskussion darüber, ob und wieviele Flüchtlinge die Bundesrepublik noch aufnehmen könne oder wolle. In Ungarn blieben DDR-Bürger, die alles aufgegeben hatten, weil sie der Unterdrückung und Drangsalierung überdrüssig waren, keine Zukunftsperspektive für sich sahen und sich ein besseres Leben im Westen erhofften, sich selbst überlassen - und der Solidarität von ungarischen Hilfsorganisationen und freiwilligen Helfern. Mehrere tausend Menschen lagerten in Budapest bei 35 Grad Hitze am Straßenrand und in Vorgärten. Etwa Mitte August entschied sich das Auswärtige Amt angesichts der aufrüttelnden Fernsehbilder über die Notlage der Flüchtlinge und ihre verzweifelten, oft vergeblichen Versuche, die Grenze zu überwinden oder zu durchbrechen, zu einer Kurskorrektur.[114] Zwar blieb die Botschaft in Budapest geschlossen, doch stellten Diplomaten, zum Teil in Uniformen des ungarischen Malteser-Caritas-Dienstes gekleidet, der mit dem Bau von Zeltlagern für die Flüchtlinge begonnen hatte, bundesdeutsche Pässe aus. Das war im wesentlichen ein symbolischer Schritt, denn den Pässen fehlte der ungarische Einreisestempel, ohne den eine legale Ausreise nach wie vor nicht möglich war.[115] Bei ihrer Gratwanderung zwischen Bündnissolidarität und Anerkennung international gültiger Rechtsnormen wartete die ungarische Regierung zunächst auf ein Ergebnis der Verhandlungen zwischen beiden deutschen Staaten.

Deren Standpunkte lagen weniger weit auseinander, als es die propagandistische Begleitmusik der DDR-Medien und eine an Honecker gerichtete Botschaft Kohls vom 14. August vermuten ließ. Der Kanzler wies Honecker darauf hin, daß es ausschließlich in der Verantwortung der DDR liege, ihren Bewohnern eine Perspektive zu bieten und dadurch die Übersiedlungen zu stoppen. Verändere sich die Lage nicht, seien auf die Dauer "Belastungen unserer Beziehungen mit negativen Auswirkungen in allen Bereichen nicht auszuschließen".[116] Weil die Bundesregierung jedoch offenkundig diese Belastungen mit ihren unabsehbaren Folgen für die deutsch-deutschen Beziehungen vermeiden wollte, lag ihr an einer Beruhigung der Situation.[117] Der DDR-Niederschrift eines Gesprächs zwischen

---

114 Tatenlos hatte man bis dahin zugeschaut, wie MfS-Mitarbeiter in Budapest versuchten, fluchtwillige DDR-Bürger zu identifizieren. Das ebenfalls geschlossene bundesdeutsche Konsulat versorgte die in seiner Nähe schutzsuchenden DDR-Bürger lediglich über einen Gartenschlauch mit Wasser und stellte Toilettenpapier zur Verfügung. Erst Berichte in den Medien führten zu einer veränderten Haltung: "Als die 'Bildzeitung' in einer (übrigens korrekt recherchierten) Reportage über den Hinauswurf von vier schutzsuchenden DDR-Bürgern aus der bundesdeutschen Botschaft berichtete und daraufhin für 200 DDR-Flüchtlinge gleich ein ganzes Hotel anmietete, besann man sich beschämt in Bonn gerade noch rechtzeitig. Das Auswärtige Amt vollzog eine Kurswende und entschied sich unter dem Druck der Öffentlichkeit zu einer engagierten Flüchtlingshilfe" (Kurz 1991a, S. 143/44).
115 Vgl. Kurz 1991a, S. 144 ff.
116 Zit. nach Przybylski 1992, S. 110.
117 Dies war der Tenor einer Pressekonferenz von Bundeskanzler Kohl am 22. August, auf der er mit Blick auf die Botschaftsbesetzungen vor einer "Stunde des Klamauks"

Bundesminister Seiters und DDR-Staatssekretär Krolikowski am 18. August zufolge verlief die Unterredung zwar ergebnislos, doch zeigte sich Seiters kompromißbereit. Er forderte, "daß die DDR zu der früher geübten Praxis zurückkehrt oder - wenn sie das nicht für möglich halte - wenigstens die Zusage gebe, daß die Ausreiseanträge der sich jetzt in den Vertretungen befindlichen Leute von den Behörden der DDR nochmals geprüft werden."[118] Doch im Konflikt-Szenario der DDR war eine Einigung offenbar noch nicht vorgesehen, denn Krolikowski entgegnete in scharfem, vor allem für die DDR-Öffentlichkeit auf Abschreckung bedachtem Ton[119], daß die DDR Versuche einzelner Bürger, "unter Umgehung der Rechtsordnung Sonderrechte für sich in Anspruch zu nehmen", nicht hinnehme, und zeigte keinerlei Verhandlungsspielraum. Die Forderung von Seiters sei ihm unverständlich, "da sie hinter den rechtlichen Möglichkeiten jedes Bürgers der DDR noch zurückbleibe. Die Rechtspraxis der DDR sei hinreichend bekannt und daraus ergebe sich, daß jeder Bürger umfassende Möglichkeiten habe, Verwaltungsentscheidungen prüfen zu lassen. Eine Bevorteilung der Bürger, die sich widerrechtlich in Botschaften der BRD aufhalten, sei nicht möglich."[120]

Nur einen Tag nach der Begegnung von Seiters und Krolikowski kam es zur größten Massenflucht von DDR-Bürgern seit dem Mauerbau. Das Ungarische Demokratische Forum und weitere ungarische Oppositionsgruppen hatten unter Schirmherrschaft des Europa-Abgeordneten Otto von Habsburg und des ungarischen Reformpolitikers Imre Pozsgay, Mitglied des Politbüros der USAP und Staatsminister, zu einem "paneuropäischen Picknick" an die ungarisch-österreichische Grenze bei Sopron geladen, um durch die symbolische Öffnung eines Grenztores und eine "einmalige, okasionelle Grenzüberschreitung" für einen Abbau der Grenzen und ein geeintes Gesamteuropa zu demonstrieren. Unter dem Motto "Baue ab und nimm mit!" sollten sich die Teilnehmer am Abbau des Eisernen Vorhangs beteiligen dürfen. Flugblätter, die Ort und Zeitpunkt des Picknicks bekannt gaben und eine Wegbeschreibung enthielten, kursierten auch unter DDR-Flüchtlingen in Budapest.[121] Über 600 DDR-Bürger ließen an diesem Tag ihr Hab und Gut in Ungarn zurück und stürmten durch ein nur angelehntes Grenztor nach Österreich, wo die Behörden sich ebenso auf den Massenansturm vorbereitet zeigten wie in der Bundesrepublik. Die gefahrlose Grenzüberquerung, so wurde später bekannt, war durch ein Stillhalteabkommen zwischen Staatsminister Pozsgay, dem Innenminister und dem Chef der Grenztruppen ermöglicht worden.[122] Nach wenigen Stunden wurde das Tor wieder geschlossen.

---

warnte und die Entschlossenheit der Bundesregierung betonte, die bisherige Politik der Verständigung und Zusammenarbeit mit der DDR fortzusetzen. Vgl. zur zurückhaltenden Politik der Bundesregierung auch John 1991, S. 73/74, sowie den Notenbzw. Briefwechsel Kohl - Honecker vom 14.8. (Przybylski 1992, S. 110) und 30.8.1989 (SAPMO-BArch, ZPA-SED, IV 2/2.039/304, Bl. 115-117).
118 Vermerk über das Gespräch des Staatssekretärs und 1. Stellvertreters des Ministers für Auswärtige Angelegenheiten, Genossen Dr. Herbert Krolikowski, mit dem Bundesminister für besondere Aufgaben und Chef des Bundeskanzleramtes der BRD, Rudolf Seiters, am 18. August 1989 im Ministerium für Auswärtige Angelegenheiten, S. 2 (SAPMO-BArch, ZPA-SED, IV 2/2.035/86).
119 Vgl. den Bericht über die Unterredung, in: Neues Deutschland, 19.8.1989.
120 Gesprächsvermerk Krolikowski/Seiters ..., 18.8.1989, S. 4.
121 Vgl. die Dokumentation des Flugblatts in: Rheinischer Merkur/Christ und Welt Nr. 34, 25.8.1989. Zur Vorbereitung und zum Ablauf des "paneuropäischen Picknicks" siehe: Die Zeit Nr. 35, 25.8.1989, S. 3, sowie die Berichterstattung in der FAZ, 21.8.1989.
122 Vgl. das Zeit-Dossier "Wie das Tor aufging", in: Die Zeit Nr. 34, 19.8.1994, S. 11-13, sowie das Interview mit Imre Pozsgay, in: Die Große Freiheit. Teil 1: Der Traum von Budapest. Ein Film von Friedrich Kurz und Guido Knopp. Buch und Regie: Friedrich Kurz, ZDF 1994.

Hatte die sowjetische Botschaft in der DDR in ihren vertraulichen Gesprächen mit der SED-Spitze bis dahin noch nicht den Eindruck gewonnen, daß die Lage in irgendeiner Form als alarmierend eingeschätzt wurde[123], so berichtete Botschafter Wjatscheslaw Kotschemassow am 21. August auf der internen Lagebesprechung der leitenden Diplomaten, "daß 'die deutschen Freunde' (...) ernstlich beunruhigt seien und nach Mitteln suchten, die Situation zu retablieren." Dabei erbäten sie sowjetische Unterstützung; bei deren Ausbleiben "würden die Zersetzungserscheinungen des Westens nach Polen und Ungarn nun auch in der DDR Erfolg zeitigen."[124]

In Absprache mit Günter Mittag hatte Mielke am 21. August auf der Grundlage der entgegenkommenden Äußerungen von Seiters im MfS einen ersten Entwurf für den mit der Bundesregierung anzustrebenden Konsens ausarbeiten lassen.[125] Auf dessen politischer Grundlinie übersandte Außenminister Fischer dem Generalsekretär am 22. August eine Konzeption für die Fortführung der Gespräche mit der Bundesregierung, die Honecker von Mittag mit der Bitte um Zustimmung im Krankenhaus vorgelegt und am 23. August mit dem obligatorischen "Einverstanden - EH" abgezeichnet wurde.[126] Mit großer Dringlichkeit wurde Franz Bertele noch am selben Nachmittag ins DDR-Außenministerium gebeten, wo ihm der Leiter der BRD-Abteilung, Hans Schindler, folgenden Lösungsvorschlag unterbreitete: Die Botschaften der Bundesrepublik könnten zusätzlich zur öffentlich von der DDR verkündeten Straffreiheit erklären, "daß die betroffenen Bürger der DDR nach Rückkehr in ihre Heimatorte gleiche Rechte wie andere Bürger der DDR auch im Hinblick auf die Verordnung vom 30.11.1988 haben. Dazu gehört auch die Inanspruchnahme von Rechtsmitteln und der gerichtlichen Nachprüfung einschließlich der anwaltlichen Vertretung vor den staatlichen Organen und Gerichten."[127] Um eine Wiederholung der jetzigen Vorfälle auszuschließen, solle die Bundesregierung künftig das Verbleiben in ihren Botschaften nicht gestatten. Die persönliche Antwort von Bertele lautete, daß er "durchaus die Möglichkeit (sehe), daß das Problem auf dieser Grundlage in einem bestimmten Zeitraum gelöst werden kann und danach seine Seite auch über ausreichende Argumente verfügt, um künftig DDR-Bürger wieder zum Verlassen der Vertretungen zu bringen."[128] Er sicherte zu, Bundesminister Seiters sofort zu informieren und sich baldmöglichst wieder zu melden.

Doch die Bundesregierung ließ sich für ihre Antwort Zeit. Erst eine Woche später, am 30. August, kam Bertele auf Schindler zu, um dem Bedauern der Bundesregierung darüber Ausdruck zu verleihen, "daß die DDR nicht zu einem weitergehenden Entgegenkommen bereit" sei. Sie habe "Zweifel, ob eine Lösung auf der Grundlage der DDR-Vorstellungen möglich sei", und bitte um weitere Präzisierungen.[129] Der Hinweis Berteles, die Bundesregierung werde das Verbleiben in ihren Botschaften nicht gestatten, aber gegenüber Bürgern, die sich weigerten,

---

123 Vgl. Kotschemassow 1994, S. 160.
124 Maximytschew 1994a, S. 12.
125 Vgl. den Brief von Erich Mielke an Günter Mittag vom 21.8.1989 mit der Anlage "Vorschlag für weitere Maßnahmen zur Lösung der StäV- und Botschaftsprobleme, Berlin, 21. August 1989" (BStU, ZA, MfS-SdM 55, Bl. 1-4).
126 Vgl. Schreiben von Oskar Fischer an Erich Honecker vom 22. August 1989 (SAPMO-BArch, ZPA-SED, IV 2/2.035/309, Bl. 127-129).
127 Vermerk über das Gespräch des amtierenden Leiters der Abteilung BRD, Genossen Hans Schindler, mit dem Leiter der Ständigen Vertretung der BRD in der DDR, Dr. Franz Bertele, am 23.8.1989, 16.30 Uhr, S. 2 (BStU, ZA, MfS-SdM 67, Bl. 7).
128 Ebd., S. 3.
129 Vermerk über das Gespräch des amt. Leiters der Abteilung BRD, Genossen Hans Schindler, mit dem Leiter der Ständigen Vertretung der BRD in der DDR, Dr. Franz Bertele, am 30. August 1989, S. 1 (BStU, ZA, MfS-SdM 699, Bl. 46).

die Gebäude zu verlassen, auch keine gewaltsame Lösung anwenden, wurde von Schindler besonders kritisiert, weil so "keine dauerhafte Lösung des Problems möglich" sei. Bertele erwiderte daraufhin, "daß er die Lösung des Problems darin sieht, daß die BRD-Seite auf Grund der getroffenen Absprachen mit der DDR gegenüber den DDR-Bürgern deutlich machen kann, daß der Aufenthalt in den Vertretungen keine Begünstigung bringt. Sie würde künftig gegenüber den DDR-Bürgern erklären, daß die sich jetzt dort aufhaltenden Leute nur das zugebilligt erhalten haben, was auch ohne den Aufenthalt möglich sei."[130]

In größter Eile arbeitete das MfS die gewünschten Präzisierungen aus, stimmte sie mit Außenminister Fischer ab und ließ sich die Zustimmung Mittags erteilen. Am nächsten Tag offerierte Schindler als letztes Angebot des MfS, daß alle Flüchtlinge nach Verlassen der Botschaften und Rückkehr in die DDR bei den zuständigen Abteilungen Innere Angelegenheiten vorsprechen könnten. Diese Vorsprachen würden als Wiederholung der Antragstellung auf ständige Ausreise gewertet. Die anwaltliche Mitwirkung von Rechtsanwalt Vogel und seines Büros werde gewährleistet sowie die anwaltliche Vertretung an den Heimatorten sichergestellt.[131] Damit war die DDR nach ihrem Empfinden den Forderungen von Seiters vom 18. August im wesentlichen nachgekommen und der Status quo ante nahezu wiederhergestellt.[132] Wenn daher eine Niederschrift des DDR-Außenministeriums als Reaktion von Bertele auf diesen Vorschlag festhielt, er gehe davon aus, "daß die Bundesregierung diesem Verfahren zustimmen wird", lag das durchaus nicht aus der Welt.[133] Von Relevanz war diese Zustimmung allerdings nur noch für die Lösung des Konflikts in Ost-Berlin und der Botschaftsbesetzung in Prag.

Denn in der Zwischenzeit war die ungarische Regierung, von dem in der zweiten Augusthälfte ständig steigenden Flüchtlingsstrom unter erheblichen innen- und außenpolitischen Druck gesetzt, unter Zugzwang geraten. Am 22. August, nur wenige Tage nach dem paneuropäischen Picknick, hatten erneut 240 Menschen die ungarisch-österreichische Grenze durchbrochen, diesmal jedoch ohne vorbereitende Absprachen mit den ungarischen Sicherheitsbehörden. Den Versuch, diese Aktion am folgenden Tag zu wiederholen, hatten die Grenzer, unterstützt durch "Arbeitermilizen", eine ungarische Variante der "Kampfgruppen der Arbeiterklasse" in der DDR, mit Waffengewalt unterbunden und dabei mehrere Flüchtlinge verletzt. Ungarische Oppositionsgruppen reagierten empört auf den Einsatz der Arbeitermilizen, die sie bereits für aufgelöst hielten, protestierten gegen die hinhaltende Behandlung der Flüchtlinge und forderten nun noch energischer, ihnen politisches Asyl zu gewähren und die freie Ausreise zu erlauben.[134]

Eine Auslieferung der Flüchtlinge an die DDR hätte nicht nur dem eingeleiteten Zivilisierungsprozeß des kommunistischen Systems in Ungarn widersprochen;

---

130 Ebd., S. 3.
131 Aktivitäten der DDR gegenüber der BRD im Zusammenhang mit dem widerrechtlichen Aufenthalt von DDR-Bürgern in diplomatischen Vertretungen der BRD, Anlage zu: Vermerk über das Gespräch des Ministers für Auswärtige Angelegenheiten, Genossen Oskar Fischer, mit dem Minister für Auswärtige Angelegenheiten der Ungarischen Volksrepublik, Genossen Gyula Horn, am 31.8.1989 (SAPMO-BArch, ZPA-SED, IV 2/2.035/73, Bl. 283/84).
132 Tatsächlich wurden in den folgenden Monaten die Ausreiseanträge fast aller Ungarn- und Botschaftsflüchtlinge, die aufgrund dieser von DDR-Vertretern vor Ort bekanntgegebenen Zusage in die DDR zurückgekehrt waren, positiv beschieden.
133 SAPMO-BArch, ZPA-SED, IV 2/2.035/73, Bl. 284. Vermutlich war Bertele nicht über den Inhalt des Gespräches von Kohl und Genscher mit Németh und Horn informiert.
134 Vgl. Reuth/Bönte 1993, S. 56.

sie wäre letzten Endes darauf hinausgelaufen, das mühsam erworbene internationale Ansehen durch einen einzigen Schritt zu verlieren - mit allen Konsequenzen auf wirtschaftlichem Gebiet. Warum sollte ausgerechnet das reformfreudige Ungarn, das sich kurz vor freien Wahlen und dem Weg zu einem demokratischen Rechtsstaat befand, für einen Staat wie die DDR, der sich jeglichen Reformen verschloß und "in dem die Menschen nicht leben wollen" (Horn), eine zweite Mauer außerhalb der DDR verteidigen, die für Ungarn selbst durch die Ausgabe von weltweit unbeschränkt gültigen Reisepässen schon seit 1988 überflüssig geworden war?[135] Wenn die kommunistische Partei im übrigen in den in wenigen Wochen bevorstehenden, ersten freien Wahlen, in denen sie ohnehin nach eigener Einschätzung nur ein Drittel der Stimmen erringen würde[136], vollends untergehen und sich innenpolitisch ins Abseits manövrieren wollte, brauchte sie sich nur mit der DDR zu verbünden.

Bei den führenden ungarischen Reformpolitikern siegte letztendlich der politische Überlebenswille. Die Regierung in Budapest traf die "unverrückbare Entscheidung" (Németh), für ihre Verbündeten im Warschauer Vertrag nicht länger die Rolle des Hilfs-Grenzpolizisten zu spielen.[137] Die ausgebliebene Intervention der Sowjetunion zunächst gegen die Veränderung des Grenzregimes zu Österreich, dann gegen die Massenflucht anläßlich des paneuropäischen Picknicks, konnte als ausreichende Grundlage für die Einschätzung dienen, daß Moskau die Grenzfrage insgesamt tatsächlich als innere ungarische Angelegenheit betrachtete. Am 24. August konnten die Budapester Botschaftsbesetzer mit Papieren des Internationalen Komitees des Roten Kreuzes per Flugzeug nach Österreich ausreisen. Im Gegenzug schloß die Bundesregierung ihre Botschaft auf unbestimmte Zeit für den Besucherverkehr. Während die DDR schockiert war und beim stellvertretenden ungarischen Außenminister Oeszi Protest gegen die Verletzung ihrer souveränen Rechte und die Umgehung der bilateralen Verträge einlegte, erfolgte aus Moskau wiederum keine Reaktion.

Am 25. August flogen Ministerpräsident Németh und Außenminister Horn in geheimer Mission nach Bonn. Németh eröffnete das Gespräch mit Bundeskanzler Kohl und Außenminister Genscher nach seinen Angaben mit den Worten: "Herr Bundeskanzler, Ungarn hat sich entschieden, den DDR-Bürgern die freie Ausreise zu erlauben. Wir haben uns dazu vor allem aus humanitären Gründen entschieden."[138] Teltschik zufolge versicherte Kohl seinen Gesprächspartnern, die Nachteile auszugleichen, die Ungarn durch eventuelle Vergeltungsmaßnahmen der DDR entstehen würden.[139] Die Bundesregierung gewährte Ungarn im Gegenzug, aber zeitlich versetzt, einen zusätzlichen Kredit über 500 Millionen DM[140]

---

135 Horn 1991, S. 322.
136 So die optimistische Prognose des Parteivorsitzenden Nyers (vgl. Neue Zürcher Zeitung, 16.8.1989), denn bei Nachwahlen für zwei Mandate im Budapester Parlament Anfang August hatten die Vertreter der USAP nur etwa 20 Prozent der Stimmen erreicht. Die Abgeordnetenmandate gingen an die Kandidaten des Ungarischen Demokratischen Forum (vgl. Frankfurter Rundschau, 7.8.1989; Die Zeit Nr. 35, 25.8.1989).
137 Als Tag der Entscheidung zunächst in einem engeren Kreis des ungarischen Kabinetts ist von verschiedenen Beteiligten der 22. August 1989 angegeben worden (vgl. Miklos Németh, in: Der Tagesspiegel, 8.9.1994; Laszlo Kovacs, 1989 Staatssekretär im ungarischen Außenministerium, in: Der Tagesspiegel, 9.9.1989; Gyula Horn, in: Die Zeit Nr. 34, 19.8.1994).
138 Vgl. die Aussage von Miklos Németh, in: Die Große Freiheit. Teil 1: Der Traum von Budapest. Ein Film von Friedrich Kurz und Guido Knopp. Buch und Regie: Friedrich Kurz, ZDF 1994. Siehe dazu auch John 1991, S. 85.
139 Vgl. Szabo 1992, S. 36.
140 Der 500-Millionen-DM-Kredit der Bundesregierung ergänzte bereits eingeleitete Kreditaktionen der Länder Bayern und Baden-Württemberg über jeweils 250 Millio-

und versprach die Aufhebung des Visazwangs und politische Hilfe beim angestrebten EG-Beitritt.[141]

Am 28. August informierte Horn den DDR-Botschafter in Budapest, Gerd Vehres, daß sich Ungarn wegen des festgefahrenen und keinerlei Fortschritte zeigenden Standes der deutsch-deutschen Verhandlungen zu "unverzüglichen weiteren einseitigen Schritten gezwungen" sehe.[142] Seine Regierung denke daran, die bilateralen Abkommen mit der DDR ohne Einhaltung der dreimonatigen Kündigungsfrist zu kündigen und die DDR-Bürger in den folgenden Tagen legal aus Ungarn ausreisen zu lassen, wenn sie ein Einreisevisum eines dritten Staates vorweisen könnten. Diese Überlegung sei der Bundesregierung noch nicht kundgetan worden. Die UVR könne jedoch "die eingetretene Lage nicht weiter aufrechterhalten. Ungarn kann sich nicht in ein großes Lager verwandeln", so Horn.[143] Doch gab er Ost-Berlin eine letzte Chance: Die ungarische Regierung sei bereit, "auf jede konstruktive Geste der DDR sofort" einzugehen; sowohl er selbst als auch Ministerpräsident Németh stünden "ab sofort jederzeit zu Gesprächen mit kompetenten DDR-Partnern" zur Verfügung.[144]

Die für Ungarn einzig denkbare konstruktive Lösung, den DDR-Bürgern wie früher zuzusichern, daß ihre Ausreiseanträge positiv entschieden würden, schlossen Fischer und Mittag bei einem Blitzbesuch Horns am 31. August in Ost-Berlin mit Nachdruck aus. Die DDR werde nicht zulassen, erklärten sie kategorisch, "daß DDR-Bürger versuchen, sich Vorteile gegenüber dem Gesetz zu verschaffen."[145] Unter diesen Umständen erklärte sich Horn lediglich bereit, der DDR eine Frist bis zum 10. September einzuräumen, in der sie selbst "auf eigene Verantwortung" in den Flüchtlingslagern in Ungarn darauf hinwirken könnte, ihre Bürger für eine Rückkehr in die DDR zu gewinnen. Am 11. September werde Ungarn wie angekündigt verfahren.

Während Vertreter des DDR-Außenministeriums in Ungarn Wohnwagen als "mobile konsularische Beratungsstellen" herrichteten, in denen sie in der Nähe der Flüchtlingslager Rückkehrer mit dem Versprechen der Straffreiheit gewinnen sollten, verstärkte das MfS die Zahl der vor Ort mit der Identifizierung der abtrünnigen Bürger betrauten Agenten und Spitzel. Der Auftrag Mielkes lautete, anschließend in der DDR "geeignete Familienangehörige/Verwandte bzw. Personen aus dem Umgangskreis dieser DDR-Bürger auszuwählen und für entsprechende Maßnahmen der zielgerichteten Einflußnahme vorzubereiten."[146] Beide Maßnahmen blieben nicht nur wirkungslos, sondern setzten die DDR-Behörden zusätzlich dem Hohn und Spott der Flüchtlinge und der internationalen Öffentlichkeit aus, da sie die Schwäche des von seinen Bürgern verlassenen Staates bildhaft vor Augen führten.

---

nen DM (vgl. Bulletin des Presse- und Informationsamtes der Bundesregierung Nr. 110, 24.10.1989, S. 952; Neue Zürcher Zeitung, 22.10.1989).
141 Vgl. Kurz 1991a, S. 157.
142 Note des Ministeriums für Auswärtige Angelegenheiten der Ungarischen Volksrepublik vom 28.8.1989, S. 2 (SAPMO-BArch, ZPA-SED, IV 2/2.035/73, Bl. 269).
143 Schreiben von Oskar Fischer an Erich Honecker, 29.8.1989, S. 2 (SAPMO-BArch, ZPA-SED, IV 2/2.035/73, Bl. 265).
144 Ebd., Bl. 266.
145 Vgl. Vermerk über das Gespräch des Ministers für Auswärtige Angelegenheiten, Genossen Oskar Fischer, mit dem Minister für Auswärtige Angelegenheiten der Ungarischen Volksrepublik, Genossen Gyula Horn, am 31.8.1989, sowie: Vermerk über das Gespräch des Mitglieds des Politbüros und Sekretärs des ZK der SED, Genossen Günter Mittag, mit dem Minister für Auswärtige Angelegenheiten der Ungarischen Volksrepublik, Genossen Gyula Horn, am 31. 8.1989 (SAPMO-BArch, ZPA-SED, IV 2/2.035/73, Bl. 275 ff. und 287 ff.).
146 Mielke an die Leiter der Diensteinheiten, MfS-Nr. 60/89, 1.9.1989, S. 2 (BStU, ZA, MfS-RS 678, Bl. 106).

Angesichts der sich in Ungarn abzeichnenden umfassenden Ausreise-Lösung ließ sich die Bundesregierung trotz nahezu täglicher Mahnungen des DDR-Außenministeriums mit der Realisierung der am 31. August für die Beendigung der Besetzung der Ständigen Vertretung in Ost-Berlin gefundenen Kompromißlösung Zeit. In Anwesenheit von Rechtsanwalt Vogel wurden die Zusicherungen der DDR den Ausreisewilligen schließlich am 8. September mitgeteilt. Mit der Erneuerung der Anwaltszusage sahen die Besetzer ihr Ziel erreicht und verließen noch am gleichen Tag das Gebäude. Um keinen unmittelbaren Folgekonflikt zu riskieren, hielt die Bundesregierung die Ständige Vertretung bis Mitte November geschlossen.

Mit verzweifelten diplomatischen Aktivitäten versuchten Außenminister Fischer und der DDR-Botschafter die ungarische Regierung in letzter Sekunde für eine Anwendung der in Berlin gefundenen Formel zu gewinnen. Was ihre eigenen Diplomaten bei den Flüchtlingen in Budapest nicht erreicht hatten, wollten sie nun von ungarischen Regierungsvertretern bewerkstelligt wissen. "Offizielle Persönlichkeiten der UVR" sollten sich in die Flüchtlingslager begeben, verlangte Vehres noch am Abend des 8. September vom ungarischen Staatssekretär Kovacs, um den DDR-Bürgern die Berliner Formel zu erklären und ihre Rückkehr in die DDR als einzig denkbare Lösung darzustellen.[147] Das wirklichkeitsfremde Ansinnen wurde wortlos entgegengenommen.

Am Abend des 10. September gab Außenminister Horn die zeitweilige Außerkraftsetzung des Reise-Abkommens mit der DDR bekannt. Noch in der Nacht zum 11. September ließ die Regierung die Grenze zu Österreich öffnen, und Zehntausende euphorisierter Deutsche aus der DDR reisten in den nächsten Tagen und Wochen über Österreich in die Bundesrepublik aus.[148]

Wie verhielt sich die Sowjetunion zu diesem Schritt, der schließlich auch die militärische Trennlinie zwischen den Staaten des Warschauer Vertrages und der NATO durchlöcherte? War die sowjetische Führung von der ungarischen Regierung überhaupt konsultiert worden? Ministerpräsident Németh verneinte diese Frage bereits im Herbst 1989.[149] Die Vormacht, so erklärte auch Außenminister Horn, sei erst am letzten Tag informiert worden: "Es war offensichtlich, daß sie schon lange von unserem Vorhaben wußten. (...) Da wir uns bis zum letzten Moment in Schweigen gehüllt und die Sowjets nicht in die Sache einbezogen hatten, kamen sie umhin, dazu Stellung nehmen zu müssen."[150]

Opfer der sowjetischen Passivität war die SED-Spitze, die Moskau erstmals am 21. August um Unterstützung gebeten hatte. Als wenig hilfreich mußte sie den von Schewardnadse unterzeichneten Antwortbrief der sowjetischen Führung empfinden, den der Leiter der Hauptabteilung für die sozialistischen Länder Europas im sowjetischen Außenministerium, Gorald Gorinowitsch, am 1. September persönlich in Ost-Berlin überreichte. Bereits der erste Satz brüskierte die DDR und ließ keinerlei schnelle Hilfe erwarten: Die Versuche von DDR-Bürgern, illegal in die BRD zu gelangen, berührten "nicht direkt die Beziehungen UdSSR-DDR", belehrte der sowjetische Außenminister seinen Ost-Berliner

---

147 Vgl. Telegramm von Gerd Vehres an G. Mittag, H. Axen, O. Fischer, Budapest, 8.9.1989, 23.30 Uhr (SAPMO-BArch, ZPA-SED, J IV/2/2A/3239).

148 Vgl. dazu auch die Fernschreiben des DDR-Botschafters in Budapest, Gerd Vehres, an Außenminister Fischer vom 8. und 10.9.1989 (SAPMO-BArch, ZPA-SED, J IV 2/2A/3239).

149 "Ich kann nur bekräftigen, daß es keine vorherige Konsultation mit Moskau gab. Diese Zeiten sind ein für allemal vorbei, und die gegenwärtige sowjetische Führung erhebt auch keinen solchen Anspruch mehr." Moskau habe nie versucht, ihn in dieser Frage zu beeinflussen. Vgl. das Interview mit Miklos Németh, in: Der Spiegel Nr. 43, 23.10.1989, S. 182.

150 Horn 1991, S. 326.

Amtskollegen, um besänftigend einzuräumen, daß sie vom "Standpunkt der langfristigen Interessen unserer beiden Länder und der Positionen des Sozialismus in Europa" gleichwohl "von nicht geringer Bedeutung" seien. Quelle der entstandenen Schwierigkeiten sei das von Bonn beanspruchte Obhutsrecht für alle Deutschen.

Schewardnadses kämpferischer Vorschlag zielte aber auf nicht mehr als eine internationale Propaganda-Kampagne ab: "Was meinen Sie, Genosse Minister, sollten wir nicht in diesem Zusammenhang die Möglichkeit erwägen, die Aufmerksamkeit der internationalen Öffentlichkeit aktiver auf das Problem der Nichtanerkennung der Staatsbürgerschaft der DDR seitens der BRD und auf die Folgen dieser Nichtanerkennung zu lenken und vielleicht auch dieses Problem in die internationalen Foren zu tragen?" Als praktischen Schritt, um den Kanzler, der vor den Bundestagswahlen "nicht allzu unverwundbar ist", "zum Überlegen (zu) zwingen", schlug Schewardnadse die Androhung vor, "die Zahl der Übersiedler in diesem und im nächsten Jahr spürbar zu verringern" - ein glatter Anschlag auf die Devisenkasse der DDR.[151]

Dem von der SED-Führung vorgetragenen Wunsch nach Einberufung einer Sitzung des Außenministerkomitees der Warschauer-Vertrags-Staaten, auf der die DDR den "Verrat der Ungarn", wie es fortan im Politbüro hieß, brandmarken und das Bruderland auf die Bündnisraison verpflichten wollte, kam die KPdSU nicht nach. Eine solche Tagung, so lauteten die Ablehnungsgründe, sei erstens "angesichts des dichten Terminkalenders der Außenminister" vor der UN-Vollversammlung Ende September in New York nicht schnell zu organisieren; zweitens müßten die abweichenden Standpunkte Polens und Ungarns bedacht werden.[152] Und insbesondere letzteres mache, gab Kotschemassow dem DDR-Außenminister sogar schriftlich in die Hand, "die Vereinbarung einer einheitlichen Linie problematisch." Mehr als lockere "bilaterale Konsultationen" zwischen den verbündeten Staaten, "in deren Verlauf man die Standpunkte im Zusammenhang mit den antisozialistischen Erscheinungen in der Politik des Westens vergleichen und anzunähern versuchen sowie Maßnahmen des Entgegenwirkens erörtern könnte", hielt die Vormacht nicht für machbar.[153]

Fischers Glaube an den Warschauer Vertrag begann zu wanken. Da es sich um einen "Angriff gegen den Sozialismus von Berlin bis Peking" handle, so seine Reaktion im Gespräch mit Kotschemassow, "stelle sich für die DDR die Frage, wozu unser Bündnis bestehe, wenn nicht dann - wenn sich eine derartige Situation ergeben habe - eine gemeinsame Erörterung der Probleme erfolge."[154]

Das Lamento nutzte nichts; die sowjetischen Aktivitäten beschränkten sich auf einige den DDR-Standpunkt unterstützende Zeitungsartikel sowie eine behutsame Intervention des sowjetischen Botschafters in Bonn, Julij Kwizinskij, der Kanzleramtsminister Seiters pflichtgemäß die "ernsthafte Besorgnis" der Sowjetunion über die politische Linie der Bundesregierung kundtat - mehr nicht.[155] Den Auf-

---

151 Brief von E. Schewardnadse an O. Fischer (Übersetzung aus dem Russischen), 1.9.1989 (SAPMO-BArch, ZPA-SED, IV 2/2.039/304, Bl. 118-120).
152 Vgl. die von Wolfgang Herger für Egon Krenz angefertigte Niederschrift über die Politbüro-Sitzung vom 5.9.1989, S. 1 (SAPMO-BArch, ZPA-SED, IV 2/2.039/77, Bl. 1), sowie das Gespräch d. Vf. mit Oskar Fischer, 29.11.1993.
153 Brief von W. Kotschemassow an Oskar Fischer, 7.9.1989 (SAPMO-BArch, ZPA-SED, J IV 2/2A/3239).
154 Vermerk über das Gespräch des Ministers für Auswärtige Angelegenheiten der DDR, Oskar Fischer, mit dem Außerordentlichen und Bevollmächtigten Botschafter der UdSSR in der DDR, Wjatscheslaw I. Kotschemassow, am 5. September 1989, S. 1 (SAPMO-BArch, ZPA-SED, J IV 2/2A/3239).
155 Vgl. die Information über Kwizinskijs Bonn-Gespräch, in: Vermerk über das Gespräch des Ministers für Auswärtige Angelegenheiten der DDR, Oskar Fischer, mit

trag, die "Besorgnis der sowjetischen Seite über die Geschehnisse" im ungarischen Außenministerium vorzutragen, hatte auch der sowjetische Botschafter in Budapest; seine Instruktion, "die ungarischen Genossen aufzufordern, nach Alternativen zu suchen, die sowohl für die DDR als auch für die BRD annehmbar seien", konnte dagegen ebenfalls kaum als nachhaltige Unterstützung der DDR verstanden werden.[156] Unverkennbar betrachtete die Sowjetunion die Regelung des Grenzregimes zu Österreich als eine innere Angelegenheit Ungarns, auf deren Folgewirkungen sich die Verbündeten einstellen mußten.

In der Lagebesprechung der sowjetischen Botschaft am 6. September in Ost-Berlin hatte Kotschemassow die Situation als die vielleicht "brisanteste in der Geschichte der DDR" bezeichnet. Es gehe "nicht nur um die DDR, sondern um die ganze sozialistische Gemeinschaft. Der Zusammenhang mit den Ereignissen in Polen, Ungarn, Bulgarien ist offensichtlich. Die DDR destabilisieren würde bedeuten, die Situation in der sozialistischen Gemeinschaft völlig zu modifizieren."[157] Vierzehn Tage später, nach seiner Rückkehr aus Moskau, wo er an der Plenarsitzung des Zentralkomitees der KPdSU teilgenommen hatte, berichtete Kotschemassow den Botschaftsangehörigen, daß Gorbatschow ihm gegenüber zwar betont habe, daß die DDR für die Sowjetunion ein so wichtiges Land sei, "daß wir ihre Destabilisierung unter keinen Umständen zulassen können. (...) In Moskau herrsche eine große Beunruhigung wegen der Situation in der DDR. Es gebe nur eine Aufgabe - die DDR zu halten." Die Generallinie Gorbatschows jedoch sei: "Wir unterstützen die DDR, aber nicht auf Kosten unserer Interessen in der BRD und in Europa insgesamt."[158]

Als Außenminister Fischer seinen sowjetischen Amtskollegen Schewardnadse Ende September am Rande der UNO-Vollversammlung in New York erneut drängte, die Anwesenheit der Außenminister der Bruderländer zu einer Komitee-Sitzung zu nutzen, fragte ihn Schewardnadse, wieviele Menschen nach seiner Schätzung die DDR über Ungarn verlassen würden. Fischer beschlich das Gefühl, daß der sowjetische Außenminister die von ihm genannte Zahl - mindestens 50.000, vielleicht auch mehr - gedanklich ins Verhältnis zur Bevölkerungszahl der Sowjetunion setzte. Jedenfalls erschien sie ihm zu gering, um auch nur im inoffiziellen Rahmen zu einer Außenminister-Beratung einzuladen.[159] Das außenpolitische Interessenkalkül der Sowjetunion setzte sich über die Wünsche der SED-Führung hinweg; die Folgen des Ausreisestroms über Ungarn für die innere Stabilität der DDR wurden offenbar in Moskau unterschätzt.

Das Bündnis ihres Bruderlandes Ungarn mit dem imperialistischen Klassenfeind BRD und die Zuschauerhaltung der Sowjetunion mußte die SED-Spitze als schlimme Demütigung empfinden. Sie reagierte zutiefst verärgert und gereizt. Auf die eigene Kraft verwiesen, stand auf der Politbüro-Sitzung vom 12. September für Günter Mittag als erste zu behandelnde Frage, wie "das Loch Ungarn zuzumachen"[160] sei, denn die Beantragung von Reisen nach Ungarn war überall

---

dem Außerordentlichen und Bevollmächtigten Botschafter der UdSSR in der DDR, Wjatscheslaw I. Kotschemassow, am 7. September 1989, S. 1 (SAPMO-BArch, ZPA-SED, J IV 2/2A/3239).

156 Vermerk über das Gespräch des Ministers für Auswärtige Angelegenheiten der DDR, Oskar Fischer, mit dem Außerordentlichen und Bevollmächtigten Botschafter der UdSSR in der DDR, Wjatscheslaw I. Kotschemassow, am 5. September 1989, S. 2/3 (SAPMO-BArch, ZPA-SED, J IV 2/2A/3239).

157 Igor F. Maximytschew, Persönliche Aufzeichnungen zur Flucht der DDR-Bürger über Ungarn, Moskau 1995 (Ms.), S. 3 (PdV).

158 Ebd., S. 5.

159 Gespräch d. Vf. mit Oskar Fischer, 29.11.1993.

160 Politbüro-Sitzung vom 12.9.1989 (SAPMO-BArch, ZPA-SED, IV 2/2.039/77, Bl. 27).

in der DDR sprunghaft angestiegen. Und nicht nur der Abteilung Paß- und Meldewesen im Volkspolizei-Kreisamt Magdeburg fiel auf, daß die Reisezeit mit drei bis vier Tagen häufig auffällig kurz war und selbst im Oktober noch als Campingurlaub geplant wurde.[161] Um "schwere Einbußen" an Bürgern zu vermeiden, schlug Mittag vor, "die Ausreisen nicht mehr so global durchzuführen wie bisher. Wieso müssen die wackligen Kandidaten fahren? Diese interne Regelung darf allerdings nicht unsere Partei und die Masse der Bevölkerung betreffen. Wir würden sie verärgern. MfS und MdI sollen diese Maßnahmen durchführen."[162] Auf der Grundlage eines MfS-"Maßnahmeplans zum rechtzeitigen Erkennen und zur vorbeugenden Verhinderung des Mißbrauchs von Reisen nach der bzw. durch die Ungarische Volksrepublik"[163] wies das MdI bereits am nächsten Tag seine Dienststellen an, im Zusammenwirken mit dem MfS und unter konsequenter Gewährleistung des internen Charakters der Maßnahmen bei "begründetem Verdacht des ungesetzlichen Verlassens der DDR" Reisen nach Ungarn auszusetzen. Anträge von "wackeligen Kandidaten" waren unter weiter Auslegung der Versagungsgründe wie etwa dem Schutz der nationalen Sicherheit abzulehnen sowie großzügig "zeitweilige" Ausschlüsse vom Reiseverkehr anzuordnen. Umgekehrt sei sicherzustellen, daß diese Maßnahmen "gegenüber Bürgern, zu denen keine Hinweise auf den beabsichtigten Mißbrauch der beantragten Reise vorliegen", nicht ungerechtfertigt angewendet würden.[164] Auf diese Weise halste die SED-Führung die Lösung ihres politischen Dilemmas letztendlich den Mitarbeitern der Sicherheitsbehörden auf.

Die ratlosen Aktionen des Politbüros waren nicht geeignet, die Situation zu beruhigen, geschweige denn das Ausreiseproblem zu lösen. In der zweiten Septemberhälfte setzte sich nicht nur die Fluchtbewegung über Ungarn fort, sondern ausreisefordernde DDR-Bürger besetzten auch die Botschaften der Bundesrepublik in Prag und Warschau. Ende September befanden sich über zehntausend DDR-Bürger auf dem Gelände der bundesdeutschen Botschaft in Prag. In dieser angespannten Situation arbeitete Wolfgang Herger, der Leiter der Abteilung Sicherheitsfragen des SED-Zentralkomitees, für die Parteiführung drei Vorschläge zur generellen Lösung der Reiseproblematik aus:

1. Die sofortige Anerkennung der Staatsbürgerschaft durch die Bundesregierung öffentlich zu fordern und die Erweiterung der Reisemöglichkeiten der DDR-Bürger von der Erfüllung dieser Forderung abhängig zu machen (Variante I).

2. Zeitweilige Schließung aller Grenzen, verbunden mit der Ankündigung, daß die Regierung der DDR noch vor Weihnachten erweiterte Reisemöglichkeiten schafft, verbunden mit der Aufforderung an die Bundesrepublik, sofort die Staatsbürgerschaft der DDR anzuerkennen (Variante II).

3. Die Erweiterung der Reisemöglichkeiten unter Anwendung folgender Prinzipien öffentlich anzukündigen: Jeder DDR-Bürger kann einen Paß erhalten und ein Visum beantragen, wenn damit keine staatlichen Verpflichtungen verbunden sind (wie die Ausstattung mit Devisen, d.Vf.); Einschränkungen gelten nur aus Gründen der nationalen Sicherheit für Geheimnisträger,

---

161 Vgl. VPKA Magdeburg/Paß- und Meldewesen, Information zur aktuellen Tendenz bei der Beantragung von Reisen in die Ungarische Volksrepublik, VR Bulgarien und SR Rumänien, 13.9.1989 (ARCHIV REGPRÄS MBG/DEZ 23, AZN 17030).
162 Politbüro-Sitzung vom 12.9.1989 (SAPMO-BArch, ZPA-SED, IV 2/2.039/77, Bl. 27).
163 Vgl. BStU, ZA, MfS-RS 100, Bl. 1 ff. Der MfS-Maßnahmeplan vom 13.9.1989 ist dokumentiert in: Mitter/Wolle 1990, S. 151 ff.
164 Fernschreiben des MdI an die Chefs der BDVP, 13.9.1989 (BArch/P, MdI 41780).

Wehrpflichtige und Bürger mit laufenden Gerichtsverfahren; das Recht auf Aus- und Wiedereinreise wird gesetzlich garantiert (Variante III).[165]

Herger selbst plädierte für die Umsetzung der dritten Variante, "weil sie auf eine strategische, also dauerhafte Lösung zielt. Sie würde allerdings den Verlust von weiteren Zehn- oder Hunderttausenden Bürgern bedeuten."[166] Die erste Variante führte er selbst als reine Propaganda vor, weil sie nur zu einer Verhärtung des Verhältnisses zur Bundesrepublik führen würde. Und seine zweite Variante verstand er als Provokation, weil die Schließung aller Grenzen, wie er schrieb, die Situation bis zur Unbeherrschbarkeit anzuheizen imstande wäre.[167] Die Entscheidung über eine dieser Varianten, so der Vorschlag Hergers, den er Anfang Oktober Egon Krenz übergab, sollte mit der Rede Honeckers zum 40. Jahrestag der DDR veröffentlicht werden.

Krenz, der die Ausarbeitung Hergers am 3. Oktober an Honecker weiterleitete, schloß sich der Empfehlung seines Abteilungsleiters jedoch nicht an. Stattdessen schlug er Honecker die zweite Variante zur Umsetzung vor - also ausgerechnet jene Lösung, die zunächst mit der Schließung aller Grenzen verbunden und nach Hergers Ansicht geeignet war, den Kessel DDR zur Explosion zu bringen. Mit dem Vermerk "Zurück zur Aussprache" schickte Honecker das Papier am 3. Oktober wieder an Krenz.[168] Die Grenze der DDR zur CSSR wurde noch am gleichen Tag geschlossen - jedoch ohne die Ankündigung, sie nach einer Erweiterung der Reisemöglichkeiten in einer überarbeiteten Reiseverordnung wieder zu öffnen.

Um die Lage in Polen und der CSSR zu bereinigen, ließ die Parteiführung am 30. September und 4. Oktober etwa 14.000 ausreisewillige DDR-Bürger aus den Prager und Warschauer Botschaften der Bundesrepublik in verriegelten Zügen der Deutschen Reichsbahn in die Bundesrepublik reisen.[169] "Sie alle haben durch ihr Verhalten die moralischen Werte mit Füßen getreten und sich selbst aus unserer Gesellschaft ausgegrenzt", schleuderte ihnen das "Neue Deutschland" in einem von Honecker redigierten haßerfüllt-bitterem Kommentar nach. "Man sollte ihnen deshalb keine Träne nachweinen."[170]

Der Transport erfolgte nicht auf direktem Weg über die tschechoslowakisch-bayerische Grenze, sondern über das Territorium der DDR. Damit sollte die Souveränität der DDR und ihre Verfügungsgewalt über die Flüchtlinge demonstriert werden. Den Flüchtlingen wurden in den Zügen die Personaldokumente abgenommen, um sie nachträglich ausbürgern zu können. Außerdem war es den DDR-Behörden nur in Kenntnis der Personalien möglich, sich des Eigentums der "Abtrünnigen" zu bemächtigen[171] sowie Sperrmaßnahmen über die Ausgereisten

---

165 Vorschläge zur generellen Lösung des Problems der illegalen Ausreisen, in: BStU, ZA, MfS-RS 101, Bl. 2-3.
166 Ebd.
167 Ebd., Bl. 3.
168 Ebd., Bl. 1.
169 Zum Ablauf und den Hintergründen aus dem Archivmaterial der SED-Führung siehe Przybylski 1992, S. 112 ff.; aus der Sicht der Bundesregierung John 1991, S. 95 ff., daneben Whitney 1993, S. 292 ff., sowie den Augenzeugenbericht von Frank Elbe, der als einer von mehreren Beamten der Bundesregierung einen der Züge von Prag durch die DDR nach Hof begleitete (in: Kiessler/Elbe 1993, S. 33-48).
170 Neues Deutschland, 2.10.1989.
171 Am 10. Oktober 1989 übernahm das Präsidium des Ministerrates einen entsprechenden Beschluß des Politbüros vom 9. Oktober 1989. Weil die betroffenen Personen "in gröbster Weise gegen die Rechtsordnung der DDR verstoßen haben", verfügte Stoph, daß das Vermögen der in die Bundesrepublik ausgereisten Botschaftsflüchtlinge nach den Rechtsvorschriften über "ungenehmigte ständige Ausreisen" zu behandeln sei (Verfügung Nr. 128/1989 des Vorsitzenden des Ministerrates vom

zu verhängen und Besuchsreisen in die DDR sowie die Benutzung der Transitstrecken zu verhindern.
Doch statt den ungestörten Ablauf der Festlichkeiten der Partei- und Staatsführung zum 40. Jahrestag der DDR zu gewährleisten, leiteten die Durchfahrt der Züge aus Prag und die Grenzschließung zur CSSR den Übergang zum offenen Protest in der DDR ein.

2.2. Zwischen Gewaltfreiheit und Bürgerkrieg - Tage der Entscheidung

Die Öffnung der ungarisch-österreichischen Grenze hatte das Machtverhältnis zwischen Regime und Bevölkerung verschoben.[172] Der Ausreisesog erzeugte in der DDR eine Gegenbewegung derjenigen, die bleiben wollten und zum ersten Mal die Chance sahen, dafür dem Regime Bedingungen zu stellen: "Wir bleiben hier, aber nur, wenn es nicht so bleibt, wie es ist", lautete eine frühe Leipziger Demonstrations-Losung. Der Bau der Mauer hatte es der SED ermöglicht, die dosierte Genehmigung von Ausreisen gezielt zur Dezimierung des oppositionellen Potentials einzusetzen; die Ausreise von Verwandten, Freunden und Bekannten in den Westen deprimierte die Zurückgebliebenen zumeist mehr als daß sie politischen Protest hervorgerufen hätte. Erstmals seit 1961 lagen nun die Dinge anders: Die Option der Ausreise ließ sich als Druck- und Drohmittel einsetzen, um für das Dableiben einen politischen Preis zu verlangen. Die Abwanderung schwächte das politische Widerspruchspotential nicht länger, sondern gab ihm eine gesellschaftliche Berechtigung. Die Massenausreise wurde zur Voraussetzung und Bedingung des sich entfaltenden Massenprotests.[173]

Am 18. September waren es in Leipzig bereits Hunderte von Demonstranten, die im Anschluß an das Friedensgebet in der Nicolaikirche auf die Straße gingen. Oppositionelle, die sich bis dahin im Privaten getroffen oder unter dem Schutz der Kirche gearbeitet hatten, wagten es nun, unabhängige Gruppen wie das Neue Forum, Demokratie Jetzt und den Demokratischen Aufbruch zu gründen und mit Plattformen und Aufrufen in die Öffentlichkeit zu treten.[174] Ein Initiativkreis um die Pfarrer Markus Meckel und Martin Gutzeit sowie Ibrahim Böhme bereitete für den 7. Oktober die Gründung einer Sozialdemokratischen Partei (SDP) vor.[175] Die Synode des Evangelischen Kirchenbundes verabschiedete am 19. September in Eisenach einen Beschluß, in dem sie eine pluralistische Medienpolitik, demokratische Parteienvielfalt, Reisefreiheit für alle Bürger, wirtschaftliche Reformen und Demonstrationsfreiheit als "längst überfällige Reformen" einklagte.[176] Gewerkschaftsmitglieder aus dem Berliner VEB Bergmann-Borsig erwarteten von Harry Tisch in einem "Offenen Brief", "daß Sie Ihre ganze Kraft und die Ihnen zur Verfügung stehenden Möglichkeiten einsetzen, um den öffentlichen Dialog über Veränderungen in allen gesellschaftlichen Bereichen einzuleiten und durchzusetzen." Es treffe nicht "im entferntesten die Überzeugungen und

---

10.10.1989). Auf der Grundlage der in den Zügen eingezogenen Personaldokumente wurde das Vermögen der Ausgereisten von staatlichen Treuhändern gesichert, erfaßt und verwertet (129. Sitzung des Präsidiums des Ministerrates der DDR, 12.10.1989, in: BArch/P, C-20 I/4-6520, Bl. 18 ff.).
172 Vgl. Pollack 1990, S. 300/301.
173 Diesen Kausalitätszusammenhang heben auch Zapf (1993, S. 33) und Norman Naimark hervor: "It is worth reiterating that those who left the country started the revolution, while those, who demonstrated maintained it" (Naimark 1991, S. 93).
174 Vgl. die September-Aufrufe der genannten Gruppen, in: Schüddekopf 1990, S. 29 ff.
175 Vgl. Gutzeit 1993, S. 97 ff.
176 Der Beschluß der Synode ist auszugsweise dok. in: Die Tageszeitung, 19.9.1989. - Die Eisenacher Forderungen wurden vom Politbüro als "konterrevolutionär" verurteilt (vgl. SAPMO-BArch, ZPA-SED, J IV 2/2A/3241).

Empfindungen der Mehrzahl unserer Kollegen, wenn die Medien nach peinlichem Schweigen nun den Versuch unternehmen, die Abkehr so vieler unserer Menschen ausschließlich als Machwerk des Klassengegners zu entlarven, bei dem diese DDR-Bürger nur Opfer oder Statisten sein sollen."[177] Rockmusiker und Künstler, Schriftsteller und Wissenschaftler und selbst Vertreter der Blockparteien meldeten sich kritisch zu Wort und forderten die Partei zum öffentlichen Dialog mit allen Kräften in der Gesellschaft auf. Am 19. September griff das Neue Forum als erste der unabhängigen Gruppen das Organisationsmonopol der SED an und beantragte offiziell seine Zulassung als Vereinigung.

Der rekonvaleszierende Generalsekretär schien entschlossen, allen diesen "Provokationen" ein schnelles Ende zu beenden. Am 22. September wies er die Ersten Sekretäre der Bezirksleitungen in einem Fernschreiben an, "daß diese feindlichen Aktionen im Keime erstickt werden müssen, daß keine Massenbasis dafür zugelassen wird." Zugleich sei Sorge dafür zu tragen, "daß die Organisatoren der konterrevolutionären Tätigkeit isoliert werden."[178] In einem Fernschreiben an die SED-Kreisleitungen, Stadtleitungen und Stadtbezirksleitungen des Bezirks Dresden vom gleichen Tag schoß Hans Modrow, der Erste Sekretär der Bezirksleitung, noch über die Vorgabe Honeckers, die *Organisatoren* zu isolieren, hinaus: "Die Partei- und Staatsführung hat zur gegebenen Lage Stellung genommen und fordert die konsequente Isolierung *aller* konterrevolutionären Kräfte."[179] Die Pläne für die Konzentration der "Konterrevolutionäre" in Isolierungslagern lagen zu diesem Zeitpunkt in Dresden wie in allen anderen Bezirken fertig ausgearbeitet in den Schubladen des MfS. Im sogenannten "Vorbeugekomplex" ("V-Komplex") des MfS waren mit Stand vom Dezember 1988 DDR-weit 85.939 "feindlich-negative" Personen erfaßt, die im "Spannungsfall" verhaftet, interniert bzw. isoliert werden sollten.[180] Die Vorverlegung des "Vorbeugekomplexes" zur Bewältigung innerer Krisensituationen wurde lediglich als Befehlsfrage betrachtet.[181]

Allein in Leipzig standen viertausend Bürger auf den Isolierungslisten der MfS-Kreisdienststelle.[182] Doch die Montagsdemonstration am 25. September, an der sich mehr als 5.000 Menschen beteiligten und die Zulassung des Neuen Forum forderten, ließ sich aufgrund der verbreiterten Massenbasis nicht "im Keime ersticken." Am gleichen Tage erhielten Bärbel Bohley und Jutta Seidel als Gründungsmitglieder des Neuen Forum im Innenministerium den Bescheid, daß ihr Antrag auf Zulassung des Neuen Forum als Vereinigung abgelehnt wurde.

---

177 Offener Brief von Gewerkschaftsmitgliedern des VEB Bergmann-Borsig an den Vorsitzenden des FDGB, Harry Tisch, Berlin, den 29.9.1989, dok. in: Schüddekopf 1990, S. 45/46.
178 Erich Honecker, Fernschreiben an die Ersten Sekretäre der Bezirksleitungen der SED, GVS 2/89, CFS Nr. 432, 22.9.1989, 13.50 Uhr (BStU, ZA, MfS-SdM 664, Bl. 61). - Das Fernschreiben ging auf einen von Günter Mittag und Horst Dohlus erarbeiteten Entwurf zurück, den Honecker überarbeitet hatte (vgl. Mittag 1991, S. 47).
179 Zit. nach: Sächsischer Landtag 1994, S. 41 (Hervorhebung v. Vf.).
180 Zur Befehlslage über die Isolierungslager des MfS und ihre praktische Planung vgl. Auerbach 1995.
181 Zum Nachweis aus den Akten des MfS vgl. Auerbach 1995, S. 129. - Aus Unterlagen der Kreisdienststelle Zeitz des MfS, die die Bundesbeauftragte für die Stasi-Unterlagen der "Volksstimme Magdeburg" zur Verfügung stellte, geht hervor, daß der MfS-Schubladen- "Plan zur Realisierung der Vorbeuge- und Sondermaßnahmen" als Folge des Honecker-Fernschreibens noch am 22. September 1989 "präzisiert", das heißt aktualisiert wurde (vgl. Volksstimme Magdeburg, 26.10.1995, S. 3.).
182 Vgl. den Abdruck der "Übersicht über erfaßte Personen aus den Bezirksverwaltungen des MfS", in: Auerbach 1995, S. 39 ff.

Das Politbüro bestätigte diese Entscheidung und bekräftigte ihre Endgültigkeit.[183]

Mielkes Stellvertreter Rudolf Mittig rief am 26. September die stellvertretenden Chefs der MfS-Bezirksverwaltungen zusammen und gab als Parole aus, die "feindlich-oppositionellen Zusammenschlüsse" mit dem Ziel der Zerschlagung "operativ zu bearbeiten". Das MfS sollte in diesen Gruppen - nicht zuletzt mit Hilfe seiner darin vertretenen inoffiziellen Mitarbeiter - Grabenkämpfe forcieren, Mißtrauen säen, die Mitglieder aufsplittern und versuchen, die Politisierung der Gruppen durch das Aufwerfen von Organisations- und Strukturfragen zu stoppen.[184]

Ebenfalls am 26. September befahl Honecker zur "Gewährleistung der Sicherheit und Ordnung" und "zur Verhinderung von Provokationen unterschiedlicher Art" am Jahrestag der DDR die Herstellung der Führungsbereitschaft der Bezirkseinsatzleitung Berlin sowie der Kreiseinsatzleitungen der Berliner Stadtbezirke. In der Begründung des Befehls hieß es, daß "bestimmte Kreise in der BRD und Berlin (West) sowie von ihnen ausgehaltene und beeinflußte feindliche Gruppen" den 40. Jahrestag der DDR zu "einer außergewöhnlichen Hetzkampagne gegen unsere sozialistische Gesellschaftsordnung sowie gegen das gesamte Volk der DDR und zur Störung des Ablaufs des normalen Lebens" benutzen wollten.[185]

Auf der Grundlage dieses Befehls des Vorsitzenden des NVR brachte Verteidigungsminister Keßler am nächsten Tag vorsorglich die Nationale Volksarmee in Stellung.[186] Er befahl seinen Stellvertretern, jederzeit die für den Übergang zu einer höheren Stufe der Gefechtsbereitschaft erforderlichen Maßnahmen zu gewährleisten. Für den Zeitraum vom 6. bis zum 9. Oktober 1989 ordnete Keßler nicht nur eine verstärkte Grenzsicherung für Berlin, sondern auch die "erhöhte Gefechtsbereitschaft" für verschiedene Truppenteile in und um Berlin mit einer Gesamtstärke von rund 1.500 Mann an.[187] Die Bereitstellung dieser Einheiten habe mit dem Ziel zu erfolgen, hieß es in dem Minister-Befehl 105/89, "im Zusammenwirken mit den Kräften des Ministeriums für Staatssicherheit und des Ministeriums des Innern jederzeit zuverlässig Aufgaben zur Gewährleistung der gesamtstaatlichen Sicherheit, der öffentlichen Sicherheit und Ordnung sowie einer stabilen politischen Lage in der Hauptstadt der DDR, Berlin, erfüllen zu

---

183 Vgl. Protokoll Nr. 38 der Sitzung des Politbüros des ZK der SED vom 26.9.1989, S. 6 (SAPMO-BArch, ZPA-SED, J IV 2/2/2347).

184 Stellvertreter Operativ (der BVfS Potsdam), Protokoll aus der persönlichen Mitschrift anläßlich der Dienstkonferenz beim Generaloberst Mittig zu Zielen und Aufgaben zur konsequenten Unterbindung der Formierung feindlich-oppositioneller Kräfte in Sammlungsbewegungen/Vereinigungen, Potsdam, 26.9.1989 (BStU, ASt. Potsdam, AKG 617, insbes. Bl. 153).

185 Befehl Nr. 8/89 des Vorsitzenden des Nationalen Verteidigungsrates der DDR über Maßnahmen zur Gewährleistung der Sicherheit und Ordnung in der Hauptstadt der DDR, Berlin, anläßlich des 40. Jahrestages der DDR vom 26.9.1989 (BArch/P, MZA, VA-01/39592, Bl. 265-267).

186 Befehl Nr. 105/89 des Ministers für Nationale Verteidigung über Maßnahmen zur Gewährleistung der Sicherheit und Ordnung anläßlich des 40. Jahrestages der DDR vom 27.9.1989 (BArch/P, MZA, Strausberg AZN 31908, Bl. 213-220). - Der Befehl 105/89 wurde von den Landstreitkräften untersetzt durch: Befehl Nr. 51/89 des Stellvertreters des Ministers und Chefs der Landstreitkräfte über Maßnahmen zur Gewährleistung der Sicherheit und Ordnung anläßlich des 40. Jahrestages der DDR vom 29.9.1989 (BArch/P, MZA, VA-10-26234, Bl. 168-173). Die Zielstellung des Befehls 105/89 wurde darin gleichlautend wiederholt (vgl. ebd., S. 3/Bl. 171).

187 In "erhöhte Gefechtsbereitschaft" wurden versetzt: 200 Mann des Wachregimentes 2, 350 Mann des MSR-2 in Stahnsdorf, eine Fallschirmjägerkompanie des Luftsturmregimentes 40, eine Hubschrauberstaffel, 400 Grenzsoldaten, ein Tauchertrupp sowie 300 Mann des Wachregimentes Berlin.

können."[188] Da die DDR-Verfassung die Aufgaben der NVA ausschließlich auf den Schutz "gegen alle Angriffe von außen" beschränkte, war diese Zielstellung eindeutig verfassungswidrig.[189] Unter strengster Geheimhaltung waren im Strausberger Verteidigungsministerium schon Wochen zuvor Pläne erörtert und vorbereitet worden, wie unter Umgehung der Verfassung Truppenteile der NVA bei Demonstrationen und inneren Unruhen zum Einsatz gebracht werden könnten. Bereits im August war etwa Oberst Baumgarten vom Wachregiment 2 des MfNV vom Chef des Hauptstabes, Generaloberst Streletz, die Aufgabe gestellt worden, "über den Chef des Stabes des MdI den Empfang von Schlagstöcken, Schutzschilde, Schutzhelme und Reizwurfkörper sowie eine Einweisung von polizeilichen Handlungen für eine ausgesuchte Gruppe von Offizieren des Wachregimentes "Friedrich Engels" und des Wachregimentes 2 zu organisieren."[190] Zehn Offiziere des Wachregimentes 2 waren daraufhin am 1. September 1989 von Oberst Baumgarten im Auftrag des Chefs des Hauptstabes zunächst "zur Geheimhaltung verpflichtet und zur Bereitschaft zur Erfüllung aller Befehle im Interesse von Partei und Regierung befragt" worden; am 4. September erfolgte ihre Abordnung zur Teilnahme an einer Einweisung in polizeiliche Maßnahmen.[191] Am 29. September wurden im Wachregiment 2 Einsatzgruppen ("Hundertschaften") gebildet; ihre Aufgabe sollte, so ein Hauptmann, im "Einsatz bei Unruhen zum Schutz von Objekten" bestehen, die Soldaten sollten neben der polizeilichen Ausrüstung ihre Maschinenpistolen und ein gefülltes Magazin mitführen.[192]

Völlig unerwartet trat der militärische Ernstfall jedoch schon vor dem 40. Jahrestag der DDR ein, und dies zudem nicht in Berlin, sondern in Dresden. Am Abend des 4. Oktober stürmten überwiegend Ausreisewillige aus der ganzen DDR in dem verzweifelten Bemühen den Dresdener Hauptbahnhof, auf die Züge aufzuspringen, mit denen die Prager Botschaftsflüchtlinge durch die DDR in die Bundesrepublik transportiert wurden. Die Abfahrtzeiten der Sonderzüge einschließlich der beabsichtigten Streckenführung über Dresden waren über westliche Medien verbreitet worden. Auch auf anderen an der Fahrstrecke gelegenen Bahnhöfen sowie an zahlreichen bekannten Langsamfahrstellen versammelten sich jeweils Hunderte von Menschen. Nach der Grenzschließung zur CSSR symbolisierten die Züge für viele die letzte Hoffnung auf eine freie Ausfahrt aus der DDR. Rund um den Dresdener Hauptbahnhof kam es, so ein Bericht des MfS, "nach Ansammlungen von bis zu ca. 20.000 Personen zu tumultartigen Ausschreitungen (...), so daß die Gefahr einer vollständigen Besetzung des gesamten Bahnhofsgeländes bestand."[193]

Als Mielke und Modrow an diesem Abend gemeldet wurde, daß die Situation in Dresden außer Kontrolle zu geraten drohte, wandten sie sich zwischen 22.00 und 23.00 Uhr mit der Bitte um Unterstützung an die Armeeführung. Verteidi-

---

188 Befehl Nr. 105/89 des Ministers für Nationale Verteidigung über Maßnahmen zur Gewährleistung der Sicherheit und Ordnung anläßlich des 40. Jahrestages der DDR vom 27.9.1989, S. 3 (BArch/P, MZA, AZN 31908, Bl. 215).
189 Vgl. Art. 7 der Verfassung der DDR in der Fassung vom 7. Oktober 1974.
190 Protokoll der Befragung von Oberst Baumgarten durch den Untersuchungsausschuß der NVA, in: Ausschuss zur Untersuchung von Fällen von Amtsmißbrauch, Korruption und persönlicher Bereicherung in der Nationalen Volksarmee und den Grenztruppen der DDR (im folgenden zit. als: UA-NVA), Ordner Nr. 6, Akte Nr. 8 (PArch Mader).
191 Protokoll der Befragung von Oberstleutnant P. durch den Untersuchungsausschuß der NVA, in: UA-NVA, Ordner Nr. 6, Akte Nr. 8 (PArch Mader).
192 Protokoll der Befragung von Hauptmann K. durch den Untersuchungsausschuß der NVA, in: UA-NVA, Ordner Nr. 6, Akte Nr. 8 (PArch Mader).
193 MfS, Information über die Realisierung von Maßnahmen zur Ausweisung der Personen, die sich widerrechtlich in der Botschaft der BRD in Prag aufhielten am 4./5. Oktober 1989, Nr. 441/89, S. 3/4 (BStU, ZA, MfS-ZAIG 3806, Bl. 4/5).

gungsminister Keßler löste sofort für den gesamten Militärbezirk III (Leipzig) der Landstreitkräfte die Alarmstufe "erhöhte Gefechtsbereitschaft" zunächst ohne jegliche Einschränkungen aus und befahl, aus den strukturmäßigen Einheiten der NVA Hundertschaften zu bilden. Mit der Aufgabe, die Polizeikräfte im Raum Dresden zu unterstützen, erhielten die Soldaten ihre Maschinenpistolen und scharfe Munition.[194] In der Nacht vom 4. auf den 5. und vom 5. auf den 6. Oktober wurden NVA-Truppenteile mit einer Stärke von etwa 2.000 Mann in Dresden in Einsatzbereitschaft versetzt. Drei der am 5. Oktober formierten 21 Hundertschaften wurden an diesem Tag, fünf der 17 bereitgehaltenen Hundertschaften am 6. Oktober mit polizeilichen Aufgaben in praktische Einsätze geführt.

Trotz der militärischen Vorbereitungsmaßnahmen und trotz der zum Teil gewalttätigen Auseinandersetzungen zwischen Volkspolizei und Demonstranten in der ersten Nacht[195] - danach verliefen die Demonstrationen von Seiten der Teilnehmer friedlich, die Polizeieinsätze jedoch vergleichsweise brutal[196] - hob der Verteidigungsminister am Vormittag des 6. Oktober den Befehl zur Mitführung von Maschinenpistolen und scharfer Munition auf nachhaltiges Drängen von verschiedener Seite auf; die weiterhin bereitgehaltenen NVA-Einheiten wurden ab diesem Zeitpunkt mit Gummiknüppeln ausgerüstet.[197] Außer in Dresden kamen Kräfte der NVA auch bei Demonstrationen in Karl-Marx-Stadt und Plauen zum Einsatz.[198]

Bis zum 7. Oktober wurden zahlreiche Demonstranten in verschiedenen Städten durch brutale Übergriffe der Volkspolizei und Staatssicherheit verletzt und mehrere tausend Menschen bei der Auflösung von Demonstrationen polizeilich "zugeführt".[199] Unverkennbar war jedoch, daß die Aufgabe, die Demonstrationen "im Keime zu ersticken", allein mit Polizeiaktionen nicht zu erfüllen war.

---

194 Vgl. hierzu und zum folgenden: UA-NVA, Bericht über die Untersuchung zum Einsatz von Kräften der NVA im Zusammenhang mit den Ereignissen in Dresden in der Zeit vom 4. bis 10. Oktober 1989, Dresden, den 15.2.1990, Ordner Nr. 6, Akte Nr. 11 (PArch Mader). Über die Details der Aufgabenstellung des Ministers an den MB III gibt das Protokoll einer Befragung von Generalleutnant Steger Auskunft, dessen sachliche Richtigkeit von den Minister-Stellvertretern Hoffmann, Goldbach, Stechbarth, Grätz und Brünner quittiert wurde (vgl. UA-NVA, Ordner Nr. 6, Akte Nr. 2, in: PArch Mader).
195 In der Nacht vom 4. auf den 5. Oktober wurden in Dresden nach Angaben des MfS 224 Demonstranten "zugeführt" (vgl. BStU, ZA, MfS-ZAIG 3806, S. 4).
196 Zum Ablauf der Ereignisse in Dresden zwischen dem 3. und 9. Oktober 1989 vgl. Bahr 1990. Dort ist auch der "Abschlußbericht der Unabhängigen Untersuchungskommission (UUK) an die Stadtverordnetenversammlung von Dresden zu den Handlungen der Schutz- und Sicherheitsorgane im Zusammenhang mit den Ereignissen vom 3. bis 10. Oktober in Dresden" abgedruckt. Während einzelne Berichte sich mit der Rolle der Volkspolizei, der Justiz, des Ministeriums für Staatssicherheit und der Bezirkseinsatzleitung befassen, fehlt im Abschlußbericht ein entsprechender Teilbericht über die Rolle der NVA.
197 Vgl. NVA-Untersuchungsausschuß, Bericht über die Untersuchung zum Einsatz von Kräften der NVA im Zusammenhang mit den Ereignissen in Dresden in der Zeit vom 4. bis 10. Oktober 1989, Dresden, den 15.2.1990, in: UA-NVA, Ordner Nr. 6, Akte Nr. 11 (PArch Mader).
198 Am 7.10.1989 kamen in Plauen eine Ausbildungskompanie der Grenztruppen und drei Hundertschaften der NVA gegen 4.000 Demonstranten zum Einsatz; in Karl-Marx-Stadt wurden drei NVA-Hundertschaften gegen 1.000 Demonstranten eingesetzt.
199 Allein in Berlin wurden am 7. und 8. Oktober 1.071 Demonstranten und Passanten festgenommen und dabei teilweise mißhandelt. Vgl. dazu den Report der Unabhängigen Untersuchungskommission (Dahn/Kopka 1991) sowie die Ausführungen von Generalstaatsanwalt Günter Wendland auf der 10. Tagung des Zentralkomitees am 9.11.1989: "Was kann heute festgestellt werden? Im Zusammenhang mit den Ereignissen um den 7. Oktober kam es zu Übergriffen durch Angehörige der Schutz- und

Vor der Anwendung des letzten Mittels aber, dem Einsatz der Armee in ihren militärischen Strukturen und mit schwerer Kampftechnik, schreckte die SED-Führung offenbar zurück. Noch war die Frage offen, ob es im Hinblick auf einen Einsatz der NVA bei der "Dresdener Linie" bleiben würde, oder ob sich die SED-Führung die Zurückhaltung ihres letzten Mittels einer militärischen Intervention allein im Hinblick auf den ungestörten Ablauf der Feierlichkeiten zum 40. Jahrestag der DDR selbst auferlegt hatte, um davon umso ungehemmter Gebrauch zu machen, sobald die DDR nicht mehr im Rampenlicht der internationalen Öffentlichkeit stand.

Die Vorbereitungen auf die Leipziger Montagsdemonstration am 9. Oktober ließen das Schlimmste befürchten. Am 8. Oktober teilte Honecker den Ersten Sekretären der Bezirksleitungen telegraphisch mit, daß die Demonstrationen des Vortages "gegen die verfassungsmäßigen Grundlagen unseres sozialistischen Staates gerichtet waren." Es sei damit zu rechnen, daß es zu weiteren "Krawallen" käme. Für diesen Fall erteilte er den Befehl: "Sie sind von vornherein zu unterbinden."[200] Die Bezirkseinsatzleitungen, so Honeckers Anweisungen weiter, sollten unverzüglich zusammenkommen und "Maßnahmen" beraten; die Ersten Sekretäre hatten fortan der Abteilung Parteiorgane des ZK täglich über die Lageentwicklung zu berichten.

Honeckers Fernschreiben verpflichtete Mielke geradezu, die Lage im Innern "als erheblich verschärft" zu beurteilen und entsprechend zu handeln. Zur wirksamen Zurückdrängung bzw. Unterbindung aller "Zusammenrottungen" befahl der Stasi-Chef am gleichen Tag "volle Dienstbereitschaft" für alle Angehörigen des MfS und die Bereithaltung ausreichender Reservekräfte, "deren kurzfristiger Einsatz auch zu offensiven Maßnahmen zur Unterbindung und Auflösung von Zusammenrottungen zu gewährleisten ist." Stasi-Mitarbeiter hatten bis auf Widerruf ihre Dienstwaffe ständig bei sich zu führen. Die Berichterstattung westlicher Journalisten über Demonstrationen sollte konsequent verhindert werden.[201]

Sicherheitsorgane. Das waren insbesondere Tätlichkeiten, aber auch Verhaltensweisen, die die Würde des einzelnen verletzten, im Gewahrsam, bei der Zuführung. Übergriffe bestehen vor allem darin, daß unnötiger Zwang gegenüber Personen angewendet wurde, die im Gewahrsam waren. Es gab Personen, die geschlagen wurden, lange Zeit zum Stehen in zum Teil körperlich schmerzhaften Stellungen gezwungen wurden und die auch erniedrigt wurden. Es gab andererseits die Überschreitung gesetzlicher Fristen der Zuführung, was vielfach festzustellen ist." (Protokoll der 10. Tagung des Zentralkomitees der Sozialistischen Einheitspartei Deutschlands, 8.-10. November 1989, hrsg. v. Büro des Politbüros, S. 110).

200 Erich Honecker, Fernschreiben an alle 1. Sekretäre der Bezirksleitungen der SED, Berlin, 8. Oktober 1989, 11.00 Uhr (BStU, ZA, MfS-SdM 664, Bl. 66). - Der Entwurf dieses Fernschreibens wurde von Wolfgang Herger mit vorbereitet (vgl. Herger, in: Dahn/Kopka 1991, S. 174). Laut Verteiler wurde es allen Mitgliedern und Kandidaten des Politbüros sowie allen Abteilungsleitern des Zentralkomitees zur Kenntnis gegeben.

201 Erich Mielke, Fernschreiben des Ministers an die Leiter der Diensteinheiten des MfS, VVS 71/89, 8.10.1989 (BStU, ZA, MfS-Dok. 103625, S. 1-6; auch enthalten in: BStU, ASt. Berlin, A 1199, Bl. 54-59). - Der Leiter der Bezirksverwaltung Gera des MfS, Generalmajor Dangrieß, nahm das Fernschreiben zum Anlaß, von den ihm unterstellten Struktureinheiten die "Überprüfung der Planung und die Präzisierung des V-Komplexes" als "Sofortaufgabe" zu verlangen. Er wies an: "1. Die operativ bekannt gewordenen Exponenten der inneren Opposition des 'Neuen Forums' und anderer Schattierungen sind unverzüglich zu erfassen und in die Planung (zur Festnahme und Isolierung, d. Vf.) aufzunehmen. 2. Personen, von denen in der weiteren Lageentwicklung antisozialistische Handlungen und Aktivitäten zu erwarten sind, sind sofort zu planen" (zit. nach Auerbach 1995, S. 139). - Gleichartige Vorbereitungsmaßnahmen zur Umsetzung des Minister-Fernschreibens befahl auch der Leiter der BVfS Berlin, Generalmajor Siegfried Hähnel, seinen Diensteinheiten: "Es kommt darauf an, alle Personen herauszuarbeiten, von denen aufgrund der vorliegenden

Die Nationale Volksarmee dagegen wurde auch in Leipzig im Hintergrund gehalten, obwohl die verantwortlichen Einsatzleiter der Volkspolizei bereits am 6. Oktober mit bis zu 50.000 Demonstranten rechneten.

Gemäß der zentralen Linie legte die vom Chef der Bezirksbehörde der Deutschen Volkspolizei Leipzig, Generalmajor Gerhard Straßenburg, erarbeitete und am 6. Oktober vom Chef des Stabes und dem Innenminister bestätigte Einsatzkonzeption fest, Menschenansammlungen am 9. Oktober in Leipzig nicht zuzulassen.[202] Für die Durchsetzung dieses Zieles wurden etwa 8.000 Einsatzkräfte - Volkspolizisten, zentrale Reserven des MdI, Kampfeinheiten des MfS, Betriebskampfgruppen, Hundertschaften der NVA - aufgestellt; daneben erhielten rund 5.000 "gesellschaftliche Kräfte" - Mitglieder bzw. Mitarbeiter der SED sowie staatlicher Organe - den Parteiauftrag, die Feinde ideologisch und agitatorisch zu überwältigen. Sollte es diesem Massenaufgebot wider Erwarten nicht gelingen, die Demonstranten abzudrängen und an der Bildung eines Demonstrationszuges zu hindern, war als nächste Maßnahme die Auflösung bzw. Aufspaltung des Demonstrationszuges mit anschließender Zerschlagung oder Einkesselung seiner Teile und der Verhaftung der "Rädelsführer" vorgesehen.

Die Stimmung, die die SED im Vorfeld des 9. Oktober in Leipzig aufgebaut hatte, zielte darauf ab, alle Bürger einzuschüchtern, die sich an diesem Tag ins Stadtzentrum begeben wollten. Ihnen wurde nicht nur strafrechtliche Verfolgung wegen Teilnahme an einer nicht-genehmigten Demonstration, sondern unverhohlen die Anwendung von Waffengewalt angedroht.[203] Dennoch strömten am späten Nachmittag unentwegt Menschen in die Leipziger Innenstadt. Tausende besuchten um 17.00 Uhr die Montagsgebete in der Nicolaikirche, der Thomaskirche, Michaeliskirche und der Reformierten Kirche, während gleichzeitig der Zustrom von Menschen ins Stadtzentrum anhielt.

Der kritische Punkt für den Polizeieinsatz kam nach der Beendigung der Friedensgebete. Die Nachrichtenverbindungen der Leipziger Einsatzleitungen nach Berlin standen. Eine vom DDR-Fernsehen geschaltete Standleitung für das bewegliche operative Fernsehen des Innenministeriums übertrug das Leipziger Geschehen live ins Lagezentrum des MdI - an diesem Tag allerdings noch ohne Ton. Innerhalb einer Viertelstunde, so stellte es sich der Spitze im MdI in Berlin dar, "waren auf einmal zig-tausend Menschen da, die aus allen Ecken kamen."[204] Es war die unerwartet große Zahl der Menschen, die den Handlungswillen der bewaffneten Organe, keine Demonstration zuzulassen, brach. Zwischen 18.15

Hinweise und Erkenntnisse in Verbindung mit der möglichen Lageentwicklung antisozialistische und andere feindlich-negative Handlungen und Aktivitäten zu erwarten bzw. nicht auszuschließen sind. Es sind geeignete Maßnahmen festzulegen, *um erforderlichenfalls kurzfristig die Zuführung bzw. Festnahme solcher Personen zu realisieren.*" Siehe: BVfS Berlin/Leiter, Schreiben an die Leiter der Diensteinheiten, Berlin, 8.10.1989, VVS-BVfS Berlin-Nr. 88/89 (BStU, ASt. Berlin, A 1199, Bl. 42/43; Hervorhebung v. Vf.). Gleichlautend wandte sich auch der Leiter der BVfS Magdeburg, Generalmajor Müller, an seine Diensteinheiten. Vgl. BVfS Magdeburg/Leiter, Schreiben an die Leiter der Diensteinheiten, Magdeburg, 8.10.1989, VVS-BVfS Magdeburg Nr. 170/89 (dok. in: Pechmann/Vogel 1991, S. 250-253).

202 Der "Entschluß des Chefs der BdVP Leipzig zum Ordnungseinsatz am 9. Oktober 1989" definierte "die Verhinderung und Bekämpfung jeglicher feindlich-negativer Störhandlungen und Provokationen in Form von Zusammenrottungen und Demonstrationen antisozialistischer Kräfte im Bereich der Innenstadt" als wichtigstes Ziel der bewaffneten Organe. Der "Entschluß" ist auszugsweise dok. in: Kuhn 1992, S. 48-51.

203 Vgl. dazu den Überblick über die Berichterstattung der Leipziger Volkszeitung im Vorfeld des 9. Oktober sowie die Zeitzeugenberichte, in: Neues Forum Leipzig 1989, S. 79 ff.

204 Gespräch d. Vf. mit Karl-Heinz Wagner, 24.4.1995.

und 18.30 Uhr begann "eine sich langsam entwickelnde geschlossene Bewegung" mit über 70.000 Teilnehmern - selbst Stunden danach vermied der Leipziger BDVP-Chef in seiner nächtlichen Meldung für dieses Ereignis das Wort Demonstration.[205] Straßenburg holte um 18.35 Uhr von Innenminister Dickel die Entscheidung ein, zur Eigensicherung der Einsatzkräfte überzugehen statt zum Angriff auf die "geschlossene Bewegung" zu blasen.[206] Obwohl die Auflösung der Demonstration noch am Tag zuvor geübt und exakt festgelegt worden war, in welche Richtung die Demonstranten abgedrängt werden sollten, reagierte auch die MdI-Zentrale geschockt auf die Monitor-Bilder. Sie mußte realisieren, daß es keinen Weg gab, die Massen vom Dittrichring abzudrängen.[207]

Im unmittelbaren Anschluß an den Befehl zur "Eigensicherung" erging auch vom Vorsitzenden der Bezirkseinsatzleitung, Helmut Hackenberg, die Order, "keine aktiven Handlungen gegen diese Personen zu unternehmen, wenn keine staatsfeindlichen Aktivitäten und Angriffe auf Sicherungskräfte, Objekte und Einrichtungen erfolgen."[208] Doch Angriffe auf die Sicherungskräfte blieben aus. Die Demonstranten folgten den Aufrufen kirchlicher Arbeitskreise, des Neuen Forum und der "Leipziger Sechs" zur Besonnenheit und verhielten sich strikt gewaltfrei.[209] Hackenbergs telefonische Anfrage an Krenz, ob der nicht mehr zu verhindernde Demonstrationszug wie vorgesehen am Hauptbahnhof aufgelöst werden sollte, hatte sich bereits erledigt, als der Rückruf von Krenz erfolgte: Der Zug hatte in der Zwischenzeit den Bahnhof passiert, die Demonstration war "bereits gelaufen."[210]

In seiner nächtlichen Meldung an Minister Dickel versprach Straßenburg abschließend, "in der weiteren politischen Arbeit (...) den Einsatzkräften offensiv die Notwendigkeit der politischen Entscheidung zum absoluten besonnenen Ver-

---

205 Chiffriertes Telegramm von Generalmajor Straßenburg an den Minister des Innern und Chef der Deutschen Volkspolizei, 10.10.1989, 2.00 Uhr: "Betr. Sachstandbericht zur Störung der öffentlichen Ordnung und Sicherheit in der Bezirksstadt nach dem 'Montagsgebet' in der Nicolaikirche" (ARCHIV LAPOLDIR LPZ o. Nr.).
206 Vgl. ebd. sowie die späteren Aussagen von Gerhard Straßenburg, Chef der BDVP Leipzig, in: Kuhn 1992, S. 133.
207 Gespräch d. Vf. mit Karl-Heinz Wagner, 24.4.1995.
208 Gerhard Straßenburg, in: Kuhn 1992, S. 133.
209 Eindringliche Appelle zur Gewaltlosigkeit verbreiteten der Arbeitskreis Gerechtigkeit, die Arbeitsgruppe Menschenrechte und die Arbeitsgruppe Umweltschutz sowie Mitglieder des Neuen Forum Leipzig. Am bekanntesten und, weil auch von drei Mitgliedern der SED-Bezirksleitung unterschrieben, bedeutsamsten wurde der in den Kirchen und von Professor Kurt Masur ab 18.00 Uhr im Leipziger Stadtfunk verlesene "Aufruf zur Besonnenheit", der sich gleichermaßen an die Demonstranten und die Sicherheitskräfte wandte. Er lautete: "Unsere gemeinsame Sorge und Verantwortung haben uns heute zusammengeführt. Wir sind von der Entwicklung in unserer Stadt betroffen und suchen nach einer Lösung. Wir alle brauchen freien Meinungsaustausch über die Weiterführung des Sozialismus in unserem Land. Deshalb versprechen die Genannten heute allen Bürgern, ihre ganze Kraft und Autorität dafür einzusetzen, daß dieser Dialog nicht nur im Bezirk Leipzig, sondern auch mit unserer Regierung geführt wird. Wir bitten Sie dringend um Besonnenheit, damit der friedliche Dialog möglich wird." Die Autoren dieses Aufrufs waren Professor Kurt Masur, Pfarrer Dr. Zimmermann, der Kabarettist Bernd Lutz Lange sowie die Sekretäre der Leipziger SED-Bezirksleitung Dr. Kurt Meyer, Jochen Pommert und Dr. Roland Wötzel (zit. nach: Neues Forum Leipzig 1989, S. 82/83). Zur Entstehung des Appells siehe die Interviews mit Kurt Masur, Bernd Lutz Lange, Kurt Meyer und Peter Zimmermann, in: Ebd., S. 273-293, sowie die Darstellung von Zwahr (Zwahr 1993, S. 93 ff.).
210 Vgl. die Aussagen von Roland Wötzel, amtierender 2. Sekretär der SED-Bezirksleitung Leipzig, in: Kuhn 1992, S. 130/31 und S. 134/35.

halten gegenüber der rechtswidrigen Demonstration" zu erläutern.[211] Die Betriebskampfgruppen waren in weiten Teilen von dieser Notwendigkeit offenbar schon vor ihrem Demonstrations-Einsatz überzeugt: Von den alarmierten Kampfgruppeneinheiten war lediglich ein Bataillon in voller Stärke erschienen, fünf Kampfgruppen-Hundertschaften hatten nur Einsatzstärken zwischen 40,2 und 58,3 Prozent erreicht; die Hälfte der Kämpfer war zu Hause geblieben oder hatte die Seite gewechselt.[212] "Mehr denn je", berichtete die Politabteilung am 10. Oktober über die Stimmung in der Leipziger Volkspolizei, werde in den Dienstkollektiven vor allem eine Auffassung vertreten: "Mit polizeilichen Mitteln ist dieser Erscheinung nicht mehr zu begegnen."[213] Selbst die Massenverhaftungen der beiden zurückliegenden Wochen hatten keinerlei abschreckende Wirkung gezeigt.[214]

2.3. *"Eine Situation wie kurz vor den konterrevolutionären Ereignissen am 17. Juni 1953" - Die PB-Sitzung vom 10./11. Oktober 1989*

Am Morgen nach der Kapitulation der Staatsmacht in Leipzig trat das Politbüro zu seiner mehrfach vertagten Grundsatzdebatte zusammen. Über den Ernst der Lage auch in der Partei war zumindest der engere Führungszirkel des Politbüros bestens informiert. Die Hinweise auf die "umfassende gesellschaftliche Krise" , die eine interne, nur für Stasi-Chef Mielke bestimmte Lageeinschätzung der "Zentralen Auswertungs- und Informationsgruppe" (ZAIG) des MfS vom 8. Oktober enthielt, ließen an Deutlichkeit nichts zu wünschen übrig. Die sozialistische Staats- und Gesellschaftsordnung in der DDR, hieß es darin, sei ernsthaft in Gefahr. Das Stimmungsbild der Bevölkerung habe sich rapide verschlechtert. Die Funktionsfähigkeit der Führung und Leitung politischer, ideologischer und volkswirtschaftlicher Prozesse werde als erstarrt betrachtet. Das Vertrauen der Werktätigen in die Wirtschaftspolitik sei verloren, statt dessen überall ernsthafte Zweifel an der Perspektive des Sozialismus anzutreffen. Die DDR, so das Resümée, befinde sich in "einer Situation wie kurz vor den konterrevolutionären Er-

---

211 Chiffriertes Telegramm von Generalmajor Straßenburg an den Minister des Innern und Chef der Deutschen Volkspolizei, 10.10.1989, 2.00 Uhr (ARCHIV LAPOLDIR LPZ o. Nr.).
212 Ebd.
213 BDVP Leipzig/Stellvertreter für politische Arbeit des Chefs und Leiter der Politischen Abteilung, Parteiinformation. Bericht/Einschätzung Nr. 33/89 über Standpunkte und Haltungen sowie Stimmungen und Meinungen zu Problemen der aktuellen Lage insbesondere im Zusammenhang mit OE (Ordnungseinsatz, d. Vf.) am 9.19.1989, Leipzig, den 10.10.1989 (ARCHIV LAPOLDIR LPZ Nr. 11528).
214 DDR-weit wurden bei den Demonstrationen zwischen dem 3. und 10. Oktober 1989 3.318 Personen "zugeführt"; 83 Prozent der vorläufig Festgenommenen waren jünger als 30 Jahre. Die meisten Zugeführten stammten aus Berlin (1018), gefolgt von Dresden (954), Leipzig (357), Karl-Marx-Stadt (251), Halle (150) und Magdeburg (146). Von den 745 Demonstranten, gegen die Ermittlungsverfahren eingeleitet wurden, waren am 11. Oktober noch 616 inhaftiert. Vgl. MfS/Hauptabteilung IX, Übersicht über Zuführungen im Zusammenhang mit der Absicherung des 40. Jahrestages der DDR, Berlin, 11. Oktober 1989 (BStU, ZA, MfS-HA IX 377, Bl. 101/102). - Zu den Demonstrationen vom 7. und 8. Oktober 1989 in Berlin siehe: Dahn/Kopka 1991; zur Statistik der Zuführungen in Berlin siehe: Präsidium der Volkspolizei Berlin, Information vom 10.10.1989, Betreff: Ergebnisse der bisherigen Untersuchungen zu Personen, die im Zusammenhang mit Störungen der öffentlichen Ordnung und Sicherheit am 7. und 8.10.1989 zugeführt wurden (BStU, ASt. Berlin, A 1199, Bl. 50-53).

eignissen am 17.6.1953."[215] Mitglieder und Funktionäre nicht nur der SED, sondern auch der Blockparteien und Massenorganisationen forderten deshalb, so die abschließenden Hinweise an Mielke, "daß die Partei- und Staatsführung unverzüglich eine umfassende kritische und reale Analyse der innenpolitischen Lage vornimmt, eine öffentliche Diskussion über Lösungswege zur Überwindung der vorhandenen Probleme und über strategische Entwicklungslinien in Gang setzt sowie eine politische Offensive gegen feindliche oppositionelle Kräfte in der DDR einleitet."[216]

Die Informationen der SED-Bezirksleitungen über die Lage der Partei in den Bezirken, die von der Abteilung Parteiorgane des Zentralkomitees jeden Morgen zu einem Bericht für die SED-Spitze verdichtet wurden, ergaben kein günstigeres Bild.[217] Regimefeindliche Demonstrationen, ging daraus hervor, hatten zwischen dem 6. und 9. Oktober nicht nur in den Großstädten Berlin, Leipzig, Karl-Marx-Stadt, Potsdam, Magdeburg, Erfurt, Halle und Plauen stattgefunden, sondern auch kleinere Städte und Ortschaften wie etwa Dippoldiswalde und Großröhrsdorf, Ilmenau und Saalfeld, Prenzlau und Markneukirchen erfaßt. Überall in der DDR traten Theater mit kritischen "Offenen Briefen" an die Öffentlichkeit. "Hetzschriften und Schmierereien mit feindlichem Charakter", so hieß es, hätten zugenommen. Aus Protest gegen die Schließung der Grenze zur CSSR am 3. Oktober drohten in Sachsen mehrere Betriebe mit Streiks und der Senkung der Arbeitsleistung. Zugleich stieg die Zahl der Antragsteller auf ständige Ausreise auf Rekordhöhe; im Bezirk Dresden sprachen an einem einzigen Tag - am 10. Oktober 1989 - 2.294 Antragsteller vor. Angesichts dieser Entwicklung - so die Informationen aus den Bezirken -, breiteten sich Lähmung, Vertrauensschwund, Resignation, Bedrücktheit und Ratlosigkeit in der Partei aus. Die "große Mehrheit der Kommunisten" bekunde zwar noch ihre "Treue zur Partei und ihre Bereitschaft zum Kämpfen - wartet aber auf Signale von 'oben', auf Antworten auf die bekannten brennenden Fragen."[218] Auch unter der Mehrheit der Bevölkerung sei die politische Grundstimmung "von der immer größer werdenden Erwartung geprägt, daß die Parteiführung zur gegenwärtigen politischen Situation in der DDR (Ursachen für zunehmende Republikflucht und Antragstellung, Opposition, Anhäufung wirtschaftlicher Probleme, Versorgung, Reisemöglichkeit, Offenheit in den Medien) verbindlich Stellung nimmt."[219]

Auf den Festveranstaltungen zum 40. Jahrestag der DDR war diese Stellungnahme ausgeblieben. Losungen wie "Vorwärts immer, rückwärts nimmer", "Unser Arbeitsplatz ist ein Kampfplatz für Frieden und Volkswohlstand" und "Was des Volkes Hände schaffen, soll des Volkes eigen sein" schmückten statt dessen die vom Politbüro bestätigte Festansprache Honeckers. Wie die anderen sozialistischen Länder, tat er kund, würde die DDR "die Schwelle zum Jahr 2000 mit der Gewißheit überschreiten, daß dem Sozialismus die Zukunft gehört. (...) Seine

---

215 Hinweise auf Reaktionen progressiver Kräfte zur gegenwärtigen innenpolitischen Lage in der DDR, 8. Oktober 1989, S. 2 (BStU, ZA, MfS-ZAIG 5351, Bl. 55-61; auch dok. in: Mitter/Wolle 1990, S. 204 ff.).
216 Hinweise auf Reaktionen progressiver Kräfte zur gegenwärtigen innenpolitischen Lage in der DDR, 8. Oktober 1989, S. 5 (BStU, ZA, MfS-ZAIG 5351, Bl. 59; dok. in: Mitter/Wolle 1990, S. 204 ff.).
217 Vgl. zum folgenden die "Informationen der Bezirksleitungen der SED über die Lage und die Wirkung der eingeleiteten Maßnahmen" der Abteilung Parteiorgane des ZK vom 9., 10. und 11. Oktober 1989 (BStU, ZA, MfS-ZAIG 7834, Bl. 50-72).
218 Abt. Parteiorgane des ZK, Information der Bezirksleitungen der SED über die Lage und die Wirkung der eingeleiteten Maßnahmen, Stand vom 11. Oktober 1989 - 4.00 Uhr, Berlin, den 11. Oktober 1989, S. 3 (BStU, ZA, MfS-ZAIG 7834, Bl. 50-54).
219 Abt. Parteiorgane des ZK, Information der Bezirksleitungen der SED über die Lage und die Wirkung der eingeleiteten Maßnahmen, Stand vom 11. Oktober 1989 - 4.00 Uhr, Berlin, den 11. Oktober 1989, S. 2 (BStU, ZA, MfS-ZAIG 7834, Bl. 50-54).

Existenz gibt nicht nur unserem Volk neue Hoffnung, sondern der ganzen Menschheit."[220]

Demgegenüber hatte Michail Gorbatschow sowohl in seiner Grußansprache wie in einer internen Beratung mit dem Politbüro reformorientierte Akzente gesetzt. Er hob die "wachsende Vielfalt der Formen der Produktionsorganisation, der sozialen Strukturen und der politischen Einrichtungen" als charakteristisch für die sozialistische Welt wie für die gesamte Zivilisation hervor. "Die Versuche der Unifizierung und Standardisierung in Fragen der gesellschaftlichen Entwicklung, einerseits der Nachahmung, andererseits der Aufzwingung von irgendwelchen verbindlichen Mustern", so seine Lektion, "gehören der Vergangenheit an. (...) Die Auswahl der Entwicklungsformen ist eine souveräne Angelegenheit eines jeden Volkes. (...) Vor allen Dingen sollten unsere westlichen Partner davon ausgehen, daß die Fragen, die die DDR betreffen, nicht in Moskau, sondern in Berlin entschieden werden."[221] Seine öffentliche Äußerung, "Wer zu spät kommt, den bestraft das Leben", in der Beratung mit dem SED-Politbüro in leichter Variation wiederholt[222], war als dezenter Hinweis an die SED-Spitze verstanden worden, endlich auch in der DDR einen Erneuerungsprozeß einzuleiten, über dessen Ausgestaltung er sich freilich nicht näher äußerte.

Daß die wichtigsten Informationen des MfS und des Zentralkomitees die Parteiführung nach den Festlichkeiten unverschlüsselt aufforderten, sich endlich öffentlich zu den Problemen zu erklären, die in der Partei und in der Bevölkerung diskutiert wurden, beruhte nicht auf Zufall. Die Autoren der Berichte im MfS und im Zentralkomitee waren eingeweiht, daß Egon Krenz, vor allen anderen von Wolfgang Herger und den Mitarbeitern in der ZK-Abteilung Jugend gedrängt, entschlossen war, am 10. Oktober im Politbüro eine öffentliche Stellungnahme zur Lage zur Diskussion zu stellen.[223] Allerdings enthielt der von Herger und Krenz ausgearbeitete Entwurf weder eine Analyse der kritischen Situation noch Vorschläge zu ihrer Überwindung. Sprengkraft gewann er dennoch, weil er in zwei Punkten die bisherige Linie des Generalsekretärs korrigierte. Zum einen gestand das Politbüro erstmals ein, daß Ursachen für die Fluchtbewegung auch in der DDR selbst zu suchen waren. Zum anderen unterbreitete es das von vielen geforderte Dialogangebot: "Gemeinsam wollen wir über alle grundlegenden Fragen unserer Gesellschaft beraten, die heute und morgen zu lösen sind. (...) Es geht um die Weiterführung der Einheit von Wirtschafts- und Sozialpolitik. Es geht um wirtschaftliche Leistungsfähigkeit und ihren Nutzen für alle, um demokratisches Miteinander und engagierte Mitarbeit, um gute Warenangebote und leistungsgerechte Bezahlung, um lebensverbundene Medien, um Reisemöglichkeiten und gesunde Umwelt."[224]

---

220 Erich Honecker, Großes vollbracht für Sozialismus und Frieden, in: Neues Deutschland, 9.10.1989.
221 Michail Gorbatschow, Unsere Freundschaft wird weiterbestehen, in: Neues Deutschland, 9.10.1989.
222 "Wenn wir zurückbleiben, bestraft uns das Leben sofort", lautete Gorbatschows Ausspruch dort tatsächlich und bezog sich eigentlich auf seine eigenen Erfahrungen im Umgestaltungsprozeß der Sowjetunion. Vgl. Stenografische Niederschrift des Treffens der Genossen des Politbüros des ZK der SED mit dem Generalsekretär des ZK der KPdSU und Vorsitzenden des Obersten Sowjets der UdSSR, Genossen Michail S. Gorbatschow, am Sonnabend, dem 7. Oktober 1989 in Berlin-Niederschönhausen, S. 9, dok. in: Mittag 1991, S. 367.
223 Der Entwurf dieser Erklärung, der das Datum des 8. Oktober 1989 trägt, ist in den Unterlagen Gerhard Schürers in den Archivmaterialien der Staatlichen Plankommission überliefert (BArch/P, E-1-56321).
224 Erklärung des Politbüros des Zentralkomitees der Sozialistischen Einheitspartei Deutschlands (Entwurf), 8. Oktober 1989 (BArch/P, E-1-56321). Diese Sätze blieben in der veröffentlichten Fassung erhalten (vgl. Neues Deutschland, 12.10.1989).

Während Wolfgang Herger im Vorfeld der Politbüro-Sitzung in Vieraugengesprächen mit leitenden Mitarbeitern des Partei- und Sicherheitsapparates um Akzeptanz und Unterstützung für die Erklärung warb, hatte Krenz neben seinem langjährigen Freund und Vertrauten Siegfried Lorenz, dem Ersten Sekretär der SED-Bezirksleitung Karl-Marx-Stadt, mit Günter Schabowski einen neuen Verbündeten gewonnen. Daneben weihte er mit Willi Stoph, Werner Krolikowski, Erich Mielke und Harry Tisch weitere Politbüro-Mitglieder in Einzelgesprächen in sein Vorhaben ein. Als sich Krenz der Unterstützung einer annähernden Mehrheit des Politbüros, aber insbesondere auch der Spitze des MfS sicher wähnte[225], legte er sein Papier am 8. Oktober Honecker vor. Eine Einigung mit dem Generalsekretär über eine Änderung der Politik schien ihm der leichteste und jedenfalls nicht von vornherein ausgeschlossene Weg zu sein. In jedem Fall stellte ihn ein offenes Gespräch mit Honecker vom Vorwurf der geheimen Fraktionsbildung frei. Doch Honecker wies den Entwurf der Stellungnahme schroff als "Kapitulations-Erklärung" zurück[226], die gegen seine Person gerichtet sei und die Führung der Partei spalte. Deshalb lehnte er es ab, das Papier im Politbüro behandeln zu lassen und drohte Krenz persönliche Konsequenzen für den Fall an, daß er seine Vorlage dennoch einreiche.[227] Doch Krenz verhielt sich gegenüber seinen Mitstreitern loyal und bat am Nachmittag des 9. Oktober den Leiter des Büros des Politbüros, Edwin Schwertner, die Vorlage auch gegen den ausdrücklichen Willen Honeckers an alle Politbüro-Mitglieder zu verteilen.[228] Der Machtkampf um die Führung der SED war entbrannt.

Die zweitägige Politbüro-Sitzung verlief ungewöhnlich kontrovers.[229] Honecker verteidigte in seinen einleitenden Bemerkungen die bisherige Politik als grundsätzlich richtig; die Partei- und Staatsführung, meinte er, würde von einer Mehrheit der Bevölkerung unterstützt. Die Probleme wären im "Verrat der Ungarn" begründet. Selbstkritik, so seine Überzeugung, helfe in dieser Situation nicht weiter. Entscheidungen über die weitere Politik sollten nach Beratungen mit den Vorsitzenden der Blockparteien und der 1. Sekretäre der SED-Bezirksleitungen, auf der nächsten ZK-Tagung im November und auf dem XII. Parteitag der SED im Juni 1990 getroffen werden. Mit dem Hinweis, daß er auf diesem Parteitag das Referat zu halten gedenke, unterstrich Honecker demonstrativ seinen Anspruch auf das Amt des Generalsekretärs auch über das Jahr 1990 hinaus.

Alle Politbüro-Mitglieder ergriffen anschließend das Wort. Mit der Einlassung, daß die DDR wesentlich früher Schlußfolgerungen aus dem Abbau des Stacheldrahtes in Ungarn hätte ziehen müssen, übte Willi Stoph Selbstkritik. Er forderte ein offensives Vorgehen gegen die Bundesrepublik. Durchgängiger Tenor der Beiträge war, die Lage sei ernst und zugespitzt, die "Arbeiter- und Bauern-

---

225 Am Vormittag des 8. Oktober hatte Krenz den leitenden Mitarbeitern des MfS den Entwurf der Stellungnahme vorgelesen. Die Resonanz war positiv (Mitteilung von Wolfgang Herger an den Vf.).
226 Das berichtet Herger, der von Krenz über Honeckers Reaktion unterrichtet wurde (Mitteilung von Wolfgang Herger an den Vf.).
227 Vgl. Krenz 1990, S. 32/33.
228 Ebd.
229 Honecker, Mittag, Krenz und Schabowski stellen jeweils nur sehr emotional gefärbte, selektive Aspekte dieser Sitzung dar (vgl. Honecker, in: Andert/Herzberg 1990, S. 25 ff.; Mittag 1991, S. 16/17; Krenz 1990, S. 33-38; Schabowski 1991, S. 253-255). Die folgende Darstellung orientiert sich an der stichwortartigen Mitschrift der Diskussion von Gerhard Schürer. Ohne den Anspruch auf Vollständigkeit erheben zu können, vermitteln Schürers Notizen doch einen umfassenderen und zugleich authentischeren Eindruck über Inhalt und Verlauf der Auseinandersetzungen. Zu den folgenden Zitaten aus der Politbüro-Sitzung vgl. Gerhard Schürer, Persönliche Aufzeichnungen, Politbüro 10./11.10.1989, 36 handschriftliche, nicht-paginierte Seiten (BArch/P, E-1-56321).

macht" in Gefahr. Einige Redner lobten die brutalen Einsätze der Sicherheitsorgane als "große Leistung" (Krolikowski) und forderten ein hartes Durchgreifen gegen die oppositionellen Gruppierungen (Kleiber, Böhme, Mielke); andere wollten zwischen Feinden und Mitläufern beziehungsweise Schwankenden differenziert wissen (Krenz, Tisch), während Lorenz und Eberlein politische Lösungen beschworen.

Hager, Krolikowski, Stoph, Krenz und Axen hatten bereits gesprochen, als Alfred Neumann den überraschenden Vorschlag unterbreitete, Günter Mittag abzusetzen. Dagegen sprachen sich von den nachfolgenden Rednern Keßler, Kleiber und Mückenberger aus. Selbst Erich Mielke verteidigte Mittag und bescheinigte ihm, während Honeckers Abwesenheit "richtig gehandelt" zu haben. Über Neumanns Antrag wurde nicht abgestimmt.

In nahezu allen Beiträgen wurden ökonomische Probleme als Mitursache der Krise angeschnitten. Kein Versorgungsmangel schien zu unbedeutend, um ihn selbst auf dieser Sitzung des Politbüros zur Sprache zu bringen. Die Liste der den Politbüro-Mitgliedern zu Ohren gekommenen Versorgungsmängel erstreckte sich von Ersatzteilen, Telefonen und Kinderbekleidung über Schuhe, Fleischwaren, Dosenöffner und Schraubendreher bis hin zu Baumaterialien, Tampons und Büstenhaltern. Willi Stoph vermißte Analysen zu den ökonomischen Problemen und propagierte "einschneidende Maßnahmen" zur Beseitigung des Ausgabenüberschusses. Günter Mittag sprach sich für die Stärkung der Akkumulationskraft durch schnellere Rationalisierung, eine Senkung des gesellschaftlichen Verbrauchs und mehr Leistung mit weniger Material aus, stellte drohend die Frage nach der Verantwortung für die schlechte Versorgungslage in den Raum und forderte eine "Kampfatmosphäre" und ein "Kampfprogramm" für die Planerfüllung. Gerhard Schürer schließlich wies in aller Eindringlichkeit die Gefahr der Zahlungsunfähigkeit nach und schlug als Ausweg vor, "trotz der riesigen Hetze seitens der BRD" ein Konzept "für die Strategie der Zusammenarbeit mit der BRD" auszuarbeiten.[230]

Die Schlußbemerkungen Honeckers wiesen keinen Ausweg aus dem politisch-ökonomischen Dilemma. Er mahnte, Schürers Informationen über die Zahlungsbilanz als Parteigeheimnis "streng in unserem Kreis" zu hüten. Es folgten altbekannte Appelle und Zuweisungen: Der "Sockel" sei zu senken, die Versorgung auf einem höheren Niveau zu gewährleisten und für 1990 ein "realer angespannter Plan" auszuarbeiten; die Verantwortung dafür liege beim Ministerrat. Soweit es die Beziehungen zur Bundesrepublik betraf, plädierte Honecker trotz deren offensichtlich feindseliger politischer Haltung gegenüber der DDR für die Aufrechterhaltung einer "maßvollen Verbindung." Die gegensätzlichen Positionen von Stoph und Schürer verknüpfte er zu der verbindenden Linie, einerseits zwar die Angriffe von Kohl zurückzuweisen, andererseits aber gleichzeitig den Handel mit der BRD weiterzuentwickeln.

Als Hauptaufgabe der bevorstehenden Zeit mahnte Honecker jedoch die Festigung der "Arbeiter- und Bauernmacht" an. Er erinnerte an die Erfolge bei der Niederschlagung der "Konterrevolutionen" 1953 in der DDR und 1956 in Ungarn und forderte auch in der gegebenen Situation Entschlossenheit im ideologischen Kampf für den Sozialismus und gegen die Konterrevolution ein. Die Konterrevolution, so Honecker, müsse bekämpft und, wenn nötig, von der Macht Gebrauch gemacht werden.

---

230 Schriftlich ausgearbeitete Fassung des Redebeitrages von Gerhard Schürer in der Politbüro-Sitzung vom 10./11.10.1989, Berlin, 12. Oktober 1989, S. 10 (PdV). Seinen eigenen Angaben zufolge sprach Schürer in der Sitzung als letzter oder vorletzter Redner vor Honecker.

Im Machtkampf um die Führung der Partei erteilte er Krenz zwei Lektionen. Nach einem scharfen Angriff auf eine Politbüro-Vorlage der Krenz administrativ zugeordneten FDJ-Führung, in der dem 77jährigen insbesondere kritische Meinungen von Jugendlichen zur Überalterung der Parteispitze mißfielen, zog Krenz diese Vorlage kleinlaut zurück.[231] Und wenn sich Krenz trotz seines Erfolgs in der Frage der Politbüro-Erklärung, die am 12. Oktober veröffentlicht wurde[232], als eigentlicher Verlierer der Sitzung fühlen mußte, hatte dies einen zweiten Grund: In seinen Beitrag hatte er die Bemerkung eingeflochten, das Wahlgesetz müsse künftig vollständig eingehalten werden. Auch ein 80- bis 90-prozentiger Stimmenanteil sei für die SED ein gutes Ergebnis.[233] Was sollte dieser Hinweis bedeuten? Wollte der Vorsitzende der Wahlkommission mit dieser Äußerung zu verstehen geben, daß das Wahlgesetz bei den Kommunalwahlen am 7. Mai 1989 nicht eingehalten worden war? Bis zu diesem Zeitpunkt hatten dies nur Bürger behauptet, die die Auszählung der Stimmen in den Wahllokalen mitverfolgt und die Ergebnisse mit den später veröffentlichten Zahlen verglichen hatten. Am 7. eines jeden Monats prangerten sie seither den Wahlbetrug mit einer Mahnwache und einem Pfeifkonzert auf dem Alexanderplatz an. Dafür wurden sie auf Veranlassung jener regelmäßig verprügelt und wegen staatsfeindlicher Hetze festgenommen oder verfolgt, die nun im Politbüro selbst über Wahlfälschung sprachen.[234]

Die stichwortartigen Aufzeichnungen Schürers zeigen, daß die Ausführungen von Krenz eine heftige Reaktion Honeckers provozierten. Barsch fuhr er seinen Sicherheits-Sekretär an: "Sagen, was man meint! Wahl gefälscht oder nicht. Sind gefälscht. Im PB aber nichts gesagt. Kontrolle hat das ergeben."[235] Honecker nannte keine Namen, griff das Thema am Schluß der Sitzung aber noch einmal auf und kündigte "schärfste Maßnahmen gegen die Wahlfälschung" an.[236]

Mit diesem überraschenden Angriff hatte Honecker die Liste der politischen Gründe, die für seine schnelle Ablösung sprachen, um das möglicherweise entscheidende Argument erweitert. Machte er seine Ankündigung wahr, drohten Krenz und anderen Verantwortlichen aus der Reihe der Ersten Bezirkssekretäre unangenehme Untersuchungen der Begleitumstände der Kommunalwahlen, an deren Ende ihr politischer Absturz stehen konnte. In bester kommunistischer Tradition hatte Honecker die Frage "Wer-Wen" gestellt. Eine Woche später wurde diese Frage gegen ihn entschieden. Honecker verlor alle seine Ämter.

---

231 Zur FDJ-Vorlage vgl. Poßner 1995, S. 268 ff.; Krenz 1990, S. 36/37; Schabowski 1991, S. 253/54.
232 Vgl. Neues Deutschland, 12.10.1989.
233 Gerhard Schürer, Persönliche Aufzeichnungen, Politbüro 10./11.10.1989, S. 8 (BArch/P, E-1-56321).
234 Zu den Aktionen gegen die Wahlfälschung vgl. Mitter/Wolle 1993, S. 496 ff. - Über die Maßnahmen des MfS gegen den Wahlfälschungs-Protest wurde die Spitze des Politbüros regelmäßig von Mielke informiert. Vgl. etwa die Mielke-"Information über die Unterbindung einer von feindlichen, oppositionellen Kräften am 7. Juni 1989 in der Hauptstadt der DDR, Berlin, geplanten Provokation", Berlin, 8.6.1989 (dok. in: Mitter/Wolle 1990, S. 72-81). Empfänger dieser Information waren unter anderem folgende Politbüro-Mitglieder: Honecker, Stoph, Hager, Herrmann, Krenz, Jarowinsky, Mittag und Schabowski.
235 Gerhard Schürer, Persönliche Aufzeichnungen, Politbüro 10./11.10.1989, S. 9 (BArch/P, E-1-56321)
236 Ebd., S. 35.

2.4. Der Sturz Honeckers

Am 18. Oktober 1989 betrat Erich Honecker um 13.55 Uhr den Plenarsaal des Zentralkomitees. "Nach reiflichem Überlegen und im Ergebnis der gestrigen Beratung im Politbüro," begann er seine letzte Rede als Generalsekretär, "bin ich zu folgendem Entschluß gekommen: Infolge meiner Erkrankung und nach überstandener Operation erlaubt mir mein Gesundheitszustand nicht mehr den Einsatz an Kraft und Energie, den die Geschicke der Partei und des Volkes heute und künftig verlangen. Deshalb bitte ich das Zentralkomitee, mich von der Funktion des Generalsekretärs des ZK der SED, vom Amt des Vorsitzenden des Staatsrates der DDR und von der Funktion des Vorsitzenden des Nationalen Verteidigungsrates der DDR zu entbinden."[237] Bis zu diesem Punkt hatte Honecker wörtlich rezitiert, was Schabowski als Abdankungstext entworfen hatte. Beim folgenden Satz jedoch glaubte Schabowski seinen "Ohren nicht trauen zu dürfen."[238] Honecker fuhr fort: "Dem Zentralkomitee und der Volkskammer sollte Genosse Egon Krenz vorgeschlagen werden, der fähig und entschlossen ist, der Verantwortung und dem Ausmaß der Arbeit so zu entsprechen, wie es die Lage, die Interessen der Partei und des Volkes und die alle Bereiche der Gesellschaft umfassenden Vorbereitungen des XII. Parteitages erfordern."[239] Nach Schabowskis Text sollte Honecker nur allgemein *einen Genossen* vorschlagen, der fähig und entschlossen sei[240]; der konkrete Vorschlag dagegen, daß es sich bei diesem fähigen Genossen um *Egon Krenz* handeln sollte, vom Politbüro unterbreitet werden. Honecker zufolge war es Krenz selbst gewesen, der ihn unter vier Augen um die Einsetzung seines Namens gebeten hatte.[241] Schlug Honecker ihn als Nachfolger vor, mochte Krenz kalkuliert haben, war ihm ein hundertprozentiges Wahlergebnis im Zentralkomitee sicher. Daß diese Inthronisierung durch seinen Vorgänger wie der "Fluch des Pharao"[242] auf ihm lasten könnte, kam Krenz offenbar nicht in den Sinn.

Nach Honeckers Erklärung erhob sich vereinzelt unsicherer, schnell verebbender Beifall. Willi Stoph ergriff als Versammlungsleiter das Wort. Er dankte Honecker für seine Erklärung und stellte sie ohne Diskussion zur Abstimmung. Honeckers "Bitte" wurde bei einer Gegenstimme entsprochen.[243] Im Namen Honeckers bat Stoph um Verständnis, daß der Ex-Generalsekretär wegen seines "angegriffenen Gesundheitszustandes" der Tagung nicht länger beiwohnen könnte und ehrte mit dürren Worten Honeckers politisches Lebenswerk. Unter stürmischem, langanhaltendem Applaus verließ Honecker den Saal. Einstimmig und ohne Diskussion wurde Egon Krenz ins Amt des Generalsekretärs gehoben. Auf Vorschlag des Politbüros verloren anschließend Günter Mittag und Joachim Herrmann bei einer Stimmenthaltung ihre Funktionen als Mitglieder des Politbüros und Sekretäre des Zentralkomitees, weil sie, wie Stoph auf Nachfrage erklärte, "ihren Anforderungen nicht gerecht" worden seien. Gleichwohl wurde

---

237 Ton-Aufzeichnung der 9. Tagung des Zentralkomitees der SED, 18.10.1989 (SAPMO-BArch, ZPA-SED, TD 737).
238 Schabowski 1991, S. 271.
239 Ton-Aufzeichnung der 9. Tagung des Zentralkomitees der SED, 18.10.1989 (SAPMO-BArch, ZPA-SED, TD 737).
240 Der von Schabowski entworfene Abdankungstext ist mit den von Honecker handschriftlich vorgenommenen Änderungen in den Materialien der 9. Tagung des ZK überliefert (SAPMO-BArch, ZPA-SED, IV 2/1/703, S. 13/14).
241 Vgl. Honecker, in: Andert/Herzberg 1990, S. 33/34.
242 Schabowski 1991, S. 271.
243 Gegen die "Entbindung" Honeckers stimmte als einzige Hanna Wolf. Vgl. Poßner 1995, S. 274; Frank-Joachim Herrmann, An Niederlagen war Honecker nicht mehr gewöhnt, in: Neues Deutschland, 30.12.1994, S. 9.

auch ihnen Dank für die geleistete Arbeit ausgesprochen. In seiner Antrittsrede versprach der neue Generalsekretär "bleibende Hochachtung" vor den Verdiensten seines Vorgängers.[244]

Die Inszenierung des Sturzes von Honecker und die Inthronisierung von Krenz glichen der achtzehn Jahre zuvor von Honecker betriebenen Ablösung Ulbrichts bis ins Detail. Die Erinnerung an die Verschwörung gegen Ulbricht hatte Honecker erst im Februar 1989 im Politbüro wachgerufen.[245] Warum aber hatte er damals seinen Gegnern das Material in die Hände gespielt, das diese nun als bereits erfolgreich getestetes Drehbuch für seinen Sturz wiederverwendeten? Daß er damit zum guten Gelingen seiner eigenen Amtsenthebung beitragen wollte, hieße Honecker zuviel Humor zu unterstellen. Schließlich äußerte er selbst nach der Wende verbittert, sein Sturz sei "das Ergebnis eines großangelegten Manövers (gewesen), deren (sic!) Drahtzieher sich noch im Hintergrund halten."[246] Vieles spricht dafür, daß dem mißtrauischen Machtpolitiker schon damals die gegen ihn laufenden Intrigen nicht verborgen geblieben waren. Sollte seine Erinnerung an die Verschwörung gegen Ulbricht seinen Gegnern deshalb als Warnung dienen, daß er als ehemaliger Anführer einer Palastrevolte deren nun gegen ihn gerichtete Vorzeichen erkannt hatte? Tatsächlich hatten sich die Verschwörer gegen Honecker jahrelang im Kreis bewegt, bevor ihr Coup am 18. Oktober als "Finale eines länger andauernden verborgenen Kampfes" gelang.[247] Die Geschichte dieses Kampfes gegen Honecker zeigt, daß die meisten der bei der Verschwörung gegen Ulbricht noch vorhandenen und ihr Gelingen garantierenden strukturellen Voraussetzungen in der zweiten Hälfte der achtziger Jahre entfallen waren.

Die ersten bisher bekannt gewordenen Hinweise auf Intrigen gegen Honecker und Mittag datieren aus dem Jahr 1980. Die Spitzenvertreter des Ministerrats, Willi Stoph und Werner Krolikowski, beide ebenfalls Mitglieder des Politbüros, schwärzten die Politik Honeckers und Mittags gegenüber der Bundesrepublik bei der sowjetischen Führung in geheimen Dossiers als "falsche politische Konzeption" an. Honecker und Mittag seien Teilnehmer eines "deutsch-deutschen Techtelmechtels", denen es nicht "um die Durchsetzung der Gesamtinteressen der sozialistischen Gemeinschaft im Verhältnis zur BRD" gehe; beiden mangele es an "einer echten klassenbewußten, prinzipiellen marxistisch-leninistischen Haltung im Verhältnis zum Feind."[248] Positiv vermeldete Krolikowski, daß neben Stoph und Mielke auch Verteidigungsminister Heinz Hoffmann eine feste Position habe und nach Meinung Mielkes einen "Verrat der DDR gegenüber der SU niemals mitmachen" werde.[249] Kurze Zeit darauf brandmarkte er die Führungspolitik Honeckers ("Er behandelt die anderen wie die Puppen und spielt sich wie ein König auf"), prangerte die Wirtschaftspolitik und die Westverschuldung als "schlimmstes Abenteurertum" an und denunzierte Honeckers und Mittags Verhältnis zur Sowjetunion als "unvermindert schlecht, heuchlerisch und demago-

---

244 Vgl. die Ton-Aufzeichnung der 9. Tagung des Zentralkomitees der SED, 18.10.1989 (SAPMO-BArch, ZPA-SED, TD 737). - Die spätere Einlassung von Krenz, Honecker habe "seine Bitte mit sehr glaubhafter Begründung vorgetragen", sagt mehr über das Gemüt von Krenz als über den zugrundeliegenden Sachverhalt aus (Krenz 1990, S. 19). Honeckers "Bitte" und ihre Begründung hatte Günter Schabowski verfaßt, um sicher zu gehen, daß Honecker wirklich alle drei Ämter abtrat (vgl. Schabowski 1991, S. 271).
245 Vgl. dazu Kap. 1.
246 Erich Honecker, in: Andert/Herzberg 1990, S. 19/20.
247 Kusmin 1995, S. 286.
248 Vgl. die Aufzeichnungen über einen Bericht von Günter Mittag in der Sitzung des SED-Politbüros am 22. April 1980, dok. in: Nakath/Stephan 1995, S. 43-50.
249 Notiz von Werner Krolikowski über ein Gespräch zwischen Willi Stoph und Erich Mielke am 13. November 1980, dok. in: Pryzbylski 1991, S. 345-348.

gisch."[250] Krolikowskis Anschuldigungen gegen Honecker verschärften sich 1983, als er es als ein "Paradoxum" bezeichnete, "daß ein eingefleischter Westdeutscher an der Spitze der DDR" stehe, der dem außenpolitischen Kurs der SU gegenüber der BRD untreu sowie in den "Sumpf des Nationalismus" abgeglitten sei und deshalb von Moskau daran gehindert werden müsse, in die BRD zu fahren, "denn das wäre nicht zum Nutzen für die DDR und unserer gemeinsamen Interessen."[251]

Seit 1984, so der stellvertretende Leiter der KGB-Residenz in Karlshorst, Iwan Kusmin, wirkten Stoph und Mielke mit den gleichen Argumenten auf die sowjetische Führung ein, um Moskau von der Notwendigkeit der Absetzung Honeckers zu überzeugen. Neben Krolikowski und Hoffmann rechnet Kusmin auch Alfred Neumann, einen weiteren der Stellvertreter Stophs, sowie Kurt Hager zur moskauorientierten Traditionalisten-Gruppe Willi Stophs. Als Honecker ab 1986 den Abgrenzungskurs gegenüber der Bundesrepublik aus der Sicht seiner Kritiker weiter aufweichte, zunehmend auf Distanz zu Gorbatschow ging und Materialien über dessen Abweichungen vom Marxismus-Leninismus erarbeiten ließ, intensivierten Stoph und Mielke offenbar ihre Ablösungsbemühungen. Kusmin zufolge übergab Willi Stoph Ende Mai 1986 "dem Apparat des sowjetischen Außenaufklärungsdienstes in Berlin zur Weiterleitung an Michail Gorbatschow ein Paket mit Informationsmaterialien über die Lage in der DDR und ihre Entwicklungsperspektiven. Darin wurde der verhängnisvolle Charakter der Wirtschaftspolitik von Honecker/Mittag und der unvermeidliche finanzielle Bankrott der DDR aufgezeigt, wenn diese Politik fortgesetzt würde. Eine tiefschürfende Analyse legte die negative Entwicklung in der ostdeutschen Gesellschaft und die zunehmende Spannung in der SED selbst offen. Eingehend wurden die Situation in der Führungsspitze der Partei und der verborgene Konflikt in ihr, der durch die feindselige Einstellung Honeckers zum Kurs der sowjetischen Perestroika heraufbeschworen worden war, charakterisiert sowie konkrete Beispiele für Honeckers Unlauterkeit in den Beziehungen zur Führung der UdSSR angeführt."[252] Stoph hielt, so Kusmin, die sofortige Absetzung Honeckers für erforderlich, benannte namentlich ein Drittel der Politbüro-Mitglieder als entschiedene Honecker-Gegner und erbat für die Sturz-Aktion die Hilfe Gorbatschows. Doch im Unterschied zu seinem Vorgänger Breschnew habe sich Gorbatschow vor einer Entscheidung gedrückt und sich in Schweigen gehüllt.[253]

Mit seinem Hinweis, in Moskau habe man negativ registriert, daß Stoph auf jeglichen Entwurf einer Reformperspektive für die DDR nach einem Führungswechsel an der Spitze der SED verzichtete, liefert Kusmin einen der denkbaren Gründe für das Schweigen Gorbatschows. Er bietet darüber hinaus einen plausiblen Anhaltspunkt für die von verschiedenen Seiten vorgetragene Vermutung, daß sich insbesondere das KGB seit dieser Zeit verstärkt der Aufgabe widmete, in der SED jene Perestroikisten-Gruppe aufzubauen und zu stärken, an deren Spitze sich im Herbst 1989 Markus Wolf und Hans Modrow präsentierten.

Die Traditionalisten-Gruppe ließ sich trotz ausbleibender sowjetischer Unterstützung nicht entmutigen. Ende 1986, so berichtet der sowjetische Botschafter in Ost-Berlin, Kotschemassow, sprach Werner Krolikowski bei ihm vor und ver-

---

250 Notiz von Werner Krolikowski über Honecker und seine Politik vom 16. Dezember 1980, dok. in: Pryzbylski 1991, S. 340-344.
251 Notiz von Werner Krolikowski zur inneren Lage in der DDR vom 30. März 1983, dok. in: Pryzbylski 1991, S. 349-356. Als Folge auch dieser Anschuldigung hintertrieb die sowjetische Führung einen Besuch Honeckers in Bonn. Vgl. dazu Kap. 1 sowie Oldenburg/Stephan 1995.
252 Kusmin 1995, S. 288.
253 Ebd.

traute ihm sein intimstes Geheimnis an: "Man muß die Führung auswechseln."[254] Kotschemassow will Krolikowski und auch Stoph mitgeteilt haben, daß sie ihre "inneren Probleme" selbst lösen müßten. Die Zeiten seien vorbei, "als wir Generalsekretäre absetzten und ernannten"; "gesunde Kräfte" werde Moskau immer unterstützen, aber die Frage liege "nicht im Prinzip, sondern in der Methode."[255] In der Tat war die Methode das Problem, denn die Gefahren einer Verschwörung sind groß, und ihre Erfolgsaussichten sinken, wenn sich ihre Vorbereitung unbotmäßig in die Länge zieht.[256] Von den Sowjets im Stich gelassen, mußte die Traditionalisten-Gruppe danach trachten, den Kreis der Verschwörer zu erweitern, um im Politbüro mehrheitsfähig zu werden - eine schwierige Aufgabe, denn die Suche nach Verbündeten vergrößerte die Gefahr des Verrats.

Im Frühjahr 1988 erhielt die Gruppe Zulauf von Gerhard Schürer. Zwar scheiterte sein Vorstoß gegen die Wirtschaftspolitik Mittags im Politbüro, doch Stoph verschaffte Schürers "Überlegungen" die breitest mögliche Publizität, indem er sie an alle 44 Mitglieder des Ministerrates verteilen ließ.[257] Auf diese Weise erhielt der gesamte Regierungsapparat einschließlich der Blockparteien Kenntnis, daß es in Wirtschaftsfragen im Politbüro zwei Linien gab.

Eine neuerliche Intervention gegen Honecker bei Gorbatschow, die Mielke Kusmin zufolge im August 1988 unternommen haben soll, hatte wiederum keinen Erfolg.[258] Sie demonstrierte der Traditionalisten-Gruppe ihre anhaltende Schwäche. Ein wesentlicher Grund dieser Schwäche war die Verhaftung der meisten ihrer Mitglieder im Staatsapparat, der in der Ära Honecker vollends zum Anhängsel des Politbüros und ZK-Apparats geworden war. Die Chancen, im Ministerrat gegen die Suprematie der Partei ressortübergreifend Koalitionen zu bilden, waren zudem deshalb minimal, weil die Konflikte zwischen den Ressorts erfahrungsgemäß größer waren als ihr gemeinsames Interesse an einer Maximierung staatlicher Entscheidungsspielräume zu Lasten der Partei. Keines der im Staatsapparat tätigen Mitglieder des Politbüros war zugleich ZK-Sekretär; ihr Einfluß war deshalb nicht nur im Politbüro, sondern im zentralen Parteiapparat insgesamt verschwindend gering.

Wenn es neben Honecker überhaupt jemanden im Parteiapparat gab, der über eine nennenswerte Hausmacht verfügte, war es Egon Krenz. Als langjähriger Erster Sekretär der FDJ hatte er seine administrative Aufgabe, die Nachwuchs-Kaderreserve der SED zu linientreuer Gehorsamkeit gegenüber der Parteiführung zu erziehen, zu allseitiger Zufriedenheit erfüllt. Seine organisatorischen Fähigkeiten stellte er mit den die Führung begeisternden Jubelparaden der Parteijugend alljährlich unter Beweis. So nahm es nicht Wunder, daß Honecker ihn 1976 als Kandidaten ins Politbüro berief. 1983, zum Mitglied avanciert, wurde er ZK-Sekretär für Sicherheit. Neben der machtpolitisch bedeutsamen Abteilung für Sicherheitsfragen, die die Staatssicherheit, die Armee und das Innenministerium

---

254 Kotschemassow 1994, S. 59.
255 Ebd., S. 60.
256 Vgl. Machiavelli 1925, insbes. S. 320 ff.
257 Gerhard Schürer möchte seinen Vorstoß gegen die Wirtschaftspolitik Mittags vom Mai 1988 als Einzelaktion verstanden wissen. Sie sei weder mit Willi Stoph oder anderen Politbüro-Mitgliedern der "Traditionalisten-Gruppe" noch mit dem sowjetischen Botschafter in Ost-Berlin abgestimmt gewesen. Schürer zufolge war allein sein engster Mitarbeiterkreis in der Staatlichen Plankommission eingeweiht (Mitteilung von Gerhard Schürer an den Vf., 31.10.1995).
258 Kusmin 1995, S. 288. - Mielke hielt sich vom 25.- 27. April 1988 zu Gesprächen mit der sowjetischen Partei- und Staatsführung in Moskau auf. Das Protokoll der Sitzung des MfS-Kollegiums vom 20.5.1988, in der Mielke über seine Gespräche berichtete, gibt keine Einzelheiten preis (in: BStU, ZA, MfS-SdM 1567, Bl. 170). Im Vorfeld seiner Moskau-Reise hatte sich Mielke von Schalck Material über die reale Verschuldungslage der DDR zusammenstellen lassen.

anleitete, unterstanden Krenz im Zentralkomitee die dem Ministerrat übergeordnete Abteilung Staats- und Rechtsfragen, die Abteilung Jugend und die Abteilung Sport. Krenz wurde Mitglied des Nationalen Verteidigungsrates und erhielt im Staatsrat das Amt eines Stellvertreters des Vorsitzenden. Seit er Honecker zudem während dessen Abwesenheitszeiten als Generalsekretär vertreten durfte, galt er als zweiter Mann der Partei und Kronprinz für das höchste Amt.

Krenz schien Honeckers größtmögliches Vertrauen zu genießen. Das besagte, daß der Generalsekretär einerseits von seiner unbedingten persönlichen Loyalität überzeugt war, andererseits seine Fähigkeiten aber auch so realistisch einschätzte, daß ihm von Krenz keine Gefahr drohte. Den Leichtsinn Ulbrichts, der Honecker 1961 mit der Leitung der Kaderabteilung des Zentralkomitees das personalpolitische Instrument für seinen Sturz in die Hand gegeben hatte, hatte sich Honecker nicht erlaubt, sondern diese Abteilung in seinem eigenen Verantwortungsbereich behalten. Gleichwohl war es ein natürlicher Prozeß, daß die Hausmacht von Krenz mit dem Nachrücken ihm vertrauter und auch freundschaftlich verbundener FDJ-Funktionäre in Partei- und Staatsfunktionen auch über die ihm direkt unterstellten Bereiche hinaus langsam, aber stetig größer wurde.

Für Stoph und seine Mitverschwörer war es somit opportun, Krenz auf ihre Seite zu ziehen und sich vorerst in Geduld zu üben. Was Krenz betreffe, gibt Kotschemassow eine optimistische Äußerung von Stoph wieder, "sage ich eindeutig, daß man ihm vertrauen kann und helfen muß, seinen Platz und Kraft zu finden. Ich werde ihm dabei in jeder Beziehung zur Seite stehen."²⁵⁹ Kraft mußte Krenz vor allen Dingen deshalb finden, weil er seine Karriere und seine Stellung in der Partei ganz persönlich demjenigen zu verdanken hatte, dessen Sturz anzuführen er prädestiniert und auserkoren war. Als moskautreuem Nachwuchskader war zwar sein Unbehagen an der Politik Honeckers nach eigenem Bekunden mit dessen zunehmender Distanz zu Gorbatschow gewachsen. Gleichzeitig vermeinte er jedoch Signale aus Moskau so verstehen zu müssen, zunächst die Stabilisierung des Reformprozesses in der Sowjetunion abzuwarten, bevor Veränderungen in der DDR eingeleitet werden könnten.²⁶⁰

Im Februar 1989 bemühte sich Gerhard Schürer, Krenz für die Absetzung Honeckers, Mittags und Herrmanns zu gewinnen. Im Keller seines Wochenendhauses in Dierhagen klärte Schürer Krenz umfassend über das sich anbahnende ökonomische Desaster auf und unterbreitete ihm folgenden Vorschlag: "Ich werde im Politbüro auftreten (...) und fordern, daß Honecker und Mittag abgesetzt werden (...) und (...) du zum Generalsekretär gewählt wirst. Du kannst ja nicht auftreten und sagen, ich will, daß ich Generalsekretär werde, aber ich kann dich vorschlagen. Ich bin zwar nur Kandidat und eigentlich nicht stimmberechtigt, aber ich kann's ja machen. Ich provoziere diese Frage und trete auf, weil sonst die DDR kaputtgeht. Wir sind an der Grenze des Ruins dieses Landes, wenn wir nicht die Wirtschaftspolitik ändern."²⁶¹ Doch Krenz zeigte sich von Skrupeln geplagt. Aus seiner Verbindung zu Alexander Schalck war er bereits heimlich, dafür aber bestens über die ökonomische Abwärtsspirale der DDR informiert. Gegen eine Absetzung Mittags äußerte er im Gespräch mit Schürer keine Bedenken. Zum Sturz Honeckers jedoch, seines Ziehvaters und politischen Lehrers, war er nicht bereit. Im Wissen um dessen Krebserkrankung vertröstete er Schürer auf bessere Zeiten nach Honeckers natürlichem Abgang: "Gerhard, wir müssen bei Erich auf eine biologische Lösung warten."²⁶² Aus den Materia-

---

259 Kotschemassow 1994, S. 69.
260 Gespräch d. Vf. mit Egon Krenz, 2.4.1992. Vgl. dazu auch das Gespräch des Vf. mit Valentin Falin, 27.8.1992.
261 Gerhard Schürer, in: Hertle 1992b, S. 139.
262 Ebd., S. 140.

lien, die Honecker in dieser Zeit über Ulbrichts Sturz verteilen ließ, schrieb sich Krenz gleich mehrfach den Ausspruch Breschnews "Ohne SU gibt es keine DDR" ab. Ohne Sowjetunion keine DDR - legte diese Formel nicht im Analogieschluß nahe, daß es ohne die Unterstützung Moskaus keinen neuen Generalsekretär der SED geben würde?

Weil die Verschwörer ohne die Weihe der höchsten sowjetischen Instanzen kein Zutrauen in den Erfolg ihrer Fronde hatten, blieben sie auch während der dreimonatigen Abwesenheit Honeckers im Sommer 1989 passiv. Geschickt teilte Honecker die Macht. Für die Zeit seines Jahresurlaubs, den er im Anschluß an seine Gallenkolik in Budapest Anfang Juli antrat, setzte er wie gewöhnlich Krenz als Statthalter ein. Am 11. August, zu Beginn der offenen Krise um die Besetzung der Ständigen Vertretung in Ost-Berlin und der Fluchtbewegung über Ungarn, kehrte er in sein Amt zurück. Fünf Tage später verabschiedete er sich erneut, um sich einer Krebsoperation zu unterziehen. Wohlbedacht oder nicht, schickte er nun Krenz in Sommerurlaub und übertrug Günter Mittag seine Geschäfte im Politbüro und ZK-Sekretariat, was dem Kronprinzen als Zeichen des Mißtrauens zu denken gab.

Mittag erfüllte seine Aufgabe, die er als "geschäftsführende Urlaubsvertretung"[263] verstand, ohne eigene politische Ambitionen. Ob es die Tagesordnung des Politbüros oder die zu behandelnden Vorlagen waren: Stets war Mittag bemüht, keinen Schritt ohne die Zustimmung Honeckers zu tun. In der ersten Zeit holte er sich das berühmte "Einverstanden. E.H." am Krankenbett Honeckers, später dann an seinem Genesungsort. Grundsatzdiskussionen im Politbüro, die die politische Lage der DDR nach der ungarischen Grenzöffnung betrafen, wurden im Einverständnis aller Beteiligten zunächst auf die Zeit nach der Rückkehr Honeckers verschoben.[264] Als diese sich unerwartet bis Ende September verzögerte, wurde im Hinblick auf die nun dringlichere Vorbereitung des 40. Jahrestages der DDR im Politbüro entschieden, die innere Lage erst am 10. Oktober, dem ersten Sitzungstag des Politbüros nach den Staatsfeierlichkeiten, zu erörtern.

Im Hinblick auf die Wahrung seiner eigenen Machtposition mochte sich Honeckers Vorsichtsmaßnahme, seine Vertretung abwechselnd auf Krenz und Mittag zu übertragen und beide auf diese Weise gegeneinander auszuspielen, bewährt haben. Daß der Generalsekretär ausgerechnet in der kritischsten Zeit der DDR seit dem Mauerbau drei Monate abwesend war und das Politbüro mit seiner machtpolitischen Taktik paralysierte, trug zusätzlich zur wochenlangen Lähmung und Agonie des Führungsgremiums der SED bei.

Der endgültige Beschluß, Honecker zu stürzen, fiel Herger und Schabowski zufolge am 12. Oktober. Darüber hätte sich Krenz in getrennten Gesprächen mit Lorenz und Schabowski verständigt.[265] Letzter Anlaß sei eine Beratung Honekkers mit den Ersten Bezirkssekretären gewesen, in der der Generalsekretär die innere Krise der DDR allein "auf das Wirken feindseliger Kräfte von außen" zurückgeführt habe, was seine Gegner als Versuch bewerteten, die gerade erst veröffentlichte Stellungnahme des Politbüros zu "paralysieren".[266] Mit Hans Mo-

---

263 Mittag 1991, S. 44.
264 Vgl. die Aufzeichnungen von Wolfgang Herger über den Verlauf der Sitzungen des Politbüros am 29.8.1989, 5.9.1989 und 12.9.1989 (SAPMO-BArch, ZPA-SED, IV 2/2.039/76 und 77). Sie sind dok. in: Stephan 1994, S. 96 ff., 118 ff. und 146 ff.
265 Vgl. Schabowski 1991, S. 257. - Für Hans Modrow wiederum ging aus dem Gespräch, das er im Anschluß an die Beratung am 12.10.1989 mit Krenz und Lorenz führte, nicht eindeutig hervor, daß der Sturz Honeckers unmittelbar bevorstand (Gespräch d. Vf. mit Hans Modrow, 4.1.1995; vgl. auch Modrow 1991a, S. 19).
266 Schabowski 1991, S. 256.

drow[267], Johannes Chemnitzer und Günther Jahn traten drei Erste Sekretäre gegen Honecker auf und äußerten offene Kritik. Jahn, 1. Sekretär der SED im Bezirk Potsdam, brach das Tabu und legte Honecker seinen Rücktritt nahe. Doch die meisten Bezirkssekretäre äußerten sich "lavierend", wenn sie sich nicht, wie Lorenz, Böhme, Eberlein und Walde, die zugleich dem Politbüro angehörten, völlig in Schweigen hüllten.[268] Das Kräfteverhältnis zwischen den loyalen Anhängern Honeckers und seinen Gegnern blieb nicht nur im Politbüro, sondern auch auf dieser zweiten Führungsebene der SED nach wie vor ungeklärt. Auch deshalb scheint die Annahme plausibel, daß es neben dieser Beratung auch die Perspektive war, von Honecker wegen Wahlfälschung zur Rechenschaft gezogen zu werden, die die Entschlußkraft beflügelte und bei Krenz und manchem seiner Mitstreiter die Erkenntnis vertiefte, daß der richtige Zeitpunkt herangereift war.

Erste Informationen über die Reaktion der Parteimitglieder und der Bevölkerung auf die Politbüro-Erklärung vom 11. Oktober zeigten darüber hinaus, daß sie weder geeignet war, den Druck in der Partei zu mildern noch die Diskussionen auf die nächste, nicht einmal einberufene ZK-Tagung oder gar den Parteitag zu vertagen.[269] Die großen Versammlungen in den Kirchen und die Demonstrationen auf den Straßen rissen nicht ab. Durch die Übergriffe der Sicherheitskräfte wurde der Protest zusätzlich befördert. Mit der Freilassung nahezu aller festgenommenen Demonstranten am 13. Oktober räumte die Staatsanwaltschaft indirekt die von der Staatsmacht begangenen Rechtsverletzungen ein.

Im Hinblick auf die erfolgreiche Durchführung des Sturzes von Honecker können wenig Zweifel daran bestehen, daß die Verschwörer um Krenz an bürgerkriegsartigen Zuständen in Leipzig anläßlich der zu erwartenden Montagsdemonstration am 16. Oktober nicht interessiert waren. Als für Sicherheit zuständiger ZK-Sekretär nahm Krenz die staatlichen Vorbereitungen auf diesen Tag selbst in die Hand und flog am 13. Oktober mit den Stabschefs der Armee und des Innenministeriums, Fritz Streletz und Karl-Heinz Wagner, dem stellvertretenden Stasi-Minister Rudolf Mittig sowie Wolfgang Herger zu einer Beratung mit der Bezirkseinsatzleitung nach Leipzig. Oberster Zweck dieser Reise war es zwar nicht, wie Krenz schreibt, "über die Sicherung eines friedlichen *Ablaufs* der Demonstration am 16. Oktober 1989" zu beraten.[270] Der von ihm und Streletz auf dem Rückflug vorbereitete und von Honecker unterschriebene Befehl des Vorsitzenden des Nationalen Verteidigungsrates über "Maßnahmen zur Gewährleistung der Sicherheit und Ordnung in Leipzig" legte nach wie vor fest, alle Maßnahmen vorzubereiten, "um geplante Demonstrationen *im Entstehen zu verhindern*."[271] Doch für den Fall, daß dies nicht gelingen sollte - und darin lag tatsächlich eine neue Qualität der Befehlslage -, war der Einsatz polizeilicher Mittel und Kräfte nur bei Gewaltanwendung der Demonstranten gegenüber den eingesetzten Sicherheitskräften bzw. Objekten befohlen, und zwar ausdrücklich ohne Anwendung von Schußwaffen. "Der Einsatz der Schußwaffe im Zusammenhang mit möglichen Demonstrationen", hieß es in dem Befehl, "ist grundsätzlich verboten."[272]

---

267 Das Redemanuskript von Hans Modrow für diese Sitzung ist dok. in: Stephan (Hg.) 1994, Dok. 33, S. 157-161.
268 Gespräch d. Vf. mit Hans Modrow, 4.1.1995.
269 Vgl. etwa ZAIG, Erste Hinweise auf Reaktionen der Bevölkerung zur Erklärung des Politbüros des ZK der SED, 13.10.1989 (BStU, ZA, MfS-ZAIG 5351, Bl. 74-78), sowie die Lageberichte der Abteilung Parteiorgane des ZK (in: BStU, ZA, MfS-ZAIG 7834).
270 Krenz 1990, S. 138.
271 Befehl Nr. 9 des Vorsitzenden des NVR über Maßnahmen zur Gewährleistung der Sicherheit und Ordnung in Leipzig vom 13.10.1989, S. 3 (PdV). Hervorhebung v. Vf.
272 Ebd.

Nichtsdestoweniger hätte angesichts des wiederum massiven Kräfteaufgebots auch am 16. Oktober der kleinste Zwischenfall ausgereicht, um eine Eskalation von Gewaltanwendung auszulösen.

Krenz und Streletz brachten Honecker im Vorfeld der Leipziger Montagsdemonstration von Überlegungen ab, als Abschreckungsmaßnahme "ein Panzer-Regiment durch Leipzig fahren zu lassen."[273] Dem Stabschef des MdI, Generaloberst Wagner, zufolge war der Gedanke, Panzer einzusetzen, bereits im Flugzeug verworfen worden, weil der DDR dann ein Massaker wie in Peking, wenn nicht ein Krieg gedroht hätte.[274] Honecker habe er von der Unsinnigkeit einer solchen militärischen Drohgebärde mit dem Argument überzeugt, so Streletz, daß die jugendlichen Demonstranten, die in Leipzig die überwiegende Mehrheit der Demonstrationsteilnehmer stellten, in Panzernahbekämpfung ausgebildet seien. Mit einem Sprung auf das Kettenfahrzeug und der Abdunkelung der Sichtluke des Fahrers mit einem Tuch seien Panzer in der Stadt manövrierunfähig zu machen. Ein erfolgreicher Panzereinsatz in Städten und dichtbesiedelten Wohngebieten setze deshalb die bedingungslose Bereitschaft zur Gewaltanwendung voraus. Honecker hätten diese Einwände überzeugt, so daß er von einem Panzereinsatz Abstand nahm.[275]

Am späten Nachmittag des 16. Oktober fanden sich Honecker, Mielke, Streletz und Krenz bei Innenminister Dickel im Lagezentrum des MdI ein. Damit war garantiert, daß keiner der für die bewaffneten Organe Verantwortlichen "aus der Kette ausbrechen und für sich alleine irgendwelche Befehle geben konnte."[276] Gemeinsam verfolgten sie auf den Monitoren die Direktübertragung des operativen Fernsehens des MdI aus Leipzig. Parallel waren an diesem Montag auch Tonleitungen geschaltet. Die Forderungen der 120.000 Demonstrationsteilnehmer nach Zulassung des Neuen Forums, freien Wahlen sowie Reise-, Presse- und Meinungsfreiheit drangen auf diese Weise ebenso direkt ans Ohr der SED-Führung wie die Sprechchöre "Keine Gewalt" und "Wir sind das Volk!" Die Leipziger Montagsdemonstration nahm einen friedlichen Verlauf, die bewaffneten Kräfte schritten nicht ein. Auch parallele Demonstrationen mit rund 10.000 Teilnehmern in Dresden und Magdeburg, 5.000 in Halle und 3.000 in Berlin gingen ohne Zwischenfälle auseinander. Der Weg für den Sturz Honeckers in der Politbüro-Sitzung am Morgen des 17. Oktober war frei.

Die letzten Feinheiten des Sturzes waren am Wochenende des 14. und 15. Oktober so konspirativ wie möglich und ausschließlich in Vier- oder Sechsaugen-Gesprächen vorbereitet worden. Von der "sehr anständigen Lösung" (Krenz), Honecker eine halbe Stunde vor Beginn der Sitzung mit einer Gruppe von sieben

---

273 "Wahr ist", stellte der Vorsitzende der Wahlkommission in diesem Fall seiner Äußerung voran, "daß Erich Honecker mir am Sonnabend, dem 14. Oktober, gesagt hat, ich möge Herrn Streletz, den Stabschef der Nationalen Volksarmee, anweisen, ein Panzer-Regiment durch Leipzig fahren zu lassen. Damit war nicht beabsichtigt, davon bin ich überzeugt, dieses Panzerregiment auch einzusetzen. Es sollte gewissermaßen eine Kraftprobe sein. Und zusammen mit dem Stabschef der Armee, Generaloberst Streletz, haben wir alles getan, damit diese Kraftprobe nicht zustande kommt." (Egon Krenz, in: ZDF, Die große Freiheit - Das Wunder von Berlin (Dokumentarfilm), Autoren: Ekkehard Kuhn, Guido Knopp, Oktober 1994; vgl. dazu auch: Berliner Morgenpost, 8.10.1994, S. 1).
274 Gespräch d. Vf. mit Karl-Heinz Wagner, 24.4.1995.
275 Gespräch d. Vf. mit Fritz Streletz, 8.12.1994. - Bei Schabowski, der am Abend des 13. Oktober von Krenz über diesen Sachverhalt informiert wurde, heißt es dazu knapp: "Honecker hatte den vorerst flüchtigen Gedanken fallengelassen, mit Panzern eine Einschüchterungskulisse zu schaffen" (Schabowski 1991, S. 259).
276 So die Aussage von Egon Krenz vor der unabhängigen Untersuchungskommission zu den Ereignissen in Berlin am 7. und 8. Oktober 1989 (in: Dahn/Kopka 1991, S. 173).

Politbüro-Mitgliedern aufzusuchen und ihn zum freiwilligen Abtritt zu bewegen, hatte der verschwörungserfahrene Stoph strikt abgeraten. "Wenn sieben Leute kämen", gibt Krenz den ihn überzeugenden Einwand Stophs wieder, "dann könne der Generalsekretär fragen: Wer hat euch denn beauftragt?"[277] Aus Furcht, in diesem Fall wie eine Fraktion - dazu auch noch eine recht kleine - lediglich in eigenem Auftrag vor Honecker zu stehen, einigten sich Stoph und Krenz, den Ort der Handlung in die Sitzung zu verlegen. Stoph erklärte sich bereit, dort die Hauptrolle zu übernehmen und gleich zu Beginn die Ablösung Honeckers zu beantragen.

Am Abend des 15. Oktober kamen Krenz und Schabowski in Wandlitz mit Harry Tisch zusammen. Der FDGB-Vorsitzende, der am folgenden Tag nach Moskau fliegen wollte, sollte seinen Besuch bei den sowjetischen Gewerkschaften mit der Aufgabe verbinden, Gorbatschow vorab über den Sturz Honeckers zu unterrichten. Dieser zeigte sich bei dem Treffen am 16. Oktober bestens über die Pläne informiert, spürte doch sein Botschafter in Ost-Berlin, Kotschemassow, ständig von Krenz, Stoph und anderen kontaktiert, daß er sich in diesen Tagen "im Mittelpunkt der Ereignisse (befand), obwohl ich auf sie keinen direkten Einfluß ausübte."[278] Gorbatschow zeigte Sympathie für das Vorhaben, machte aber auch deutlich, daß er sich nicht in die inneren Angelegenheiten der DDR einzumischen gedenke und es der DDR selbst überlassen sei, "unter welcher Führung sie arbeitet."[279] Abschließend, so Tisch, habe der sowjetische Generalsekretär "viel Glück" gewünscht, aber skeptisch hinterhergeschickt: "Aber werdet ihr's noch schaffen?"[280]

Als Krenz und Herger etwa zur selben Stunde die Bilanz der vorbereitenden Gespräche und Telefonate zogen und zum letzten Mal das Kräfteverhältnis im Politbüro abschätzten, wähnten sie sich der Unterstützung von 12 der 21 Vollmitglieder und von zwei der fünf nicht-stimmberechtigten Kandidaten sicher.[281] Da sich Heinz Keßler, als Freund Honeckers bekannt, noch in Nicaragua aufhielt, war die Mehrheit zwar knapp, aber sie stand. Beruhigend wirkte zudem, daß es Krenz und insbesondere Herger gelungen war, von Keßler abgesehen alle übrigen Vertreter der bewaffneten Organe in beiden Gremien auf ihre Seite zu ziehen.

Die Sitzung des Politbüros am 17. Oktober lief zunächst nach Plan.[282] Willi Stoph stellte zu Beginn der Sitzung den Antrag, Honecker von seinen Funktionen abzulösen.[283] Wiederum ergriffen alle Anwesenden das Wort. Ob sie seine Ver-

---

277 Krenz 1990, S. 143.
278 Kotschemassow 1994, S. 177.
279 Harry Tisch, "... und wieder war da diese verdammte Feigheit", in: Berliner Kurier am Sonntag, 18.8.1991.
280 Ebd.
281 Mitteilung von Wolfgang Herger an den Vf. Eine gedanklich durchgespielte Probeabstimmung im Zentralkomitee, so Herger, habe 80 bis 90 der 165 Stimmen für die Absetzung Honeckers ergeben.
282 Auch über die Politbüro-Sitzung vom 17.10.1989 existiert eine stichwortartige Mitschrift von Gerhard Schürer, an der sich die folgende Darstellung orientiert. Auch für diese Mitschrift gelten die bereits oben getroffenen quellenkritischen Einschränkungen. Vgl. Gerhard Schürer, Persönliche Aufzeichnungen, Politbüro 17.10.1989, 16 handschriftliche, nicht-paginierte Seiten (BArch/P, E-1-56321).
283 Der genaue Inhalt des Antrags von Stoph ist nicht schriftlich überliefert, die Berichte der Beteiligten weichen voneinander ab. Krenz zufolge lautete der Antrag von Willi Stoph, Erich Honecker von seinen drei Funktionen abzulösen und dem Zentralkomitee Krenz für die Funktion des Generalsekretärs vorzuschlagen (Krenz 1990, S. 144). Die Forderung, auch Günter Mittag und Joachim Herrmann von ihren Funktionen zu entbinden, sei erst in der Diskussion laut geworden (Krenz 1990, S. 144, in diesem Sinne auch Honecker, in: Andert/Herzberg 1990, S. 31, und Siegfried Lorenz, Oktobertage im Politbüro, in: Freie Presse, 30.11.1989, S. 3). Gerhard Schürer erinnert sich, daß Günther Kleiber vorschlug, Joachim Herrmann

dienste würdigten (Hager, Axen), seine Ignoranz kritisierten (Krolikowski) oder ihm vorwarfen, er habe selbst sein Lebenswerk zerstört (Böhme), ob ihnen das Herz blutete (Lorenz) oder die Entscheidung weh tat (Krenz): Alle rückten von ihrem Generalsekretär ab und stimmten Stophs Antrag zu; so Günter Mittag, der trocken feststellte, Honecker habe das Vertrauen der Partei verloren, und ebenso Erich Mielke, der in bezug auf die "sehr, sehr ernste Lage" erregt vorbrachte: "Wir haben vieles mitgemacht. Wir können doch nicht anfangen, mit Panzern zu schießen." Als einundzwanzigster Redner kam schließlich Krenz zu Wort und erklärte seine Bereitschaft, die Verantwortung zu übernehmen.

"Tief getroffen, daß (der) Vorschlag von Stoph kam", wehrte sich Honecker am Ende zur Überraschung aller mit einer verbitterten, aber angriffslustigen Verteidigungsrede. Er warnte vor dem Glauben, daß mit seiner Ablösung die inneren Probleme beruhigt würden: "(Der) Feind wird weiter heftig arbeiten. Nichts wird beruhigt." Das Auswechseln von Personen zeige vielmehr, "daß wir erpreßbar sind." Das werde der Gegner ausnutzen. An Schabowski gerichtet, der als neue Politik von Krenz eine "Linie der Kontinuität und Erneuerung" propagiert hatte, stellte er die Frage, was denn die Erneuerung sei, welche Richtung eingeschlagen werden solle? Bisher jedenfalls gebe es eine solche Linie nicht. Gegen die, die offen gegen die Arbeiter- und Bauernmacht seien, müsse man auftreten, wies er dann Mielke zurecht. Zwar respektiere er die Beschlüsse des Politbüros, doch mit der Ablösung von Kadern sei er nicht einverstanden. Auch in der Ungarischen Volksrepublik, in der der Sozialismus nun verloren sei, habe dieser erste Schritt nicht geholfen. Tief enttäuscht äußerte er sich abschließend darüber, daß Genossen gegen ihn gesprochen hätten, "von denen ich das nie erwartet habe." Als letzten Satz Honeckers hielt Schürer fest: "Ich sage das nicht als geschlagener Mann, sondern als Genosse, der bei bester Gesundheit ist."

Trotz seines Widerstandes mußte sich Honecker am Ende geschlagen geben. Er stimmte seiner eigenen Ablösung zu. Mittag und Herrmann taten es ihm gleich. Einstimmig beschloß somit das Politbüro, Honecker, Mittag und Herrmann von ihren Funktionen zu entbinden und dem Zentralkomitee Egon Krenz als neuen Generalsekretär vorzuschlagen.

2.5. Die "Wende" der SED

Wie Honecker nach der Ablösung Ulbrichts im Jahre 1971 und dem Vorbild Gorbatschows getreu, kopierte Krenz die Konzentration der gesamten Macht in Partei und Staat auf seine Person. Auf der Sitzung der Volkskammer am 24. Oktober folgte er Honecker auch in den Funktionen des Vorsitzenden des Staatsrates und des Nationalen Verteidigungsrates nach. Gegen diese neuerliche Ämterhäufung gab es neben Protesten auf der Straße erstmals nicht nur Gegenstimmen in der Volkskammer; auch in der SED kam Kritik auf. Soweit es Krenz selbst betraf, hielt sich seine Freude über die neuen Ämter vor dem Hintergrund seines Wissens um die ökonomische Lage und die Auslandsverschuldung in engen Grenzen. Wie auch immer der Nachfolger Honeckers heißen werde, hatte Krenz gelegentlich im engsten Vertrautenkreis prophezeit, er werde sich den Hals brechen.[284] Schon die ersten Tage nach dem Führungswechsel schienen diese nega-

---

abzulösen und Inge Lange einen entsprechenden Antrag in bezug auf Günter Mittag stellte (Mitteilung von Gerhard Schürer an den Vf., 14.3.1995). Schabowski und Mittag berichten dagegen vermutlich unzutreffend, Stoph habe gleich zu Beginn der Politbüro-Sitzung die Ablösung von Honecker, Mittag und Herrmann beantragt (Schabowski 1991, S. 268; Mittag 1991, S. 23).

284 Mitteilung von Wolfgang Herger an den Vf. - Werner Hübner, Mitarbeiter der ZK-Abteilung Sicherheitsfragen und enger Vertrauter von Herger, berichtet, daß Krenz

tive Prognose zu bestätigen. "Die Lage im Lande beruhigt sich nicht", notierte Wolfgang Herger enttäuscht, "im Gegenteil, die Unruhe wächst, die Forderungen nach schnellen praktischen Resultaten werden drängender, Demonstrationen finden mittlerweile im ganzen Lande statt."[285]

Mit seiner provokativen Frage, worin die Politik der Eneuerung eigentlich bestehen solle, hatte Honecker den schwächsten Punkt seiner Gegner aufgedeckt. Schnell zeigte sich, daß weder Krenz noch seine Mitverschwörer Stoph, Mielke und Schabowski über den Sturz von Honecker, Mittag und Herrmann hinaus über eine gemeinsame politische Konzeption verfügten, die über die vage Zielvorstellung der Wiederherstellung eines engeren Schulterschlusses mit der Sowjetunion hinausgegangen wäre.[286] Die Gemeinsamkeit reichte nicht einmal aus, um die freigewordenen Positionen von Mittag und Herrmann, die zu den wichtigsten der Kader-Nomenklatur zählten, unverzüglich neu zu besetzen.

Krenz verstand unter der von ihm am 18. Oktober verkündeten Politik der "Wende" vornehmlich den Beginn eines "ernstgemeinten politischen Dialogs", mit dem die SED "vor allem die politische und ideologische Offensive" ergreifen wollte, ohne "den Sozialismus auf deutschem Boden" zur Disposition zu stellen. Bedingungen für diesen Dialog seien, so hatte er formuliert: "Erstens: Alles, worüber wir uns einig sind und worüber wir uns streiten, muß eindeutig in seinem Ziel sein: den Sozialismus in der DDR weiter auszubauen, die sozialistischen Ideale hochzuhalten und keine unserer gemeinsamen Errungenschaften preiszugeben. Wer das in Zweifel zieht, stellt das Lebenswerk von Generationen in Frage. Zweitens: Unsere sozialistische deutsche Republik ist und bleibt ein souveränes Land. Wir lösen unsere Probleme selbst."[287]

Als politisches Credo der Politik der "Wende" konnte immerhin der Satz verstanden werden: "Wir lassen uns von der festen Überzeugung leiten, daß alle Probleme in unserer Gesellschaft politisch lösbar sind."[288] Mit dieser politischen Vorgabe war die Tätigkeit des Sicherheitsapparates weitgehend auf Beobachtung und Dokumentation der Ereignisse beschränkt und die Anwendung offener Repression gehemmt.

Auf einer Dienstbesprechung des erweiterten Führungskreises des MfS am 21. Oktober ließ Mielke wenig Zweifel daran, daß die Linie der Partei, politische Probleme mit politischen Mitteln zu lösen, gegen seine tschekistische Grundüberzeugung verstieß. Sie bedeute, ließ Mielke wissen, auf die "antisozialistischen Sammlungsbewegungen" nicht so zu reagieren, wie es "diese Kräfte eigentlich verdienen."[289] Um so entscheidender wirkte sich auf das Verhalten des MfS bis zum Fall der Mauer und auch danach aus, daß Mielke trotz seines Unverständnisses jede eigenständige Politik des MfS an der Partei vorbei kategorisch ausschloß. "Bei allem, was wir tun," schärfte er seinen Leitungskadern ein,

---

selbst "sich nur als zeitweilige Lösung" gesehen habe (Werner Hübner, in: Gysi/Falkner 1990, S. 37).
285 Mitteilung von Wolfgang Herger an den Vf.
286 Krenz und Schabowski räumen dies in ihren Darstellungen freimütig ein. Vgl. Krenz 1990; Schabowski 1991.
287 Rede von Egon Krenz im Zentralkomitee am 18.10.1989. Siehe: Stenographische Niederschrift der 9. Tagung des ZK der SED, 18.10.1989 (SAPMO-BArch, ZPA-SED, IV 2/1/701).
288 Ebd., Bl. 21.
289 Referat des Gen. Ministers zur Auswertung der 9. Tagung des ZK der SED und zu den sich daraus ergebenden ersten Schlußfolgerungen für die Tätigkeit des MfS, 21.10.1989 (BStU, ZA, MfS-ZAIG 4885, Bl. 75). Neben Mielke und seinen Stellvertretern nahmen die Leiter aller Hauptabteilungen sowie der selbständigen Abteilungen der Zentrale, die Chefs der Bezirksverwaltungen und das Sekretariat der SED-Kreisleitung des Ministeriums, - insgesamt 74 Leitungskader -, an der "Auswertung" teil. - Die Blattangaben im Text beziehen sich auf diese Quelle.

"ist bis zur letzten Konsequenz davon auszugehen: Alle Maßnahmen des Ministeriums für Staatssicherheit, jeder Diensteinheit, haben sich in die Generallinie, in die Beschlüsse des Zentralkomitees und seines Politbüros einzuordnen, müssen auf ihre strikte Durchsetzung gerichtet sein" (Bl. 28). Als aktuelle Aufgabenstellung des MfS gab Mielke den Schutz führender Repräsentanten und zentraler Objekte sowie die Verhinderung von Konfrontationen zwischen Sicherheitskräften und Demonstranten durch "kluge und besonnene Maßnahmen" (Bl.20) aus. Durch "vorausschauendes Herangehen" müsse es gelingen, "alle gebotenen Möglichkeiten zu nutzen, um vorher Einfluß zu nehmen, Gefahren möglichst abzuwenden bzw. auszuschließen, zur Beruhigung bzw. Entschärfung der Lage beizutragen" (Bl.21). In die oppositionellen Gruppen seien "verstärkt auch solche IM einzubauen, die Einfluß auf die Richtung des Vorgehens solcher Gruppierungen ausüben können", so daß das MfS die Kontrolle über sie behalte (Bl.38). Gewaltsame Mittel dürften nur eingesetzt werden, "wenn eine unmittelbare Gefährdung von Personen, Objekten und Sachen vorliegt und anders nicht abzuwenden ist" (Bl.21). In den nächsten Tagen, kündigte Mielke an, würden zentrale Entscheidungen getroffen, wie künftig gegen die oppositionellen Bewegungen vorgegangen werde.

Doch diese zentrale Entscheidung ließ auf sich warten. Am Dienstag, den 24. Oktober 1989, leitete Egon Krenz die erste Sitzung des Politbüros in seiner neuen Funktion als Generalsekretär des Zentralkomitees der SED. Als eine der ersten Entscheidungen ließ sich Krenz mit dem Bereich Kommerzielle Koordinierung den inoffiziellen, kapitalistischen Sektor der DDR-Planwirtschaft persönlich unterstellen.[290] Die Opposition, die sich immer mutiger und lautstärker artikulierte, sollte auch weiter bespitzelt und infiltriert werden.[291] Weil die ungenehmigten Demonstrationen weiter zunahmen, beriet das Politbüro auf Vorschlag von Wolfgang Herger, Staatssicherheitsminister Mielke und Innenminister Dickel die Vorlage "Maßnahmen zur Verhinderung der weiteren Formierung und zur Zurückdrängung antisozialistischer Sammlungsbewegungen", die zu der von Mielke erwähnten Entscheidung führen sollten. Oppositionsgruppen wie dem Neuen Forum, der Sozialdemokratischen Partei (SDP), dem Demokratischen Aufbruch und der Initiative für Frieden und Menschenrechte sei es gelungen, "ihre bisherige gesellschaftliche Isolierung zu durchbrechen und wachsenden Einfluß zu gewinnen."[292] Anträge auf "Bestätigung der Anmeldung zur Gründung einer Vereinigung", wie es im Stasi-Deutsch hieß, seien vom MdI als verfassungswidrig zurückzuweisen; die Nationale Front reiche als politische Plattform für alle Bürger der DDR aus. Im Dialog mit Einzelpersonen aus den Bürgergruppen sollten die SED-Funktionäre Spreu und Weizen trennen: konstruktiv Andersdenkende soll-

---

290 Der Politbüro-Beschluß lautete: "Der Bereich Kommerzielle Koordinierung unter Leitung des Genossen Alexander Schalck wird dem Generalsekretär des ZK der SED unterstellt. Entscheidungen, die dem Generalsekretär des ZK vorgelegt werden, sind gleichzeitig dem Vorsitzenden des Ministerrates der DDR zur Kenntnis zu geben." Vgl. Protokoll Nr. 45 der Sitzung des Politbüros des ZK der SED vom 24.10.1989 (SAPMO-BArch, ZPA-SED, J IV 2/2/2354).
291 Vgl. "Information über das Wirken antisozialistischer Sammlungsbewegungen und damit im Zusammenhang stehende beachtenswerte Probleme", Berlin, 23.10.1989 (MfS, ZAIG, Nr. 471/89) sowie "Information über das Wirken des 'Neuen Forums', weiterer Sammlungsbewegungen und damit im Zusammenhang stehende beachtenswerte Probleme", Berlin, 7.11.1989 (MfS, ZAIG, Nr. 496/89), dokumentiert in: Mitter/Wolle 1990.
292 Erich Mielke/Friedrich Dickel/Wolfgang Herger/Klaus Sorgenicht, Vorlage für das Politbüro, Betr.: Maßnahmen zur Verhinderung der weiteren Formierung und zur Zurückdrängung antisozialistischer Sammlungsbewegungen, Berlin, 23.10.1989, Anlage 1: Information über antisozialistische Bewegungen in der DDR, S. 1 (SAPM0-BArch, ZPA-SED, J IV 2/2A/3250).

ten einbezogen, Feinde des Sozialismus dagegen entlarvt und registriert werden. Das Politbüro vertagte jedoch den Beschluß über diese Vorlage auf den 31. Oktober.

Bis dahin spitzte sich die politische Lage für die SED weiter zu. Leitende Parteifunktionäre aller Ebenen, jahrzehntelang politischer Diskussionen in freier Rede und Gegenrede entwöhnt, zeigten sich dem Dialog nicht gewachsen. Wo immer sie auftraten und über "Wende" und "Erneuerung" sprachen, heizten sie die Stimmung der Bevölkerung gegen sich und die SED zusätzlich an. In einem Bericht der SED-Bezirksleitung Berlin wurde folgender Dialog des 79jährigen Politbüro-Mitglieds Alfred Neumann mit einem Arbeiter bei einem Betriebsrundgang durch das Berliner Reichsbahnausbesserungswerk als typisch für seinen Auftritt wiedergegeben:

"Arbeiter: Du hast seit Jahren nichts bewegt. Es müssen Leute 'ran, die etwas bewegen und nicht solche, die schon 80 sind und schon jahrelang nichts mehr gekonnt haben. Hör' auf und setz' dich zur Ruhe. Du hast genug geleistet.

A. Neumann: Das Alter spielt keine Rolle. Ob alter oder junger Esel - Esel bleibt Esel.

Arbeiter: Wenn bei uns einer 60 wird, dann wird er vom Medizinischen Dienst obligatorisch untersucht, ob er für seinen Arbeitsplatz noch die Voraussetzungen hat. Wirst du auch medizinisch untersucht?

A. Neumann: Die Jugend läuft ja weg, wir müssen bleiben.

Arbeiter: Die Jugend rennt, weil ihr sie nicht mehr versteht. In komplizierter Lage muß man Konsequenzen ziehen. Du hast seit Jahren nichts bewegt. Hör' doch auf. Ihr müßt im Politbüro aufgefrischt und verjüngt werden.

A. Neumann: Wir hören nicht auf. Das Alter ist nicht entscheidend. Adenauer wurde auch gewählt, als er fast 90 war, und Ludendorf war 87.

Arbeiter: Wir lassen uns nicht mehr verarschen. Ich bin Arbeiter und mach' meine Arbeit. Du hast deine zu machen. Ich habe dafür Rechenschaft zu legen. Tu' du es auch."[293]

Neben Neumann, hieß es weiter, werde auch die Ablösung von Axen, Mückenberger, Mielke und Stoph gefordert. Der Bericht, an alle Mitglieder des Politbüros verteilt, zielte offenbar darauf ab, die Gerontokraten zum freiwilligen Rückzug anzuregen. Die Gemeinschaft der Verschwörer zeigte nach nur zehn Tagen tiefe Risse.

In den Bezirken und Kreisen hatten die 1. Sekretäre der SED keinen leichteren Stand. Ihre "Dialog-Veranstaltungen" wurden zumeist zu Scherbengerichten über die Politik der SED. Weil selbst die bescheidensten lokalen oder bezirklichen Veränderungswünsche oder Forderungen, seit langem bekannte Mißstände abzuschaffen, an Entscheidungen zentraler Organe - von Ministerien, der Plankommission, des Ministerrates oder des Politbüros - gebunden waren, verfügten die SED-Funktionäre der unteren und mittleren Ebene über keinerlei Handlungsspielraum, die Proteste durch begrenzte Zugeständnisse zu kanalisieren. Der Parteistaat selbst verwandelte jede Forderung in eine politische Forderung, und der Zentralismus lenkte sie auf die Spitze des Systems.

Der Bezirk Schwerin war in Abstimmung mit dem ZK-Apparat ausgewählt worden, um ein Gegensignal des Nordens zur Leipziger Montagsdemonstration

---

293 Abt. Parteiorgane des ZK, Information über die aktuelle Lage in der DDR (Stand vom 27.10.1989, 6.00 Uhr), Berlin, den 27.10.1989, Anlage: Auszug aus dem Bericht der Bezirksleitung Berlin vom 27.10.1989 (LA Merseburg, SED-BL Halle, IV/F-2/3/453, Bl. 31/32).

zu setzen. Als das Neue Forum zum 23. Oktober zu einer Protestdemonstration im Stadtzentrum aufrief, startete die SED-Bezirksleitung eine Mobilisierung für eine regimetreue Kundgebung zur gleichen Zeit am gleichen Ort. Fünftausend "gesellschaftliche Kräfte" - "klassenbewußte Arbeiter, mutige Agitatoren und Propagandisten der Partei", wie es in einem Stasi-Bericht hieß[294] -, darunter ganze Räte der Kreise, wurden als Claqueure aus dem gesamten Bezirk mit Bussen herangefahren.[295] Wie ein Untersuchungsausschuß der Schweriner Stadtverordnetenversammlung nachträglich ermittelte, erschienen die Waffenträger unter den SED-Funktionären zu ihrer Dialogveranstaltung vorsichtshalber mit Pistolen.[296] Was als Aktion "Offensive" von der Bezirkseinsatzleitung geplant und als machtvolles Zeichen der wiedergewonnenen politischen Offensive der SED DDR-weit Ausstrahlungskraft gewinnen sollte, mißlang kläglich und endete als Aktion Wasserschlag. Als der SED-Bezirkschef seine Rede begann, reihte sich die Mehrheit der Versammelten in den Demonstrationszug des Neuen Forum ein und zog mit den Forderungen nach Zulassung der Gruppen der Bürgerbewegung, Medien-, Meinungs- und Versammlungsfreiheit sowie uneingeschränkter Reisefreiheit durch die Straßen Schwerins.[297] Bereits wenige Tage später entzündeten sich an der Durchführung der Kundgebung, die "wie in tiefer Illegalität" vorbereitet und zu der die Mitgliedschaft auf alte Weise abkommandiert worden sei, heftige innerparteiliche Auseinandersetzungen, die schließlich zum Rücktritt des 1. Sekretärs der Bezirksleitung führten.

Auch in anderen Bezirken blieb eine ähnliche Vorgehensweise der SED ohne Erfolg. Als am 25. Oktober 20.000 Demonstranten in Neubrandenburg den Kundgebungsplatz erreichten, war er bereits von bestellten SED-Gegendemonstranten besetzt. SED-Bezirkschef Johannes Chemnitzer erklärte "unter Pfiffen, Lösungen sollten nicht länger in Demonstrationen gesucht werden. Als der lautstarke Protest der Zwanzigtausend nicht enden will, ruft Chemnitzer entnervt: 'Wenn ihr nicht still seid, können wir auch anders!'"[298] In Halle scheiterten in der selben Woche Überlegungen in der SED-Bezirksleitung, eine Gegendemonstration unter dem Slogan "Rote Fahnen gegen weiße Kerzen" zu organisieren, bereits im Vorbereitungsstadium.

Bis Ende Oktober hatte sich die Protestbewegung über das ganze Land ausgebreitet und auch die Klein- und Mittelstädte erreicht.[299] Das MfS zählte an einem einzigen Tag, dem 26. Oktober, 160.000 Bürger, die auf Demonstrationen in den Bezirken Rostock, Erfurt, Gera, Schwerin, Chemnitz, Neubrandenburg, Dresden und Halle vor allem freie Wahlen, die Zulassung der Oppositionsgruppen und Reisefreiheit forderten. Hatte das MfS in der Woche vom 16. bis 22. Oktober insgesamt 140.000 Teilnehmer auf 24 Demonstrationen registriert, so beteiligten sich in der Woche darauf 540.000 Teilnehmer an 145 Demonstrationen.[300] Entnervt konstatierte der 1. Sekretär der SED-Bezirksleitung Potsdam, Günther Jahn, am 31. Oktober in einem Fernschreiben an die SED-Kreisleitungen seines Bezirks das Scheitern der Dialog-Strategie der SED: "Mit solchen Massendialo-

---

294 ZAIG, Hinweis über die Wirksamkeit des konzentrierten Einsatzes gesellschaftlicher Kräfte im Rahmen der Großkundgebung auf dem Alten Garten in Schwerin am 23.10.1989, S. 1 (BStU, ZA, MfS-ZAIG 4599, Bl. 127).
295 Vgl. Drescher u.a. 1994, S. 44; Funkhaus Berlin 1990, S. 272.
296 Vgl. Drescher u.a. 1994, S. 47.
297 Vgl. Bahrmann/Links 1994, S. 48.
298 Vgl. Bahrmann/Links 1994, S. 52.
299 Vgl. dazu Bahrmann/Links 1994, S. 69.
300 Diese Zahlen hat Walter Süß aus den Informationen der ZAIG ermittelt. Vgl. Süß 1994, S. 10.

gen, die der Gegner von vornherein beherrscht und bei denen unsere Funktionäre durch emotionsgeladene Massen aufgerieben werden, ist Schluß zu machen."[301]

Wenn es nicht gelinge, den Führungsanspruch der SED durch Führungsqualität zu beweisen, hieß es in der überarbeiteten Vorlage des MfS und der Sicherheitsabteilung des ZK für die Politbüro-Sitzung am 31. Oktober warnend, seien Eskalationen nicht mehr zu vermeiden. Und weil sich die SED längst noch nicht aufgegeben hatte, wurde trotz des unbefriedigenden Erfolgs des polnischen Beispiels auch eine militärische Lösung der Krise in Betracht gezogen: "Wenn es nicht gelingt, den Masseneinfluß mit politischen Mitteln zurückzudrängen, ist ein möglicher Ausnahmezustand nicht auszuschließen."[302] Doch auch diese Vorlage wurde nicht beschlossen, sondern entschieden, die Diskussion über die vorgeschlagenen Maßnahmen im Politbüro weiterzuführen.[303]

Am 1. November traf Krenz in Moskau ein. Gorbatschow ermunterte ihn, den "Dialog mit der Gesellschaft" weiterzuführen und auch in stürmischen Auseinandersetzungen "keine Angst vor dem eigenen Volk zu bekommen."[304] Krenz bekräftigte die Entschlossenheit der SED-Führung, politische Probleme mit politischen Mitteln lösen und keine Polizei gegen die Demonstrationen einsetzen zu wollen. Wenn allerdings auf der für den 4. November beabsichtigten Berliner Großdemonstration der schlimmste Fall eintrete und "ein Massendurchbruch durch die Mauer versucht werde, müßte die Polizei eingesetzt und müßten gewisse Elemente eines Ausnahmezustandes eingeführt werden."[305] Das ambivalente Verhältnis von Krenz zur Frage der Gewaltanwendung blieb Gorbatschow nicht verborgen; er warnte ihn davor, das Volk insgesamt als Feind zu betrachten: "Wenn es sich gegen die Politik auflehne", so Gorbatschow, "müsse man überlegen, was an der Politik zu ändern sei, damit sie den Interessen des Volkes und dem Sozialismus entspricht."[306]

Um den Druck im Innern zu verringern, wurde der SED eine solche Änderung der Politik am dringendsten in der Frage des Reisens abverlangt, in der sich nach wie vor alle Probleme der DDR bündelten. Täglich nahm die Zahl der Ausreiseanträge um rund eintausend zu; die Gesamtzahl war am 29. Oktober auf 188.180 angewachsen.[307] Immer lautstärker wurde auf den Demonstrationen Reisefreiheit verlangt, und die Massenflucht von DDR-Bürgern, die sich seit dem Beginn der Herbstferien insbesondere über Ungarn fortsetzte, beeinträchtigte den von Krenz proklamierten Souveränitätsanspruch der DDR. Tag für Tag legte sie

---

301 Fernschreiben von Günther Jahn an die 1. Sekretäre der SED-Kreisleitungen im Bezirk Potsdam, 31.10.1989, S. 1 (BStU, ASt. Potsdam, AKG 617, Bl. 124).
302 Erich Mielke/Friedrich Dickel/Wolfgang Herger/Klaus Sorgenicht, Vorlage für das Politbüro, Betr.: Maßnahmen zur Verhinderung der weiteren Formierung und zur Zurückdrängung antisozialistischer Sammlungsbewegungen, Berlin, 30.10.1989, Anlage 1: Information über antisozialistische Bewegungen in der DDR, S. 8a (SAPM0-BArch, ZPA-SED, J IV 2/2A/3252).
303 Der entsprechende Beschluß des Politbüros vom 31.10.1989 lautete: "Die inhaltliche Diskussion über die vorgeschlagenen Maßnahmen wird im Politbüro weitergeführt" (vgl. Protokoll Nr. 47 der Sitzung des Politbüros des ZK der SED vom 31.10.1989 (SAPMO-BArch, ZPA-SED, J IV 2/2/2356).
304 Niederschrift des Gesprächs des Genossen Egon Krenz, Generalsekretär des ZK der SED und Vorsitzender des Staatsrates der DDR, mit Genossen Michail Gorbatschow, Generalsekretär des ZK der SED und Vorsitzender des Obersten Sowjets der UdSSR, am 1.11.1989 in Moskau, Berlin, 1.11.1989, S. 2 (PdV; auch vorhanden in: SAPMO-BArch, ZPA-SED, IV 2/2.039/329).
305 Ebd., S. 31.
306 Ebd., S. 32.
307 Vgl. ZAIG, Wochenübersicht Nr. 44/89, 30.10.1989 (BStU, ZA, MfS-ZAIG 4599, Bl. 142).

zugleich auf unübersehbare Weise das Legitimitätsdefizit der SED-Herrschaft vor der Weltöffentlichkeit bloß.

2.6. Der Reisegesetz-Entwurf

Die zentrale Entscheidung vom 3. Oktober, den paß- und visafreien Verkehr mit der CSSR auszusetzen[308], kam den massiv vorgetragenen Wünschen der CSSR-Regierung entgegen, die ein Übergreifen der Instabilitität auf ihr Land befürchtete. Mit der Erweiterung dieser Maßnahme auf den Transitverkehr nach Bulgarien und Rumänien am 4. Oktober 1989[309] war die Festsetzung der Bevölkerung der DDR - einschließlich des regimetreuen Teils - perfekt. Die Schliessung der Ventile nach außen erhöhte, wie von Herger vorhergesehen, den Druck im Innern; die Bürger reagierten empört, erregt und aufgebracht, teilweise mit Streikandrohungen, auf die weiteren Einschränkungen ihrer Reisemöglichkeiten, die wegen der Proteste sukzessive aufgelockert werden mußten.[310]

Mit der Erklärung des Politbüros vom 11. Oktober war der zunächst zaghafte Versuch unternommen worden, das erhitzte Klima abzukühlen, indem Reisemöglichkeiten in einem Katalog anzustrebender politischer Ziele positiv erwähnt wurden.[311] In seiner Antrittsrede als Generalsekretär versprach Egon Krenz unmittelbar nach der Absetzung Honeckers am 18. Oktober, "einen Gesetzentwurf über Reisen von DDR-Bürgern ins Ausland vorzubereiten. Wir gehen davon aus, daß dieser Entwurf nach öffentlicher Aussprache in der Volkskammer behandelt und beschlossen werden sollte. Im Zusammenhang damit könnten ebenfalls die zeitweilig getroffenen einschränkenden Maßnahmen zum Reiseverkehr in sozialistische Bruderländer aufgehoben beziehungsweise modifiziert werden."[312] Durch

---

308 Der Innenminister, der in den Nachrichtensendungen als Verantwortlicher für diese Entscheidung benannt wurde, hat sie nach seiner Auskunft ebenso wie der Leiter der zuständigen Hauptabteilung Paß- und Meldewesen des MdI aus den Medien erfahren (Gespräch d. Vf. mit Friedrich Dickel, 30.3.1992; Gespräch d. Vf. mit Gerhard Lauter, 24.2.1992). Eine erste Mitteilung des MdI über die Aussetzung des paß- und visafreien Verkehrs Reiseverkehrs mit der CSSR an die nachgeordneten Dienststellen erfolgte mit Fernschreiben vom 3.10.1989, 17.10 Uhr; genaue Festlegungen wurden um 21.15 Uhr nachgesendet (ARCHIV POLPRÄS PDM, Ordner Fernschreiben MdI-Chef-Nachgeordnete, September 1989 - Dezember 1990).
309 Der entsprechende Beschluß des Politbüros vom 4.10.1989 lautete: "Die Entscheidung über die zeitweilige Aussetzung des paß- und visafreien Verkehrs mit der CSSR wird ab sofort auch auf den Transitverkehr von Bürgern der DDR nach Bulgarien und Rumänien erweitert. Das betrifft sowohl den Grenzverkehr über die Straße, über die Schiene und - bezüglich Ungarn - auch durch Flugzeug." Vgl. Protokoll Nr. 41 der Sitzung des Politbüros des ZK der SED vom 4.10.1989, S. 3 (SAPMO-BArch, ZPA-SED, J IV 2/2/2350).
310 Vgl. die entsprechenden Informationen und Fernschreiben des MdI (in: BArch/P, MdI 41781). So wurde die Einreisesperre in die CSSR für Bürger in den Grenzkreisen der Bezirke Karl-Marx-Stadt und Dresden aufgrund der starken Proteste bereits am 18. Oktober faktisch aufgehoben (vgl. Fernschreiben des MdI an die BDVP, betr. Reiseverkehr CSSR, vom 18.10.1989, in: ARCHIV POLPRÄS PDM, Ordner FS, PM, Oktober 1989 - Dezember 1990).
311 "Gemeinsam wollen wir über alle grundlegenden Fragen unserer Gesellschaft beraten, die heute und morgen zu lösen sind. (...) Es geht um die Weiterführung der Einheit von Wirtschafts- und Sozialpolitik. Es geht um wirtschaftliche Leistungsfähigkeit und ihre Nutzen für uns um demokratisches Miteinander und engagierte Mitarbeit, um gute Warenangebote und leistungsgerechte Bezahlung, um lebensverbundene Medien, um Reisemöglichkeiten und gesunde Umwelt". Erklärung des Politbüros des Zentralkomitees der Sozialistischen Einheitspartei, in: "Neues Deutschland", 12.10.1989.
312 Stenographische Niederschrift der 9. Tagung des ZK der SED, 18. Oktober 1989 (SAPMO-BArch, ZPA-SED, IV 2/1/701, Bl. 33).

einen Bericht des "Neuen Deutschland" über die Politbüro-Sitzung vom 24. Oktober wurde die Erwartungshaltung eine Woche später weiter hochgeschraubt. Dort hieß es, das Politbüro habe eine Erweiterung der Reisemöglichkeiten beraten; vorgesehen sei, daß "jeder Bürger das Recht hat, einen Reisepaß zu erwerben und mit einem Visum - ohne Vorliegen verwandschaftlicher Verhältnisse und bisher geforderter Reisegründe - nach allen Staaten und nach Berlin (West) zu reisen."[313]

Was hinderte die SED-Führung daran, dieses Vorhaben zügig und ohne Einschränkungen umzusetzen und endlich Reisefreiheit und Freizügigkeit zu gewähren? Einen wichtigen Grund hatte Krenz bereits in seiner ZK-Rede am 18. Oktober erwähnt: "(Die) Weigerung der BRD, die Staatsbürgerschaft der DDR uneingeschränkt zu respektieren, (bleibt) ein sehr ernstes Hindernis für die Verwirklichung der von uns in Aussicht genommenen Schritte für den Reiseverkehr in die BRD, nach Berlin (West) und in andere kapitalistische Staaten. Das Festhalten an der 'Obhutspflicht' für alle Deutschen ist - da kann man sich drehen und wenden, wie man will - Teil der revanchistischen Grundkonzeption der BRD, die im Widerspruch zum Völkerrecht und zum Grundlagenvertrag steht."[314] Damit hing Krenz ungeachtet der offenen Grenzen Ungarns, der Ausreisewelle über die CSSR sowie der veränderten innenpolitischen Lage der DDR der Hoffnung an, der seit Jahren erfolglosen Politik der SED, die Gewährung sogenannter "menschlicher Erleichterungen" für die Menschen in der DDR von weitreichenden politischen Zugeständnissen Bonns abhängig zu machen, nunmehr im Schnellverfahren zum Durchbruch verhelfen zu können.

Denn Eile war für Krenz geboten. Die Kontrollfähigkeit der SED-Regierung und ihre Souveränität nahmen tagtäglich ab. Auf dem Tisch des Leiters der ZK-Abteilung für Sicherheitsfragen, Wolfgang Herger, bündelten sich die Informationen von MfS und MdI über die statistische Entwicklung der Reise- und Ausreiseanträge sowie über die Lage in den Volkspolizeikreisämtern und die Berichte über die Stimmung der SED-Mitglieder und sie ergaben ein alarmierendes Bild. In den ersten neun Monaten des Jahres 1989 waren 1.314.912 Privatreisen in das "nichtsozialistische Ausland" genehmigt worden, das waren sechzehn Prozent mehr als im Vergleichszeitraum des Vorjahres. Gleichzeitig waren 387.178 Anträge mangels rechtlicher Grundlagen gar nicht erst angenommen worden. Die Zahl der Nicht-Rückkehrer stieg im Verhältnis zu den Genehmigungen von Quartal zu Quartal an: Hatte sie 1987 noch bei 0,23 Prozent gelegen (1986: 0,20 Prozent), so betrug sie im ersten Quartal 1989 0,36, im zweiten 0,64 und im dritten 0,93 Prozent.

Auch die "Zurückdrängung" von Ausreiseanträgen war erfolglos geblieben: Seit dem Inkrafttreten der Reiseverordnung vom 30. November 1988 hatten 160.785 Personen Anträge auf ständige Ausreise aus der DDR gestellt, von denen bis zum 30. September 1989 86.150 genehmigt wurden.[315] Diese hohe Zahl erteilter Genehmigungen, so hieß es in einer späteren Politbüro-Vorlage, "war zwingend erforderlich zur Verringerung des von diesem Potential ausgehenden Drucks auf die staatlichen Organe und zur Abwendung außenpolitischen Schadens für die DDR. Deshalb wurde die Mehrzahl der Genehmigungen nicht aufgrund der in der Verordnung festgelegten humanitären Gründe, sondern aus

---

313 "Neues Deutschland", 25.10.1989.
314 Stenographische Niederschrift der 9. Tagung des ZK der SED, 18. Oktober 1989 (SAPMO-BArch, ZPA-SED, IV 2/1/701).
315 Vgl. MdI, Information zu Privatreisen nach § 7, Absätze 1 und 2, der Verordnung vom 30. November 1988 über Reisen von Bürgern der DDR nach dem Ausland (Monat September 1989), Berlin, den 09.10.1989 (PdV).

sicherheitspolitischen Erwägungen erteilt."³¹⁶ Rund 50.000 Bürger - darunter die Nicht-Rückkehrer von genehmigten Privatreisen - hatten zudem die DDR in den ersten drei Quartalen "ungesetzlich" verlassen; die Zahl der verhinderten und vollendeten Grenzdurchbrüche war emporgeschnellt, die Risikobereitschaft enorm gewachsen.³¹⁷

Zugleich nahm der Druck auf die Dienststellen des Paß- und Meldewesens nach der Grenzschließung zur CSSR an Schärfe erheblich zu. Mit "Unverständnis und Empörung" reagierten die Bürger auf die Einschränkung ihrer ohnehin begrenzten Reisemöglichkeiten; sie würfen den Mitarbeitern des Paß- und Meldewesens "Betondenken" vor, klagte das MdI. Zahlreiche Bürger drohten offen Konsequenzen an: "Die Gespräche mit Bürgern eskalieren zum Teil in harte Auseinandersetzungen, die bis zu Beschimpfungen der Angehörigen reichen. (Man fühle sich bestraft, weil man in der DDR bleiben wolle; die VP mache willkürlich wieder einmal, was sie wolle; die Maßnahmen stellen einen Vertrauensbruch dar; man fühle sich eingesperrt und müsse wohl Konsequenzen bezüglich der eigenen Aktivität bis hin zur Beantragung der eigenen Ausreise ziehen)."³¹⁸ Die Bürger, so das MdI, fragten zudem verstärkt nach den rechtlichen Grundlagen für die Einschränkung des Reiseverkehrs nach Ungarn, Bulgarien und Rumänien; nur "unter Aufbietung aller physischen und psychischen Kräfte" gelinge den "Genossinnen und Genossen des Paß- und Meldewesens" noch die Lösung ihrer Aufgaben.³¹⁹

Mit dieser Situation war der Kreis der stellvertretenden Minister und ZK-Abteilungsleiter bestens vertraut, den Wolfgang Herger am Vormittag des 10. Oktober in seinem Arbeitszimmer im Gebäude des Zentralkomitees zu einer zweistündigen Beratung über die Reiseproblematik geladen hatte³²⁰: Lothar Ahrendt, stellvertretender Innenminister der DDR; Herbert Krolikowski, stellvertretender Außenminister der DDR; Generalmajor Werner Irmler, Leiter der Zentralen Arbeitsgruppe Auswertung und Information (ZAIG) im MfS; Klaus Sorgenicht, Leiter der ZK-Abteilung Staats- und Rechtsfragen; Hans Dietze, stellvertretender Leiter der ZK-Abteilung Planung und Finanzen sowie Konteradmiral Peter Miethe, stellvertretender Leiter der ZK-Abteilung für Sicherheitsfragen. In dieser Runde stellte Herger seine drei Varianten zur generellen Lösung der Reisefrage mit mehr Erfolg dar, als ihm im ersten Anlauf bei Krenz und Honecker beschieden war. Wie er neigten die Sicherheitsfunktionäre der dritten Variante zu. Man kam zu dem Ergebnis, die Einrichtung einer interministeriellen Arbeitsgruppe unter Federführung des MdI und Beteiligung des MfAA, MfS, MfJ, der Staatlichen Plankommission, des Generalstaatsanwaltes sowie der beiden ZK-Abteilungen Sicherheitsfragen sowie Staats- und Rechtsfragen vorzuschlagen. Ihre Aufgabe sollte sein, eine komplexe Politbüro-Vorlage vorzubereiten, die eine Einschätzung der Lage, den Entwurf einer neuen Reiseverordnung und ein Auswanderungsgesetz beinhalten sollte.³²¹

---

316 Egon Krenz/Erich Mielke/Gerhard Schürer/Friedrich Dickel/Oskar Fischer, Vorlage für das Politbüro des ZK der SED. Betreff: Regelungen zu Reisen von Bürgern der DDR in das Ausland, Entwurf, o. D., S. 5 (PdV). - Die Vorlage wurde am 24. Oktober 1989 im Politbüro behandelt, aber nicht verabschiedet.
317 Ebd.
318 MdI, Information vom 07.10.1989, S. 2 (PdV).
319 MdI, Information zu Privatreisen nach § 7, Absätze 1 und 2, der Verordnung vom 30. November 1988 über Reisen von Bürgern der DDR nach dem Ausland (Monat September 1989), Berlin, den 09.10.1989, S. 1 (PdV).
320 Die folgenden Ausführungen beruhen auf schriftlichen Aufzeichnungen von Wolfgang Herger und Peter Miethe über diese Sitzung (vgl. Gespräch d. Vf. mit Wolfgang Herger, 16.3.1992; Gespräch d. Vf. mit Peter Miethe, 19.3.1992).
321 Gespräch d. Vf. mit Wolfgang Herger, 16.3.1992.

War damit die Reisefreiheit schon beschlossene Sache? Keineswegs, denn hinter der Verständigung auf Hergers "globale Variante" verbargen sich mindestens zwei große Unsicherheiten: Wie groß würde zum einen der Verlust an Bürgern - und damit an Arbeitskräften - bei einer nach ihrem Verständnis allzu weitreichenden und großzügigen Reiseregelung sein? Allein den durch die Abwanderung von DDR-Bürgern verursachten Produktionsausfall im Jahr 1989 veranschlagte Irmler auf rund zwei Milliarden Mark. Ließ die bereits vorliegende Zahl der Antragsteller auf ständige Ausreise nicht das Schlimmste, ein "Ausbluten" der DDR, befürchten? Die zweite Unsicherheit war nicht minder gravierend: Wie sollte der zu erwartende Anstieg der Reisetätigkeit angesichts der allen bekannten Devisenknappheit der DDR finanziert werden? Auf beide Fragen wußte auch Herger keine Antworten zu geben. So einte die Beteiligten - bis hin zum Vertreter des MfS - nur die Erkenntnis, daß die alte politische Linie der repressiven Bekämpfung von Ausreiseanträgen nach den in Wien eingegangenen internationalen Verpflichtungen und der Öffnung der ungarisch-österreichischen Grenze nicht aufrechtzuerhalten war. Die Grundlage für eine neue Linie - das sollten die kommenden Wochen erweisen - ergab sich daraus noch nicht.

In den Tagen nach dieser Sitzung informierte Herger Krenz über die Beratungsergebnisse seiner Stellvertreter-Runde. Einen Tag vor der Ablösung Honeckers, am 16. Oktober, lud Krenz die für die Reisefrage verantwortlichen Minister und ZK-Abteilungsleiter zu einer Sitzung in sein Arbeitszimmer ein: Erich Mielke, Friedrich Dickel, Oskar Fischer, Hans-Joachim Heusinger, Gerhard Schürer, Gerhard Wendlandt, Günter Böhme und Wolfgang Herger. Am Ende der einstündigen Besprechung hatte man sich auf die einzuschlagende Vorgehensweise geeinigt: die Grundsätze des zukünftigen Reisegesetzes sollten am 24. Oktober anhand einer ersten Vorlage im Politbüro erörtert, anschließend vom Ministerrat zu einem Gesetzentwurf ausgearbeitet, danach zur öffentlichen Diskussion gestellt und schließlich noch im Jahre 1989 von der Volkskammer als Gesetz verabschiedet werden.

Am 24. Oktober faßte das Politbüro zu "Reisen von Bürgern der DDR in das Ausland" folgenden Beschluß: "1. Der Entwurf des Gesetzes zu Reisen von Bürgern der DDR in das Ausland und Varianten für die Finanzierung der Reisen sind dem Politbüro kurzfristig vorzulegen. (...) 2. Zur breiten Diskussion des Gesetzentwurfes ist eine Argumentation auszuarbeiten."[322] Eine Woche später lagen die Entwürfe auf dem Tisch des Politbüros. Friedrich Dickel, der als Berichterstatter zur Sitzung zugeladen war, erinnerte sich, daß das als Stoph-Vorlage eingereichte Papier gegenüber dem unter seiner Federführung erarbeiteten Gesetzentwurf um einiges restriktiver ausgefallen war; Stoph habe ihn im Alleingang verändert. Schon in dem ersten Entwurf der Durchführungsverordnung wurde der Gesamtreisezeitraum mit der Begründung auf dreißig Tage festgelegt, daß sich "die Befristung an der Länge eines durchschnittlichen Urlaubs (orientiert) und (...) damit volkswirtschaftlichen Notwendigkeiten (Planung der Arbeitskräfte, Sicherung der Produktion usw.)" entspräche.[323] Ein Ausflug am Wochenende schien der Phantasie der SED-Bürokraten vollkommen suspekt. Die beschränkte Zahl der Reisetage korrespondierte in verdächtiger Weise mit der Länge des Paragraphen, der die Versagungsgründe für Reiseanträge enthielt.[324]

---

322 Protokoll Nr. 45 der Sitzung des Politbüros des ZK der SED vom 24.10.1989 (SAPMO-BArch, ZPA-SED, J IV 2/2/2354).
323 Argumentation zum Entwurf des Reisegesetzes, S. 2 (PdV).
324 § 6 - Versagungsgründe - lautete:
(1) Die Genehmigung für eine Reise wird versagt, wenn das zum Schutz der nationalen Sicherheit notwendig ist.
(2) Die Genehmigung für eine Reise kann auch versagt werden, wenn

Für den Fall, daß alle individuellen Versagungsgründe nicht ausreichen sollten, wurde der Ministerrat mit einer Generalklausel (§ 14) ermächtigt, "bei Vorliegen außergewöhnlicher gesellschaftlicher Erfordernisse zeitweilig einschränkende Festlegungen zur Erteilung von Genehmigungen zu treffen."[325]

Bezeugten diese Einschränkungen das anhaltend tiefsitzende Mißtrauen der SED-Führung gegenüber "ihrem" Volk, so war zu befürchten, daß umgekehrt das Mißtrauen des Volkes weiter wachsen würde, wenn es Kenntnis von den im Politbüro diskutierten Finanzierungsvarianten erhielt. Sie waren in ihrem Ergebnis so deprimierend ausgefallen, daß es für ratsam gehalten wurde, sie nicht einmal der leitenden SED-Nomenklatura bekannt zu machen. Vergleichsrechnungen zu den Regelungen in Ungarn und der CSSR schlossen deren Übernahme von vornherein aus - und das, obwohl die DDR seit je beanspruchte, das ökonomisch stärkste Land im RGW zu sein. Die ungarische Lösung - jedem Bürger einmal in drei Jahren konvertierbare Devisen in Höhe des Gegenwertes von 30.000 Forint zur Verfügung zu stellen, addierte sich für die DDR auf einen jährlichen Devisenbedarf von 3,9 Milliarden Valutamark und war ebenso unbezahlbar wie die Regelung der CSSR, Reisenden in das NSW pro Tag und Person alle drei Jahre einen Höchstbetrag von 10.000 Kronen in Devisen umzutauschen; sie hätte der DDR die Bereitstellung von 4,7 Milliarden Valutamark abverlangt. Zwei weitere Varianten schieden ebenfalls aus: Den Reisenden alle drei bis vier Jahre in Anlehnung an die Ausstattung bei Dienstreisen 200 Valutamark zu geben, summierte sich bei nur drei Millionen Reisenden pro Jahr auf 7,1 Milliarden Valutamark; der verhältnismäßig bescheidenere Ansatz, allen Bürgern zwischen achtzehn und fünfundsiebzig Jahren alle drei Jahre einmalig 100 Valutamark im Verhältnis eins zu eins einzutauschen, wurde mit 1,1 Milliarden Valutamark ebenfalls außerhalb der Möglichkeiten gesehen. So votierte das Politbüro für die billigste Lösung: den Bürgern einmalig im Jahr fünfzehn DM gegen fünfzehn Mark der DDR einzutauschen; ein Betrag, der für die Reisenden lächerlich gering war, in den Staatshaushalt jedoch - zusammen mit den zu erwartenden Ausgleichszahlungen an die Deutsche Bundesbahn - ein zusätzliches Loch von rund 400 Millionen Valutamark reißen würde.

---

a) der Antragsteller aufgrund seiner jetzigen oder früheren Tätigkeit Kenntnisse besitzt, die zur Verhinderung von Gefahren, Schäden und anderen erheblichen Nachteilen für die Deutsche Demokratische Republik geheimzuhalten sind,
b) eine gegen den Antragsteller gerichtete Anzeige geprüft wird, ein gegen ihn eingeleitetes Strafverfahren noch nicht abgeschlossen ist oder Maßnahmen der strafrechtlichen Verantwortlichkeit zu verwirklichen sind,
c) Tatsachen vorliegen, die darauf schließen lassen, daß der Antragsteller beabsichtigt, gegen zoll- und devisenrechtliche Bestimmungen zu verstoßen bzw. spekulative Handlungen zu begehen oder Reisen dazu mißbraucht hat.
(3) Die Genehmigung für eine ständige Ausreise kann über die Festlegungen der Absätze 1 und 2 hinaus versagt werden, wenn
a) ein Wehrpflichtiger sich durch die ständige Ausreise seiner gesetzlichen Pflicht zur Ableistung des aktiven Wehrdienstes entzieht,
b) die ständige Ausreise die gesundheitliche oder soziale Betreuung anderer Bürger beeinträchtigt oder Fürsorgepflichtverletzungen zur Folge hat.
(4) Genehmigungen können auch aus anderen als den in den Absätzen 2 und 3 genannten Gründen versagt werden, wenn das ebenfalls zum Schutz der öffentlichen Ordnung, der Gesundheit oder der Moral oder der Rechte und Freiheiten anderer notwendig ist."
Vgl. Willi Stoph, Erich Mielke, Gerhard Schürer, Friedrich Dickel, Oskar Fischer, Wolfgang Herger, Klaus Sorgenicht, Vorlage für das Politbüro des ZK der SED, Betreff: Entwurf des Gesetzes über Reisen von Bürgern der Deutschen Demokratischen Republik in das Ausland, o. D. (am 31.10.1989 im Politbüro behandelt)(PdV).
325 Ebd.

Während Paragraph 14 des Entwurfs - der Ministerrats-Ermächtigungs-Artikel zur beliebigen Einschränkung und Aussetzung des Reiserechts - nach neuerlichen Beratungen auf der folgenden Politbüro-Sitzung am 3. November ersatzlos gestrichen und die lange Reihe der Versagungsgründe zugunsten einer Anlehnung an Artikel 12 der Konvention über zivile und politische Rechte gekürzt wurde[326], blieb es bei der Festlegung, die Reisenden mit lediglich fünfzehn DM auszustatten und generell die Genehmigung einer Reise vom Anspruch auf den Erwerb von Reisezahlungsmitteln abzukoppeln.[327]

Mit der Veröffentlichung des Reisegesetz-Entwurfes am 6. November scheiterte für jedermann sichtbar und erfahrbar der Versuch der SED-Führung, die Quadratur des Kreises zu lösen und einerseits dem Verlangen nach Reisefreiheit mit einer weitgehenden Regelung nachzukommen, andererseits aber den Befürchtungen über ein Ausbluten der DDR durch möglichst restriktive Bestimmungen Rechnung zu tragen, in jedem Fall aber zusätzliche Kosten zu vermeiden. In welchem prekären Zustand aber mußte sich die Wirtschaft der DDR befinden, wenn es die Devisenlage des Landes nur erlaubte, Reisende als Bittsteller in den Westen fahren zu lassen?

2.7. Vor dem Bankrott: Die ökonomische Lage der DDR im Herbst 1989

Die Erleichterung, die Honecker am Tage seiner Ablösung empfand[328], und die schlechte Prognose, die sich Krenz im Hinblick auf die Dauer seiner Amtszeit selbst gestellt hatte, beruhten gleichermaßen auf ihrer Kenntnis der verzweifelten wirtschaftliche Lage ihres Landes. In der ersten von Krenz geleiteten Politbürositzung am 24. Oktober 1989 wurde dem Vorsitzenden der Staatlichen Plankommission aufgetragen, im Rahmen einer Arbeitsgruppe, der der Außenhandelsminister Gerhard Beil, sein Staatssekretär, der Leiter des Bereichs Kommerzielle Koordinierung und Stasi-Obrist Alexander Schalck, der Leiter der Staatlichen Zentralverwaltung für Statistik, Arno Donda, sowie der Finanzminister Ernst Höfner angehörten, "eine Analyse der tatsächlichen volkswirtschaftlichen Situation" auszuarbeiten. Daneben sollte Schürer für die 10. Tagung des Zentralkomitees der SED, die für den 8. bis 10. November 1989 anberaumt war, einen Beschlußentwurf über notwendige Wirtschaftsreformen in der DDR ausarbeiten.[329]

---

326 Die Initiative für diese Änderungen ging von einer interministeriellen Kommission des Ministerrates unter Leitung von Horst Sölle aus, die am 3. November ihre erste Sitzung abhielt. Insbesondere ein Vertreter des Außenministeriums hatte moniert, daß die Versagungsgründe im Entwurf zu restriktiv gefaßt seien und im Widerspruch zu Völkerrechtsnormen stünden. Ihre Veröffentlichung werde neue Botschaftsbesetzungen provozieren (vgl. Protokoll der konstituierenden Sitzung der Kommission zur Auswertung der öffentlichen Diskussion des Gesetzentwurfs über Reisen von Bürgern der DDR in das Ausland, in: BArch/P, MdI 54461).
§ 6 lautete in der am 6.11.1989 veröffentlichten Fassung:
"(1) In Übereinstimmung mit Artikel 12 der Konvention über zivile und politische Rechte darf die Genehmigung für eine Reise nur dann versagt werden, wenn dies zum Schutz der nationalen Sicherheit, der öffentlichen Ordnung, der Gesundheit oder der Moral oder der Rechte und Freiheiten anderer notwendig ist.
(2) Die Versagung der Genehmigung für Reisen in das Ausland trägt Ausnahmecharakter." Vgl. Gesetz über Reisen von Bürgern der Deutschen Demokratischen Republik in das Ausland - Reisegesetz - (Entwurf), in: "Neues Deutschland", 6.11.1989.
327 Ebd., § 5. - Zur Analyse des Reisegesetz-Entwurfs im Kontext der "Wende"-Politik vgl. auch Sarotte 1993, S. 275 ff.
328 Vgl. Erich Honecker, in: Andert/Herzberg 1990, S. 32/33.
329 Vgl. Protokoll Nr. 45 der Sitzung des Politbüros des ZK der SED vom 24.10.1989 (SAPMO-BArch, ZPA-SED, J IV 2/2/2354).

Natürlich war die dramatische ökonomische Lage den meisten Mitgliedern des Politbüros bekannt, und Krenz selbst war in den vergangenen Jahren von Schalck und Schürer eingehend über den drohenden Zusammenbruch unterrichtet worden. Nie hatte dem Politbüro jedoch eine detaillierte Gesamtanalyse schriftlich vorgelegen. Für Krenz hatte diese nicht alleine deshalb äußerste Priorität, weil er vor dem 9. Plenum des Zentralkomitees ein Bekenntnis für mehr Offenheit und eine größere Nähe zur Wahrheit abgelegt hatte. Wenn man schon die Augen vor der prekären ökonomischen Lage nicht mehr verschließen konnte, mußten die Zahlen zu Beginn seiner Amtszeit auf den Tisch. Noch war die Hauptschuld am ökonomischen Desaster Honecker und Mittag zuzuweisen; jeder Tag Zeitverzug mußte jedoch dazu führen, daß der neue Generalsekretär - über die politische Verantwortung, die er ohnehin trug, hinaus - auch in die Verantwortung für die ökonomische Lage gezogen wurde. Nicht zuletzt engte die ökonomische Krise den politischen Handlungsspielraum der SED in der "Wende" ein; der Bericht der Wirtschaftsfunktionäre sollte der SED-Führung eine gemeinsame Grundlage für eine realistische Politik schaffen.

Mit ihrer "Analyse der ökonomischen Lage der DDR mit Schlußfolgerungen", die dem Politbüro am 31. Oktober vorlag, konfrontierten Schürer, Schalck, Beil, Donda und Höfner das Führungszentrum mit einer niederschmetternden Bilanz.[330] Gleich eingangs wurde festgestellt, daß sich die bisherigen Erfolgsmeldungen in einer "tatsächlichen" Analyse ausnahmslos als Negativposten darstellten:

- Das bislang gepriesene "dynamische Wachstum des Nationaleinkommens" hatte sich in den letzten Jahren deutlich verlangsamt.
- Trotz der Intensivierungsmaßnahmen wurde die im Fünfjahrplan 1986 bis 1990 vorgesehene Senkung des Materialverbrauchs nicht erreicht.
- Die Investitionen in die Mikroelektronik erwiesen sich als Milliardengrab; der Einsatz und Export mikroelektronischer Erzeugnisse mußte jährlich mit über drei Milliarden Mark gestützt werden.
- Unterdurchschnittliche Ernten in den letzten Jahren hatten die in den Vorjahren bereits abgelösten Getreideimporte aus dem "nichtsozialistischen Wirtschaftsgebiet" erneut erforderlich gemacht.
- Der Ausbau der Infrastruktur im Verkehrswesen war sträflich vernachlässigt worden.
- Der Anstieg der Realeinkommen der Bevölkerung überstieg prozentual das Wachstum des produzierten Nationaleinkommens mit der Folge inflationärer Tendenzen.
- Die Konzentration auf den Neubau von Wohnungen hatte zur gleichen Zeit durch die Nichtausführung dringendster Reparaturarbeiten zur Verrottung des Altbestandes geführt.
- Angesichts des übermäßigen Planungs- und Verwaltungsaufwandes und der Disproportionen im volkswirtschaftlichen Maßstab hielt die Behauptung, über ein funktionierendes System der Planung und Leitung zu verfügen, einer strengen Prüfung nicht stand.

Um ein "ungeschminktes Bild unserer wirtschaftlichen Lage" zu geben, hieß es deshalb einleitend, müsse "auf bedeutende Probleme der Sicherung der Akkumulation, der Proportionalität, des Entwicklungstempos und der Verwirklichung des Leistungsprinzips hingewiesen werden. Im internationalen Vergleich der Ar-

---

330 Gerhard Schürer, Gerhard Beil, Alexander Schalck, Ernst Höfner, Arno Donda, Vorlage für das Politbüro des Zentralkomitees der SED, Betreff: Analyse der ökonomischen Lage der DDR mit Schlußfolgerungen, 30. und 27. Oktober 1989 (PdV, auch vorhanden in: SAPMO-BArch, ZPA-SED, J IV 2/2A/3252). - Die folgenden Seitenangaben im Text beziehen sich auf diese Quelle.

beitsproduktivität liegt die DDR gegenwärtig um 40 Prozent hinter der BRD zurück. Im Einsatz des gesellschaftlichen Arbeitsvermögens sowie der zur Verfügung stehenden Ressourcen besteht ein Mißverhältnis zwischen dem gesellschaftlichen Überbau und der Produktionsbasis. Die Verschuldung im nichtsozialistischen Wirtschaftsgebiet ist seit dem VIII. Parteitag gegenwärtig auf eine Höhe gestiegen, die die Zahlungsfähigkeit der DDR in Frage stellt" (S. 4). Als Hauptfakten der ökonomischen Lage werden benannt:
1. Der Rückgang der Akkumulationsrate insgesamt, insbesondere aber im produktiven Bereich (1970: 16,1 Prozent; 1988: 9,9 Prozent) und die damit verbundenen Auswirkungen (Zurückbleiben der Zulieferindustrie, Zunahme des Verschleißgrades der Ausrüstungen in der Industrie von 47,1 Prozent im Jahr 1975 auf 53,8 Prozent 1988, in Teilbereichen auf über 60 Prozent; abnehmendes Wachstumstempo des Nationaleinkommens).
2. Die Zunahme des durch Leistungen nicht gedeckten Verbrauches zu Lasten einer steigenden Verschuldung im kapitalistischen Ausland (von 2 Milliarden Valutamark 1970 auf 49 Milliarden Valutamark 1989) und der Verschuldung des Staates gegenüber dem inneren Kreditsystem (von rund 12 Milliarden Mark 1970 auf 123 Milliarden Mark 1988), damit verbunden ein sich ständig vergrößernder Kaufkraftüberhang und wachsende Sparguthaben, die ihrerseits wieder steigende Zinszahlungen an die Bevölkerung zeitigten, was sich insgesamt als Schwächung der Währung auswirkte).
3. Die Nichterfüllung des NSW-Exports im Fünfjahrplan 1986 bis 1990 in bedeutendem Umfang.

Die dadurch bedingte Mehrverschuldung, resümierten die Autoren, bedeute eine "grundlegende Änderung der ökonomischen Situation in der DDR" (S. 10): "Bei der Einschätzung der Kreditwürdigkeit eines Landes wird international davon ausgegangen, daß die Schuldendienstrate - das Verhältnis vom Export zu den im gleichen Jahr fälligen Kreditrückzahlungen und Zinsen - nicht mehr als 25 Prozent betragen sollte. Damit sollen 75 Prozent der Exporte für die Bezahlung von Importen und sonstigen Ausgaben zur Verfügung stehen. Die DDR hat, bezogen auf den NSW-Export, 1989 eine Schuldendienstrate von 150 Prozent. Die Lage in der Zahlungsbilanz wird sich nach dem erreichten Arbeitsstand zum Entwurf des Planes 1990 weiter verschärfen. Der 'Sockel' wird bei einem NSW-Exportüberschuß von 0,3 bis 0,5 Milliarden Valutamark auf ca. 57 Milliarden Valutamark Ende 1990 ansteigen. Die Kosten und Zinsen betragen 1990 insgesamt über 8 Milliarden Valutamark. Wenn der Anstieg des 'Sockels' verhindert werden soll, müßte 1990 ein Inlandsprodukt von 30 Milliarden Mark aufgewendet werden, was dem geplanten Zuwachs des Nationaleinkommens von drei Jahren entspricht und eine Reduzierung der Konsumtion von 25 bis 30 Prozent erfordert" (S. 11).

Da die zur Aufrechterhaltung der Zahlungsfähigkeit in den Jahren 1990 bis 1995 notwendigen Exportüberschüsse als nicht erreichbar angesehen wurden, konstatierte die Analyse die unmittelbar bevorstehende Zahlungsunfähigkeit der DDR und warnte vor deren Folgen: "Die Konsequenzen der unmittelbar bevorstehenden Zahlungsunfähigkeit wären ein Moratorium (Umschuldung), bei der der Internationale Währungsfonds bestimmen würde, was in der DDR zu geschehen hat. Solche Auflagen setzen Untersuchungen des IWF in den betreffenden Ländern zu Fragen der Kostenentwicklung, der Geldstabilität u.ä. voraus. Sie sind mit der Forderung auf den Verzicht des Staates, in die Wirtschaft einzugreifen, der Reprivatisierung von Unternehmen, der Einschränkung von Subventionen mit dem Ziel, sie gänzlich abzuschaffen, dem Verzicht des Staates, die Importpolitik zu bestimmen, verbunden. Es ist notwendig, alles zu tun, damit dieser Weg vermieden wird" (S. 12).

In einer als "Geheime Kommandosache" deklarierten Zusatzinformation klärten Schürer, Schalck, Beil, Donda und Höfner ausschließlich Krenz darüber auf, auf welch tönernen Füßen bereits die laufende Kreditgewährung stand:

"Die jährliche Kreditaufnahme der DDR liegt bei 8 bis 10 Milliarden Valutamark. Das ist für ein Land wie die DDR eine außerordentlich hohe Summe, die bei ca. 400 Banken jeweils mobilisiert werden muß. Kapitalistische Banken haben für ihre Kreditausreichung gegenüber den sozialistischen Ländern - ebenso wie gegenüber Entwicklungsländern - Länderlimite festgelegt. Die weitere Beschaffung von Krediten in den Jahren bis 1995 ist maßgeblich abhängig von
- der Wirkung politischer Faktoren auf die Kreditvergabebereitschaft kapitalistischer Banken und der Haltung der Regierung solcher Länder wie Japan und der BRD, die zu den wichtigsten Kreditgebern der DDR gehören;
- der wirtschaftlichen Entwicklung der DDR, insbesondere der Außenhandelsentwicklung, der Kostenentwicklung, der Akkumulationskraft, der Geldstabilität, der Arbeitskräfteentwicklung usw.;
- der Beibehaltung relativ hoher Anlagen bei ausländischen Banken, die als Guthaben der DDR in Erscheinung treten, auch wenn es sich um Depositen und bereits mobilisierte, noch nicht eingesetzte Kredite handelt. Bei Wahrung der Geheimhaltung über den tatsächlichen Charakter dieser Guthaben tragen sie ganz wesentlich zum Ansehen der DDR als zuverlässiger Kreditnehmer bei.

Diese 'Guthaben' bestehen aus:
- Guthaben von Ausländern in Form von Depositen und Einlagen, die unsere Banken aufgenommen und wieder eingelegt haben, in Höhe von 5,3 Milliarden Valutamark;
- Mit kapitalistischen Banken vertraglich vereinbarte Kredite, die bis zu ihrem Einsatz von uns angelegt werden, in Höhe von 8,4 Milliarden Valutamark;
- Umlaufmitteln des Bereiches Kommerzielle Koordinierung von 2,7 Milliarden Valutamark;
- Valutaguthaben von DDR-Bürgern (in Höhe von, d.Vf.) 0,3 Milliarden Valutamark.

Bei Informationen über Guthaben der DDR, die durch ausländische Banken oder Kreditinstitutionen erfolgen, werden alle diese Mittel als 'Guthaben der DDR' angesehen, da die tatsächlichen Quellen diesen Banken nicht bekannt sind. Für die Kreditwürdigkeit der DDR ist das sehr positiv, für die tatsächliche Verschuldung jedoch wirkungslos. Bei einer Einbeziehung dieser Faktoren in unseren Ausweis der Verschuldung müßten sowohl Forderungen als auch Verbindlichkeiten in gleicher Höhe aufgenommen werden. Der Saldo aus Forderungen und Verbindlichkeiten daraus bleibt unverändert. Im Interesse der Notwendigkeit der Erhaltung der Kreditwürdigkeit ist eine absolute Geheimhaltung dieser Fakten erforderlich. Sie dürfen deshalb auch künftig nicht in die Abrechnung der Planzahlungsbilanz einbezogen werden."[331]

Weil eine Veröffentlichung der vorgelegten Verschuldungszahlen und eine Aufhellung des wirklichen Charakters der "Guthaben" der DDR die Kreditwürdigkeit der Banken der DDR unmittelbar zu gefährden drohte, rieten die Ökonomen dringend zur Geheimhaltung dieser Zusatzinformation.

Als Schlußfolgerung ihrer Analyse schlugen die Autoren dem Politbüro eine "grundsätzliche Änderung der Wirtschaftspolitik der DDR, verbunden mit einer Wirtschaftsreform" vor, deren Hauptaufgabe es sei, "Leistung und Verbrauch

---

331 Gerhard Schürer, Zur Zahlungsfähigkeit der DDR (Zusatzinformation zur GVS "Analyse der ökonomischen Lage der DDR mit Schlußfolgerungen"), Geheime Kommandosache b 5 - 1156/89, Berlin, 27. Oktober 1989, S. 1-3 (PdV).

wieder in Übereinstimmung zu bringen."³³² Ihr neues wirtschaftspolitisches Credo lautete: "Es kann im Inland nur das verbraucht werden, was nach Abzug des erforderlichen Exportüberschusses für die innere Verwendung als Konsumtion und Akkumulation zur Verfügung steht. Das bedeutet, daß der Zuwachs des im Inland verwendeten Nationaleinkommens zur Sicherung der Zahlungsfähigkeit der DDR gegenüber dem NSW in den nächsten Jahren deutlich niedriger liegen muß als die Entwicklung des produzierten Nationaleinkommens" (S. 13).

Die vorgeschlagene Wirtschaftsreform, als deren Ziel eine "an Marktbedingungen orientierte sozialistische Planwirtschaft bei optimaler Ausgestaltung des demokratischen Zentralismus" angegeben wurde, sollte sieben Aufgaben lösen:
1. Stärkung der produktiven Akkumulation vorwiegend in den exportfähigen Industriezweigen;
2. Konzentration der Kräfte auf die Lösung der Zulieferprobleme,
3. Stärkung der produktiven Bereiche durch eine Umstrukturierung des Arbeitskräftepotentials: Abbau unproduktiver Tätigkeiten im administrativen und gesellschaftlichen Bereich;
4. konsequente Durchsetzung des sozialistischen Leistungsprinzips durch individuell bezogene materielle Anreize;
5. Konzentration der Investitionen auf Erhaltungs-, Modernisierungs- und Rationalisierungsmaßnahmen der in den komplexen Wohnungsbau zu investierenden Ressourcen;
6. grundlegende Veränderung der Subventions- und Preispolitik ohne vollen Ausgleich;
7. Reduzierung der Ressourcen für den komplexen Wohnungsbau; Umorientierung auf Werterhaltung und Modernisierung vorhandener Wohnsubstanz.

Gemessen am Umfang dieser Aufgaben nahmen sich die vorgeschlagenen Maßnahmen eher bescheiden aus. Ein Abbau der überdimensionierten, unproduktiven Politbürokratie vom Partei- über den Wirtschafts- bis hin zum Sicherheits- und Militärapparat wurde überhaupt nicht in Betracht gezogen. Stattdessen sollte die bürokratische Zentralisierung in Planung und Leitung abgebaut, die Eigenverantwortung der Kombinate und Betriebe gestärkt, die Rolle des Geldes als Maßstab für Leistung und wirtschaftlichen (Miß-)Erfolg erhöht sowie die Zusammenarbeit der DDR mit der UdSSR und den anderen sozialistischen Ländern verbessert werden. Doch selbst "wenn alle diese Maßnahmen in hoher Dringlichkeit und Qualität durchgeführt werden", warnte die Analyse voreilige Optimisten, sei der für die Sicherung der Zahlungsfähigkeit der DDR erforderliche Exportüberschuß nicht erzielbar: "1985 wäre das noch mit großen Anstrengungen möglich gewesen, heute besteht diese Chance nicht mehr. Allein ein Stoppen der Verschuldung würde im Jahre 1990 eine Senkung des Lebensstandards um 25 bis 30 Prozent erfordern und die DDR unregierbar machen. Selbst wenn das der Bevölkerung zugemutet würde, ist das erforderliche exportfähige Endprodukt in dieser Größenordnung nicht aufzubringen" (S. 19).

Der Ausweg aus dieser dramatischen Situation bestehe allein in einer Verbindung der vorgeschlagenen Maßnahmen zur Änderung der Wirtschaftspolitik mit einer forcierten Kooperation mit kapitalistischen Ländern, wobei einerseits die an einer Stärkung der DDR als politischem Gegengewicht zur Bundesrepublik interessierten Länder wie Frankreich, Österreich und Japan ins Auge gefaßt wurden, andererseits der Bundesrepublik die Schlüsselrolle zugewiesen wurde. Für die Sicherung der Zahlungsfähigkeit sei es unerläßlich, "mit der Regierung der BRD über Finanzkredite in Höhe von zwei bis drei Milliarden Valutamark über bishe-

---

332 Gerhard Schürer, Gerhard Beil, Alexander Schalck, Ernst Höfner, Arno Donda, Vorlage für das Politbüro des Zentralkomitees der SED, Betreff: Analyse der ökonomischen Lage der DDR mit Schlußfolgerungen, 30. und 27. Oktober 1989, S. 13.

rige Kreditlinien hinaus zu verhandeln" und dafür notfalls die Einnahmen aus der Transitpauschale der Jahre 1996 bis 1999 als Sicherheit einzusetzen (S. 21).[333] Damit würde zwar die Verschuldung erhöht, aber zumindest Zeit gewonnen und ein eventuelles Diktat des Internationalen Währungsfonds vermieden.

Um die konservativ-liberale Bundesregierung für diesen Kredit zu erwärmen, solle ihr gegenüber - aber ausdrücklich unter Ausschluß jeder Idee von Wiedervereinigung und der Schaffung einer Konföderation - erklärt werden, "daß durch diese und weitergehende Maßnahmen der ökonomischen und wissenschaftlich-technischen Zusammenarbeit DDR-BRD noch in diesem Jahrhundert solche Bedingungen geschaffen werden könnten, die heute existierende Form der Grenze zwischen beiden deutschen Staaten überflüssig zu machen" (S. 22). Dafür wurde die Forderung gestellt: "Dies müßte jedoch verbunden werden mit eigenen politischen und ökonomischen Vorschlägen der BRD zur Entspannung und zur ökonomischen Unterstützung der DDR, wobei die Tatsache zu berücksichtigen ist, daß unserem Land in der Zeit der offenen Staatsgrenze laut Einschätzung eines Wirtschaftsinstitutes der BRD ein Schaden von ca. 100 Milliarden Mark entstanden ist" (S. 22). Als "Zeichen der Hoffnung und der Perspektive" und um einen zeitlichen Rahmen für die Umsetzung ihres Angebots abzustecken, griffen die Autoren einen Vorschlag des amerikanischen Präsidenten Ronald Reagan auf[334] und empfahlen, "1995 zu prüfen, ob sich die Hauptstadt der DDR und Berlin (West) um die gemeinsame Durchführung der Olympischen Spiele im Jahre 2004 bewerben sollten."[335]

Es bedurfte wenig Phantasie, die Wirkungen vorauszusehen, die eine Veröffentlichung der in der Analyse der führenden Wirtschaftsfunktionäre dargelegten Fakten zur Lage der DDR-Wirtschaft zu diesem Zeitpunkt in der Bevölkerung, aber auch im Zentralkomitee hervorgerufen hätten. So beschloß das Politbüro am 31. Oktober 1989, nach Auskunft Schürers ohne längere Aussprache[336], den Schlußfolgerungen der Analyse zwar als "Arbeitsgrundlage" zuzustimmen, sie jedoch, um die Mitglieder des Zentralkomitees der SED nicht zu schockieren, der 10. ZK-Tagung nur wohldosiert, nämlich in "ausgewogener Form", in der Rede von Egon Krenz vorzustellen.[337] Sollte es die ursprüngliche Intention Schürers und seiner Mitautoren gewesen sein, sich angesichts des drohenden Bankrotts vorsichtig einer Konföderationsdiskussion zu öffnen, so wurde ihr Vorstoß verschleiert. Aus Rücksichtnahme auf die zuvörderst an der Sowjetunion orientierten Politbüromitglieder hatte Krenz Schürer nicht nur gedrängt, den Ausschluß jedes Gedankens an Wiedervereinigung und Konföderation in die Vorlage aufzunehmen und dadurch jeder diesbezüglichen Diskussion nach Möglichkeit aus dem Weg zu gehen. Im Reinschriftenprotokoll wurde zudem jener Passus aus der Vorlage gestrichen, in dem "die heute existierende Form der Grenze", mithin die Mauer,

---

333 Die Einnahmen aus der Transitpauschale der Jahre 1991 bis 1995 waren bereits verplant.
334 Vgl. die Rede Reagans vom 12.6.1987 vor dem Brandenburger Tor, in: Der Tagesspiegel, 13.6.1987.
335 Gerhard Schürer, Gerhard Beil, Alexander Schalck, Ernst Höfner, Arno Donda, Vorlage für das Politbüro des Zentralkomitees der SED, Betreff: Analyse der ökonomischen Lage der DDR mit Schlußfolgerungen, 30. und 27. Oktober 1989, S. 22.
336 Gerhard Schürer, in: Hertle 1992c, S. 1036.
337 Der Beschluß lautete vollständig: "1. Die Analyse der ökonomischen Lage der DDR wird zur Kenntnis genommen; den Schlußfolgerungen wird als Arbeitsgrundlage zugestimmt. 2. Die Analyse und die Schlußfolgerungen sind in ausgewogener Form dem Entwurf der Rede des Generalsekretärs des ZK der SED, Genossen E. Krenz, für die 10. Tagung des ZK zugrunde zu legen" (Protokoll Nr. 47 der Sitzung des Politbüros des ZK der SED vom 31.10.1989, in: SAPMO-BArch, ZPA-SED, J IV 2/2/2356).

zur Disposition gestellt wurde.³³⁸ Die Ausradierung allein konnte jedoch nicht aus der Welt schaffen, daß die führenden Ökonomen den Vorschlag, die Mauer gegenüber der Bundesregierung als Tauschmittel für neue Kredite einzusetzen, als letzte Möglichkeit in Betracht zogen, das politische und ökonomische Überleben der DDR zu sichern. In der Begründung seiner Vorlage im Politbüro hatte Schürer seine Tauschüberlegungen ausdrücklich hervorgehoben: "Auf der letzten Seite sind wir bis zur großen Politik der Form der Staatsgrenze gegangen. Wir wollen deutlich machen, wie weit Überlegungen angestellt werden sollen. Diese Gedanken sollen aufmerksam machen, daß wir jetzt vielleicht für solche Ideen noch ökonomisches Entgegenkommen der BRD erreichen können". Und warnend fuhr er fort: "Wenn die Forderungen erst von der Straße oder gar aus Betrieben gestellt werden, wäre die Möglichkeit einer Initiative von uns wieder aus der Hand genommen."³³⁹

2.8. Moskau - Ost-Berlin II: "Die deutsche Frage - kein Problem der aktuellen Politik"

Mit der Perspektive eines drohenden ökonomischen Bankrotts im Gepäck, flog Krenz im unmittelbaren Anschluß an die Politbüro-Sitzung am späten Nachmittag nach Moskau, um den für die DDR lebensnotwendigen "Gleichklang der Herzen mit der KPdSU und der UdSSR" (Krenz) wiederherzustellen und Rat und Hilfe bei der sowjetischen Vormacht einzuholen.

Der Niederschrift des Vier-Augen-Gesprächs am 1. November 1989 zufolge berichtete Krenz, daß am Vortage eine ungeschminkte Analyse der wirtschaftlichen Lage vorgelegt worden sei: "Eine solche Analyse sei im Politbüro noch niemals diskutiert worden."³⁴⁰ Gorbatschow zeigte Verständnis: Auch er habe den Staatshaushalt nicht gekannt, als er Generalsekretär wurde. Noch unter Andropow habe er mit Ryshkow den Auftrag erhalten, die Lage der Volkswirtschaft zu untersuchen, "weil man spürte, daß dort etwas faul war. Als sie jedoch die volle Wahrheit herausfinden wollten, wurden sie zurückbeordert. Heute sei ihm klar, warum das geschah. Im Grunde genommen existierte der Staatshaushalt damals gar nicht mehr. Die Folgen davon habe man heute noch auszubaden" (S. 10).

Krenz erläuterte dem Generalsekretär der KPdSU, "man sei auf dem 9. Plenum mit dem Vorsatz angetreten, der Wahrheit ins Auge zu sehen. Wenn er jedoch die Wahrheit über die Volkswirtschaftslage vor dem ZK darlege, dann könne dies einen Schock mit schlimmen Folgen auslösen" (S. 10). Gorbatschow unterbrach Krenz schnell und teilte ihm mit, "in der Sowjetunion sei die reale Lage der DDR bekannt gewesen. Man sei auch über die Beziehungen zur BRD und darüber informiert gewesen, was dort für Probleme heranreiften. Die

---

338 Vgl. die Reinschrift der Politbüro-Vorlage (in: SAPMO-BArch, ZPA-SED, J IV 2/2/2356) mit der ursprünglichen Vorlage (in: SAPMO-BArch, ZPA-SED, J IV 2/2A/3252).
339 Gerhard Schürer, Begründung zur Vorlage "Analyse der Lage der DDR mit Schlußfolgerungen" (Redemanuskript), Berlin, 31.10.1989, S. 9 (PdV). - Egon Krenz bestätigt, daß Schürer diese Rede, wenn vielleicht nicht wörtlich, so doch sinngemäß, einschließlich der Formulierungen zur Staatsgrenze, im Politbüro gehalten habe (Gespräch d. Vf. mit Egon Krenz, 20.4.1994).
340 Niederschrift des Gesprächs des Genossen Egon Krenz, Generalsekretär des ZK der SED und Vorsitzender des Staatsrates der DDR, mit Genossen Michail Gorbatschow, Generalsekretär des ZK der SED und Vorsitzender des Obersten Sowjets der UdSSR, am 1.11.1989 in Moskau, Berlin, 1.11.1989, S. 9 (SAPMO-BArch, ZPA-SED, IV 2/2.039/329). - Die folgenden Seitenangaben im Text beziehen sich auf diese Quelle.

Sowjetunion sei immer bemüht gewesen, ihre Pflichten gegenüber der DDR zu erfüllen. Abgesehen von der Tatsache, daß wegen großer innerer Schwierigkeiten zwei Millionen Tonnen Erdöl gestrichen werden mußten, habe man stets verstanden, daß die DDR ohne die Sowjetunion nicht funktionieren kann. Diese Unterstützung sei die internationalistische Pflicht der Sowjetunion. Man habe sich jedoch gleichzeitig gefragt, warum die Sowjetunion in dieser Lage in so aufdringlicher Weise mit den Erfolgen der DDR traktiert werde. Dies war besonders schwer zu ertragen, weil man die wirkliche Lage der DDR kannte. Genosse Gorbatschow sagte, er habe einmal versucht, mit Genossen Honecker über die Verschuldung der DDR zu sprechen. Dies sei von ihm schroff zurückgewiesen worden, da es solche Probleme nicht gebe" (S. 10).

Im weiteren Verlauf des Gespräches kam Krenz jedoch auf sein Anliegen zurück: "Die sowjetischen Genossen seien zwar über die ökonomische und politische Lage der DDR gut informiert, er wolle trotzdem die gegenwärtige ökonomische Situation charakterisieren, weil sie der Führung der SED gegenwärtig bei politischen Entscheidungen, die dringend notwendig sind, die Hände bindet" (S. 13). Daraufhin referierte er die Rahmendaten des ökonomischen Desasters der DDR: den Rückgang der Akkumulationsrate für produktive Investitionen, das Sinken des Wirtschaftswachstums, die Nichterfüllung des Planes, schleichende Inflation, Stützung der Mikroelektronik mit jährlich 3 Milliarden Mark, Auslandsschulden in Höhe von 49 Milliarden Valutamark und ein Defizit in der Bilanz konvertierbarer Devisen von 12,1 Milliarden US-Dollar zum Ende des Jahres 1989. Allein für die schon laufenden Zinszahlungen in Höhe von 4,5 Milliarden Dollar müsse die DDR 62 Prozent des jährlichen, in Devisen eingehenden Exporterlöses aufbringen. Gorbatschow tat erstaunt und fragte, "ob diese Zahlen exakt seien. So prekär habe er sich die Lage nicht vorgestellt" (S. 15). Krenz jedoch konnte ihn nicht trösten: "Der Zustand der Zahlungsbilanz sei gegenwärtig in der DDR nicht bekannt", erwiderte er, aber "wenn man real vorgehen und das Lebensniveau ausschließlich auf die eigene Leistung gründen wollte, müsse man es sofort um 30 Prozent senken. Dies sei jedoch politisch nicht zu verantworten" (S. 15).

Welche Hilfe erhoffte sich Krenz von Gorbatschow? An eine wirtschaftliche Unterstützung war angesichts der eigenen Nöte der Sowjetunion nicht zu denken. Mehr als das Versprechen, daß die Sowjetunion alles daran setzen werde, die bereits eingegangenen Verpflichtungen an Rohstofflieferungen gegenüber der DDR zu erfüllen, konnte Krenz Gorbatschow nicht abringen. Ob er dieses Versprechen allerdings einlösen könne, zog Gorbatschow selbst in Zweifel: Viele Republiken der Sowjetunion, "die vorwiegend Rohstoffe lieferten, (stellten) die Frage der Neuaufteilung des Nationaleinkommens mit den Republiken, wo die Finalproduktion konzentriert sei. Sie drohten, wenn diese Proportionen nicht verändert würden, könne es zu einer Einstellung der Rohstofflieferungen kommen. Darüber werde im Obersten Sowjet beraten" (S. 18/19).

So konnte Gorbatschow dem Ost-Berliner Verbündeten nur einen bescheidenen Rat mit auf die Rückreise geben - "aus eigener Erfahrung", wie das Protokoll vermerkt: "Genosse Krenz und die Führung der SED müsse jetzt in allgemeiner Form einen Weg finden, um der Bevölkerung mitzuteilen, daß man in den letzten Jahren über seine Verhältnisse gelebt habe. Dies könne Genossen Krenz persönlich jetzt noch nicht angelastet werden. Allmählich sei es jedoch notwendig, die ganze Wahrheit auszusprechen. Zunächst brauche man Zeit für eine umfassende Analyse. Später sei jedoch eine volle Information nicht zu umgehen, weil man sonst die zunehmenden Schwierigkeiten Genossen Krenz selbst anlasten werde. Die Gesellschaft müsse jedoch heute bereits allmählich an diesen Gedanken gewöhnt werden" (S. 16). Wenn sich angesichts der übermächtigen Probleme die gegenseitige Hilfe auf solche Ratschläge für taktische Verhaltensweisen beschränkte, war die Perspektive für beide Partner alles andere als rosig.

Ein zweites Thema lag Krenz am Herzen: Er ersuchte Gorbatschow, "klarer darzulegen, welchen Platz die SU der BRD und der DDR im gesamteuropäischen Haus einräumt. Dies sei für die Gestaltung der Beziehungen zwischen der DDR und der BRD von großer Bedeutung. Er erläuterte weiter, daß zwischen der DDR und anderen sozialistischen Ländern ein wichtiger Unterschied bestehe. Die DDR sei in gewisser Weise das Kind der Sowjetunion, und die Vaterschaft über seine Kinder müsse man anerkennen" (S. 19). Gorbatschow stimmte Krenz zu und berichtete, daß in seinen jüngsten Gesprächen mit Margret Thatcher und Francois Mitterand, mit Jaruzelski und Andreotti alle von der Bewahrung der Realitäten der Nachkriegszeit, einschließlich der Existenz zweier deutscher Staaten, ausgegangen seien: "Das Gleichgewicht in Europa solle nicht gestört werden, weil niemand wisse, welche Folgen dies habe" (S. 20). Im wesentlichen stimmten dem auch die Amerikaner zu. "Nach seiner Meinung", so Gorbatschow laut Krenz, "bestehe in der Gegenwart die beste Politik darin, die bisherige Linie weiterzuführen". Die menschlichen Kontakte zwischen beiden deutschen Staaten solle man nicht verhindern, man müsse sie jedoch "unter Kontrolle halten und steuern. Dazu sei es notwendig, einige Korrekturen an der Politik anzubringen, um das Verständnis des Volkes zu erlangen" (S. 21). Im übrigen strebe die Sowjetunion eine engere partnerschaftliche Bindung der BRD an sich an; davon werde dann auch die DDR profitieren, hob Gorbatschow als richtige Reihenfolge hervor. Die Bundesrepublik sei zu einer breiteren Zusammenarbeit bereit, "erwarte jedoch, daß die Sowjetunion bei der Wiedervereinigung Hilfestellung leiste" (S. 22). Für die DDR, so Gorbatschow, sei es wichtig, "ihre Beziehungen zur BRD zu erhalten und kontinuierlich weiter zu entwickeln. Dabei sei Vorsicht geboten, damit der ideologische Gegner keine Positionen erhalte, die er ausnutzen könne. Es werde also dabei bleiben, daß die DDR die Rohstoffe aus der Sowjetunion erhalte und gleichzeitig ihre Beziehungen zur BRD vorsichtig weiter entwickle, um andererseits zu vermeiden, in die Umarmung der BRD zu geraten" (S. 23).

Zusammenfassend machte Gorbatschow in bezug auf zukünftige Gestaltungsmöglichkeiten der deutsch-deutschen Beziehungen deutlich, daß die deutsche Frage nicht auf der Tagesordnung stehe, vielmehr die alte Politik fortzusetzen sei: "Es gehe darum, die bisherige Politik weiterzuführen, die Erfolge gebracht habe. Darauf könne die DDR und ihr Volk stolz sein. Es gebe keinen Grund, Vermutungen anzustellen, wie sich die deutsche Frage einmal lösen wird. Die gegenwärtigen Realitäten müßten berücksichtigt werden. Dies sei das wichtigste. Wenn die Tendenz der Annäherung in Europa mehrere Jahrzehnte lang anhalte und sich die Integrationsprozesse unabhängig von den Gesellschaftssystemen, jedoch bei eigenständiger Entwicklung der Politik, Kultur, des Entwicklungsweges und der Traditionen fortsetze und der Austausch von geistigen und materiellen Gütern sich entwickle, dann könne die Frage möglicherweise eines Tages anders stehen. Aber dies sei heute kein Problem der aktuellen Politik. In der aktuellen Politik müsse die bisherige Linie weitergeführt werden. Genosse Gorbatschow bat Genossen Krenz, dies den Genossen des Politbüros zu übermitteln. Darüber gebe es auch Verständigung der Sowjetunion mit ihren früheren Partnern aus der Zeit der Antihitlerkoalition" (S. 24).

An dieser Stelle brachte Krenz vorsichtig den Einwand, daß das in der sowjetischen Außenpolitik eingeführte Schlagwort von der "Entideologisierung der Beziehungen" zwischen den Staaten und die Betonung "allgemein menschlicher Werte", auf das Verhältnis BRD-DDR angewandt, den Verzicht auf die Verteidigung des Sozialismus bedeute. Beides führe dazu, daß "Fragen wie die Mauer und das Grenzregime zur BRD (...) neu aufgeworfen (würden). Die DDR befinde sich in der komplizierten Situation, diese nicht mehr recht in die heutige Zeit passenden, aber weiterhin notwendigen Dinge zu verteidigen" (S. 25). Gorbatschow äußerte dazu die Meinung, "daß dies alles neu durchdacht werden müsse. Die Zeit dafür sei reif. Wenn die DDR nicht die Formel dafür finde, die es ermögliche, daß die Menschen ihre Verwandten besuchen könnten, dann wäre das für die Gesellschaft der DDR ein sehr unbefriedigender Zustand. Die DDR werde erneut Ultimaten gestellt bekommen. Sie müsse jedoch die Initiative selbst in die Hand nehmen. In der Sowjetunion sei man bereit, über solche Maßnahmen zu beraten. Die DDR spüre jedoch besser, was zu tun sei. Es sei sicher notwendig, einige konkrete Schritte zu tun, die man aber stets mit bestimmten Verpflichtungen und Aktionen der anderen Seite verknüpfen müsse. Es sei an der Zeit, auf Kanzler Kohl, der nun Kontakt zu Genossen Gorbatschow und Genossen Krenz hergestellt habe, stärkeren Druck auszuüben" (S. 25). Zwar sei Kohl, schätzte Gorbatschow ein, "keine intellektuelle Leuchte, sondern ein Kleinbürger. Von diesen Schichten werde er auch am besten verstanden. Aber er sei trotz allem ein geschickter und hartnäckiger Politiker. Schließlich sei auch Reagan populär gewesen und habe sich relativ lange gehalten. Dies treffe auch auf Kohl zu" (S. 28).

Krenz erläuterte daraufhin, daß die DDR beabsichtige, den Schußwaffengebrauch an der Grenze zur Bundesrepublik zu vermeiden und noch vor Weihnachten die Verabschiedung eines Reisegesetzes anvisiere, demzufolge jeder DDR-Bürger die Möglichkeit erhalte, einen Paß und ein Ausreisevisum für Reisen in alle Länder zu erwerben. Man könne allerdings die Reisenden nicht mit genügend Valutamitteln ausstatten und werde öffentlich darlegen müssen, daß die Devisen aus dem Zwangsumtausch dafür nicht ausreichen. Als denkbare Lösung schlug Gorbatschow vor, hinzuzufügen, "daß ein Weg die allmähliche Konvertierbarkeit der Mark der DDR wäre. Dies wäre ein Anreiz für die Werktätigen, besser zu arbeiten, eine höhere Arbeitsproduktivität und Qualität anzustreben, wodurch solche Ziele erreichbar würden" (S. 26/27).

Welche Schlußfolgerungen sollte Krenz aus seiner Begegnung mit Gorbatschow ziehen? Die atmosphärische Seite des Besuches hatte er mit Bravour gemeistert: Die Zeit der politischen Distanz Ost-Berlins zum Umgestaltungsprozeß in der Sowjetunion war beendet, der Gleichklang wiederhergestellt: In allen besprochenen Fragen, so Krenz stolz vor der Presse in Moskau, bestünde Einmütigkeit.[341] Was die strategische Seite des Verhältnisses zur Bundesrepublik betraf, hatte Krenz nicht den Mut aufgebracht, die weiterreichenden Pläne seiner Ökonomen auf den Tisch zu legen. Sie konfligierten zu deutlich mit den sowjetischen Interessen, denn entgegen seiner Äußerungen war die deutsche Frage für Gorbatschow natürlich eine Frage der aktuellen, allerdings sowjetischen Politik. Die staatliche Existenz der DDR mit ihrer gesicherten Grenze und der Anwesenheit eines Besatzungskontingents von rund 350.000 Soldaten der Roten Armee wirkte sich aus sowjetischer Sicht ausgesprochen förderlich auf die Bereitschaft der Bundesregierung aus, nicht nur wie viele ihrer westlichen Verbündeten kostenneutrale Sympathie für den Erfolg der Umgestaltungspolitik Gorbatschows zu bekunden, sondern sich mit ökonomischen und finanziellen Unterstützungsleistungen zu engagieren. Nicht im geringsten dachte Gorbatschow daran, sich durch eine zu weitgehende Annäherung der DDR an die Bundesrepublik, geschweige denn durch ihre Preisgabe, die Grundlage für diese Nutzen verheißende Beziehung zwischen Moskau und Bonn selbst zu entziehen oder gar vom eigenen Ost-Berliner Geschöpf zerstören zu lassen.

Helfen, mußte Krenz erkennen, konnte die Sowjetunion auch der "gewendeten" SED-Führung nicht. Die sowjetische Antwort auf die ökonomischen Nöte der DDR, deren politische und ökonomisch-strategische Abhängigkeit vom We-

---

341 Vgl. Neues Deutschland, 2.11.1989.

sten Krenz besonders hervorgehoben hatte, bestand in nicht mehr als einem
Schulterzucken; der Sowjetunion ging es wesentlich schlechter. Das von einer
Versorgungskrise größten Ausmaßes und aufbrechenden Nationalitätenkonflikten
geplagte Mutterland der Oktoberrevolution sah sich zu einem wirtschaftlichen
Sonderbonus zur Unterstützung der "Wende" in der DDR außerstande; der Hinweis von Gorbatschow, es sei absurd sich vorzustellen, die Sowjetunion könne
vierzig Millionen Polen aushalten[342], konnte letztendlich auch als auf die knapp
siebzehn Millionen Bewohner der DDR gemünzt verstanden werden.[343]

Was Krenz aus Moskau an ökonomischen Ergebnissen mitbrachte, stimmte ihn
wenig zuversichtlich.[344] In einem parallelen Treffen der Leiter der Internationalen Abteilungen hatte Valentin Falin zur Verbesserung der finanzpolitischen
Lage der DDR seinen SED-Kollegen Günter Sieber mit der Idee traktiert, West-
Berlin mit Hilfe der DDR in eine Art Hongkong oder Singapur zu verwandeln:
"Hier böten sich große Perspektiven für die Erschließung einer intensiven Quelle
für Valutaeinnahmen und den Zugang zum Weltmarkt. Nach Gesprächen mit
Momper und einer Reihe anderer Kontakte sei Genosse Falin zu der Auffassung
gelangt, daß gerade hier riesige Reserven vorhanden wären", schrieb Sieber nach
der Beratung nieder.[345] "Sehr große Reserven" hielt Falin des weiteren für erschließbar, wenn es der DDR gelinge, die Bundesregierung an den richtigen
Stellen anzubohren. Man solle zum Beispiel "Kohl gegenüber fordern, daß die
BRD ihren Beitrag zur Freizügigkeit leiste und zum Beispiel einen speziellen
Fonds dafür schaffe, evtl. in Höhe von 5 Mrd. DM von Seiten der BRD
(ebenfalls 5 Mrd. Mark von Seiten der DDR)."[346] Für wie stupide mußte Falin
die neue SED-Führung halten, daß er ihr nicht zutraute, das Einmaleins des
humanitären Gebens und ökonomischen Nehmens in den deutsch-deutschen Beziehungen zu beherrschen?

Das Dilemma für Krenz und seine Ökonomen war komplett: Den Staatsbankrott unmittelbar vor Augen und mit den Forderungen einer immer ungeduldiger
werdenden Bevölkerung konfrontiert, sahen sie sich auf eine Bündnisraison verpflichtet, die ihnen genau dort einen Riegel vorschob, wo ihre Diagnose allein
noch Handlungsspielraum ergeben hatte. Gorbatschows Vorschläge liefen darauf
hinaus, einer Bevölkerung, die aus Unzufriedenheit bereits jetzt zu Zehntausenden davonlief, schonend beizubringen, daß sie bislang über ihre Verhältnisse gelebt hatte und sich in Zukunft auf bescheidenere Verhältnisse einstellen müsse.
Wollte sich Krenz dieser Logik mit ihren unkalkulierbaren Folgen für die inneren

---

342 Die Absage Gorbatschows, Polen ökonomisch, politisch und notfalls militärisch unter
    die Arme zu greifen, um das Jaruzelski-Regime zu bewahren, bildete im Frühjahr
    1989 den letzten Anstoß für den General, Verhandlungen mit Solidarnosc und der
    katholischen Kirche für einen geordneten Übergang aufzunehmen (vgl. Beschloss/Talbot 1993, S. 112 ff.).
343 Niederschrift des Gesprächs des Genossen Egon Krenz, Generalsekretär des ZK der
    SED und Vorsitzender des Staatsrates der DDR, mit Genossen Michail Gorbatschow,
    Generalsekretär des ZK der SED und Vorsitzender des Obersten Sowjets der
    UdSSR, am 1.11.1989 in Moskau, Berlin, 1.11.1989, S. 24 (SAPMO-BArch, ZPA-
    SED, IV 2/2.039/329).
344 Krenz bestätigte diese Einschätzung im Gespräch mit d. Vf. am 20.4.1994. Nach
    seinem Gespräch mit Gorbatschow habe er nicht mehr daran geglaubt, von der Sowjetunion tatsächlich ökonomische Hilfe zu erhalten; vielmehr sei ihm klar gewesen,
    daß man auf die BRD setzen müsse.
345 Vermerk über ein Gespräch des Genossen Günter Sieber, Mitglied des ZK und
    Leiter der Abteilung Internationale Verbindungen des ZK der SED, mit Valentin
    Falin, Leiter der Internationalen Abteilung des ZK der KPdSU, am 1.11.1989 im
    Hause des ZK der KPdSU, S. 3 (SAPMO-BArch, ZPA-SED, IV 2/2.039/329, Bl.
    172).
346 Ebd., S. 5 (Bl. 174).

Verhältnisse in der DDR nicht beugen, dann blieb nur der Versuch, es unter der Hand möglichst schnell mit einer kalkulierten Erweiterung der deutsch-deutschen Kooperationsspielräume zu versuchen und sich dabei unter keinen Umständen von der Entwicklung der Beziehungen zwischen Moskau und Bonn abhängig zu machen. Der DDR-Spezialist für die Beziehungen zu Bonn war Alexander Schalck. Auf die Anregungen Falins brauchte Schalck nicht zu warten; längst war er im Auftrag von Krenz in der deutsch-deutschen Verhandlungsarena tätig. Doch nach dem Moskauer Spitzentreffen hing das Schicksal der DDR mehr denn je von der Bundesrepublik ab und damit zuvörderst von Schalcks Verhandlungsgeschick - aber noch mehr von seinen Verhandlungstrümpfen.

2.9. Ost-Berlin - Bonn II: Das "Geheimkonzept für die BRD" und sein Scheitern

Als enger Vertrauter von Krenz war Schalck bereits Tage vor dem Sturz Honeckers damit befaßt, konzeptionelle Vorläufe für den künftigen Generalsekretär zu schaffen und Strategiepapiere zu entwerfen. Unter seiner Regie wurden Materialien zum Stand der inneren und äußeren Verschuldung aktualisiert und Vorschläge ausgearbeitet, wie wenigstens der Auftakt der Ära Krenz mit einem kurzfristig verbesserten Konsumgüterangebot glanzvoll gestaltet werden könnte. Daneben schlug er Krenz am 13. Oktober die Einrichtung einer Arbeitsgruppe vor, "die Ziele und Möglichkeiten einer für die DDR nützlichen Zusammenarbeit mit der BRD und anderen NSW-Staaten einschätzt und Vorschläge unterbreitet."[347] Er dachte dabei vor allem an industrielle Projekte, die nach dem Prinzip der Gestattungsproduktion oder als gemischte Unternehmen vornehmlich mit bundesdeutschen Partnern in Angriff genommen werden sollten. Dem Verhalten der Bundesregierung und der westdeutschen Wirtschaft maß Schalck eine Signalfunktion für die Kooperationsbereitschaft der übrigen westlichen Industriestaaten bei.

Schalck initiierte aber nicht nur, was Schürer Mitte Oktober als "Geheimkonzept für die BRD" notierte.[348] Frühzeitig befaßte er sich zusammen mit der stellvertretenden Finanzministerin Herta König und dem Außenhandelsbankpräsidenten Waldemar Polze mit der Finanzierung der anvisierten Reiseregelung. Zehn Millionen Reisende, ausgestattet mit fünfzehn DM pro Person und Jahr, verursachten nach seiner Berechnung im Jahr 1990 Mehrbelastungen für die DDR in Höhe von 300 Millionen DM, für die es im Devisenhaushalt der DDR keine Deckung gab.[349] "Ich würde es deshalb unbedingt für zweckmäßig halten", teilte Schalck Krenz in einem weiteren Schreiben ebenfalls am 13. Oktober mit, "unmittelbar nach Beschlußfassung und noch vor Veröffentlichung der Regelungen auf informellem Wege in Gesprächen mit der BRD-Regierung einen angemessenen finanziellen Beitrag zur Ermöglichung dieser seit langem von der BRD angestrebten Regelung zu erhalten. Mit den Bundesministern der BRD Schäuble und Seiters sollten, gegebenenfalls durch mich, Varianten zur Reduzierung der finanziellen Mehrbelastungen der DDR erörtert werden."[350] Reisefonds-Vorschläge, wie sie von westdeutschen Politikern in die Diskussion gebracht worden

---

347 Schreiben von Alexander Schalck an Egon Krenz, 13.10.1989 (I), S. 3 (PdV).
348 Vgl. "Plan und Ablauf" (handschriftliche Aufzeichnungen von Gerhard Schürer nach der PB-Sitzung vom 11.10.1989), S. 2 (BArch/P, E-1-56321).
349 Auch mittelfristig sah Schalck keine Chance, Reisenden mehr als fünfzehn DM pro Jahr einzutauschen: Erst zu "einem späteren Zeitpunkt (evtl. Mitte der 90er Jahre) sollte geprüft werden, inwieweit Möglichkeiten bestehen, alle drei Jahre für DDR-Bürger einen Betrag in freien Devisen unter Berücksichtigung eines noch festzulegenden Umrechnungskurses für Auslandsreisen in das NSW bereitzustellen" (Schreiben von Alexander Schalck an Egon Krenz, 13.10.1989 (II), S.3; PdV).
350 Schreiben von Alexander Schalck an Egon Krenz, 13.10.1989 (II), S. 2 (PdV).

waren, lehnte Schalck jedoch zunächst ab; sie schränkten die alleinige Verfügungsgewalt der DDR über diese Mittel ein. Stattdessen solle die BRD entweder einen Pauschalbetrag zwischen 300 und 500 Millionen bezahlen oder aber das Minussaldo der Deutschen Reichsbahn entweder ganz oder in weiten Teilen übernehmen. Krenz bedankte sich für diese Ideen und gab Schalck auf der Grundlage einer von ihm vorgelegten Direktive am 19. Oktober grünes Licht für Verhandlungen mit der Bundesregierung.[351]

Das informelle Gespräch von Schalck mit Seiters und Schäuble am 24. Oktober im Bundeskanzleramt geriet zu einem ersten Abtasten der deutsch-deutschen Möglichkeiten nach der Wende. Schalck bekräftigte die Absicht der SED-Führung unter Krenz, innenpolitisch weitgehende Reformen durchzusetzen und kündigte weitere Maßnahmen zur 'Realisierung einer demokratischen Mitbestimmung' sowie den 'Ausbau der Rechtsstaatlichkeit' an. Die sozialistische Ordnung der DDR und die führende Rolle der SED stehe dabei jedoch nicht zur Disposition. Mit allen Bevölkerungskreisen werde der Dialog geführt; ein Bedarf an neuen Organisationen wie dem Neuen Forum und der SDP, erklärte Schalck auf Nachfrage, bestehe nicht. Die DDR sei bereit, "auf der Basis der Gleichberechtigung und zum gegenseitigen Vorteil auf vielen Gebieten weitergehende Schritte der Zusammenarbeit zu sondieren und zu verhandeln."[352] Dieses umfassende Kooperationsangebot betreffe die politischen und ökonomischen, wissenschaftlichen und kulturellen Beziehungen. Eine Verständigung auf eine "neue Stufe" der Beziehungen bis hin zur Einführung von Formen der Zusammenarbeit, wie sie mit sozialistischen Staaten erprobt würden, sei denkbar.

Bei der Ausarbeitung des Reisegesetzes, so verwies Schalck auf sein schwerwiegendstes Problem, betrachte die DDR "die völkerrechtswidrigen Praktiken der BRD hinsichtlich der DDR-Staatsbürgerschaft als ein ernstes Hindernis."[353] Wenn schon nicht die Anerkennung selbst, so erwarte die DDR doch die Beseitigung zumindest einiger "der wesentlichen praktischen Unzuträglichkeiten der Nichtanerkennung der Personalhoheit der DDR" wie die Ausstellung von vorläufigen Reiseausweisen und Pässen für Bürger der DDR und die Aufnahme von DDR-Bürgern in bundesrepublikanischen Botschaften. Der unbegrenzte Reiseverkehr, wie ihn die DDR zu gestatten beabsichtige, gehöre einerseits zum langjährigen Forderungskatalog aller führenden westdeutschen Politiker, komme andererseits die DDR aber teuer zu stehen. "Im Interesse einer schnellen Einführung dieser Regelungen, im Interesse der Entwicklung der Gesamtbeziehungen und im Interesse der Menschen sollten deshalb für einen Ausgleich der zusätzlichen ökonomischen Belastungen gemeinsame Lösungen gefunden werden", appellierte Schalck an seine westdeutschen Gesprächspartner.[354]

Die Darlegungen Schalcks mußten einen zwiespältigen Eindruck vermitteln; an dem Ausmaß seiner Kooperationsangebote ließen sich die wirtschaftlichen Nöte der DDR deutlich erkennen. Da der Besuch des DDR-Unterhändlers als inoffizielles Sondierungsgespräch angekündigt worden war, so Claus-Jürgen Duisberg, der Leiter des Arbeitsstabes Deutschlandpolitik im Kanzleramt, sei es selbstverständlich gewesen, "daß man sich von unserer Seite rein rezeptiv verhalten

---

351 Vgl. Alexander Schalck, Direktive für ein informelles Gespräch mit dem Bundesminister und Chef des Bundeskanzleramtes der BRD, Rudolf Seiters, sowie mit dem Mitglied des Vorstandes der CDU, Wolfgang Schäuble, 19.10.1989 (PdV).
352 Alexander Schalck, Vermerk über ein informelles Gespräch des Genossen Alexander Schalck mit dem Bundesminister und Chef des Bundeskanzleramtes der BRD, Rudolf Seiters, sowie mit dem Mitglied des Vorstandes der CDU, Wolfgang Schäuble, am 24.10.1989, S. 2 (PdV).
353 Ebd., S. 4.
354 Ebd., S. 5.

hat."³⁵⁵ Insbesondere auf die Vorschläge zur wirtschaftlichen Kooperation reagierten Seiters und Schäuble reserviert; sie äußerten Sorge über die mangelnde Effektivität der Wirtschaft und die Höhe der Verschuldung der DDR. Eine Intensivierung der wirtschaftlichen Zusammenarbeit, die Bildung gemischter Unternehmen sowie die erforderliche Übernahme von Kreditbürgschaften und erst recht die Ausreichung neuer Kredite erforderten eine Wende zu größerer Effektivität; Subventionen beispielsweise müßten abgebaut und die internationale Konkurrenzfähigkeit der DDR-Betriebe gesichert werden, hielten sie Schalck vor.

Demgegenüber wurden das vorgesehene Reisegesetz begrüßt und die Bereitschaft erklärt, über finanzielle Zuschüsse nachzudenken. Wie Schalck festhielt, fiel seinen Gesprächspartnern sinnigerweise als erster Gedanke ein, "ob bei allen Reisen von DDR-Bürgern in die BRD die Kosten für die Rückfahrt von der BRD übernommen werden könnten."³⁵⁶ Eine Änderung ihrer Position in der Staatsbürgerschaftsfrage schlossen beide kategorisch aus. In der für die DDR entscheidenden Frage, "Klarheit darüber zu erhalten, inwieweit die Regierung der BRD zu einem konstruktiven Dialog und zum Ausbau der Zusammenarbeit auf allen Gebieten gleichberechtigt und zum gegenseitigen Vorteil bereit ist"³⁵⁷, vertröstete Seiters Schalck auf ein zweites informelles Gespräch, in dem nach der Unterrichtung des Kanzlers eine Antwort der Bundesregierung erfolgen werde.

Auch nach der Wende, das machte das Gespräch deutlich, sah die SED-Führung die größte Einschränkung ihrer Herrschaftsgewalt über ihr "Staatsvolk" im bundesdeutschen Vertretungsanspruch für alle Deutschen, wie ihn die Präambel des Grundgesetzes fixierte. Zu den "offenen politischen Grundforderungen der DDR" zählten seit der Geraer-Rede Honeckers im Jahr 1980 in erster Linie die Respektierung der Staatsbürgerschaft der DDR, die Anerkennung der innerdeutschen Grenze als Grenze von souveränen Staaten sowie die Auflösung der Erfassungstelle Salzgitter. Während die SED diesen Zielen in ihrer Politik mit der SPD näherkam³⁵⁸, hatte die konservativ-liberale Bundesregierung die Geraer Forderungen stets als unannehmbar zurückgewiesen. Für sie galt, - und das hatte Bundeskanzler Kohl gegenüber Erich Honecker während dessen Besuch in Bonn im September 1987 noch einmal bekräftigt: "An den unterschiedlichen Auffassungen der beiden Staaten zu grundsätzlichen Fragen, darunter zur nationalen Frage, kann und wird dieser Besuch nichts ändern. Für die Bundesregierung wiederhole ich: Die Präambel unseres Grundgesetzes steht nicht zur Disposition, weil sie unserer Überzeugung entspricht. Sie will das vereinte Europa, und sie fordert das gesamte deutsche Volk auf, in freier Selbstbestimmung die Einheit und Freiheit Deutschlands zu vollenden. Das ist unser Ziel. Wir stehen zu diesem Verfassungsauftrag, und wir haben keine Zweifel, daß dies dem Wunsch und Willen, ja der Sehnsucht der Menschen in Deutschland entspricht."³⁵⁹

In einem Telefongespräch vom 26. Oktober beharrte Kohl Krenz gegenüber auf diesen Standpunkt. Von Krenz darauf angesprochen, daß seitens der Bundes-

---

355 Gespräch des Vf. mit Claus-Jürgen Duisberg, 4.5.1994.
356 Alexander Schalck, Vermerk über ein informelles Gespräch des Genossen Alexander Schalck mit dem Bundesminister und Chef des Bundeskanzleramtes der BRD, Rudolf Seiters, sowie mit dem Mitglied des Vorstandes der CDU, Wolfgang Schäuble, am 24.10.1989, S. 9 (PdV).
357 Alexander Schalck, Direktive für ein informelles Gespräch mit dem Bundesminister und Chef des Bundeskanzleramtes der BRD, Rudolf Seiters, sowie mit dem Mitglied des Vorstandes der CDU, Wolfgang Schäuble, 19.10.1989, S. 3 (PdV).
358 Zu einer kritischen Bestandsaufnahme der "zweiten Ostpolitik" der SPD in den achtziger Jahren siehe Ash 1993, S. 457-501.
359 Vgl. Presse- und Informationsamt der Bundesregierung, Bulletin Nr. 83, Bonn, den 10. September 1987, S. 705/706. Zum Besuch Honeckers in der Bundesrepublik im September 1987 vgl. Hertle u.a. 1991.

republik im Zusammenhang mit dem neuen DDR-Reisegesetz darüber nachgedacht werden müsse, "ob nicht zumindest einige praktische Fragen zukünftig so gehandhabt werden, daß die Respektierung der Staatsbürgerschaft der DDR deutlicher wird", reagierte Kohl mit der Belehrung, daß man in dieser Frage prinzipiell zu keinem gemeinsamen Ergebnis kommen könne: "Herr Staatsratsvorsitzender! Ich will jetzt in dem Zusammenhang einfach mal wiederholen, was ich damals Ihrem Vorgänger gesagt habe, und das war, glaube ich, eine ganz wichtige Arbeitsgrundlage. Es gibt in unseren Beziehungen eine Reihe von Grundfragen, wo wir aus prinzipiellen Gründen nicht einig sind und nie einig werden. Wir haben da zwei Möglichkeiten. Das eine, daß wir uns über diese Themen unterhalten und zu keinem Ergebnis kommen, das ist relativ fruchtlos. Oder aber - und das schätze ich sehr viel mehr, und das, glaube ich, ist auch der richtige Weg, daß man eben die gegenseitigen Ansichten respektiert und in allen Feldern, wo man vernünftig zusammenarbeiten kann, die Zusammenarbeit zum Wohle und im Interesse der Menschen sucht."[360] Während Krenz drängte, "möglichst bald auch Ergebnisse zu erreichen, die darauf hinweisen, daß beide Seiten bestrebt sind, die Beziehungen auf eine - ich darf das wohl so sagen - neue Stufe zu heben"[361], hielt sich der Kanzler bedeckt und mahnte kleine Schritte an: Die Neuregelung der Reisefreiheit sowie eine Amnestie für die wegen Republikflucht Verurteilten und die bei den Oktober-Demonstrationen Verhafteten zu erreichen, lag ihm ebenso am Herzen wie den rechtlichen Status der Botschaftsflüchtlinge zu klären.[362]

Die Bundesregierung konnte sich in der kompromißlosen Haltung, die sie in grundsätzlichen Fragen gegenüber den politischen Forderungen der SED einnahm - großzügig zeigte sie sich allenfalls in finanzieller Hinsicht, wenn es um die Gewährung menschlicher Erleichterungen ging -, in der letzten Oktoberwoche durch die tagtägliche Veränderung der innenpolitischen Lage der DDR zunehmend bestätigt fühlen. Im selben Umfang, in dem der innenpolitische Druck auf die SED wuchs, konnte sie entweder ihre Bereitschaft zu politischen und finanziellen Konzessionen zurücknehmen oder ihren Preis dafür in die Höhe treiben.

Seit der großen Demonstration am 4. November in Berlin und der Kundgebung auf dem Alexanderplatz ging die Initiative des politischen Handelns endgültig von der Volksbewegung auf der Straße aus. So umfassend wie möglich hatte der SED-Machtapparat durch die ihm eigene Verschränkung von Partei und bewaffneten Organen versucht, auf diese Demonstration Einfluß zu nehmen, die auf Veranlassung des Politbüros als eine durch "die zuständigen Staatsorgane genehmigte Veranstaltung" durchgeführt wurde.[363] Dazu zählten einerseits defensive militärische Maßnahmen: Staatssicherheitsminister Mielke, der Minister für Nationale Verteidigung, Keßler, und Innenminister Dickel wurden vom Politbüro für die Koordination "der erforderlichen Sicherheitsmaßnahmen" verantwortlich gemacht, und der Sekretär des Nationalen Verteidigungsrates, Streletz, wurde be-

---

360 Gespräch zwischen dem Generalsekretär des ZK der SED, Genossen Egon Krenz, und dem Bundeskanzler der BRD, Herrn Helmut Kohl, am 26. Oktober 1989, von 8.30 bis 8.44 Uhr. Mitschnitt, S. 6/7 (PdV).
361 Ebd., S. 4.
362 Ebd., S. 4. Die beiden letzten Wünsche des Kanzlers wurden innerhalb von fünf Tagen erfüllt.
363 Vgl. Protokoll Nr. 47 der Sitzung des Politbüros des ZK der SED vom 31.10.1989 (SAPMO-BArch, ZPA-SED, J IV 2/2/2356). - Aus dem Versuch der Einflußnahme die These zu konstruieren, das MfS und die Berliner Bezirksleitung der SED hätten die Regie dieser Veranstaltung geführt (vgl. Der Spiegel Nr. 45, 6.11.1995, S. 3 und 72-79), ist abwegig. Walter Süß hat diese Behauptung detailliert widerlegt (vgl. Süß 1995, S. 1240-1252).

auftragt, "alle notwendigen Maßnahmen einzuleiten, um den Schutz der Arbeiter- und Bauern-Macht der DDR zu gewährleisten."[364]

Wieder geisterte die Angst durch die SED-Spitze, die Demonstration könnte zu einem Sturm auf die Mauer führen; vorsorglich wurde das Kommando der Landstreitkräfte der NVA in Potsdam-Geltow am Morgen des 4. November in eine gedeckte Alarmbereitschaft überführt. Um gegen die befürchteten Grenzdurchbrüche gewappnet zu sein, erfolgte eine demonstrativ sichtbare Staffelung militärisch ausgerüsteter Kräfte vor allem im Umkreis des Brandenburger Tores, während die sonstigen Einsatzkräfte in deutlicher Distanz zum Demonstrationsort im Hintergrund gehalten wurden. Darüber hinaus waren abgestufte Maßnahmen der politischen Einflußnahme getroffen worden. Um eine republikweite Beteiligung zu verhindern, wurden die SED-Bezirksleitungen angewiesen, "Maßnahmen einzuleiten, damit die Teilnehmerzahlen von Bürgern ihrer Bezirke zur Teilnahme an der Demonstration in Berlin möglichst eingeschränkt werden"[365]. Die SED-Bezirksleitung Berlin und das MfS hatten Informanten im Vorbereitungskomitee der Veranstaltung, die sie auf dem Laufenden hielten und den organisatorischen und inhaltlichen Ablauf der Veranstaltung nach Möglichkeit beeinflussen sollten. Zu den weiteren Maßnahmen gehörte die Aufbietung sogenannter "gesellschaftlicher Kräfte" im Demonstrationszug seitens des MfS und der Berliner SED-Parteiorganisation sowie die Bereithaltung einer ideologischen Eingreifreserve von Parteimitgliedern im Palast der Republik. Schließlich war es der SED-Spitze gelungen, Politbüro-Mitglied Günter Schabowski auf die Rednerliste der Abschlußkundgebung zu setzen.

Auf einer Sondersitzung veranlaßte das Politbüro am Nachmittag des 3. November letzte organisatorische Maßnahmen: Krenz und Stoph sowie die für die bewaffneten Organe zuständigen Politbüro-Mitglieder und Minister übernahmen die militärische und polizeiliche Einsatzleitung im MdI, die Führungsstelle der Berliner Parteiorganisation wurde ins Präsidium der Volkspolizei verlegt, das Rest-Politbüro sowie alle Mitarbeiter des Zentralkomitees wurden zur Anwesenheit im ZK-Gebäude verpflichtet[366] und für alle Ministerien Dienstbereitschaft angeordnet.[367] Danach, am Vorabend der Demonstration, versicherte Egon Krenz in einer Fernseh- und Rundfunkansprache den Erneuerungswillen der SED ("Ein Zurück gibt es nicht"), versprach unter anderem die baldige Veröffentlichung des Reisegesetz-Entwurfes, kündigte den Rücktritt der fünf Politbüro-Gerontokraten Axen, Hager, Mielke, Mückenberger und Neumann an und wies auf einige Punkte des in Vorbereitung befindlichen Aktionsprogrammes der SED hin. Krenz rief die Ausreisewilligen auf, im Land zu bleiben, und appellierte an alle "Mitbürgerinnen und Mitbürger, zusammenzustehen, um das zu erhalten, was wir in Jahrzehnten an Werten geschaffen haben. Gemeinsam wollen wir auch das Neue in Angriff nehmen. Nur so wird es möglich sein, Schritt für Schritt unsere Gesellschaft neu zu ordnen. Lassen Sie uns in diesem Sinne entschlossen und vor allem besonnen ans Werk gehen und in harter Arbeit die vielen Probleme lösen, die vor uns stehen. Wünschen wir uns dabei Erfolg, Schaffenskraft und Gesundheit."[368]

---

364 Protokoll Nr. 47 der Sitzung des Politbüros des ZK der SED vom 31.10.1989 (SAPMO-BArch, ZPA-SED, J IV 2/2/2356).
365 Ebd., S. 5.
366 Protokoll Nr. 48 der Sitzung des Politbüros des ZK der SED vom 3.11.1989 (SAPMO-BArch, ZPA-SED, J IV 2/2/2357).
367 Fernschreiben von Kleiber an alle Minister und Leiter zentraler Staatsorgane in Berlin, Oberbürgermeister von Berlin, 3.11.1989, 16.30 Uhr (BStU, ZA, MfS-SdM 51, Bl. 2).
368 Neues Deutschland, 4.11.1989.

Von den Fenstern des ZK-Gebäudes mußten Politbüro-Mitglieder und ZK-Mitarbeiter am nächsten Morgen den wenige hundert Meter entfernten Vorbeimarsch der Demonstranten wie aus einem Versteck beobachten, statt wie gewohnt den defilierenden Massen von der Ehrentribüne aus zuwinken zu können. Einige Politbüro-Mitglieder ergriff nackte Furcht: Rings um den Alexanderplatz versammelten sich bis um zehn Uhr mehrere hunderttausend Menschen, die Presse- und Meinungsfreiheit, Parteienvielfalt, freie Wahlen und die Abschaffung aller Privilegien der SED-Nomenklatura sowie Reisefreiheit forderten. Die von Krenz am Vorabend angekündigten Reformvorschläge des SED-Aktionsprogramms blieben damit bereits im Denkansatz weit hinter den Forderungen der Demonstranten zurück. Einer von neun Sprechchören, der an diesem Tag nur von den Mitarbeitern der Staatssicherheit registriert wurde, lautete: "Deutschland - einig Vaterland."

Als Schalck am 6. November erneut mit Seiters und Schäuble zusammentraf, hatte sich seine Verhandlungsposition also weiter verschlechtert. Schon bei der Vereinbarung des Termins hatte ihm Seiters signalisiert, daß sich die Bundesregierung erst ab dem 14. November, nämlich nach der Polenreise des Kanzlers, zu verbindlichen Angeboten zum Reisekomplex imstande sehe. Die Führung unter Krenz stand jedoch unter Zeitdruck. Schalck blieb nur noch die Flucht nach vorne: Die Zurückhaltung seiner Verhandlungspartner ignorierend trug er vor, was sich die DDR konkret unter wirtschaftlicher Zusammenarbeit vorstellte: "Die DDR wäre bereit, in den nächsten zwei Jahren objektgebunden langfristige Kredite, die aus den neu zu schaffenden Kapazitäten zu refinanzieren sind, bis zur Höhe von zehn Milliarden VE (Verrechnungseinheiten, d. Vf.) aufzunehmen."[369] Daneben - also zusätzlich - werde es als erforderlich angesehen, "die Bereitstellung zusätzlicher Kreditlinien in freien Devisen, die beginnend im Jahre 1991 jährlich zwei bis drei Milliarden DM betragen könnten, zu erörtern."[370] Seiters und Schäuble waren die Augen für den desolaten Zustand der DDR-Wirtschaft geöffnet. Mit einmaligen Milliarden-Krediten wie in den Jahren 1983 und 1984 war der DDR nicht mehr zu helfen. Der Vorschlag Schalcks lief auf nicht weniger als eine dauerhafte Beteiligung der Bundesregierung an der Regulierung des Schuldendienstes der DDR hinaus - und mit seinem Vorschlag hatte er dezent die Frage nach dem politischen Preis der Bundesregierung in den Raum gestellt. Seiters und Schäuble waren überfordert; sie taktierten hinhaltend: Zu dieser Frage "seien noch weitere Überlegungen durch die Bundesregierung erforderlich. Derzeit sei man noch nicht in der Lage, konkrete Vorschläge für verbindlich zu treffende Absprachen zu unterbreiten", lautete die für Schalck wenig befriedigende Antwort.[371] Doch zumindest in der Frage der Reisefinanzierung, die der KoKo-Chef wiederum als aktuell dringlichsten Schwerpunkt ansprach, schien sich die Bundesregierung zu bewegen. Zu Schalcks Vorstellung, den Reisenden einmal jährlich dreihundert DM zum Kurs von 1:4,4 umzutauschen, unterbreitete Seiters erste Konturen einer Lösung, die er allerdings, wie er hervorhob, "freibleibend äußerte."[372] Unter der Voraussetzung, daß der Zwangsumtausch aufgehoben werde und das Begrüßungsgeld entfalle, "könnte ein valutaseitiger Reisezahlungsfonds mit Mitteln der BRD eingerichtet werden (bei 12,5 Millionen Reisenden wäre das eine Größenordnung von rd. 3,8 Mrd. DM)."[373] Über die Ver-

---

[369] Alexander Schalck, Vermerk über ein informelles Gespräch des Genossen Alexander Schalck mit dem Bundesminister und Chef des Bundeskanzleramtes der BRD, Rudolf Seiters, sowie mit dem Mitglied des Vorstandes der CDU, Wolfgang Schäuble, am 6.11.1989, S. 2 (PdV).
[370] Ebd., S. 2.
[371] Ebd., S. 7.
[372] Ebd., S. 5.
[373] Ebd., S. 4.

wendung des aus dem Umtausch entstehenden Ostmark-Fonds beanspruche die Bundesrepublik ein Mitbestimmungsrecht. Um diese Regelung innenpolitisch durchsetzen zu können, müsse die DDR jedoch einigen politischen Erfordernissen Rechnung tragen. Diese teilte Seiters seinem Ost-Berliner Gesprächspartner am folgenden Tag nach Rücksprache mit dem Bundeskanzler als generelle, an den Vorsitzenden des Staatsrates der DDR gestellte Bedingungen telefonisch mit. Wenn die DDR materielle und finanzielle Unterstützungsleistungen der Bundesrepublik in Anspruch nehmen wolle, sollte sie willens sein, "öffentlich durch den Staatsratsvorsitzenden zu erklären, daß die DDR bereit ist, die Zulassung von oppositionellen Gruppen und die Zusage zu freien Wahlen in zu erklärenden Zeiträumen zu gewährleisten. Dabei ist zu beachten, daß dieser Weg nur möglich ist, wenn die SED auf ihren absoluten Führungsanspruch verzichtet". Erfülle die DDR diese Bedingungen, halte der Bundeskanzler "vieles für machbar und alles für denkbar."[374] Am Morgen des 8. November machte der Bundeskanzler in der Debatte des Bundestages zur Lage der Nation seinen Forderungskatalog öffentlich: Wenn die SED auf ihr Machtmonopol verzichte, unabhängige Parteien zulasse und freie Wahlen verbindlich zusichere, sei er bereit, "über eine völlig neue Dimension unserer wirtschaftlichen Hilfe zu sprechen."[375]

Solche Bedingungen wären in den deutsch-deutschen Verhandlungen vor diesem Zeitpunkt undenkbar gewesen und hätten zum Abbruch der Beziehungen geführt. Die Deutschland-Politik aller Bundesregierungen beruhte spätestens seit dem Abschluß der Verträge zu Beginn der siebziger Jahre auf dem Grundsatz, die DDR nicht zu destabilisieren. Durch die zumeist blutige Niederschlagung der Volksaufstände in der DDR, Ungarn, der CSSR und Polen in den Jahren 1953, 1956, 1968, 1970, 1976 und 1981 waren die Hoffnungen auf einen politischen Umschwung von innen stets zunichte gemacht worden; die Sowjetunion zeigte sich zur militärischen Verteidigung ihres Imperiums bereit. Als Arbeitsgrundlage für eine verantwortungsvolle, "realistische" Politik ergab sich aus diesen Erfahrungen für alle Bonner Regierungen der Leitgedanke, daß die Politik für die Menschen in der DDR "deshalb nicht mit den Menschen, sondern nur mit den Herrschern betrieben werden (konnte). Dort, bei den Herrschern, lag der Schlüssel für kurzfristige Erleichterungen und mittelfristige Reformen."[376] Protestierende DDR-Bürger konnten dieser Logik zufolge "Verhandlungen für das Wohl der Menschen in der DDR nur im Wege stehen"[377] - zugleich ein Grund für die parteiübergreifende Geringschätzung der Bürgerbewegung in der DDR. Diese "realistische Prämisse", stellt Ash zu Recht fest, war "bis 1989 in der westdeutschen DDR-Politik vorherrschend."[378] So hatte etwa Kanzleramtsminister Schäuble noch am 1. März 1989 seinem Gesprächspartner Schalck auf dessen Ausführungen über die politischen und wirtschaftlichen Probleme der DDR versichert, daß die Bundesregierung diese Schwierigkeiten nicht ausnutzen werde: "Wir wollen das wirtschaftliche Gefälle nicht vergrößern", versprach Schäuble damals.[379]

Doch am 8. November leitete die Bundesregierung einen vorsichtigen Wandel ein: Die drei Forderungen des Bundeskanzlers signalisierten Schalck und Krenz,

---

374 Schreiben von Alexander Schalck an Egon Krenz, 7.11.1989, S. 1/2 (PdV).
375 Deutscher Bundestag, 11. Wahlperiode, 173. Sitzung, 8.11.1989, Stenographischer Bericht, S. 13017. Um sicher zu gehen, daß die SED-Führung die Bundestagsrede von Kohl am 8.11.1989 nicht verpaßte, ließ Seiters Schalck am Abend des 7. November gesondert auf den Kanzlerauftritt hinweisen. Vgl. Aktenvermerk von Alexander Schalck, 7.11.1989, 18.15 Uhr (PdV).
376 Ash 1993, S. 269.
377 Ebd., S. 272.
378 Ebd., S. 271.
379 Zit. nach Filmer/Schwan 1992, S. 225.

daß die langjährige Arbeitsgrundlage der deutsch-deutschen Beziehungen mit der Entwicklung des Bürgerprotests zu einer Volksbewegung gegen die Diktatur und mit den immer sichtbareren Zerfallserscheinungen der SED brüchig wurde. Noch herrschte jedoch im Kanzleramt selbst für den Fall weitgehender Kooperationsmöglichkeiten mit einer demokratisch veränderten DDR, - an eine kurzfristige Annäherung oder gar Vereinigung wagte zu diesem Zeitpunkt auch dort noch niemand zu denken -, gleichermaßen Unsicherheit hinsichtlich der Reaktion der Sowjetunion wie auch der westlichen Verbündeten.[380] Und innenpolitisch wurden die Stimmen aus der SPD-Opposition lauter, die den Kanzler zu einem Treffen mit Krenz und zu massiver wirtschaftlicher und politischer Unterstützung der DDR aufforderten. Als sich Kohl die Forderungen der Volksbewegung in der DDR zu eigen machte, aber gleichzeitig auch Konzessionsbereitschaft gegenüber der SED-Führung zeigte, betrat er vorsichtig ein neues Terrain.

Für Schalck stellte sich die Lage zwar ernst, aber nicht aussichtslos dar. Ökonomische Unterstützung, soviel war zumindest ihm seit längerem klar, war von der konservativen Regierung nur für den Preis politischer Zugeständnisse zu haben. Bevor man diese unter dem Druck der Demonstrationen ohne Gegenleistung an die DDR-Opposition verschenken mußte, war es allemal besser, sie zum Höchstgebot an Bonn zu verkaufen. Kohls Forderungen waren an die 10. Tagung des Zentralkomitees adressiert, die zeitgleich mit der Sitzung des Bundestages am Morgen des 8. November begonnen hatte.[381] Als Mitglied der Redaktionskommission des Aktionsprogramms der SED, das dem Plenum zur Beschlußfassung vorgelegt werden sollte, konnte Schalck abschätzen, daß es nicht unmöglich sein würde, die Bonner Bedingungen in zwei Tagen weitgehend zu erfüllen, denn der reformbremsende erste Entwurf des Aktionsprogramms war nach der Berliner Demonstration in den Papierkorb gewandert. Die Gefahr vor Augen, daß sich die SED unter dem Druck der Massendemonstrationen zu weiteren politischen Zugeständnissen gezwungen sehen könnte und diese dann in den Verhandlungen mit Bonn keinen Pfifferling mehr wert wären, steuerte Schalck auf dem kürzesten Weg ein Spitzentreffen zwischen Kohl und Krenz an. Am Nachmittag des 8. November versuchte er noch von der ZK-Tagung aus Minister Seiters für eine Zwischenlandung des Bundeskanzlers auf seinem Rückflug von Polen zu gewinnen, um ein "mehrstündiges Arbeitsgespräch" in Ost-Berlin durchzuführen. Seiters hielt das nach Rücksprache mit dem Kanzler nicht für möglich.[382] Doch Schalck gab nicht auf und wandte sich am folgenden Tag - es war bereits der 9. November - erneut an den Kanzleramtschef, um zumindest eine generelle Zusage für kurzfristig mögliche Gespräche zu erhalten: "Werter Gesprächspartner! Habe Ihre telefonische Nachricht erhalten. Interpretiere die Antwort persönlich so, daß

---

380 Gespräch d. Vf. mit Claus-Jürgen Duisberg, 4.5.1994.
381 Zum Ablauf und Inhalt der 10. ZK-Tagung siehe Kap. 3 und 4.
382 "Telefonische Durchsage an Bundesminister Seiters, 8.11.1989, 16.30 Uhr: 'Werter Gesprächspartner! Ich wäre Ihnen dankbar, Ihre Meinung kennzulernen, ob es für politisch richtig, der Sache dienend und technisch für möglich gehalten wird, daß der BK (Bundeskanzler, d. Vf.) evtl. auf dem Rückflug vom Besuch in Polen zu einem mehrstündigen Arbeitsgespräch einen Zwischenaufenthalt in der DDR nehmen könnte. Es geht mir darum, den Staatsratsvorsitzenden in dieser Richtung nicht falsch zu beraten. Kann das aber nur, wenn Sie mir ein entsprechendes Signal geben könnten. Wir müssen diesen Kanal so benutzen, da ich persönlich auf der Ihnen bekannten Tagung bin. Sollte diese Möglichkeit aus den verschiedensten Gründen ausgeschlossen sein, wäre ich Ihnen für andere Vorschläge in dieser Richtung dankbar. Mit besten Grüßen.'" - "Rückruf von Herrn Speck (Leiter des Büros von Minister Seiters, d. Vf.) betreffs unserer Nachricht, 8.11.89, 16.10 Uhr: 'Bundesminister Seiters hat mit dem 1. Mann gesprochen. Das wird nicht gehen. Herr Seiters erinnert nochmals an das letzte Gespräch mit Ihnen'" (beide Dokumente in: PdV). Die angegebenen Uhrzeiten sind offensichtlich nicht korrekt.

Möglichkeit besteht, bei positiver Entscheidung zu den 3 Grundfragen, wie sie durch BK (Bundeskanzler, d.Vf.) vor dem Bundestag gestellt wurden, die auch in Übereinstimmung mit letztem Gespräch stehen - kurzfristig in konstruktive Gespräche einzutreten. Möglicherweise auch mit dem BK. Bestätigen Sie mir bitte Ihre, diese Position, unter allen Umständen, damit ich weiter auf dieser Grundlage arbeiten kann. Mit besten Grüßen." Eine Antwort aus Bonn aber traf an diesem Tag offenbar nicht mehr ein - der Kanzler selbst war am Mittag mit großem Troß zu seinem fünftägigen Staatsbesuch nach Polen aufgebrochen.[383]

Die ZK-Tagung nahm zwar einen chaotischen Verlauf, doch bis zum Abend des 9. November bestand für Schalck, zumindest was seine Bonner Mission betraf, Anlaß zur Zufriedenheit. Nachdem bereits am ersten Sitzungstag grundsätzlich beschlossen worden war, Anmeldungen zur Gründung von Vereinigungen auf der Grundlage der DDR-Verfassung anzunehmen[384], und das Innenministerium einen entsprechenden Antrag des Neuen Forum noch am gleichen Tag bestätigt hatte, verschaffte die Arbeit der Redaktionsgruppe des Aktionsprogramms Schalck den erforderlichen Verhandlungshintergrund. Die SED gab den Forderungen der Demonstranten nach und bekannte sich in dem Grundsatzdokument zur Verabschiedung eines Gesetzes über Vereinigungsfreiheit, zu freien, allgemeinen, demokratischen und geheimen Wahlen und zu einer demokratischen Koalitionsregierung.[385] Doch kaum schien von DDR-Seite alles beseitigt, was dem Ziel einer neuen Stufe der deutsch-deutschen Kooperation im Wege stehen konnte, schlug die Nachricht von der Pressekonferenz Schabowskis wie eine Bombe im Gebäude des Zentralkomitees ein. Schalck war entsetzt, alle Pläne zunichte. Als die Mauer fiel, war für ihn nichts mehr zu retten, das letzte Faustpfand war weg. Für den Unterhändler endeten die folgenden drei Wochen im totalen Chaos und schließlich in seiner Flucht nach West-Berlin.

---

383 Vgl. Teltschik 1991, S. 11 ff.
384 Vgl. SAPMO-BArch, ZPA-SED, IV 2/1/706.
385 Vgl. Schritte zur Erneuerung. Aktionsprogramm der SED, in: Protokoll der 10. Tagung des Zentralkomitees der Sozialistischen Einheitspartei Deutschlands, 8.-10. November 1989, S. 143 ff.

3. Der Fall der Mauer

Der 9. November 1989 war der zweite der drei Sitzungstage des SED-Zentralkomitees. Ursprünglich war vorgesehen, die Sitzung um 18.00 Uhr zu beenden. Das Bedürfnis zu sprechen war jedoch groß und die Liste der Redner dementsprechend lang, so daß Krenz kurz nach 18.00 Uhr vorgeschlagen hatte, die Diskussion nach einer halbstündigen Pause noch zwei Stunden fortzuführen. Mit einer Zwischenfrage nach den Ursachen der Westverschuldung, die Krenz am Vortag in seinem Referat auf 20 Mrd. Dollar beziffert hatte, trieb Kulturminister Hoffmann die Debatte auf einen dramatischen Höhepunkt. Der ausführliche Bericht über die Stationen der Verschuldung, den der Leiter der ZK-Abteilung Planung und Finanzen, Günter Ehrensperger, daraufhin ab 20.00 Uhr dem Plenum erstattete, rief schieres Entsetzen hervor. Ehrenspergers Ausführungen gipfelten in dem Satz, "daß wir mindestens seit 1973 Jahr für Jahr über unsere Verhältnisse gelebt haben und uns etwas vorgemacht haben. (...) Und wenn wir aus dieser Situation herauskommen wollen, müssen wir 15 Jahre mindestens hart arbeiten und weniger verbrauchen als wir produzieren."[1] Erregte Zwischenrufe begleiteten seinen Vortrag, so daß Krenz vorschlug, "die Sache jetzt nicht weiter zu diskutieren und morgen noch den Genossen Schürer zu hören." Aus dem Saal erscholl die Forderung, den Diskussionsbeitrag von Ehrensperger unter keinen Umständen zu veröffentlichen, denn "dann laufen uns die letzten Leute weg!" - "Nein, um Gottes willen", pflichtete Krenz dem Zurufer bei, "wir schockieren die ganze Republik!" Eberhard Aurich, der FDJ-Vorsitzende, beschwerte sich empört, "daß wir doch betrogen, ja auch verraten wurden" und forderte "unumgänglich Konsequenzen bis zur Bestrafung der Genossen." Die junge Generation fühle sich so hinter das Licht geführt, "daß es schwer wird, wieder um ihr Vertrauen zu kämpfen. (...) Man glaubt uns nichts mehr." Die Existenz der FDJ, der Nachwuchsorganisation und Kaderreserve der SED, stehe auf dem Spiel.

Als letzter Redner dieses Tages konfrontierte gegen 20.30 Uhr Generalstaatsanwalt Günter Wendlandt die ZK-Mitglieder, darunter die Spitzenvertreter der Ministerien der bewaffneten Organe, mit den Untersuchungsergebnissen zu den Übergriffen der Sicherheitsorgane gegen Demonstranten an den Tagen um den 7. Oktober. In einer Reihe von Fällen habe sich der Verdacht strafbarer Handlungen durch Angehörige der Schutz- und Sicherheitsorgane bestätigt, weshalb gründlich ermittelt werde. "Das Strafrecht", so Wendlandts Schlußfolgerung, "darf nicht tiefgreifende soziale Prozesse kriminalisieren, das sage ich heute. Ich habe es aber vorher geschehen lassen", räumte er selbstkritisch ein, und fuhr fort: "Das bedaure ich. Dafür trage ich die Verantwortung." Das Plenum reagierte mit betretenem Schweigen. "Wir müssen wirklich einen Neuanfang wagen und nicht einfach weitermachen. Wir müssen neu anfangen und das Vertrauen gewinnen", beendete Krenz schließlich gegen 20.45 Uhr die Sitzung.

Vom Gebäude des Zentralkomitees am Werderschen Markt machten sich die auswärtigen ZK-Mitglieder auf den Weg zum nahegelegenen Gästehaus der SED an der Spree, in dem sie üblicherweise während der Tagungen des höchsten Be-

---

1   Vom Vf. angefertigte Transkription der Ton-Aufzeichnung der 10. Tagung des Zentralkomitees der Sozialistischen Einheitspartei Deutschlands, 8.-10. November 1989 (SAPMO-BArch, ZPA-SED, TD 738; im folgenden zit. als: 10. ZK-Tagung, 8.-10.11.1989, Ton-Aufzeichnung). Auch im folgenden wird zumeist auf den Originalton des 10. ZK-Plenums zurückgegriffen, zumindest immer dann, wenn die archivierte stenographische Niederschrift und das veröffentlichte Protokoll vom gesprochenen Wort abweichen.

schlußgremiums der Einheitspartei untergebracht waren. Der Schock über die trostlose ökonomische Lage saß tief, doch viel Zeit, um die letzten Debattenbeiträge zu verdauen, blieb ihnen nicht. Gerade wurde ein verspätetes Abendessen serviert, als sich von Tisch zu Tisch die Nachricht von Schabowskis Pressekonferenz und deren Folgen verbreitete. Ein wildes Durcheinander brach aus. Was Schabowski da verkündet habe, seien eigenwillige Interpretationen und am Nachmittag von ihnen nicht beschlossen worden, zumindest nicht in dieser Weise, war die durchgängige Meinung. Der Kahn sei aus dem Ruder gelaufen; jetzt liefen Dinge ab, die nicht mehr zu kontrollieren, geschweige denn zu steuern seien - und das Zentralkomitee habe seinen Einfluß verloren. Doch keiner hatte schriftlich, was am Nachmittag tatsächlich behandelt worden war, und so war nicht einmal eine Überprüfung des Gesagten möglich. Für viele ZK-Mitglieder schien mit dieser Nachricht der Zug endgültig abgefahren. Ohnmacht und Resignation breiteten sich aus.[2] Was aber hatte das Zentralkomitee am Nachmittag wirklich beschlossen?

3.1. *Der Reisebeschluß des Zentralkomitees*

Die Mittagspause des ZK-Plenums hatte bis 15.30 Uhr gedauert. In der seit dem Morgen laufenden Aussprache über das Referat des Generalsekretärs hatte nach dieser Unterbrechung gerade ein Redner gesprochen, als Krenz gegen 16.00 Uhr das Wort ergriff:

"Krenz: Genossinnen und Genossen! Bevor Günther[3] das Wort nimmt, muß ich noch einmal von der Tagesordnung abweichen. Euch ist ja bekannt, daß es ein Problem gibt, das uns alle belastet: die Frage der Ausreisen. Die tschechoslowakischen Genossen empfinden das allmählich für sich als eine Belastung, wie ja früher auch die ungarischen. Und: Was wir auch machen in dieser Situation, wir machen einen falschen Schritt. Schließen wir die Grenzen zur CSSR, bestrafen wir im Grunde genommen die anständigen Bürger der DDR, die dann nicht reisen können, und auf diese Art und Weise ihren Einfluß auf uns ausüben. Selbst das hätte aber auch nicht - würde nicht dazu führen, daß wir das Problem in die Hand bekommen, denn die ständige Vertretung der BRD hat schon mitgeteilt, daß sie ihre Renovierungsarbeiten abgeschlossen hat. Das heißt, sie wird öffnen, und wir würden auch dann wieder vor diesem Problem stehen.
Und der Genosse Willi Stoph hat als amtierender Vorsitzender des Ministerrates eine Verordnung vorgeschlagen, die ich jetzt hier doch verlesen möchte, weil sie vom Politbüro bestätigt worden ist, aber doch solche Wirkung hat, daß ich das Zentralkomitee nicht ohne Konsultation lassen möchte.

"Beschluß zur Veränderung der Situation der ständigen Ausreise von DDR-Bürgern nach der BRD über die CSSR

---

2 Gespräch d. Vf. mit Werner Eberlein, 15.12.1992.
3 Als nächster Redner stand Günther Jahn, der 1. Sekretär der SED-Bezirksleitung von Potsdam, auf der Liste.

Es wird festgelegt:
1. Die Verordnung vom 30. November 1988 über Reisen von Bürgern der DDR in das Ausland findet bis zur Inkraftsetzung des neuen Reisegesetzes keine Anwendung mehr.
2. Ab sofort treten folgende zeitweilige Übergangsregelungen für Reisen und ständige Ausreisen aus der DDR in das Ausland in Kraft:
a) Privatreisen nach dem Ausland können ohne Vorliegen von Voraussetzungen (Reiseanlässe und Verwandtschaftsverhältnisse) beantragt werden. Die Genehmigungen werden kurzfristig erteilt. Versagungsgründe werden nur in besonderen Ausnahmefällen angewandt.
b) Die zuständigen Abteilungen Paß- und Meldewesen der Volkspolizeikreisämter in der DDR sind angewiesen, Visa zur ständigen Ausreise unverzüglich zu erteilen, ohne daß dafür noch geltende Voraussetzungen für eine ständige Ausreise vorliegen müssen. Die Antragstellung auf ständige Ausreise ist wie bisher auch bei den Abteilungen Innere Angelegenheiten möglich.
c) Ständige Ausreisen können über alle Grenzübergangsstellen der DDR zur BRD bzw. zu Berlin (West) erfolgen.
d) Damit entfällt die vorübergehend ermöglichte Erteilung von entsprechenden Genehmigungen in Auslandsvertretungen der DDR bzw. die ständige Ausreise mit dem Personalausweis der DDR über Drittstaaten.
3. Über die zeitweiligen Übergangsregelungen ist die beigefügte Pressemitteilung am 10. November zu veröffentlichen."

Diese Mitteilung hat folgenden Wortlaut:
"Wie die Presseabteilung des Ministeriums des Innern mitteilt, hat der Ministerrat der DDR beschlossen, daß bis zum Inkrafttreten einer entsprechenden gesetzlichen Regelung durch die Volkskammer folgende zeitweilige Übergangsregelung für Reisen und ständige Ausreisen aus der DDR ins Ausland in Kraft gesetzt wird."
Und dann kommen faktisch die vier Punkte, die ich nicht noch einmal vorzulesen brauche.

Ich sagte: Wie wir's machen, machen wir's verkehrt. Aber das ist die einzige Lösung, die uns die Probleme erspart, alles über Drittstaaten zu machen, was dem internationalen Ansehen der DDR nicht förderlich ist. Genosse Hoffmann?

Hoffmann[4]: Genosse Krenz, könnten wir nicht dieses Wort "zeitweilig" vermeiden? Das erzeugt andauernd den Druck, als hätten die Leute keine Zeit und müßten sofort und so schnell wie möglich. Könnten wir nicht - ich kenn' den Gesamttext jetzt nicht - können wir das nicht vermeiden oder umschreiben?

Krenz: Ja, man muß schreiben: "Entsprechend der gesetzlichen Regelung durch die Volkskammer folgende Übergangsregelung" und einfach

---

4   Hans-Joachim Hoffmann, geb. 1929, von 1973 bis 1989 Kulturminister der DDR und von 1976 bis 1989 bzw. 1990 Mitglied des Zentralkomitees der SED und Abgeordneter der Volkskammer der DDR. Hoffmann ist 1994 verstorben.

	"zeitweilig" streichen dann. Übergangsregelung ist ja eine zeitweilige.
Dickel[5]:	Bis zum Inkrafttreten des Reisegesetzes.
Krenz:	Also bis zum Inkrafttreten des Reisegesetzes geltende folgende Dinge, ja? *(Gemurmel)*
Krenz:	Einverstanden, ja? *(Gemurmel)*
Krenz:	Genosse Dickel, siehst Du da eine Schwierigkeit? Ist richtig so, ja? *(Gemurmel)*
Dickel:	Was die Veröffentlichung angeht - vielleicht wäre doch zweckmässig nicht das Ministerium des Innern, obwohl wir die faktische Durchführung machen, daß das Presseamt des Ministerrates das veröffentlicht. Denn das ist ja eine Verordnung des Vorsitzenden des Ministerrates.
Krenz:	Ich würde sagen, daß der Regierungssprecher das gleich macht, ja. *(Zwischenruf)* Bitte? *(Gemurmel)*
Banaschak[6]:	Wenn wir einen solchen Passus aufnehmen, der besagt "zeitweilig" oder "Übergangslösung", könnte das nicht eher die Wirkung haben, daß man meint, wer weiß, was kommt, ... *(Unruhe, Zwischenrufe)*
Krenz:	Deshalb wird gesagt, daß wir sowohl "zeitweilig" wie auch "Übergangsregelung" vermeiden und sagen: Bis zum Inkrafttreten des Reisegesetzes, das von der Volkskammer zu beschließen ist, wird das und das und das angeordnet. - Einverstanden, Genossen? - Gut. Danke schön. Das Wort hat Günther Jahn.
Krenz:	*(Leise, bei abgeschaltetem Saalmikrophon, nur zu seinen Nachbarn am Präsidiumstisch)*: Das ist doch immer gut, so was zu machen. *(Laut, über Saalmikrophon)*: Nach Günther Jahn folgt Günter Sieber."[7]

Unmittelbar nach dieser Unterbrechung der Tagesordnung wurde die allgemeine Debatte fortgesetzt. Keiner der nachfolgenden Redner kam an diesem Tag auf die neue Reiseregelung zurück. "Das Plenum hatte die ganze Tragweite des Beschlusses nicht erkannt", registrierte Siegfried Lorenz, der neben Krenz im

---

5 Armeegeneral Friedrich Dickel, geb. 1913, als Nachfolger von Karl Maron von 1963 bis 1989 Minister des Innern und Chef der Volkspolizei. Von 1967 bis 1989 Mitglied des Zentralkomitees der SED und Abgeordneter der Volkskammer der DDR. Mitglied des Nationalen Verteidigungsrates. Dickel ist 1993 verstorben.
6 Prof. Dr. Manfred Banaschak, Jg. 1929, Chefredakteur des SED-Theorieorgans "Einheit".
7 10. ZK-Tagung, 9.11.1989, Ton-Aufzeichnung.

3. Kapitel

Präsidium saß, die Reaktionen im Saal[8], und das Stimmungsbild aus dem Gästehaus der SED gibt ihm recht. Während die einleitenden Worte von Krenz und auch die Überschrift des Ministerrat-Beschlußentwurfs den ZK-Mitgliedern nahelegen mochten, daß allein eine Lösung des Problems der *ständigen Ausreisen* beabsichtigt war, war im Verordnungstext wie in der Pressemitteilung von "Übergangsregelungen für *Reisen und ständige Ausreisen*" die Rede. *Privatreisen* sollten ohne Vorliegen von Voraussetzungen beantragt werden können und kurzfristig genehmigt werden, Visa zur *ständigen Ausreise* ebenfalls ohne Voraussetzungen und sogar unverzüglich erteilt werden. Der Einwand von Kulturminister Hoffmann zeigt, daß der verlesene Text durchaus im Saal verstanden wurde.[9] Die aufgrund seines Vorschlages vorgenommene Änderung einer Ministerrats-Vorlage durch das SED-Zentralkomitee veranschaulicht dessen jahrzehntelang eingespieltes Selbstverständnis, die Regierung als nachgeordnetes Durchführungsorgan der SED zu behandeln. Weder Hoffmann selbst ("Ich kenn' den Gesamttext jetzt nicht"[10]) noch einer der anderen Minister im ZK stießen sich offenbar daran, daß ihnen als Mitgliedern des Zentralkomitees ein Beschlußentwurf des Ministerrates vorgetragen wurde, den sie als Mitglieder der Regierung noch gar nicht kannten.

Als noch folgenschwerer sollte sich der in die Durchführungskompetenz der Regierung eingreifende Vorschlag von Krenz erweisen, daß der Regierungssprecher die Regelung "gleich" - und nicht erst, wie vorgesehen, am 10. November -, veröffentlichen sollte, denn damit hob er beiläufig die Sperrfrist für die Pressemitteilung auf. Vierzig Jahre lang hatte die Verschmelzung von Partei und Staat zu einer zentralistischen Gewalteneinheit der Diktatur die ihr eigene Stabilität verliehen, doch an diesem Tag wurde ihr die Mißachtung der Gewaltenteilung zum Verhängnis. Der SED-Generalsekretär negierte die jahrelang praktizierte Technik der Ministerial-Bürokratie, die Inkraftsetzung nicht durch die Fixierung eines Zeitpunktes in der Verordnung selbst, sondern statt dessen durch ihre Bekanntgabe ("ab sofort", "unverzüglich") zu bewerkstelligen.

Als Krenz den Entwurf des Reiseverordnungstextes vortrug, hielt sich Günter Schabowski nicht im Tagungssaal auf. Am Vortag hatte er die Nachfolge von Joachim Herrmann angetreten und amtierte nun als für die Medien zuständiger Sekretär des ZK; deshalb war er "bei den Beratungen abwechselnd drin und draußen, weil ich viel mit den Journalisten zu regeln hatte."[11] Drei Diskussionsredner waren nach Krenz im Plenum zu Wort gekommen, etwa sechzig Minuten vergangen, als sich Schabowski zwischen 17.00 und 17.30 Uhr bei Krenz zu seiner Pressekonferenz über Verlauf und Ergebnisse des ZK-Plenums abmeldete, die für 18.00 Uhr im Internationalen Pressezentrum in der Mohrenstraße angesetzt war. Dem Zeitpunkt der Pressekonferenz lag noch die Planung zugrunde, daß die ZK-Tagung zu dieser Uhrzeit beendet sein würde. Schabowski erkundigte sich vor seinem Abgang nach mitteilenswerten Neuigkeiten für seinen Pressetermin und erhielt von Krenz dessen Exemplar der Ministerrats-Vorlage über die Reise-

---

8   Gespräch d. Vf. mit Siegfried Lorenz, 21.6.1992.
9   Die Behandlung der Ministerrats-Vorlage im Zentralkomitee widerlegt die These, die gesamte Partei- und Staatsführung sei mit der Reiseverordnung von vier Obristen des MfS und MdI, die den Entwurf erarbeitet hatten, quasi übertölpelt worden (vgl. Kurz 1991b; Schnibben 1990). Die Öffnung der Grenze in kontrollierter, die staatliche Souveränität der DDR wahrender Form war beabsichtigt; allein die Folgen dieser Absicht lagen "jenseits dessen, was die Phantasie auch erfahrener Politiker noch erreichte" (Bender 1994, S. 76).
10 10. ZK-Tagung, 9.11.1989, Ton-Aufzeichnung.
11 Günter Schabowski, in: Hertle u.a. 1990, S. 39. Sinngemäß hat sich Schabowski auch in seinen Memoiren geäußert (vgl. Schabowski 1991, S. 306).

regelung[12], deren Bekanntgabe er eigentlich kurz zuvor dem Regierungssprecher angetragen hatte.

Welchen Rat gab Krenz Schabowski bezüglich der Präsentation dieser Neuigkeit mit auf dem Weg? "Was wir auch machen, wir machen einen falschen Schritt" und "Wie wir's machen, machen wir's verkehrt", hatte er den Verordnungstext eine gute Stunde zuvor im Plenum kommentiert. Lag es nicht in der Logik dieser Einschätzung, Schabowski zu instruieren, die Nachricht möglichst unauffällig abzusetzen? Sollte man etwa die Weltpresse noch selbst darauf stoßen, daß die SED-Führung wieder einmal gezwungen worden war, äußerem Druck - in diesem Fall seitens der ČSSR-Regierung - nachzugeben und den Zeitplan für die Beratung des erst drei Tage zuvor veröffentlichten Reisegesetz-Entwurfs stillschweigend zu makulieren?

Krenz und Schabowski wollen im nachhinein eine andere Version glauben machen. Die Übergabe des Papiers an Schabowski, erinnerte sich Krenz später, habe er mit dem Hinweis verbunden, das sei "die Weltnachricht."[13] Und Schabowskis Gedächtnis zeigte sich in dieser Hinsicht exakt auf die Erinnerungsarbeit des Generalsekretärs justiert. Er meinte, von Krenz im Ohr behalten zu haben: "Gib' das bekannt. Das wird ein Knüller für uns!"[14]

Was Krenz dazu bewogen haben könnte, Schabowski einen "falschen Schritt" als Weltnachricht anzubieten, gab er bislang nicht preis. Und Schabowski hielt das innerhalb einer Stunde zu einem angeblichen "Knüller" mutierte Papier am frühen Abend des 9. November für so bedeutend, daß er es zunächst unbesehen in seine Unterlagen mischte. Nahm er sich vor Beginn der Pressekonferenz überhaupt noch die Zeit, einen Blick auf "*die* Weltnachricht" zu werfen?[15] "Ich bin ins Pressezentrum gefahren und habe mir das Papier nicht mehr durchgelesen", sagte Schabowski im April 1990.[16] Und acht Monate später bestätigte er: "Tatsächlich las ich den Text erstmals, als die TV-Kameras schon liefen."[17]

Arm an sonstigen Erfolgsmeldungen und gewieft im Umgang mit den Medien, hätte es sich der langjährige Chefredakteur des "Neuen Deutschland" wohl kaum nehmen lassen, seine "Weltnachricht" - so er sie tatsächlich als "Knüller" empfunden hätte -, akzentuiert und gut plaziert zu präsentieren. Doch in Wirklichkeit war Schabowski in völliger Unkenntnis über den genauen Inhalt der Zeitbombe,

---

12 Wolfgang Herger und Siegfried Lorenz, die während der ZK-Tagung im Präsidium die Sitzplätze neben Krenz einnahmen, bestätigen die Übergabe des Papiers an Schabowski im Plenarsaal. Die gelegentlich kolportierte Behauptung, Schabowski sei der verlesene Zettel erst während der Pressekonferenz zugesteckt worden (so etwa Guido Knopp, in: Aanderud 1991, S. 7 und S. 116) möglicherweise gar vom KGB, ist eindeutig falsch. Schabowski selbst hat diese "zähe Legende" ebenso zurückgewiesen (zuletzt in: Bundestag 1994, S. 163 ff.) wie Krenz.
13 Krenz 1990, S. 182.
14 Schabowski 1991, S. 306; Schabowski, in: Hertle u.a. 1990, S. 39.
15 Meine früheren Darstellungen gingen von dieser Annahme aus. Sie wird im folgenden auf der Grundlage neu hinzugezogener Quellen verworfen.
16 Günter Schabowski, in: Hertle/Weinert/Pirker 1990, S. 39. - Auch der "Spiegel"-Reporter Cordt Schnibben, der Schabowski im Frühjahr 1990 ausführlich befragte, veröffentlichte als Ergebnis in seiner Reportage: "Schabowski liest den Zettel weder im ZK noch im Auto." (Der Spiegel Nr. 18, 30.4.1990, S. 208).
17 Günter Schabowski, "Egon, das Ding ist gelaufen, mach' dir mal keen Kopp", in: Der Morgen, 7.12.1990, S. 21. - Zwei Jahre später vollzog Schabowski jedoch einen Erinnerungswechsel und gab nun an, den Text im Dunklen während der maximal fünfminütigen Fahrt vom ZK-Gebäude zum Internationalen Pressezentrum in der Mohrenstraße durchgesehen zu haben: "Auf dem Wege zur Pressekonferenz habe ich im Auto das Papier überflogen und fand, wenn auch verklausuliert, es ist sozusagen 'das Ding'" (Günter Schabowski, in: Protokoll der 25. Sitzung der Enquete-Kommission, 26.1.1993).

die in seinen Unterlagen tickte.[18] Als Strategie für den Ablauf seines Presseauftrittes legte er in seinem handschriftlichen Fahrplan fest, den Text der Reiseregelung erst "kurz vor Schluß am Ende der Debatte" zu verlesen und dabei zu betonen, daß es sich um kein Politbüro-Papier, sondern eine echte Ministerrats-Entscheidung handle.[19]

3.2. Die Pressekonferenz von Günter Schabowski und die Reaktion der Medien

Die Pressekonferenzen, die Schabowski an den Sitzungstagen des Zentralkomitees zwischen 18.00 und 19.00 Uhr im Internationalen Pressezentrum in der Mohrenstraße gab, wurden vom DDR-Fernsehen live übertragen. Sie waren zeitlich so angesetzt, daß die Neuigkeiten in den Abendnachrichten der Fernsehanstalten, an erster Stelle natürlich der Aktuellen Kamera des DDR-Fernsehens, gesendet werden konnten. Allein ihr Stattfinden war für sich genommen eine kleine Sensation: Ein Mitglied des Politbüros ließ ungefiltert Fragen an sich herankommen und stand Journalisten aus aller Welt Rede und Antwort. Das hatte es in der DDR noch nicht gegeben.

Als Schabowski am Vortag über den Rücktritt des Politbüros und dessen Neuwahl berichtet hatte, hatte es im Saal vor Spannung geknistert. Doch am 9. November lief alles anders.[20] Schabowski spulte seinen Fahrplan ab. Langatmig und inhaltsarm referierte er über die Diskussion auf dem ZK-Plenum sowie über den Wahlmodus und die Zielsetzung einer für Dezember anstatt eines Parteitages einberufenen Parteikonferenz, bevor er Allgemeines über das SED-Aktionsprogramm und den möglichen Inhalt eines neues Wahlgesetzes und dessen Folgen verbreitete. Als wollte er die Langeweile, die die Journalisten erfaßte, mit einer Dosis Schlafmittel vertreiben, ließ Schabowski im Beiprogramm auch noch den Chefredakteur des SED-Theorieorgans "Einheit" einschläfernde Worthülsen verstreuen.

Doch um sieben Minuten vor sieben erhielt Riccardo Ehrman, ein Vertreter der italienischen Nachrichtenagentur ANSA, das Mikrophon, um eine Frage loszuwerden, für die er sich seit geraumer Zeit gemeldet hatte. Manchen seiner deutschen Kollegen erschien seine Frage zunächst lästig, wirkte sie doch wie die routinemäßige Frage eines ausländischen Journalisten, auf die nichts anderes als eine routinehafte Antwort zu erwarten war.[21] Doch das erwies sich als Irrtum. Riccardo Ehrman wurde nur wenige Stunden später wegen dieser Frage von den Menschen, die ihn am Grenzübergang auf dem S-Bahnhof Friedrichstraße wiedererkannten, als "Maueröffner" auf den Schultern getragen und stürmisch gefeiert.[22]

Zwar ist es unwahrscheinlich, wenn auch nicht völlig auszuschließen, daß Schabowski ohne die Frage Ehrmans die Verkündung der Reiseregelung vergessen oder bewußt auf sie verzichtet hätte. Nun aber erhielt er das passende Stichwort zur rechten Zeit, - und was dann folgte, ließ die Weltpresse ungläubig aufhorchen:

---

18 Die konfusen Informationen und die Hilflosigkeit, mit der Schabowski während der Pressekonferenz auf Nachfragen reagierte, sind die offensichtlichsten Belege für Schabowskis völlige Unkenntnis des Verordnungstextes.
19 Günter Schabowski, Für PK, o.D., handschriftliche Aufzeichnung, 1 Blatt (PdV).
20 Für Hintergrundinformationen über den Ablauf der Pressekonferenz Schabowskis vom 9.11.1989 danke ich Riccardo Ehrman (ANSA), Christian Glass (damals RIAS-TV, jetzt ZDF), Eberhard Grashoff (damals Pressesprecher der Ständigen Vertretung), Albrecht Hinze (Süddeutsche Zeitung) und Volker Warkentin (Reuters).
21 Gespräch d. Vf. mit Albrecht Hinze (Süddeutsche Zeitung), 9.3.1994.
22 Gespräch d. Vf. mit Riccardo Ehrman (ANSA), 12.4.1994.

(Uhrzeit: 18:53:00)

"Frage: Ich heiße Riccardo Ehrman, ich vertrete die italienische Nachrichtenagentur ANSA. Herr Schabowski, Sie haben von Fehler gesprochen. Glauben Sie nicht, daß es war ein großer Fehler, diesen Reisegesetzentwurf, das Sie haben jetzt vorgestellt vor wenigen Tagen?

Schabowski: Nein, das glaube ich nicht. Wir wissen um diese Tendenz in der Bevölkerung, um dieses Bedürfnis der Bevölkerung, zu reisen oder die DDR zu verlassen. Und (äh) wir haben die Überlegung, daß wir alle die Dinge, die ich hier vorhin beantwortet habe oder zu beantworten versucht habe auf die Frage des TASS-Korrespondenten, nämlich eine komplexe Erneuerung der Gesellschaft (äh) zu bewirken und dadurch letztlich durch viele dieser Elemente (äh) zu erreichen, daß Menschen sich nicht genötigt sehen, in dieser Weise ihre persönlichen Probleme zu bewältigen.

Das sind aber, wie gesagt, viele Schritte, und (äh) man kann sie nicht alle zur gleichen Zeit einleiten. Es gibt eine Abfolge von Schritten, und die Chance, also durch Erweiterung von Reisemöglichkeiten, die Chance also, durch die Legalisierung und Vereinfachung der Ausreise, die Menschen aus einer (äh), sagen wir mal, psychologischen Drucksituation zu befreien, - viele dieser Schritte sind ja im Grunde unüberlegt erfolgt. Das wissen wir, ja, durch Gespräche, durch Bedürfnisse, jetzt wieder zurückzukommen (äh), durch Gespräche mit Menschen, die sich in der BRD jetzt in einer ungemein komplizierten Lage befinden, weil die BRD große Schwierigkeiten hat, diese Flüchtlinge unterzubringen. Also, die Aufnahmekapazität der BRD ist im Grunde erschöpft. Es sind schon mehr als, oder weniger als Provisorien (äh), mit denen diese Menschen zu rechnen haben, wenn sie dort untergebracht werden. (Äh) Die Unterbringung ist aber das Geringste für den Aufbau einer Existenz. Entscheidend, wesentlich ist das Finden von Arbeit, ja, und die notwendige Integration in diese Gesellschaft, die weder dann gegeben ist, wenn man in einem Zelt haust oder in einer Notunterkunft oder als Arbeitsloser dort 'rumhängt.

Also, wir wollen durch eine Reihe von Umständen, dazu gehört auch das Reisegesetz, die Chance also der souveränen Entscheidung des Bürgers zu reisen, wohin er will. (Äh) Wir sind natürlich (äh) besorgt, daß also die Möglichkeit dieses Reisegesetzes, - es ist ja immer noch nicht in Kraft, es ist ja ein Entwurf.

Allerdings ist heute, soviel ich weiß *(blickt bei diesen Worten zustimmungsheischend in Richtung Labs und Banaschak)*, eine Entscheidung getroffen worden. Es ist eine Empfehlung des Politbüros aufgegriffen worden, daß man aus dem Entwurf des Reisegesetzes den Passus herausnimmt und in Kraft treten läßt, der stän... - wie man so schön sagt oder so unschön sagt - die ständige Ausreise regelt, also das Verlassen der Republik. Weil wir es (äh) für einen unmöglichen Zustand halten, daß sich diese Bewegung vollzieht (äh) über einen befreundeten Staat (äh), was ja auch für diesen Staat nicht ganz einfach ist. Und deshalb (äh) haben wir uns dazu entschlossen, heute (äh) eine Regelung zu treffen, die es jedem Bürger der DDR möglich macht (äh), über Grenzübergangspunkte der DDR (äh) auszureisen.

Frage: *(...Stimmengewirr...)* Ab wann tritt das in Kraft?

Schabowski: Bitte?

Frage: Ab sofort?

Schabowski: *(Kratzt sich am Kopf)* Also, Genossen, mir ist das hier also mitgeteilt worden *(setzt sich, während er weiterspricht, seine Brille auf)*, daß eine solche Mitteilung heute schon (äh) verbreitet worden ist. Sie müßte eigentlich in Ihrem Besitz sein. Also *(liest sehr schnell vom Blatt)*: "Privatreisen nach dem Ausland können ohne Vorliegen von Voraussetzungen - Reiseanlässe und Verwandtschaftsverhältnisse - beantragt werden. Die Genehmigungen werden kurzfristig erteilt. Die zuständigen Abteilungen Paß- und Meldewesen der VPKÄ - der Volkspolizeikreisämter - in der DDR sind angewiesen, Visa zur ständigen Ausreise unverzüglich zu erteilen, ohne daß dabei noch geltende Voraussetzungen für eine ständige Ausreise vorliegen müssen. (Äh) Ständige Ausreisen können über alle Grenzübergangsstellen der DDR zur BRD[23] erfolgen. Damit entfällt die vorübergehend ermöglichte Erteilung von entsprechenden Genehmigungen in Auslandsvertretungen der DDR bzw. die ständige Ausreise mit dem Personalausweis der DDR über Drittstaaten." *(Blickt auf.)* (Äh) Die Paßfrage kann ich jetzt nicht beantworten *(blickt fragend in Richtung Labs und Banaschak)*. Das ist auch eine technische Frage. Ich weiß ja nicht, die Pässe müssen ja, ... also damit jeder im Besitz eines Passes ist, überhaupt erst mal ausgegeben werden. Wir wollten aber ...

Banaschak: *(Fällt Schabowski unverständlich ins Wort).*

Frage: Wann tritt das in Kraft?

Schabowski: *(Blättert in seinen Papieren.)* Das tritt nach meiner Kenntnis ... ist das sofort, unverzüglich *(blättert weiter in seinen Unterlagen)*.

Frage: *(... Stimmengewirr ...)* Sie haben nur BRD gesagt, gilt das auch für West-Berlin?

Schabowski: *(Liest schnell vor, dabei einige Worte verschluckend:)* "Wie die Presseabteilung des Ministeriums ..., hat der Ministerrat beschlossen, daß bis zum Inkrafttreten einer entsprechenden gesetzlichen Regelung durch die Volkskammer diese Übergangsregelung in Kraft gesetzt wird."

Frage: Gilt das auch für Berlin-West?

Schabowski: *(Zuckt mit den Schultern, verzieht dazu die Mundwinkel nach unten, schaut in seine Papiere.)* Also *(Pause)*, doch, doch *(liest vor)*: "Die ständige Ausreise kann über alle Grenzübergangsstellen der DDR zur BRD bzw. zu Berlin-West erfolgen."

---

23 Schabowski übersprang an dieser Stelle zunächst die vier Worte: "bzw. zu Berlin (West)", doch diesem Punkt galt - siehe unten - bereits die zweite Frage.

Frage: *(... Stimmengewirr ...)* Heißt das, daß ab sofort die DDR-Bürger... *(Journalist stellt sich vor, phonetisch:)* Christoph Janowski, *(Zeitung bzw. Agentur nicht verständlich, d. Vf.)* ... heißt das, daß ab sofort die DDR-Bürger durch die Tschechoslowakei oder Polen nicht ausreisen dürfen?

Schabowski: Ja, das ist darin überhaupt nicht formuliert. Sondern wir hoffen, daß sich auf diese Weise (äh) diese Bewegung selbst reguliert in dem Sinne, wie wir das erstreben.

Frage: *(Stimmengewirr, unverständliche Frage).*

Schabowski: Ich habe nichts Gegenteiliges gehört.

Frage: *(Stimmengewirr, unverständlich).*

Schabowski: Ich habe nichts Gegenteiliges gehört.

Frage: *(Stimmengewirr, unverständlich).*

Schabowski: Ja, ich habe nichts Gegenteiliges gehört. Ich drücke mich nur so vorsichtig aus, weil ich nun in dieser Frage nicht, also, ständig auf dem Laufenden bin, sondern kurz, bevor ich 'rüber kam, diese Information in die Hand gedrückt bekam.

(Einige Journalisten verlassen eilig den Raum.)

Frage: Herr Schabowski, was wird mit dem Berliner Mauer jetzt geschehen?

Schabowski: Ich werde darauf aufmerksam gemacht, daß es 19.00 Uhr ist. Es ist die letzte Frage, ja! Haben Sie Verständnis dafür.
(Äh) Was wird mit der Berliner Mauer? Es sind dazu schon Auskünfte gegeben worden im Zusammenhang mit der Reisetätigkeit. (Äh) Die Frage des Reisens, (äh) die Durchlässigkeit also der Mauer von unserer Seite, beantwortet noch nicht und ausschließlich die Frage nach dem Sinn, also dieser, ich sag' s mal so, befestigten Staatsgrenze der DDR. (Äh) Wir haben immer gesagt, daß dafür noch einige andere Faktoren (äh) mit in Betracht gezogen werden müssen. Und die betreffen den Komplex von Fragen, den Genosse Krenz in seinem Referat in der - in Hinsicht auf die Beziehungen zwischen der DDR und BRD geäußert hat, in Hinsicht auf (äh) die Notwendigkeit, den Friedenssicherungsprozeß mit neuen Initiativen fortzusetzen. Und (äh) sicherlich wird die Debatte über diese Frage (äh) positiv beeinflußt werden können, wenn sich auch die BRD und wenn sich die NATO zu Abrüstungschritten entschließt und sie durchsetzt, so oder ähnlich wie die DDR das und andere sozialistische Staaten schon mit bestimmten Vorleistungen getan haben.
Herzlichen Dank!"
(Ende der Pressekonferenz: 19:00:54 Uhr.)[24]

---

[24] Vom Verfasser angefertigte, wörtliche Niederschrift der Aufzeichnung der Pressekonferenz von Günter Schabowski am 9.11.1989 über den zweiten Tag der

Schabowski erhob sich. Ein Reporterteam von RIAS-TV stürzte hinter ihm her, als er den Saal verließ. "Herr Schabowski, ein kurzes Statement zur Ausreiseregelung für RIAS-TV", bat der Journalist auf dem Flur. Schabowski antwortete im Gehen: "Aber ich habe alles, was dazu zu sagen ist, bereits geäußert. Ich kann nur den Inhalt dieser Regelung mitteilen und kann hoffen, daß das einen besänftigenden Einfluß auf die ganze Situation hat." RIAS-TV hakte nach: "Erwarten Sie jetzt eine größere Fluchtwelle?" - Schabowski erwiderte: "Ich hoffe nicht, daß es dazu kommt."[25]

Ohne eine Vorahnung dieser Ereignisse war es dem Chefreporter des amerikanischen Fernsehsenders NBC, Tom Brokaw, gelungen, ein Exklusiv-Interview mit Schabowski direkt im Anschluß an die Pressekonferenz zu vereinbaren.[26] Brokaw glaubte, daß die abgehackten Satzstücke, die der Dolmetscher der Pressekonferenz ins Englische übermittelt hatte, so zu verstehen waren, daß die Grenze geöffnet würde. Im zweiten Stock des Pressezentrums hoffte er nun, Schabowski auf eine klare, unmißverständliche Auskunft festlegen zu können. Umso mehr wunderten sich Brokaw und sein Reporter-Team über seine improvisierten und unsicheren Antworten, die dem Interview nach ihrem Eindruck einen surrealistischen Einschlag gaben.[27] Brokaw und seinem Kollegen Marc Kusnetz zufolge ließ sich Schabowski während des in englischer Sprache geführten Gesprächs von seinen Mitarbeitern noch einmal den Zettel reichen, um den Text erneut zu studieren.[28]

"Brokaw: Mr. Schabowski, do I understand it correctly? Citizens of the GDR can leave through any checkpoint that they choose for personal reasons. They no longer have to go through a third country.
Schabowski: They are not further forced to leave GDR by transit through another country.
Brokaw: It is possible for them to go through the wall at some point ...
Schabowski: It is possible for them to go through the border.
Brokaw: Freedom to travel.
Schabowski: Yes. Of course. It is no question of tourism. It is a permission of leaving GDR."[29]

Beratungen der 10. ZK-Tagung der SED im internationalen Pressezentrum der DDR in Berlin. Neben Schabowski hatten folgende ZK-Mitglieder auf dem Podium Platz genommen: Professor Manfred Banaschak, Helga Labs, Vorsitzende der Gewerkschaft Unterricht und Erziehung, und Außenhandelsminister Gerhard Beil.

25 RIAS-TV, Sondersendung "Die Nacht der offenen Grenzen", 10.11.1989, 6.00-9.00 Uhr (Archiv Deutsche Welle).
26 Geisler 1992, S. 260/61.
27 Gespräch d. Vf. mit Michelle Neubert (NBC), 11.7.1995.
28 Vgl. die Schilderung von Marc Kusnetz, in Goldberg/Goldberg 1990, S. 262, und von Tom Brokaw, in: Ross Range 1991, S. 7, zit. nach Bortfeldt 1993, S. 62.
29 NBC Nightly News, Thursday, November 9, 1989, Title: "Berlin Wall is opened for unrestricted travel for the first time since its' construction 28 years ago". Hit time: 7:01:47 (NBC News Archives, New York).
"Brokaw: Herr Schabowski, verstehe ich es richtig? Bürger der DDR können an irgendeinem Grenzübergang ihrer Wahl die DDR verlassen, aus persönlichen Gründen. Sie müssen nicht mehr durch ein drittes Land gehen.
Schabowski: Sie sind nicht mehr gezwungen, die DDR per Transit durch ein anderes Land zu verlassen.
Brokaw: Sie können an irgendeinem beliebigen Punkt die Mauer durchqueren ...
Schabowski: Sie können über die Grenze gehen.
Brokaw: Reisefreiheit?
Schabowski: Ja. Natürlich. Es geht nicht um Tourismus. Es ist eine Erlaubnis, die DDR zu verlassen."

Trotz der nochmaligen Lektüre seines "Zettels" hätte die Konfusion Schabowskis größer nicht sein können. Einerseits bejahte er, daß die neue Regelung Reisefreiheit bedeute; andererseits betonte er im nächsten Satz, es gehe nicht um Tourismus, sondern lediglich um die Erlaubnis, die DDR zu verlassen, also um die ständige Ausreise. "When I sat down with him for an interview," schickte Brokaw deshalb der Ausstrahlung des Gesprächs voran, "he was still learning about the new policy."[30]

Daß seine Mitteilungen keinesfalls besänftigend wirkten, sondern den Stein zur Auflösung der DDR ins Rollen brachten, lag außerhalb von Schabowskis Vorstellungskraft. Wie die meisten anderen Mitglieder der SED-Führung seit Tagen fast ohne Schlaf, kehrte er nach seinem Gespräch mit NBC nicht mehr ins Zentralkomitee zurück, sondern begab sich völlig übermüdet auf den Heimweg nach Wandlitz. Die unmittelbare Resonanz der Medien erreichte ihn nicht mehr.

Nur kurze Zeit nach seinem Exklusiv-Interview stand Brokaw vor der Mauer am Brandenburger Tor. Dort hatte NBC bereits am Vortag eine Direktleitung nach New York aufgebaut. Von der noch fast menschenleeren historischen Kulisse berichtete Brokaw live nach Amerika: "Tom Brokaw an der Berliner Mauer. Dies ist eine historische Nacht. Die ostdeutsche Regierung hat soeben erklärt, daß die ostdeutschen Bürger von morgen früh an die Mauer durchqueren können - ohne Einschränkungen."[31] Brokaw hatte die umständlichen Ausführungen Schabowskis auf die kürzest mögliche - und zudem korrekte - Aussage verdichtet. Er hatte den Zeitpunkt des Inkrafttretens ("von morgen früh an") richtig erfaßt und ließ die Frage offen, ob das Durchqueren der Mauer auch die Möglichkeit der Rückreise einschloß.

Bei den meisten Journalisten hatte die Pressekonferenz ein großes Rätselraten über die schwer verständlichen Informationen hinterlassen. Hatte Schabowski nicht vor der Presse - wie im übrigen wenige Stunden zuvor Krenz vor dem Zentralkomitee - in seinen einleitenden Worten hervorgehoben, daß man aus dem Entwurf des Reisegesetzes lediglich "den Passus herausnimmt und in Kraft treten läßt, der (...) *die ständige Ausreise* regelt", und ausdrücklich den Zusammenhang hergestellt, auf diese Weise das Problem der illegalen Ausreisen über die CSSR zu lösen? Die neue Regelung mache es jedem Bürger möglich, so Schabowski, "über Grenzübergangspunkte der DDR *auszureisen*".

Die ersten Meldungen, die die Korrespondenten der Nachrichtenagentur Reuters um 19.03 Uhr, gefolgt von DPA um 19.04, über den Ticker verbreiteten, hoben auf diesen klaren Satz ab.[32] Während viele Journalisten noch debattierend im Pressezentrum standen oder sich in der Mokkabar den Kopf zerbrachen, wie es sich mit den Privatreisen verhielt, preschte Associated Press um 19.05 Uhr vor und interpretierte die Reiseregelung als "Grenzöffnung": "Die DDR öffnet nach Angaben von SED-Politbüromitglied Günter Schabowski ihre Grenzen. Dies sei eine Übergangsregelung bis zum Erlaß eines Reisegesetzes, sagte Schabowski."[33]

(Übersetzung d. Vf.; vgl. auch Geisler 1992, S. 261.)
30 "Als ich ihn interviewte, war er noch damit beschäftigt, die neue Politik zu begreifen" (NBC Nightly News, Thursday, November 9, 1989, Title: "Berlin Wall is opened for unrestricted travel for the first time since its' construction 28 years ago". Hit time: 7:01:47; NBC News Archives, New York).
31 Diese Szene mit Tom Brokaw wurde von einem Camerateam des SFB eingefangen. - Das Interview mit Schabowski wurde in den NBC-Abendnachrichten kurz nach 19.00 Uhr amerikanischer Zeit (10. November, 1.00 MEZ) ausgestrahlt.
32 Reuters, 9.11.1989, 19.03 Uhr: "Ausreisewillige DDR-Bürger können ab sofort über alle Grenzübergänge der DDR in die Bundesrepublik Deutschland ausreisen." - DPA, 9.11.1989, 19.04 Uhr: "Von sofort an können DDR-Bürger direkt über alle Grenzstellen zwischen der DDR und der Bundesrepublik ausreisen."
33 Associated Press, 9.11.1989, 19.05 Uhr.

Das war zwar nicht unbedingt falsch, aber auch nicht gerade präzise. Die AP-Meldung macht jedoch deutlich, daß die Schabowski-Mitteilung einen Interpretationsspielraum enthielt, den die Journalisten in Ermangelung einer präzisen Information zu füllen begannen. Die Pressemitteilung über den Ministerrats-Beschluß, von der Schabowski annahm, sie sei bereits verteilt worden, hatte noch immer niemand in der Hand.

Regierungssprecher Wolfgang Meyer allerdings lag sie vor.[34] Meyer, zuvor als Pressesprecher im Außenministerium tätig, war erst am 7. November vom Parteiapparat in diese Funktion delegiert worden[35], die zugleich die Leitung des Presseamtes des Ministerrates einschloß. Seine erste Aufgabe hatte am 7. November darin bestanden, den Rücktritt der Regierung bekanntzugeben. Als Regierungssprecher ohne Regierung saß der neue Mann zwischen Baum und Borke. Die Pressemitteilung, die am späten Nachmittag auf seinen Schreibtisch gekommen war, trug für ihn unübersehbar den handschriftlichen Sperrvermerk: 10.11., 4.00 Uhr. Für Meyer war damit eindeutig und klar, daß die Meldung erst für die Frühsendungen des Rundfunks und die Zeitungen des nächsten Tages bestimmt war. Gegen 17.00 Uhr ließ er ein Exemplar per Kurier zum ADN befördern, denn die Monopol-Nachrichtenagentur der SED mußte es rechtzeitig vor Redaktionsschluß an die DDR-Zeitungen übermitteln. Niemand informierte ihn über den Einfall von Krenz, der Regierungssprecher möge die Pressemitteilung "gleich" verkünden. Entsprechend fiel Meyer aus allen Wolken, als er Schabowski im Fernsehen "sofort" und "unverzüglich" sagen hörte.[36]

Auch der Generaldirektor des ADN, Günter Pötschke[37], zugleich Mitglied des Zentralkomitees, hatte die Fernsehübertragung der Pressekonferenz verfolgt. "Ich dachte, ich höre und sehe nicht richtig!", war seine erste Reaktion.[38] Schabowskis Worte klangen noch im Raum, als Pötschke bereits mit Meyer telefonierte. "Haste gesehen?", fragte er fassungslos den Regierungssprecher. - "Der muß total verrückt sein", antwortete Meyer konsterniert. - "Was machen wir denn nun?", wollte Pötschke wissen. "Jetzt haben wir hier die Sperrfrist-Meldung, und an und für sich ist schon alles 'raus! Wir können doch jetzt nicht noch die Sperrfrist halten. Rundfunk und Fernsehen müssen doch jetzt auch berichten!"[39] Pötschke und Meyer entschieden in Windeseile, die Sperrfrist aufzuheben. Um 19.04 Uhr gab der ADN die Pressemitteilung des Ministerrates an alle weiter - auch an seine West-Abnehmer[40]; in der folgenden halben Stunde wurde sie von

---

34 Wolfgang Meyer, Jg. 1934. Journalist, ADN-Korrespondent in verschiedenen Ländern, von 1975 bis zum 6.11.1989 Leiter der Hauptabteilung Presse und Information des MfAA. Ab 7.11.1989 bis zur Volkskammerwahl im März 1990 Regierungssprecher und Leiter des Presseamtes des Ministerrates im Range eines Ministers der DDR.
35 Die Funktion des Regierungssprechers gehörte zur Nomenklatur der ZK-Abteilung Agitation und Propaganda.
36 Gespräch d. Vf. mit Wolfgang Meyer, 1.2.1995.
37 Günter Pötschke, Jg. 1929. Journalist; 1965-1968 stellvertretender Generaldirektor des ADN, 1968-1977 stellvertretender Leiter der ZK-Abteilung für Agitation, von 1977-1989 Generaldirektor des ADN. Seit 1981 Kandidat, von 1986-1989 Mitglied des Zentralkomitees der SED.
38 Gespräch d. Vf. mit Günter Pötschke, 9.12.1994.
39 Gespräch d. Vf. mit Wolfgang Meyer, 1.2.1995.
40 ADN, 9.11.1989, 19.04 Uhr (Schlagzeile: "DDR-Regierungssprecher zu neuen Reiseregelungen"). - Über den Hintergrund der Aufhebung der Sperrfrist im ADN gibt es eine völlig andere Darstellung. Danach hielt sich Pötschke nicht im ADN, sondern im Zentralkomitee auf (was Pötschke dementiert), und sein Stellvertreter im ADN habe sich zunächst geweigert, die Sperrfrist aufzuheben. Einige ADN-Redakteure, die die Pressekonferenz Schabowskis verfolgt hätten, hätten sich dann in einer Blitzaktion gegen den Widerstand ihres stellvertretenden Chefs durchgesetzt und die Sperrfrist selbständig aufgehoben (vgl. Albrecht Hinze, Versehentliche Zündung mit

den westlichen Nachrichtenagenturen verbreitet.[41] Der ADN-Meldung aber auch nur den klärenden Halbsatz voranzustellen, daß die Reiseregelung erst ab dem kommenden Tag in Kraft treten sollte - und damit Schabowskis Malheur zu korrigieren und eine Schadensbegrenzung zumindest zu versuchen -, lag so vollkommen außerhalb der Routine und der Praxis der erfahrenen Parteijournalisten, daß sie auf diesen Gedanken gar nicht kamen.[42]

Der ADN, der Kompaß aller DDR-Medien, fiel zu diesem Thema für den Rest des Abends auf Anweisung völlig aus. Zwischen 22.00 und 23.00 Uhr hätten ihn, so Pötschke, zunächst Schabowski, später dessen Beauftragte, instruiert, keinerlei korrigierende oder gar aktuelle Meldungen zu bringen und begründend hinzugefügt: "Das heizt alles nur noch mehr an!"[43] Ohne ADN aber fehlte den DDR-Medien die Orientierung der Partei - und ADN verfiel den ganzen Abend in ein tickerloses Schweigen, und zwar bis 2.06 Uhr am Morgen des 10. November. Einzige Ausnahme war eine Ergänzung zur Meldung von 19.04 Uhr. Hatte ADN zu diesem Zeitpunkt wortgetreu übermittelt: "Die Genehmigungen (von Privatreisen, d. Vf.) werden kurzfristig erteilt", so lieferte er um 22.55 Uhr nach, an wen sich die Bürger korrekterweise richten sollten: "Die Genehmigungen werden *von den zuständigen Abteilungen Paß- und Meldewesen der Volkspolizeikreisämter* kurzfristig erteilt."[44] Für diese Ergänzung war es um diese Zeit jedoch zu spät. Die Ost-Berliner hatten sich die Genehmigungen ersatzweise kurzfristig und unverzüglich selbst erteilt.

3.3. Der Mauerdurchbruch

Führende Vertreter der Kirchen und der Opposition trafen sich am Abend des 9. November mit Repräsentanten der Blockparteien in der Französischen Friedrichstadtkirche am Gendarmenmarkt, um sich zum Thema 'Die Kirchen, die Parteien und die Zukunft der DDR' auszutauschen. Kurz bevor sich die Gemeindepfarrerin Margarete Fritz auf den Weg machte, um die Kirche aufzuschließen, hatte sie gerade noch Schabowskis Auftritt live im Fernsehen erlebt. Aber schon das Wort 'beantragen' in Zusammenhang mit der neuen Reiseregelung ließ sie vermuten, daß sich wieder nichts verändern würde. So schaltete sie den Fernseher ab: "Ich habe das einfach nicht geglaubt."[45] Da die Diskussion bereits um 19.30 Uhr beginnen sollte, waren die Teilnehmer, zu denen unter anderem Manfred Stolpe, Rainer Eppelmann, Konrad Weiß und Lothar de Maizière gehörten, schon vor den Nachrichtensendungen von zu Hause aufgebrochen. Als sie die Kirche nach 22.00 Uhr verließen, wurden sie von den Ereignissen überrascht.

Wer es dagegen an diesem feuchtkalten, diesigen Novemberabend, an dem die Temperaturen in Berlin fast auf die Frostgrenze absanken, vorgezogen hatte, zu

---

verzögerter Sprengkraft, in: Süddeutsche Zeitung, 9.11.1990). - Eine solche "basisdemokratische Palastrevolte" im ADN erscheint schon allein deshalb unwahrscheinlich, weil für sie nur knapp drei Minuten zur Verfügung standen.

41 DPA übermittelte den Wortlaut der neuen Reiseregelung unter Berufung auf ADN bereits um 19.23 Uhr.
42 Auf meine provokative Frage, ob er und Günter Pötschke durch die Unterlassung einer frühzeitigen Richtigstellung der Äußerungen von Schabowski nicht Mitverantwortung für die eingetretenen Ereignisse trügen, antwortete Wolfgang Meyer im Januar 1995: "Die Frage, ob Meyer und Pötschke das Ding noch hätten retten können, ist eine interessante Frage. Die habe ich mir noch gar nicht gestellt." Eine von ihm und ADN vorgenommene Korrektur, so Meyer dann, hätte jedoch vermutlich das Chaos noch verstärkt (Gespräch d.Vf. mit Wolfgang Meyer, 1.2.1995).
43 Gespräch d. Vf. mit Günter Pötschke, 9.12.1994.
44 ADN, 9.11.1989, 22.55 Uhr: Berichtigung.
45 Mitteilung von Pfarrerin Margarete Fritz an den Vf., 9.7.1994.

Hause zu bleiben, konnte ein ungewöhnliches Fernsehprogramm erleben. Den Kampf um höchste Einschaltquoten hatten in jener Zeit längst die Nachrichtensendungen für sich entschieden. Nach dem Ende der Live-Übertragung der Pressekonferenz im DDR-Fernsehen eröffnete das ZDF den Reigen der Abendnachrichten. In der "Heute"-Sendung flimmerte der Schabowski-Auftritt um 19.17 Uhr als sechste Meldung über den Bildschirm. Noch begnügten sich die Redakteure damit, allein die Möglichkeit der Ausreise hervorzuheben.

Bereits zu dieser Zeit wurden die Schalterbeamten der Deutschen Reichsbahn im Leipziger und Altenburger Bahnhof unruhig, denn kurz nach neunzehn Uhr stand vor den fassungslosen Reichsbahnern in den Fahrkartenschaltern eine rasch anwachsende Zahl von Kunden, die ohne Nachweis des erforderlichen Sichtvermerks in ihrem Reisepaß, mithin unberechtigt, Fahrkarten in die Bundesrepublik verlangten. Unter DDR-Verhältnissen war dies ein zutiefst verdächtiger, weil staatsfeindlicher Wunsch, für dessen Bearbeitung nicht die Reichsbahn, sondern Volkspolizei und Staatssicherheitsdienst zuständig waren. Folgerichtig erstattete die Transportpolizei, die die Bahnhöfe kontrollierte, unverzüglich Meldung an die vorgesetzte Bezirksbehörde der Deutschen Volkspolizei (BDVP) in Leipzig, die ihrerseits den unerhörten Vorgang sogleich dem Ministerium des Innern anzeigte. Wären die Reichsbahnkunden noch wenige Tage zuvor für die Äußerung ihres republikfluchtverdächtigen Ansinnens umgehend und dauerhaft polizeilich bearbeitet worden, erteilte das Ministerium an diesem Abend seiner Leipziger Bezirksbehörde nur den Befehl, nicht einzugreifen und ein klärendes Fernschreiben des MdI abzuwarten.[46] Das war um 19.20 Uhr. Um 20.00 Uhr trug der Operativ-Diensthabende der BDVP Leipzig eine Meldung seines Stabschefs in den Lagebericht ein, derzufolge die Führungsgruppe des MdI abermals mitgeteilt hatte, daß noch in der Nacht ein Fernschreiben des Minister-Stellvertreters Generaloberst Wagner über "Ausreisen gemäß Ausführungen von Gen. Schabowski" zu erwarten sei.[47] Bis zu dessen Eingang um 21.19 Uhr - fast zweieinhalb Stunden nach dem Ende der Pressekonferenz - waren die für Reisen verantwortlichen Stellen der vierzehn Bezirksbehörden und des Ost-Berliner Präsidiums der Volkspolizei sowie der Räte der Bezirke und Kreise von ihrem Ministerium nicht besser informiert als die Fernsehzuschauer in beiden deutschen Teilstaaten.[48]

Wer sein Fernsehgerät auf DDR I umgeschaltet hatte, wurde um 19.30 Uhr in der "Aktuellen Kamera" - im Anschluß an die Spitzenmeldung über die Einberufung einer Parteikonferenz der SED - an zweiter Stelle über die Reiseregelung informiert. "Privatreisen nach dem Ausland", verknüpfte die Nachrichtensprecherin initiativreich die Äußerungen Schabowskis mit der ADN-Meldung, könnten "ab sofort ohne besondere Anlässe beantragt werden."[49]

Fast zur selben Zeit, um 19.35 Uhr, traf der Regierende Bürgermeister von Berlin, Walter Momper, im Fernsehstudio der "Abendschau", der politischen Regionalschau des Senders Freies Berlin, ein. Walter Momper war über Scha-

---

46 Vgl. BDVP Leipzig, Lagefilm der Führungsgruppe vom 9.11.-10.11.1989, Bl. 105 (ARCHIV LAPOLDIR LPZ 11449).
47 BDVP Leipzig, Lagefilm des ODH vom 9.11.-10.11.1989 (lfd. Nr. 61/11)(ARCHIV LAPOLDIR LPZ 11449).
48 Vgl. Fernschreiben des MdI an die BDVP 1 bis 15, Chef, alle VPKÄ, Ltr., RdB 1 bis 15, Stellvertreter des Vorsitzenden für Inneres der RdB und RdK/Stadtbezirke, Betr.: Privatreisen und ständige Ausreisen nach dem nichtsozialistischen Ausland, 9.11.1989, Eingang: 21.19 Uhr (ARCHIV REGPRÄS. HLE; auch vorhanden in: ARCHIV POLPRÄS. PDM, Ordner FS MdI-Chef-Nachgeordnete, September 1989 bis Dezember 1990).
49 Aktuelle Kamera, 9.11.1989, 19.30 - 20.00 Uhr (Deutsches Rundfunkarchiv/Standort Berlin, Fernseharchiv).

bowskis Mitteilungen und die neue Reiseverordnung, deren Text ihm als DPA-Meldung vorlag, einerseits erfreut, andererseits zugleich tief besorgt. Die gesamte Planung der West-Berliner Senatsverwaltungen - soweit sie insbesondere die Bereitstellung der erforderlichen Transport- und Aufnahmekapazitäten betraf -, ging davon aus, daß der Ansturm aus der DDR erst im Dezember, nach der Verabschiedung des Reisegesetzes, einsetzen würde. Nun sah sich der Senat von einer Minute auf die andere mit der Aufgabe konfrontiert, so verstand Momper die Meldungen, mit dem Besucherandrang bereits ab dem nächsten Tag fertig zu werden. Mit sorgenvoller Miene bezog der Regierende Bürgermeister Stellung: "Nun, Privatreisen werden für Bürger der DDR nun auch ohne weiteres genehmigt", sagte er im Fernsehen. "Ich glaube, man darf für alle Berlinerinnen und Berliner sagen, es ist ein Tag, den wir uns lange ersehnt haben, seit achtundzwanzig Jahren. Die Grenze wird uns nicht mehr trennen."[50] Momper appellierte an die West-Berliner, trotz der auf sie zukommenden Belastungen alle Besucher aus der DDR mit offenen Armen zu empfangen: "Praktisch ab morgen geht es los!", kündigte er an. Die Ost-Berliner und alle DDR-Bürger bat Momper, mit öffentlichen Verkehrsmitteln in den Westteil der Stadt zu kommen.

Auch der Chef der Senatskanzlei, Dieter Schröder, interpretierte die Reiseregelung angesichts solcher Einschränkungen wie Visapflicht und Besitz eines Reisepasses noch nicht als Öffnung der Mauer[51]. Die Bewertung Mompers, es handle sich um den Tag, auf den die Berliner seit 28 Jahren warteten, erschien ihm deshalb zu diesem Zeitpunkt noch reichlich verfrüht. Im Hinblick auf die an dem bevorstehenden Wochenende zu erwartende Besucherzahl war Schröder die Situation jedoch dramatisch genug, um für 22.00 Uhr eine Sondersitzung des Senats einzuberufen, auf der vor allem die zu erwartenden Verkehrsprobleme mit dem Direktor der Berliner Verkehrsbetriebe und dem Polizeipräsidenten sowie die Frage der Unterkünfte für Übersiedler mit der Sozialsenatorin besprochen werden sollten. Daneben hielt es der Chef der Senatskanzlei für ratsam, die westlichen Alliierten über die aktuelle Entwicklung zu informieren, was sich als komplizierter und zeitraubender als gedacht erwies. Den amerikanischen Gesandten Harry Gilmore und dessen Stellvertreter erreichte er ebensowenig wie den britischen Gesandten Michael Burton; schließlich bat er dessen Stellvertreter Lamond, die alliierte Kommandantura über die politische Einschätzung des Senats in Kenntnis zu setzen.

Auch in das Ost-Berliner Präsidium der Deutschen Volkspolizei (PdVP) in der Keibelstraße kam zu dieser Zeit Bewegung. Um 19.40 Uhr läutete dort das Telefon. Ein Bürger beschwerte sich, weil ihm auf einem Revier der Volkspolizei ein sofortiges Visum verweigert worden war, was - seiner Meinung nach - in krassem Gegensatz zu den Ausführungen Schabowskis stünde, denen zufolge die neuen Reiseregelungen doch "ab sofort" in Kraft träten. Der Anrufer bestand auf unverzüglicher Erteilung der Reiseerlaubnis und zeigte sich dem Vorschlag des Volkspolizisten, die Angelegenheit am nächsten Tag zu erledigen, unzugänglich. Ein Rückruf des diensthabenden Offiziers des Ost-Berliner Polizeipräsidiums im MdI führte fünf Minuten später zur Klärung: Über das Visum, so der Diensthabende des MdI kurz und bündig, werde erst am 10. November entschieden.[52] In einem Rundspruch machte der Stellvertreter des Präsidenten der Ost-Berliner

---

50 SFB-Abendschau, 9. November 1989, Beginn: 19.20 Uhr.
51 Vgl. hierzu und zum Folgenden: Gespräch d. Vf. mit Dieter Schröder, 10.4.1996.
52 Präsidium der Volkspolizei Berlin, Rapport Nr. 230 für die Zeit vom 9.11.1989, 4.00 Uhr, bis 10.11.1989, 4.00 Uhr (im folgenden zitiert als PdVP-Rapport Nr. 230), lfd. Nr. 11 (ARCHIV POLPRÄS BLN/DEZ VB 132).

3. Kapitel

Volkspolizei[53] anschließend - es war 19.50 Uhr -, ohne daß ihm die Reiseregelung vorlag, folgende Befehlslage für alle elf Berliner Volkspolizei-Inspektionen Berlin verbindlich[54]:

"1. Bei Nachfragen von Bürgern zur Umsetzung der Veröffentlichung über die Reiseregelungen ist den Bürgern mitzuteilen, daß ihre Anträge zu den Öffnungszeiten des Paß- und Meldewesens ab 10.11. entgegengenommen werden.
2. Entsprechend der Entwicklung der Lage ist zur Erhöhung der Sicherheit in der Tiefe der GÜST (Grenzübergangsstellen, d.Vf.) der Einsatz der Schutzpolizei durch Verstärkung des Streifeneinzeldienstes bzw. FStW (Funkstreifenwagen, d.Vf.) zu erhöhen. Die Genossen haben höflich und zuvorkommend auf die Bürger Einfluß zu nehmen und sie an die Öffnungszeiten des Paß- und Meldewesens zu verweisen.
3. Die Leiter PM haben bereit zu sein, an einer Einsatzbesprechung im Präsidium im Laufe des Abends bzw. der Nacht teilzunehmen. Die VPI haben zu sichern, daß sie zum Präsidium gebracht werden."[55]

Während die Volkspolizei in Ost-Berlin völlig ahnungslos und unvorbereitet in den Abend stolperte und noch der Ansicht war, die Lage mit einer Verstärkung des Streifeneinzeldienstes im Vorfeld der Grenzübergänge beherrschen zu können[56], steuerte die Verbreitung der Nachricht über das Fernsehen auf einen ersten Höhepunkt zu: Die "Tagesschau" der ARD plazierte die Reiseregelung um 20.00 Uhr als Top-Meldung an erster Stelle und blendete dazu als Schlagzeile "DDR öffnet Grenze" ein.[57] Die Hamburger Redaktion konnte sich dabei auf Meldungen der Deutschen Presseagentur stützen, die um 19.41 Uhr AP übertrumpfte und die Schlagzeile verbreitet hatte: "Die sensationelle Mitteilung: Die DDR-Grenze zur Bundesrepublik und nach West-Berlin ist offen!"[58] Vier Minuten vor Beginn der Tagesschau titelte DPA noch kürzer: "Sensation: DDR öffnet Gren-

---

53 Der Präsident des PdVP Berlin, Generalmajor Friedhelm Rausch, befand sich zu diesem Zeitpunkt seinen Angaben zufolge zwar noch in seinem Dienstzimmer, erhielt jedoch von diesem Vorbefehl seines Stellvertreters Operativ keine Kenntnis. Rausch, der die Pressekonferenz Schabowskis verpaßt hatte, begab sich gegen 20.00 Uhr auf den Heimweg nach Zeuthen. Nachdem ihm sein ODH zunächst Menschenansammlungen an der Grenze, dann die Öffnung der Bornholmer Straße gemeldet habe, so Rausch, habe er Schabowski, der als 1. Sekretär der Berliner Bezirksleitung der SED und somit auch als Vorsitzender der BEL noch nicht ersetzt worden war, angerufen und ihn nach seinem Eindruck als erster darüber informiert. 'Herrscht Ruhe? Wird geschossen? Wie ist die Lage?', habe ihn Schabowski aufgeregt gefragt, sich aber beruhigt gezeigt als er hörte, daß alles friedlich ablaufe (Gespräch d. Vf. mit Friedhelm Rausch, 28.6.1995).
54 Es handelt sich um die Volkspolizei-Inspektionen in den Stadtbezirken Friedrichshain, Köpenick, Lichtenberg, Marzahn, Mitte, Pankow, Prenzlauer Berg, Treptow, Weißensee, Hohenschönhausen und Hellersdorf.
55 PdVP-Rapport Nr. 230, lfd. Nr. 12 (ARCHIV POLPRÄS BLN/DEZ VB 132). - Dem Lagefilm der VPI Friedrichshain ist zu entnehmen, daß die Leiter Paß- und Meldewesen sowie die Leitungsdienste der VPI um 21.09 Uhr aufgefordert wurden, sich um 23.00 Uhr im Polzeipräsidium einzufinden (vgl. VPI Friedrichshain/ODH, Rapport 268/89 für den 9.11.1989, 4.00 Uhr - 10.11.1989, 4.00 Uhr, Nr. 27; ARCHIV POLPRÄS BLN/DEZ VB 132).
56 Die Regelungen "für den Reiseverkehr kamen für die Genossen völlig überraschend. Mit einer Großzügigkeit solchen Ausmaßes hatte keiner gerechnet" hieß es in einem nachträglichen "Bericht über das Parteileben in der Parteiorganisation der SED des PdVP Berlin im Monat November 1989", der von der zentralen Parteileitung des PdVP am 30. November 1989 verfaßt wurde. (ARCHIV POLPRÄS BLN/DEZ VB 132, ZZ 206).
57 Tagesschau, 9.11.1989, 20.00 - 20.16 Uhr.
58 DPA, 9.11.1989, 19.41 Uhr.

zen zur Bundesrepublik und West-Berlin."⁵⁹ Den anschließenden Filmbericht der Tagesschau über die Pressekonferenz krönte der Reporter mit dem Kommentar: "Also auch die Mauer soll über Nacht durchlässig werden."⁶⁰ Im Bezirk Potsdam standen danach die Telefone der Bezirksbehörde der Volkspolizei und der Volkspolizeikreisämter nicht mehr still: Zwischen 20.00 und 1.00 Uhr wurden 1.100 Anrufer gezählt, die Auskunft verlangten, wie die neuen Reiseregelungen zu verstehen waren.⁶¹ Genau diese Frage aber stellten sich die Volkspolizisten selbst auch.

Wo die Fernseh-Nachrichten ankamen, entvölkerten sich ganze Kneipen. "Ich bin am 9. November abends mit Arbeitskollegen in Ostberlin in einem Tanzcafé am Baumschulenweg gewesen", berichtete ein junger Arbeiter aus Treptow. "Wir haben ein bißchen Sekt getrunken, und da kam die Kellnerin an den Tisch und sagte: 'Mensch, die Grenze ist uff, das hab' ich in den Nachrichten gehört.' Ich sag: 'Nun komm, hör' uff.' Sagt die: 'Warte mal, ick hab den Schluß uffjenommen.' Da holt sie ihr Tonband, spielt das ab. Und auf einmal, die ganze Kneipe, ruckizucki an den ganzen Tischen: Zahlen, zahlen, zahlen."⁶²

Achtzig Ost-Berliner, so verzeichnet es der Lagebericht der Volkspolizei mit Uhrzeit von 20.15 Uhr, hatten sich an den Grenzübergängen Sonnenallee (acht bis zehn), Invalidenstraße (zwanzig) und Bornholmer Straße (fünfzig) zur Ausreise eingefunden⁶³, aber zum Zeitpunkt des Eintrags war diese Zahl längst überholt. Und die "Tagesschau" verstärkte die Neugier und den Zustrom enorm. Die neue Höflichkeit und Zuvorkommenheit der Volkspolizisten im Vorfeld der Grenze wußten die Reiselustigen sicher zu schätzen. Zu überreden, zu Hause auf den nächsten Tag zu warten, waren sie nicht. Sie blieben an der Grenze, und von Minute zu Minute schwoll der Strom derjenigen an, die sich von zu Hause oder aus der Kneipe, zu Fuß, mit der Straßenbahn oder per Auto, zum nächstgelegenen Grenzübergang bewegten, um die neue Reiseregelung spontan zu testen, zumindest aber sich von ihrer Handhabung unmittelbar vor Ort ein eigenes Bild zu verschaffen.

3.3.1. Bornholmer Straße

Die meisten Menschen zog es an diesem Abend zum Grenzübergang Bornholmer Straße. Ein Zufall war das nicht. Während sich im Umkreis der Übergänge in der Stadtmitte überwiegend Ministerien, Büros und Wohnungen der Staatsfunktionäre und Diplomaten befanden, war der dichtbesiedelte Prenzlauer Berg die Hochburg der Literaten- und Künstlerszene, in deren Kneipen, Cafés und anderen Treffs Abend für Abend allerlei "feindlich-negative und dekadente Elemente", wie der Stasi mißtrauisch meinte, zusammenzukommen pflegten. Den Kern der Einwohnerschaft stellte jedoch die offiziell in der DDR herrschende Klasse, die Arbeiterschaft. Deren Mietwohnungen reichten wie die der Szeneangehörigen direkt bis an den Grenzübergang heran. Die ersten, die - von Neugier getrieben - nur "mal gucken gehen" wollten, regten durch ihre Bewegung auf der Straße die Bereitschaft derer an, sich selbst an Ort und Stelle ein eigenes Bild zu verschaffen, die bis dahin noch unsicher und rätselnd vor dem Fernseher saßen.

---

59 DPA, 9.11.1989, 19.56 Uhr.
60 Tagesschau, 9.11.1989, 20.00 - 20.16 Uhr.
61 Vgl. (MfS-)Bezirksverwaltung Potsdam, Rapport Nr. 313/89, Zeitraum vom 9.11.1989, 6.00 Uhr, bis 10.11.1989, 6.00 Uhr, Information Nr. 2132 (BStU, ASt. Potsdam, AKG 1750, Bl. 43).
62 Zit. nach: Conradt/Heckmann-Janz 1990, S. 7.
63 PdVP-Rapport Nr. 230, lfd. Nr. 13 (ARCHIV POLPRÄS BLN/DEZ VB 132).

So kam eine sich langsam, aber stetig selbst verstärkende Bewegung in Richtung Kontrollpunkt in Gang.[64]

Grenzübergangsstellen waren sicherheitspolitisch hochkompliziert organisierte Territorien, auf denen die Verantwortung zwischen Grenztruppen, Staatssicherheit und Zoll dreigeteilt war. Für ihre militärische Sicherung, im besonderen die Verhinderung von Grenzdurchbrüchen, waren die Grenztruppen zuständig. Sie stellten jedoch nur nominal den "Kommandanten" der GÜST[65], denn der grenzüberschreitende Verkehr war dem SED-Regime zu wichtig, um ihn den Grenztruppen mit ihren ständig wechselnden Unterstellungsverhältnissen zu überlassen.[66] Deshalb oblag die Sicherung, Kontrolle und Überwachung des gesamten Reiseverkehrs einschließlich der Fahndung sowie der Realisierung von Festnahmen den Paßkontrolleinheiten des MfS, die als tschekistische Verkleidung die Uniform der Grenztruppen trugen.[67] Die reine Sach- und Personenkontrolle schließlich führte die Zollverwaltung durch. Die Volkspolizei war nicht direkt auf der GÜST präsent; sie hatte aber deren unmittelbares Vorfeld, das sogenannte "freundwärtige Hinterland", von Störungen des Reiseverkehrs freizuhalten.

Diensthabender Offizier der Grenztruppen und Stellvertreter des Kommandanten der GÜST Bornholmer Straße war am Abend des 9. November Major Manfred Sens. Sens unterstand dem Grenzregiment 35 in Niederschönhausen/Pankow, das eines der sieben Grenzregimenter des für die 156,4 Kilometer lange Berliner Mauer zuständigen Grenzkommandos Mitte mit Sitz in Berlin-Karlshorst war. Drei dieser Grenzregimenter waren in Berlin, vier im Bezirk Potsdam untergebracht.[68] Daneben gehörten zwei am Rand von Berlin, in Oranienburg und Wilhelmshagen, stationierte Grenzausbildungsregimenter zum Grenz-kommando Mitte.[69] Alle neun Regimenter waren mit je 1.000 bis 1.400 Mann aufgefüllt.

In normalen Zeiten erfolgte die Bewachung der Grenze nach den Grundsätzen der Regimentssicherung[70]; in einem sechs- bis zehnstündigem Dienst kamen die

---

64 Ein Anwohner der Bornholmer Straße, auf der Westseite der Bornholmer Brücke angekommen, berichtete einem Reporter über seinen Aufbruch: "Wir wohn'n Bornholmer Straße, im Osten, wa, (...) ick war schon inne Heia, die Alte jeht noch mit'm Hund runta, kommt ruff und sagt: Mensch, du, die jehn alle nach'n Westen. Ick nischt wie anjezogen und 'rüber!" (Zit. nach: "162 Tage deutsche Geschichte. Das halbe Jahr der gewaltlosen Revolution", Spiegel Spezial Nr. 2/1990, S. 6).
65 Vgl. Ministerrat der DDR/MfNV, Aufgaben der Grenztruppen der DDR an den Grenzübergangsstellen, DV 018/0/005, GVS-Nr. A 372404, 1980 (BStU, ZA, MfS-AGM, Bl. 272-448).
66 Vgl. dazu auch Petzold 1994, S. 110 ff.
67 Vgl. Ministerrat der DDR/MfS/HA VI, Ordnung über die Durchführung der Paßkontrolle an den Grenzübergangsstellen der DDR - Paßkontrollordnung, (BStU, ZA, VI/Ltr./RuG/534/78). - Als Dienststelle hatten die Mitarbeiter der PKE bei Anfragen von Reisenden das "Kommando der Grenztruppen der DDR" anzugeben (vgl. ebd., Punkt I/1, S. 9).
68 In Berlin: GR-33 in Treptow, GR-35 in Pankow, GR-36 in Rummelsburg; im Bezirk Potsdam: GR-38 in Hennigsdorf, GR-34 in Groß-Glienicke, GR-44 in Babelsberg, GR-42 in Kleinmachnow.
69 Die beiden Grenzausbildungsregimenter bildeten die Soldaten im Grundwehrdienst für den Grenzdienst und an der Kampftechnik aus. Anfang 1989 war die Ausbildungszeit von sechs auf drei Monate verkürzt worden, um den Auffüllungsstand in den Grenzregimentern zu erhöhen (vgl. Auskunft zum Grenzkommando Mitte und der Staatsgrenze der DDR zu Westberlin, März 1989, in: BStU, ZA, MfS-Arbeitsbereich Neiber 60, Bl. 23-37).
70 Abweichend davon wurde in den Grenzregimentern-35 (Niederschönhausen) und -38 (Hennigsdorf) seit 1.12.1988 die Kompaniesicherung erprobt (vgl. Befehl Nr. 70/88 des Chefs der Grenztruppen vom 13.10.1988, in: BStU, ZA, MfS-Arbeitsbereich Neiber 62, Bl. 120-129). Das bedeutete, daß der jeweilig 1. bis 4. Kompanie dieser beiden Regimenter Grenzabschnitte fest zugeordnet wurden; die Kräfte der 5. Kom-

fünf Kompanien eines Grenzregiments aufeinanderfolgend zum Einsatz. Die Grenzübergänge wurden nach einem ähnlichen Dienstplan zusätzlich von einer Sicherungskompanie bzw. Sicherungszügen geschützt, die jedem Grenzregiment beigestellt waren. Im normalen Dienst wurden die zwischen 12,7 km (GR-35) und 29,8 km (GR-38) langen Grenzabschnitte der Grenzregimenter von nicht mehr als rund 100 Mann, zuzüglich der Sicherungszüge an den Grenzübergängen, bewacht. In der verstärkten Grenzsicherung, die seit dem 40. Jahrestag an als besonders gefährdet betrachteten Abschnitten ohne Unterbrechung befohlen war, waren diese Kräfte um etwa ein Viertel aufgestockt.[71] In der Stadtmitte betrug der Abstand zwischen den Grenzpostenpaaren tagsüber 320 Meter, nachts 260 Meter; bei verstärkter Grenzsicherung wurde die Distanz zwischen den Posten am Tage auf 260 Meter und in der Nacht auf 150 Meter verringert.[72]

Soweit es Major Manfred Sens am Grenzübergang Bornholmer Straße betraf, hatte er die vier wachhabenden Grenzposten seines Sicherungszuges[73] wie an jedem Tag auch am 9. November dazu "vergattert", "Grenzdurchbrüche nicht zuzulassen, die Ruhe und Ordnung im Grenzgebiet aufrechtzuerhalten, die Ausdehnung von Provokationen auf das Hoheitsgebiet der DDR zu unterbinden, Grenzverletzer festzunehmen bzw. zu vernichten."[74] "Schabowski, kannst du das überhaupt verantworten, was du jetzt angerichtet hast?", schoß es ihm durch den Kopf, als er dessen Pressekonferenz verfolgte.[75] Er verließ sein Dienstzimmer und eilte in den Bereich der Vorkontrolle, um den dortigen Posten zu informieren, daß unter Umständen in Kürze mit "Personenzulauf" zu rechnen sei. Als er dort eintraf, standen die ersten Menschen schon am Schlagbaum und fragten, ob sie ausreisen dürften. Einige kannte Sens vom Sehen, denn er wohnte in unmittelbarer Nähe des Übergangs. Die jetzt vor ihm auf der anderen Seite des Schlagbaumes standen und in den Westen wollten, waren zu einem nicht geringen Teil seine Nachbarn.

---

panie wurden ihnen je nach Bedarf als flexibel einsetzbare Reserve zugewiesen. Die Offiziere der vier Kompanien sollten auf diese Weise enger mit den örtlichen Funktionären der Partei- und Staatsorgane sowie der Bevölkerung im Grenzgebiet verbunden werden, um insbesondere das System der Tiefensicherung der Grenze weiter zu perfektionieren. Zur internen, positiven Einschätzung der Ergebnisse der Kompaniesicherung vgl. Abt. Sicherheitsfragen/Sektor Nationale Volksarmee, Information über die Beratungen zu Problemen des Zusammenwirkens der Grentruppen der DDR, des MfS und der VP sowie der Zusammenarbeit mit den örtlichen Partei- und Staatsorganen bei der Erprobung der Kompaniesicherung in den Grenzregimentern Niederschönhausen (Berlin) und Hennigsdorf (Potsdam), Berlin, 26. April 1989 (BStU, ZA, MfS-SdM 705, Bl. 5-13).

71 Die verstärkte Grenzsicherung erfolgte im Dritteldienst. Das bedeutete den aufeinanderfolgenden Einsatz von drei Kompanien mit den Dienstzeiten 20.00 - 04.00 Uhr, 04.00 - 10.00 Uhr und 10.00 - 20.00 Uhr. Die vierte Kompanie wurde als Verstärkung auf die drei diensthabenden Kompanien aufgeteilt.

72 Diese Zahlen beinhalteten einem Auskunftsbericht der HA I des MfS zufolge alle zur Grenzsicherung eingesetzten Kräfte. Vgl. Oberst Nieter/Stellvertreter des Leiters der HA I, Auskunft zur Postendichte im Grenzkommando Mitte, März 1989 (BStU, ZA, MfS-Arbeitsbereich Neiber 60, Bl. 33).

73 Der Sicherungszug für die GÜST Bornholmer Straße bestand insgesamt aus einem Zugführer und einem stellvertretenden Zugführer (Berufsoffiziere), zwei Unter-Offizieren ("Dreijährigen") und 21 besonders ausgewählten Soldaten im Grundwehrdienst (überwiegend Ältere, Verheiratete, mit Kindern und/oder materiellem Besitz). Die Sicherung der GÜST erfolgte im "Vierteldienst" als Abfolge von jeweils achtstündigen Früh-, Spät- und Nachtschichten, an die sich eine Freischicht anschloß.

74 Gespräch d. Vf. mit Manfred Sens, 11.9.1995. - Der Begriff "Vergatterung" wurde im militärischen Sprachgebrauch als Synonym für einen Wachdienst benutzt. Die "Vergatterungsformel" bezeichnete die Aufgabe, die für die Dauer eines Wachdienstes gestellt und vom Vorgesetzten zu jedem Dienstbeginn ausgesprochen wurde.

75 Gespräch d. Vf. mit Manfred Sens, 11.9.1995.

Zu Sens trat der stellvertretende Leiter der Paßkontrolleinheit, Oberstleutnant Harald Jäger. Fünfundzwanzig Jahre schon versah er am Grenzübergang Bornholmer Straße seinen Dienst. Seit der Öffnung der ungarisch-österreichischen Grenze hatten die Kontroll- und Sicherungsmaßnahmen für ihn und Sens an Sinn verloren. Beide rechneten nach der Vorlage des Reisegesetz-Entwurfs mit grundlegenden Veränderungen des Reiseverkehrs und auch des Grenzregimes noch im laufenden Jahr. Der Bissen war Jäger jedoch förmlich im Hals stecken geblieben, als er beim Abendbrot von der Nachricht überrascht worden war, neue Reiseregelungen gälten "ab sofort". Jäger über seine erste Reaktion:
"Ich dachte: Das ist doch Quatsch. Ab sofort? Das geht doch gar nicht. Was heißt denn hier 'ab sofort'? Das ist doch gar nicht möglich. Und zu meinen Mitarbeitern habe ich laut gesagt: 'Das ist doch absoluter geistiger Dünnschiß!' Ich habe das Essen stehen lassen - die Truppe fragte, was ist denn los? - und bin raus. Aus dem Nebenzimmer habe ich Oberst Rudi Ziegenhorn angerufen, der in der Hauptabteilung VI des MfS für uns zuständig war.
'Hast du den Quatsch von Schabowski auch gehört,' fragt er mich.
'Ja eben, deshalb rufe ich Sie ja an,' sage ich. 'Was ist denn jetzt los?'
'Ja nichts,' sagt er, 'was soll denn sein?'
Ich sage: 'Na ja, Sie haben es doch selber gehört!'
'Na eben,' sagt er, 'das geht ja gar nicht. Sind denn schon welche bei Euch an der GÜST?'
'Im Moment noch nicht,' sage ich, 'aber ich rufe mal unten im Bereich Vorkontrolle an.'
Ich habe dann im Bereich Vorkontrolle anrufen lassen. 'Posten VII' nannte man das damals, und dort befand sich auch der Schlagbaum. Der Diensthabende meldete, daß die ersten zehn oder zwanzig Personen schon da seien und fragen, ob sie reisen dürfen.
Ich sage zu Ziegenhorn: 'So zehn oder zwanzig Mann stehen vor der GÜST.'
'Na ja,' sagt er, 'dann warte erst einmal ab. Laß' die mal stehen und schick' sie zurück.'"[76]

Die Paßkontrolleinheiten der Berliner Grenzübergänge unterstanden nicht der Berliner Bezirksverwaltung des MfS, sondern direkt der Hauptabteilung VI in der MfS-Zentrale.[77] Die HA VI war im gesamten Staatsgebiet der DDR für die Paßkontrolle, den Reise- und Transitverkehr sowie den Fahndungsprozeß zuständig und gehörte zum Verantwortungsbereich des stellvertretenden Staatssicherheitsministers, Generalleutnant Gerhard Neiber. Sie hatte ihren Sitz in der Schnellerstraße in Berlin-Treptow - und von dort hatte Jäger, wie sein Bericht zeigt, keinerlei Vorinformation erhalten.

In den Dienstvorschriften der Grenztruppen und des MfS waren die spezifischen Aufgaben von Sens und Jäger einerseits klar getrennt, andererseits aber auch ihr Zusammenwirken in übergreifenden Fragen geregelt.[78] Allein in Fragen

---

76 Gespräch d. Vf. mit Harald Jäger, 7.8.1995.
77 Zur Struktur der HA VI siehe: Der Bundesbeauftragte für die Stasi-Unterlagen 1995, S. 234-251.
78 Das Zusammenwirken des MfS, der Grenztruppen und des MdI bei der "Sicherung der Staatsgrenze" war in verschiedenen Dienstanweisungen und Anordnungen der beteiligten Ministerien festgelegt. Die Regie des Zusammenwirkens führte das MfS, das seine "Kooperationspartner" zudem in mannigfaltiger Weise mit OibE und IM unterwandert hatte. Als grundlegend sind deshalb die entsprechende Dienstanweisung von Mielke und die folgenden Durchführungsbestimmungen zu betrachten. Vgl. Ministerrat der DDR/MfS, Dienstanweisung Nr. 10/81 über die politisch-operativen Aufgaben bei der Gewährleistung der territorialen Integrität der DDR sowie der Unverletzlichkeit ihrer Staatsgrenze zur BRD und zu Westberlin und ihrer See-

der äußeren Sicherheit hatte der Kommandant der GÜST gegenüber den Mitarbeitern der Paß- und Zollkontrolle, die strukturmäßig mit Makarow-Pistolen und vierzehn Schuß Munition ausgerüstet waren, Weisungsbefugnis. Umgekehrt hatte der Leiter der PKE die alleinige Entscheidungsbefugnis über alle Aspekte des Reiseverkehrs. Die jetzt eingetretene Situation jedoch war eine Grenzsituation und in den Dienstvorschriften nicht vorgesehen. Waren Schabowskis Worte so zu verstehen, daß sich noch in der Nacht ein staatlich erlaubter, freier Reiseverkehr anbahnte? Oder entwickelte sich vor den Augen von Sens und Jäger eine erhöhte Aktivität gegnerischer Kräfte, die einen gewaltsamen Grenzdurchbruch befürchten ließ? Im letzteren Fall war sofort Alarm auszulösen, der grenzüberschreitende Verkehr zu unterbrechen, die Kontrollen waren einzustellen, die pioniertechnischen Sperranlagen zu verriegeln und "taktische Handlungen zur Festnahme oder Vernichtung des Gegners" einzuleiten.[79] Der Befehl jedoch, zu einer höheren Sicherungsstufe, der "verstärkten" oder gar "gefechtsmäßigen Sicherung" der GÜST, überzugehen, hätte in jedem Fall der Bestätigung der nächsthöheren Kommandoebene der Grenztruppen bedurft. Im übrigen vermittelten die friedfertigen Bürger am Schlagbaum nicht den Eindruck gefährlicher "gegnerischer Kräfte", wenn ihr Begehren auch außergewöhnlich war. Der Kommandant, hieß es zudem in den Dienstvorschriften der Grenztruppen, erfüllt "die ihm gestellten Aufgaben auf der Grundlage der Beschlüsse der Partei der Arbeiterklasse."[80] Den aktuellen Stand der Beschlußlage der Partei aber hatte Schabowski soeben verkündet - und genau darauf beriefen sich die Bürger. Die Lage war kompliziert, ihre Beurteilung nicht leicht. Bevor sie etwas Falsches unternahmen, hielten es Sens und Jäger für ratsam, zunächst einmal ihre Vorgesetzten weiter zu informieren und die Befehlslage zu erkunden.[81]

Major Sens erstattete Meldung im Grenzregiment-35. Der dort diensthabende Offizier, ein Stellvertreter des Kommandeurs, wußte von nichts und hatte noch keinerlei Instruktionen. "Paß' auf, daß sie euch nicht die Waffen klauen," riet er Sens besorgt und gab ihm noch den Tip: "Laßt die Waffen stecken, damit nichts passiert!"[82] Oberstleutnant Jäger rief erneut seinen Vorgesetzten in der Hauptabteilung VI des MfS, Oberst Rudi Ziegenhorn, an, und meldete den weiteren Zulauf. "Wie ist denn die Stimmung?", habe Ziegenhorn wissen wollen. Er habe geantwortet: "Noch fragen die Bürger bloß, ob sie ausreisen dürfen." - "Na ja, ist gut", habe Ziegenhorn daraufhin erwidert, "vertröste sie weiter und informier' mich wieder."[83] Kurze Zeit später, berichtet Jäger, sei der inzwischen von ihm

---

grenze, Berlin, 4. Juli 1981, VVS-MfS-Nr. 38/81 (dok. in: Deutscher Bundestag 1992, Dok. 122, S. 903-960).
79 Vgl. den Abschnitt "Handlungen unter besonderen Bedingungen der Lage. Gewaltsamer Grenzdurchbruch", in: Ministerrat der DDR/MfNV, Aufgaben der Grenztruppen der DDR an den Grenzübergangsstellen, DV 018/0/005, GVS-Nr. A 372404, 1980, Punkt IV/6 (BStU, ZA, MfS-AGM, Bl. 304).
80 Vgl. ebd., Punkt VII/7/1.
81 Alle "politisch-operativ relevanten Vorkommnisse und Erscheinungen im grenzüberschreitenden Verkehr und an den GÜST" waren im Lagefilm der PKE zu erfassen und nachzuweisen. Der Lagefilm der PKE Bornholmer Straße war bisher ebensowenig aufzufinden wie die Lagefilme der übrigen Berliner PKE bzw. der HA VI insgesamt. Soweit diese Dokumente im Archiv des Bundesbeauftragten für die Stasi-Unterlagen überliefert sein sollten, war ein Zugriff bis zum Abschluß dieser Arbeit nicht möglich, weil die Akten der Hauptabteilung VI noch nicht vollständig erschlossen sind. Auch die Lagefilme der GÜST-Kommandanten bzw. der Diensthabenden Offiziere der Berliner Grenzregimenter sowie des Grenzkommandos Mitte standen für diese Arbeit nicht zur Verfügung.
82 Gespräch d. Vf. mit Manfred Sens, 11.9.1995.
83 Gespräch d. Vf. mit Harald Jäger, 7.8.1995.

alarmierte Leiter der PKE zu einer zentralen Lageberatung aller Berliner PKE-Chefs in die Schnellerstraße einbestellt worden.

Den zweiten stellvertretenden Leiter der Paßkontrolleinheit, Oberstleutnant Edwin Görlitz, hatte es an seinem dienstfreien Abend nach der Pressekonferenz nicht mehr zu Hause gehalten. Achtundzwanzig Jahre stand er im Paßkontroll-Dienst an der Bornholmer Straße. Nachdem er die Pressekonferenz im Fernsehen gesehen hatte, verriet ihm seine politische Erfahrung instinktiv, daß dort noch in der Nacht einschneidende Veränderungen bevorstanden.[84] Sens, Jäger und Görlitz schlitterten in die schwierigste Entscheidungssituation ihres Lebens.

Der Versuch, die Menschen zurückzuschicken und sie auf den nächsten Tag zu vertrösten, schlug fehl. Stattdessen kamen ständig neue hinzu, und die Menge schwoll an. Gegen 20.30 Uhr - "es waren schon Tausende, und wir konnten nicht mehr überblicken, wie weit die Massen zurückstanden"[85] - traf endlich die Volkspolizei mit einem Funkstreifenwagen und zwei Mann Besatzung im freundwärtigen Hinterland ein. Über Lautsprecher appellierte ein Oberleutnant der Volkspolizei an die Menschen, "im Interesse von Ordnung und Sicherheit" den Vorraum des Grenzübergangs zu verlassen und sich am nächsten Morgen an die Meldestellen zu wenden: "Es ist nicht möglich, Ihnen hier und heute die Ausreise zu gewähren."[86] Doch aus der Menge wurde mit der ADN-Meldung geantwortet, die ein junger Mann aus der Tasche zog und laut verlas. Und hatte nicht ein Mitglied des Politbüros "ab sofort" gesagt? Autorität und Ansehen der Volkspolizei waren nicht so bedeutend, daß ihre Anweisung gegen den Beschluß der Regierung und die Worte des Politbüros eine ernste Chance gehabt hätte.[87] Und lagen zwischen sofort und morgen nicht die Unwägbarkeiten einer ganzen Nacht?

Die Handlungsmöglichkeiten der Volkspolizei schienen damit ausgereizt. Der Stabschef des MdI, Generaloberst Karl-Heinz Wagner, sah sich außerstande, dem weitergehenden Wunsch Neibers zu entsprechen und den Zustrom der Menschen an die Grenze mit polizeilichen Mitteln zu unterbinden. Neibers Ansinnen, das Vorfeld der Übergänge freizuräumen und die Menschen von den Übergängen "wegzunehmen", wies er als gänzlich undurchführbar zurück: "Das mußt Du mal versuchen! Das geht nicht mehr!"[88]

Als die Menschenmenge gegen 21.00 Uhr lautstark die Öffnung des Schlagbaumes forderte, der Rückstau der Autos über einen Kilometer bis zur Schönhauser Allee reichte und die Seitenstraßen verstopfte, sah sich Jäger nicht länger in der Lage, mit seinen 14 Mitarbeitern sowie fünf Grenzsoldaten und 16 bis 18 Zollkontrolleuren den Übergang zu halten. Die Informationen, die Major Sens ins Grenzregiment 35 weitergab, hatten keinerlei Befehle zur Folge. Die technische Ausstattung der GÜST und die Bewaffnung ihres Personals waren nicht darauf ausgelegt, den Übergang aus dem Stand heraus erfolgreich gegen einen Massenansturm zu verteidigen. Paß- und Zollkontrolleure verfügten neben ihren Pi-

---

84 Vgl. Edwin Görlitz, in: Spiegel-TV, Der 9. November 1989. Dokumentarfilm, Autor: Georg Mascolo, 4.11.1990.
85 Gespräch d.Vf. mit Harald Jäger, 7.8.1995.
86 Die Szene ist bild- und tondokumentiert in: Spiegel-TV, Der 9. November 1989. Dokumentarfilm, Autor: Georg Mascolo, 4.11.1990. Vgl. auch Dümde 1990b, S. 9.
87 Über das gestörte Verhältnis zwischen Bevölkerung und Volkspolizei einschließlich deren Angehörigen hatte gerade am Vormittag des 9. November Innenminister Dickel im Zentralkomitee lamentiert: "Vieles, was in der letzten Zeit an Haß gegen die Volkspolizei zum Ausdruck kam, an Beleidigungen und Bedrohungen gegen Leben und Gesundheit, richtet sich jetzt, liebe Genossinnen und Genossen, schon gegen die Familienangehörigen unserer Volkspolizisten. Schon in der Schule, und wenn man tankt, zeigt man uns den Vogel: Du kriegst kein Benzin! In den Kaufhallen werden die Frauen unserer Genossen schon diskreditiert, verleumdet und beleidigt" (SAPMO-BArch, ZPA-SED, IV/2/1/710).
88 Gespräch d. Vf. mit Karl-Heinz Wagner, 24.4.1995.

stolen über je vier Maschinenpistolen, für die jeweils drei Magazine à 40 Schuß bereitlagen. Hinzu kamen die Waffen der Grenztruppen. Neben seiner Aussichtslosigkeit stand ein Schußwaffeneinsatz für die Verantwortlichen aus reinem Selbsterhaltungstrieb außer Frage. "Wenn die Masse ins Rennen kommt, und wir schießen, dann hängen wir da vorne am Fahnenmast", war Manfred Sens an diesem Abend klar.[89] Nicht einmal an eine Selbstverteidigung sei unter diesen Bedingungen zu denken gewesen, ergänzte später Harald Jäger: "Die Leute hätten uns überrollt und mit unseren eigenen Gummiknüppeln verhauen."[90]

Jäger löste schließlich einen "stillen" Alarm aus und holte alle erreichbaren PKE-Mitarbeiter, insgesamt rund 60 Mann, zur Verstärkung heran, um die Gebäude, Einrichtungen und die Fahndungskartei zu schützen. Zugleich appellierte er an Ziegenhorn, die Bürger ausreisen lassen zu dürfen, weil dem Druck nicht länger standzuhalten sei.[91] Ziegenhorn mußte Neiber offenbar erst noch überzeugen, daß Jäger nicht einer unbegründeten Panik verfallen, sondern in der Lage war, die Situation real einzuschätzen. Nach Absprache mit Neiber willigte Ziegenhorn dann ein, ein Ventil zu öffnen und die Ausreise mit Personalausweis zu gestatten, allerdings mit einer folgenschweren Einschränkung: "Die am aufsässigsten sind ... und die provokativ in Erscheinung treten, die laß' raus", wies Ziegenhorn Jäger an. "Denen macht ihr im Ausweis einen Stempel halb über das Lichtbild - und die kommen nicht wieder 'rein."[92] Mit einem generellen Ansturm auf alle Berliner Grenzübergänge rechnete man in der HA VI bei dieser Entscheidung offenbar noch nicht, denn außer an der Bornholmer Straße und am Grenzübergang Heinrich-Heine-Straße, an dem sich laut Volkspolizei-Bericht 120 Personen angesammelt hatten, waren um 21.30 Uhr "an den übrigen GÜST nur vereinzelt Personen festzustellen."[93]

Jäger ließ drei Schalter aufmachen und den Fußgänger-Durchgang zur Ausreise öffnen.[94] Einzelne Personen wurden in den Kontrollbereich vorgelassen und abgefertigt. Jubelnd liefen die ersten Ost-Berliner über die Bornholmer Brücke

---

[89] Gespräch d. Vf. mit Manfred Sens, 11.9.1995.
[90] Interview mit Harald Jäger, in: Wochenpost Nr. 46, 8. November 1995, S. 14.
[91] Vgl. Gespräch d. Vf. mit Harald Jäger, 7.8.1995.
[92] Gespräch d.Vf. mit Harald Jäger, 7.8.1995. - Vgl. dazu auch die Berichte von Harald Jäger und Edwin Görlitz, in: Spiegel-TV, Der 9. November 1989. Dokumentarfilm, Autor: Georg Mascolo, 4.11.1990. - Auf diese Darstellung stützten sich auch Süß 1990, S. 9, sowie Dümde 1990a und 1990b. Zur Aussage Jägers paßt, daß das PdVP Berlin um 21.40 Uhr anwies, die Ausländermeldestelle im Haus des Reisens mit der alleinigen Absicht zu öffnen, "Ersuchen nach sofortiger *ständiger Ausreise* bearbeiten zu können". Von Visa für *Privatreisen* war keine Rede (siehe: Fernschreiben des PdVP Berlin an MdI, 10.11.1989, 0.30 Uhr, Anlage zu: PdVP-Rapport Nr. 230; vgl. auch VPI Berlin-Friedrichshain, Rapport 268/89 für den 9.11.1989, 4.00 Uhr, - 10.11.1989, 4.00 Uhr, Lagefilm, in dem um 21.45 Uhr unter der lfd. Nr. 29 entsprechend festgehalten wurde: "Alle Bürger, die *sofort ausreisen* wollen, sind an die Ausländermeldestelle zu verweisen" (ARCHIV POLPRÄS BLN/DEZ VB 132). - Alle Hervorhebungen v. Vf.
[93] PdVP Berlin, Fernschreiben vom 10.11.1989, 6.25 Uhr, Anlage zu: PdVP-Rapport Nr. 231 (ARCHIV POLPRÄS BLN/DEZ VB 132).
[94] Mit Eintrag von 21.20 Uhr weist der ODH-Lagebericht des PdVP die Öffnung dem "Kommandeur" der GÜST zu, womit wahrscheinlich der Kommandant gemeint war. (vgl. PdVP-Rapport Nr. 230, lfd. Nr. 13; ARCHIV POLPRÄS BLN/DEZ VB 132). Die Öffnung für den Reiseverkehr fiel jedoch nicht in dessen, sondern in die Zuständigkeit der PKE. Das Grenzkommando Mitte, dem dieser Vorgang vom PdVP zur Prüfung übermittelt wurde, informierte den Operativ Diensthabenden im Polizeipräsidium sechs Minuten später über die an die PKE ergangene Weisung: "Wer an GÜST auf Ausreise besteht, dem ist sie mit PA zu gestatten" (vgl. PdVP-Rapport Nr. 230, lfd. Nr. 14; ARCHIV POLPRÄS BLN/DEZ VB 132). Entsprechend der Zuständigkeiten kann diese Weisung an die PKE nur von der HA VI ergangen sein. Meine anderslautende frühere Darstellung ist in diesem Punkt korrekturbedürftig.

nach West-Berlin - und ahnten nicht, daß ihre Personalausweise mit einem Visum, das das Lichtbild halb bedeckte, ungültig gestempelt worden waren. Die Absicht, die Ausreisenden heimlich auszubürgern, ging jedoch nicht auf. Während die ersten Rückkehrer auf der Westseite des Kontrollübergangs auf ihre Wiedereinreise drängten und sich nicht einfach nach West-Berlin zurückverweisen ließen - manche Ehepaare wollten zu ihren schlafenden Kindern zurück -, wurde die Menschenmenge auf der Ostseite immer größer. Die Lage wurde allmählich für die Kontrolleure bedrohlich. "Die Ventillösung", so Jäger heute, "war von unseren Vorgesetzten unklug gedacht. Das Ventil zu öffnen bedeutete doch, daß die anderen sahen, daß einige 'rausdurften - bloß sie nicht."[95] Lautstark forderte die Menge umso energischer im Chor: "Tor auf! Tor auf!" und kurze Zeit später erschallten die Rufe: "Wir kommen wieder, wir kommen wieder!" Als schließlich der Drahtgitterzaun im Vorraum des Grenzübergangs beiseite gedrückt wurde, bangte Jäger um das Leben seiner Mitarbeiter.

Telefonisch teilte er Ziegenhorn um 22.30 Uhr mit: "Es ist nicht mehr zu halten, wir müssen die GÜST aufmachen. Ich stelle die Kontrollen ein und lasse die Leute 'raus."[96] Görlitz benachrichtigte Sens: "Wir fluten jetzt! Wir machen alles auf!"[97] Die Mitarbeiter der Paßkontrolle lösten die Sicherung des Schlagbaumes im Bereich der Vorkontrolle, Sens öffnete den Schlagbaum auf der Bornholmer Brücke. Tausende von Menschen strömten unkontrolliert in die Grenzanlage, überrannten die Kontrolleinrichtungen, liefen über die Brücke und wurden auf der West-Berliner Seite begeistert begrüßt; ob mit oder ohne Personalausweis, spielte beim Grenzübertritt in der Bornholmer Straße ab diesem Zeitpunkt keine Rolle mehr. Am nächsten Tag gab der diensthabende Leiter an, daß allein zwischen 23.30 Uhr und 0.15 Uhr schätzungsweise 20.000 Menschen den Übergang passiert hatten: "Wir wurden davon völlig überrollt."[98]

3.3.2. Sonnenallee

Die Übergangsstelle Sonnenallee regulierte den Grenzverkehr zwischen dem Ost-Berliner Stadtteil Treptow und dem West-Berliner Bezirk Neukölln. Bis 20.30 Uhr hatten sich am Grenzübergang etwa fünfzehn Jugendliche eingefunden, die ihre sofortige Ausreise verlangten und sich davon auch nicht durch den Einsatz eines "Ansprechoffiziers" des zuständigen Volkspolizei-Reviers abbringen ließen. Die Weisung der HA VI, hartnäckigen Bürgern die Ausreise mit Personalausweis zu gestatten, wurde von den Paßkontrolleuren in der Sonnenallee ab 21.40 Uhr befolgt[99]; sie teilten Ausreiseformulare an die Wartenden aus und begannen kurz darauf mit der Abfertigung. Der Bildjournalist Frank Durré gehörte zu jenen, die passieren durften, und erlebte die Verwirrung mit, die beim Zoll über das Verfahren herrschte: "Zu den ersten, die von der Paßkontrolle zum Zoll vorgelassen wurden, zählten eine Mutter mit einer 18jährigen Tochter. Ein Zollbeamter teilte den beiden mit: 'Sie können rüber, müssen dann aber drüben blei-

---

95 Gespräch d.Vf. mit Harald Jäger, 7.8.1995.
96 Gespräch d.Vf. mit Harald Jäger, 7.8.1995.
97 Gespräch d.Vf. mit Manfred Sens, 11.9.1995. - Manfred Sens bestätigt den von Jäger angegebenen Zeitpunkt der Öffnung ebenso wie eine Live-Reportage von Manfred Füger in der "Gemeinschaftssendung von RIAS I und RIAS II zur Öffnung der Berliner Mauer in der Nacht vom 9. zum 10. November 1989" (Deutschland-Radio Berlin, Dokumentation/Archiv, 677-566/A/I-II, 19 cm; 95 Min.).
98 Vgl. BZ am Abend, 10.11.1989.
99 So die Einträge in den ODH-Filmen des PdVP Berlin sowie insbes. der Stasi-Kreisdienststelle Treptow. Vgl. MfS-Kreisdienststelle Treptow, ODH-Film vom 9.11.1989/7.00 Uhr bis 10.11.1989/7.00 Uhr, Nr. 11 (BStU, ASt. Berlin, A 204, Bl. 16).

ben.' Die Mutter wollte unter dieser Bedingung wieder zurück, die Tochter trotzdem nach West-Berlin ausreisen. Es kam zu einem heftigen Familienstreit. Schließlich korrigierte ein zweiter Zollbeamter die Auskunft seines Kollegen und teilte beiden Frauen mit, sie dürften wieder zurückkommen."[100] Ob am Übergang Sonnenallee Ausweise wie in der Bornholmer Straße ungültig gestempelt wurden, ist nicht bekannt.

Die ersten Ausreisenden, die um 22.00 Uhr herum auf der West-Berliner Seite eintrafen, berichteten, daß etwa einhundert Menschen auf der östlichen Seite auf ihre Abfertigung warteten.[101] Doch schon eine Stunde später war der Übergang von Trabbis völlig verstopft. Um Mitternacht reichte der PKW-Stau über einen Kilometer durch die Baumschulenstraße bis zur Köpenicker Landstraße zurück[102], und eine unüberschaubare Menschenmenge schob sich durch den Übergang.

Im Laufe des Abends hatten auch die "Weiterleiter" des DDR-Fernsehens in Adlershof gespürt, daß Unerwartetes und Ungeplantes auf den Straßen Berlins vor sich ging. Doch lagen in Adlershof weder Erklärungen noch Anweisungen vor. Um 21.53 Uhr wurde kurzerhand ein Spielfilm unterbrochen, um die ADN-Pressemitteilung über den Beschluß des Ministerrates noch einmal vollständig, wenn auch immer noch ohne erläuternden Kommentar, zu verlesen; bei der zweiten Spielfilmunterbrechung um 21.57 Uhr und in der Nachrichtensendung "AK ZWO" um 22.28 Uhr schienen die Sprecher schon über sich hinauszuwachsen, als sie bedeutungsschwer mit "Also" ansetzten und mit beschwörender Stimme intonierten: "Also: Die Reisen müssen *beantragt* werden."[103] Auf Anfragen vieler Bürger, hatte der Nachrichtensprecher eingangs betont, "informieren wir Sie noch einmal über die neue Reiseregelung des Ministerrates." Er ergänzte die reine ADN-Meldung um den Hinweis, daß die zuständigen Abteilungen Paß- und Meldewesen der Volkspolizei "morgen um die gewohnte Zeit geöffnet haben" und die ständigen Ausreisen erst erfolgen könnten, "nachdem sie beantragt und genehmigt worden sind."[104]

Wie ein direktes Dementi dieser mahnenden Belehrungen mußten demgegenüber die "Tagesthemen" wirken, die an jenem Abend wegen einer Fußballübertragung leicht verspätet auf Sendung gingen. Die DDR habe mitgeteilt, verkündete Moderator Hanns-Joachim Friedrichs um 22.42 Uhr locker als erste Nachricht, "daß ihre Grenzen ab sofort für jedermann geöffnet sind. Die Tore in der Mauer stehen weit offen."[105] Friedrichs Ansage erwies sich, wie die nächsten Fernsehbilder zeigten, als reichlich verfrüht, denn eine Live-Schaltung rückte den Berliner Tagesthemen-Reporter Robin Lautenbach ins Bild, der sich vor dem Übergang Invalidenstraße postiert hatte - der noch geschlossen war. Doch dann schilderten ihm West-Berliner Augenzeugen vor einem Millionenpublikum, daß in der Bornholmer Straße seit 21.30 Uhr die Grenze von DDR-Bürgern ohne Komplikationen, nur gegen Vorlage des Personalausweises, passiert werden könne - in Unkenntnis des zunächst klammheimlichen Ausbürgerungsvollzugs. Auch am Grenzübergang zwischen Treptow und Neukölln in der Sonnenallee und selbst am Alliiertenkontrollpunkt Checkpoint Charlie in der Friedrich-/Zimmerstraße sei dies angeblich bereits Praxis, teilte Lautenbach mit und erklärte die Mauer kurzerhand zum Baudenkmal.

---

100 Gespräch d. Vf. mit Frank Durré, 29.7.1996.
101 Vgl. die Meldungen des Lagedienstes der West-Berliner Polizei, in: Berliner Zeitung, 9./10.11.1991, S. 3.
102 Vgl. PdVP-Rapport Nr. 230, lfd. Nr. 19 (ARCHIV POLPRÄS BLN/DEZ VB 132).
103 AK ZWO, 9.11.1989, 22.28 Uhr.
104 Ebd.
105 Tagesthemen, 9.11.1989, 22.42 - 23.22 Uhr.

3.3.3. Friedrich-/Zimmerstraße ("Checkpoint Charlie")

Der endgültigen Öffnung aller innerstädtischen Übergänge war eine dramatische Entwicklung an dem für die Blockkonfrontation weltweit berühmtesten Schauplatz der geteilten Stadt vorausgegangen, der im Ostteil "GÜST Friedrich-/Zimmerstraße", im Westteil "Checkpoint Charlie" hieß. Hier hatten sich nach dem Mauerbau im Oktober 1961 amerikanische und sowjetische Panzer drohend und scheinbar kampfbereit gegenüber gestanden. Nachdem im Jahr 1962 bereits zwölf Flüchtlinge und vier Grenzsoldaten ums Leben gekommen waren, wurde der Ost-Berliner Bauarbeiter Peter Fechter am 17. August 1962 in unmittelbarer Nähe des Checkpoint Charlie bei einem Fluchtversuch angeschossen. Er fiel auf Ost-Berliner Gebiet zurück. Schwerverletzt blieb der Achtzehnjährige im Grenzstreifen liegen und verblutete, weil ihm niemand Hilfe leistete. Weder die Alliierten noch die West-Berliner Polizei wagten es einzugreifen. Weltweite Empörung war die Folge; Zehntausende von WestBerlinern demonstrierten gegen diese Unmenschlichkeit und beschimpften vor allem die Angehörigen der US-Army wegen ihrer Untätigkeit. Versuche der empörten Menschen, zur Mauer vorzustoßen, wurden damals von der West-Berliner Polizei verhindert.[106]

Im Januar 1974 hatte der Volkspolizist Burkhard Niering den ersten Posten der Paßkontrolle an der GÜST Friedrich-/Zimmerstraße als Geisel genommen. Sein Versuch, mit ihr den Kontrollpunkt zu überrennen, wurde mit tödlichen Schüssen gestoppt.[107] Nur zwei Monate später hätte um ein Haar ein amerikanischer Soldat einen Weltkonflikt ausgelöst. Am 2. März 1974 walzte er mit einem Panzer alles nieder, was ihm auf West-Berliner Seite die Zufahrt zur Kontrollstelle versperrte, drang bis zur Mauer vor - und fuhr wieder nach West-Berlin zurück.[108] Wenn es auch in den achtziger Jahren ruhiger geworden war, so besaß der Kontrollpunkt in der Friedrichstraße für alle Seiten nach wie vor die höchste Symbolkraft für die Machtverhältnisse in der geteilten Stadt.

Am Abend des 9. November 1989 erlebten die Paßkontrolleure schon kurz nach 19.00 Uhr ihre erste Überraschung. Unmittelbar nach Schabowskis Pressekonferenz versuchte der Pressesprecher der Ständigen Vertretung, Eberhard Grashoff, die Befehlslage am Übergang zu erkunden und fragte bei seiner Überfahrt einen ihm seit Jahren bekannten Posten, ob er bereits neue Anweisungen für den Reiseverkehr habe. Als Antwort erhielt er ein irritiertes Nein.[109] Eine Stunde später steuerte ein Kellner aus dem nur hundert Schritt entfernten Café Adler in Begleitung mehrerer Kaffeehaus-Gäste mit einem Tablett voller Sektgläser und frischgebrühtem Kaffee auf die erste Linie der DDR-Kontrolleure zu, um mit den Posten auf die Öffnung der Grenze anzustoßen. Die Posten, an dieser Frontlinie des Kalten Krieges von West-Berliner Seite eher an feindselige Handlungen und Beschimpfungen gewöhnt, wußten nicht, was ihnen warum widerfuhr. Sie verweigerten freundlich, aber bestimmt die Annahme jedweden Getränkes und schickten die "Provokateure" über den weißen Strich nach West-Berlin zurück.

Während in der Bornholmer Straße Ost-Berliner auf den Übergang drückten und auf der Westseite absolute Ruhe herrschte, schien am Checkpoint Charlie zumindest vordergründig das Feindbild zu stimmen: Die östliche Seite blieb anfangs menschenleer; statt dessen versammelten sich auf der Westseite, mithin feindwärts, rund um die amerikanische Kontrollstelle immer mehr Menschen, darunter mehrere Fernseh-Teams. Entsprechende Meldungen gab der Dienstha-

---

106 Vgl. dazu Shell 1965, S. 359 ff.
107 Zum Fall Niering vgl. Filmer/Schwan 1991, S. 139.
108 Vgl. die Foto-Dokumentation dieser Aktion im Berliner Mauer-Archiv (Hagen Koch).
109 Gespräch des Vf. mit Eberhard Grashoff, 13.4.1994.

bende der PKE an das Operative Leit-Zentrum der HA VI weiter. Um 21.33 Uhr kam von dort die Weisung, alle PKE-Mitarbeiter zu alarmieren und an der GÜST zusammenzuziehen.[110]

Der Kommandant der GÜST hatte um 17.00 Uhr Dienstschluß und war nach Hause gefahren. Gegen 21.30 Uhr unterrichtete ihn sein diensthabender Offizier, daß sich feindwärts mehrere hundert Personen versammelt hätten, aber nun auch auf der DDR-Seite vor dem Schlagbaum die ersten Bürger stünden, die sich nach den neuen Ausreisemöglichkeiten erkundigten. Als der Kommandant gegen 22.00 Uhr am Grenzübergang eintraf und sich selbst einen Überblick über die Lage verschaffte, schlug ihm zu seiner Überraschung von West-Berliner Seite keine aggressive, sondern eine ausgesprochen freundliche und friedliche Stimmung entgegen. Auch er beorderte zunächst alle verfügbaren Kräfte seiner Sicherungskompanie heran. Zusätzlich bekam er auf Anforderung einen Zug der als Reserve in Berlin gehaltenen Offiziershochschüler zur Verstärkung. Von seiner übergeordneten Dienststelle, dem Grenzregiment 36 in Rummelsburg, erhielt er auf Anfrage lediglich die allgemeine Orientierung, Ruhe zu bewahren. Auf einen Befehl - gleich welcher Art - wartete er vergebens.[111]

Zwischen 22.00 und 23.00 Uhr spitzte sich die Lage am Grenzübergang dramatisch zu. Um 22.05 Uhr spazierten 60 bis 70 West-Berliner über die weiße Grenzlinie auf das Territorium der DDR, kamen aber dann der Aufforderung nach, sich auf das West-Berliner Gebiet zurückzubegeben. Eine halbe Stunde später waren es bereits 120 Personen, die von den Sicherungskräften der Grenztruppen auf die West-Berliner Seite zurückgedrängt wurden.[112] Danach ließ der Kommandant seine Grenzer eine Sperrkette bilden, die fünf bis sechs Meter hinter der Grenzmarkierung, aber noch vor der Mauer stand. Ihre Maschinenpistolen hatten die Soldaten zuvor in der Waffenkammer deponiert. Noch immer wurde der grenzüberschreitende Verkehr regulär abgewickelt, doch die Spannung wuchs: "Die Situation an der Grenzübergangsstelle spitzt sich zu," notierte der diensthabende Offizier der PKE um 22.45 Uhr in seinem Rapport. "Im Vorfeld der Grenzübergangsstelle, bis unmittelbar zur Postensteinmauer circa 3.000 Bürger aus Westberlin. Im Hinterland der Grenzübergangsstelle mehrere 100 DDR-Bürger zu Fuß und KFZ."[113] Verzweifelte Anrufe des GÜST-Kommandanten bei seinen Vorgesetzten folgten. Seine Meldungen wurden ordnungsgemäß bis hinauf ins Kommando der Grenztruppen weitergegeben und "als Verletzung der Staatsgrenze der DDR vom Hoheitsgebiet Berlin (West)" registriert.[114] Als Maßnahme erfolgte von dort die Unterrichtung der für die Grenztruppen zuständigen Hauptabteilung I des MfS. Befehle oder Weisungen nach unten aber blieben weiterhin aus. Als der Druck von West-Berliner Seite auf die Sperrkette der Grenzsoldaten zunahm, ließ der Kommandant die GÜST schließen und alle Tore hinten und

---

110 Die PKE Friedrich-/Zimmerstraße hatte insgesamt 87 Planstellen. Vgl. Der Bundesbeauftragte für die Stasi-Unterlagen 1995, S. 239.
111 Vgl. das Gespräch von Volker Koop mit dem Grenztruppen-Kommandanten der GÜST Friedrichstraße (PArch Koop).
112 Im "Rapport Grenzsicherung" des Stabes der BVfS Berlin kam die Lage zu dieser Zeit folgendermaßen an: "Um 22.38 Uhr wurde bekannt, daß ca. 200 Personen im Vorfeld der GÜST Friedrichstraße/Zimmerstraße die Fahrbahnen zur GÜST blockieren. Die Personen stehen am Grenzstrich." Der ODH der BVfS veranlaßte die Verständigung des Chefdienstes (BStU, ASt. Berlin, A 2323/2324, Bl. 39).
113 Hauptabteilung VI/PKE Fri.-Zi.-Str., Rapport für die Zeit vom 9.11.89, 07.00 Uhr, bis 10.11.89, 07.00 Uhr, Berlin, 9.11.1989.
114 Grenztruppen der Deutschen Demokratischen Republik/Kommando der Grenztruppen/Operativ Diensthabender, Tagesmeldung Nr. 313/89 für die Zeit vom 08.11.1989, 18.00 Uhr, bis 09.11.1989, 18.00 Uhr, und Sofortmeldungen bis 10.11.1989, 04.00 Uhr, GVS-Nr. G/739839, S. 4 (BArch/P, MZA, AZN 17193, Bl. 167).

vorne, freundwärts wie feindwärts, verriegeln. Der Grenzverkehr kam zum Erliegen. In dem Bereitschaftsraum, in den sich die Grenzsoldaten zurückgezogen hatten, hörten sie vorne die West-Berliner rufen: "Laßt uns rein!" Und hinten forderten die Ost-Berliner unüberhörbar: "Laßt uns raus!"[115]

Im Operativen Leit-Zentrum der HA VI riefen die laufenden Meldungen der PKE Friedrich-/Zimmerstraße offenbar allergrößte Besorgnis hervor. Störungen und Zwischenfälle an diesem Übergang konnten sich unversehens zu einem ernsten, internationalen Konflikt ausweiten. Neben Diplomaten, ausländischen Dienstreisenden und Touristen wurden dort vor allem die Militärinspektionen der drei West-Alliierten abgefertigt. Deren Militärfahrzeuge galten für die DDR-Sicherheitsorgane im gesamten Ost-Berliner Stadtgebiet als exterritoriale, unantastbare Zonen - und mehrere Fahrzeuge waren an diesem Abend noch auf Inspektionsreise in Ost-Berlin unterwegs. Nicht auszudenken war, was passieren konnte, wenn ihre Rückfahrt nach West-Berlin blockiert war und sowjetische Militärs herangeholt werden mußten.

Ein "leitender Genosse", so der für die staatliche Sicherheit in Ost-Berlin zuständige Leiter der Berliner Bezirksverwaltung des MfS, Generalmajor Siegfried Hähnel, habe ihm um 22.30/23.00 Uhr herum den Auftrag erteilt, die Lage am Übergang Friedrich-/Zimmerstraße zu prüfen und gegebenenfalls zusammen mit der Volkspolizei Maßnahmen "zur Aufrechterhaltung der Ordnung und Sicherheit" einzuleiten.[116] Bis 22.00 Uhr hatte Hähnel in seiner Dienststelle ausgeharrt, doch besondere Krisenmeldungen hatten ihn bis dahin nicht erreicht. Nun befand er sich in seiner nur einen Steinwurf vom Alexanderplatz entfernt gelegenen Privatwohnung. Umgehend setzte er sich mit dem Polizeipräsidenten von Ost-Berlin, Generalleutnant Friedhelm Rausch, in Verbindung, der sich an seinem Wohnort außerhalb der Stadt in Zeuthen befand. Hähnel bat Rausch, entweder sofort selbst zu kommen oder einen leitenden Genossen zu beauftragen, ein Zusammentreffen mit ihm im Präsidium der Volkspolizei zu arrangieren. Das Präsidium der Volkspolizei in der Keibelstraße war die für Hähnel nächst gelegene, in drei Minuten zu erreichende Dienststelle, die über die erforderliche operative Infrastruktur zur Erfüllung seines Auftrags verfügte. Um sich einen Überblick über die Lage an den GÜST in Berlin zu verschaffen, rief Hähnel ebenfalls noch von zu Hause in der HA VI seines Ministeriums an. Oberst Ziegenhorn teilte ihm "in kurzen Sätzen mit, daß alle GÜST offen sind. Der Druck der an einer Ausreise interessierten Bürger aus der Hauptstadt sei so groß gewesen, daß man überhaupt nicht mehr daran denken konnte, Visa zu erteilen, geschweige denn Ausweise zu kontrollieren. Man habe dann aus Vernunftsgründen und um Zwischenfälle zu vermeiden die GÜST aufgemacht."[117] Hähnel fuhr gegen Mitternacht ins Präsidium der Volkspolizei und tauschte sich mit dem Stabschef, Oberst Dr. Dieter Dietze, über die Lage aus. Die von ihm für die GÜST Friedrich-/Zimmerstraße zu treffenden Maßnahmen hatten sich bis dahin, so Hähnel, "allein schon zeitlich durch die Reihenfolge und den Ablauf der Ereignisse" erledigt.[118]

Mit der Schließung der Rollgittertore gegen 23.00 Uhr hatte der Kommandant der GÜST sein defensives Handlungsrepertoire ausgereizt. Die Sprechchöre der Ost- und West-Berliner wurden lauter und fordernder. Handelte er nicht, lief er Gefahr, daß der Übergang von beiden Seiten gestürmt würde. Was dann passie-

---

115 Vgl. das Gespräch von Volker Koop mit dem Grenztruppen-Kommandanten der GÜST Friedrich-/Zimmerstraße (PArch Koop).
116 Gespräch des Vf. mit Siegfried Hähnel, 13.9.1995. - Die Zeitangabe Hähnels stimmt mit dem Eintrag im "Rapport Grenzsicherung" des Stabes der BVfS Berlin (22.38 Uhr) überein. Siehe Anm. 112.
117 Ebd.
118 Ebd.

ren würde, war nicht vorauszusehen. Gegen Mitternacht gab der Kommandant nach seinen Aussagen ohne weitere Absprache mit den Paßkontrolleuren dem Druck nach und ließ alle Tore öffnen.[119] Bei den Paßkontrolleuren des MfS löste sein Schritt "totale Konfusion" aus, wie ein Augenzeuge beobachtete: "Die einen verlangten ein Visum im Paß, das angeblich erst am nächsten Tag ausgestellt werden sollte, andere Uniformierte wollten gleich mit einem Stempel den Übergang in den Westen legitimieren. Schließlich beendete ein Hauptmann die Diskussion und stoppte die Ratlosigkeit. Sein entscheidender Wink: 'Laßt sie doch einfach 'rüber!' Und zur Menge: 'Kommt aber alle wieder zurück!'"[120]

Zwei Minuten nach Mitternacht, verzeichnet der Lagebericht der Ost-Berliner Volkspolizei, waren alle Grenzübergänge zwischen den beiden Stadthälften geöffnet[121]; um 23.15 Uhr standen die Schlagbäume in der Rudower Chaussee[122], um 23.35 Uhr in der Heinrich-Heine-Straße[123], um 23.40 Uhr an der Oberbaumbrücke[124] und in der Chausseestraße[125] sowie gegen 24.00 Uhr in der Invalidenstraße[126] oben.

3.3.4. Invalidenstraße

In der Grenzübergangsstelle Invalidenstraße brach mit der Öffnung ein Riesenchaos aus. Auf West-Berliner Seite verstopfte eine Menschenmenge die auf eine Fahrzeugbreite zugemauerte Ausfahrt. Die Trabbis kamen nicht heraus, West-Berliner drängten ihrerseits in Richtung Osten; es gab kein Vor und kein Zurück. Die DDR-Paßkontrolleure und Grenzsoldaten reagierten völlig hilflos; die West-

---

119 Die genaue Uhrzeit der Einstellung der Kontrollen ist aufgrund sich widersprechender schriftlicher und mündlicher Quellen schwer zu bestimmen. Der Rapport der PKE Friedrich-/Zimmerstraße enthält bereits um 23.05 Uhr den Eintrag: "Beginn der Ausreiseabfertigung der DDR-Bürger nach Rücksprache mit Oberst Ziegenhorn" (Hauptabteilung VI/PKE Fri.-Zi.-Str., Rapport für die Zeit vom 9.11.89, 07.00 Uhr, bis 10.11.89, 07.00 Uhr, Berlin, 9.11.1989). Ein Augenzeugenbericht gibt als Beginn des freien Reiseverkehrs 23.14 Uhr an, was den Rapport zu bestätigen scheint (vgl. Berliner Morgenpost, 11.11.1989). Die zentrale Information des MfS datiert die Öffnung dagegen auf 0.05 Uhr (vgl. BStU, ZA, MfS-Arbeitsbereich Neiber 553, Bl. 36). Auch der Kommandant der GÜST erinnerte sich, gegen 24.00 Uhr die Weisung erteilt zu haben, die Sperrung der GÜST aufzuheben und die Tore aufzumachen (vgl. das Gespräch von Volker Koop mit dem Grenztruppen-Kommandanten der GÜST Friedrich-/Zimmerstraße (PArch Koop); siehe auch die Recherche von Ulf Malleck in: Sächsische Zeitung, 9.11.1990, S. 5).
120 Heinz Horrmann, in: Die Welt, 11.11.1989, S. 3.
121 PdVP-Rapport Nr. 230, lfd. Nr. 19 (ARCHIV POLPRÄS BLN/DEZ VB 132).
122 (MfS-)Information über die Entwicklung der Lage an den Grenzübergangsstellen der Hauptstadt zu Westberlin sowie an den Grenzübergangsstellen der DDR zur BRD, Berlin, 10. November 1989 (BStU, ZA, MfS-Arbeitsbereich Neiber 553, Bl. 39).
123 (MfS-)Information über die Entwicklung der Lage an den Grenzübergangsstellen der Hauptstadt zu Westberlin sowie an den Grenzübergangsstellen der DDR zur BRD, Berlin, 10. November 1989 (BStU, ZA, MfS-Arbeitsbereich Neiber 553, Bl. 37).
124 Der Lagefilm der VPI Berlin-Friedrichshain meldete um 23.20 vor der GÜST Oberbaumbrücke ca. 60 Personen. Um 23.40 Uhr wurde festgehalten: "Ca. 150 Personen in Richtung West GÜST Oberbaum passiert." Vgl. VPI Berlin-Friedrichshain, Rapport 268/89 für den 9.11.1989, 4.00 Uhr, - 10.11.1989, 4.00 Uhr, Lagefilm, lfde. Nrn. 31 und 32 (ARCHIV POLPRÄS BLN/DEZ VB 132).
125 (MfS-)Information über die Entwicklung der Lage an den Grenzübergangsstellen der Hauptstadt zu Westberlin sowie an den Grenzübergangsstellen der DDR zur BRD, Berlin, 10. November 1989 (BStU, ZA, MfS-Arbeitsbereich Neiber 553, Bl. 34).
126 In der Invalidenstraße wurde der erste Trabbi-Fahrer in der SFB-Sondersendung "DDR öffnet Grenzen" wenige Minuten vor 24.00 Uhr live von Robin Lautenbach auf West-Berliner Seite begrüßt.

Berliner Polizei wagte nicht, regulierend einzugreifen, weil ihr von den Alliierten strikt untersagt war, die auf der Straße als "weiße Linie" markierte Sektorengrenze, die einige Meter vor der Mauer lag, zu übertreten.

Diese explosive Lage wurde dem Regierenden Bürgermeister im Sender Freies Berlin gemeldet, wo er an einer Live-Diskussion zum Thema "DDR öffnet Grenze" teilnahm. Seit dem Beginn der "Wende" in der DDR gehörte es zu Mompers Hauptsorgen, es könnte zu einem Grenzdurchbruch und einem Blutbad an der Mauer kommen. Wie die Grenztruppen auf den sich nun abzeichnenden Massenansturm reagieren würden, schien in dieser Situation völlig offen. Momper entschloß sich, an alle Ost-Berliner und DDR-Bürger zu appellieren, erst einmal zu Hause zu bleiben: "Nun habe ich eine Bitte an alle, die uns jetzt in der DDR sehen. Bitte: Was heute möglich ist, muß auch und wird auch morgen möglich sein. Bitte, bei aller verständlichen Freude, nun in den Westen zu kommen: Bitte machen Sie's morgen, machen Sie's übermorgen. Wir haben im Moment Schwierigkeiten, das dann verkraften zu können."[127]

Dann verließ der Regierende Bürgermeister das Fernsehstudio und begab sich kurz nach Mitternacht auf den Weg in die Invalidenstraße.[128] Dorthin hatte er auch den Chef der Senatskanzlei, Dieter Schröder, sowie den Polizeipräsidenten Georg Schertz gebeten. Beide hatten an der kurz zuvor beendeten Sondersitzung des Senats teilgenommen, auf der wichtige Sofortmaßnahmen beschlossen worden waren: Für Übersiedler sollten weitere Aufnahmemöglichkeiten geschaffen werden; die Sparkasse Berlin-West sollte in die Auszahlung des Begrüßungsgeldes einbezogen werden; die Besucher, für die West-Berlin ein weißer Fleck auf der Landkarte war, sollten mit einem Stadtplan und Informationsheft ausgerüstet und die öffentlichen Verkehrsmittel nach dem Verstärkungs-Fahrplan für Smog-Alarm eingesetzt werden, der den Transport von 500.000 zusätzlichen Fahrgästen erlaubte.[129] Doch alle diese Maßnahmen konnten erst am nächsten Tag greifen.

Als Walter Momper in der Invalidenstraße eintraf, "war die Kontrollstelle schwarz vor Menschen".[130] Der Regierende Bürgermeister fürchtete, die Grenzer könnten angesichts des Durcheinanders die Nerven verlieren und kopflos reagieren; seine Versuche, zunächst mit Hilfe eines Megaphons, dann über einen Lautsprecherwagen der Polizei zu einem geordneten Grenzverkehr aufzurufen, gingen im allgemeinen Jubel und Trubel unter.

Momper und Schröder bemühten sich darum, vom Diensthäuschen der West-Berliner Polizei aus Verbindung mit den westlichen Alliierten aufzunehmen, was sich jedoch abermals, wie schon nach Schabowskis Pressekonferenz, als äußerst schwierig erwies. Die Frau eines Gesandten, die sie als einzige erreichten, gab ihnen schließlich den Tip, in einem Haus anzurufen, in dem der amerikanische Stadtkommandant, General Raymond Haddock, an diesem Abend eine Party gab. Tatsächlich hatten sie dort Erfolg und erhielten endlich die gewünschte Erlaubnis zur Überschreitung der weißen Linie.[131] Die West-Berliner Polizei konnte nun direkten Kontakt mit den DDR-Grenzern aufnehmen, britische Militärpolizei gesellte sich dazu und in gemeinsamer Anstrengung gelang es nach einiger Zeit, den Verkehr zu ordnen und die Lage zu beruhigen.

Der Chef der Senatskanzlei, der auch noch den britischen Stadtkommandanten geweckt hatte, um den Einsatz der Polizei abzustimmen, hatte vergebens allen alliierten Diplomaten und Militärs geraten, an die Grenze zu kommen um das

---

127 Walter Momper, in: SFB-Sondersendung "DDR öffnet Grenzen" (Nordkette), 9.11.1989.
128 Vgl. Momper 1991, S. 144 ff.
129 Gespräch d. Vf. mit Dieter Schröder, 10.4.1996.
130 Gespräch d. Vf. mit Walter Momper, 7.3.1996.
131 Gespräch d. Vf. mit Walter Momper, 7.3.1996, und mit Dieter Schröder, 10.4.1996.

"Wunder" mit eigenen Augen zu betrachten: "Fast alle wollten lieber in ihren Betten bleiben", notierte Schröder in sein politisches Tagebuch. "In dieser Nacht waren die Deutschen zum ersten Mal seit einem halben Jahrhundert wieder allein für Berlin verantwortlich und sie meisterten die Lage gut."[132]

Auch die Grenzkontrollpunkte in das Berliner Umland und zwischen der DDR und der Bundesrepublik waren noch in der Nacht passierbar. Über Dreilinden (Drewitz) kamen die ersten DDR-Bürger um 0.35 Uhr, über die Heerstraße (Staaken) um 0.41 Uhr und über Heiligensee (Stolpe) um 0.44 Uhr nach West-Berlin.[133] Bereits um 19.50 Uhr war ein Ehepaar an der Glienicker Brücke erschienen und hatte sich nach der Möglichkeit des Passierens erkundigt.[134] Weil der Stellvertreter des Chefs im Grenzkommando Mitte den Diensthabenden der Grenzregimenter die Fernseh-Erklärung Schabowskis durchgegeben und zugleich befohlen hatte, "Maßnahmen zur Sicherung der Flanken an den Grenzübergangsstellen durchzusetzen", war auch das für Potsdam zuständige Grenzregiment 44 zumindest vorgewarnt. Doch der Mitteleinsatz blieb äußerst bescheiden: Zur Durchsetzung dieses Befehls wurden lediglich zwei Offiziere "zbV", zur besonderen Verwendung, eingesetzt. Zudem ließ die Potsdamer Volkspolizei das Grenzregiment im Stich: "ohne Begründung" lehnte sie dessen "Bitten um Unterstützung zur Zurückweisung von Bürgern der DDR an der Glienicker Brücke und an der Autobahnauffahrt Babelsberg" ab.[135] Nachdem die Volkspolizei, die dem ständig steigenden Druck nicht standhalten konnte, insbesondere ihre gesamten Kontrollen im Vorfeld der Autobahn-Grenzübergangsstelle Drewitz eingestellt hatte, spitzte sich die Lage auch dort zu.[136] Seit etwa 21.00 Uhr konnten reisewillige DDR-Bürger mit ihren Kraftfahrzeugen ungehindert den Grenzübergang ansteuern. Wie in der Bornholmer Straße hatten die Paßkontrolleinheiten des MfS auch hier zunächst die Absicht, Ausreisewilligen einen Paßkontrollstempel auf das Lichtbild ihres Personalausweises zu verpassen und sie auf diese Weise auszubürgern.[137] Gegen 23.30 Uhr jedoch war der Grenzübergang völlig verstopft und der Transitverkehr kam zum Erliegen.[138] Innerhalb kurzer Zeit bildete sich auf der Autobahn zwischen der Grenzübergangsstelle Drewitz und Babelsberg ein mehrere Kilometer langer Rückstau. "Über diesen zunehmenden Druck", heißt es in einer Chronik des zuständigen Grenzregimentes 44, "erfolgte laufend Meldung an das Grenzkommando Mitte."[139] Auch das Operative Leit-Zentrum des MfS wurde offensichtlich von seinen Paßkontrolleuren vor Ort über die zunehmend explosiver werdende Lage unterrichtet. Um 0.30 Uhr trafen MfS-Oberst Ziegenhorn[140] und der Arbeitsbereich Paßkontrolle Potsdam des MfS[141] die Festlegung,

---

132 Gespräch mit Dieter Schröder, 10.4.1996.
133 Quelle für diese Angaben sind die Lagemeldungen der West-Berliner Polizei, dok. in: Berliner Zeitung, 9./10.11.1991. Zur Öffnung des Grenzübergangs Staaken vgl. den Abschnitt "Ein Diensthabender Offizier erinnert sich", in: Behrendt u.a. 1994a, S. 22-24.
134 Vgl. hierzu und zum Folgenden: Chronik des Grenzregiments 44 "Walter Junker", 31.10.1989 bis 31.08.1990, S. 7 (BArch/P, MZA, GTÜ 1991, AZN 6897).
135 Ebd., S. 8
136 Vgl. Behrendt u.a. 1994a, S. 17.
137 Ebd., S. 18.
138 Ebd., S. 18.
139 Chronik des Grenzregiments 44 "Walter Junker", 31.10.1989 bis 31.08.1990, S. 8 (BArch/P, MZA, GTÜ 1991, AZN 6897).
140 Die Anweisung Ziegenhorns ist dokumentiert in: (MfS-)Bezirksverwaltung Potsdam, Rapport Nr. 313/89, Zeitraum vom 9.11.1989, 6.00 Uhr, bis 10.11.1989, 6.00 Uhr, Information Nr. 2132 (BStU, ASt. Potsdam, AKG 1750, Bl. 43).
141 Vgl. Behrendt u.a. 1994a, S. 18. An dieser Publikation hat der ehemalige Leiter des Arbeitsbereiches Paßkontrolle Potsdam, Oberst Hans-Dieter Behrendt, mitgewirkt.

mit der Abfertigung der DDR-Bürger in Drewitz, aber auch an den Übergängen in Staaken und Stolpe zu beginnen.[142]

In Zarrentin war der Autobahn-Grenzübergang für Ausreisende in Richtung Hamburg ebenso wie in Marienborn in Richtung Helmstedt, Braunschweig und Hannover bereits um 21.30 Uhr durchlässig geworden; in Herleshausen traf der erste Besucher aus der DDR ohne Visum kurz nach 1.00 Uhr ein.

Als alle Grenzübergänge offen standen, zog es die Berliner dorthin, wo gar kein Übergang war: an das Brandenburger Tor.

3.3.5. Brandenburger Tor

Die Bewachung der Mauer am Brandenburger Tor und die Sicherung ihrer beiden Flanken zum Potsdamer Platz im Süden und zum Reichstagsgebäude im Norden galten den Grenztruppen der DDR als ihre heiligste Aufgabe. Erst in der zweiten Hälfte der achtziger Jahre war die dünne Betonplattenwand an dieser Stelle durch einen nur drei Meter hohen, dafür aber fast genauso breiten, abgeflachten Betonwall ersetzt worden. Nach dem Willen der Erbauer symbolisierte diese aus Stahlbetonplatten geschichtete, panzerfeste Mauer die Endgültigkeit der deutschen Teilung.

Das Brandenburger Tor lag im Grenzabschnitt des Grenzregiments 36, doch aufgrund seiner Bedeutung wurde dieser Bereich von einer Sicherungskompanie geschützt, die dem Kommandeur des Grenzkommandos Mitte direkt unterstellt war. Die Führungsstelle der Sicherungskompanie befand sich nicht in einem der Tor-Gebäude, sondern in der gegenüber liegenden Clara-Zetkin-Straße. Zwei Offiziere versahen dort am 9. November ihren Dienst. Wie an den Tagen zuvor war er bis zum frühen Abend ohne besondere Vorkommnisse verlaufen. Auf der östlichen Seite, Unter den Linden, herrschte die gewohnte Betriebsamkeit. Im westlichen Vorfeld, auf der Straße des 17. Juni, bestiegen wie an jedem Tag zumeist Berlin-Besucher die Aussichtspodeste, um einen Blick über die Mauer in den Ostteil der Stadt zu werfen. Wie immer wurden sie von den Grenzsoldaten aufmerksam beobachtet, um die stets befürchteten Störungen und "Provokationen" rechtzeitig zu erkennen. Der Wachsamkeit der Grenzsoldaten war auch nicht entgangen, daß die Post am Vortag Kabel verlegt und einen Sendemast aufgebaut hatte. Nach aller Erfahrung der Grenzer kündigten sich auf diese Weise Filmarbeiten an. Dank der hervorragenden funkelektronischen Aufklärung des MfS war man bald im Bilde, daß der amerikanische Fernsehsender NBC eine Übertragungsstrecke aufbauen ließ, was jedoch keine weitere Besorgnis auslöste.[143]

Die Pressekonferenz Günter Schabowskis dagegen versetzte beide Offiziere in Erstaunen. Weil sie sich auf die Ausführungen des Politbüro-Mitglieds keinen

---

Die Weisung wird hier alleine dem Arbeitsbereich Paßkontrolle Potsdam zugeschrieben; "telefonische Konsultationen mit Berlin" seien "ergebnislos" geblieben. Diese Information muß insofern aus zweiter Hand stammen, da Behrendt sich in dieser Nacht nicht in der DDR aufhielt (Gespräch d. Vf. mit Hans-Dieter Behrendt, 9.11.1994).

142 In der Chronik des Grenzregimentes 44 heißt es dazu: "Um 0.30 Uhr meldete der Diensthabende Offizier der Grenzübergangsstelle Drewitz (Autobahn), Oberstleutnant Schrewe, an den Diensthabenden Stellvertreter des Grenzregimentes, daß, auf der Grundlage eines an den Zugführer der Paß- und Kontrolleinheit (des MfS, d.Vf.), Major Meike, telefonisch von dessen Vorgesetzten übermittelten Befehls, die Grenzübergangsstelle für die Passage von Bürgern der DDR nach Berlin (West) freigegeben wurde". Vgl. Chronik des Grenzregiments 44 "Walter Junker", 31.10.1989 bis 31.08.1990, S. 8/9 (BArch/P, MZA, GTÜ 1991, AZN 6897).

143 BVfS Berlin/Stab, Rapport Grenzsicherung 312 vom 8.11.1989, 5.00 Uhr, bis 9.11.1989, 5.00 Uhr (BStU, ASt. Berlin, A 1017, Bl. 14).

Reim machen konnten, riefen sie den Kommandeur des Grenzkommandos Mitte, Generalmajor Erich Wöllner[144], an und fragten nach, was die Ankündigungen Schabowskis bedeuten sollten und mit welchen Auswirkungen auf ihren Dienst zu rechnen sei.[145] Wöllner hatte noch um 18.00 Uhr mit seinen sechs Stellvertretern und einigen Abteilungsleitern ein gemeinsames Abendessen eingenommen. Danach ging die Führung des Grenzkommandos Mitte auseinander; nur Wöllner selbst und zwei seiner Stellvertreter verblieben im Dienst.[146] Nach der Pressekonferenz klingelten bei Wöllner bzw. dem diensthabenden Offizier des Grenzkommandos Mitte ununterbrochen die Telefone. Seine Untergebenen baten um Auskünfte, die der Kommandeur nicht geben konnte, oder erwarteten Befehle, die er nicht hatte. Auch der Kommandeur der Berliner Grenzdivision besaß keinerlei Vorinformation.

Wöllner wandte sich an seine Vorgesetzten im Kommando der Grenztruppen in Pätz. Weil der stellvertretende Verteidigungsminister und Chef der Grenztruppen, Generaloberst Klaus-Dieter Baumgarten, als Kandidat des Zentralkomitees an dessen Plenarsitzung teilnahm, hatte dort der Chef des Stabes, Generalmajor Dieter Teichmann, während des ganzen Tages die oberste Befehlsgewalt.[147] Von der Erarbeitung einer neuen Reiseregelung hatte auch er nichts erfahren. "Noch heute bewegt mich die Frage", äußerte Teichmann Anfang 1990, "warum niemand von uns offiziell unterrichtet wurde. Uns fehlte so jede Möglichkeit, notwendige Vorbereitungen an der Grenze zu treffen. Wir sind von den Entscheidungen der zentralen Stelle völlig überrascht worden. Für mich war das zunächst unfaßbar, über's Fernsehen von der Grenzöffnung zu erfahren."[148] Um halb sieben hatte Teichmann den Fernseher eingeschaltet und Schabowskis Pressekonferenz gesehen. Danach ging er in aller Ruhe zum Abendessen und machte sich Gedanken, "was auf die Grenztruppen in den kommenden Wochen zukommen" würde.[149] Was immer Teichmann kommen sah, es kam schneller, als er dachte. Zurück vom Abendbrot, erreichte ihn der Anruf Wöllners. Da Teichmann selbst keine Informationen oder Befehle hatte, konnte er auch Wöllner keine Auskünfte erteilen, bevor er nicht seinen Chef und möglicherweise seine offiziellen und inoffiziellen Partner im MfS konsultiert hatte.[150] So vertröstete er Wöllner auf einen späteren Zeitpunkt.

---

144 Generalmajor Erich Wöllner, Jg. 1931, Schuhmacher, 1949 Eintritt in die Volkspolizei, 1955 Studium an der sowjetischen Militärakademie, danach Kommandeur eines Mot.-Schützen-Regiments, 1965-67 Besuch der Generalstabsakademie in Moskau, dann Kommandeur einer Lehreinrichtung der NVA (Mobilmachungsdivision), seit dem 20. Februar 1976 Generalmajor, seit 1. September 1979 Kommandeur des Grenzkommandos Mitte und seit 1986 Mitglied der Bezirksleitung der SED in Berlin.
145 Vgl. das Gespräch von Volker Koop mit einem Offizier der Sicherungskompanie Brandenburger Tor (PArch Koop).
146 Gespräch d. Vf. mit Heinz Geschke, 9.11.1994.
147 Generalmajor Dieter Teichmann, Jg. 1930, Forstingenieur, Besuch der Militärakademie in Dresden, 1966 Abschluß als Diplom-Militärwissenschaftler, 1972 Abteilungsleiter im Kommando der Grenztruppen, seit 1986 Stellvertreter des Chefs und Chef des Stabes der Grenztruppen, 1990 Chef der Grenztruppen (vgl. Neue Berliner Illustrierte 8/1990, S. 4).
148 Dieter Teichmann, zit. nach: Neue Berliner Illustrierte 8/1990, S. 4.
149 Vgl. Berliner Zeitung, 9.11.1990, S. 3.
150 Teichmann wurde auf der Grundlage einer schriftlichen Verpflichtung von 1974 bis zum 13. November 1989 vom MfS als inoffizieller Mitarbeiter (Deckname "Wagner"), zuletzt für die HA I, geführt. Sein Einsatz "erfolgte zur Durchsetzung und Qualifizierung des Geheimnisschutzes sowie zur Sicherheitsüberprüfung der Stabsoffiziere im Bereich des Chefs des Stabes. Des weiteren erfolgte sein offensiver Einsatz zur Durchsetzung der Sicherheitserfordernisse des MfS als Ganzes bezogen auf die Sicherung der Staatsgrenze" (BStU, ZA, MfS-AIM 11538/89, Bl. 415). Für seine guten tschekistischen Leistungen wurde er 1984 mit der MfS-Medaille für

Seit zehn Jahren war Wöllner Chef der Grenztruppen in Berlin, seit 1986 gehörte er der Berliner SED-Bezirksleitung an, der Schabowski vorstand. Zum ersten Mal fühlte er sich von seiner Partei und seinen Vorgesetzten gleichzeitig im Stich gelassen. "Am Abend der Schabowski-Erklärung wußten wir im Grenzkommando Mitte von gar nichts", klagte Wöllner im nachhinein. "Wenn die Grenzöffnung ordentlich vor sich gegangen wäre, dann hätten wir vom Politbüro über das Ministerium und den Chef Grenztruppen vorher erfahren müssen: 'Paßt auf, da kommt in nächster Zeit eine Weisung. Ihr seid vorn an der Grenze die zuerst Betroffenen.' Aber es kam überhaupt nichts. Wir waren völlig auf uns allein gestellt. Und meine ersten Gedanken waren: Wenn die dir vorher nichts sagen, dann sollen sie auch sehen, wie sie zurechtkommen, du machst jetzt gar nichts."[151] Was hätte Wöllner in den ersten Stunden auch anderes tun sollen? Sollte er der Bevölkerung mit seiner Division eine blutige Schlacht liefern - ohne Rückendeckung von oben und gegen einen Beschluß der politischen Führung, also auf eigenes Risiko? "Sollen doch andere das auslöffeln. Soll doch das MfS, sollen Ziegenhorn und Neiber, entscheiden, was zu tun ist, - ich entscheide nichts", gibt einer seiner Stellvertreter die Trotzhaltung des Kommandeurs an diesem Abend wieder.[152] "Aber lange", so Wöllner selbst, "konnte ich das natürlich nicht durchhalten."[153]

Während der Druck der Ost-Berliner auf die Grenzübergänge zunahm, blieb die Lage am Brandenburger Tor zunächst ruhig. Eine einzelne Person, die um 21.03 Uhr von der Westseite auf die Panzermauer geklettert war, kam der Aufforderung der DDR-Grenzer widerspruchslos nach, in den Westteil zurückzuspringen. Dieser Vorgang wiederholte sich mit dem gleichen Ergebnis noch einmal um 21.49 Uhr. Noch gegen 22.00 Uhr galt die Lage am Brandenburger Tor als so stabil, daß ein Zug der seit dem 40. Jahrestag zusätzlich zur Sicherungskompanie am Brandenburger Tor eingesetzten Offiziershochschüler zur Verstärkung der Kräfte des Kommandanten des benachbarten Grenzübergangs Friedrich-/Zimmerstraße abkommandiert wurde.

Eine halbe Stunde später wurde die Mauerkrone erneut bestiegen; dieses Mal gleich von einer ganzen Personengruppe. Jetzt war es die West-Berliner Polizei, die auf Räumung drängte und die Ordnung wiederherstellte. Um 22.44 Uhr meldeten Polizeibeamte auf der Westseite ihrem Lagezentrum in Tempelhof, daß die Menschenansammlung am Brandenburger Tor auf 400 bis 500 Personen angewachsen sei, von denen einige begonnen hätten, die Mauer mit Hämmern zu beschädigen.[154] Exakt zur gleichen Zeit erstatteten Volkspolizisten der Inspektion Mitte ihrem Präsidium am Alexanderplatz die Meldung, daß sich auf der östlichen Seite 50 bis 60 Personen am Sperrzaun vor dem Brandenburger Tor eingefunden hätten. Sie brächten ihre Freude über die neue Reiseregelung zum Ausdruck. Gegenüber den Angehörigen der Volkspolizei herrsche eine entspannte Atmosphäre.[155]

Waffenbrüderschaft in "Gold" ausgezeichnet. Die Einstellung der Zusammenarbeit erfolgte einen Tag nach dem Fall der Mauer, am 10. November 1989, "im Interesse der Sicherheit und Konspiration der Person des IME" (BStU, ZA, MfS-AIM 11538/89, Bl. 413). - Teichmann wurde im Januar 1990 Nachfolger von Klaus-Dieter Baumgarten als Stellvertretender Verteidigungsminister und Chef der Grenztruppen.
151 Erich Wöllner, in: Koop 1993, S. 66.
152 Gespräch des Vf. mit Oberst Heinz Geschke, 9.11.1994.
153 Erich Wöllner, in: Koop 1993, S. 66.
154 Lagemeldungen der West-Berliner Polizei vom 9./10.11.1989, dok. in: Berliner Zeitung, 9.11.1990, S. 3.
155 PdVP-Rapport Nr. 230, lfd. Nr. 17 (ARCHIV POLPRÄS BLN/DEZ VB 132).

Als um Mitternacht alle Übergänge für einen unkontrollierten Reiseverkehr offen standen, rechneten weder Volkspolizei noch Staatssicherheitsdienst oder Grenztruppen damit, daß das Brandenburger Tor eine geradezu magnetische Anziehungskraft auf die Berliner ausüben würde. Seine Wirkung als Symbol für die Teilung der Stadt, die es als bevorzugten Ort für die Überwindung dieser Teilung geradezu prädestinierten, wurde ausgerechnet in dieser Nacht unterschätzt. Wenige Minuten vor Mitternacht wurde die Mauerkrone erneut bestiegen. Die Aufforderungen, die Mauer zu verlassen, blieben jetzt unbeachtet und selbst der Versuch der Grenzer, die Menschen mit einer eilig an einen Hydranten angeschlossenen Wasserspritze zu vertreiben, zeigte nur vorübergehenden, aber keinen dauerhaften Erfolg. Auf der West-Berliner Seite hatten sich mittlerweile mehrere tausend, auf der Ost-Berliner Seite unmittelbar an den Rollgittertoren zum Pariser Platz mehrere hundert Menschen angesammelt, und der Zustrom auf beiden Seiten hielt an.

Ohnmächtig mußte die Volkspolizei mitansehen, wie um 1.06 Uhr 150 Menschen die Weidendammer Brücke in der Nähe des S-Bahnhofs Friedrichstraße blockierten und die Beseitigung der Mauer forderten: "Kräfte in Mitte reichen zur Beseitigung der Störung nicht aus", hielt der Lagebericht lapidar fest.[156] Innerhalb der nächsten fünf Minuten wurden der Volkspolizeiinspektion Mitte vom Präsidium 19 Funkstreifenwagen aus Inspektionen ohne eigenes Grenzgebiet als Sofortverstärkung zugewiesen, Einsatzalarm für die Schutzpolizei aller elf Inspektionen gegeben und volle Arbeitsbereitschaft für die Kriminalpolizei des Präsidiums hergestellt. Die Maßnahmen kamen zu spät, um 300 Personen zu stoppen, die sich um 1.10 Uhr Unter den Linden in Richtung Brandenburger Tor bewegten. Als der Gruppenführer der Sicherungskompanie aus seinem Postenhäuschen an der Ecke Unter den Linden/Grotewohlstraße die Information über die herannahende Menge an die diensthabenden Offiziere in der Führungsstelle weitergab, konnten diese bereits aus dem Fenster beobachten, wie die Menschen den Sperrzaun am Pariser Platz einfach überstiegen, die Sicherungsketten der Grenzsoldaten durchbrachen und über den Platz zum Brandenburger Tor flanierten. Der Journalist Jürgen Petschull, der ebenfalls über den schmiedeeisernen Zaun am Pariser Platz gestiegen war, beschrieb den Augenblick, als er das Brandenburger Tor erreichte: "Wir stehen unter den turmhohen Säulen. (...) 28 Jahre lang war das Brandenburger Tor von der Mauer und von Männern mit Maschinenpistolen versperrt. Auch wer nicht zu Emotionen neigt - dies ist ein unvergeßlicher Moment. Wildfremde Menschen umarmen sich. Viele weinen. Wir spazieren durch die Durchgänge zwischen den Säulen, vor und zurück. Immer wieder. Durch dieses kolossale Monument großdeutschen Imponiergehabes? Es ist ein sinnliches Erlebnis wie eine Erstbesteigung. Mancher streichelt den kalten Stein."[157]

Während zahlreiche Menschen von der Mauer in den Ostteil heruntersprangen und sich Ost und West unter dem Brandenburger Tor vereinigte, bildeten andere auf der östlichen Seite Räuberleitern, um auf die Panzermauer zu gelangen, oder nutzten den noch herumliegenden Wasserschlauch als Tau, um sich auf die Mauerkrone ziehen zu lassen.[158] Soweit sie es nicht von sich aus vorgezogen hatten,

---

156 PdVP-Rapport Nr. 230, lfd. Nr. 21 (ARCHIV POLPRÄS BLN/DEZ VB 132).
157 Petschull 1989, S. 210/211.
158 Der Lagebericht des PdVP hielt diese Situation folgendermaßen fest: "Gegen 1.20 Uhr überstiegen auf dem Territorium der DDR ca. 50-60 Personen die vorderen Sperrzäune am Pariser Platz und bewegten sich in Richtung Brandenburger Tor. Die Zahl der sich in diesem Bereich (Grenzgebiet) aufhaltenden Personen wuchs in der Folge auf rund 500 an. Kräfte der Grenztruppen der DDR und der Volkspolizei bildeten unmittelbar am Brandenburger Tor Sperrketten. Einigen Personen (ca. 10) gelang es, die Staatsgrenze zu übersteigen". Siehe: PdVP Berlin, Fernschreiben vom

sich zurückzuziehen, wurde den Grenzsoldaten befohlen, zur Seite zu treten, sich neben dem Brandenburger Tor in Sicherheit zu bringen und auf keinen Fall von ihren Maschinenpistolen Gebrauch zu machen. Bis zum Eintreffen von Reservekräften konzentrierten sich die Grenzer darauf, die Flanken des Tores zu sichern und "ein Eindringen in die Abschnitte zum Reichstagsufer und zum Potsdamer Platz zu verhindern."[159]

Bis gegen 23.00 Uhr hatte der Kommandeur des Grenzkommandos Mitte vergeblich auf Befehle oder klare Anweisungen aus dem Kommando der Grenztruppen in Pätz gewartet. Nachdem die GÜST Bornholmer Straße gefallen war, befahl Generalmajor Wöllner die Herstellung der vollen Arbeitsbereitschaft für den Stab des GKM; Führung und Stabsoffiziere wurden alarmiert. Einige Stellvertreter des Kommandeurs wurden nach ihrem Eintreffen in Karlshorst zur Unterstützung in nachgeordnete Truppenteile befohlen, vor allem in die Führung des Grenzregiments 36 in Rummelsburg und die Führungsstelle der Sicherungskompanie Brandenburger Tor. Oberst Heinz Geschke zufolge hatte Wöllner um Mitternacht herum als Order ausgegeben: "Ruhe bewahren, Lage stabilisieren, keine Unfälle zulassen, in ruhige Bahnen lenken."[160]

Um 0.20 Uhr erhielt Wöllner vom Kommando der Grenztruppen den Befehl, das GKM in "erhöhte Gefechtsbereitschaft" zu versetzen. Dieser Befehl wurde telefonisch über die Linie der Operativ Diensthabenden in Pätz und Karlshorst in die Grenzregimenter übermittelt.[161] Im Schneeballsystem erfolgte die Alarmierung des Offiziersbestandes. Da die Offiziere zum Teil auf die um diese nächtliche Zeit nur in großen Abständen verkehrenden öffentlichen Nahverkehrsmittel angewiesen waren, verzögerte sich ihre Ankunft in den Dienstobjekten. So wurde es 1.30 Uhr, bis die ersten Reservekräfte aus den in Oranienburg und Wilhelmshagen stationierten Grenzausbildungsregimentern sowie der am Hölzernen See untergebrachten Offiziershochschülerkompanien in Richtung Brandenburger Tor überhaupt erst einmal in Marsch gesetzt werden konnten.[162]

Erst jetzt mobilisierte auch das Präsidium der Volkspolizei in enger Abstimmung mit der Berliner Bezirksverwaltung für Staatssicherheit und dem GKM zusätzlich zur Schutzpolizei seine in Basdorf kasernierte Elitetruppe der Bereitschaftspolizei. Um 1.39 Uhr gab der Stabschef des PdVP Berlin, Oberst Dieter Dietze, den Befehl an die 17.-19. Volkspolizei-Bereitschaft weiter, "alle vereidigten Kräfte zu formieren, Marschbereitschaft herzustellen und sich zum Präsidium in Marsch zu setzen."[163] Um 2.00 Uhr schließlich befahl der Leiter der BVfS Berlin die Mitarbeiter aller Diensteinheiten in ihre Dienststellen.[164]

10.11.1989, 6.25 Uhr, Anlage zu: PdVP-Rapport Nr. 231 (ARCHIV POLPRÄS BLN/DEZ VB 132).
159 Hauptabteilung I/Grenzkommando Mitte/Abteilung Abwehr, Vorkommnisse am 9./10. November 1989 im Grenzabschnitt Brandenburger Tor, Grenzregiment 36, Berlin, 10. November 1989, S. 3 (BStU, ZA, MfS-Arbeitsbereich Neiber 553, Bl. 47).
160 Gespräch d. Vf. mit Heinz Geschke, 9.11.1994.
161 Zu den Handlungen der Grenzregimenter nach der Erteilung des Befehls "Erhöhte Gefechtsbereitschaft" vgl. Kap. 4.
162 Hauptabteilung I/Grenzkommando Mitte/Abteilung Abwehr, Vorkommnisse am 9./10. November 1989 im Grenzabschnitt Brandenburger Tor, Grenzregiment 36, Berlin, 10. November 1989, S. 2 (BStU, ZA, MfS-Arbeitsbereich Neiber 553, Bl. 46).
163 PdVP-Rapport Nr. 230, lfd. Nr. 25 (ARCHIV POLPRÄS BLN/DEZ VB 132).
164 Vgl. (MfS-)Kreisdienststelle Treptow, ODH-Film vom 9.11.1989/7.00 Uhr bis 10.11.1989/7.00 Uhr, Nr. 12 (BStU, ASt. Berlin, A 204, Bl. 16). - Laut Planstellennormativ des Jahres 1986 hatte die BVfS Berlin des MfS 2561 Mitarbeiter (BStU, ASt. Berlin, BdL, A 1198, Bl. 21).

In der Zwischenzeit waren die telefonisch per Kennwort geweckten Stabsoffiziere des Grenzkommandos Mitte, teils mit ihren Autos, teils mit der Straßenbahn, nacheinander in ihrer Dienststelle in Karlshorst eingetroffen. Der Offizier vom Dienst wies sie an, in ihre Felddienstuniformen zu steigen, ihre persönliche Waffe in Empfang zu nehmen und sich ins Lage-Zimmer zu begeben. Dort wartete bereits der General auf sie. "Genossen", sagte er, "alle 'raus ans Brandenburger Tor. Nehmt euch was zu essen mit, ein paar Kekse, und zieht euch Handschuhe an. Die Waffe habt ihr alle empfangen. Fahrt hinten 'rum durch die Seitenstraßen. Vorne am Brandenburger Tor ist alles zu, da ist kein Durchkommen. Fahrt in die Zetkin-Straße. Dort werdet ihr eingewiesen."[165]

Mit Geländewagen wurden die Stabsoffiziere in Gruppen von acht bis zehn Mann zum Brandenburger Tor gebracht. Schon während der Fahrt vermittelte sich ihnen die Stimmung dieser Nacht: Menschen bewegten sich mit Sektflaschen auf die Grenze zu, und die Euphorie auf der Straße stieg, je näher sie ans Brandenburger Tor kamen.[166] In der Führungsstelle der Sicherungskompanie hatten Oberst Hans Haase[167] und Oberst Walter Halbich[168], beide Stellvertreter des Kommandeurs, die Leitung des Einsatzes übernommen. Die Offiziere wurden eingewiesen, die Massen ruhig und friedlich, ohne Anwendung der Schußwaffe, über die Mauer zurückzuschicken bzw. aus dem Vorfeld hinter die Sperrgitter auf der Ostseite zurückzuholen.[169]

Das Bild, das sich den Offizieren rund um das Brandenburger Tor darbot, stellte den Sinn ihres ganzen Berufslebens in Frage. "Der Platz war schwarz von Menschen," beschreibt einer der aus Karlshorst herangeführten Stabsoffiziere die vorgefundene Szenerie, "und um den Platz herum standen Offiziersschüler aus Suhl, ihre Offiziere waren nicht zu sehen, die Jungs waren sich im Grunde selbst überlassen, waren völlig hilflos, so daß wir vorrangig erstmal mit denen gesprochen haben. Wir wußten selber nicht, was passiert. Mir war nur eins klar, daß alles vorbei ist. Die Mauer war von Tausenden West-Berlinern besetzt, die skandierten, die Mauer muß weg. Irgendwann versuchten zwei Männer mit einem Vorschlaghammer und einer Kreuzhacke, die Mauer einzureißen, da habe ich mich noch dagegengestellt und den Mann mit der Kreuzhacke am Zuschlagen gehindert. Der hat die Hacke abgesetzt und mich gefragt: Was wird nun? Da habe ich ihm die Hacke weggenommen und gesagt, nu kannste wieder 'rübergehen, der war über die Mauer geklettert zu uns 'rüber und 'runtergesprungen und ist dann wieder zurückgegangen."[170]

Vierzig bis fünfzig Offiziere bemühten sich, teils durch persönliche Ansprache, teils mit Hilfe eines Lautsprecherwagens, die Berliner friedlich "dahin oder dorthin zu schicken - je nachdem, wohin sie wollten" - mit bescheidenem Erfolg. "Dann habe ich nach einigen vergeblichen Versuchen gemerkt: Es geht nicht. Mit mir waren drei Mann zusammen. Wir haben es dann erneut versucht und gesagt: 'Bitte gehen Sie da zurück und dort zurück!' Doch der Versuch der Leute, nur einmal das Brandenburger Tor anzufassen, nur einmal durchzugehen, war nicht zu bremsen. Es waren keine Randalierer wie später, das war die 'echte' Bevölke-

---

165 Gespräch d. Vf. mit A. R. (Stabsoffizier im GKM), 27.6.1995.
166 Vgl. die Aussage eines beteiligten Offiziers des Grenzkommandos Mitte, in dem Film: Grenzdurchbruch 89, Regie: M.-J. Blochwitz (NVA-Dokumentarfilm D 483).
167 Oberst Hans Haase, gelernter Fleischer, 1949 Eintritt in die Volkspolizei, später KVP und NVA, seit 1971 Chef Artillerie im GKM und Stellvertreter des Kommandeurs.
168 Oberst Walter Halbich, Jg. 1941, 1959 Eintritt in die bewaffneten Organe als VP-Anwärter, 1962 Eintritt in die Grenztruppen, seit 1980 an der Berliner Grenze tätig, im November 1989 Stellvertreter des Kommandeurs des GKM für Ausbildung.
169 Gespräch d. Vf. mit A. R. (Stabsoffizier im GKM), 27.6.1995.
170 Oberstleutnant Wolfgang M., in: Karau 1992, S. 109.

rung Berlins, die wollte nur mal durch's Brandenburger Tor gehen. Ich habe das nicht verstanden, ich habe es nicht begriffen. Aber es waren keine Jugendlichen, es waren wirklich Leute im mittleren Alter, in unserem eigenen Alter, die kannten das von früher, die wollten da mal durch und einmal anfassen. Ich habe selbst eine Frau im Rollstuhl einmal durch das Tor geschoben und dann wieder zurückgebracht. Es war für mich als völlig außenstehenden Militär, der konsequent bis zuletzt war, echt bewegend. Das hat mich geprägt."[171]

Bis alle in Marsch gesetzten Reservekräfte aus dem Oranienburger und Wilhelmshagener Grenzausbildungsregiment sowie der Offiziershochschule herangeführt waren, vergingen drei Stunden. Gegen 3.00 Uhr waren schließlich 447 Grenzoffiziere und -soldaten zusätzlich am Brandenburger Tor im Einsatz, unterstützt von einhundert Volkspolizisten. Hatten sich die vorhandenen Kräfte bis dahin darauf beschränken müssen, die Flankenbereiche des Tores zu sichern, so wurden nun Ketten gebildet und erste Versuche zu einer gewaltlosen Zurückdrängung der Menschen unternommen. Auf diese Weise gelang es, zunächst den Bereich zwischen dem Tor und den Sperrgittern zu räumen.[172] Um 3.30 Uhr gab das Präsidium der Volkspolizei für die überwiegend einsatzbereit im Hintergrund gehaltenen Kräfte erstmals Entwarnung; der Stabschef befahl, den Schutzpolizisten die "Entschärfung der Situation zu verdeutlichen" und sie, soweit sie nicht unmittelbar gebraucht würden, wieder zu entlassen.[173] Zwischen 4.30 Uhr und 5.00 Uhr war dem Lagebericht des MfS zufolge der gesamte Bereich zwischen Panzermauer und Rollgittern auf östlicher Seite geräumt.

Die Menschenmenge auf der westlichen Seite wurde am frühen Morgen auf zwei- bis dreitausend Personen geschätzt. Unverändert hielten noch immer mehrere hundert Menschen die Panzermauer besetzt und der ganze Platz hallte von dem Klopfen der Mauerspechte wider, die den Schutzwall auf der Westseite mit Hämmern und Meißeln bearbeiteten. Das hellklingende Geräusch, gelegentlich von kräftigen, dumpfen Vorhammerschlägen übertönt, ging den Grenzern durch Mark und Bein. "Als die Offiziere, die unmittelbar dort (am Brandenburger Tor, d. Vf.) standen, zurückkamen (nach Karlshorst, d. Vf.)", erinnerte sich der Stabschef und 1. Stellvertreter des Kommandeurs des Grenzkommandos Mitte, Oberst Günter Leo[174], waren sie "total konfus, die fühlten sich betrogen, hinters Licht geführt. Mit denen war nicht mehr zu reden. Für sie war der Sinn ihres Berufslebens, ihre Ehre, ihre Würde zerstört."[175]

Während die gesamte politische und militärische Führungsspitze der DDR in dieser Nacht öffentlich nicht in Erscheinung trat, erfuhr Radio DDR 1 auf Anfrage aus dem Innenministerium, daß die Grenzübergangsstellen nach West-Berlin und der BRD "als Übergangsregelung" bis zum Morgen des 10. November, acht Uhr, allein unter Vorlage des Personalausweises passiert werden könnten.[176] Ab 2.00 Uhr wurde diese Information in den Nachrichten gesendet. Krenz und

---

171 Gespräch d. Vf. mit A. R. (Stabsoffizier im GKM), 27.6.1995.
172 Hauptabteilung I/Grenzkommando Mitte/Abteilung Abwehr, Vorkommnisse am 9./10. November 1989 im Grenzabschnitt Brandenburger Tor, Grenzregiment 36, Berlin, 10. November 1989, S. 3 (BStU, ZA, MfS-Arbeitsbereich Neiber 553, Bl. 47).
173 PdVP-Rapport Nr. 230, lfd. Nr. 31 (ARCHIV POLPRÄS BLN/DEZ VB 132).
174 Oberst Günter Leo, Jg. 1941, Dreher, seit 1959 als Gefreiter im Grenzdienst, 1964 Abschluß der Offiziersschule der Grenztruppen in Plauen, 1968 Adjutant des Stadtkommandanten von Berlin, 1989 1. Stellvertreter des Kommandeurs und Chef des Stabes des GKM.
175 Oberst Günter Leo, in: Karau 1992, S. 51.
176 Vgl. Radio DDR 1, 10.11.1989, 2.00 Uhr-Nachrichten, sowie Radio DDR 1, 10.11.1989, 3.00 Uhr-Nachrichten, zit. nach: RIAS Monitor-Dienst, Donnerstag, 9. November 1989, S. 1 ff.

Schabowski, Mielke, Keßler und Dickel hüllten sich in Schweigen. Vom Zentralkomitee der SED, der Führung seines Ministeriums und dem dort sonst allgegenwärtigen Ministerium für Staatssicherheit allein gelassen, war es der Leiter der Hauptabteilung Paß- und Meldewesen im MdI, Oberst Gerhard Lauter, der um vier Uhr im Rundfunk einräumte, daß die eingetretene Situation nicht den Festlegungen des Ministerrates entsprach. Er äußerte die Hoffnung, daß es in den folgenden Tagen, wenn Vertrauen in die Reiseregelung entstanden sei, zur Anwendung der festgelegten Ordnung des Ministerrates kommen werde.[177] Doch in Lauters Worten klang unüberhörbar Verunsicherung mit, denn die aktuelle Lage in der Stadt bot wenig Anlaß für diesen Optimismus.

Mit unbeschreiblicher Freude und Begeisterung feierten die Berliner den Fall der Mauer bis in die frühen Morgenstunden als Volksfest auf dem Kurfürstendamm. Dann brachen die Ost-Berliner auf und machten ihre Drohung: "Wir kommen wieder!" wahr. Doch die DDR, in die sie zurückkehrten, war nicht mehr die, die sie wenige Stunden zuvor verlassen hatten. Die 28jährige Geiselnahme der DDR-Bevölkerung mit ihren willkürlichen Freilassungen und Freigangsregeln hatte ein unblutiges Ende genommen, die Fesseln waren gesprengt, die Einsperrung beendet.

3.4. Schabowskis Zettel oder Warum die Mauer fiel

Am Morgen des 10. November kamen die Mitglieder des Politbüros gegen neun Uhr vor der Fortsetzung der ZK-Tagung zu einer kurzen Beratung zusammen. Politische Katzenjammerstimmung lag über der Runde.[178] "Uns allen war bewußt", beschreibt Hans Modrow die dominante politische Gemütslage der Anwesenden, "daß etwas passiert war, was eigentlich nicht im Sinne der Sache war."[179] Es wurde gerätselt, wie das Mißgeschick hatte passieren können. Den Bemerkungen von Krenz entnahm Schabowski, "daß dieser nur (...) an die Ausreisen sozusagen (gedacht hatte). Und dann hätte das mit der Mauer nicht passieren können."[180] Als der niedergeschlagen und hilflos wirkende Generalsekretär der SED auch noch die Äußerung fallen ließ: "Wer hat uns das bloß eingebrockt?", verstand Schabowski das allein als rhetorische Frage, die darauf abzielte, ihm die Schuld zuzuweisen.[181] Überhaupt meinte Schabowski, bei seinen Politbüro-Kollegen eine gewisse Reserve ihm gegenüber feststellen zu können, auch wenn er nicht direkt kritisiert, geschweige denn des Verrats bezichtigt wurde.[182]

Erst später, nach dem Verlust der Macht, warfen sich Krenz und Schabowski die vorzeitige Inkraftsetzung der Reiseregelung gegenseitig als Fehler vor: Scha-

---

177 Radio DDR 1, 4.00 Uhr, Frühprogramm, Gespräch mit Oberst Lauter, zit. nach: RIAS Monitor-Dienst, Freitag - Sonntag, 10.-12.11.1989, S. 1-2.
178 Vgl. Schabowski 1991, S. 310. - Dieses von Schabowski wiedergegebene Stimmungsbild wird von anderen Teilnehmern der Sitzung bestätigt.
179 Gespräch d. Vf. mit Hans Modrow, 4.1.1995.
180 So Günter Schabowski im Frühjahr 1990 in einem seiner frühen Interviews, das Marcel Ophüls für den Dokumentarfilm "Tage im November. Stimmen und Wege" - eine Gemeinschaftsproduktion der BBC, von RTL plus und DFF 2 - mit ihm führte. Der Film wurde am 9. November 1990 (DFF 2, 20.00 - 22.00 Uhr) zum ersten Jahrestag des Mauerfalls gesendet.
181 Vgl. Schabowski 1991, S. 310. Die Äußerung selbst wird von Krenz und weiteren Teilnehmern der Sitzung bestätigt (Gespräch d. Vf. mit Egon Krenz, 2.4.1992).
182 Wolfgang Rauchfuß meint, daß an diesem Morgen niemand auch nur ansatzweise an einen "Verrat" Schabowskis dachte. In einem derartigen Trubel könne einem so etwas passieren, sei die vorherrschende Stimmung gewesen (Gespräch d. Vf. mit Wolfgang Rauchfuß, 26.7.1993).

bowski habe den Zeitpunkt für die Inkraftsetzung fehlinterpretiert, urteilt der eine; Krenz habe ihm den Sperrvermerk nicht mitgeteilt, rechtfertigt sich der andere.[183] Seinen früheren Ausspruch jedoch, Krenz habe sich noch am Morgen des 10. November dazu bekannt, nur an die Ausreisen gedacht zu haben, behielt Schabowski fortan für sich. Seine eigenen Ausführungen auf der Pressekonferenz vor dem Verlesen des Zettels belegen, daß sich Schabowski in dieser Auffassung nicht von Krenz unterschied.

So zweifelsfrei weder die vorzeitige Bekanntgabe der Reiseregelung noch ihre sofortige Inkraftsetzung beabsichtigt waren, so unzweifelhaft war - wie der "Ministerrats-Beschluß" beweist - die "Öffnung der Grenze" für Ausreisen und den kontrollierten Reiseverkehr eines begrenzten Personenkreises doch tatsächlich für den 10. November offiziell vorgesehen, allerdings in einer die staatliche Souveränität der DDR wahrenden Form. Wer aber hatte die Freigabe von ständigen Ausreisen und Privatreisen entschieden? Tatsächlich der Ministerrat der DDR, wie es in der als ADN-Mitteilung vorbereiteten Pressemitteilung hieß, und auf "Empfehlung" des Politbüros, wie Schabowski verlautbarte? Hatten Krenz und Schabowski, die Mitglieder des Politbüros, des Ministerrates und des Zentralkomitees der SED überhaupt begriffen, daß dieser Beschluß nicht nur "die Situation der ständigen Ausreise von DDR-Bürgern nach der BRD über die CSSR" veränderte, wie seine Überschrift nahelegte und es Krenz dem Zentralkomitee und Schabowski der Presse suggerierten, sondern an erster Stelle "Privatreisen nach dem Ausland ... ohne Vorliegen von Voraussetzungen" ab sofort ermöglichte? Sollte ursprünglich gar nur das Problem der "ständigen Ausreise" gelöst werden und waren Krenz und Schabowski, ja das ganze Politbüro, der Ministerrat und das Zentralkomitee auf einen "Etikettenschwindel" hereingefallen und von vier leitenden Mitarbeitern des MfS und MdI als den Autoren des Beschlusses übertölpelt oder überlistet worden?[184] Bescherte ein "historischer Irrtum" den Deutschen den Fall der Mauer und in dessen Konsequenz die deutsche Einheit?[185] Der Schlüssel zur Beantwortung dieser Fragen liegt in der Rekonstruktion der internen Willensbildungs- und Entscheidungsprozesse im Partei- und Staatsapparat, an deren Ende der Beschluß des Ministerrates über "Regelungen für Reisen und ständige Ausreise aus der DDR" stand.

3.4.1. "Wir brauchen keine Gesetze, die Mauer muß weg!" - Die Reaktionen auf die Veröffentlichung des Reisegesetz-Entwurfs

Nachdem die Demonstranten am Nachmittag des 4. November ihre Schilder und Transparente auf dem Alexanderplatz niedergelegt hatten, war in Berlin eine auch über den Sonntag andauernde Ruhe eingekehrt. Mit Spannung erwarteten die Bürger in der DDR die angekündigte Veröffentlichung des Reisegesetz-Entwurfs in den Montagszeitungen; die SED-Spitze sah demgegenüber bereits mit Bangen der siebten Leipziger Montagsdemonstration entgegen.

Am Morgen des 6. November 1989 war im Zentralorgan "Neues Deutschland" und in den Bezirks-Zeitungen der SED zu lesen: "Der Ministerrat hat in seiner Sitzung vom 2. November 1989 die Entwürfe des Gesetzes über Reisen von Bürgern der DDR in das Ausland und der Durchführungsverordnung beraten und für die öffentliche Diskussion bestätigt, heißt es in einer dem ADN übermittelten Pressemitteilung. (...) Es wird, der Mitteilung zufolge, um Verständnis dafür gebeten, daß die vom Ministerrat in Auftrag gegebenen komplizierten Unter-

---

183 Vgl. Krenz 1990, S. 182; Krenz 1994, S. 80; Schabowski 1990, S. 138; Schabowski 1991, S. 308.
184 So die Behauptungen von Cordt Schnibben (Schnibben 1990).
185 Ebd.

suchungen zur Art und Weise der Bereitstellung von Finanzmitteln in anderen Währungen für Auslandsreisen noch nicht abgeschlossen werden konnten. Eine Information für die Öffentlichkeit werde zum frühestmöglichen Zeitpunkt erfolgen."[186] Zwar hatte das Politbüro in seiner Sitzung am 3. November und nicht der Ministerrat einen Tag zuvor das letzte Wort zu den Entwürfen gesprochen[187]; doch gefiel man sich noch immer darin, der Parteiherrschaft in der öffentlichen Darstellung ein staatsrechtliches Antlitz zu verleihen. Die Botschaft, für Reisen stünden keine Devisen zur Verfügung, war alt, doch der Stil, mit dem die unerfreuliche Ebbe in der Staatskasse mitgeteilt wurde, war neu: Wann je zuvor hatte eine DDR-Regierung das Volk schon einmal um Verständnis gebeten? Mußte nicht allein die Tatsache dieser Bitte die Untertanen stutzig, wenn nicht mißtrauisch machen? Prompt stieß der Gesetzentwurf statt auf das erbetene Verständnis auf Empörung: Die Kritik war unisono vernichtend und fundamental ablehnend - und das bis hinein in die Reihen der SED.

Seit dem frühen Morgen ließen Protestanrufe von Mitgliedern und Funktionären die Telefone im Apparat des ZK der SED heiß laufen. In einer Fernsehdiskussion am Abend des 6. November wies Gregor Gysi, der Vorsitzende des Rates der Kollegien der Rechtsanwälte der DDR, den Gesetzentwurf als halbherzig und völlig unzulänglich zurück. "Ich hätte mir schon vorgestellt", kritisierte Gysi, "daß wir eine Regelung finden, wonach jeder Bürger einen Paß mit Visum für alle Staaten und West-Berlin bekommt, und wir das weder zunächst zeitlich limitieren, auf 30 Tage, noch für jede Reise ein gesonderter Antrag gestellt werden muß, was ja auch einen ungeheuren Aufwand an Verwaltungsarbeit nach sich zieht (...)."[188] Selbst die in der Vergangenheit stets linientreuen Massenorganisationen FDJ und FDGB kündigten der SED in dieser Frage ihre Gefolgschaft auf.[189] Weil der Entwurf "nicht den Erwartungen den Bürger" entspreche, ging sogar der Verfassungs- und Rechtsausschuß der Volkskammer auf Distanz und verabschiedete eigene Reise-Grundsätze.[190] "Vor einem halben Jahr wäre das Ge-

---

186 Neues Deutschland, 6.11.1989.
187 Vgl. Protokoll Nr. 48 der Sitzung des Polibüros des ZK der SED vom 3.11.1989, S. 3 (SAPMO-BArch, ZPA-SED, J IV 2/2/2357).
188 Vgl. die Auszüge aus der Fernsehdiskussion, in: RIAS Monitor-Dienst, Montag, 6.11.1989, S. 1-7. - Teilnehmer der Diskussion waren neben Gregor Gysi Finanzminister Ernst Höfner, Oberst Gerhard Lauter (MdI), Günther Ulrich (MfAA) sowie Dr. Karl-Heinz Christoph (MdJ).
189 Vgl. den Standpunkt des FDJ-Zentralrats vom 7.11.1989 (Neues Deutschland, 8.11.1989) sowie die Stellungnahme der FDGB-Volkskammerfraktion vom 8.11.1989 (Neues Deutschland, 9.11.1989).
190 Diese lauteten:
"1. Es wird zwischen Reisen und ständigen Ausreisen unterschieden. Beides sollte getrennt voneinander geregelt werden.
2. Für Privat- und Dienstreisen in das Ausland sollte grundsätzlich ein gültiger Paß genügen. Eine zusätzliche Genehmigung sollte nur für eine Übergangszeit vorgesehen sein.
3. Die Reisezeit von ingesamt 30 Tagen müßte noch einmal überprüft werden, die Bearbeitungszeiten seien bedeutend zu verkürzen und eine weitere Vereinfachung des Genehmigungsverfahrens anzustreben.
4. Versagungsgründe sollten eindeutig, für jeden Bürger nachprüfbar und für die staatlichen Organe handhabbar formuliert werden.
5. Die Offenlegung der gegenwärtigen Valutasituation ist notwendig, um bei den Bürgern Verständnis für die verfügbaren Mittel zu wecken."
Vgl. Kurzinformation über die Sitzung des Verfassungs- und Rechtsausschusses am 7.11.1989, S. 1/2, in: Stenographisches Protokoll der Sitzung des Verfassungs- und Rechtsausschusses am 7. November 1989, unkorrigiert (BArch/P, A-1 4057, Bl. 149/50).

setz eine Bombe gewesen; heute ist es nur eine Knallerbse", äußerte sich ein Abgeordneter enttäuscht.[191] Das Tempo des politischen Wandels wurde jedoch spätestens seit der Berliner Kundgebung vom 4. November weder vom Politbüro noch dem Ministerrat oder gar der Volkskammer und ihren Ausschüssen bestimmt, sondern von den Aktionen auf der Straße. Auf den Demonstrationen, die nach der Vorlage des Reisegesetz-Entwurfes an den ersten Wochentagen in allen Bezirken stattfanden und jetzt auch die Marktplätze der kleineren Städte der DDR füllten, rückte das Thema Reisen in den Vordergrund. Auf der mit mehreren hunderttausend Teilnehmern bis dahin größten Montagsdemonstration in Leipzig am Abend des 6. November[192] wurde nicht nur "Schluß mit dem Ende des Führungsanspruchs der SED - Verfassungsänderung Artikel 1" gefordert.[193] Ein Sprecher nannte das geplante Reisegesetz unter starkem Beifall "Verdummung schwarz auf weiß"[194]; ein anderer kommentierte es mit den Worten: "Nun sollen dieselben, die uns immer gedemütigt haben, wieder über unser Schicksal entscheiden."[195] Auf Transparenten war zu lesen: "§ - Wir bleiben Bittsteller". Die Demonstranten skandierten: "Kaputte Wälder, Städte, Seen - SED, wir danken schön!" Dann hieß es erst höhnisch: "In dreißig Tagen um die Welt - ohne Geld", anschließend fordernd: "Wir brauchen keine Gesetze, die Mauer muß weg" und schließlich radikal: "Die SED muß weg!"[196] Weitere machtvolle Demonstrationen, auf denen wie in Leipzig ein "Reisegesetz ohne Einschränkungen" und "365 Tage Reisefreiheit und nicht 30 Tage Gnade" gefordert wurde, fanden ebenfalls noch am Montag in Halle (60.000 Teilnehmer), Karl-Marx-Stadt (über 50.000), Zwickau (14.000), Cottbus (über 10.000), Schwerin (25.000), Erfurt, Magdeburg und Dresden (70.000) statt.[197]

---

191 So der Nachfolgekandidat Göring, in: Stenographisches Protokoll der Sitzung des Verfassungs- und Rechtsausschusses am 7. November 1989, unkorrigiert, S. 57 (BArch/P, A-1 4057, Bl. 105).
192 Selbst im internen Bericht der BDVP Leipzig an das MdI war von 300.000 Teilnehmern die Rede (ARCHIV LAPOLPRÄS LPZ Nr. 12388).
193 Zu den Parolen und Forderungen der Demonstration siehe neben dem Bericht der BDVP an das MdI und der Leipziger Volkszeitung vom 7.11.1989 insbesondere Zimmerling/Zimmerling 1990, S. 72, sowie Neues Forum Leipzig 1989, S. 203-209.
194 Vgl. Leipziger Volkszeitung, 7.11.1989.
195 Vgl. Neues Forum 1989, S. 203 ff.; Die Tageszeitung, 8.11.1989.
196 Ebd.
197 Zu den Forderungen und den Teilnehmerzahlen der Demonstrationen siehe die Ausgaben der SED-Bezirks-Zeitungen Freiheit (Halle), Freie Presse (Karl-Marx-Stadt), Sächsische Zeitung (Dresden), Schweriner Volkszeitung, Leipziger Volkszeitung, Volksstimme (Magdeburg), Märkische Volksstimme (Potsdam) vom 7.11.1989.
Die Berichte des "Zentralen Operativstabes" des MfS verzeichnen für den 7. November 1989 in über 40 Städten und Ortschaften Demonstrationen, oppositionelle Veranstaltungen und Bürgerforen mit annähernd 200.000 Teilnehmern (in Klammern: Zahl der Teilnehmer) : Bezirk Berlin (2.500); Bezirk Cottbus: Herzberg (300), Döbern/Forst (300); Bezirk Dresden: Meißen (5.000); Bezirk Erfurt: Weimar (10-20.000), Gotha (1.100), Nordhausen (25-30.000), Worbis (600), Bad Langensalza (400); Bezirk Gera: Lobenstein (20.000), Bad Klosterlausnitz/Stadtroda (600-700); Bezirk Halle: Weißenfels (4-6.000), Wolfen/Bitterfeld (800), Roßlau (2.000), Naumburg (1.800); Bezirk Karl-Marx-Stadt: Zwönitz/Aue (1.000), Penig/Rochlitz (500); Bezirk Leipzig: Geithain (2.000), Kohren-Sahlig/Geithain (o.A.); Bezirk Magdeburg: Tangerhütte (1.000), Schönebeck (5.000), Burg (600), Klötze (430), Havelberg (250), Halberstadt (150); Bezirk Neubrandenburg: Anklam (1.200); Bezirk Potsdam: Rathenow (8.000), Neuruppin (400), Kreise Potsdam, Königs Wusterhausen und Nauen (zusammen 7000), kirchl. Veranstaltungen in den Kreisen Oranienburg, Kyritz und Luckenwalde (1.300); Bezirk Rostock: Rostock (500), Wolgast (150), Kühlungsborn (150), Wismar (50.000); Bezirk Schwerin: Lübz (2.000), Sternberg (150),

Statt politischen Druck wegzunehmen, heizte die Vorlage des Reisegesetz-Entwurfs die kritische Stimmung zusätzlich an. Hinzu kam, daß das kleine Reiseventil, das die SED-Führung mit der Wiederinkraftsetzung des paß- und visafreien Grenzverkehrs mit der CSSR am 1. November geöffnet hatte, zu platzen drohte. In Heerscharen und mit der Absicht, ihr Land für immer zu verlassen, zog es die DDR-Bürger erneut in die Botschaft der Bundesrepublik in Prag. Am Mittag des 3. November wurde DDR-Botschafter Helmut Ziebart[198] im tschechoslowakischen Außenministerium mitgeteilt, daß die CSSR keine Flüchtlingslager für politische Flüchtlinge aus der DDR einzurichten gedenke. Wie Ziebart unverzüglich Außenminister Oskar Fischer, Wolfgang Herger und Erich Mielke meldete, fordere die CSSR von der DDR, "solche Maßnahmen einzuleiten, die entweder a) den Zustrom an 'politischen Flüchtlingen' beenden oder b) eine solche Abfertigungspraxis vorzunehmen, daß 'jeden Tag so viele ehemalige DDR-Bürger aus der CSSR in die BRD ausreisen können, wie täglich in die BRD-Botschaft neu hinzukommen.'"[199] Die tschechoslowakischen Genossen fragten sich zudem, so Ziebart, warum die DDR ihre Ausreisewelle über die BRD-Botschaft in Prag und nicht über die Ständige Vertretung der Bundesrepublik in Ost-Berlin abwickle.

Um den Fehler Honeckers nicht zu wiederholen, stimmte das Politbüro noch am frühen Abend des 3. November einem "Vorschlag" des tschechoslowakischen Parteichefs Jakès zu, die sich erneut auf dem Gelände der Prager Botschaft der Bundesrepublik aufhaltenden 6.000 DDR-Bürger "direkt aus der CSSR in die BRD ausreisen zu lassen, ohne dabei DDR-Territorium zu berühren."[200] Am nächsten Morgen erteilte die Prager DDR-Botschaft das dazu erforderliche Visum mit der Zusicherung in den Personalausweis, daß davon die Staatsbürgerschaftsfrage nicht berührt sei; jeder ausgereiste DDR-Bürger könne in die

---

Lenzen/Ludwigslust (800); Bezirk Suhl: Meiningen (20.000), Bad Salzungen (5.000), Veilsdorf/Hildburghausen (50)
Für den 8. November 1989 wurden mehr als 135.000 Teilnehmer in fast fünfzig Orten registriert: Bezirk Cottbus: Finsterwalde (ca. 15.000), Großräschen (3.000), Senftenberg (300), Herzberg (1.000), Lauchhammer (450), Wittichenau (650); Bezirk Frankfurt (Oder): Frankfurt (1.100); Bezirk Halle: Weißenfels (5.000), Zeitz (7.000); Bezirk Gera: Unterwellenborn/Saalfeld (1.000), Hermsdorf (150), Gera (25), Sitzendorf (150), Rudolstadt (800), Pößneck (300); Bezirk Karl-Marx-Stadt: Limbach-Oberfrohna (16.000), Reichenbach (7.000), Markneukirchen (6.000), Schöneck (1.000), Thalheim (3.500), Stollberg (1.200); Bezirk Leipzig: Bad Lausick (900), Eilenburg (5.000), Frohburg (250), Kitzscher (300), Regis-Breitingen (800); Bezirk Magdeburg: Halberstadt (3.500), Genthin (1.900), Zerbst (3.000), Oschersleben (2.000), Tangermünde/Stendal (1.000); Bezirk Neubrandenburg: Neubrandenburg (20.000), Demmin (3.000), Neustrelitz (2.500), Prenzlau (400); Bezirk Potsdam: Königs Wusterhausen (700), Brandenburg (1.000), Wittstock (2.000), Gransee (600), Potsdam (100); Bezirk Rostock: Greifswald (5.500), Bad Doberan (4.000), Wismar, Greifswald, Stralsund und Altefähr/Rügen (zusammen 4.300); Bezirk Suhl: Steinbach-Hallenbach/Schmalkalden (2.500); Bezirk Schwerin: Güstrow (200), Glöwen/Perleberg (500) (siehe die Berichte des Zentralen Operativstabs zur sicherheitspolitischen Lage in der Hauptstadt der DDR, Berlin, und den Bezirken der DDR vom 9. und 10.11.1989, in: BStU, ZA, HA XXII 531, Bl. 117 ff.).
198 Helmut Ziebart, geb. 1929, Land- und Bergarbeiter, dann Diplom-Staatswissenschaftler, Abteilungsleiter im MfAA, von 1973 bis 1977 Botschafter der DDR in Jugoslawien, danach Leiter der Abteilung UdSSR im MfAA. Seit 7.1.1981 Botschafter der DDR in der CSSR.
199 Telegramm von Ziebart an Fischer, Herger, Mielke, Ott, CT 139/89, 3.11.1989, 15.35 Uhr (BStU, ZA, MfS-SdM 636, Bl. 52/53).
200 Botschaft des Genossen Jakès an Genossen Krenz, in: Protokoll Nr. 48 der Sitzung des Politbüros des ZK der SED vom 3.11.1989, S.4 (SAPMO-BArch, ZPA-SED, J IV 2/2/2357).

DDR zurückkehren.[201] Bis um 17.00 Uhr des selben Tages hatten alle 6.000 DDR-Bürger die bundesdeutsche Botschaft in Prag verlassen und befanden sich teils mit Sonderzügen, teils mit ihren Autos auf dem Weg in die Bundesrepublik. Am Abend gab der stellvertretende Innenminister, Generalmajor Dieter Winderlich[202], in der 'Aktuellen Kamera' bekannt, daß nunmehr auch Anträge auf ständige Ausreise in der DDR selbst "unbürokratisch und schnell" entschieden und "nur in ausgesprochenen Ausnahmefällen, bei denen es um legitime staatliche Interessen gehe", abgelehnt würden[203] - doch kaum jemand glaubte ihm. Statt des als normal empfohlenen Weges der Antragstellung in der DDR bevorzugten die Ausreisewilligen weiterhin den Umweg über die CSSR, und dies erst recht, nachdem selbst dem 'Neuen Deutschland' zu entnehmen war, daß die Prager DDR-Botschaft die Ausreise in die Bundesrepublik nunmehr problemlos ermögliche.[204] Über das Wochenende reisten insgesamt 23.200 DDR-Bürger über die CSSR in die Bundesrepublik aus. Bis zu dreihundert Personen passierten stündlich mit ihren Fahrzeugen allein den oberfränkischen Grenzübergang Schirnding, statt monatelange Bearbeitungsfristen der "Organe" in der DDR und deren ungewisses Ergebnis länger abzuwarten oder anderslautenden Zusagen Glauben zu schenken. Und der Strom der Übersiedler riß nicht ab: bis zum Abend des 8. November - in nur fünf Tagen - hatte sich die Zahl der über die CSSR in die Bundesrepublik weiterreisenden DDR-Bürger Schätzungen zufolge auf etwa 45.000 erhöht.[205]

---

201 Vgl. "DDR-Bürger verließen Gelände der Prager Botschaft", Freie Presse, 6.11.1989, S.5.
202 Generalmajor Dieter Winderlich, Jg. 1938, Stellvertreter des Ministers des Innern, verantwortlich für die Verwaltung Strafvollzug, die Hauptabteilung Feuerwehr und die Hauptabteilung Innere Angelegenheiten.
203 Vgl. "Ablehnung von Ausreiseanträgen nur in ausgesprochenen Ausnahmefällen". Gespräch mit dem Stellvertreter des Ministers des Innern, Dieter Winderlich, DDR-Fernsehen I, 4.11.89, 19.36 Uhr; Aktuelle Kamera, in: RIAS Monitor-Dienst, 3.-5.11.1989, S. 13. Winderlich konnte sich bei dieser Ankündigung auf einen Beschluß des Ministerrates (113/1/89) vom 2.11.1989 stützen. Darin hieß es: "Zur weitestgehenden Verhinderung erneuter Erpressungsversuche in Botschaften der BRD sind Maßnahmen zur großzügigen und kurzfristigen Entscheidung für ständige Ausreisen einzuleiten" (BArch/P, C-20, I/3-2862/1, Bl. 52). - In Widerspruch dazu stand jedoch die der öffentlichen Ankündigung Winderlichs nachhinkende Anweisung des Leiters der Hauptabteilung Paß- und Meldewesen, Gerhard Lauter, an die Leiter der Abteilungen PM der VPKA vom 6.11.1989, in der die Ausreise in die Bundesrepublik und nach West-Berlin unverständlicherweise ausdrücklich von dem beschleunigten Bewilligungsverfahren ausgenommen wurde: "1. Über die in den VPKÄ, PM, vorliegenden Anträge auf ständige Ausreise nach dem nicht-sozialistischen Ausland *(außer BRD und WB)* ist nach Abstimmung mit der KDfS kurzfristig und großzügig zu entscheiden. Liegen Versagungsgründe vor, ist in Abstimmung mit der KDfS zu prüfen, ob auf die Anwendung der Versagungsgründe verzichtet werden kann. Liegen keine Versagungsgründe vor bzw. kann auf diese verzichtet werden, ist den Bürgern kurzfristig schriftlich mitzuteilen, daß ihr Antrag genehmigt wird. Sie sind aufzufordern, zur Beibringung benötigter Erklärungen und Bescheinigungen in den VPKÄ vorzusprechen. Es sind alle Anträge auf ständige Ausreise, die seit dem 1.1.89 abgelehnt wurden, einzubeziehen. Der Zeitpunkt der Ausreise ist von der Beibringung der erforderlichen Erklärungen, Bescheinigungen und Einreisevisa abhängig" (Hervorheb. v. Vf.). Fernschreiben des MdI, Leiter der HA PM Oberst der VP, Lauter, an die BDVP 1-15, Leiter der Abt. PM, alle VPKÄ/VPI, Leiter PM, 6.11.1989, 15.30 Uhr (ARCHIV POLPRÄS PDM, Ordner FS Okt. 89 - Dez. 90, PM). - Hervorhebung v. Vf.
204 Vgl. "Mitteilung der DDR-Botschaft in Prag", in: Neues Deutschland, 4./5.11.1989.
205 Vgl. Neues Deutschland, 9.11.1989.

Acht Wochen nach der Öffnung der ungarisch-österreichischen Grenze war ab dem 3. November 1989 mit der Ausreisemöglichkeit über die Tschechoslowakei das zweite große Loch in der Mauer entstanden.

3.4.2. Die Politbüro-Sitzung vom 7.11.1989

Am Morgen nach der Leipziger Großdemonstration - es war Dienstag, der 7. November 1989 - war das Politbüro um neun Uhr zu einer fünfstündigen Sitzung zusammengetreten. Die Tagesordnung umfaßte fünfzehn Punkte: Das mehrstündige Referat von Egon Krenz für die 10. ZK-Tagung wurde als erstes bestätigt, sodann dem für den Nachmittag vorgesehenen Rücktritt der Regierung Stoph zugestimmt. Nach der Behandlung des Entwurfs des Aktionsprogrammes, der Vorbereitung des für Mai 1990 geplanten SED-Parteitages, der Kadervorschläge von Krenz für das neuzuwählende Politbüro und des weiteren Umgangs mit dem Neuen Forum und vor der Berichterstattung von Krenz über seinen Besuch bei Gorbatschow und seine Reise nach Polen, Änderungen der Argumentation zum Reisegesetz, der Verabschiedung einer Direktive zum Treffen der Wirtschaftssekretäre der Bruderparteien in Prag, neuen Regelungen für die Lebensgewohnheiten in Wandlitz und das Regierungskrankenhaus, nahm das Politbüro aus aktuellem Anlaß eine Information von Außenminister Fischer über "die Situation bei der Ausreise von DDR-Bürgern über die CSSR" entgegen.

Den Anstoß zur Behandlung dieses Themas, von Krenz erst während der Sitzung auf die Tagesordnung genommen, gaben trommelfeuerartige Beschwerden der tschechoslowakischen Partei- und Staatsführung auf mittlerweile allen politischen Kanälen und Ebenen über die neue, massenhafte Praxis der Ausreise von DDR-Bürgern durch ihr Land, von der die CSSR-Regierung ein Übergreifen der Unruhe befürchtete. Deshalb forderte sie von der SED-Spitze, den Ausreisestrom zu stoppen; anderenfalls sähe sie sich gezwungen, eigene Maßnahmen zur Grenzkontrolle - bis hin zu einer Schließung der Grenze - zu ergreifen.[206]

Im Politbüro begann eine widerspruchsvolle Debatte über die Frage, ob man das Reisegesetz, so wie es entworfen war, aber ohne die vorgesehene langwierige Prozedur, unverzüglich in Kraft setzen sollte.[207] Einmütigkeit konnte im wesentlichen nur darüber erzielt werden, daß eine militärische Abriegelung der Grenze zur CSSR in der praktischen Durchführung schwierig, wenn nicht unmöglich, aber international in jedem Fall von verheerender Wirkung sein würde. Einige Mitglieder des Politbüros warnten davor, eine allein der Hektik der Situation geschuldete voreilige Entscheidung zu treffen. Eine Öffnung der eigenen Grenze zum Westen, so lautete ein weiterer Einwand, sei schon allein moralisch unmöglich. Dann wurde die Verhängung eines kurzfristigen, generellen Reiseverbotes in alle Richtungen bis zur Inkraftsetzung einer endgültigen Reiseregelung in die Diskussion geworfen und überlegt, ob man die Kirche dafür gewinnen könnte, die vorhersehbar explosive Übergangszeit durch ihre Teilnahme an einem Runden Tisch beruhigend zu überbrücken.

Mit völlig neuen Vorschlägen, die als "Gedanken strategischer Natur" bezeichnet wurden, beteiligte sich Gerhard Schürer an der Diskussion: Man müsse endlich strategisch und nicht nur im Ergebnis der von Demonstranten oder den Mitgliedern der eigenen Partei gestellten Forderungen handeln. Um die Bürger

---

206 Den Druck der CSSR bekamen besonders Außenminister Fischer sowie Günter Sieber als Leiter der internationalen Abteilung des ZK zu spüren (Gespräche d. Vf. mit Oskar Fischer, 19.11.1993, sowie mit Günter Sieber, 20.11.1993).
207 Zum Diskussionsverlauf im Politbüro am 7.11.1989 vgl. Gespräch d. Vf. mit Siegfried Lorenz, 21.6.1992. - Die Diskussion wird von Nakath ähnlich wiedergegeben, die Quelle jedoch nicht nachgewiesen (vgl. Nakath 1993, S. 37).

dazu zu bewegen, in der DDR zu bleiben, schlug er vor, den Staatsrat von der Volkskammer in einen Volksrat umwandeln zu lassen und daran alle gesellschaftlichen Organisationen einschließlich der oppositionellen Gruppen zu beteiligen - unter der Voraussetzung freilich, daß sie den Sozialismus und seine Verbesserung als gesellschaftliches System akzeptierten. Unter Vorsitz von Krenz solle der Volksrat ein neues Wahlgesetz ausarbeiten und der Volkskammer zur Abstimmung vorlegen. Nach dem Rücktritt der amtierenden solle die nächste Regierung als "provisorische Regierung der Nationalen Einheit" gebildet werden. Der XII. Parteitag der SED, schwebte Schürer vor, sollte von Mai auf Januar 1990 vorgezogen werden, um die für die politische Wende und die Erneuerung der Partei notwendigen Beschlüsse zu fassen.[208]

Schürers Vorschlägen wurde zwar nicht widersprochen; aufgegriffen wurden sie jedoch auch nicht. Stattdessen wurde auf eine schnelle Entscheidung in der Frage des Reisegesetzes gedrängt, die letztendlich zugunsten einer separaten, vorgezogenen Regelung nur der ständigen Ausreise ausfiel. Als Beschluß hält das Protokoll der Politbüro-Sitzung fest:
"1. Genosse O. Fischer unterbreitet in Abstimmung mit den Genossen F. Dickel und E. Mielke einen Vorschlag für das ZK der SED, wonach *der Teil des Reisegesetzes*, der sich mit *der ständigen Ausreise* befaßt, durch eine Durchführungsbestimmung *sofort* in Kraft gesetzt wird.
2. Genosse O. Fischer informiert den Außerordentlichen und Bevollmächtigten Botschafter der UdSSR in der DDR, Genossen W. Kotschemassow, und die tschechoslowakische Seite über den Vorschlag und den Standpunkt des Politbüros. Gleichzeitig sind Konsultationen mit der BRD zu führen.
3. In den Massenmedien ist darauf hinzuwirken, daß die Bürger der DDR ihr Land nicht verlassen. Über Rückkehrer ist zu informieren. Verantwortlich: Genosse G. Schabowski.
4. Genosse G. Schabowski wird beauftragt, diese Problematik mit den Vertretern der Blockparteien zu besprechen, um einen gemeinsamen Standpunkt herbeizuführen."[209]

Mit der Teil-Lösung, angesichts des Übersiedlerstroms über die CSSR in die Bundesrepublik nur die Regelung der ständigen Ausreise aus dem gerade erst veröffentlichten Reisegesetz-Entwurf vorzuziehen, einigte sich das SED-Führungsgremium wiederum lediglich auf den kleinsten gemeinsamen Nenner. Von einem gemeinsamen Willen zur schnellen Einführung einer generellen Reisefreiheit konnte keine Rede sein. In verfahrenstechnischer Hinsicht wies der Politbüro-Beschluß gegenüber dem ursprünglich beabsichtigten Gesetzesweg zwei große Vorteile auf: Zum einen war der Kreis der an der Ausarbeitung Beteiligten auf drei Ministerien reduziert, der Abstimmungs- und Entscheidungsprozeß mithin erheblich vereinfacht; zum anderen entfiel die zeitraubende Beteiligung der Volkskammer und ihrer Ausschüsse.

Genau besehen, unterliefen Krenz bei der Formulierung des Beschlusses jedoch gleich drei schwerwiegende Fehler: Erstens oblag die Federführung in Fragen der ständigen Ausreise nicht Außenminister Fischer, sondern Stasi-Chef Mielke und Innenminister Dickel; zweitens konnten die beauftragten Minister dem Zentralkomitee ihre Vorlage natürlich unterbreiten, Rechtskraft konnte sie

---

208 Vgl. Gerhard Schürer, Bemerkungen im Politbüro am 7.11.1989, Redemanuskript (PdV). Siegfried Lorenz bestätigt, daß Schürer diese Vorschläge tatsächlich unterbreitete (Gespräch d. Vf. mit Siegfried Lorenz, 21.6.1992).
209 Protokoll Nr. 49 der Sitzung des Politbüros des ZK der SED vom 7.11.1989, S. 6. Hervorhebung durch d. Vf. (SAPMO-BArch, ZPA-SED, J IV 2/2/2358). - Daß der Beschluß mit exakt diesem Wortlaut gefaßt wurde, bestätigen Wolfgang Herger und Siegfried Lorenz.

aber selbst im Parteistaat nur durch einen förmlichen Beschluß des Ministerrates bzw. seines Vorsitzenden gewinnen; drittens war es staatsrechtlich unmöglich, einem real nicht existierenden Reisegesetz - seine Verabschiedung durch die Volkskammer war für Dezember geplant - eine "Durchführungsbestimmung" vorauszuschicken.

3.4.3. Die Ausarbeitung der Reiseregelung vom 9. November

Über all die Jahre hatten sich unter Ulbricht und Honecker eingeschliffene Verfahrensweisen für die Arbeit des Politbüros herauskristallisiert.[210] Die Sitzungen fanden dienstags statt, begannen in der Regel um zehn Uhr und dauerten unter Honecker selten länger als ein bis zwei Stunden, wenn nicht gerade der Entwurf des Volkswirtschafts- und Staatshaushaltsplans oder die Beziehungen zur Bundesrepublik behandelt wurden. Die Tagesordnung ergab sich aus halbjährlich vom Politbüro im voraus festgelegten Arbeitsplänen, ergänzt um aktuell bedingt notwendige Entscheidungen oder Informationen. Diskussionen und Abstimmungen[211] erübrigten sich im Politbüro weitgehend, da der Abstimmungsprozeß bereits im Vorfeld durch vorgeschriebene und informelle Verfahren erfolgte. Neben den Mitgliedern und Kandidaten des Politbüros sowie den Sekretären des Zentralkomitees waren die Vorsitzenden der Zentralen Revisionskommission und der Zentralen Parteikontrollkommission, die Abteilungsleiter des Zentralkomitees, die 1. Sekretäre der Bezirksleitungen, der Vorsitzende des Ministerrates, die Vorsitzenden bzw. 1. Sekretäre der Massenorganisationen sowie "Genossen, die in Durchführung des Arbeitsplanes des Zentralkomitees mit der Einreichung von Vorlagen beauftragt sind", berechtigt, Vorlagen an das Politbüro einzureichen.[212] Da alle Vorlagen jedoch nicht nur von den Einreichern unterschrieben werden mußten, sondern von den verantwortlichen Politbüro-Mitgliedern bzw. ZK-Sekretären, den Leitern der zuständigen ZK-Abteilungen sowie bei Vorlagen des Ministerrates von Stoph mitgezeichnet werden mußten[213], war der Abstimmungsprozeß sowohl innerhalb des ZK-Apparates und des Staatsapparates als auch zwischen Partei- und Staatsapparat, das heißt zwischen den Fachabteilungen des Zentralkomitees und den Fachministerien des Ministerrates obligatorisch und institutionalisiert. In den wichtigsten sicherheits- und wirtschaftspolitischen Fragen freilich fielen die Entscheidungen informell im direkten Gespräch zwischen Honecker auf der einen und Mielke, Keßler und Mittag auf der anderen Seite.

---

210 Zur Darstellung der Arbeitsweise des Politbüros und der Tätigkeit des Büros des Politbüros vgl. die Gespräche d. Vf. mit Edwin Schwertner, 30.3.1992, sowie mit Sylvia Gräfe, 27.5.1994.
211 So kann sich Gerhard Schürer, der dem Politbüro siebzehn Jahre (von 1973 bis 1989) als Kandidat angehörte und in dieser Zeit an mehr als achthundert Politbüro-Sitzungen teilnahm, lediglich an zwei Abstimmungen erinnern: die eine führte am 5. November 1985 zur Absetzung des Politbüro-Mitglieds und 1. Sekretärs der SED-Bezirksleitung von Berlin, Konrad Naumann; die andere am 17. Oktober 1989 zur Ablösung von Honecker, Mittag und Herrmann (vgl. Gerhard Schürer, in: Deutscher Bundestag 1994, S. 98 und 153).
212 Richtlinie für Vorlagen für das Politbüro und das Sekretariat des Zentralkomitees" (Beschluß des Sekretariats des ZK vom 24. Januar 1980), S. 1 (SAPMO-BArch, ZPA-SED, J IV 2/3/3011).
213 Im "Arbeitsverteilungsplan des Politbüros", der formell vom Zentralkomitee der SED bestätigt wurde, war festgelegt, für welche Aufgabenbereiche jedes Politbüro-Mitglied zuständig und dementsprechend zeichnungs- bzw. mitzeichnungsberechtigt war (zum letzten Arbeitsverteilungsplan siehe: SAPMO-BArch, ZPA-SED, IV 2/1/654-656).

Vorlagen an das Politbüro waren, der Vorlagen-Richtlinie gemäß verfaßt und der Verschlußsachen-Richtlinie entsprechend behandelt[214], freitags bis elf Uhr in 26facher Ausfertigung "einwandfrei lesbar" im Büro des Politbüros einzureichen; danach erstellte der Leiter des Büros des Politbüros den Entwurf einer Tagesordnung, den er dem Generalsekretär vorlegte. Erst nach dessen Billigung durfte die Einladung geschrieben und zusammen mit der Tagesordnung die Vorlagen für die Politbüro-Sitzung versandt werden. In mit Zahlenschlüsseln gesicherten Koffern erhielten die Mitglieder und Kandidaten des Politbüros am Freitagnachmittag die Unterlagen per Kurier zugestellt und hatten so die Möglichkeit, sich gegebenenfalls am Wochenende auf die dienstäglichen Sitzungen vorzubereiten.

Üblicherweise faßte der Leiter der Sitzung, in der Regel der Generalsekretär, am Ende jedes Tagesordnungspunktes die Diskussion zusammen und diktierte dem Protokollführer - dem Leiter des Büros des Politbüros bzw. in dessen Abwesenheit seinem Stellvertreter - in Anlehnung an den vorgeschlagenen Entwurf den Beschluß für das Protokoll. Unmittelbar im Anschluß an die Sitzung diktierte dieser der Sekretärin des Beschlußbüros[215] anhand seiner handschriftlichen Aufzeichnungen[216] aus der Sitzung das Beschlußprotokoll in die Schreibmaschine. Neben dem Original, - im internen Parteiarchiv[217] als Reinschriftenprotokoll bezeichnet -, wurde ein Durchschlag angefertigt, der als Arbeitsprotokoll benutzt wurde.[218] Am Rand des Arbeitsprotokolls notierte der Büroleiter neben den Beschlüssen handschriftlich den Verteiler. Sofort nach der Erstellung des Protokolls wurden die Beschlüsse einzeln aus dem Protokoll extrahiert, durchnumeriert, mit einem Deckblatt versehen und den mit der Ausführung beauftragten Partei- und Staatsfunktionären per Kurier gegen Quittierung zugestellt. Häufig noch am selben Tag, gelegentlich auch einen Tag nach der Politbüro-Sitzung, hatten die Verantwortlichen die sie betreffenden Beschlüsse als "Protokollauszüge", auch "Beschlußauszüge" genannt, in der Hand.[219] Mehr erhielten sie nicht. Das vollständige Reinschriftenprotokoll wurde nicht an die Politbüro-Mitglieder ausgegeben, sondern mit dem Arbeitsprotokoll, dem zumeist alle eingereichten Vorlagen zugeordnet wurden, im Panzerschrank des Büros des Politbüros getrennt aufbewahrt. Auf der folgenden PB-Sitzung wurde das Reinschriftenprotokoll vom Protokollführer verlesen, und, wenn es bestätigt worden war, vom Generalsekretär abgezeichnet und dann wieder unter Verschluß genommen. Dem Rein-

---

214 "Richtlinie zur Arbeit mit Verschlußsachen für das Zentralkomitee der SED" (Beschluß des Sekretariats des ZK der SED vom 24. August 1987)(SAPMO-BArch, ZPA-SED J IV 2/3/4152).
215 Nach Mitteilung von Frau Gräfe wurde die Bezeichnung "Beschlußbüro" erst ab Anfang 1989 verwendet. Zuvor war die Bezeichnung "Protokollbüro" üblich.
216 Die Überlieferung der handschriftlichen Notizen des Leiters des Büros des Politbüros in den Arbeitsprotokollen bricht im ZPA-SED Ende der sechziger Jahre ab.
217 Das Interne Parteiarchiv (IPA) des Politbüros wurde auf Beschluß des Sekretariats des ZK der SED am 19. August 1959 im Büro des Politbüros eingerichtet. Auf Beschluß des Präsidiums des Parteivorstandes der SED-PDS vom 4. Januar 1990 wurde es in das Zentrale Parteiarchiv (ZPA) der SED eingeordnet (Mitteilung von Sylvia Gräfe).
218 Die Fertigung der Protokolle und Protokollauszüge des Politbüros und des Sekretariats des Zentralkomitees der SED waren in der internen "Ordnung für das Protokollbüro" vom 21.7.1967, die mehrfach aktualisiert wurde, geregelt.
219 Im Beschlußbüro (Protokollbüro) wurden alle Beschlußauszüge (Protokollauszüge) nach einem Aktenplan des Büros des Politbüros sachthematisch getrennt von den Sitzungsprotokollen im Panzerschrank abgelegt (Mitteilung von Sylvia Gräfe).

schriftenprotokoll wurden allein die tatsächlich beschlossenen Vorlagen beigefügt.[220]

Die in den Zeiten politischer Normalität und Ruhe bewährten, routinisierten Verfahrensweisen gerieten in den stürmischen Oktober- und November-Tagen durch die sich überschlagenden Ereignisse und ständig neue Handlungszwänge unter Streß; der Druck der Demonstrationen erzwang schnelle politische Entscheidungen und diese erforderten beschleunigte Verfahren. Besonders im vorliegenden Fall war Eile geboten, sah der Beschluß doch vor, daß die "Durchführungsbestimmung" zur ständigen Ausreise noch dem ZK-Plenum vorzulegen war, bevor sie "sofort" in Kraft gesetzt werden sollte. Der Beginn der Plenarsitzung aber war auf den nächsten Tag festgelegt; am 10. November sollte sie beendet werden.

Im Beschlußbüro wurde der entsprechende Beschluß des Politbüros vom 7. November nach dem Ende der Sitzung um 14.00 Uhr als Vertrauliche Verschlußsache (VVS) klassifiziert. Er erhielt die laufende Beschlußauszugs-Nummer 702 und wurde vierfach ausgefertigt: ein Exemplar wechselte per Eilboten die Straßenseite und ging an Oskar Fischer ins direkt benachbarte Außenministerium, je eins über die ZK-internen Zustellungswege - üblicherweise holten die empfangsberechtigten persönlichen Sekretärinnen Protokollauszüge direkt im Beschlußbüro ab - an Günter Sieber in die ZK-Abteilung für Internationale Verbindungen und an Günter Schabowski.[221] Das vierte Exemplar wanderte in die Ablage des Büros des Politbüros. Weder Mielke noch Dickel, der zu der Politbüro-Sitzung nicht hinzugezogen worden war, erhielten somit eine schriftliche Ausfertigung des Beschlusses.

Gemäß Punkt 2 des Beschlusses hatte Fischer dessen außenpolitische Flanke abzusichern. Unmittelbar nach der Behandlung des Tagesordnungspunktes im Politbüro eilte er in die sowjetische Botschaft und informierte Kotschemassow über die Absicht des Politbüros, die ständige Ausreise vorzeitig zu regeln, ohne ihm freilich schon genauere Modalitäten mitteilen zu können. Mit der CSSR solle beraten werden, teilte Fischer mit, "ob es ihr Entlastung bringen würde, ihre Grenzübergangsstelle zu Bayern in die Ausreise einzubeziehen."[222] Man werde die CSSR zudem fragen, "ob sie die Grenze zur DDR schließen kann." Die DDR wage dies nicht: "Würde die DDR schließen, gäbe es eine Machtprobe."[223] Begleitend werde die Kampagne gegen die "Anmaßung der Obhutspflicht" durch die Bundesregierung sowie die Dableib-Kampagne in den DDR-Medien verstärkt und versucht, "auch andere bestimmte Leute dafür zu gewinnen."[224] Krenz sei die

---

220 Alle Sitzungsmaterialien des Politbüros (Reinschriftenprotokoll, Arbeitsprotokoll, Beschlußauszüge) verblieben zwei Jahre im Protokollbüro; danach wurden sie an das Interne Parteiarchiv im Büro des Politbüros abgegeben und dort archiviert.
221 Dieser Empfängerkreis des Beschlusses ist auch am Rand des Arbeitsprotokolls handschriftlich festgelegt. Vgl. Protokoll Nr. 49 der Sitzung des Politbüros des ZK der SED vom 7.11.1989, S. 6 (SAPMO-BArch, ZPA-SED, J IV 2/2A/3255).
222 Gemeint war der Übergang Brambach/Vojtanow (Cheb). Siehe: Minister für Auswärtige Angelegenheiten, Vermerk über ein gespräch zwischen Genossen Oskar Fischer und dem sowjetischen Botschafter Genossen W.L. Kotschemassow am 7.11.1989, 11.45 Uhr, Berlin, 7.11.1989, S. 2 (BArch/P, D C-20 4933). - Was immer Fischer unter dieser Entlastung verstand: Es war der Anlaß für ein folgenschweres Mißverständnis zwischen ihm und Kotschemassow. Vgl. dazu Kap. 4.2.2.
223 Ebd., S. 2.
224 Ebd., S. 2. - Tatsächlich gelang es der SED-Spitze, Christa Wolf und einige führende Vertreter der Bürgerbewegung für einen Bleibe-Appell zu "gewinnen", den die Schriftstellerin am Abend des 8. November im DDR-Fernsehen verlas und der am 9. November 1989 auf der ersten Seite des "Neuen Deutschland" erschien: "Liebe Mitbürgerinnen, liebe Mitbürger, wir alle sind tief beunruhigt. Wir sehen die Tausende, die täglich unser Land verlassen. (...) Die jetzt noch weggehen, mindern unsere

Meinung Gorbatschows zu all dem sehr wichtig; die DDR bitte die sowjetische Führung um Unterstützung. Kotschemassow sicherte die sofortige Weiterleitung nach Moskau und eine Rückantwort zu.

Ebenfalls noch am 7. November setzte der Gesandte der Ständigen Vertretung der DDR in Bonn, Glienke, das Bundeskanzleramt über die Absicht des Politbüros in Kenntnis und brachte dabei die Erwartung zum Ausdruck, "daß die BRD entschiedener gegen Ausreisen von DDR-Bürgern auftritt."[225] Der Leiter des Arbeitsstabes Deutschlandpolitik, Duisberg, wies die Verantwortung für die eingetretene Situation der früheren Führung der DDR zu. Die DDR-Führung müsse alles tun, so Duisberg, "um das Vertrauen der Bürger wiederzugewinnen."[226] Duisberg bat um kurzfristige Information über den Zeitpunkt des Inkrafttretens der Ausreiseregelung.

Mit diesen Gesprächen und der Unterrichtung der CSSR[227] war Fischers Auftrag für's erste erledigt. Nicht der Außenminister, sondern Wolfgang Herger, der als Leiter der ZK-Abteilung Sicherheitsfragen für die parteiliche Anleitung in den bewaffneten Organen - MfS, MdI, MfNV einschließlich Grenztruppen sowie Zollverwaltung - zuständig war, übernahm jedoch bereits während der Politbüro-Sitzung am 7. November die Koordinierungsaufgaben und beauftragte nach seiner Erinnerung das Innenministerium noch am gleichen Tag telefonisch mit der Ausarbeitung der Durchführungsbestimmung.[228]

Im MfS gelangte der Auftrag vermutlich über Mielke selbst in den Arbeitsbereich von Generalleutnant Gerhard Neiber, einen der vier Stellvertreter des Ministers. Noch am 7. November, dem Tag der Politbüro-Sitzung, entstand dort ein erster Vorschlag zur Modifizierung der Regelungen über ständige Ausreisen, der von der HA VII, der ZKG und der Rechtsstelle erarbeitet und im Laufe des Nachmittags mit dem MdI und MfAA auf der Ebene der stellvertretenden Minister, Generalleutnant Lothar Ahrendt[229] und Harry Ott[230], abgestimmt wurde.[231]

Hoffnung. Wir bitten Sie, bleiben Sie doch in Ihrer Heimat, bleiben Sie bei uns! (...) Helfen Sie uns, eine wahrhaft demokratische Gesellschaft zu gestalten, die auch die Vision eines demokratischen Sozialismus bewahrt. Kein Traum, wenn Sie mit uns verhindern, daß er wieder im Keim erstickt wird. Fassen Sie zu sich und zu uns, die wir hierbleiben wollen, Vertrauen." (Unterzeichnet von Christa Wolf, Ulrich Plenzdorf, Stefan Heym, Volker Braun, Ruth Berghaus, Christoph Hein, Kurt Masur, Bärbel Bohley (Neues Forum), Erhard Neubert (Demokratischer Aufbruch), Uta Forstbauer (Sozialdemokratische Partei), Hans-Jürgen Fischbeck (Demokratie Jetzt), Gerhard Poppe (Initiative Frieden und Menschenrechte).

225 Schreiben von Oskar Fischer an Egon Krenz, 8.11.1989, S. 1 (BArch/P, D C-20 4933).
226 Ebd.
227 Zur Reaktion der CSSR siehe weiter unten.
228 Gespräch d. Vf. mit Wolfgang Herger, 5.3.1992.
229 Lothar Ahrendt, geb. 1936, KfZ-Schlosser, dann Diplom-Staatswissenschaftler. 1953 Eintritt in die DVP; letzter Dienstgrad: Generalleutnant. Von 1979 bis 1983 stellvertretender Polizeipräsident von Ost-Berlin. Seit 1983 stellvertretender Innenminister der DDR. 1986 bis 1989 Kandidat des Zentralkomitees der SED. Von Nov. 1989 bis zur Märzwahl 1990 als Nachfolger Dickels Innenminister der DDR; von April bis Oktober 1990 Leiter des Arbeitsstabes zum Aufbau des Grenzschutzes und Chef des Grenzschutzes, anschließend Ruhestand.
230 Harry Ott, geb. 1933, Diplom-Staatswissenschaftler. 1976-1989 Mitglied des ZK der SED. Ab 1.2.1982 stellvertretender Außenminister der DDR und Ständiger Vertreter der DDR bei der UNO. Zuvor von 1966-1974 stellvertretender Leiter der ZK-Abteilung Internationale Verbindungen und von 1974-1980 Botschafter der DDR in Moskau.
231 Schreiben von Neiber an Mielke, 7.11.1989 (BStU, ZA, MfS-Arbeitsbereich Neiber 553, Bl. 4).

An einer Neufassung der Ausreisebestimmungen hatte das MfS ein originäres Eigeninteresse, da die überkommene Praxis in eine Sackgasse geraten war. Bei der unkontrollierten Ausreisewelle über Ungarn hatten die Personalien der Ausreisenden nicht erfaßt werden können. Solange die Kreisdienststellen des MfS den Verlust dieser Bürger nicht ermittelt hatten und nach oben weitermeldeten, fehlten dem MfS die entscheidenden Informationen, um die Wiedereinreise des nach DDR-Recht straffälligen Personenkreises in die DDR zu unterbinden. Die daraus resultierende Ungleichbehandlung führte zu Aufruhr und Empörung unter den in der DDR verbliebenen Familienangehörigen der legal Ausgereisten und wirkte zersetzend auf die Moral und die Motivation der Mitarbeiter des MfS und des MdI: Legal mit Genehmigung des MfS Ausgereiste wurden mit Reisesperren bestraft und durften ihre Familienangehörigen in der DDR nicht besuchen; illegal über Ungarn, Polen und die CSSR Geflüchtete wurden demgegenüber belohnt, weil sie - in den Fahndungsbüchern nicht erfaßt - frei in die DDR einreisen konnten. Diejenigen wiederum, die bei dem Versuch gefaßt worden waren, die Grenze zwischen den beiden deutschen Staaten direkt zu überwinden, saßen im Gefängnis. Als letzte Gruppe kamen seit dem 3. November nun noch diejenigen hinzu, deren Ausreise mit einem Visum in der Prager DDR-Botschaft sogar legalisiert wurde. Die noch wenige Monate zuvor strenge MfS-Ordnung war hoffnungslos durchlöchert.

Am 8. November teilte der Leiter des Zentralen Büros für Reiseangelegenheiten im MdI, Oberst Plenikowski, der Fahndungsabteilung der HA VI des MfS mit, daß die Dienststellen des MdI dem Beschwerde- und Protestdruck der Bevölkerung nicht mehr standhielten; die bestehenden 49.000 Reisesperren des MdI würden ab dem 9. November ausgesetzt, neue wegen Verlassens der DDR nicht mehr verhängt. Unmißverständlich machte Plenikowski klar, daß die Mitarbeiter des MdI auch nicht länger bereit seien, die vom MfS angeordneten Einreiseverbote zu exekutieren und dafür öffentlich den Kopf hinzuhalten. Nur wenn das MfS in jedem Einzelfall eine schriftliche Begründung vorlege, werde man zukünftig dessen Reisesperren gegenüber den betroffenen Bürgern noch durchsetzen. Das MfS, forderte Plenikowski, solle seine Praxis überprüfen und sich der Verfahrensweise des MdI anschließen.[232]

Neben der Aufkündigung der Vollstreckungsdienste seitens des MdI hatte das MfS selbst triftige, interne Gründe, über eine Modifizierung der Reisesperrpraxis nachzudenken. Zum einen wurden wegen der hohen Ablehnungsquote von beabsichtigten Einreisen in die Bundesrepublik übergesiedelter DDR-Bürger innenpolitisch öffentlichkeitswirksame Protestaktionen der betroffenen Familienangehörigen und außenpolitisch eine Zunahme der Angriffe auf die DDR wegen der offensichtlichen Verletzung der KSZE-Verpflichtungen befürchtet. Zum anderen stürzte ein verwaltungstechnisches Problem das MfS in die größten politischen Schwierigkeiten: Im Zuge der Ausreisewelle des Jahres 1989 waren zu den bereits verfügten 175.000 weitere 100.000 Reisesperren eingeleitet worden. Die gewaltige Zahl von 275.000 Einreiseverboten sprengte jedoch die Speicherkapazität der Datenverarbeitungsanlage des Staatssicherheitsheitsapparates, auf der die Fahndungsdaten für die Paßkontrolleinheiten an den Grenzübergangsstellen erstellt wurden. "Die derzeitig eingesetzte EDV-Technik und deren Speicherkapazität (Fahndungsdatenbank)", klagte eine interne Stellungnahme der Fahndungsabteilung des MfS, "ist nicht mehr in der Lage, "den extrem erweiterten Datenumfang zu verarbeiten und die erforderlichen Fahndungsmittel entsprechend den politisch-operativen Erfordernissen zur Verfügung zu stellen (Zeitfaktor)."[233]

---

232 Siehe Hauptabteilung VI/Abteilung Fahndung, Vermerk von Oberstleutnant Thoß, Leiter der Abteilung, Berlin, 9.11.1989 (BStU, ZA, MfS-RS 493, Bl. 2/3).
233 Ebd., Bl. 4.

3. Kapitel

Den Druck auf die Grenzübergangstellen der CSSR zur Bundesrepublik, die Ungleichbehandlung der Ausgereisten sowie schließlich die für Mitte November angekündigte Wiedereröffnung der Ständigen Vertretung führte Neiber am 7. November in einem Begleitschreiben an Mielke als Gründe an, warum er dem Minister folgenden von den Experten seiner Abteilungen auch als Pressemitteilung des MdI verfaßten Regelungs-Entwurf vorschlug:
"Unverzügliche Visaerteilung für ständige Ausreisen
Berlin (ADN). Wie die Pressestelle des MdI mitteilt, sind die zuständigen Abteilungen Paß- und Meldewesen der VPKÄ angewiesen, Visa zur ständigen Ausreise unverzüglich zu erteilen, ohne daß dafür noch geltende Voraussetzungen für eine ständige Ausreise vorliegen müssen.
Ständige Ausreisen können über alle Grenzübergangsstellen der DDR zur BRD bzw. zu Berlin (West) erfolgen.
Damit entfällt die vorübergehend ermöglichte Erteilung von entsprechenden Genehmigungen in Auslandsvertretungen der DDR bzw. die ständige Ausreise mit dem Personalausweis der DDR über Drittstaaten."[234]
Positiv begründete Neiber den Vorschlag zusammenfassend damit, daß mit ihm "die Ausreise über die CSSR beendet würde und für alle an der ständigen Ausreise interessierten Personen ein einheitliches, unbürokratisches und schnelles Genehmigungsverfahren bis zum Inkrafttreten des Reisegesetzes möglich wäre. Die notwendigen dienstlichen Bestimmungen des MdI werden erarbeitet. Eine diesbezügliche Information der Diensteinheiten des MfS wird vorbereitet. Die praktische Verwirklichung der Maßnahmen erfolgt so, daß ein Minimum von Prüfungshandlungen gewährleistet wird."[235]
Der Auftrag des Politbüros war mit diesem Regelungsinhalt exakt erfüllt; das Schreiben Neibers dokumentiert die damit verbundenen Interessen des MfS. Wann es Mielke zugestellt wurde - noch am 7. November oder im Laufe des 8. November, an dem er an der Zentralkomitee-Tagung teilnahm -, oder ob es ihn überhaupt erreichte, ist nicht überliefert.[236]
Am Mittwoch, dem 8. November, nahm der Druck der CSSR auf die DDR ultimative Formen an. DDR-Botschafter Ziebart wurde in Prag zur Entgegennahme eines Ersuchens in das tschechoslowakische Außenministerium einbestellt. Bei der Regierung der CSSR und im ZK der Kommunistischen Partei, hielt ihm der stellvertretende CSSR-Außenminister Sadovsky vor, stapelten sich Anfragen und Eingaben der Bevölkerung aus Nord- und Westböhmen, in denen Unverständnis darüber geäußert werde, daß die Ausreise von DDR-Bürgern in die BRD seit dem 3. November über CSSR-Territorium abgewickelt werde. Ziebart telegraphierte nach Berlin: "'Ausgehend von diesem Druck' in den beiden genannten, aber auch anderen Bezirken der CSSR bat Genosse Sadovsky 'im Auftrag der Regierung der CSSR und der Abteilung Internationale Politik des ZK' das Ersuchen zu übermitteln, die Ausreise von DDR-Bürgern in die BRD 'direkt und nicht über das Territorium der CSSR' abzuwickeln."[237] Der Hinweis Ziebarts, daß in der DDR bereits seit dem Vortage erwogen werde, "Ausreiseregelungen vor Annahme des Reisegesetzes zu treffen", genügte dem CSSR-Diplomaten

---

234 BStU, ZA, MfS-Arbeitsbereich Neiber 553, Bl. 5. - Der Text der erarbeiteten Regelung selbst ist in dieser Akte nicht überliefert; der Entwurf der Pressemitteilung dürfte jedoch deren Inhalt recht präzise bezeichnen.
235 Schreiben von Neiber an Mielke, 7.11.1989 (BStU, ZA, MfS-Arbeitsbereich Neiber 553, Bl. 4).
236 Das hier zitierte Exemplar des Schreibens von Neiber an Mielke mit der Originalunterschrift befindet sich - ohne Abzeichnung durch Mielke - im Archivbestand des Arbeitsbereiches Neiber.
237 Telegramm von Ziebart an Fischer/Ott/Schwiesau, 8.11.1989 (BStU, ZA, MfS-Arbeitsbereich Neiber 553, Bl. 2).

nicht. "Man befürchte, daß das noch eine Weile dauern werde", erwiderte Sadovksy, "und stelle deshalb das obengenannte Ersuchen."[238] Das MfAA leitete diese diplomatisch-höflich formulierte, im Unterton aber unmißverständlich scharfe Aufforderung unverzüglich an die mit der Ausreiseregelung befaßten Stellen weiter.

Die SED-Führung war an diesem Mittwoch zunächst mit wichtigeren Dingen befaßt. Entgegen ihrer Hoffnung nahm der erste Tag der ZK-Tagung an diesem 8. November nicht den ersehnten Verlauf. Statt des beabsichtigten Signals für die Reformbereitschaft und Erneuerungsfähigkeit der SED bot sie ein Spiegelbild der landesweiten Zerfallserscheinungen der Einheitspartei.

Üblicherweise wurden Kaderfragen am Schluß von ZK-Sitzungen behandelt. Der taktische Schachzug, nach dem Rücktritt des Ministerrates vom Vortage den geschlossenen Rücktritt des Politbüros an den Beginn des ZK-Plenums zu stellen, mit der Wahl neuer Politbüro-Mitglieder personellen Veränderungswillen zu demonstrieren und damit die anstehende konzeptionelle und programmatische Diskussion frei von Kaderquerelen zu halten, ging nicht auf. Drei der von Krenz vorgeschlagenen Kandidaten - Dohlus, Kleiber und G. Müller - versagte das Plenum die erforderliche Stimmenzahl; vier der am Morgen gewählten Politbüro-Mitglieder - Böhme, Chemnitzer, Lange, Walde - wurde noch am gleichen Abend das Vertrauen ihrer Bezirksorganisationen bzw. der Mitarbeiter ihres Zuständigkeitsbereiches entzogen - teilweise nach Streikandrohungen aus den Kombinaten. Zustande kam ein vierzehnköpfiges Rumpf-Politbüro, dessen von Honecker über die Jahre aufgebaute Repräsentanzfunktion zerstört war.

Selbst die von Krenz vorgenommene Ehrung der ausgeschiedenen Politbüro-Mitglieder Axen, Hager, Krolikowski, Mielke, Mückenberger, Neumann, Sindermann, Stoph und Tisch blieb nicht unwidersprochen; über die Frage, ob ihre Tätigkeit nicht statt Dank eher harte Kritik verdiene, entbrannte ein heftiger Streit, der erst mit einer Abstimmung zugunsten der Danksagung entschieden wurde.[239] Während Krenz im Plenum zu seinem mehrstündigen Referat anhob, versammelten sich vor dem ZK-Gebäude, von der Parteiorganisation der Akademie der Wissenschaften angeführt, mehr als zehntausend Mitglieder der Berliner SED zu einer Demonstration gegen die eigene Parteispitze. Die Einheitspartei begann sich zu spalten.

Ihren nachträglichen Bekundungen zufolge stimmten sich Krenz und Herger, nun frisch in die Funktion eines Politbüro-Mitglieds und des ZK-Sekretärs für Sicherheit gewählt, irgendwann an diesem turbulenten Tag ab, die Regierung noch einmal zu drängen, dem Zentralkomitee die Reiseregelung bis zum Mittag des 9. November vorzulegen. Denn obwohl der Politbüro-Beschluß vom 7. November, die Aktivitäten Fischers und der erste Entwurf einer Ausreiseregelung an Eindeutigkeit nichts zu wünschen übrig lassen, beharren Krenz und Herger[240] - wie auch Schabowski[241] - im nachhinein darauf, daß es nie ihre Absicht gewesen sei, die Frage der ständigen Ausreise von der der Besuchsreisen zu trennen.

Die komplexen Absichten von Krenz, Herger und Schabowski, so versichern drei der vier Obristen, die am 9. November um 9.00 Uhr im MdI zusammenkamen, um eine Ausreiseregelung als Beschlußentwurf für den Ministerrat zu ver-

---

238 Ebd.
239 Vgl. Stenographische Niederschrift der 10. Tagung des Zentralkomitees der Sozialistischen Einheitspartei Deutschlands, 8.11.1989 (SAPMO-BArch, ZPA-SED, IV 2/1/705, Bl. 60e ff.).
240 Gespräch d. Vf. mit Wolfgang Herger, 5.3.1992; Gespräch d. Vf. mit Egon Krenz, 2.4.1992.
241 Gespräch d. Vf. mit Günter Schabowski, 24.1.1993. Vgl. auch Schabowski 1990, S. 136; Schabowski 1991, S. 305.

fassen, blieben ihnen fremd.[242] Oberst Gerhard Lauter und Generalmajor Gotthard Hubrich, den beiden Leitern der Hauptabteilungen Paß- und Meldewesen bzw. Innere Angelegenheiten des MdI, war im Laufe des 8. November vielmehr entsprechend der Vorgabe des Politbüro-Beschlusses und analog zur Aufgabenstellung des MfS der Auftrag erteilt worden, das 'CSSR-Problem' mit einem Vorschlag zur Regelung der ständigen Ausreise aus der DDR zu lösen. Dieser sollte nunmehr nicht mehr als "Durchführungsbestimmung", sondern als Ministerrats-Beschluß gefaßt werden, doppelgleisig dem Politbüro und dem Ministerrat bis zum Mittag des 9. November vorgelegt werden und mit Wirkung vom 10. November in Kraft gesetzt werden. Mit dem gleichen Auftrag waren Oberst Hans-Joachim Krüger, stellvertretender Leiter der Hauptabteilung VII des MfS, sowie Oberst Udo Lemme, Leiter der Rechtsstelle des MfS, am frühen Morgen des 9. November in das MdI geschickt worden: Krüger hatte ihn von Generalleutnant Werner Irmler[243], dem Leiter der ZAIG, Lemme direkt von Erich Mielke erhalten.

Die vier beauftragten Mitarbeiter des MfS und MdI kannten sich aus zum Teil langjähriger dienstlicher Zusammenarbeit und waren mit der Materie bestens vertraut; alle vier hatten an der Ausarbeitung des Reisegesetz-Entwurfs mitgewirkt. Den Dienstzweigen Innere Angelegenheiten - den Räten der Städte, Kreise und Bezirke zugeordnet, sowie Paß- und Meldewesen - bei den Bezirksbehörden der Volkspolizei und den Volkspolizeikreisämtern angesiedelt -, galt zudem das besondere Augenmerk der Staatssicherheit. Die leitenden Mitarbeiter beider Linien waren auf allen Ebenen häufig als inoffizielle Mitarbeiter, auf bezirklicher Ebene gelegentlich auch als Offiziere im besonderen Einsatz (OibE) für das MfS tätig. Und so wurden auch Hubrich und Lauter, die Leiter der beiden Hauptabteilungen, von jener Hauptabteilung VII des MfS als inoffizielle Mitarbeiter geführt, an deren Spitze Krüger als stellvertretender Leiter stand.[244]

Die Sitzung im MdI begann mit einem gegenseitigen Abtasten, wer welchen Auftrag hatte. Es stellte sich heraus, daß alle die gleiche Weisung hatten, das CSSR-Problem zu lösen. Schnell war sich der Kreis nach Angaben der Beteiligten darüber einig, daß zukünftig alle Einschränkungen bei Anträgen auf eine ständige

---

242 Gespräche d. Vf. mit Udo Lemme, 28.2.1992 und 22.4.1994, mit Hans-Joachim Krüger, 11.3.1992 und 7.12.1994, sowie mit Gerhard Lauter, 24.2.1992 und 28.5.1994. Gotthard Hubrich ist 1990 verstorben.
243 Generalleutnant Dr. Werner Irmler, Jg. 1930, Förster, seit 1.2.1952 MfS. Beruflicher Aufstieg vom Sachbearbeiter über Hauptsachbearbeiter, stellvertretenden Referatsleiter, Referatsleiter zum stellvertretenden Leiter und ab 1965 zum Leiter der ZAIG. 1970 Promotion an der Juristischen Hochschule des MfS in Potsdam; Mitglied des Kollegiums des MfS. Am 6.12.1989 beurlaubt, im Januar 1990 in Rente. - In der von Irmler 1959 abgegebenen "Eidesstattlichen Verpflichtung" zum Dienst im MfS findet sich der Satz: "Bei der Abgabe dieser ehrenvollen Verpflichtung bin ich mir voll bewußt: (...) Das Ministerium für Staatssicherheit ist ein Organ der Regierung der DDR, das wichtige Aufgaben zur Festigung der Arbeiter- und Bauernmacht, zur Erhaltung und Sicherung des Friedens *und zur friedlichen Wiedervereinigung Deutschlands* durchführt" (BStU, ZA, MfS-KS 24843/90, Bl. 152; Hervorhebung v. Vf.).
244 Viele Hauptabteilungsleiter des MdI wurden als inoffizielle Mitarbeiter der HA VII des MfS geführt. Unter dem Decknamen "Roter Matrose" war Gotthard Hubrich von 1953 bis 1984 als inoffizieller Mitarbeiter für das MfS tätig; als er 1973 Leiter der HA Innere Angelegenheiten des MdI geworden war, wurde er vor allem zur Durchsetzung der operativen Interessen des MfS bei der Zurückdrängung und Unterbindung von Übersiedlungsersuchen eingesetzt (vgl. BStU, ZA, MfS-AIM 1819/70 sowie MfS-AGMS 8008/84). Gerhard Lauter wurde vom MfS ab 1975 als IMS, ab 1988 als IME "Richard" geführt. "Richard" lieferte vor allem Berichte über Mitarbeiter und interne Vorgänge im MdI ab. Seine Personalakte wurde 1988 "gelöscht"; die Materialakte ab 1983 vernichtet (vgl. BStU, ZA, MfS-AIM 14774/83, Band II/1).

Ausreise aus der DDR wegfallen sollten, wie es das Neiber-Papier vom 7. November bereits vorsah.

Aus dieser Einhelligkeit entwickelte sich in der weiteren Diskussion die Frage, ob es nicht unpraktikabel wäre und zudem innenpolitisch fatale Konsequenzen haben würde, jeden, der das Land auf Dauer verlassen wollte, sofort fahren zu lassen; denjenigen aber, die nur eine kurze Privatreise zu einem Onkel oder einer Tante in die Bundesrepublik planten und nach wenigen Tagen Aufenthalt zurückkehren wollten, dies zu verbieten.[245] In der Praxis war diese Frage im übrigen schon entschieden. Am 7. November lagen im Verantwortungsbereich Neibers Fernschreiben aus Sachsen und Thüringen vor, aus denen hervorging, daß über einhundert Personen, die zuvor über die CSSR in die Bundesrepublik ausgereist waren, über die Kontrollstelle Hirschberg wieder in die DDR zurückgekommen waren. Als Motiv gaben die Reisenden gegenüber den verdutzten DDR-Paßkontrolleuren "Abenteurertum, die Durchführung von Kaffeereisen sowie Testen der Glaubwürdigkeit der DDR-Medien" an.[246] Sie wurden nicht zurückgewiesen.

Aus der Lagekenntnis dessen, was sich in den Paß- und Meldestellen und den Abteilungen Innere Angelegenheiten in den Räten der Stadtbezirke und der Bezirke tagtäglich abspielte, den Reise- und Ausreisewünschen, den heftigen Konfrontationen zwischen Polizei und Bürgern, so Gerhard Lauter, war ihm und Hubrich zudem klar, daß eine wortwörtliche Erfüllung des Auftrages weder eine kurzfristige und noch weniger eine mittelfristige Lösung sein konnte. Auch während ihrer Beratung, erinnern sich die drei Obristen, liefen im MdI Telefonate und Meldungen über die zunehmenden Druck reisewilliger Bürger auf die Volkspolizeikreisämter ein. "Im Interesse der Erhaltung der DDR", sagt Gerhard Lauter, habe er damals darauf hingewiesen, daß es "politisch unverantwortlich wäre, eine so einseitige Regelung zu erarbeiten; das wäre aus meiner Sicht auf totales Unverständnis gestoßen und hätte zu einer wirklichen Schizophrenie auf diesem Gebiet geführt und dazu, daß die Welle der Anträge auf ständige Ausreise enorm angestiegen wäre."[247]

Die Diskussion der Obristen führte in die Richtung, die Reisewilligen nicht staatlicherseits in den Status von Ausreisenden zu zwingen und deshalb eine Besserstellung der ständig Ausreisenden im Verhältnis zu Besuchsreisen auszuschließen. Immerhin war ihr Auftrag so allgemein gehalten, daß er eine Teilregelung für Privatreisen als Zwischenlösung nicht ausdrücklich ausschloß. Und schließlich sollte die generelle Reisefreiheit - trotz aller Einschränkungen in dem veröffentlichten Gesetzentwurf - ohnehin noch 1989 eingeführt werden. Würde dagegen angesichts der unruhigen Situation im Lande, fragten sich die Obristen, ein weiterer Fehltritt in der Reisefrage nicht endgültig den Druck im Kessel zur Explosion bringen? Und war umgekehrt nicht mit einer innenpolitischen Beruhigung zu rechnen, wenn erst einmal alle Ausreisewilligen das Land verlassen und zumindest schon einmal ein Teil der Reisewilligen fahren durften, wohin sie wollten?

So entschied der Kreis, "Nägel mit Köpfen" (Krüger) zu machen und beide Fragen - die der ständigen Ausreise und die der Privatreisen - in einem Wurf zu regeln. Als erster Satz wurde dem Neiber-Papier vom 7. November vorangestellt: "Privatreisen nach dem Ausland können ohne Vorliegen von Voraussetzungen (Reiseanlässe und Verwandtschaftsverhältnisse) beantragt werden. Die Genehmigungen werden kurzfristig erteilt. Versagungsgründe werden nur in besonderen Ausnahmefällen angewandt."

---

245 Gespräch d. Vf. mit Udo Lemme, 28.2.1992.
246 Fernschreiben der BVfS Karl-Marx-Stadt an MfS Berlin (Neiber, ZAIG, ZKG, ZOS, HA VI), o.D. (7.11.1989) (BStU, ZA, MfS-Arbeitsbereich Neiber 79, Bl. 227).
247 Gespräch d. Vf. mit Gerhard Lauter, 24.2.1992.

Im Unterschied zu einer generellen Lösung verbanden die Obristen mit dieser Regelung der Privatreisen die Absicht, ausschließlich DDR-Bürgern mit Reisepaß und einem Visum eine Besuchsreise zu gestatten. Einen Reisepaß besaßen etwa vier Millionen Bürger; alle anderen, so das Kalkül, hätten zunächst einen Paß beantragen und die bis zur Ausstellung üblichen Wartezeiten von mindestens vier bis sechs Wochen erdulden müssen. Einem sofortigen Aufbruch aller DDR-Bürger schien somit ein wirksamer Riegel vorgeschoben. Die Formulierungen "können beantragt werden" und "werden kurzfristig genehmigt" sicherten den "Organen" zudem ausreichend Spielraum für Auslegungen in ihrem Sinne.

Die Überschrift des Papieres - "Beschlußvorschlag zur Veränderung der Situation der ständigen Ausreise von DDR-Bürgern nach der BRD über die CSSR" - blieb erhalten. Sie entsprach ihrem ursprünglichen Auftrag und bezeichnete weiterhin nur eine Seite der erarbeiteten Regelung. Würde der darüber hinausgehende Teil in der Sicherheitsabteilung des Zentralkomitees, im MfS, im Politbüro oder Ministerrat auf Mißfallen stoßen, dessen konnten sich die Obristen gewiß sein, hätten sie ihren Beschlußentwurf binnen kürzester Zeit zur Überarbeitung wieder auf dem Tisch.

Lemme und Krüger stimmten den Vorentwurf ihres Beschlußvorschlages im MfS mit Irmler ab, der nicht widersprach. "Es hat zu diesem Zeitpunkt keiner entscheidend dagegen opponiert, weil sie im Grunde einverstanden sein mußten", bietet Krüger als Erklärung für die Reaktion des Leiters der ZAIG an. "Die, die mit der Materie vertraut waren, wußten, daß es keine Alternative gab. Alles andere war doch unehrlich."[248]

Über seinen für das MdI zuständigen Sektorenleiter in der Sicherheitsabteilung des Zentralkomitees, Generalmajor Gerhard Hötling, hielt Wolfgang Herger die ständige Verbindung mit der Arbeitsgruppe. Da Aktennotizen des MfS und MdI belegen, daß Herger selbst der erste Entwurf einer fast wortgleichen Presseerklärung von den Obristen zur Bestätigung vorgelegt wurde[249], ist mit Sicherheit davon auszugehen, daß er erst recht den Beschlußentwurf für Politbüro und Ministerrat vor seiner endgültigen Ausfertigung bestätigte.[250] Innenminister Dickel holte parallel vom amtierenden Minister für Staatssicherheit, Neiber, dessen Zustimmung zum Text der Presseerklärung ein, bevor er ihn mit Außenminister Fischer abstimmte und von Willi Stoph die Bestätigung einholte, - was einmal mehr zeigt, wie abhängig Dickel und das MdI in dieser Frage vom MfS operierten.[251]

---

248 Gespräch d. Vf. mit Hans-Joachim Krüger, 7.12.1994.
249 Ein namentlich nicht abgezeichneter Vermerk über den Abstimmungsprozeß findet sich im Fundus der Hauptabteilung PM des MdI: "Entsprechend der Information des Genossen Hötling wurde der als Anlage beigefügten Pressemitteilung durch Genossen Wolfgang Herger zugestimmt. Diese Pressemitteilung soll unverzüglich mit dem Minister für Auswärtige Angelegenheiten abgestimmt werden. Eine Abstimmung mit Genossen Generalmajor Niebling (MfS) ist erfolgt. Er legt sie unverzüglich seinem Minister vor. Danach soll sie kurzfristig dem Vorsitzenden des Ministerrates, Genossen Stoph, zur Entscheidung vorgelegt werden" (BArch/P, MdI, HA PM, Nr. 54462). - Im MfS legte Generalmajor Niebling den Entwurf der Presseerklärung nicht - dem abwesenden - Mielke, sondern Neiber mit folgendem Anschreiben vor: "Beiliegend die MdI-Fassung der ADN-Meldung, die vom Genossen W. Herger bestätigt worden ist. Genosse Dickel will mit Genossen Fischer abstimmen und bittet um Ihre Zustimmung. Ich schlage in Abstimmung mit der HA VII und der Rechtsstelle vor, diesem Entwurf zuzustimmen. Genosse Dickel will die Bestätigung vom Genossen Stoph einholen. (Die erforderlichen Weisungen wurden vorbereitet.) Niebling, Generalmajor" (BStU, ZA, MfS-Arbeitsbereich Neiber 553, Bl. 27).
250 Dieser Abstimmungsprozeß wird im übrigen von allen Seiten bestätigt (Gespräche d. Vf. mit Wolfgang Herger, 5.3.1992; mit Gerhard Lauter, 24.2.1992 und 28.5.1994, sowie mit Hans-Joachim Krüger, 7.12.1994).
251 Vgl. zu diesem Vorgang BStU, ZA, MfS-Arbeitsbereich Neiber 553.

Um die Dienststellen des MdI und MfS in die neuen Bestimmungen einweisen und die Mitarbeiter des Paß- und Meldewesens auf den zu erwartenden Massenansturm vorbereiten zu können, legten die Obristen als Sperrfrist für die Bekanntgabe des Beschlusses durch den ADN den 10. November, 4.00 Uhr früh, fest. Diesen Termin schriftlich im Text der Presseerklärung zu fixieren, widersprach den üblichen Gepflogenheiten und erschien deshalb überflüssig. Angesichts der Monopolstellung des ADN reichte es völlig aus, den Generaldirektor der SED-Nachrichtenagentur nach der Beschlußfassung im Ministerrat bei der Aushändigung der Pressemitteilung auf die Sperrfrist zu verpflichten.

Den mit Herger und dem MfS abgestimmten Beschlußvorschlag samt der geringfügig veränderten Pressemitteilung leiteten die vier Obristen über Kurier erneut Herger in das nur wenige hundert Meter entfernte ZK-Gebäude zu. Parallel dazu fand ein weiteres Exemplar über das Sekretariat von Dickel und dessen Stellvertreter Winderlich den Weg zum ebenfalls nahegelegenen Sitz des Ministerrates in der Klosterstraße, wo sie dem Leiter des Sekretariats des Büros des Ministerrates, Harry Möbis[252], übergeben wurde. Der Auftrag der Arbeitsgruppe war damit erfüllt; ehe Lemme, Krüger, Lauter und Hubrich auseinander gingen, verabredeten sie, sich für den Fall möglicher Veränderungswünsche telefonisch erreichbar in ihren Ministerien aufzuhalten. Die innerdienstlichen Weisungen über die Durchführung des Beschlusses wurden in beiden Ministerien getrennt vorbereitet. Bevor die entsprechenden Fernschreiben an die nachgeordneten Dienststellen herausgegeben werden konnten, mußte in den Ministerien die Zustimmung des Politbüros und des Ministerrates abgewartet werden.

Im Zentralkomitee leitete Herger den Beschlußentwurf an Egon Krenz weiter, der zwei Plätze neben ihm am Präsidiumstisch der Tagung saß. Genau besehen zog das Papier nun doch den Regelungsinhalt des gesamten Reisegesetzes vor. Genau darum sei es ihm gegangen, sagt Wolfgang Herger[253], - doch im Politbüro hatte es dafür zwei Tage zuvor keine Mehrheit gegeben. Im frisch gewählten Politbüro waren jedoch die Bremser der vorhergehenden Sitzung nicht mehr vertreten, und den neuen Mitgliedern waren mit Ausnahme Hergers die Details der Vorgeschichte der Reiseregelung nicht bekannt. In der seit langer Zeit üblichen halbstündigen Raucherpause der Plenarsitzung ab 12.00 Uhr informierte Krenz die Politbüro-Mitglieder in einem Nebenraum, in dem das Gremium gewöhnlicherweise in den Pausen zusammenkam, noch einmal über den Druck der ČSSR. Herger schätzt, daß vielleicht die Hälfte der elf Vollmitglieder und sechs Kandidaten des neu gewählten Politbüros anwesend war.[254] Mit Sicherheit nicht dabei war Günter Schabowski. Krenz las den Inhalt des Papieres vor, und berichtete, daß es sich um einen Vorgang handele, der noch von der amtierenden Regierung abgewickelt werde.[255] Auf Anfrage erklärte er, daß das Vorhaben mit der so-

---

252 Dr. Harry Möbis, Jg. 1930, Metallarbeiter, später Wirtschaftswissenschaftler. Seit 1967 Staatssekretär und Leiter der Arbeitsgruppe für Staats- und Wirtschaftsführung beim Ministerrat; seit 1973 Staatssekretär und Leiter der Arbeitsgruppe Organisation und Inspektion. Am 8. November 1989 übernahm Möbis zusätzlich von Kurt Kleinert, der diese Funktion seit 1974 bekleidete und "aus gesundheitlichen Gründen" ausschied, die Leitung des Sekretariats des Ministerrats, die er auch unter der Modrow-Regierung innehatte. Möbis war einer Aufstellung der Zeitschrift "Die Andere" zufolge zugleich als einer der bestdotierten "Offiziere im besonderen Einsatz" (OibE) für die HA XVIII (Sicherung der Volkswirtschaft) des MfS tätig (vgl. Die Andere Nr. 12, 20. März 1991, Beilage Nr. 3: Die Hauptamtlichen, Teil 1: Die oberen Zweitausend auf den Gehaltslisten der Stasi, S. III).
253 Gespräch d. Vf. mit Wolfgang Herger, 5.3.1992.
254 Gespräch d. Vf. mit Wolfgang Herger, 5.3.1992.
255 Gespräch d. Vf. mit Hans Modrow, 4.1.1995. Die Darstellung des Ablaufes dieser Zusammenkunft des - nicht vollzählig versammelten - Politbüros variiert bei den von mir befragten Politbüro-Mitgliedern, soweit sie sich daran erinnern, nur unwesentlich

wjetischen Seite abgestimmt sei. Hans Modrow, im Begriff, die Regierungsverantwortung zu übernehmen, war zwar gedanklich schon mit seiner nach der Pause anstehenden programmatischen ZK-Rede beschäftigt. Daß es aber um Ausreisen *und* Reisen ging, erinnert sich Modrow, habe er schon verstanden. Allerdings sei er davon ausgegangen, "daß es sich um einen Vorgang handelt, der einen geregelten Ablauf hat und nicht eine spontane Situation erzeugt."[256] Die Anwesenden stimmten dem Text, von kleineren stilistischen Bemerkungen abgesehen, im Kern zu. Anschließend vereinbarte Herger mit Willi Stoph, die Vorlage noch am Nachmittag im Umlaufverfahren vom Ministerrat bestätigen zu lassen.[257]

Die erforderlichen Vorarbeiten für das Beschlußverfahren waren im Apparat des Ministerrates bereits routinemäßig angelaufen. Nachdem Harry Möbis das MdI/MfS-Papier erhalten hatte, das nun die Weihe des Politbüros hatte, leitete er es an die Vorlagenabteilung weiter, in deren Zuständigkeit die technische Ausfertigung der Beschlußvorlagen des Ministerrates fiel. Der Leiter der Vorlagenabteilung schaltete die Rechtsabteilung ein. Deren Leiter wiederum, Dr. Klaus Mehnert, war bereits "eingetaktet", denn er war am Vormittag ins MdI beordert worden.[258] Die Beratung der Arbeitsgruppe war gerade beendet. Mehnert erhielt den fertig vorbereiteten Beschlußentwurf als Information zur Kenntnis und wurde über das beabsichtigte doppelgleisige Umlauf-Beschlußverfahren unterrichtet. Lag dem Politbüro der Beschluß gleichzeitig vor, bestand für den Ministerrat keinerlei Änderungsspielraum, da er dessen Beschlüsse stets wortgetreu übernahm und es in der Vergangenheit zumeist nicht einmal gewagt hatte, offensichtliche Schreibfehler zu korrigieren. Mehnert war somit im Bilde und beauftragte seinen Stellvertreter Wolfgang Petter gegen 12.30 Uhr mit der Anfertigung der Umlaufvorlage, und zwar parallel sowohl für den Ministerrat als auch für das Politbüro.

Petters Aufgabe bestand darin, den Titel der Vorlage und den Beschlußvorschlag für den Ministerrat zu formulieren. Neben der Vorlage las er auch den Begleitbrief von Dickel an Stoph aufmerksam durch.[259] So blieb ihm nicht verborgen, daß der Inhalt der Regelung weit über das hinausging, was Dickel Stoph im ersten Satz als "Veränderung der Situation der ständigen Ausreisen von DDR-Bürgern nach der BRD über die CSSR" angekündigt hatte. Der Regelungstext selbst war für ihn tabu, aber für den Text des Beschlußvorschlages auf dem Deckblatt der Vorlage wählte Petter eine Formulierung, die ihren Inhalt korrekt bezeichnete: "Der beiliegende Beschluß zur zeitweiligen Übergangsregelung für Reisen und ständige Ausreise aus der DDR wird bestätigt."[260] Spätestens gegen 14.30 Uhr, schätzt Wolfgang Petter, war der Umlauf fertig und die technischen Arbeiten abgeschlossen.[261] Über die Vorlagen-Abteilung ging das Papier zurück zum Leiter des Sekretariats des Ministerrates. Die Unterschrift von Stoph, der auf dem Deckblatt als Einreicher der Vorlage stand, wurde nicht eingeholt. Dem fertigen Ministerrats-Umlauf fügte Harry Möbis ein Anschreiben bei, in dem die Mitglieder des Ministerrates gebeten wurden, die angeheftete Beschlußvorlage "bis heute, Donnerstag, den 9. November 1989, 18.00 Uhr, im Umlaufverfahren zu bestätigen."[262]

(vgl. die Gespräche d. Vf. mit Egon Krenz, Wolfgang Herger, Siegfried Lorenz, Hans Modrow und Wolfgang Rauchfuß).
256 Gespräch d. Vf. mit Hans Modrow, 4.1.1995.
257 Gespräch d. Vf. mit Wolfgang Herger, 5.3.1992.
258 Hierzu und zum Folgenden: Gespräch d. Vf. mit Klaus Mehnert, 27.10.1993.
259 Hierzu und zum Folgenden: Gespräch d. Vf. mit Wolfgang Petter, 5.11.1993.
260 BStU, ZA, MfS-RS 101, Bl. 43.
261 Gespräch d. Vf. mit Wolfgang Petter, 5.11.1993.
262 BStU, ZA, MfS-RS 101, Bl. 42.

Gemäß der Geschäftsordnung des Ministerrates und der Anordnung zum Schutz der Staatsgeheimnisse[263] wurde die Vorlage, da es sich um eine "Vertrauliche Verschlußsache" handelte, über den Zentralen Kurierdienst für Staatsgeheimnisse (ZKDS) des Ministeriums des Innern in die Ministerien gebracht. Wollten die Minister zustimmen, brauchten sie nichts zu tun, denn im Umlaufverfahren bedeutete Schweigen Einverständnis; erfolgte kein Widerspruch, galt die Zustimmung als erteilt, wenn die Einspruchsfrist abgelaufen war. Machte jedoch nur ein Minister bis 18.00 Uhr Einwände geltend, mußten diese, bevor der Beschluß ausgefertigt werden konnte, ausgeräumt werden, denn im Umlaufverfahren herrschte das Einstimmigkeitsprinzip.

Das Problem an diesem Nachmittag war, daß 28 der 44 Minister nicht in ihren Ministerien zu erreichen waren, sondern als Mitglieder bzw. Kandidaten des ZK an dessen Beratung teilnahmen. Das traf zum Beispiel auf Dr. Herbert Weiz, den Minister für Wissenschaft und Technik, zu. Der Kurier des ZKDS gab die Umlaufvorlage gegen 15.00 Uhr im Sekretariat des Ministeriums in der Wuhlheide ab. Die Sekretärin des Ministers reichte sie an seinen persönlichen Mitarbeiter, Manfred Heinrich, weiter. Heinrich prüfte wie bei jedem Ministerrats-Umlauf, "inwieweit die Beschlußvorlage die Arbeit bzw. Verantwortung des Ministeriums betraf und legte, da der Minister abwesend war, die Vorlage dem Staatssekretär vor. Es gab keine abweichende oder gegensätzliche Stellungnahme. Zu diesem Zeitpunkt war nicht bekannt und auch aus der Vorlage nicht ersichtlich, ob und wie diese Reise-Verordnung bereits im ZK-Plenum behandelt worden war. Die Vorlage wurde deshalb dem Minister auf den Schreibtisch gelegt, so daß er sie als erstes zur Kenntnis nehmen mußte, wenn er eventuell erst nach Dienstschluß noch vom ZK in sein Büro fahren mußte. Während einer ZK-Sitzung an den Minister heranzukommen, war für seine Mitarbeiter so gut wie unmöglich."[264] So wenig wie der Wissenschaftsminister und der Kulturminister wußten auch Chemieminister Günther Wyschofsky[265] und mit ihnen 25 weitere Minister, daß sie, während sie im ZK saßen, im Begriff waren, einen Ministerratsbeschluß zu fassen.

In der regulären Mittagspause der ZK-Tagung ab 14.30 Uhr hatte Egon Krenz den nordrhein-westfälischen Ministerpräsidenten, Johannes Rau, im Staatsratsgebäude empfangen. Als er nach diesem Gespräch ins ZK-Gebäude zurückkehrte, berichtet Krenz, gab ihm Willi Stoph "kurz vor Beginn der Sitzung den Entwurf für eine neue Reiseverordnung in die Hand."[266] Wie vom Politbüro am 7. November beschlossen, konsultierte Krenz das Zentralkomitee und verlas gegen 16.00 Uhr die Stoph-Vorlage für den Ministerrat, die er korrekt als "Vorschlag" des amtierenden Vorsitzenden des Ministerrates bezeichnete. Daß das Beschluß-

---

263 Vgl. Geschäftsordnung des Ministerrates der Deutschen Demokratischen Republik vom 15.4.1982 (dok. in: König 1991, S. 351 ff.); Anordnung zum Schutz der Staatsgeheimnisse - Staatsgeheimnisanordnung (SGAO) - vom 15.1.1988, VVS B 430 - 1918/87.
264 Schriftliche Mitteilung von Manfred Heinrich an den Vf., 26.7.1995.
265 Gespräch d. Vf. mit Günther Wyschofsky, 14.12.1994. Im Ministerium für Chemie blieb die Umlauf-Vorlage auf dem Schreibtisch von Staatssekretär Quaas als amtierendem Minister liegen.
266 Krenz 1990, S. 179. Vgl. auch Gespräch d. Vf. mit Egon Krenz, 2.4.1992. - Die Darstellung von Wolfgang Herger, über seinen Stellvertreter Peter Miethe habe er gegen 17.00 Uhr die Rückinformation erhalten, der Beschluß des Ministerrates sei gefaßt, woraufhin Egon Krenz die Debatte unterbrochen habe, um die vom Ministerrat bestätigte Verordnung zu verlesen, ist wenig plausibel (Gespräch d. Vf. mit Wolfgang Herger, 5.3.1992). Zum einen war die Einspruchsfrist der Minister gegen die Umlaufvorlage zu diesem Zeitpunkt noch nicht abgelaufen, zum anderen sprach Krenz im Zentralkomitee ausdrücklich von einem *Vorschlag* des Vorsitzenden des Ministerrates, nicht aber von einem *Beschluß* des Ministerrates.

verfahren über den Wortlaut der ihm übergebenen Vorlage im Ministerrat bereits lief, hinderte ihn nicht daran, Änderungsvorschläge durch das Zentralkomitee entgegenzunehmen und die veränderte Vorlage abstimmen zu lassen.

Danach trat der Parteiapparat in Funktion. Die Korrekturen wurden Harry Möbis telefonisch ins Sekretariat des Ministerrates durchgestellt, die Vorlage von ihm handschriftlich korrigiert. An der Einspruchsfrist der Minister, die die Ausfertigung des Ministerrats-Beschlusses frühestens ab 18.00 Uhr erlaubte, störte sich das Büro des Politbüros nicht weiter. Mit dem einleitenden Hinweis, das Politbüro habe "folgendem Beschluß des Ministerrates zugestimmt", versandte der stellvertretende Leiter des Büros des Politbüros um 16.55 Uhr den vom Zentralkomitee verabschiedeten Text der Reiseverordnung per Fernschreiben an die 1. Sekretäre der Bezirks- und Kreisleitungen der SED.[267] Ein nicht unwesentlicher Teil der Adressaten - darunter alle 1. Sekretäre der Bezirksleitungen - befand sich jedoch zu diesem Zeitpunkt nicht in den Bezirken, sondern an dem Ort, an dem das Fernschreiben chiffriert und abgesetzt wurde: im Zentralkomitee der SED in Berlin.

Und obwohl es immer noch ein "Vorschlag" und kein Beschluß des Ministerrates war, preschte Krenz vor und beauftragte den Regierungssprecher, die Veröffentlichung "gleich" zu machen. Wie selbstverständlich schlüpfte er damit neben seinen drei Ämtern als Generalsekretär der SED, Staatsrats-Vorsitzender und Vorsitzender des Nationalen Verteidigungsrates auch noch in die Rolle des Vorsitzenden des Ministerrates. Diese Fehlentscheidung wäre im Ministerrat noch korrigierbar gewesen, denn dem Regierungssprecher war der Hintergrund der Sperrfrist bekannt. Doch bereits die nächste Entscheidung war irreversibel: Krenz schickte Schabowski mit der angeblichen "Weltsensation" - der zu diesem Zeitpunkt vom Ministerrat immer noch nicht beschlossenen Vorlage - gegen 17.30 Uhr auf die Internationale Pressekonferenz. Krenz mochte dies durchaus in gutem Glauben tun: Seit er dem Politbüro angehörte - und diese Praxis hatte sich seit Jahrzehnten eingespielt -, hatte der Ministerrat die Beschlüsse des Politbüros stets wortgleich nachbeschlossen; nie hatte es ein Minister gewagt, auch nur geringfügigste Änderungen vorzuschlagen. Allein um der Rechtsordnung optisch zu genügen, wurden die vom Politbüro beschlossenen Gesetze und Verordnungen dem Ministerrat vorgelegt. Seine Zustimmung erfolgte in einer administrativ vereinfachten Form: Im Sekretariat des Ministerrates wurde lediglich das Deckblatt der Beschlüsse des Politbüros und des Sekretariats des Zentralkomitees ausgewechselt und fallbezogen das Präsidium des Ministerrates oder der Ministerrat selbst als Urheber eingesetzt. So hatte die "Arbeitsteilung" zwischen Politbüro und Ministerrat jahrzehntelang ohne Friktionen funktioniert. An diesem 9. November jedoch führte die Einmischung der Partei in die Umsetzungsarbeit der Regierung zum Zusammenbruch der gesamten Vorbereitungsarbeiten des MfS und des MdI für die neue Reiseregelung.

Im MfS und MdI dauerte am Nachmittag die Feinarbeit an den Durchführungsbestimmungen der neuen Reiseregelung für die nachgeordneten Dienststellen des MdI an. Ein als Entwurf gekennzeichnetes entsprechendes Fernschreiben des MdI an die Chefs der BDVP, die Stellvertreter der Oberbürgermeister und die Stellvertreter der Vorsitzenden für Inneres der Räte der Bezirke pendelte zwi-

---

267 Fernschreiben des ZK der SED an die 1. Sekretäre der Bezirks- und Kreisleitungen der SED sowie Gen. Horst Brünner, NVA, Gen. Erwin Primpke, MdI, Gen. Horst Felber, MfS, 9.11.1989, 16.55 Uhr, CFS-Nr. 190 (PdV). - Der von Thilo Fischer, dem stellvertretenden Büroleiter des Politbüros, abgezeichnete Entwurf des Fernschreibens ist im Aktenbestand des "Büro Krenz" überliefert, das Fernschreiben selbst dagegen nicht (SAPMO-BArch, ZPA-SED, IV 2/2.039/314, Bl. 51/52).

schen dem MdI in der Mauerstraße und dem MfS in der Normannenstraße hin und her.[268]

Aus dem Reisegesetz-Entwurf hatten die Mitarbeiter des MfS und MdI den Grundgedanken übernommen, Privatreisen auch weiterhin an die Erteilung eines Visums zu binden. Dieses Verfahren sollte Lauter zufolge einen wichtigen Nebeneffekt gewährleisten: "Wir hätten also erst einmal den unmittelbaren Druck von der Grenze weggenommen und auf die Dienststellen der Volkspolizei gezogen."[269] Zur Beantragung der Privatreisen, so stellten sich die beiden Ministerien den ordnungsgemäßen Ablauf am folgenden Tag vor, "sind vom Bürger nur zwei *(sic!)* Anträge und eine Zählkarte entgegenzunehmen. Das Gespräch mit den Bürgern reduziert sich auf die Prüfung der ordnungsgemäßen Ausfüllung dieser Unterlagen". Die zuvor übliche Übergabe der "Zählkarte" an das MfS sollte entfallen. Visa zur ein- oder mehrmaligen Reise könnten, hieß es in den Festlegungen, "für maximal 30 Reisetage mit einer Gültigkeit bis höchstens sechs Monate erteilt werden". Die Bearbeitungszeit sollte sich nach den Reisewünschen der Bürger richten; ausdrücklich wurde angewiesen: "Das schließt Sofortreisen ein".[270]

Die "besonderen Ausnahmefälle", in denen Versagungsgründe zur Anwendung kommen sollten, waren auf nur noch drei aus der langen Liste der Versagungsgründe in der alten Reiseverordnung vom 30.11.1988 beschränkt, und zwar auf

- § 13, Abs. 1: "Genehmigungen sind zu versagen, wenn das zum Schutz der nationalen Sicherheit oder der Landesverteidigung notwendig ist." Dieser Versagungsgrund beließ den Sicherheitsorganen nach wie vor solchen Spielraum für die Abweisung politisch unliebsamer Antragsteller, wie diese rechtsstaatlich genormter Überprüfungsverfahren beraubt waren;
- § 13, Abs. 2, eingeschränkt auf Antragsteller mit aktiver Zugehörigkeit zu bewaffneten Organen ("Genehmigungen können versagt werden, wenn der Antragsteller ... zur Zeit Dienst in den Schutz- oder Sicherheitsorganen leistet") und
- § 14, Abs. 1, b): "Genehmigungen können auch versagt werden ..., wenn Prüfungen über Anzeigen gegen den Antragsteller noch nicht abgeschlossen sind, ein Ermittlungsverfahren gegen ihn eingeleitet wurde, er in ein Strafverfahren einbezogen ist oder Maßnahmen der strafrechtlichen Verantwortlichkeit zu verwirklichen sind."

Die Anwendung des Versagungsgrundes nach § 13, Abs. 2, der RVO ausschließlich auf aktive Angehörige der "bewaffneten Organe" stimmte Gerhard Lauter für die Zollverwaltung mit dem ersten Stellvertreter des Leiters, für die DVP mit der Hauptabteilung Bereitschaften des MdI und für die NVA mit dem Leiter der Rechtsabteilung des Ministeriums für Nationale Verteidigung telefonisch ab und erhielt deren Einverständnis.[271]

Am späten Nachmittag lag das Fernschreiben versandfertig auf dem Schreibtisch von Lauter; um es herausgeben zu können, wartete man auf Nachrichten aus dem Politbüro und Ministerrat. Als Lauter gegen 18.00 Uhr aus dem Ministerrat erfuhr, daß das Justizministerium Einspruch gegen die Beschlußvorlage erhoben

---

268 Vgl. die verschiedenen Entwürfe der Durchführungsbestimmung, in: BArch/P, MdI-HA PM Nr. 54462, sowie: BStU, ZA, MfS-Arbeitsbereich Neiber 553, Bl. 20-25.
269 Gespräch d. Vf. mit Gerhard Lauter, 24.2.1992.
270 Fernschreiben, Dringlichkeitsstufe Flugzeug, an: Chefs BDVP, alle Ltr. d. VPKÄ, Stellv. des Vorsitzenden, betreff: Privatreisen und ständige Ausreisen nach dem nichtsozialistischen Ausland, 9.11.1989 (PdV).
271 Siehe die entsprechenden Aktenvermerke Lauters vom 9.11.1989, in: BArch/P, MdI 54462; Gespräch d. Vf. mit Gerhard Lauter, 28.5.1994.

hatte, löste dies hektische Aktivitäten zwischen dem Sekretariat des Ministerrates, dem MfS und dem MdI aus.

Im Ministerium der Justiz führte an diesem Nachmittag Staatssekretär Dr. Siegfried Wittenbeck als 1. Stellvertreter des Ministers die Geschäfte, da Justizminister Hans-Joachim Heusinger an einer Fraktionssitzung der LDPD im Palast der Republik, dem Gebäude der Volkskammer, teilnahm.[272] Als Wittenbeck der Ministerrats-Umlauf vorgelegt wurde, zog er den Leiter der Hauptabteilung Verwaltungsrecht, Dr. Karl-Heinz Christoph, zu Rate. Christoph galt als ausgezeichneter Kenner der Materie, denn er hatte für das Justizministerium in der interministeriellen Arbeitsgruppe an der Ausarbeitung des Reisegesetz-Entwurfs mitgewirkt. Über die im MdI erarbeiteten internen Ausführungsbestimmungen in Unkenntnis gelassen, sprangen den beiden Juristen in der beabsichtigten Reiseregelung die gleichen Probleme ins Auge, für deren rechtlich einwandfreie, mit den KSZE-Verpflichtungen übereinstimmende Lösung sie sich in der vorhergehenden Diskussion über den Reisegesetz-Entwurf immer wieder eingesetzt hatten. Wittenbeck und Christoph waren sich schnell einig, diese überstürzte Beschlußvorlage, die sie als destruktiv und rückschrittlich einstuften, durch einen Widerspruch aufzuhalten und auf diese Weise Zeit für eine verbesserte Lösung zu gewinnen.[273]

In ihrer schriftlichen Stellungnahme verweigerten sie die Zustimmung des Justizministers zum Beschlußvorschlag Stophs einschließlich der beigefügten Pressemitteilung und nannten dafür vier - aus rechtsstaatlicher Sicht - triftige Gründe:
- Die Beschlußvorlage enthalte weder die Möglichkeit einer Beschwerde noch einer gerichtlichen Nachprüfung im Versagungsfall;
- Feste Bearbeitungsfristen für Reiseanträge seien nicht vorgegeben; die Formulierung, daß die Genehmigungen "kurzfristig" erteilt werden sollten, bemängelten sie als zu auslegungsfähig;
- Die Versagungsgründe, die "nur in besonderen Ausnahmefällen" angewandt werden sollten, seien nicht definiert.
- Schließlich sei die Festlegung, die Reiseverordnung vom 30. November 1988 "nicht mehr anzuwenden", juristisch nicht möglich. Eine Verordnung müsse förmlich aufgehoben werden.[274]

Unter dem Gesichtspunkt, es werde eine Reiseverordnung gemacht - und keine Grenzöffnung -, so Wittenbeck, habe er diese Einwände als juristische Feinheiten und Ergänzungen im Interesse des Bürgers betrachtet: "An eine Grenzöffnung haben wir an diesem Tag nicht gedacht, - und ich glaube niemand weit und breit."[275] Wittenbeck und Christoph waren zeitlich unter Druck geraten; als ihre Stellungnahme fertig war, ging es bereits auf 18.00 Uhr zu. Um sicher zu gehen, daß er den Termin einhielt, beförderte Wittenbeck das Schreiben selbst zum Ministerrat und gab es persönlich in der dortigen Verschlußsachen-Stelle ab. Damit der Minister unterrichtet war, wenn schon keine Zeit für eine Rücksprache geblieben war, ließ er Heusinger den MR-Umlauf und eine Kopie seiner Stellungnahme über Kurier in die Volkskammer zustellen.[276] Der Justizminister war mit dem Vorstoß seiner Mitarbeiter zufrieden.[277]

---

272 Gespräch d. Vf. mit Hans-Joachim Heusinger, 21.10.1993. Zur Fraktionssitzung der LDPD an diesem Tag vgl. auch Gerlach 1991, S. 318 ff.
273 Gespräch d. Vf. mit Siegfried Wittenbeck, 8.10.1993; Gespräch d. Vf. mit Karl-Heinz Christoph, 14.9.1993.
274 Schreiben des Ministers der Justiz (in Vertretung Wittenbeck) an das Sekretariat des Ministerrates (Manfred Sauer), 9.11.1989, in: BArch/P, C 20 I/3-2867, Bl. 52.
275 Gespräch d. Vf. mit Siegfried Wittenbeck, 8.10.1993.
276 Vgl. Gerlach 1991, S. 319.
277 Gespräch d. Vf. mit Hans-Joachim Heusinger, 21.10.1993.

Im Sekretariat des Ministerrates verursachte der Widerspruch dagegen Aufregung. Versuchte hier nicht das Justizministerium in völliger Unkenntnis dessen, was politisch gefordert war, die gesamte Diskussion über das Reisegesetz wieder hochzuziehen, obwohl es doch "nur" um eine Übergangsregelung für wenige Wochen - bis zur endgültigen Verabschiedung des Reisegesetzes - ging? Besonders mit dem Hinweis auf die Frage der Nicht-Anwendung oder Aufhebung der RVO vom 30. November 1988 hatte das Justizministerium in rechtlicher Hinsicht den wunden Punkt getroffen. Auf die gefundene Lösung war man im MfS und MdI gerade deshalb stolz, weil sie den Sicherheitsorganen ein "flexibles" Handeln ermöglichte: Einerseits war die RVO damit weg und brauchte nicht mehr angewandt zu werden; sollte es jedoch andererseits erforderlich werden, sie wieder hervorzuholen, weil die Übergangsregelung ihren Inhalt tatsächlich nicht komplett abdeckte, so war auch dies möglich, - gerade weil sie nicht aufgehoben war. Schließlich schloß man sich im MdI in dieser Hinsicht doch den rechtlichen Bedenken des Justizministeriums an und nahm den entsprechenden Punkt ganz aus dem Beschluß des Ministerrates heraus.[278] Als man im Sekretariat des Ministerrates noch über der Frage brütete, ob der Widerspruch nach dieser Änderung auch deshalb als erledigt betrachtet werden könnte, weil er sich nicht gegen die politische Absicht der Reiseregelung generell aussprach, erübrigte die Bekanntgabe des Textes auf der Pressekonferenz Schabowskis die weitere Bearbeitung der Stellungnahme des Justizministers. Sie landete in der Ablage des Ministerrates. Die in seiner Kompetenz liegende Arbeit hatte der Apparat des Ministerrates damit erledigt. Von den Folgemaßnahmen war er nicht berührt, alles weitere war dienstliche Angelegenheit der Sicherheitsministerien. Am Sitz des Ministerrates in der Klosterstraße gingen die Lichter aus.

Nach seiner Rückkehr ins Ministerium für Staatssicherheit hatte Udo Lemme dem Leiter der ZAIG, Generalleutnant Werner Irmler, ein Exemplar des von der Vierer-Arbeitsgruppe erarbeiteten Beschlußentwurfs übergeben.[279] In der ZAIG erfolgte die Vorbereitung einer dienstlichen Bestimmung als Telegramm an die Leiter der Bezirksverwaltungen des MfS. Da die bis dahin übliche Überprüfung der Reise-Antragsteller durch das MfS entfallen sollte, die VPKÄ die Visa zu erteilen hatten und die Visum-Stempel die alten blieben, trug die dienstliche Bestimmung weniger einen anweisenden als vielmehr einen die Dienststellen des MfS informierenden Charakter:

"Um die gegenwärtige Praxis der ständigen Ausreise mit PA (Personalausweis, d.Vf.) der DDR über das Territorium der CSSR zu verändern, beschloß der Ministerrat der DDR bis zum Inkrafttreten des neuen Reisegesetzes die Verordnung vom 30.11.1988 nicht mehr anzuwenden. Dazu erfolgt eine Information an die Öffentlichkeit.

Genehmigungen für Privatreisen oder ständige Ausreisen können für jeden Bürger der DDR ohne Vorliegen von Voraussetzungen unverzüglich erteilt werden, es sei denn, es handelt sich um Angehörige der Schutz- und Sicherheitsorgane bzw. bei Privatreisen darüber hinaus, wenn Gründe im Sinne der §§ 13 Abs. 1 und 14 Abs. 1 Buchstabe b) der o.g. Verordnung vorliegen.

Ständige Ausreisen können bei den VPKÄ-Paß-Meldewesen oder bei den Abteilungen Inneres beantragt werden.

Vom Ministerium für Außenhandel wird veranlaßt, daß PKW ohne besondere Genehmigung ausgeführt werden können.

---

278 Der ersatzlos gestrichene erste Punkt des Ministerrat-Beschlußentwurfs lautete: "1. Die Verordnung vom 30. November 1988 über Reisen von Bürgern der DDR in das Ausland (GBl. I Nr. 25 S. 271) findet bis zur Inkraftsetzung des neuen Reisegesetzes keine Anwendung mehr."
279 Gespräch d. Vf. mit Udo Lemme, 22.4.1994.

Ständige Ausreisen können über alle GÜST nach der BRD bzw. nach Westberlin erfolgen.
Detaillierte Festlegungen zur Verfahrensweise und die Notwendigkeit des engen Zusammenwirkens mit den Diensteinheiten des MfS sind in einer Weisung des Ministers des Innern enthalten.
Im Rahmen des engen politisch-operativen Zusammenwirkens sind die erforderlichen sicherheitspolitischen Maßnahmen durchzuführen.
gez. Neiber
Generalleutnant."[280]

Was sich der Logik des Justizministers verschlossen hatte, entfaltete in diesem MfS-Telegramm noch seine schizophrene Wirkung: Die im zweiten Satz angeführten Versagungsgründe bezogen sich auf die Verordnung, die dem ersten Satz zufolge nicht mehr angewandt werden sollte.[281] Die Weisung des Ministers des Innern, die die Festlegungen zur Verfahrensweise und zum Zusammenwirken zwischen MfS und MdI enthielt, sandte die ZAIG den Bezirkschefs des MfS nicht zu. Wichtige Fernschreiben des MdI an die BdVP und die VPKÄ gingen den Leitern der BVfS und KDfS ohnehin über die Mitarbeiter der Linie VII des MfS entweder sofort, spätestens aber in Verbindung mit den ODH-Lagefilmen zu, die die Bezirksbehörden der Volkspolizei und die Volkspolizeikreisämter jeden Tag frühmorgens dem MfS zur Auswertung übergeben mußten.[282]

Vergeblich habe er am Nachmittag auf Informationen über die Reaktion des Politbüros gewartet, berichtet Udo Lemme. Er habe mehrfach mit Lauter telefoniert - doch nichts in Erfahrung bringen können. Um 18.00 Uhr herum habe er dann seine Dienststelle verlassen.[283] Während Lemme die Pressekonferenz Schabowskis bereits zu Hause sah, hatte Krüger den Fernseher in seinem Dienstzimmer im MfS eingeschaltet und verfolgte dort den Auftritt des Politbüro-Mitglieds Schabowski. Im Anschluß an die Übertragung versuchte Krüger, Generalleutnant Irmler telefonisch zu erreichen - ohne Erfolg. Auch in der ZK-Abteilung Sicher-

---

280 Telegramm, Dringlichkeit: Flugzeug, Absender: Minister (gez. Neiber, Generalleutnant), Empfänger: Leiter der BV 1-15, Berlin, den 9.11.1989, VS 2992/89E, FS-Nr. 260, BdL 313/89 (BStU, ZA, MfS-SdM Nr. 2275, Bl. 58). - Einem Vor-Entwurf des Telegramms ist zu entnehmen, daß es ursprünglich von Generaloberst Mittig unterzeichnet werden sollte (vgl. BStU, ZA, MfS-Arbeitsbereich Neiber 553, Bl. 13). Mittig jedoch nahm an der ZK-Tagung teil und scheint nicht erreichbar gewesen zu sein, weshalb dann Neiber einsprang. Um wieviel Uhr die ZAIG bzw. Neiber dieses Telegramm an die Leiter der Bezirksverwaltungen abschickte, geht aus dem Dokument nicht hervor. Daß es sich um das in den Lagefilmen der MfS-Kreisdienststellen Magdeburg und Salzwedel um 21.13 Uhr verzeichnete "CFS 5359-Fl." handelt, kann an dieser Stelle nur als Vermutung geäußert werden (vgl. KD Salzwedel, ODH-Rapport 9.11.89, 9.00 Uhr, bis 10.11.89, 8.00 Uhr, in: BStU, ASt. Magdeburg, KD Salzwedel - ODH-Rapporte, Bl. 79); KD Magdeburg, ODH-Rapport 9.11.89, 7.45 Uhr, bis 10.11.89, 7.45 Uhr, in: BStU, ASt. Magdeburg, KD Magdeburg, ODH-Rapporte, Bl. 2).
281 Das Telegramm zeigt, daß die zwischen dem Sekretariat des Ministerrates und dem MdI aufgrund des Wittenbeck-Einspruchs vorgenommene Streichung des ersten Punktes im MfS zu diesem Zeitpunkt zumindest noch nicht angekommen war.
282 Indizien weisen zudem darauf hin, daß das MfS möglicherweise die Fernmeldekabel der Dienststellen des MdI parallelgeschaltet hatte und alle ein- und ausgehenden Fernschreiben und Telefongespräche aufzuzeichnen und abzuhören imstande war. Dem Vf. liegt ein schriftlicher Erinnerungsbericht vor, der diese "Parallelschaltung" für das VPKA Eilenburg (Sachsen) darstellt. Als bei der Auflösung der Eilenburger Kreisdienststelle des MfS Nachrichtenmonteure das Hauptkabel zum Fernmeldevermittlungsschrank kappten, blieb danach der Fernschreiber im VPKA Eilenburg zum selben Zeitpunkt mitten im Text stehen (Gespräch d. Vf. mit Dieter Zarges, 28.12.1993; schriftliche Mitteilung von Dieter Zarges an den Vf. vom 1.2.1994).
283 Gespräche d. Vf. mit Udo Lemme, 28.2.1992 und 22.4.1994.

heitsfragen fand er keinen Ansprechpartner. Für ihn sei damit klar gewesen, so Krüger: "Es ist ein Beschluß, mich brauchen sie jetzt nicht mehr."[284] Er fuhr zunächst nach Hause, doch dort hielt es ihn nicht lange. Gegen halb zehn erkundete er die Lage im MdI, wo er den Chef des Stabes, Generaloberst Karl-Heinz Wagner, als ranghöchsten Diensthabenden antraf.

Im Stab des MdI war die gesamte operative Planung des Innenministeriums und insbesondere auch die Einsatzplanung zentralisiert. Wie die ZAIG im MfS funktionierte der Stab mit seiner Hauptnachrichtenzentrale, dem Informations-Zentralspeicher, dem mobilen Zentralen Operativen Fernsehen sowie dem Datenverarbeitungs- und Rechenzentrum als "Gehirn" des MdI. Alle aus den Bezirksbehörden der Volkspolizei und den Räten der Bezirke auflaufenden Informationen, die in den Zuständigkeitsbereich des MdI fielen, wurden hier gesammelt und ausgewertet. Sie bildeten sowohl das Ausgangsmaterial für die operative Arbeit der nachgeordneten Dienststellen und Linien als auch für zentrale Informationen an die Spitze des MdI, des MfS, des Ministerrates und der Parteiführung. Alle Informationen, die im Stab aufliefen oder von ihm abgesetzt wurden - einschließlich aller Befehle und Fernschreiben -, wurden zugleich dem MfS übergeben. Zwar unterstand Wagner mit dem Stab der wichtigste und größte Verantwortungsbereich im MdI[285]; auch war er als einziger der fünf Stellvertreter des Ministers zum Generaloberst befördert worden. Doch in der Partei und im Ministerium wurde nicht Wagner, sondern der zehn Jahre jüngere stellvertretende Innenminister und rangniedere Generalleutnant Lothar Ahrendt, zuständig nicht nur für die Kriminal-, Schutz- und Transportpolizei, sondern auch für die Hauptabteilung Paß- und Meldewesen, als Anwärter auf die Nachfolge des Ministers betrachtet. Ahrendt war zudem Kandidat des Zentralkomitees, was an diesem Tag bedeutete, daß er gemeinsam mit Minister Dickel und dem Chef der Politischen Verwaltung des MdI, Generalleutnant Reuther, an der ZK-Tagung teilnahm.

Wegen seiner Abwesenheit hatte Ahrendt seinen stellvertretenden Minister-Kollegen Winderlich, dem neben Feuerwehr und Strafvollzug mit der Hauptabteilung Innere Angelegenheiten der zweite Bereich im MdI unterstand, der an der Ausarbeitung der Reiseregelung beteiligt war, beauftragt, den Entwurf der Umlaufvorlage für den Ministerrat auf den Weg zu bringen und das Fernschreiben zu unterzeichnen, das die Bezirksbehörden der Volkspolizei und die Volkspolizeikreisämter in die Anwendung der Reiseregelung einweisen sollte. Den ersten Teil dieses Auftrages hatte Winderlich kurz vor Mittag erfüllt.[286] Weil er aber nachmittags außer Haus mußte und das Fernschreiben noch nicht erarbeitet war, hatte er Wagner beim Mittagessen in groben Zügen mit dem Vorgang vertraut gemacht und ihn darum gebeten, die Unterzeichnung an seiner Stelle zu übernehmen.

Gegen 15.00 Uhr erreichte Wagner ein Anruf des Potsdamer Bezirkspolizeichefs Griebsch. Der 1. Sekretär der Potsdamer SED-Bezirksleitung hatte Griebsch über eine für den nächsten Tag anstehende Neuregelung des Reiseverkehrs vorinformiert. Der Potsdamer BDVP-Chef wollte von Wagner in Erfahrung bringen, womit genau zu rechnen war und welche Vorbereitungsmaßnahmen einzuleiten waren. Doch der Chef des Stabes war noch nicht auskunftsfähig. Wagner erkundigte sich bei Lauter, wann mit dem Dokument zu rechnen sei und

---

284 Gespräch d. Vf. mit Hans-Joachim Krüger, 11.3.1992.
285 Etwa die Hälfte aller Mitarbeiter des MdI - rund 1.000 - war im Stab beschäftigt.
286 Winderlich hatte für das MdI kurz vor Mittag das Anschreiben an Harry Möbis unterschrieben, mit dem dem Ministerrats-Vorsitzenden der Reiseverordnungs-Beschlußentwurf samt einem Begleitbrief des Innenministers zugestellt wurde. Das Anschreiben ("Werter Genosse Staatssekretär! Wie telefonisch abgesprochen, überreiche ich eine Kopie eines Anschreibens des Ministers des Innern und Chefs der DVP an den Vorsitzenden des Ministerrates. Mit sozialistischem Gruß, Winderlich") ist in den Ministerrats-Unterlagen überliefert (BArch/P, C 20, I/3-2867, Bl. 54).

erfuhr, daß sich die Reise-Vorlage noch im Umlaufverfahren des Ministerrates befände und ihm das Fernschreiben unmittelbar nach dessen Zustimmung vorgelegt werden würde. Die Zeit verrann. Weitere Chefs von Bezirksbehörden riefen Wagner an, und es blieb ihm nichts anderes übrig, als ihnen mitzuteilen, daß mit dem Fernschreiben noch in den Abendstunden zu rechnen sei. Der Chef der BdVP Frankfurt/Oder veranlaßte um 18.45 Uhr eine Information an die Volkspolizei-Kreisämter seines Bezirks, daß sich alle Leiter der Abteilungen Paß- und Meldewesen ab 22.00 Uhr abrufbereit in ihrer Wohnung aufzuhalten hätten. Nähere Angaben, so der Rundspruch des Operativ Diensthabenden weiter, "ergehen per Fernschreiben."[287]

Erst nach Schabowskis Pressekonferenz schließlich erhielt Generaloberst Wagner das Fernschreiben von Oberst Joachim Gerbitz, dem stellvertretenden Leiter der Hauptabteilung Paß- und Meldewesen, auf den Tisch. Wagners erster Stellvertreter, Generalmajor Grüning, der in die Erarbeitung des Reisegesetz-Entwurfs einbezogen war, hatte es bereits geprüft und unterschrieben. Wagner zeichnete das Papier ebenfalls ab. Um 19.30 Uhr wurde der Text in der Fernschreibstelle in Empfang genommen und anschließend die Chiffrierstelle gegeben. In allen Bezirksbehörden der Volkspolizei einschließlich des Berliner Polizeipräsidiums ging das Fernschreiben um 21.19 Uhr ein.[288] Froh, seinen Auftrag endlich erledigt zu haben, ließ sich Wagner kurze Zeit nach der Unterzeichnung von seinem Fahrer nach Hause bringen. Die Leitung des MdI ging ab diesem Zeitpunkt auf die Führungsgruppe des Ministeriums über.[289]

Viel Zeit, um zur Ruhe zu kommen, wurde Wagner nicht gegönnt. Kaum hatte er sein Haus im Berliner Stadtteil Grünau betreten, begannen seine Telefone - installiert waren ein abhörsicherer W-Tsch-Apparat und die Regierungsleitung - zu läuten. Der Operativ Diensthabende des MdI informierte ihn über die ersten Reaktionen der Bevölkerung auf die Schabowski-Pressekonferenz, mit denen er aufgrund der einlaufenden Meldungen und Anfragen aus den Bezirken und dem Berliner Polizeipräsidium konfrontiert war. Um 20.45 Uhr, so ist dem Lagefilm der Magdeburger Bezirksbehörde der Volkspolizei zu entnehmen, entschloß sich Wagner zu einem folgenreichen Schritt: "Sollten an den KP (Kontrollpunkten, d.Vf.) vor den GÜST Bürger der DDR mit PA (Personalausweis, d.Vf.) erscheinen und wollen in die BRD ausreisen, sind diese passieren zu lassen", legte Wagner fest. "Alle weiteren Maßnahmen werden in der GÜST getroffen."[290] Mit dieser Festlegung zog Wagner die Volkspolizei quasi vorbeugend aus der sich unter Umständen anbahnenden Konfrontation zwischen ausreisewilligen Bürgern

---

287 BdVP Frankfurt (Oder)/ODH, Rapport Nr. 313/89, Lagefilm vom 9.11.89, 7.30 Uhr, bis 10.11.89, 7.30 Uhr (ARCH POLPRÄS F(O) Nr. 14208); vgl. auch: Volkspolizei-Kreisamt Frankfurt (Oder)/ODH, Rapport Nr. 287/89 für die Zeit vom 9.11.89, 4.00 Uhr bis 10.11.89, 4.00 Uhr, Dienstsache 314/89, Frankfurt (O), den 10.11.89, Nr. 15 (ARCH POLPRÄS F(O) Nr. 16563).
288 Warum zwischen dem Eingang des Fernschreibens, das mit der höchsten Dringlichkeitsstufe "Flugzeug" versehen war, und seinem Empfang in den BdVP annähernd zwei Stunden vergingen, ist eine Frage, die nicht zu klären war. Die Chiffrierung alleine dürfte nicht mehr als eine halbe Stunde in Anspruch genommen haben.
289 Der etwa zehnköpfigen "Führungsgruppe" gehörte nach Angabe von Karl-Heinz Wagner jeweils ein Mitarbeiter aus den operativen Bereichen des MdI - der Kriminal-, Verkehrs- und Transportpolizei, der HA PM usw. - an; sie stand unter Leitung des Stellvertreters Operativ des Chefs des Stabes und der Abteilung Operativ. Parallel zum ODH, der überwiegend die polizeiliche Lage registrierte, hielt die Führungsgruppe des MdI den Kontakt mit den Führungsgruppen der BdVP und nahm deren Meldungen über die politischen Aktivitäten in den Bezirken entgegen (Gespräch d. Vf. mit Karl-Heinz Wagner, 12.6.1995).
290 BdVP Magdeburg/ODH, Rapport Nr. 222/89, 9.11.1989, Nr. 8 (ARCH REGPRÄS MBG DEZ 23 Nr. 17224).

und der Staatsmacht heraus und verlagerte den erwarteten Handlungs- und Entscheidungsdruck an die auf den Grenzübergangsstellen tätigen Mitarbeiter insbesondere der Paßkontrolle, also des MfS. Dann rief Neiber an und schlug Wagner zufolge vor, die Menschen in Berlin aufzuhalten und nicht an die Grenze heranzulassen, was er für undurchführbar hielt und gerade für Berlin ablehnte. Wie sollte die Volkspolizei aus dem Stand heraus in kürzester Zeit alle Straßen und Wege, die zu Grenzübergängen führten, für Kraftfahrzeuge und Fußgänger sperren können?

Von den pausenlosen Telefonaten entnervt und den Lageberichten des ODH seines Ministeriums beunruhigt, entschloß sich Wagner, in seine Dienststelle zurückzukehren. Mit wem er vom MdI aus in dieser Nacht auch immer telefonierte und Informationen austauschte: Von einem zentralen Befehl zur Öffnung der Grenze wurde ihm nichts bekannt. Wagner zufolge wurde dies nicht zentral entschieden, sondern erfolgte unter dem Druck der Massen.[291] "Für mich war in der Nacht eins klar", so Wagner: "Das war der Untergang der DDR."[292]

Nach Mitternacht, berichtet Krüger, habe er Wagner überredet, in einem zivilen Fahrzeug eine Erkundungsfahrt zur Grenze zu unternehmen, um sich einen persönlichen Eindruck von der Lage zu verschaffen. Danach habe sich zwischen ihnen sinngemäß folgender Dialog abgespielt:

Krüger: 'Karl-Heinz, das sieht schlimm aus!'
Wagner: 'Es sieht schlimm aus. Soll ich dir mal was sagen?'
Krüger: 'Na sag's!'
Wagner: 'Der Sozialismus ist verloren. Sieh' in die Augen der Menschen: Wir haben kein Hinterland mehr!'[293]

In der Nacht erreichte Wagner die Mitteilung Wolfgang Hergers, er möge sich am Morgen um 8.00 Uhr zur Bildung einer gemeinsamen Führungsgruppe der bewaffneten Organe im Arbeitszimmer des Generalsekretärs einfinden.

3.4.4. Die militärische Führung und der Fall der Mauer

Fassungslos, verwirrt, aber auch voller Wut blickte eine Parteiversammlung von Grenzschützern des Grenzregiments 36 am 10. November auf den Mauerdurchbruch und die Schändung "ihres" Brandenburger Tores, der "heiligen Kuh der Grenztruppen"[294], in der vorangegangenen Nacht zurück. Ihre Bereitschaft zum sicheren Schutz der Staatsgrenze "auch unter den gegenwärtigen Lagebedingungen" erklärend, klagten sie in einer Protestresolution an den Generalsekretär des ZK den Verrat ihrer militärischen und politischen Führung an: "Die Ereignisse vom 9.11.1989 bzw. 10.11.1989 betrachten wir schlichtweg als Verrat und Hohn gegenüber den Leistungen der Schutz- und Sicherheitsorgane, insbesondere der Grenztruppen. Ohne uns in Kenntnis zu setzen, wurden Entscheidungen getroffen, die uns zwangen, alle militärischen und parteilichen Prinzipien aufzugeben. Berechtigt fragen unsere Genossen, warum durch unsere Partei- und Staatsführung, durch unsere militärische Führung, diese Ausreiseregelung nicht ordnungsgemäß abgeklärt und vorbereitet wurde, sondern dem Gegner

---

291 Gespräch d. Vf. mit Karl-Heinz Wagner, 12.6.1995.
292 Gespräch d. Vf. mit Karl-Heinz Wagner, 24.4.1995.
293 Gespräch d. Vf. mit Hans-Joachim Krüger, 7.12.1994.
294 "Das Brandenburger Tor war das Wahrzeichen der Grenztruppen schlechthin. Es war schon ein Akt der Verwirrung, die heilige Kuh der Grenztruppen so geschändet zu sehen, ich sage das jetzt einmal so, wie ich das damals empfunden habe, denn es war so." So der Oberstleutnant im Grenzkommando Mitte, Peter Ludwanowski, in der Sendung "Fünf Jahre nach dem Fall der Mauer" von Theodor Baltz u.a. (RTL-Nachtjournal Spezial, 6.11.1994).

und seinen Massenmedien, wie so oft in letzter Zeit die Initiative übergeben, nicht nur überlassen wurde?"[295] Weil die militärische Führung kopflos und ohne Ziel handle und die Erfüllung der Aufgaben zum Schutz der Staatsgrenze nicht länger gewährleiste, habe man zu ihr - einschließlich des Ministers und der anderen ZK-Mitglieder des MfNV - kein Vertrauen mehr. "Wir fordern", heißt es in dem Schreiben abschließend, "daß diese Genossen Rechenschaft für ihr Versagen ablegen und durch die Führung unserer Partei die notwendigen Veränderungen vorgenommen und die Genossen, am Statut gemessen, zur Verantwortung gezogen werden."[296]

Die von den Grenzern geforderten personellen Veränderungen wurden in den folgenden Tagen und Wochen vorgenommen, ihre Fragen hingegen nie beantwortet. Wie aber stellte sich der Fall der Mauer aus der Sicht der Spitze des Ministeriums für Nationale Verteidigung dar? Warum wurde die Reiseregelung in Strausberg nicht "ordnungsgemäß abgeklärt und vorbereitet"? Welche Informationen liefen im Ministerium und im Kommando der Grenztruppen ein, welche Abstimmungsprozesse fanden statt, welche Entscheidungen wurden getroffen und welche Weisungen und Befehle gegeben?

In den Zimmern des Ministers und der meisten seiner Stellvertreter herrschte am 9. November wie bereits am Vortage gähnende Leere. Seit Honecker den Sicherheitsblock im Zentralkomitee verstärkt und immer mehr Vertreter der bewaffneten Organe als Mitglieder und Kandidaten ins Zentralkomitee kooptiert hatte, waren die Führungsetagen des Ministeriums für Nationale Verteidigung an Sitzungstagen des Zentralkomitees wie ausgestorben. Mit sieben Generälen, von denen sechs dem Kollegium angehörten, war das Verteidigungsministerium so stark wie kein anderes Ministerium im Zentralkomitee vertreten. Heinz Keßler und seine Stellvertreter Fritz Streletz[297], Horst Brünner[298], Wolfgang Reinhold[299], Horst Stechbarth[300] sowie der Chef der Grenztruppen, Klaus-Dieter Baumgarten[301] hatten der von Krenz verlesenen Reiseregelung zunächst keine größere Bedeutung für Armee und Grenztruppen beigemessen[302]; eine schnelle Information oder vorbereitende Weisung an die Kommandeure der Grenzkommandos und Grenzregimenter jedenfalls unterblieb. Für die NVA, so Fritz Streletz, ergab sich aus der Reiseverordnung aus damaliger Sicht "so gut wie gar nichts." Armeeangehörige durften ohnehin nicht ins kapitalistische Ausland reisen. Und "ob der Schlagbaum hochgeht und wer mit welchen Dokumenten die

---

295 Schreiben der Grundorganisation der SED des GR-36 an Gen. Krenz, 10.11.1989 (BStU, ZA, MfS-Arbeitsbereich Neiber 181, Bl. 35).
296 Ebd., Bl. 36.
297 Fritz Streletz, Jg. 1926. Erlernter Beruf: Offizier. Seit 1979 Generaloberst. Von 1971-1989 als Nachfolger Honeckers Sekretär des Nationalen Verteidigungsrates, von 1979-1989 Stellvertreter des Ministers für Nationale Verteidigung und Chef des Hauptstabes. Von 1981-1989 Mitglied des ZK der SED.
298 Horst Brünner, Jg. 1929. Erlernter Beruf: Industriekaufmann. Seit 1976 Generalleutnant, seit 1985 Nachfolger von Keßler in der Funktion des Stellvertreters des Ministers für Nationale Verteidigung und Chefs der Politischen Hauptverwaltung der NVA. Seit 1976 Kandidat und seit 1986 Mitglied des ZK der SED.
299 Wolfgang Reinhold, Jg. 1923. Erlernter Beruf: Verkäufer. Generaloberst, seit 1972 Stellvertreter des Ministers und Chef der Luftstreitkräfte/Luftverteidigung (LSK/LV) und seit 1981 Kandidat des ZK der SED.
300 Horst Stechbarth, Jg. 1925. Erlernter Beruf: Landwirt. Seit 1976 Generaloberst, seit 1972 Stellvertreter des Ministers für Nationale Verteidigung und Chef der Landstreitkräfte der NVA. Seit 1976 Kandidat, seit 1978 Mitglied des ZK der SED.
301 Klaus-Dieter Baumgarten, Jg. 1931. Erlernter Beruf: Zimmermann. Seit 1979 Generalleutnant. Seit 1979 Stellvertreter des Ministers für Nationale Verteidigung und Chef der Grenztruppen. Seit 1981 Kandidat des ZK der SED.
302 Der siebte General der NVA im ZK war Generalmajor Manfred Volland, stellvertretender Chef der Politischen Hauptverwaltung (PHV) der NVA.

Grenze passieren darf, oblag den Paßkontroll-Einheiten, die dem MfS unterstanden. Darauf hatten die Grenztruppen und der Kommandant der Grenzübergangsstelle keinen Einfluß."[303] Den eingeschliffenen Zuständigkeiten entsprechend konnten die Militärs die Umsetzung der Reiseverordnung getrost als interne Angelegenheit des MfS und des MdI betrachten. Wenig spricht dafür, daß am 9. November tatsächlich die Absicht bestand, wie Baumgarten angibt, "im Laufe einer Kollegiums-Sitzung am Abend die entsprechenden Weisungen zu beraten, was die Grenztruppen zu tun haben und welche Maßnahmen erforderlich sind", und danach die Information des Ministeriums für Nationale Verteidigung an die Truppe immer noch "rechtzeitiger erfolgt (wäre), als es über Rundfunk und Zeitungen vorgesehen war."[304] Als Voraussetzung dieser Beratung hätte sich das Kollegium in der Nacht zunächst einmal den schriftlichen Text der Reiseverordnung besorgen müssen, denn die ZK-Mitglieder hatten ihn nicht und im Sekretariat des Ministers in Strausberg war die Umlaufvorlage des Ministerrats nicht angekommen.[305] Nach der Erinnerung des für die inhaltliche und technische Durchführung der Sitzung zuständigen Sekretärs des Kollegiums, Oberst Werner Melzer, war an diesem Abend nur ein einziger Tagesordnungspunkt vorgesehen: die Auswertung des ZK-Plenums durch den Minister. Entsprechend wurde auch der im Ministerium für die interne Umsetzung der Reiseproblematik zuständige Leiter der Rechtsabteilung, Prof. Krumbiegel, nicht zu der Beratung hinzugezogen.[306]

In der Annahme, die ZK-Tagung werde wie üblich um 18.00 Uhr beendet, hatte Keßler die Kollegiums-Sitzung von Melzer für 19.00 Uhr anberaumen lassen. Doch planwidrig tagte das Zentralkomitee bis 20.45 Uhr, und erst danach brachen die Militärs in ihr Ministerium vor den Toren Berlins auf. Als sie dort ab 21.30 Uhr nacheinander eintrafen - Keßler, Brünner und Streletz kamen noch eine Viertelstunde später als die anderen -, warteten die Nicht-ZK-Mitglieder bereits seit fast drei Stunden vor dem Tagungsraum auf die Rückkehr der ZK-Mitglieder. Aus diesem Grund hatte kein Mitglied des Führungsgremiums der NVA die Pressekonferenz Schabowskis verfolgen können.

In vollkommener Unkenntnis des Geschehens in der Stadt begannen die höchsten Militärs "eine jener ermüdenden und fruchtlosen Sitzungen", so Admiral Theodor Hoffmann, damals Chef der Volksmarine und einer der Stellvertreter Keßlers, die den Führungsstil im Ministerium kennzeichneten.[307] Doch Keßler hatte bereits an Autorität eingebüßt.

Schon am frühen Morgen des 9. November, als er alle Chefs, Leiter und Parteisekretäre des Ministeriums über die Ergebnisse des ersten Tages des ZK-Plenums unterrichtete, wurde sein Vortrag von Mißfallensbekundungen der Anwesenden und kritischen Zwischenrufen selbst einiger seiner Stellvertreter begleitet.[308] "Alle Anwesenden, bis auf wenige Ausnahmen", so der Bericht eines Kon-

---

303 Fritz Streletz, in: Hertle 1995c, S. 909.
304 Klaus-Dieter Baumgarten, in: Hertle 1995c, S. 909.
305 Gespräch d. Vf. mit Werner Melzer, 21.8.1995. - Werner Melzer war Leiter des Sekretariats des Ministers und Sekretär des Kollegiums des MfNV. Daß die Ministerrats-Beschlußvorlage am 9. November nicht bei ihm ankam, kann Melzer zufolge einen einfachen Grund gehabt haben: Um zusätzliche Kuriere des ZKD nach Strausberg einzusparen, hatte das MfNV eigene Kuriere, die das Zentralkomitee und den Ministerrat morgens gegen 8.00 Uhr und nachmittags zwischen 13.30 Uhr und 14.30 Uhr anfuhren. Wenn die Umlaufvorlage zu diesem Zeitpunkt noch nicht in der Kurierpost für das MfNV lag, blieb sie bis zum nächsten Tag liegen. In der Praxis sei es immer mal wieder passiert, "daß wir etwas nicht erhielten. Dann hieß es: 'Ja, eure Leute waren schon weg!'" (Ebd.)
306 Mitteilung von Lothar Krumbiegel an den Vf., 30.8.1995.
307 Hoffmann 1993, S. 26.
308 Gespräch d. Vf. mit Manfred Grätz, 21.8.1995.

fidenten an das MfS, "waren mit den Darlegungen nicht einverstanden, da er ca. eine dreiviertel Stunde solche Informationen brachte, wie sie bereits in den Nachrichten am 8.11.1989 veröffentlicht wurden. Die Anwesenden haben daraufhin ihre Aufzeichnungsbücher geschlossen und die Schreibgeräte weggelegt, da die Meinung vertreten wurde, derartige allgemeine Informationen brauchte man nicht aufzuschreiben." Keßler habe sich grundsätzlich gegen eine Parteikonferenz bzw. einen Sonderparteitag ausgesprochen, woraufhin Generalleutnant Süß und andere den Minister gebeten hätten, "auf der ZK-Tagung die einstimmige Auffassung zum Ausdruck zu bringen, daß eine Parteikonferenz notwendig ist. Er wurde aufgefordert, die Meinung der Anwesenden dort darzulegen und nicht seine Meinung. Er will sich dieses überlegen."[309] Die SED-Grundorganisation seines eigenen Führungsbereiches ging am Vormittag noch einen Schritt weiter: Sie befürwortete einen außerordentlichen Parteitag und übermittelte Keßler diese Forderung schriftlich ins Zentralkomitee.[310] Beides waren für disziplinierte Militärs ungewöhnliche Vorgänge, die zeigten, daß es im Ministerium und in der Armee gärte.

So sicher die Einsatzfähigkeit der NVA gegeben war, so einschneidend war ihre Geschlossenheit und damit auch ihre Kampfkraft bereits beeinträchtigt. Aus den Berichten der MfS-Abwehr in der NVA war der engsten militärischen Führung bekannt, daß die "Wende" den politisch-moralischen Zustand der Angehörigen der Nationalen Volksarmee und der Grenztruppen in vielfacher Hinsicht erschüttert hatte.[311] Keßler, dem erzkonservativen, kryptokommunistischen Freundeskreis um Honecker zugehörig, hatte sich als ein unverrückbarer Fels in der Wende-Brandung erwiesen. Voller Mißtrauen in die Zuverlässigkeit der gesamten Armee hatte er am 14. September 1989 über alle Angehörigen der NVA und Grenztruppen einschließlich der Generäle, Offiziere, Unteroffiziere und Soldaten der Zivilverteidigung ein totales Reiseverbot nach Ungarn und durch Ungarn verhängt.[312] Beim Sturz Honeckers betrachteten es die Verschwörer als glückliche Fügung, daß sich sein Verbündeter Keßler mit einer Militärdelegation zu einem Freundschaftsbesuch in Nicaragua aufhielt. Seine persönliche und politische Loyalität zu Honecker und sein gefestigtes Feindbild wie die daraus resultierende Generallinie waren zu tief eingegraben, um schnell gewendet oder erneuert werden zu können. Unmittelbar nach seiner Rückkehr warnte er nach der Ablösung Honeckers im Zentralkomitee vor dem NATO-Programm der "friedlichen Auslöschung des Sozialismus" und rief zur Wachsamkeit gegenüber den Plänen des

---

309 Hauptabteilung I/Abteilung MfNV/Unterabteilung RD, Information, Strausberg, 9.11.1989 (BStU, ZA, MfS-Arbeitsbereich Neiber 874, Bl. 116). Grundlage der Information war ein Bericht des von der HA I registrierten IME "Eckhard Bode". Unter diesem Decknamen wurde der Chef der Verwaltung Medizin im MfNV als inoffizieller Mitarbeiter des MfS geführt (vgl. BStU, ZA, MfS-AIM 3845/91). Der Aktenlage im Zentralarchiv des BStU zufolge wurden mindestens vier Stellvertreter des Verteidigungsministers als inoffizielle Mitarbeiter des MfS geführt.
310 Gespräch d. Vf. mit Dr. Joachim Schunke, 4.8.1995.
311 Generalleutnant Dietze, der Leiter der HA I des MfS, stellte die in seinem Bereich erarbeiteten Informationen über Stimmungen und Meinungen in der NVA und den Grenztruppen in der Regel neben Neiber auch Keßler, Streletz und Brünner zur Verfügung (vgl. die Berichte der HA I, in: BStU, ZA, MfS-Arbeitsbereich Neiber 181). - Auf einer Sitzung des Sekretariats der Politischen Hauptverwaltung der NVA am 31.10.1989 hieß es, daß "die Bereitschaft der Streitkräfte zum Kampf für den Sozialismus (...) jederzeit gesichert (ist); die Situation in der Gesellschaft schlägt aber immer stärker auch bei uns durch"(BArch/P, MZA, P-2673, S.3).
312 Vgl. das Schreiben von Keßler an den Chef 2000, 14.9.1989 (BStU, ZA, MfS-Arbeitsbereich Neiber 181, Bl. 191). - Von dem Reiseverbot ausgenommen waren lediglich Dienstreisen.

Klassengegners auf.[313] Tags darauf wehrte er sich im Ministerrat dagegen, alles, was sich bewährt habe, über Bord zu werfen. Für Keßler war klar, daß die Krise nur zum geringsten Teil hausgemacht war, sondern statt dessen der imperialistische Klassenfeind zum letzten Gefecht blies: "Die Bourgeoisie, der Imperialismus, will den Sozialismus weghaben", rückte er selbstkritische Bemerkungen von Schürer zurecht, der die Ursache der Krise auch in politischen Fehlern der SED suchte.[314] Nach Keßlers Auffassung war deshalb vor allem Standhaftigkeit gefragt: "Das setzt voraus, daß wir die ständige Entlarvung der Feinde des Sozialismus brauchen und darstellen müssen, was er in Wirklichkeit will."[315]

Weil sich die militärische Führung aus Furcht vor einer "Konterrevolution" der Politik der "Wende" und "Erneuerung" verweigerte, geriet sie unter den politischen Druck der Berufsoffiziere. Sie warfen dem Ministerium in Strausberg mangelnde Führungs- und Leitungstätigkeit vor; vom Ministerium gingen, so die vorherrschende Meinung, "keine orientierenden oder die Moral stärkenden Impulse" aus.[316] Keßler und Horst Brünner, dem Chef der Politischen Hauptverwaltung, wurden intern Passivität, Unvermögen und Konzeptionslosigkeit vorgeworfen, ja selbst die Ablösung des Ministers gefordert und seine Wiederwahl in das Politbüro am 8. November scharf kritisiert: "Seine Wahl zum Mitglied des Politbüros wird von der Mehrheit der Berufskader mit der Begründung abgelehnt, er habe in den zurückliegenden vier Wochen keine Aktivitäten im Sinne der Wende unternommen."[317]

Seit August 1989 nahmen Fahnenfluchten von NVA-Soldaten dramatisch zu. Hinter vorgehaltener Hand wurde in Strausberg frühzeitig Kritik an den als ungerechtfertigt betrachteten Privilegien leitender Militärs und Forderungen nach ihrem Abbau laut.[318] In den Kasernen kritisierten Offiziere und Soldaten, wie die Stimmungsberichte des MfS belegen, von Beginn an die Beteiligung der NVA an Einsätzen im Innern.[319] In Zusammenhang mit der Bildung der NVA-Hundertschaften gegen Demonstrationen kam es zu einer Reihe von Befehlsver-

---

313 Vgl. Stenografische Niederschrift der 9. Tagung des Zentralkomitees der Sozialistischen Einheitspartei Deutschlands (unkorrigiert), Mittwoch, 18. Oktober 1989, S. 50 ff. (SAPMO-BArch, ZPA-SED, IV 2/1/701, Bl. 56 ff.).
314 Vgl. die Redebeiträge von Schürer und Keßler, in: Protokoll der 112. Sitzung des Ministerrates am 19. Oktober 1989 (BArch/P, C-20 I/3 2861).
315 Redebeitrag von Heinz Keßler, in: Protokoll der 112. Sitzung des Ministerrates am 19. Oktober 1989 (BArch/P C-20 I/3-2861, Bl. 61).
316 Vgl. Hauptabteilung I/AKG, Information über das Stimmungs- und Meinungsbild der Angehörigen und Zivilbeschäftigten der NVA und GT/DDR, Berlin, 10. November 1989, S. 2 (BStU, ZA, MfS-Arbeitsbereich Neiber 181, Bl. 42).
317 Ebd.
318 "In den Bereichen des MfNV spitzen sich Stimmungen über Privilegien und Verhaltensweisen leitender Kader zu. Unter anderem wird über die Notwendigkeit von Dienstreisen der Genossen Keßler, Brünner und Streletz nach Nikaragua, Kuba, Österreich und Korea diskutiert. Aus dem Programm und der Tatsache, daß Familienangehörige der o.g. Genossen mitreisen, wird geschlußfolgert, es seien weniger Dienst- als vielmehr Touristenreisen" (HA I/AKG, Information über das Stimmungs- und Meinungsbild der Angehörigen und Zivilbeschäftigten der NVA und der GT/DDR, Berlin, 21. Oktober 1989, S. 3, in: BStU, ZA, MfS-Arbeitsbereich Neiber 181, Bl. 102). - Schon bald waren die Benutzung von Sonderläden und Gästehäusern, die Inanspruchnahme von PKW-Sonderkontingenten, Auslandsreisen und der Einsatz von NVA-Mitteln und -Soldaten für private Zwecke Bestandteil der Kritik an den Privilegien der Führungskader.
319 Vgl. HA I/AKG, Information über das Stimmungs- und Meinungsbild der Angehörigen und Zivilbeschäftigten der NVA und GT/DDR, Berlin, 8. Oktober 1989, S. 3 (BStU, ZA, MfS-Arbeitsbereich Neiber 181, Bl. 125).

weigerungen.[320] Bei nicht wenigen Armeeangehörigen, so die Stasi-Berichte, riefe die Serie von Anzeigen gegen Übergriffe von Volkspolizisten Verunsicherung hervor, wie sie sich unter diesen neuen Bedingungen bei Einsätzen gegenüber Demonstranten verhalten sollten. Bei anderen wüchsen die Vorbehalte, "weil sie gegen Personen eingesetzt werden könnten, deren Forderungen den eigenen Wünschen nahekommen."[321] Denn in "beachtlichem Maße", konstatierten die Geheimdienstler vier Tage später, habe das Neue Forum "auch in den Streitkräften Wirkung erreicht. Es verstärken sich die Auffassungen, diese Gruppierung als gesellschaftliche Kraft anzuerkennen und zuzulassen."[322] Die Fragen nach den gesetzlichen Grundlagen für die innere Funktion der NVA wurden lauter, und die Bereitschaft zur "speziellen Aufgabenerfüllung" gegen Demonstranten nahm auch unter Vorgesetzten in dem Maße ab, wie die SED-Spitze selbst die Priorität des politischen Dialogs betonte und die nicht angemeldeten Demonstrationen stillschweigend hinnahm. Seit Anfang November erklärten immer mehr Soldaten offen, daß sie nicht gegen Demonstranten kämpfen würden. Stattdessen wurde unter Berufung auf Art. 7 der DDR-Verfassung, der den Einsatz der Nationalen Volksarmee auf Angriffe von außen beschränkte, die Rehabilitierung von Soldaten gefordert, die sich geweigert hatten, an möglichen Einsätzen gegen Demonstrationen teilzunehmen. "Wenn Sie Ihre Politik und Haltung nicht ändern", gab ein Lagebericht des MfS die Äußerungen eines Hauptmannes gegenüber seinem Regimentskommandeur als charakteristische Stimmung in der Truppe wieder, "müssen Sie eines Tages ... melden, daß Sie nur noch mit drei Offizieren die letzten Armeeangehörigen im Objekt und die anderen schon über den Zaun abgehauen sind."[323]

Insbesondere die Grenzsoldaten sahen in ihrem Dienst immer weniger Sinn. Mit dem Widerspruch, daß der "antifaschistische Schutzwall" der Propaganda zufolge der Sicherheit vor dem westlichen imperialistischen Klassenfeind dienen sollte, der tägliche Dienst an der Grenze wie das Grenzregime insgesamt aber darauf ausgerichtet war, die Flucht von DDR-Bürgern in die Bundesrepublik zu verhindern, hatten die meisten zu leben gelernt. Es war ja nicht ausgeschlossen, daß der Flüchtlingsstrom eines Tages die Richtung ändern würde. Seit September litt jedoch die Motivation der Grenzer unter der widersprüchlichen Politik der Partei- und Armeeführung wie nie zuvor: Während sie nach wie vor dazu vergattert wurden, an der deutsch-deutschen Grenze Fluchtversuche zu vereiteln und im Extremfall auf Menschen zu schießen, konnten zur gleichen Zeit Zehntausende über die ungarische oder tschechoslowakische Grenze risikolos und ungehindert ausreisen. Die Diskussionen über notwendige Veränderungen des Grenzregimes nahmen in den Regimentern zu, und mit ihnen die Unzufriedenheit, daß die Führung zu diesen Problemen schwieg.[324]

---

320 Vgl. HA I, Information über Befehlsverweigerungen in der NVA und den Grenztruppen der DDR, Berlin, 19. Oktober 1989 (BStU, ZA, MfS-Arbeitsbereich Neiber 181, Bl. 190). Siehe auch: Abschlußbericht-NVA 1990; Hoffmann 1993; Weber 1993.
321 Vgl. Hauptabteilung I/AKG, Information über das Stimmungs- und Meinungsbild der Angehörigen und Zivilbeschäftigten der NVA und GT/DDR, Berlin, 23. Oktober 1989, S. 3 (BStU, ZA, MfS-Arbeitsbereich Neiber 181, Bl. 96).
322 Vgl. Hauptabteilung I/AKG, Information über das Stimmungs- und Meinungsbild der Angehörigen und Zivilbeschäftigten der NVA und GT/DDR, Berlin, 27. Oktober 1989, S. 3 (BStU, ZA, MfS-Arbeitsbereich Neiber 181, Bl. 87).
323 Vgl. Hauptabteilung I/AKG, Information über das Stimmungs- und Meinungsbild der Angehörigen und Zivilbeschäftigten der NVA und GT/DDR, Berlin, 10. November 1989, S. 2 (BStU, ZA, MfS-Arbeitsbereich Neiber 181, Bl. 42).
324 Vgl. Hauptabteilung I/AKG, Information über das Stimmungs- und Meinungsbild der Angehörigen und Zivilbeschäftigten der NVA und GT/DDR, Berlin, 4. November 1989, S. 4 (BStU, ZA, MfS-Arbeitsbereich Neiber 181, Bl. 65).

Daß schließlich die Armeeangehörigen auch im Entwurf des Reisegesetzes vom 6. November 1989 als angebliche Geheimnisträger aus Gründen der nationalen Sicherheit jahrelang vom freien Reisen ausgeschlossen werden sollten, führte ebenfalls zu offenen Mißfallensäußerungen: "Aus einer Reihe von Meinungsäußerungen ist zu schlußfolgern, daß eine beachtliche Anzahl Berufskader und Zivilbeschäftigte im Falle einer Ausgrenzung aus den Reisemöglichkeiten die Fortsetzung des Dienst- bzw. Arbeitsrechtsverhältnisses und die Übernahme von Verantwortung in Frage stellen könnte."[325] An den Offiziersschulen der Landstreitkräfte und der Grenztruppen wurden Bestrebungen bekannt, mit Schüler- bzw. Soldatenräten eine wirksamere Interessenvertretung zu erreichen.[326] Unübersehbar hatte die gesellschaftliche Krise auch die Nationale Volksarmee und die Grenztruppen erfaßt.

In der Spitze des Ministeriums waren es vor allem die stellvertretenden Minister Goldbach und Grätz sowie Hauptinspekteur Süß, die die Impulse der Erneuerungspolitik aufgenommen und Veränderungen in der NVA eingeleitet sehen wollten. Wollte Keßler der Demontage seiner Autorität nicht tatenlos zusehen, konnte er deren Zwischenrufe und Mißfallensbekundungen vom Morgen des 9. November nicht auf sich beruhen lassen. Hatte ihm das Zentralkomitee mit seiner fast einstimmigen Wiederwahl in das Politbüro nicht einen überwältigenden Vertrauensbeweis ausgestellt? Deutete nicht alles darauf hin, daß er sein Amt als Verteidigungsminister auch in der Regierung Modrow behalten würde? Was nahmen sich seine Stellvertreter ihm gegenüber eigentlich heraus?

Keßler eröffnete die abendliche Kollegiums-Sitzung[327] mit einem Angriff auf seine Kritiker: Das Verhalten von Goldbach, Süß und Grätz am Morgen sei deplaziert gewesen; er erwarte von seinen Stellvertretern, daß sie sich überlegten, wo sie was sagten. Diese Rüge, so Manfred Grätz, sei von den Betroffenen zunächst kommentarlos entgegengenommen worden, und der Minister alsdann zur Tagesordnung übergegangen.[328] Ohne den Reisebeschluß auch nur zu erwähnen, referierte Keßler den Ablauf der ZK-Tagung, über den sich ohnehin alle am nächsten Tag in der Zeitung hätten informieren können.[329] Mitten in die Sitzung hinein platzte ein Anruf des Stabschefs der Grenztruppen. Er werde nicht mehr Herr der Lage, vernahm der Sekretär des Kollegiums die aufgeregte Stimme Teichmanns, weshalb er dringend den Chef der Grenztruppen zu sprechen wünsche. Der Stabschef meldete Baumgarten dann, "daß ein Ansturm auf die Grenze eingesetzt habe und daß es angeblich einen Regierungsbeschluß über die Öffnung der Grenzübergänge gebe, von dem er aber nichts wisse. Er bat um Klärung der Sachlage und um Anweisungen."[330] Doch Baumgarten war über die Meldung sichtbar erschrocken, konnte selbst keinen Beitrag zur Klärung der Sachlage lei-

---

325 Vgl. Hauptabteilung I/AKG, Information über das Stimmungs- und Meinungsbild der Angehörigen und Zivilbeschäftigten der NVA und GT/DDR, Berlin, 8. November 1989, S. 5 (BStU, ZA, MfS-Arbeitsbereich Neiber 181, Bl. 54).
326 Vgl. Hauptabteilung I/AKG, Information über das Stimmungs- und Meinungsbild in der NVA und den Grenztruppen der DDR, Berlin, 3. November 1989, S. 4 (BStU, ZA, MfS-Arbeitsbereich Neiber 181, Bl. 71). Diskussionen in der Truppe über die Bildung von Soldatenräten als Interessenvertretung der Armeejugend waren schon am 31. Oktober 1989 Gegenstand einer Erörterung des Sekretariats der Politischen Hauptverwaltung (vgl. BArch/P, MZA, Strausberg AZN P-2673, Bl. 12).
327 Weil es um ein rein parteibezogenes Thema gegangen sei, sei General Schuraljow, der Vertreter des Oberkommandierenden der Vereinten Streitkräfte, zu dieser außerplanmäßigen Kollegiums-Sitzung nicht eingeladen worden (Gespräch d. Vf. mit Fritz Streletz, 28.3.1996).
328 Gespräch d. Vf. mit Manfred Grätz, 21.8.1995.
329 Vgl. z.B. Hoffmann 1993, S. 26.
330 Ebd., S. 27. – Die Richtigkeit dieser Darstellung bestätigen alle vom Vf. befragten Mitglieder des Kollegiums des MfNV.

sten und war zu einer anderen Weisung, als Geduld zu üben, nicht imstande. Dann meldete er die Informationen seines Stabchefs an Keßler weiter. Alle Teilnehmer der Kollegiums-Sitzung, so Hoffmann seemännisch kühl, "zeigten sich überrascht."[331] Keßler beauftragte Streletz, den Staatssicherheits-Minister anzurufen, um nähere Auskünfte einzuholen, doch Mielke war telefonisch nicht erreichbar.

Währenddessen erhitzte sich die Debatte im Kollegium, allerdings nicht wegen des Reisebeschlusses und der Lage an der Grenze, sondern wegen der Ausführungen des Ministers, die Widerspruch hervorriefen. "Mehrere Kollegiums-Mitglieder, dazu gehörten Grätz, Süß, Goldbach, Hoffmann, Stechbarth und andere, brachten ihren Unwillen zum Ausdruck und sagten, daß es doch jetzt nicht an der Zeit sei, sich in langatmigen Erklärungen und Wiederholungen zu Dingen zu verlieren, die man in der Presse nachlesen kann, sondern daß es vielmehr an der Zeit sei, zu Aktionen überzugehen und die Lage in der NVA zu analysieren, Aufgaben zu formulieren und die NVA zu orientieren, mit anderen Worten: die Sprachlosigkeit zu beenden. Die Männer in der Truppe verlangten Antworten auf die Fragen: Wie soll was passieren? Wer ist wofür verantwortlich? Wer darf was, wer darf was nicht?"[332] So kam es, daß der Fall der Mauer von der Spitze der NVA überhaupt nicht richtig zur Kenntnis genommen, geschweige denn Gegenstand der Beratung wurde. "Es ging doch immer noch darum", sagt Horst Stechbarth, "sich Klarheit über die Lage zu schaffen. Wie sollten wir da was beraten?"[333]

Streletz war es zwischendurch zwar gelungen, Mielkes Stellvertreter Neiber zu sprechen, doch zu einer Klärung der Lage führte das Gespräch nicht, da auch Neiber Mielke noch nicht erreicht hatte: "Er (Neiber, d. Vf.) teilte mir mit, daß er bestrebt sei, mit seinem Minister Verbindung aufzunehmen, da Schabowski bei der Pressekonferenz irgendwelchen Mist verzapft habe und jetzt eine Entscheidung herbeigeführt werden müsse. Von uns wußte immer noch keiner, was Schabowski bei der abendlichen Pressekonferenz veröffentlicht hatte."[334] Auch eine telefonische Rücksprache mit dem Chef des Stabes des Ministeriums des Innern, Generaloberst Wagner, brachte Streletz keine neuen Anhaltspunkte.

Während sich Streletz vergeblich um exakte Informationen über die Entscheidungslage in der Führung bemühte, gingen aus dem Kommando der Grenztruppen Meldungen über das Anwachsen der Menschenmassen an den einzelnen Grenzübergängen ein. Ohne ihm eine konkrete Weisung mit auf den Weg zu geben, befahl Keßler dem Chef der Grenztruppen etwa um 23.00 Uhr, sich nach Pätz in seine Gefechtsstelle in Marsch zu setzen, persönlich die Führung der Grenztruppen zu übernehmen und ihn laufend über die Lage an der Grenze zu informieren. Als Baumgarten gegen 24.00 Uhr in seiner Führungsstelle eingetroffen war, hatte sich eine Weisung des Verteidigungsministers erübrigt. Baumgarten konnte dem Chef des Hauptstabes nur noch die Meldung nach Strausberg übermitteln, daß in der Zwischenzeit "einige Grenzübergangsstellen auf Entscheidung der vor Ort eingesetzten Kräfte bereits die Schlagbäume geöffnet hatten."[335] Kurze Zeit danach, so Streletz, habe er von Baumgarten die Information erhalten, "es gebe eine Weisung auf der Linie des MfS, die GÜST für die Bürger der DDR zu öffnen."[336]

---

331 Ebd., S. 27.
332 Gespräch d. Vf. mit Manfred Grätz, 21.8.1995.
333 Gespräch des Vf. mit Horst Stechbarth, 18.7.1994.
334 Fritz Streletz, in: Hertle 1995c, S. 910.
335 Fritz Streletz, in: Hertle 1995c, S. 911.
336 Ebd.

Die dieser MfS-Weisung zugrundeliegende politische Entscheidung, so meint Fritz Streletz, sei Keßler bereits kurz nach der Abfahrt Baumgartens aus Strausberg von Krenz telefonisch übermittelt worden: "Kurz nach 23.00 Uhr wurde Minister Keßler an das Telefon gerufen. Der Vorsitzende des Nationalen Verteidigungsrates, Egon Krenz, informierte ihn darüber, daß er sich mit Minister Mielke beraten habe und der Minister für Staatssicherheit von ihm den Befehl erhalten habe, die Grenzübergangsstellen in Berlin zu öffnen. Gleichzeitig bat Egon Krenz den Verteidigungsminister, alles zu unternehmen, daß es zu keiner Eskalation der Ereignisse komme."[337] Soweit es die Uhrzeit dieses Telefonats betrifft, hat sich Streletz geirrt. Für die Zeit seiner Teilnahme an der Sitzung - zwischen 23.30 Uhr und 24.00 Uhr wurde er von Keßler aus dem Raum geschickt - schließt der Sekretär des Kollegiums, der direkt hinter Keßler am Durchgang zu den Telefonen saß, ein Gespräch zwischen Krenz und Keßler definitiv aus. Weder Hoffmann noch Goldbach, Stechbarth oder Grätz, können sich daran erinnern, daß Keßler während der Kollegiums-Sitzung überhaupt das Beratungszimmer verließ, um einen Anruf entgegenzunehmen. Die Sitzung aber wurde frühestens zwischen 24.00 Uhr und 0.30 Uhr beendet.

Wenn die anderen Kollegiums-Mitglieder das Telefonat mit Krenz nicht mitbekamen, so korrigiert sich Fritz Streletz, habe es nach Abschluß der Sitzung in Keßlers Arbeitszimmer stattgefunden, in dem er sich mit Brünner und dem Minister noch kurz beraten habe.[338] Was aber war der Inhalt dieses Telefonats? Was sollte es bedeuten, wenn Krenz, wie er Keßler mitgeteilt haben soll, Mielke den Befehl gegeben hatte, "die Grenzübergangsstellen in Berlin zu öffnen"? "Geöffnet" waren sie in aller Regel immer, zumindest zu den Abfertigungszeiten. Auch Krenz selbst hat sich bezüglich des konkreten Inhalts des "Befehls", den er Mielke erteilt haben will, stets vage ausgedrückt. Mal will er mit Mielke besprochen haben, "daß die Schlagbäume geöffnet werden sollten, auf einen Tag früher oder später käme es nun auch nicht mehr an"[339]; mal sollen beide entschieden haben, "die für den 10. November beschlossene Grenzöffnung um einige Stunden vorzuziehen."[340] Kein Mitarbeiter der Paßkontrolleinheit auch nur einer einzigen Berliner Grenzübergangsstelle hat jedoch den Empfang eines entsprechenden Befehls bestätigt, der zudem, wäre er denn erteilt worden, auch in den Lagefilmen der Linie VI des MfS schriftlichen Niederschlag gefunden haben müßte.

Das einzige Dokument, das eine "zentrale Weisung" des Generalsekretärs erwähnt, ist eine am frühen Morgen des 10. November von der HA VI zusammengestellte Information zur Lageentwicklung an den Berliner Grenzübergangsstellen. Darin heißt es: "Als aufgrund der unüberschaubaren Menschenmengen vor einigen Grenzübergangsstellen und nach dem Eindringen zahlreicher Personen in die Grenzübergangsstelle Bornholmer Straße abzusehen war, daß die Situation nicht länger zu beherrschen sein werde, wurde etwa gegen 23.30 Uhr auf zentrale

---

337 Ebd., S. 910/911.
338 Gespräch d. Vf. mit Fritz Streletz, 28.3.1996.
339 Krenz 1990, S. 183.
340 Krenz 1994, S. 80. - Mit seiner Darlegung, Krenz habe Mielke "eindeutig gesagt, daß die Grenzübergangsstellen zu öffnen sind", stützt Wolfgang Herger als im Arbeitszimmer von Krenz anwesender Augen- und Ohrenzeuge diese Version. Er selbst, so Herger, habe den Anruf Mielkes "etwa so gegen 20.30 und 21.00 Uhr" entgegengenommen und den Hörer an Krenz weitergereicht. Skepsis ist auch hier nicht allein aufgrund der unrealistischen Zeitangabe angebracht. Die Frage ist vielmehr, was genau mit der gerade nicht "eindeutigen" Aussage, die "Grenzübergangsstellen zu öffnen", gemeint gewesen sein soll (vgl. Gespräch d. Vf. mit Wolfgang Herger, 5.3.1992).

Weisung mit der *Abfertigung der Personen zur Grenzpassage nach Westberlin begonnen.*"[341]

Die "zentrale Weisung" beinhaltete demnach nicht den Befehl, "die Grenzübergangsstellen zu öffnen", wie Krenz behauptet. Sie hing vielmehr noch der Fiktion an, mit einer geordneten, kontrollierten "Abfertigung" zu einem Zeitpunkt beginnen zu können, zu dem die Paßkontrolleure an einigen Grenzübergängen schon längst gezwungen worden waren, jegliche Kontrolle einzustellen. Worauf sich Krenz tatsächlich mit Mielke verständigt und was dieser seinem Stellvertreter Neiber als "zentrale Weisung" übermittelt haben könnte, geht aus einem Fernschreiben der HA VI hervor, das um 23.05 Uhr an die Leiter der MfS-Bezirksverwaltungen und die Leiter der Abteilungen VI in den neun Grenz-Bezirken der DDR versandt wurde.[342] Es enthält die Bedingungen, zu denen die Paßkontrolleure mit der "Abfertigung der Personen zur Grenzpassage nach Westberlin" beginnen sollten:

"Zur Durchsetzung dieser Maßnahmen (der Reiseregelung des Ministerrates, d.Vf.) an den Grenzübergangsstellen zur BRD und Berlin (West) sind von den Paßkontrolleinheiten unverzüglich folgende Aufgaben zu lösen:
1. Die Personalausweise der betreffenden Bürger sind mit einem *Ausreisevermerk*/Visum der VPKÄ zu versehen. Diese berechtigen nach entsprechender Identitätskontrolle zur *ständigen Ausreise*. Neben dem Lichtbild im Personalausweis - rechts - ist ein *Paßkontrollstempelabdruck* anzubringen, *der zugleich als Entwertungsvermerk gilt*.
2. Der Personalausweis ist den Bürgern zu belassen. *(Sic!)*
3. Eine zahlenmäßige Erfassung ist zu gewährleisten und zwar differenziert nach Erwachsenen, Kindern und PKW.
Bis auf Widerruf sind die Meldungen darüber ab 10.11.89, 6.00 Uhr, im 2-Stundenrhythmus an das OLZ der HA VI abzusetzen.

Fiedler
Generalmajor."[343]

Wie an der Grenzübergangsstelle Bornholmer Straße bereits nach 21.00 Uhr aufgrund einer telefonischen Anweisung der HA VI praktiziert, hatten sich Krenz und Mielke bzw. Mielke und Neiber demnach auch im weiteren Verlauf des Abends auf nichts anderes verständigt, als die DDR-Bürger mit Personalausweis ausreisen zu lassen, dabei ihre Personalien zu erfassen, ihnen bei der Abfertigung an den Grenzübergängen die Ausweise ungültig stempeln zu lassen und sie nicht wieder einreisen zu lassen, mit anderen Worten: sie auf diese Weise ohne ihr Wissen auszubürgern.

---

341 Information über die Entwicklung der Lage an den Grenzübergangsstellen der Hauptstadt zu Westberlin sowie an den Grenzübergangsstellen der DDR zur BRD, Berlin, 10. November 1989, S. 1 (BStU, ZA, MfS-Arbeitsbereich Neiber 553, Bl. 30). - Hervorhebung v. Vf.
342 Gera, Erfurt, Suhl, Magdeburg, Schwerin, Rostock, Potsdam, Karl-Marx-Stadt und Leipzig. - Die Leiter bzw. Operativ-Diensthabenden der PKE der Berliner GÜST wurden über den Inhalt des Fernschreibens offenbar telefonisch in Kenntnis gesetzt. Der Rapport der PKE Friedrich-/Zimmerstraße enthält den Eintrag: "23.05 Uhr: Beginn der *Ausreise*abfertigung der DDR-Bürger nach Rücksprache mit Oberst Ziegenhorn" (HA VI/PKE Fri.-Zi.-Str, Rapport für die Zeit vom 9.11.89, 07.00 Uhr, bis 10.11.89, 07.00 Uhr, S. 2; Hervorhebung v. Vf.) (PdV).
343 Fernschreiben der HA VI/Leiter an die Leiter der BV/Leiter der Abt. VI Gera, Erfurt, Suhl, Magdeburg, Schwerin, Rostock, Potsdam, Karl-Marx-Stadt und Leipzig, Dringlichkeit: Flugzeug, Berlin, 9.11.89, VI/Ltr./VA/518/89, CFS-Nr. 2368; Hervorhebung v. Vf. (BStU, ZA, MfS-HA VI 1735).

Ganz offensichtlich lag dieser Weisung eine grandiose Fehleinschätzung und Verkennung der Lage zugrunde: Während die überwiegende Mehrheit der Menschen an den Grenzübergangsstellen reiselustige Ost-Berliner waren, die auf die Schnelle ihre Verwandten und Freunde besuchen oder auch nur den Kurfürstendamm sehen und dann wieder zurück nach Hause wollten, wurden sie von Krenz und der MfS-Spitze als Massenansammlung von Ausreisewilligen wahrgenommen, die nur ein einziges Ziel verfolgten: die DDR bei erstbester Gelegenheit schnellstmöglich für immer zu verlassen.

Was sich Krenz selbst als Befehl zur "Öffnung der Grenzübergangsstellen" zuschreibt, war tatsächlich zunächst als größte Ausbürgerungsaktion in der Geschichte der DDR angelegt. Sie fand im Ergebnis nur deshalb nicht statt, weil die Paßkontrolleure einerseits aufgrund des Massenandrangs vollends den Überblick und die Kontrolle an den Übergängen verloren, aber andererseits im Unterschied zu ihren Vorgesetzten soviel Realitätssinn bewahrt hatten, daß sie die Situation erfaßten und den Ausgereisten die Wiedereinreise nach Ost-Berlin nicht verwehrten.

Den meisten Mitgliedern des Kollegiums des Ministeriums für Nationale Verteidigung blieb die Tragweite der Entwicklung an der Grenze während der Sitzung verborgen.[344] Trotz - oder vielleicht auch wegen - der zunehmenden Hektik der Telefonate von Streletz und Baumgarten und den sich kreuzenden Informationen aus dem MfS und den Grenztruppen, "die zum Teil bei ihrem Eintreffen schon überholt waren"[345], kam es "nicht einmal zu einem Versuch, die Lage im Kollegium zu erörtern"[346], geschweige denn zu einer gemeinsamen Beurteilung der Lage. Die Handlungslähmung der Partei hatte sich auf die militärische Spitze übertragen. Der Einsatz von Waffengewalt, so Joachim Goldbach, "hätte ja bedeutet, daß die Armee gegen die politische Entscheidung hätte vorgehen müssen, und das wäre im Grunde genommen ein Staatsstreich gewesen. Und dazu hat es nie bei irgend jemandem auch nur den geringsten Gedanken gegeben. An der ganzen Frage der politischen Priorität hat es nie einen Zweifel gegeben. Die Grenzöffnung ist eine politische Entscheidung gewesen und nicht die Entscheidung der Grenztruppen oder der NVA."[347] So fiel die Mauer in der Nacht vom 9. auf den 10. November, und die Spitze des Verteidigungsministeriums ging - zerstritten über die Führungstätigkeit von Keßler und seine weitere Verwendung als Minister - ohne konkrete Linie zwischen 0.30 Uhr und 1.00 Uhr auseinander. Bevor Fritz Streletz das Ministerium gegen 2.00 Uhr verließ, bat ihn Wolfgang Herger telefonisch, sich um 7.00 Uhr früh im Arbeitszimmer von Krenz einzufinden, um die Einberufung eines Krisenstabes vorbereiten zu helfen.

Bestand in der Führung der SED die Absicht, den Selbstbefreiungsakt dieser Nacht, in der Zehntausende friedlich durch die zuvor mörderischen Sperranlagen spazierten und sich ihre Reisefreiheit nahmen, noch einmal rückgängig zu machen?

---

344 In diesem Sinne äußerten sich Joachim Goldbach, Manfred Grätz, Theodor Hoffmann und Horst Stechbarth in den Gesprächen mit dem Vf.
345 Joachim Goldbach, in: Hertle 1995c, S. 911.
346 Gespräch d. Vf. mit Manfred Grätz, 21.8.1995.
347 Joachim Goldbach, in: Hertle 1995c, S. 912/913.

4. Nach dem Fall der Mauer

4.1. Die Reaktion der SED-Spitze

Wie die auswärtigen ZK-Mitglieder in das Gästehaus der SED und die NVA-Generäle nach Strausberg, so hatten sich die meisten Mitglieder des neuen Politbüros am 9. November nach dem Ende der ZK-Sitzung um 20.45 Uhr auf den Heimweg begeben.

Auf der Politbüro-Etage des ZK-Gebäudes blieb nur noch eine kleine Gruppe von ZK-Mitgliedern zurück, zu der auch Professor Helmut Koziolek und Eberhard Heinrich gehörten. Sie befaßte sich mit der Endredaktion des SED-Aktionsprogramms. Mit seinem Vorschlag, den Gedanken einer Konföderation mit der Bundesrepublik in das Programm aufzunehmen, löste Alexander Schalck eine stürmische Kontroverse aus. Schließlich entschied die Mehrheit, lieber völlig auf eine Aussage zu den künftigen Beziehungen mit der Bundesrepublik zu verzichten als eine solche "Verrats"-Forderung in das Programm aufzunehmen. Als die Programmarbeiten abgeschlossen und Koziolek und Heinrich im Begriff waren, das Gebäude zu verlassen - in der Erinnerung Kozioleks zwischen 22.30 Uhr und 23.00 Uhr -, begegneten sie auf dem Flur einem einsam und verstört wirkenden Egon Krenz. "Was soll ich denn nur machen?", habe der Generalsekretär unentschlossen geklagt und die verdutzten ZK-Mitglieder über die komplizierte Lage an der Grenze aufgeklärt. "Es kann doch nicht um eine Grenzschließung gehen! Wir müssen das unter Kontrolle bekommen," behielt Koziolek die Worte des Generalsekretärs im Gedächtnis.[1]

Nach einem kurzen Fußweg erreichte Günter Sieber seine Wohnung in der Nähe des Alexanderplatzes.[2] Über den Fernseher drang die Kunde von Schabowskis Pressekonferenz und die Lage an den Grenzübergängen in seine Stube. Sieber, dem als langjährigen Leiter der ZK-Abteilung Internationale Verbindungen vor allem die außenpolitische Dimension der Grenzöffnung vor Augen stand, stürzte ans Telefon, um Krenz zu den Hintergründen zu befragen. Doch der Generalsekretär erwies sich als nicht auskunftsfähig: Er verstünde selbst nicht, was passiert sei, vernahm Sieber nur. Auch ein Telefonat mit Jochen Willerding, ebenfalls seit einem Tag im Politbüro und als Nachfolger Axens ZK-Sekretär für Außenpolitik, brachte ihm keine neuen Erkenntnisse. So blieb Sieber daheim.

Bevor Wolfgang Rauchfuß die Heimfahrt antrat, hatte er sich noch den Leitern der Wirtschaftsabteilungen des Zentralkomitees als neues Mitglied des Politbüros sowie als für Ökonomie, Handel und Versorgung zuständiger ZK-Sekretär vorgestellt. Die Information über Schabowskis Pressekonferenz erreichte ihn schon unterwegs, doch ihre Folgen nahm er erst wahr, als er gegen halb zwölf mit dem Auto in Richtung Pankow nach Hause fuhr und dabei die Bornholmer Straße kreuzte. 'Jetzt ist es aus', schoß es ihm durch den Kopf, als er die Menschenmassen in langen Schlangen Richtung Grenze strömen sah. Doch erwarteten ihn weder ein Anruf noch eine Einladung zu einer Krisensitzung, als er zu Hause eintraf. Auch Wolfgang Rauchfuß blieb in dieser Nacht zu Hause.[3]

Hans Modrow, der designierte Ministerpräsident, wurde auf dem Weg vom Gebäude des Zentralkomitees zum Gästehaus der SED von den Folgen der Pres-

---

1 Gespräch d. Vf. mit Helmut Koziolek, 6.10.1994.
2 Hierzu und zum Folgenden: Gespräch d. Vf. mit Günter Sieber, 20.10.1993.
3 Gespräch d. Vf. mit Wolfgang Rauchfuß, 26.7.1993.

sekonferenz, die auch er nicht mitbekommen hatte, überrascht.[4] Ein junger Mann sprach ihn an und fragte, an welchem Übergang er die DDR am schnellsten verlassen könne. Modrow, der ihn auf den nächsten Morgen verwies, sah sich heftigem Widerspruch ausgesetzt und erfuhr zu seinem Erstaunen, daß die Grenzübergänge - Meldungen in Rundfunk und Fernsehen zufolge - bereits geöffnet seien. "Ohne daß ich diese Wirkung der Pressekonferenz mitgekriegt hatte", sagt Hans Modrow, "war mir mit einem Mal klar: Hier muß irgendetwas schieflaufen." In seinem Hotelzimmer angekommen, sah er die Bilder der Pressekonferenz im Fernsehen. Anrufe erhielt Modrow nicht - weder von Krenz noch von sonst jemandem. Wie sollte er sich verhalten? Zwar war er bereits als künftiger Ministerpräsident von seiner Partei nominiert und die alte Regierung zurückgetreten, doch noch amtierte Stoph. "Für mich bin ich davon ausgegangen", schildert Modrow seine Überlegungen, "du kannst in Prozesse, in die du nicht einbezogen bist, auch nicht versuchen einzugreifen. Da kannst du nur Durcheinander schaffen. Als Ministerpräsident bin ich zwar benannt, kann aber nicht so handeln; ich wollte auch niemandem Probleme bringen. Ich bin davon ausgegangen: Es bleibt dir nichts anderes übrig, als am nächsten Morgen zu sehen, was los ist."[5]

Als Wolfgang Herger sich gegen halb elf seiner Wohnung in der Wisbyer Straße, einer Verlängerung der Bornholmer Straße näherte, traute er kaum seinen Augen: Der Rückstau der Trabbis von der zwei Kilometer entfernten Brücke nach West-Berlin reichte bis an seine Hausecke.[6] Er eilte in seine Wohnung, schaltete den Fernseher ein und vernahm zu seinem Erstaunen, daß die Tore in der Mauer weit offen stünden. In sein Arbeitsbuch notierte Herger an diesem Abend: "Heute haben wir entweder einen strategischen Fehler gemacht oder eine strategische Flucht nach vorn. Die Wisbyer Straße ist voller Autos - Richtung Westberlin. Die Grenze ist de facto geöffnet. Man fährt und läuft hin und her, obwohl wir heute ganz anderes beschlossen haben. Es sollte wieder über das 'Amt' gehen, doch das wurde ignoriert. Die Leute sind mit dem Personalausweis an die Grenze gegangen. Jetzt liegt es an der BRD-Seite, wie überhaupt noch zu stoppen ist. Sie können die Grenze nicht schließen, und wir wollen es nicht."[7]

4.1.1. Lähmung und politisches Ende des SED-Zentralkomitees

Der Gedanke, ohnehin frühmorgens im Politbüro und im Zentralkomitee zusammenzukommen und in den führenden Gremien der Partei erforderliche Maßnahmen einleiten zu können, mochte den Mitgliedern des Politbüros über ihre nächtliche Ohnmacht und Ratlosigkeit hinweghelfen. Um 9.05 Uhr nahm das ZK-Plenum seine Beratungen wiederauf. Regulär sollte es um 18.00 Uhr mit der Verabschiedung des Aktionsprogramms beendet werden, mit dem die SED ihren Willen zu einer politischen Neuorientierung nachdrücklich unterstreichen wollte. Stattdessen war nun jedoch bereits vor Beginn der Sitzung die Lage an der Grenze das beherrschende Thema aller Gespräche in der Frühstücks-Kantine und im Foyer des Plenarsaales geworden. War eine günstigere Gelegenheit denkbar als diese Tagung des Zentralkomitees, in dem die Partei- und Staatselite versammelt war, um sofort die mit dem Fall der Mauer entstandene neue strategische Lage der DDR zu debattieren und unmittelbar erforderliche politische Schritte einzuleiten?

---

4   Vgl. zum Folgenden: Gespräch d. Vf. mit Hans Modrow, 4.1.1995, sowie Modrow 1991, S. 26.
5   Gespräch d. Vf. mit Hans Modrow, 4.1.1995.
6   Gespräch d. Vf. mit Wolfgang Herger, 5.3.1992.
7   Gespräch d. Vf. mit Wolfgang Herger, 19.9.1995.

Das zwischen den Parteitagen höchste Beschlußgremium der SED war dazu nicht in der Lage. Es zeigte sich unwillig und unfähig, das Problem überhaupt zur Kenntnis zu nehmen und sich mit der neuen Durchlässigkeit der Staatsgrenze und dem Zusammenbruch des bisherigen Grenzregimes zu befassen. Krenz eröffnete die Sitzung, ohne auch nur ein einziges Wort zum Fall der Mauer oder zur aktuellen Lage an der Grenze zu verlieren - und rief damit keinen Widerspruch hervor. Seine Absicht, die Diskussion dort fortzusetzen, wo sie am Vorabend abgebrochen worden war und Gerhard Schürer das Wort zu einem Beitrag über die Wirtschaftslage zu erteilen, wurde dann aber aus einem ganz anderen Grund von einem Antrag zur Geschäftsordnung durchkreuzt. Einige der gerade erst gewählten Mitglieder des Politbüros, so hieß es, würden von der Basis nicht akzeptiert, weshalb die Kaderfrage sofort auf die Tagesordnung gehöre. Vornehmlich jüngere ZK-Mitglieder befürchteten den Verlust ihrer eigenen Ämter, wenn nicht zumindest einige der älteren und führenden Genossen, die für den Zustand des Landes verantwortlich wären, freiwillig ihren Rücktritt aus dem Zentralkomitee erklärten. Nur mit Mühe gelang es Krenz, diese Debatte abzubrechen.

Dann entsetzte Schürer das Plenum mit einer neuerlichen, vernichtenden Bilanz der "Einheit von Wirtschafts- und Sozialpolitik", dem von der Partei als zentral betrachteten Instrument zur Sicherung der Massenloyalität: "Mit dem sozialpolitischen Programm 1971, das - so muß ich sagen -, so große und positive Wirkungen hatte, wurde die Weiche, wenn damals auch nur um Zentimeter, in die falsche Richtung gestellt. Von da an fuhr der Zug von den Realitäten weg, und zwar immer schneller."[8] Werner Jarowinsky ergänzte den Bericht Schürers, der die Verrottung ganzer Industriezweige sowie den gigantischen Anstieg der Subventionen und der Verschuldung anprangerte, mit Informationen zur Kosten- und Ertragslage in der Mikroelektronik-Industrie, der im Mittag'schen Konzept die Rolle eines Zugpferdes der Volkswirtschaft zugedacht war: 12 bis 14 Milliarden Mark seien in den Jahren zuvor mit dem Ergebnis investiert worden, daß der 64-Kilobit-Chip zum reinen Selbstkostenpreis von 40 Mark, der 256-Kilobit-Chip von 534 Mark hergestellt werde. Der Weltmarktpreis für diese Speicherschaltkreise betrage dagegen lediglich 1,- bis 1,50 VM im ersten bzw. 4,- bis 5,- VM im zweiten Fall.[9] Auf Zwischenrufe eingehend, warum die Politbüro-Mitglieder sehenden Auges alle Fehlentscheidungen dieser desaströsen Wirtschaftspolitik mitgetragen hätten, anstatt auf Veränderungen zu drängen, gestand Jarowinsky: "Es war die Angst und die Furcht vor solch rigorosen Eingriffen, die, wie in Polen, eine solche Lage hätten schaffen können des Absinkens des Lebensstandards, und die Angst, vor dem Volk diese Konsequenzen offen darzulegen und das Volk um Mithilfe zu bitten."[10]

Während die Debatte sofort personalisiert wurde und ein Streit über Jarowinskys Eignung für einen weiteren Verbleib im Politbüro losbrach, erfuhr Krenz durch Streletz vom dritten Anruf des sowjetischen Botschafters in Folge. Kotschemassow teilte Moskaus Verstimmung über den Fall der Mauer mit und verlangte von der SED-Spitze in barschem Ton, sich dazu gegenüber Gorbatschow zu erklären.[11] Erst jetzt, gegen 10.00 Uhr, sah sich Krenz unter dem Druck der Sowjets auch im ZK zu einer Stellungnahme veranlaßt: "Genossen, ich bitte um Verständnis. Ich weiß nicht oder ob viele den Ernst der Lage erkannt haben. Der Druck, der bis gestern auf die tschechoslowakische Grenze gerichtet war, ist seit

---

8 Gerhard Schürer, 10. ZK-Tagung, 10.11.1989 (SAPMO-BArch, ZPA-SED, TD 738, bzw. IV 2/1/709, Bl. 7).
9 Vgl. Werner Jarowinsky, 10. ZK-Tagung, 10.11.1989 (SAPMO-BArch, ZPA-SED, TD 738, bzw. IV 2/1/709, Bl. 28/29).
10 Werner Jarowinski, ebd., S. 27.
11 Siehe dazu Kap. 4.2.

heute Nacht auf unsere Grenze gerichtet. (...) Der Druck war nicht zu halten, es hätte nur eine militärische Lösung gegeben, Genossen, damit wir uns einig sind, durch das besonnene Verhalten unserer Grenzsoldaten, unserer Genossen vom MdI, vom MfS, ist die Sache mit großer Ruhe bewältigt worden (...). Aber der Druck nimmt weiter zu."[12] Im Plenum erzeugte diese Einlassung keinerlei Resonanz. Entsetzen und Empörung der ZK-Mitglieder galten der katastrophalen Wirtschaftslage und verschafften sich erneut in Forderungen nach personellen Konsequenzen Luft. Diese klangen erst ab, nachdem Hans-Joachim Böhme, Hans Chemnitzer, Werner Walde und Inge Lange ihren Rücktritt aus dem Politbüro bekanntgegeben hatten, Helmut Semmelmann als Sekretär für Landwirtschaft neu hinein gewählt worden war, und Krenz sich schließlich weiteren Rücktrittsforderungen an Politbüro-Mitglieder mit der Drohung entgegenstellte, in diesem Fall die Vertrauensfrage als Generalsekretär zu stellen.

Die Fortsetzung der Diskussion war gespenstisch: der stellvertretende Stasi-Chef Rudi Mittig und Kurt Hager verlasen ihre vorbereiteten Beiträge; der eine über die Lage der DDR aus der Sicht des MfS, der andere über seine Verantwortung, die Wende und die Gefahr einer Konterrevolution. Als letzter Diskussionsredner kam schließlich Günter Schabowski zu Wort. Er äußerte sich über die alten Fehler und den zukünftigen Inhalt der Medienpolitik.

Nach einer halbstündigen Pause stellte Siegfried Lorenz als Vorsitzender der entsprechenden Kommission ab 11.35 Uhr die Grundzüge des neuen Aktionsprogramm-Entwurfs vor. Indem die SED darin einräumte, eine 'revolutionäre Volksbewegung' habe einen Prozeß gravierender Umwälzungen in Gang gesetzt, war dessen Interpretation als Konterrevolution kaum noch möglich. Das Programm kündigte umfassende Reformen an. Dazu gehörten unter anderem:
- freie, allgemeine, demokratische und geheime Wahlen;
- eine demokratische Koalitionsregierung mit den Blockparteien;
- eine "an den Marktbedingungen orientierte sozialistische Planwirtschaft";
- die Zulassung "neuer politischer Vereinigungen auf dem Boden der Verfassung";
- innerparteiliche Reformen wie die Zulassung mehrerer Kandidaten bei Wahlen, die zeitliche Begrenzung von Wahlämtern, die Einführung einer Pensionsgrenze für Funktionäre sowie die Vorrangstellung gewählter Organe gegenüber dem Parteiapparat;
- die Entflechtung von Partei und Staat;
- die Nichteinmischung in die Politik der FDJ und die Achtung der Selbständigkeit des FDGB.

Ziel dieser Reformen sei es, "dem Sozialismus in der DDR mit mehr Demokratie eine neue Dynamik zu verleihen."[13] Doch die neue Dynamik erfaßte die ZK-Mitglieder nicht. Die Diskussion blieb bei der einleitenden Formulierung stecken, das Zentralkomitee habe zugelassen, daß ernste Fehler des abgelösten Politbüros Partei und Republik in eine tiefe Krise gestürzt hätten. Während einige Mitglieder des ZK die Übernahme jeglicher Verantwortung ablehnten und geltend machten, daß das Zentralkomitee jahrelang belogen worden sei, warnten andere vor der öffentlichen Resonanz, falls sich das Zentralkomitee von jeder Verantwortung freispreche.

In die immer stürmischer werdende Schulddiskussion platzte Schabowski gegen 12.30 Uhr mit Informationen über die aktuelle Lage in der DDR, die Krenz unverzüglich dem Plenum bekanntgab: Die Lage habe sich "äußerst zugespitzt.

---

12 Egon Krenz, 10. ZK-Tagung, 10.11.1989 (SAPMO-BArch, ZPA-SED, TD 738, bzw. IV 2/1/709, Bl. 32/33).
13 "Schritte zur Erneuerung - Aktionsprogramm der SED", in: Neues Deutschland, 11./12.11.1989.

Es macht sich Panik und Chaos breit." Arbeiter in Berlin und Potsdam verließen die Betriebe, um sich an den Meldestellen der Volkspolizei für Visa anzustellen. "Im Parteiaktiv," so die zentrale Aussage, "herrscht Unverständnis zu den beschlossenen Reisemöglichkeiten. (...) Die Beunruhigung unter den Genossen ist groß, weil niemand die ökonomischen Auswirkungen und Konsequenzen richtig voraussehen kann. Es herrscht die Meinung vor: Wir stehen vor dem Ausverkauf."[14]

Diese Lage hatte bereits am frühen Morgen bestanden; das wirklich Neue war einzig und allein, daß sie zum ersten Mal laut ausgesprochen wurde. Panik, Chaos und eine allgemeine Auflösungsstimmung breiteten sich nun im ZK-Plenum aus. Zwar war die Stoph-Regierung zurückgetreten, aber formal amtierte sie noch. Völlig kopflos kündigte Krenz als Initiative an, was Schabowski ihm als Vorschlag zugeflüstert hatte: Modrow und Schabowski würden sofort Kontakt zu den Vorsitzenden der Blockparteien aufnehmen, um "unmittelbar eine Regierung (zu) bilden." Man müsse den Modus klären, "daß die Regierung handlungsfähig ist, auch wenn sie nicht gewählt ist."[15] Es wurde beschlossen, die ZK-Tagung schnellstmöglich zu beenden, "damit wir an unsere Kampfplätze gehen können" und um, wie Hermann Axen forderte, "die notwendigen Maßnahmen zur Sicherung des Sozialismus zu ergreifen."[16] An welche Rettungsmaßnahmen er konkret dachte, verriet Axen nicht. Kurt Hager sprang ihm zur Seite und schlug als wichtigste Maßnahme einen Appell an die Bevölkerung vor, "in dem klar gesagt wird - ich will mich nun gar nicht druckreif ausdrücken -: Jetzt ist Ruhe die erste Bürgerpflicht."[17] Das Aktionsprogramm wurde ohne weitere Diskussion bestätigt und - wie üblich - der für die Öffentlichkeit bestimmte Entwurf des Abschlußkommuniqués Wort für Wort verlesen und abgestimmt. Den darin enthaltenen Passus, daß das Zentralkomitee der Regierung die Inkraftsetzung der Reiseregelung empfohlen habe, die zum Fall der Mauer führte, ließ Krenz in letzter Minute ohne weitere Begründung einfach streichen.[18] Indem der zurückgetretene Ministerrat nach außen nun als alleiniger Urheber der Reiseverordnung dastand, schuf Krenz in der noch unklaren Situation die Voraussetzung dafür, daß das Zentralkomitee und das Politbüro bei Bedarf jederzeit auf Distanz zu "dessen" Beschluß gehen konnten. Abschließend forderte Krenz die 1. Sekretäre der Bezirksleitungen - "egal, ob sie noch Verantwortung tragen oder nicht", schließlich waren sie die Chefs der Bezirkseinsatzleitungen -, sowie die Mitglieder des Politbüros und des Sekretariats des ZK auf, zu einer Beratung über das weitere Vorgehen zusammenzukommen, zu der "aufgrund der Lage" auch Stoph, Mielke und Dickel hinzu gebeten wurden.[19]

Die 10. Tagung des Zentralkomitees wurde um 13.10 Uhr geschlossen. Jahrzehntelang auf eine Funktion als Repräsentationsbühne und Akklamationsmaschine für die Politik des Generalsekretärs und des Politbüros ausgerichtet und selbstbeschränkt, erwies sich das Zentralkomitee in der die Parteiherrschaft akut bedrohenden Situation als strukturell unfähig, durch kollektive Willensbildung und Entscheidungsfindung zu einer neuen Rolle als politikstrukturierendes Gremium zu finden. Seine Auflösung am 3. Dezember war nur noch der formelle Nachvollzug des politischen Abdankens am Tag des Mauerfalls.

---

14 Egon Krenz, 10. ZK-Tagung, 10.11.1989 (SAPMO-BArch, ZPA-SED, TD 738, bzw. IV 2/1/709, Bl. 120).
15 Ebd., Bl. 121.
16 Ebd., Bl. 123.
17 Ebd., Bl. 124.
18 Ebd., Bl. 130 ff.
19 Ebd., Bl. 137.

Die politische Bewältigung der größten Existenzkrise der DDR seit dem 17. Juni 1953 und dem Bau der Mauer am 13. August 1961 war damit ausschließlich der operativen Politik des Generalsekretärs, seiner engsten Vertrauten und deren apparativen Stäben überlassen. Die Spurenverwischung von Krenz im Zentralkomitee und seine Scheu vor der Öffentlichkeit machten Sinn. Was der Generalsekretär den Mitgliedern des Zentralkomitees vorenthielt und möglicherweise auch auf der darauf folgenden Spitzenberatung zumindest nicht im Detail verriet[20], war, daß er zur Bewältigung der Lage bereits am frühen Morgen die Einrichtung einer "operativen Führungsgruppe" des Nationalen Verteidigungsrates befohlen hatte. Und seit den Mittagsstunden war eine militärische Aktion zur Wiederherstellung von "Ruhe und Ordnung" an der Berliner Mauer nicht länger ausgeschlossen.

4.1.2. Die Konstituierung einer "operativen Führungsgruppe" des Nationalen Verteidigungsrates

Zutiefst darüber beunruhigt, daß der Massenansturm auf die Grenzübergänge nicht abflaute, hatte Wolfgang Herger noch in der Nacht zum 10. November den Diensthabenden seiner Abteilung Sicherheitsfragen angewiesen, alle Mitarbeiter zu alarmieren und in die Abteilung im ZK-Gebäude zu rufen. Gegen 1.00 Uhr morgen traf er selbst dort ein.

Unter den wenigen Anwesenden herrschte heillose Verwirrung. Die Trennlinie zwischen den feindlichen Armeen des Warschauer Paktes und der NATO war faktisch aufgehoben, die bewaffneten Organe überrumpelt und überrollt und das ausgeklügelste Grenzregime der Welt ausgehebelt. Das war vor allem deshalb möglich geworden, weil Schabowskis Mitteilungen auf der Pressekonferenz das zuvor auf allen Hierarchieebenen für den Schutz der Grenze unabdingbare abgestimmte Zusammenwirken von Partei, MfS, Grenztruppen und Volkspolizei auseinandergesprengt hatten. In vollkommener Ahnungslosigkeit über die politischen Absichten der Führung und der Erwartungen bezüglich ihres Handelns belassen, hatte sich in allen "Organen des Zusammenwirkens" gleichermaßen große Aufgeregtheit, Unsicherheit und lähmende Irritation eingestellt. Um das Durcheinander zu beseitigen, nahm sich Herger als dringendster Aufgabe der Wiederherstellung der zentralen, koordinierten Führungsstruktur und Befehlsgewalt an. In Abstimmung mit Krenz berief er für 8.00 Uhr früh einen Krisenstab in das Arbeitszimmer des Generalsekretärs ein. Einen großen Teil der Nacht verbrachte er mit seinem Stellvertreter Peter Miethe im Arbeitszimmer von Günter Schabowski, von wo aus sie die weitere Entwicklung beobachteten. Dort und in der Führungsstelle der Bezirkseinsatzleitung der SED liefen die aktuellen Lagemeldungen der Grenztruppen, der Staatssicherheit und der Volkspolizei ein. Für Eingriffe in die laufenden Ereignisse war es zu spät. Da die Offiziere an den Grenzübergängen "faktisch aus der Situation heraus eigenverantwortlich handeln mußten und gehandelt haben", so Peter Miethe, sei es mit Erleichterung aufgenommen worden, daß nirgendwo zur Schußwaffe gegriffen wurde. Beruhigend hätten auch die Meldungen von den Übergängen gewirkt, daß die DDR-Bürger wieder zurückkamen und sich schließlich bis zum Morgen hin ein relativ komplikationsloser Ausreise- und Wiedereinreise-Verkehr entwickelt habe. Damit konnte man alle

---

20 Nach Angaben von Hans Modrow wurden in dem zusammengerufenen Kreis die politische Solidarität miteinander und die gemeinsame Verantwortung besprochen, um die entstandene Lage miteinander politisch zu beherrschen. Weder Krenz noch Keßler hätten über die Alarmierung von Truppenteilen der NVA informiert. Selbst im "Nachgang" seien solche Details nicht besprochen worden (Gespräch d. Vf. mit Hans Modrow, 4.1.1995).

Überlegungen darauf konzentrieren, wie die 'normale' Ordnung an der Grenze wiederherzustellen war.[21]

Zur "Beherrschung der unter den gegenwärtigen Bedingungen bestehenden komplizierten sicherheitspolitischen Situation in der DDR und dem sich daraus ergebenden Erfordernis, auf jede weitere Zuspitzung der Lage kurzfristig und angemessen zu reagieren", wurde am Morgen auf Befehl des Vorsitzenden des Nationalen Verteidigungsrates eine "operative Führungsgruppe" gebildet.[22] Mißtrauisch registrierte Fritz Streletz, der den Befehl als Sekretär des NVR ausgearbeitet hatte, daß die in der Partei zuständige ZK-Abteilung Sicherheitsfragen der Führungsgruppe fernblieb. Was sollte das bedeuten? Warum nahm die SED in dieser kritischen Situation nicht ihre Zuständigkeit wahr? War die Partei im Begriff, sich aus der Verantwortung zu stehlen und sie allein den bewaffneten Organen zuzuschieben?

Neben dem Chef des Hauptstabes der Armee gehörten der Führungsgruppe sechs weitere Mitglieder an: der stellvertretende, für die bewaffneten Organe zuständige Staatssicherheitsminister Gerhard Neiber, der stellvertretende Innenminister und Chef des Stabes, Karl-Heinz Wagner, der stellvertretende Außenminister Kurt Nier, der stellvertretende Verteidigungsminister und Chef der Grenztruppen, Klaus-Dieter Baumgarten, der Leiter der ZK-Abteilung Parteiorgane, Heinz Mirtschin, sowie der Leiter des Sekretariats des Ministerrates, Harry Möbis. Aufgabe der "operativen Führungsgruppe" sollte es sein, "Informationen über die Gesamtlage (...) zu sammeln und zu analysieren, ununterbrochen die Lage des Gegners einzuschätzen sowie Schlußfolgerungen bzw. Vorschläge für gesamtstaatliche Führungsentscheidungen vorzubereiten."[23] Als Führungsstelle wurde der kriegssichere Bunker im Keller des MdI bestimmt.

Ab 8.00 Uhr wurde in der Führungsgruppe zunächst analysiert. Der im MfS, im Arbeitsbereich Neibers, erstellte Überblick über die sicherheitspolitische Lage mit Stand von 4.00 Uhr früh faßte zusammen, daß bis zu diesem Zeitpunkt insgesamt rund 68.000 DDR-Bürger mit 9.700 PKW nach West-Berlin ausgereist wären, von denen etwa 45.000 mit 5.200 PKW zurückgekehrt wären. An den Übergangsstellen im Bezirk Potsdam nach West-Berlin ("Westring") und zur Bundesrepublik ("Staatsgrenze West") hätte die Ausreise "ohne entsprechende Grenzübertrittsdokumente" in der Regel "erst gegen 0.00 Uhr" begonnen. 2.638 DDR-Bürger wären in die Bundesrepublik gefahren, 278 wieder zurückgekommen; aus dem Berliner Umland hätten 2.766 Menschen die Grenzübergänge des "Westringes" nach West-Berlin[24] passiert, von denen bis 4.00 Uhr 543 wieder in die DDR zurückgereist wären. Zusammenfassend hielt die Lageinformation nüchtern und sachlich fest: "Trotz der entstandenen komplizierten Lage kam es nicht zu Zwischenfällen oder Provokationen, vereinzelt sogar zu Sympathiebezeugungen gegenüber uniformierten Kräften."[25]

---

21 Gespräch d. Vf. mit Peter Miethe, 10.1.1995.
22 Befehl Nr. 12/89 des Vorsitzenden des NVR der DDR über die Bildung einer operativen Führungsgruppe des Nationalen Verteidigungsrates der Deutschen Demokratischen Republik vom 10.11.1989, S. 1 (PdV).
23 Ebd., S. 2.
24 Es handelt sich um die drei Übergänge Drewitz/Dreilinden, Staaken/Heerstraße und Stolpe/Heiligensee. Ein "annäherndes Zählen" der Westberliner Polizei ergab am Übergang Heiligensee von der ersten Einfahrt um 0.45 Uhr bis um 6.00 Uhr früh 272 Kfz mit 756 Personen. Vgl. Direktion 1/LD 1 (D), Betr.: Dokumentation "Offene Grenze", 9./10.11.1989 (ARCHIV POLPRÄS BLN/DEZ VB 132).
25 Information über die Entwicklung der Lage an den Grenzübergangsstellen der Hauptstadt zu Westberlin sowie an den Grenzübergangsstellen der DDR zur BRD, Berlin, 10. November 1989, S. 1 (BStU, ZA, MfS-Arbeitsbereich Neiber Nr. 553, Bl. 30).

4.1.2.1. Zivile Maßnahmen

Welche Maßnahmen sollte der Krisenstab ergreifen? Die Fernsehbilder der Nacht vermittelten im nachhinein den Eindruck, Hunderttausende, wenn nicht Millionen von Berlinern hätten auf dem Kurfürstendamm ein Volksfest gefeiert.[26] Die Zahlen des MfS, selbst wenn sie etwas zu niedrig angesetzt waren, belegten zum einen, daß der Reisestrom verhältnismäßig schwach war: Weniger als einhunderttausend Berliner hatten die Mauer zu Fall gebracht.[27] Zum anderen zeigten sie, daß die überwiegende Mehrheit der Reisenden zurückgekehrt war. War der Verlust von etwa 25.000 Menschen nicht ohne weiteres zu verkraften? Sollte die SED-Führung den Versuch wagen, die Grenzübergänge wieder zu schließen, am besten gleich auch an der polnischen und tschechoslowakischen Grenze? Schon wegen der Erfahrungen der letzten Wochen schied dieses Unterfangen als unmöglich aus. Und neben den Zehntausenden, die zu diesem Zeitpunkt noch oder bereits wieder zwischen den beiden Stadthälften Berlins und an der innerdeutschen Grenze ohne Visum unterwegs waren, standen seit Mitternacht in fast allen Städten und Ortschaften der DDR Tausende von Menschen in langen Schlangen vor den Paß- und Meldestellen der Volkspolizei, um sich ein Reisevisum abzuholen.[28] Dennoch wäre die Reisebewegung zu diesem Zeitpunkt zweifelsohne mit polizeilichen oder militärischen Mitteln, notfalls auch mit Waffengewalt, zu stoppen gewesen. Aber welche Perspektive blieb der SED nach einer militärischen Intervention gegen das eigene Volk? Nach den Entscheidungen vom 9. und 13. Oktober gegen eine "chinesische Lösung" in Leipzig noch unter Honecker hatte Krenz in seiner Funktion als Vorsitzender des Nationalen Verteidigungsrates im Vorfeld der Berliner Demonstration vom 4. November die Anwendung von Schußwaffen, selbst bei einem Eindringen von Demonstranten in das Berliner Grenzgebiet, grundsätzlich untersagt[29] - wodurch die Sicherheitskräfte auch in der Nacht vom 9. auf den 10. November wenn nicht entwaffnet, so aber doch bis zur Verkündung eines anderslautenden Befehls auf einen gewaltlosen Einsatz verpflichtet waren. Diese Befehle zurückzunehmen, konnte einen Bürgerkrieg auslösen - eine für die SED-Führung selbstmörderische Perspektive.

Gleich zu Beginn der Beratungen der operativen Führungsgruppe, so Harry Möbis, sei erörtert worden, ob die Grenzübergänge wieder geschlossen und der alte Zustand wiederhergestellt werden sollte. Dabei sei auch die Frage 'Setzen wir die Armee ein - ja oder nein?' aufgeworfen worden. Der Chef der Grenztruppen habe die Auffassung vertreten, daß nichts zu machen sei. Wenn er rückgängig machen solle, was geschehen sei, müsse er aufmarschieren und schießen las-

---

26 So heißt es etwa bei Murphy: "Millions celebrated that night in West-Berlin" (Murphy 1995, S. 29).
27 Tatsächlich brach in der West-Berliner Innenstadt - rund um die Gedächtniskirche und den Kurfürstendamm - zwar zeitweilig der Verkehr zusammen. Doch hielten sich dort auch den Schätzungen der in der City tätigen Einsatzkräfte der Direktion 3 der West-Berliner Polizei zufolge zwischen 2.00 Uhr und 3.00 Uhr, dem Höhepunkt der "Party", nicht mehr als 4.000 Menschen auf. Vgl. Einsatzdokumentation 10.11.1989 der Direktion 3 - City (ARCHIV POLPRÄS BLN/DEZ VB 132).
28 Der Ansturm auf die Paß- und Meldeämter der Volkspolizei noch in der Nacht war so heftig, daß beispielsweise die BDVP in Potsdam bereits um 1.00 Uhr mit der Ausgabe von Visa begann, das VPKA Leipzig um 2.00 Uhr nachts und das VP-Revier Mitte in Erfurt um 6.00 Uhr öffnete (Leipziger Volkszeitung, 11./12.11.1989; Neues Deutschland, 11./12.11.1989).
29 Vgl. die Befehle Nr. 10 und 11/89 des Vorsitzenden des NVR der DDR über Maßnahmen zur Gewährleistung der Sicherheit und Ordnung in der Hauptstadt der DDR, Berlin, vom 1. und 3.11.1989 (BArch/P, MZA, VA 01/39592, Bl. 269-276).

sen, wozu er nicht bereit sei. In der Führungsgruppe sei die Anwendung von Gewalt unisono abgelehnt worden.[30]

Welche Richtungen der Diskussionsprozeß im Krisenstab am frühen Morgen im einzelnen auch immer nahm: sein Ergebnis war ein zweigleisiges Verfahren. In den ersten Stunden wurde der Versuch unternommen, die Kontrolle über den Reisestrom in Richtung Westen mit zivilen Maßnahmen zurückzugewinnen. Weil viele Bürger noch immer nicht - wie vorgesehen - zu den Meldestellen gingen, sondern ohne Visum an die Grenze marschierten, wurde eine Hase-und-Igel-Technik angewandt, um das ungesetzliche Überschreiten der Staatsgrenze zu unterbinden. Die Volkspolizei jagte an den Bürgern vorbei und errichtete eilends direkt an der Grenze Außenstellen, um auf diese Weise zu versuchen, das ungesetzliche Vorhaben in buchstäblich letzter Sekunde mit einem Visumstempel in eine legale Grenzüberschreitung zu verwandeln. Auch auf einigen Hauptbahnhöfen wurden "zeitweilige Arbeitsgruppen" der Volkspolizei eingesetzt, die versuchen sollten, Visa als Voraussetzung für den Kauf von Fahrkarten in die Bundesrepublik zu erteilen.[31]

Um die Souveränität über die Staatsgrenze wiederzuerlangen, wurde es daneben als unvermeidlich erachtet, schnellstens neue Durchlässe einzurichten; nur auf diese Weise schien es möglich, die Reiseströme auseinanderziehen und verhindern zu können, daß die Mauer allerorten einfach überklettert oder in Selbsthilfe durchbrochen wurde. Vorüberlegungen für die kurzfristige Einrichtung neuer Übergänge hatten DDR-Außenministerium und MfS mit dem West-Berliner Senat im Hinblick auf die ursprünglich für Dezember vorgesehene Inkraftsetzung des Reisegesetzes bereits am 3. November ausgetauscht. Senatsdirigent Gerhard Kunze überreichte seinem Ost-Berliner Verhandlungspartner Walter Müller an diesem Tag ein Non-paper mit zwei U-Bahn- und neun Straßenverbindungen zwischen Ost- und West-Berlin, die sich aus West-Berliner Sicht als mögliche zusätzliche Übergänge eigneten.[32] Daran wurde am Morgen des 10. November angeknüpft. Alexander Schalck, in dessen Zuständigkeit die Verhandlungen über die Neueröffnung von Grenzübergängen fiel, wurde eingeschaltet, die Grenztruppen, die für den pioniertechnischen Ausbau der Straßen durch den Todesstreifen zuständig waren, hinzugezogen, eine Politbüro- und Ministerrats-Beschlußvorlage erarbeitet und die Öffnung neuer Grenzübergänge

---

30 Gespräche d. Vf. mit Harry Möbis, 18.8.1992 und 11.7.1994. - Auch Wolfgang Herger berichtet, daß der Gedanke, ob militärisch etwas zu machen sei, zur Diskussion gestellt, aber umgehend verworfen worden sei (Gespräch d. Vf. mit Wolfgang Herger, 24.11.1994).
31 Vgl. dazu das Fernschreiben Nr. 484 des Ministers des Innern an die Chefs der BDVP, 10.11.1989, Unterschrifts-Uhrzeit: 14.15 Uhr, Eingangsquittierung: 14.50 Uhr (BArch/P, MdI 54462; ARCHIV POLPRÄS PDM, Ordner Fernschreiben, MdI-Chef-Nachgeordnete, September 1989 - Dezember 1990).
32 Als neu einzurichtende Straßenübergänge schlug der Senat am 3. November 1989 vor: Brunnenstraße, Schlesische Straße, Dammweg, Potsdamer Platz, Brandenburger Tor, Kirchhainer Damm, Ostpreußendamm, Glienicker Brücke und Falkenseer Chaussee. Vgl. (MfAA-)/Abteilung Westberlin, Bericht über die Unterredung des Genossen Walter Müller mit dem Beauftragten des Senats von Berlin (West), Senatsdirigent Gerhard Kunze, am 3. November 1989, Berlin, 3.11.1989 (BStU, ZA, MfS-SdM 255, Bl. 106-114). - Die Zunahme des innerstädtischen Reiseverkehrs nach den im Sommer 1989 eingeführten Erleichterungen hatte den Senat bereits im Oktober 1989 veranlaßt, in Ost-Berlin auf den Beginn von Gesprächen über eine Kapazitätserweiterung der GÜST zu drängen. Vgl. die Mitteilung dieses Senats-Ansinnens im Schreiben von Oskar Fischer an Erich Mielke, 25.10.1989 (BStU, ZA, MfS-Arbeitsbereich Neiber 300, Bl. 2-3).

noch am späten Nachmittag mit dem West-Berliner Senat abgestimmt und schließlich bekanntgegeben.³³

Wie überstürzt und unkoordiniert diese Maßnahmen bei den Grenztruppen in Gang gesetzt wurden, zeigt ein Bericht von Thomas Segeth, der als Kompaniechef für die militärische Sicherung der Glienicker Brücke verantwortlich war: "Am Freitag nachmittag, dem 10. November, so gegen 14.30 Uhr, saß ich beim Friseur, als die Friseuse einen Anruf bekam. Das Telefon stand neben meinem Stuhl, auf dem ich mit nassen, eingeseiften Haaren saß, so daß ich unfreiwillig das Telefonat der Friseuse mit ihrer Mutter anhören konnte. Gesprächsthema war natürlich die Öffnung der Grenze, und auf einmal sagt doch diese Friseuse zu ihrer Mutter: 'Heute abend wird die Glienicker Brücke aufgemacht.' Ich denke, na schön, du sitzt hier mit nassen Haaren als verantwortlicher Kompaniechef der Brücke und weißt von nichts. Am liebsten wäre ich aufgestanden samt nasser Haare und losgelaufen. Na gut, ich habe mir die Haare zu Ende schneiden lassen, bin nach Hause, da klingelte schon mein Telefon, und der Kompaniechef der Bootskompanie sagte: 'Du, Thomas, komm' zur Brücke, der Kommandeur ist dort, heute abend wird die Brücke aufgemacht.' Darauf sagte ich: 'Ist ja gut, daß ich das auch schon von euch erfahre, beim Friseur habe ich's schon gehört.'"³⁴ Mit der Öffnung der Berlin und Potsdam verbindenden und bis dahin den Alliierten und ihrem Agentenaustausch vorbehaltenen Glienicker Brücke für den Reiseverkehr um 18.00 Uhr wurde Entlastung für die an der Autobahn gelegene Kontrollstelle Drewitz-Dreilinden geschaffen; Zehntausende von Bürgern aus Potsdam und dem Umland konnten nunmehr die kürzeste Verbindung zwischen den beiden Städten für einen Besuch in West-Berlin nutzen.

Eine beruhigende Wirkung versprach sich die operative Führungsgruppe von einem Aufruf an die Bevölkerung, an dessen Ausarbeitung sich auch Wolfgang Herger beteiligte.³⁵ Darin sollte sich der Ministerrat erstmals zu der neuen Reiseregelung als seinem Beschluß bekennen: "Die Regierung der DDR steht zu ihrem Wort." Es handele sich nicht um eine zeitlich befristete Maßnahme; die Bürger könnten sich vielmehr auf ihre Dauerhaftigkeit verlassen und brauchten "keine übereilten Entschlüsse zu treffen." Die Erklärung hob die Visumpflicht hervor und versprach, daß die Dienststellen des Paß- und Meldewesens auch am bevorstehenden Wochenende geöffnet blieben. Es sei mit der kurzfristigen Einrichtung zusätzlicher Grenzübergangsstellen zu rechnen; daneben würden Schritte zur Vereinfachung des Grenzregimes an der Grenze zur Bundesrepublik vorbereitet, die noch im Dezember (sic!) wirksam werden könnten. An die "lieben Bürgerinnen und Bürger" wurde appelliert, durch "besonnenes und verantwortungsbewußtes Verhalten" dazu beizutragen, "daß der grenzüberschreitende Reiseverkehr auf der

---

33 Vgl. Fernschreiben Nr. 512 des Ministers des Innern an die Chefs der BdVP, 10.11.1989, Unterschrifts-Uhrzeit: 18.25 Uhr, Eingangsquittierung: 19.47 Uhr (BArch/P, MdI 54462). Bis zum 14. November wurden in Berlin sechs GÜST neu eröffnet: Jannowitzbrücke (11.11., 8.00 Uhr), Eberswalder Str. (11.11., 8.00 Uhr), Puschkinallee (11.11., 13.00 Uhr), Potsdamer Platz (12.11., 8.00 Uhr), Wollankstraße (13.11., 8.00 Uhr), Stubenrauchstr. (14.11., 8.00 Uhr). Hinzu kamen vier GÜST in Potsdam: Glienicker Brücke (10.11., 18.00 Uhr), Mahlow (10.11., 8.00 Uhr, erweitert für KfZ), Falkenseer Chaussee (13.11., 18.00 Uhr), Teltow (14.11., 8.00 Uhr, Philipp-Müller-Allee, jetzt Lichterfelder Allee). - Sowohl die Öffnung der GÜST als auch die Einrichtung der Außenstellen der Volkspolizei an den Grenzübergängen wurde nachmittags bei einer Sondersitzung des amtierenden Ministerrates von 15.00 Uhr bis 15.55 Uhr nachbeschlossen (vgl. Protokoll der 115. Sitzung des Ministerrates am 10. November 1989, in: BArch/P, C-20 I/3-2867, Bl. 2 und 4-5).
34 Thomas Segeth, Jahrgang 1959, Kompaniechef der Sicherungskompanie des Grenzregiments 44, zit. nach: Blees 1996, S. 113.
35 Vgl. Gespräch d. Vf. mit Wolfgang Herger, 5.3.1992.

4. Kapitel

Grundlage der neuen Regelungen geordnet verläuft, der derzeitige große Andrang bewältigt wird und normale Verhältnisse an den Grenzübergangsstellen eintreten."[36] Doch der erstmaligen Verlesung dieser Erklärung im DDR-Fernsehen durch Innenminister Dickel um 16.30 Uhr gingen noch dramatische Stunden voraus.[37]

Alle zivilen Maßnahmen kamen zu spät und griffen zu langsam, um zu unmittelbar sichtbaren Ergebnissen zu führen und der SED-Führung die Lage beherrschbar erscheinen zu lassen. Am Brandenburger Tor hatten sich auf westlicher Seite bereits seit dem Morgen wieder Tausende versammelt. Die Panzermauer war erneut besetzt, zweihundert Menschen waren einfach auf Ost-Berliner Gebiet heruntergesprungen, wo sie einer unbewaffneten Postenkette der Grenztruppen gegenüberstanden, die ihnen den Weg durch das Tor nach Ost-Berlin versperrte.[38] Die Erteilung und Kontrolle der Visa an den Übergängen mußte, nur kurz nachdem sie begonnen hatte, wieder eingestellt werden, um den Reiseverkehr flüssig zu halten und den Druck nicht durch lange Wartezeiten und große Menschenzusammenballungen zur Explosion zu bringen.[39] Gegen Mittag drückten Hunderttausende von Menschen auf die Grenzübergänge nach West-Berlin.

Darauf, daß sich der jahrelang angestaute Reisedrang friedlich entladen und die Stimmung so fröhlich bleiben würde, daß das MfS am Ende dieses Tages nur einen einzigen Zwischenfall zu verzeichnen haben würde - am Bahnhof Friedrichstraße verletzte ein West-Berliner unter Alkoholeinfluß einen Paßkontrolleur mit Faustschlägen[40] -, mochte die SED-Spitze nicht vertrauen. Zudem hatten die

---

36 Erklärung des Ministers vor der "Aktuellen Kamera" am 10.11.1989, 16.30 Uhr (BArch/P, MdI 54462). Die Erklärung wurde am 11.11.1989 im "Neuen Deutschland" abgedruckt (vgl. Innenminister Friedrich Dickel zu den neuen Reiseregelungen, in: Neues Deutschland, 11.11.1989, S. 1).
37 Als Innenminister Dickel um 16.30 Uhr im DDR-Fernsehen auftrat und verkündete: "Die Regierung der DDR steht zu ihrem Wort", tat dies mit ihm ein Vertreter der SED-Führung, dessen politisches Wort als Minister und Mitglied des Zentralkomitees zu diesem Zeitpunkt keinerlei Gewicht hatte und praktisch nichts mehr galt: Dickel war nicht nur bereits am 7. November mit der Regierung Stoph zurückgetreten, sondern hatte Krenz noch während der ZK-Tagung sein Rücktrittsschreiben sowohl aus dem Zentralkomitee als auch als amtierender Minister des Innern und Chef der Deutschen Volkspolizei ausgehändigt. Vgl. das Rücktrittsschreiben von Dickel an Krenz, 10.11.1989 (SAPMO-BArch, ZPA-SED, IV 2/1/713, Bl. 20).
38 In einem Bericht des MfS zur Lage am Brandenburger Tor um 13.10 Uhr heißt es: "10.11., 13.10 Uhr, Abt. VII/2 Gen. Hptm. Schirmer und Abt. III melden: Vor dem Brandenburger Tor, auf dem Gebiet der Hauptstadt, halten sich ca. 200 Personen auf. Unter diesen Personen befinden sich 7 TV-Teams, auch aus dem NSW. Die Personenansammlung setzt sich aus älteren Personen und Touristen zusammen. Auf dem Abschnitt der einsehbaren Panzermauer befinden sich ca. 1.000 Personen. Im westlichen Vorfeld halten sich ca. 10.000 Personen auf, unter ihnen der Bürgermeister von Berlin (West), Momper, und der Diepgen. Der Ehrenvorsitzende der SPD Brandt ist in Berlin auf dem Luftwege eingetroffen und will sich zum Brandenburger Tor begeben" (Bezirksverwaltung für Staatssicherheit Berlin/Stab, Rapport - Grenzsicherung Nr. 314 vom 10.11.1989, 5.00 Uhr, bis 11.11.1989, 5.00 Uhr, in: BStU, ASt. Berlin, A 2323/2324, Bl. 36).
39 Weil die Kontrolleure in der Bornholmer Straße mit der Abfertigung nicht nachkamen, brachen um zwei Uhr zum Beispiel fünfhundert Jugendliche südlich des Übergangs durch ein Tor in das Grenzgebiet ein und gelangten zum großen Teil auf diese Weise nach West-Berlin (vgl. Bezirksverwaltung für Staatssicherheit Berlin/Stab, Rapport - Grenzsicherung Nr. 314 vom 10.11.1989, 5.00 Uhr, bis 11.11.1989, 5.00 Uhr, in: BStU, ASt. Berlin, A 2323/2324, Bl. 36).
40 Information über die Entwicklung der Lage an den Grenzübergangsstellen der Hauptstadt zu Westberlin sowie an den Grenzübergangsstellen der DDR zur BRD und zu Westberlin, Berlin, 11. November 1989, S. 2 (BStU, ZA, MfS-Arbeitsbereich Neiber 553, Bl. 42).

schroffen, fast schon feindseligen Anrufe des sowjetischen Botschafters tiefe Unsicherheit über die zu erwartende Reaktion Moskaus hinterlassen. Ein Fernschreiben von Krenz an Gorbatschow, das gegen 11.00 Uhr nach Moskau gesandt worden sein soll[41], entsprach in keinster Weise der realen Lage an der Grenze, deren Bilder von zahllosen Fernsehsendern direkt in alle Welt übertragen wurden. Die Verunsicherung der SED-Spitze fand ihren Ausdruck darin, daß sich bis zum Abend des 10. November kein Mitglied der neuen SED-Führung durch einen öffentlichen Auftritt im Glanze jenes welthistorischen Ereignisses zu sonnen wagte, mit dessen angeblich beabsichtigter Herbeiführung sich manche im nachhinein zu schmücken suchen.

Als Reaktion auf die "Zuspitzung der Lage" verständigten sich Krenz und Verteidigungsminister Keßler gegen 12.45 Uhr, Truppenteile der Nationalen Volksarmee in "erhöhte Gefechtsbereitschaft" zu versetzen, womit sie auf ein militärisches Eingreifen vorbereitet waren.

4.1.2.2. Militärische Maßnahmen

Verteidigungsminister Keßler ließ den Chef des Hauptstabes in den Nebenraum des ZK-Plenarsaales rufen. Dort gab er Streletz den Befehl, die erhöhte Gefechtsbereitschaft für die in Potsdam stationierte 1. Motorisierte Schützendivision (1. MSD) und das in Lehnin untergebrachte Luftsturmregiment 40 (LStR-40) auszulösen.

Den militärischen Gepflogenheiten hätte es entsprochen, wenn Streletz den Befehl über das eingespielte Diensthabenden-System des operativen Führungszentrums (OFüZ) der NVA in Strausberg an den Operativ-Diensthabenden (OpD) des Kommandos der Landstreitkräfte in Potsdam hätte übermitteln lassen. Der OpD wäre jedoch verpflichtet gewesen, den Befehl als meldepflichtiges Vorkommnis in die Tagesinformationen des Ministeriums aufzunehmen, die allen Stellvertretern des Ministers vorgelegt wurden.

Der Weg, den Streletz wählte, sicherte dagegen größtmögliche Geheimhaltung: Er bat Generaloberst Stechbarth, den Chef der Landstreitkräfte, in den Vorraum des ZK-Plenarsaales, um ihm die erforderlichen Instruktionen persönlich zu erteilen. Stechbarth wiederum gab die entsprechende Weisung telefonisch dem Stabschef der Landstreitkräfte durch. Beide Truppenteile wurden um 13.00 Uhr über das Diensthabenden-System der Landstreitkärfte alarmiert.[42] Streletz übernahm die Aufgabe, Armeegeneral Snetkow, den Oberkommandierenden der Westgruppe der sowjetischen Streitkräfte in der DDR, über die Maßnahmen der NVA in Kenntnis zu setzen.

Die 1. Motorisierte Schützendivison und das Luftsturmregiment 40, die beide dem Kommando der Landstreitkräfte in Geltow bei Potsdam unterstanden, gehörten zu einer als "Berliner Gruppierung" bezeichneten Formation, die im Kriegsfall gemeinsam mit einer Motorisierten Schützenbrigade der Westgruppe der sowjetischen Streitkräfte in Karlshorst, der Artilleriebrigade 40 der NVA, acht Kampfgruppenbataillonen aus Ost-Berlin und Potsdam, zwei Volkspolizeibe-

---

41 Siehe dazu Kap. 4.2.
42 Das Dienstbuch des Operativ-Diensthabenden im Kommando der Landstreitkräfte (LaSK) enthält am 10.11.1989 folgenden Eintrag:
"13.00/pers.: O. (=Oberst) Hienzsch: durch CHS (=Chef des Hauptstabes, Streletz) wurde f. d. 1. MSD u. das LStR-40 'EG' ausgelöst.
13.35/tlf.: OpD KMB-V (=Kommando des Militärbezirks V): 13.00 Ausl. 'EG' 1. MSD a. (=auf) Wsg. (=Weisung) CSLASK (=Chef des Stabes der Landstreitkräfte, Generalleutnant Skerra)." (Erläuterungen in Klammern durch d. Vf.) Siehe: Kommando LaSK/Operativ, Dienstbuch des OpD vom 21.10.89 bis 1.12.89 (BArch/P, MZA, VA-10-25899, Bl. 32).

reitschaften und dem Grenzkommando Mitte der Grenztruppen im Zusammenwirken mit den Luftstreitkräften der NVA den Auftrag hatten, West-Berlin einzunehmen und vom Imperialismus zu befreien.[43] Die operative Planung der NVA war auf das Ziel ausgerichtet, innerhalb von vierundzwanzig Stunden
"- die Mauer zu überwinden,
- im schnellsten Vorstoß panzerstark anzugreifen mit dem Ziel Kaiserdammbrücke-Stadtzentrum,
- die Vereinigung der britischen, französischen und amerikanischen Brigaden zu verhindern,
- den Feind getrennt nach Teilen zu zerschlagen und die Stadt vollständig zu besetzen,
- die Flugplätze Tegel und Tempelhof durch taktische LL-Op. (Luftlande-Operationen, d.Vf.) zu nehmen,
- Vorrangobjekte nach besonderer Liste im Handstreich zu besetzen,
- zu schützende Objekte nach besonderer Weisung zu besetzen".[44]

Als Lehrbeispiel für "Angriffsoperationen zur Einnahme von Ballungsgebieten aus der Bewegung ohne den Einsatz von Kernwaffen"[45], die "bei der Führung moderner Operationen auf dem westlichen Kriegsschauplatz (...) immer mehr zu einer typischen Notwendigkeit moderner Kampfhandlungen" würden[46], bildete die Eroberung West-Berlins in der zweiten Hälfte der achtziger Jahre einen Schwerpunkt gemeinsamer Kriegsspiele und Übungen in der Stabsdienstausbildung dieser Einheiten.[47] Für Übungszwecke standen der 1. MSD und dem LStR-40 auf dem Truppenübungsplatz bei Lehnin die Stadtkampfanlage "Scholzenlust" zur Verfügung, auf dem "alle Merkmale einer Großstadt, vom Kino bis zur Post, vom Bahnhof bis zur Bank, ja sogar Fußgängerunterführungen und U-Bahneingänge maßstabsgetreu" nachgebaut worden waren.[48] Hier und auf Übungsplätzen wie denen der Grenztruppen in Streganz, auf denen Mauer und Staatsgrenze nachgebildet waren, wurden Verteidigungsgefechte an der Staatsgrenze und An-

---

43 Zur "Berlin-Operation" vgl. Wenzel 1993, Wenzel 1995 und Göpel 1993b.
44 Oberst i.G. Hoffmann, Korps- und Territorialkommando Ost/IV. Korps, Die Besetzung West-Berlins, o. J. (1993), S. 2 (Ms.). - Zu besetzende Vorrangobjekte waren die Fernseh- und Rundfunksender, die Flughäfen, Satellitenfunkanlagen sowie der Hahn-Meitner-Atomreaktor.
45 Dieses Thema war zu Beginn der achtziger Jahre ein Forschungsschwerpunkt der Militärakademie "Friedrich Engels" der NVA. Vgl. die gleichnamige Dissertation von Generalmajor Bruno Petroschka, Über die Angriffsoperationen zur Einnahme eines Ballungsgebietes aus der Bewegung ohne den Einsatz von Kernwaffen, Dresden 1985 (Dissertation), NVA, Militärakademie "Friedrich Engels", GVS Nr. B 454 240 (BArch/P, MZA, VA-10-25907). Petroschka war 1989 Chef des Stabes des Militärbezirkes V (MB V).
46 Vgl. Petroschka 1985, S. 123. Als Ausgangsüberlegung formulierte Petroschka: "Die Forderung unserer Partei-, Staats- und militärischen Führung an die Truppen und ihre Führung besteht u.a. darin, *ständig zur Lösung jeder beliebigen militärischen Aufgabe bereit zu sein.* Dazu gehört auch der Stadtkampf und der Angriff auf Ballungsgebiete sowie Verdichtungsräume" (ebd., S. 5; Hervorhebung v. Vf.). Unter die Rubrik "Ballungsgebiete" fielen Hamburg, Bremen, Rhein-Ruhr, Rhein-Main, Rhein-Neckar, Stuttgart, Nürnberg, München; unter "Verdichtungsräume" Kiel, Bremerhaven, Osnabrück, Herford-Bielefeld, Braunschweig, Kassel, Siegen, Aachen, Koblenz, Saarbrücken, Karlsruhe-Pforzheim, Freiburg, Augsburg. Als Modellfall diente seiner Arbeit das Ballungsgebiet Hannover.
47 Vgl. dazu Roland Altmann, in: Koop 1993, S. 102 ff.; Wenzel 1993; Göpel 1993b. Die entsprechenden Kriegsspiele und Kommandostabsübungen wurden in den Jahren 1985 bis 1988 unter der Tarnbezeichnung "Bordkante" durchgeführt (archiviert in: BArch/P, MZA, VA-10-22942, VA-10-22939, VA-10-23894).
48 Oberst i.G. Hoffmann, Korps- und Territorialkommando Ost/IV. Korps, Die Besetzung West-Berlins, o.J. (1993), S. 5 (Ms.).

griffshandlungen zu Beginn eines Krieges bis weit in das Jahr 1989 hinein trainiert.

Zur 1. MSD mit ihren rund zehntausend Mann, von denen 1989 zweitausendfünfhundert in der Volkswirtschaft eingesetzt waren, zählten unter anderem drei mit Panzern ausgerüstete, hoch bewegliche Mot.-Schützenregimenter, ein Artillerieregiment und ein Fla-Raketenregiment; ihr Panzerregiment war dem Beschluß vom 23. Januar 1989, die NVA um zehntausend Mann und rund sechshundert Panzer zu verringern, zum Opfer gefallen und befand sich als Ausbildungsbasis-4 in einer Umstrukturierungsphase zu einem Motorisierten Schützen-Regiment.[49] Militärhistorisch hatte der Verband beim Bau der Mauer im August 1961 bleibende Verdienste bei der Sicherung des "freundwärtigen Hinterlandes" erworben.[50]

Zum mit Transportflugzeugen ausgestatteten Luftsturmregiment 40 mit einem Kampfbestand von sechshundert Mann gehörten vier Fallschirmjäger-Kompanien, zwei Luftsturm-Kompanien und eine Schwere Kompanie. Die Eliteeinheit, in der jeder dritte das Mitgliedsbuch der SED besaß, war im Stadtkampf und im Nahkampf ausgebildet und mit leichten Artilleriegeschützen, Granatwerfern, Panzerabwehrlenkraketen und Panzerbüchsen bewaffnet.[51] Die Fallschirmjäger galten als die der Parteiführung treu ergebensten und best ausgebildeten Soldaten der NVA. Ihre grundsätzliche militärische Aufgabe war es, "im Rücken des Gegners zu operieren und bedeutende Objekte handstreichartig anzugreifen und zu vernichten, wichtige Geländeabschnitte zu nehmen, zu halten oder Streifzüge durchzuführen."[52]

Ihre Ausbildung im Stadtkampf prädestinierte Truppenteile beider Verbände dazu, seit Anfang Oktober von der militärischen Führung in ständiger Verfügbarkeit für Einsätze bei Demonstrationen gehalten zu werden. In der Zeit der Staatsfeierlichkeiten vom 6. bis 9. Oktober wurden ein Motorisiertes Schützenbataillon der 1. MSD mit 350 Mann in Stahnsdorf und eine Fallschirmjägerkompanie des LStR-40 in Lehnin in 'erhöhte Gefechtsbereitschaft' versetzt. Während dieser Zeit mußte das Lazarett in Potsdam vorsorglich zusätzliche Bettenkapazitäten bereithalten. Grundlage dafür war der bereits erwähnte Befehl 105/89 des Verteidigungsministers vom 27. September 1989.[53] Soweit es die erhöhte Gefechtsbereitschaft der Truppenteile betraf, wurde dieser Befehl am 11. Oktober außer Kraft gesetzt; die verstärkte Grenzüberwachung und -sicherung zur CSSR und Polen und an der Berliner Mauer wurden jedoch fortgesetzt und insbesondere die Maßnahmen für Einsätze im Innern ausgeweitet. "Der mögliche Einsatz von Hundertschaften (der NVA, d. Vf.) in Schwerpunktgebieten", teilte Streletz dem MfS mit, sei "entsprechend der in den letzten Tagen geübten Praxis stabsmäßig vorzubereiten."[54] Die Zahl der in allen Teilstreitkräften der Armee, aber mit

---

49 Zum Kampfbestand der Division gehörten 1987 vier Raketen-Startrampen 9 P113 (Luna-M), 214 Panzer T55, 112 Schützenpanzer BMP, 279 Schützenpanzerwagen sowie 162 Geschütze und Geschoßwerfer (vgl. Göpel 1993a, S. 118).
50 Vgl. NVA, Militärgeschichtliches Institut der DDR, Der Anteil der 1. MSD bei der Sicherung der Staatsgrenze am 13. August 1961. Die politisch-moralische Einheit von Volk und Armee, vorgelegt von Oberstleutnant Benno Eggert, Potsdam 1984 (BArch/P, MZA, VA-10-23661).
51 Vgl. Chronik des Luftsturmregiments-40 "Willi Sänger" vom 1.12.1986 bis 30.11.1987 (BArch/P, MZA, VA-10-26304, Bl. 30). Zur Bewaffnung und Ausrüstung des LStR-40 siehe auch Dissberger 1992, S. 162 ff.
52 Jeschonnek 1992, S. 3. Zu den Strukturen und Einsatzgrundsätzen des LStR-40 vgl. Seiffert 1992, S. 57 ff.
53 Vgl. Kap. 2.2.
54 Schreiben von Generaloberst Streletz an Generalmajor Rümmler (MfS, Leiter der AG des Ministers), 11.10.1989, S. 2 (BStU, ZA, MfS-Arbeitsbereich Neiber 181, Bl. 249).

Schwerpunkt in den Landstreitkräften, für innere Einsätze gebildeten Hundertschaften wurde von 86 am 10. Oktober über 120 am 20. Oktober auf 183 am 6. November erhöht.[55]

Der Kommandeur der 1. MSD hatte am 13. Oktober den Befehl erhalten, zur Sicherung der Staatsgrenze nach innen und außen und zum Schutz wichtiger Objekte Hundertschaften zu formieren und auf Einsätze vorzubereiten. Am nächsten Tag wurden zwanzig Hundertschaften aufgestellt, am übernächsten Tag die zuständigen Offiziere der 1. MSD in ihre Aufgaben, insbesondere in die Einsatzvariante 1 - die Handhabung von Schlagstöcken und die Bildung von Räumketten - eingewiesen.[56] Bei der Einweisung von Einsatzkräften der Hundertschaften im Motorisierten Schützenregiment 1 in Oranienburg unterlief einem Offizier der Fauxpas, auch die der Geheimhaltung unterliegende "Einsatzvariante 2" vorzutragen, die die Anwendung der Schußwaffe vorsah.[57]

Mit dem Einsatzbefehl, gegen "die konterrevolutionären Machenschaften" vorzugehen und die Montagsdemonstration verhindern zu helfen, verlegte das LStR-40 vom 14. bis 17. Oktober drei mit MP und 30 Schuß scharfer Munition ausgerüstete Hundertschaften nach Leipzig.[58] Waffen und Munition wurden nach der Ankunft eingesammelt und statt dessen Schlagstöcke, Schilder und Helme ausgegeben. Ohne zum Einsatz gekommen zu sein, zogen die Fallschirmjäger wieder ab.[59]

Vierzehn Hundertschaften der 1. MSD waren am 4. November, frühmorgens und im Schutz der Dunkelheit, nach Berlin geführt worden. Während der Großdemonstration hielten sie sich im Hintergrund in Bereitschaft, um unter anderem die Mauer am Brandenburger Tor und den Übergang Heinrich-Heine-Straße im Ernstfall gegen Grenzdurchbrüche abzusichern. Maschinenpistolen und Munition waren zwar nicht am Mann, aber für den Fall der "Einsatzvariante 2" auf LKW verladen und mitgeführt worden.[60]

Am 9. und 10. November hielt die NVA noch immer insgesamt 179 Hundertschaften - auch in der 1. MSD und dem LStR-40 - zur "Unterstützung der Schutz- und Sicherheitsorgane", wie es hieß, in einer Zwei- bis Drei-Stunden-Bereitschaft bereit, davon allein 25 für einen Einsatz in Berlin.[61] Daß die politische

---

55 Davon entfielen am 10. Oktober 64, am 6. November 136 Hundertschaften auf die Landstreitkräfte. Vgl. Generaloberst Streletz, Aktennotiz für den Minister für Nationale Verteidigung, Berlin, den 10.10.1989, S. 2 sowie die entsprechenden Aktennotizen vom 20.10.1989, S. 1, und vom 6.11.1989, S. 2 (PdV).
56 Vgl. dazu die Protokolle des Untersuchungsausschusses des MfNV vom 23.1.1990. Befragt wurden der Kommandeur der 1. MSD sowie neun Angehörige des MSR-2 in Stahnsdorf (UA-NVA, Ordner Nr. 6, Akte Nr. 10).
57 Vgl. HA I/AKG, Information über das Stimmungs- und Meinungsbild der Angehörigen und Zivilbeschäftigten der NVA und der GT/DDR, Berlin, 23. Oktober 1989, S. 3 (BStU, ZA, MfS-Arbeitsbereich Neiber 181, Bl. 96).
58 Vgl. Chronik des Luftsturmregiments-40 "Willi Sänger" vom 1.12.1988 bis 30.11.1989, S. 5 (BArch/P, MZA, VA-10-26304, Bl. 124); Seiffert 1992, S. 50.
59 Zum Verlauf des Einsatzes vgl. Seiffert 1992, S. 49 ff. Seiffert, der letzte Kommandeur des LStR-40, irrt sich allerdings bei seinen Zeitangaben. - Die Enttäuschung über den Befehl, nicht auszurücken, sei bei vielen Fallschirmspringern groß gewesen, berichtet ein Soldat im Grundwehrdienst des LStR-40 (vgl. J.A., Mit Gummiknüppeln für das Wohl des Volkes. Über Fallschirmjäger bei der entscheidenden Montagsdemo in Leipzig, in: DDR - die Wende zum Ende, o.J. <1990>, S. 34/35).
60 Zur Mitnahme von Waffen siehe die Aussagen von Soldaten des MSR-2 in Stahnsdorf, darunter die des Kommandeurs, in: UA-NVA, Ordner Nr. 6, Akte Nr. 10. Das MSR-2 verlegte am 4.11.1989 drei Hundertschaften nach Berlin
61 Vgl. Schreiben von Heinz Keßler an Egon Krenz, 10.11.1989: Information zur Lage im Verantwortungsbereich des Ministeriums für Nationale Verteidigung mit Stand 10.11.1989, 04.00 (PdV).

Führung nicht auf diese polizeilich getarnten Formationen, sondern auf die militärischen Strukturen zurückgriff, ist nur so zu verstehen, daß am 10. November andere, nämlich militärische Einsatzziele verfolgt wurden.[62]

Als konkrete Aufgabe, so Fritz Streletz, habe er dem Chef der Landstreitkräfte, Generaloberst Horst Stechbarth, gegen 12.00 Uhr[63] mündlich folgende Weisung erteilt: "Die 1. MSD hat bei Notwendigkeit bereit zu sein, mit Teilen des Personalbestandes ohne Panzer, Artillerie und schwere Technik, als Mot.-Schützenkräfte die Grenztruppen bei der Aufrechterhaltung der Ordnung und Sicherheit an der Staatsgrenze der DDR zu West-Berlin zu unterstützen. Für den möglichen Transport der Kräfte sind Lastkraftwagen und Schützenpanzerwagen (SPW) vorzubereiten."[64]

Sowohl Stechbarth als auch Generalleutnant Horst Skerra, als Stabschef der Landstreitkräfte das vierte Glied in der Befehlskette, bestätigen sinngemäß die Entgegennahme dieses Befehls.[65] Seine konkrete Zielstellung sei ihnen in der damaligen Situation so unklar geblieben, wie sie Streletz heute aus der Erinnerung formuliert. Was stellte sich die Führung in der konkreten Situation unter "Ruhe", "Ordnung" und "Sicherheit" an der Berliner Mauer vor? Die Wiederherstellung des Grenzregimes der zurückliegenden 28 Jahre? Und welche militärischen Mittel sollten zur Lösung dieser Aufgabe gegebenenfalls eingesetzt werden? Wenn es die von Streletz genannten Einschränkungen - ohne Panzer, Artillerie und schwere Waffen - gegeben haben sollte[66], versandeten sie auf dem Befehlsweg. Die 1. MSD jedenfalls, das steht fest, erreichten sie nicht.

---

62 Soweit es die Einsätze der NVA zwischen dem 4. Oktober und 4. November 1989 betrifft, leistete der Untersuchungsausschuß der NVA eine gründliche Aufklärungsarbeit. Dagegen schenkte er den mit der Auslösung der erhöhten Gefechtsbereitschaft verbundenen Vorgängen keine Beachtung, da am 10. und 11. November 1989 keine Truppenteile ausrückten (vgl. das Gespräch d. Vf. mit Hans-Jürgen Mader, 24.1.1995). Die Informationen, die Rainer Eppelmann Anfang 1990 zugetragen worden waren, waren so unpräzise, daß sein Versuch scheiterte, die Vorgänge am Runden Tisch zu klären. Eppelmann fragte Krenz nach der politischen Verantwortung für den Befehl: Volle Gefechtsbereitschaft für die 1. MSD am 11. November 1989. Diesen Befehl kenne er nicht, antwortete Krenz (vgl. Wortprotokoll der 9. Sitzung des Runden Tisches am 22.1.1990, in: Thaysen 1996). Auch die Hinweise in späteren Publikationen blieben spekulativ (vgl. Eppelmann 1993, S. 365; Weber 1992, S. 60 ff.; Wolle 1992, S. 107/108). Voller sachlicher Fehler und gänzlich unbrauchbar ist die Darstellung von Pryce-Jones (1995, S. 377-381).
63 Die von Streletz angegebene Uhrzeit ist auf etwa 12.45 Uhr zu korrigieren, da Stechbarth den Befehl sofort in sein Kommando durchstellte, und die 1. MSD von dort unverzüglich alarmiert wurde.
64 Streletz 1995, S. 902. - Horst Stechbarth hat die Details der Befehlsübergabe in folgender Erinnerung: Streletz habe ihn aus der laufenden ZK-Sitzung herausgeholt und ihm mitgeteilt, er müsse "EG" in der 1. MSD und im LStR-40 herstellen. Die Zielstellung habe allgemein gelautet, die Grenztruppen zu unterstützen. Als er Streletz gerade die Frage gestellt habe: 'Mit schweren Waffen?', sei Willi Stoph hinzugekommen und habe sich in ihr Gespräch eingemischt: 'Aber auf keinen Fall Panzer, Artillerie und schwere Waffen. Und nur LKW für den Transport benutzen.' Auf den Einwand Stechbarths, daß er dann die LKW entmunitionieren müsse, habe Stoph geantwortet: 'Gut, dann nimm' SPW dazu.' Weil Stoph im Bilde schien, so Stechbarth, habe er damals geglaubt, die erhöhte Gefechtsbereitschaft sei im Politbüro beschlossen worden (Gespräche d. Vf. mit Horst Stechbarth, 12.12.1994 und 18.7.1995).
65 Gespräch d. Vf. mit Horst Stechbarth, 12.12.1994, und mit Horst Skerra, 9.9.1995.
66 Schriftliche Dokumente mit dem Wortlaut des Befehls in der von Fritz Streletz bezeichneten Fassung liegen nicht vor und wurden nach dessen Auskunft im Hauptstab auch nicht angefertigt. Die Mitteilungen von Horst Stechbarth und Horst Skerra bestätigen die von Streletz genannten Einschränkungen; der Eintrag des Operativ-Diensthabenden im Kommando der LaSK zeigt jedoch, daß sie nicht wirksam wur-

Nach militärischem Verständnis wäre der Befehl des Chefs des Hauptstabes in dem von ihm genannten Wortlaut extrem unpräzise gewesen, denn neben der nebulösen Zielstellung war ihm auch keine konkrete Einsatzaufgabe zu entnehmen. Damit hätte er es der Phantasie des Befehlsempfängers überlassen, sich vor der Entschlußfassung seine "Aufgabe selbst klarzumachen", wie es im militärischen Sprachgebrauch hieß. Für die Generäle und Offiziere im Kommando der LaSK und der 1. MSD war der Befehl nur so zu verstehen, daß es sich nun um eine Vorbereitungsmaßnahme mit militärischer Zielsetzung handelte, denn anderenfalls wäre, wie in den Wochen zuvor, auf die Hundertschaften ihrer Verbände und Truppenteile zurückgegriffen worden. Wie aber stellten sich die Führung und Streletz vor, eine Motorisierte Schützendivision "ohne Panzer, Artillerie und schwere Technik" für einen militärischen Einsatz, der ihrer Ausbildung entsprach, gefechtsbereit zu machen? Die genannten Einschränkungen widersprachen den Aufgaben und den Gepflogenheiten der Befehlsgebung für eine Division so sehr, daß sie nicht einmal in der bei "EG"-Übungen benutzten Einschränkungstabelle vorgesehen waren.

Die Einsatzfähigkeit einer Motorisierten Schützendivision als militärischer Formation ließ sich nur aus der Lösung militärischer Aufgaben im Verband, das heißt insbesondere im Zusammenwirken der Schützenregimenter und der Artillerie, entfalten. Ohne die Artillerie im Hintergrund war die Division amputiert und von vornherein in ihren Handlungsmöglichkeiten eingeschränkt und in ihrer Kampfkraft geschwächt. Die Gefechtsfahrzeuge eines Motorisierten Schützenregimentes waren zudem nun einmal Schützenpanzer und nicht Lastkraftwagen. Die in der Division vorhandenen LKW waren mit materiellen Gütern - mit Munition, Ersatzteilen, Betriebsstoffen, Bekleidung, Verpflegung und Zeltmaterial - beladen, die die Regimenter für einen Einsatz benötigten. Ohne Panzer hätten die Soldaten mit der S-Bahn nach Berlin fahren müssen - oder aber der Kommandeur mußte die Entladung der LKW anordnen. Statt in Gefechtsbereitschaft wäre die Truppe in diesem Fall in eine Auszeit getreten, in der sie sich irgendwo auf dem Kasernengelände der Ausrüstung hätte entledigen müssen, die sie im Falle eines Einsatzes brauchte. Der Befehl von Streletz wäre somit in doppelter Hinsicht widersinnig gewesen: Um "auf alle Eventualitäten vorbereitet" zu sein[67], griff er einerseits bewußt nicht auf die in Bereitschaft liegenden Hundertschaften zurück, die auch nach Ansicht des Chefs der Grenztruppen zur Unterstützung der Grenztruppen in der Tiefe ausgereicht hätten[68], sondern alarmierte die 1. MSD in ihrer militärischen Struktur und suggerierte damit eine Verschärfung der Lage. Dieser Lageverschärfung jedoch hätte sein Befehl insofern nicht Rechnung getragen, als die Befolgung der mit ihm verbundenen Einschränkungen nicht mit der Aufgabe, die Gefechtsbereitschaft der 1. MSD herzustellen, kompatibel war, sondern diese geradezu zerstört hätte.

Als deshalb der Kommandeur der 1. MSD, Oberst Peter Priemer, aus dem Kommando der Landstreitkräfte den Befehl erhielt, die erhöhte Gefechtsbereitschaft ohne die genannten Einschränkungen für seinen ganzen Verband nach Plan herzustellen[69], war das der einzige Weg, um den Sinn des Befehls, auf alle

---

den, denn Einschränkungen hätten im Dienstbuch festgehalten werden müssen. Vgl. Anm. 42.
67 So die Absicht laut Streletz (vgl. Fritz Streletz, in: Hertle 1995c, S. 908).
68 Vgl. Klaus-Dieter Baumgarten, in: Hertle 1995c, S. 907.
69 Die Modalitäten der Erhöhten Gefechtsbereitschaft waren geregelt in der: Direktive Nr. 3/85 des Ministers für Nationale Verteidigung über die Gefechtsbereitschaft der NVA vom 28.8.1985 (BArch/P, MZA, Strausberg AZN 32113, Bl. 9). Zu den drei Stufen der Gefechtsbereitschaft - "erhöhte Gefechtsbereitschaft", "Gefechtsbereitschaft bei Kriegsgefahr" und "Volle Gefechtsbereitschaft" - siehe auch: Göpel 1993a, Göpel 1993b sowie Löffler 1992, S. 101 ff.

Eventualitäten vorbereitet zu sein, zu erfüllen. Dabei mag die Überlegung eine Rolle gespielt haben, zunächst die Klärung der Lage und damit einhergehend eine Konkretisierung des Einsatzbefehls abzuwarten. Ob danach immer noch ausreichend Zeit für eine Umsetzung von Einschränkungen geblieben wäre, kann dahingestellt bleiben.

In der 1. MSD jedenfalls leitete Oberst Priemer umgehend und planmäßig alle Maßnahmen ein, um für die gesamte Division - die Führungsorgane und die Truppenteile - die Marschbereitschaft herzustellen, um in kürzester Zeit die Kasernen verlassen zu können. In den Stäben der Division und ihrer Truppenteile wurde die erhöhte Führungsbereitschaft hergestellt; die leitenden Offiziere traten in einen 24-Stunden-Dienst ein, mindestens ein Drittel des Personalbestandes mußte ständig anwesend sein. Alle Armeeangehörigen hatten in den Kasernen zu verbleiben. Mit Ausnahme der für die Ausbildung benutzten Lehrgefechtstechnik, die etwa ein Viertel bis ein Drittel der gesamten Kampftechnik umfaßte, befand sich die Munition ständig an den Geschützen und in den Panzern; wo erforderlich, wurde sie entkonserviert und gleichzeitig die Lehrgefechtstechnik aufmunitioniert. Die gesamte Technik wurde überprüft, die Fahrzeuge durchgestartet. Das Führungsorgan der Division bezog seinen Führungspunkt im Keller des Divisionsstabs-Gebäudes, in dem alle Nachrichtenverbindungen zusammenliefen. Dort wartete der Kommandeur gleichermaßen auf die Rückmeldung der Erfüllung der Aufgaben durch seine Regiments-Kommandeure wie auf weitere Befehle aus dem Kommando der Landstreitkräfte.[70]

In der Ausbildungsbasis 4 der Division in Beelitz bei Berlin wurden nach der Auslösung der Erhöhten Gefechtsbereitschaft die Waffen auf LKW verladen und die gesamte Kriegstechnik einsatzbereit gemacht. Die zum 1. November einberufenen Wehrpflichtigen waren zu diesem Zeitpunkt weder vereidigt noch an Waffen ausgebildet. Man werde ihnen "notfalls noch auf dem LKW den Umgang mit der Waffe beibringen", wurde den jungen Rekruten mitgeteilt.[71] Am Abend des 10. November wurde die Einheit auf den Einsatzbefehl zur "Sicherung der Grenzanlagen" vorbereitet und am darauffolgenden Morgen in einem Schnelldurchgang mit dem Gebrauch von Maschinenpistolen vertraut gemacht und in die Bedienung von Geschützen eingewiesen.[72]

Der Kommandeur des Artillerieregiments I der 1. MSD in Lehnitz bei Oranienburg, Oberstleutnant Dietmar Landmann, befand sich noch im Speisesaal, als ihm kurz nach 13.00 Uhr über den Diensthabenden Offizier gemeldet wurde, er möge sich zur Entgegennahme eines Anrufs des Divisionskommandeurs ans Telefon begeben.[73] Als Teilnehmer einer Konferenzschaltung erhielt er mit den übrigen Kommandeuren der Division von Priemer den Befehl, sein Artillerieregiment in erhöhte Gefechtsbereitschaft zu versetzen. Für Landmann bedeutete dies, in seinem Regiment das für diesen Fall vorbereitete Zyklogramm[74] abzuarbeiten, das die durchzuführenden Maßnahmen einschließlich des Zeitablaufs exakt vorgab. Das Artillerieregiment hatte eine Gesamtstärke von 750 Mann und bestand im Kern aus drei Artillerie-Abteilungen und weiteren Einheiten wie einer Nachrichten- und Transportkompanie. Jede Abteilung verfügte über die Feuerkraft von achtzehn schweren Geschützen wie 122mm Haubitzen und 152mm Selbst-

---

70 Vgl. dazu die Abschrift des Interviews von Thomas Heise (Spiegel-TV) mit Peter Priemer im Juli 1995 (Archiv Spiegel-TV).
71 Hanns-Christian Catenhusen, Leserbrief zum Mauerfall, in: Die Zeit Nr. 49, 1.12.1995.
72 Ebd. sowie Gespräch d. Vf. mit Hanns-Christian Catenhusen, 3.1.1996.
73 Die folgenden Ausführungen beruhen auf Gesprächen d. Vf. mit Dietmar Landmann am 21.4.1994 und mit Dr. Rolf Schönfeld am 16.4.1994.
74 Im militärischen Sprachgebrauch ist ein Zyklogramm ein zeitlich gegliedertes Ablaufschema vorschriftsmäßig durchzuführender Maßnahmen.

fahrlafetten[75], mit denen West-Berlin von Lehnitz aus auch direkt bestrichen werden konnte. Nach sechs Stunden konnte Landmann die Gesamterfüllung des Zyklogramms nach oben abmelden: Der Personalbestand war alarmiert, die Geschütze einschließlich der Lehrgefechtstechnik aufmunitioniert, alle Einheiten einsatzbereit und das Führungssystem organisiert und aktiviert. Mit dem anschließenden Warten begann für Landmann und seine Offiziere das Grübeln über die Zielrichtung des Befehls, über die sie nicht instruiert worden waren. Um 22.00 Uhr setzte im Regiment Nachtruhe ein. Gegen halb eins verließ Landmann seine Dienststelle und fuhr nach Hause. Unruhig und besorgt kehrte er jedoch kurze Zeit darauf zurück. Die diensthabenden Offiziere saßen in der Führungsstelle und warteten auf den Einsatzbefehl, über dessen möglichen Inhalt sie nur rätseln konnten.

Eine höhere Stufe der Gefechtsbereitschaft herrschte zu dieser Zeit ebenfalls im 11.500 Mann starken Grenzkommando Mitte.[76] Entsprechend der Direktive des Ministers über die Gefechtsbereitschaft der Grenztruppen waren nach der Auslösung der erhöhten Gefechtsbereitschaft im GKM am 10. November, 0.20 Uhr, "Maßnahmen zur Verstärkung der Grenzsicherung und zur Erhöhung ihrer Bereitschaft zum Übergang zur gefechtsmäßigen Grenzsicherung sowie zur Erfüllung von Gefechts- und Mobilmachungsaufgaben" durchzuführen.[77] Maßnahmen mit unmittelbarem Einfluß auf die Gefechtsfähigkeit der Truppen waren innerhalb von vier bis sechs Stunden umzusetzen. Wie in der NVA gehörte dazu die Aufnahme des 24-Stunden-Dienstes leitender Offiziere und die Besetzung der Führungsorgane aller Ebenen mit einem Drittel des Personalbestandes. Die zeitweilige Schließung und Sperrung der Grenzübergangsstellen einschließlich der die Grenze durchschneidenden unterirdischen Anlagen war stabsmäßig vorzubereiten. "In Abhängigkeit von der Lage" sollte eine verstärkte Grenzsicherung organisiert und durchgeführt werden. Was Bewaffnung und Kampftechnik betraf, so schrieb die Direktive vor, an alle Grenztruppen-Angehörigen die persönliche Bewaffnung und Dosimeter, für den Dienst außerhalb der Objekte die festgelegte Munition auszugeben; die noch nicht aufmunitionierte Technik der Lehrgefechtsgruppe war scharf zu machen und mit der Entkonservierung der Technik und Bewaffnung zu beginnen, die in der nächsthöheren Stufe der Gefechtsbereit-

---

75 Selbstfahrlafetten sind hoch bewegliche, gepanzerte Fahrzeuge mit Kettenantrieb, auf denen Kanonen, Haubitzen oder andere Geschütze aufgebaut sind. Sie dienen im Gefecht zur Feuerunterstützung der Panzer und motorisierten Schützen, zur Panzerbekämpfung sowie zur Luftabwehr (vgl. Militärlexikon 1973, S. 337/38).

76 Jedes der sieben Regimenter des GKM verfügte über 62 Schützenpanzerwagen, eine Granatwerfer- und eine Kanonenbatterie mit jeweils sechs Geschützen und einen Flammenwerferzug mit fünfzehn tragbaren Flammenwerfern. Das GKM rechnete insgesamt 579 Schützenpanzerwagen, 48 Granatwerfer (120mm), 48 Kanonen (85mm), 114 Flammenwerfer, 682 Panzerbüchsen, 2.753 Pistolen, 10.726 Maschinenpistolen sowie 600 leichte und schwere Maschinengewehre zu seiner Kampfausrüstung. Hinzu kamen 156 gepanzerte Fahrzeuge bzw. schwere Pioniertechnik und 2.295 Kraftfahrzeuge. Vgl. Chronik des Grenzkommandos Mitte für das Ausbildungsjahr 1988/89, GVS-Nr. G 213286 (BArch/P, MZA, GTÜ 1991 AZN 17959); Grenztruppen der DDR/Grenzkommando Mitte, Auskunftsbericht zu den Aufgaben, den Bestand, die Ausrüstung, zum Grenzabschnitt und den Ergebnissen der Grenzsicherung des Grenzkommandos Mitte, O.U., den 8.12.1988, VVS-Nr. G 819559 (BArch/P, MZA, GTÜ 1991 AZN 17945); Auskunft zum Grenzkommando Mitte und der Staatsgrenze der DDR zu Westberlin, März 1989, S. 2 (BStU, ZA, MfS-Arbeitsbereich Neiber 60, Bl. 24).

77 Vgl. Ministerrat der DDR/Ministerium für Nationale Verteidigung, Direktive Nr. 4/85 des Ministers für Nationale Verteidigung über die Gefechtsbereitschaft der Grenztruppen der Deutschen Demokratischen Republik vom 28.8.1985, GVS-Nr. A 456004 (BArch/P, MZA, Strausberg AZN 31916, Bl. 19 ff.).

schaft, der Gefechtsbereitschaft bei Kriegsgefahr, zur Auffüllung der Kriegsstruktur vorgesehen war.⁷⁸

Im Ministerium für Staatssicherheit galt seit dem 25. Oktober die Weisung Mielkes, entsprechend den aktuellen operativen Erfordernissen schnell mobilisierbare Einsatzreserven zu bilden und die volle Arbeitsfähigkeit der Stäbe zu gewährleisten. Eine Hälfte der Mitarbeiter hatte sich in ihrer Freizeit ständig zu Hause aufzuhalten, die andere durfte sich maximal bis zu vier Stunden von der Wohnung entfernen. Unter Beachtung dieser Vorgabe blieb es den Leitern überlassen, "selbständig differenzierte Festlegungen zum weiteren Einsatz der Angehörigen sowie zum Tragen der Dienstwaffe zu treffen."⁷⁹ In welcher Bereitschaftsstufe sich die einzelnen Diensteinheiten am 9. November auch immer befanden: Am 10. November alarmierte Mielke alle Mitarbeiter des MfS und erteilte den Befehl: "Aufgrund der Lage haben ab sofort alle Angehörigen des Ministeriums für Staatssicherheit bis auf Widerruf in den Diensteinheiten bzw. Einsatzobjekten zu verbleiben."⁸⁰

Mit der Herstellung der Erhöhten Gefechtsbereitschaft in der 1. Motorisierten Schützendivison, im Luftsturmregiment 40 und im Grenzkommando Mitte standen zusammen mit dem alarmierten MfS-Wachregiment Feliks Dzierzynski⁸¹ drei Divisionen mit über 30.000 Soldaten bereit, die binnen kürzester Zeit in Gefechtshandlungen eintreten konnten. Aber mit welcher konkreten Aufgabe und gegen welchen Feind sollten sie aktiv werden?

Aus militärischer Sicht waren die in West-Berlin stationierten Truppen der West-Alliierten mit ihren insgesamt 12.400 Mann, 89 Panzern, 260 Panzerabwehrmitteln und 26 Geschützen den ihnen gegenüberstehenden Einheiten der NVA kräftemäßig hoffnungslos unterlegen.⁸² Ihr Verhalten bis in die Mittagsstunden des 10. November und danach bot der SED-Spitze keinerlei Anhaltspunkte, die militärische Gegenmaßnahmen gerechtfertigt erscheinen ließen.⁸³ Aus der Überwachung des Telefon- und Funkverkehrs der amerikanischen, britischen und französischen Streitkräfte, der West-Berliner Senatskanzlei, des Innensenators und der Polizei sowie den Informationen der dort tätigen Agenten des DDR-Geheimdienstes ging eindeutig hervor, daß seit dem Morgen des 10. November eine zwar rege, aber unaufgeregte Informationstätigkeit zwischen den Stäben des US-Stadtkommandanten, Generalmajor Raymond E. Haddock, dem Stab der US-Landstreitkräfte in Europa und dem für die Krisenplanung von West-Berlin zuständigen Stab Live Oak im NATO-Oberkommando Europa (SHAPE) eingesetzt

---

78 Vgl. ebd., Bl. 24-28.
79 Vgl. MR der DDR/MfS/Der Minister, Diensteinheiten/Leiter, VVS-o008, MfS Nr. 80/89, Berlin, 25.10.1989 (BStU, ZA, MfS-RS 678, Bl. 76/77).
80 MR der DDR/MfS/Der Minister, Stellvertreter des Ministers/Diensteinheiten/Leiter, Berlin, 10.11.1989, BdL 312/89 (BStU, ZA, Dok.-Nr. 103637).
81 Mit einem Ist-Personalbestand von 11.426 Mann (per 31.10.1989) hatte das MfS-Wachregiment "Feliks E. Dzierzynski" die Stärke einer NVA-Division (vgl. BStU, ZA, MfS-SdM 636, Bl. 17).
82 Bewaffnete Kräfte der USA, Frankreichs und Großbritanniens in West-Berlin nach Angaben des Grenzkommandos Mitte (Grenztruppen der DDR/Grenzkommando Mitte, Auskunftsbericht zu den Aufgaben, den Bestand, die Ausrüstung, zum Grenzabschnitt und den Ergebnissen der Grenzsicherung des Grenzkommandos Mitte, O.U., den 8.12.1988, VVS-Nr. G 819559 (BArch/P, MZA, GTÜ 1991 AZN 17945, Bl. 10).
83 Zur Reaktion der NATO und den Streitkräften der westlichen Alliierten in Berlin vgl. die im Aktenbestand des stellvertretenden Stasi-Ministers Mittig überlieferten Informationen der Hauptabteilung III des MfS (BStU, ZA, MfS-Arbeitsbereich Mittig 38) sowie die Lageübersichten der HA III (BStU, ZA, MfS-HA III 858).

hatte.[84] Maßnahmen zur Vorbereitung oder Durchführung militärischer Operationen seitens der NATO-Kräfte waren daraus nicht einmal ansatzweise zu erkennen. Der Stabschef der US-Streitkräfte in West-Berlin habe im Gegenteil die Auffassung vertreten, meldeten die Lauscher des MfS am 10. November, "daß die US-Streitkräfte in Berlin (West) zu den normalen Tagesaufgaben übergehen und dabei unnötige Spannungen vermeiden sollten."[85] Auch die "Alarmbereitschaft" bzw. "höhere Bereitschaftsstufe" der West-Berliner Polizei am 10. November um 12.00 Uhr, klärten die Ost-Berliner Geheimdienstler auf, galt weniger der Lage an der Grenze als vielmehr dem Schutz des Bundeskanzlers und zahlreicher Minister und hochrangiger Politiker, die am Nachmittag in West-Berlin erwartet wurden.[86]

Inwieweit und mit welchen Zielen in der Westgruppe der sowjetischen Streitkräfte (WGSS), die sich in Erwartung möglicher Unruhen in "höchster Alarmbereitschaft" befunden haben soll[87], und im Ministerium für Nationale Verteidigung derweil an Plänen für militärische Maßnahmen und Operationen gearbeitet wurde, ist nicht bekannt. Zwischen beiden Armeen gab es gut funktionierende Informationsbeziehungen. An der Spitze standen Streletz und Snetkow in ständigem Kontakt; ranghohe sowjetische Militärspezialisten saßen Wand an Wand mit den Chefs der Landstreitkräfte und des Militärbezirks bzw. dem Kommandeur der 1. MSD, so daß ihnen nichts entgehen konnte und der Informationsfluß gewährleistet war. Die Frage, ob der Oberkommandierende der Westgruppe, Armeegeneral Boris Snetkow, Einfluß auf die Alarmierung der NVA oder lediglich Kenntnis davon nahm, ist offen. Auch deshalb wäre eine hypothetische Spekulation, der SED- und NVA-Spitze die Absicht einer militärischen Aktion der "Berliner Gruppierung" bis hin zu einem Angriff auf West-Berlin zu unterstellen, nur weil dieses Ziel zum Übungsrepertoire der alarmierten Truppenverbände gehörte. Eine solche Absicht hätte zudem durch die Auslösung höherer Bereitschaftsstufen für weitere Verbände der NVA flankiert werden müssen. Dafür jedoch gibt es keinerlei Anhaltspunkte.

Mit welchen konkreten militärischen Absichten sie auch immer verbunden sein mochte, so eröffnete die Mobilisierung des Kernbestandes der "Berliner Gruppierung" ein Spektrum von Handlungsmöglichkeiten. Es reichte von der generellen Option, in einer als offen und unklar empfundenen Situation militärische Aktionen zum Schutz der Grenze in und um Berlin einschließlich der Schließung der

---

84 General Haddock hat später berichtet, daß ihn am 10. und 11. November 1989 Anfragen von Armeegeneral Snetkow erreichten, was die amerikanischen Streitkräfte zu tun gedächten, um die Lage nicht außer Kontrolle geraten zu lassen. Wortgleich habe er Snetkow zweimal nur den Satz mitteilen lassen - das zweite Mal auf einem Briefbogen des Oberbefehlshabers der amerikanischen Streitkräfte in Europa, General Crosby Saint -, die amerikanischen Streitkräfte hielten engen und ständigen Kontakt zu den gewählten Repräsentanten von Berlin ("The U.S. military is in close and continuous contact with the elected representatives of Berlin"). Haddock: "What I wanted to convey to Boris Snetkov, who was looking for some military action, was that from our side, the people coming across the border did not constitute a threat that required us to take action. We were working with the governing mayor and with the police but we did not see at any time the necessity for allied soldiers to intervene. From his side, he may have seen it differently" (zit. nach: Bering 1995, S. 243).
85 Information G/045135/11/11/89/01 ("Aktivitäten der westlichen Alliierten"), S. 7 (BStU, ZA, MfS-Arbeitsbereich Mittig 38, Bl. 34).
86 Information G/045135/11/11/89/01 ("Gegnerische Sicherheitsorgane"), S. 9 (BStU, ZA, MfS-Arbeitsbereich Mittig 38, Bl. 36).
87 Iwan N. Kusmin, Da wußten auch die fähigsten Tschekisten nicht weiter, in: Frankfurter Allgemeine, 30.9.1994, S. 14.

Übergänge unternehmen zu können[88], bis hin zu der begrenzten Option, mit einem bewaffneten Einschüchterungseinsatz die Lage am Brandenburger Tor zu klären.

Pläne und Gedankenspiele für die Vorbereitung eines gewaltsamen militärischen Einschreitens gleich welcher Art offenbart heute niemand; entsprechende schriftliche Hinweise sind rar. Einem Rapport der MfS-Bezirksverwaltung in Potsdam zufolge nahmen Mitarbeiter der ZK-Abteilung für Sicherheitsfragen und des MdI am 10. November an einer Versammlung der Grundorganisation der SED in der Zentralschule für Kampfgruppen in Schmerwitz bei Potsdam (Kreis Belzig) teil und deuteten in der Aussprache die Möglichkeit eines Einsatzes von Waffen zur Lagebereinigung an. In den Plänen der "Berlin-Operation" fiel besonders den ausgezeichnet bewaffneten Kampfgruppenbataillonen der in Grenznähe gelegenen Betriebe in Potsdam und Berlin eine herausragende Rolle zu. Doch die Mehrheit der anwesenden Kommandeure lehnte den Einsatz der Kampfgruppen ab und wiesen die Argumentation der ZK-Mitarbeiter zurück. Statt eine militärische Aktion zu befürworten, beschloß die Versammlung, den Ausbildungsbetrieb der Schule einzustellen.[89]

Im Grenzkommando Mitte hatte der mitternächtliche Befehl des Grenztruppen-Chefs, die erhöhte Gefechtsbereitschaft herzustellen, ein großes Durcheinander verursacht.[90] Auf seine Rückfrage im Grenzkommando Mitte, ob und welche Einschränkungen es gäbe, wurde dem Kommandeur des in Kleinmachnow im Süden von Berlin stationierten Grenzregiments 42 mitgeteilt: "Machen Sie doch, was Sie wollen."[91] Der Kommandeur handelte selbständig und entschied, "lediglich der Situation angemessen" in die höhere Stufe der Gefechtsbereitschaft einzutreten und sie auf eine Aktivierung der Führung und der Reserven sowie die "Präzisierung" des Einsatzes der Kräfte und Mittel zu beschränken. Die Anwendung von Gewalt wurde ausdrücklich verboten.[92] Im Grenzausbildungsregiment 40 in Oranienburg wurde zunächst begonnen, die Kampftechnik aufzumunitionieren, alle Fahrzeuge bereitzustellen und die Waffen aus den Waffenkammern zu holen. Als weitere Befehle und Weisungen ausblieben, schaltete der Kommandeur des Regiments den Fernseher ein, sah, daß die Grenze überflutet war und nach seiner Einschätzung keinerlei Möglichkeit bestand, diese Entwicklung mit militärischen Mitteln rückgängig zu machen. Aufgrund dieser Lagebeurteilung befahl er auf eigene Verantwortung die geschlossene Entmunitionierung der Kampftechnik.[93]

Im Potsdamer Raum hatte die Auslösung der Stufe "erhöhte Gefechtsbereitschaft" das in Babelsberg stationierte Grenzregiment 44 um 0.28 Uhr erreicht.[94]

---

88 Die "offene" Auslösung der Erhöhten Gefechtsbereitschaft am Tage spricht nicht gegen diese These, da eine "gedeckte und überraschende Handlung", die Streletz zufolge allein den Erfolg einer militärischen Maßnahme zur Schließung der Grenze garantiert hätte (vgl. Streletz 1995, S. 904), selbst am Abend des 10. November angesichts des enormen Verkehrsaufkommens nicht möglich gewesen wäre.
89 Vgl. den Bericht der MfS-Bezirksverwaltung Potsdam über die SED-GO-Versammlung der Zentralschule für Kampfgruppen Schmerwitz, in: Bezirksverwaltung Potsdam, Rapport 314/89 vom 10.11.89, 6.00 Uhr, bis 11.11.89, 6.00 Uhr (BStU, ASt. Potsdam, AKG 1750, Bl. 54).
90 Schriftliche Mitteilung von Rainer Kuntzsch, Stabsoffizier im Kommando der Grenztruppen in Pätz, 2.10.1995.
91 Schriftliche Mitteilung von Gert Lohß, 18.9.1995.
92 Vgl. Grenztruppen der DDR/GR-42, Chronik des Grenzregiments 42 ab 10. November 1989 (BArch/P, MZA, GTÜ AZN 6894, Bl. 132).
93 Vgl. das Gespräch von Volker Koop mit dem Kommandeur des Grenzausbildungsregiments 40 (PArch Koop).
94 Vgl. Chronik des Grenzregiments 44 "Walter Junker", 31.10.1989 bis 31.08.1990 (BArch/P, MZA, GTÜ AZN 6897, Bl. 7/8).

Schützenpanzerwagen, Granatwerfer und Kanonen wurden aufmunitioniert, aus den Hallen gezogen und durchgestartet. Dann wartete der Kommandeur mit seinen Stellvertretern auf weitere Befehle, doch es kamen keine. Es fehlte auch jegliche Gefechtsaufgabe.[95] Als im Regiment schließlich die Nachricht eintraf, daß die Paßkontrolleinheit des Autobahn-Grenzübergangs Drewitz schon um 0.30 Uhr von der MfS-Zentrale angewiesen worden war, die Durchreise von DDR-Bürgern freizugeben, nutzten der Kommandeur und der Stabschef des Grenzregiments 44 den Spielraum der Direktive, "in Abhängigkeit von der Lage" angemessen zu entscheiden und stellten die weiteren Maßnahmen zur Durchführung der Erhöhten Gefechtsbereitschaft nach der Alarmierung und Heranziehung des Personalsbestandes seines Regiments auf eigenen Entschluß ein.[96]

Im übrigen mußte ein militärischer Alleingang der DDR ohne Unterstützung der sowjetischen Truppen und ohne politischen Flankenschutz aus Moskau von vornherein zum Scheitern verurteilt sein. Auch für die "polnische Lösung" des Jahres 1981 - die Verhängung des Ausnahmezustandes durch das Militär - bestand in der DDR keinerlei Erfolgschance. Die NVA war eine reine Parteiarmee; im Unterschied zur Widerstandsgeschichte der polnischen Armee im Zweiten Weltkrieg konnte die NVA auf keine historischen Traditionslinien verweisen, die ihr die erforderliche Legitimation und Autorität für eine eigenständige Rolle im SED-Staat verliehen hätten. So wurde die Variante, den Ausnahmezustand zu verhängen zwar in der NVA erörtert, ihre praktische Ausführung aber etwa von Führungskadern der Volksmarine als unverantwortlich verworfen, "weil es 'das Ende der DDR bedeuten würde.'"[97]

Die letzte Entscheidung über eine angemessene Reaktion auf den Fall der Mauer - ob politisch oder militärisch - mußte somit aus Moskau kommen. Welche Haltung aber nahmen die politische Führung in Moskau und ihre Streitkräfte in der DDR ein?

4.2. Die Reaktion der Sowjetunion

Alexander Jakowlew, seit März 1986 Sekretär des ZK der KPdSU für internationale Beziehungen und seit 1987 Mitglied des Politbüros, hat ebenso wie Mitarbeiter der Abteilung für Internationale Fragen des ZK der KPdSU im nachhinein berichtet, daß die sowjetischen Militärs in der zweiten Hälfte des Jahres 1989 den Befehl erhalten hätten, sich nicht in innenpolitische Angelegenheiten der DDR einzumischen.[98] Unabhängig davon, ob ein solcher Befehl tatsächlich exi-

---

95 Gespräch d. Vf. mit Peter Thomsen, 12.11.1994.
96 Vgl. Chronik des Grenzregiments 44 "Walter Junker", 31.10.1989 bis 31.08.1990 (BArch/P, MZA, GTÜ AZN 6897, Bl. 7/8).
97 HA I/AKG, Information über das Stimmungs- und Meinungsbild der Angehörigen und Zivilbeschäftigten der NVA und GT/DDR, Berlin, 8. November 1989, S. 2 (BStU, ZA, MfS-Arbeitsbereich Neiber 181, Bl. 51).
98 Jakowlew sprach in einem Interview mit der französischen Journalistin Lilly Marcon von einem Befehl Gorbatschows an die Westgruppe der sowjetischen Streitkräfte, "ihre Kasernen nicht zu verlassen, was auch immer geschehen möge" (Jakowlew 1991, S. 83). Juri Bassistow, Protokollchef und Dolmetscher im Wünsdorfer Hauptquartier, bestätigt diesen Sachverhalt (vgl. Bassistow 1994, S. 53). Falin zufolge erging der besagte Befehl an die Westgruppe Ende August (Falin 1993, S. 488; Falin, in: Kuhn 1992, S. 29/30). Falins Darstellung wiederum wird von Valentin Koptelzew und Nikolai Portugalow bestätigt (Gespräch d. Vf. mit V. Koptelzew, 22.10.1992; Portugalow, in: Kuhn 1993, S.44). Bei einem Besuch in West-Berlin hatte Falin bereits am 30.9.1989 eine entsprechende Information an den Regierenden Bürgermeister Walter Momper weitergeleitet (vgl. Momper 1991, S. 77/78). Der damalige LDPD-Vorsitzende Gerlach war im September 1989 vom sowjetischen Botschafter Kotschemassow darüber unterrichtet worden, daß sowjetische Truppen in der DDR

stierte, ergab sich der Verzicht der Sowjetunion auf eine militärische Intervention in ihren sozialistischen Bruderländern aus der Logik der politischen Vorgaben Gorbatschows seit dem XXVII. Parteitag der KPdSU im Jahre 1986, in denen die Breschnew-Doktrin mit zunehmender Eindeutigkeit verworfen und durch eine "Frank-Sinatra-Doktrin" ("I did it my way") ersetzt wurde.[99] "Wichtigste Rahmenbedingung der politischen Beziehungen zwischen den sozialistischen Staaten muß die absolute Unabhängigkeit dieser Staaten sein," hatte Gorbatschow in seinem 1987 erschienenen Buch "Perestroika" ausgeführt und proklamiert: "Die Unabhängigkeit jeder Partei, ihr souveränes Recht, über die Probleme des betreffenden Landes zu entscheiden, und ihre Verantwortung gegenüber der von ihr vertretenen Nation sind Prinzipien, die über jede Diskussion erhaben sind."[100] Bei seiner Absage an die Breschnew-Doktrin ging Gorbatschow davon aus, daß das sozialistische System in den Bruderländern fest etabliert sei, ihre Wirtschaftskraft stetig wachse und alle sozialistischen Länder "in allen Lebensbereichen eine beträchtliche eigene Leistungsfähigkeit erworben" hätten.[101]

Im Juli 1988 nutzte Gorbatschow eine Sitzung des Komitees der Verteidigungsminister des Warschauer Paktes in Moskau, um nicht nur seinem eigenen Generalstab, sondern allen Verteidigungsministern des Ostblocks, darunter auch DDR-Verteidigungsminister Keßler, mit der ganzen Autorität des Generalsekretärs der KPdSU begreiflich zu machen, daß die Zeit militärischer Interventionen in Bruderländer abgelaufen war: "Jede Partei ist für ihre Angelegenheiten selbst verantwortlich und erfüllt ihre Aufgaben selbständig. Es dürfen keine Versuche geduldet werden, einander nicht zu achten oder sich in die inneren Angelegenheiten des anderen einzumischen", schärfte er den Militärs ein.[102] Selbst wenn Krenz eine entsprechende Befehlslage der Westgruppe der sowjetischen Streitkräfte nicht ausdrücklich bekanntgegeben worden sein mag[103], konnte, ja mußte er davon ausgehen, daß ein bewaffnetes Eingreifen der Sopwjetarmee in der DDR im Herbst 1989 schon allein deshalb höchst unwahrscheinlich war, weil es die gesamten Entspannungs- und Abrüstungsbemühungen Gorbatschows und Schewardnadses weltweit mit einem Schlag zunichte gemacht und die sowjetische Außenpolitik in ein Fiasko mit unabsehbaren innenpolitischen Folgen geführt hätte.

Der Sinatra-Doktrin folgend hatte die Sowjetunion im Frühjahr 1989 in Polen die Bildung eines "Runden Tisches" und im August die Wahl des nicht-kommunistischen, der Solidarnosc angehörenden Ministerpräsidenten Tadeusz Mazowiecki hingenommen; in Ungarn tolerierte sie die Herausbildung eines Mehrpar-

---

nicht eingreifen würden (vgl. Gerlach, in: Kuhn 1993, S. 44). Als Grundlage dieses Befehls geht der Sowjetkommunismus-Experte Oldenburg von einer - allerdings nicht mit schriftlichen Quellen belegten - generellen Anweisung des sowjetischen Verteidigungsrats vom August 1989 aus, "eigene Truppen aus innenpolitischen Konflikten aller osteuropäischen Staaten herauszuhalten" (Oldenburg 1992, S. 21).

99 Zum allmählichen Abrücken von der "Allgemeingültigkeit des sowjetischen Modells" und der Absage Gorbatschows an die Breschnew-Doktrin vgl. Kap. 2 dieser Arbeit sowie Oldenburg 1994, S. 19 ff.; Daschitschew 1993, S. 1467 ff.; Simon/Simon 1993, 191 ff., Beschloss/Talbott 1993, S. 176.
100 Gorbatschow 1987, S. 212.
101 Ebd., S. 210/211.
102 Heinz Keßler, Bericht über die wichtigsten Ergebnisse der 21. Sitzung des Komitees der Verteidigungsminister der Teilnehmerstaaten des Warschauer Vertrages, Anlage 2: Wesentlicher Inhalt der Ausführungen des Generalsekretärs des Zentralkomitees der KPdSU, Genossen Michail Gorbatschow, während des Treffens mit den Mitgliedern des Komitees der Verteidigungsminister am 7.7.1988, S. 1 (BArch/P, MZA, Strausberg AZN 32662, Bl. 23).
103 "Uns ist ein solcher Befehl nie bekanntgegeben worden (...)." Vgl. Egon Krenz, in: Kuhn 1993, S. 45.

teiensystems und die Öffnung der Grenze zu Österreich, die immerhin auch eine Grenze der Warschauer Pakt-Staaten war.

Lagen aber die Dinge im Fall der DDR nicht grundlegend anders? Mochte die Spaltung Deutschlands auch nicht zu den originären Kriegszielen Stalins gehört haben, so war die Existenz der DDR in der sowjetischen Innenpolitik doch immer mehr, "sei es aus Bequemlichkeit, sei es aus Mangel an anderen Argumenten, als wichtigste Errungenschaft des Krieges ausgegeben" worden.[104] Geopolitisch bildete die DDR die tragende Säule des politischen Einflusses der UdSSR in Europa, weil sie ihr in allen gesamteuropäischen Angelegenheiten ein Mitspracherecht sicherte. Sicherheitspolitisch und militärstrategisch bot die Präsenz des mit 350.000 Soldaten stärksten im Ausland stationierten sowjetischen Truppenkontingents Schutz vor einem militärischen Angriff aus dem Westen. Wirtschaftspolitisch schließlich wies ein Anteil von zehn Prozent am sowjetischen Außenhandelsvolumen die DDR als größten Handelspartner der UdSSR aus.

Würde die Sowjetunion deshalb nach den in Polen und Ungarn eingeleiteten Umwälzungen aber auch den Fall der Mauer widerspruchslos und ohne militärische Einmischung akzeptieren? In wichtigen bündnisrelevanten Fragen und vor zentralen staatspolitischen Entscheidungen pflegte die SED-Spitze die Partei- und Staatsführung der Sowjetunion zu konsultieren. Hatte sie dies auch im vorliegenden Fall getan? Welche Absichten hatte die SED-Führung ihrer Vormacht kundgetan?

Der Anruf des sowjetischen Botschafters Kotschemassows während der Beratung der operativen Führungsgruppe am 10. November 1989 gegen 9.00 Uhr im Arbeitszimmer von Krenz ist ein erstes Indiz dafür, daß die Sowjetunion vom Fall der Mauer völlig überrascht wurde.[105] Den Inhalt dieses Telefonats hat Krenz in folgender Form überliefert:

"Kotschemassow: Genosse Krenz, in Moskau ist man beunruhigt über die Lage an der Berliner Mauer, wie sie sich heute Nacht entwickelt hat.

Krenz: Das wundert mich. Im Prinzip wurde doch nur um Stunden vorgezogen, was heute (10.11.1989) ohnehin vorgesehen war. Unser Außenminister hat die Reiseverordnung mit der sowjetischen Seite abgestimmt.

Kotschemassow: Ja, aber das stimmt nur zum Teil. Es handelte sich nur um die Öffnung von Grenzübergängen zur BRD. Die Öffnung der Grenze in Berlin berührt die Interessen der Alliierten.

Krenz: So habe ich die Sache nicht verstanden. Doch dies ist jetzt nur noch eine theoretische Frage. Das Leben hat sie heute nacht beantwortet. Die Grenzöffnung hätte nur durch militärische Mittel verhindert werden können. Das hätte ein schlimmes Blutbad gegeben."[106]

Natürlich wunderte sich Krenz nicht, sondern teilte die Beunruhigung Moskaus. Keiner wußte besser als er, daß mit der faktisch offenen Grenze in Berlin nicht nur um Stunden vorgezogen wurde, was ohnehin geplant war. Über den Fall der Mauer hatte die SED die Sowjets schlechterdings deshalb nicht vorab

---

104 Igor F. Maximytschew, Der Stellenwert der DDR in der sowjetischen Europastrategie der Nachkriegszeit. Vorlesung am Fachbereich Politische Wissenschaft der FU Berlin im WS 1995/96 (Ms.), S. 7.
105 Gorbatschow hat seine Überraschung, "daß es auf diese Weise und an diesem Tag geschah", mehrfach kundgetan (vgl. zuletzt: Michail Gorbatschow, "Schön, ich gab die DDR weg", in: Der Spiegel Nr. 40, 2.10.1995, S. 72).
106 Krenz 1992, S. 368.

informieren können, weil er nicht beabsichtigt war, sondern spontan vom Volk erzwungen wurde. Der Kern der von Krenz wiedergegebenen Einlassung des Sowjet-Diplomaten, nur die Öffnung von Grenzübergängen zur BRD sei mit ihm abgestimmt gewesen, ist nicht anders zu verstehen, als daß die vom Politbüro, dem Zentralkomitee und vom Ministerrat letztendlich beschlossene Reiseregelung den Sowjets ganz offensichtlich nicht vorgelegt worden war. Folgt man der weiteren Darstellung von Krenz, hatte die Kraft seiner Argumente die Verstimmung Kotschemassows nicht nur restlos beseitigt, sondern ihn auch zu einem Meinungswandel um 180 Grad bewegt. Nach kurzem Schweigen, will Krenz glauben machen, habe ihm der sowjetische Botschafter Recht gegeben und angeblich bereits eine Stunde später Glückwünsche von Gorbatschow und der sowjetischen Führung "zu Ihrem mutigen Schritt, die Berliner Mauer zu öffnen", übermittelt.[107]

Skepsis gegenüber diesem allzu schnellen Happy End ist schon deshalb angebracht, weil Krenz zum Zeitpunkt des angeblichen zweiten Telefonats bereits wieder der ZK-Tagung präsidierte. Mitglieder der operativen Führungsgruppe, die zur Zeit des Anrufes anwesend waren, haben aber auch Verlauf und Ausklang des ersten Telefonats in gänzlich anderer Erinnerung. Danach trieb ein aufgeregter, wenn nicht wütender Kotschemassow den SED-Generalsekretär mit seinen Nachfragen so in die Enge, daß dieser sich schließlich nicht anders zu helfen wußte, als den Hörer an Fritz Streletz weiterzureichen.[108] Kotschemassow zeigte sich von den windigen Ausflüchten des Generalsekretärs offenbar äußerst verärgert. Er habe ihm die Frage gestellt, so der Chef des Hauptstabes, "wer die Genehmigung zur Öffnung der Berliner Grenze gegeben habe bzw. mit wem dieser Schritt abgestimmt worden sei."[109] Mit ihm jedenfalls sei diese Maßnahme nicht abgesprochen worden. Berlin falle unter den Viermächte-Status; die eigenwillige "Handlungsweise der DDR-Organe habe der Autorität der Sowjetunion Schaden zugefügt."[110] Streletz versprach, dieses "Problem" mit Krenz zu klären. Eine halbe Stunde später, so Streletz, habe er Kotschemassow mitgeteilt, daß "Außenminister Fischer die Aufgabe erhalten hatte, ihm die Zusammenhänge zu erklären."[111] Der Stellvertreter Kotschemassows, Maximytschew, wiederum berichtet, daß dem Außenminister nicht vielmehr als der bestürzte Ausruf: "Was gibt es dazu noch zu sagen?!" zu entlocken gewesen sei. Fischer habe Kotschemassow auf eine förmliche Erklärung vertröstet, die der Botschaft in Kürze von seinem Abteilungsleiter übermittelt werde.[112] Kotschemassow war düpiert; die Folge der Delegierung der Verantwortung wies nach unten und mußte ihm Anlaß zu der Befürchtung geben, in Kürze an einen Portier verwiesen zu werden.

Wie der sowjetische Botschafter einleitend gegenüber Krenz angedeutet hatte, waren seinem Gespräch mit Krenz und Streletz Kontakte seiner Botschaft mit

---

107 Ebd., S. 369.
108 So die Auskünfte von Harry Möbis und Karl-Heinz Wagner. "Ich erinnere mich noch," so Harry Möbis, "daß Kotschemassow empört war: 'Es sind vitale Interessen der Sowjetunion berührt, vitale Interessen'; nicht, wie Krenz schreibt, 'die Interessen der Alliierten'" (Gespräch d. Vf. mit Harry Möbis, 11.7.1994). - Karl-Heinz Wagner wiederum berichtet, daß die "Glückwünsche" Gorbatschows lange auf sich warten ließen und nach seiner Kenntnis erst nachmittags um 16.00 Uhr, also geraume Zeit nach der Absendung des Telegramms, übermittelt wurden (Gespräch d. Vf. mit Karl-Heinz Wagner, 12.6.1995). - Zum Telegramm an Gorbatschow siehe weiter unten.
109 Fritz Streletz, in: Hertle 1995c, S. 917.
110 Ebd.
111 Ebd.
112 Igor F. Maximytschew, Der Fall der Berliner Mauer und Moskaus Reaktion. Vorlesung am Fachbereich Politische Wissenschaft der FU Berlin im WS 1995/96 (Ms.), S. 7.

4. Kapitel

Moskau vorausgegangen. Noch vor 8.00 Uhr hatte der Leiter der DDR-Abteilung des sowjetischen Außenministeriums, Wassilij Swirin, Igor Maximytschew, den Ersten Gesandten, in der Botschaft Unter den Linden angerufen und diesen gefragt: "Was ist bei euch eigentlich los? Alle Presseagenturen der Welt sind wie von Sinnen. Sie behaupten, die Mauer sei weg!"[113] Maximytschew erstattete einen Bericht über die Ereignisse der Nacht und sah sich dann mit der Frage konfrontiert: "War das denn alles mit uns abgestimmt?"[114] Maximytschew antwortete vorsichtig: "Anscheinend ja", fügte aber hinzu, daß diese Frage in Moskau besser zu überprüfen sei. Diese Nachforschung habe zu einem negativen Ergebnis geführt, berichtet der Diplomat weiter. Kotschemassow, der in der Zwischenzeit seinen Dienst aufgenommen hatte, sei deshalb kurze Zeit später vom stellvertretenden Außenminister Aboimow beauftragt worden, "Erläuterungen von den deutschen Genossen einzuziehen", wer denn nun eigentlich der SED-Führung erlaubt habe, die Grenze zu öffnen.[115]

Tatsächlich hatten "die deutschen Genossen" am 7. November im Politbüro beschlossen, daß Außenminister Fischer neben der CSSR vor allem den sowjetischen Botschafter über die Absicht informieren sollte, daß man eine Durchführungsbestimmung zur ständigen Ausreise sofort in Kraft zu setzen beabsichtigte.[116] Das hatte Fischer am Mittag des 7. November getan und Kotschemassow über die Drohungen der CSSR in Kenntnis gesetzt, die Grenze zu schließen, wenn die DDR ihr Flüchtlingsproblem nicht mit eigenen Mitteln löse. "Da eine solche Sperre die 'Suppe zum Überlaufen' brächte", notierte Maximytschew aus dem Bericht Kotschemassows über dieses Treffen, habe sich das Politbüro schnell etwas einfallen lassen.[117] Das vom DDR-Außenminister vorgestellte Projekt stand Maximytschews Aufzeichnungen zufolge in einem wesentlichen Punkt in Kontrast zu der am gleichen Nachmittag im MfS ausgearbeiteten und mit Fischers Stellvertreter Ott abgestimmten Regelung, die die Möglichkeit ständiger Ausreisen über *alle* Grenzübergänge der DDR zur Bundesrepublik *einschließlich West-Berlin* vorsah. Denn gegenüber dem sowjetischen Botschafter, das berichtete Kotschemassow zumindest den Mitarbeitern der Botschaft über sein Gespräch, hatte Fischer lediglich von der Einrichtung eines *Sondergrenzüberganges* für Ausreisewillige im Süden der DDR gesprochen, und nur hierfür die Zustimmung der sowjetischen Führung bis spätestens zum Morgen des 9. November erbeten. Die Möglichkeit von Privatreisen hatte Fischer überhaupt nicht erwähnt. Dem begrenzten Charakter entsprechend tauften die Mitarbeiter der sowjetischen Botschaft die Vorstellungen Fischers als "Projekt Loch-in-der-Grenze".

Sofort nach seiner Rückkehr in die Botschaft setzte Kotschemassow den sowjetischen Außenminister Schewardnadse telefonisch über die Absichten der SED-Führung in Kenntnis und bat um eine Weisung. "Der Minister reagierte folgendermaßen," berichtet Maximytschew: "'Wenn die deutschen Freunde eine solche Lösung für möglich halten, werden wir wahrscheinlich keine Einwände anmelden'. Auf alle Fälle beauftrage er jedoch die zuständigen Abteilungen des Ministeriums mit der Prüfung der Angelegenheit. Auch die Botschaft müsse der Sache auf den Grund gehen. Die endgültige Antwort werde wunschgemäß bis spätestens übermorgen, das heißt am 9. November, an Fischer übergeben."[118]

Am 8. November kamen die Mitarbeiter der sowjetischen Botschaft zusammen, um die Idee von Krenz und Fischer zu beraten. Die laut Maximytschew

---

113 Igor Maximytschew, in: Maximytschew/Hertle 1994, S. 1153.
114 Ebd., S. 1153.
115 Ebd., S. 1153.
116 Vgl. Kap. 3.4.2.
117 Igor Maximytschew, in: Maximytschew/Hertle 1994, S. 1147.
118 Ebd., S. 1147.

vorherrschende Meinung war, "wir seien überhaupt nicht berechtigt, einem souveränen Staat vorzuschreiben, was er zu tun oder zu lassen hat, besonders während einer selbstverschuldeten Krise. Einer der Botschaftsräte wies darauf hin, diese vorherige Konsultation mit uns zeuge lediglich von der Feigheit von Krenz, der sich durchaus im Klaren sei, daß die geplante Maßnahme praktisch auf die Grenzöffnung hinauslaufe, was unabsehbare Folgen haben würde. Daher sein Wunsch, die Verantwortung mit uns zu teilen."[119] Eine andere Möglichkeit, als zuzustimmen, wurde dennoch nicht gesehen; offensichtlich scheuten die Diplomaten die Verantwortung, die die Sowjetunion im Falle einer Ablehnung für die dann entstehende Lage zwangsläufig hätte übernehmen müssen.

Kotschemassows Anfrage erreichte Moskau zu einer für die Bearbeitung komplizierter politischer Probleme denkbar ungünstigen Zeit: Der 7. und 8. November 1989 waren Feiertage, an denen die sowjetische Nomenklatura den 72. Jahrestag der "Großen Sozialistischen Oktoberrevolution" beging. Valentin Koptelzew, damals Sektorleiter für die DDR in der von Falin geleiteten Internationalen Abteilung des ZK der KPdSU, berichtet, daß die ausgedehnten, bereits am Wochenende zuvor begonnenen und damit insgesamt fünf Tage währenden Feierlichkeiten in der Sowjetunion ein "absolutes Blackout, auch für die Führung" bedeuteten.[120] Nach seiner Erinnerung war in der Anfrage aus Berlin nicht ganz klar, wo die Grenze passierbar gemacht werden sollte: ob nur zwischen der DDR und der Bundesrepublik oder auch zwischen der DDR und West-Berlin. "Da die Obrigkeit - Gorbatschow, Schewardnadse und auch unsere Bosse im ZK - schon irgendwo unerreichbar waren und feierten, ging das wie ein Fußball zwischen dem Apparat des ZK und dem Außenministerium auf der Ebene der Stellvertreter hin und her. Keiner wollte seinem Chef irgendeine Entscheidung vorlegen, um ihn nicht mit einer so unangenehmen Anfrage der DDR-Freunde zu stören."[121] Soweit es den Zeitfaktor betraf, sorgte eine schon 1986 vorgenommene Strukturreform im Außenministerium für zusätzliche Komplikationen bei der Abstimmung deutschlandpolitischer Fragen. Über lange Jahre waren die sowjetischen Beziehungen zur DDR, zur Bundesrepublik und zu West-Berlin - und auch zu Österreich - im Zuständigkeitsbereich der 3. Europäischen Abteilung des Außenministeriums konzentriert. Unter Schewardnadse war der Sektor DDR in die Hauptabteilung Sozialistische Länder ausgegliedert worden. Die deutschen Angelegenheiten wurden fortan von zwei Abteilungen bearbeitet, was nach den allgemeinen Gesetzen der Bürokratie Reibungsverluste und zeitliche Verzögerungen erzeugt. Die Strukturreform trug dazu bei, so Igor Maximytschew, jede Art raschen und adäquaten Handelns zu unterbinden.

Am Vormittag des 9. November, so Maximytschew, läuteten die Telefone in der sowjetischen Botschaft in Ost-Berlin pausenlos; die Mitarbeiter von Krenz wollten die sowjetische Reaktion erkunden und drängten auf eine Antwort. Kotschemassow versuchte vergeblich, Außenminister Schewardnadse oder Georgij Schachnasarow, Gorbatschows Chefberater für die sozialistischen Länder, zu erreichen; beide nahmen vermutlich an der Donnerstag vormittags routinemäßig stattfindenden Sitzung des Politbüros der KPdSU teil oder wollten oder durften aus anderen Gründen nicht gestört werden. In dieser vertrackten Situation bereitete Valentin Koptelzew im Apparat des Zentralkomitees den denkbar kürzesten Entwurf für eine Antwort des Außenministeriums vor: "Man sollte einfach sagen, das liegt im souveränen Bereich der DDR, über das Regime ihrer Grenze zu entscheiden." Koptelzew erinnert sich an die Reaktion auf seinen salomonischen Lö-

---

119 Ebd., S. 1147.
120 Gespräch d. Vf. mit Valentin Koptelzew, 22.10.1992.
121 Ebd.

sungsvorschlag: "Und da haben sich alle Höheren mächtig gefreut!"[122] Gegen Mittag schließlich, so Maximytschew, entschloß sich der stellvertretende Außenminister Aboimow, "Kotschemassow das grüne Licht für eine positive Antwort an Krenz zu geben", womit er eigentlich seine Kompetenzen überschritt.[123] Bei der unverzüglichen Benachrichtigung der SED-Spitze gingen die sowjetischen Diplomaten davon aus, daß damit die ursprüngliche "Loch-Variante" von Fischer abgesegnet worden war.[124]

Als während der Pressekonferenz Schabowskis, die Maximytschew am Abend in der Botschaft verfolgte, auch das Stichwort West-Berlin fiel, war er dementsprechend zutiefst irritiert, daß "Krenz und Genossen die mit uns erzielte Absprache so verdreht" und die sowjetische Botschaft über ihre wahre Absicht getäuscht hatten.[125] Doch die Diplomaten wurden nicht bei der SED-Spitze vorstellig, um eine Erklärung für diesen Vorgang einzuholen. Die Unantastbarkeit des Viermächte-Status von Berlin schien so offenkundig zum Eckstein der sowjetischen Außenpolitik geworden zu sein, daß es den Mitarbeitern der Botschaft nicht in den Kopf wollte, "daß die DDR-Oberen, die jede auch noch so nichtige Gelegenheit ergriffen, Moskau zu konsultieren (...), vergessen haben (sollten), einen Schritt anzukündigen, der diesen Status direkt berührte."[126] Ihnen fehlte die Vorstellungskraft, daß die SED-Spitze die Erweiterung der Reiseregelung völlig eigenständig, ohne direkte Rückversicherung in Moskau beschlossen haben könnte. Deshalb nahmen sie zunächst an, "daß die Ausweitung des ursprünglichen Projektes mit Gorbatschow oder Schewardnadse, was auf das Gleiche hinauslief, in letzter Minute abgesprochen worden war und unsere Chefs unter Zeitdruck einfach Ja gesagt hatten. Daß keine weitere Abstimmung erfolgt sein könnte", so Igor Maximytschew, "war für mich unvorstellbar."[127] Wenn Botschafter Kotschemassow noch nach dem Beschluß im Zentralkomitee von Außenminister Fischer über die erweiterte Regelung informiert worden sein sollte, wie Oskar Fischer andeutet[128], so verweigerte er offensichtlich mental die Kenntnisnahme wie die Weiterleitung dieser Information; jedenfalls teilte er dieses Wissen seinen Mitarbeitern nicht mit.

"Erbittert und niedergeschlagen" verfolgte Maximytschew den weiteren Gang der Ereignisse zunächst im Fernsehen. Es dauerte jedoch nicht lange, und die sowjetische Botschaft, nur einen Steinwurf vom Brandenburger Tor entfernt, stand selbst inmitten des Geschehens. "Die ganze Nacht hörten wir unter den Linden das schlurfende Geräusch der Schritte von Hunderten von Leuten."[129] Allein Kotschemassow war berechtigt, Informationen der Botschaft nach Moskau abzusegnen. Weil der Botschafter sich jedoch bereits zur Ruhe begeben hatte, nachträgliche Korrekturen des Reisebeschlusses ohnehin außerhalb der Realität lagen und eine Eil-Information der Botschaft zu mitternächtlicher Stunde schon

---

122 Ebd.
123 Igor Maximytschew, in: Maximytschew/Hertle 1994, S. 1148.
124 Ebd., S. 1148.
125 Ebd., S. 1152. - Wenn Krenz den Politbüro-Mitgliedern in der "Raucherpause" des ZK-Plenums am 9.11.1989 versichert habe, alles sei mit Moskau abgesprochen, habe er sie "absichtsreich oder unabsichtlich" irregeführt (vgl. Igor F. Maximytschew, Der Fall der Berliner Mauer und Moskaus Reaktion. Vorlesung am Fachbereich Politische Wissenschaft der FU Berlin im WS 1995/96, Ms., S. 3).
126 Igor F. Maximytschew, Der Fall der Berliner Mauer und Moskaus Reaktion. Vorlesung am Fachbereich Politische Wissenschaft der FU Berlin im WS 1995/96, Ms., S. 5.
127 Ebd., S. 1152.
128 Gespräch d. Vf. mit Oskar Fischer, 29.11.1993. Das eingangs zitierte Gespräch zwischen Kotschemassow und Krenz vom Morgen des 10. November 1989 steht dieser Auskunft von Fischer jedoch entgegen.
129 Igor Maximytschew, in: Maximytschew/Hertle 1994, S. 1152.

durch ihren außerordentlichen Charakter "imstande gewesen (wäre), falsche Reaktionen bei den subalternen Instanzen in Moskau auszulösen, während jedes Dreinreden unsererseits als Vorwand von denjenigen in der DDR benutzt werden konnte, die möglicherweise den Augenblick für eine 'chinesische Lösung' gekommen sahen", beschloß Maximytschew, sich "bis auf weiteres mit der Beobachterrolle zu begnügen."[130]

Ganz so passiv wie die Botschaft verhielt sich die Ost-Berliner Residentur des KGB in Karlshorst nicht. Auf 800 bis 1.200 Mitarbeiter wird die Zahl ihrer Mitarbeiter in der Karlshorster-Zweigstelle geschätzt[131]; etwa 20 bis 25 KfS-Mitarbeiter arbeiteten sichtbar als Verbindungsoffiziere zu den Hauptabteilungen des MfS.[132] Folgt man dem Bericht ihres stellvertretenden Leiters, Oberst Iwan Kusmin, war die Aufmerksamkeit des Komitees für Staatssicherheit (KfS), wie das KGB im MfS genannt wurde, seit der Ablösung Honeckers "völlig von den Vorgängen in der parteistaatlichen DDR-Spitze gefesselt."[133] Alle übrigen Probleme seien so gut wie nicht zur Kenntnis genommen worden. Die täglichen Berichte des Ost-Berliner KfS nach Moskau konzentrierten sich in der zweiten Novemberwoche Kusmin zufolge auf die Absetzung der Regierung Stoph am 7. November und die Eröffnung des 10. ZK-Plenums der SED am 8. November, "von dessen Beschlüssen wir die Stabilisierung der Lage erwarteten."[134] Nicht von den KfS-Verbindungsoffizieren im MfS, sondern aus den abendlichen Fernsehsendungen erfuhr die Karlshorster KGB-Dependance vom Fall der Mauer, der sie "wie ein Blitz aus heiterem Himmel" getroffen habe.[135] Ihre Sofortmeldungen nach Moskau rüttelten offenbar niemand wach, denn die Nacht, berichtet Kusmin, verlief "für uns ziemlich ruhig." Erst am nächsten Morgen habe die Leitung des KGB in Moskau nervös reagiert und "fast jede Minute Meldungen über die Lageveränderung" verlangt.[136]

In der Internationalen Abteilung des Zentralkomitees der KPdSU erfuhr Valentin Falin die Nachricht über den Fall der Mauer erst am Morgen des 10. November, und zwar nicht vom KGB, sondern - wie das sowjetische Außenministerium - aus den Meldungen der Presseagenturen: "Meine Reaktion, mein Empfinden war, die Öffnung der Grenze in der Art ist das Ende der Republik, die Auflösung des Staates." Bestürzt rief Falin Kotschemassow an, um sich aus erster Hand über das für ihn Unfaßbare zu informieren.[137]

Kotschemassow war verzweifelt. Das Außenministerium, der ZK-Apparat, alle seine Vorgesetzten drängten pausenlos auf Aufklärung, und die SED-Spitze spielte Katz und Maus mit ihm, verwies ihn gar an einen subalternen Beamten. Noch sollte er Moskau helfen, ein Problem zu klären; gelang ihm das nicht, war er in Kürze Bestandteil des Problems. Gegen 9.45 Uhr rief er Krenz zum dritten

---

130 Ebd., S. 1153.
131 Vgl. Schell/Kalinka 1991, S. 253.
132 Gespräch des Vf. mit Werner Großmann, 5.12.1994. - Zur Tätigkeit des KGB in der DDR und seiner Zusammenarbeit mit dem MfS vgl. Fricke/Marquardt 1995, S. 50 ff.; Gill/Schröter 1991, S. 76 ff.; Schell/Kalinka 1991, S. 253 ff.
133 Iwan Nikolajewitsch Kusmin, Da wußten auch die fähigsten Tschekisten nicht weiter, in: FAZ, 30.9.1994, S. 14. Der FAZ-Beitrag ist ein Auszug aus einer in Moskau im Samisdat erschienenen Schrift Kusmins, die nur in russischer Sprache vorliegt.
134 Ebd.
135 Ebd. - "Ich bin fast vom Stuhl gefallen, so überraschend kam das für mich", berichtete auch der Karlhorster KfS-Mitarbeiter Boris Laptow (in dem Dokumentarfilm: "Fünf Jahre nach dem Fall der Mauer", Medienkontor Berlin 1994, Mitarbeiter: Th. Baltz, B. Becker, H. Bremer, A. Doubek, Th. Koutsoulis u.a., RTL-Nachtjournal Spezial, 6.11.1994).
136 Iwan N. Kusmin, Da wußten auch die fähigsten Tschekisten nicht weiter, in: FAZ, 30.9.1994, S. 14.
137 Gespräch d. Vf. mit Valentin Falin, 27.8.1992.

Mal an. Wieder war nur Streletz am Apparat, weil Krenz bereits eine Dreiviertelstunde zuvor zur Fortsetzung der ZK-Tagung enteilt war. In schneidendem Ton teilte Kotschemassow mit, Moskau sei über die Öffnung der Berliner Grenze verstimmt. "Im Interesse der Aufrechterhaltung der guten Beziehungen zwischen der Sowjetunion und der DDR", fuhr der Botschafter in seiner zwischen befreundeten Staaten beispiellos scharfen Tonart fort, "wäre es zweckmäßig, sofort ein Telegramm von Egon Krenz an Michail Gorbatschow zu schicken und unser Vorgehen zu begründen."[138] Krenz erteilte Streletz den Auftrag, ein entsprechendes Dokument in der operativen Führungsgruppe zu erarbeiten.

Ein erstes Zwischenergebnis gab Walter Müller, der als Abteilungsleiter für West-Berlin im DDR-Außenministerium keinen direkten Zugang zu Kotschemassow hatte, telefonisch mit der Bitte um Weiterleitung an Igor Maximytschew durch: "Wir bitten um Verständnis für den erzwungenen Charakter des Beschlusses über die Gewährung der visafreien Ausreise nach West-Berlin und in die Bundesrepublik in der vorigen Nacht. Sonst wären sehr gefährliche Folgen zu befürchten gewesen. Wir hatten keine Zeit mehr für Konsultationen. Seit heute morgen wird die Ordnung an den Grenzübergängen wiederhergestellt. Heute informieren wir Genossen Gorbatschow direkt über die Situation." Müller verband diese Information mit der dringenden Bitte an die Botschaft, "auf die Behörden der Westmächte in West-Berlin einzuwirken, damit die Ordnungsstörungen westwärts der Mauer unterbunden werden."[139]

Im von der Führungsgruppe erarbeiteten und Krenz von Streletz zur Unterschrift vorgelegten Fernschreiben an Gorbatschow fehlte der Mut zur Wahrheit, soweit es die aktuelle Lage betraf:

"Lieber Michail Sergejewitsch Gorbatschow!

Im Zusammenhang mit der Entwicklung der Lage in der DDR war es in den Nachtstunden notwendig zu entscheiden, die Ausreise von Bürgern der Deutschen Demokratischen Republik auch nach Berlin (West) zu gestatten. Größere Ansammlungen von Menschen an den Grenzübergangsstellen zu Berlin (West) forderten von uns eine kurzfristige Entscheidung. Eine Nichtzulassung der Ausreisen nach Berlin (West) hätte auch zu schwerwiegenden politischen Folgen geführt, deren Ausmaße nicht überschaubar gewesen wären. Durch diese Genehmigung werden die Grundsätze des Vierseitigen Abkommens über Berlin (West) nicht berührt; denn die Genehmigung über Ausreisen zu Verwandten gab es nach Berlin (West) schon jetzt.

In der vergangenen Nacht passierten ca. 60.000 Bürger der DDR die Grenzübergangsstellen nach Berlin (West). Davon kehrten ca. 45.000 wieder in die DDR zurück. Seit heute morgen 6.00 Uhr können nur Personen nach Berlin (West) ausreisen, die über das entsprechende Visum der DDR verfügen. Das gleiche gilt auch für ständige Ausreisen aus der DDR.

Ich bitte Sie, lieber Genosse Michail Sergejewitsch Gorbatschow, den Botschafter der UdSSR in der DDR zu beauftragen, unverzüglich mit den Vertretern der Westmächte in Berlin (West) Verbindung aufzunehmen, um zu gewährleisten, daß sie die normale Ordnung in der Stadt aufrecht erhalten und Provokationen an der Staatsgrenze seitens Berlin (West) verhindern.

Berlin, 10. November 1989   Mit kommunistischem Gruß
Egon Krenz
Generalsekretär."[140]

---

138 Fritz Streletz, in: Hertle 1995c, S. 916.
139 Igor Maximytschew, in: Maximytschew/Hertle 1994, S. 1153.
140 SAPMO-BArch, ZPA-SED, IV 2/1/704, Bl. 83/84.

Hätte Krenz zu diesem Zeitpunkt, wie er später behauptete, bereits ein Glückwunsch Gorbatschows vorgelegen, hätte er sich ruhigen Gewissens seiner klugen und weitsichtigen Tat rühmen können. Im Gegenteil wird aus dem Telegramm das Bemühen ersichtlich, Gorbatschows Verständnis für eine Entscheidung zu erheischen, die von unkontrollierbaren Menschenansammlungen erzwungen worden war und Normalität vorzuspiegeln durch die Falschinformation, seit 6.00 Uhr sei die Ordnung wiederhergestellt. Gorbatschow den vollständigen Verlust der Kontrolle an den Berliner Grenzübergangsstellen als "Gestattung" der Ausreise nach West-Berlin weiterzumelden, die die Grundsätze des Vierseitigen Abkommens nicht berühre, war schon allein ein "Meisterstück der Tatsachenverdrehung."[141] Formal betrachtet konnte in bezug auf die Ereignisse der Nacht und auf die beschlossene Reiseregelung tatsächlich nicht von einem Verstoß gegen die Bestimmungen des Viermächte-Abkommens über Berlin die Rede sein. Zwar hatten die vier Regierungen 1971 ihre Übereinstimmung kundgetan, daß "die Lage (...) nicht einseitig verändert wird" (Teil I, Punkt 4), dem aber vorangestellt, "daß in diesem Gebiet keine Anwendung oder Androhung von Gewalt erfolgt und daß Streitigkeiten ausschließlich mit friedlichen Mitteln beizulegen sind" (Teil I, Punkt 2). Darüber hinaus hatte die Sowjetunion ausdrücklich erklärt, "daß die Kommunikationen zwischen den Westsektoren Berlins und Gebieten, die an diese Sektoren grenzen, sowie denjenigen Gebieten der Deutschen Demokratischen Republik, die nicht an diese Sektoren grenzen, verbessert werden" (Teil II, Punkt C).[142] Dieser Passus bezog sich 1971 auf verbesserte Kommunikationsmöglichkeiten in Richtung West nach Ost, schloß aber selbstverständlich einen zukünftigen Richtungswechsel, auch wenn er damals kaum erwartet wurde, nicht aus. Insoweit hatte der SED-Generalsekretär Recht. Was Krenz jedoch nicht mehr aus der Welt schaffen konnte und die Sowjetunion an der empfindlichsten Stelle traf, war ihr Gesichtsverlust, wenn nicht Autoritätsverfall in der außenpolitischen Arena.

Gorbatschow ließ sich mit seiner Antwort auf das Telegramm bis zum späten Nachmittag Zeit. Die einzige offizielle, politische Reaktion, die ein westdeutscher Journalist zufällig am Morgen in Moskau einfing, ließ Bestürzung und Besorgnis erkennen: "'Wir sind sehr beunruhigt', sagte Jurij Gremizkich, der Leiter des Pressezentrums des sowjetischen Außenministeriums. (...) Er warne vor Freude über einen Zusammenbruch der DDR. (...) Zum ersten Mal in der Nachkriegszeit arbeiteten Ost und West an einer gemeinsamen Konzeption eines 'europäischen Hauses', sagte Gremizkich: 'Und jetzt diese Instabilität!' Es komme darauf an, mit allen Mitteln die Stabilität zu erhalten."[143] Mit allen Mitteln? Waren darunter auch militärische Maßnahmen zu verstehen? Daß in den wenigen Stunden, in denen die sowjetische Reaktion erörtert und entschieden werden mußte, eine Hardliner-Fraktion von Militärs und Deutschlandexperten mit dem Vorschlag in Erscheinung getreten sein sollte, "man müsse die sowjetischen Truppen einsetzen, um die Mauer wiederherzustellen und die DDR zu retten"[144], ist nicht auszuschließen; mehrheitsfähig war diese Meinung jedoch nicht.

---

141 Igor F. Maximytschew, Der Fall der Berliner Mauer und Moskaus Reaktion. Vorlesung am Fachbereich Politische Wissenschaft der FU Berlin im WS 1995/96, Ms., S. 7.
142 Vgl. Viermächte-Abkommen vom 3.9.1971, in: BMiB 1980, S. 158 ff.
143 Bernhard Küppers, "Und jetzt diese Instabilität", in: Süddeutsche Zeitung, 11.11.1989.
144 Daschitschew 1993, S. 1469. - Wadim Sagladin, der Ende 1988 als Leiter der Internationalen Abteilung des ZK der KPdSU von Valentin Falin abgelöst wurde, zum Berater Gorbatschows avancierte und heute als Mitarbeiter im Gorbatschow-Institut tätig ist, behauptete im März 1995 zunächst ganz allgemein, der Vorschlag, Panzer gegen die Wiedervereinigung einzusetzen, sei nicht nur aus den Reihen des Militärs,

"Es wäre Abenteurertum gewesen, wenn es jemanden in den Kopf gekommen wäre, den militärischen Mechanismus in Gang zu setzen. Das hätte unübersehbare Folgen gehabt", beschrieb Gorbatschow im Rückblick die Moskauer Entscheidungssituation. Kam eine militärische Intervention nicht in Betracht, so war auch der politische Handlungsspielraum für die sowjetische Reaktion auf den Fall der Mauer eng. Seine politische Devise, so Gorbatschow, habe gelautet: "Man mußte die Politik der Situation anpassen."[145]

Die Anpassung der Politik an die Gegebenheiten setzte eine Analyse und Definition der Situation voraus. Die offensichtliche Kopflosigkeit der SED-Führung zu schelten oder in dieser Situation, wie es später durch Falins Mitarbeiter Nikolai Portugalow geschah, Krenz gar als "Niete" oder "Leiche auf Urlaub" bloßzustellen[146], konnte die DDR zum damaligen Zeitpunkt nur noch weiter schwächen und die Probleme der Sowjetunion vergrößern. Also, so Portugalow, habe Gorbatschow die Parole ausgegeben, Krenz den Rücken zu stärken.[147] Was darunter zu verstehen war, demonstrierten Außenminister Schewardnadse, sein Pressesprecher Gennadi Gerassimow und Portugalow selbst am späten Nachmittag und frühen Abend in Moskau vor der internationalen Presse.

Schewardnadse erklärte, die Sowjetunion betrachte die "Ereignisse in der DDR als eine ureigene Angelegenheit ihrer neuen Führung und ihres Volkes und wünscht ihnen dabei vollen Erfolg." Die "Grenz- und Reiseregelungen" lobte er als eine "richtige und kluge, eine weise Entscheidung."[148] Gerassimow bezeichnete die Einführung neuer Reisebestimmungen als einen "souveränen Akt der Regierung der DDR." Der Beschluß sei in Berlin gefaßt worden. Das Wichtigste, um die Stabilität zu bewahren, sei jetzt, betonte Gerassimow, daß sich weder der Westen noch die Sowjetunion einmische. Soweit es die sowjetischen Truppen in der DDR betreffe, verfügten diese über ein sehr hohes Niveau an militärischer Disziplin.[149] Und Portugalow schließlich teilte um 19.00 Uhr mit: "Unsere Ein-

---

sondern auch von Julij Kwizinskij und Valentin Falin unterbreitet worden: "Anche Valentin Falin (...) e Yulij Kvizinskij (...) erano contro la riunificazione tedesca, erano per inviare i carri armati. La discussione è stata molto forte" ("1989, Mosca invade Berlino." L'Intervista con Vadim Zagladin, in: Corriere della Sera, 8.3.1995, S. 11). Falin dementierte diese Vorwürfe umgehend: "Das ist eine böse Erfindung. Ich habe solche Forderungen niemals aufgestellt" ("Falin: Keine Panzer gegen die Wende, in: Bild-Zeitung, 25.3.1995). Nach seiner Quelle befragt, räumte Sagladin kurze Zeit später ein, entsprechende Forderungen Falins seien ihm lediglich durch Hörensagen "von gut informierten Freunden" zu Ohr gekommen ("Panzer gegen die Einheit", in: Focus Nr. 15, 10.4.1995, S. 80). Im Herbst 1995 schließlich ordnete Gorbatschow Falin jener Gruppe seiner politischen Berater zu, die der Auffassung vertreten hätten, die innerdeutsche Grenze notfalls mit Gewalt zu schließen (vgl. Gorbatschow, in: Der Spiegel Nr. 40, 2.10.1995, S. 76). Auch diese Behauptung wies Falin als 'Verdrehung der Wahrheit' zurück (V. Falin, in: Der Spiegel Nr. 42, 16.10.1995, S. 11/12). - Auffällig ist, daß keiner der gegenüber Falin erhobenen Vorwürfe sich auf ein konkretes Datum und eine näher bezeichnete Entscheidungssituation bezieht. Das legt den Schluß nahe, daß es Falins Kontrahenten mehr um die Instrumentalisierung der Geschichte als Waffe im tagespolitischen Kampf in Rußland und Deutschland als um die historische Wahrheitsfindung geht. Falin selbst hat nie ein Hehl daraus gemacht, ein Gegner der NATO-Mitgliedschaft eines wiedervereinigten Deutschland gewesen zu sein. Welche Mittel er zu welchem Zeitpunkt auf welche Weise einzusetzen bereit war, um dieses zu verhindern, wird zuverlässig erst nach Öffnung der russischen Archive zu beantworten sein.

145 "Schön, ich gab die DDR weg." Interview mit Michail Gorbatschow, in: Der Spiegel Nr. 40, 2.10.1995, S. 72.
146 So Nikolai Portugalow, in: Kuhn 1993, S. 65 und 70.
147 Gorbatschow zit. nach Portugalow, in: Kuhn 1993, S. 70.
148 ADN (4084), 10.11.1989, 18.45 Uhr.
149 Vgl. Neues Deutschland, 11./12.11.1989; Berliner Zeitung, 11./12.11.1989; Frankfurter Allgemeine, 11.11.1989.

schätzung (der Ereignisse) ist grundsätzlich positiv, weil wir überzeugt sind von der Freiheit eines jeden Volkes, politische und soziale Entscheidungen zu treffen. Dies gilt für jedes Land, auch für die Mitgliedsstaaten des Warschauer Paktes. Hier handelt es sich um eine gemeinsame Entscheidung von Regierung und Partei (der DDR), die dem Wunsch der DDR-Bevölkerung hundertprozentig entspricht."[150]

Botschafter Kotschemassow erhielt Maximytschew zufolge gegen Abend den Auftrag, "Krenz eine mündliche Botschaft zu übermitteln. Sie beinhaltete eine Dankesäußerung für die gelieferte Information über die Ereignisse der Nacht vom 9. auf den 10. November mit der Ermunterung für den Kollegen: 'Alles war völlig richtig getan. So muß es auch weitergehen - energisch und unbeirrt.'"[151] Maximytschew wußte nicht, was Krenz dem Generalsekretär der KPdSU mitgeteilt hatte. Die ihm unverständliche Glückwunsch-Aktion führte er darauf zurück, daß man "in Moskau die Bedeutung des Vorgefallenen noch nicht voll erfaßt" hatte.[152] Außenminister Schewardnadse informierte Kotschemassow sodann über die Appelle Gorbatschows an die Regierungen der Bundesrepublik, der Vereinigten Staaten, Frankreichs und Englands, die Situation nicht zur Destabilisierung der DDR zu mißbrauchen. Offenbar waren Informationen über Aktivitäten der Westgruppe der sowjetischen Streitkräfte in der DDR bis zu Schewardnadse vorgedrungen, denn am Ende des Telefonats teilte er Kotschemassow mit, "daß er über Informationen verfüge, 'die Militärs rührten sich'; der Botschafter habe dafür zu sorgen, daß der Befehl Moskaus 'Keine Aktionen unternehmen!' strikt ausgeführt werde." Maximytschew zufolge rief Kotschemassow sofort den Oberkommandierenden der Westgruppe, Armeegeneral Boris Snetkow, an "und empfahl ihm, 'zu erstarren und in sich zu gehen'." Snetkow habe jedoch "jegliche gegenteilige Absichten" bestritten.[153]

4.3. Die Reaktion der USA

So wenig wie in Ost-Berlin und Moskau war der Fall der Mauer auf der politischen Tagesordnung in Washington und Bonn vorgesehen. Wie die sowjetische, so verfolgte auch die amerikanische Botschaft in Ost-Berlin, gleichfalls in unmittelbarer Nähe des Brandenburger Tores gelegen, die Entwicklung im Fernsehen. Nach Schabowskis Pressekonferenz, gegen 20.00 Uhr, traf ein Anruf des amerikanischen Gesandten in West-Berlin, Harry Gilmore, in der Botschaft ein. Wann die Regelung wohl in Kraft treten würde und mit der Reiseflut zu rechnen sein werde, fragte Gilmore an. Da Schabowski auf die Visumpflicht hingewiesen habe und Visa sofort erteilt werden sollten, entgegnete der Botschaftssekretär, sei damit schon zu rechnen, wenn die Meldestellen der Volkspolizei am nächsten Morgen öffneten.[154] In diesem Sinne wurde zunächst auch das amerikanische Au-

---

150 Nikolai Portugalow laut: RFTV, 10.11.1989, 19.00 Uhr (Deutschland 1989, Band 15, S. 626).
151 Igor Maximytschew, in: Maximytschew/Hertle 1994, S. 1155.
152 Ebd., S. 1155.
153 Igor Maximytschew, in: Maximytschew/Hertle 1994, S. 1155/1156. - Maximytschew fährt zwar fort, ihm sei kein Anzeichen bekannt geworden, das die Sorge Schewardnadses bestätigt hätte, weshalb er dessen Ermahnung als eine "Vorbeugemaßnahme des listigen Georgiers", wenn nicht als eine "äußerst komplizierte Kremlintrige" interpretiert (vgl. Igor F. Maximytschew, Der Fall der Berliner Mauer und Moskaus Reaktion. Vorlesung am Fachbereich Politische Wissenschaft der FU Berlin im WS 1995/96, Ms., S. 9). Soweit es die militärische Seite betrifft, dürfte Schewardnadse als Politbüro-Mitglied jedoch besser informiert gewesen sein als Maximytschew, dem auch die Aktivitäten der NVA verborgen blieben.
154 Siehe Greenwald 1993, S. 260.

ßenministerium über die Pressekonferenz informiert. Doch als sich die Botschaft wenige Stunden später korrigierte, wußten sowohl Außenminister James Baker als auch der Präsident der Vereinigten Staaten, George Bush, bereits Bescheid.

Aufgrund der Zeitverschiebung fiel der Fall der Mauer in Amerika in die beste Fernseh-Sendezeit. Bush und Baker durchlebten einen jener Abende, an dem sie aus den Fernsehnachrichten mehr erfuhren als von der CIA.[155] Für eine Pressekonferenz in seinem Büro hatte sich George Bush - wie aufmerksame Journalisten registrierten - zur besseren Orientierung eine Deutschlandkarte bereitgelegt. Bush äußerte in seiner ersten Reaktion, er sei "sehr erfreut", wirkte dabei aber eher nachdenklich und verhalten.[156] Der amerikanische Präsident räumte offen seine Überraschung ein: "Wir haben damit gerechnet, aber ich kann nicht sagen, daß ich diese Entwicklungen vorhergesehen hätte."[157] Außenminister Baker zufolge hatten die Sowjets der US-Administration zwar mitgeteilt, daß sie nicht die Absicht hätten, in Osteuropa einzumarschieren, um den Reformprozessen ein Ende zu bereiten.[158] Konnten die Amerikaner aber sicher sein, daß dies auch die Duldung des unvorhersehbaren und völlig überraschenden Falls der Mauer einschloß? Präsident Bush jedenfalls war sich des Ausgangs der Ereignisse nicht sicher, und die Sorge über das Auseinanderbrechen der europäischen Nachkriegsordnung und die Möglichkeit einer militärischen Aktion und deren Folgen für die amerikanisch-sowjetischen Beziehungen dämpfte vier Wochen vor seinem ersten Treffen mit Gorbatschow vor Malta seine Begeisterung.[159] Mit ihren zurückhaltenden Reaktionen sandten Bush und Baker eindeutige Signale nach Moskau, daß die amerikanische Außenpolitik zwar den Wandel zur Demokratie in Ost- und Mitteleuropa begrüßte, aber nicht auf Instabilität und einseitige Vorteile bedacht war.[160]

4.4. Die Reaktion der Bundesregierung

Der Deutsche Bundestag behandelte am Abend des 9. November den Entwurf eines Vereinsförderungs-Gesetzes, als der CSU-Abgeordnete Karl-Heinz Spilker mit einer der ersten DPA-Eilmeldungen über Schabowskis Pressekonferenz an das Rednerpult trat: "Ab sofort können DDR-Bürger direkt über alle Grenzstellen

---

155 Vgl. "Deutschlandkarte auf Bushs Tisch", in: FAZ, 11.11.1989.
156 Vgl. "Bush: Berliner Mauer hat an Bedeutung verloren", in: AD, 15.11.1989 (Deutschland 1989, Band 15, S. 614-617; "Deutschlandkarte auf Bushs Tisch", in: FAZ, 11.11.1989; Carlos Widmann, "Mehr Überraschung als Freude", in: SZ, 11.11.1989. Siehe auch: Beschloss/Talbott 1993, S. 177; Baker 1996, S. 156.
157 "Bush: Berliner Mauer hat an Bedeutung verloren", in: AD, 15.11.1989 (Deutschland 1989, Band 15, S. 616). - Außenminister Bush antwortete am 10.11.1989 auf die Frage, ob es zutreffe, daß die Bush-Administration von der Schnelligkeit der Ereignisse völlig überrumpelt worden sei: "Da können Sie drauf wetten. Und genauso ging es allen anderen, soweit ich das überblicken kann. Ich kenne niemanden, der diese Entwicklung vorausgesehen hätte" (in: AD, 15.11.1989 <Deutschland 1989, Band 15, S. 624>).
158 Vgl. die Zusammenstellung entsprechender Äußerungen von Außenminister Baker am 10.11.1989, in: AD, 15.11.1989 (Deutschland 1989, Band 15, S. 618-625; hier: S. 621).
159 Vgl. Beschloss/Talbott 1993, S. 178; Carlos Widmann, "Mehr Überraschung als Freude", in: SZ, 11.11.1989.
160 "Wir wollten die Ereignisse auf diplomatische, ja nahezu klinisch kühle Weise begrüßen und unser Bestes versuchen, alle Emotionen zurückzuhalten, damit Gorbatschow, Schewardnadse und andere Sowjets, die unsere Reaktionen genau beobachteten, nicht den Eindruck bekämen, daß wir 'schadenfroh mit dem Finger auf sie zeigen', wie Präsident Bush es ausdrückte" (Baker 1996, S. 156).

zwischen der DDR und der Bundesrepublik ausreisen", las er vor.[161] Die Abgeordneten nahmen die Pressemeldung mit langanhaltendem Applaus zur Kenntnis. Dann setzten sie ungerührt ihre Debatte über die Vereinsförderung fort. Schließlich beschäftigte die Bedeutung gemeinnütziger Vereine das Parlament schon seit zehn Jahren, und die Probleme der Spendenhöchstsätze für mildtätige Bereiche und steuerfreien Pauschalen für Übungsleiter harrten ebensolange auf ihre Lösung.

Nach einer Unterbrechung der Sitzung ergriff Kanzleramtsminister Seiters um 20.46 Uhr das Wort, um eine mit dem Kanzler abgestimmte Erklärung der Bundesregierung vorzutragen. Sachlich stellte Seiters fest, daß mit der Freigabe von Besuchsreisen und Ausreisen "erstmals Freizügigkeit für die Deutschen in der DDR hergestellt" werde.[162] Er wiederholte die Bedingungen des Kanzlers für wirtschaftliche Hilfsleistungen an die DDR und appellierte an die Solidarität der westdeutschen Bevölkerung. Der SPD-Fraktionsvorsitzende Vogel wurde deutlicher: "Diese Entscheidung bedeutet, daß die Mauer nach achtundzwanzig Jahren ihre Funktion verloren hat."[163] Das Ziel in der DDR, darin stimmten alle Fraktionen überein, müsse sein, durch freie Wahlen die Bereitschaft, in der DDR zu bleiben, zu stärken und die Übersiedlung zu stoppen. "Alle diejenigen, die jetzt noch schwanken", rief der FDP-Abgeordnete Mischnick aus, "bitte ich herzlich: Bleibt daheim!"[164] Dann erhoben sich die Abgeordneten und stimmten die Nationalhymne an. Die Sitzung wurde um 21.10 Uhr geschlossen. Zu diesem Zeitpunkt war die Mauer noch zu, doch die Agenturmeldungen, die in Minutenschnelle über diese Sitzung abgefaßt und in die Nachrichtensendungen aufgenommen wurden, mußten den Eindruck verstärken, als wäre sie schon geöffnet.

Auf eine Verbesserung der Reisemöglichkeiten noch im Jahr 1989 war man im Bundeskanzleramt durch die Schalck-Besuche vorbereitet, nicht aber auf den Fall der Mauer. Während eines Essens mit dem polnischen Ministerpräsidenten Mazowiecki in Warschau erreichte Bundeskanzler Helmut Kohl ein Anruf seines Beraters Eduard Ackermann, der am Abend des 9. November im Kanzleramt Stallwache hielt. Den Inhalt des Telefonats hat Ackermann selbst überliefert: "Ich sagte: 'Herr Doktor Kohl, halten Sie sich fest, die DDR-Leute machen die Mauer auf'. Er wollte es nicht glauben. 'Sind Sie sicher, Ackermann?' Ich erzählte ihm, daß ich die Pressekonferenz von Schabowski im Fernsehen verfolgt hätte, und daß in Berlin bereits Menschen aus dem Ostteil herübergekommen seien. 'Das gibt's doch nicht. Sind Sie wirklich sicher?' Ich sagte: 'Das Fernsehen überträgt live aus Berlin, ich kann es mit eigenen Augen sehen.' (Kohl:) 'Das ist ja unfaßbar.'"[165]

Der Bitte von Krenz folgend, ließ Gorbatschow am späten Nachmittag des 10. November Helmut Kohl und Willy Brandt, Francois Mitterrand, Margret Thatcher und George Bush mündliche Botschaften übermitteln. Die an den Kanzler gerichtete Mitteilung, von Botschafter Kwizinskij telefonisch an Kohls Berater Teltschik nach Berlin durchgegeben[166], erreichte diesen kurz vor seiner Rede auf

---

161 Deutscher Bundestag, 11. Wahlperiode, 174. Sitzung, Bonn, Donnerstag, den 9.11.1989, S. 13213.
162 Ebd., S. 13221.
163 Ebd., S. 13221.
164 Ebd., S. 13223.
165 Ackermann 1994, S. 310. Eduard Ackermann war seit 1982 Leiter der Abteilung 5 (Gesellschaftliche und politische Analysen, Kommunikation und Öffentlichkeitsarbeit) im Bundeskanzleramt.
166 Vgl. Kwizinskij 1993, S. 15. - Die telefonische Übermittlung hatte den Nebeneffekt, daß die Botschaft Gorbatschows auch vom MfS mitgehört werden konnte und mit leichter zeitlicher Verzögerung um 22.04 Uhr auf dem Tisch des Mielke-Stellvertre-

einer Kundgebung vor dem Schöneberger Rathaus, für die Kohl seinen Polen-Besuch unterbrochen hatte. Der Reisebeschluß der DDR-Führung bestätige aufs Neue, ließ Gorbatschow ausrichten, "daß gegenwärtig in der DDR tiefe und bedeutsame Veränderungen vor sich gehen. Die Führung der Republik handelt zielstrebig und dynamisch im Interesse des Volkes, sie entfaltet einen breiten Dialog mit verschiedenen Gruppen und Schichten der Gesellschaft". Angesichts der Kundgebung im Westen und einer parallelen Veranstaltung der SED im Lustgarten ersuchte Gorbatschow den Kanzler, "im Geiste der Offenheit und des Realismus" seinerseits "die notwendigen und äußerst dringlichen Maßnahmen zu treffen, damit eine Komplizierung und Destabilisierung der Situation nicht zugelassen wird."[167]

Unter Hinweis auf die nach seiner Überzeugung "richtigen und zukunftsträchtigen Beschlüsse der neuen Führung der DDR" ließ Gorbatschow gleichzeitig die Präsidenten Bush und Mitterand sowie die britische Premierministerin Thatcher über seine Botschaft an Kohl informieren. Er fügte hinzu, daß der sowjetische Botschafter in Berlin beauftragt sei, in Kontakt mit den Vertretern der drei Mächte in West-Berlin zu treten, um gemeinsam darauf hinwirken zu können, daß "die Ereignisse nicht einen Verlauf nehmen, der nicht wünschenswert wäre". Der weitere Text der Botschaft Gorbatschows an die Staatschefs der Westmächte lautete: "Insgesamt möchte ich hervorheben, daß gegenwärtig in der DDR tiefe und bedeutsame Veränderungen vor sich gehen. Wenn aber in der BRD Erklärungen laut werden, die auf ein Anheizen der Emotionen im Geiste der Unversöhnlichkeit gegenüber den Nachkriegsrealitäten, d.h. der Existenz zweier deutscher Staaten, abzielen, dann können solche Erscheinungen politischen Extremismus nicht anders eingeschätzt werden denn als Versuche, die sich jetzt in der DDR dynamisch entwickelnden Prozesse der Demokratisierung und Erneuerung aller Bereiche des gesellschaftlichen Lebens zu untergraben. Mit Blick auf die Zukunft kann dies eine Destabilisierung der Lage nicht nur im Zentrum Europas, sondern auch darüber hinaus nach sich ziehen. Ich möchte der Hoffnung Ausdruck geben, daß all dies Ihr Verständnis findet."[168] Bei der persönlichen Übermittlung dieser Botschaft unterrichtete der sowjetische Botschafter in London Premierministerin Margret Thatcher über Gorbatschows konkrete Befürchtung, "es könne womöglich einen Zwischenfall mit gravierenden Folgen geben - beispielsweise einen Angriff auf Soldaten der sowjetischen Armee in der DDR oder in Berlin."[169]

Auf der Kundgebung vor dem Schöneberger Rathaus traten Walter Momper, Hans-Dietrich Genscher, Willy Brandt und Helmut Kohl vor 20.000 bis 40.000 Teilnehmern als Redner auf. Als Willy Brandt hervorhob, daß keiner "Schwierigkeiten mit den sowjetischen Truppen (wünscht), die sich *noch* auf deutschem Boden befinden", sandte er das doppelte Signal nach Moskau, daß er einerseits Gorbatschows Sorge verstanden hatte, andererseits jedoch für ihn kein Zweifel daran bestand, wer den Rückzug anzutreten haben würde.[170] Der Kanzler betonte die Einheit der Nation, erteilte jedoch zugleich radikalen Parolen und Stimmen eine Absage und forderte dazu auf, "besonnen zu bleiben und klug zu

---

ters Schwanitz lag (vgl. HA III, Lageübersicht für den Berichtszeitraum 10./11. November 1989, S. 5, in: BStU, ZA, MfS-HA III 858, Bl. 90).
167 Mündliche Botschaft Michail Gorbatschows an Helmut Kohl, 13.11.1989, 4 Ex. (SAPMO-BArch, ZPA-SED, IV 2/2.039/319, Bl. 15/16).
168 Mündliche Botschaft Michail Gorbatschows an Präsident Francois Mitterand, Premierminister Margaret Thatcher und Präsident George Bush, 13.11.1989, 4 Ex. (SAPMO-BArch, ZPA-SED, IV 2/2.039/319, Bl. 20/21).
169 Thatcher 1993, S. 1097.
170 Ansprache des SPD-Ehrenvorsitzenden, Willy Brandt, vor dem Schöneberger Rathaus am 10.11.1989, in: Auswärtiges Amt 1990, S. 81. - Hervorhebung v. Vf.

handeln."[171] Noch während der Kundgebung rätselten Teltschik und Kohl, ob Gorbatschows Botschaft eher "eine Bitte aus Sorge" vor weiteren spontanen Mauerdurchbrüchen oder vielmehr "eine versteckte Warnung" war.[172] Aus Berlin ins Bonner Bundeskanzleramt zurückgekehrt, erreichte Teltschik um Mitternacht ein Anruf von Brent Scowcroft. Der Nationale Sicherheitsberater des US-Präsidenten informierte ihn über die mündliche Botschaft Gorbatschows an Bush. Die für Teltschik "interessanteste Nachricht" war die vertrauliche Mitteilung Scowcrofts, "daß Gorbatschow die SED-Spitze dazu aufgefordert habe, einen 'friedlichen Übergang' in der DDR sicherzustellen."[173] Für den Kanzler und seinen Berater war damit das Rätsel gelöst: "Es wird keine Wiederholung des 17. Juni geben. Gorbatschows Nachricht, die er jetzt auch George Bush übermitteln ließ, war also die Bitte, gemeinsam dafür zu sorgen, daß der Politik die Kontrolle über die Ereignisse nicht entgleitet."[174]

4.5. Die friedliche Lösung

Der schwächste, unberechenbarste und damit potentiell gefährlichste Faktor des nun einsetzenden internationalen Krisenmanagaments war die Führung der SED. Von einer "Kontrolle über die Ereignisse" weit entfernt, hielt sie die NVA-Einheiten auch während der Nacht vom 10. auf den 11. November in Erhöhter Gefechtsbereitschaft.

Eine Kundgebung der SED im Lustgarten, die um 18.00 Uhr begann, konnte der Führung einen ersten Eindruck vermitteln, wieweit ihr mit dem Ablauf und den Beschlüssen des Zentralkomitees der Schulterschluß mit der Parteibasis gelungen war. 80.000 Anhänger hatte die Berliner Bezirksleitung mobilisiert, womit die Beteiligung weit hinter den Teilnehmerzahlen der Demonstrationen gegen das Regime in Berlin und Leipzig zurückblieb.[175] Trotz der Steuerung der Rednerliste waren die Mißklänge zur Entscheidung des Zentralkomitees, eine Parteikonferenz anstelle eines außerordentlichen Parteitages einzuberufen, unüberhörbar. Doch allein das erstmalige Zustandekommen einer SED-Massenveranstaltung seit dem 40. Jahrestag der DDR wurde als voller Erfolg gewertet[176]; die freundlichen Parolen ("SED = Sozialismus, Ehrlichkeit, Demokratie", "Klare Köpfe, fleißige Hände, das braucht die Wende", "Nicht meckern, sondern ackern") und der vertraute Klang der alten Kampfeslieder wirkten wie Balsam auf den Wunden der SED-Spitzenfunktionäre, die die oppositionellen Demonstrationen der letzten Wochen mit ihren SED-feindlichen Parolen aufgerissen hatten.[177] Wenn Krenz in seiner Ansprache die Reiseverordnung auch mit irreführender Bescheidenheit als Beschluß des Ministerrates darstellte, so bekannte er sich doch dazu und deutete ihn als Ausdruck dafür, "daß wir es mit der Politik der Erneuerung ernst meinen, und daß wir allen die Hand geben, die mit uns gemeinsam gehen wollen."[178]

---

171 Ansprache von Bundeskanzler Helmut Kohl vor dem Schöneberger Rathaus am 10.11.1989, in: Auswärtiges Amt 1990, S. 83.
172 Teltschik 1991, S. 20.
173 Ebd., S. 23.
174 Ebd., S. 23.
175 Das "Neue Deutschland" rundete die von der Volkspolizei geschätzte Zahl von 80.000 Teilnehmern am nächsten Tag auf 150.000 auf (vgl. Neues Deutschland, 11./12.11.1989, S. 1).
176 Gespräch d. Vf. mit Wolfgang Herger, 19.9.1995.
177 Dem Spiegel-TV Journalisten Georg Mascolo präsentierten sich die Mitglieder des Politbüros nach der Kundgebung "unglaublich aufgekratzt" (Mitteilung von Georg Mascolo an den Vf., 5.3.1996).
178 Egon Krenz, zit. nach: Neues Deutschland, 11./12.11.1989, S. 3.

Schon wieder gefaßt, bezeichnete Schabowski sein vorabendliches Mißgeschick am Rande der Kundgebung als den vielleicht "kühnsten Schritt" der Politik der Erneuerung, zu der es keine Alternative gebe. Die SED-Führung sei bereit, "die Risiken einzugehen, die diese Politik mit sich bringt."[179] Als Krenz den Kundgebungsplatz verließ, wurde er von Anhängern auf das größte Risiko angesprochen: "Wie verhinderst du den Ausverkauf wie vor 1961: drüben arbeiten, hier wohnen und die Errungenschaften beanspruchen?", wollten einige ältere Genossen wissen. Krenz antwortete: "Wir müssen versuchen, daß wir das durch politische Arbeit erreichen." Unzufriedenes Murren grummelte durch die Reihen. "Das ist schwer, natürlich, unsere ganze Arbeit ist schwer, Genossen", fügte er deshalb schnell hinzu. "Wenn wir uns vornehmen, daß wir politische Probleme nur mit politischer Arbeit lösen, dann steht uns noch viel, viel bevor."[180]

So zutreffend diese Prognose war, so niederschmetternd wirkte die Hilflosigkeit, die Krenz mit dieser Antwort offenbarte, auf seine Zuhörerschaft. Weil ein kontrollierter Reiseverkehr unter Beibehaltung strenger Zollkontrollen beabsichtigt gewesen war, hatten weder Politbüro noch Ministerrat bis zu dieser Stunde auch nur einen einzigen Gedanken daran verschwendet, wie die ökonomischen Probleme zu bewältigen waren, die bei offenen Grenzen vor allem durch das staatlich gestützte Preissystem auf die DDR zukamen.

Ein viel kleineres Problem erwies sich schon als nahezu unlösbar: Im Laufe des Tages hatte der Präsident der Staatsbank Krenz informiert, daß der Barbedarf für den Umtausch von 15 Mark der DDR in 15 D-Mark, auf den DDR-Bürger bei Vorlage des Reisevisums Anspruch hatten, die Vorräte in den Tresoren der Staatsbank-Filialen überstieg. Deshalb hatten Geldtransporte mit der Landeszentralbank West-Berlins vereinbart werden müssen, um die Valutaversorgung gewährleisten zu können.[181] Genau für diesen Zweck aber hatte die SED-Spitze ihre knappen, bereits verplanten Devisen nicht vorgesehen. Ihren Vorstellungen zufolge sollte die Finanzierung des Reiseverkehrs die Bundesregierung übernehmen, die schließlich seit Jahren auf seine Erweiterung drängte.

Am Mittag hatte das Politbüro deshalb Alexander Schalck damit beauftragt, aus dem Mißgeschick Kapital zu schlagen. Er wurde instruiert, "die Regierung der BRD informell über die Maßnahmen der DDR zu informieren und die Erwartung zum Ausdruck zu bringen, daß die BRD-Regierung die getroffenen Maßnahmen unterstützt."[182] Doch weder Seiters noch Schäuble, mit denen Schalck telefonierte, noch der Kanzler selbst zeigten Neigung, auf Schalcks Angebot einer kurzfristigen Spitzenbegegnung mit Krenz einzugehen. Ein Telefonat allerdings hielt der Kanzler für sinnvoll.[183] Die Bundesregierung erbat zudem die Schaltung zweier Standleitungen zwischen dem Bundeskanzleramt und der Ständigen Vertretung in Ost-Berlin und zwischen Kanzleramt und einer Vermittlungsstelle zum Staatsrat und zur Regierung der DDR.

Das Telefon-Gespräch zwischen Krenz und Kohl fand am Morgen des 11. November von 10.13 Uhr bis 10.22 Uhr statt. Krenz berichtete dem Kanzler, das Zentralkomitee habe die Führung verjüngt, die SED sei zu radikalen Reformen und zur Zusammenarbeit mit anderen politischen Kräften, auch mit der Kirche, bereit. "Also, wir bringen eine Reihe von Vorleistungen, Herr Bundeskanzler",

---

179 Günter Schabowski gegenüber dem Spiegel-TV-Reporter Georg Mascolo (in: Spiegel-TV, Fünf Wochen im Herbst. Protokoll einer deutschen Revolution).
180 Egon Krenz, in: Ebd.
181 Schreiben von Horst Kaminsky an Egon Krenz, 10.11.1989 (SAPMO-BArch, ZPA-SED, IV 2/2.039/335, Bl. 67-69).
182 Protokoll Nr. 50 der Sitzung des Politbüros des ZK der SED vom 8., 9., 10.11.1989, TOP 6.: Information an die Regierung der BRD über Maßnahmen der DDR, Anlage 5 (SAPMO-BArch, ZPA-SED, J IV 2/2/2359).
183 Vgl. Teltschik 1991, S. 21.

resümierte er, "die Sie ja auch immer unterstrichen haben in Ihren Gesprächen mit uns." Er denke, sagte Krenz, daß dadurch eine "gute Atmosphäre" für die Klärung von Problemen im ökonomischen Bereich und auch im Reiseverkehr entstanden sei. "Denn diese Dinge", so gestand er ein, "können wir allein nicht lösen."[184] Kohl widersprach nicht, vermochte aber aus seiner Sicht die Dringlichkeit für einen schnellen Besuch von Kanzleramtsminister Seiters in Ost-Berlin nicht zu erkennen. Der Kanzler schlug vor, die Bildung der Regierung Modrow abzuwarten; als Reisetermin von Seiters, dem eine Spitzenbegegnung "in sehr naher Zukunft" (Kohl) folgen könnte, wurde schließlich der 20. November ins Auge gefaßt.

Zu Beginn des Gespräches hatte der Kanzler die "sehr wichtige Entscheidung der Öffnung" ausdrücklich begrüßt und Krenz zum wiederholten Male versichert, es sei nicht Ziel seiner Politik, daß möglichst viele Menschen die DDR verließen. Auch lehnte er jede Form von Radikalisierung als gefährlich ab. Der Meinung von Krenz, die Wiedervereinigung stehe nicht auf der Tagesordnung, mochte er sich zwar nicht anschließen, fügte aber zur Beruhigung seines Gesprächspartners hinzu, sie sei "jetzt nicht das Thema, das uns im Augenblick am meisten beschäftigt."[185] Für den Fall, daß die Situation dramatisch werden sollte, vereinbarten Krenz und Kohl, direkte telefonische Verbindung aufzunehmen.

Als sie ihr Gespräch um 10.22 Uhr beendeten, war die Situation mehr als dramatisch. Verteidigungsminister Keßler stand kurz vor der Entscheidung, ein Blutbad mit unabsehbaren Folgen zu riskieren.

4.5.1. Eskalation und Befriedung der Lage am Brandenburger Tor

Wie kein anderer Ort war die Panzermauer vor dem Brandenburger Tor auf westlicher Seite zur Besichtigungs- und Erlebnisstätte für das Ende des Kalten Krieges geworden.[186] Dutzende von Fernsehstationen übertrugen von hier Weltgeschichte live in alle Kontinente. Ununterbrochen standen zwischen eintausend und dreitausend Menschen auf der Mauer und ließen ihren Gefühlen freien Lauf. Das waren zunächst überwiegend Jubel und Freude. Die feindseligen Mauerwächter von gestern wurden als Soldaten einer friedlichen Revolution mit freundlichen Zurufen und Geschenken bedacht und damit ihr Anteil an der Gewaltlosigkeit der Ereignisse gewürdigt. Zuviel Emotionen und menschliches Leid war jedoch mit dem Bauwerk verbunden, als daß sich nicht auch aggressive Töne

---

184 Gespräch zwischen dem Generalsekretär des ZK der SED, Genossen Egon Krenz, und dem Bundeskanzler der BRD, Herrn Helmut Kohl, am 11. November 1989, 10.13 Uhr bis 10.22 Uhr (SAPMO-BArch, ZPA-SED, IV 2/2.039/328, Bl. 55-61). Teltschik stellt den wesentlichen Inhalt des Telefonats fast gleichlautend dar (vgl. Teltschik 1991, S. 27). - Als Grundlage des Telefonats diente Krenz eine von Schalck erarbeitete Gesprächskonzeption, an der er sich grob orientierte. Als einzige Gegenleistung der DDR für die Bildung eines Reisefonds, der die Bundesregierung mit 3,8 Mrd. DM belasten sollte, war darin die Zusage enthalten, "die Frage der Entlassung von DDR-Bürgern, die die DDR ungesetzlich verlassen haben, aus der DDR-Staatsbürgerschaft und die Möglichkeit ihrer Wiedereinreise zu Besuchen kurzfristig zu regeln" (vgl. "Konzeption für ein Gespräch zwischen dem Generalsekretär des ZK der SED, Genossen Egon Krenz, und dem Bundeskanzler der BRD, Herrn Helmut Kohl", o.D. <11.11.1989>).
185 Ebd.
186 Vgl. zum Folgenden: BVfS Berlin, Rapport-Grenzsicherung Nr. 314 und 315 (BStU, ASt. Berlin, A 2323/2324); PdVP Berlin, ODH-Lagefilme Nr. 231 und 232 (ARCHIV POLPRÄS BLN/AG Archiv, DEZ VB 132), sowie die Operativen Informationen und Meldungen der HA I, der HA III und des Zentralen Operativstabs des MfS zur Lageentwicklung am Brandenburger Tor, 10./11.11.1989 (BStU, ZA, MfS-Arbeitsbereich Neiber 510, Bl. 105 ff.).

und Schmährufe in die Jubelstimmung gemischt hätten; die Oberhand jedoch gewannen sie zunächst nicht.

Einzelne Personen, die am frühen Abend des 10. November im Übermut auf die Ostseite hinabsprangen, wurden von Grenzsoldaten auf die Mauer zurückverwiesen. Später in der Nacht, unter dem gleißenden Licht der Fernsehscheinwerfer und mit zunehmendem Alkoholkonsum, wurden die Rufe "Die Mauer muß weg!" lauter und die Versuche energischer, diesem Ziel mit Vorschlaghämmern näherzurücken. Feuerwerkskörper wurden von West-Berliner Gebiet in Richtung Brandenburger Tor abgeschossen; gelegentlich flogen die geleerten Flaschen in Richtung Osten.[187] Mit dem Alkoholpegel stieg der Mut und die Zahl derer, die von der Mauer "in den Handlungsraum der Grenztruppen" sprangen. Zwischen Mauer und Brandenburger Tor bildeten sie eine größer werdende "Ausbuchtung", denn der Weg durch das Tor und über den Pariser Platz nach Ost-Berlin wurde ihnen von Postenketten der Grenztruppen versperrt. Um 22.00 Uhr waren es 20 bis 50, eine halbe Stunde später bereits 200 und um Mitternacht 400 Personen, die den Grenzsoldaten zwischen Mauer und Brandenburger Tor Auge in Auge gegenüberstanden.

Die Verunsicherung auf der DDR-Seite wuchs. Um 22.30 Uhr übermittelte ein Major der Grenztruppen am Checkpoint Charlie einem Polizeihauptkommissar der West-Berliner Polizei einen förmlichen Protest. Die Störungen am Brandenburger Tor nähmen zu; es würden Sachbeschädigungen vorgenommen, Brandflaschen geworfen und die Grenztruppen massiv bedroht. "Er fordert die Berliner Polizei auf", notierte der West-Berliner Beamte, "gegen diese Störungen vorzugehen, um die bisher erreichten Regelungen nicht zu gefährden."[188]

Gleichzeitig begannen die Grenztruppen, eine Einschüchterungskulisse aufzubauen. Sie führten Schutzhunde heran und verstärkten demonstrativ ihre Präsenz. Um Mitternacht wurden sechs Lastwagen mit Armeeangehörigen und ein Wasserwerfer in Höhe des Brandenburger Tores "zur Demonstration" vorgezogen, kurze Zeit später ein zweiter Wasserwerfer in Stellung gebracht. Um 0.30 Uhr erfolgte per Lautsprecher die Aufforderung, den Handlungsraum der Grenztruppen zu verlassen, anderenfalls erfolge in zehn Minuten der Einsatz polizeilicher Mittel. Auch die West-Berliner Polizei richtete gleichlautende Appelle an die Mauerspringer. Ihrem aktiven Einschreiten waren jedoch Grenzen gesetzt, da ein mehrere Meter breiter Streifen auf der Westseite der Mauer, das sogenannte Unterbaugebiet, zum Hoheitsgebiet der DDR gehörte. Dessen Betreten war der West-Berliner Polizei verboten. Aus diesem Grund griff sie selbst dann nicht ein, als südlich der Panzermauer, in Richtung Potsdamer Platz, im übermütigen Abrißtaumel begonnen wurde, die eigentliche Grenzmauer aufzumeißeln und ihre Rohrauflagen zu demontieren.

Den Kommandeuren der Grenztruppen schien das Risiko eines Einsatzes bewußt; sie schoben den Einsatz der Wasserwerfer hinaus und räumten statt dessen den Vorraum des Brandenburger Tores mehrfach ohne den Einsatz von Gewalt. Die Mauerspringer wurden der Volkspolizei übergeben und von dieser über die Grenzübergänge nach West-Berlin abgeschoben. Auf diese Weise wurde die Lage während der Nacht in einem spannungsgeladenen Schwebezustand gehalten.

Am frühen Morgen jedoch drohte die Eskalation. Nach stundenlangem Hämmern und Meißeln stand der Versuch, das südlich an die Panzermauer angrenzende Mauersegment herauszulösen und eine erste Bresche in die Mauer zu reissen, vor einem durchschlagenden Erfolg. Auf der Ostseite setzten jetzt hektische Aktivitäten ein. Die Volkspolizei löste um 7.30 Uhr Alarm aus und beorderte

---

187 Vgl. Tagesspiegel, 11.11.1989.
188 Niederschrift des förmlichen Protests, 10.11.1989 (ARCHIV POLPRÄS BLN/AG Archiv, DEZ VB 132).

weitere Kräfte ans Brandenburger Tor; drei Hundertschaften des Stadtkommandanten marschierten auf, und die Grenztruppen führten zusätzliche Reserven heran. Die Vorbereitungen zum Einsatz der Wasserwerfer waren unverkennbar. Parallel dazu wurden die diplomatischen Kontakte aktiviert. Ab 8.00 Uhr setzten Bemühungen des DDR-Außenministeriums ein, direkte Verbindung zum Senat von Berlin und über die sowjetische Botschaft zu den West-Alliierten aufzunehmen, um den Stop der Abrißaktion zu erwirken.[189] Doch das Telefonnetz zwischen den Stadthälften war völlig überlastet zusammengebrochen.

Seit der sowjetischen Blockade West-Berlins im Jahr 1948 waren die direkten Verbindungen zwischen den Polizeibehörden beider Stadthälften gekappt, die Kommunikation auf einseitige Mitteilungen wie die Übergabe von Protestnoten beschränkt. Durch visuelle Beobachtung konnten sich beide Seiten über die Mauer beäugen, durch die Überwachung des Funkverkehrs gegenseitig belauschen. Miteinander kommunizieren jedoch konnten sie nicht, und dies machte es für geraume Zeit unmöglich, auf der Führungsebene Maßnahmen abzustimmen.

Den West-Berliner Polizeipräsidenten Schertz hatte die konfliktbeladene Situation bereits in der Nacht beunruhigt. Würden die Menschen mit Wasserdruck von der Mauer gespritzt, so seine Befürchtung, bestand die große Gefahr, daß es Verletzte, möglicherweise sogar Tote gab.[190] Wenn irgendjemand in der DDR-Führung einen Anlaß oder Vorwand suchte, um die Öffnung der Grenze rückgängig zu machen, bot sich die kritische Lage am Brandenburger Tor dafür geradezu an. Durch Zurufe über die Mauer und über persönliche Kontakte, die sich an Übergängen wie der Invalidenstraße in den zurückliegenden dreißig Stunden zwischen Polizeibeamten und Grenzoffizieren entwickelt hatten, wurden die Grenztruppen gebeten, den Einsatz der Wasserwerfer zu unterlassen. Stattdessen, so der Vorschlag von Schertz, sollten die Grenztruppen versuchen, die Mauerkrone mit friedlichen Mitteln zu räumen und anschließend mit Posten besetzt zu halten. Schertz versprach, von West-Berliner Seite flankierende Sicherheitsmaßnahmen einzuleiten und zur Entschärfung beizutragen.

Der Räumungseinsatz der Grenztruppen begann am 11. November um 8.05 Uhr.[191] Die Reihen der Schaulustigen und Besetzer hatten sich zu dieser Zeit stark gelichtet. Statt die Besetzer gewaltsam mit den Druckwasserkanonen der Hydromile von der Mauer zu spritzen, wurden sie lediglich naßgerieselt. Gleichzeitig enterten dreihundert unbewaffnete Grenzsoldaten über Holzleitern die Mauerkrone. Wer nicht freiwillig den Rückzug antrat, wurde teils behutsam, teils mit körperlicher Gewalt zum Sprung in den Westen gedrängt. Die Grenzsoldaten behielten trotz Stein- und Flaschenwürfen die Nerven. Aus ihrem Führungspunkt im Reichstagsgebäude konnte die West-Berliner Einsatzleitung die Entwicklung direkt verfolgen. Als die Mauer geräumt war, griff sie ein, zog fünfzehn Mannschaftswagen der West-Berliner Polizei Stoßstange an Stoßstange vor die Mauer und sicherte die Rückeroberung des Walls durch die DDR-Grenztruppen ab. Ein erneutes Besteigen des Mauerrondells, zunächst allerdings nur seiner südlichen Hälfte, war nun unmöglich. Die Zustimmung, den Grenzstreifen zu befahren, hatten zuvor die britischen Alliierten nach Absprache mit der sowjetischen Botschaft in Ost-Berlin erteilt.[192] Anders als die deutsche Seite verfügten die Alli-

---

189 Vgl. Ministerium des Innern, Information vom 11.11.1989, S. 6 (BStU, ZA, MfS-Arbeitsbereich Neiber 687, Bl. 12).
190 Vgl. hierzu und zum Folgenden: Gespräch d. Vf. mit Georg Schertz, 15.1.1996.
191 Vgl. Information der operativen Führungsgruppe vom 12. November 1989, S. 1 (BStU, ZA, MfS-Arbeitsbereich Neiber 687, Bl. 21).
192 Schertz zufolge war die Rolle der Alliierten in West-Berlin auf die Erteilung dieser Genehmigung beschränkt. Das Einsatzgeschehen selbst habe auf selbständigen Entscheidungen der West-Berliner Polizei beruht (Gespräch d. Vf. mit Georg Schertz, 15.1.1996) und nicht auf einer Anordnung oder einem Ersuchen der britischen Alli-

ierten noch aus der Zeit vor 1948 über eine direkte Telefonleitung, die die sowjetische Botschaft mit der Befehlszentrale im britischen Sektor verband.[193]

Die Abriegelungsaktion dauerte noch an, als es südlich der Panzermauer einer kleinen Gruppe gelang, mit einem Jeep ein freigemeißeltes, etwa drei Quadratmeter großes Segment aus der Mauer herauszureißen. Nach der Ankündigung, bei weiterer Beschädigung der Mauer Festnahmen durchzuführen, schritten mit Helm, Schild und Schlagstock ausgerüstete Polizisten ein und beendeten die private Abrißaktion. Das Segment wurde anschließend von Ost-Berliner Seite zurückgezogen, in die Mauer eingepaßt und verschweißt.

Die erfolgreiche Kooperation von Grenztruppen und West-Berliner Polizei beruhigte die Lage und schuf eine erste Vertrauensbasis zwischen den Einsatzleitungen in Ost und West. Der Aufbau stabiler Kommunikationsbeziehungen zu den Grenztruppen und zum Präsidium der Volkspolizei kristallisierte sich als vordringliche Aufgabe heraus, um weiteren ernsten Gefahren weniger spontan und zufällig begegnen zu können. Um 10.30 Uhr, nach Abschluß dieses Einsatzes, übermittelte die Senatskanzlei dem DDR-Außenministerium telegrafisch den Wunsch des Polizeipräsidenten, am Übergang Invalidenstraße erneut Kontakt aufzunehmen, um weitere Maßnahmen am Brandenburger Tor abzustimmen.[194] Bei der dann folgenden Kontaktaufnahme teilte die Polizeiführung ihre Bereitschaft zu einer Spitzenbegegnung mit dem Kommandeur des Grenzkommandos Mitte mit. Der Vorschlag, der der Zustimmung der westlichen Alliierten bedurft hatte, wurde von den Grenztruppen angenommen.[195] Um 14.00 Uhr saß Polizeipräsident Schertz mit Oberst Günter Leo, dem stellvertretenden Kommandeur der Berliner Grenztruppe im Grenzübergang Friedrich-/Zimmerstraße an einem Tisch. "Seit diesem Augenblick", so Oberst Leo, "wurde das Zusammenwirken der Westberliner Polizei und der Grenztruppen auf eine ganz neue Stufe gestellt."[196]

4.5.2. Der Abbruch militärischer Einsatzvorbereitungen

Aus der Zeit, in der die Führung der SED noch führte, stammte das Parteiritual, auf Tagungen des Zentralkomitees im ganzen Land Versammlungen der SED-Mitglieder in den Betrieben, Einrichtungen und staatlichen Institutionen

---

ierten, wie damals verschiedene Tageszeitungen ohne Angabe von Quellen berichteten (vgl. Tagesspiegel, 12.11.1989; Welt am Sonntag, 12.11.1989). - Die Funkaufklärung des MfS hörte schon am Abend des 10. November 1989 ein Gespräch des amerikanischen Gesandten Harry Gilmore mit, in dem er zur Lage am Brandenburger Tor der MfS-Aufzeichnung zufolge die Meinung vertrat, "daß eine 'Säuberung' des dortigen sogenannten Unterbaugebietes von mehreren Tausend Personen, die sich dort widerrechtlich aufhalten, durch Westberliner Polizeikräfte erfolgen sollte. Er plädierte dafür, daß die USA in dieser Angelegenheit nur als Vermittler zwischen der Westberliner Polizei und den Briten, die für das betreffende Gebiet in Westberlin zuständig sind, fungieren." Diese Information wurde der MfS-Spitze noch in der Nacht vorgelegt (HA III, Lageübersicht für den Berichtszeitraum 9./10.11.1989, S. 2, in: BStU, ZA, MfS-HA III 858, Bl. 78).

193 Vgl. dazu: Gespräch d. Vf. mit Georg Schertz, 15.1.1996; Igor Maximytschew, in: Maximytschew/Hertle 1994, S. 1155.
194 Vgl. Fernschreiben des Regierenden Bürgermeisters von Berlin/Senatskanzlei an den Beauftragten der Regierung der DDR für den Reise- und Besucherverkehr, Herrn Abteilungsleiter Dr. Müller, FS-Nr. E 2420, 11.11.1989, 10.30 Uhr (BStU, ZA, MfS-Arbeitsbereich Neiber 510, Bl. 81).
195 Vgl. Dez P 2-05177, Betr.: Kontaktaufnahme zwischen dem PPr und führenden Vertretern der Grenztruppen der DDR am 11.11.1989 (ARCHIV POLPRÄS BLN/AG Archiv, DEZ VB 132).
196 Oberst Günter Leo, in: Karau 1992, S. 52.

folgen zu lassen. Auf diesen Parteiaktiv- und Mitgliederversammlungen wurden die richtungweisende Rede des Generalsekretärs und die wegweisenden Beschlüsse des ZK-Plenums "erläutert" und für die politische und ideologische Arbeit der nachgeordneten Parteiebenen "ausgewertet".

Auf der Parteiaktivversammlung des MfS, die am Morgen des 11. November um 9.00 Uhr begann, trat Minister Mielke bereits nicht mehr in Erscheinung. Das einleitende Referat hielt Wolfgang Herger.[197] Er begründete vor den Tschekisten die Notwendigkeit der am 18. Oktober erfolgten Ablösung Honekkers: "So wie bisher (ging es) nicht weiter." Der ehemalige Generalsekretär habe sich von der Sowjetunion und dem Marxismus-Leninismus entfernt und nur noch in Illusionen gelebt. Indem er den Anteil Mielkes hervorhob, machte Herger deutlich, daß das MfS beim Sturz Honeckers nicht abseits gestanden hatte. Mielke habe die materielle und militärische Lage genau gekannt, am meisten unter dem Führungsstil Honeckers gelitten und gerade deshalb die Wende mit vorbereitet und erkämpft. In Absprache mit den sowjetischen Genossen, aber nicht von der Sowjetunion gesteuert, hätten Krenz und er die Initiative übernommen. Bei der Erneuerung des Sozialismus in der DDR gehe es um eine strategische Konzeption, die den Sozialismus menschlicher und demokratischer machen solle. Mehrfach bekannte sich Herger zu der Leitlinie der neuen Führung, politische Probleme mit politischen Mitteln zu lösen.

Über die Lage am Brandenburger Tor wurde Herger offenbar laufend informiert, denn gleich zu Beginn des Referats wies er auf die dort "außerordentlich komplizierte Lage" hin und teilte mit, daß West-Berliner "Provokateure" im Begriff seien, die Mauer einzureißen. Maßnahmen seien jedoch eingeleitet, fügte er beruhigend hinzu; Kotschemassow sei in Kontakt mit den westlichen Stadtkommandanten und man selbst versuche, in Kooperation mit der West-Berliner Polizei "Vernunft auf der anderen Seite" zu erreichen. "Heute Ziel: Vernunft muß siegen", notierte ein Teilnehmer der Versammlung die Botschaft Hergers.[198] Und einige Zeit später gab er bekannt, daß sich die Situation entschärft habe; man müsse Vertrauen ins Volk haben.

Soweit ersichtlich, spielte die Lage an der Grenze im weiteren Verlauf der Versammlung keine Rolle. Als Hauptkritik schälte sich aus mehreren Diskussionsbeiträgen der Vorwurf heraus, die Parteispitze habe das MfS in den letzten Wochen im Stich gelassen. Auch die SED-Kreisleitung des MfS wurde für ihre Inaktivität scharf gerügt. In den Diskussionsbeiträgen trat die tiefe Verunsicherung der Parteikader zu Tage, die anstehenden und zukünftigen Aufgaben des MfS ohne Anleitung der Partei zu bestimmen. Die Aktivtagung endete mit der Ankündigung, eine Arbeitsgruppe zu den Schwerpunkten der Arbeit und zur Struktur des MfS ins Leben zu rufen.

Zur gleichen Zeit wie im MfS hatte sich das Parteiaktiv des Ministeriums für Nationale Verteidigung im Konferenzsaal des Tagungszentrums in Strausberg versammelt. Keßler erhielt keine Gelegenheit, das von ihm vorbereitete vierzehnseitige Einleitungsreferat zu halten. Die Sitzung, zu der auch die Chefs der Politischen Verwaltung der Teilstreitkräfte geladen waren, begann vielmehr mit Rücktrittsforderungen an den Minister und seine beiden Vertreter Streletz und

---

[197] Vgl. hierzu und zum Folgenden die Notizen über die Parteiaktivtagung in den Arbeitsbüchern von drei MfS-Mitarbeitern (BStU, ZA, MfS-SdM 2332, Bl. 61-69; BStU, ZA, MfS-ZAGG 2742, Bl. 13-29; BStU, ZA, MfS-Arbeitsbereich Neiber 533, Bl. 46-61). - Ein von der SED-Kreisleitung des MfS selbst gefertigtes Protokoll über diese Tagung ist bislang nicht aufgefunden worden.

[198] Arbeitsbuchnotizen eines MfS-Mitarbeiters über die Parteiaktivversammlung des MfS am 11.11.1989 (BStU, ZA, MfS-Arbeitsbereich Neiber 533, Bl. 47).

Brünner.[199] Bereits wegen der "Anmaßung von Privilegien" und ihres "Strebens nach persönlichen Vorteilen" im Gerede[200], wurden sie nun für die Kopf- und Führungslosigkeit im Ministerium seit dem Ausbruch der Krise Anfang September und speziell am 9. November verantwortlich gemacht. Der Überraschungseffekt in der Nacht vom 9. auf den 10. November, die Tatsache, daß in der NVA keinerlei Weisungen vorbereitet waren, wurde dabei als treffendster Beleg für die miserable Führungstätigkeit der Spitze des Ministeriums gewertet.[201] Während der knapp dreiviertelstündigen Diskussion wurden Keßler und Streletz im Präsidium fortlaufend Zettel zugeschoben. Beide verließen mehrfach den Raum. Das heizte die Stimmung zusätzlich an, weil der Eindruck entstand, sie wollten sich der kritischen Diskussion entziehen. Tatsächlich wurden beide am Sonderapparat des Tagungszentrums über die Lageentwicklung am Brandenburger Tor informiert.[202] Keßler blieb schließlich der Versammlung gänzlich fern. Unter Hinweis auf "einen angeblich bevorstehenden 'Sturm auf das Brandenburger Tor'"[203] wurde die Tagung schließlich abrupt abgebrochen: "Der Sozialismus ist in Gefahr", hieß es. "Jetzt haben wir keine Zeit mehr weiter zu diskutieren. Jeder an seinen Platz!"[204]

Armeegeneral Heinz Keßler stand vor dem Zusammenbruch seines Lebenswerkes. "Wir alle sind wohl der härtesten Zerreißprobe in der Geschichte unserer Arbeiter- und Bauern-Macht ausgesetzt. Für mich kann ich sagen, daß dies wohl einer der schwierigsten und schmerzvollsten Abschnitte in meinem jahrzehntelangen Wirken als Funktionär der Partei der Arbeiterklasse ist," hatte er eigentlich in seinem verhinderten Beitrag sagen wollen.[205] Vierzig Jahre Sozialismus drohten auch ihm unter den Füßen wegzurutschen, wie es Horst Sindermann zwei Tage später formulierte.[206] Doch anders als Stasi-Chef Mielke zeigte Keßler weder als Politbüro-Mitglied noch als Minister Resignationserscheinungen. In einer Situation, hieß es in seinem Manuskript, in der West-Berliner und BRD-Politiker eine Volksbewegung zur Überwindung der Grenze zwischen beiden deutschen Staaten wollten und dazu "eine beispiellose Massenpsychose" schürten, gelte es, "jeden Befehl der Arbeiter- und Bauern-Macht ehrenvoll zu erfüllen, vor allem in dem Bewußtsein, damit die Existenz unseres Staates und den Frieden in Europa zu erhalten. Wir Kommunisten wollen alles tun, damit es in diesen Positionen keine Schwankungen gibt."[207] In der Armee, so wollte er das Parteiaktiv ein-

---

199 Vgl. HA I, Information zum Stimmungs- und Meinungsbild über die Leitung des MfNV, 11.11.1989 (BStU, ZA, MfS-Arbeitsbereich Neiber 181, Bl. 40).
200 Keßler wurden als Dienstreisen getarnte und finanzierte Urlaubsreisen seiner Familie vorgeworfen, Streletz der Einsatz von Maurern der Wohnungsverwaltung des Ministeriums für seinen privaten Goldfischteich nachgesagt. Vgl. ebd., Bl. 38/39.
201 Gespräch d. Vf. mit Werner Melzer, 21.8.1995.
202 Vgl. Fritz Streletz, in: Hertle 1995c, S. 917.
203 Hoffmann 1991, S. 30. - Später, so der persönlich auf der Versammlung nicht anwesende Chef der Volksmarine, Theodor Hoffmann, hätten Teilnehmer der Sitzung die Vermutung geäußert, "die Leitung des Ministeriums sei entweder in Panik geraten, weil sie meinte, daß ihr die Ereignisse in Berlin aus dem Ruder liefen, oder sie wollte eine förmliche Abstimmung über den Antrag auf Ablösung des Ministers und des Chefs des Hauptstabes verhindern" (ebd., S. 30).
204 Gespräch d. Vf. mit Manfred Grätz, 12.9.1995.
205 Entwurf: Ausführungen des Mitgliedes des Politbüros des Zentralkomitees der SED und Ministers für Nationale Verteidigung, Armeegeneral Heinz Keßler, auf dem Parteiaktiv des Ministeriums für Nationale Verteidigung am 11.11.1989, S. 3 (BArch/P, MZA, Strausberg AZN 8271, Dok. 30).
206 Vgl. die Rede von Horst Sindermann, in: Volkskammer der DDR, 9. WP., 11. Tagung, Montag, den 13.11.1989, S. 253. Siehe auch: Horst Sindermann, "Wir sind keine Helden gewesen", in: Der Spiegel Nr. 19, 7.5.1990, S. 53 ff.
207 Entwurf: Ausführungen des Mitgliedes des Politbüros des Zentralkomitees der SED und Ministers für Nationale Verteidigung, Armeegeneral Heinz Keßler, auf dem

stimmen, sei die erforderliche Gefechtsbereitschaft so zu sichern, "daß eine Überraschung von außen ausgeschlossen wird."[208] Wenn er schon seine Rede nicht halten konnte, so war Keßler doch offenbar zum Handeln bereit.

Um 10.00 Uhr oder 10.15 Uhr nahm der Chef der Landstreitkräfte einen Anruf seines Ministers entgegen, der eine Möglichkeit suchte, die Mauer am Brandenburger Tor zu räumen: "Bist du bereit, mit zwei Regimentern nach Berlin zu marschieren?", habe sich Keßler versichert. - "Ist das eine Frage oder ein Befehl?", fragte Stechbarth zurück. "Als ich gestern an der Mauer vorbeikam, lief doch alles friedlich ab. Habt ihr euch die Konsequenzen überlegt?" - Keßler habe eingewandt: "Man hat die Mauer besetzt!" Unter Hinweis auf die unabsehbaren Folgen einer Truppenbewegung durch Berlin, so Stechbarth, habe er Keßler gebeten zu überlegen, ob es keine anderen Mittel gebe, die Besetzung der Mauer zu beenden. Keßler habe geschwankt und mitgeteilt, er bekomme Bescheid.[209]

Im Kommando der Landstreitkräfte beriet Stechbarth das Ansinnen Keßlers mit seinem Stabschef, Generalleutnant Skerra. Zusammen seien sie zu der Einschätzung gelangt, so Skerra, daß die vorgesehenen Truppen auf diese Aufgabe nicht vorbereitet, für den Einsatz zu schwach und deshalb nicht einsetzbar waren. Wie sollten sie im übrigen die beiden außerhalb von Berlin - im Süden in Stahnsdorf und im Norden in Oranienburg - stationierten Regimenter in die Stadtmitte führen? Am 4. November war das problemlos möglich gewesen, weil die Hundertschaften der 1. MSD vor Demonstrationsbeginn nach Berlin gefahren worden waren. Am 11. November hingegen, an dem die Straßen überfüllt waren und ein unbeschreibliches Verkehrschaos herrschte, zwei Regimenter von Süden und Norden in Richtung Stadtmitte in Marsch zu setzen, ließ schon bei der Anfahrt Auseinandersetzungen befürchten. Militärhandlungen, so ihr nüchternes Resümee, machten in dieser Lage keinen Sinn.[210]

Im Ministerium für Nationale Verteidigung hatte Fritz Streletz die Kollegiums-Mitglieder sowie die Chefs und Leiter der wichtigsten Abteilungen - einen Kreis von dreißig bis vierzig Personen - nach dem Abbruch der Parteiaktivversammlung gebeten, im Saal zu verbleiben. Der Ernst der Situation veranlaßte ihn, die Führungskader der NVA über die drohende Eskalation am Brandenburger Tor zu informieren und mitzuteilen, daß für die 1. MSD und das LStR-40 seit dem Vortag die erhöhte Gefechtsbereitschaft mit Einschränkungen ausgelöst worden sei. Die Gemüter waren erregt, die Reaktionen unterschiedlich: "Sie reichten von betretenem Schweigen bis zu spontanen Unmutsäußerungen unschöner Art, wie 'Schwachsinn!' - 'Theater!' - 'Blödsinn'!"[211] Obwohl der Unmut nicht in direkte Aufforderungen umschlug, die Aktion abzubrechen, registrierte Streletz, daß die "Zweckmäßigkeit und Notwendigkeit dieser Maßnahme" in Frage gestellt wurde.[212] "Was sollen die in Berlin? - Wie sollen die da 'reinkommen? - Die Straßen sind voll; die paar Mann zertreten sie dort!", waren einige der Einwände, die ihm entgegenschlugen und über die er auch Minister Keßler informierte. Die Spitze des Ministeriums war gespalten; die Mehrheit trug eine Militäraktion nicht mit.

Gegen Mittag erreichte Streletz die Meldung des Chefs der Grenztruppen, "daß sich durch das Eingreifen der Westberliner Polizei die Lage an der Grenze zu normalisieren beginne und die Mauer von den Besetzern geräumt wird."[213]

    Parteiaktiv des Ministeriums für Nationale Verteidigung am 11.11.1989, S. 6 (BArch/P, MZA, Strausberg AZN 8271, Dok. 30).
208 Ebd., S. 6.
209 Gespräche d. Vf. mit Horst Stechbarth, 12.12.1994 und 18.7.1995.
210 Gespräch d. Vf. mit Horst Skerra, 9.9.1995.
211 Gespräch d. Vf. mit Manfred Grätz, 12.9.1995.
212 Fritz Streletz, in: Hertle 1995c, S. 918.
213 Fritz Streletz, in: Hertle 1995c, S. 918.

Streletz bat Baumgarten, dies unverzüglich dem Minister zu melden. Kurze Zeit später wurde der Chef des Hauptstabes zu Keßler gebeten, der ihn unter Bezugnahme auf die Meldung Baumgartens und eine Rücksprache mit Krenz aufforderte, die Weisung zu erteilen, die erhöhte Gefechtsbereitschaft aufzuheben. Aus dem Arbeitszimmer des Ministers übermittelte Streletz den entsprechenden Befehl etwa um 12.00 Uhr an Stechbarth.[214] Anschließend informierte er Armeegeneral Snetkow. Zurück in seinem eigenen Büro, gab er die Information über den Abbruch der Vorbereitungen eines militärischen Einsatzes der NVA auch an den Vertreter des Oberkommandierenden der Vereinten Streitkräfte bei der NVA, General Schuraljow, durch.

Zur gleichen Zeit, unmittelbar im Anschluß an eine Sondersitzung des Bundeskabinetts in Bonn, telefonierte Helmut Kohl mit Michail Gorbatschow. Er begrüße den Beginn der Reformen in der DDR und wünsche ihrer Durchführung eine ruhige Atmosphäre, teilte Kohl dem sowjetischen Parteichef mit. Dann versicherte er Gorbatschow, daß er "jegliche Radikalisierung ab(lehne) und ... keine Destabilisierung der Lage in der DDR (wünsche)". Gorbatschow bat den Kanzler nachdrücklich, der "Wende" der SED Zeit zu lassen und ihr nicht durch ungeschickte Aktionen Schaden zuzufügen: "Auf keinen Fall", so Gorbatschow, "sollte die Entwicklung durch ein Forcieren der Ereignisse in eine unvorhersehbare Richtung, ins Chaos gelenkt werden. ... Und ich hoffe, daß Sie Ihre Autorität, Ihr politisches Gewicht und Ihren Einfluß nutzen werden, um auch andere in dem Rahmen zu halten, die der Zeit und ihren Erfordernissen entspricht."[215] Bundeskanzler Kohl und sein Berater Horst Teltschik atmeten nach diesem Gespräch befreit auf. "Keine Drohung, keine Warnung, nur die Bitte, Umsicht walten zu lassen", hielt Teltschik in seinem Tagebuch fest. "Nun bin ich endgültig sicher, daß es kein gewaltsames Zurück mehr geben wird."[216]

Kurz nach 12.00 Uhr erhielt der Kommandeur des Artillerieregimentes der 1. Motorisierten Schützendivison Entwarnung. Der Divisionskommandeur hob die erhöhte Gefechtsbereitschaft auf. Im Artillerieregiment wurde das Zyklogramm rückwärts abgearbeitet; die schweren Artilleriewaffen wurden entmunitioniert. Auch die Motorisierten Schützenregimenter und die übrigen Truppenteile gingen in das normale Dienstregime zurück[217]; bis 18.00 Uhr abends wurden die 179

---

214 Vgl. dazu Fritz Streletz, Aktennotiz für den Minister für Nationale Verteidigung, Berlin, den 12.11.1989, S. 2 (PArch Mader). Darin heißt es: "Aus der Erhöhten Gefechtsbereitschaft in den Zustand der Ständigen Gefechtsbereitschaft wurden am 11.11.1989 von 12.00 Uhr - 15.00 Uhr zurückgeführt: - die 1. Mot.-Schützendivision, - das Luftsturmregiment 40."
215 Information über den Inhalt des Telefongesprächs zwischen Michail Gorbatschow und Helmut Kohl am 11.11.1989 (SAPMO-BArch, ZPA-SED, IV 2/2.039/319, Bl. 17-19); vgl. auch Teltschik 1991, S. 27. - Ein Telefonat ähnlichen Inhalts führte Außenminister Genscher am gleichen Tag mit Eduard Schewardnadse. Schewardnadse äußerte "Besorgnis" über die Rede Kohls vor dem Rathaus Schöneberg. Genscher versicherte seinem sowjetischen Amtskollegen, die Bundesregierung strebe nicht danach, die bei den Reformen in der DDR auftretenden Schwierigkeiten "einseitig auszunutzen" (Information über den Inhalt des Telefongesprächs zwischen Eduard Schewardnadse und Hans-Dietrich Genscher am 11.11.1989 (SAPMO-BArch, ZPA-SED, IV 2/2.039/319, Bl. 22-25).
216 Teltschik 1991, S. 28.
217 Eine verheerende psychologische Wirkung auf die Moral der Soldaten der 1. MSD und des LStR-40 hatten Äußerungen des stellvertretenden Verteidigungsministers Brünner in einem Rundfunk-Interview in Radio DDR I um 12.00 Uhr, das in den Kasernen empfangen wurde, bevor die erhöhte Gefechtsbereitschaft aufgehoben worden war (Gespräch d. Vf. mit Rolf Schönfeld, 16.4.1994, und Dietmar Landmann, 21.4.1994; Seiffert 1992, S. 51/52). Gefragt, ob sich die Armee, wie gerüchteweise verlaute, in Erhöhter Gefechtsbereitschaft befinde, antwortete Brünner: "Die Armee ist nicht in Erhöhter Gefechtsbereitschaft. Ausbildung, militärisches Leben, vollzieht

Hundertschaften der NVA aufgelöst.[218] Nach der Entwarnung in der Nationalen Volksarmee kehrte auch das Ministerium für Staatssicherheit zu seinem vor dem 9. November geltenden Dienstregime zurück.[219] Um 14.30 Uhr hob der stellvertretende Minister Mittig die am Vortag von Mielke befohlene ständige Anwesenheitspflicht und Einsatzbereitschaft aller Mitarbeiter in der MfS-Zentrale auf.[220] "Ich glaube, wenn wir mit Kampfeinheiten nach Berlin gefahren wären," sagte der Kommandeur der 1. MSD im nachhinein, "wäre die Gefahr des Blutvergießens groß gewesen. Man hätte uns an und für sich nur die Aufgabe stellen können, die Grenze an den Stellen, wo sie geöffnet wurde, wieder zuzumachen. Ob uns das gelungen wäre, glaube ich nicht. Denn zu diesem Zeitpunkt war die Grenzöffnung soweit fortgeschritten und der Grenzverkehr soweit fortgeschritten, daß es dort sicherlich, wie ich schon sagte, zu Blutvergießen gekommen wäre."[221]

Als der West-Berliner Polizeipräsident um 14.00 Uhr mit dem stellvertretenden Kommandeur des Grenzkommandos Mitte am Checkpoint Charlie zusammentraf, war die Gefahr einer militärischen Aktion und eines Blutvergießens an der Grenze gebannt. Leo dankte Schertz für den "besonnenen, aber beherzten und konsequenten Einsatz" der West-Berliner Polizei am Morgen[222], der "zur Entspannung der dort zugespitzten Situation" geführt habe.[223] Der Gesprächsverlauf zeigt, daß die Initiative für die Zusammenarbeit auf West-Berliner Seite lag.[224] Schertz bat im beiderseitigen Interesse um die Schaltung einer telefonischen Direktleitung zwischen den beiden Polizeipräsidien als Voraussetzung für einen ständigen Kontakt und ein abgestimmtes polizeiliches Einsatzverhalten. Im Auftrag des Chefs der Senatskanzlei übermittelte er außerdem den Wunsch, den Übergang Invalidenstraße zu verbreitern und als Ventil einen Grenzübergang für

---

sich nach dem normalen Regime" (dok. in: Rias Monitor-Dienst, Freitag - Sonntag, 10.-12. November 1989, S. 35). Die Soldaten, die sich seit 24 Stunden in Erhöhter Gefechtsbereitschaft befanden und befürchten mußten, bei ihrem Einsatz einen Bürgerkrieg auszulösen, konnten diese Äußerungen nicht anders verstehen, als daß ein führender Repräsentant des Verteidigungsministeriums Medien und Volk belog und sich aus seiner Verantwortung für die Maßnahmen in den Verbänden stahl. - Das Gerücht, daß sich Teile der Armee in "erhöhter Alarmbereitschaft" befänden, war am 11. November in der "Berliner Zeitung" kolportiert worden (vgl. Berliner Zeitung, 11.11.1989, S. 2).

218 Vgl. dazu Fritz Streletz, Aktennotiz für den Minister für Nationale Verteidigung, Berlin, den 12.11.1989 (PArch Mader). - Sechs Kompanien aus dem Bestand der 1. MSD und des LStR-40 wurden allerdings nach dieser Demobilisierung zur "Verstärkung der Grenzsicherung" in Bereitschaft gestellt.

219 Vgl. die entsprechende Weisung von Generaloberst Mittig, BdL/318/89, Berlin, 11.11.1989. Die Weisung lautete, "mit sofortiger Wirkung hinsichtlich des Kräfteeinsatzes und der Lösung der Aufgaben nach der VVS 80/89 zu verfahren" (BStU, ZA, MfS-Dok.-Nr. 103637). - Zum Inhalt der VVS 80/89 vom 25.10.1989 siehe oben.

220 Die Uhrzeit geht hervor aus: Zentrale Arbeitsgruppe Geheimnisschutz, ODH vom 11.11.89, 8.00 Uhr, bis 12.11.89, 8.00 Uhr (BStU, ZA, MfS-ZAGG Nr. 1786, Bl. 72).

221 Interview von Thomas Heise (Spiegel-TV) mit Peter Priemer im Juli 1995, S. 5 (Archiv Spiegel-TV).

222 Dez P 2-05177/Polizeidirektor Förster, Betr.: Kontaktaufnahme zwischen dem PPr und führenden Vertretern der Grenztruppen der DDR am 11.11.89, S. 4 (ARCHIV POLPRÄS BLN/AG Archiv, DEZ VB 132).

223 Grenztruppen der Deutschen Demokratischen Republik/Grenzkommando Mitte/Der Kommandeur, Protokoll des Gesprächs zwischen Oberst Leo und Polizeipräsident Schertz, GÜSt. Friedrich-/Zimmerstraße, 11.11.1989, 14.00-15.00 Uhr, S. 2 (BStU, ZA, MfS-Arbeitsbereich Neiber 874, Bl. 37).

224 Vgl. das Gespräch d. Vf. mit Georg Schertz, 15.1.1996. Auch Leo schreibt der West-Berliner Seite die Initiative für die Begegnung zu (vgl. Günter Leo, in: Karau 1992, S. 51).

Fußgänger an den Seiten des Brandenburger Tores zu eröffnen. "Bei Schaffung der Möglichkeit von regelmäßigen gemeinsamen Absprachen", hielten die Grenzer als Versprechen des Polizeipräsidenten fest, "wolle er die Bemühungen dahingehend verstärken, alle Probleme an der Staatsgrenze so zu lösen, daß es zu keiner Konfrontations- und Provokationsausweitung kommt."[225]

Das Gespräch, das in "betont freundlicher und offener Atmosphäre" stattfand, schuf die notwendige Vertrauensbasis, um die sich in den späten Nachmittagsstunden wieder verschärfende Lage zu beherrschen. Als sich wiederum 20.000 bis 30.000 Menschen auf der Westseite vor dem Brandenburger Tor versammelt hatten, bat Schertz die Ost-Berliner Kommandeure, die auf der Panzermauer postierten Grenzsoldaten vorübergehend abzuziehen, weil er deren Sicherheit nicht länger garantieren könne. Um 17.57 Uhr unterband die West-Berliner Polizei endgültig alle Versuche, die Mauerkrone zu erklettern, indem sie ihren Sperriegel schloß und auch die nördliche Hälfte des Mauerwalls mit Mannschaftswagen schützte.

Ab 22.37 Uhr bestand zwischen den Polizeipräsidien eine direkte Fernsprechverbindung, ab 23.44 Uhr konnte der direkte Funkverkehr aufgenommen werden.[226] In gemeinsamer Anstrengung gelang es den Grenztruppen im Osten und der Polizei im Westen in der Nacht vom 11. auf den 12. November, den Abbau der Sperranlagen und die Bauarbeiten zur Öffnung einer neuen Grenzübergangsstelle am Potsdamer Platz, nur 500 Meter südlich des Brandenburger Tores, abzusichern. Nach der Öffnung des Übergangs am Morgen des 12. November durch Walter Momper und den Ost-Berliner Bürgermeister Krack nahm der Druck auf die Mauer am Brandenburger Tor in kurzer Zeit ab.

Bei diesem Stand der Dinge betrachteten es die sowjetischen Streitkräfte in der DDR einzig als ihre Aufgabe, die westlichen Alliierten in Berlin zur Neutralität aufzufordern. Auf Bitten von Keßler wandte sich der Stab der Westgruppe am Morgen des 12. November um 9.15 Uhr telefonisch über die bei seinem Oberkommandierenden akkreditierten Militärverbindungsmissionen mit dem Aufruf an die Oberkommandos der amerikanischen, britischen und französischen Streitkräfte in Deutschland, "sich aus den Ereignissen herauszuhalten."[227] Auf einer Zusammenkunft des Stabschefs der Westgruppe mit den Chefs der akkreditierten ausländischen Militärverbindungsmissionen am gleichen Tag um 13.30 Uhr in Potsdam äußerte die sowjetische Seite den Wunsch, daß die Oberkommandos der West-Alliierten "die von der DDR-Regierung getroffenen Maßnahmen verständnisvoll als Akt eines souveränen Staates betrachten mögen, sich jeglicher Einmischung in diese Ereignisse enthalten und die erforderlichen Schritte unternehmen werden zur Wahrung der öffentlichen Ordnung in ihren Zuständigkeitsbereichen, um etwaigen Störungen der Ordnung und Mißverständnissen vorzubeugen, die die Situation in der DDR ebenso wie in der BRD und Berlin (West) komplizieren könnten."[228]

---

225 Grenztruppen der Deutschen Demokratischen Republik/Grenzkommando Mitte/Der Kommandeur, Protokoll des Gesprächs zwischen Oberst Leo und Polizeipräsident Schertz, GÜSt. Friedrich-/Zimmerstraße, 11.11.1989, 14.00-15.00 Uhr, S. 3 (BStU, ZA, MfS-Arbeitsbereich Neiber 874, Bl. 38).
226 Vgl. Dez LD 131/Polizeihauptkommissar Pagel, Betr.: Planungen/Gespräche für Fernmeldeverbindungen zum Polzeipräsidium in Ostberlin, 13. November 1989 (ARCHIV POLPRÄS BLN/AG Archiv, DEZ VB 132).
227 Fernschreiben des Chefs des Stabes der Westgruppe der Streitkräfte der UdSSR, Generalleutnant W. Fursin, an den Stellvertreter des Ministers für Nationale Verteidigung der DDR und Chef des Hauptstabes der Nationalen Volksarmee, Generaloberst F. Streletz, 12.11.1989 (Abschrift), S. 1 (BArch/P, MZA, Strausberg AZN 32666, Bl. 241-243).
228 Ebd., S. 1.

Wie Generalleutnant Fursin, der Chef des Stabes der Westgruppe, Streletz mitteilte, habe der Chef der britischen Mission daraufhin erklärt, daß die britischen Armeeangehörigen angewiesen seien, sich aus den Ereignissen völlig herauszuhalten. Der Chef der amerikanischen Mission habe mitgeteilt, daß die US-Truppen ihrer normalen Arbeit nachgingen, Vertreter des US-Oberkommandos jedoch mit Amtspersonen in Berlin und der Bundesrepublik zusammenwirkten, "um jene bei der Lösung auftretender Fragen erforderlichenfalls zu unterstützen". Der Chef der französischen Mission habe sich der Haltung des US-Oberkommandos angeschlossen.[229]

Der US-Botschafter in Bonn, Vernon Walters, versicherte dem sowjetischen Botschafter am gleichen Tag, daß die Westmächte "ihre Verantwortung in den 'Berliner Angelegenheiten' sehr ernst" nähmen. Sie seien bestrebt, "die Entwicklung unter Kontrolle zu halten und keinerlei Exzesse oder Unruhen im Zusammenhang mit der Öffnung der Grenze 'in Berlin' zuzulassen. Dabei fänden sie volles Verständnis auch des Senats und der Polizei von Westberlin." Die Vereinigten Staaten, so Walters, mäßen den Beziehungen zur UdSSR gerade im Vorfeld des Gipfeltreffens auf Malta "gewaltige Bedeutung" bei und "wollten nichts tun, was das große und heldenhafte Volk der Sowjetunion beunruhigen oder beleidigen könnte." Kotschemassow dankte Walters "für die positive Reaktion der amerikanischen Administration in Berlin (West) auf das Ersuchen der sowjetischen Botschaft und die operativen Maßnahmen zur Gewährleistung der Ordnung an der Grenze." Die Aufrechterhaltung der Ordnung sei besonders im Anfangsstadium wichtig, "denn im weiteren Verlauf wird sich die Situation zweifellos beruhigen." Er vereinbarte mit dem amerikanischen Botschafter, die operativen Kontakte in diesen Fragen aufrechtzuerhalten und bat um Zurückhaltung, um die notwendigen Veränderungen in der DDR ohne Komplikationen durchführen zu können. Die Sowjetunion trete "für die Existenz zweier gleichberechtigter demokratischer deutscher Staaten ein, deren Beziehungen sich auf allen Gebieten erfolgreich" entwickelten. Walters wiederum versicherte, die USA seien sich bewußt, "daß Fortschritt in diesen Fragen ohne entsprechende Berücksichtigung der Interessen der UdSSR und ihrer Verbündeten unmöglich sei."[230]

Als Verteidigungsminister Keßler am 12. November nach den aktuellen Einsatzbefehlen für die Grenztruppen gefragt wurde, antwortete er: "Der konkrete Befehl an die Grenztruppen, Soldaten, Unteroffiziere, Fähnriche und Offiziere lautet: Erstens, alles zu tun und mitzuhelfen, daß der nunmehr eingeleitete Reiseverkehr ordentlich und reibungslos verläuft. Zweitens, alles in ihren Kräften Stehende zu tun, damit die allgemein anerkannte, fixierte Staatsgrenze von niemandem verletzt wird und daß die für diesen Zweck eingerichteten Grenzanlagen von niemandem zerstört werden dürfen. Und das alles ohne Gebrauch oder Einsatz von Schußwaffen."[231]

Die Anpassung an die Gegebenheiten kam für Keßler zu spät. Am 14. November wurde er vom Kollegium seines Ministeriums zum Rücktritt als Verteidigungsminister bewogen. Auf der Versammlung des Parteiaktivs am nächsten Morgen trat neben Keßler auch Politchef Horst Brünner ab; Fritz Streletz blieb noch für einige Wochen im Amt. Die NVA aber war schon zu diesem Zeitpunkt

---

229 Vgl. ebd., S. 2/3.
230 Information über ein Gespräch des Botschafters der UdSSR in der DDR, Wjatscheslaw Kotschemassow, mit dem Botschafter der USA in der BRD, Vernon Walters, am 12.11.1989, 15.11.1989, 4 Ex. (SAPMO-BArch, ZPA-SED, IV 2/2.039/319, Bl. 26-33).
231 Heinz Keßler am 12.11.1989, 13.00 Uhr, in der "Aktuellen Kamera" des DDR-Fernsehens, zit. nach: RIAS-Monitor-Dienst, Freitag - Sonntag, 10.-12. November 1989, S. 59.

nur noch in Teilen einsatzfähig, wie Generaloberst Goldbach, der sich mit den Generälen Grätz und Süß an die Spitze der Militärreformer stellte, auf der Versammlung feststellte.[232] Neueinberufene Soldaten verweigerten den Fahneneid; Fahnenfluchten nahmen dramatisch zu. Mit den Vorwürfen, die wegen der Inanspruchnahme ungerechtfertigter Privilegien, wegen Korruption und Amtsmißbrauch gegenüber dem ehemaligen Minister und einigen seiner Stellvertreter erhoben wurden, stieg die Empörung und die Zahl der Parteiaustritte. Die Diskussion über die Trennung von Partei und Armee löste Existenzsorgen bei den Politkadern, die offene Grenze persönliche Zukunftsängste bei den Berufsoffizieren der Grenztruppen aus; die Zahl der Entpflichtungsgesuche wuchs.[233]

An einen geordneten Reiseverkehr, wie ihn sich nicht nur die Militärs wünschten, war nach dem Fall der Mauer nicht mehr zu denken. Rund eine Million DDR-Bürger brachen am Wochenende des 11. und 12. November zu einer Fahrt in die Bundesrepublik auf. In West-Berlin folgte auf den Ansturm von etwa eineinhalb Millionen Besuchern am Samstag, dem 11. November, eine zweite Welle von einer Million Besuchern am Sonntag. An beiden Tagen war an Kontrollen kaum zu denken; den Paßkontrolleuren blieb während der meisten Zeit nichts anderes übrig, als sämtliche Abfertigungshandlungen einzustellen und die Tore und Schranken der Übergänge weit zu öffnen. Der Damm war gebrochen, und auch in den folgenden Tagen und Wochen wurden die Staatssicherheit und die Militärs nicht mehr Herr der Lage an der Grenze. Der Vorschlag des Chefs der Grenztruppen an das MfS, "in enger Zusammenarbeit mit den Kreis- und Bezirkseinsatzleitungen" die Öffnung weiterer Grenzübergangsstellen nach Möglichkeit zu verhindern, ließ sich nicht realisieren.[234] In Berlin schlugen sich Anwohner kurzerhand eigene Durchlässe in die Mauer; an der Grenze zur Bundesrepublik mußten zahlreiche zusätzliche Übergänge aufgrund des massiven Drucks der Bevölkerung eingerichtet werden. Nicht selten verständigten sich die Bürgermeister benachbarter Grenzortschaften in direktem Kontakt auf die Öffnung von Übergängen und stellten darüber an allen staatlichen Stellen vorbei Einverständnis mit den örtlichen Kommandeuren der Grenztruppen her. Bis zum 18. November wurden auf die ein oder andere Weise 38, bis zum 2. Dezember 49 Übergänge neu eröffnet, ohne daß MfS und Grenztruppen ein "durchgängiges bzw. wirksames Kontrollsystem" gewährleisten konnten.[235] Die staatlichen Organe hatten mit der Kontrolle der Grenze die Verfügungsgewalt über die Bürger insgesamt verloren. Der Fall der Mauer besiegelte das Ende der DDR; was folgte, war nur mehr die Abwicklung des SED-Staates.

---

232 Notizen über das Parteiaktiv im MfNV der DDR am 15.11.89, aus dem Arbeitsbuch von Oberst Dr. Joachim Schunke (PdV). - "In der NVA akzentuieren sich immer stärker Anzeichen, die auf die nicht uneingeschränkte Bereitschaft zur Erfüllung jeglicher Aufgaben hinweisen," meldete auch das MfS (HA I/AKG, Information über das Stimmungs- und Meinungsbild in der NVA und in den GT/DDR, Berlin, 13. November 1989, S. 4, in: BStU, ZA, MfS-Arbeitsbereich Neiber 181, Bl. 31).
233 Zur Lage in der NVA in der zweiten November-Hälfte siehe die Stimmungs- und Meinungsberichte des MfS (BStU, ZA, MfS-Arbeitsbereich Neiber 181, Bl. 1-36).
234 Fernschreiben von Baumgarten an Neiber, 12.11.1989 (BStU, ZA, MfS-Arbeitsbereich Neiber 509, Bl. 49).
235 Als symptomatisch für diese Tendenz kann gelten: AfNS Bezirksamt Suhl/Leiter, Information über Auswirkungen der neuen Reiseregelungen auf die Lage an der Staatsgrenze im Bezirk Suhl, Suhl, 28.11.1989 (BStU, ZA, MfS-Arbeitsbereich Neiber 875, Bl. 85).

4.6. Ausblick

Elf Millionen Menschen besuchten in den ersten zehn Tagen nach dem Mauerfall West-Berlin und die Bundesrepublik. Auf den Autobahnen vor den Grenzübergängen bildeten sich bis zu siebzig Kilometer lange Staus; die Züge der Deutschen Reichsbahn waren - trotz des Einsatzes zahlreicher Sonderzüge - bis zu 400 Prozent überfüllt. Dicht an dicht drängten sich die Menschen in den Zentren der grenznahen Städte. Mit 15,- DM, umgetauscht im Verhältnis 1:1, rüstete ihr Staat sie aus, 100,- DM Begrüßungsgeld kamen im Westen hinzu: eine bescheidene, schnell verbrauchte Summe. Zu Bittstellern erniedrigt, fanden sich die Besucher aus der DDR nach kurzer Zeit ohne Geld vor den gefüllten Regalen und Schaufenstern der Kaufhäuser wieder. Die Ost-Mark hatte im Westen als nichtkonvertierbare Währung keinen realen Wert; mit dem Reisestrom fiel ihr Schwarzmarktkurs von 1:10 am ersten auf 1:20 am zweiten Reisewochenende. So folgte der Euphorie über die neugewonnene Freiheit schon bald der Schock über das erlebte Wohlstandsgefälle, das im Kursverfall der Ost-Mark seinen extremsten Ausdruck fand: Die durchschnittlichen Monatseinkünfte einer DDR-Familie schmolzen, in D-Mark umgetauscht, auf den Betrag des Begrüßungsgeldes zusammen; das Jahreseinkommen eines DDR-Haushalts war nicht mehr als ein Farbfernseher wert.

Der Umtauschkurs gab die realen Leistungsunterschiede der beiden Volkswirtschaften extrem verzerrt wieder; die Arbeitsproduktivität lag in der DDR bei etwa dreißig bis vierzig Prozent des westdeutschen Niveaus. Doch war es die Alltagserfahrung der massiven Entwertung des Geldes, die es als aussichtsloses Unterfangen erscheinen ließ, die gewaltige Kluft zwischen den materiellen Lebensverhältnissen in einem überschaubaren Zeitraum aus eigener Kraft zu überwinden.

"Die offene Grenze wird das politische Chaos und die desolate Wirtschaftslage kraß zutage bringen, die die abgetretene Politbürokratie hinterlassen hat", hatte das Neue Forum am 12. November orakelt. Doch wartete die Bürgerbewegung weder mit einer Analyse der Ineffizienz der Planwirtschaft noch mit eigenen Vorschlägen zur Überwindung der ökonomischen Krise auf. Stattdessen wurden "Ausverkauf"-Ängste" beschworen, die dumpf an die Zeit vor dem Mauerbau erinnerten. Die fremde Währung wurde als Inkarnation allen Übels identifiziert: "Wer vor 1961 schon dabei war, kennt die Auswirkungen, die uns drohen: Jagd nach der durch ein schiefes Preissystem überbewerteten DM, die zur Leitwährung für Dienstleistungen, Reparaturen und Mangelwaren wird; Ausverkauf unserer Werte und Güter an westliche Unternehmer (direkt oder indirekt); Grenzgängertum, Schwarzhandel und Devisenschmuggel (insbesondere in Berlin). Unsere Erholungsgebiete werden vom Westmarkttourismus überfüllt werden, sicher auch die Sanatorien und Spezialkrankenhäuser von Westmarkpatienten. Unser Geld, das durch Tausch abfließt, wird wiederkehren, preisgestützte Waren aufspüren und die Inflation anheizen. All das bedroht die sozial schwächere Hälfte der Bevölkerung, während die Westgeld-Löwen oben schwimmen und immer reicher werden." Das Neue Forum rief dazu auf, die drohenden Krisenfolgen, deren Ursachen nicht benannt wurden, nicht hinzunehmen, und appellierte an die Bürgerinnen und Bürger: "Laßt Euch nicht von den Forderungen nach einem politischen Neuaufbau der Gesellschaft ablenken! ... Wir werden für längere Zeit arm bleiben, aber wir wollen keine Gesellschaft haben, in der Schieber und Ellenbogentypen den Rahm abschöpfen. Ihr seid die

Helden einer politischen Revolution, laßt Euch jetzt nicht ruhigstellen durch Reisen und schuldenerhöhende Konsumspritzen!"[236]

Mit der Argumentation, Schiebern, Spekulanten und Grenzgängern das Handwerk legen zu wollen, hatte die SED einst den Bau der Mauer gerechtfertigt. Der Rückgriff der Bürgerbewegung auf diese Propaganda und ihr Versuch, die Bevölkerung auf den Kampf für politische Ideale unter Hinnahme materieller Armut zu agitieren, erwiesen sich als wenig attraktiv. In dem Maße, in dem sich die Bürgerbewegung der Bildung eines gemeinsamen deutschen Staates, ja selbst einer Konföderation entgegenstellte, verlor sie an Einfluß und marginalisierte sich selbst.[237]

Aus der gleichen existentiellen Verunsicherung und Angst heraus, die die Vertreter des Neuen Forum die Zweistaatlichkeit propagieren ließen, zogen die "Helden einer politischen Revolution" in den dem Mauerfall folgenden Wochen die entgegengesetzte Konsequenz. Das Spruchband "Deutschland - einig Vaterland" und der Wandel der Losung "Wir sind das Volk" zum Demonstrationsruf "Wir sind ein Volk" zeigten, daß sich ein wachsender Teil der Bevölkerung die Realisierung seiner politischen, vor allem aber seiner materiellen Interessen von einer Kooperation mit der Bundesrepublik versprach. Im Meer der schwarz-rot-goldenen Fahnen ohne DDR-Emblem beim Kanzlerbesuch in Dresden am 18. Dezember manifestierte sich unübersehbar der politische Wille der Mehrheit der Bevölkerung zur deutschen Einheit.

Unaufhaltsam hatte sich bis Mitte Dezember der Auflösungsprozeß der SED und ihrer Machtstrukturen fortgesetzt.[238] Am 13. November mußte das Zentralkomitee auf Druck der Parteibasis erneut zusammentreten, um statt einer Parteikonferenz nun doch die Einberufung eines außerordentlichen Parteitages, auf dem sich das Zentralkomitee zur Wahl stellen mußte, zu beschließen. Das Vertrauen der Parteibasis in das Zentralkomitee, die Erneuerung zu führen, erläuterte Egon Krenz dessen Mitgliedern, sei nicht gegeben. Berufe die Spitze den Parteitag nicht ein, so stünde zu befürchten, daß die Parteibasis diesen an der Führung vorbei organisieren und die Vorbereitungsarbeiten in die Hände eines Basiskomitees und nicht des Politbüros und Parteiapparates fallen würden.[239]

Berichte über Amtsmißbrauch, Korruptionsaffären und Privilegien - wie ausgedehnte Sonderjagdgebiete und die Versorgung der Politbüro-Mitglieder und ihrer Familien in der Wohnsiedlung Wandlitz mit Westprodukten - verschärften die Stimmung gegen die SED. In den Bezirks- und Kreisleitungen würden die Ersten und Zweiten Sekretäre "zum Teufel gejagt", in Betrieben und Verwaltungen die Parteisekretäre "reihenweise abgeschlachtet", wie es im Zentralkomitee hieß.[240] Die Ersten Sekretäre der SED in Bautzen, Köthen und Perleberg verübten Selbstmord; bis zum 20. November wurden sechzehn Erste Bezirkssekretäre so-

---

236 Inititiativgruppe Neues Forum, 12.11.1989, in: Neues Forum 1990, S. 20.
237 Vgl. etwa die ablehnende Stellungnahme des Berliner Sprecherrats des Neuen Forum zur Bildung eines gemeinsamen deutschen Staates vom 18.12.1989: "Stabilität in Europa braucht zunächst eine stabile DDR. Für eine wirtschaftliche Stabilisierung brauchen wir Hilfe auch von außen. Wir dürfen nicht aus der Konfrontation in eine Konföderation fallen. Was wir jetzt benötigen, ist Kooperation" (Neues Forum 1990, S. 30). - Das "Bündnis 90" erzielte bei der Volkskammer-Wahl am 18. März 1990 einen Stimmenanteil von 2,9 Prozent.
238 Vgl. dazu die einschlägigen Chroniken (Bahrmann/Links 1994 und 1995; Zimmerling/Zimmerling 1990), den Dokumentenband von Stephan (1994, S. 240-287) sowie als Überblicksdarstellungen Bortfeldt 1992; Görtemaker 1994; Jarausch 1995; McAdams 1993; Meuschel 1992; Pond 1993; Stokes 1993; Thaysen 1990; Turner 1992 und Wolle 1992.
239 Vgl. Stenographische Niederschrift der 11. Tagung des Zentralkomitees der SED (unkorrigiert), 13.11.1989 (SAPMO-BArch, IV 2/1/714, Bl. 2 ff.).
240 Vgl. ebd.

wie insgesamt 142 Erste Kreissekretäre aus ihren Ämtern entfernt.[241] Die Anleitung der Massenorganisationen durch die Partei brach zusammen, und auch im FDGB und in der FDJ wurden leitende Funktionäre in den zentralen Vorständen sowie allen Bezirken und Kreisen zum Rücktritt gezwungen.

Am 1. Dezember stimmte die SED-Fraktion in der Volkskammer der Änderung von Artikel 1 der DDR-Verfassung und damit der Abschaffung des Führungsanspruchs der SED in Staat und Gesellschaft zu. Einen Tag später ließen sich die SED-Spitzenfunktionäre auf Befehl des Innenministers widerstandslos entwaffnen; am 3. Dezember traten Politbüro und Zentralkomitee zurück, womit faktisch auch der Nationale Verteidigungsrat und der Staatsrat arbeitsunfähig wurden. Mit den ersten Besetzungen der Stasi-Bezirksverwaltungen durch Demonstranten ab dem 4. Dezember befand sich das MfS, mittlerweile in ein "Amt für Nationale Sicherheit" (AfNS) umbenannt, in Abwicklung. Die Leitung des AfNS konstatierte am 7. Dezember "ernste Auflösungserscheinungen" und "Zersetzung" der bewaffneten Kräfte; der Kampfwert der vormals schlagkräftigen MfS-Elitetruppe, der "Feliks-Division", wurde "gleich Null" eingeschätzt.[242] Am 16. Dezember beschloß die Regierung angesichts der anhaltenden Proteste die Abberufung des Mielke-Nachfolgers Wolfgang Schwanitz aus dem Kabinett und die Auflösung des AfNS.

Die Hoffnungen der Reformkräfte in der SED, die Parteiherrschaft zu erneuern und zu restabilisieren, hatten sich nach dem Fall der Mauer auf die neue Regierung gerichtet. Am 13. November wurde Hans Modrow zum Vorsitzenden des Ministerrates gewählt; fünf Tage später nahm seine mit den Blockparteien gebildete "Koalitionsregierung" die Arbeit auf. In seiner Regierungserklärung bekundete Modrow die Bereitschaft zu einer umfassenden Zusammenarbeit mit der Bundesrepublik und bot ihr eine weit über den Grundlagenvertrag hinausgehende "Vertragsgemeinschaft" an. Soweit es die damit verbundenen Kreditwünsche der DDR betraf, sah sich der neue Regierungschef jedoch der wichtigsten Verhandlungsmasse für Milliardenbeträge von der Bundesregierung zur ökonomischen Stabilisierung der DDR beraubt; mit der Mauer hatte das Volk die letzte kreditwürdige Immobilie der DDR gesprengt.[243]

Am 20. November versuchten Krenz, Modrow und Schalck in Verhandlungen mit Kanzleramtsminister Seiters aus dem Mißgeschick des 9. November Kapital zu schlagen. "Die DDR habe eine große Vorleistung gebracht. Freizügigkeit habe bekanntlich auf der Forderungsliste der BRD immer ganz oben gestanden."[244] Und weil die Bundesregierung den Reiseverkehr der DDR-Bürger schon immer gewünscht habe, verlangte Krenz von Seiters, müsse sie nun mindestens einen Teil seiner Kosten übernehmen. Daneben solle die Bundesbank, sprang Modrow Krenz bei, den Kurs der Mark durch Aufkauf der in der Bundesrepublik getauschten Beträge und ihre Rückführung in die DDR zu einem vereinbarten Kurs stützen.[245] Seiters hielt die Beteiligung der Bundesregierung an einem Reisedevi-

---

241 Vgl. Abt. Parteiorgane des ZK, Information für das Politbüro des Zentralkomitees der SED, betr.: Kaderveränderungen bei 1. und 2. Sekretären der Bezirks- und Kreisleitungen mit Stand vom 20.11.1989 seit der 9. Tagung des ZK der SED, Berlin, 21.11.1989 (SAPMO-BArch, ZPA-SED, IV 2/2.039/315, Bl. 26-61).
242 Vgl. AfNS/Leiter, Festlegungsprotokoll über die Leitungsberatung am 7.12.1989 (BStU, ZA, MfS-SdM 2336).
243 Vgl. Lepsius 1994, S. 10.
244 Bericht über das Gespräch des Generalsekretärs des ZK der SED, Genossen Egon Krenz, und des Vorsitzenden des Ministerrates der DDR, Genossen Dr. Hans Modrow, mit dem Bundesminister für besondere Aufgaben und Chef des Bundeskanzleramtes der BRD, Rudolf Seiters, am 20. November 1989 im Amtssitz des Staatsrates, S. 5 (BArch/P, C-20, I/3-2871).
245 Ebd., S. 15.

senfonds unter der Voraussetzung für möglich, daß der Reformprozeß in der DDR fortgeführt, freie Wahlen anberaumt, neue Parteien zugelassen und die Verfassung geändert werde. Bei der Reisefondsbeteiligung, erläuterte Seiters seinen DDR-Gesprächspartnern auch im Hinblick auf weitere finanziellen Forderungen, "handle (es) sich um eine Zahlungsbilanzhilfe für die DDR. Daher wäre ein Gesamtüberblick über die wirtschaftlichen Verhältnisse der DDR, ihren Devisenstatus, erforderlich."[246]

Tags darauf trauerte Hans Modrow in einer Dienstbesprechung mit den führenden Stasi-Generälen der guten alten Mauerzeit nach: "Früher hat jeder Grenzübergang der DDR zig oder hundert Millionen gebracht. Jetzt haben wir 93 Grenzübergänge, also 63 dazu, und nun versuchen wir mühsam nachzuklagen, ob wir daraus noch irgendetwas Ökonomisches auf die Beine bringen können und sie (die Vertreter der Bundesregierung, d. Vf.) sind nicht sehr entgegenkommend. Diesen Obolus haben sie sozusagen genommen."[247] Ein "Zurückdrehen", soviel war Modrow klar, konnte es nicht geben: "Wer will das durchstehen?" fragte er die Stasi-Generäle. "Gewaltlos ist doch das nicht mehr zu bremsen. So daß wir den Weg finden müssen, wie wir mit diesem Umstand konstruktiv umgehen."[248] Um nicht vollends am "Bettelstab" in die Gespräche mit dem Bundeskanzler zu gehen, habe er seine Koalitionspartner aus den Blockparteien erfolgreich stimuliert, wie er der MfS-Spitze mitteilte, "daß wir aufhören, schon den Wahltermin festzulegen, daß wir den Artikel 1 ändern. Wollen wir doch erstmal mit den anderen verhandeln"[249]. Doch auch die letzten konstruktiven Ideen Modrows, wenigstens noch die Gewährung freier Wahlen und den Verzicht auf den Führungsanspruch der Partei in der DDR-Verfassung gegen Überbrückungskredite für die DDR an die Bundesregierung zu vermakeln, machte ihm das Volk zunichte. Die Massendemonstrationen gegen das Regime hielten auch in der zweiten Novemberhälfte an und erzwangen diese politischen Zugeständnisse, bevor die Verkaufsverhandlungen mit Bonn abgeschlossen werden konnten. Was der Modrow-Regierung blieb, war die eiserne Reserve des Bereiches Kommerzielle Koordinierung.

Mit Schreiben vom 2. Dezember 1989 teilte Schalck der Parteiführung seine Crash-Prognose einschließlich des zu erwartenden Zeitpunktes mit. Er habe veranlaßt, daß von ihm teilweise im Ausland angelegte, geheime Guthaben der DDR Modrow gemeldet würden; sie seien, so Schalck, die "letzte Einsatzreserve bei Eintritt der Zahlungsunfähigkeit des Staates, die nach meiner Auffassung Ende dieses Jahres bzw. Anfang des nächsten Jahres eintreten wird, um schwerwiegendste volkswirtschaftliche Konsequenzen mindestens mildern zu können."[250] Noch am selben Tag verließ Schalck, der mit Honecker, Mittag und Mielke seine Schutzpatrone verloren hatte und um sein Leben fürchtete, über West-Berlin die DDR.[251]

---

246 Ebd., S. 17.
247 Dienstbesprechung anläßlich der Einführung des Genossen Generalleutnant Schwanitz als Leiter des Amtes für Nationale Sicherheit durch den Vorsitzenden des Ministerrates der DDR, Genossen Hans Modrow, 21. November 1989 (Tonbandabschrift), in: BStU, ZA, MfS-ZAIG 4886, Bl. 9).
248 Ebd., Bl. 26.
249 Ebd., Bl. 10.
250 Alexander Schalck, Brief an den Vorsitzenden der Zentralen Parteikontrollkommission, Genossen Eberlein, Berlin, 2.12.1989, in: Deutscher Bundestag/Anlagenband 3 1994, Dokument 749, S. 3226. - Eine Kopie des Briefes an Eberlein, so Schalck in einem Schreiben vom gleichen Tag an Hans Modrow, übermittle er anbei. Modrow dementierte 1991, die Kopie des Briefes an Eberlein je erhalten zu haben (Modrow 1991b, S. 11).
251 Schalcks entsprechende Befürchtungen beruhten unter anderem auf gegen ihn gerichtete, seiner Ehefrau übermittelten Morddrohungen (so Sigrid Schalck, in: Ge-

Am 5. Dezember gaben Ministerpräsident Modrow und Kanzleramtsminister Seiters die Vereinbarung über die Einrichtung eines gemeinsamen Reisedevisenfonds bekannt. Er ermöglichte es jedem Reisenden aus der DDR, ab 1. Januar 1990 einmal im Jahr 200,- DM einzutauschen, und zwar 100,- DM zum Kurs 1:1 und die restliche Hälfte zum Umtauschsatz von 1:5. Die Bundesregierung übernahm einen überproportionalen Anteil der Fondseinzahlungen; dafür schaffte sie zum einen das Begrüßungsgeld ab, zum anderen entfiel ab dem 24. Dezember 1989 die Visumpflicht und der Zwangsumtausch für Bundesbürger bei der Einreise in die DDR. Zwei Tage zuvor hatte der Kanzler zudem gemeinsam mit dem DDR-Ministerpräsidenten einen Fußgängerübergang am Brandenburger Tor eröffnen dürfen; ein medienträchtiges Ereignis, daß die Teilung Berlins symbolisch beendete.

So wenig wie das mit preußisch-sozialistischer Gründlichkeit erarbeitete Reisegesetz, das am 1. Februar 1990 in Kraft trat und den Bürgern rechtlich verbriefte, was sie seit dem 9. November ohnehin praktizierten, wirkte der Devisenfonds für die Regierung Modrow stabilisierend. Im Januar 1990 nahmen die politischen und sozialen Spannungen noch einmal zu. Demonstranten besetzten die Stasi-Zentrale in Berlin, um die Auflösung des MfS zu beschleunigen. Die wirtschaftliche Lage verschlechtere sich besorgniserregend, berichtete Modrow am 29. Januar 1990 vor der Volkskammer. Streiks würden sich ausbreiten, eine Reihe örtlicher Volksvertretungen hätte sich aufgelöst oder wäre nicht mehr beschlußfähig, im gesamten Staatsapparat greife Unsicherheit um sich, die Rechtsordnung werde zunehmend in Frage gestellt.[252] Und wieder schnellte die Zahl der Ausreisenden in die Höhe; über 70.000 DDR-Bürger siedelten allein im Januar in die Bundesrepublik über. Angesichts des mangelnden Rückhalts der Regierung und des drohenden Kollapses der DDR kündigte die Bundesregierung an, nicht mit Modrow, sondern erst mit einer frei gewählten Regierung in vertragliche Verhandlungen über die zukünftige Ausgestaltung des deutsch-deutschen Verhältnisses treten zu wollen.

Hatte sich die Sowjetführung bis dahin allen Tendenzen zur Vereinigung energisch widersetzt, so realisierte sie nun, daß die DDR nicht mehr zu halten war. Am 10. Februar 1990 stimmte Michail Gorbatschow gegenüber Helmut Kohl der deutschen Einheit prinzipiell zu; lediglich die Frage der Bündniszugehörigkeit des geeinten Deutschland hielt die sowjetische Seite noch für einige Zeit offen.

Die erste freie Volkskammer-Wahl am 18. März 1990, an der sich 93 Prozent der Wahlberechtigten beteiligten, wurde zu einem eindeutigen Votum für einen schnellen Weg zur staatlichen Einheit. Die Allianz für Deutschland erzielte 48,1 Prozent (CDU 40,6 Prozent), die SPD 21,8 Prozent, SED-PDS 16,3 Prozent, Liberale 5,3 Prozent und Bündnis 90 2,9 Prozent. Volkskammer und Bundestag stimmten am 21. Juni 1990 mit Zweidrittelmehrheiten dem Staatsvertrag über eine Wirtschafts-, Währungs- und Sozialunion zu. In dessen Folge wurde am 1.

---

spräch d. Vf. mit Alexander Schalck, 15.10.1992). - Die Kampagne gegen Schalck hatte am 20. November 1989 mit einer auf "Insiderwissen" gestützten "Spiegel"-Story über obskure Devisengeschäfte des Bereiches Kommerzielle Koordinierung begonnen (vgl. den Beitrag "Fanatiker der Verschwiegenheit", in: Der Spiegel Nr. 47, 20.11.1989, S. 49-59). In der Volkskammer-Sitzung vom 1. Dezember 1989 wurde die Stimmung durch das Gerücht angeheizt, der Bereich Schalcks habe 100 Mrd. DM in der Schweiz gehortet. Weder Krenz noch Modrow noch die direkt um Auskunft gebetenen Minister Beil und Schürer nahmen während der Sitzung zu diesem Gerücht Stellung oder stellten sich vor Schalck. Mit seiner Flucht entzog sich Schalck der daraufhin beschlossenen Ladung vor den Korruptionsausschuß der Volkskammer.

252 Volkskammer der DDR, 9. Wahlperiode, 15. Tagung, stenografische Niederschrift, 29.1.1990, S. 423.

Juli die D-Mark als Zahlungsmittel in der DDR eingeführt. Ebenfalls am 1. Juli stoppte die Bundesregierung das Notaufnahmeverfahren für Übersiedler aus der DDR, und es trat ein Regierungsabkommen in Kraft, auf Grund dessen sämtliche Personenkontrollen an der innerdeutschen Grenze eingestellt wurden. Diese Grenze trennte fortan niemanden mehr; aus dem früheren Todesstreifen war innerhalb von acht Monaten eine normale Verwaltungsgrenze geworden.

Die Verhandlungen über die äußeren Aspekte der Einheit, die Gegenstand der Zwei-Plus-Vier-Konferenzen der beiden deutschen Staaten mit den Siegermächten des Zweiten Weltkriegs und zahlreicher bilateraler Gespräche waren, wurden mit der Unterzeichnung des "Vertrages über die Regelung in bezug auf Deutschland" am 12. September zum Abschluß gebracht.[253] Darin verzichteten die Besatzungsmächte auf ihre mit dem Zweiten Weltkrieg verbundenen Rechte und Verantwortlichkeiten in Berlin und in Deutschland als Ganzes. Deutschland erhielt die souveränen Rechte über seine inneren und äußeren Angelegenheiten, bestätigte den endgültigen Charakter seiner Grenzen und verpflichtete sich unter anderem, keine Angriffskriege zu führen und die Bundeswehr auf eine Personalstärke von 370.000 Mann zu verringern. Daneben wurde der Abzug der 350.000 Soldaten der Westgruppe der sowjetischen Streitkräfte bis 1994 vereinbart. Am 30. September zogen die sowjetischen Kontrollposten zur Abfertigung des alliierten Militärverkehrs in Berlin und Helmstedt ab, am 2. Oktober wurde die westalliierte Stadtkommandantur in Berlin verabschiedet. Der Besatzungsstatus von Berlin einschließlich der Sektorenaufteilung war beendet.

Die wichtigsten politischen Etappen auf dem Weg zur inneren Einheit waren der Beschluß der Volkskammer vom 23. August, gemäß Artikel 23 des Grundgesetzes der Bundesrepublik beizutreten, sowie der Einigungsvertrag zwischen beiden deutschen Staaten, der die Rechtsgrundlagen für die staatliche Vereinigung schuf. Beide Parlamente stimmten am 20. September 1990 mit dem Vertragswerk auch dem Ziel zu, nach vierzig Jahren der Trennung einheitliche Lebensverhältnisse in Deutschland zu schaffen. Am 3. Oktober 1990 war die staatliche Einheit Deutschlands vollendet.

---

253 Zum "Zwei-Plus-Vier-Vertrag" und Einigungsvertrag vgl. Ash 1993, S. 502-521; Albrecht 1992; Kaiser 1991; Kiessler/Elbe 1993; Schäuble 1993; Szabo 1992; Teltschik 1991.

5. Der Fall der Mauer: Eine nicht-beabsichtigte Folge sozialen Handelns

Die historische Rekonstruktion der dem Fall der Mauer zugrundeliegenden politischen Entscheidungen und Handlungen schließt Erklärungsvarianten aus, die dieses Ereignis als - mit welchen Absichten auch immer verbundene - geplante Aktion der Führung der SED darstellen oder auf eine absichtsvolle Überrumpelung der Partei- und Staatsspitze zurückführen, oder gar als "Opus magnum" der Staatssicherheit sehen möchten.

Der Fall der Mauer war von keiner der entscheidungstreffenden Institutionen und keinem der beteiligten Akteure geplant oder gewollt. Keiner von denen, die auf den geschilderten Ablauf Einfluß genommen und das Ergebnis mit herbeigeführt haben, hat dieses auch nur ansatzweise im Sinn gehabt. Handlungsrahmen und Entscheidungshintergrund der vorausgehenden Ereignisse zeigen, daß im nachhinein beanspruchte Autorenschaften aus dem Kreis der SED-Führung ebenso unbegründet sind wie die per Rekonstruktion zugewiesene des MfS, auch wenn das Ministerium für Staatssicherheit und inoffizielle Mitarbeiter des Staatssicherheitsdienstes aufgrund ihrer Funktionen und der Zuständigkeiten des MfS wesentlich am Handlungsablauf beteiligt waren.

Vom kumulierenden äußeren und inneren Problemdruck zu ad-hoc-Entscheidungen jenseits der jahrzehntelang eingespielten Routinen gezwungen, in ihrem Problemverständnis und Handlungsrepertoire gleichwohl nachhaltig von diesen geprägt, haben die beteiligten Akteure mit ihren jeweils individuellen Situationsdefinitionen, daraus resultierenden Entscheidungen und Handlungszügen einen Ablauf in Gang gesetzt, dessen Dynamik und Richtung sie so nicht gewollt und allenfalls im nachhinein durchschaut haben.

Handlungsrahmen und Entscheidungshintergrund

Erstens: Der Fall der Mauer hob die strikte Außenabgrenzung auf, die durch die mangelnde Konkurrenzfähigkeit des politischen und ökonomischen Systems seit dem 13. August 1961 zur unabdingbaren Bestandsvoraussetzung der DDR geworden war. Indem mit der Mauer die letzte Lücke des "Eisernen Vorhangs" geschlossen worden war, hatte ihre Errichtung den vitalen Interessen der Sowjetunion an der Befestigung ihres seit 1945 geschaffenen Imperiums entsprochen. Nur mit kriegerischen Maßnahmen seitens des Westens, die die Gefahr eines Atomkrieges heraufbeschworen hätten, hätte die Zementierung der deutschen Teilung 1961 verhindert oder revidiert werden können. Die Methoden der Grenzsicherung - Schießbefehl, Minenfelder und Selbstschußapparate - diskreditierten die DDR fortan als Freiluft-Gefängnis und setzten das SED-Regime auf Dauer unter Rechtfertigungsdruck, denn diese militärischen Maßnahmen waren für jedermann erkennbar nicht gegen einen äußeren Feind, sondern gegen die eigene Bevölkerung gerichtet.

Dennoch trug die Abschottung zunächst zu einer machtpolitischen Stabilisierung der DDR bei. Auf westdeutscher Seite leitete der Mauerbau ein Umdenken bezüglich der weiteren Gestaltung der innerdeutschen Beziehungen ein. Im Zuge der amerikanisch-sowjetischen Entspannungspolitik wurde der Alleinvertretungsanspruch der Bundesrepublik für ganz Deutschland als Handlungsmaxime der Regierungspolitik der fünfziger und frühen sechziger Jahre fallengelassen. Er machte allmählich einem "neuen deutschlandpolitischen Denken" Platz, das sich schließlich im Grundlagenvertrag von 1972 niederschlug. Dieses Denken "trennte die normative Ebene - also den Gegensatz der Ordnungssysteme und Wertvorstellungen - von der pragmatischen Ebene - der Kooperation über Systemgrenzen hinweg. Man vollzog den Übergang vom Alleinvertretungsanspruch zum Prinzip des Status der Gleichberechtigung zwischen beiden Staaten, verbunden mit dem Ziel, gutnachbarliche Beziehungen zu entwickeln."[1] In politischen Grundsatzfragen - wie der nationalen Frage, in der die Bundesregierungen an das Wiedervereinigungsgebot des Grundgesetzes gebunden waren, und der Frage der Staatsbürgerschaft - wurden die unterschiedlichen Auffassungen festgeschrieben, ohne guten Geschäftsbeziehungen länger im Wege zu stehen.[2] Außenpolitisch führte der Mauerbau den SED-Staat in ein Erfolgsdilemma: Im Zuge der Entspannungspolitik erreichte die DDR zunehmend internationale Anerkennung; sie wurde in die Vereinten Nationen aufgenommen und in der KSZE-Schlußakte von Helsinki wurde mit den in Europa bestehenden Grenzen auch die Grenze der DDR anerkannt. Mit dieser Anerkennung übernahm die DDR jedoch zugleich Verpflichtungen in Menschenrechtsfragen, deren normativer Erfüllungszwang allerdings erst mit der Schwäche der Sowjetunion und der zunehmenden ökonomischen Abhängigkeit vom Westen stieg und die ihre Außenabgrenzung allmählich aufweichten.

Zweitens: Die Lockerung des Vormacht-Anspruchs der Sowjetunion gegenüber den Mitgliedsstaaten des Warschauer Vertrages, ihr sukzessiver Verzicht auf die Breschnew-Doktrin der begrenzten Souveränität zugunsten der Selbständigkeit und Unabhängigkeit der verbündeten Staaten, bürdete den nationalen kommunistischen Parteien seit 1988/89 die Verantwortung auf, ihre Herrschaft selbst vor ihren Völkern zu legitimieren. Im Sommer 1989 waren Polen und Ungarn, die am höchsten verschuldeten Mitgliedsstaaten des RGW, auf dem Weg demokratischer Umgestaltungen am weitesten fortgeschritten. Der Abbau des "Eisernen Vorhangs" im Mai und die Öffnung der Grenze zu Österreich im September liessen sich als Einlösung der im Januar 1989 in Wien mit der Unterzeichnung des KSZE-Abkommens eingegangenen internationalen Verpflichtungen wie als zwingender Schritt zur innenpolitischen Selbstlegitimation des sich reformierenden ungarischen Regimes betrachten.

Zudem bot die Öffnung der Grenze zu Österreich Ungarn zum ersten - und zugleich letzten - Mal die Chance, im Handel mit humanitären Zugeständnissen als konkurrierender Anbieter zur DDR aufzutreten und dafür erhebliche bundesrepublikanische Kredite zu realisieren. Die Partei- und Staatsführung der CSSR, die sich zunächst bündniskonform verhielt und eine gleichgerichtete Nachfrage Bonns aus Solidarität mit der ostdeutschen Bruderpartei nicht bediente, sah sich bereits kurze Zeit später gezwungen, die SED-Führung wegen des Massenexodus von DDR-Bürgern durch ihr Land unter massiven Druck zu setzen, weil sie die destabilisierenden Auswirkungen dieser Ausreisewelle auf die eigene Bevölkerung fürchtete. Nicht einmal zwei Monate später sah sie keinen anderen Ausweg, als dem ungarischen Beispiel zu folgen.

Drittens: Die SED-Spitze war während der krankheitsbedingten Abwesenheit Honeckers von Anfang Juli bis Ende September 1989 entscheidungs- und handlungsgelähmt. Das Politbüro verhielt sich gegenüber der ungarischen Grenzöffnung und der Besetzung der Botschaften in Warschau und Prag rein reaktiv und traf lediglich kurzfristig greifende ad hoc-Entscheidungen. Der Beschluß des Politbüros, die Lösung der drängenden Probleme zu vertagen und alle Kräfte auf die Organisation der Feierlichkeiten zum 40. Jahrestag der DDR zu konzentrieren, pa-

---

1   Weidenfeld 1989, S. 20.
2   Vgl. die Präambel des Grundlagenvertrages vom 21.12.1972 sowie den Vorbehalt zu Staatsangehörigkeitsfragen durch die Bundesrepublik Deutschland, dok. in: BMIB 1980, S. 205 ff.; siehe dazu auch Ash 1990, S. 100.

ralysierte die Parteibürokratie. Während sie Hunderte von Festveranstaltungen vorzubereiten hatte, verbreiterten Maßnahmen wie die Grenzschließung zur CSSR am 3. Oktober die Basis für die Proteste im Innern, die schließlich in Massendemonstrationen eskalierten.

Die Anweisung Honeckers, Demonstrationen "im Keime zu ersticken", ließ sich nach dem 7. Oktober nicht mehr realisieren. Das Regime wich nach der Leipziger Montags-Demonstration vom 9. Oktober, die zu unterbinden es sich vor allem aufgrund der hohen Teilnehmerzahl nicht in der Lage sah, schrittweise zurück. Das Zurückweichen wiederum wurde als Schwäche der Machthaber und Erfolg der Demonstrationen wahrgenommen, verstärkte den Protest und beschleunigte die Machterosion.[3] Unter dem Druck der Bevölkerung geriet die Partei- und Staatsführung erstmals in der Geschichte der DDR derart unter Legitimationszwang, daß sie diesem in der Form weitreichender personeller Ablösungen unmittelbar Rechnung tragen mußte: Am 18. Oktober erfolgte die Ablösung Honeckers, Mittags und Herrmanns, am 7. November dankte die Regierung, am 8. November schließlich das gesamte Politbüro ab. Zu dem allein damit verbundenen Autoritätsverlust der Partei- und Staatsinstanzen gegenüber der Bevölkerung kam eine Destabilisierung der inneren Kohärenz der zentralistischen Führungsstruktur hinzu, die auf persönlichen Loyalitätsverhältnissen und sorgsam austarierten Kooptationsregeln beruhte. Die Wiederherstellung dieser Kohärenz hätte - wie die vergleichsweise begrenzte und kalkulierte Ablösung Ulbrichts 1971 zeigt - erheblich mehr Zeit in Anspruch genommen, als der Führung für die Wiedergewinnung ihrer umfassenden Handlungsfähigkeit unter den gegebenen Umständen blieb.

Hinzu kam, daß der Repressions- und Gewaltapparat in dem Maße desorientiert wurde und seine Schlagkraft verlor, wie seine Anleitung durch die Partei eine "Linie" und ein klares Feindbild vermissen ließ. Mit der Amnestie vom 27. Oktober 1989 wurden alle vorübergehend festgenommenen Demonstranten rehabilitiert; stattdessen liefen jetzt Ermittlungsverfahren gegen Polizisten und Stasi-Mitarbeiter wegen derselben Einsätze, die ihnen eben noch Auszeichnungen und Belobigungen eingebracht hatten. "Aus Kämpfern gegen die Konterrevolution" wurden quasi über Nacht "prügelnde Polizisten"[4], die sich einem wachsenden Volkszorn gegenüber und gleichzeitig von ihrer Führung im Stich gelassen sahen. Im MfS, aber auch in der Armee sowie bei der Deutschen Volkspolizei, breiteten sich Verbitterung, Verwirrung und Ohnmachtsgefühle aus.

Viertens: Es waren jedoch nicht nur kurzfristig wirksame außen- und innenpolitische Zwänge, die eine Hemmschwelle für den bedingungslosen Einsatz des polizeilichen und militärischen Gewaltapparats bildeten. Hinzu kamen strukturelle gesellschaftspolitische, insbesondere ökonomische Gründe, die einer harten Linie gerade mit Blick auf längerfristige Stabilisierungserfordernisse entgegenstanden. Die zur Sicherung der Massenloyalität und Erhöhung der Binnenlegitimität der SED-Herrschaft gedachte Strategie der "Einheit der Wirtschafts- und Sozialpolitik"[5] erwies sich seit Mitte der siebziger Jahre immer mehr als ein Konsummodell, das in eine Schuldenspirale führte, die nur durch eine erweiterte wirt-

---

3 Dieser Erosionsprozeß entspricht der Tocqueville'schen Beobachtung bei der Untersuchung der Vorgeschichte der Französischen Revolution, daß "ein Volk, welches über lange Zeit ein Unterdrückungsregime widerspruchslos ertragen hat, sich gegen dieses erhebt, wenn es auf einmal spürt, daß die Regierung ihren Griff lockert" (Tocqueville 1955, S. 176, zit. nach: Tietzel u.a. 1991, S. 26).
4 So der Leiter der HA IX (Untersuchungsorgan) des MfS, Generalmajor Rolf Fister, rückblickend auf der Parteiaktivtagung des MfS am 11.11.1989 der Arbeitsbuch-Niederschrift eines namentlich nicht bekannten MfS-Mitarbeiters zufolge (BStU, ZA, MfS-SdM 2332, Bl. 64; vgl. auch: BStU, ZA, MfS-ZAGG 2742, Bl. 22).
5 Vgl. Meuschel 1992, S. 229 ff.

schaftliche Nutzung der besonderen Beziehungen zur Bundesrepublik durchzuhalten war. Dennoch spitzte sich die Verschuldungslage bis zum Oktober 1989 so zu, daß sie nach Ansicht der führenden Ökonomen eine einschneidende Korrektur der Wirtschafts- und Sozialpolitik, verbunden mit einer Senkung des Lebensstandards um dreißig Prozent, erforderlich machte, die jedoch aus binnenlegitimatorischen Gründen - der Furcht vor einem neuen 17. Juni - für undurchführbar gehalten wurde. Eine gewaltsame Niederschlagung von Protesten hätte der SED den letzten Ausweg, den die Ökonomen vorschlugen, verbaut: Er lief darauf hinaus, mit der Bundesrepublik in eine neue Form der Kooperation zu treten, das Angebot an humanitären Zugeständnissen qualitativ zu erhöhen und die Mauer als wertvollste Ressource gegen Kredite aus Bonn durchlässiger zu machen und schließlich ganz verschwinden zu lassen.

Im Zeichen des Übersiedlerstroms in die Bundesrepublik und der dadurch akuten Integrationsprobleme auf dem westdeutschen Arbeits- und Wohnungsmarkt war einer solchen für die DDR bestandssichernden Kooperation mit der Bundesrepublik Realitätssinn nicht von vornherein abzusprechen. Entsprechende Erwartungen konnten sich darauf stützen, daß die westdeutsche Politik vor dem Hintergrund der sich abzeichnenden Reformen und der als realistisch antizipierbaren weiteren politischen Entwicklung in der DDR zu weitgehendem Entgegenkommen bereit sein würde.

Fünftens: In der Frage des Reisens und Ausreisens bündelten sich die außen- und innenpolitischen sowie die ökonomischen Probleme der DDR; die ständige Zunahme der Ausreiseanträge, der Ausreisestrom über Ungarn, die Massenfluchten über die Botschaften der Bundesrepublik, die innenpolitischen Proteste gegen den am 6. November vorgelegten Entwurf des Reisegesetzes, vor allem aber die Weigerung der CSSR, die Ausreisewelle aus der DDR über ihr Land abzuwickeln, zwangen die SED, das Problem kurzfristig zumindest übergangsweise zu lösen. Auf der Agenda der SED, wie sie sich aus der Gesamtheit der zu bewältigenden innen- und außenpolitischen Probleme ergab, war die Reiseregelung ein zwar relevanter, aber keinesfalls der wichtigste Tagesordnungspunkt. Bei der Neuwahl des Politbüros, der Bildung einer neuen Regierung unter Hans Modrow, der Frage, ob eine Parteikonferenz abzuhalten oder ein Parteitag vorzuziehen wäre, ging es nicht nur um die Zukunft der gesamten alten Partei- und Staatselite, sondern zugleich um die Selbstbehauptung der SED. Die mit diesen Problemen verbundenen Macht- und Positionskämpfe absorbierten einen Großteil der Kraft und der Aufmerksamkeit aller führenden Kader und überschatteten die Reiseproblematik, die in diesen Tagen eher nebenher behandelt wurde; man bemühte sich, sie so zu regeln, daß der unmittelbare Problemdruck gemindert werden konnte, ohne zugleich zukünftige Handlungsmöglichkeiten nachhaltig einzuschränken.

Ein Vorziehen des gesamten Reisegesetzes schien einer Mehrheit des Politbüros am Morgen des 7. November schon wegen der noch ausstehenden Klärung der Finanzierung mit der Bundesregierung als unangebracht; konsequenterweise wurde die Ministerialbürokratie beauftragt, eine Beschlußvorlage lediglich für die vorzeitige Inkraftsetzung allein des Ausreiseteils des Reisegesetz-Entwurfs auszuarbeiten. Über dieses Vorhaben wurde die Sowjetunion unterrichtet und ihre Zustimmung erbeten. Im Zuge seiner Ausarbeitung erwies sich der Auftrag den Ministerial-Bürokraten jedoch als unzureichend durchdacht, weil er Ausreisewillige gegenüber Besuchsreisenden begünstigt und alle Reisewilligen in den Status von Ausreisenden gezwungen hätte; aus regimeloyalen und staatserhaltenden Gründen wurde er deshalb situationsangemessener umgesetzt und um die Regelung von Besuchsreisen ergänzt. Diese Erweiterung ging über das der Sowjetunion zwei Tage zuvor zur Abstimmung präsentierte Vorhaben hinaus.

Der Reiseverordnungs-Entwurf der Ministerial-Bürokraten wurde mit der Abteilung Sicherheitsfragen des ZK und den zuständigen Ministerien abgestimmt und von einem Teil der Politbüro-Mitglieder bestätigt, bevor er am Nachmittag als Beschlußvorlage den Ministerrat durchlief und gleichzeitig im Zentralkomitee behandelt wurde. Zur Orientierung der zuständigen Dienststellen des MdI und MfS waren Durchführungsbestimmungen erarbeitet worden, über die die Paß- und Meldestellen der Volkspolizei, die Paßkontroll-Abteilungen des MfS sowie die Abteilungen Inneres der Räte der Bezirke und Kreise noch in der Nacht informiert werden sollten.

Sechstens: Vorgesehen war, beginnend mit dem 10. November 1989, ständige Ausreisen in die Bundesrepublik, wie sie bereits seit dem 10./11. September über die ungarisch-österreichische und seit dem 4. November über die tschechisch-deutsche Grenze möglich waren, nun auch über die deutsch-deutsche Grenze ohne Einschränkungen zuzulassen, Genehmigungen von Privatreisen jedoch bis zur Verabschiedung des Reisegesetzes durch die Volkskammer an den Besitz eines Reisepasses und an die Erteilung eines Visums zu koppeln, um einerseits die Reisebewegung zeitlich zu strecken und andererseits den zu erwartenden Ansturm auf die Dienststellen der Volkspolizei - und nicht auf die Grenze - zu lenken. Auf diese Effekte waren Formulierung wie Terminierung der öffentlichen Bekanntgabe des Beschlusses abgestellt, die am Morgen des 10. November über die DDR-Medien erfolgen sollte.

Mit diesen Maßnahmen, so jedenfalls die Erwartungen, war folgender Handlungsablauf präjudiziert:
(a) Die DDR-Medien - Zeitungen, Rundfunk, Fernsehen - halten die Sperrfrist ein und geben die Reiseverordnung am Morgen des 10. November als Beschluß des Ministerrates bekannt.
(b) Da dieser Tag ein normaler Arbeitstag ist, sind einem sofortigen Ansturm auf die Genehmigungs-Ämter gewissermaßen natürliche Grenzen gesetzt.
(c) Die Paß- und Meldestellen der Volkspolizei sowie der Dienstzweig Innere Angelegenheiten sind über Nacht bzw. am frühen Morgen in die neuen Bestimmungen eingewiesen worden.
(d) Visa zur ständigen Ausreise werden von beiden Dienstzweigen in den Personalausweis erteilt; ausgenommen sind nur Angehörige der bewaffneten Organe. Die sofortige Ausreise ist auch ohne eine Entlassung aus der Staatsbürgerschaft der DDR möglich.
(e) Die Paß- und Meldestellen der Volkspolizei erteilen auf Antrag Genehmigungen für ein- oder mehrmalige Reisen für eine Reisezeit von maximal 30 Tagen, sofern der Antragsteller im Besitz eines Reisepasses ist; Sofortreisen sind eingeschlossen. Reisewillige, die noch keinen Reisepaß besitzen, müssen diesen mit dem Visum beantragen. Die Bearbeitungszeit beträgt in diesem Fall vier bis sechs Wochen. Diese Wartezeit wird überwiegend geduldig ertragen, weil bereits die sichere Möglichkeit, zu einem berechenbaren Zeitpunkt reisen zu können, beruhigend wirkt.
Der zu erwartende Andrang ist beherrschbar, weil zum einen die Zahl der Sofort-Reiseberechtigten auf Paßinhaber und die jährliche Gesamtreisedauer auf 30 Tage beschränkt ist, und zum anderen der Jahresurlaub der meisten Beschäftigten verbraucht und der November ohnehin kein Urlaubsmonat ist.
(f) Soweit es die ständigen Ausreisen betrifft, werden weitere hunderttausend Bürger, vielleicht auch mehr, die DDR für immer verlassen; zehn- bis zwanzigtausend bereits ausgereiste DDR-Bürger, die in der Bundesrepublik schlecht untergebracht sind und noch keine Arbeit gefunden haben, werden dagegen die Erneuerungspolitik und den Reformwillen der SED anerkennen und in die DDR zurückkehren.
Soweit es Privatreisen betrifft, entwickelt sich ein dosierter, kontrollierbarer Reiseverkehr, dem die Abfertigungskapazitäten der Grenzübergangsstellen gewachsen sind.

Als positive politische Folgen dieses Handlungsablaufs wurden ferner erwartet:
(g) Mit der Öffnung der innerdeutschen Grenze für Ausreisen entfällt der außenpolitische Druck der CSSR.
(h) Der innenpolitische Druck der Demonstrationen läßt nach; das Protestniveau sinkt.
(i) Die neuerliche Ausreiseflut in den Westen und die damit verbundenen Probleme für die Bundesrepublik erhöhen die Kooperationsbereitschaft der Bundesregierung für ein Arrangement mit der DDR. Die Grenze ist zwar durchlässiger geworden, die Mauer jedoch bis zur völligen Freigabe des Reiseverkehrs nach wie vor als Faustpfand für die Vereinbarung befriedigender Finanzierungs- und Kreditlösungen mit der Bundesregierung zu nutzen.

Mit Ausnahme von (g) erfüllten sich diese Erwartungen nicht, weil der beabsichtigte Handlungsablauf eine unvorhergesehene Richtung nahm.

Der Fall der Mauer: Eine nicht-beabsichtigte Folge sozialen Handelns

Auf den Sachverhalt, daß Ereignisse durch soziales Handeln in Gang gesetzt werden und einen Ausgang nehmen, den keiner der beteiligten Akteure beabsichtigt, geschweige denn vorhergesehen hat, haben viele Klassiker der Philosphie und Soziologie hingewiesen. Unter dem Axiom der "unvorhergesehenen Folgen geplanten sozialen Handelns" hat der amerikanische Soziologe Robert K. Merton versucht, die dynamischen sozialen Mechanismen dieses Phänomens zu systematisieren[6], wobei besonders den Bedingungen, die dem von ihm beschriebenen Typus der "self-fulfilling prophecy" zugrundeliegen, im vorliegenden Zusammenhang augenscheinlich die größte Bedeutung zukommt.[7]

Merton knüpfte an das in der Soziologie nicht unbekannte "Thomas-Theorem" an. "Wenn Menschen Situationen als real definieren", hatte der Chicagoer Soziologe William I. Thomas 1932 geschrieben, "so sind auch ihre Folgen real."[8] Menschen reagierten nicht nur auf objektive Gegebenheiten einer Situation, erläuterte Merton den ersten Teil des Theorems, "sondern auch, und bisweilen hauptsächlich, auf die Bedeutung, die diese Situation für sie hat." Hätten sie aber einer Situation erst einmal eine Bedeutung gegeben, fuhr er fort, bestimme "diese ihr Folgeverhalten und manche Folge dieses Folgeverhaltens."[9]

Mit einer soziologischen Parabel über den Zusammenbruch einer Bank im Kontext der Wirtschaftskrise der dreißiger Jahre demonstriert Merton eindrucksvoll die Wirkungsweise des "Thomas-Theorems". Gerüchte über die bevorstehende Zahlungsunfähigkeit einer Bank erweisen sich, wenn ihnen nur genügend Glauben geschenkt wird, als hinreichend, ungewollt diesen Zusammenbruch herbeizuführen. Eine neue Situationsdefinition reicht aus, um das bisherige Vertrauen in die Verläßlichkeit der Bank, - ein Vertrauen, das die Stabilität ihrer Finanzstruktur wesentlich mit erzeugt -, zu zerstören. Ist die Bank ungeachtet des sich ausbreitenden Gerüchts solvent, so kann ihr die neue, objektiv falsche Situationsdefinition, wenn sie zur Abhebung der Einlagen der Anleger führt, dennoch zum Verhängnis werden. Das durch die falsche Definition der Ausgangssituation ausgelöste Handeln läßt die falsche Sichtweise nicht zuletzt deshalb 'real' werden, weil in der Beziehung zwischen Kunde und Bank entgegenwirkende Kon-

---

6   Vgl. Merton 1936, S. 894-904.
7   Merton 1995 (1948), S. 399-413. - Als Überblicksartikel zum Problemkreis der "nicht-indendierten sozialen Folgen individueller Handlungen" vgl. Wippler 1978. Wipplers Kritik der mangelnden theoretischen Reichweite nicht nur von Mertons Konzept berührt dessen explanatorische Kraft nicht.
8   Thomas 1965 (1932), S. 114).
9   Merton 1995, S. 399.

trollmechanismen unterinstitutionalisiert sind. Der Glaube zeugt eine Realität, die nur durch die Einführung einer neuen Situationsdefinition korrigiert bzw. aufgehoben werden kann. Mit seiner Parabel weist Merton nach, "daß die öffentlichen Definitionen einer Situation (Prophezeiungen oder Prognosen) zum integralen Bestandteil der Situation werden und damit auch Auswirkungen auf ihre weitere Entwicklung haben."[10]

Wesentliche der von Merton an diesem Beispiel illustrierten Bedingungen dafür, daß soziales Handeln unbeabsichtigte Folgen hervorbringen kann, lassen sich im Handlungsverlauf des 9. November 1989 unschwer identifizieren: eine falsche Situationsdefinition und ihre öffentliche Verbreitung; das Fehlen institutioneller Kontrollen, die die falsche Sichtweise und das daraus resultierende Handeln zu korrigieren imstande wären; die Eröffnung eines Handlungsspielraumes, in dem das durch die falsche Situationsdefinition ausgelöste Handeln dieser Sichtweise zur Realität verhilft.

Daß am 9. November 1989 alles anders kam, als es beabsichtigt war, ging auf ein planwidriges Zusammenspiel von Krenz und Schabowski zurück. Mit der Vorverlegung des Veröffentlichungstermins hebelte Krenz die im Ministerrat ausgedachte Sperrfrist für die Bekanntgabe des Beschlusses aus. Dann drückte er das Papier Schabowski in die Hand, ohne ihn über dessen seit der Politbüro-Sitzung vom 7. November veränderten Inhalt und den Zeitpunkt der Inkraftsetzung zu informieren. Zwar war die Präjudizierung der Beschlüsse des Ministerrates durch die obersten SED-Gremien als solche das für den Parteistaat typische Verfahren; in der Aufhebung der institutionellen Trennung zwischen substantieller Entscheidung und formeller Beschlußfassung sowie deren Umsetzung jedoch lag der eklatante Regelverstoß, der Krenz in der hektischen und chaotischen Atmosphäre der 10. Tagung des ZK-Plenums unterlief und mit dem er die beabsichtigte Wirkung der Regelung in ihr Gegenteil verkehrte. Schabowski, auf seiner Pressekonferenz über die Details der Reiseverordnung ebensowenig im Bilde wie über den Zeitpunkt ihrer Inkraftsetzung, eröffnete mit seinen beschränkten Informationen Interpretationsspielräume, die je nach Erwartungshorizont in Handlungsmöglichkeiten umzudeuten waren.

Zunächst war es lediglich eine verschwindend geringe Zahl von Bürgern - vor allem, aber nicht ausschließlich in Ost-Berlin -, für die die von Schabowski verkündeten Einschränkungen "Visa" und "Genehmigungen" in den Hintergrund traten, während die überwältigende Mehrheit der Fernsehzuschauer die Nachricht vor dem Hintergrund früherer Erfahrungen als wenig spektakulär einstufte ("Schon wieder der alte Mist!").

Wohlwissend, daß die Genehmigungsbehörden nach 19.00 Uhr nicht mehr geöffnet hatten, wirkte vor allem auf die, die zur Ausreise fest entschlossen waren, die Schabowski-Äußerung "ab sofort, unverzüglich!" elektrisierend. Sie handelten affektuell und setzten sich, dem Motto "Na denn nicht wie 'rüber!" folgend, sofort in Richtung Grenzübergang in Bewegung. Diese wenigen zur Ausreise Entschlossenen, die in der Bornholmer Straße als erste am Schlagbaum standen und von den Grenzwächtern als "Provokative" und "Hartnäckige" wahrgenommen wurden, wären mit aller Wahrscheinlichkeit nicht zu einem Problem geworden, wenn sie nicht Zulauf von Neugierigen ("Mal sehen, was da los ist!") sowie Fehl-Interpreten und Falsch-Informierten ("Was, die Grenze ist offen? - Na dann testen wir's mal!") erhalten hätte. Solange die von Schabowskis Mitteilungen ausgelösten Erwartungen nicht in Handlungen umgeschlagen waren, bestand die Chance ihrer Korrektur, mit der zumindest der Zulauf der Fehl-Interpreten und Falsch-Informierten an die Grenze hätte verhindert werden können.

---

10   Ebd., S. 400.

Warum, so wäre im Anschluß an Merton zu fragen, unternahm die SED-Spitze im unmittelbaren Anschluß an die Pressekonferenz keinen Versuch, die sich durch individuelle Perzeption und Medienübermittlung ausbreitenden falschen Sichtweisen zu korrigieren und durch die authentische Situationsdefinition zu ersetzen? Bei der Beantwortung dieser Frage ist zunächst zu berücksichtigen, daß die ausgelösten Erwartungen und die daraus folgenden Handlungen und ihre Verdichtung für keinen der Verantwortlichen vorhersehbar waren. Der in der Entwicklungsphase des Gesamtgeschehens ausschlaggebende Faktor war, daß die gesamte Partei- und Staatsspitze, mithin alle relevanten Entscheidungsträger der DDR, bis gegen 21.00 Uhr an der Tagung des Zentralkomitees teilnahmen, von der Außenwelt abgeschnitten waren und nicht die geringste Vorstellung davon hatten, was sich außerhalb des Sitzungssaales zutrug. Erreichbar waren in dieser Zeit auf allen Ebenen lediglich Stellvertreter oder Stellvertreter von Stellvertretern.

Da es sich um die Bekanntgabe eines Politbüro-Beschlusses durch ein Mitglied dieses Gremiums handelte, waren nur Schabowski selbst oder der Generalsekretär zu einer Korrrektur oder Präzisierung berechtigt, deren Erfolg zudem an die Benutzung der selben Medien gebunden gewesen wäre - doch beide waren nicht erreichbar. Ohne eine direkte oder über die zuständige ZK-Abteilung für Agitation und Propaganda vermittelte Anweisung von Krenz bzw. Schabowski war der Weg für eine Korrektur durch den ADN-Generaldirektor oder aber den Regierungssprecher, beide nachgeordnete Nomenklaturkader der ZK-Abteilung Agitation und Propaganda, vom DDR-Fernsehen ganz zu schweigen, strukturell blockiert. Durch eigenständiges Handeln konnten sie in dieser Situation und in den gegebenen Strukturen nach subjektivem Empfinden nur Verwirrung stiften, weshalb es bei Quer-Telefonaten blieb, die zirkulär verliefen und nicht zu Entscheidungen führten. Der Verzicht auf eine Präzisierung und Erläuterung der mit der Reiseverordnung verfolgten Absichten, das Schweigen der DDR-Medien als den "Trompeten der Partei", übertrug den West-Medien die alleinige Interpretationsmacht. Als Übermittlung und Auslegung einer Information, die ein Politbüro-Mitglied gegeben hatte, gewannen ihre Interpretationen und Kommentare erwartungsformende und handlungsauslösende Kraft. Aus Reaktionen auf die Nachrichtensendungen wurden neue Nachrichten, die Medien miterzeugender und beschleunigender Teil des Geschehens.

Beschlüsse und Entscheidungen über Reisen und Ausreisen waren in der DDR arcana imperii; ihre Umsetzung erfolgte in militärischen Befehlshierarchien, die charakteristischerweise von oben nach unten laufen. Von "Oben" - der Spitze der drei für die Sicherung der Grenze und ihres Vorfeldes zuständigen Ministerien MfS, MfNV und MdI - war "Unten" - das Kontrollpersonal der Grenzübergangsstellen und ihres Vorfeldes - in keiner Weise auch nur auf die Möglichkeit einer Situation vorbereitet, wie sie sich nach 19.00 Uhr an den Grenzübergängen entwickelte. Keine der in den Führungsdokumenten enthaltenen und trainierten Alarm-Varianten ging davon aus, daß sich Bürger in größerer Zahl am Schlagbaum versammelten und in Sprechchören ihrer Erwartung Ausdruck verliehen, die Staatsgrenze der DDR ohne Genehmigung zu passieren. Für die Lagebeurteilung des Kontrollpersonals kam erschwerend hinzu, daß sich die Erwartungen dieser Bürger - der Ausreisewilligen, Neugierigen, Fehl-Interpreten und Falsch-Informierten - auf einen Beschluß der Instanz bezogen und berufen konnten, von der sie selbst im Regelfall ihre Befehle erhielten. Deren Ausbleiben stellte sie nun vor das Rätsel, ob die manifesten Erwartungen vor dem Schlagbaum tatsächlich dem Wollen der Führung entsprachen. Dem Kontrollpersonal fehlte das eindeutige Kriterium für die Beurteilung der Lage: Rottete sich am Übergang eine Menschenmenge zusammen, um einen Grenzdurchbruch zu wagen, oder bahnte sich ein freier Reiseverkehr an, über den man lediglich auf dem Dienstweg noch nicht unterrichtet war? Solange eine eindeutige Beurteilung der Lage nicht möglich war, war die militärische Handlungskette: "Beurteilung der Lage - Klarmachen der Aufgabe - Entschlußfassung" vor Ort unterbrochen.

Wie die Entscheidung dieser Frage immer ausfiel: sie war mit weitreichenden Konsequenzen verbunden, die die unteren Instanzen überforderte. Das Kontrollpersonal gab deshalb die Information über die anwachsenden Menschenansammlungen und ihren Ausreisedrang nach oben weiter, verbunden mit der Bitte um Orientierungen und Befehle. Anfangs-Informationen über gänzlich unbekannte, nie dagewesene Situationen und Ereignisse werden schon für gewöhnlich ungern geglaubt; sind sie zusätzlich auch noch unangenehm und mit schwierigen Entscheidungen verbunden, sind die Widerstände, sie aufzunehmen und zu verarbeiten, doppelt stark. Entsprechend verlangten die Vorgesetzten, selbst im unklaren über die Absichten der Führung, zunächst einmal die Erhärtung der ihnen zutiefst suspekten Erst-Information durch Folge-Informationen. Das Kontrollpersonal sah sich somit neben dem ständig wachsenden Handlungsdruck am Übergang dem Problem ausgesetzt, den immer dringender werdenden Entscheidungsbedarf gegen die zögerliche Informationsverarbeitung und Situationswahrnehmung der Vorgesetzten durchzusetzen.

Im MfS verlief der Informationsweg von den Paßkontrolleuren am Grenzübergang zum stellvertretenden Minister über zwei, im MdI ebenfalls über zwei und im MfNV über drei Stufen, was einen Verlust von Information und Zeit bedeutete. Und wie im Medienbereich, so waren auch im MfS, MfNV und MdI horizontale Abstimmungen und Entscheidungen solange blockiert, wie neben Krenz auch sämtliche Minister der bewaffneten Organe und ihre 1. Stellvertreter an der Tagung des Zentralkomitees teilnahmen.

Statt abgestimmter Entscheidungen wurden Einzelmaßnahmen eingeleitet, die - wie die Aufforderung der Volkspolizei in der Bornholmer Straße, den Grenzübergang zu verlassen, und wie der Versuch, die Bürger nach Hause zu schicken und auf den nächsten Tag zu vertrösten -, nicht nur zu spät getroffen wurden; sie wurden einfach deshalb nicht befolgt, weil der Volkspolizei das Recht bestritten wurde, den Zeitpunkt, den ein Mitglied des Politbüros mit "ab sofort" angegeben hatte, auf den nächsten Tag zu verschieben. Als örtlich beschränkte Maßnahme subalterner Volkspolizisten waren sie strukturell ungeeignet, die Erwartungsannahmen der Menschen am Übergang zu beeinflussen; auf den ständigen Zulauf war mit diesen Appellen ohnehin kein Einfluß zu nehmen.

Die Erfolgsaussichten einer umfassenderen Polizeiaktion zur Abriegelung der Berliner Grenzübergänge und der Sperrung aller Zufahrtsstraßen wurden zum Zeitpunkt ihrer Erörterung vom MdI bereits als so gering und ihre potentiell unkontrollierbaren Folgen als so gefährlich eingeschätzt, daß darauf als eigenverantwortliches Handeln - ohne Vorliegen einer Anweisung auch auf dieser Ebene - verzichtet wurde. Solange die Parteispitze und die Minister nicht erreichbar waren, führte weder der vertikale Informationsfluß von unten nach oben in jedem einzelnen der beteiligten Ministerien noch die horizontale Kommunikation zwischen den Ministerien zu einem Befehl, der sich entscheidend auf die Lage an den Grenzübergangsstellen, vor allem in der Bornholmer Straße, ausgewirkt hätte. Auch der Kommunikationsprozeß zwischen den bewaffneten Organen blieb somit zirkulär; überall wurde eine Abwartehaltung bezogen, während der Handlungsdruck besonders am Übergang Bornholmer Straße gleichzeitig permanent stieg, zumal das Ausbleiben von Sanktionen je länger desto mehr als Bestätigung dafür angesehen werden konnte, was man anfangs vielleicht nur geglaubt hatte.

Es folgte zwischen 21.00 Uhr und 21.30 Uhr die zunächst speziell für den Grenzübergang Bornholmer Straße ausgeheckte Entscheidung, die Ausreise zwar mit Personalausweis zu gestatten, die Ausweise jedoch ungültig zu stempeln und die Bürger nicht wieder einreisen zu lassen.[11] Weil sich in Unkenntnis des genauen Abfertigungsverfahrens die Erwartungen bestätigt fühlen konnten, ab sofort (aus-)reisen zu können, verringerte diese "Ventillösung" den Druck nicht, sondern steigerte ihn bis zum Bersten. Das letzte Kriterium, an dem sich die Paßkontrolleure und Grenzsoldaten orientierten, als sie sich gegen 22.30 Uhr auf eigene Entscheidung zurückzogen, alle Kontrollen einstellten und den Übergang "fluteten", war ihr Selbsterhaltungstrieb. Die komplexe politische und militärische Befehlslage über das Grenzregime der DDR reduzierte sich am Übergang Bornholmer Straße auf die Frage des Überlebens der Paßkontrolleinheit des MfS und des Sicherungszuges der Grenztruppen.

Als die Sitzung des Zentralkomitees schließlich beendet war und die oberen Hierarchiestufen der Partei einschließlich des Generalsekretärs ab etwa 21.00 Uhr, die Spitze des Verteidigungsministeriums einschließlich der Grenztruppen ab 22.00 Uhr ansprechbar und formell entscheidungsfähig waren, war der Handlungsschock groß und der Zeitpunkt für ein korrigierendes Eingreifen verpaßt. Die Dissynchronisation der einzelnen Handlungskontexte war bereits soweit fortgeschritten, daß sie mit administrativen Mitteln nicht mehr aufzuheben war. Zwischen 19.15 Uhr und 20.00 Uhr hätten vielleicht noch Aussichten bestanden, das reguläre Grenzregime mit einer orchestrierten Aktion aller Verantwortlichen bis zum Inkrafttreten der Reiseverordnung zu erhalten. Zwischen 21.00 Uhr und 22.00 Uhr war der Entscheidungsspielraum für Maßnahmen, die die Absicht des nächsten Tages nicht zerstört hätten, auf ein Minimum geschrumpft.

Die Dynamik der Ereignisse, immerfort durch die Live-Berichterstattung der West-Medien beschleunigt, überholte den Prozeß der Entscheidungsfindung und eilte ihm voraus. Wie ein Karussell drehte sich dagegen der Informationsaustausch zwischen SED-Spitze, MfS, MdI und MfNV im Kreise; schließlich getroffene Entscheidungen bezogen sich auf Informationen über eine Lage, die bereits nicht mehr dem aktuellen Stand entsprach.

So kam die Entscheidung, die "Ventillösung" zu verallgemeinern und die heimliche Ausbürgerung an allen Übergängen in Berlin und an der Grenze zur Bundesrepublik zu praktizieren, zu einem Zeitpunkt - um 23.05 Uhr -, zu dem diese Maßnahme in der Bornholmer Straße schon zum gegenteiligen Ziel geführt hatte. Sie allein als Beweis für die Niedertracht und Heimtücke der Befehlsgeber zu interpretieren, wäre verkürzt. Sie offenbart vielmehr, daß der Komplexität der Erwartungshaltungen der Menschen vor den Übergängen eine extreme Selektivität der Erwartungsannahmen der SED-Spitze gegenüberstand, die auch ihre Fähigkeit, die weitere Entwicklung zu antizipieren, erheblich begrenzte. Denn um Mitternacht standen zwar alle Grenzübergänge zwischen den Stadthälften offen, doch der eigentliche Höhepunkt der Nacht stand noch bevor. Seit Anfang Oktober hatte das MfS jedes Gerücht über einen möglicherweise bevorstehenden Grenzdurchbruch förmlich aufgesogen und schon aufgrund minimaler Anhaltspunkte mehrfach umfangreichste Sicherheitsvorkehrungen veranlaßt und selbst die Verhängung eines Ausnahmezustandes erwogen. Als das so lange erwartete Ereignis in der Nacht vom 9. auf den 10. November wirklich eintrat und die Berliner auf der Mauer am Brandenburger Tor tanzten, war die SED-Führung und ihr Gewaltapparat vollends konsterniert.

Am Ende dieser Nacht hatte die von den Medien verbreitete Fiktion "DDR öffnet Grenze" nicht nur die Absichten der SED-Führung ausgestochen und war

---

11 Ob Krenz oder Mielke an dieser Entscheidung beteiligt waren, ist eine verhältnismäßig unwesentliche Frage. Ein anderslautender Befehl, die Grenzübergangsstellen generell zu öffnen, wie Krenz ihn für sich reklamiert, ist ebensowenig wie ein Befehl, die Kontrollen einzustellen, zu diesem oder einem späteren Zeitpunkt nachweisbar.

Realität geworden; mit dem Fall der Mauer war die Realität sogar noch weit über die Fiktion hinausgeschossen.

Der 9. November 1989 bedeutete nicht einfach nur die "Öffnung der Grenze"; er bedeutete den vollständigen Verlust der Kontrolle über die Grenze und den Verlust der Autorität der dort eingesetzten Kräfte für die Reetablierung des vorherigen Grenzregimes. Wie die nächsten Tage zeigten, war die Kontrolle mit zivilen Maßnahmen nicht zurückzugewinnen. Vor der Anwendung militärischer Mittel schreckte man nicht nur mangels sowjetischer Unterstützung zurück. Die überwiegende Mehrheit in der SED-Führung, vor allem aber auch in der NVA, war dazu nicht bereit. Es zeigte sich kein äußerer Feind; im Gegenteil: Die, die dafür gehalten worden waren - wie die West-Berliner Polizei -, trugen jetzt, um schlimmste Zwischenfälle zu verhindern, zur Beruhigung der Lage bei.

Der Verlust der Außenabgrenzung des Staates führte zum Verlust der Verfügungsgewalt dieses Staates über seine Bürger; der SED-Staat löste sich auf.

Anhang

I. Gespräche

Das reale Bild war eben katastrophal

Gespräch mit Dr. Gerhard Schürer, Berlin, 21.2.1992

Hertle: Nach der Übernahme der wichtigsten Partei- und Staatsämter Erich Honeckers durch Egon Krenz wurden Sie als Vorsitzender der Staatlichen Plankommission und Kandidat des Politbüros am 24. Oktober 1989 vom Politbüro mit zwei Aufgaben betraut: Erstens mit der Leitung einer Arbeitsgruppe, die dem PB ausdrücklich eine "Analyse der tatsächlichen volkswirtschaftlichen Situation in der DDR" vorlegen sollte. Zweitens sollten Sie für die 10. ZK-Tagung vom 8.-10. November 1989 einen "Beschlußentwurf über die notwendigen Wirtschaftsreformen" vorlegen. Vor welchem Hintergrund, mit welchem Zweck und welcher Zielsetzung wurden diese Aufträge erteilt?

Schürer[1]: Nach der Wahl von Egon Krenz zum Generalsekretär der SED am 18. Oktober war es dringend notwendig, ungeschminkt darzulegen, wie die ökonomische Lage ist. Vorher waren die Berichte ja in Größenordnung geschönt worden; nur der positive Teil der Entwicklungen wurde festgehalten, negatives wie zum Beispiel die hohe Verschuldung der DDR dagegen als "geheim" behandelt, so daß man kein exaktes Bild der ökonomischen Lage hatte.

Die 10. Tagung war die erste Tagung des Zentralkomitees unter Leitung des neuen Generalsekretärs, und Egon Krenz hatte natürlich das Interesse, in seinem Referat von der realen Lage auszugehen und nicht Fehler und Mängel in der Einschätzung der Situation fortzusetzen, wie sie vorher alltäglich waren. Zugleich stand Egon Krenz kurz vor seinem ersten Zusammentreffen als Generalsekretär mit Michail Sergejewitsch Gorbatschow, und er wollte auch den verantwortlichen Genossen in der UdSSR die wirkliche Lage der DDR darlegen. Das Dokument hatte somit eine wichtige Bedeutung für die Vorbereitung der Reise von Krenz nach Moskau und die Tagung des ZK.

Politisch haben das Dokument und seine Schlußfolgerungen keine große Rolle gespielt, weil sich die Ereignisse in unserem Land so schnell entwickelt haben, daß der wirkliche Gedanke, damit eine neue Plattform für die Gesamtpolitik zu schaffen, viel zu spät kam. Natürlich habe ich bei dieser Arbeit auf meine "Überlegungen" zurückgegriffen, die ich im Mai 1988 an Honecker geschickt hatte.[2] Dort standen bereits viele Ideen zu notwendigen Veränderungen der Wirt-

---

1 Gerhard Schürer, geboren am 14.4.1921 in Zwickau, Maschinenschlosser. Ab 1939 Kriegsdienst, Flieger, Feldwebel, später Unteroffizier, Fluglehrer an der Flugzeugführerschule Pilsen und Dresden. Von 1945-1947 als Schlosser, Kraftfahrer und Sachbearbeiter tätig. 1947-51 zunächst Sachbearbeiter, dann Hauptabteilungsleiter bei der Landesregierung Sachsen. 1948 Eintritt in SED und FDGB. 1951 Abteilungsleiter bei der Staatlichen Plankommission. 1952-1955 und 1958-1960 Instrukteur, Sektorenleiter und stellvertretender Abteilungsleiter im ZK der SED. 1956-1958 Studium an der Parteihochschule beim ZK der KPdSU in Moskau mit Abschluß Diplom-Gesellschaftswissenschaftler. 1960-1962 Leiter der Abteilung Planung und Finanzen im ZK der SED und Mitglied der Wirtschaftskommission beim Politbüro des ZK der SED. 1962-1965 stellvertretender Vorsitzender, von 1965 bis Januar 1990 Vorsitzender der Staatlichen Plankommission. Von 1963 bis zu dessen Rücktritt am 3.12.1989 Mitglied des ZK der SED. Seit 1963 Mitglied des Ministerrates, seit 1967 Stellvertreter des Vorsitzenden des Ministerrates. Ebenfalls seit 1967 Abgeordneter der Volkskammer. Vorsitzender der Paritätischen Regierungskommission für wirtschaftliche und wissenschaftlich-technische Zusammenarbeit DDR-UdSSR. Seit der Umbildung der Staats- und Parteiführung nach dem Tod Ulbrichts Ende 1973 bis zum November 1989 Kandidat des Politbüros, vom 8.11.1989 bis zu seinem Gesamtrücktritt am 3.12.1989 Vollmitglied des Politbüros.
2 Vgl. dazu Hertle 1992a, S. 127 ff.

schaftspolitik und zur Wirtschaftsreform drin, aber damals war niemand bereit, das aufzugreifen und mich zu unterstützen. Jetzt waren die Atmosphäre und die Bedingungen für die Verwirklichung da, aber - es war zu spät!

Hertle: Bereits eine Woche später - am 31. Oktober - legten Sie dem Politbüro eine niederschmetternde Bilanz vor: Die Sozialpolitik der SED seit 1971 - das Markenzeichen des realen Sozialismus in der DDR schlechthin - beruhe nicht auf eigenen Leistungen, sondern auf einer wachsenden Verschuldung im kapitalistischen Ausland, heißt es darin. Die DDR-Ökonomie sei so auf dem Boden, daß ihre Zahlungsunfähigkeit unmittelbar bevorstehe. Von "Guthaben" der DDR im Ausland sprechen Sie in einer gleichzeitig an Krenz abgelieferten "Geheimen Kommandosache" nur noch in Anführungszeichen. Wie stand es im Oktober 1989, zur Zeit der Wende, denn tatsächlich um die Zahlungsbilanz und die Zahlungsfähigkeit der DDR, mit welchen "Tricks" war vorher operiert und auch geschönt worden?

Schürer: Natürlich war es für uns als Ökonomen wichtig, erst einmal einige Grundthesen zur Einschätzung der Lage klar zu machen: zum Beispiel, daß sich das Wachstum der Wirtschaft bedeutend abgeschwächt hatte, daß die so hoch gelobte Mikroelektronik mit dem Mehrfachen der Kosten des Weltmarktes verbunden war, daß sich der Verbrauch in der DDR seit Jahren schneller entwickelte als die Leistungen und in diesem Maße die Schulden gestiegen waren, daß die Akkumulationsrate enorm abgesunken war, die Rate der produktiven Akkumulation von 16,1 Prozent 1970 auf 9,9 Prozent 1989 zurückgegangen war. Insbesondere damit hatten wir uns den Ast selbst abgesägt, denn weniger Akkumulation bedeutet weniger Investition in moderne Technik. Zum ersten Mal schrieben wir in diesem Dokument, daß die Auslandsschulden von zwei Milliarden 1970 auf 49 Mrd. VM 1989 und die innere Verschuldung der DDR von rund 12 Milliarden 1970 auf 123 Milliarden Mark 1988 angestiegen waren.

In diesem Zusammenhang machten wir auch auf die Zahlungsbilanz insgesamt aufmerksam. Das haben wir zwar zuvor auch monatlich im Politbüro bekannt gegeben, so daß keiner sagen kann, er habe es nicht gewußt. Aber es wurde hier in allen Zusammenhängen exakt formuliert, worin die gesamte Gefahr der Zahlungssituation gegenüber dem Weltmarkt besteht. Zum Beispiel wurden hier auch die Guthaben, mit denen man in der Zahlungsbilanz argumentieren muß und kann, in bezug auf ihre Seriosität durchleuchtet. Wenn wir Guthaben ausweisen, die aus dem Exportüberschuß in zahlungskräftige Länder resultieren, dann sind das echte und verfügbare Guthaben. Wenn wir den Exportüberschuß aber in zahlungsunfähigen Entwicklungsländern realisiert haben, dann ist das zwar ein Guthaben, aber es ist nicht zu realisieren, weil das Land zahlungsunfähig ist, und man muß ein solches Guthaben in der Zahlungsbilanz anders behandeln. Es gab darüber hinaus auch noch Guthaben, denen auf der anderen Seite Verbindlichkeiten gegenüberstanden. Ein Land wie die DDR hat z.B. auch Depositen, also kurzfristige Einlagen, von anderen Banken und Wirtschaftsunternehmungen. Diese Depositen sind zwar Guthaben, aber ihnen steht auf der anderen Seite eine Verpflichtung gegenüber. Ein weiteres Beispiel: Wir hatten Kredite für Investitionen erhalten, die wir in dem Moment aber noch nicht eingesetzt hatten. Die wurden zwischenzeitlich auf ausländischen Banken angelegt, um Zinsen zu bekommen und erschienen dadurch ebenfalls als Guthaben, obwohl es eigentlich Kredite waren. Auch den Valuta-Guthaben von Bürgern stand natürlich eine Verpflichtung gegenüber.

Diese Hintergründe haben wir einmal beleuchtet und ein reales Bild gegeben, und dieses reale Bild war eben katastrophal. Es zeigte, daß die DDR ein hochverschuldetes Land geworden war, wobei ich immer wieder betonen muß, daß die DDR nicht zahlungsunfähig war. Zahlungsunfähig ist man, wenn man Rechnungen nicht bezahlen und Kredite nicht termingerecht zurückzahlen kann. In diese Situation sind wir zu keiner Zeit der Existenz der DDR gekommen. Aber für ein entwickeltes Industrieland wie die DDR wäre eine Schuldendienstrate von 25 Prozent normal gewesen. Die Schuldendienstrate bezeichnet das Verhältnis des Exportes eines Jahres zu den im gleichen Jahr fälligen Kreditrückzahlungen und Zinsen. Unsere Schuldendienstrate betrug aber 150 Prozent, d.h. der gesamte Export eines Jahres reichte bei weitem nicht, um die Summe der Kreditrückzahlungen und Zinsen zu bewältigen, die wir in diesem Jahr zu zahlen hatten. In dieser Situation galten wir zumindest als zahlungsunsicher. Dazu muß ich anmerken, daß die DDR aufgrund ihrer ökonomischen Lage und ihrer Lage in der Zahlungsbilanz gezwungen war, jährlich acht bis zehn Milliarden DM für neue Kredite zu mobilisieren, um die Wirtschaft am Laufen zu halten und die alten Kredite pünktlich zurückzahlen zu können. Um diese riesige Finanzsumme jährlich aufzubringen, unterhielt die DDR zu über 400 Banken Geschäftsbeziehungen.

Hertle: Sie schlagen zahlreiche Änderungen der Wirtschaftspolitik im einzelnen, verbunden mit einer Wirtschaftsreform im ganzen vor, auch Verbesserungen im Osthandel. Abgesehen davon, ob die nach Ihrer Ansicht unvermeidliche Senkung des Lebensstandards der DDR-Bevölkerung zugunsten einer stärkeren Akkumulation, also insbesondere mehr Investitionen vor allem im produktiven Bereich, realistisch war: Auf welche Konzepte für eine Wirtschaftsreform wollten oder konnten Sie zurückgreifen?

Schürer: Wir hatten mit vielen Wissenschaftlern auf dem Gebiet der Ökonomie natürlich Kontakt und viele Ideen und Gedanken, aber kein geschlossenes Projekt für eine Wirtschaftsreform. Vereinzelt gab es "Tischkastenmaterial"; Dinge, die man früher einmal verboten hatte und die man jetzt einfach erneut aus der Schublade ziehen konnte, wie zum Beispiel die Preisreform.

Unsere Grundidee war zu diesem Zeitpunkt weitgehend, aber aus heutiger Sicht natürlich auch noch halbherzig und zum Teil illusionär. Die Grundthese unserer Politbüro-Vorlage vom 27. Oktober bestand darin, daß wir "die Entwicklung einer an Marktbedingungen orientierten sozialistischen Planwirtschaft bei optimaler Ausgestaltung des demokratischen Zentralismus" vorschlugen. Das waren große Worte, ich will erläutern, was wir darunter verstanden haben. Inhaltlich wollten wir alle produktiven Kräfte stärken und alle nicht mit der Sozialpolitik verbundenen großen gesellschaftlichen Aufwendungen reduzieren. Wir wollten Leistung und Verbrauch in Übereinstimmung bringen, die Kräfte und Ressourcen auf die Beseitigung von Disproportionen konzentrieren, die exportintensiven Zweige fördern, und zwar besonders diejenigen, die die größte Exportrentabilität auf dem westlichen Außenmarkt aufwiesen, also vor allem den Verarbeitungsmaschinenbau. Wir stellten uns weiter die Aufgabe, den Aufwand im gesamten gesellschaftlichen Überbau zu verringern, also auch den Aufwand für die gesellschaftlichen Organisationen, womit auch die Parteien angesprochen waren. Die Investitionen wollten wir nicht auf den Neubau, sondern auf die Rationalisierung und auf Erhaltungsmaßnahmen konzentrieren. Im Planungssystem wollten wir die umfangreiche Administration und Überzentralisierung beseitigen, die Rechte der Kombinate und Betriebe wesentlich erhöhen und kleine und mittlere Betriebe aus den Kombinaten ausgliedern, um eine reaktionsfähigere, mittlere Wirtschaftsebene aufzubauen. Die Rolle des Geldes sollte als Maßstab für Erfolg und Mißerfolg erhöht und überhaupt wirksam gemacht werden, die Subventionen wollten wir auf soziale Subventionen beschränken und alle anderen Subventionen abschaffen und letztlich auch eine Preisregelung in Richtung auf eine Kaufkraftabschöpfung durchführen, um das an Geldmitteln abzuschöpfen, was - gemessen an der Leistung - bereits zuviel in Umlauf war. Und schließlich wollten wir international neue Wege der Zusammenarbeit mit der Bundesrepublik und den westlichen Industrieländern gehen, indem wir das Tabu, das es bis dahin gab - nämlich gemeinsame Betriebe zu schaffen - durchbrachen.

Hertle: Sie konnten dabei nicht auf Konzepte aus wissenschaftlichen Instituten oder Akademiebereichen zurückgreifen?

Schürer: Es gab keine fertigen Konzepte, kein Muster, auch keine Dokumente von oppositionellen Gruppierungen. Ich habe kein fertiges Konzept darüber kennengelernt, was bei einer "Wende" in der Ökonomie, geschweige denn in der Gesamtpolitik geschehen muß. Es kann sein, daß etwas existierte, aber davon weiß ich nichts.

Hertle: Sie erwähnten die Notwendigkeit von Sparmaßnahmen im gesellschaftlichen Überbau. Hatten Sie in etwa eine Vorstellung über die Größenordnung der volkswirtschaftlichen Kosten des bürokratischen Überbaus?

Schürer: Diese Übersicht hatte der Finanzminister Ernst Höfner, der in unserer Arbeitsgruppe mitgearbeitet hat. Sie waren im übrigen damals ebenfalls geheim. Wir wußten auf jeden Fall, daß der gesamte Wasserkopf für dieses Land mit seinen siebzehn Millionen Einwohnern viel zu groß war.

Hertle: Die Analyse schlägt ebenfalls Maßnahmen zur Verbesserung des Osthandels vor. Die RGW-Länder waren doch vermutlich aufgrund ihrer eigenen ökonomischen Krisen immer weniger in der Lage, ihre Lieferverpflichtungen untereinander einzuhalten. Welche Einbrüche waren im Osthandel seit dem Zusammenbruch der polnischen Ökonomie zu verzeichnen, welche Probleme stellten sich hier?

Schürer: Der Osthandel war für die DDR eine Schicksalsfrage. Die DDR mußte aufgrund ihrer gewissen Isoliertheit in der internationalen Wirtschaft die Hälfte ihres Nationaleinkommens gebrauchswertmäßig über Export und Import umverteilen. Siebzig Prozent des Außenhandels wurden mit sozialistischen Ländern abgewickelt, dreißig Prozent mit kapitalistischen Ländern und Entwicklungsländern. Der Osthandel war somit mehr als ein Standbein der ökonomischen Existenz der DDR. Der Handel mit der UdSSR wiederum machte von dem gesamten Handel mit den sozialistischen Ländern etwa die Hälfte aus. Ohne die Rohstoffimporte aus der UdSSR hätte die Wirtschaft der DDR überhaupt nicht existieren können. Die dreißig Prozent des Handels mit den westlichen Ländern darf man allerdings auch nicht unterschätzen. Fast die Hälfte davon war Handel mit der BRD; ein Handel, der selbst in härtesten Krisenzeiten, wenn auch mit Problemen und Störungen, funktioniert hat.

In einem früheren Material vom Mai 1989 hatte ich auf bedeutende außenwirtschaftliche Probleme im Osthandel durch die Preisexplosionen bei Rohstoffen, insbesondere bei Erdöl, hingewiesen. Darin hieß es: "Ab 1971/1972 trat eine Preisexplosion bei Rohstoffen, insbesondere bei Erdöl, ein. Gegenüber der UdSSR entwickelt sich der Erdölpreis je Tonne von 13,28 Rubel 1979 auf 168,18 Rubel 1985 sowie auf 112,34 Rubel 1989. Aufgrund dieser Entwicklung hat sich der Wert des Importes der DDR aus der UdSSR bis 1985 auf 245 Prozent erhöht, das materielle Produkt zu vergleichbaren Preisen aber nur auf 107 Prozent. Das erforderte, hohe Exportüberschüsse zu realisieren; auf dieser Grundlage konnten mit der UdSSR im wesentlichen ausgeglichene Zahlungsbilanzen gewährleistet werden. Gleichzeitig konnten mit den langfristigen Handelsabkommen 1986-1990 gegenüber dem Lieferniveau des Jahres 1985 bestimmte Rohstoffe nicht mehr vereinbart werden, wie Blei, Zink, Apatitkonzentrat, Ammoniumphosphat, Phosphor gelb, Phenol, Ruß, Schnittholz, Faserholz, Furnierplatten und Zellstoff mit einem Valutawert von etwa 1 Mrd. VM im Zeitraum des Fünfjahresplanes 1986 - 1990. Zugleich muß beachtet werden, daß die

UdSSR jährlich für ca. 5 Mrd. Rubel (24 Mrd. M VGW) Rohstoffe in die DDR liefert, was für die stabile und dynamische Entwicklung der Volkswirtschaft der DDR von großer Bedeutung ist."[3]

Natürlich führte die Zahlungsunfähigkeit von Polen im Jahre 1981 zu einer großen Beunruhigung auf den internationalen Kapitalmärkten; sie war einer der Ausgangspunkte für die hohen Kreditzinsen in der ersten Hälfte der achtziger Jahre. Das berührte die DDR und hat uns geschadet. Der Osthandel hat sich in dieser Zeit aber nicht rückwärts, sondern schrittweise weiter vorwärts entwickelt. Es gab einige Einbrüche - die UdSSR reduzierte ihre Erdöllieferungen, Polen die Schwefel- und Steinkohlelieferungen, Ungarn bestimmte Nahrungsgüterexporte -; umgekehrt könnten diese Länder aber auch sagen, daß sie bestimmte Produkte aus der DDR nicht mehr erhielten, weil diese gegen Valuta nach dem Westen verkauft wurden. Insgesamt jedoch war der Osthandel mit Problemen, die darin bestanden, daß die Spezialisierung und Kooperation aufgrund der völlig unklaren Preisverhältnisse nicht gut lief, intakt bis zur Wende.

Hertle: Kern Ihrer Schlußfolgerungen war, daß außer dem sowieso vorhandenen Jahreskreditbedarf der DDR in Höhe von acht bis zehn Milliarden DM zusätzlich eine weitere Kreditaufnahme, und zwar von mindestens zwei bis drei Milliarden DM, zwingende Voraussetzung aller denkbaren Wirtschaftsreformen war. "Allein ein Stoppen der Verschuldung würde im Jahre 1990 eine Senkung des Lebensstandards um 25 bis 30 Prozent erfordern und die DDR unregierbar machen", schreiben Sie, also die SED-Herrschaft gefährden und möglicherweise beenden. Als potentielle Geldgeber hatten Sie einerseits Länder wie Frankreich, Österreich und Japan im Auge, die an einer Stärkung der DDR als politischem Gegengewicht zur BRD interessiert waren, andererseits die BRD selbst. Wie sah das Kalkül gegenüber Ländern wie Frankreich, Österreich und Japan aus - auf welchen Erfahrungen in der Vergangenheit beruhte es? Welche Rolle spielten diese Länder als Kreditgeber der DDR und welche Interessen verfolgten sie damit?

Schürer: Die DDR galt damals bei allen großen Ländern als ein sehr solider, treuer und ständig zahlungsfähiger Kunde, denn nicht von ihr war die Unsicherheit ausgegangen, sondern von Polen und Rumänien. Mit Japan, Frankreich und Österreich haben wir die größten Geschäfte gemacht. Österreich haben wir z.B. beim Ausbau des Eisenhüttenkombinates Ost große Aufträge vermittelt, Japan hatte Aufträge erhalten, die gesamten Erdölverarbeitungskapazitäten in der DDR mit modernster Technik auszustatten, mit Frankreich waren es große Geschäfte im Stahlsektor und in der Düngemittelindustrie. Wir galten deshalb als wichtiger Wirtschaftspartner, schließlich wollten all diese Länder auf den Ostmarkt eindringen, und die DDR schien dafür ein geignetes Objekt zu sein.

Hertle: Welche Rolle spielte bei diesen Geschäftsbeziehungen das politische Interesse an einer selbständigen DDR?

Schürer: Dieses Interesse war sicherlich unterschiedlich ausgeprägt, aber vorhanden. Sie kennen ja den Spruch eines bekannten französischen Politikers, von dem sich Frankreich jahrzehntelang hat leiten lassen: "Wir lieben Deutschland so sehr, daß wir froh sind, daß es zwei davon gibt." Ich glaube, es gab international lange Zeit ein Interesse daran, die beiden Deutschlands nicht zusammenzuführen, sondern als zwei deutsche Staaten zu behandeln, schon alleine aus dem Grund, damit ein großer Konkurrent nicht noch größer wird. Bei mittleren und kleineren Länder existierte zudem Angst vor einem neuen, großen Deutschland. Auch in der Zeit der Wende wurde international nicht unbedingt die Wiedervereinigung gewollt.

---

3 Vgl. Zur ökonomischen Situation und den Ausgangsbedingungen für den Fünfjahrplan 1991 - 1995, Geheime Verschlußsache b 5 0448/89, 2. Mai 1989, S. 8 (PdV).

Hertle: *Womit glaubten Sie der Bundesrepublik die Gewährung eines neuerlichen Kredit schmackhaft machen zu können? Entgegen Ihren früheren Äußerungen enthielt die Analyse ja eine eindeutige Absage an jede Idee einer Wiedervereinigung mit der BRD oder der Schaffung einer Konföderation?*

Schürer: Die Idee einer Wiedervereinigung kann man bei mir überhaupt nicht finden, auch nicht, als ich im Jahr 1988 mit Schalck über die Notwendigkeit einer Konföderation mit der BRD gesprochen habe. Das geschah von uns aus damals illegal, und Schalck hat in seinen Verhandlungen mit Schäuble und Seiters getestet, wie die Reaktion auf solche Ideen sein würde. Aber sie kamen ja bekannterweise nicht zum Tragen.

Als wir uns im Jahre 1989 in der Zeit der Wende mit dieser Frage beschäftigt haben, haben wir an einen Erfolg in der Frage der Konföderation nicht mehr geglaubt. Wir haben gemeint, daß die Idee einer Konföderation für die BRD zu diesem Zeitpunkt nicht mehr annehmbar war und waren uns darüber im klaren, daß die BRD innere Veränderungen in der DDR gefordert hätte, ehe sie mit uns überhaupt in eine Diskussion über einen Weg zur Zusammenarbeit getreten wäre.

In einem bestimmten Punkt sind wir in unserem Dokument aber sogar einen Schritt weitergegangen; wir schrieben nämlich, daß wir "noch in diesem Jahrhundert solche Bedingungen schaffen müßten, die heute existierende Grenze beider deutschen Staaten überflüssig zu machen". Das heißt, wir hatten die Idee, die Mauer zur Disposition zu stellen. Das ist das erste offizielle Dokument der ehemaligen DDR, das nach meinem Überblick existiert, das sich erlaubt, die Mauer zur Disposition zu stellen. Bis zu diesem Zeitpunkt galt noch die Aussage von Erich Honecker: Die Mauer steht noch hundert Jahre! Um überhaupt einen Ansprechpartner zu finden, hielten wir es aber für notwendig, innere Veränderungen herbeizuführen.

Ich habe zum Beispiel in der Sitzung des Politbüros am 7. November 1989, also eine Woche später, dem "neuen" Politbüro - "neu", weil unter Leitung von Egon Krenz, sonst gab es ja kein neues Politbüro, es war das alte Politbüro, nur ohne Honecker, ohne Mittag und ohne Herrmann - mündlich vorgeschlagen, der Volkskammer eine Vorlage zur Bildung einer provisorischen Regierung der DDR vorzulegen. Dieses Übergangskabinett sollte unter breiter Beteiligung aller Parteien und aller damals in Erscheinung getretenen Bürgerbewegungen die Regierungsgeschäfte bis zur Durchführung geheimer, freier und gleicher demokratischer Wahlen übernehmen, damit dann eine aus freien Wahlen hervorgegangene Regierung die Verantwortung übernehmen konnte. Das heißt, ich habe in dieser Situation nicht mehr an eine Konföderation geglaubt, sondern es für notwendig erachtet, innere Veränderungen herbeizuführen, die dann wieder ermöglicht hätten, irgendeine Form der Zusammenarbeit zu finden, sogar eine Form, in der man die Mauer - allerdings in einer gewissen Zeit - zur Disposition stellt.

Hertle: *Ihr Vorschlag fand im Protokoll dieser Sitzung keinen Niederschlag. Wie waren die Reaktionen der Politbüro-Mitglieder?*

Schürer: Die Reaktion war so, daß man sich mit solch einem Vorschlag nicht beschäftigen wollte. Er wurde weder unterstützt noch abgelehnt. Man kam bei der Beschlußfassung auch nicht mehr darauf zurück. In den Protokollen des Politbüros wurde immer nur festgehalten, was beschlossen wurde. Mit der Nicht-Erwähnung im Protokoll war dieser Vorschlag unter den Tisch gefallen.

Hertle: *Wie meinten Sie die Souveränität der DDR bei dem angebotenen allmählichen Durchlässigmachen der Grenze zwischen beiden deutschen Staaten aufrechterhalten zu können?*

Schürer: Ich war mir darüber im klaren, daß die Souveränität der DDR nur noch eingeschränkt aufrechterhalten werden konnte, denn mir war klar, daß wenn uns die BRD schon mit acht bis zehn Milliarden unter die Arme greifen sollte, sie das nicht ohne politische Forderungen tun würde. Als Ökonomen haben wir diese Illusion nicht mehr haben können, weil wir wußten, daß es keinen anderen Ausweg gab. Einen Ausweg gab es nur dann, wenn es uns gelang, Kapital für Investitionen in neue Technik zu besorgen. Gelang uns das nicht, war ohnehin nur eine Angliederung möglich.

Hertle: Wenn Sie sich an die Sitzung des Politbüros am 31. Oktober 1989 erinnern: Wie wurde Ihre Vorlage diskutiert? Was waren die Meinungen der Politbüro-Mitglieder?

Schürer: Soweit ich mich erinnere, fand dazu keine längere Aussprache statt. Das heißt, die Vorlage wurde, ohne Veränderungen herbeizuführen, so angenommen, wie sie vorgelegt worden war. Auch der Beschluß wurde so gefaßt, wie er vorgeschlagen worden war.

Hertle: Bestandteil des Beschlusses war, sie in "ausgewogener Form" dem Referat von Egon Krenz auf der 10. ZK-Tagung zugrunde zu legen. Was sollte das schon wieder bedeuten? Waren die Politbüro-Mitglieder nach der Lektüre Ihrer Analyse vom Anblick der Leiche so erschrocken, daß sie das gerade gelüpfte Tuch schnell wieder über sie werfen wollten?

Schürer: Die Führung unter Leitung von Krenz hatte die Sorge, daß ein Schock entsteht, wenn die Lage der DDR in aller Klarheit gezeigt wird; ein Schock, der uns behindern könnte, mit sicherer Hand eine Überleitungsphase zu bewältigen.

In dem Gespräch mit Gorbatschow hatte Krenz dann am 1. November die "ungeschminkte" Lage dargestellt. Gorbatschow hat dem Bericht zufolge, den Krenz nach seiner Rückkehr am 7. November im Politbüro gab, geäußert, daß sie ja vieles gewußt hätten. Aber daß die Schulden über zwanzig Milliarden Dollar betrugen, wußten auch sie vorher nicht. Darüber waren sie erschrocken und haben auch empfohlen: Überlegt Euch, wie Ihr das den Menschen klarmacht! Vielleicht ist man auch aus diesem Grund "ausgewogen" vorgegangen, vielleicht war es aber auch noch ein Rest des Ausweichens vor der Klarheit der Probleme.

Hertle: Für ein Politbüro, daß sich die "Erneuerung" auf die Fahne geschrieben hatte, hätte doch die ZK-Tagung ein geeignetes Forum der Unterrichtung über die tatsächliche ökonomische Lage und auch der Diskussion des strategischen Kalküls, eine verstärkte Kooperation mit der BRD gegen den allmählichen Abbau der Mauer zu tauschen, sein können?

Schürer: Ganz sicher. Ich würde Ihnen absolut Recht geben, heute spricht sich das auch ganz leicht aus. Wir waren alle nicht kühn und nicht schnell genug, aber wir kamen ja auch alle zu spät. Wenn man allerdings die damalige Zeit als Insider mitgemacht hat, wußte man auch, in welches ZK wir gegangen sind: Auch das war das alte ZK, da war überhaupt nichts erneuert. Da drängten zwar junge Leute nach, und es gab sogar eine Rebellion gegen die alten Kräfte, es gab aber auch umgekehrte Stimmen.

Hertle: Entgegen dem ursprünglichen Auftrag legten Sie dem Zentralkomitee auch keinen Beschlußentwurf für eine Wirtschaftsreform vor. Warum nicht?

Schürer: Das stimmt. Ich muß aber darauf hinweisen, daß unsere Vorlage sowohl die Analyse wie auch Schlußfolgerungen beinhaltete. Ein Abschnitt in diesen Schlußfolgerungen hieß: "Durchführung einer Wirtschaftsreform mit sofort wirksamen und langfristigen Maßnahmen". Diesen Schlußfolgerungen wurde vom Politbüro als Arbeitsgrundlage zugestimmt, und die Grundgedanken wurden in das Referat des Generalsekretärs für die 10. ZK-Tagung übernommen. Damit sind auf diesem Wege die Vorschläge für die Wirtschaftsreform doch ins Zentralkomitee gelangt.

Hertle: *Am 31. Oktober akzeptierte das Politbüro die Analyse Ihrer Arbeitsgruppe und ihre Schlußfolgerungen als "Arbeitsgrundlage". Mit der Maueröffnung am 9./10. November 1989 war Ihr Kalkül: der BRD als Anreiz für neue Kredite ein allmähliches, zeitlich gestrecktes Durchlässigmachen der Grenze schmackhaft zu machen, gestorben. Hatte das Politbüro den Grundgedanken Ihrer Analyse nicht verstanden, als es die Mauer ohne ökonomische Gegenleistung der BRD öffnete und die sowieso schon angespannte Devisenlage der DDR damit auf die Spitze trieb?*

Schürer: Die politischen Ereignisse haben die Aussagen der ökonomischen Analyse und ihre Schlußfolgerungen in wenigen Tagen überholt und unmöglich gemacht. Die Maueröffnung, so wie sie vorgenommen worden ist, ohne jede Gegenleistung, hat es der DDR unmöglich gemacht, als Staat weiter zu existieren und ökonomisch eine organisierte Form der Überleitung oder des Zusammenwachsens beider deutscher Staaten zu finden. Das ist zunächst einmal Fakt, unabhängig davon, wie ich es beurteile.

Ich glaube sogar, daß die Öffnung der Grenze in dieser Form nicht die Absicht der Regelung gewesen ist, die vom Politbüro beschlossen, von Egon Krenz dem Zentralkomitee vorgelesen und von Günter Schabowski der Öffentlichkeit bekannt gegeben wurde. Die ursprüngliche Absicht dieser Regelung bestand darin zu verhindern, daß weiterhin zehntausende von Bürgern über die ungarische, polnische und tschechoslowakische Botschaft der BRD nach dem Westen flüchteten, sondern statt dessen eine organisierte Ausreise von DDR-Bürgern in die BRD ohne Umwege zu ermöglichen. Und der zweite Gedanke war, daß das Reisegesetz den Bürgern überhaupt die Möglichkeit eröffnen sollte zu reisen. Reise und Ausreise ist ja wohl nun doch noch ein Unterschied. Daß das so abgegangen ist, daß die Menschen nach den Worten von Schabowski einfach an die Grenze gegangen sind und die dort unter dem Druck der Massen die Grenze geöffnet haben und damit über Nacht die Grenze ohne jede Gegenleistung beseitigt war, ist der Ablauf der Geschichte gewesen, der sich so gestaltet hat, weil das Wort richtig ist: "Wer zu spät kommt, den bestraft das Leben!" Hier hat sich das Leben selbst reguliert.

Hertle: *Egon Krenz hat sich öffentlich gegen die Darstellung verwahrt, daß die Grenzöffnung auf einem Versehen des Politbüros beruhte, und er nun im nachhinein versuche, aus diesem "historischen Irrtum" seine persönliche Glanzleistung zu machen.*

Schürer: Ich glaube, das hat er zu Recht getan. Egon Krenz hat, wie er mir gesagt hat, am Abend des 9. November Informationen und Meldungen bekommen, daß Massen von Menschen an den Grenzübergängen besonders in Berlin den freien Übergang forderten, ohne daß sie ein Visum beantragt hatten. Die Menschen beriefen sich auf die Äußerungen von Günter Schabowski auf der täglichen Pressekonferenz der laufenden Tagung des Zentralkomitees, daß ab sofort eine neue Reiseregelung in Kraft getreten sei. In dieser Situation entschieden Egon Krenz und die Minister der bewaffneten Organe, die Grenze zu öffnen. Meines Erachtens ist es richtig zu sagen, daß diese Frage vom Volk entschieden wurde. Aber man sollte auch nicht vergessen, daß ohne das Verantwortungsbewußtsein und die Vernunft derer, die noch die Macht hatten, die Sache hätte ganz anders ausgehen können. Die Geschichte zeigt dafür Beispiele wie Rumänien.

Ich weiß, daß es nach diesem Tag völlig unsinnig war, der BRD vorzuschlagen, uns acht bis zehn Milliarden zu geben, damit wir in moderne Technik investieren und uns aus der tiefen Verschuldung herausarbeiten können - an der Seite der BRD, in irgendeiner Form der Zusammenarbeit, wie auch immer.

Hertle: Es hat aber trotzdem nach der Maueröffnung noch den Auftrag an Schalck gegeben, in Verhandlungen mit der Bundesregierung zu treten und herauszuholen, was herauszuholen ist!

Schürer: Na gut, das war ja auch richtig. Schalck hat bis zum letzten Tag vor seiner - ich nenne das einmal neutral - Übersiedlung nach West-Berlin und später in die BRD Kontakt mit der Bundesregierung, mit Schäuble und zuletzt mit Seiters gehabt. Er hat über das Ergebnis dieser Besprechungen auch im Politbüro informiert, aber die BRD brauchte zu dieser Zeit nichts mehr zu machen. Ich wurde am Rande der 10. ZK-Tagung von Wolfgang Herger, - der diesbezüglich immer ein nüchtern-weitsichtiger Denker war -, gefragt, welche Politik die BRD jetzt machen würde, wenn wir eine Konföderation vorschlügen. Darauf habe ich geantwortet, die werden einen Teufel tun und gar nichts machen. Die Politik läuft jetzt so für sie, die brauchen überhaupt nichts zu machen. So schnell können die gar nicht denken, wie sich die Lage in der DDR verändert. So ist es dann ja auch gekommen. Die BRD wollte nie den Einfluß Hans Modrows in der DDR auch noch dadurch stärken, daß sie ihm fünfzehn Milliarden DM überläßt.

Hertle: Nach Ihrer Meinung waren sich weder Politbüro noch Zentralkomitee der Tragweite der von ihnen verabschiedeten Regelung zu Privatreisen und zur ständigen Ausreise bewußt, somit die eingetretene Konsequenz - die Maueröffnung - nicht beabsichtigt?

Schürer: Das Politbüro war sich bewußt, daß jetzt eine massenhafte Reisetätigkeit in die BRD beginnt, und es war sich bewußt, daß die Anzahl der Ausreiseanträge anschwellen würde, wenn die Reisetätigkeit geregelt war. Aber ich behaupte, daß alle, denen im Zentralkomitee die neue Regelung vorgelesen wurde, nicht wußten, daß in der folgenden Nacht die Mauer fällt. Diese Tragweite haben sie nicht übersehen, vielleicht auch nicht übersehen können. Die Formulierungen waren ja so, daß diejenigen, die ausreisen wollten, sich einen Ausreiseantrag besorgen sollten, und diejenigen die reisen wollten, mußten - großzügig und ohne Einschränkung gehandhabt - eine entsprechende Eintragung in ihrem Personalausweis haben, und die holt man ja bei den Paß- und Meldestellen der Volkspolizei und nicht unmittelbar an der Grenze. Aber die Lage hat sich dann so entwickelt, daß diese Frage vom Volk entschieden wurde.

Hertle: Welche Konsequenzen hatte die Preisgabe des Faustpfandes "Mauer" für die Regierung Modrow, der Sie ja bis Januar 1990 auch noch angehörten, und ihr Verhältnis zur BRD? Was blieb danach noch als Handlungsspielraum übrig?

Schürer: Hans Modrow war über diese Situation sicher nicht glücklich. Er hatte ab 13. November die Regierungsverantwortung und eigentlich keinen Faustpfand mehr, wobei es mir schwer fällt, die Mauer als "Faustpfand" zu bezeichnen, das ruft ja auch Emotionen hervor. Aber in der Tat ist eine kontrollierte Grenze etwas anderes als gar keine Grenze. Und wenn zwei Staaten, die vierzig Jahre getrennt waren, plötzlich ohne Grenze sind, laufen Prozesse ab, die keiner mehr kontrollieren kann. Insofern war Modrows Handlungsspielraum wesentlich eingeschränkt, und seiner Hoffnung, von der BRD Mittel in Milliardenhöhe zu erhalten, die es erlaubt hätten, die DDR zu stabilisieren, war jede Grundlage entzogen.

Hertle: Die Modrow-Regierung hatte anfangs jedoch noch die Unterstützung der Sowjetunion für die Fortsetzung der DDR als selbständigem Staat?

Schürer: Diese Unterstützung gab es noch längere Zeit. Die UdSSR konnte aber der DDR niemals eine Unterstützung in Valuta geben, dazu war ihre eigene Lage schon viel zu kompliziert.

Der 9. November 1989 ist nicht dieser große Wundertag

Gespräch mit Gerhard Lauter, Berlin, 24.2.1992

Hertle: Können Sie eingangs Ihre Tätigkeit beschreiben und Ihre Sicht auf die Entwicklung, die zur Vorgeschichte der Maueröffnung gehört, darstellen?

Lauter[1]: Bei Übernahme des Amtes des Leiters der Hauptabteilung Paß- und Meldewesen des MdI im Sommer 1989 stellte sich mir die Situation als äußerst prekär dar. Der Druck nach Reisefreiheit der DDR-Bürger war außerordentlich stark und die Mitarbeiter dieses Dienstzweiges der Volkspolizei - ungefähr 13000 an der Zahl - waren diejenigen, die diesem Druck standhalten mußten, weil die politischen und juristischen Vorgaben so waren, daß die DDR-Bürger im wesentlichen bis auf Rentner und andere "Privilegierte" nicht reisen durften. Das widerspiegelte sich in massenhaften Auseinandersetzungen in den Dienststellen des Paß- und Meldewesens.

Die innenpolitische Situation in der DDR verschärfte sich; das Begehren nach "ständiger Ausreise", wie wir damals sagten, wurde immer stärker, allerdings auch die Reisewünsche. Wir selbst im engeren Kreis, auch im Freundes- und erweiterten Kreis der Mitarbeiter dieses Dienstzweiges, hätten ein Mehr an Reiseverkehr als stabilisierenden Faktor angesehen. Wir sahen natürlich die damit verbundenen ökonomischen Probleme, daß die DDR nicht über die dafür erforderlichen Devisen verfügte, daß Leute, die nach Paris fahren, sich dort auch ernähren müssen. Dieses Problem war uns schon bewußt. Aber auf dem Rücken unserer Mitarbeiter spielten sich Problemszenen ab. Sie standen den Bürgern als Sündenbock gegenüber, konnten aber nicht aus dem ihnen gegebenen juristischen und politischen Rahmen heraus.

So war die Situation im Sommer 1989. Die politische Krise in der DDR zeichnete sich aus unserer Sicht durchaus deutlich ab. Soweit ich mich erinnere, gab es Verlautbarungen über eine Erkrankung von Honecker, ohne daß seine längst von allen insgeheim erhoffte oder auch offen ausgesprochene Ablösung ins Haus stand. Im Gegenteil kamen aus Insiderkreisen des Zentralkomitees Stimmen, daß die bis dahin allgewaltige Parteiführung im Amt bleiben wollte. Das erfüllte uns schon mit Sorge.

Als im August 1989 die Ungarn ihre Grenze zu Österreich öffneten, gab es Alarmsignale dafür, daß zehntausende DDR-Bürger die Situation nutzen würden, um über die ungarisch-österreichischen Grenzen, in diese Richtung bestand ja für die DDR-Bürger Freizügigkeit im Reisen, die DDR zu verlassen.

Wir spürten den Druck insbesondere auch über unsere Verbindungsleute zum Ministerium für Staatssicherheit, die sich mit diesen Problemen ernsthaft befassen mußten, als auch seitens der Parteiführung, bei der es eine Abteilung für Sicherheitsfragen gab, deren Mitarbeiter die Verbindung zu uns auch auf der Arbeitsebene hielten.

---

1 Gerhard Lauter, geboren 1950 in Dresden. Studium der Kriminalistik an der Humboldt-Universität Berlin. Beginn der beruflichen Laufbahn mit Eintritt in das Referat IX (Anti-Terrorbekämpfung) der Abteilung Kriminalpolizei der Bezirksbehörde der Deutschen Volkspolizei in Leipzig. 1976 Wechsel in die entsprechende Hauptabteilung K des Ministeriums des Innern in Berlin. Beruflicher Aufstieg zum Stellvertreter Untersuchung des Leiters der Hauptabteilung Kriminalpolizei des MdI. Vom 1. Juli 1989 bis Oktober 1990 Leiter der Hauptabteilung Paß- und Meldewesen des MdI im Range eines Oberstleutnants, danach Entlassung in die Arbeitslosigkeit. Seither Aufnahme verschiedener Tätigkeiten.

Hertle: Waren diese Verbindungen institutionalisiert? Gab es regelmäßige, gemeinsame Besprechungen zwischen MdI, MfS und den zuständigen ZK-Abteilungen?
Lauter: Nein, die Zusammenarbeit war nicht institutionalisiert. Man kannte seine Partner aus der offiziellen Zusammenarbeit, wie sie international zwischen Ministerien üblich ist. Ich hatte genauso gute Kontakte zum Außenministerium und zu anderen Stellen im Land. Es gab festgelegte Partner, die für einzelne Arbeitsrichtungen und Planungstätigkeiten zuständig waren. Die Zusammenarbeit geschah nach Bedarf; es gab da keine organisierten Konferenzen oder Arbeitsbesprechungen. Die Zusammenarbeit erfolgte nach Anruf. Man traf sich dann dort oder dort; in der Regel aber im Innenministerium, weil es für Mitarbeiter des MdI etwas schwieriger war, in die Arbeitsräume des MfS zu gelangen. Umgekehrt war das einfacher.

Jedenfalls spürten wir von dort den Druck, und dahinter stand der Druck der engeren Parteiführung, der Gruppe um Erich Honecker, das ließ man durchblicken. Es war zu dieser Zeit fast eine Selbstverständlichkeit mit - wenn nötig - restriktiven Mitteln Reisen von Bürgern der DDR in die CSSR, in die Ungarische Volksrepublik, nach Bulgarien und auch Rumänien in diesem Sommer zu verhindern; Reisen also restriktiv zu handhaben, was aus der damaligen Rechtslage, mit der Paß- und Visafreiheit bei Reisen in dieses Gebiet, so gut wie unmöglich war.

Wir sahen als Polizei keine Möglichkeiten, Reisen in diese Region zu verhindern. Und jede Reise, die z. B. nach Bulgarien gebucht war, konnte ja benutzt werden, um irgendwo über die ungarische Grenze letztlich die DDR zu verlassen. Wir konnten in der gewünschten Richtung keine Vorschläge unterbreiten, und wir hatten das auch nicht vor. Wir hatten ja schon mit den sogenannten "Westreisen" in den Dienststellen genug Ärger. Mit der Verordnung, die im November 1988 erlassen worden war und die einen Fortschritt im KSZE-Prozeß darstellen sollte, weil endlich rechtlich geregelt worden war, wer wann zu welchem Geburtstag seiner Großtante nach Hamburg fahren konnte oder wer nicht, hatten wir zwar einen offiziellen Status dieser Reisen, aber gleichzeitig eine Restriktion zur vorherigen, wie es heute und auch damals hieß, "selbstherrlichen" Handhabung durch die Polizeidienststellen. Wir hatten einen echten Rückgang in der Reisetätigkeit nach dem Erlaß der Verordnung vom 30. November 1988. Am 14. März 1989 mußte eine Ergänzung dieser Verordnung erlassen werden, um dem gröbsten Druck der Ungereimtheiten dieser Verordnung aus dem Weg zu gehen.

Das Problem mit seiner gesamten schwierigen Auslotung war der Parteiführung und dem damaligen Generalsekretär gut bekannt. Es wurden regelmäßig Berichte gefertigt. Und es ist nachweisbar, daß diese Berichte ungeschminkt die bittere Wahrheit auf diesem Gebiet offenbarten.

Hertle: Worin sahen Sie diese bittere Wahrheit?
Lauter: Sie kam in den Äußerungen der Bürger, die in den Berichten zitiert wurden, zum Vorschein. Wir ließen uns monatlich über die Lage in den Dienststellen in den Bezirken unterrichten. Und diese haben uns ungeschminkt über ihre Probleme berichtet, wie stark der Druck der Bevölkerung auf die Dienststellen des Paß- und Meldewesens war. Das haben wir alles aus unserer Sicht wahrheitsgemäß der Parteiführung zugeleitet. Dafür, daß sie das zur Chefsache gemacht hatte, ist mir Beweis genug, daß sich der Generalsekretär nicht davon abhalten ließ, Zahlen, die wir statistisch sauber führten, persönlich in einer etwas primitiven und lockeren Art zu fälschen. Er hat Zahlen, die einen Anstieg der privaten Reisen in die Bundesrepublik nachweisen sollten, der Bundesregierung in Verhandlungen durch Mittag auf der Hannover-Messe im April 1989 zugespielt. Diese Zahlen sind nachweislich Fälschungen, weil die offiziellen statistischen Berichte, die wir darüber abzugeben hatten, dem nicht entsprachen. Auch insofern

sahen wir mit wachsender Sorge im Sommer und Spätsommer 1989 der Entwicklung auf diesem Gebiet entgegen. Wir spürten die starre Haltung der damaligen Führung.

Ich glaube, es war der 3. Oktober 1989, als sowohl der Innenminister als auch ich aus dem Radio erfuhren, daß der paß- und visafreie Reiseverkehr in die CSSR für die Bürger der DDR ausgesetzt worden war. Es läßt sich aus heutiger Sicht vielleicht überhaupt nicht mehr ermessen, was das für einen DDR-Bürger bedeutet hat. Die Herbstferien standen kurz bevor, hunderttausende hatten Reisen in die CSSR und darüber hinaus geplant oder über Reisebüros oder privat oder wie auch immer bereits gebucht. In den Südbezirken der DDR, im Raum Dresden und Karl-Marx-Stadt, gehörte das tägliche Überqueren der Grenze im kleinen Grenzverkehr absolut zur Lebensqualität. Und von einem Tag zum anderen wurde diese Information - offiziell verlautbart als Mitteilung des Innenministeriums - durch die Medien bekanntgegeben. Es war eine unvorstellbare Situation; als ich das erfuhr, habe ich meinen Minister angerufen, damals Armeegeneral Friedrich Dickel, und ihn gefragt, ob er davon was wisse. Er hat mich gefragt, was ich denn da verzapft hätte. Wir wußten also beide nichts, obwohl ich staatlicherseits dafür hätte zuständig sein müssen. Wie sich später herausstellte, war diese Geschichte zwischen Honecker, Mittag und Herrmann abgesprochen, und Herrmann hat das dann als ADN-Meldung aus dem Innenministerium an die Medien geleitet. Das löste eine Sturmwelle des Protestes aus und führte bis zu Streiks in einzelnen Betrieben insbesondere im südlichen DDR-Raum.

Seit dieser Zeit überschlugen sich dann die Ereignisse, die am 18. Oktober zur Entmachtung Honeckers führten. Ich glaube nicht, daß die von mir geschilderten Ereignisse für seinen Sturz maßgeblich waren, aber sie waren Anzeichen dafür, daß diese Führung jeden Boden unter den Füßen und das Gefühl für die Realitäten im Land verloren hatte.

Vorausgegangen war Anfang Oktober 1989 eine Episode, die für mich persönlich ausschlaggebend war und nicht nur dazu führte, meine Zweifel an der Fähigkeit dieser Leute, das Land zu lenken, zu verstärken, sondern ihnen diese Fähigkeit auch abzusprechen. Wir bekamen von einem Tag auf den anderen den Auftrag - der Innenminister, der Außenminister und der Minister für Staatssicherheit -, über unsere Fachorgane unter Federführung des Innenministeriums, also meines Arbeitsbereiches - und solche Aufträge kamen nur vom Politbüro, wenn es um solche heißen politischen Fragen ging -, die Reiseprobleme der DDR-Bürger auf eine solche Art und Weise zu lösen, daß für sämtliche Reisen ins Ausland die Paßpflicht eingeführt wird. Das hätten wir vielleicht sogar noch technisch für zwölf Millionen paßpflichtige Bürger bewältigt. Aber es gab die klare "politische" Forderung des Generalsekretärs, diesen Paß vom Outfit her rot zu gestalten. Und das war ein Ding der Unmöglichkeit. Zwölf Millionen rote Pässe innerhalb von drei Tagen herzustellen, das kann wahrscheinlich kein Land der Welt, und diese dann auch noch einzuführen und zu verteilen - und nur dann darf man raus, egal wohin! Uns waren kürzeste Fristen gestellt, und wir hatten den striktesten Auftrag, der mir gegenüber zum Befehl ausartete, eine solche Vorlage für das Politbüro zu fertigen. Sie wurde auch gefertigt, und ich hatte den Auftrag, innerhalb von drei Tagen 60 rote Musterpässe herstellen zu lassen.

Hertle: Was war der Sinn des neuen Passes?

Lauter: Der Sinn war, daß erst einmal Zeit gewonnen wurde und daß kein Bürger das Land verlassen konnte, außer aus dienstlichen Gründen. Der Paß der DDR war traditionell blau, es war irgendwie gewachsen, daß diese Farbe zur Staatlichkeit der DDR gehörte. Ich weiß nicht, woher das kommt, das müßte man historisch ergründen. Ab morgen sollte sozusagen alles rot sein. Man hätte möglicherweise Zeit über Monate gewonnen, aber ich glaube, dann wäre die Revolution möglicherweise nicht friedlich verlaufen.

Es gibt 60 rote Musterpässe, die dem Politbüro zugestellt werden sollten. Es ist einigen vernünftigen Leuten in der Umgebung der Parteiführung zu verdanken, wie zum Beispiel dem damaligen Leiter der Abteilung Sicherheit im ZK, Dr. Wolfgang Herger, die mit einem relativ mutigen Auftreten das Einbringen der Vorlage fünf vor zwölf verhindert haben. Ich glaube, es wäre innenpolitisch zur Katastrophe in der DDR gekommen.

Hertle: Man wollte so eine Art Stubenarrest über das Volk verhängen?

Lauter: Ja. Das Volk muckt auf, jetzt werden wir es erst einmal für fünf Monate einsperren. - Im übrigen wurde die Vorlage, die an meinem Schreibtisch entstand, so verfaßt, daß wir auf die ökonomische Unmöglichkeit verwiesen haben, diesen Auftrag zu realisieren. Keine Druckerei der Welt kann innerhalb von drei Tagen zwölf Millionen Pässe auf den Tisch legen, und kein Verteilungssystem ist in der Lage, sie innerhalb von kürzester Zeit an den Mann zu bringen. Wir haben es also technisch und nicht politisch begründet.

Diese Vorgeschichte gehört für mich zum Verständnis der Situation. Was da passierte, sprengte den Rahmen des Verständlichen. Andererseits verstärkte sich Anfang Oktober auch der internationale Druck nach der Pariser KSZE-Menschenrechtskonferenz, an der die DDR beteiligt war, auf die Gewährung von Reisemöglichkeiten und die Möglichkeit, das Land für immer zu verlassen. Hier sah sich die DDR, die ja immer internationale Reputierlichkeit anstrebte, veranlaßt, bestimmte Schritte einzuleiten. Ich glaube, dorther kam der Impuls und aus der Tatsache, daß die Reisemöglichkeit aus der DDR durch Verordnung geregelt war und der Helsinki-Prozeß vorsah, dies durch Gesetz zu regeln. Die DDR-Juristen dort hatten vielleicht übersehen, daß es einen Unterschied zwischen Gesetz und Verordnung gibt. Aus der außenpolitischen Ecke jedenfalls kam der Impuls, die Reisemöglichkeiten aus der DDR heraus durch Gesetz zu regeln.

Ich glaube, hier beginnt das eigentliche Verständnis für den 9. November, weil Anfang Oktober eine Arbeitsgruppe der Regierung unter der Federführung des Innenministeriums unter Beteiligung des Ministeriums für Staatssicherheit, des Justizministeriums, des Außenministeriums, des Finanzministeriums und der Staatlichen Plankommission gebildet wurde, die den Entwurf eines Reisegesetzes auszuarbeiten hatte. Das wurde nach meiner Meinung stärker durch den äußeren Druck auf die DDR initiiert als durch die innere Entwicklung, die man ja auch weiterhin über restriktive Verordnungen oder "Mitteilungen von ADN" hätte regeln können.

Hertle: Worin bestand der entscheidende Unterschied, ob diese Frage durch ein Gesetz oder eine Verordnung geregelt wurde?

Lauter: Ein Gesetz ist durch das Parlament zu verabschieden, und eine Verordnung kann die Regierung machen.

Hertle: Unter den damaligen Bedingungen funktionierte doch die Volkskammer auch auf Verordnungsbasis!

Lauter: Das haben vielleicht die westlichen Staaten in Helsinki nicht so genau gewußt.

Hertle: Aber Sie machen ja jetzt den Unterschied!

Lauter: Auch bei der gewesenen "Fernbedienung" der Volkskammer durch das ZK besaß diese eine politische Eigenständigkeit; es gab Fraktionen und Ausschüsse, die ein Gesetz öffentlich durchlaufen mußte. Es war schon im Herbst 1989 klar, daß bestimmte Gesetze nicht so ohne weiteres durch die Volkskammer liefen. Die Ausschüsse und die Abgeordneten aktivierten sich. Eine Gesetzesinitiative hätte doch eine viel breitere öffentliche Resonanz gefunden als eine Verordnung, die im stillen Kämmerlein der Regierung ausgearbeitet und dann per Gesetzblatt bekannt gemacht worden wäre.

Im übrigen wurde die Stimmung in der Bevölkerung auch dadurch sensibilisiert, daß über ADN eine Meldung verbreitet wurde, daß der Innenminister der DDR beauftragt wurde, ein Reisegesetz vorzubereiten und noch 1989 der Volkskammer zur Beschlußfassung vorzulegen. Die Diskussion in dieser Arbeitsgruppe und die Abstimmung mit den Ministerien führte dann zu drei oder vier Entwürfen einer Politbüro-Vorlage, die allesamt nicht an der Grundkonzeption scheiterten, - denn in diesen Entwürfen war schon weitestgehend die Reisefreiheit konzediert, allerdings noch unter der Bedingung eines vom Staat erteilten Ausreisevisums; sie waren auch mit der Vorstellung einer langjährigen Existenz der DDR verbunden, einer politischen Stabilisierung der DDR. Die Entwürfe scheiterten im wesentlichen an der Frage der Ausstattung der Bürger mit Reisezahlungsmitteln.

Hertle: Können Sie sich noch in etwa an den Zeitpunkt der Vorlage der Entwürfe erinnern?

Lauter: Mehrere Entwürfe waren bis hin zu Politbüromitgliedern abgestimmt, und ich hatte die außerordentliche Ehre, als "Chefautor" bei den Unterzeichnern einer Politbüro-Vorlage, wenn sie dafür bestimmt waren, persönlich vorzusprechen und mir die Unterschriften einzuholen. Das gehörte zu diesen häßlichen Gepflogenheiten; es war nicht immer leicht, Stunden in irgendwelchen Vorzimmern zu verbringen, um zu einer Unterschrift zu gelangen. Es zog sich eigentlich bis Mitte Oktober hin. Dann kam es zur Ablösung Erich Honeckers auf der 9. ZK-Tagung am 18.10.1989. Das Politbüro war zu diesem Zeitpunkt offensichtlich nicht mehr in der Lage, Entscheidungen herbeizuführen. Es waren Argumentationen vorbereitet für das Volk, daß nun das große Geschenk kommt und jeder fahren darf, aber daß es letztlich kein Geld dafür gibt. Damit wäre fast die Unmöglichkeit des Reisens für jedermann genauso programmiert gewesen.

Am 6. November erschien der Entwurf des Reisegesetzes in der DDR-Presse - allerdings in einer juristisch aus meiner Sicht verstümmelten Fassung; es war nicht das, was ich kurz vorher als Vorlage im Politbüro abgegeben hatte, sondern es wurde in Einzelaktionen zwischen W. Stoph, Oskar Fischer und anderen noch einmal juristisch beschnitten. Ich war dann zwar sehr betrübt, aber es spielte am Ende nicht mehr die große Rolle, weil sofort eine Gegendiskussion einsetzte, daß das nicht weit genug ginge und zu Recht gesagt wurde, daß dieser Diskussionsentwurf von der Zeit überholt war. Das war uns eigentlich klar, aber wir hatten im Rahmen der damals herrschenden politischen Vorgaben gehandelt.

Jedenfalls wurde der Gesetzentwurf am 6. November veröffentlicht. Aus meiner Sicht kam es dann zu einer dramatischen Entwicklung. Ich wurde einen Tag zur Erläuterung des Entwurfs durch die Medien gereicht, abends zu einer Live-Diskussion ins Fernsehen geladen. Mein Hauptgegner war damals Gregor Gysi, der das Gesetz maßgeblich angriff...

Hertle: ...Sie wurden sozusagen als 'Watschenmann' vorgeführt?

Lauter: Ja. Ich saß da mit meiner Polizeiuniform und war sozusagen der Bösewicht, der diesen Entwurf zu vertreten hatte - wobei ich ihn in wesentlichen Teilen, die Gysi angriff, nicht zu verantworten hatte, weil diese Teile noch nachträglich hineingekommen waren. Jedenfalls war klar, daß das Gesetz mindestens ein halbes Jahr zu spät kam. Ein halbes Jahr eher wäre der Entwurf vom Volk angenommen worden. Jetzt war die Krise vorangeschritten und zeichnete sich in allen Bereichen der Gesellschaft unübersehbar ab, und zwar in allen Fragen: politisch, ökonomisch und international. Das Leben hatte sozusagen schon bestraft, so daß das Gesetz öffentlich durchfiel und wir sofort den Auftrag bekamen, einen nächsten Entwurf zu erarbeiten bzw. die mit der Veröffentlichung angekündigte öffentliche Diskussion zu führen. Wir haben das intensiv betrieben. Wir erhielten innerhalb weniger Tage 60.000 Briefe mit Vorschlägen und Änderungshinweisen und haben Tag und Nacht gesessen und wäschekorbweise lange Briefe studiert. Die Richtung zeichnete sich ab: Abschaffung des Visazwangs, Ausstattung mit Reisemitteln. Dafür konnte ich als innenministerieller Vertreter ganz wenig tun, weil wir das Geld nicht gehabt hätten.

Hertle: Nach der Veröffentlichung des Reisegesetz-Entwurfes am 6.11.1989 tagte am 7.11.1989 das Politbüro. Auf der Tagesordnung stand an achter Stelle eine "Information des Genossen O. Fischer über die Situation bei der Ausreise von DDR-Bürgern über die CSSR". Im Protokoll heißt es: "Genosse O. Fischer unterbreitet in Abstimmung mit den Genossen F. Dickel und E. Mielke einen Vorschlag für das ZK der SED, wonach der Teil des Reisegesetzes, der sich mit der ständigen Ausreise aus der DDR befaßt, durch eine Durchführungsbestimmung sofort in Kraft gesetzt wird". Von wem haben Sie nach dieser Sitzung einen Auftrag zur Umsetzung dieses Vorschlags erhalten?

Lauter: Ich nehme diese Mitteilung erst einmal mit einer gewissen Genugtuung zur Kenntnis, weil es von Egon Krenz und Günter Schabowski, die mir damals nicht persönlich, sondern nur als politische Halbgötter bekannt waren, die Behauptung gibt, daß es in dieser Politbüro-Sitzung einen Beschluß gegeben hätte, die Reisemöglichkeit für DDR-Bürger kurzfristigst so zu regeln, wie es dann nach dem 9. November geschehen ist. Daß der Initialvorschlag von Oskar Fischer, dem Außenminister der DDR, unterbreitet wurde, bestätigt mich auch in der Auffassung, daß es ein ganz starkes Drängen gab - und das entsprach mir vorliegenden Informationen -, daß Milos Jakès, der damalige Generalsekretär der KPTsch, forderte, schnellstmöglich die Probleme, die die flüchtenden DDR-Bürger nach der Wiederzulassung des paß- und visafreien Reiseverkehrs mit der CSSR seit dem 1. November - das erreichte ja Größenordnungen von bis zu 20.000 Menschen pro Tag - der CSSR bereiteten, als Problem in die DDR zurückzuverlagern. Dies war mit der direkten oder indirekten Androhung verbunden, entweder an Krenz oder an den Außenminister, die Grenzen zwischen der DDR und der CSSR zu schließen.

Hertle: Woher hatten Sie diese Information?

Lauter: Sie stammte aus Quellen des MfS und des Zentralkomitees der SED, und ich erfuhr sie in Verbindung mit dem Auftrag, der mir am 8. November 1989, das war ein Mittwoch, erteilt worden ist.

Ich bin nicht mehr in der Lage zu sagen, ob mir dieser Auftrag von Innenminister Dickel oder seinem ersten Stellvertreter, Lothar Ahrendt, erteilt wurde. Der Auftrag lautete, daß ich mir Gedanken machen sollte, kurzfristig eine rechtliche Regelung als Beschlußvorlage für den Ministerrat auszuarbeiten, wie das Problem der ständigen Ausreise von Bürgern der DDR über die Grenze der CSSR nach der Bundesrepublik Deutschland in die DDR verlagert werden kann. Das war der gesamte Auftrag. Und es war für mich nach der Jurisdiktion, die wir zu dieser Zeit hatten, auch ganz eindeutig, daß in keiner Weise die allgemeinen Reisemöglichkeiten gemeint waren.

Hertle: Dieser Auftrag wurde Ihnen mündlich erteilt?

Lauter: Ja. Es gab da keine schriftlichen Aufträge. Man bekam einen Anruf, dann leuchtete auf dem Tableau mit den vielen grünen Knöpfen ein roter auf und man wußte, das ist ein großer Auftrag. Diesen Anruf stellte dann auch nicht die Sekretärin durch, sondern man kam gleich selber ins Gespräch. Ich bin mir nicht mehr sicher, ob es Friedrich Dickel oder Lothar Ahrendt war, der mir diesen

Auftrag erteilt hat. Aber das hätte in der Sache keine Rolle gespielt, denn wenn Dickel nicht im Haus war, hat Ahrendt amtiert, und damit war es die gleiche Befehlshierarchie. Der Auftrag lautete weiter, daß ich mich dazu am nächsten Morgen mit verantwortlichen Mitarbeitern des MfS zusammensetzen solle - obwohl ich dafür gar nicht zuständig war. Die Regelung der ständigen Ausreise oblag nämlich staatlich gesehen der Hauptabteilung Innere Angelegenheiten im Innenministerium der DDR, die für die Arbeit der Abteilungen Innere Angelegenheiten der örtlichen Räte zuständig war. Und dort lag ja das Problem der Antragstellung und Entscheidung für ständige Ausreisen, während bei mir zu diesem Zeitpunkt die Verantwortung für die 'normalen' Reisen lag. Komischerweise wurde ich beauftragt.

Ich habe zunächst geschluckt; erstmal war ich nicht zuständig, aber das zeigt schon die Hektik der Zeit, daß die gar nicht mehr so genau wußten, wer da der richtige Mann wäre. Ich habe dann noch schnell zwischengefragt, soll das auch über die Grenze nach West-Berlin laufen, weil das ja ein beachtenswerter Punkt war - "Ja, ja, auch West-Berlin." Nur hatte man wahrscheinlich nie darüber gesprochen, aber das fällt einem dann so ein. Und ich wagte dann auch noch einzuwenden, da ist doch eigentlich Gotthard Hubrich zuständig, so hieß der leider zwischenzeitlich verstorbene Hauptabteilungsleiter für Innere Angelegenheiten, den ich deshalb nicht mehr als Zeugen benennen kann. "Ja, dann nimm' den morgen dazu. Und dann kommen zu dir zwei vom MfS 'rüber, Ihr setzt Euch zusammen und stimmt das kurzfristig mit der Abteilung Sicherheit im ZK ab und dann legen wir die Regelung vor." Die beiden vom MfS waren der Leiter der Rechtsstelle, Dr. Udo Lemme, und der stellvertretende Leiter der Hauptabteilung VII, Dr. Joachim Krüger. Wir kannten uns von der gesamten Arbeit am Reisegesetz und aus früheren Gegebenheiten. Mit Udo Lemme hatte ich einmal gemeinsam an einer Generalamnestie gearbeitet. Man kannte sich aus verschiedenen Formen der Zusammenarbeit, die - wie gesagt - nicht institutionalisiert waren.

Wir haben uns dann am 9. November etwa um neun Uhr zusammengesetzt; jeder hatte inzwischen diesen Auftrag. Mit Hubrich hatte ich mich vorabgestimmt. Er war glücklich, daß er nun seine Probleme in der DDR lösen konnte, daß es großzügig 'rausgehen sollte und er diesen entsetzlichen Druck los war. Es hat doch keinem Mitarbeiter dieses Staates Spaß gemacht, den Antragstellern auf ständige Ausreise ohne Begründung zu sagen: "Du nicht!" Das war auch ein menschliches Problem. Er war also glücklich und das andere interessierte ihn nicht sonderlich - jeder ist ja doch so ein bißchen ein Fachidiot. Insofern wurde vielleicht auch im nachhinein durch die Medien meine Rolle an diesem Tag herausgehoben, weil ich Protest einlegte und argumentierte, daß es wirklich eine Schizophrenie ist, jeden, der mal seine Tante in Hamburg besuchen will und fest gewillt ist, in die DDR zurückzukommen, nicht fahren zu lassen, aber jeden, der das Land verlassen will, sofort fahren zu lassen - ohne Verfahren, Prüfung oder Genehmigung, ohne alles, was bis dahin üblich war. Ich habe gesagt, das können wir doch nicht machen, das wird doch innenpolitisch völlig idiotisch, was hier dann abläuft.

Hertle: Das war während der Sitzung am 9. November?

Lauter: Ja.

Hertle: Was haben Sie am 8. November gemacht, nachdem Ihnen der Auftrag erteilt worden war?

Lauter: Da habe ich mich mit meinen Mitarbeitern beraten, und wir kamen zu dem Schluß, daß die Regelung so, wie sie vorgegeben war, nicht geht. Und ich hatte das Mandat meiner Leute - man zieht ja bei einer solchen Ausarbeitung zur eigenen fachlichen Absicherung diesen oder jenen Experten hinzu -, daß wir versuchen, das dann generell zu regeln.

Hertle: *Sind Sie mit einer fertigen Vorlage in die Beratung am 9. November gegangen?*

Lauter: Nein, das war zwischen uns nicht üblich. Es hatte sich eine persönliche Art der Zusammenarbeit zwischen den leitenden Mitarbeitern dieser Organe herausgebildet; dazu gehörte auch, daß man den anderen nicht mit fertigen Papieren überrascht hat, sondern in diesem Kreis die Sache ausdiskutiert hat. Wenn man zu einem Ergebnis gekommen war, hat man einen Mitarbeiter herangeholt und dem das diktiert. Die Entwürfe hat man mehrmals diskutiert, schreiben und kopieren lassen, und wenn man sie später dann zum Lesen hatte, wurden sie so lange verändert, bis man zu einem Konsens kam. In solchen Diskussionen gab es auch keine Dominanz eines bestimmten Organs; in diesem persönlichen Kreis galten die besseren Argumente. Oder aber es hatte jemand solche politischen Vorgaben, daß er nicht von seiner Position weg konnte, das gab es auch. Dann lag die Dominanz bei den Vertretern des MfS, weil sie den Direktdraht zum Politbüro hatten und sich auf politische Vorgaben des Generalsekretärs berufen konnten. Das konnten wir als Mitarbeiter des MdI nicht, weil unser Minister in diesem Gremium nicht vertreten war und auch in der Regel erst über Mielke informiert wurde.

Hertle: *Die Mitarbeiter des MfS hatten ihren Auftrag von Mielke direkt erhalten?*

Lauter: Ja. Solche brisanten Aktionen liefen meines Wissens im MfS so, daß die beauftragten Leute zu ihrem Minister oder zum amtierenden Minister gerufen wurden und von ihm persönlich diesen Auftrag erhielten. Dann wurde in der Regel in Anwesenheit dieser Mitarbeiter mit dem anderen Partner-Minister gesprochen und gesagt: "Paß' mal auf, ich schicke dir jetzt die, und die wenden sich an wen bei dir?" - in dem Fall war das also Lauter - "und die setzen sich dann morgen zusammen und machen das. Bis dahin macht sich mal jeder Gedanken, wie das aussehen könnte." Und so kam am 9. November sicher jeder mit Gedanken, aber nicht mit fertigen, vorbereiteten Papieren.

Hertle: *Sie brachten jetzt Ihre Gedanken aus dem Leiter-Gespräch im MdI mit; mit welchen Gedanken kamen denn die Mitarbeiter des MfS?*

Lauter: Sie kamen erst mal mit der Intention, den Auftrag wortwörtlich zu erfüllen, also die ständige Ausreise zu klären, indem wir die ständige Ausreise über die Grenzen der DDR lösen, um den Druck von der CSSR wegzunehmen. Das war ja offensichtlich die Intention dieser Politbüro-Sitzung vom 7. November, wobei sicher die Illusion mitgeschwungen ist, daß die Masse der DDR-Bürger im Land bleiben wollte. Aber aus der Lagekenntnis dessen, was sich in den Paß- und Meldestellen abspielte, den Reisewünschen, den wahnsinnigen Konfrontationen zwischen Polizei und Bürgern, die tagtäglich tausend- oder zehntausendfach abliefen, war mir klar, daß das weder eine kurzfristige noch gar eine mittelfristige Lösung hätte sein können.

Wir hatten exakte Zahlen über die Anzahl der Anträge, auch über die Motive der Antragsteller und ihre soziale Zusammensetzung.

Hertle: *Trotzdem glaubten Sie, daß es nicht zu einem Massenexodus aus der DDR kommen würde?*

Lauter: Nein, wenn bestimmte politische Bedingungen gesetzt würden. Und wir standen ja noch unter dem Eindruck der Aufbruchstimmung vom 18. Oktober mit der Erklärung von Krenz. Wir waren in einer solchen Anspannung und auch der Hoffnung, ganz subjektiv, also jetzt könnten wir es noch packen. Krenz hatte ja in seiner Erklärung auch Anmerkungen zur Ökonomie gemacht und Öffnungen, marktwirtschaftliche Elemente angedeutet; es wurde ein anderes Verhältnis zur Bundesrepublik angekündigt, es gab die Telefonate mit Kohl und ... und ... und. Diesen politischen Hintergrund muß man ja auch sehen. Und wir hatten ja immer noch den Auftrag vor uns liegen, den Entwurf des Reisegesetzes dahin zu führen, noch 1989 die Reisefreiheit herbeizuführen. Im Prinzip hätte der 9. November auch 21. Dezember heißen können, und dann wäre er legal, also nicht überraschend gelaufen. Das hatten wir alles im Hinterkopf, man darf den 9. November ja nicht aus seiner Vor- und Nachgeschichte herauslösen.

Hertle: Wie kam es jetzt zu diesem berühmten Passus, der "Privatreisen ohne das Vorliegen von Voraussetzungen" erlaubte und offensichtlich den Auftrag des Politbüros sprengte? Wie haben denn Ihre Kollegen vom MfS diskutiert?

Lauter: Dieses Argument war einleuchtend. Ich habe nur auf die von uns vorgelegten Berichte zur Situation des Reiseverkehrs und zur Ablehnung des Reisegesetz-Entwurfes verwiesen und daß es aus meiner Sicht im Interesse der Erhaltung der DDR politisch unverantwortlich wäre, hier eine so einseitige Regelung zu erarbeiten; das wäre aus meiner Sicht auf totales politisches Unverständnis gestossen und hätte zu einer wirklichen Schizophrenie auf diesem Gebiet geführt und dazu, daß die Welle der Anträge auf ständige Ausreise enorm angestiegen wäre. Das habe ich so gesehen, und ich glaube, diese Argumente - wir haben sicher länger als fünf Minuten über diesen Passus diskutiert - haben meine Partner überzeugt.

Wir wußten nicht, wie es ausgeht - nicht im Sinne von Bestrafung oder Absetzung, die hätten das ja jederzeit ändern können. Aber wir waren der Überzeugung, wir müssen eine Lösung vorschlagen, die beide Seiten regelt. Und so steht unter dem Beschluß des Politbüros "Zu Fragen der Regelung der ständigen Ausreise von Bürgern der DDR über die Grenze der CSSR" als erster Punkt "Privatreisen". Das paßt überhaupt nicht zur Überschrift!

Hertle: Der Entwurf wurde in Ihrem Arbeitszimmer erarbeitet. Welchen Weg hat er dann genommen?

Lauter: Das war kompliziert. An diesem Tage fand die 10. Tagung des Zentralkomitees der SED statt, es war klar, daß Minister Friedrich Dickel nicht im Haus war. Ich habe mit seinem Adjutanten - diese Funktion gab es damals - abgesprochen, daß er einen Weg findet, Friedrich Dickel dieses Papier zuzuspielen und die Partner des MfS, wenn es abgestimmt ist mit der ZK-Abteilung für Sicherheitsfragen - und da gab es Zustimmung, denn das war ja so etwa der Auftrag - es auch ihrem Minister geben und die es dann gemeinsam Krenz irgendwie zuspielen.

Gegen Mittag waren wir fertig und mein Kraftfahrer hat den Entwurf dann zum ZK gebracht.

Hertle: Der erste Weg wäre jetzt gewesen, daß Sie die Zustimmung von Dickel einholen...

Lauter: ...nein, daß ich ihm den abgestimmten Entwurf auf den Tisch lege. So viel Vertrauen gab es; ich brauchte nicht mit ihm zu reden, damit er einverstanden ist. Das mußte er dann schon dort selbst sehen...

Hertle: ... gut, aber er mußte ihn erst einmal in die Hand bekommen, und auf der anderen Seite doch wahrscheinlich Mielke ebenfalls?

Lauter: Ja, das hat aber die andere Seite über ihre Wege organisiert...

Hertle: ...ja...

Lauter: ... und das wurde getan.

Hertle: Dann ging er ins ZK...

Lauter: ... und ab dann war das Papier für uns außer Kontrolle.
Hertle: Sie wissen nicht, was dann weiter mit dem Papier passiert ist?
Lauter: Nein. Ich weiß es nachträglich aus Veröffentlichungen von Schabowski; das sind aber alles Versionen, die ich nicht verifizieren kann.
Hertle: Ein Kurier...
Lauter: ... hat das Papier ins Haus der Zentralkomitees gebracht. Ein Kraftfahrer, ich glaube, es war sogar meiner, hat es in dieses große Haus gebracht. Ich hatte mir bestätigen lassen, daß er es beim richtigen Mann abgegeben hatte. Damit entzog sich die Sache meiner Kontrolle.
Hertle: Wer war der richtige Mann?
Lauter: Na, Dickel dann. Das war ja der Adressat für mich. Ich kann ja nicht über seinen Kopf hinweg ein Papier des Innenministeriums herausgeben, wenn er Minister ist; das geht nicht.
Hertle: Die Rede Dickels kurz vor Mittag im ZK bietet keine Anhaltspunkte dafür, daß er eine Vorstellung davon hatte, was Sie gerade ausgeheckt hatten!
Lauter: Nein, das kann er gar nicht. Es gab kein Gespräch. Ich glaube, es gab am Morgen des 9. November ein kurzes Gespräch, da war ich so für zehn Minuten beim Minister. Er bestätigte mir noch mal den Auftrag und ließ sich bestätigen, daß ich diesen auch richtig verstanden und Kontakt mit den Partnern aufgenommen hatte. Es gab in dieser Zeit sehr viele kurze persönliche Kontakte, wo man für fünf Minuten zum Minister gerufen wurde. Da wurden Eilabfragen oder Eilaufträge erteilt zur Zusammenstellung von Zahlenmaterial oder irgendwas - irgendwelche Berichte ganz schnell oder ein Auftrag: Das kriegt man dann im Rückblick auf diese Zeit auch nicht mehr zusammen.
Hertle: Über die Richtung, wie Sie das bereits am 8. November diskutiert hatten, war Dickel dann auch nicht informiert?
Lauter: Nein.
Hertle: Bis zum Beginn der ZK-Sitzung nicht?
Lauter: Nein. Ich muß auch ganz ehrlich sagen, daß mir zum Zeitpunkt der Auftragserteilung, die sich innerhalb von wenigen Minuten abspielte, die Tragweite und die Konsequenzen auch nicht voll bewußt waren. Das ist erst beim Überdenken der Sache entstanden.
Hertle: War Ihnen und dem Vierer-Kreis insgesamt denn klar, daß der von Ihnen vorbereitete Beschlußentwurf, wenn er in Kraft trat, bedeutete, daß die Grenze geöffnet wird?
Lauter: Na ja, wir hatten es nicht ganz so vor. Wir hatten parallel zu der Grundsatzentscheidung, die traditionell aus dem politischen Verständnis des inneren Systems der DDR heraus bei einer solchen Tragweite im Politbüro zu fällen war, Regelungen für den Ministerrat vorbereitet, die am gleichen Tage in Gang geschoben worden sind als Verordnung des Ministerrates. Der Ministerrat hatte das Recht, Verordnungen, die er erlassen hat, mit einer gewissen Sperrfrist für die Öffentlichkeit zu versehen. Wir hatten beispielsweise mit der Verordnung, die im wesentlichen wortgleich mit dem Politbüro-Beschluß ist, dem Vorsitzenden des Ministerrates vorgeschlagen, eine entsprechende Pressemitteilung für ADN - und das war ja das einzige Medium, das solche Meldungen verbreiten durfte - bis 4.00 Uhr morgens zu sperren. So daß im wesentlichen die Meldung frühestens etwa um 6.00 durch die Radio-Nachrichten gekommen wäre, bis die Redaktionen das bearbeitet und begriffen hätten. Dann hätte man also hören können, daß Privatreisen ab sofort ohne die bisherigen Voraussetzungen möglich sind und man

sich dazu vertrauensvoll an die Dienststellen des Paß- und Meldewesens wenden kann.

Dann haben wir uns natürlich auch Gedanken darüber gemacht, was dann passieren könnte, aber wir waren dennoch von der Konzeption des Reisegesetz-Entwurfs ausgegangen, das mit einer Visa-Erteilung zu verbinden - allerdings ohne weitere Prüfungshandlung, also auch keine Sicherheitsprüfung -, um die äußere staatliche Souveränität der DDR zu wahren. Deshalb wollten wir erst einmal die Konzeption der Visaerteilung beibehalten; irgendeinen Stempel muß der Mensch kriegen, dann kann er passieren. Wir hätten also erst einmal den unmittelbaren Druck von der Grenze weggenommen und auf die Dienststellen der Volkspolizei gezogen.

Wir haben unsere Dienststellen am 9. November vorbereitet. Meine Mitarbeiter in der Hauptabteilung Paß- und Meldewesen waren, während wir dieses Grundpapier bearbeitet haben, damit beauftragt, die Konsequenzen durchzurechnen, die bei der Visaerteilung entstehen. Es wurden noch an diesem Tag Fernschreiben an unsere Dienststellen vorbereitet, die auf dem Tisch lagen. Herausgeben konnten wir sie noch nicht, weil wir die politische Entscheidung noch nicht kannten. Wir waren aber soweit, daß mit Bekanntgabe der politischen Entscheidung uns gegenüber die Dienststellen informiert worden wären. Es gab bei der Deutschen Volkspolizei ein relativ straffes Alarmsystem; die Mitarbeiter wären noch in der Nacht hundertprozentig in den Dienststellen gewesen, hätten sich auf den Ansturm vorbereitet, hätten Visa gestempelt oder Visaanträge entgegengenommen. Wir hatten die Reserven gecheckt - Papierkram, Karteikarten, Stempel usw. - und lockergemacht, und so wäre der erste Ansturm abgefangen worden.

Und wenn diese Nachricht ab 6.00 Uhr vom Rundfunk verbreitet worden wäre und morgens in den Zeitungen gestanden hätte, waren wir der Ansicht, daß die Leute im wesentlichen erst einmal zur Arbeit gegangen wären, sich unterhalten hätten - wir hatten das auch einmal psychologisch durchgespielt -, die Meldung wäre ganz kurz und trocken verlesen worden, und keiner hätte so genau gewußt, was ist denn das. Daß das Reisefreiheit bedeutete, hätte nicht so schnell jeder begriffen. Es hätte sich erst in den Betrieben und Einrichtungen herumgesprochen und im Laufe des Tages hätten es dann die ersten versucht: Was ist denn das? Mal hingehen und mal gucken!

Hertle: Und dann wären Ihre Dienststellen schon geschlossen gewesen!

Lauter: Nein, nein. Wir waren darauf vorbereitet, auch am Wochenende zu arbeiten, und wir haben es dann ja auch wochenlang gemacht.

Hertle: Noch einmal zurück: Die Vorlage kam am 9. November in der Mittagspause der ZK-Sitzung ins Politbüro, zusammen mit einer vorformulierten Presseerklärung. Die hatten Sie bzw. der Vierer-Kreis auch mitverfaßt?

Lauter: Ja. Aber eben mit dem Hinweis, das war dem Politbüro klar, daß eine Verordnung des Ministerrates erlassen werden muß. Es gab da folgende Regelung: Es konnten in Dringlichkeitsfällen - oder in Fällen nicht so großer Wichtigkeit, aber hier war es dringlich - nach der Geschäftsordnung des Ministerrates Umlaufvorlagen gemacht werden. Da alle Ministerien in Berlin saßen, war das kein großes Problem. Da gab es eingespielte Systeme, daß allen Mitgliedern des Ministerrates eine bestimmte Vorlage vorgelegt wird mit dem Hinweis, daß sie, wenn bis zu einem vorgegebenen Zeitpunkt kein Widerspruch eines Ministeriums vorliegt, als akzeptiert gilt. Und das war mit dieser Vorlage, die wir auftragsgemäß parallel dazu an den Ministerrat weitergeleitet hatten, so. Die hatte ich sogar selbst noch zum Leiter des Sekretariats des Vorsitzenden des Ministerrates gebracht, und der hat das dann gestreut, da gab es eingespielte Kurierwege,

Gespräch mit Gerhard Lauter 333

das kann ich jetzt im Detail nicht nachvollziehen. Bis 18.00 Uhr sollten die Minister zustimmen. Wir hatten noch nach 17.00 vom Minister der Justiz, Herrn Heusinger, einen Einspruch gegen einen Halbsatz, den er anders formuliert haben wollte, was aber an der Sache nichts geändert hätte. Das war für uns ein politisches Signal, daß die Sache noch nicht im Politbüro beschlossen war, dann hätte sich Heusinger nämlich auch nicht getraut, da noch was ändern zu wollen. Wir haben dann noch an diesem Einspruch gearbeitet...

Hertle: Habe ich Sie jetzt richtig verstanden, daß Sie die Vorlage gleichzeitig per Kurier in das Gebäude des Zentralkomitees, also zum Politbüro, und an den Ministerrat geschickt haben?

Lauter: Ja, das war so gewollt an diesem Tag. So waren die Zeiten!

Hertle: Haben Sie da nicht Ihre Kompetenzen überschritten?

Lauter: Nein, es geschah ja im Auftrage meines Ministers, sonst hätten wir das nicht machen können. Es gab im Politbüro selten gegen politische Vorgaben des Generalsekretärs und darauf fußende Vorlagen Widersprüche. Das war absolut unüblich, so daß man mit Sicherheit davon ausgehen konnte, daß der Ministerrat parallel dazu entscheiden konnte. Es gab hunderte, wenn nicht tausende von Beschlüssen der Regierung, unter denen stand: Diese Vorlage des Politbüro-Beschlusses gilt gleichzeitig als Beschluß des Ministerrates. Also, es gab da eine solche Querschaltung dieser Gremien, daß das nichts Ungewöhnliches war und ich darüber auch nicht nachgedacht habe. Da ja die Vorgabe war, das für den nächsten Tag in Kraft zu setzen, mußte ja zumindestens - und soviel Anstand haben wir noch gewahrt - ein Rechtsakt, den das Politbüro nicht hätte beschließen können, durch das dazu befugte Organ erfolgen, nämlich die Regierung, den Ministerrat der DDR. Deshalb fand dieser parallele Eilvorgang statt: politische Entscheidung im Politbüro, technische Ausführung im Ministerrat, aber mit der formellen Möglichkeit, daß alle Minister, die ja in der Regel ZK-Mitglieder waren - mit Ausnahme der Blockparteien-Minister - Stellung nehmen konnten. Und wir haben ja auch noch bis gegen 18.00 Uhr oder länger an dem Einspruch des Justizministers gearbeitet ...

Hertle: Wie haben Sie das organisiert?

Lauter: Indem wir uns in der gleichen Gruppe noch einmal verständigt haben. Wir haben ja alle gespannt auf eine Reaktion gewartet: Was wird denn nun damit?

Hertle: Sie sind als Gruppe mit den beiden MfS-Mitarbeitern zusammengeblieben?

Lauter: Das kann ich nicht mehr hundertprozentig sagen, weil ich ja zum Teil auch schon mit an den Weisungen für die Dienststellen gearbeitet habe. Das war ja eine immense Arbeit, die da zu leisten war.

Das Verrückte ist, daß ich für diesen Tag Theaterkarten hatte; man plant ja auch schon mal was Privates im Leben. Ich habe meiner Frau dann meinen Kraftfahrer geschickt, um sie zu holen, weil ich noch an diesem Heusinger-Einspruch gesessen habe. Ich dachte dann, das Ding läuft heute nicht mehr ...

Hertle: Was haben Sie mit dem Heusinger-Einspruch gemacht? Liegengelassen?

Lauter: Nein, wir konnten die Kollegen vom Justizministerium vom Sinn unserer Formulierung überzeugen. Ansonsten war alles organisiert. Die Pressemitteilung für ADN hätte der Apparat des Ministerrates organisiert. Die Dienststellen wären über Fernschreiben informiert gewesen und alarmiert worden, das lief über das diensthabende System des Innenministeriums und der Volkspolizei insgesamt: Das lag alles bereit. Das hätte eines Anrufs vom Minister bedurft: "Okay, es geht los!" Dann wäre das automatisch angerollt. Es war klar, ich wäre in der Dienststelle gewesen; die zwei Stunden Theater hätten da nicht weh getan. Denn bis die Dienststellen arbeiten, die ersten Anfragen kommen, wäre es Mitternacht geworden. Soweit hatte ich das schon geplant.

Was ich nicht vorausahnen konnte, war, daß um 18.57 Uhr Günter Schabowski das Ding locker aus der Tasche zieht und sagt: "Hier hab' ich doch noch was!" Denn da war ich nun wirklich auf dem Weg ins Theater. Ich habe damals im Theater im Palast der Republik Eberhard Esche "Reinecke Fuchs" lesen gehört, was ganz grauselig war, weil die Parallelen zu diesem Königshof so groß waren, und in dem überfüllten Saal herrschte auch mehr betretenes Schweigen.

Wir kommen danach nach Hause, und unser Sohn begrüßt uns mit den Worten: "Also Vati, ruf' doch mal schnell Deinen Minister an, der hat hier schon ein paar Mal angerufen. Und im übrigen ist die Grenze auf!"

Hertle: Inwieweit sind in dem ganzen Beratungszeitraum, über den wir bisher gesprochen haben, sowjetische Stellen über das Vorhaben informiert worden?

Lauter: Aus meiner Sicht keine. Das hat auch in den Diskussionen an unserem Tisch keine Rolle gespielt. Wir gingen von dem Fakt aus, daß die Westgrenzen des Warschauer Paktes eh schon geöffnet waren.

Ich bin dann sofort ins Innenministerium in mein Dienstzimmer zurückgekehrt und zu dem zu diesem Zeitpunkt höchstrangigen General und stellvertretendem Minister gelaufen, das war der Chef des Stabes des Innenministeriums, Generaloberst Heinz Wagner, und habe mir die Dokumente unterschreiben lassen, die als Weisungen für die Dienststellen vorbereitet waren, weil Wagner dazu berechtigt war. Die Weisungen gingen dann sofort über die Fernschreiber raus.

Hertle: Haben Sie sich nicht erst noch vergewissert, ob das Politbüro und der Ministerrat Ihrer Vorlage zugestimmt hatten?

Lauter: Nein, das hatte ich schon zu Hause am Fernseher gesehen. Über alle Kanäle wurde ja pausenlos diese Pressekonferenz von Schabowski ausgestrahlt, und damit war mir klar, was passiert war. Es waren auch schon die ersten Menschenmengen an der Bornholmer Straße zu sehen; ein Fernsehteam berichtete live darüber, was sich dort vollzog.

Meine Stellvertreter trafen dann auch im Innenministerium ein und wir versuchten, die Hunderte von Anrufen zu bewältigen. Die Bezirke riefen an und wollten wissen, was los ist, auch erste Sekretäre von SED-Bezirksleitungen meldeten sich. Allein durch die Verlautbarung Schabowskis kannte ja noch keiner den exakten Regelungstext. Wir haben dann in hektischen Aktionen - obwohl das funktionierte, es war eingespielt - alle Dienststellen bis in die Kreise mit einem Knopfdruck per Fernschreiber mit dem Weisungstext versorgt, und zwar mit der Dringlichkeit "Flugzeug", das war die höchste Dringlichkeitsstufe.

Hertle: Zu Ihrem Verteiler gehörten aber nicht die Grenzübergangsstellen?

Lauter: Nein, dafür war nicht ich zuständig, sondern das Ministerium für Staatssicherheit. Ich war davon ausgegangen, daß bei denen parallel das gleiche läuft. Das diensthabende System war aufeinander abgestimmt, und das war nicht meine Verantwortung. Ich habe versucht, meine Verantwortung wahrzunehmen und im Prinzip den Anrufern den Inhalt der Regelung zu erläutern.

Hertle: Hatten Sie auch Anfragen von Grenzübergangsstellen? Es gibt ja die Einlassung von Krenz, daß er gegen 21.00 Uhr die Öffnung der Grenze angewiesen habe?

Lauter: Ich hatte konsultative Anrufe von Kommandanten von GÜST, ich hatte aber keine Zeit, das aufzuzeichnen oder mir zu notieren.

Hertle: Das ist natürlich ein wichtiger Punkt. Wenn Sie sagen, daß bei Ihnen noch nach 21.00 Uhr Kommandanten von Grenzübergangsstellen angerufen ha-

ben und sich nach der genauen Regelung erkundigt haben, wäre das ein Indiz dafür, daß diese Stellen bis dahin über den Fernschreiber der NVA und des MfS oder von wem sonst auch immer nicht informiert worden waren.

Lauter: Über den Zeitpunkt, wann das MfS seine Dienststellen informiert hat, ist mir nichts bekannt. Wobei wichtiger wäre, über was sie informiert haben und welche Weisungen sie erteilt haben. Das lag aber außerhalb meiner Kompetenz. Vor den GÜST lagen in der Regel kleinere Dienststellen der Volkspolizei, die mit dem volkspolizeilichen Informationssystem verbunden waren. Darüber kamen Anfragen. Ich glaube, ein oder zwei Kommandeure von GÜST waren schon dran, aber vieles kam von den vorgelagerten Volkspolizei-Dienststellen, die mit der gleichen Situation konfrontiert waren.

Hertle: Wurde so etwas wie ein formeller Krisenstab im Innenministerium eingerichtet?

Lauter: Nein.

Hertle: In der Partei, im ZK?

Lauter: Davon habe ich nichts gespürt.

Hertle: Hat sich Innenminister Dickel noch im Ministerium sehen lassen?

Lauter: An diesem Abend? Nein. - So hat sich die ganze Sache aus meiner Sicht dargestellt. Ich bin nach wie vor der Meinung, daß dieser Punkt, sicher nicht in dieser spektakulären Art und Weise, in zwei oder vier Wochen eingetreten wäre. Zumal, was oftmals bei dieser Aktion vergessen wird, ja das Reisegesetz vorgestellt worden war, was den DDR-Bürgern definitiv und nicht deoffiziell, was viel heißen wollte, Reisefreiheit innerhalb kurzer Zeit zusicherte. Sicher mit Mängeln behaftet, aber es wäre dagewesen. Es war eine Frage von wenigen Wochen und fest programmiert.

Der 9. November 1989 ist nicht dieser große Wundertag, sondern er brachte eine Vorwegnahme des Reisegesetzes, sicherlich öffentlich überraschend. Wer aber die internen Zuspitzungen kennt, gerade diesen Druck der CSSR-Seite und die Unmöglichkeit, das eine ohne das andere zu lösen - denn dann hätte sich die innenpolitische Lage zugespitzt -, weiß, daß gehandelt werden mußte. Ich glaube, selbst wenn die im Politbüro das, was dort vorgeschlagen wurde, erkannt und vernünftig ausdiskutiert hätten, hätten sie dieser Lösung, die wir vorgeschlagen hatten, zugestimmt. Davon bin ich überzeugt. Bei einigermaßen vernünftiger Betrachtung mußte klar sein, daß das eine ohne das andere nicht geht, daß das zu einer Dramatisierung der innenpolitischen Lage geführt hätte, und zwar in kürzester Zeit. Ich glaube, die Situation der ständigen Ausreise aus der DDR hätte sich dramatisch zugespitzt.

Und wenn wir auf eine finanzielle Regelung für die Reisemöglichkeit mit der Bundesregierung gewartet hätten, hätten wir noch lange warten können. Das hatten wir auch gedanklich durchgespielt. Die Bundesregierung hätte nur Nein sagen brauchen, dann hätte sich das gegen uns selbst gerichtet.

Der 9. November 1989 war ein Akt der Selbstbefreiung

Gespräch mit Dr. Wolfgang Herger, Berlin, 5.3.1992

Hertle: In der Nacht vom 9. auf den 10. November 1989 fiel die Berliner Mauer, die Grenze zwischen der DDR und der Bundesrepublik wurde geöffnet. Was sind für Sie die wichtigsten Punkte in der Vorgeschichte dieses Ereignisses?

Herger[1]: Zur Frage, wie es letzten Endes zur Öffnung der Grenze am 9. November gekommen ist: Dem zugrunde liegt vor allem die Erkenntnis, daß das Reiseproblem in doppelter Sicht - nämlich reisen zu können, wohin man will, und ausreisen zu können, wohin man will, und auch wieder einzureisen - eine der Hauptfragen war, die die Bevölkerung der DDR in vielen Jahren bewegt hat, besonders in den Jahren 1988 und 1989. Das hat in der massiven Ausreise aus der DDR sichtbaren Ausdruck gefunden.

Diejenigen, die daran mitgewirkt haben, daß Erich Honecker auf der 9. Tagung des Zentralkomitees zurücktrat, waren der Meinung, daß die Öffnung der Grenze in dem Sinne, daß jeder reisen kann, wohin er will, und daß auch jeder ausreisen kann, wohin er will, ohne Restriktionen, zu den Generalthemen der neuen Führung gehören muß. Deswegen findet man auch in der Kompromiß-Politbüroerklärung von Mitte Oktober einen - von heute gesehen - sehr sanften Hinweis darauf, daß es eine neue Reiseregelung geben muß.[2] Aus den Sitzungen des Politbüros nach der Wahl von Egon Krenz wurde jedesmal auch veröffentlicht, daß dem Ministerrat empfohlen worden ist, ein neues Reisegesetz auszuarbeiten - und zwar als eine der allerersten Maßnahmen der neuen Führung, um deutlich zu machen, daß eine wirkliche Wende in der Politik - und nicht nur bei den Personen - gewollt war.[3]

Jetzt zur Chronologie vom 6. November 1989 an. Ich mache mal den Schnitt, was die Vorgeschichte betrifft. Aber die gehört einfach dazu, und auf die muß man dann vielleicht noch einmal zurückkommen. Am 6. November wurde der Reisegesetz-Entwurf in großer Aufmachung veröffentlicht.[4] Es wurde zur öffent-

---

1 Wolfgang Herger, geboren am 10.8.1935, Diplomphilosoph. 1963 Promotion zum Dr. phil. Von 1964 bis 1971 Sekretär, von 1971 bis 1976 2. Sekretär des Zentralrats der FDJ. Von 1976 bis 1985 war Herger Leiter der ZK-Abteilung Jugend, von 1985 bis Anfang November 1989 erster ziviler Leiter der Abteilung Sicherheitsfragen des Zentralkomitees der SED, die in den Zuständigkeitsbereich von Egon Krenz fiel. Von 1971 bis 1990 (März) Abgeordneter der Volkskammer, von 1976 bis zu seiner Auflösung am 3.12.1989 Mitglied des Zentralkomitees. Am 8. November 1989, auf der 10. Tagung des Zentralkomitees, wurde Herger in das Politbüro gewählt und Nachfolger von Egon Krenz als ZK-Sekretär für Fragen des Rechts, des Staates und der Schutz- und Sicherheitsorgane. Das Politbüro trat am 3.12.1989 geschlossen zurück. Wolfgang Herger, nach der Volkskammer-Wahl im März 1990 zunächst ohne Beschäftigung, dann als Pförtner, schließlich als Mitarbeiter einer Handelsgesellschaft tätig, lebt in Berlin.
2 "Gemeinsam wollen wir über alle grundlegenden Fragen unserer Gesellschaft beraten, die heute und morgen zu lösen sind. (...) Es geht um die Weiterführung der Einheit von Wirtschafts- und Sozialpolitik. Es geht um wirtschaftliche Leistungsfähigkeit und ihren Nutzen für alle, um demokratisches Miteinander und engagierte Mitarbeit, um gute Warenangebote und leistungsgerechte Bezahlung, um lebensverbundene Medien, um Reisemöglichkeiten und gesunde Umwelt (...)" ("Erklärung des Politbüros des Zentralkomitees der Sozialistischen Einheitspartei", in: Neues Deutschland, 12.10.1989).
3 Siehe die Pressemitteilungen über die Politbüro-Sitzungen vom 24. und 31.10.1989, in: Neues Deutschland, 25.10.1989 und 1.11.1989.
4 Neues Deutschland, 6.11.1989.

lichen Diskussion über dieses Gesetz aufgerufen. Nachdem seit Mitte Oktober - in der Politbüro-Erklärung vom 11. Oktober und auf der 9. ZK-Tagung vom 18. Oktober - von besseren Reisemöglichkeiten lediglich gesprochen wurde und mehrfach aus Sitzungen des Politbüros veröffentlicht worden war, daß es dem Ministerrat vorgeschlagen hatte, ein neues Reisegesetz auszuarbeiten und der Volkskammer vorzulegen, sollte mit der Veröffentlichung des Entwurfs endlich ein Zeichen gesetzt werden, daß die neue Führung mit Egon Krenz zu ihren Worten steht. Der Entwurf wurde jedoch bereits am Tage der Veröffentlichung von der Mehrheit des Volkes als unzureichend und halbherzig abgelehnt - übrigens auch von der Mehrzahl der Mitglieder der SED. Man wollte keinerlei Einschränkung mehr hinnehmen. In der Tat war dieser Entwurf des Reisegesetzes ein Kompromißdokument. Dem gingen längere Auseinandersetzungen, unter anderem auch mit Günter Schabowski, voraus. Es wurde immer wieder - auch in Pausen von Politbüro-Sitzungen oder wenn sich Politbüro-Mitglieder begegneten - gesagt: Sind wir denn mit dem Reisegesetz nun so weit, daß wir es veröffentlichen können oder nicht? Ich zum Beispiel war der Meinung: Es ist jetzt gleichgültig, in welchem Stadium das Gesetz ist, es mag noch so kompromißlerisch sein, es muß jetzt etwas Konkretes veröffentlicht werden, damit die Leute wissen, daß diese Führung es ernst meint.

Hertle: Es gibt den Hinweis, daß der Entwurf, den der Ministerrat vorgelegt hatte, dem Politbüro ...

Herger: ... Moment, ich komme darauf zurück - ich will zuerst die Chronologie darstellen, dann können wir vielleicht die Sache selber diskutieren.

Außerdem ging - das habe ich für den 6. November mit festgehalten - die Ausreisewelle über Ungarn und nun besonders über die CSSR in Größenordnungen weiter. Das waren Zehntausende, gerade auch an diesem Wochenende. Für den 7. November, 9.00 Uhr, wurde eine Sitzung des Politbüros einberufen. Der Anlaß war eine nochmalige Verständigung über die bevorstehende ZK-Tagung. Ein entscheidender Punkt - jedenfalls für mich - war dabei die Einschätzung der Lage im Zusammenhang mit der Ausreisewelle über die CSSR, war die ablehnende Reaktion auf den Reisegesetz-Entwurf. Deswegen hat das Politbüro in dieser Sitzung am 7. November beschlossen - sie ist nach meiner Meinung sehr wichtig für den 9. und den 10. November -, dem Ministerrat zu empfehlen, das Hauptanliegen des geplanten Gesetzes so schnell wie möglich in einer Verordnung zu regeln und darüber auch die ZK-Tagung zu informieren. Der feine Unterschied war: Das Gesetz hätte in der Volkskammer behandelt werden müssen. Eine Verordnung dagegen war die nächste Ebene in der gesetzgeberischen Aktion oder in gesetzgeberischen Akten, die der Ministerrat als von der Volkskammer berufenes Gremium beschließen konnte. Der Hauptinhalt dieser Verordnung - sie sollte so kurz wie möglich sein, im Unterschied zu dem längeren Reisegesetz-Entwurf, in dem die meisten Paragraphen mit Ablehnung verbunden waren, auch die unter Berufung auf internationale Konventionen verfaßten, aber das wollten die Leute in der DDR natürlich absolut nicht mehr hören -, Inhalt sollte also sein: Reisen ohne besondere Gründe und ohne verwandtschaftliche Beziehungen sind möglich, nahezu keine Einschränkungen mehr; die ständige Ausreise sollte direkt aus der DDR möglich sein, also nicht mehr über den Umweg über die CSSR, über Polen oder sonstwie. Willi Stoph, Fritz Dickel, Erich Mielke und Oskar Fischer sollten den Entwurf der Verordnung für den Ministerrat vorbereiten.

Weitere Festlegungen waren: Oskar Fischer sollte über die Lage und die geplante Lösung mit Vertretern - das ist für mich jetzt auch wichtig, weil es viele unsinnige Gerüchte darüber gibt - der Sowjetunion, der CSSR und der BRD sprechen. Ob und wie er das gemacht hat, weiß ich nicht, aber das war eine Festlegung der Sitzung des Politbüros am 7. November. In den Medien sollte besonders aufgefordert werden, nunmehr, also nach der Wende, in der DDR zu bleiben. Ehemalige DDR-Bürger sollten zur Rückkehr aus der BRD oder aus West-Berlin aufgefordert werden. Und Günter Schabowski sollte über dieses geplante Anliegen mit den anderen Blockparteien so schnell wie möglich sprechen.

Am selben Tag, am 7. November, ist die Regierung Stoph zurückgetreten. Man muß bei alledem also immer wieder mit in die Überlegungen nehmen, wie rasant sich im Grunde genommen die Ereignisse entwickelt oder auch überschlagen haben. Denn noch am Vormittag wird Willi Stoph als Mitglied des Politbüros beauftragt, mit der Regierung den Entwurf der Verordnung über die Reisen vorzubereiten, und schon am Nachmittag ist die Regierung unter Willi Stoph zurückgetreten.

Am 8. November, 10.00 Uhr, begann die 10. ZK-Tagung. Egon Krenz spricht in seiner Rede zum Thema Reisen und zu den Ursachen für die Fluchtwelle. Das alte Politbüro tritt zurück, ein neues Politbüro wird gewählt. Das Aktionsprogramm der SED wird als Entwurf vorgelegt. Am selben Tag - ich habe das mit in Erwägung gezogen, ohne daß ich etwas unterstellen will - wird ein Appell Christa Wolfs an die DDR-Bürger, in der DDR zu verbleiben, veröffentlicht. Das hat natürlich nichts mit der Sitzung des Politbüros am 7. November unmittelbar zu tun, aber es war doch eine gewisse Stimmung im Lande: Vielleicht lohnt es sich jetzt doch noch, hierzubleiben.

Am 9. November ist um zehn Uhr die 10. ZK-Tagung fortgesetzt worden. Aber im Laufe des 8. und auch früh am 9. November hat es noch einmal Gespräche zwischen Egon Krenz und mir über diese Verordnung gegeben und wann sie nun endlich kommt. Wie gesagt, verantwortlich waren Stoph, Dickel, Mielke, Fischer. Doch es begann schon der zweite Tag der ZK-Tagung, und sie war noch nicht da. Das hat uns natürlich sehr stark beunruhigt. Deswegen habe ich am 9.11. zwischen acht und neun Uhr mit Fritz Dickel, dem Innenminister, telefoniert, um die Ausarbeitung dieser Verordnung zu den Reisefragen zu beschleunigen, - und zwar so, daß sie noch am selben Tag, also am 9., dem Zentralkomitee vorgelegt werden kann. Es ging nicht darum, daß ich Fritz Dickel überzeugen mußte, daß das notwendig ist. Auch über die inhaltlichen Aspekte - Reisen und Ausreisen - waren wir uns einig. Es war eine mehr oder minder technische Frage: Wir können nicht warten, bis die ZK-Tagung vorbei ist. Es war eindeutig gesagt worden, daß die Verordnung auf der ZK-Tagung vorgelegt werden soll.

Hertle: Sie sind sich mit dem Datum ganz sicher, daß die Gespräche mit Dickel am 9. November morgens früh stattfanden?

Herger: Am 9. November, früh zwischen acht und neun Uhr, das weiß ich ganz genau. Aber das waren nicht noch einmal Anstöße in dem Sinne, daß es da Diskussionen gegeben hat, das überhaupt zu machen. Das war ja beschlossen. Es war mehr eine Diskussion zwischen uns beiden: Wie schaffen es deine Leute, Fritz Dickel, daß das bis heute Mittag vorgelegt wird. Das sollte unbedingt an diesem 9. November auf der ZK-Tagung vorgelegt werden. Zwischen Fritz Dickel und mir herrschte sowieso ein sehr kameradschaftliches Verhältnis; es gab also keine inhaltlichen Meinungsunterschiede, sondern es war einfach eine Frage der zeitlichen Bewältigung dieser vom Politbüro bereits am 7. November gestellten Aufgabe. Fritz Dickel und ich haben dann vereinbart, daß der Entwurf der Verordnung gegen Mittag für das Politbüro und für den Nachmittag als Umlauf für den Ministerrat fertiggestellt wird. Damit sie - und das war ganz klar besprochen - ab 10. November in Kraft treten kann. Im Laufe des Vormittags wurde der Entwurf dieser Verordnung tatsächlich im Ministerium des Innern von einer Arbeitsgruppe, die von Stoph, Dickel, Mielke und Fischer eingesetzt worden war, fertiggestellt - dazu gibt es auch Veröffentlichungen. Gerhard Lauter war der Leiter dieser Arbeitsgruppe.

Ich bekam dann den Entwurf der Verordnung. Zwischen 12.30 und 13.00 Uhr hat es während der 10. ZK-Tagung eine Pause gegeben. Dazu gibt es zum Teil völlig sinnentstellte Darstellungen. Es fand keine Sitzung statt. Da habe ich mich in einer Darstellung auch schon geirrt. Es fand keine reguläre Sitzung, auch keine außerordentliche Sitzung des Politbüros statt, sondern die Sache war so: Ich habe Egon Krenz diesen Entwurf in die Hand gedrückt. Einige Mitglieder und Kandidaten des Politbüros des Politbüros liefen schon in den Nachbarraum, um sich dort etwas zu essen zu holen. Egon Krenz sagte: "Bleibt doch mal hier, ich habe hier etwas ganz Wichtiges." Einige Mitglieder des Politbüros standen im Präsidium der ZK-Tagung um ihn herum, und er verlas den Entwurf dieser Verordnung.

Hertle: Im Saal?

Herger: Im Saal schon, aber nur im Präsidium oben ...

Hertle: ... ich meine, im Plenarsaal?

Herger: Im Plenarsaal! Aber nicht vor dem gesamten ZK, das kam später. Die meisten Mitglieder des ZK waren draußen, wie gesagt, einige Mitglieder des Politbüros waren auch schon rausgegangen. Ich weiß z.B. nicht, ob Schabowski da war und um 12.30 Uhr mitgehört oder nicht mitgehört hat. Er sagt, er habe es nicht gehört. Aber ich kann weder ja noch nein sagen. Ich weiß überhaupt nicht, wer das mitangehört hat - ich habe es schon so oft versucht zu rekonstruieren. Ich kann mich noch genau erinnern an Jochen Willerding und Günter Sieber, weil Egon Krenz sagte: "Bleibt bitte da, das geht euch auch an. Es geht hier auch um die internationale Auswirkung." Ich kann mich auf die Namen der anderen nicht festlegen. Vielleicht war es die Hälfte etwa des Politbüros, die dabei war. Von den anwesenden Mitgliedern des Politbüros wurde dem im wesentlichen zugestimmt. Es gab zwei oder drei Bemerkungen, die aber lediglich stilistische Veränderungen waren. Das weiß ich deswegen noch so genau, weil Egon Krenz zu mir gesagt hat: "Ruf' Willi Stoph an, damit dem Ministerrat nicht zwei Fassungen vorgelegt werden; eine, die wir jetzt hier diskutiert haben, und eine, die dann andere Formulierungen hat." Gegen 13.00 Uhr habe ich mit Willi Stoph telefoniert ...

Hertle: ...war Stoph am Amtssitz oder im ZK-Gebäude?

Herger: Er war im Hause des Ministerrats. Ich habe ihn über die interne, die sogenannte W-Tsch-Leitung, die geheime Leitung, erreichen können.

Hertle: Er hatte den Entwurf schon vorliegen?

Herger: Er hatte den Entwurf schon vorliegen, ja, klar ...

Hertle: ... von Gerhard Lauter ...

Herger: ... von Lauter oder von Friedrich Dickel, nehme ich an, also auf dem offiziellen Dienstweg. Lauter hatte ihn wahrscheinlich Dickel gegeben, und Dickel wird ihn Stoph gegeben haben.

Hertle: Von wem hatten Sie den Entwurf im ZK-Gebäude bekommen?

Herger: Ich habe den Entwurf von einem Mitarbeiter der Abteilung für Sicherheitsfragen bekommen, der die Verbindung zwischen mir und dem Beauftragten von Fritz Dickel gehalten hat.

Hertle: Von Lauter ist die Vorlage in das ZK-Gebäude ...

Herger: ... direkt zu mir gekommen über einen Mitarbeiter.

Hertle: Und gleichzeitig zu Dickel?

Herger: Ja, gleichzeitig zu Dickel. Und Dickel hat sie Stoph - offensichtlich über Kurier - geschickt, denn es war ja schon eine Vorlage für den Ministerrat.
Hertle: Sind Sie sicher, daß Dickel sie auch bekommen hat?
Herger: Dickel? - Sie stellen Fragen! Da bin ich eigentlich sehr sicher!
Hertle: Sie gehen davon aus, aber Sie haben es jetzt nicht gesehen, Sie wissen es nicht persönlich?
Herger: Ich habe es nicht gesehen, ich war nicht dabei, aber ich kann mir den Weg kaum anders vorstellen. Na gut, es kann auch noch einen anderen Weg gegeben haben. In der Arbeitsgruppe bei Lauter saßen ein oder zwei Vertreter des Ministeriums für Staatssicherheit. Die Vorlage kann auch über Erich Mielke zu Willi Stoph gegangen sein. Aber das glaube ich wiederum nicht, weil der Erstbeauftragte nach Willi Stoph Fritz Dickel war und der Innenminister zuständig war für die Reisefragen. Deswegen kann sie eigentlich nur von Dickel oder über Dickels Büro an den Ministerrat gegangen sein. Und ein Exemplar dieser Vorlagen ist über einen Mitarbeiter meiner Abteilung direkt zu mir gekommen. Er hatte in meinem Auftrag direkte Verbindung zur Arbeitsgruppe Lauter gehalten. Das war für uns eine so wichtige Sache, die haben wir an diesem Vormittag keine Minute aus den Augen gelassen. Denn die Verordnung mußte mittags vorliegen, und zwar zuerst im Ministerrat, weil das eine staatliche Entscheidung war. Aber da im Politbüro festgelegt worden war, daß das wegen der politischen Brisanz dieser Entscheidung auch auf der ZK-Tagung vorgelegt werden sollte, mußte die Verordnung gewissermaßen parallel auch in unseren Händen sein. Als Krenz die Sitzung des ZK wegen der obligatorischen 30-Minuten-Pause unterbrach, habe ich ihm den Entwurf der Verordnung übergeben, also das Exemplar der Vorlage für den Ministerrat, das mir einer meiner Mitarbeiter beschafft hatte.

Hertle: Haben Sie die Vorlage gelesen, bevor Sie sie Krenz gaben?
Herger: Selbstverständlich habe ich sie gelesen. Das waren die Punkte, die im wesentlichen schon vorher besprochen worden waren. Mit dem, was da vorgelegt worden war, war ich völlig einverstanden. Es entsprach dem, was wir mindestens bereits seit August intern diskutiert hatten. Also habe ich es ohne Kommentar auch Egon Krenz gleich weitergegeben.

Wie gesagt, ich habe dann mit Willi Stoph telefoniert. Aber das war eine untergeordnete Sache, es ging um zwei, drei stilistische Bemerkungen. Das Wichtigste war, daß ich mit Willi Stoph im Auftrag von Egon Krenz vereinbart habe, daß die Umlaufvorlage bis spätestens 17.00 Uhr, wenn möglich, bis 16.00 Uhr, durch den Ministerrat geht, als Umlaufvorlage. Wie die Vorlage im Detail aussieht - ich habe sie nicht mehr -, müßte im Archiv des Ministerrats zu sehen sein. Es gab jedenfalls keine spezielle Vorlage an das Politbüro oder an das Zentralkomitee, sondern wir hatten dieselbe Fassung, wie sie dem Ministerrat als Umlaufvorlage gegeben worden ist. Diese hatte ich bekommen. Sie ist in der kurzen Pause der ZK-Tagung gegen 12.30 Uhr von Egon Krenz einigen Mitgliedern und Kandidaten des Politbüros zur Kenntnis gegeben worden.

Hertle: Er hat sie vorgelesen?
Herger: Er hat sie vorgelesen. Den Inhalt kannte er ja auch, das war alles vorher besprochen.

Gegen 17.00 Uhr bekam ich über meinen Stellvertreter, Peter Miethe, die Rückinformation vom Büro des Ministerrats, daß die Vorlage im Ministerrat bestätigt ist. Das habe ich sofort Egon Krenz mitgeteilt, der zwei Plätze neben mir im Präsidium gesessen hat. Daraufhin unterbricht Egon Krenz die Debatte der ZK-Tagung und verliest die vom Ministerrat bestätigte Verordnung.[5]

Ja, wie soll ich jetzt beschreiben, wie die Situation bei den Mitgliedern und Kandidaten des Zentralkomitees war? Ich würde nicht sagen, daß es eine große Überraschung gegeben hat. Es ist schwer, wenn man in zweihundert Gesichter sieht und dann die Gedanken von zweihundert Leuten lesen soll. Eher: Es ist notwendig, auch wenn es sehr große Auswirkungen auf die weitere Entwicklung der DDR haben könnte. Ich glaube, so weit haben die meisten Mitglieder und Kandidaten des Zentralkomitees gedacht, ohne - und da nehme ich niemanden aus, der das jetzt anders behaupten will - daß in diesen Minuten, am 9. November zwischen 17.00 Uhr und 17.15 Uhr oder 17.20 Uhr, jemand damit gerechnet hat, was zwei Stunden später losgeht. Denn was dann losgegangen ist, das war nun wirklich eine Revolution. Wenn es im Herbst 1989 eine Revolution gegeben hat, dann an diesem Abend - und sonst nicht. Denn da ist das passiert, was Lenin als revolutionäre Situation beschreibt: Die oben konnten nicht mehr, die unten wollten nicht mehr. Und sie wollten auch kein Gesetz mehr, sie wollten keine Verordnung mehr, sie wollten schlicht und einfach gehen und zeigen, daß sie freie Menschen sind.

Aber noch einmal zurück zu diesen Minuten im Zentralkomitee: Der Kulturminister Hoffmann schlägt vor, das Wort "zeitweilig" oder "vorläufig" zu streichen. Das war aber eigentlich ein Mißverständnis. Es war schon klar, daß das "zeitweilig" 'raus mußte. Aus irgendwelchen technischen Gründen war das noch dringeblieben. Hoffmanns Vorschlag ist vom ZK natürlich sofort bestätigt worden. Seine Begründung war: Wenn wir jetzt "zeitweilig" schreiben, dann fassen das die Leute wieder so auf, als sollten sie hintergangen werden: "Es ist doch nur zeitweilig. Aber wenn es der Führung der DDR nicht mehr paßt, wird das alles wieder zurückgenommen." Was Hoffmann zum Ausdruck gebracht hat, war eine sehr gesunde Reaktion auf das Empfinden im Volke und auch in der SED selbst - die natürlich Teil des Volkes war, auch wenn das heute anders behauptet wird. Gemeint war mit dem "zeitweilig" etwas ganz Anderes. Da geplant war, ein Gesetz zu Reisefragen vorzubereiten, sollte damit zum Ausdruck gebracht werden: Diese Verordnung ist vorläufig und gilt so lange, bis das Gesetz, das von der Volkskammer beschlossen werden soll, in Kraft tritt.

Nach meiner Erinnerung gab es etwa zwischen 17.30 und 18.00 Uhr die Verständigung zwischen Krenz und Schabowski, auf der Pressekonferenz über die Verordnung zu informieren - und zwar durchaus mit dem Gedanken, daß das eine so wichtige Nachricht ist, eine solche im Grunde genommen positive Sensation, daß man nicht bis zum nächsten Morgen warten solle. Wir waren alle sehr froh darüber, daß endlich eine von den Hauptfragen zur Entscheidung gebracht worden war. Keiner von uns dachte in dem Moment daran, daß allein die Veröffentlichung dieser Tatsache einen Massensturm auslösen würde. Mit anderen Worten: Viele von uns, auch ich, haben doch nicht richtig einschätzen können, wie weit die öffentliche Meinung schon vorangetrieben war. Deshalb bin ich zu der Meinung gekommen: Wenn es eine Revolution gegeben hat, dann in diesen Abendstunden.

Hertle: Daß Krenz das gemacht hat ...

Herger: ... Krenz hat es ganz eindeutig deswegen gemacht, um deutlich werden zu lassen: Jetzt ist nun endlich Schluß mit der Debatte, wir müssen ein Reisege-

---

5 Bei der Angabe der Uhrzeit irrt Wolfgang Herger. Krenz unterbrach die Sitzung bereits gegen 16.00 Uhr und verlas die Verordnung. Sie war zu diesem Zeitpunkt noch nicht vom Ministerrat beschlossen, worauf Krenz ausdrücklich hinwies.

setz machen, wir müssen Reisefreiheit gewähren. Jetzt wird gehandelt, indem wir sagen: Der Ministerrat hat heute diese Verordnung beschlossen ...

Hertle: ... wird als Indiz dafür genommen, daß er es doch nicht richtig gelesen hat, weil ja in dem Dokument eine Sperrfrist enthalten war![6]

Herger: Nein. Krenz hat es richtig gelesen. Und von der Sperrfrist war auch die Rede, das hat er vor dem ZK vorgelesen. Krenz hat - das müßte im Protokoll stehen - den vollen Wortlaut, alle vier Punkte dieser Verordnung, vorgelesen, inklusive Sperrfrist. Das ist eben das Paradoxe an der Situation. Obwohl es eine Sperrfrist gegeben hat, den Punkt 4 auf der zweiten Seite, dem zweiten Blatt dieser Verordnung, waren wir alle - Krenz, ich, Schabowski selber auch - der Meinung, das muß auf der Pressekonferenz mitgeteilt werden. Das ist absolut paradox! Wir hören gerade noch einmal alle zusammen, alle Mitglieder und Kandidaten des ZK, über 200 Leute, daß es eine Sperrfrist gibt, und unmittelbar danach wird die Verordnung zur Veröffentlichung durch Schabowski auf dieser Pressekonferenz freigegeben. Das ist eine völlig paradoxe Situation. Im Grunde genommen hätte man auf der Pressekonferenz nur sagen müssen, daß ab 10. November eine neue Reiseverordnung in Kraft tritt.

Bloß, wenn ich das jetzt auch noch einmal für mich rekonstruiere: Ich glaube, schon diese Mitteilung hätte als auslösender Funke gereicht. Denn an der "Auswertung" dieser Pressekonferenz von Schabowski waren nun mindestens zwei Seiten beteiligt. Das erste war das Interesse der westlichen Medien, eine gewaltige Sensation in die Welt zu bringen. Außerdem wußten damals die Macher der westlichen Medien, was das auslösen könnte. Davon bin ich fest überzeugt. Und zweitens haben das natürlich unzählige Leute gehört. Denn diese Pressekonferenzen wurden im Fernsehen tatsächlich verfolgt, außerordentlich rege. Und die Leute haben das so verstanden, wie sie es verstehen wollten. Sie sind schlicht und einfach auf die Straße, an die Grenzübergangsstellen, an die Mauer gegangen, und zwar nicht nur zu Hunderten, sondern zu Zehntausenden. Und das innerhalb von einer halben bis einer Stunde. Das meine ich, wenn ich in diesem Zusammenhang von einem revolutionären Akt spreche. Das ist wirklich ein Akt der Selbstbefreiung gewesen.

Hertle: Es wäre interessant, die Wirkung zu untersuchen, die die Berichterstattung in den Medien, vor allem im Fernsehen, hatte!

Herger: Das hat die Sache immer weiter eskaliert. Das habe ich hier erlebt, als ich gegen halb elf nach Hause gekommen bin. Die Straße war von hier an[7] - bis zur Bornholmer Brücke ist es etwa ein Kilometer - gestaut; ein Kilometer zurück! Die Beobachtung von Ihnen ist absolut richtig. Als ich mir das Fernsehen ansah, merkte ich, was läuft. Sämtliche Fernsehsender des Westens haben sofort auf Sondersendung umgeschaltet. Außer den Fernsehanstalten haben auch die Rundfunkmedien sofort reagiert. Aber ich will nicht nur über die westlichen Medien sprechen. Das würde von meiner Grundthese, daß es eine Revolution war, einige Abstriche machen. Aber die westlichen Medien haben natürlich kräftig nachgeholfen. Das kann ich ihnen nicht übelnehmen, es ist ja ihre Funktion gewesen.

Zu einem anderen wichtigen Punkt: Ich war dann dabei, als zwischen 20.30 und 21.00 Uhr Erich Mielke im Hause des ZK anrief - die Sitzung des ZK war

---

6 Die Sperrfrist stand im dritten Punkt des Ministerrat-Beschlusses: "3. Über die zeitweiligen Übergangsregelungen ist die beigefügte Pressemitteilung am 10. November zu veröffentlichen."

7 Wolfgang Herger wohnt in der Wisbyer Straße, einer Verlängerung der Bornholmer Straße.

zu Ende. Ich weiß aber nicht, ob Erich Mielke schon aus Wandlitz, also "von Zuhause" angerufen hat ...

Hertle: *... Mielke war auf der Sitzung des ZK bis zum Schluß anwesend?*

Herger: Ich glaube ja.

Hertle: *Dem Protokoll zufolge war die Sitzung erst um 20.45 Uhr zu Ende.*

Herger: Nein, das stimmt nicht.

Hertle: *Das steht im Protokoll der ZK-Sitzung.*

Herger: Nach meiner Erinnerung muß es gegen 20.00 Uhr gewesen sein. Als Erich Mielke anrief, müßte die ZK-Tagung schon mindestens 30 bis 35 Minuten vorher zu Ende gewesen sein.[8] Einige von den Mitgliedern und Kandidaten des Politbüros saßen noch in einem Nachbarraum zusammen und debattierten darüber, wie es morgen mit der ZK-Tagung weitergehen muß. Die Hauptdebatte war wieder die Kaderfrage. Aus den Bezirken kam eine Hiobsbotschaft nach der anderen. Wir überlegten: Was machen wir morgen früh, schlagen wir wieder einen Punkt Kaderfragen vor oder nicht. In diese Debatte hinein kam ein Anruf. Durch irgendeinen Zufall bin ich ans Telefon gegangen, vielleicht weil ich am nächsten saß. Erich Mielke war dran und wollte Egon Krenz sprechen. Mielke informierte Egon Krenz - ich weiß aber nicht, ob das das erste Mal war, weil Egon Krenz sagt, daß er zwei oder sogar noch mehr Anrufe an diesem Abend von Mielke bekommen hat. Aber Augenzeuge war ich etwa so zwischen 20.30 und 21.00 Uhr. Der Anruf von Mielke an Krenz hatte zum Inhalt, daß bereits Tausende an den Grenzübergangsstellen stehen, besonders in Berlin-Mitte, vor allen Dingen in der Chausseestraße, am Checkpoint Charlie und an der Bornholmer Brücke. Keine Frage war, was denn nun zu tun sei. Egon Krenz hat eindeutig gesagt, daß die Grenzübergangsstellen zu öffnen sind. Erich Mielke berief sich auf die Mitteilung von Schabowski auf der Pressekonferenz. Das war nach seiner Meinung offensichtlich der Auslöser für die entstandene Situation.

Hertle: *Sie haben also zugehört, als Krenz Mielke die Anweisung zur Öffnung der Grenzübergangsstellen erteilte?*

Herger: Ja, und wir haben uns danach noch einmal verständigt. Wir haben uns bei dem Telefonat verständigt und auch danach mit den anderen Politbüro-Mitgliedern, die noch anwesend waren. Ich kann wieder nicht sagen, wer das im einzelnen war. Egon Krenz sagte ihnen, daß eine andere Entscheidung nicht in Frage käme.

Nun soll heute jemand sagen - ich kenne verschiedene Interpretationen über diese Entscheidung -, was er in dieser Situation entschieden hätte, wenn er zu entscheiden gehabt hätte. Ganz gleich, ob das jemand gewollt hat oder nicht: Wenn die Grenzen dicht geblieben wären, hätte es in dieser Nacht Tote gegeben. Ich will noch nicht einmal unterstellen, daß jemand geschossen hätte. Ich meine, daß es zu panikartigen Zuständen gekommen wäre. Die Leute hätten sich erst aus Freude und dann aus Zorn und Wut, daß die Grenze doch nicht geöffnet wird, totgetrampelt. Und nun möchte ich jemanden sehen, irgendeinen Kritiker dieser Entscheidung, was er in dieser Minute entschieden hätte. Wissenschaftler, Politiker und Journalisten können jetzt viele Theorien darüber aufstellen: Das war eine verpaßte Möglichkeit, man hätte die DDR doch längerfristiger gewissermaßen "verkaufen" können und so weiter. In der Bürgerbewegung geistert die Auffassung herum: Das war für Krenz nur die Flucht nach vorn, um sich mit seiner

---

8 Der wahrscheinliche Zeitpunkt des Anrufs von Mielke wäre demnach, da die ZK-Tagung tatsächlich erst gegen 20.45 Uhr beendet wurde, Mielke aber fünfzehn bis dreißig Minuten benötigte, um entweder in sein Ministerium oder nach Wandlitz zu fahren, auf 21.15 bis 21.45 Uhr festzulegen.

Mannschaft ein paar Tage länger über Wasser halten zu können. Das ist alles blanker Unsinn. Ich kann zwar niemandem verbieten, über diese Entscheidung zu denken, wie er will, aber wer unterstellen will, daß die damalige Führung das aus einem anderen Grunde gemacht hat als aus dem vorhin geschilderten, nämlich endlich einen der Punkte, die versprochen waren, zu erfüllen, hat einfach nicht recht.

Die Grenze war also de facto geöffnet. Aber nur an einigen Stellen in Berlin. Doch das, was in der Verordnung stand und was verkündet worden war, war ja ernst gemeint. Es mußte nun auch im Detail etwas entschieden werden, was zunächst anders geplant war. Ich bin am 10. November etwa gegen 1.00 Uhr wieder in das Haus des Zentralkomitees gefahren. Mitarbeiter meiner Abteilung Sicherheitsfragen waren im Hause und hatten mich ständig informiert, wie sich die Lage an der Grenze entwickelt. Günter Schabowski war - wir handelten völlig unabhängig voneinander - auch ins Haus des ZK gefahren; genauer gesagt in den Teil, in dem die Berliner Bezirksleitung untergebracht war. Wir trafen uns, vielleicht gegen 2.00 Uhr oder 2.30 Uhr, in seinem Arbeitszimmer. Von dort aus habe ich mit Krenz und Keßler telefoniert, um vorzuschlagen, für 7.00 Uhr einen Stab in das Arbeitszimmer von Egon Krenz einzuladen, der sich mit Schlußfolgerungen aus der so nicht geplanten Situation beschäftigt.

Was war eigentlich geplant? Es war geplant - in schön preußischer, ordentlicher Manier: Es wird eine Verordnung veröffentlicht, die ab 10. November gilt, die Bürger der DDR können auf ihre Ämter gehen und ihren Reisepaß oder einen Stempel in den Personalausweis erhalten, um reisen zu können; oder auch, wenn sie eine Ausreise beantragt hatten, aus der DDR ausreisen. Das war eigentlich geplant. Friedrich Dickel hatte parallel zur Verordnung eine interne Weisung vorbereitet - sie müßte im Archiv des Ministeriums des Innern liegen -, die den Leitern der Volkspolizeikreisämter genau sagte, was zu machen ist, wenn morgen früh die Bürger in Massen kommen werden. Aber die Bürger der DDR sind eben nicht mehr auf die Ämter gegangen, verständlicherweise, sondern sie sind gleich an die Grenze gegangen, zuerst in Berlin, und dann in den anderen Bezirken.

Um 7.00 Uhr haben sich im Arbeitszimmer von Egon Krenz diejenigen getroffen, die vorgesehen waren.

Hertle: Also Krenz, Keßler, Mielke ...

Herger: ... nein, es waren: Krenz; als Vertreter des Außenministeriums Kurt Nier und der für West-Berlin zuständige Beauftragte Walter Müller; vom Ministerium für Nationale Verteidigung nicht Keßler, sondern Fritz Streletz; nein - Fritz Dickel war nicht da, ich glaube, Lothar Ahrendt war da als Erster Stellvertreter des Ministers; vom MfS war Gerhard Neiber da; Vertreter von der Zollverwaltung; Schalck als derjenige, der die Verhandlungen mit der BRD und West-Berlin vorzubereiten hatte. Und ich.

Hertle: Schalck hatte diese Verhandlungen vorher auch schon geführt?

Herger: Generell hatte er sie schon geführt; ob bereits zu der geplanten Verordnung, nehme ich nicht an. Zwischen dem Stab und Egon Krenz gab es ständige Abstimmungen. Die Hauptaufgabe dieses Stabes, der den ganzen Vormittag permanent gearbeitet hat, war die Vorbereitung entsprechender Verhandlungen mit dem Senat von West-Berlin und der Bundesregierung zur sofortigen Öffnung weiterer Grenzübergangsstellen nach West-Berlin und der BRD.

Am Vormittag wurde die 10. ZK-Sitzung weitergeführt. An ihr habe ich nicht teilgenommen, weil ich ständig in diesem Arbeitsstab saß. Das Fazit der Beratung des Stabes erläuterte Fritz Dickel am Nachmittag in einem Fernsehinterview. Das ist im "Neuen Deutschland" am 11. November veröffentlicht worden. So weit die Chronologie.

Hertle: *Im Protokoll der Sitzung des Politbüros vom 7. November gab es den Tagesordnungspunkt 8: "Information des Genossen Oskar Fischer über die Situation bei der Ausreise von DDR-Bürgern über die CSSR". Berichterstatter war Oskar Fischer. Dort heißt es: "1. Genosse Oskar Fischer unterbreitet in Abstimmung mit den Genossen F. Dickel und E. Mielke einen Vorschlag für das ZK der SED, wonach der Teil des Reisegesetzes, der sich mit der ständigen Ausreise aus der DDR befaßt, durch eine Durchführungsbestimmung sofort in Kraft gesetzt wird. 2. Genosse Fischer informiert den außerordentlichen und bevollmächtigten Botschafter der UdSSR in der DDR, Genossen Kotschemassow, und die tschechoslowakische Seite über den Vorschlag und den Standpunkt des Politbüros. Gleichzeitig sind Konsultationen mit der BRD zu führen. 3. In den Massenmedien ist darauf hinzuwirken, daß die Bürger der DDR ihr Land nicht verlassen. Über Rückkehrer ist zu informieren."*[9]

Herger: Ja, das deckt sich im wesentlichen mit dem, was ich in meinem Arbeitsbuch in Kurzfassung aufgeschrieben hatte ...

Hertle: *... es deckt sich bis auf einen Punkt...*

Herger: ... und das ist genau der entscheidende Punkt. Doch nach meinem Verständnis ging es eben nicht nur um die ständige Ausreise, sondern es war klar, daß aus dem geplanten Reisegesetz zwei Punkte herausgegriffen werden: das Reisen und das Ausreisen. Das war absolut klar. Da gab es auch weder mit Fritz Dickel noch mit Oskar Fischer irgendwelche Meinungsverschiedenheiten. Der Beweis sind ja die vorgelegten vier Punkte dieser Verordnung - obwohl sich der Tagesordnungspunkt der Politbüro-Sitzung "ständige Ausreise" nannte. Aber unabhängig davon, wie es im Protokoll steht, auch mein Gespräch zum Beispiel mit Fritz Dickel am 9. November früh ging genau um diese beiden wichtigsten Punkte: Reisen und Ausreisen.

Hertle: *Was war der genaue Anlaß, der hier erwähnt wird, also die Situation bei der Ausreise von DDR-Bürgern über die CSSR?*

Herger: Der Anlaß war, daß an diesem Wochenende, wenn ich das noch richtig in Erinnerung habe, etwa 50.000 DDR-Bürger über die CSSR-Grenzen ausgereist sind, vor allem über Karl-Marx-Stadt, Plauen, direkt in Richtung Karlovy Vary etwa und dann sofort nach Bayern.

Hertle: *Gab es die Ankündigung der tschechoslowakischen Partei- oder Staatsspitze, die Grenze zur DDR seitens der CSSR zuzumachen, wenn die DDR nicht handelt?*

Herger: Das würde ich so nicht unbedingt bestätigen können. Vielleicht gibt es darüber im Außenministerium andere Informationen. Ich kenne die Information nicht. Ich weiß nur, daß es unter uns auch die Diskussion gegeben hat: Wir können schließlich der tschechoslowakischen Regierung nicht überlassen, die Probleme zu klären, die eigentlich die DDR zu klären hat. Das war der politisch-moralische Standpunkt.

Die Ereignisse, die sich in diesen Tagen und Stunden überschlugen, zwangen einfach dazu, jetzt eine Entscheidung zu treffen, damit die DDR-Bürger, wenn sie aus diesem Lande ausreisen wollten, das nicht über die CSSR oder ein Drittland tun mußten. Das war eindeutige Absicht. Jedenfalls war es meine Vorstellung von der generellen Lösung des Reiseproblems. Ich hatte ja die Chefs der Leute, die in der Arbeitsgruppe bei Lauter saßen, schon im Oktober bei mir am Tisch, als Erich Honecker noch Generalsekretär war, und zwar am 10. Oktober, als das Politbüro über die Erklärung zur Lage diskutierte. Mir war klar: Über

---

9   Protokoll Nr. 49 der Sitzung des Politbüros des ZK der SED vom 7.11.1989, S. 5 (SAPMO-BArch, ZPA-SED, J IV 2/2/2358).

Reisen können wir nicht mehr lange reden, das muß geklärt werden. Und zwar sowohl die Ausreisen als auch die Reisen. Deswegen gab es für mich überhaupt keine andere Interpretation. Nehmen wir an, es ist von Egon Krenz oder von einem anderen so gesagt worden, wie es im Protokoll steht, so war aber immer beides gemeint: Reisen und ständiges Ausreisen. Aber es stimmt schon: Der Anlaß am 7. November war die Sorge darüber, daß immer mehr DDR-Bürger über die CSSR ausreisten.

Hertle: Haben Sie an dieser Politbüro-Sitzung am 7. November teilgenommen?

Herger: An dieser Sitzung habe ich teilgenommen, ja.

Hertle: Wie ist dann die Auftragsvergabe erfolgt? Wer ist mit der Durchführung nach der Politbürositzung betraut worden?

Herger: Es ist schade, daß ich mich mit dem November nicht mehr im Detail beschäftigt habe, das ist jetzt gut zwei Jahre her. Auf jeden Fall kann ich bestätigen, daß ich aus der Sitzung gegangen bin und Friedrich Dickel angerufen habe.

Hertle: Sie sind sicher, daß das am 7. November nach der Politbüro-Sitzung erfolgt ist?

Herger: Ich bin mir absolut sicher. Und weiter bin ich mir absolut sicher, daß ich mit Mitarbeitern meiner Abteilung, die sich mit dem Problem auch schon monatelang befaßt hatten, gesprochen habe. Ich habe sie darum gebeten, sofort mit Gerhard Lauter Verbindung aufzunehmen und mit ihm auch über die Linie, über den politischen Inhalt einer solchen kurzgefaßten Verordnung zu sprechen. Und da war immer nur die Rede von Reisen und von ständigen Ausreisen.

Hertle: Gerhard Lauter sagt, daß er den Auftrag am 8. November erhalten hat - entweder von Lothar Ahrendt oder von Friedrich Dickel, daß er in seiner Abteilung dann so etwas wie eine Vorbesprechung durchgeführt hat und daß ihm dann auch mitgeteilt wurde, daß am nächsten Tag, also am 9. November, um 9.00 Uhr zwei verantwortliche Mitarbeiter des MfS zu ihm kommen und mit ihm und dem Abteilungsleiter im MdI für Innere Angelegenheiten, Hubrich, eine Arbeitsgruppe zur Ausarbeitung des Verordnung-Entwurfs bilden. Wie ist denn die Informationsschiene zum MfS gelaufen?

Herger: Das weiß ich nicht. Ich vermute nur, daß die - ja, was heißt, die Information - Mielke saß doch mit dabei ...

Hertle: ... über Mielke direkt ...

Herger: ... das kann ja gar nicht anders gewesen sein. Mielke saß am 7. November im Politbüro dabei.

Hertle: Das Außenministerium ist nicht in der Arbeitsgruppe vertreten.

Herger: Stellen Sie das als Frage an mich? Das kann ich auch nicht sagen, das weiß ich nicht mehr.

Hertle: Was war der Grund für seine Abwesenheit?

Herger: Das weiß ich absolut nicht mehr. Wissen Sie genau, daß das Außenministerium nicht vertreten ist?

Hertle: Ja, es sind zwei Mitarbeiter vom MfS und zwei vom MdI. Warum haben Sie es nicht für nötig gehalten, auch einen Mitarbeiter aus Ihrer Abteilung hinzuschicken?

Herger: Es gab ständige Verbindungen von Mitarbeitern meiner Abteilung zu dieser Arbeitsgruppe. Aber in solche Arbeitsgruppen - es war eine Arbeitsgruppe von Ministerien - gehört ein Mitarbeiter des Zentralkomitees nicht hinein, weil das eine Regierungsaufgabe war. Es gab aber konsultative Verbindungen und Beziehungen. Deshalb bin ich über jeden Schritt informiert gewesen. Und über diesen Weg sind auch meine Auffassungen in diese Arbeitsgruppe hineingekommen. Wobei es mir in diesen Tagen nicht so sehr um organisatorische Details über die Ausarbeitung der Verordnung ging. Es ging mir darum, daß sie so schnell wie möglich vorliegt - und zwar zum Thema Ausreisen und Reisen, daß sie also das angekündigte Reisegesetz insgesamt im Kerninhalt vorwegnimmt.

Hertle: Es gibt eine übereinstimmende Mitteilung von drei Mitarbeitern dieser Vierer-Arbeitsgruppe, daß ihr Auftrag ihnen lediglich so übermittelt wurde, wie er auch dem oben zitierten Politbürobeschluß entsprach, also nur die ständige Ausreise in einer vorgezogenen Ministerrats-Verordnung zu regeln!

Herger: Das habe ich auch schon so gelesen. Gerhard Lauter ist offenbar auch dieser Meinung. Das ist eine Sache, die ich absolut nicht verstehen kann. Für mich war klar, schon vor dieser Sitzung am 7. November und erst recht danach, daß es nicht nur um die ständige Ausreise geht, sondern um die Regelung der Reisen und der ständigen Ausreise. In der Verordnung selbst ist es doch deutlich: Der Punkt 2 betrifft Reisen, soweit ich mich erinnere, und der Punkt 3 die ständigen Ausreisen. Es ist mir nicht klar, wo die Auffassung herkommt, daß die Arbeitsgruppe nur den Auftrag hatte, die ständige Ausreise zu klären. Das kann aber mit dem Protokoll, das nur von ständiger Ausreise spricht, zusammenhängen.

Hertle: Könnte es sein, daß dieser Politbüro-Beschlußauszug zum Tagesordnungspunkt 8 in dieser Form ins MdI und MfS geschickt worden ist?

Herger: Ja, natürlich, das war üblich. Sofort nach Bestätigung der Protokolle des Politbüros und des ZK-Sekretariats durch den Generalsekretär sind über die zuständige Abteilung - das Büro des Politbüros - Auszüge aus den Beschlüssen an die jeweiligen Genannten verschickt worden. Wobei ich mich jetzt auch über die Reihenfolge wundere, die Sie aus dem Protokoll vorlesen: Oskar Fischer, Friedrich Dickel und Erich Mielke. Ich habe das ganz anders in meinem Arbeitsbuch notiert: Willi Stoph, Friedrich Dickel, Erich Mielke, Oskar Fischer. So entspricht es auch den damaligen Verantwortlichkeiten. Die Regelung von Reisefragen lag in der Erst-Verantwortung des MdI, nicht des MfAA. Ich kann mich allerdings erinnern, daß das Gespräch mit Fritz Dickel am 9. November früh zwischen 8.00 und 9.00 Uhr etwas länger war. Sicher haben wir da auch noch einmal darüber diskutiert, daß es nicht nur um ständige Ausreise geht, sondern daß es um Reisen und ständige Ausreise geht. Denn wenn es eine solche Verständigung nicht gegeben hätte, dann hätte ja am Mittag nicht diese Fassung der Verordnung vorliegen können. Abgesehen von der ständigen Verbindung meiner Mitarbeiter mit der Arbeitsgruppe.

Hertle: Friedrich Dickel hat auf der ZK-Tagung den letzten Beitrag vor der Mittagspause gehalten. Aus diesem Beitrag geht nicht unmittelbar hervor - es kommt ein Passus vor, der sich auf die Grenzsicherung bezieht -, daß Dickel davon Kenntnis hatte, daß nun mit der ständigen Ausreise auch Privatreisen geregelt sind. Dickel selber sagt, er habe zum ersten Mal diese Verordnung zur Kenntnis genommen, als Krenz sie im ZK vorgelesen hat. Sie sei ihm nicht per Boten ins ZK-Gebäude übermittelt worden.[10]

Herger: Kann sein, - wenn er das sagt.

Hertle: Das sei an ihm vorbeigegangen!

Herger: Wenn er das so sagt, kann ich das nicht bestreiten.

Hertle: Bis auf das Gespräch mit Ihnen frühmorgens am 9. November ...

Herger: ... daran kann er sich erinnern?

---

10 Gespräch d. Vf. mit Friedrich Dickel, 30.3.1992.

Hertle: Ja, daran kann er sich erinnern.

Herger: Das freut mich, daß er sich daran erinnern kann.

Hertle: Na gut, aber dann könnte es ja sein, daß es bis dahin an ihm vorbeigelaufen ist?

Herger: Das halte ich nicht für möglich - vielleicht im Detail, aber nicht in der Sache. Am 9. November früh habe ich auf jeden Fall mit ihm über Reise und ständige Ausreise gesprochen. Ab 10.00 Uhr saß er in der ZK-Tagung, während ich ständige Verbindung mit meinen Mitarbeitern hatte. Und diese hatten wiederum ständige Verbindung mit dieser Arbeitsgruppe. Da mir die Sache so wichtig war, habe ich mir auf diesem Wege auch die Vorlage besorgt. Wann Fritz Dickel die Vorlage bekommen hat, kann ich nicht sagen. Es kann durchaus sein, daß er sie vorher nicht gesehen hat, sondern erst als Umlaufvorlage als Mitglied des Ministerrats - und das will er auch nicht gesehen haben?

Hertle: Er sagt, zum ersten Mal, als Krenz sie vorgelesen hat.

Herger: Ja, was muß ich denn daraus für einen Schluß ziehen? Daß der Ministerrat die Vorlage gar nicht im Umlauf behandelt hat? Das kann ich mir nun wieder nicht vorstellen, denn eine 'gewisse Ordnung' hat es schon gegeben in der DDR, vor allen Dingen eine bürokratische. Wenn Stoph mir noch mittags um 13.00 Uhr sagt, die Vorlage geht jetzt über mein Büro den Mitgliedern des Ministerrates mit der Aufforderung zu - sie muß ja irgendwo im Archiv des Ministerrats zu finden sein -: Bitte um Zustimmung bis 16.00 Uhr. Das muß so gewesen sein. Ich weiß nur nicht, ob alle Mitglieder des Ministerrates die Vorlage überhaupt bekommen haben. Nicht wenige saßen im Hause des ZK, es war eine absolut günstige Situation. Der Kurier hätte die Vorlage nur in die Tagung des ZK hineinzugeben brauchen. Wie das im Detail gelaufen ist, kann ich Ihnen absolut nicht sagen. Ich weiß nur, daß mein Stellvertreter mir gegen 17.00 Uhr gesagt hat: Die Vorlage ist vom Ministerrat bestätigt. Er hat die Verbindung mit dem Büro des Ministerrates gehalten. Ich hatte ihn nach meinem Gespräch mit Willi Stoph gebeten: Bleib' unbedingt an der Sache dran, setze dich in Verbindung mit dem Chef des Büros des Ministerrates ...

Hertle: ... wer war das zu der Zeit?

Herger: Kurt Kleinert war das, glaube ich.

Hertle: Er wurde dann erst später durch Harry Möbis abgelöst?

Herger: Ja, da war es aber noch Kleinert.[11] Wie die technischen Details gelaufen sind, kann ich Ihnen beim besten Willen nicht sagen. Ich kann Ihnen nur schildern, wie sich das von meiner Seite aus an diesem Tag abgespielt hat. Was sich noch abgespielt hat, das weiß ich nun wirklich nicht.

Hertle: *Nun gibt es die Äußerung von Siegfried Lorenz zu der Mittagssituation, die Sie eben auch beschrieben haben, in der das Politbüro zusammentritt. Lorenz hat gesagt, die Sitzung fand im Stehen statt, beim Kaffeetrinken, und zum Inhalt des Beschlusses sagt er weiter: "Keiner hat ihn wirklich begriffen."*[12]

---

11 Dem Protokoll des ZK-Sekretariats zufolge wurde Dr. Kurt Kleinert "aus gesundheitlichen Gründen" am 8.11.1989 "von der Funktion Staatssekretär und Leiter des Sekretariats des Ministerrates entbunden" und durch Dr. Harry Möbis, bis dahin Staatssekretär und Leiter der Arbeitsgruppe Organisation und Inspektion beim Ministerrat, ersetzt (vgl. SAPMO-BArch, ZPA-SED, J IV 2/3/4461).

12 Siegfried Lorenz, zit. nach: Der Spiegel Nr. 41, 8.10.1990, S. 104. Lorenz hat später darauf hingewiesen, daß er diese Äußerung gegenüber dem "Spiegel" in bezug auf die Mitglieder des Zentralkomitees, nicht aber auf die des Politbüros verstanden wissen wollte: "Für die Politbüro-Mitglieder müßte es zumindest klar gewesen sein, daß es um eine Reiseregelung ging, die gewissermaßen vollständig neu war, also im

Herger: Diese Äußerung von Siegfried Lorenz kenne ich auch. Richtig ist, daß es keine Sitzung im eigentlichen Sinne war. Ich habe es vorhin schon geschildert. Beim Kaffeetrinken kann es nicht gewesen sein, weil es in diesem Präsidium keinen Kaffee gab. Das ist nur so ein Detail, weil Sie das hier erwähnen. Ich kann nicht sagen, ob Siegfried Lorenz überhaupt dabei war, als Egon Krenz den Entwurf der Verordnung in diesem Kreis von Mitgliedern und Kandidaten des Politbüros verlesen hat.

Wenn Siegfried Lorenz der Meinung ist, daß keiner die Tragweite in diesem Moment richtig begriffen hat, dann würde ich ihm zustimmen. Allerdings ist das schon eine Bemerkung aus dem Nachhinein. Die volle Tragweite kam nach wenigen Stunden für jedermann sichtbar zum Ausdruck. In dem Moment, jedenfalls ging es mir so, war ich froh, daß nun endlich eine der Kernfragen, die nach meiner Meinung zu klären gewesen waren, geklärt wird. Allerdings hatte ich mir auch nicht träumen lassen, weder in der Mittagsstunde noch in der Stunde zwischen 17.00 Uhr und 17.30 Uhr, als Egon Krenz das vor dem ZK vorgelesen hat, was zwei, drei Stunden später losgeht. Ich habe damit gerechnet, daß es eine große Zustimmung geben wird und daß die Sache in "normalen Bahnen" verläuft.

Hertle: Ein weiteres Indiz, was dafür genommen wurde, daß das Politbüro eigentlich nur das Problem der ständigen Ausreise geregelt haben wollte und von der Lauter-Arbeitsgruppe mit dem Passus über die Privatreisen "überrumpelt" wurde, wurde in den einleitenden Worten gesehen, mit denen Egon Krenz den Reise-Beschluß im ZK vorstellte, bevor er ihn dann wörtlich verlas: Er bezog sich ausschließlich auf das Problem der massenhaften Ausreise von DDR-Bürgern über die CSSR in die Bundesrepublik seit dem 1. November.

Herger: Wie gesagt, es kann durchaus sein. Die psychologische Erklärung für mich ist, daß die Ausreisewelle ständig weiterging und daß das alle sehr beschäftigte. Möglicherweise haben manche auf der Politbüro-Sitzung vom 7. November den feinen Unterschied zwischen Reisen und ständiger Ausreise gar nicht gesehen. Das waren Termini technici für die, die sich mit den Reisefragen überhaupt beschäftigt haben. Ich habe das auch in anderen Gesprächen oftmals festgestellt, übrigens auch schon damals. Viele hatten überhaupt nicht begriffen, was der Unterschied zwischen ständiger Ausreise und Reise oder Ausreise ist. Für mich jedenfalls war klar, wie das gemeint war. Denn ich war ja nicht ganz unwesentlich daran beteiligt, daß diese Frage im Politbüro ständig am Kochen gehalten worden ist. Ich war der Mitverfasser der Politbüro-Erklärung vom Oktober. Ich kann es einfach nicht vertragen, wenn man dem, was man sagt, nicht auch so schnell wie möglich, vor allem, wenn man die Macht dazu hat, Taten folgen läßt. Wir hatten in dieser Politbüro-Erklärung geschrieben: Die Reisefrage soll im positiven Sinne geregelt werden. Das Politbüro unter Krenz hatte sich immer wieder dazu erklärt. Die Leute hatten allerdings die Nase voll - ich auch -, daß immer nur gesagt wurde, das Politbüro empfiehlt dem Ministerrat, das Reisegesetz vorzubereiten. Aber es verging ein Tag nach dem anderen, nur - es kam nicht! Und das war für mich das "Hauptkettenglied" in meiner Verantwortung, wie ich sie gesehen habe. Mit der Ökonomie hatte ich nichts zu tun, ich meine mit der Wirtschaftsreform, dafür waren andere zuständig ...

Hertle: ... aber waren Ihnen denn die ökonomischen Folgen nicht bewußt? Es gab doch über eine lange Zeit in der Vorbereitung des Reisegesetz-Entwurfes die Diskussion: Wie sollen wir das finanzieren?

Herger: Na sicher, die gab es schon in den allerersten internen Diskussionen bei mir am Tisch, als Erich Honecker noch Generalsekretär war und als es um die

---

Grunde genommen ermöglichte, daß jeder, der reisen wollte, reisen konnte" (zit. nach: Dümde 1990a, S. 9).

Lösung der Reise- und Ausreiseproblematik ging. Es gab ein ganz wesentliches Argument von Leuten, die mit den weitgehenden Reiseregelungen nicht einverstanden waren: Wenn wir das machen oder wenn du das willst, dann wird die DDR ausbluten. Das war das Hauptargument all derer, die eine schnellere Lösung im Sinne eines Gesetzes oder einer Verordnung verzögert haben oder verzögern wollten. Ich will niemand etwas unterstellen, aber natürlich waren nicht alle mit fliegenden Fahnen für diese Art Verordnung bzw. auch Reisegesetz. Das Kompromißlerische an dem Reisegesetz-Entwurf, der veröffentlicht worden war, war gerade aus dem Gedanken erwachsen: Wir müssen eine Lösung finden, daß die DDR-Bürger zwar reisen und auch ausreisen können, aber so, daß die DDR dabei nicht 'ausblutet'. Man hatte die Befürchtung, daß tausende, zehntausende Leute dann nicht wieder in die DDR zurückkommen. Deswegen auch der Versuch, unter Berufung auf die internationale Menschenrechtskonvention von 1966 bestimmte Bremsen einzubauen, deswegen auch die Idee mit den dreißig Tagen im Jahr[13], was die Leute einfach alles nicht mehr hören wollten.

Hertle: Aber war die zeitliche Begrenzung der Reisen auf dreißig Tage pro Jahr nicht auch mit Ihre Idee?

Herger: Nein. Ich muß allerdings sagen, ich habe nicht verhindert, daß sie drin ist. Wobei natürlich auch in mir diese Diskussion stattgefunden hat: Wie weit gehst du in der Reisefrage und in der Ausreisefrage, ohne daß die DDR größeren Schaden erleidet? Ich habe mir auch die Argumente derer angehört, die der Meinung waren, wir können so weit überhaupt nicht gehen. Aber trotzdem waren wir uns am Ende einig, zunächst den Versuch mit dem Entwurf des Reisegesetzes zu machen. Aber schon wenige Minuten nach der Veröffentlichung habe ich Anrufe von Mitarbeitern aus SED-Bezirksleitungen bekommen: Was habt Ihr Euch denn da eigentlich gedacht, das geht doch völlig am Leben vorbei. In gewisser Weise war ich sogar froh über diese Reaktion. Damit mußte endlich die zögerliche Diskussion beendet werden. In den verschiedenen Arbeitsgruppen oder in den Diskussionsrunden im Politbüro ging es nicht so sehr darum, daß die DDR-Bürger reisen und ausreisen können. Die Frage war: Wie verhindern wir, daß dabei die DDR ausblutet und welche Konsequenzen könnte das noch haben. Das war fast wie eine Quadratur des Kreises. Nach meiner Meinung mußte die festgefahrene Situation regelrecht durchbrochen werden. Und der Durchbruch geschah an dem Tag, an dem dieser Reisegesetz-Entwurf veröffentlicht worden ist: Die öffentliche Meinung war dagegen, vor allen Dingen gegen die Einschränkungen, die schon wieder aus den Formulierungen herauskamen.

Für mich war in dieser Abteilung das Reiseproblem eines der gravierenden Probleme. Ich habe mich sehr darum bemüht, daß wir die Reiseverordnung vom 30. November 1988 bekommen haben, die gewisse Erleichterungen geschaffen hat. Dann kam dieser Unsinn mit dem Unterscheiden von leiblichen und angeheirateten Onkeln und Tanten. Ich habe mit meinen Möglichkeiten fast erzwungen, daß die erste Durchführungsbestimmung zu dieser Reiseverordnung kam, die diesen Unsinn wieder ad acta legte. Das Reiseproblem hat mir schon wirklich auf der Seele gebrannt.

Es war für mich eines der ganz gravierenden Probleme, die mich letzten Endes dazu geführt haben zu sagen: Wenn es mit Honecker nicht mehr geht, muß es ohne Honecker gehen. Es war gerade dieses Reiseproblem. Ich habe Anfang Oktober noch einmal ein Papier gemacht, das Egon Krenz an Erich Honecker

---

13 In dem Entwurf der Durchführungsbestimmung zum Reisegesetz-Entwurf hieß es in Paragraph 3: "Die Befristung der Genehmigung für Privatreisen, außer für Bürger im Rentenalter und Invalide, hat so zu erfolgen, daß in der Regel ein Gesamtreisezeitraum von 30 Tagen nicht überschritten wird."

übergeben hat. In meinem Zorn darüber, daß keine Entscheidung getroffen wird, hatte ich drei Varianten vorgeschlagen, wie man das Problem lösen könnte. Zum Beispiel habe ich als zweite Variante demonstrativ geschrieben: "Wir müssen alle Grenzen zumachen! Wenn wir wollen, daß die DDR explodiert!" Das sollte zum Nachdenken anregen. Die dritte Variante war die eigentliche Variante, die 'globale Lösung', wie ich sie damals genannt hatte, also die Reisemöglichkeiten zu geben, allerdings damals mit der Direktkoppelung daran, daß die BRD-Regierung doch noch die DDR-Staatsbürgerschaft akzeptiert. Daran sollte die 'globale Lösung' politisch gekoppelt werden.

Hertle: Das war auch die Intention des Telefonats zwischen Krenz und Kohl?

Herger: Ja, das ist richtig, aber das Telefonat war später. Als am 6. November deutlich wurde, daß die Öffentlichkeit den Entwurf des Reisegesetzes ablehnt, und die Ausreisewelle über die CSSR unaufhaltsam weiterging, sich sogar enorm verstärkte, war für Egon Krenz und mich - wir hatten am 5. und 6. November mehrfach darüber gesprochen - klar: Jetzt muß das Reiseproblem endlich gelöst werden! Deshalb die Idee mit der vorgezogenen Verordnung und die Idee, beide Fragen gleichzeitig zu lösen. Mag sein, daß der eine oder andere nur an die ständige Ausreise gedacht hat. Ich habe es von Anfang an anders verstanden und habe auch meinen Mitarbeitern gesagt, wie ich es verstehe und wie sie ihren Einfluß wahrnehmen sollen.

Hertle: Haben Sie denn zu dem Zeitpunkt, als Ihnen klar war, daß das mit in die Vorlage hinein soll, mitbedacht, welche Konsequenzen das für die weiteren Verhandlungen mit der Bundesregierung haben kann, also auch in bezug auf Anerkennung der Staatsbürgerschaft, ökonomische Stabilisierung, daß Sie sozusagen jetzt damit das Faustpfand gegenüber der Bundesregierung verlieren? War Ihnen das deutlich?

Herger: Der wichtigste Gedanke war, mit einer Entscheidung der Führung unter Egon Krenz dem Volk der DDR zu zeigen: Es ist ernst gemeint mit einer anderen Politik, gerade in einer dieser fünf, sechs oder sieben entscheidenden Fragen, die im Volk der DDR diskutiert worden sind. Neben der Ökonomie und neben den Medien war die Reise- und Ausreisefrage eine der wichtigsten Diskussionen. Das ist verständlich, wenn Zehntausende das Land verlassen. Eine Antwort der Führung unter Egon Krenz wurde schnellstens erwartet. Das war der Punkt Nr. 1 für mich. Mitgedacht war natürlich auch das, was Sie in Ihrer Frage meinen. Deswegen der Beschluß am 7. November, daß Oskar Fischer über seine Kanäle mit der BRD-Regierung reden sollte. Natürlich war da noch gedacht, daß das auch ein Faustpfand in Verhandlungen mit der BRD-Regierung sein könnte. Die ökonomischen Konsequenzen waren natürlich immer mit in den Überlegungen. Die Hauptdiskussionen, die auch in der Volkskammer noch nach dem 10. November geführt worden sind, waren: Wie wollen wir das bezahlen? Die Ökonomen, die an den Entwürfen des Reisegesetzes mitwirkten, haben diese Frage auch immer wieder aufgeworfen.

Hertle: Schalck wird zugeschrieben, daß er im Krisenstab den Vorschlag gemacht habe, aus dem 'Mißgeschick' des Mauerfalls jetzt Kapital zu schlagen. Ist darüber im Krisenstab dann diskutiert worden?

Herger: Sie meinen am Vormittag des 10. November?

Hertle: Ja.

Herger: Das kann ich weder bestätigen noch verneinen. Ich kann mich daran nicht erinnern.

Hertle: Hat es am 10. November noch eine förmliche Politbüro-Sitzung gegeben? In den Akten ist lediglich ein zusammengefaßtes Protokoll der Sitzungen des Po-

litbüros am 8., 9. und 10. November 1989 erhalten. Darin heißt es: "Per Umlauf bestätigt am 10.11.1989: 6. Information an die Regierung der BRD über Maßnahmen der DDR. Die Vorlage wird bestätigt. (Anlage Nr. 5)". Und in Anlage Nr. 5 heißt es: "Genosse Schalck wird beauftragt, die Regierung der BRD informell über die Maßnahmen der DDR zu informieren und die Erwartung zum Ausdruck zu bringen, daß die BRD-Regierung die getroffenen Maßnahmen unterstützt". Es solle "in weitere informelle Gespräche zur Entwicklung der Beziehungen zwischen der DDR und der BRD eingetreten werden."[14]

Herger: Daß das besprochen worden ist, ist klar. Ich kann Ihnen nur nicht sagen, ob das eine offizielle Sitzung oder eine von den Sitzungen in den Pausen der ZK-Tagung war. Das Politbüro tagte im Grunde permanent. Es ist durchaus möglich, daß der Protokollant diese Tage vom 8. bis 10. November zusammengefaßt hat. Auch am 10. November saß das Politbüro natürlich zusammen. Ich war allerdings nicht immer dabei, weil ich mit dem Stab und der Dickel-Erklärung für das Fernsehen beschäftigt war.

Hertle: Wissen Sie, ob am 9. November noch eine Information über die am Morgen ausgearbeitete Reiseregelung an die sowjetische Seite gegeben wurde?

Herger: Ich gehe davon aus, daß es so gewesen ist, kann es aber nicht bestätigen. Ich war weder Augen- noch Ohrenzeuge. Ich glaube, Egon Krenz hat sich dazu geäußert. Wenn es am 9. November keine direkte Verbindung zwischen Krenz und Gorbatschow gegeben haben sollte, hat es mindestens eine Verbindung zwischen Krenz und Kotschemassow, dem damaligen Botschafter, gegeben.

Hertle: Wie ist es zu erklären, daß das Thema der Grenzöffnung auf der ZK-Sitzung am nächsten Morgen überhaupt nicht aufgegriffen wurde?

Herger: Ich kann dazu kaum etwas sagen, weil ich den dritten Tag der ZK-Tagung nicht miterlebt habe.

Hertle: Zunächst wird die Diskussion ganz normal fortgesetzt, dann gibt es nach einiger Zeit einen Beitrag von Krenz, der mehr entschuldigend in die Richtung geht, daß der Druck auf die Grenze so zugenommen habe, daß ansonsten nur eine militärische Lösung offengestanden habe, und er bedankt sich bei den Verantwortlichen der Grenztruppen und Grenzübergangsstellen. Das ist alles. Es wird sonst in keinem Beitrag aufgenommen.

Herger: Das ist schwer zu erklären - es sei denn, daß es am 10. November schon wieder ganz neue, schwerwiegende Fragen gab: Parteitag oder Parteikonferenz, Abwahl von Politbüro-Mitgliedern, die erst am 8. November gewählt worden waren und so weiter. Möglicherweise hängt es damit zusammen, daß die Mitglieder und Kandidaten des ZK zwar gespürt haben, was tatsächlich geschehen ist, aber keiner etwas dazu sagen wollte, weil er selber noch keine abgeschlossene Meinung zu dem ganzen Vorgang hatte und einfach niemand ahnte, was damit ausgelöst worden war - jedenfalls viel Schwerwiegenderes als das, was an diesem Tag in der ZK-Diskussion als schwerwiegend und wichtig erschien.

---

14 Protokoll Nr. 50 der Sitzung des Politbüros des ZK der SED vom 8., 9., 10.11.1989 (SAPMO-BArch, ZPA-SED, J IV 2/2/2359).

Das war das Ende der Republik

Gespräch mit Dr. Valentin Falin, Hamburg, 27.8.1992

Hertle: Inwieweit wurden die Aktionen der ungarischen Regierung, die im Mai 1989 zunächst zur Öffnung der ungarischen Grenze nach Österreich geführt haben, im September schließlich dann auch zur Öffnung dieser Grenze für DDR-Bürger, mit sowjetischen Stellen abgestimmt, abgesprochen oder beraten?

Falin[1]: Das war eine souveräne Entscheidung Ungarns. Es gab - soweit mir bekannt ist - keine offiziellen Gespräche zu diesem Thema in Moskau oder in Budapest. Ich schließe nicht aus, daß gewisse Kontakte zwischen unserer Botschaft und entsprechenden Stellen in Ungarn vorhanden waren, aber es war wenigstens nichts geschehen, was vorher als Beschluß in Moskau gefaßt wurde, also in dem Sinne: Wir müssen vor den ungarischen Freunden und Partnern vorstellig werden, um sie von der oder einer anderen Entscheidung abzuhalten. Aufgrund unserer prinzipiellen Position, wie sie im Dezember 1988 in der UNO von Michail Gorbatschow dargelegt wurde, gingen wir davon aus, daß jeder sozialistische Staat volle Entscheidungsfreiheit im Bereich seiner Verantwortung besitzt.

Hertle: War die Öffnung der Grenze Gesprächsgegenstand zwischen dem ungarischen Ministerpräsidenten Nemeth und Gorbatschow bei ihrem Treffen im Januar 1989?

Falin: Na ja, das war erwogen worden, wenn ich mich richtig erinnere, aber das war kein Thema eines längeren Gesprächs.

Hertle: Sie würden den Verzicht der Sowjetunion auf die Breschnew-Doktrin der begrenzten Souveränität jedes sozialistischen Staates auf die Rede Gorbatschows vor der UNO terminieren?

Falin: Es gab keine Breschnew-Doktrin, das ist eine Erfindung der westlichen Politiker und der Propaganda. Es gibt eine amerikanische Doktrin der Begrenzung der fremden Souveränität; ich spreche nicht über die Monroe-Doktrin allein. Wie es damals im Kontext der Geschehnisse in der Tschechoslowakei zustande kam oder interpretiert wurde, so wurde dort die Bedeutung der gemeinsamen Interessen, des gemeinsamen Nenners in der Politik hervorgehoben und die Notwendigkeit, unter Umständen gewisse nationale oder Staatsinteressen den gemeinsamen Interessen zu unterstellen. Und das ist im Grunde ein Merkmal jedes Bündnisses, insbesondere eines Bündnisses von größerem Vorhaben wie etwa der NATO. Bitte, die Bundesrepublik hat an die NATO Teile ihrer Souveränität abgetreten, vor allem in Fragen der militärischen Verteidigung. Wir müssen das nicht überbewerten und hochstilisieren, das führt uns ins Niemandsland, ins Leere.

Und wenn ich diese Rede von Gorbatschow von 1988 berücksichtige, so ist dort vor allem etwas anderes angeregt. Das ist die Notwendigkeit, die Strukturen und die Politik der Staaten mit dem Volkswillen in Einklang zu bringen: Das ist der Kern des Ganzen. Man betont die Bedeutung der Selbstbestimmung im vollen und ganzen Sinne dieses Begriffes. Was danach geschah, hat auch bewiesen, wel-

---

1 Valentin M. Falin, Jg. 1926, Dr. habil., Sowjetischer Botschafter in der Bundesrepublik Deutschland (1971-1978); von 1986 bis 1988 Direktor der Presseagentur Nowosti, von Oktober 1988 bis zum Arbeitsverbot der KPdSU nach dem Putschversuch Ende August 1991 Leiter der Internationalen Abteilung des ZK der KPdSU. Ab 1986 Kandidat, ab April 1989 bis zur Auflösung im August 1991 Mitglied des ZK der KPdSU; von 1989 bis 1991 Mitglied des Volksdeputiertenkongresses.

che Sprengladung in diesem ganzen Vorhaben steckte, weil - und dies gilt nicht nur für östliche, sondern auch für westliche Staaten - in vielen Fällen die Mehrheiten im Parlament oder an der Spitze der Administration oder der Regierung nicht die Mehrheit bei der Abstimmung numerischer Mehrheiten wiedergibt.

Hertle: Würden Sie denn im nachhinein in dieser Rede Gorbatschows auch den Startschuß zur Auflösung des Warschauer Vertrages sehen?
Falin: Dieser Zusammenhang besteht, obwohl das gewiß nicht die Absicht von Gorbatschow war. Ich glaube, Gorbatschow versuchte, die Strukturen zu reformieren, aber von Anfang an war das meines Erachtens nicht glücklich gemacht. Die Rede selbst war nicht mit unseren Verbündeten abgestimmt, weder mit Regierungen noch mit regierenden Parteien. Was dort gesagt wurde, war für unsere Verbündeten ebenso eine Offenbarung wie für alle anderen Staaten der Weltgemeinschaft. Das war, so verstehe ich das wenigstens, unter Verbündeten nicht korrekt, und das hat objektiv dazu beigetragen, daß jeder die Politik zu entwickeln begann, die er für sich, aus seiner Sicht, für richtig hielt.

Hertle: Eine direkte Konzeption zur Auflösung des Warschauer Vertrages unter dem Aspekt, sich dadurch voll auf die inneren Probleme der Sowjetunion konzentrieren zu können, hat es nicht gegeben?
Falin: Nein. Wir haben uns verstanden als eine Gemeinschaft, die sehr enge Bindungen - nicht nur Verbindungen - hat, sowohl auf dem ökonomischem als auch auf dem Verteidigungs-Gebiet, von dem ideologischen nicht zu sprechen, und diese wirtschaftlichen Zusammenhänge und Abhängigkeiten waren sehr stark entwickelt. Eine andere Frage, die am Platz wäre, ist, ob diesen Zusammenhängen und Abhängigkeiten in Moskau bei der Ausarbeitung verschiedener Konzepte und bei der praktischen Ausführung genügend Rechnung getragen wurde.

Hertle: Seit 1987 gab es Gerüchte über verschiedene konkurrierende deutschlandpolitische Konzeptionen in der Sowjetunion, die an Äußerungen von Mitarbeitern des Außenministeriums und an Mitarbeitern in Ihrer Abteilung festgemacht wurden? Was steckte dahinter?
Falin: Ich war 1987 nicht in dieser Abteilung. Ich gelangte im November 1988 in diese Abteilung. Ich bin nicht sicher, daß es solche konkurrierenden Absichten und Ansichten waren. Außerdem war 1987 eine ganz andere Abteilung, die von Medwedjew geführt wurde, für die Beziehungen mit der DDR verantwortlich. Das war eine Abteilung, die sich mit unseren Beziehungen zu den sozialistischen Staaten befaßte. Im November 1988, als ich dorthin kam, war ich mit der Zusammenführung verschiedener Abteilungen des Zentralkomitees beschäftigt. Inzwischen waren es drei Abteilungen: eine internationale Abteilung, eine Abteilung für die Beziehungen mit den sozialistischen Staaten und die Abteilung für internationale Kaderfragen. Ich habe sie alle zu einer Abteilung zusammengeführt und die Zahl der Mitarbeiter um die Hälfte verringert.

Zu dieser Zeit gab es keine konkurrierenden Projekte oder Konzepte zwischen dem Außenministerium und dieser Abteilung, obwohl wir gewiß in manchen Fragen verschiedene Akzentuierungen entwickelt oder praktiziert hatten. Wir waren zum Beispiel in unserer Abteilung nicht dafür, daß man die COMECON-Philosophie von heute auf morgen so ändert, daß man praktisch diese Länder als Partner verliert. Das war nicht unsere Stellungnahme. Ebenso wie wir in unserer Abteilung, aber das geschah später, eine Situation besprochen haben, daß es nicht korrekt ist, nachdem die Zerfallserscheinungen schon sehr stark fortgeschritten waren, daß man die einstigen Verbündeten als Abtrünnige betrachtet und mit ihnen keine normalen und gutnachbarschaftlichen Beziehungen entwickelt. Unsere Meinung war, das ist nicht nötig, das ist schädlich. Man muß akzeptieren, was dort geschieht, und von einem neuen Punkt eine neue Politik starten, die aber zum Ziel hat, daß wir gute Nachbarn bleiben, wenn wir auch in verschiedenen Fragen verschiedene Meinungen haben. Die Nachbarschaft ist nicht zu beseitigen, so war unsere These, und in unserem Interesse ist es, daß diese Nachbarschaft wirklich produktiv und in allen Fällen partnerschaftlich und freundlich bleibt.

Hertle: Um noch einmal auf das Jahr 1987 zurückzukommen: Sie waren an dieser Diskussion auch beteiligt und wurden mit gewissen Äußerungen zur Berliner Mauer und zu Veränderungen im Verhältnis der beiden deutschen Staaten zitiert.

Falin: Das geschah nicht aus der ZK-Abteilung heraus. Ich war damals Chef der Presseagentur Nowosti und war von Herrn Sager gefragt worden, wie ich mir die Entwicklung vorstelle. Ich habe geantwortet, ich bin sicher, daß der heutige Stand der Dinge nicht die letzte Weisheit der Geschichte ist. Ich wurde damals von beiden Seiten kritisiert, vom Außenministerium und von der Internationalen Abteilung in Gestalt von Herrn Dobrynin.

Hertle: Aber lassen Ihre Einlassungen nicht Rückschlüsse darauf zu - sie fanden ja auch zeitgleich mit bestimmten Äußerungen von Herrn Portugalow statt -, daß 1987 bereits über Konföderationspläne zumindest konzeptionell gesprochen wurde?

Falin: Es war meine ganz alte Überzeugung seit, wenn Sie wollen, 1950 der erste Brief von Grotewohl an Adenauer geschickt wurde: Es gibt keinen Weg für die Entwicklung der beiden deutschen Staaten, der auf lange Sicht an der Konföderation vorbeiführt. Das wurde später auch bestätigt, in den Jahren 1956, 1957 und 1958, als solche Pläne von Ihrer Seite, ich meine von seiten der Bundesrepublik und der DDR, entwickelt wurden, die zum Teil von den Amerikanern unterstützt wurden. Adenauer war damals dagegen, und an Adenauer scheiterten diese Pläne im wesentlichen.

Dann gab es in der späteren Zeit Überlegungen, wieweit die Abgrenzung zwischen beiden Staaten zustande kommen darf. Das war der Grund für meinen Streit und meine schlechten Beziehungen mit Erich Honecker seit 1971. Ich war der Meinung, daß man nicht mit zwei Seelen in großen politischen Fragen handeln kann. Diese Spaltung in sich führt letzten Endes zu einer Katastrophe, zu einem Bankrott; ich ging davon aus, daß durch die Regelungen, die damals insbesondere für die West-Berliner und Westdeutschen vereinbart wurden, bei deren Besuchen in der DDR die DDR-Bürger ein Spiegelbild bekommen. Die Bürger der DDR konnten sich auf lange Sicht nicht damit begnügen und sich einverstanden erklären, daß ihre Verwandten zu ihnen kommen, und sie aber nicht imstande sind, ihre Verwandten in West-Berlin und in der Bundesrepublik zu besuchen. Das war ein Gegenstand mancher Diskussionen im Moskauer Außenministerium, leider ohne Erfolg. Später, schon in der Zeit der Perestroika, als gewisse positive Entwicklungen in unserer Philosophie der Beziehungen mit der Bundesrepublik zustande kamen, da habe ich, wie schon erwähnt, meine Überlegungen öffentlich entwickelt, und wiederum ohne Erfolg. Das war auch ein Beweis, daß wir bei solcher Sturheit westpolitischen Denkens und Handelns in der DDR einem ganz großen Risiko ausgesetzt sind. Dies ist kaum vermeidbar.

Hertle: Bei meinen Recherchen bin ich auf Verhandlungs-Unterlagen der DDR-Regierung zum Wiener KSZE-Folgetreffen gestoßen. Aus den Telegrammen, die der Vertreter der DDR aus Wien an das Außenministerium in Ost-Berlin geschickt hat, aber auch aus weiteren Dokumenten, zum Beispiel Konsultationen in Moskau, geht hervor, daß die DDR ihre Interessen in der sowjetischen Verhandlungsführung weitgehend nicht mehr berücksichtigt sah. Mein Eindruck ist, daß die Sowjetunion unter Schewardnadse auf die amerikanische Verhandlungsstrate-

gie einschwenkte, wirtschaftliche, abrüstungspolitische und Menschenrechtsfragen kombiniert zu verhandeln, und dabei auch größere Zugeständnisse zu machen, als sie für die DDR akzeptabel schienen, insbesondere im Hinblick auf Reisefreiheit und Freizügigkeit generell. Ist dieser Eindruck richtig?

Falin: Das ist richtig. Aber diese Doppelgleisigkeit in der praktischen DDR-Politik ist viel, viel längerer und schwierigerer Herkunft. Es war mehrmals so gewesen, in den sechziger und siebziger Jahren, daß die DDR zwar das ein oder andere Vorhaben, das ein oder andere Projekt mit uns abstimmte. Aber in der praktischen Ausführung stellte die DDR-Führung ihre Interessen und Vorstellungen in den Vordergrund. Das wurde auf die Weise gemacht, daß unsere Seite vor vollendete Tatsachen gestellt wurde. Es mangelte ganz klar schon seit den siebziger Jahren an Aufrichtigkeit in unseren Beziehungen.

Hertle: Vielleicht können Sie ein Wort sagen zu der Art und Weise der Gestaltung der Beziehungen. Kürzlich sind zum Beispiel geheime Aufzeichnungen von Krolikowski für höchste Moskauer Stellen bekannt geworden. Wie haben verschiedene Mitglieder der SED-Führung parallel und nebeneinander welche sowjetischen Stellen im Parteiapparat informiert?

Falin: Das war überall so. Nicht nur in der DDR, auch in der Bundesrepublik und in den Vereinigten Staaten vertreten verschiedene Minister, verschiedene Parlamentarier, verschiedene Parteien, die Funktionäre, nicht nur einen offiziellen Standpunkt, sondern auch ihre persönliche Stellungnahme, und auf diese Weise haben sie verschiedene Kontaktleute. In solchen Gesprächen entwickeln sie sogar unterschiedliche Gedanken und Konzepte, und das ist - ich würde sagen, außer in manchen östlichen Ländern - kaum verwunderlich. In einigen Ländern ist es so, daß man feststellt, was gesagt werden darf und was nicht, und alle, die Gespräche führen, geben praktisch diese schriftlichen Instruktionen wieder.

Es ist bekannt, daß es seit den siebziger Jahren den DDR-Funktionären in der Partei und im Staatsapparat verboten war, mit unseren Vertretern freizügig zu verkehren. Bei jedem Gespräch sollte eine Notiz gefertigt werden, worüber gesprochen wurde, welche Fragen von der sowjetischen Seite gestellt worden waren usw. Ab einem gewissem Niveau brauchte man eine Zustimmung für Kontakte. Das war aus unserer Sicht etwas Merkwürdiges, so etwas praktizierte man in Westdeutschland gar nicht, oder wenn man es praktizierte, dann nicht auf so auffällige Art. Aber in der DDR war das seit Beginn der siebziger Jahre Praxis, und dabei war extra vermerkt, das gilt in erster Linie für die Kontakte mit sowjetischen Vertretern.

Hertle: An wen waren die Notizen von Krolikowski gerichtet?

Falin: Krolikowski hatte gute Kontakte mit unserer Botschaft in Berlin und mit unseren Konsularen, die in seinem Bezirk tätig waren. Sie wurden weiter berichtet nach Moskau, als normale diplomatische Papiere. Es ist überall so, ein Diplomat, ein Mitarbeiter eines Konsulats trifft sich mit einem Ausländer, und wenn aus der Sicht des Diplomaten etwas Interessantes dabei gesagt wurde, markiert er das schriftlich, und auf solche Weise gehen diese Informationen an die höchsten Stellen des Landes und damals unserer Partei.

Hertle: Haben Sie im Zusammenhang mit der Unterzeichnung des Wiener Dokumentes im Januar 1989 erwartet, daß die DDR in bezug auf Freizügigkeit und Reisefreiheit vom Leben lernt? Egon Krenz stellt es heute teilweise zumindest so dar, daß er in seinen Gesprächen mit sowjetischen Partnern noch 1988 eher gebremst worden wäre, auf Veränderungen hinzuwirken und auch personell etwas zu verändern. Statt dessen sei ihm bedeutet worden, es sei besser, solange zu warten, bis die Verhältnisse in der Sowjetunion stabiler geworden seien.

Falin: Das kann sein. Es gab unter unseren Diplomaten nicht nur in der DDR, sondern auch in der Tschechoslowakei oder in Polen insbesondere in mittleren Positionen solche Überlegungen. Diese Ebene hat praktisch gegen Gorbatschow gearbeitet, und man hat in Kontakten manchmal auch auf hoher Ebene gesagt: "Warten Sie ab, Gorbatschow ist eine provisorische Erscheinung, bald wird alles anders." Wenn das so war, brauchten sie Vieles nicht zu tun, was Ihnen nahegelegt wurde. Das hat in der Tschechoslowakei ganz definitiv, kann sein auch in der DDR, die Reformen, die schon längst fällig waren, unausweichlich notwendig geworden waren, so notwendig wie die Luft, gebremst, auf alle Fälle nicht stimuliert.

Hertle: Ich habe noch einmal die Rede von Michail Gorbatschow nachgelesen, die er anläßlich der 40-Jahr-Feier der DDR am 7. Oktober 1989 vor dem Politbüro der SED gehalten hat und deren Autor Sie gewesen sind, wenn ich das richtig verstanden habe ...

Falin: ... das war keine schriftlich vorbereitete Rede. Gorbatschow sprach frei, ohne Text. Ja, wir haben mit ihm gründlich darüber gesprochen, mit Schachnasarow zusammen, noch in Moskau, aber auch auf dem Wege nach Berlin im Flugzeug. Das war im wesentlichen die Wiedergabe von Überlegungen, die er vorher im Gespräch mit Honecker in Moskau entwickelt hatte. Honecker machte im Sommer 1989 auf dem Wege nach Magnitogorsk dort Station. Aber es gab kein Manuskript. Ich gebe Michail Gorbatschow vollkommen zu, daß seine mündlichen Darlegungen ein Meisterstück waren; das war aus meiner Sicht sehr überzeugend und sehr diplomatisch in der Form und mit großem Nachdruck, was die Substanz angeht.

Hertle: Die Rede hatte appellativen Charakter. Gorbatschow sagt, man muß weitergehen und die Impulse der Zeit erfassen. Er spricht von der notwendigen Wende in Vorbereitung des Parteitages und mahnt, wenn die Partei nicht auf das Leben reagiert, ist sie verurteilt, und dann: Wer zu spät kommt, den bestraft das Leben. Gab es denn Vorgespräche, daß Gorbatschow sicher sein konnte, daß er in diesem Politbüro Adressaten für seine Appelle findet?

Falin: Nein, der Sinn dieser Veranstaltung war folgender: Gorbatschow hat mit Honecker zum Thema Veränderungen, Reformen, Perestroika in der DDR nicht weniger als fünfmal vorher gesprochen, und sein Eindruck war, daß Honecker seine Kollegen nicht informiert. Er machte kurze Summaries von diesen Gesprächen und gab anderen Mitgliedern des Politbüros, den Sekretären, nur das bekannt, was Honecker als einen starken Politiker, einen souveränen Politiker darstellte. Deswegen hat Michail Gorbatschow andere Situationen genutzt, um die breitere Schicht der Führung der DDR über seine Vorstellungen und über seine Ratschläge zu informieren. Das war im Rahmen der Sitzungen des Warschauer Vertrages geschehen. Eine solche Sitzung von ganz großer Bedeutung fand in Berlin im Mai 1987 statt. Dann war eine weitere solche Sitzung in Bukarest 1989, die letzte, wo er wiederum das Thema entwickelte, wie nötig es ist, Schritt mit der Zeit zu halten usw.

Als Gorbatschow eine Einladung zum 40. Jubiläum der DDR erhielt, hat er die Annahme dieser Einladung damit in Verbindung gebracht, daß er die Chance bekommt, mit der Führung der DDR zusammenzukommen. Das war ihm versprochen worden. Deswegen hatten seine Ausführungen in Berlin zwei Stufen: Erst war ein Treffen mit Erich Honecker und Mittag; Gorbatschow, Schachnasarow und Falin waren von unserer Seite dabei. Und bei dieser Begegnung wurde praktisch in konzentrierterer Form dasselbe gesagt, was später bei der erweiterten Begegnung gesagt wurde. Er wiederholte aufs Neue seine Thesen, entwickelte sie zum Teil, damit alle Mitglieder des Politbüros und des Zentralkomitees, die anwesend waren, verstehen, worum es geht, wie wir uns unsere Zukunft vorstellen und welche Gefahren wir sehen. Das war auch sehr notwendig, nach diesem begeisterten Empfang von Gorbatschow auf dem Wege vom Flughafen zu seiner Residenz und beim Fackelzug. Gorbatschow fühlte sich verpflichtet, das in offenerer Form als je sonst zuvor darzulegen. Aber die Reaktion von Honecker war vollkommen unproduktiv, wie im ersten Fall bei diesem geschlossenen Gespräch mit Mittag. Er ging davon aus, er braucht keine Belehrung, er weiß selbst, was zu tun sei. Durch diese Lehre, so hat er zu verstehen gegeben, wird das Land ruiniert, und in Gestalt der Sowjetunion sucht die DDR keine Lehrmeister für sich.

Hertle: *Eigentlich war ja schon die Entscheidung vom 3. Oktober, die Grenzen zur CSSR zu schließen, ein Beleg dafür, daß kein Umdenken stattfand. Ab wann sind denn Mitglieder des Politbüros wie Stoph und Mielke über eine Ablösung von Honecker auch in Abstimmung mit Ihnen in Moskau getreten? War Krenz auch ein Kandidat der KPdSU?*

Falin: Nein. Diese Kaderfragen der DDR waren von einigen Begleiterscheinungen überschattet. Honecker war erkrankt; das war in Bukarest geschehen. Von der Sitzung des Konsultativkomitees im Juli war er zur Operation nach Berlin gebracht worden. Da stellte sich heraus, er ist krebskrank. Deswegen sind alle diese Gerüchte, die in letzter Zeit zirkulieren und besagen, daß er gesund ist, nicht korrekt. Das sind nicht ärztliche, sondern politische Befunde. Er war sehr krank, und die Ärzte waren damals nicht sicher, daß er gerettet werden kann. Wir hatten diese Information bekommen, und dann war die Frage, wer wird ihn vertreten. Bisher war die Regel, daß Krenz ihn in seiner Abwesenheit vertritt, aber diesmal wollte Honecker es anders. Das war ein weiteres Zeichen dafür, daß Honecker Krenz los sein will und er glaubte, er wird ihn nach Leipzig, wo der Platz des 1. Bezirkssekretärs frei war, abkommandieren können. Sein Vertrauensmann war aufs Neue Mittag. Und für Krenz, Stoph und Mielke war klar, daß so, wie Honecker meinte, daß Mittag das Regiment führen sollte, es noch schlimmer und in keiner Weise besser werden würde. Aber zu dieser Zeit, vor dem 6./7. Oktober, gab es keine Kontakte mit uns, bei denen in direkter Form das Wort gefallen wäre, Honecker soll ersetzt werden.

Hertle: *Auch nicht in dem Gespräch zwischen Ihnen und Krenz während des Empfangs am 7. Oktober?*

Falin: Auf dem Empfang gab es ein ganz flüchtiges Gespräch zwischen Krenz und mir. Ich war gebeten worden, einen Bekannten zu treffen. Weil der Mann nicht unter den Gästen anwesend war, verließ ich für kurze Zeit meinen Tischplatz und ging ins Foyer. Und Egon Krenz kam vorbei und sagte zu mir: "Michail hat alles gesagt, was zu sagen war, und Unserer hat nichts verstanden." Meine Reaktion war: Der Gast hat alles getan, was ein Gast tun konnte, und sogar mehr noch darüber hinaus. Jetzt sollen sie selbst tun und entscheiden, was richtig ist. Es wurde nichts mehr gesagt, es wurden nur diese Sätze seitens Krenz ausgesprochen, und so war meine Reaktion, nichts mehr. Es wurden keine Namen genannt.

Dann fanden aber viele Gespräche zwischen Egon Krenz und unserem Botschafter Kotschemassow statt, zwischen Willi Stoph und wiederum Kotschemassow, und in diesen Gesprächen hatten Krenz und Willi Stoph und später auch der Verteidigungsminister unseren Botschafter informiert, daß Kaderveränderungen auch an der Spitze unvermeidbar geworden sind und die Mehrheit im Politbüro und im Zentralkomitee nach ersten Sondierungen bereit ist, diese Veränderungen vorzunehmen. Kotschemassow hatte Instruktionen, keine Empfehlungen zu formulieren, wann und auf welche Weise das gemacht wird, aber auch keine

Ratschläge zu geben, es soll alles beim alten bleiben, das war auch nicht gemeint von unserer Seite. Das geschah ungefähr so, wie es - na ja, sagen wir, Ende 1967, Anfang 1968 in der Tschechoslowakei ging, wo Nowotny durch Dubcek ersetzt wurde. Damals hatte unsere Seite erst die Position vertreten: "Das ist Ihre interne Angelegenheit, regeln Sie das selbst." Und Nowotny hatte damals versucht, die Unterstützung von Breschnew zu erlangen.

Warum Egon Krenz? Zum ersten, er war ein Kronprinz, de facto. Er besaß zweitens die Möglichkeit, die Armee und die Sicherheitskräfte zu beeinflussen, weil er für diese Bereiche zuständig war. Und außerdem, so war jedenfalls unser Eindruck, war es in der Partei kein Geheimnis, daß er mit Honecker insbesondere in letzter Zeit in vielen Fragen nicht gleicher Meinung gewesen war. Und diese Position hat aus sachlichen und zum Teil auch aus personellen Gründen gerade ihn auch als logische Figur für die Nachfolge von Erich Honecker sozusagen von selbst empfohlen. Es war auch im Gespräch, daß Hans Modrow für diesen ersten Posten in Frage kommt, aber irgendwie war es unserer Seite nicht klar, ob er die notwendige Unterstützung im Zentralkomitee oder seitens solcher Mitglieder des Politbüros wie Mielke, Stoph und anderer bekommen wird, und deswegen ...

Hertle: ... war Krenz eine Notlösung und nicht der Wunschkandidat?

Falin: Seinen persönlichen Potenzen nach war gewiß Hans Modrow stärker als Egon Krenz. Seine wirtschaftlichen Erfahrungen und seine, wenn Sie so wollen, menschlichen Qualitäten waren gewiß überzeugender.

Hertle: Inwieweit war die sowjetische Seite, war das Zentralkomitee über die Reiseverordnung informiert, die am 10. November 1989 in Kraft treten sollte? Welche Informationen erreichten Sie über die Ereignisse in der Nacht vom 9. auf den 10. November? Und wie waren die Reaktionen am Morgen des 10. November im Zentralkomitee der KPdSU?

Falin: Alles, was mit der Öffnung der Grenzen gemeint war, so verstehe ich Ihre Frage, war auf sowjetischer Seite vom Außenministerium entschieden worden, und wir im Zentralkomitee hatten zu dieser Entscheidung keine Informationen. Ich gehe davon aus, daß Schewardnadse diese Entscheidung mit Gorbatschow alleine abgestimmt hat, wenn überhaupt, und er, Schewardnadse, hat Instruktionen an Kotschemassow gerichtet, der DDR-Führung mitzuteilen, auf die Frage, ob und was den Bereich der Lockerung des Regimes an der Grenze angeht, daß dies die interne Sache der DDR sei. Zuerst bekam Kotschemassow eine mündliche Instruktion, der DDR-Führung das mitzuteilen. Der Botschafter verstand, wie schwerwiegend diese Entscheidung ist, und bestand deswegen darauf, daß er schriftliche Instruktionen bekommt. Es dauerte ein paar Tage, und dann, wie gesagt, wurde eine solche schriftliche Instruktion an unsere Botschaft in Berlin gerichtet.

Wir erfuhren in unserer Abteilung im Zentralkomitee die Nachricht von der Maueröffnung aus Mitteilungen der Informationsagenturen. Ich habe sofort unsere Botschaft angerufen, mit Kotschemassow darüber gesprochen. Er teilte mir diese Geschichte mit, wie er die Instruktion aus Moskau bekommen hatte. Meine Reaktion war, das ist das Ende der Republik, das ist das Ende des Staates. Das war klar.

Hertle: Egon Krenz berichtet von zwei Anrufen Kotschemassows, die ihn am Morgen des 10. November erreicht hätten. Der erste, um 9.00 Uhr etwa, beinhaltete eine eher aufgeregte Schelte und eine strenge Nachfrage, was da passiert sei, das sei nicht abgesprochen gewesen. Abgesprochen war die Milderung des Grenzregimes, waren Reiseerleichterungen und nicht die Öffnung der Grenze. Eine Stunde später habe Kotschemassow erneut angerufen und ihm den Glückwunsch Gorbatschows für diese großartige Tat übermittelt.

Falin: Erst war die Instruktion von Kotschemassow, ich wiederhole, zu sagen, das ist eine interne Sache der DDR. Das war eine generalisierte Form; es wurde nicht über Details gesprochen, was für Lockerungen, Erweiterungen des Rechtes, Erleichterungen von Anträgen usw. geschehen sollten. Das war im Detail nicht besprochen.
Hertle: Diese Instruktion erfolgte vor dem 9. November?
Falin: Ja, vor dem 9. November. Und dann hat sich die Führung der DDR für diese Variante entschieden. Inwieweit Gorbatschow es für richtig hielt, dazu zu gratulieren, verstehe ich nicht. Wahrscheinlich hatte er seine Vorstellungen. Meine Reaktion wenigstens, mein Empfinden war, die Öffnung in der Art ist das Ende der Republik, die Auflösung des Staates.
Hertle: Sie waren am 24. November in Berlin und haben mit Egon Krenz, mit Hans Modrow und mit Markus Wolf gesprochen ...
Falin: ... mit Markus Wolf nicht. Mit Egon Krenz und mit Hans Modrow, und es war Wjatscheslaw Kotschemassow dabei.
Hertle: War es ein gemeinsames Gespräch mit Krenz und Modrow?
Falin: Erst war es ein Gespräch allein mit Egon Krenz. Hans Modrow empfing eine japanische Delegation und kam etwa zwei oder drei Stunden später. Dann war es ein Gespräch zu dritt, und am Ende stand ein Gespräch aparte mit Hans Modrow.
Hertle: Was war der Inhalt dieser Gespräche?
Falin: Die Reise fand auf Einladung von Egon Krenz statt. Er bat Gorbatschow, mich nach Berlin zu entsenden, um Meinungen zu verschiedenen Fragen der Entwicklung auszutauschen. Meine erste Frage im Gespräch lautete: Wieso kam es zu dieser Grenzöffnung? Warum hat man ein solches Geschenk geleistet? Nach unserer Information und Einschätzung könnte die DDR für eine viel kleinere Tat zwischen 40 und 60 Milliarden DM an Krediten bekommen usw.

Ich glaubte, es ist nötig, im Eiltempo die Konföderation, wenn überhaupt die Zeit nicht zu spät ist, zu forcieren. Wenigstens darf man nicht die Initiative vollkommen abtreten, aber das war praktisch schon eine Pflichtübung. Ich wollte ein bißchen Mut verleihen, wenn Sie so wollen, denn es war schon klar, Krenz ist eine Interimslösung, er wird bald seinen Posten verlieren. Ich habe Gorbatschow unmittelbar nach meiner Rückkehr berichtet, Krenz ist ein "Erster" für sehr beschränkte Zeit, wahrscheinlich wird Hans Modrow sein Nachfolger sein, was auch geschah. Und als die beiden Anfang Dezember nach Moskau kamen, war praktisch Modrow schon an der Spitze, und mit ihm hat Gorbatschow die wichtigsten Gespräche geführt.
Hertle: Welche Rolle hatten Sie Markus Wolf zugedacht? Er vermittelt in seinem Buch den Eindruck, als sei er im Wartestand gewesen und nicht zum Zuge gekommen.
Falin: Er war bereit mitzumachen, aber er war nicht nachgefragt, wie es so oft in der Politik kommt. Er war kein Parteifunktionär, deswegen; jede Partei hat ihr eigenes Leben und ihre eigenen Regeln und eigenen Helden, und Markus Wolf war nicht gerade so einer. Er war nicht in der Nomenklatura sozusagen für die Posten.

Ich kenne Markus Wolf persönlich schon seit der Zeit, wo er von seinem Posten im Staatssicherheitsministerium zurückgetreten war. Er kam nach Moskau, um sein Buch "Troika" anzubieten, und er hat mir damals als Vorsitzendem der Presseagentur Nowosti das Buch vorgelegt und gefragt, ob unsere Druckerei bereit sein wird, das Buch herauszugeben. Das war nicht geschehen. Unsere Druckerei war eine wirtschaftlich selbständige, nach dem Prinzip der Selbstfinanzierung geführte Institution. Und die Herren glaubten, das Buch würde nicht gehen, nicht den nötigen Erfolg haben. Deswegen wurde das Buch später im Progress-Verlag herausgegeben. Aber das war der Anlaß für die Bekanntschaft, der einige Gespräche zwischen uns in Moskau und in Deutschland folgten. Ich schätzte ihn, ich kannte Markus Wolf gewiß seit vielen Jahren, es war interessant, ihn kennenzulernen, und gleichermaßen interessant, seine Vorstellungen über die Zukunft der DDR zu hören. Es stellte sich heraus, daß seine und meine Vorstellungen praktisch identisch waren - und sehr pessimistisch. Wir gingen davon aus, daß die Zeit verpaßt ist, diese Republik zu reformieren: Die Republik ging ihrem Ende entgegen.

Hertle: Hat Egon Krenz Ihnen gegenüber als Grund für die Öffnung der Grenze ein "Versehen" eingeräumt?

Falin: Er hat es so formuliert: "Na ja *(schlängelnd, mit den Händen rudernd)*, es stellte sich so *(weiter mit den Händen rudernd)* heraus. Na ja, das ist eben so geschehen." Ich fühlte mich nicht berechtigt, weiter zu bohren. Aber seinen Worten konnte ich entnehmen, daß das keine in allen Konsequenzen durchdachte Entscheidung und kein abgewogener Schritt in Berlin gewesen war.

Jede Konfrontation war zu vermeiden

Gespräch mit den Generälen Klaus-Dieter Baumgarten, Joachim Goldbach und Fritz Streletz, 8.12.1994, 21.12.1994 und 20.3.1995

I.

Hertle[1]: *In der Nacht vom 9. auf den 10. November 1989 fiel die Mauer in Berlin. Die zivilen, politischen Maßnahmen, die im Laufe des 10. November eingeleitet wurden, um nach dem Mauerdurchbruch die Kontrolle über die Grenze und den Reiseverkehr vor allem in Richtung West-Berlin zurückzugewinnen und die Lage insbesondere in der Umgebung des Brandenburger Tores zu beruhigen, sind unbestritten. Alle diese Maßnahmen, die in der Stellungnahme von Fritz Streletz aufgelistet sind, werden in meinem Beitrag ebenfalls angeführt und keinesfalls verschwiegen.[2]*
Seit Mitternacht galt jedoch erhöhte Gefechtsbereitschaft für das Grenzkommando Mitte, und am Mittag des 10. November wurden die 1. Motorisierte Schützendivision (1. MSD) und das Luftsturmregiment-40 (LStR-40) ebenfalls in erhöhte Gefechtsbereitschaft versetzt. Die zivilen Maßnahmen - insbesondere eine beschleunigte Visaerteilung und Vorbereitungen zur Öffnung weiterer Grenzübergangsstellen - griffen jedoch zu langsam, um der SED-Führung die Lage beherrschbar erscheinen zu lassen. Deshalb, so habe ich argumentiert, bereitete sich die SED-Spitze mit der Herstellung der Erhöhten Gefechtsbereitschaft in den genannten Verbänden parallel auf ein militärisches Eingreifen vor. Als einzig sinnvolle Erklärung dieses Vorgehens schien mir, daß eine militärische Lösung zum Schutz der Grenze in und um Berlin einschließlich der Schließung der Übergänge zumindest einkalkuliert wurde.
Wenn Sie diese Erklärung zurückweisen, Herr Streletz, wie ist dann zu verstehen, daß Ihr Befehl im Dienstbuch des Operativ Diensthabenden im Kommando der Landstreitkräfte ohne die von Ihnen genannten Einschränkungen - weder was den Nicht-Einsatz der Artillerie betrifft noch was die Einschränkungen in bezug auf die Mot.-Schützenregimenter betrifft - festgehalten wurde? Und welche Erklärung gibt es dafür, daß auch in der Realität dieser Befehl nicht entsprechend Ihrer Absicht umgesetzt wurde, sondern zum Beispiel das Artillerieregiment der 1. MSD die gesamte Kampftechnik - im wesentlichen schwere Geschütze - aufmunitioniert und die Fahrzeuge durchgestartet hat?

Streletz[3]: Die entscheidende Frage dabei ist, wie der Befehl weitergegeben worden ist. Was ich dem Chef der Landstreitkräfte, Generaloberst Stechbarth[4], dem

---

1 Der Text ist ein Zusammenschnitt aus drei Gesprächen: mit Fritz Streletz am 8.12.1994 in Strausberg; mit Klaus-Dieter Baumgarten, Joachim Goldbach und Fritz Streletz am 21.12.1994 ebenfalls in Strausberg und mit Klaus-Dieter Baumgarten und Joachim Goldbach am 20.3.1995 in Berlin. An den Gesprächen am 21.12.1994 nahmen Oberst Heinz Strohschein, am 20.3.1995 Prof. Dr. Peter Steinbach, Freie Universität Berlin, teil.
2 Vgl. Maximytschew/Hertle 1994b und Streletz 1995.
3 Fritz Streletz, Jg. 1926, ab 1979 Stellvertreter des Ministers und Chef des Hauptstabes, ab 1971 Sekretär des Nationalen Verteidigungsrates, ab 1981 Mitglied des ZK der SED.
4 Horst Stechbarth, Jg. 1925, Generaloberst, ab 1972 Stellvertreter des Ministers für Nationale Verteidigung und Chef der Landstreitkräfte. Ab 1976 Kandidat und von 1978-1989 Mitglied des ZK der SED.

die 1. MSD und das LStR-40 unterstellt waren, befohlen habe, das weiß ich. Er muß ja auch wissen, was er seinem Chef des Stabes, Generalleutnant Skerra[5], befohlen hat. Und Skerra muß wissen, wie er den Befehl an die 1. MSD weitergegeben hat. Aber daß der Befehl klipp und klar war - ohne Panzer, ohne Artillerie und ohne schwere Technik -, das kann keiner bestreiten. Wenn das einer bestreitet, dann lügt er.

Hertle: Würden Sie denn bestreiten wollen, daß im Artillerieregiment die Kampftechnik aufmunitioniert worden ist?

Streletz: Aus meiner Sicht müßte ich Ihnen antworten: Dann hat der Kommandeur des Artillerieregiments nicht den Befehl erhalten, den er hätte erhalten müssen. Wenn der Kommandeur des Artillerieregiments nur den Befehl erhöhte Gefechtsbereitschaft erhalten hat, dann mußte es aufmunitionieren - nach Ihrem Begriff, wobei die Munition dort sowieso am Geschütz war, davon abgesehen. Aber ich weiß ja nicht, ob der Kommandeur des Artillerieregiments wußte, daß sein Artillerieregiment nicht eingesetzt wird. Das ist ja nicht meine Aufgabe als Chef des Stabes der Armee, mich darum zu kümmern. Da müßte man jetzt den Kommandeur des Artillerieregiments fragen, welche Aufgabe er erhalten hat, und welche Aufgabe er weitergegeben hat.

Hertle: Ist das normal, daß ein Befehl, den der Chef des Hauptstabes erteilt, unten vollkommen anders ankommt?

Streletz: Nein. Bloß, es ist jetzt folgende Komplikation dabei, wie Sie ja auch geschrieben haben: Beim Grenzkommando Mitte gab es ebenfalls erhöhte Gefechtsbereitschaft. erhöhte Gefechtsbereitschaft zog eine Reihe von Aufgaben nach sich, die in einem vorgegebenen Zeitrahmen zu lösen waren. Wenn jetzt nicht gesagt wird, das und das nicht, also keine Einschränkungen genannt werden, dann läuft das automatisch weiter. Und wenn Sie jetzt als Beispiel sagen, das Artillerieregiment hat aufmunitioniert, dann kann es durchaus sein, daß der Kommandeur dort nicht diesen Befehl erhalten hat. Oder er hat gesagt, sicherheitshalber, na wer weiß, was kommt, machst du lieber alles; besser ist besser. Aber es war nie vorgesehen, Panzer und Artillerie einzubeziehen.

Baumgarten[6]: Wo sollte denn die Logik der Dinge sein, in dieser Situation ein Artillerieregiment in Alarmbereitschaft zu versetzen?

Goldbach[7]: Die Frage ist vollkommen berechtigt. Ein Artillerieregiment kann eigentlich nur Granaten in der Gegend herumschießen. Was anderes können die ja nicht.

Baumgarten: Sollten die mit der 152mm Haubitze ans Brandenburger Tor rücken? Ich frage das bewußt einmal sarkastisch.

Hertle: Ich nehme diese Frage ernst. Aber was ist der Grund für seine Alarmierung?

Baumgarten: Offensichtlich ein Fehler in der Übermittlung. So sehe ich das. Ich kenne die Dinge ja nicht, denn ich habe zu dieser Zeit im Kommando der Grenztruppen in Pätz gesessen und hatte konkrete Aufgaben zu lösen. Und die Grenztruppe war - im Gegensatz zu Ihren Feststellungen - zu diesem Zeitpunkt total intakt. Es stimmt einfach nicht, daß sie handlungsunfähig gewesen wäre. Die Be-

---

5 Horst Skerra, Jg. 1930, Generalleutnant, Chef des Stabes der Landstreitkräfte der NVA.
6 Klaus-Dieter Baumgarten, Jg. 1931, Generaloberst, ab 1979 Stellvertreter des Ministers für Nationale Verteidigung und Chef der Grenztruppen, ab 1981 Kandidat des ZK der SED.
7 Joachim Goldbach, Jg. 1929, Generaloberst, ab 1986 Stellvertreter des Ministers und Chef Technik und Bewaffnung.

fehlsstruktur lief, und es gibt keinen einzigen, der einen Befehl nicht exakt ausgeführt hätte.

Hertle: In den Regimentern des Grenzkommandos Mitte sieht man das anders. Dort wird gesagt, sie haben um 0.20 Uhr den Befehl erhöhte Gefechtsbereitschaft erhalten. Sie haben jedoch auf eigenen Entschluß die Durchführung der Erhöhten Gefechtsbereitschaft entweder gar nicht begonnen oder aber abgestoppt und reduziert auf die Herstellung einer Erhöhten Führungsbereitschaft. Von einer zentral funktionierenden Befehlsstruktur kann diesen Aussagen zufolge nicht die Rede sein.

Baumgarten: Da müßten wir uns noch einmal mit der Frage befassen, welche Einschränkungen es konkret gab. Das wäre sicher notwendig. Aber mir geht es um etwas ganz anderes. Es geht doch darum, daß zu diesem Zeitpunkt, obwohl die Situation kritisch war für den ganzen Staat, und vielleicht für mehr als nur die DDR und die Bundesrepublik, es keine Notwendigkeit gab, die Grenztruppen irgendwie zu verstärken. Wir waren durchaus in der Lage, diese wenn auch sehr komplizierten Aufgaben allein und selbständig zu lösen. Es gab keine Anforderungen und keine Weisungen, sie beispielsweise mit Kampfgruppen zu verstärken.

Wir haben natürlich ein enges Zusammenspiel mit den Paßkontroll-Einheiten des MfS gehabt, denn jede Öffnung einer Grenzübergangsstelle bedeutete ja, daß dort die Kontrollorgane - Paß, Zoll, Tierarzt usw. - eingerichtet werden mußten. Das alles innerhalb weniger Stunden zu machen, ist schon eine Leistung. Aber dabei ist uns nie der Gedanke gekommen, daß man nun entlang der Staatsgrenze Bataillone und Regimenter der NVA hinzuzieht. Und ich frage noch einmal: Wo ist die Logik der Dinge, Teile einer Division und nicht die gesamte Nationale Volksarmee in erhöhte Gefechtsbereitschaft zu versetzen?

Hertle: Das hängt von Ihrem damaligen Bedrohungsszenario ab. Wir haben vielleicht eine unterschiedliche Einschätzung über die Bedeutung der Mauer für die Existenz der DDR. Vielleicht haben wir aber die gemeinsame Einschätzung, daß die Art und Weise des Falls der Mauer maßgeblich den Zusammenbruch der DDR beschleunigt hat - unter Einschluß der Tatsache, daß die Sowjetunion die Dinge dann hat so laufen lassen, wie sie gelaufen sind.

Goldbach: Aber zu dem Zeitpunkt, als die Entscheidungen gefällt werden mußten, war ja die Haltung der Sowjetunion nicht bekannt!

Hertle: Gut, aber vielleicht haben Sie ja die Vorstellung gehabt ...

Goldbach: ... mit dem Artillerieregiment die Situation zu retten?

Hertle: Vielleicht haben Sie beispielsweise die Vorstellung gehabt oder zumindest militärisch nicht ausschließen wollen oder können, daß möglicherweise - hier haben Sie ja Recht mit Ihrer Kritik, daß ich Ihnen etwas unterstelle, wenn ich in diesem Zusammenhang die "Berliner Gruppierung" mit ins Spiel bringe - die Lage, ausgehend vom Brandenburger Tor, solch bedrohliche Ausmaße annehmen kann, daß sich daraus ein Angriff von außen entwickelt.[8]

Baumgarten: Unterstellen wir das einmal: Dann kann man doch bei aller Sicherung der Aufklärungsergebnisse - daß man als Militär wissen muß, was der andere vorhat, in welcher Bereitschaftsstufe er steht usw. - nach vierundzwanzig Stunden nicht alles wieder zurücknehmen. Da ist doch die nächste Unlogik drin!

---

8   Die "Berliner Gruppierung", deren Kern aus der 1. MSD, dem LStR-40 und dem Grenzkommando Mitte in Verbindung mit der 6. Motorisierten Schützenbrigade der Westgruppe der sowjetischen Streitkräfte bestand, hatte im Kriegsfall die Aufgabe, West-Berlin einzunehmen. Die beteiligten Verbände waren für diese Zielstellung übungsmäßig vorbereitet.

Hertle: Nein, die Logik wäre die, daß der sowjetische Verbündete als an der "Berliner Gruppierung" maßgeblich Beteiligter diese Vorstellung nicht nachvollzieht und seine Unterstützung versagt. Herr Streletz kennt diese These schon, aber er möchte mir nicht verraten, wie die Haltung der sowjetischen Militärs in diesen Tagen war.

Streletz: Doch, das verrate ich Ihnen noch, wenn der Zeitpunkt dazu da ist.

Baumgarten: Weil es ja hier am Beispiel der Alarmierung der 1. MSD um das geht, was Sie "militärische Option" nennen, wiederhole ich noch einmal: Es bestand angesichts der zur Verfügung stehenden Kräfte keine Notwendigkeit, einen solchen Gedanken überhaupt zu erwägen. Und selbst wenn es notwendig gewesen wäre, in Gestalt von Kräften zusätzlich etwas zu organisieren, dann hätte es nur so sein können, daß man die Grenztruppen in Form von Hundertschaften in der Tiefe unterstützt hätte, aber doch nie im Grenzgebiet selbst.

Hertle: Wenn es die Zielstellung der Erhöhten Gefechtsbereitschaft war, "Ruhe und Ordnung an der Grenze", vor allen Dingen am Brandenburger Tor herzustellen, wie Sie sagen, Herr Streletz, warum haben für diese Aufgabe die Hundertschaften nicht ausgereicht?
Zur Unterstützung der Schutz- und Sicherheitsorgane, wie es damals hieß, hielt die Nationale Volksarmee am 10. November 1989 noch insgesamt 179 solcher Hundertschaften in Zwei- bis Drei-Stunden-Einsatzbereitschaft, davon 25 für einen möglichen Einsatz in Berlin. Und in vier bis sechs Stunden, teilte Minister Keßler Egon Krenz damals mit, könnten weitere Einsatzkräfte bereitgestellt werden.[9]

Streletz: Was Klaus Baumgarten sagt, stimmt; das ist seine Meinung zu dieser Problematik. Ich akzeptiere das voll, aber man muß natürlich auch auf alle Eventualitäten vorbereitet sein. Wenn es jetzt zu größeren Provokationen an der Grenze gekommen wäre, hätten sicherlich dann auch unter bestimmten Bedingungen die Kräfte des Chefs der Grenztruppen nicht ausgereicht. Das weiß ja keiner.

Mit den Hundertschaften hatte es eine ganz andere Bewandtnis. Die Bildung der Hundertschaften am 4. Oktober 1989 und im weiteren Verlauf der Wende, das heißt im Oktober und November - am 11. November wurde ihre Auflösung befohlen -, hatte unter anderem folgende Gründe:
1. Es sollte klar zum Ausdruck gebracht werden, daß die Nationale Volksarmee zur Erfüllung von Aufgaben im Inneren der DDR nicht mit ihren militärischen Strukturen, der Kampftechnik und Bewaffnung eingesetzt wird. 'Hundertschaft' ist ein polizeilicher Begriff. Die militärische Kommandostruktur, die Kampftechnik und Bewaffnung war für die Erfüllung von Aufgaben im Verteidigungszustand zur Verteidigung der DDR gegen einen Angriff von außen vorgesehen.
2. Die für die Unterstützung der Deutschen Volkspolizei vorgesehenen Kräfte wurden aus den militärischen Strukturen herausgenommen und als Hundertschaften ohne Kampftechnik und ohne Bewaffnung formiert. Dadurch sollte klar zum Ausdruck kommen, daß nicht militärische Einheiten zu Sicherungs- und Absperrmaßnahmen vorgesehen sind, sondern Kräfte, die aus der militärischen Struktur und Organisation zeitweilig herausgelöst wurden.
3. Die Festlegungen für die Hundertschaften beinhalteten, daß diese Kräfte bei Notwendigkeit auf Anforderung der Vorsitzenden der Bezirkseinsatzleitungen zur Hilfe und Unterstützung der Deutschen Volkspolizei eingesetzt werden

---

9   Armeegeneral H. Keßler an Egon Krenz, Information zur Lage im Verantwortungsbereich des Ministeriums für Nationale Verteidigung mit Stand: 10.11.1989, 4.00 Uhr.

konnten. Den Vorsitzenden der Bezirkseinsatzleitungen bzw. dem jeweiligen Chef der Bezirksbehörde der Deutschen Volkspolizei konnten und durften nicht militärische Strukturorgane als polizeiliche Hilfskräfte zur Verfügung gestellt werden. Eine solche Handlungsweise hätte auch den gültigen Führungs- und Einsatzgrundsätzen für die Nationale Volksarmee, die vom Nationalen Verteidigungsrat bestätigt waren, widersprochen.

Das waren die vorrangigen Gründe für die Bildung der Hundertschaften während der Wende. Und Sie wissen, daß die Hundertschaften das erste Mal am 4. und 5. Oktober in Dresden noch ihre Bewaffnung dabei hatten, daß aber ab 6. Oktober dann strikt befohlen worden ist, alle Hundertschaften ohne Bewaffnung einzusetzen.

Deshalb war ein Einsatz von Hundertschaften zur Unterstützung der Grenztruppen nicht möglich. Eine Verstärkung der Grenze hätte auf jeden Fall nur erfolgen können, wenn militärische Strukturen mit ihrer persönlichen Bewaffnung und Munition eingesetzt worden wären.

Den Einsatz der Hundertschaften haben die Bezirkseinsatzleitungen und die Deutsche Volkspolizei geregelt. Aber für die Grenze galten doch ganz andere Kriterien und Prinzipien. Wenn die 1. MSD mit Teilen eingesetzt worden wäre, dann hätte sie militärische Aufgaben unter einem militärischen Kommando zu erfüllen gehabt. Dann hätten der Regimentskommandeur, der Bataillonskommandeur und der Kompaniechef im Zusammenwirken mit den Kommandeuren der Grenztruppen diese Aufgaben erfüllt.

II.

Hertle: Im Unterschied zur Nationalen Volksarmee und den Grenztruppen wurde der Parteiapparat - die 1. Sekretäre der Bezirks- und Kreisleitungen der SED - am 9. November sehr schnell, nämlich bereits um 17.10 Uhr, per Fernschreiben über die Reiseverordnung informiert, die Krenz gegen 16.00 Uhr im Zentralkomitee verlesen hatte. Das Fernschreiben enthielt allerdings auch den Hinweis, daß die neuen Reiseregelungen erst am 10. November veröffentlicht werden sollten.
Verteidigungsminister Keßler und fünf seiner Stellvertreter - Horst Brünner[10], Horst Stechbarth, Wolfgang Reinhold[11], Fritz Streletz und Klaus-Dieter Baumgarten - waren als Mitglieder bzw. Kandidaten des Zentralkomitees Teilnehmer dieser Tagung. Sie haben aber offenbar zu diesem frühen Zeitpunkt keine Notwendigkeit gesehen, eine entsprechende Vorinformation für die Nationale Volksarmee und die Grenztruppen herauszugeben. Warum nicht? Wie haben Sie die Situation im Zentralkomitee wahrgenommen?

Streletz: Zu dem Abschnitt der ZK-Tagung von 15.00 bis 21.00 Uhr kann ich Ihnen leider keine Auskunft geben, weil ich zu dieser Zeit im Arbeitszimmer von Egon Krenz saß und mich mit militärischen Problemen befaßt habe, die vorbereitet werden mußten. Deshalb kenne ich die Erklärung, die Krenz dort vorgetragen hat, auch nur vom Hörensagen. Ich habe mich in dieser Zeit mit den Fragen

---

10 Horst Brünner, Jg. 1929, Generaloberst, seit 1985 Nachfolger von Heinz Keßler in der Funktion Stellvertreter des Ministers für Nationale Verteidigung und Chef der Politischen Hauptverwaltung. Seit 1976 Kandidat und von 1986-1989 Mitglied des ZK der SED sowie Abgeordneter der Volkskammer.
11 Wolfgang Reinhold, Jg. 1923, Generaloberst, seit 1972 Stellvertreter des Ministers für Nationale Verteidigung und Chef der Luftstreitkräfte/Luftverteidigung. Von 1981 bis 1989 Kandidat des ZK der SED.

der Bezirkseinsatzleitungen und anderen Problemen befaßt, die dort auch zur Debatte standen.

Baumgarten: Der Inhalt der Reiseregelung, die Krenz verlesen hatte, gab uns keinen Anlaß, unverzüglich Weisungen zu erteilen. Unsere Absicht war, im Laufe einer Kollegiums-Sitzung am Abend die entsprechenden Weisungen zu beraten, was die Grenztruppen zu tun haben und welche Maßnahmen erforderlich sind. Unsere Information an die Truppe wäre somit rechtzeitiger erfolgt, als es über Rundfunk und Zeitungen vorgesehen war.

Solange wir im Sitzungssaal des ZK-Plenums saßen, wußten wir nicht, daß Schabowski die Regelung bereits gegen 19.00 Uhr auf seiner Pressekonferenz bekanntgegeben hatte. Es stimmt also nicht, daß wir vorher von der Erklärung Schabowskis wußten. Wir sind davon genauso überrascht worden wie der Grenzsoldat unten an der Grenzübergangsstelle, als die Leute kamen.

Hertle: Wie kam es überhaupt zu der Kollegiums-Sitzung im Ministerium für Nationale Verteidigung am Abend des 9. November?[12]

Streletz: In der Mittagspause des ZK-Plenums stellte mir der Minister die Aufgabe, das Kollegium für 19.00 Uhr telefonisch zu einer Beratung nach Strausberg einzuladen. Minister Keßler hatte die Absicht, die Kollegiums-Mitglieder erstens über den Verlauf der Sitzung des Zentralkomitees zu informieren und zweitens die Maßnahmen festzulegen, die sich aus der neuen Reiseverordnung für die Grenztruppen der DDR und für die NVA ergeben würden.

Aus damaliger Sicht, das möchte ich betonen, ergab sich für die NVA so gut wie gar nichts. Denn die Armeeangehörigen waren alle aufgrund des Fahneneides und als Geheimnisträger verpflichtet, nicht ins kapitalistische Ausland zu reisen. Also hätte erst einmal diese Vorschrift verändert werden müssen. Für die Grenze ergab sich dann die Aufgabe, für Ruhe und Ordnung zu sorgen, damit an den Grenzübergangsstellen der Betrieb reibungslos verläuft. Ob jedoch der Schlagbaum hochgeht und wer mit welchen Dokumenten die Grenze passieren darf, oblag den Paßkontroll-Einheiten (PKE), die dem MfS unterstanden. Darauf hatten die Grenztruppen und der Kommandant der Grenzübergangsstelle keinen Einfluß.

Trotzdem war aber beabsichtigt, einen Befehl des Ministers an die Grenze herauszugeben, wie die Regelung vonstatten gehen sollte. Der Leiter der Rechtsabteilung sollte beauftragt werden, herauszuarbeiten, ob sich in der Folgezeit daraus auch Maßnahmen für die Armeeangehörigen ergeben. Das konnte aber nur geschehen, indem die Minister Keßler, Dickel[13] und Mielke eine Übereinstimmung fanden, wie für die bewaffneten Organe zu verfahren ist.

Hertle: Sind Sie nach Ende des ZK-Plenums gemeinsam mit den anderen ZK-Mitgliedern des Ministeriums für Nationale Verteidigung nach Strausberg gefahren?

Streletz: Nein, wir sind jeder alleine gefahren.

---

12 Die Ministerien wurden in der DDR nach dem Prinzip der Einzelleitung durch den Minister geführt. Die Kollegien der Ministerien waren als beratende Organe der Minister konzipiert, in denen die Grundfragen des Verantwortungsbereiches des jeweiligen Ministeriums erörtert wurden. - Mitglieder des Kollegiums des MfNV waren neben dem Minister und seinen acht Stellvertretern: der Hauptinspekteur der NVA sowie die beiden Chefs Kader und Finanzökonomie. Ständige Teilnehmer waren der Leiter der Zivilverteidigung, der Militäroberstaatsanwalt, der Leiter der Abteilung Sicherheitsfragen des ZK der SED, der Leiter der Verwaltung 2000/Hauptabteilung I des MfS sowie der Vertreter des Oberkommandierenden der Vereinten Streitkräfte des Warschauer Vertrages bei der NVA.

13 Friedrich Dickel (1913-1993), Armeegeneral, von 1963-1989 Minister des Innern und Chef der Deutschen Volkspolizei. Von 1967-1989 Mitglied des ZK der SED und Abgeordneter der Volkskammer.

Hertle: *Die Sitzung des Zentralkomitees dauerte laut Protokoll bis 20.45 Uhr. Wie lange werden Sie etwa nach Strausberg gebraucht haben?*

Streletz: Wir brauchten nicht länger als etwa eine halbe oder dreiviertel Stunde. Wir hatten schnelle Autos, und abends war kein großer Verkehr. Als wir dort eintrafen, haben wir gleich mit der Beratung begonnen. Wir haben die Sitzung nicht im Kollegiums-Zimmer durchgeführt, sondern im Beratungszimmer oben beim Minister, weil dort im Nebenzimmer alle Telefone und Sonderapparate standen.

Goldbach: Die übrigen Mitglieder des Kollegiums, die nicht im ZK waren, hatten schon seit 19.00 Uhr im Ministerium herumgesessen und gewartet. Wir hatten nicht einmal ferngesehen, so daß auch wir über die Pressekonferenz Schabowskis nicht im Bilde waren.

Baumgarten: Das konnte keiner ahnen, weil in der Vorstellung war, daß das ZK-Plenum um 18.00 Uhr zu Ende war und die Sitzung in Strausberg um 19.00 Uhr beginnen konnte.

Hertle: *Sie werden also etwa um 21.30 Uhr herum mit der Kollegiums-Sitzung begonnen haben. Welchen Verlauf nahm die Beratung?*

Streletz: Die Kollegiums-Sitzung lief nicht so ab, wie Minister Keßler sich das vorgestellt hatte. Er begann mit der Auswertung der Sitzung des Zentralkomitees. Diese Auswertung ist sicherlich von ihm nicht ganz glücklich vorgenommen worden. So daß sich zwei, drei Kollegiumsmitglieder zu Wort meldeten und sagten, es wäre doch sicherlich angebracht, nicht nur zur ZK-Tagung zu sprechen, sondern auch darüber, wie es jetzt weitergehen soll und was sich daraus ergibt.

Kurz nach Beginn der Sitzung des Kollegiums wurden Generaloberst Baumgarten und ich an das Telefon gerufen. Der Chef des Stabes der Grenztruppen, General Teichmann[14], informierte darüber, daß es an einigen Grenzübergangsstellen in Berlin Menschenansammlungen gebe, die nach West-Berlin wollten. Er bat um weitere Weisungen. Dieses wurde Minister Keßler gemeldet.

Er beauftragte mich, den Minister für Staatssicherheit anzurufen, um von ihm nähere Auskünfte einzuholen. Minister Mielke war telefonisch nicht erreichbar; ich konnte jedoch mit seinem Stellvertreter, Generalleutnant Neiber[15], der für die Grenze zuständig war, sprechen. Er teilte mir mit, daß er bestrebt sei, mit seinem Minister Verbindung aufzunehmen, da Schabowski bei der Pressekonferenz irgendwelchen Mist verzapft habe und jetzt eine Entscheidung herbeigeführt werden müsse. Von uns wußte immer noch keiner, was Schabowski bei der abendlichen Pressekonferenz veröffentlicht hatte.

Eine telefonische Rücksprache mit dem Chef des Stabes des Ministeriums des Innern, Generaloberst Wagner[16], ergab auch keine neuen Anhaltspunkte. Minister Keßler, der die Kollegiums-Sitzung leitete, wurde der Inhalt der Gespräche gemeldet. Weitere Meldungen der Grenztruppen bestätigten das Anwachsen der Menschenmassen an den einzelnen Grenzübergangsstellen. Gegen 22.30 bis 23.00 Uhr erhielt der Chef der Grenztruppen den Befehl, nach Pätz, dem Kommando der Grenztruppen, zu fahren, die Führung zu übernehmen und den Minister über die Lage an der Staatsgrenze zu informieren.

---

14 Dieter Teichmann, Jg. 1930, Generalmajor, von 1986 bis 1989 Stellvertreter des Chefs und Chef des Stabes der Grenztruppen. Von Januar 1990 bis zu ihrer Auflösung Chef der Grenztruppen.
15 Gerhard Neiber, Jg. 1929, Generalleutnant, ab 1980 Stellvertreter des Ministers für Staatssicherheit.
16 Karl-Heinz Wagner, Jg. 1928, Generaloberst, von 1984 bis 1989 Stellvertreter des Ministers des Innern und Chef des Stabes.

Kurz nach 23.00 Uhr wurde Minister Keßler an das Telefon gerufen. Der Vorsitzende des Nationalen Verteidigungsrates, Egon Krenz, informierte ihn darüber, daß er sich mit Minister Mielke beraten habe und der Minister für Staatssicherheit von ihm den Befehl erhalten habe, die Grenzübergangsstellen in Berlin zu öffnen. Gleichzeitig bat Egon Krenz den Verteidigungsminister, alles zu unternehmen, daß es zu keiner Eskalation der Ereignisse komme. Anschließend kam es auch zu einem Gespräch zwischen Minister Keßler und Minister Mielke.

Gegen 23.45 bis 24.00 Uhr informierte der Chef der Grenztruppen Minister Keßler, daß einige Grenzübergangsstellen in Berlin auf Entscheidung der vor Ort eingesetzten Kräfte bereits die Schlagbäume geöffnet hatten. Und kurze Zeit später informierte er, es gebe eine Weisung auf der Linie des MfS, die Grenzübergangsstellen für die Bürger der DDR zu öffnen.

Hertle: Solange Sie noch in Strausberg auf der Kollegiums-Sitzung waren, hat Ihr Stellvertreter Teichmann Sie telefonisch nur darüber informiert, daß es Menschenansammlungen gab, und noch nicht mitgeteilt, daß die Grenze offen ist?

Baumgarten: Das war zu diesem Zeitpunkt nicht der Fall.

Hertle: Welche Lage haben Sie dann vorgefunden, als Sie im Kommando der Grenztruppen in Pätz eingetroffen sind?

Baumgarten: Zu diesem Zeitpunkt waren einige Grenzübergangsstellen schon geöffnet worden. Diese Situation war aufgrund der Pressekonferenz von Schabowski spontan entstanden. Mit welcher Absicht dies erfolgte, ob es Vorsatz, Provokation oder Fahrlässigkeit war, muß eines Tages die Geschichte klären.

Hertle: Wie wurde auf der Kollegiums-Sitzung weiterdiskutiert?

Goldbach: Es ist nicht unsere Aufgabe, hier Armeegeneral Keßler zu desavouieren. Aber er stand zu diesem Zeitpunkt nicht auf der Höhe seiner Aufgabe. Er glitt mit der Darlegung der ZK-Tagung im Grunde genommen in Belanglosigkeiten ab. Wir warteten darauf, daß es konkrete Analysen der Situation und konkrete Weisungen aus der Situation geben sollte, und wir hörten politische Monologe. Und das führte natürlich zu kritischen Äußerungen der Kollegiumsmitglieder.

Hertle: Wissen Sie noch, wann die Sitzung beendet wurde?

Goldbach: Nein, nicht exakt. Ich habe der Sache damals noch nicht die historische Bedeutung beigemessen - die anderen wahrscheinlich auch nicht -, sondern eher gemurrt, daß die Zeit so unnütz verbraucht worden ist. Denn wir haben ja zum Teil gar nicht mitgekriegt, was Generaloberst Streletz und Generaloberst Baumgarten telefoniert haben. Sie hatten nicht die Zeit und die Möglichkeit, uns über jedes Gespräch einen Bericht abzuliefern, so daß wir ziemlich am Rande standen.

Streletz: Das Kollegium ist nach meiner Erinnerung bis etwa halb eins oder eins zusammengeblieben. Der Minister versuchte, die Kritik an seiner Führungstätigkeit nach meiner Meinung richtig in den Griff zu bekommen, indem er sagte: "Genossen, sicherlich haben wir jetzt andere Aufgaben, als uns wegen Führungstätigkeit und Mängeln zu streiten. Die Republik ist in Gefahr; wir müssen jetzt sehen, daß wir alles machen, um die Republik zu retten. Wir verschieben die Diskussion jetzt und werden darüber noch mal in Ruhe reden." So ungefähr wurde die Kollegiums-Sitzung beendet.

Hertle: Es gab demnach keine gemeinsame Beurteilung der Lage oder Festlegung von Maßnahmen?

Goldbach: Zu diesem Zeitpunkt nicht. Sie haben doch gehört, daß Keßler von Krenz erst viel später informiert worden ist, so daß sich zum Teil Informationen, die aus der Grenztruppe kamen, mit denen, die vom MfS kamen, kreuzten - und zum Teil bei ihrem Eintreffen schon überholt waren. Der Anlaß, daß es zu Mißstimmigkeiten im Ministerium kam, war ja eigentlich, daß die Informationen immer hinter den Ereignissen hinterherhinkten. Dann wurden Entscheidungen zu Situationen vorbereitet, die längst vergangen waren und damit nicht mehr zur rechten Zeit kamen. Das spitzte natürlich die ganzen Dinge zu. Es kam hinzu, daß die Westmedien die Ereignisse noch durch einen ungeheuren Tremolo beschleunigt haben. Viele Offiziere und Soldaten orientierten sich an diesen Meldungen und Berichten, so daß es kaum noch möglich war, diese Wirrnis in den Griff zu kriegen. Es hat relativ lange gedauert, bis das alles wieder seinen normalen Gang nahm.

Hertle: Die Grenze wird zunächst von Menschenansammlungen durchbrochen, später dann geöffnet - und die Spitze des Verteidigungsministeriums geht ohne konkrete Linie auseinander?

Goldbach: Das ist zwar traurig, aber ich muß immer wieder davon ausgehen: Die Entscheidung, die Mauer zu durchbrechen, war keine Entscheidung der Nationalen Volksarmee, das war eine rein politische Entscheidung. Und Fakt ist, daß die Nationale Volksarmee als Betroffene dieser Angelegenheit als letzte in Kenntnis gesetzt wurde. Das ist zwar ein Trauerspiel, aber es ist so.

Wenn das den normalen Gang gegangen wäre - ich will das jetzt mal konstruieren -, dann wäre das zumindest so nicht passiert ...

Streletz: ... bis zum 10. November früh wäre der Befehl fertig gewesen, der wäre an den Chef der Grenztruppen herausgegangen ...

Baumgarten: ... deshalb habe ich gesagt, das kann auch eine Provokation gewesen sein. Ich bitte das wirklich richtig zu verstehen. Unterstellen wir einmal, ein einziger Kompaniechef, ein Regimentskommandeur, wäre der Situation nicht gewachsen gewesen, was daraus entstanden wäre: Nicht auszudenken! Insofern ist es nicht richtig, wenn Schabowski heute behauptet, es habe keine Bedeutung für den Ablauf der Dinge, ob er bekannt gibt: 'Die Reisebestimmungen gelten' - wie es festgelegt war - 'ab 10. November, 6.00 Uhr,' oder aber: 'Sie gelten ab sofort.'

Goldbach: Er war sich über die Folgen dessen, was er dort geschwatzt hat, überhaupt nicht im klaren und hat nicht bloß fahrlässig, sondern völlig unverantwortlich gehandelt. Gut, es ist nichts passiert, weil die Verantwortlichkeit der Soldaten, die an der Grenze standen, höher war als die Dummheit der Leute, die das fabriziert hatten.

Hertle: Um 0.20 Uhr haben Sie auf Weisung des Ministers erhöhte Gefechtsbereitschaft für das Grenzkommando Mitte befohlen. In mehreren Grenzregimentern sagt man, daß der Befehl ohne Einschränkungen ankam. Man sei dann im Stab zusammengekommen und habe, wenn bereits Maßnahmen zur Entkonservierung der Kampftechnik eingeleitet worden waren, diese selbständig eingestellt, weil weder vom Grenzkommando Mitte noch vom Kommando in Pätz irgendein weiterer Befehl in dieser Nacht gekommen sei. Man sei völlig auf sich allein gestellt gewesen.
Was war denn mit der Erhöhten Gefechtsbereitschaft um 0.20 Uhr beabsichtigt, und wieso hat es in der Nacht keine Kontakte mehr zu den Grenzregimentern gegeben, wenn, wie Sie sagen, die Befehlslinien intakt waren?

Baumgarten: Wenn für eine Grenztruppe eine Situation entsteht, wie sie um Mitternacht an den Grenzübergangsstellen herrschte - zunächst nur dort, mit der Gefahr aber, daß sie sich nicht nur auf die Grenzübergänge beschränkt -, und daraus auch Leute Profit schlagen können, die daran interessiert sind, daß nicht alles so friedlich abläuft, dann ist es doch naheliegend, daß die Grenztruppe, die spezifisch für die Aufgaben zum Schutz der Staatsgrenze zuständig ist, in eine höhere Stufe der Arbeitsbereitschaft geht - ich sage das einmal anstelle der Gefechtsbereitschaft.

Und dazu gehört natürlich nicht das Durchziehen der Panzerabwehrgeräte und die Aktivierung dessen, was wir in der Bewaffnung haben, sondern solche Dinge wie zum Beispiel, daß die Stäbe voll besetzt werden, daß Ausgangssperre ist, daß Urlaubssperre ist, daß die Urlauber zurückgeholt werden und sich in zwölf Stunden einzufinden haben und eine ganze Reihe anderer Dinge, um eine ausreichende Bereitschaft zu haben, auf Eventualitäten reagieren zu können. Das ist die einzige und richtige Begründung für die erhöhte Gefechtsbereitschaft in dieser Situation.

Denn wir haben doch keine erhöhte Gefechtsbereitschaft ausgelöst, um gewissermaßen einen Krieg vom Zaune zu brechen. Und diese "militärische Lösung", wie Sie sie formulieren, hätte mit Sicherheit eine Situation herbeigeführt, die zumindest kriegsähnlich gewesen wäre. Sie hätte einen Strudel aufgemacht. Was daraus entstanden wäre, wenn die Absicht auch nur im Ansatz bestanden hätte, die Grenzübergangsstellen mit Waffengewalt wieder zu schließen, kann sich gar keiner vorstellen.

Goldbach: Es hätte ja bedeutet, daß die Armee gegen die politische Entscheidung hätte vorgehen müssen, und das wäre im Grunde genommen ein Staatsstreich gewesen. Und dazu hat es nie bei irgendjemanden auch nur den geringsten Gedanken gegeben. An der ganzen Frage der politischen Priorität hat es nie einen Zweifel gegeben. Die Grenzöffnung ist eine politische Entscheidung gewesen und nicht die Entscheidung der Grenztruppen oder der NVA.

Streletz: Sie dürfen auch die Bewegungsfreiheiten und unsere Möglichkeiten, auch wenn wir ein souveräner Staat waren, nicht überschätzen. Wenn die DDR auf allen Gebieten souverän war, auf militärischem Gebiet war sie es nie und konnte sie es nie sein. Aus zwei Gründen: Erstmal befanden sich hier bis zu einer halben Million, zum Schluß noch 350.000 sowjetische Soldaten mit der modernsten Bewaffnung und Ausrüstung. Wer das militärische Sagen auf unserem Territorium hatte, ist sicherlich daraus ersichtlich. Und zweitens war die NVA und die DDR von Anfang an in den Warschauer Pakt eingebunden. Und keine Armee war so abhängig von der Sowjetunion und von der Sowjetarmee wie wir. Wer davon ausgeht, unter diesen Bedingungen hätte die DDR, das Politbüro oder das Verteidigungsministerium militärische Alleingänge durchführen können, muß auf dem Mond leben.

Baumgarten: Ich möchte noch einen weiteren Punkt nennen: Was war denn das Anliegen unserer Arbeit am nächsten Tag? Unser Anliegen war, zusätzliche Grenzübergangsstellen - auch an der Staatsgrenze West - aufzumachen. Vom Wesen her war mir klar, daß man, wenn eine Ausreise in dem Maße erfolgt, wie sie jetzt geregelt war, dem Bürger nicht zumuten kann, von Nordhausen bis nach Helmstedt zu fahren, um über die Grenze zu kommen. Es war natürlich nicht unser Anliegen, die Grenze gewissermaßen aufzulösen. Es war vielmehr ein Zustand entstanden, der Maßnahmen erforderte, damit dieser neue politische Beschluß funktionieren konnte und nicht an den Bedingungen an der Staatsgrenze irgendwie scheiterte.

Es gab am nächsten Tag konkrete Vorstellungen von Schalck, wo Grenzübergangsstellen ohne große bauliche Veränderungen eingerichtet werden können. Die waren offensichtlich in den Verhandlungen mit dem Berliner Senat schon vorher besprochen worden. Aus diesem Grunde ging es verhältnismäßig sehr schnell, zusätzliche Grenzübergangsstellen zu schaffen, was nicht einfach war.

Ich bitte einmal festzuhalten, daß wir alle verfügbaren Pioniere dort zum Einsatz gebracht haben.

Hertle: Sie sagen, Sie haben die erhöhte Gefechtsbereitschaft für das Grenzkommando Mitte mit gewissen Einschränkungen befohlen; in mindestens drei Regimentern aber ist keinerlei Einschränkung angekommen. Es liegt somit ein ähnlicher Fall wie beim Artillerieregiment der 1. MSD vor. Welche Erklärung gibt es in diesem Fall dafür, daß der Befehl anders ankommt, als er gedacht ist?

Baumgarten: Der Werdegang der Dinge ist doch der, daß im Rahmen der NVA und der Grenztruppen das Alarmsystem jährlich trainiert wurde. Es gab in jedem Regiment eine spezifische technische Einrichtung, wo auf der Linie der Diensthabenden auf Signal mit Codewort und natürlich einem Codewort der Rückfrage, damit nicht fälschlicherweise jemand eine solche Sache auslösen kann, die Leute an den Panzerschrank gingen, ihn aufmachten und einen Brief entnahmen. In diesem Brief war die Aufgabe für diesen Truppenteil drin. Und das hat nicht stattgefunden.

Hertle: Das hat in einigen Grenzregimentern offenbar doch stattgefunden. Dort sind Handlungen nach dem vorgeschriebenen Algorhythmus[17] eingeleitet worden.

Baumgarten: Es sind keine Gefechtsdokumente geöffnet worden. Und die erhöhte Gefechtsbereitschaft für Gefechtshandlungen steht in diesen Briefen drin. Vom Wesen her ist es so gelaufen, daß durch das Wort 'erhöhte Gefechtsbereitschaft' eine höhere Stufe der Einsatzbereitschaft erreicht werden sollte. Der Befehl, zur erhöhten Gefechtsbereitschaft überzugehen, sollte sichern, daß der Kommandeur persönlich führt, der gesamte Stab und die Stabseinheiten arbeitsbereit und alle Einheiten im Einsatz oder in der Bereitschaft dazu sind.

Goldbach: Erhöhte Gefechtsbereitschaft nach Algorhythmus wäre nicht mit dem Begriff erhöhte Gefechtsbereitschaft, sondern mit bestimmten Signalen ausgelöst worden. Aber hier ist erhöhte Gefechtsbereitschaft *gesagt* worden, und dadurch ist diese Wirrnis entstanden. Es war kein klarer, exakter Begriff. Deshalb haben sich ein paar Regimenter nach dem gerichtet und ein paar andere haben sich nach dem anderen gerichtet. Nun hatte ein Teil der Grenzoffiziere und -soldaten, die an Ort und Stelle waren, Fernsehen geguckt und mitgekriegt, daß dort irgendwo was loslief, und wollten nun wissen, was sollen wir denn machen, was ist denn los? Das ist sicher kein besonderes Ruhmesblatt für die militärische Führung in dieser Situation. Aber ausgelöst wurde sie von der politischen Führung, und die militärische Führung kam in diesen ganzen Ereignisstrudel hinein.

Gerade bei den Grenztruppen ist aus unserer Sicht wirklich die Besonnenheit zu loben. Wenn dort Soldaten durchgedreht wären, hätten außerordentlich böse Dinge passieren können. Ein Schuß irgendwo an der Grenze hätte eine Katastrophe auslösen können. Wenn erst einmal geschossen worden wäre, da wieder herauszufinden: Das war eine Frage, die in Richtung eines dritten Weltkriegs gezielt hätte. Dessen war sich die Masse unserer Soldaten im klaren, und jeder war bestrebt, Eskalation unter allen Umständen zu vermeiden. Und das war ein Gedanke, der auch der Diskussion im Ministerium für Nationale Verteidigung am 11. November zugrundelag: Es nicht zu irgendwelchen Weiterungen, die in Kriegsnähe gerückt werden, kommen zu lassen. Das war das Wesentlichste dabei.

Baumgarten: Die Besonderheit der Grenztruppe ist die Tatsache, daß wir mit Ausnahme der Berliner Grenzregimenter nicht in Kasernen gelebt haben, sondern daß die ganze Truppe, 30.000 Mann, auf 1.400 km Staatsgrenze zur BRD und 161 km rund um Berlin disloziert war, wo eben nicht der Regimentskommandeur

---

17 "Algorhythmus" und "Zyklogramm" bezeichnen im militärischen Sprachgebrauch zeitlich gegliederte Ablaufschemata vorschriftsmäßig durchzuführender Maßnahmen.

ständig die Aufsicht über den Bataillonskommandeur und dieser über den Kompaniechef führen kann. Und obwohl sie mit hoher Selbständigkeit handeln konnten, haben sie alle ohne Ausnahme richtig und verantwortungsbewußt im Sinne ihres geleisteten Eides gehandelt, sich nämlich für das Volk einzusetzen und nicht gegen das Volk. Das ist nun einmal eine Tatsache. Deshalb verstehe ich den Ansatz Ihrer Betrachtung nicht ganz. Ich verstehe ihn so, daß sie den Beweis führen wollen, daß wir eigentlich ganz anders herangegangen sind. Was verstehen Sie unter einer militärischen Lösung? Sie unterstellen uns doch, daß wir einen Platz des Himmlischen Friedens, eine 'chinesische Lösung', wollten!

Hertle: Nein. Ich stelle lediglich fest, daß militärische Maßnahmen als Option zumindest existierten und entsprechende Vorbereitungen getroffen wurden. Und diese Feststellung beruht auf verschiedenen Fakten, vor allem der Erhöhten Gefechtsbereitschaft im Grenzkommando Mitte und in der 1. MSD sowie im LStR-40.

Streletz: Ausschlaggebend ist doch die Zielsetzung der Erhöhten Gefechtsbereitschaft. Aufgrund der Lageentwicklung konnte bereits nach vierundzwanzig Stunden der Befehl über die erhöhte Gefechtsbereitschaft aufgehoben werden, und die Einheiten und Truppenteile gingen zum normalen Dienst über. In diesen vierundzwanzig Stunden hat es keine Weisung gegeben, die über die Anforderungen der Erhöhten Gefechtsbereitschaft hinausgingen.

Goldbach: Man muß das natürlich richtig sehen: Die Option ist nicht als Vorsatz zu sehen, sondern die Option ist eine Frage des Durchdenkens: Was ist möglich? Die Situation war außerordentlich kompliziert, sie war gefährlich, und man mußte sich darüber klar werden, was tun wir jetzt in dieser Zeit. Und unter anderem war eben die Frage: Sollen die Grenztruppen jetzt verstärkt werden, damit sie dort diese ganzen Dinge im Griff behalten? Es ist nie eine Option gewesen, auch eine militärische Option nicht, daß geschossen wird. Denn das war ausgeschlossen durch den Befehl 11/89 des Vorsitzenden des Nationalen Verteidigungsrates, der ja schon viel früher gegeben worden ist, nämlich am 3. November.[18]

Das halte ich für eine legitime Angelegenheit. Wir waren ja nicht eine Bande von finsteren Leuten, die irgendwo aus dem Untergrund aufgetaucht sind. Wir waren eine offizielle Organisation des Staates und dessen politisches Instrument, solange der Staat existierte.

III.

Hertle: Herr Streletz, Sie sind am frühen Morgen des 10. November ins ZK-Gebäude gefahren. Wolfgang Herger sagt, bereits um 7.00 Uhr trat ein Krisenstab im Arbeitszimmer von Krenz zusammen, dessen Leitung Sie dann übernommen haben.

Streletz: Mir ist der Begriff "Krisenstab" nicht bekannt. Ich höre ihn heute zum ersten Mal. Jetzt zu Ihrer Frage. Ich hatte mich am 10.11.1989 um 7.00 Uhr im Arbeitszimmer des Generalsekretärs des ZK der SED zu melden. Gegen 5.45 Uhr war ich im Ministerium für Nationale Verteidigung und nahm die Meldungen

---

18 Im Falle eines Eindringens von Demonstranten ins Grenzgebiet, hieß es unter Punkt 6 dieses Befehls, "sind die Demonstranten durch Anwendung körperlicher Gewalt und geeigneter Mittel daran zu hindern, daß es zu Grenzdurchbrüchen kommt." Und Punkt 7 lautete: "Die Anwendung der Schußwaffe im Zusammenhang mit möglichen Demonstrationen ist grundsätzlich verboten."

über die Ereignisse der Nacht entgegen. Kurz nach 6.00 Uhr fuhr ich nach Berlin und traf gegen 6.50 Uhr im Arbeitszimmer von Egon Krenz ein. Nach einer kurzen Auswertung der Ereignisse der vergangenen Nacht und einer Einweisung durch Egon Krenz und Wolfgang Herger habe ich im Vorzimmer den Befehl 12/89 des Vorsitzenden des Nationalen Verteidigungsrates über die Bildung einer operativen Führungsgruppe des NVR vorbereitet und ihn gegen 7.45 Uhr dem Vorsitzenden zur Unterschrift vorgelegt.[19]

Der operativen Führungsgruppe gehörten sieben leitende Kader an, die gegen 8.00 Uhr im Arbeitszimmer des Generalsekretärs eintrafen und die folgenden Aufgaben hatten:
1. Informationen über die Gesamtlage auf dem Territorium der DDR zu sammeln und zu analysieren;
2. ununterbrochen die Lage des Gegners einzuschätzen;
3. Schlußfolgerungen bzw. Vorschläge für gesamtstaatliche Führungsentscheidungen vorzubereiten.

Gleichzeitig hatte ich die Aufgabe, stets engen Kontakt zum Oberkommandierenden der Westgruppe, Armeegeneral Snetkow, zu halten und ihn über alle wichtigen Ereignisse oder Entscheidungen zu informieren.

Hertle: War Schalck um 7.00 Uhr schon dabei?

Streletz: Nein. Schalck ist gegen 10.00 Uhr eingetroffen und brachte für mich überraschenderweise Dokumente mit, wo an der Grenze kurzfristig neue Grenzübergangsstellen geschaffen werden. Schalck gehörte nicht zur operativen Führungsgruppe, aber es wurde von Krenz gesagt, zu allen Fragen, die ihn betreffen, ist er bereit, uns mit seinen beiden Genossen behilflich zu sein.

Hertle: Um 7.00 Uhr war auch Neiber anwesend. Kam er schon mit diesen beiden Berichten über die Entwicklung der Lage an der Grenze insgesamt und insbesondere am Brandenburger Tor mit Stand 10.11., vier Uhr früh?

Streletz: Ja. Neiber und auch der Chef des Stabes des Ministeriums des Innern, Wagner, hatten bereits konkrete Unterlagen, Auskunftsdokumente, mit, wie die Lage aussieht. Das stand dort mit zur Diskussion.

Hertle: In dem Papier von Neiber steht, daß die Öffnung der Grenze unter dem Druck der Bürger auf "zentrale Weisung" erfolgte. Wenn Neiber "zentrale Weisung" schreibt, wessen Weisung ist das dann gewesen?

Streletz: Die Weisung von Krenz. Von Krenz an Mielke - und von Mielke dann an Neiber. "Zentrale Weisung" heißt, von oben, vom Vorsitzenden des Nationalen Verteidigungsrates.

Hertle: Egon Krenz hat geschrieben, daß ihn der sowjetische Botschafter in Ost-Berlin, Wjatscheslaw Kotschemassow, um 9.00 Uhr herum anrief. Kotschemassow habe ihm mitgeteilt, daß Moskau über die Maueröffnung beunruhigt sei. Die Öffnung der Grenze in Berlin sei nicht mit der Sowjetunion abgestimmt.
Von Mitgliedern der operativen Führungsgruppe wurde mir berichtet, daß Sie an diesem Morgen auch mit Kotschemassow gesprochen haben. Was war der Inhalt dieses Gesprächs?

Streletz: Der sowjetische Botschafter hat nach meiner Erinnerung an diesem Morgen dreimal angerufen: um 9.00 Uhr, um 9.30 Uhr und um 9.45 Uhr. Das erste Gespräch hatte Krenz geführt. Er sagte dann zu Kotschemassow, ich über-

---

19 Vgl. "Befehl Nr. 12/89 des Vorsitzenden des NVR der DDR über die Bildung einer operativen Führungsgruppe des Nationalen Verteidigungsrates der Deutschen Demokratischen Republik vom 10.11.1989."

gebe den Hörer an General Streletz. Er ist bei mir im Zimmer, kann besser russisch als ich und wird Ihnen die Lage schildern.

Kotschemassow stellte mir die Frage, wer die Genehmigung zur Öffnung der Berliner Grenze gegeben habe beziehungsweise mit wem dieser Schritt abgestimmt worden sei. Mit ihm seien nur Maßnahmen abgesprochen worden, die die Grenze der DDR zur BRD betreffen. Berlin habe einen besonderen Viermächte-Status, und die Handlungsweise der DDR-Organe habe der Autorität der Sowjetunion Schaden zugefügt. Meine Antwort war, ich werde Egon Krenz dieses Problem vortragen, und er möchte doch bitte in einer halben Stunde noch einmal anrufen, dann kriegt er Bescheid.

Nach einer halben Stunde rief Kotschemassow erneut an. Ich teilte ihm mit, daß Außenminister Fischer die Aufgabe erhalten hatte, ihm die Zusammenhänge zu erläutern.

Gegen 9.45 Uhr erfolgte sein dritter Anruf. Botschafter Kotschemassow teilte mir folgendes mit: Moskau ist über unsere Handlungsweise zur Öffnung der Berliner Grenze verstimmt. Im Interesse der Aufrechterhaltung der guten Beziehungen zwischen der Sowjetunion und der DDR wäre es zweckmäßig, sofort ein Telegramm von Egon Krenz an Michail Gorbatschow zu schicken und unser Vorgehen zu begründen. Ich antwortete dem sowjetischen Botschafter, daß ich ihn richtig verstanden habe, und versicherte ihm, daß ich sein Anliegen sofort Egon Krenz melden werde.

Nachdem ich den Generalsekretär über den Inhalt des Gesprächs informiert hatte, erhielt ich den Auftrag, gemeinsam mit den Mitgliedern der operativen Führungsgruppe sofort ein Telegramm an Gorbatschow vorzubereiten und es Krenz kurzfristig zur Unterzeichnung vorzulegen. Gegen 11.00 Uhr habe ich das Dokument im Sitzungssaal des Zentralkomitees Egon Krenz zur Unterschrift vorgelegt.

Hertle: Sie sagen, die operative Führungsgruppe hatte keine Befehlsgewalt. Welcher Diskussions- und Entscheidungsprozeß ging der Auslösung der Erhöhten Gefechtsbereitschaft voraus? Wer hat sie letztlich befohlen? Wurde diese Frage in der operativen Führungsgruppe nicht erörtert?

Streletz: Nein, da war Klaus Baumgarten ja auch dabei, das weiß er auch. Die erhöhte Gefechtsbereitschaft und ein möglicher Einsatz der 1. MSD zur Unterstützung der Grenztruppen war in erster Linie eine politische Entscheidung. Politische Entscheidungen wurden bei uns immer von der politischen Führung, vom Politbüro, getroffen.

Goldbach: Wir waren ein außerordentlich zentralisierter Staat, das taucht doch irgendwann auf!

Streletz: Ich habe die Weisung von meinem Vorgesetzten, dem Verteidigungsminister, erhalten und habe sie ordnungsgemäß Generaloberst Stechbarth, dem Chef der Landstreitkräfte, übermittelt. Sie haben mit ihm gesprochen, und er muß Ihnen, wenn er bei der Wahrheit geblieben ist, was ich annehme, auch bestätigt haben, daß er die Aufgabe so von mir erhalten hat, wie ich sie Ihnen formuliert habe, oder nicht?

Hertle: Horst Stechbarth hat bestätigt, daß er diese Weisung mit den von Ihnen genannten Einschränkungen - ohne Panzer, ohne Artillerie und ohne schwere Technik, nur mit Handfeuerwaffen - am Rande der ZK-Tagung von Ihnen erhalten hat. Die Zielstellung habe allgemein gelautet, die Grenztruppen zu unterstützen. Dann habe sich Willi Stoph in Ihr Gespräch eingemischt und darauf bestanden, daß der Transport der Mot.-Schützen nur mit Lastkraftwagen zu geschehen habe. Auf den Einwand Stechbarths, daß er dann die LKW entmunitionieren müsse,

habe Stoph geantwortet, gut, dann nimm' Schützenpanzerwagen (SPW) dazu.[20] - *Wieviele Mot.-Schützen sind mit einem SPW zu transportieren?*
Streletz: Der SPW faßt eine Mot.-Schützengruppe. Mit einem LKW können Sie 15 oder 20 Mann transportieren, mit einem Schützenpanzerwagen acht bis zehn Mann.

Hertle: *Horst Stechbarth teilte mir dann weiter mit, er habe den Befehl mit den Einschränkungen telefonisch aus dem Gebäude des ZK heraus an seinen Chef des Stabes nach Potsdam übermittelt. Wenn im Artillerieregiment der 1. MSD die Geschütze in die erhöhte Gefechtsbereitschaft einbezogen worden seien, sei entweder der Befehl falsch dorthin übermittelt worden, oder die entsprechenden Äußerungen von Offizieren des Artillerieregiments entsprächen nicht der Wahrheit oder aber auf den unteren Ebenen sei auf eigene Initiative gehandelt worden.*
Am Samstag, dem 11. November, so Stechbarth weiter, habe er im Kommando der Landstreitkräfte in Potsdam in den Vormittagsstunden einen Anruf des Ministers entgegengenommen. Keßler habe angefragt, ob er bereit sei, mit zwei Schützen-Regimentern nach Berlin zu marschieren mit der Zielstellung, die Mauer am Brandenburger Tor und Potsdamer Platz zu räumen und die Besetzung zu beenden. Unter Hinweis darauf, daß die Folgen einer Truppenbewegung nach Berlin in der gegebenen Situation unabsehbar seien, habe er den Minister mit dem Einwand, ob es wirklich keine anderen Mittel gebe, gebeten, die Sache noch einmal zu überdenken. Keßler habe nachdenklich reagiert und mitgeteilt, Stechbarth bekomme Bescheid. Als nächstes, so Stechbarth, habe er dann zwischen 13.00 und 14.00 Uhr einen Anruf von Streletz mit der Weisung bekommen, die erhöhte Gefechtsbereitschaft aufzuheben.[21]

Streletz: Ich kann Ihnen dazu nur folgendes sagen: Sowohl Minister Keßler als auch ich selbst sind während einer Sitzung des Parteiaktivs des Ministeriums am Vormittag des 11. November - ich drei oder vier Mal, Keßler zwei oder drei mal - an den Sonderapparat im Tagungszentrum herausgerufen worden. Ich war nicht dabei, wenn Keßler herausgerufen worden ist, und Keßler war nicht dabei, wenn ich herausgerufen wurde. Was bei mir besprochen worden ist oder mit wem ich sprach, darüber habe ich Keßler informiert, das war meine Pflicht; das mußte ich machen, wenn ein Anruf von der Staatssicherheit oder vom MdI oder vom ZK gekommen ist.

Und daß Keßler zwei oder vielleicht auch drei Mal draußen war, wird er bestätigen können. Und sicherlich hat er da mit Generaloberst Stechbarth gesprochen. Es kann durchaus sein, daß Keßler von Krenz angerufen worden ist, und Krenz zu ihm sagte, paß' mal auf, am Brandenburger Tor wächst uns die Geschichte über den Kopf, was können wir da machen oder wie könnt ihr da unterstützen usw. Das weiß ich nicht. Ich habe Stechbarth solche Weisungen nicht gegeben. Was Stechbarth von mir erhalten hat, wissen Sie: Das war dann in den Mittagstunden die Aufhebung der Erhöhten Gefechtsbereitschaft.

Daß Keßler und ich dauernd herausgerufen wurden, war eine der Hauptursachen, daß die Parteiaktiv-Versammlung vorfristig abgebrochen ist.

Goldbach: Keßler kam dann gar nicht wieder; deshalb wurde die Versammlung am 15. November fortgesetzt.

Hertle: *Das Parteiaktiv tagte am 11. November seit 9.00 Uhr. Theodor Hoffmann berichtet, daß die Sitzung mit Forderungen nach dem Rücktritt des Ministers und des Chefs des Hauptstabes begann.*[22] *Gab es diese Rücktrittsforderung?*

---

20 So Horst Stechbarth im Gespräch am 12. Dezember 1994 in Wildpark-West.
21 Ebd.
22 Hoffmann berichtet über die Parteiaktiv-Tagung am 11.11.1989 nicht aus eigener Erinnerung, denn er war nicht anwesend. Vgl. Hoffmann 1993, S. 30. - Theodor

Goldbach: Die gab es, ja.

Hertle: Hoffmann vermerkt dann weiter, daß die Sitzung auf Antrag des Versammlungsleiters wegen eines angeblich bevorstehenden Sturmes auf das Brandenburger Tor überhastet abgebrochen wurde. Angesichts der realen Lage sei dieser Vorgang im nachhinein als Ausdruck der Panik des Ministeriums beziehungsweise als gezielte Strategie von Keßler und Streletz bewertet worden, um ihre Abwahl zu verhindern.

Streletz: Wenn ich es richtig in Erinnerung habe, stand ich am 11. November noch nicht zur Abwahl; nur Keßler und Brünner. Am 15. November kam dann der Vorschlag aus der Abteilung Nachrichten, daß auch ich zurücktreten solle.

Das Parteiaktiv lief so ab, wie es normalerweise üblich war: Es wurde ein Referat gehalten, und danach gab es Diskussionsbeiträge. Weil Keßler und ich während der Sitzung mehrmals raus ans Telefon mußten, wurde dieser Vorschlag unterbreitet, die Sitzung zu unterbrechen und am 15. November fortzusetzen. Damit wurde das Parteiaktiv beendet.

Hertle: Was war denn der Inhalt der Telefonate, zu denen Sie aus der Parteiaktivsitzung herausgeholt wurden?

Streletz: Ein- oder zweimal hat Baumgarten angerufen und über die Lage informiert. Dann kam ein Anruf von meinem Partner von der Staatssicherheit, vom Ministerium des Innern, und dann hat, glaube ich, auch Herger angerufen. Die Telefonate befaßten sich mit der Lage in Berlin. Mielke und Krenz haben mit dem Minister gesprochen; das waren nicht meine Partner. Ich habe meine Partner auf der Stellvertreter-Linie gehabt. Was Krenz und Mielke mit dem Minister besprochen haben, kann ich Ihnen nicht im Detail sagen. In vielen Fragen war unser Minister ziemlich verschlossen. Er hat vieles für sich behalten und war nicht besonders gesprächsfreudig, wenn es nicht unbedingt sein mußte.

Hertle: Was haben Sie nach dem Abbruch der Parteiaktiv-Versammlung gemacht?

Streletz: Nach der Beendigung des Parteiaktivs bat ich die anwesenden Kollegiums-Mitglieder und die Chefs und Leiter des Ministeriums für Nationale Verteidigung - es waren dreißig bis vierzig leitende Kader - noch für eine Einweisung im Saal zu verbleiben. Ich hielt es für meine Pflicht, die Führungskader der NVA über den letzten mir bekannten Stand der Entwicklung der Lage an der Staatsgrenze zu West-Berlin zu informieren.

Hierzu gehörte auch die Information, daß vorsorglich zur Unterstützung der Grenztruppen in Berlin für die 1. MSD die erhöhte Gefechtsbereitschaft befohlen wurde. Es fand dazu eine kritische Diskussion statt, in der die Zweckmäßigkeit und Notwendigkeit dieser Maßnahme in Frage gestellt wurde. Man spürte die Sorge der Anwesenden: Es darf zu keiner Eskalation der Ereignisse kommen. Jede Konfrontation ist zu vermeiden.

Minister Keßler wurde von mir über das Stimmungs- und Meinungsbild der Chefs und Leiter informiert.

Hertle: In einer Aktennotiz über den 11.11.1989 meldet der Chef des Hauptstabes dem Verteidigungsminister, daß bereits um 8.50 Uhr die Besetzung der Grenzmauer am Brandenburger Tor durch ca. 1.000 "Provokateure" unterbunden wurde. Wenn die Situation zu diesem Zeitpunkt bereits beruhigt war - welchen Sinn machte es dann, noch zwei Schützen-Regimenter anzufordern? Herr Baumgarten, wie war die Lage zu dieser Zeit?

Hoffmann, Jg. 1935, Vizeadmiral, war ab 1987 einer der Stellvertreter Keßlers und Chef der Volksmarine. Nach dem Rücktritt Keßlers am 15. November 1989 wurde Hoffmann, zum Admiral befördert, Verteidigungsminister in der Regierung Modrow.

Baumgarten: Wir hatten die Aufgabe, als Grenztruppen die Situation zu beherrschen. Das ist zweifelsohne gelungen. Es ist ja nachweisbar: Nicht eine Verstärkungskraft wurde von Herrn Stechbarth herangeholt. Ich selbst wäre gegen einen Einsatz von Offizieren und Soldaten gewesen - und hätte dabei sicherlich auch die Unterstützung des Chefs des Hauptstabes bekommen -, die mit dem Problem der Staatsgrenze und des Grenzregimes, noch dazu in dieser Situation, überhaupt nicht vertraut und darauf in keiner Weise vorbereitet waren. Das ist keine Geringschätzung der Angehörigen der Landstreitkräfte, aber ein Einsatz an der Staatsgrenze hätte sie in eine außerordentlich schwierige Situation gebracht. Dem hätte ich nicht zugestimmt. Ein solcher Einsatz hätte zweifelsohne die Gefahr heraufbeschworen, daß es zu ernsten Zwischenfällen hätte kommen können.

Es ist doch nicht nur friedlich abgegangen, und es war doch nicht nur so, daß die Leute mal von Ost nach West gehen wollten, sondern parallel lief doch ein Prozeß ab, die Grenze muß weg. Es ging einigen zu diesem Zeitpunkt schon nicht mehr um die Öffnung von Grenzübergangsstellen, sondern um die Beseitigung der Grenze generell.

Schon aus diesem Grunde sind andere Kräfte gar nicht in der Vorstellung gewesen - bei mir jedenfalls nicht und sicher auch beim Chef des Hauptstabes nicht.

Streletz: Ich stimme dem voll zu!

Hertle: Die Diskussionen auf der Parteiaktiv-Tagung bzw. in dem Kreis der Chefs und Leiter des Ministeriums hatten keinen Einfluß auf die Aufhebung der Erhöhten Gefechtsbereitschaft?

Streletz: Auch wenn ich die Chefs und Leiter des MfNV nicht eingewiesen hätte, wäre die erhöhte Gefechtsbereitschaft in den Mittagstunden des 11. November aufgehoben worden.

Gegen 12.30 Uhr erhielt ich vom Chef der Grenztruppen die Information, daß sich insbesondere durch das Eingreifen der West-Berliner Polizei die Lage an der Grenze zu normalisieren beginne und die Mauer von den Besetzern geräumt wird.

Die Grenztruppen seien in der Lage, mit ihren Kräften für Sicherheit und Ordnung an der Staatsgrenze zu sorgen. Ich bat ihn, dies sofort dem Minister zu melden. Gegen 13.30 Uhr erhielt ich vom Minister den Auftrag, den Chef der Landstreitkräfte anzurufen und ihm den Befehl zu übermitteln, daß ab sofort die erhöhte Gefechtsbereitschaft für die 1. MSD aufzuheben ist.

Gegen 13.45 Uhr habe ich aus dem Dienstzimmer Generaloberst Stechbarth angerufen und ihm den Befehl des Ministers übermittelt. Anschließend habe ich sofort den Oberkommandierenden der Westgruppe, Armeegeneral Snetkow, angerufen, ihn über die Lage an der Staatsgrenze informiert, mich bei ihm im Auftrag des Ministers für die Unterstützung bedankt und ihm mitgeteilt, daß die erhöhte Gefechtsbereitschaft für die 1. MSD aufgehoben worden ist. Er bedankte sich und wünschte uns weiterhin viel Erfolg.

Baumgarten: Vielleicht noch einen Aspekt, den Sie bei Ihren weiteren Nachforschungen ins Auge fassen sollten. Es sind keine Zufälle, daß diese Grenze militärisch gesichert wurde, daß die Grenztruppen in der DDR dem Ministerium für Nationale Verteidigung unterstellt waren und daß der Chef der Grenztruppen ein Stellvertreter des Ministers war, der nicht auf einer Polizeischule studiert hat, sondern unter anderem an der Frunse- und an der Generalstabs-Akademie so wie alle leitenden Kader der Nationalen Volksarmee. Und das gilt auch für die Führung der Grenztruppen und ihre Offiziere bis hin zur Ebene des Bataillons, die alle an der Militärakademie "Friedrich Engels" drei Jahre ausgebildet wurden.

Wir hatten also konkrete Aufgaben im Falle der Landesverteidigung zu erfüllen. Deshalb eine solche militärische Struktur, deshalb diese Ausrüstung und deshalb auch diese Aufgaben in Form des Befehls Nr. 101, den wir jedes Jahr vom Minister bekommen haben.[23] Deshalb auch eine solche Festlegung, daß für die Grenztruppen die Stufen der Gefechtsbereitschaft gleich waren wie bei der NVA.

Und mehr noch: Es war die Aufgabe gestellt, und das bezieht sich insbesondere jetzt wieder auf die Situation des 9. November und der darauffolgenden Tage, in einem Krisenfall, in einer Situation, wo es sich um Grenzprovokationen oder Grenzzwischenfälle handelt, in der Lage zu sein, selbständig die Probleme zu klären. Denn ein Einsatz der Nationalen Volksarmee an der Staatsgrenze zur BRD hätte in jedem Fall den Konflikt zwischen den Blöcken aufgeworfen. Deshalb waren zum Beispiel die Grenztruppen nicht im Warschauer Vertrag drin. Man unterstellt uns zwar, wir hätten da nur ein Rechenexempel gemacht, aber das war der eigentliche Grund, warum die Befehlsgewalt für die Grenztruppen zwar abgestimmt wurde, aber sie nicht in die Befehlsstrukturen des Warschauer Vertrages gehörten, ...

Goldbach: ... damit der Grenzkonflikt ein Grenzkonflikt bleibt, ...

Baumgarten: ... und die Stufe des Krieges so hoch wie möglich gehalten wird. Und aus diesem Grunde wäre keiner auf den Gedanken gekommen, in dieser Krisensituation, die hier beschrieben wird, die NVA einzusetzen.

---

23 Der Befehl Nr. 101 des Ministers für Nationale Verteidigung legte die Aufgaben der Grenztruppen fest. Er wurde jährlich erneuert; die Nummer blieb unverändert.

Kontrollen eingestellt - nicht mehr in der Lage. - Punkt

Gespräch mit Harald Jäger, Berlin, 7.8.1995

Hertle: Sie standen seit 1964 im Paßkontroll-Dienst am Grenzübergang Bornholmer Straße, zuletzt als stellvertretender Leiter der Paßkontrolleinheit (PKE). Welches Gefühl hatten Sie dabei, einerseits tagtäglich - nach der damaligen Lesart - potentiell "feindlich-negative Kräfte" aus dem Westen nach Ost-Berlin einreisen zu lassen, andererseits aber den eigenen Bürgern die Ausreise aus der DDR verwehren zu müssen?

Jäger[1]: Das wird für einen normal, das heißt, man betrachtet das als normal. Meine Einstellung dazu war: Bei dem West-Berliner oder westdeutschen Bürger muß man unterscheiden lernen, ob es einer ist, der uns wirklich feindlich gesonnen ist, oder ob er nur bei uns einreisen will, um Land und Leute kennenzulernen oder einfach nur seine Verwandten zu besuchen. Und die Negativen und die Feindlichen: Da müssen wir herausfinden, wer das ist.

Hertle: Wie haben Sie das geschafft?

Jäger: Wir haben ja nicht alle Feinde erkannt; schließlich stand es keinem auf der Stirn geschrieben, daß er ein Feind der DDR war. Wir versuchten, mit den Menschen, die bei uns einreisten, ins Gespräch zu kommen. Zum einen wollten wir wissen, was drüben los ist, und zum anderen etwas über sie erfahren. Manche waren gesprächig und haben sich mit uns unterhalten. Es gab auch welche, denen wir sympathisch waren.

Soweit es die DDR-Bürger betraf, die in den Westteil reisten, handelte es sich in der Regel nur um Rentner. Die sind wegen der Versorgungslage bei uns 'rübergegangen, das war uns schon bewußt.

Und daß die jungen DDR-Bürger nicht reisen durften, war für uns eigentlich auch klar. Erstmal gab es kein Westgeld. Unsere Währung war nicht konvertierbar, und wir hatten als Staat gar nicht das Geld dafür, alle Personen reisen zu lassen. Also war es für uns eine ökonomische Notwendigkeit, daß die nicht reisen dürfen.

Hertle: Sie standen ja wahrscheinlich nicht in direkter Konfrontation mit den DDR-Bürgern, denen Reisen nicht erlaubt wurden. Die Konflikte spielten sich gewissermaßen im Hinterland, in den Abteilungen Inneres der Räte der Kreise und Bezirke und auch in den Paß- und Meldestellen der Volkspolizei-Kreisämter ab?

Jäger: Nein. Jeden Tag kamen DDR-Bürger bei uns an, die einfach sagten: "Wir wollen 'rüber!" Nachts vor allen Dingen. Da gab es dolle, aber auch dumme Din-

---

1 Harald Jäger, Jg. 1934, war seit 1964 über alle Stufen in der Paßkontrolleinheit (PKE) an der Grenzübergangsstelle (GÜST) Bornholmer Straße tätig, im November 1989 als Oberstleutnant und stellvertretender Leiter der PKE. Im Februar 1990 wurden die Paßkontrolleinheiten, bis dahin Teil des MfS, in die Grenztruppen eingegliedert; im Oktober 1990 schied Harald Jäger aus dem Dienst aus.
Die PKE an den Berliner Grenzübergängen unterstanden nicht der Berliner Bezirksverwaltung für Staatssicherheit, sondern direkt der Hauptabteilung VI (HA VI) in der Zentrale des MfS. Leiter der HA VI war zuletzt Generalmajor Heinz Fiedler. Der Sitz der HA VI, die zum Verantwortungsbereich des stellvertretenden Staatssicherheitsministers, Generalleutnant Gerhard Neiber, gehörte, war in der Schnellerstraße in Berlin-Treptow. Dort befand sich auch das Oberst Rudi Ziegenhorn unterstellte Operative Leit-Zentrum (OLZ), in dem am Abend des 9. November 1989 die Informationen über die Lageentwicklung an den Grenzübergängen in Berlin zusammenliefen.

ge. Es kamen Personen mit Kindern und sagten einfach, sie wollen ausreisen - ohne Visum und alles. Eigentlich war der Versuch keine Straftat, sondern nur eine Ordnungswidrigkeit. Anfangs haben wir sie belehrt und zurückgewiesen, später mußten wir die Bürger nach § 213 des Strafgesetzbuches wegen versuchtem ungesetzlichen Grenzübertritt festnehmen.

Die nachts kamen und 'rauswollten, nannten wir 'Wildschweine'. Weil es mitunter echt Wildschweine waren. Man kann das heute ruhig so offen sagen: Zum überwiegenden Teil waren es Asoziale und Betrunkene. Natürlich gab es auch Leute, die echt aus anderen Gründen 'raus wollten. Aber auf die, die nachts an den Grenzübergangsstellen (GÜST) erschienen, hätten wir gut verzichten können.

Hertle: Wie funktionierte die Überwachung des Reiseverkehrs durch die Fernsehkameras, die an den verschiedensten Punkten auf der Grenzübergangsstelle montiert waren?

Jäger: Wir hatten zur Sicherung der GÜST lediglich Tageskameras in Betrieb. Nur wo die hellste Beleuchtung war, waren sie auch nachts eingeschaltet. Die Bilder liefen alle beim Lageoffizier auf und nur bei ihm, denn wir waren nicht mit dem Lagezentrum in der Schnellerstraße verkabelt. Mitgeschnitten wurde auch nicht. Es gab nur ein altertümliches Gerät, das niemand richtig bedienen konnte, und wir besaßen nur eine Videokassette, die bereits überstrapaziert war. Wenn wir mal was aufzeichnen sollten und gesagt wurde, macht das Video-Gerät an, haben wir dem Vorgesetzten immer gesagt: Es ist kaputt.

Hertle: Zur wichtigsten Tätigkeit bei der Paßkontrolle gehörte die Personen-Fahndung. Wie lief das ab?

Jäger: Wir hatten in jedem Abfertigungsraum eine Fernsehkamera installiert, deren Bild im Fahndungsraum auf einen Monitor übertragen wurde.

Hertle: Bei der Ein- und Ausreise verschwand der Ausweis für den Einreisenden nicht sichtbar unter dem Tisch des Paßkontrolleurs. Was passierte dort?

Jäger: Das konnte man von außen nicht sehen: Unter dem Tisch war eine Unterflurkamera, auf die der Paß verkehrt herum aufgelegt wurde. Die Kamera übertrug das Bild direkt in den Fahndungsraum. Dort saßen mehrere Mitarbeiter, die gefahndet haben. Die Monitore waren abrufbereit; je nach Reiseandrang waren immer mehrere Überprüfungen im Angebot. Der Mitarbeiter, der frei war, holte sich über eine Tastatur den nächsten Fahndungsvorgang und glich ihn mit der maschinell erstellten Fahndungskartei ab. Das war bei uns keine elektronische, per Computer abrufbare Datei, sondern eine Handkartei, die regelmäßig aktualisiert wurde. Auf jeder Karte standen etwa zwanzig Namen, und 60.000 bis 70.000 Personen waren bestimmt erfaßt. Trotzdem ging das rasend schnell, und die Mitarbeiter waren stolz darauf. Wir hatten das beste Fahndungssystem.

Auf dem S-Bahnhof Friedrichstraße wurde dann begonnen, die Fahndung über Computer abzuwickeln, aber das war noch im Bau begriffen. Dem Leitungspersonal der Paßkontrolleinheiten wurde der Probelauf einmal vorgeführt. 1990 sollte alles fertig sein, dann wären wir mit angeschlossen worden und hätten die ganze Handarbeit sein lassen können. Diese Pläne gab es. Aber dann kam der 9. November, und das ganze wurde eingestellt.

Hertle: Wie sah Ihr normaler Tagesablauf am 9. November 1989 aus, bevor Schabowski zwischen 18.00 und 19.00 Uhr seine Pressekonferenz abhielt?

Jäger: Normal war an diesem Tag schon nichts mehr. Seit der Öffnung der ungarisch-österreichischen Grenze im September hatten wir eine erhöhte Einsatzbereitschaft, zumindest soweit es die Führungskräfte betraf. Rund um die Uhr war entweder der Chef selbst oder einer seiner beiden Stellvertreter, also Oberstleutnant Edwin Görlitz oder ich, im Dienst. In der Zeit unmittelbar vor dem 40. Jahrestag der DDR am 7. Oktober 1989 wurden in Berlin Offiziersschüler der Grenztruppen stationiert. Das war ebenfalls nicht normal, sondern geschah zum ersten Mal. Sie wurden bis in den November hinein im Hinterlandsdienst eingesetzt. Die Situation, die um den 7. Oktober herum sehr gespannt war, hatte sich dann etwas entspannt. Am 9. November selbst machten die Offiziersschülerkompanien zwar keinen unmittelbaren Dienst mehr an den Grenzübergangsstellen, sie blieben aber noch in Berlin stationiert und standen in Bereitschaft.

Im Grenzverkehr gab es an diesem Tag nichts besonderes, es lief alles wie üblich. Eine Pressekonferenz jagte die andere. Ich saß beim Abendbrot und der Fernseher lief, als Schabowski seine Mitteilung über die neue Reiseregelung machte. Und ich höre noch heute seine Formulierung: "Ab sofort! Die neue Reiseregelung gilt 'ab sofort'." Mir blieb beim Essen direkt der Bissen im Hals stecken. Ich dachte: Das ist doch Quatsch. Ab sofort? Das geht doch gar nicht. Was heißt denn hier 'ab sofort'? Das ist doch gar nicht möglich. Und zu meinen Mitarbeitern habe ich laut gesagt: "Das ist doch absoluter geistiger Dünnschiß!" Ich habe das Essen stehen lassen - die Truppe fragte, was ist denn los? - und bin raus.

Aus dem Nebenzimmer habe ich Oberst Rudi Ziegenhorn angerufen, der in der Hauptabteilung VI des MfS für uns zuständig war. "Hast du den Quatsch von Schabowski auch gehört," fragt er mich. "Ja eben, deshalb rufe ich Sie ja an," sage ich. "Was ist denn jetzt los?" - "Ja nichts," sagt er, "was soll denn sein?" - Ich sage: "Na ja, Sie haben es doch selber gehört!" - "Na eben," sagt er, "das geht ja gar nicht. Sind denn schon welche bei Euch an der GÜST?" - "Im Moment noch nicht," sage ich, "aber ich rufe mal unten im Bereich Vorkontrolle an."

Ich habe dann im Bereich Vorkontrolle anrufen lassen. 'Posten VII' nannte man das damals, und dort befand sich auch der Schlagbaum. Der Diensthabende meldete, daß die ersten zehn oder zwanzig Personen schon da seien und fragen, ob sie reisen dürfen. Ich sage zu Ziegenhorn: "So zehn oder zwanzig Mann stehen vor der GÜST." - "Na ja," sagt er, "dann warte erst einmal ab. Laß' die mal stehen und schick' sie zurück." Also mit "zurückschicken" meinte er, ins Hinterland zurück.

Ich bin dann nach dem Telefonat selbst 'rübergegangen und habe mir das angeguckt. In der Zwischenzeit hatten sich schon fünfzig bis einhundert Mann angesammelt. Die meisten waren zu Fuß gekommen, einige mit Autos. Wir machten den Bürgern die Mitteilung, daß wir keine Weisung erhalten hatten, ihnen die Ausreise zu gestatten, und vertrösteten sie auf den nächsten Tag.

Hertle: Um wieviel Uhr war das?

Jäger: Das wird etwa um 19.30 Uhr gewesen sein. Ich rief Ziegenhorn wieder an und meldete das. "Wie ist denn die Stimmung?" wollte er wissen. Ich antwortete: "Noch fragen die Bürger bloß, ob sie ausreisen dürfen." - "Na ja, ist gut," sagte er, "vertröste sie weiter und informier' mich wieder."

Ich bin dann eine ganze Zeit unten geblieben, und es kamen ständig Leute hinzu. Man konnte förmlich zusehen, wie die Menge immer mehr anschwoll. Um 20.30 Uhr war die Situation am kritischsten. Es waren schon Tausende, und wir konnten nicht mehr überblicken, wie weit die Massen zurückstanden.

Hertle: Um diese Zeit herum tauchte ein Funkstreifenwagen der Volkspolizei auf und machte über Lautsprecher folgende Durchsage: "Wir machen Ihnen eine Mitteilung über die Möglichkeit des Ausreisens der unmittelbaren Staatsgrenze zu Berlin/West und in die BRD. (...) Liebe Bürger, ich bitte Sie im Interesse der Ordnung und Sicherheit, den Platz im Vorfeld der Grenzübergangsstelle zu verlassen und sich an die zuständigen, von mir eben bekanntgegebenen Meldestellen zu wenden. Es ist nicht möglich, Ihnen hier und jetzt die Ausreise zu gewähren."

Jäger: Ja, das war zur Zeit dieser kritischen Situation. Es gab eine Ordnung für das Zusammenwirken zwischen uns als Paßkontrolleinheiten, den Grenztruppen und dem Zoll, die für alle Seiten bindend war. Auch die Volkspolizei war mit eingebunden. Darin war die Gewaltenteilung an den Grenzübergangsstellen geregelt. Die Grenztruppen hatten sich um die äußere Sicherheit des Kontrollpunktes zu kümmern; darum, daß von außen keiner in das Kontrollterritorium eindringen und die Kontrolle und Abfertigung stören kann. Der Kommandant der Grenztruppen war nur in den Fragen uns gegenüber weisungsberechtigt, die die Sicherheit anbelangten; in solchen Fällen konnte er von uns Mitarbeiter abverlangen, die ihm dann direkt unterstellt waren.

Wir hatten als PKE die Personenkontrolle durchzuführen, und der Zoll die reine Sach- und Personenkontrolle. Alles, was mit dem Reiseverkehr in Verbindung stand, ob die Person einreisen darf oder nicht, hatten allein wir auf der Grundlage der damals geltenden Gesetze und anderen Bestimmungen zu entscheiden.

Hertle: Aber die Sicherheit des Grenzübergangs war doch in dieser Nacht des 9. November bedroht. War das nicht eine Art Grenzdurchbruch?

Jäger: Nein, das war es nicht. Man hätte es als Grenzdurchbruch betrachten können, konnte es aber auch als Reiseverkehr werten. Und wir haben es damals als das genommen, was es echt war, nämlich als Reiseverkehr. Es waren DDR-Bürger, die ausreisen wollten, und deshalb hatten wir als PKE die Oberhoheit. Das war eine Grenzsituation; es war klar, daß wir zusammenwirken mußten, und deshalb haben wir unsere Informationen ausgetauscht.

Der Oberleutnant der Volkspolizei, der im Funkstreifenwagen gekommen war, stellte den Wagen nach seiner Durchsage auf dem GÜST-eigenen Parkplatz ab und kam hoch zu uns. Auch der diensthabende Offizier der Grenztruppen an der GÜST, Major Manfred Sens, saß in meinem Dienstzimmer. Und wir drei stimmten unsere Informationen ab; wir mußten sie ja auch nach draußen geben und unsere drei Organe informieren. Und von allen drei Organen erhielten wir gleichlautend die Mitteilung: "Schickt die Bürger zurück! Alles weitere übernimmt die Volkspolizei: Sie empfängt die Bürger und stellt ihnen ein Visum aus."

Einige Bürger sind zur Volkspolizei losmarschiert, um sich ein Visum zu holen. Sie kamen sehr erzürnt zurück, weil unsere Information nicht stimmte.

Hertle: Sie hatten bei der Volkspolizei das versprochene Visum nicht erhalten?

Jäger: Nein, die Volkspolizei-Inspektion (VPI) war völlig ahnungslos. Der Sitz der VPI war früher am Arminplatz zwischen Schönhauser Allee und Bornholmer Straße. Sie wußten von nichts und haben die Leute einfach wieder weggeschickt. Jetzt kamen sie zu uns zurück ...

Hertle: ... und das wahrscheinlich ziemlich schnell?

Jäger: Länger als zehn Minuten brauchten sie nicht, da waren sie wieder da. Sie nahmen an, daß wir sie verscheißern wollten, und wollten ihre Wut an uns auslassen. Und zwischendurch kamen immer noch mehr Leute an; es gab einen ständigen Zulauf.

Drüben in West-Berlin war nichts los, dort herrschte absolute Ruhe, was uns eigentlich damals wunderte. Ich habe das alles dann Oberst Ziegenhorn erneut geschildert.

Hertle: Oberst Ziegenhorn hat sich von sich aus gar nicht gemeldet?

Jäger: Nein. Ziegenhorn hat mich nur ein einziges Mal angerufen, um mir mitzuteilen, daß die Bürger zur Volkspolizei zu schicken sind. Aber um zu fragen, wie die Situation bei uns draußen ist, haben sie nicht angerufen, das mußte ich tun. Aber das war auch so abgestimmt. Ziegenhorn hatte gesagt, wenn was Neues ist, ruf' mich an. Das ist nichts Besonderes.

Interessant wurde es, kurz bevor wir die ersten Bürger ausreisen lassen durften. Ich rief Ziegenhorn noch einmal an, schilderte ihm die Situation und bat ihn, die Bürger ausreisen lassen zu dürfen, weil wir dem Druck nicht mehr standhalten könnten. Er sagte zu mir: "Warte mal, ich schalte dich mal durch. Aber sei still." Ziegenhorn sprach mit Generalleutnant Neiber, dem stellvertretenden Minister, der wiederum auch noch jemand direkt mit in der Strippe hatte. Das kann damals eigentlich nur jemand von der Sicherheitsabteilung des Zentralkomitees gewesen sein; ich vermutete, daß es Wolfgang Herger oder sein Stellvertreter war. Ziegenhorn berichtete Neiber, was ich ihm gemeldet hatte. Da fragte Neiber: "Ja, ist denn der Jäger in der Lage, die Situation real einzuschätzen, oder hat er einfach nur Angst?" Er wollte praktisch die Situation, die ich geschildert hatte, anzweifeln. Ziegenhorn teilte ihm mit: "Wenn Jäger die Lage so meldet, ist sie so. Da können Sie sicher sein." Dann haben sie mich aus der Leitung 'rausgeschmissen; ich sollte wohl nicht hören, wie es weiterging.

Kurze Zeit später rief Ziegenhorn zurück. Er sagt: "Wir verfahren folgendermaßen: Die am aufsässigsten sind - so nannte man das damals - und die provokativ in Erscheinung treten, die laß' raus. Denen macht ihr im Ausweis einen Stempel halb über das Lichtbild - und die kommen nicht wieder 'rein." - Ich frage zurück: "Geht das überhaupt so?" - Da meint er nur: "Mach' Dir darüber keinen Kopf!" - Diese Antwort zeigt, daß selbst Ziegenhorn das ganze Verfahren zu diesem Zeitpunkt bereits als zweifelhaft empfand. - "Und was die anderen betrifft", sagt er noch, "von allen, die du 'raus läßt, schreibt ihr euch die Personalien auf. Und bei denen, die den Stempel draufhaben, macht ihr euch ein Zeichen dahinter, damit wir wissen, wer draußen geblieben ist und wer wieder 'rein durfte."

Hertle: Sie sollten dieser Weisung entsprechend die Personalausweis-Nummern dokumentieren?

Jäger: Ja. Wir haben grundsätzlich jeden, den wir auf diese Weise 'rausgelassen haben, aufgeschrieben. Und diejenigen, die wir nicht mehr 'reinlassen wollten - das mußten praktisch wir entscheiden, das heißt ich oder der Zugführer -, kriegten den Stempel auf das Lichtbild. Und das hieß, die kommen nicht mehr zurück. Und die wurden in der Liste extra gekennzeichnet, damit wir wußten: Die müssen draußen bleiben.

Hertle: Sie haben demnach zu diesem Zeitpunkt nicht allen, die ausreisen durften, den Paßkontrollstempel über das Lichtbild verpaßt?

Jäger: Nein. Wir haben einzelne rausgelassen, um ein Ventil zu öffnen. Und diejenigen, die wirklich provokativ in Erscheinung getreten waren ...

Hertle: ... deren Gesichter Sie sich gemerkt hatten ...

Jäger: ... genau, die haben wir vorgeholt und Ihnen gesagt, daß sie 'rauskönnen. Damit wir sie los sind, auf deutsch gesagt. Und die sollten nicht mehr 'reinkommen.

Hertle: Wußten die anderen das, die draußen in der Menge vor dem Übergang standen? Sprach sich das herum?

Jäger: Nein, das wußten nur wir und unsere Paßkontrolleure. Wir hatten drei Schalter aufgemacht, und unser Zugführer, der stellvertretende Zugführer und der Parteisekretär blieben dann stehen und sagten bei der Abfertigung, das ist einer von den Provokativen, mach' den Stempel drauf. Der Abfertigungseingang vorne wurde kurz geöffnet, einige Bürger hereingelassen, und dann wieder geschlossen. Dann wurde erst einmal abgefertigt, bevor der nächste Schub wieder

hereingelassen wurde. Und während wir abfertigten, stieg vor der GÜST der Druck und die Forderung, aufzumachen, wurde lauter.
Die Ventilöffnung war von unseren Vorgesetzten unklug gedacht. Das Ventil zu öffnen bedeutete doch, daß die anderen sahen, daß einige 'raus durften - bloß sie nicht. Also wurde von den anderen umso energischer verlangt: "Tor auf!"

Hertle: Um wieviel Uhr war das?

Jäger: Die ersten haben wir gegen 21.00 Uhr ausreisen lassen. Alle Kontrollen eingestellt haben wir exakt um 22.30 Uhr.

Hertle: Da sind Sie sicher?

Jäger: Da bin ich ganz sicher. Erstens habe ich auf die Uhr geschaut, und zweitens habe ich mich auf diese Meldung an Oberst Ziegenhorn genau vorbereitet. Das merkt man sich genau, denn schließlich wußte ich zu diesem Zeitpunkt ja nicht, wie das Schießen ausgeht.

Hertle: Hatten Sie oder Major Sens, bevor die Entscheidung um 21.00 Uhr getroffen wurde, mit einer kontrollierten Ausreise zu beginnen, Kontakt zum Grenzkommando Mitte?

Jäger: Major Sens hätte ohne uns überhaupt nichts machen können. Er stand in telefonischem Kontakt mit seinem Vorgesetzten, dem Kommandeur des Grenzregiments 35 in Niederschönhausen. Die Grenztruppen hatten gegenüber den PKE absolut keine Weisungsbefugnis. Die Weisung, wie der Reiseverkehr abzuwickeln ist, konnten nur zwei Organe entscheiden: Erstens das Ministerium des Innern (MdI), das die ganzen Regelungen und die Durchführungsbestimmungen dazu getroffen hat, und dann wir als durchführendes Organ. Die Grenztruppen hatten damit weder unmittelbar noch mittelbar zu tun.

Wenn jemand von den Grenztruppen bezüglich des Reiseverkehrs etwas angewiesen hätte, wäre gar nichts passiert. Da hätte ich gar nicht drauf reagiert. Selbst wenn Major Sens oder andere Kommandanten solche Informationen bekommen hätten - von Befehlen ganz zu schweigen, weil die Grenztruppen uns keine Befehle geben konnten -, hätte keiner darauf reagiert. Es sei denn insofern, daß wir dann unsere Vorgesetzten angerufen hätten.

Hertle: Der Chef des Stabes des MdI, Generaloberst Karl-Heinz Wagner, sagte mir, daß er von Neiber aufgefordert worden sei, mit seinen Kräften, also der Volkspolizei, die Menschen vor den GÜST "wegzunehmen". Er habe geantwortet, das gehe nicht mehr, es seien einfach zu viele. Hat es von der Volkspolizei trotzdem entsprechende Versuche vor der GÜST Bornholmer Straße gegeben?

Jäger: Nein. Von der Volkspolizei kam doch nur ein einziger Funkstreifenwagen mit drei Mann Besatzung. Mehr waren es nicht.

Hertle: Haben Sie selbst nie daran gedacht, Verstärkung heranzuholen, um den Grenzübergang zuzumachen?

Jäger: Wir haben zunächst mit unseren 14 Mann versucht zu halten. Genau genommen waren ja zusätzlich noch sechs Mann von den Grenztruppen und 16 bis 18 Mann vom Zoll da, so daß wir insgesamt handlungsfähig waren.

Als die Situation dann wirklich so um 21.00 Uhr herum brenzlig wurde, habe ich erst einmal GÜST-Alarm ausgelöst. Es gab eine Alarmordnung, die ganz präzise umgesetzt werden mußte. Diese Alarmvorschriften habe ich an diesem Abend umgekrempelt. Es gab damals eine Weisung, die lautete: Handle entsprechend dieser Weisung mit den vorgegebenen Nummern. Jede Nummer stand für einen Mitarbeiter. Wenn sie alarmiert wurden, mußten sie sich in bestimmten Konzentrierungsräumen einfinden.

An dem Abend dachte ich, du mußt das Alarmsystem nutzen; mit 14 Mann kannst du die GÜST nicht mehr halten. Ich habe die Alarmanweisung in eingeschränkter Weise umgesetzt und alle PKE-Mitarbeiter zur GÜST kommen lassen.

Hertle: Wieviele Leute haben Sie alarmiert?

Jäger: Alle, die an diesem Abend greifbar waren, mit Ausnahme der Kranken und der Urlauber. Wir waren etwa 55 bis 60 Mann. Aufgrund der Massen, die dann 'rüber drängten, mußten wir unsere Gebäude, die geheimen Dokumente und vor allem die Fahndungskartei sichern.

Hertle: Der zweite Stellvertreter des Leiters der PKE neben Ihnen, Oberstleutnant Edwin Görlitz, hat berichtet, daß er die Schabowski-Pressekonferenz zu Hause gesehen hatte und dann sofort in die Dienststelle gefahren ist. Wo steckte eigentlich Ihr Leiter?

Jäger: Görlitz brauchte ich nicht zu informieren, er kam von alleine. Ich habe jedoch so gegen 20.00 Uhr oder 20.30 Uhr unseren damaligen Leiter, Oberstleutnant Bachmann, über die Lage informiert. Während er bei uns eintraf, kam die Weisung, daß er sich sofort zu einer Besprechung der Leiter aller Berliner PKE bei General Fiedler, dem Chef der Hauptabteilung VI, in der Schnellerstraße einzufinden hat. Er fuhr sofort dorthin.

Hertle: Was hat er über den Inhalt der Beratung berichtet, als er zurückkam?

Jäger: Nichts. Er kam weit nach 23.00 Uhr zurück und hat uns keinerlei Mitteilung gemacht. Er hat eigenartigerweise auch später nie darüber gesprochen, und mit der Zeit hat sich das Interesse daran verloren.

Hertle: Zumindest übungsmäßig waren Sie doch auf einen Sturm auf die Grenzübergangsstelle vorbereitet. Was sahen Ihre Pläne für diesen Fall vor?

Jäger: Je nachdem, wie die Lage war, wäre alles bis hin zur Anwendung der Schußwaffe möglich gewesen.

Hertle: Wie waren Sie bewaffnet?

Jäger: Wir hatten nur Pistolen am Mann; beim Lageoffizier lagen zusätzlich vier Maschinenpistolen im Panzerschrank. Die vier Grenztruppenposten hatten Maschinenpistolen, die Offiziere der Grenztruppen ebenfalls nur Pistolen. Und der Zoll war ähnlich ausgerüstet.

Man muß aber dazu sagen, daß es seit Anfang 1989 eine Anweisung gab, auf keinen Fall die Schußwaffe anzuwenden. Wir erhielten diese Anweisung auf einer Leiter-Beratung und hatten sie mündlich bis zum letzten Mann weiterzugeben. Dieser Befehl wurde 1989 zu verschiedenen Anlässen mehrfach wiederholt. Deshalb war der Gedanke, die Schußwaffe an diesem Abend einzusetzen, rein befehlsmäßig und auch vom Menschlichen her gesehen weit weg. Und rein theoretisch einmal angenommen, wir hätten auch nur in die Luft geschossen, hätten uns die Menschenmassen überrollt. Auch aus diesem militärischen Grund stand die Anwendung der Schußwaffe außer Frage.

Generell gab es dennoch für die Grenztruppen und auch für die PKE Maßnahmepläne, um die GÜST sicher zu machen, und diese Pläne waren auch nicht widerrufen. Aber es war zu dieser Zeit konkret gesagt worden, es werden keine Waffen angewendet, egal, was kommt.

Hertle: Ab 21.40 Uhr hat die Volkspolizei in der Ausländermeldestelle am Alexanderplatz DDR-Bürger vorgelassen, um ihnen dort Ausreise-Visa zu erteilen. Wurde das in der Bornholmer Straße in der Form wirksam, daß danach DDR-Bürger mit Visa an Ihrem Grenzübergang in der Bornholmer Straße erschienen?

Jäger: Nein. Ich muß allerdings einschränkend sagen, möglicherweise ja, aber wir haben das nicht mehr feststellen können, weil wir dann keine Kontrollen mehr durchgeführt haben. Solange wir allerdings noch kontrolliert haben oder versucht haben zu kontrollieren, war kein Bürger mit Visum dabei.

Hertle: Sie haben mit der Ausreise-Abfertigung um 21.00 Uhr herum begonnen. Die Bürger haben sich gefreut. Einigen war jedoch der Personalausweis ungültig gestempelt worden; sie waren praktisch ausgebürgert worden, ohne es zu wissen. Und dann kamen einige, nachdem sie kurz auf der anderen Seite in West-Berlin gewesen waren, zurück.

Jäger: Sie kamen zurück. Die zu diesem Zeitpunkt 'rüber wollten, wollten eigentlich nur testen, ob es stimmte, was Schabowski gesagt hatte, mehr war das ja nicht. Und da Schabowski gesagt hatte, sie dürften, haben sie uns das lauthals verkündet. Und wir haben das damals zunächst als Provokation empfunden.

Und die ersten, die zurückkamen, freuten sich riesig. So nach dem Motto: Friede-Freude-Eierkuchen, ist das schön drüben! Sie kamen bei uns an und sagten ganz emotional: "Da sind wir wieder. Wir kommen zurück!" Und unser Posten unten hielt ihnen entgegen: "Sie dürfen nicht wieder zurück!" Und sie fragten fassungslos: "Wieso denn das nicht?" Und er teilte ihnen mit: "Nein, Ihre Einreise wird nicht wieder gestattet." Das war die offizielle, von Ziegenhorn vorgegebene Formulierung - ohne Angabe von Gründen, nichts weiter.

Die Rückkehrer fingen dann an zu zetern, ist ja logisch, einige brachen in Tränen aus, denn sie hatten ihre Kinder zu Hause gelassen. Und da rief der Zugführer mich an und sagte: "Komm' mal runter und klär' das mal!" Ich bin 'runter und habe mir die Situation schildern lassen. Dann habe ich gesagt: "Gut, Sie können einreisen, ausnahmsweise." Da haben die mich gefragt: "Wieso durften wir denn zuerst *nicht* einreisen?" Dann habe ich ihnen das erklärt und sinngemäß gesagt: "Sie sind im Zusammenhang mit Ihrer erzwungenen Ausreise hier bei uns an der GÜST Bornholmer Straße negativ in Erscheinung getreten. Und deshalb habe ich den Befehl, Sie nicht wieder einreisen zu lassen. Aber bei Ihnen mache ich eine Ausnahme." - Aber das habe ich dann für mich behalten.

Hertle: Aber die waren doch schon auf Ihrer Liste als ausgewiesen gekennzeichnet?

Jäger: Na klar, aber diese Listen hat nie jemand abverlangt. Sie sind an den Rapport angeheftet worden und irgendwann verschwunden. Genauso hat mich niemand am nächsten Tag gefragt, warum ich die Kontrollen eingestellt habe. Das war alles sehr eigenartig.

Hertle: Sie haben einzelne wieder zurückgelassen, aber die Mehrzahl stehen gelassen beziehungsweise nach West-Berlin zurückgeschickt?

Jäger: Ja. Das hat sich aber kurze Zeit später von alleine erledigt, weil wir im Laufe des Abends auch bei der Einreise die Kontrollen eingestellt haben. An dem Abend ging das hin und her. Ich habe zwischen 19.30 Uhr und 22.30 Uhr etwa 20 bis 30 Telefongespräche geführt.

Ich habe dann Oberst Ziegenhorn exakt um 22.30 Uhr angerufen und gesagt: "Es ist nicht mehr zu halten, wir müssen die Grenzübergangsstelle aufmachen." Ich habe gar nicht mehr gewartet, was er geantwortet hat, sondern nur mitgeteilt: "Ich stelle die Kontrollen ein und lasse die Leute raus." Dann war ich fertig mit ihm. Es war zu diesem Zeitpunkt nicht auszuschließen, daß die Stimmung der DDR-Bürger negativ umkippte. In diesem Fall wären unsere Mitarbeiter die Leidtragenden gewesen.

Hertle: Was hat Ziegenhorn geantwortet?

Jäger: Nichts. Er sagte nur: "Na, ist gut!" Nichts weiter.

Hertle: Stimmt es, daß Görlitz in der Nacht zu Ihnen gesagt hat: "Das war's! Das war das Ende der DDR?"

Jäger: Ja, das war uns klar. Wenn man das gesehen hatte, wußte man, daß da nichts mehr zurückzudrehen war. Das mußte das Ende gewesen sein. Aber einerlei war mir das an diesem Abend nicht; ein bißchen komisch war mir schon in der Bauchgegend. Daß die DDR den Bach 'runter geht, war mir schon klar, auch wenn wir das nicht wollten. Gleichzeitig war es für uns aber auch irgendwie schön, das zu sehen. Es war wie eine Verbrüderung zwischen Ost und West. Und die Frauen haben uns ja auch abgeküßt - es war fürchterlich, aber schön.

Hertle: *Sind von Ihren Vorgesetzten in der Schnellerstraße noch irgendwelche Rückfragen, Meldungen oder Weisungen gekommen, nachdem Sie Ihren Übergang um 22.30 Uhr geöffnet hatten?*

Jäger: Nichts, absolut nichts. Ich war den ganzen Abend derjenige, der gedrängt hat, daß irgendetwas an der Bornholmer Straße gemacht werden mußte. Wie es an den anderen GÜST aussah, wußte ich damals nicht.

Hertle: *Sie hatten keine Quer-Kontakte zu den benachbarten Grenzübergängen, zum Beispiel zur Invalidenstraße?*

Jäger: Ich hätte anrufen können, habe das aber nicht gemacht, weil ich mit meinem Mist zu tun hatte, ehrlich gesagt. Ich habe erst am nächsten Tag erfahren, daß es an den anderen GÜST nicht so schlimm war.

Hertle: *Wie erklären Sie sich, daß die Massen ausgerechnet an Ihren Übergang geströmt sind?*

Jäger: Wir lagen von allen GÜST am verkehrsgünstigsten; es war nicht weit zur Schönhauser Allee, einer Verkehrsader der Stadt. Die Grenzübergangsstelle war bequem mit öffentlichen Verkehrsmitteln und mit dem Auto zu erreichen. Der Stadtbezirk Prenzlauer Berg ist zudem dicht besiedelt; selbst unmittelbar neben der GÜST lagen zahlreiche Wohnhäuser. Und außerdem gab es viele halbseidene - damals hätte man gesagt: negative - Erscheinungen. Es gab die meisten Nichtwähler, die meisten Gegenstimmen und dergleichen mehr. Es gab einen großen Teil von Bürgern, der der DDR ablehnend gegenüberstand.

Die Friedrich-/Zimmerstraße war DDR-Bürgern gar nicht so sehr bekannt; die Invalidenstraße war weit weg, dort gab es nie viel Publikumsverkehr. Um die Heinrich-Heine-Straße lagen nur Neubauten, die zumeist von Angehörigen der Volkspolizei, der Armee oder von Staatsbediensteten bewohnt wurden; dort wohnten also überwiegend gute Staatsbürger im grenznahen Bereich. Auch die anderen GÜST - Sonnenallee, Rudower Chaussee usw. - waren weit weg vom Schuß.

Hertle: *Haben Sie später noch mit Mitarbeitern von Paßkontrolleinheiten anderer Übergänge gesprochen, wie es dort gelaufen war?*

Jäger: Sie haben um 23.00 Uhr herum den Befehl erhalten, die GÜST aufzumachen.

Hertle: *Woher wissen Sie das?*

Jäger: Das haben mir Mitarbeiter gesagt, die dort Dienst hatten. In der Invalidenstraße zum Beispiel haben sie um 23.00 Uhr den Befehl erhalten, die Leute reisen zu lassen.

Hertle: *Aber hat die Invalidenstraße nicht erst gegen 24.00 Uhr geöffnet?*

Jäger: Ich habe gehört um 23.00 Uhr. Die GÜST Rudower Chaussee hat auch um 23.00 Uhr aufgemacht.

Hertle: *Haben Sie den Ablauf der Nacht im nachhinein für die Dienststelle noch einmal ausgewertet?*

Jäger: Nein. Eigenartigerweise hat niemand mehr danach gefragt. Mein Chef war sehr krank, ich habe ihn auch in der Zeit unmittelbar danach vertreten. Wenn dann in der Schnellerstraße in der Hauptabteilung VI Beratungen waren, habe ich schon einmal von mir aus versucht, nachzuhaken, wie die Vorgesetzten das einschätzten. Es gab keine aufrichtigen Gespräche darüber, sie gingen jedem Gespräch darüber aus dem Weg.

Normalerweise mußten wir auch über den kleinsten Zwischenfall ellenlange Berichte schreiben. Über den 9. November 1989 wollte keiner etwas von mir haben. Wir haben damals in unseren Rapport um 22.30 Uhr nur lapidar eingetragen: Kontrollen eingestellt - nicht mehr in der Lage. - Punkt.

Ein Alleingang der DDR war politisch nicht denkbar und militärisch nicht vertretbar

Gespräch mit Manfred Grätz, Strausberg, 12.9.1995

Hertle: Wie haben Sie 1989 die Zeit vor der "Wende" erlebt und wahrgenommen?

Grätz[1]: Der Sommer und Frühherbst 1989 war eine Zeit zunehmender Zweifel speziell an der Wirtschaftspolitik und der Medienpolitik der Partei. Es prägte sich eine zunehmend kritische Einstellung aus, ohne aber einen qualitativen Sprung zum Tätigwerden zu vollziehen.

Die Sommermonate sind häufig als Zeit der Sprachlosigkeit bezeichnet worden; eine Zeit, die sehr nervte. Erst später, Ende Oktober bis Anfang November, wurde der Versuch unternommen, über die Sprachlosigkeit hinwegzukommen und Entscheidungen zu treffen, die die NVA in der damaligen, nicht einfachen Situation richtig orientierten. Denn Fakt ist eins, das wird oft vernachlässigt: Jede beliebige Armee, so auch die NVA, ist Teil ihrer Gesellschaft. So gesehen, spielten sich die Vorgänge, die sich in der Gesellschaft vollzogen, manchmal etwas zeitversetzt, aber nicht minder heftig, auch in der NVA ab. In jeder Armee ist das so.

Weil die Demonstrationen aber nicht spurlos an der NVA vorbeigingen, brauchte man eine Linie beispielsweise auf die Frage: Wie ist mit dem "Neuen Forum" zu verfahren? Soll man mit denen reden oder nicht? Die Kommandeure in der Truppe brauchten darauf eine Antwort und eine Orientierung. Und deshalb nervte die Sprachlosigkeit so, der Keßler als Mitglied des Politbüros mit verfallen war.

Hertle: Bis dahin war es in den sozialistischen Ländern immer so, daß die Armee in Krisensituationen von der Partei zu Hilfe geholt wurde. Ein all zulanges Warten, so die Befürchtung, zersetzt die Kraft der Armee.

Grätz: Wenn man die Geschichte bemüht - und Beispiele dafür gibt es ja viele -, dann ist es nicht von vornherein selbstverständlich, daß die Armee, die doch letzten Endes ein Machtorgan des Staates ist, mit ihrem Staat untätig und gewaltlos von der Bühne der Geschichte abtritt. Die gegenläufigen Beispiele in Rumänien und China liegen schließlich nicht allzuweit zurück. Wir haben uns aber als Armee des Volkes verstanden und auch so gehandelt. Das war nicht nur ein Name. Jeder Einsatz im Herbst 1989, jeder Einsatz im Inneren gegen das Volk, wäre ein Schritt gegen uns selbst gewesen, hätte dem Wesen der NVA widersprochen. Und damit meinten wir es in der Tat ernst, und so stand für uns eigentlich fest: Es darf kein Schuß fallen. Gewaltanwendung ist tunlichst zu vermeiden.

---

1 Manfred Grätz, Jg. 1935, Generalleutnant. Oberschule, 1954 Abschluß der KVP-Offiziersschule, danach militärische Karriere vom Leutnant bis zum Generalleutnant, Besuch der sowjetischen Militärakademie 1955-1959 und der sowjetischen Generalstabsakademie 1971-1973, u.a. Stellvertreter des Kommandeurs und Stabschef der 1. MSD in Potsdam von 1973-1976, Kommandeur der MSD in Schwerin von 1976 bis 1978, Chef des Militärbezirks Leipzig von 1982 bis 1986. Ab 1986 Nachfolger von Generaloberst Joachim Goldbach als Chef der Rückwärtigen Dienste und Stellvertreter des Ministers für Nationale Verteidigung, Mitglied des Kollegiums des MfNV. Von Januar bis September 1990 Nachfolger von Generaloberst Fritz Streletz als Chef des Hauptstabes, 30.9.1990 Vorruhestand.

Hertle: Wer das Volk wirklich ist, unterliegt ja einem Definitionsprozeß. Und bei den ersten Demonstrationen im Oktober - in Dresden, Leipzig und Berlin - riefen die Leute zwar: "Wir sind das Volk!", aber die Definitionsmacht lag bei der Partei, und nach deren Definition marschierte nicht das Volk, sondern die Konterrevolution. Mindestens bis zur Ablösung Honeckers war es offen, ob man die Demonstranten nun als Volk betrachtet oder als Konterrevolutionäre behandelt. Und Verteidigungsminister Keßler, das zeigen seine damaligen Reden, gehörte sicher zu denen, die das klarste Feindbild hatten.

Grätz: Die Versuche, die Proteste als Import von außen abzustempeln und als Verschärfung des internationalen Klassenkampfes in Verbindung mit konterrevolutionären Elementen im Inneren zu erklären, waren untaugliche Versuche der älteren Generation, die schon mit Altersstarrsinn einhergingen. Diese Linie wurde von vielen, die in Führungsfunktionen aufgerückt waren, nicht mehr mitgetragen. Im Kollegium des Ministeriums fanden zum Beispiel Auseinandersetzungen über das Verhältnis zum Neuen Forum statt. Wer das Volk in der DDR war, war schon klar; es wurde nur von den Älteren etwas eigenartig interpretiert. Alles, was im Sinne der Anwendung militärischer Gewalt in die entgegengesetzte Richtung gezielt hätte, wäre gegen das Volk der DDR gewesen. Und genau das war es, was wir nicht mittragen wollten.

Hertle: Bei der Ablösung Honeckers am 18. Oktober 1989 verkündete Krenz erstmals seine Absicht, politische Probleme mit politischen Mitteln lösen zu wollen. Für den Ernstfall standen jedoch im Hintergrund stets Einheiten der Nationalen Volksarmee, sogenannte Hundertschaften, für Einsätze im Innern bereit. Soweit ich informiert bin, hatte sich die NVA bereits im Sommer 1989 mit der Frage befaßt, wie man man die Armee im Innern einsetzen kann, ohne dabei gegen die Verfassung zu verstoßen. Das Resultat dieser Überlegungen war dann die Bildung der Hundertschaften, die lange vor dem Oktober 1989 geplant wurden.

Grätz: Nein. Nach meinen Erkenntnissen wurde die Bildung der Hundertschaften erstmals in Zusammenhang mit den Ereignissen in Dresden am 4./5. Oktober auf die Tagesordnung gerückt. Das Problem war, wie man die Polizei, deren eigentliche Aufgabe es ist, im Innern für Ordnung zu sorgen, im Bedarfsfalle unterstützen kann. Und um nicht militärische Strukturen irgendwelchen anderen Befehlshabern - der Polizei oder den Bezirkseinsatzleitungen oder wem auch immer - zu unterstellen, bediente man sich zum damaligen Zeitpunkt einer solchen Lösung, Hundertschaften zu bilden, also Formationen, die militärisch gesehen weder Tradition hatten noch Sinn machten. Die Hundertschaften waren ein Kind, das Anfang Oktober geboren und Mitte November beerdigt wurde.

Hertle: Im Wachregiment "Friedrich Engels", das dem Ministerium unterstand, wurden bereits im August Vorbereitungen zur Bildung von Hundertschaften getroffen.

Grätz: Das weiß ich nicht; das entzieht sich dann meiner Kenntnis. Ich möchte nur über Dinge reden, die ich entweder selbst erlebt habe oder aus erster Hand übermittelt bekam.

Hertle: Am Abend des 4. Oktober spielte doch die Frage der Hundertschaften zunächst noch keine Rolle. An diesem Abend wurden noch die militärischen Strukturen in erhöhte Gefechtsbereitschaft versetzt, also der ganze Militärbezirk Leipzig.

Grätz: Das ist richtig, wenn ich mich recht erinnere. Die Hundertschaften müssen aber als unmittelbare Folge aus diesem Schritt gebildet worden sein. Am 5. Oktober müssen wohl die militärischen Strukturen noch mit Bewaffnung eingesetzt gewesen sein, und am 6.10. wurde dieser Befehl rückgängig gemacht und die Bewaffnung und Munition abgezogen.

Hertle: Wie mir scheint, war die "Entwaffnung" Ergebnis gleichzeitiger Aktivitäten von unten und oben?

Grätz: Ich habe damals nicht in der ersten Reihe gestanden, deshalb kann ich es nur vom Standpunkt meiner damaligen Kenntnisnahme wiedergeben. Fakt ist, daß Waffen und militärische Strukturen draußen waren, und Fakt ist, daß dieser Befehl relativ kurzfristig widerrufen worden ist und die Waffen am 6. Oktober in die Standorte zurückgeführt worden sind. Dieser Befehl wurde von Streletz übermittelt; das entsprach seiner Funktion als Chef des Hauptstabes. Ob daran mehrere Väter beteiligt waren, sei einmal dahingestellt. Natürlich ist es heute angenehmer, sagen zu können, an der gewaltfreien Entwicklung habe ich durch diese oder jene Entscheidung auch meinen Anteil. Das ist aber letzten Endes egal; wichtig ist das Ergebnis.

Hertle: Detaillierte Berichte des MfS über die Lage in der NVA und besonders im Ministerium für Nationale Verteidigung in Strausberg zeigen, daß sich bereits in den Tagen vor dem 9. November eine kritische Stimmung gegen den Minister und die Politische Hauptverwaltung aufgebaut hatte. Das ZK-Plenum begann am 8. November, und am 9. November wurde zu einer Kollegiums-Sitzung eingeladen. Wann erreichte Sie diese Einladung?

Grätz: Ich habe noch einmal meinen Kalender von 1989 zu Rate gezogen. Wir haben zum damaligen Zeitpunkt oft getagt, und es war überhaupt nichts Außergewöhnliches, daß das Kollegium kurzfristig zu irgendwelchen Informationen befohlen wurde. Aus meinem Kalender schließe ich, daß die Einladung kurzfristig, das heißt nicht am Vortage, sondern am 9. November erfolgt ist. An diesem 9. November gab es zwei Zusammenkünfte. Das Plenum hatte am 8. November begonnen, und am Morgen des 9. November machte Keßler eine Auswertung des ersten Tages des Plenums vor einem bestimmten Personenkreis, dem die Stellvertreter, die Kollegiums-Mitglieder sowie die Chefs und Leiter des Ministeriums angehörten.

In der ihm eigenen, sehr langatmigen Art wiederholte er das, was alle am Abend des Vortages an Entscheidungen zur Kenntnis genommen hatten. Ich erinnere mich deshalb so genau daran, daß das am Morgen des 9. November war, weil Keßler die abendliche Sitzung ganz außergewöhnlich begann, nämlich mit einer Rüge: Das Verhalten von Süß, Goldbach und Grätz am Morgen sei deplaziert gewesen, so Keßler. Man müsse sich doch überlegen, wo man was sagt. Das bezog sich auf einige militärisch nicht zu vertretende, nicht ganz höfliche Zwischenrufe dieser drei Genannten zu den sehr allgemein gehaltenen und noch dazu unvollständig vorgetragenen Äußerungen von Keßler. Deshalb ist mir der 9. November noch so genau in Erinnerung.

Hertle: Für die Kritiker des Ministers muß es ein schlimmer Morgen gewesen sein, denn Keßler konnte voller Stolz erklären, daß er fast einstimmig als Politbüro-Mitglied wiedergewählt worden war und darüber hinaus allerbeste Aussichten hatte, in der Regierung Modrow wieder als Minister vertreten zu sein. Das war doch auch für Sie ein eindeutiges Zeichen, daß sich an der Spitze des Ministeriums auf absehbare Zeit vermutlich nichts verändern wird?

Grätz: Ja, das wurde mit großer Skepsis, Unzufriedenheit und zum Teil mit offenem Hohn zur Kenntnis genommen. Da haben Sie recht. Und Sie erinnern sich, daß am 8. November auch andere ins Politbüro gewählt worden sind, auf deren Wahl noch am gleichen Tage in den Bezirksstädten mit Demonstrationen und

Widerspruch reagiert worden war.[2] Eine ähnliche Stimmung gab es auch im Ministerium für Nationale Verteidigung, nur daß es in dieser militärischen Institution nicht zu solch offenen Demonstrationen kam wie beispielsweise in Neubrandenburg, Cottbus oder Halle. Aber die Stimmung in den Parteiorganisationen des Ministeriums war nicht anders.

Hertle: Sie saßen abends vor dem Beratungsraum des Kollegiums, die ZK-Mitglieder ließen auf sich warten. Dann kamen einige zurück, Keßler, Brünner und Streletz zunächst noch nicht, sondern etwas später, und dann begann die Sitzung etwa um 21.30 Uhr herum. Ist das richtig?

Grätz: Ja. Sie begann mit erheblicher Verspätung. Ob das 21.30 Uhr, 21.45 Uhr oder 22.00 Uhr war, weiß sicher keiner mehr so genau, aber in dieser Zeitspanne muß es gewesen sein.

Hertle: Und Sie hatten zu diesem Zeitpunkt keinerlei Kenntnis über die Schabowski-Pressekonferenz?

Grätz: Nein, auch ich nicht. Wie das so ist: Zu 19.00 Uhr waren wir befohlen. Als guter Militär ist man mindestens zehn Minuten vor der befohlenen Zeit da. Also saßen wir dort, wir "Nicht-ZK-Mitglieder", und warteten. Natürlich hätte es auch die Möglichkeit gegeben, sich dort vor den Fernseher zu setzen und zu verfolgen, was Schabowski vom Stapel ließ. Aber wenn man sich in Vorbereitung auf eine solche Kollegiums-Sitzung trifft, wird über die Ereignisse des Tages gesprochen, es wird geschwatzt, auch ein Spaß gemacht, und es wird auch darüber gefrotzelt, ob die denn nun nicht bald dazukommen.

Denn eins ist Fakt: Wir haben in dieser brisanten Zeit viel gesessen, viel geredet, manchmal auch nutzlos geredet, und die Zeit verrann. Und so ist es definitiv, daß weder die, die warteten - auch Grätz nicht -, noch die, die kommen sollten, etwas von dieser mittlerweile in die Geschichte eingegangenen Pressekonferenz mitbekamen.

Hertle: Keßler begann dann mit einer Darstellung des Verlaufs der ZK-Tagung, und die Wartenden hatten die Zeit nicht genutzt, um eine Verschwörung gegen ihn vorzubereiten?

Grätz: Es gab keine Verschwörung. Die Kollegiums-Sitzung begann mit einer Rüge von Keßler an Goldbach, Süß und Grätz. Das wurde kommentarlos zur Kenntnis genommen. Und dann ging er zur Tagesordnung über. Wenn ich mich recht erinnere, sollten zwei Tagesordnungspunkte abgehandelt werden: Erstens die Auswertung der Ereignisse des Tages auf der 10. ZK-Tagung und zweitens die dort beschlossene Reiseverordnung für Bürger der DDR, um mögliche Konsequenzen für die NVA und die Grenztruppen herauszuarbeiten. Das war wohl der Plan. Zur Umsetzung dieses Plans kam es nicht, weil sich die Ereignisse überstürzten.

Keßler berichtete zunächst über den Verlauf der ZK-Tagung, und das fand nicht das Wohlwollen aller Kollegiums-Mitglieder. Mehrere Kollegiums-Mitglieder, dazu gehörten Grätz, Süß, Goldbach, Hoffmann, Stechbarth und andere, brachten ihren Unwillen zum Ausdruck und sagten, daß es jetzt nicht an der Zeit sei, sich in langatmigen Erklärungen und Wiederholungen zu Dingen zu verlieren, die man in der Presse nachlesen kann, sondern daß es vielmehr an der Zeit

---

2   Gemeint ist die Wahl der 1. Bezirkssekretäre Johannes Chemnitzer (Neubrandenburg), Hans-Joachim Böhme (Halle) und Werner Walde (Cottbus). Am 8. November 1989 ins Politbüro gewählt, wurden sie bereits am 10. November 1989 aufgrund des Drucks in ihren Bezirken zum Rücktritt aus dem SED-Führungsgremium gezwungen.

sei, zu Aktionen überzugehen und die Lage in der NVA zu analysieren, Aufgaben zu formulieren und die NVA zu orientieren, mit anderen Worten: die Sprachlosigkeit zu beenden. Die Männer in der Truppe verlangten Antworten auf die Fragen: Wie soll was passieren? Wer ist wofür verantwortlich? Wer darf was, wer darf was nicht? Da gab es dringenden Erklärungs- und Orientierungsbedarf. Das wurde auf der Kollegiums-Sitzung in mehr oder weniger deutlichen Worten artikuliert. Eine Auseinandersetzung über die Äußerungen der einzelnen Kollegiums-Mitglieder gab es aber aufgrund der Ereignisse, die sich dann überstürzten, nicht mehr.

Hertle: Wie haben Sie die eingehenden Anrufe und Informationen über die Entwicklung der Lage an der Grenze wahrgenommen? Wie wurden sie an die Kollegiums-Mitglieder weitervermittelt?

Grätz: Die im Raum sitzenden Kollegiums-Mitglieder konnten nur jene Meldungen und Informationen verfolgen, die entweder Baumgarten oder Streletz - das waren die beiden, die dauernd zwischen Telefon und Beratungszimmer pendelten - dem Minister vortrugen. Den tieferen Inhalt der Gespräche, die beide am Telefon führten, konnten wir an jenem Abend nicht erfassen. Wir haben nur allgemeine Informationen mitgekriegt: An Berliner Grenzübergängen sei "etwas los"; von Menschenansammlungen war wohl die Rede. Aber was eigentlich dort passiert war, die Tiefe der Ereignisse und des Einschnittes, haben wir an diesem Abend nicht mitgekriegt. Ich habe sie erst mitgekriegt, als ich spät nach Hause kam, meine Frau noch vor dem Fernseher saß und wir diese zum damaligen Zeitpunkt unfaßbaren Bilder überspielt bekamen. Aber die Erkenntnis, daß das gleichbedeutend war mit der Öffnung der Grenze und damit dem sicheren Ende des souveränen Staates DDR, ist erst in den folgenden Stunden und Tagen gereift.

Hertle: Wissen Sie noch, wann Sie zu Hause ankamen?

Grätz: Es war mit Sicherheit nach Mitternacht. Ob es 0.30 Uhr oder 1.30 Uhr war, kann ich nicht mehr sagen.

Hertle: Mir fällt es immer noch schwer, diese Situation zu verstehen. Streletz und Baumgarten gehen abwechselnd in den Nebenraum ans Telefon, nehmen die Schreckensmeldungen zur Lage an der Grenze entgegen, und das Kollegium tagt weiter und debattiert?

Grätz: Wir haben dort weiter diskutiert, aber die Aufmerksamkeit war gemindert, und die Informationen, die von draußen kamen, waren natürlich wichtiger und überschatteten die laufende Diskussion im Kollegium.

Hertle: Aber es entstand keine Situation, daß Baumgarten oder Streletz, nachdem sie informiert waren, ihre Informationen ins Kollegium rückgekoppelt hätten und das Kollegium über die nun entstandene Lage an der Grenze debattiert hätte?

Grätz: Nein. Von der Sache her ist das ein Armutszeugnis, aber diese Debatte hat an diesem Abend im Kollegium nicht stattgefunden. Baumgarten wurde von Keßler mit dem Auftrag weggeschickt: "Kümmere Dich und melde!" Es kam nicht einmal zu einem Versuch, die Lage im Kollegium zu erörtern. Das ist beschämend, aber es ist so.

Hertle: Ist Ihnen noch erinnerlich, ob und wann ein Anruf von Krenz einging?

Grätz: Nein, daran kann ich mich heute nicht mehr erinnern. Möglicherweise ist das auch zu einem Zeitpunkt gewesen, als die Masse der Mitglieder des Kollegiums schon entlassen war. Es war nicht ungewöhnlich, daß der Chef des Hauptstabes und der Chef der Politischen Hauptverwaltung noch in einem engeren

Kreise beim Minister verblieben; das war eine Widerspiegelung der Hierarchie des Ministeriums.

Hertle: *Ist Keßler während der Sitzung überhaupt ans Telefon gegangen?*

Grätz: Ich glaube es nicht. Ich habe noch gut in Erinnerung, wie Streletz beauftragt wurde, zu Mielke Verbindung aufzunehmen, den er aber nicht erreichte. Ich habe noch gut in Erinnerung, wie Baumgarten beauftragt wurde, sich in das Kommando der Grenztruppen nach Pätz zu begeben. Aber daß Keßler selbst ans Telefon gegangen ist, oder daß Krenz in unserem Beisein angerufen hat, kann ich nicht bestätigen.

Hertle: *Am Mittag des 10. November wurde erhöhte Gefechtsbereitschaft für die 1. MSD und das LStR-40 ausgelöst. Wann sind Sie darüber informiert worden?*

Grätz: Von der Auslösung der Erhöhten Gefechtsbereitschaft habe ich erstmals am 11. November gehört. Auch das ist für das Ministerium und die Befehlsgebung kein Ruhmesblatt, denn man hätte ja damit rechnen müssen, daß sich daraus die eine oder andere fachspezifische Aufgabe ergab. Aber die Befehlsgebung im Ministerium war damals so.

Ich erfuhr von der Auslösung der Erhöhten Gefechtsbereitschaft erst am Morgen des 11. November durch eine Information von Streletz, nachdem die stürmisch verlaufene Parteiaktivtagung des Ministeriums wegen der Ereignisse am Brandenburger Tor unterbrochen bzw. beendet wurde und die Aufforderung erging, die Chefs und Leiter des Ministeriums sollten bitte im Saal verbleiben. Dort haben wir, einschließlich aller Kollegiumsmitglieder, davon Kenntnis erhalten. Es stimmt, daß uns Streletz darüber informiert hat, daß die erhöhte Gefechtsbereitschaft mit Einschränkungen ausgelöst worden ist. Die Einschränkungen bezogen sich auf Panzer und andere schwere Technik. Es stimmt natürlich auch, daß die Realisierung eines solchen Befehls für den Kommandeur einer Division, aber noch mehr eines Regiments, problematisch ist, weil er von der militärischen Norm abweicht. Als Kommandeur habe ich und viele andere meiner Kommandeurskollegen diese Einschränkungen immer gehaßt, weil sie nur Unordnung, Fragen und dummes Zeug mit sich bringen, eben weil sie von der Norm abweichen.

Es war so, daß die erhöhte Gefechtsbereitschaft durch festgelegte Signale auszulösen war. Es gab auch eine Tabelle der Einschränkungen mit entsprechenden Ziffern. Aber von dieser Form der militärisch exakten Auslösung der Erhöhten Gefechtsbereitschaft wurde damals kein Gebrauch gemacht oder konnte kein Gebrauch gemacht werden, weil die Spezifik der Situation so beschaffen war, daß sie nicht in die vorgesehenen Normative einzupassen war. Demzufolge gab es keine Signal-Auslösung, sondern eine mündliche Übermittlung, wie ich im nachhinein erfuhr. Und demzufolge gab es eine gewisse Desinformation und eine unterschiedliche Auslegung durch die Kommandeure. Das alles kann ich aber nicht beweisen, sondern das sind meine Schlußfolgerungen, die aus der Kenntnis der militärischen Spezifika resultieren. Im vorliegenden Fall war die militärische Befehlsgebung auf die konkrete Situation, wie sie eingetreten war, ganz einfach nicht vorbereitet.

Hertle: *Wie waren am Vormittag des 11. November die Reaktionen auf die Einweisung von Streletz?*

Grätz: Ich erinnere mich, daß die Reaktionen auf diese sachliche, nüchterne Information von Streletz sehr unterschiedlich waren. Man muß das natürlich in jene Situation hineinprojizieren, in der wir uns damals befanden.

Hertle: Hat Streletz auch mitgeteilt, daß Keßler zu diesem Zeitpunkt schon bei Stechbarth angefragt hatte, ob er bereit sei, mit zwei Mot.-Schützenregimentern nach Berlin zu marschieren?

Grätz: Nein, das habe ich Ihrem Gespräch mit Baumgarten, Goldbach und Streletz zum ersten Mal entnommen. Alle standen noch unter dem Eindruck der vorangegangenen, stürmischen Parteiaktiv-Versammlung, alle standen unter dem Eindruck dessen, was am Brandenburger Tor vor sich ging - was genau es war, wußte keiner -, alle standen unter dem Eindruck des abrupten Abbruchs der Parteiaktivtagung nach dem Motto: 'Der Sozialismus ist in Gefahr. Jetzt haben wir keine Zeit mehr, weiter zu diskutieren. Jeder an seinen Platz!'

Und in dieser Situation, in der die Gemüter ohnehin erregt waren, gab es sehr unterschiedliche Reaktionen. Sie reichten von betretenem Schweigen bis zu sponta-nen Unmutsäußerungen und Zwischenrufen unschöner Art wie: "Schwachsinn!' - 'Theater!' - 'Blödsinn!" Aber so unterschiedlich die Reaktionen auch gewesen sein mögen: Alle waren von der Sorge um die mögliche Eskalierung der Lage in dieser Situation getragen. Denn eins war auch dem letzten Militär klar: Jede unbesonnene Handlung hätte zum damaligen Zeitpunkt Schlimmes auslösen können. Und das war die tiefe Sorge all derer, die diese Information zur Kenntnis nahmen und mit betretenem Schweigen bis hin zu Unmutsäußerungen reagierten. Ich habe zu der letzteren Kategorie gehört, weil wir uns ganz einfach geschworen hatten: Es darf keine Gewalt geben, es darf kein Schuß fallen.

Hertle: Resultierte aus dieser Information ein Auftrag an Streletz, bestimmte Dinge zu tun oder zu unterlassen, oder war die Veranstaltung mit der Information und den Unmutsäußerungen zu Ende?

Grätz: Sie war zu Ende. Ich weiß nicht, ob es anschließend noch eine Diskussion in kleinerem Kreis mit Streletz gab oder nicht; das entzieht sich meiner Kenntnis. Aber die Masse derer, die dort versammelt waren - ein Personenkreis von 30 bis 35 Mann -, verließ nach dieser Information den Raum. Ich bin mit Joachim Goldbach hinausgegangen, und wir haben unseren Unmut ausgetauscht; aber daß wir gesagt hätten, wir gehen jetzt zu Streletz und sagen, er soll diese Aktion abbrechen, war nicht der Fall.

Ich erinnere mich daran - ich müßte mich sehr täuschen -, daß ich während der Information neben Werner Rothe, dem Chef der Politischen Verwaltung der Landstreitkräfte, stand, denn nach meiner Erinnerung waren Vertreter der Teilstreitkräfte an jenem Morgen im Ministerium anwesend. Ich erinnere mich, daß ich unmittelbar nach der Information zu Rothe sagte: "Paß' auf, daß dort nichts passiert!" Da sagte Rothe zu mir: "Du brauchst keine Angst zu haben, es passiert nichts. Da dreht sich kein Rad!"

Hertle: War der Vertreter des Vereinten Oberkommandos auf der Kollegiums-Sitzung am Abend des 9. November anwesend?

Grätz: Es war der Normalfall, daß der Vertreter des Vereinten Oberkommandos an planmäßigen Kollegiumssitzungen teilgenommen hat. Es hat auch außerplanmäßige Sitzungen des Kollegiums gegeben, auf denen wir unter uns waren. Ich glaube, am 9. November war er nicht dabei.

Hertle: Haben Sie am 10. oder 11. November Kontakt zur Westgruppe der Sowjetischen Streitkräfte gehabt? Wissen Sie, wie die Lage bei den Sowjets war?

Grätz: Nicht, daß ich mich nachhaltig daran erinnern würde. Wir hatten zwar immer gute Kontakte, aber ob speziell an diesen Tagen, weiß ich nicht. Ich glaube es nicht.

Hertle: Und im nachhinein haben Sie auch nichts über die Befehlslage erfahren?

Grätz: Ich habe mir im nachhinein von Freunden, die damals in Wünsdorf dienten, sagen lassen, daß die Westgruppe strikte Weisungen gehabt hat, sich nicht einzumischen und besonnen in den Kasernen zu bleiben.

Hertle: Ist mein Eindruck richtig, daß sich die Führung mit der Auslösung der Erhöhten Gefechtsbereitschaft alle Handlungsoptionen offen halten wollte?

Grätz: Wenn Sie dabei auch an einen militärischen Einsatz zur "Bereinigung der Lage" denken, kann ich Ihr Bild, daß alle Optionen offen gehalten werden sollten, nicht nachvollziehen, und zwar aus mehreren Gründen. Erstens hätte sich Krenz in Widerspruch zu Gorbatschows Linie begeben, zu der er sich eine Woche zuvor in Moskau bekannt hatte. Krenz mußte davon ausgehen, daß seitens der Sowjetunion eine Einmischung in die inneren Angelegenheiten der DDR und erst recht eine militärische Einmischung auszuschließen war. Um das beurteilen zu können, benötigte man wenig Scharfblick. Zweitens: Ein Alleingang der DDR in dieser politisch brisanten Situation war weder politisch denkbar noch militärisch in irgendeiner Form vertretbar. Und drittens: Es hätte auch den sich real und speziell in Berlin entwickelnden Ereignissen - ich meine damit die Öffnung zusätzlicher Grenzübergangsstellen - widersprochen und uns ins Gesicht geschlagen.

Aus meiner Sicht ist die These, daß die Auslösung der Erhöhten Gefechtsbereitschaft erfolgte, um sich alle Optionen offen zu halten, nicht haltbar. Das ist meine feste Überzeugung. Ich folge hier Fritz Streletz: Ziel der Erhöhten Gefechtsbereitschaft war es, im Bedarfsfalle Ruhe und Ordnung an der Grenze herzustellen, wenn es die Grenztruppen nicht alleine schaffen. Aber ein Zurückdrehen dessen, was das Volk der DDR am Abend des 9. November in spontaner Reaktion auf unbedachte Äußerungen eines unbedachten Politbüro-Mitglieds erkämpft und in die Tat umgesetzt hatte, wäre mit so unübersehbaren Folgen verbunden gewesen, daß es außerhalb der Diskussion stand.

Hertle: Das klingt im nachhinein plausibel. Aber in der damaligen Situation war die Reaktion der Sowjetunion für Krenz, Keßler und Streletz nach ihren Telefonaten mit Kotschemassow für einige Stunden eben nicht absehbar. In Moskau herrschte blankes Entsetzen, und daß die Westgruppe und Snetkow über den Fall der Mauer nicht begeistert gewesen sind, scheint ebenso einleuchtend.

Grätz: Das Entsetzen der UdSSR ist für mich nachvollziehbar, denn die DDR war als Mitglied des Warschauer Vertrages als treuer Verbündeter der Sowjetunion bekannt. Und es hat kaum einen Schritt der DDR gegeben, weder politisch noch militärisch, der nicht mit der UdSSR zumindest grob inhaltlich abgestimmt war. Und nun kommt ein - wie sich im nachhinein zeigt - so welthistorisches Ereignis, was für die DDR und ihre Führung wie für die UdSSR völlig überraschend kam.

Sicher hat Krenz glücklichere Stunden erlebt als nach jener Schabowski-Pressekonferenz und als am Morgen des 10. November, als er das Ergebnis vor Augen hatte und Gorbatschow noch nicht offiziell in Kenntnis gesetzt war. Das Entsetzen auf beiden Seiten ist nachvollziehbar. Aber das ändert nichts an meiner Aussage, daß ich dennoch die Optionen, die Sie formuliert haben, als unlogisch und undiskutabel ausschließen würde.

Hertle: Waren der Fall der Mauer und die Bildung der Hundertschaften ein Thema auf der Parteiaktiv-Tagung des Ministeriums am Morgen des 11. November? Wurde darüber diskutiert?

Grätz: Nein. Wenn ich mich recht erinnere, war das ein ganz normal angelegtes Parteiaktiv mit dem Thema: Auswertung des 10. ZK-Plenums, mit einem Referat und anschließender Diskussion. Daß sich die Diskussion dann so spontan und hitzig gestaltete, war schon außergewöhnlich. Dort spielten die Führungs- und Sprachlosigkeit eine Rolle, und es wurden massive Rücktrittsforderungen gegenüber Keßler und Brünner in erster, Streletz in zweiter Linie laut. Für disziplinierte Militärs war das eine außergewöhnliche Versammlung.

Hertle: Hoffmann schreibt, Goldbach, Grätz und Süß opponierten offen gegen die Hundertschaften.[3] Haben Sie jemals gegen die Hundertschaften opponiert?

Grätz: Ich hatte meine Meinung zu den Hundertschaften, aber zu sagen, ich hätte offen opponiert, wäre etwas überzogen. Wir drei waren damals als Rebellen verschrien, weil wir in diesen Herbsttagen ab und an in Kollegiumssitzungen und anderswo dagegen gehalten haben. Wir haben uns oft getroffen, haben die Lage beurteilt und uns ausgetauscht. Aber ein öffentliches Opponieren gegen diese Dinge hat es meinerseits nicht gegeben. Ich will mich im nachhinein nicht als Widerstandskämpfer deklarieren, wo ich es nicht war.

---

3   Hoffmann 1993, S. 33.

Die Berliner Polizei hat einen wesentlichen Beitrag zur Vermeidung eines kaum abschätzbaren Konflikts geleistet

Gespräch mit Georg Schertz, Berlin, 15.1.1996

Hertle: Waren Sie vor der Pressekonferenz Schabowskis am 9. November über die Absicht der DDR vorinformiert, neue Reiseregelungen in Kraft zu setzen?
Schertz[1]: Nein. Mir lagen weder vor dem 9. November noch an diesem Tag selbst Erkenntnisse über eine bevorstehende Grenzöffnung vor. Es gab auch keine uns vermittelten Erkenntnisse der Nachrichtendienste, auch nicht von alliierter Seite. Ich war am 9. November bis in die frühen Abendstunden völlig ahnungslos, was passieren wird, und bin dann von den Ereignissen absolut überrascht worden. Ich bin abends auf eine Geburtstagsfeier zu Ulrich Schamoni gefahren. Das hätte ich sicher nicht getan, wenn ich gewußt hätte, es kommt etwas auf uns zu.

Hertle: Welche Meldung hat Sie dort wie erreicht? Und wie haben Sie reagiert?
Schertz: Ich bin vom Lagezentrum telefonisch davon unterrichtet worden, daß am Übergang Bornholmer Straße Ostberliner in steigender Zahl, auch in PKWs, die Grenze passieren und die östlichen Grenzposten zunehmend die Kontrolle aufgeben. Ich habe daraufhin sofort die Geburtstagsfeier verlassen und bin mit meinem Dienstwagen zum Polizeipräsidium am Platz der Luftbrücke gefahren, um ein genaues Lagebild zu erhalten und um für notwendige Entscheidungen präsent zu sein.

Zu 22.00 Uhr war eine Sitzung des Senats anberaumt, an der ich teilnahm. Ich gab ein erstes Lagebild, das Meldungen von der Bornholmer Straße (dort viele Trabis, annähernd 1500 Personen auf östlicher Seite), vom Grenzübergang Sonnenallee (15-20 Personen im Übergang, etwa 100 davor) und ein ähnliches Bild von dem Übergang Invalidenstraße betraf. An der Sitzung nahmen als Außenstehende noch die Geschäftsführer der BVG teil, mit denen zu erwartende Verkehrsprobleme erörtert wurden. Der Regierende Bürgermeister Momper war besorgt, daß es zu Zwischenfällen kommen könnte; es war offen, wie die Grenzer letztlich reagieren würden, und es müsse unsere Aufgabe - so auch die der Polizei - sein, gegebenenfalls für eine Beruhigung der Situation zu sorgen. Er befürchtete auch, daß es in größerem Umfang zu spontanen Übersiedlungen kommen könnte.

Ich fuhr in der Folge in Begleitung eines leitenden Mitarbeiters aus meinem Stab zum Grenzübergang Invalidenstraße. Dort fand ich bereits lebhaften Übergangsverkehr (Kraftfahrzeuge und Personen) vor. Angehörige der Berliner Polizei und der Grenztruppen regelten gemeinsam den Verkehr. Eine Kontrolle im eigentlichen Sinne fand nicht mehr statt. Im weiteren Verlauf der Nacht erschienen höhere Offiziere der britischen Seite, um sich ein Bild von der Lage zu machen. Ich bin dann noch an weitere Grenzstellen gefahren, vor allem aber zum Brandenburger Tor, wo sich bereits eine große Zahl von Menschen eingefunden hatte, und zwar zunächst nur auf westlicher Seite.

---

1 Georg Schertz, Jg. 1935, Abitur 1954, dann Studium der Rechtswissenschaften in Berlin, 1958 Referendar- und 1963 Assessorexamen. Ab 1966 Richter, 1970 Ernennung zum Kammergerichtsrat, von 1973 bis 1987 Vizepräsident des Amtsgerichts in Berlin. Von 1987 bis 1992 Polizeipräsident in Berlin; von 1993 bis 1995 Berliner Landesvorsitzender des Deutschen Richterbundes.

Hertle: *Im Verlauf des 10. November spitzte sich insbesondere die Lage am Brandenburger Tor zu.*

Schertz: Ja, bereits in der Nacht vom 9. auf den 10. November 1989 entwickelte sich am Brandenburger Tor eine durch die Symbolik des Ortes bestimmte besondere Situation. Kritisch jedoch wurde es in der Nacht vom 10. auf den 11. November. Eine unübersehbare Menschenmenge hatte sich vor dem Brandenburger Tor versammelt. Auf der Krone der an dieser Stelle cirka drei Meter breiten Mauer befanden sich annähernd 2.000 bis 3.000 Menschen. Auch auf der östlichen Seite war es offensichtlich vielen gelungen, die vorgelagerten Sperren zu durchbrechen und sich der Mauer zu nähern.

Die DDR hielt erkennbar an der Konzeption fest, den Reiseverkehr auf die Grenzübergangsstellen zu beschränken. Wild über die Mauer zu gehen, sollte verhindert werden. Am Brandenburger Tor vor allem, wo die östliche Seite aus Gründen der Staatsraison besonders empfindlich war, sagte sie: Hier nun keinesfalls. Sie wollte entschieden verhindern, daß es am Brandenburger Tor gleichsam im Sprung über die Mauer zu einer Verbrüderung der Menschen kommt.

In der Nacht zum 11. November stellten wir fest, daß die östliche Seite Wasserwerfer auffahren ließ, um zu verhindern, daß Leute von der Mauerkrone nach Ost-Berlin hinüberspringen. Es war klar, daß dies sehr gefährlich werden würde. Die Mauer war an dieser Stelle etwa drei Meter hoch. Wenn die Grenztruppen mit Wasserwerfern auf die Menschen auf der Mauerkrone Wasser geworfen hätten, hätten wir auch unter Berücksichtigung der einsetzenden Panik mit Toten rechnen müssen. Die Situation war also extrem kritisch.

Durch Zurufe gelang es uns schließlich, die östliche Seite von dieser Zuspitzung abzuhalten.

Hertle: *Wie muß man sich diese "Zurufe" vorstellen? Am Brandenburger Tor zumindest herrschte ein großes Durcheinander ...*

Schertz: Ich kann nicht sagen, ob dies auch am Brandenburger Tor versucht worden ist. Geschehen ist es jedenfalls. Vor allem immer dort, wo wir unmittelbaren Kontakt hatten, so beispielsweise am Übergang Invalidenstraße. Wir haben der anderen Seite vermittelt, welch' gefährliche Konsequenzen es haben könnte, am Brandenburger Tor Wasserwerfer einzusetzen, und sie gebeten, dies zu unterlassen. Wir haben diese Bitte allerdings mit der Zusage verbunden, daß wir auch mit unseren Kräften versuchen werden, die Situation zu deeskalieren.

Hertle: *Wie konnten Sie sicher sein, daß Ihre Mitteilungen die richtige Stelle und den richtigen Mann erreichten?*

Schertz: Da war stets ein guter Schuß Hoffnung dabei, aber auch Erfahrungen aus zurückliegenden Zeiten, also aus den Zeiten strenger Abgrenzung. Wo immer wir jedenfalls Kontakt an den Übergängen zur anderen Seite hatten, haben wir solche Meldungen übermittelt, hier also konkret: "Um Gottes Willen keine Wasserwerfer!" Diese Zuruf-Praxis hatte sich gelegentlich schon früher bewährt, zum Beispiel am Übergang Heinrich-Heine-Straße. Da rief man das, was anlag, einem Grenzposten zu, und letztlich klappte das irgendwie. Es wurde jedenfalls weitergegeben.

Man muß sich dabei vergegenwärtigen, daß zwischen beiden Polizeien in der Stadt seit 1948 keinerlei Kontakte mehr bestanden, allenfalls hier und dort einmal ein solcher Zuruf an der Mauer. Ein Beispiel für die Sprachlosigkeit war jene Regelung am Ufer der Spree nahe der Oberbaumbrücke, wo der Wasserlauf in seiner ganzen Breite zu Ost-Berlin gehörte. Für diesen Bereich wurde vereinbart, daß bei Unglücksfällen auf westlicher Seite, wenn beispielsweise jemand von der Ufermauer ins Wasser gefallen war, durch dort installierte Rufsäulen Ton- und

Rundumlichtsignale ausgelöst werden konnten, damit die Grenztruppen der DDR auf den Fall aufmerksam wurden. Ein westliches Eingreifen durch Polizei oder Feuerwehr wurde als illegaler Grenzübertritt gewertet und war deshalb mit nicht geringen Risiken verbunden.

Als ich in den ersten Stunden des 11. November nach Hause fuhr, wurde mir klar, daß sich die schon jetzt brenzlige Situation am Brandenburger Tor mit ziemlicher Sicherheit am Tage und in der darauffolgenden Nacht noch weiter verschlimmern würde. Sie müssen sich in die damalige Lage versetzen. Heute wissen wir, wie die Dinge gelaufen sind, aber damals war ja alles offen. Es schien uns nicht unmöglich, ja es entsprach fast einer gewissen Erwartung, daß die DDR-Führung jene möglicherweise durch ein Fehlverhalten von Herrn Schabowski ausgelöste Entwicklung bei einem sich bietenden Anlaß wieder in den Griff zu bekommen versuchen würde. Überall sonst ging alles einigermaßen geregelt zu, nur am Brandenburger Tor war die Situation eben kritisch. Und ich hatte das Gefühl, wenn dort irgendetwas passiert, und sei es ein Toter auf unserer Seite, könnte das möglicherweise der Anlaß für die DDR sein, in irgendeiner Form einzugreifen.

Deshalb habe ich noch in der Nacht Kontakt zur Innenverwaltung aufgenommen, die dann meines Wissens die Senatskanzlei eingeschaltet hat. Ich habe gesagt, wir müssen mit der östlichen Seite ins Gespräch kommen. Es muß etwas geschehen, die Situation dort ist kritisch. Auch die Haltung der Russen war uns ja zu diesem Zeitpunkt noch unklar.

Hertle: Wie kam ganz konkret die Entscheidung zustande, frühmorgens, etwa um 9.00 Uhr herum, die Panzermauer am Brandenburger Tor auf der westlichen Seite mit Mannschaftswagen der West-Berliner Polizei abzuriegeln?

Schertz: Wir hatten der Gegenseite zugesagt, auch unsererseits für eine Entschärfung der Situation am Brandenburger Tor etwas zu unternehmen. Die entsprechende Entscheidung fiel in den frühen Stunden des 11. November. Es war klar, irgendwann - etwa in den frühen Morgenstunden - bröckelt die Menschenmenge ab. Dies haben wir ausgenutzt, um unsere Entscheidungen umzusetzen. Wir haben Gruppenkraftfahrzeuge unmittelbar vor die Mauer am Brandenburger Tor gezogen, um so ein Ersteigen der Mauer von West-Berlin aus unmöglich zu machen.

Hertle: War das Ihre Entscheidung beziehungsweise die Entscheidung der West-Berliner Polizei oder entsprachen Sie damit einem Ersuchen der britischen Alliierten?[2]

Schertz: Das war eindeutig eine Maßnahme, die die Berliner Polizei aus einer eigenen Einschätzung der Lage getroffen hat. Von einem Ersuchen oder einer Anordnung der britischen Seite, die das Einsatzgeschehen dort bestimmt hätte, kann keine Rede sein; die gegenteilige Behauptung in einem Artikel des Tagesspiegels ist somit unrichtig. Es hat für diese konkrete Entscheidung nicht einmal eine

---

2   Die Frage bezieht sich auf einen Bericht der West-Berliner Tageszeitung "Tagesspiegel" vom 12. November 1989, in dem es hieß: "Eine Bereitschaft der West-Berliner Polizei hat gestern Morgen mit Mannschaftswagen die Mauer vor dem Brandenburger Tor abgesperrt, nachdem sich die Lage dort gefährlich zugespitzt hatte. Die britische Militärpolizei hatte um diese Maßnahme gebeten, nachdem es mehreren hundert Demonstranten nach längerem Bemühen gelungen war, ein etwa drei Quadratmeter großes Stück aus dem Beton herauszubrechen. (...) Den Mauerkranz vor dem Brandenburger Tor konnte zuvor etwa gegen gegen neun Uhr eine Postenkette der DDR-Grenzschützer 'zurückerobern'" (vgl. Frank Jansen, Massen-Happening am Brandenburger Tor, in: Der Tagesspiegel, 12.11.1989).

Rückkoppelung mit der Senatskanzlei gegeben. Für das Befahren des sogenannten "Unterbaugebietes", also des unmittelbaren Streifens vor der Mauer, der zur DDR gehörte, gab es eine Freigabe der britischen Seite (und nur das!), die uns übrigens schon bei früheren Gelegenheiten, so zum Beispiel während der Vorkommnisse am Lenné-Dreieck, gegeben worden war. Wir hatten auch, was uns schwerfiel, die DDR aufgefordert, die Mauer zu besetzen. Das war sicherlich aus der Sicht eines West-Berliner Polizeipräsidenten eine höchst unpopuläre Maßnahme. Aber sie war aus der Situation heraus geboten, um aus übergeordneten Gesichtspunkten zu einer Deeskalation beizutragen.

Wir hatten zu diesem Zeitpunkt immer noch keine offizielle Kommunikationsschiene. Das kam erst später.

Hertle: Der Präsident der Ost-Berliner Volkspolizei, Generalmajor Rausch, teilte mir mit, daß es für extreme Situationen auch in der eisigsten Zeit des Kalten Krieges eine Telefonverbindung zur West-Berliner Polizei gab.

Schertz: Das ist schlicht unrichtig. Bis zum 11. November 1989 hat es über mehr als vierzig Jahre hinweg keine polizeiliche Telefonleitung gegeben. Anfänglich, nach der Spaltung der Berliner Polizei im Jahre 1948, gab es meines Wissens noch für einige Jahre eine Fernschreibverbindung zum Kriminalpolizeikomissariat Mitte, dem sogenannten "KK-Mitte". Diese ist später ebenfalls weggefallen, jedenfalls wurde nichts mehr beantwortet. Ob sie technisch gekappt wurde, entzieht sich meiner Kenntnis. Auch konnte wohl für einige Jahre noch eine Verbindungsleitung der Feuerwehr benutzt werden, aber eine polizeiliche Telefonleitung gab es nicht.

Um 11.30 Uhr kam es dann am Morgen des 11. November in einer provisorisch eingerichteten Befehlsstelle der Direktion 3 zu einem Gespräch, an dem Innensenator Pätzold, der Chef der Senatskanzlei, Professor Schröder, einige Polizeiführer und ich teilnahmen.

Dieses Gespräch zeigte, daß zwei Interessenlagen zueinander fanden. Die Senatsverwaltung beklagte, daß sie keine ausreichenden Telefonverbindungen zum Osten hatte. Die bestehenden waren überlastet, es brach alles zusammen, und sie konnte nicht hinreichend kommunizieren. Ich kam mit meinem Problem: der Risikolage am Brandenburger Tor. Beides zusammen führte dazu, daß ich den Auftrag erhielt, mich um 14.00 Uhr mit dem Chef der Grenztruppen in Berlin, Generalmajor Wöllner, am Checkpoint Charlie zu treffen. Die Alliierten wurden eingeschaltet und stimmten um 11.48 Uhr dem Treffen zu. Ich bin dann um 14.00 Uhr dorthin gefahren. Der Termin wurde meines Wissens über die Senatskanzlei abgestimmt.

Von östlicher Seite erschien jedoch nicht General Wöllner, sondern sein Stellvertreter, Oberst Leo, vom Grenzkommando Mitte. Was waren die Themen? Natürlich die Situation am Brandenburger Tor. Leo bedankte sich dafür, daß wir zur Entschärfung der Situation beigetragen hätten. Ich sagte ihm, wenn die DDR an einem geregelten Grenzverkehr interessiert sei, hielte ich es aus meiner Sicht für zwingend geboten, den Druck von den Grenzübergangsstellen dadurch zu nehmen, daß die DDR mehr Übergänge öffne. Auch habe ich beispielsweise die Verbreiterung des Übergangs in der Invalidenstraße ins Gespräch gebracht. Ich habe ferner vorgeschlagen, den Druck auf das Brandenburger Tor dadurch zu entschärfen, daß man seitlich vom Tor einen Fußgängerübergang einrichtet. Das im Ergebnis Entscheidende jedoch war, daß wir die Einrichtung einer Telefon- und Funkverbindung vereinbaren konnten. Dies ist zudem noch am gleichen Abend umgesetzt worden: Um 22.37 Uhr wurde eine erste provisorische Telefonverbindung geschaltet, und um 23.44 Uhr stand eine Funkverbindung. Meinem Vorschlag dagegen, Verbindungsoffiziere auszutauschen, hat die Gegenseite zunächst nicht zugestimmt, das ist erst später verwirklicht worden. Und schließlich habe ich Oberst Leo aufgefordert, seiner Seite zu vermitteln, daß künftig mein Gesprächspartner ein Polizist ist, nämlich der Präsident der Volkspolizei, und nicht der Chef der Grenztruppen.

Eins ist jedenfalls sicher: Es war, was diese Ereignisse betrifft, keine Initiative der DDR, auf uns zuzukommen, vorausgegangen, wie Streletz es offenbar andeutet.[3] Es war vielmehr so, daß die Initiative, das Gespräch mit der Gegenseite zu suchen, von westlicher Seite ausging und sich im Blick auf die Ereignisse in der Nacht vom 10. auf den 11. November die Wünsche der Polizei mit denen der Senatskanzlei - nämlich einer Verbesserung der Telefonverbindungen - trafen.

Hertle: Die Funkaufklärung des MfS, so ist den Stasi-Akten zu entnehmen, ermittelte, daß die West-Berliner Polizei und Teile der Alliierten im Verlauf des 10. November in Alarmbereitschaft versetzt wurden. Was bedeutete 'Alarmbereitschaft' für die Polizei?

Schertz: Es hat für die Berliner Polizei keine Anordnung der 'Alarmbereitschaft' gegeben, wohl aber eine Verstärkung rund um die Uhr in der Besetzung des Führungsstabes in der Landespolizeidirektion.

Hertle: Und welche Stufe galt bei den Alliierten?

Schertz: Auf der Ebene, auf der wir mit den Alliierten korrespondierten, sind uns keine besonderen Einsatzstufen bekannt geworden. Wenn es zur Anwendung von Einsatzstufen gekommen wäre, hätten wir dies sicher erfahren müssen.

Hertle: Haben Sie an der Sitzung der Alliierten Kommandantur am 10. November um 14.00 Uhr teilgenommen oder sind Sie über deren Ergebnis informiert worden?

Schertz: Nein.

Hertle: Wie war Ihr Kenntnisstand über die Bereitschaftsstufen auf der östlichen Seite? Waren Sie über die 'erhöhte Gefechtsbereitschaft' im Grenzkommando Mitte der Grenztruppen und weiteren Teilen der Nationalen Volksarmee informiert?

Schertz: Nein. Ich wußte auch in den Tagen danach davon nichts.

Hertle: Ich wäre wirklich überrascht, wenn die Nachrichtendienste, wenn schon nicht die eigenen, dann mindestens die der Alliierten, in diesen Tagen über die Situation auf der Gegenseite nicht genauso gut Bescheid wußten, wie das umgekehrt beim MfS der Fall war.

Schertz: Ich kann Sie verstehen. Die Alliierten haben uns aber in all den Jahren ohnehin nur das an eigenen Erkenntnissen vermittelt, was sie für richtig hielten. Inwieweit sie Nachrichten an das Bundeskanzleramt oder den BND weitergegeben haben, weiß ich natürlich nicht. Ich selbst hatte immer monatliche Zusammenkünfte mit den Sicherheitsoffizieren der Alliierten. Bei dieser Gelegenheit wurden schon einmal Informationen ausgewechselt, aber echte nachrichtendienstliche Erkenntnisse haben wir nicht bekommen, und in dieser Sache schon gar nicht. Ob solche existierten, weiß ich nicht. Ich bezweifele es aber.

Ich will Ihnen ein Beispiel für die Qualität unserer nachrichtendienstlichen Erkenntnisse geben. Wir wurden von dem Ausstattungstand der Volkspolizei völlig überrascht. Wir hatten wirklich angenommen, daß die Volkspolizei als Sicherheitsorgan, bei aller Ärmlichkeit des Landes, gut ausgestattet sei. Im nachhinein mußten wir feststellen, daß die Volkspolizei erbärmlich ausgestattet war. Das

---

3 Vgl. Streletz 1995, S. 903.

betraf das Telefonnetz, die Funkgeräte, die Pistolen, von den Kraftfahrzeugen ganz zu schweigen. Bei Tausenden von Polizisten wäre es kein nachrichtendienstliches Kunststück gewesen, herauszufinden, wie die Volkspolizei ausgestattet war. Aber wir fielen von einer Überraschung in die andere.

Um jedoch auf den 11. November zurückzukommen: Mein Gespräch mit Oberst Leo hat sicher nicht allein zur Aufhebung der 'erhöhten Gefechtsbereitschaft' in der NVA geführt. Vorrangig hat man wohl erkannt, daß es unmöglich geworden war, die Situation militärisch zu bereinigen. Auch für einen Einschüchterungseinsatz ohne den Gebrauch von Waffen hätte es für die DDR vielleicht noch am 10. November eine erfolgversprechende Chance gegeben, aber selbst diese war am 11. November bereits verpaßt. Schon angesichts der chaotischen Verkehrslage hätte zudem jede Heranführung von Kräften ins Stadtzentrum an diesem Tag vor ausgesprochen großen logistischen Problemen gestanden.

Dennoch kann sich meines Ermessens die Berliner Polizei zurechnen, in den damals entscheidenden wenigen Stunden mit ihren Maßnahmen am Brandenburger Tor einen wesentlichen Beitrag zur Vermeidung eines in seinen möglichen Auswirkungen kaum abschätzbaren Konflikts geleistet zu haben. Zumindest wurde der Gegenseite der Vorwand für ein Eingreifen genommen. Nach unseren Maßnahmen am Brandenburger Tor war das Gespräch mit Oberst Leo so gesehen nur eine konsequente Fortführung dieser Vorgehensweise und muß folglich in einem inneren Zusammenhang gesehen werden.

Es gehörte für mich im übrigen zu den erstaunlichsten Tatsachen, daß der ganze aufgeblähte Sicherheitsapparat - das Ministerium für Staatssicherheit, die Nationale Volksarmee, die Kampfgruppen, die Volkspolizei - innerhalb kürzester Zeit wie ein Kartenhaus zusammenbrachen. Im Zuge der Zusammenführung der Ost- und West-Berliner Polizei habe ich bei meinen Gesprächen wiederholt hohe Polizeioffiziere gefragt, ob und wie sie mir dies erklären könnten. Man sagte mir, daß die innere Identität auch der leitenden Kader mit dem System schon seit 1984/85 Schaden genommen hatte. Deshalb sei im Herbst 1989 niemand mehr bereit gewesen, sich gewissermaßen zu opfern. Und meine zweite Frage war dann oft: "Aber die SS hat doch 1945 in Berlin bis zum Schluß geschossen. Warum haben Sie das eigentlich nicht getan?" - Darauf erhielt ich die verblüffende Antwort: "Wissen Sie, auf die SS warteten die Russen, auf uns die Bundesrepublik!"

II. Dokumente

Verzeichnis der Dokumente

Dok. 1
Gerhard Schürer, Persönliche Aufzeichnungen über die Sitzung
des Politbüros am 10./11.10.1989   409

Dok. 2
Schreiben von Alexander Schalck an Egon Krenz, 13.10.1989   427

Dok. 3
Schreiben von Alexander Schalck an Egon Krenz, 13.10.1989   429

Dok. 4
Gerhard Schürer, Persönliche Aufzeichnungen über die Sitzung
des Politbüros am 17. Oktober 1989   430

Dok. 5
Schreiben von Alexander Schalck an Egon Krenz, 24.10.1989,
mit der Anlage: "Vermerk über ein informelles Gespräch des
Genossen Alexander Schalck mit dem Bundesminister und Chef
des Bundeskanzleramtes der BRD, Rudolf Seiters, und mit
dem Mitglied des Vorstandes der CDU, Wolfgang Schäuble,
am 24.10.1989"   438

Dok. 6
Ton-Aufzeichnung eines Telefonats zwischen Egon Krenz und
Helmut Kohl, 26.10.1989, 8.30 - 8.44 Uhr   443

Dok. 7
Gerhard Schürer/Gerhard Beil/Alexander Schalck/Ernst Höfner/
Arno Donda, Analyse der ökonomischen Lage der DDR mit
Schlußfolgerungen, Vorlage für das Politbüro des Zentralkomitees der SED, 30.10.1989   448

Dok. 8
Schreiben von Gerhard Schürer an Egon Krenz, 27.10.1989:
Zur Zahlungsfähigkeit der DDR (Zusatzinformation zur
GVS "Analyse der ökonomischen Lage der DDR mit
Schlußfolgerungen")   460

Dok. 9
Niederschrift des Gesprächs von Egon Krenz und Michail
Gorbatschow am 1.11.1989 in Moskau   462

Dok. 10
Schreiben von Alexander Schalck an Egon Krenz, 3.11.1989   482

Dok. 11
Schreiben von Alexander Schalck an Egon Krenz, 6.11.1989,
mit der Anlage: "Vermerk über ein informelles Gespräch des
Genossen Alexander Schalck mit dem Bundesminister und Chef
des Bundeskanzleramtes der BRD, Rudolf Seiters, und dem
Mitglied des Vorstandes der CDU, Wolfgang Schäuble,
am 06.11.1989"   483

Dok. 12
Schreiben von Alexander Schalck an Egon Krenz, 7.11.1989   486

Dok. 13
Schreiben von Oskar Fischer an Willi Stoph, 7.11.1989, mit der
Anlage: Minister für Auswärtige Angelegenheiten, "Vermerk
über ein Gespräch zwischen Genossen Oskar Fischer und dem
sowjetischen Botschafter Genossen W.I. Kotschemassow am
7.11.1989, 11.45 Uhr, Berlin, 7.11.1989"   487

Dok. 14
Schreiben von Oskar Fischer an Egon Krenz, 8.11.1989   489

Dok. 15
Sitzungsmaterial/MR-Umlauf, Vorlage: Zeitweilige Übergangsregelung für Reisen und ständige Ausreise aus der DDR,
Berlin, den 9.11.1989 — 490

Dok. 16
"Wie wir's machen, machen wir's verkehrt!" - Die Behandlung der Reiseregelung auf der 10. Tagung des Zentralkomitees, 9.11.1989, 15.47 - 15.55 Uhr (Tonbandabschrift) — 492

Dok. 17
Schreiben des Ministers der Justiz an das Sekretariat des Ministerrates, betr.: Zeitweilige Übergangsregelung für Reisen und ständige Ausreise aus der DDR, 9.11.1989 — 495

Dok. 18
Fernschreiben des MdI, betr.: Privatreisen und ständige Ausreisen nach dem nichtsozialistischen Ausland, 9.11.1989 — 496

Dok. 19
Fernschreiben des Ministers für Staatssicherheit an die Leiter der Bezirksverwaltungen 1-15, 9.11.1989 — 498

Dok. 20
Information des Ministeriums für Staatssicherheit über die Entwicklung der Lage an den Grenzübergangsstellen der Hauptstadt zu Westberlin sowie an den Grenzübergangsstellen der DDR zur BRD, Berlin, 10. November 1989 — 499

Dok. 21
MfS/Hauptabteilung I, Grenzkommando Mitte, Abteilung Abwehr, Vorkommnisse am 9./10. November 1989 im Grenzabschnitt Brandenburger Tor, Grenzregiment 36, Berlin, 10. November 1989 — 504

Dok. 22
Aktennotiz des Chefs des Hauptstabes, Fritz Streletz, für den Minister für Nationale Verteidigung, Heinz Keßler, Berlin, den 10.11.1989 — 506

Dok. 23
Information des Ministers für Nationale Verteidigung, Heinz Keßler, für Egon Krenz, 10.11.1989 — 508

Dok. 24
Befehl Nr. 12/89 des Vorsitzenden des Nationalen Verteidigungsrates der DDR über die Bildung einer operativen Führungsgruppe des Nationalen Verteidigungsrates der DDR vom 10.11.1989 — 510

Dok. 25
Egon Krenz, Beschlußentwurf für das Politbüro des ZK der SED, 10.11.1989 — 512

Dok. 26
Aktennotiz von Alexander Schalck über einen Telefonanruf von Franz Bertele am 10.11.1989 — 512

Dok. 27
"Im Parteiaktiv herrscht Unverständnis zu den beschlossenen Reisemöglichkeiten" - Auszugsweise Abschrift der Ton-Aufzeichnung des 3. Beratungstages der 10. Tagung des Zentralkomitees der SED am 10.11.1989 — 513

Dok. 28
Mündliche Botschaft Michail Gorbatschows an Helmut Kohl, 10.11.1989 — 538

Dok. 29
Mündliche Botschaft Michail Gorbatschows an Präsident Francois Mitterand, Premierminister Margaret Thatcher und Präsident George Bush, 10.11.1989 — 539

Dok. 30
Aktennotiz des Chefs des Hauptstabes, Fritz Streletz, für den
Minister für Nationale Verteidigung, Heinz Keßler,
Berlin, den 11.11.1989 540

Dok. 31
Ton-Aufzeichnung eines Telefonats zwischen Egon Krenz
und Helmut Kohl, 11.11.1989, 10.13 - 10.22 Uhr 541

Dok. 32
Information über den Inhalt eines Telefongesprächs zwischen
Michail Gorbatschow und Helmut Kohl am 11.11.1989 546

Dok. 33
Information über den Inhalt eines Telefongesprächs zwischen
Eduard Schewardnadse und Hans-Dietrich Genscher
am 11.11.1989 547

Dok. 34
Aktennotiz des Chefs des Hauptstabes, Fritz Streletz, für den
Minister für Nationale Verteidigung, Heinz Keßler, Berlin,
den 12.11.1989 549

Dok. 35
Information über ein Gespräch des Botschafters der UdSSR
in der DDR, Wjatscheslaw Kotschemassow, mit dem Botschafter
der USA in der BRD, Vernon Walters, am 12.11.1989 551

Dok. 36
Schreiben des Ministers für Nationale Verteidigung, Heinz
Keßler, an Egon Krenz vom 13.11.1989: Abschrift eines
Fernschreibens des Chefs des Stabes der Westgruppe der
Streitkräfte der UdSSR, W. Fursin, an Generaloberst
Fritz Streletz, 12.11.1989 555

Dok. 37
Schreiben von Alexander Schalck an Egon Krenz, 15.11.1989,
mit der Anlage: "Vermerk über das informelle Gespräch des
Genossen Alexander Schalck mit dem Bundesminister und
Chef des Bundeskanzleramtes, Rudolf Seiters, am 15.11.1989" 557

Dok. 38
Schreiben von Alexander Schalck an Werner Eberlein,
2.12.1989 560

Dok. 1
Gerhard Schürer, Persönliche Aufzeichnungen über die Sitzung des Politbüros am 10./11.10.1989[1]

- 1[2] -

Erich Honecker:
1. Einschätzung 40. Jahrestag - Vorbereit(ung) XII. P(artei)t(ag). Einiges hat sich geändert. Angriffe des Gegners: Die "Welt" vom 8. Okt(ober).[3]
Einschätzung Politik und weit(ere) Persp(ektiven)
1. Ungeachtet Ereignisse große Initiative in Vorbereit(ung) 40. Jahrestag.
Betriebe L(and)w(irtschaft) Institut(ionen).
Rede zieht Bilanz u(nd) Ausblick.
PB hat sie bestätigt.
Mehrheit Partei A(rbeiter)k(lasse) Bauern und Teil Intelligenz: Politik war, ist und bleibt richtig.
Entfalt(ung) Sozialismus.
Einheit Wirtschafts- u(nd) Sozialpolitik.
Rechtzeitig (???) Konzept ausgearbeitet.
Sozialismus in Farben der DDR.
7. u(nd) 8. Plenum gibt gute Basis.
Neue Ereignisse. Heute Veröffentlichung.

Ausgewirkt UdSSR UVR.
Kirche hat Losung Perestroika übernommen.
Bei ungenüg(ender) Vorbereitung neuer Fragen wäre es schwierig.
Kommunistenschweine ~~Neuer Kurs~~[4].
Aufhängen.

- 2 -

Von Mehrheit wird Partei(-) und Staatsf(ührung) unterstützt. Dialog ist in Gang gekommen.

2. Wie reagieren wir auf die Probleme.
Was müssen wir tun.

---

1 Die von Gerhard Schürer für die Politbüro-Sprache verwendeten Abkürzungen (z.B. PB = Politbüro, AK = Arbeiterklasse, AuB = Arbeiter- und Bauernmacht) wurden bei der Transkription des Textes ebenso ausgeschrieben wie andere gebräuchliche Kürzel oder Zeichen (z.B. evtl. = eventuell, Mio. = Millionen, % = Prozent).
Zweifel über die richtige Transkription eines Wortes sind durch ein in Klammern nachgestelltes Fragezeichen (?) kenntlich gemacht. Für jedes nicht-lesbare Wort steht eine Klammer mit drei Fragezeichen (???). Einfügungen (in runden Klammern) vervollständigen von Schürer im Original abgekürzte Wörter; Einfügungen <in spitzen Klammern> sind vom Herausgeber vorgenommene Satzergänzungen. Alle Einfügungen wurden nach einer gemeinsamen Durchsicht der handschriftlichen Notizen mit Gerhard Schürer am 31. Oktober 1995 vom Herausgeber in dessen alleiniger Verantwortung vorgenommen.
2 Gerhard Schürer hat lediglich die ersten fünf Seiten durchnumeriert; die Seiten 6-36 wurden vom Herausgeber in der 1991 im Zwischenarchiv des Bundesarchivs, Abteilungen Potsdam, in der Berliner Ruschestraße aufgefundenen Reihenfolge, die für die richtige gehalten wird, paginiert.
3 Gemeint ist die Tageszeitung "Die Welt" vom 8. Oktober 1989.
4 Im Original durchgestrichen.

Kontinuität und Erneuerung.
"Einheit von Wirtschafts- und Sozialpolitik" durch Produktion geschaffen.

3. Stellungnahme E. Krenz.
Nach vo(r)n wird nichts erreicht.
Selbstkritik hilft nichts.
Ereignisse UVR und VRP sehen.
Das wir Feinde haben und Kritiker ist bekannt.
Europa-Picknick, BRD-Pässe haben diese Situation geschaffen.
UVR hat DDR verraten.
Legal Ausreisende sind mehr!
Diese Erklärung nicht dazu angetan.

Vorschlag: Mit Vors(itzenden) der Parteien des Blockes sprechen.

Beratung mit BL-Sekr(etären) und evtl. mit Kreisleit(ungen).

ZK Nov(ember) Rechenschaftsbericht.
Ref(erat) Vorbereit(ung) XII. PT Honecker[5].

- 3 -

Studien:
Staatl(ichen) Aufbau nicht verändern.
Belebung der Volksvertretung.
Wahlsystem verbessern, nicht ändern.
Zeitweilige Unterbrechung visafreien Verkehrs.
Jeder Bürger bekommt Reisepaß.
Beantrag(ung) Visa à la SFRJ.[6]
Reisen in BRD einschränken!!

Programm:
1. SED aus staat(lichen) Funktionen.
2. Trennung Parlament Staat.
3. Gerichtshof.
4. Gruppen.
5. Eigenst(ändige) Politik befr(eundeten) Parteien.
6. FDGB Interessenvertr(etung).
7. Eigenverantwort(ung) Medien.
8. Reisefreiheit - Devisen BRD.
9. Reduz(ierung) Sicherheitsapp(arat).

Wir haben der Staatsgewalt Autorität zu geben.

Kampf gegen bürgerl. Ideologie.

---

5   Die Bemerkung Honeckers, daß er das Referat auf dem XII. Parteitag zu halten beabsichtigte, konnte als Indiz dafür verstanden werden, daß er über den XII. Parteitag hinaus als Generalsekretär im Amt bleiben wollte.
6   Sozialistische Föderale Republik Jugoslawien.

- 4 -

Hager:
Tiefgründige Analyse. Seit August neue Lage.
Großes Potential für uns!
Weit in Partei hinein Besorgnis.
Frage nach Perspektiven.
Kann der Prozeß der Flucht überhaupt noch gestoppt werden.
UVR hat Tor aufgestoßen. Dieser Weg wird weiter gehen.

Programme der Gruppierung werden weit verbreitet.
Leipzig 70.000.
Nicht nur harter Kern.

Gegner Dauerkampagne.
Ereignisse in UVR verheerend.

Entscheidend ist Frage der Partei.
Gestern Klarheit bekommen.
Die Führung äußert sich nicht.
Sprachlosigkeit.
Erklärung PB oder ZK.
ZK im Nov(ember)? Nein.
So rasch wie möglich.
ZK Mitglieder verlangen das.

Bericht PB schneidet alles an.
Thematische Diskussion fehlt.
Information über PB Sitzung?

- 5 -

Sozialist(ische) Demokratie.
Ausschuß kritische Diskussion[7]. Keine Widerspiegel(ung) oben.
Worin besteht denn die Erneuerung <der> polit.-ideolog(ischen) Arbeit und des Nationalbewußtseins? Trennung Gesellschaft in Valutaträger und Sonstige.

Opposition: Hermlin will das Wort Sozialismus hineinhaben.
Wie Partei formieren und unterrichten.

E.H.: SED u. KPdSU stärkste Parteien.
Sawiki: Ohne starke DDR keine VRP.

Krolikowski:
40 Jahre hohe Wertschätzung.
Problem: Warum weicht die Führung aus.
PB <muß> Erklärung abgeben und ZK einberufen.
Wir müssen zu den Problemen <Stellung nehmen>.
Große Leist(ungen) der Sicherheitsorgane.

Wir reden über Erfolge und Gegner über <Probleme>.

---

7 Gemeint sind die Ausschüsse der Volkskammer.

Es wäre besser, Du hättest sie[8] gemacht.
Kirche orientieren.

- 6 -

Gen. W. Stoph:
Vorschlag Krenz annehmen.
Viele gute Sachen gehen einfach unter.
(Allgemeines Zeug).
Was Kohl gesagt hat scharf zurückweisen.
Angesichts massenhaft <er Flucht> DDR hätte gründl(iche) Schlußfolg(erungen) aus Abbau Stacheldraht ziehen müssen.
Offensiv gegen BRD.
Illegaler Aufenthalt hat neue Situation geschaffen.
Versuch der Flucht wurde bestraft.
Die anderen fahren wir umsonst durch die Republik.
Massenmedien sollen Probleme behandeln.
Veröffentlichung der Valutabrechnung im Kurs 1,87:1.
Aufwand bei Veranstalt(altungen).
Störung materielle Sicherung.
Herzloses Umgehen.
Mängel Versorgung B(e)v(ölkerung)
    - PKW Wartezeiten
    - Ersatzteile
    - <technische> Durchsichten PKW
    - Preiserhöhungen
    - Telefon Zeitungen Zeitschriften

- 7 -

Zu ök(onomischen) Problemen keine Analysen.
Außenhandel mit dem NSW.
    Verschuldung gewachsen.
    Sockel halbieren.
Einschneid(ende) Maßnahmen erforderlich.
Ausgabenüberschuß muß weg.

Nettogeldeinnahmen doppelt <so schnell gestiegen> wie Außenhandel. 4 Mrd. <Mark> Sparzinsen.

Sozialpolit(ische) Maßnahmen prüfen:
1. Subventionen W(ohnungs)b(au);
2. Gesellsch(aftliche) Ausgaben (???).

3-4 Mrd. <Mark> Abfluß N(ational)e(inkommen).
Illegaler Handel mit Westgeld.

1. Dokument PB.
2. ZK-Sitzung
3. Vor Volkskammer Fraktion SED
4. Kirche hat sich entfernt. Einzige legale Opposition.

---

8   Gemeint ist die Erklärung des Politbüros.

- 8 -

Gen. E. Krenz:
<1.> Leistungen 40. Jahrestag. Programm Partei.
Kontinuität und Erneuerung.
Erklärung zur entstandenen Lage. Auch zu früheren Jahrestagen. Gegner wird trommeln. Macht er auch heute.
Sonst verstehen uns viele im Volk nicht. Feinde und Mitläufer unterscheiden.
Wenn es um Fragen der Macht geht, keine Schwankungen zulassen.
Dialog unter Führung der Partei.
In Leipzig von 8 nur 3 Kampfgruppen vollzählig.
Stimmungsbild.
Menschen sind unsicher.
Diskussion wird von Meldungen der Westmedien bestimmt.
Gerüchte: In Leipzig werden Panzer eingesetzt.

2. Inneren Feinde werden aggressiver.
139.726 sind ausgereist.
- Verlust an qualif(izierten) A(rbeits)k(räften);
- Manchen weinen wir Tränen nach;
- Es sind nicht nur Ganoven weggeg(angen);
- Reisen, wenn BRD Staatsbürg(erschaft) respektiert;
- Sozial(istische) Demokratie.
Materielle Voraus(setzungen) für Lösungen in örtl(ichen) Organen.

- 9 -

<3.> Wahlgesetz vollst(ändig) einhalten.
80-90 Prozent <Stimmenanteil> ist gut.
Mit Medien richtig umgehen.

4. In ideolog(ischer) Arbeit, in Ök(onomie) m(it) vielen äußeren Zwängen konfrontiert.
Welche Auswirkung auf Lebensstandard.

<u>Schlußfolg(erungen)</u>
- PB an Partei und Volk
- Material Reinhold. Positionspapiere.
- PB Analysen vorlegen
Kandidaten-Gewinnung
- Analyse Plan 86/90
- Beratung mit Kirche.

E. Honecker:
Sagen was man meint!
Wahl gefälscht oder nicht.
Sind gefälscht.
Im PB aber nichts gesagt.
Kontrolle hat das ergeben.

- 10 -

Vorbereitung Parlament der FDJ.

Zweifel, ob Fragen von Partei verstanden werden.
Partei- und Staatsf(ührung) auf Grund des Alters nicht mehr in der Lage zu führen. Aurich, Poßner, Schulz.
Pädag(ogischer) Kongreß Schwachsinn.

Zu materiellen Fragen. Gesundheitswesen auf Importe kap(italistische) Länder aufbauen.

Jugend bekommt wenig Auskunft.
Die Mehrheit empfindet sich als Teil des S(ozialistischen) L(agers). Sympathien mit M. Gorbatschow.

Ulbricht wurde von uns verteidigt.
Das geht jetzt in Richtung Betonköpfe. Die Jugend erwartet Veränderung.

Gen. Axen:
Spricht mehr von and(eren) Ländern.
Sozial(ismus) in Farben der DDR.
Verraten von UVR.
Neuer Kurs 1953 erst nach dem Druck auf der Straße.
Ideologische Arbeit <muß> noch überzeugender und noch kämpferischer <werden>.
Fackelzug - Sprechchöre.

- 11 -

Neumann:
Früher war Vorteil: Meinung - Klärung.
Wer Fehler macht, muß draufzahlen.
Partei hat Probleme gemeistert.
Mit 7. Plenum und Referat 40. Jahrestag einverst(anden) Linie. Gegner bringt <uns> auseinander.
Seit 1986 Jahrestag hat Gegner Beschluß über Vorbereitung des 40. <Jahrestages> (???).
DDR steht am Pranger als die, die Probleme nicht lösen <kann>.
    Patenschaften mit BRD
    Telefonverbind(ungen) mit BRD
    Reiseverkehr (???).
Warum haben wir nicht Leute ideologisch umgedreht.
Ferien (?) und Feuerschutz vor Deckung.
Wir haben in Praktizismus gemacht.
Partei hat nicht rechtzeitig mobilisiert.
    Mittag absetzen.

Sindermann:
Ernste Lage. Sogar bei Festveranstalt(ung).
260.000 Abgeordnete.
Was kann Abgeord(neter) erwirken.

Gen. Kessler:
Lage sehr ernst. Es geht um die Macht der Arb(eiter) und Bauern.
Polit(isch)-organis(atorisch) und administrativ bisher gemeistert. Organe sind auch Partei!

- 12 -

Kessler:
Unterlassungssünde: Je größer Elend, umso revolut(ionärer) die Massen.
Umgekehrt auch falsch.
Kind nicht mit Bad ausschütten. Was wir geleistet haben! Erfolge verteidigen.
Vorschlag zu Mittag überdenken.
1. Wie Partei stärken.
2. Staatsapp(arat) Arbeit ändern.
Beispiel verdorbene Kirchen.
Freitag 14.00 <Uhr> Geschäfte geschlossen.
Inzwischen objekt(ive) und subj(ektive) Probleme.
Subjektiv: Nichts versprechen.
Welche Kräfte mit Kirche und Kulturkräften.
Hoffmann[9]: Wir haben 2 Kulturkonzepte.

Wie verhalten wir uns zu Flüchtlingen?
Es sind Verräter. Aber wie polit(ische) Einschätz(ung).
Zu VRP UdSSR UVR kann man nicht schweigen.
Gegner macht sich an Leute der Armee und Stasi ran.

- 13 -

Tisch:
Alle haben auf Ausspr(ache) gewartet. Nicht Panik, aber tiefe innere Unruhe. Wo soll man sich sonst aussprechen. Treue zur Partei. Die von Stoph genannten Probl(eme) Tag f(ür) Tag bearbeiten. Es kann nicht sein, daß alles Vollbrachte nicht mehr wahr ist.
Sehr früh <auf> wiss(enschaftlich)-techn(ische) Revolution reagiert.
VRP hat Zeitpunkt verpaßt. Strat(egischer) Plan der NATO bekannt. Wir sind verantwortlich.
Unseren Einfluß über die Medien überschätzt. Es hat sich in der Grundstimmung negativ verändert.
Neben feindlichen Gruppen viele Schwankende.
Fragen gehen bis in die Arbeitskollektive. Vertrauensverlust ist vorhanden.
ND und ADN ist kein Ersatz für Politbüro.
Junge Menschen sagten: Wenig Vertrauen und Zweifel an der Einheit von Wort und Tat.
Einer spielt dem anderen den Ball zu.
Andere Bedürfnisse werden in BRD befriedigt. Soziale Sicherheit hat nicht mehr die Wirkung!
Wir müssen Dialog nach innen machen!
Wie Demokratie ausgestalten.

Plandiskussion formale Diskussion.
Seminar[10] ist Berauschen an Zahlen, die mit Menschen nicht diskutiert sind.
Sagen, was wir über Bord werfen wollen.
Stellungnahme heute veröffentlichen.

---

9   Hans-Joachim Hoffmann, Kulturminister der DDR.
10 Gemeint sind die Leipziger Seminare von Günter Mittag.

- 14 -

Rolle der Gewerkschaften.
Bundesvorstand <muß> Antwort geben auf Fragen <zur> Haltung des PB.

Kleiber:
Hohes Ansehen der Partei 40. Jahrestag.
Einige Störungen sind nicht Zufall!
Partei steht. Neues Forum ist staatsfeindlich - also muß es weg!
Wer spricht mit Künstlern.
Was mit Reiseverkehr vorlegen.
Realen bilanzierten Plan vorlegen.
Versorgung planmäßig und vertragsmäßig <gestalten>.
Gegen Antrag A. Neumann.
Zu den Medien - Wir sind doch aufgetreten.

Mückenberger:
Partei braucht Meinung der Führung.
Berichtet über Ausschlüsse.
Streichungen usw.
Masse der B(e)völkerung <ist> in die Republik hineingeboren.
Ali[11] Antrag zurückziehen.

Schabowski:
Diskussion lehrreich.
Ernst die Diskussion <führen> und nicht flinke Sätze und Gespräche.
Es geht um die Macht.
<Die> Partei <haben wir> "in der Hand". Bewußtsein differenziert.

- 15 -

Medien haben Klassenfrage richtig gesehen. Partei arbeitet. Aktivtagung.
Es gibt große Unsicherheit.
Erwartungshaltung.
Gegen Trittbrettfahrer der Konterrev(olution).
Für Erklärung und möglichst schnell!
Wie brenzlig muß die Situation in Leipzig sein, daß Bezirksleitungs-Sekretäre politisches Papier <mitunterzeichnen>[12].
Zur Erklärung: Ausdruck für Kontinuität und Erneuerung.
Trennlinie zum Feind.
Ökonomie ist Grund der Dinge!
    a) Versorgung!
    b) Lage in den Betrieben!
Es gibt keine app(arat)-feindl(iche) Einstellung.
Betriebe erhalten Unterstützung vom Parteiapp(arat).
Material, Zulieferprobl(eme)
Gesunde Proportionen.

---

11 Ali ist der freundschaftliche Name für Alfred ("Ali") Neumann.
12 Mit dem Dirigenten des Gewandhaus-Orchesters, Prof. Kurt Masur, dem Kabarettisten Bernd Lutz Lange und Pfarrer Dr. Peter Zimmermann wandten sich die Sekretäre der Leipziger SED-Bezirksleitung Dr. Kurt Meyer, Jochen Pommert und Dr. Roland Wötzel am Nachmittag des 9. Oktober 1989 mit einem Aufruf an alle Leipziger, in dem sie zur Besonnenheit und zum friedlichen Dialog aufriefen.

Dohlus:
(E.H.[13] Antrag A. Neumann zurückweisen.).
Partei steht.
Zu allem die richtigen Proportionen finden!
Viele in prakt(ischer) Arbeit im Widerspruch. Materielle-tech(nische) Probleme.
Unsicherheit bis in <den> Parteiapp(arat).

- 16 -

Umtausch Parteidokumente
Es gibt auch Tendenz, breit zu verallg(emeinern): Kontinuität; Ersatzteile; Versorgung der Bevölkerung.
Veränderung zu langsam.
Drei Schlußfolg(erungen):
1. Ideolog(ische) Arbeit in der Partei
2. Bisher wird Ökonomie gemacht.
<3. *nicht aufgeschrieben*>.
Bei Veröffentlichung Ziel verfolgen, was man erreichen will.

Werner Walde:
Sorgen machen die Bürger selbst.
Unruhig - Nervös: Wir reagieren statt <zu> agieren.
Unbedingt <für> Stellungnahme.
Massenkundgebung.
Bei Kulturfragen quatschen zu viele rein.

Joachim Böhme:
Staatsbürgerschaft ist Kernfrage.
Macht der A(rbeiter) und B(auern).
A(rbeiter)k(lasse) und Genoss(enschafts)bauern anders als bei Künstlern.
Gegen Organisationen durchgreifen.

- 17 -

Erich Mielke:
<Die> Lage <ist> zugespitzt, <es steht die> Machtfrage. Hauptangriff auf Partei. Große Schärfe. Führende Rolle. Alle Kräfte mobilis(ieren) <um> Feinde <zu> bekämpfen. Stimmungsbild verschlechtert. Vertrauen beeinträchtigt. Progress(ive) Kräfte befürchten Krise. Spontaneität spielt große Rolle. Öffentliche Diskussionen und polit(ische) Offensive.
Parteif(ührung) <muß> persönlich <nach> außen <auftreten und die> Lage verändern.
Gegner beeinflußt Meinungen. Bei Lehrlingen und Jungfacharb(eitern) Wege aufzeigen.
Einfluß auf A(rbeiter)k(lasse) abschnüren.
Befreundete Parteien Grundsatzberatung.
Vorgehen in Leipzig herausfordernd und provokativ. 3.800 Verhaftungen
    745 Verfahren
    700 Ordnungsstrafen
  1.800 Belehrungen.

---

13 Wahrscheinlich eine Zwischenbemerkung Honeckers.

Solidarisierung. Vieles hat mit Kirche nichts mehr zu tun. Trotz Einflußnahme wird Kirche <unvollständig>. Kirche tritt dem Staat offen entgegen. Keine Gewalt ist jetzt die Losung. Möglichst Leute von der Straße fernhalten.
Alle Maßnahmen sorgf(ältig) beachten.
Differenzieren. Führende Rolle der Partei.
    Offensives Regieren.
    Beratung mit 1. Sekr(etären).
Organis(atorisch) Voraus<denken>.
Mittag hat bei Abwesenh(eit) richtig gehandelt.

- 18 -

Eberlein:
Lage ernst. Es geht um die Macht.
Lösung auf polit(ischer) Ebene erforderlich.
<Die> Gen(ossen) sind bereit - wenn sie Linie haben.
Nach Erklärung werden Leute auf Plenum warten. Manche lehnen Politik ab - manche haben aber auch <unvollständig>. Es bleiben zu viele Fragen offen.
Die Erklärung wird verlesen. Bei uns Sprecher (?) für BRD Politiker <Sinn unklar>.
Funktionäre müssen auftreten.
Mit den Kräften arbeiten.
Auch mit bestimmten Vertretern der Kirche arbeiten. Ein Pfarrer hat <unvollständig>.
Arbeit als Bezirkssekretär: Ausreisedruck, Unsicherheiten.
Rahmen mit Spielraum zu handeln.
    Ökonomischer Problemkatalog.
    60.000 Telefone.
Versorgung: Stendal - Es geht nicht um Fleisch, sondern Filet, Schinken. Differenzierte Preise beim Fleisch.
Brot - die Subventionen.
Erwartungshaltung Plenum.
    Mechanismus Konsumgüter.
    Alu-Leiter 820 Mark.
Erzeugnissen SMB[14] fehlt Steuerung.
Eigene Kapazität schaffen?? - SMB hat keine Antwort <bekommen>.

Ersatzteile <für> Traktoren <fehlen>.

- 19 -

Schönebecker Traktorenwerke.
Betrieb hat keine Dachpappe.
NSW Importmasch(inen).

S. Lorenz:
Einiges auf Tagesordnung Politbüro:
    Kirchenfragen
    Ersatzteile
    Telefone.
Weg für politische Lösungen.
Differenzierte Stimmung unter der B(e)v(ölkerung).

---

14 SMB = Schwermaschinenbau Magdeburg.

Wir müssen uns mit Dingen auseinanders(etzen).
Feldzug gegen uns hat viele erschreckt, z.B. feind(liche) Haltung der SPD.
Ausreise wirkt wie ein Schock! 80 Prozent der Probleme sind unsere DDR-Probleme.
Örtl(iche) Versorgungswirtschaft.
Eigene Erfahrungen stimmen nicht mit Veröffentlichung überein.
Weiteres Vorgehen:
- Erklärung veröffentlichen,
- Kontinuität und Erneuerung,
- Nach Plenum Volksaussprache, die zur Tat führt.

Der Begriff Dialog ist von uns!
- Reg(ierung) <braucht ein> Arbeitsprogramm, einige Fragen sind Dauerbrenner! Alle Organe der Regierung müssen das tragen.

- 20 -

Medien, standhafte Journalisten.
Kein Ausufern zulassen, aber bissige Kritik
- Wir überlassen zuviel Feld dem Gegner.
- Meldung Planerf(üllung) ist Reizthema.

Zur Opposition.
Sie besetzt Felder, die uns gehören.
Gemeinsamer Nenner mit Kirche kleiner geworden.
Blockparteien. LDPD will sich profili(eren) und sucht Popularität mit Illusionen.

Günter Mittag:
Für Erklärung: Es geht um die Macht.
Partei wurde richtig orientiert.
Jene Betriebe und Kombinate, die am 17. Juni bekannt waren (Bergmann-Borsig), <melden sich heute wieder>. Hauptdiskussion bei wissenschaftlich-technischer Intelligenz.
Materiell-techn(ische) Versorgung gewährleistet.
Entscheidungen: Absage Ehmke.
Neueinschätzung SPD erforderlich.
Entscheidung UVR. 1,7 Mio. Menschen. Grenze schließen?
Fragen lösen zum Teil sofort.
  Zentrum Warenhaus Ausländer 90 Prozent Abkauf.

- 21 -

Kinderbekleidung, Schuhe, Fleischwaren.
Unsere Bürger versorgen.
Eberswalder Fleischwaren.
Abkauf von Gewürzen.

Transport nach Berlin überfüllte Züge. Mark - Zloty Schwarzhandel. Normalen Reiseverkehr und Kontrollen <durchführen>.

Veränderung ök(onomische) Situation) <in der BRD>. Zur Zeit Hochkonjunktur. Schwierigk(eiten), Fachkräfte <zu finden>. Sie benötigen A(rbeits)k(räfte) <und locken> Übersiedler <an>.

Mit dem Plan 1990 einige Fragen lösen (Stoph)

<Das Tempo der> Zulieferind(ustrie) <dem> Tempo <der> Final(produktion) <anpassen> !??
<Bei> Wälzlager <führen wir schon> 54 Mio. VM Importe <durch>, <bei> Blankwerkzeugen 40 Mio. VM Importe, <bei> Hydraulik(teilen) 23 Mio. VM.
Im Plan sicher machen, was eingespart wird.

Stärkung Akk(umulations)kraft <erforderlich> - <durch> Rationalisierung <gesellschaftliches> Arbeitsvermögen einsparen.
Schwedter Initiative <als Vorbild>.

Produktions- und Exportprofil
Umprofilierung <von> Militärbetrieben <im Umfang von> zwei Mrd. Mark!

- 22 -

Weitere Fragen ausarbeiten.
Vieles wird verschenkt.
Gesell(schaftlichen) Verbrauch senken!
    Wo <liegt die> komplexe Verantwortung für <die> Versorgung?
    Läuft zur Zeit gegeneinander.
Intensiver Kampf um Planerf(üllung).
Betriebe und Dienstleist(ungen) <???>.
Kampfatmosphäre <schaffen>.
Bis Parteitag Rationalisierungsvorh(aben) <festlegen>.
Mehr Leistung mit weniger Material.
Wir müssen Analysen haben.

Stockung Holz UdSSR - Arbeiter haben kein Material.

Fragen der Bewässerung <müssen> in den Plan,
<ebenso> Umweltschutz und andere Fragen.

Ersatzteile: Liste, was wir schaffen wollen. Schnellster Weg ist Rationalisierung.

Polit(isch)-ideol(ogische) Arbeit.

Kampfprogramm.

- 23 -

Herrmann:
Begründet eigentlich Richtigkeit der Arbeit. Verweist auf Artikel Gen(eral)sekretär.
Kant Artikel gehört nicht <in die> Junge Welt.
Medien bleiben bei Partei.
Parteilinie muß sich in Medien widerspiegeln und nichts anderes.
Medien müssen agieren.
Innere Fragen und ihre Widersp(rüche) in den Medien.
Erfolge müssen weiter dargestellt werden.
Darstellung der Demokratie in der Presse.
Artikel Öko(nomie) Reinhold.
Fernsehen ist Teil des Parteiapp(arates).
Block soll permanent tagen.

Block soll Wahlen vorschlagen.
>Gerlach: LDPD für Sozialismus positionieren.
>Änd(erungen) <sind erforderlich in der> W(aren)p(roduktion), <bei den> Leistungen, <den> Subventionen, <der> Versorgung.
Das ist die Politik der LDPD.

ZK-Plenum nicht überhastet.

- 24 -

Gen. G. Müller:
9. ZK-Tagung gut vorbereiten.
Referat Gen. E. Honecker.
ZK-Tagung öffentlich sagen.
Auswertung: Grundorganisationen.
Dann Aktivtagungen.

Äußern zu UdSSR VRP UVR?
Ökonomie: Einige persönliche Fragen
Neue Initiativen
>Handel Versorgung Bilanz
>Warenströme richtig planen
>Dosenöffner - Schraubendreher
190 Mio. <Mark> Waren nicht erhalten.
>100 Mio. Textilien.
181 <Mio> (190 Mio.) Obertrikotagen.
Wir brauchen Qualität <und eine bessere> Applikation.

Telefone - was kostet und was bringt uns das.

Ersatzteile für Kaffeemaschinen.
>Bedarf: 405
>Gedeckt: 330

Baumaterialien.

- 25 -

Jarowinski:
Diskussion. Weg zu den klügsten Köpfen. Talentierte Leute an die Front.
Änderung der Exportstruktur <mit höherer> Exportrentabilität.
Mehr Eigenheimbau.
50 Prozent der Arbeiterklasse sind mit manueller Tätigkeit <beschäftigt>.
Demokratie hängt ab von Leistungsniveau.

Inge Lange:
Die Genossen kämpfen. Ruhig bleiben - klaren Kopf <behalten> - Festigkeit <zeigen>. Großer Druck.
Wir standen als Fels in der Brandung, jetzt schlagen die Wellen gegen uns.

Gespräch Reinhold, Schnitzler, Hahn (?) reden am Problem vorbei.
Es ist wesentlich mehr möglich als gemacht wird.
Viele Bürger sehen DDR mit <den> Augen des Westfernsehens.
Lieber mal was falsches <machen>, als Dinge, die nicht ankommen.

Schiesser[15] Büstenhalter gibt es, andere nicht.
Tampons (14 Mrd.)[16] zu teuer.
Leipzig muß <einen> 1. Sekr(etär) bekommen.
Bei einigen Feinden Überlegungen.
Fischbeck AdW.

- 26 -

M. Müller:
1.   Ich lebe im Dorf. Wenn gesprochen wird, stehen sie[17] zu uns.
Sie wollen aber verändert haben.
Heute ausgespr(ochen) politische Diskussion.
<Die> Planaufgaben <stehen> im Mittelpunkt - mit Politik verbunden. Polit(isch)-ideolog(ische) Arbeit. Kein Benzin, kein Bus, das geht nicht.
2.   Jugend sagt: Lieber Erich (*unvollständig*).
3.   Wirtschaftsfragen. Vorhandene Möglichkeiten besser nutzen.
Spekulation mit PKW.

Planwirtschaft - Das muß ihr [18] Plan sein.

Bilanz - Plan - Vertrag: <in> Übereinstimmung <bringen>

- 27 -

Gen. Erich Honecker:
FDJ Vorlage zurückziehen.
Im Zentralrat neue Vorlage.
Akademie der Künste Stellungnahme.

E. Honecker:
Kein Schlußwort. Kein fertiges Manuskript.
Insgesamt sehr fruchtbar. Alle haben Fragen so gesagt, wie sie sie sehen - aber Übereinstimmung.
<1.> In allen diesen Situationen
        1953 sowj(etische) Panzer
        abends Friedrichst(adt) Palast.
        Gretschkow Belagerungszustand.
        W(est)b(erlin): Generalstreik.
        Demonstration Henningsdorf.
        Dann jeder in Bezirk geschickt.
        Honecker (???) (???).
Kein ZK, kein PB.
Hans Jendretzky falsche Konzeption.
Oelßner hat Moskau informiert.
Berija <hat gesagt>: Man kann nicht auf Bajonetten sitzen. Aufbau Sozialismus verfrüht. Herrnstadt sollte Gen(eral)sekr(etär) werden. Honecker verhindert.
Grotewohl vertagt.

---

15 Westdeutsches Textil-Markenfabrikat.
16 Die Zahl "14 Mrd." soll sicher weder die Menge der fehlenden Tampons angeben noch ihren Preis beziffern.
17 Mit "sie" ist die Dorfbevölkerung gemeint.
18 Im Original unterstrichen.

- 28 -

So <wurde damals die> Einheit der Partei erhalten.
Aber in Betriebe vorher gegangen.

2. Ereignisse UVR 1956.
    Wieder mit Betrieben beraten.
    Konterrevolution. Dann erst <kamen> Sitzungen <des> Politbüros.
    Sowjet(ische) Truppen wurden begeistert empfangen.
    ZK erst danach.

Wenn wir Stellung nehmen, weil wir auf <der> 7. <ZK-> Tagung all das behandelt haben.
Auswirkung besprochen. Schwierige Zeiten angekündigt.
    Weiter arbeiten.

Fragen, die Willi Stoph aufgeworfen hat:
15. August am Politbüro teilgenommen.
    Versorgungsprobleme bis <zu den> Telefonen <behandelt>.
Was inzwischen eintrat, war <aber> schlimm.

Sozialismus in Farben der DDR, uns von UVR VRP und auch von UdSSR absichern.
UdSSR hat Probl(eme) ausgearbeitet und Demagogen haben gehandelt.
Aserbeidschan - Estland.
DDR hat Verbot Sputnik falsch gemacht.

- 29 -

Die Kritik an den Medien ist richtig.
Einrichtung Studio Elf 99 ist gut!
1953/61/68 Erschütterung in Massenmedien.
Diese Medien <stehen heute> fest zur Partei.

Hauptaufgabe <ist die Festigung der> Arbeiter- und Bauernmacht.
Diese Arbeit weiterführen.
Sicherheitsplan bestätigt für 40. Jahrestag.
Befehl Einsatzleitung Berlin.
Während der Festveranst(altung) ausgeufert.
Am Alex hat es nicht geklappt.
Um acht <Uhr> alles gesichert.

Niemand nimmt etwas krumm.
Bei allen kompl(izierten) Fragen: Entschlossenheit <im> ideologischen Kampf für <den> Sozialismus gegen <die> Konterrevolution.

Die Sekretäre <der> Bezirksleitungen haben <eine> Aussprache gemacht.
Wir müssen lernen aus <der> Taktik, die sie anwenden.
<Die> Konterrevolution muß bekämpft werden.
Gewaltmonopol hat auch bei uns der Staat.
Wenn notwendig, muß von der Macht Gebrauch gemacht werden.

- 30 -

Gespräche im Fernsehen.
Fischer hat zu spät in UVR protestiert.

Parteiaktive zur Lage und <den> Veränd(erungen) einstellen. Bis in <die> Grundorganisationen <der SED> Kampf gegen Neues Forum.
Sekretäre des ZK <müssen> ihre Mitarbeiter informieren.
Politbüro - Verteidigungsrat - Bezirkseinsatzleitung - Kreiseinsatzleitung.
Jeder soll auf seinem Platz seiner Verantwortung nachkommen.
Berliner Schriftstellerverband: Bezirksleitung wurde überrollt. <Die> Parteiorganisation <hat> vorher nicht getagt.

Ständer in Theater mit Aufruf gegen die Partei. Viele irregeführt, aber auch harter Kern.
Weiter klarstellen, was wir geleistet haben. Nicht: Weg mit Erfolgspropaganda.
Sagen, was noch zu lösen ist.
    Wohnungsbau-Programm größte Leistung.

- 31 -

Kulturminister: SPK hat die Hälfte <der Mittel> gekürzt. Vorher Staatsoper, Friedrichstadt-Palast, Schauspielhaus. Das kann man doch (Schürer) nicht erneut in den Plan nehmen.
Gesundheitswesen, Bezirkskrankenhäuser
Konferenz war gut!
Kurt Hager hat SPK in Schutz genommen.
Möbelbetriebe müßten ja erst gebaut werden.
Badewannen <-Betriebe> müssen erst gebaut werden.
Wirtschaftspolitik laufend überprüfen
    Plan 1990
    Plan 1991/96.
Einheit Wirtsch(afts)- und Sozialpolitik. Grundsätzliche Änder(ungen).

<Die> Mikroelektronik <kostete uns> 14 Mrd. Mark, aber was sonst. Das mußten wir doch tun.
Vieles sind Spitzenleist(ungen).

SMB Magdeburg ist vernachlässigt <worden>.
Darauf <haben> weder ZK noch Ministerrat reagiert.
Die müssen den Höchststand haben.

- 32 -

Plan 1990 mit Fragen Willi Stoph.
Das sind Fragen des Ministerrates.
Effektivität und Qualität berührt ganze Partei.
Alle Fragen zur <Zahlungs->Bilanz streng in unserem Kreis.
Man muß den Sockel senken.
Eine Mark muß eine Mark bleiben.
In Leipzig zum Teil mehr!
Stabile Währung nur durch Änderung der Struktur.

Gleichzeitig Weg der Versorgung auf höherem Niveau.
Der Plan 1990 realer angespannter Plan
Umstellung auf SU und Sozialistische Länder richtig.
Export NSW von großer Bedeutung, damit wir auch neue Technik kaufen können.
  Wenn wir es finanzieren können.
1,6 Mrd. Müheloses Einkommen BRD.[19]

- 33 -

Zweidrittel-Gesellschaft BRD gibt es nicht in der DDR.
Wir brauchen Valuta, also auch Exquisit, Delikat, Genex.
6.000 Betriebe rationalisieren, um das Wachstum zu halten.

Wir können nicht auf Reiseverkehr verzichten. Die Intellektuellen haben meist ein Valutakonto.
BRD hat in schärfster Zeit geliefert (Stahl).
Dieser BRD <ist> alles zutrauen.
Wenn wir Verbindungen abschneiden, wird uns <die> BRD kritisieren.
  'Maßvolle Verbindung halten.'
UVR hat als Lohn 1 Mrd <DM> erhalten.
CSSR bei Reform 0,5 Mrd. <DM>.
Kohl: Wenn DDR Reformen macht - Geld!
Frankreich: Niemand ist Befürworter der Wiedervereinigung.
Wenn DDR zur BRD käme, ist Großdeutschland wieder da!
Unten sieht Realität anders aus, als man oben drüber redet.

- 34 -

Qualifiz(ierende) Arbeit des ZK ist wichtig.
Aber Berichte nicht Wald und Wiesen.
Aber richtig ist Thematisch (*unvollständig*).
Beratungen.

Sozialprogramm <erfordert> Subventionen.
In Kommission Parteitag.
Losung - Umschalten sehr kompliziert.
Lohn-Preis-Spirale ist ein Unglück.
Auf Lenin-Werft: Fragen sie doch in Warschau nach.
  Preise so lenken, daß wir Gewinn bekommen.
  Für neue Waren neue Preise <machen>.

Haushalt örtl(iche) Finanzen <durcharbeiten durch> Kommissionen.

Telefone: Wege suchen für mehr Anschlüsse.

Gesellschaftsaufbau bleibt!
Staatsaufbau bleibt.

Qualifizierung und Belebung.

---

19 Unter "mühelosem Einkommen" der DDR verstand Honecker die finanziellen Transferleistungen der Bundesrepublik Deutschland an die DDR, beispielsweise für die Benutzung der Transitwege, den Telefonverkehr und dergleichen mehr.

Frage und Antwort Volkskammer - Minister.

Lebendige Demokratie.

- 35 -

Rechte der Bezirke und Kreise erhöhen.

Schärfste Maßnahmen gegen Wahlfälschung.

Gerlach will <ein> selbständiger oppos(itioneller) Block werden.

ZK: Rechenschaftsbericht
Aufgaben Partei in Vorbereitung XII. Parteitag <durch> E.H.
<behandeln> einschließlich der Ökonomie
Material Reinhold

Am 15./16./17. Nov. ZK<-Tagung>.
Wahlen: 1. Juli.
Wie wird 1991 aussehen? Viele Unklarheiten.
Brief Bischof Leich.
Angriffe von Kohl zurückweisen. Handel <mit der BRD> weiterentwickeln.
AG Krenz, Mielke, Dickel, Fischer.
Neuer Reisepass.

- 36 -

Anteil Dipl(omaten)-Pässe und Dienstpässe.

Mebel-Brief: Für Abrüstungs-Gelder Krankenhäuser bauen.
Nein - Produktion fördern.

(Quelle: BArch/P, E-1-56321)

Dok. 2
Schreiben von Alexander Schalck an Egon Krenz, 13.10.1989[20]

Berlin, am 13. Oktober 1989
Geheim!

Lieber Egon!

Ausgehend von unserem kurzen geführten Meinungsaustausch habe ich die Ausarbeitung nachfolgender Materialien veranlaßt bzw. werden folgende Vorschläge unterbreitet:

1. Aktualisierung des Standes der äußeren und inneren Verschuldung der DDR.
   Dabei wurde von den Zahlen, wie sie durch Genossen Mielke anläßlich seines Gesprächs mit Genossen Gorbatschow in Moskau übergeben worden sind, ausgegangen.
   Die Präzisierung dieses Materials erfolgt im engsten Kreis meiner verantwortlichen Mitarbeiter unter Mitarbeit von Genossin Herta König.

2. Unter Berücksichtigung des aktuellen Standes und unter Nutzung aller Möglichkeiten wird von uns eingeschätzt, daß zum Zwecke einer kurzfristigen Verbesserung der Versorgung der Bevölkerung mit hochwertigen industriellen Konsumgütern Valutamittel in einer Größenordnung von 1,0 Mrd. VM, die sukzessiv eingesetzt werden, bereitgestellt werden können.
   (Genosse Gerhard Schürer wird nach meinem jetzigen Erkenntnisstand diesem Vorschlag nicht gerne folgen.)
   Dabei wäre unabdingbare Prämisse, daß es sich hierbei um hochwertige gefragte Erzeugnisse handelt, die im Einzelhandel ohne staatliche Subventionen mit Realisierung eines Staatsgewinns verkauft werden können.
   Das betrifft z.B.
   - den Import und die Bereitstellung hochwertiger PKW.
     Der staatliche Autohandel schätzt ein, daß derartige PKW mit einem Stückpreis von 72 - 80.000 M (in dieser Preisklasse werden gegenwärtig PKW vom Typ Peugeot in Einzelexemplaren importiert und verkauft) mindestens in einer Zahl von 3.000 Stück sofort sowie in den Folgejahren jährlich etwa 1.000 Stück insbesondere zur Versorgung von Wissenschaftlern, Künstlern und Werktätigen abgesetzt werden können.
   - den Einsatz von Mitteln, um die Ersatzteilbereitstellung für Autos spürbar zu verbessern, die eigenen Kapazitäten für die Autoproduktion maximal zu nutzen und des weiteren Überlegungen anzustellen, wie Autoimporte aus den sozialistischen Ländern maximal erhöht werden können.
   - die Importe bei Video-Recordern so zu gestalten, daß ein ständiges Angebot bei diesem hochwertigen und einer starken Nachfrage unterliegenden Erzeugnis gewährleistet wird.
   - weitere hochwertige Konsumgüter, die auszuwählen sind.
   Es sollte nur ein geringer Teil der Valutamittel für hochwertige Lebens- und Genußmittel eingesetzt werden.
   Das betrifft vor allem ein ständiges Angebot von Südfrüchten, Kakaoerzeugnissen, hochwertigen Käsesorten.

---

20 Das Dokument ist von Krenz auf der ersten Seite handschriftlich mit dem Rückvermerk versehen: "Lieber Alex: Herzlichen Dank! Die Entscheidungen bitte so vorbereiten, daß sie dem PB vorgelegt werden können. Kr."

Als Grundsatz sollte gelten, daß die Waren in Delikat-, Exquisit- und Fachgeschäften in allen Bezirken der Republik angeboten werden. Eine stabile Versorgung mit voller Bedarfsdeckung für das gesamte Erzeugnissortiment der Konsumgüter ist aufgrund der finanziellen Lage nicht möglich.

Es wurde darauf aufmerksam gemacht, daß die gesamten Sparguthaben der Bevölkerung zur Finanzierung des Wohnungsbauprogramms herangezogen wurden. Bei einer hohen zusätzlichen Warenbereitstellung auf Devisenbasis werden die Bürger ihre Sparguthaben für den Kauf dieser hochwertigen Konsumgüter einsetzen. Entsprechend dem Umfang müßten "neue Banknoten gedruckt werden".

Es wird vorgeschlagen, unter Berücksichtigung der dargelegten Möglichkeiten und Prämissen ein Arbeitsmaterial zu diesem Komplex auszuarbeiten.

3. Im Zusammenhang mit der Ausarbeitung der erforderlichen "Strategiepapiere" wird es für erforderlich gehalten, im Rahmen der wirtschafts-politischen Zielstellungen auch Orientierungen für den Ausbau und die Nutzung der wirtschaftlichen und industriellen Zusammenarbeit mit der BRD und weiteren NSW-Ländern auszuarbeiten.

Bei diesen Überlegungen sollte unbedingt berücksichtigt werden, daß vom Verhalten der BRD-Regierung und der Wirtschaftskreise der BRD auch im hohen Maße die Haltung der übrigen EG-Staaten und auch Japans zur DDR beeinflußt wird.

Der politische und wirtschaftliche Einfluß der BRD, insbesondere in der EG und auch bezogen auf Finanzkreise und Kreditmärkte außerhalb Europas muß als sehr bedeutend in Rechnung gestellt werden.

Es wird vorgeschlagen, im Rahmen der auszuarbeitenden Wirtschaftsstrategie eine Arbeitsgruppe einzusetzen, die Ziele und Möglichkeiten einer für die DDR nützlichen Zusammenarbeit mit der BRD und anderen NSW-Staaten einschätzt und Vorschläge unterbreitet.

Ausgangspunkt für derartige Überlegungen sollten konkrete industrielle Objekte sein, die den Erfordernissen einer verstärkten produktiven Akkumulation in wichtigen Industriezweigen und Kombinaten entsprechen und eine hohe Steigerung der Leistungs- und Exportkraft ermöglichen.

Diese Objekte müßten langfristig finanziert werden, wobei aus der zusätzlichen Leistung die valuta- und marktseitige Refinanzierung bei gleichzeitiger Bereitstellung eines Teils der Erzeugnisse für die Versorgung der Bevölkerung zu erfolgen hat. (Analog einer Reihe guter Beispiele, die auf dem Gebiet der Gestattungsproduktion sowie bei Kompensationsobjekten gesammelt wurden.)

Für das Herangehen sollten zunächst mit der BRD-Seite gemeinsam interessierende Projekte und Vorhaben - evtl. auch zur gemeinsamen Nutzung - erarbeitet bzw. abgestimmt und danach erst über Wege zur Finanzierung verhandelt werden.

Die Erfahrungen der UdSSR zeigen, daß eine andere Reihenfolge, d.h. zuerst über Kredite bzw. Kreditrahmen zu sprechen und danach Objekte zu suchen, an denen auch Konzerne und Firmen der BRD interessiert sind, uneffektiv und nicht geeignet ist, kurzfristig Ergebnisse zu erzielen.

Mit herzlichen Grüßen
Alexander

(Quelle: PdV)

Dok. 3
Schreiben von Alexander Schalck an Egon Krenz, 13.10.1989[21]

Berlin, am 13. Oktober 1989

Lieber Egon!

Den Entwurf der Vorlage für das Politbüro des ZK der SED

Regelungen zu Reisen von Bürgern der DDR nach dem Ausland

habe ich im engsten Kreis mit Genossen, die seit Jahren auf diesem Gebiet tätig sind, darunter mit der Genossin Herta König und Genossen Werner Polze, besprochen.
Es gibt bei voller Zustimmung aus unserer Sicht dazu folgende Bemerkungen:
1. Die in der Vorlage enthaltenen Entscheidungen bzw. Grundsätze sind von erstrangiger Bedeutung, um die weitere sozialistische Entwicklung in der DDR erfolgreich fortsetzen zu können und die Attraktivität unserer Gesellschaftsordnung spürbar zu verbessern.
Zum gegenwärtigen Zeitpunkt werden keine anderen Lösungen gesehen.
2. Es wird eingeschätzt, daß mit diesen Regelungen ein großer Nachholebedarf an Reisen von DDR-Bürgern in das NSW, insbesondere in die BRD aber besonders auch nach Westberlin, erwartet werden muß.
Es wird angenommen, daß zumindestens im nächsten Jahr etwa 5 Millionen DDR-Bürger in die BRD und weitere 5 Millionen nach Westberlin reisen werden. Im Vergleich zu diesen Größenordnungen ist der Bedarf an Reisen in das übrige NSW als gering einzuschätzen.
Diese Reisetätigkeit führt zu folgenden jährlichen Belastungen der DDR:
- Reisezahlungsmittel (15,- DM pro Person und Jahr) = ca. 150 Mio. DM
- Ausgleichszahlungen an die Deutsche Bundesbahn ca. 300 Mio. DM.
Das sind im Vergleich zum gegenwärtigen Umfang Mehrbelastungen für die DDR von ca. 300 Mio. DM.
3. Ich würde es deshalb unbedingt für zweckmäßig halten, unmittelbar nach Beschlußfassung und noch vor Veröffentlichung der Regelungen auf informellem Wege in Gesprächen mit der BRD-Regierung einen angemessenen finanziellen Beitrag zur Ermöglichung dieser seit langem von der BRD angestrebten Regelung zu erhalten.
Mit den Bundesministern der BRD Schäuble und Seiters sollten, gegebenenfalls durch mich, Varianten zur Reduzierung der finanziellen Mehrbelastungen der DDR erörtert werden.
Hierbei sollten folgende Varianten im Mittelpunkt stehen:
- Seitens der BRD wird ein pauschaler Zuschußbetrag für den Reiseverkehr in einer Größenordnung von 300 bis 500 Mio. DM jährlich bezahlt.
Dabei ist unbedingt einzuschätzen, daß von seiten der BRD Garantien bzw. Abrechnungen verlangt werden, wonach diese Mittel auch voll den Bürgern der DDR zugute kommen.
- Die BRD trägt den Minussaldo der Deutschen Reichsbahn im Verkehr zwischen der DDR und der BRD bzw. einen höheren Anteil davon.
Erfolgreiche Verhandlungen sind nur möglich, wenn dies rechtzeitig erfolgt und gleichzeitig mit der Verhandlungsvollmacht auch die verbindliche Zusage des Inkrafttretens der DDR-Regelung abgegeben werden darf.

---

21 Das Dokument ist von Krenz auf der ersten Seite mit dem handschriftlichen Rückvermerk: "Danke! Kr." versehen.

Gedanken von BRD-Politikern, für DDR-Bürger Fonds zur Finanzierung der Reisen in der BRD einzurichten, die gegen Mark der DDR in Anspruch genommen werden können, sollten nicht verfolgt werden.
4. Zu einem späteren Zeitpunkt (evtl. Mitte der 90er Jahre) sollte geprüft werden, inwieweit Möglichkeiten bestehen, alle 3 Jahre für DDR-Bürger einen Betrag in freien Devisen unter Berücksichtigung eines noch festzulegenden Umrechnungskurses für Auslandsreisen in das NSW bereitzustellen.

Mit herzlichen Grüßen
Alexander

Es existieren nur 2 Exemplare.

(Quelle: PdV)

Dok. 4
Gerhard Schürer, Persönliche Aufzeichnungen über die Sitzung des Politbüros am 17. Oktober 1989[22]

- 1 -

1. Antrag Stoph[23]

2. Kurt Hager:
Unterstützt <den Antrag von Stoph>.
Verdienste E. Honecker.
Zeit verlangt flexible Führung.
Acht Gen(ossen) <des> ZK fordern <die Ablösung>.
ZK soll entscheiden weitere Konsequenzen.

---

22 Die von Gerhard Schürer für die Politbüro-Sprache verwendeten Abkürzungen (z.B. PB = Politbüro, AK = Arbeiterklasse, AuB = Arbeiter- und Bauernmacht) wurden bei der Transkription des Textes ebenso ausgeschrieben wie andere gebräuchliche Kürzel oder Zeichen (z.B. evtl. = eventuell, Mio. = Millionen, % = Prozent). Zweifel über die richtige Transkription eines Wortes sind durch ein in Klammern nachgestelltes Fragezeichen (?) kenntlich gemacht. Für jedes nicht-lesbare Wort steht eine Klammer mit drei Fragezeichen (???). Einfügungen (in runden Klammern) vervollständigen von Schürer im Original abgekürzte Wörter; Einfügungen <in spitzen Klammern> sind vom Herausgeber vorgenommene Satzergänzungen. Alle Einfügungen wurden nach einer gemeinsamen Durchsicht der handschriftlichen Notizen mit Gerhard Schürer am 14. März 1995 vom Herausgeber in dessen alleiniger Verantwortung vorgenommen.
23 Krenz zufolge lautete der zu Beginn der Politbüro-Sitzung von Stoph vorgebrachte Antrag, Erich Honecker von seinen drei Funktionen abzulösen und ihn, Krenz, in die Funktion des Generalsekretärs zu wählen (Krenz 1990, S. 144). Die Forderung, auch Günter Mittag und Joachim Herrmann von ihren Funktionen zu entbinden, sei erst in der Diskussion laut geworden (Krenz 1990, S. 144, aber auch Honecker, in: Andert/Herzberg 1990, S. 31, und Siegfried Lorenz, Oktobertage im Politbüro, in: Freie Presse, 30.11.1989, S. 3). Schabowski und Mittag berichten dagegen, Stoph habe gleich zu Beginn der Politbüro-Sitzung neben der Ablösung von Honecker auch die von Mittag und Herrmann beantragt (Schabowski 1991, S. 268; Mittag 1991, S. 23). Gerhard Schürer dagegen erinnert sich, daß Günther Kleiber vorschlug, Joachim Herrmann abzulösen und Inge Lange einen entsprechenden Antrag in bezug auf Günter Mittag stellte (Mitteilung von Gerhard Schürer an den Vf., 14.3.1995).

ZK nicht nach übl(ichem) Schema <durchführen>.
Erwartung erfüllen, <die> Erklärung <im> ZK geweckt hat.

3. Krolikowski:
Leben in der DDR ist über Deine Arbeit hinweg<gegangen>.
Ignoranz <hat> Vertrauensverlust <bewirkt>.
<Es geht um die> Rettung der Partei und des Sozial(ismus).
Flüchtlingsstrom - eigene Verantwortung nicht gezeigt (?).
"Niemand Träne nachweinen".
Erklärung Innenministerium.
Weiter nichts.
Partei ist sprachlos.
Es gibt Eskalation.
Honecker hat Chancen gehabt.
Kein Signal an alle Genossen - <Siehe die> Rede <bei der> Festveranstaltung.

- 2 -

Das große Blatt ND zeigt nichts Neues.
Die Führung ist nicht da.
<Die> jetzige Lage <ist> nicht in <den> letzten Tagen entstanden.
<Grundfragen der> Beziehungen DDR-UdSSR <gestellt>.

Harry Tisch:
Wir sind unglaubwürdig <geworden>.
Arbeiter glauben <uns> nicht mehr.
Erstmals haben sich Arbeiter abgedreht<, als ich mit ihnen sprechen wollte>.
Unterstützung für Vorschlag Stoph.

Gen. Lorenz:
Mir blutet das Herz.
Nord - Süd - Darstellung ist falsch.

- 3 -

Neumann:
<Ein> Teil der Führung ist uns entrissen worden.
Ohr an den Massen.
Massenbewegung ist <heute die> Flucht<bewegung>.
<Die> Lage <ist so> beschissen, wie sie noch nie in <der> SED war.
Der Ministerrat wird vor vollendete Tatsachen gestellt.
<???> Erklärung <???> - bei uns passiert nicht.

- 4 -

Sindermann:
Unterstützt <Antrag Stoph>.
Bitte stimme dem Beschluß zu, es geht nicht um <deine> Person.
Jeder muß bereit sein.

Axen:
<Er betont, daß er die> längst<e> <Zeit> Zusammenarbeit mit Erich <Honecker hatte>.

Nächte <lang> Überlegung <en angestellt>.
Obj(ektiver) Fakt ist <,daß die Lage so ist>.
Antrag Willi Stoph ist richtig.
<Verweist auf> verdienstvolle Geschichte <Honeckers>.

Eberlein:
Anteil[24] Stoph zugestimmt, auch wenn Bezirke Vollmachten geben.

Mittag:
Für Vorschlag Stoph.
<Honecker hat das> Vertrauen der Partei verloren.
Müssen es wiedergewinnen.
Sehr bewegt.
Eskalation.

- 5 -

Es geht um <den Erhalt> der Arbeiter- und Bauernmacht

Dohlus:
Wir brauchen Maßnahmen.
Politbüro diskutiert nur.
Sofort Maßnahmen <zur Sicherung der> Lebensbedingungen <treffen>.
<Zur Situation eine> Beratung mit <den> 1. Sekretären <der Bezirksleitungen durchführen>.
Opposition formiert sich.

Böhme:
Für Vorschlag Willi Stoph.
Honecker hat sein Lebenswerk zerstört.
Es wächst innerer Widerstand.
Wir führen nicht mehr, wir reagieren.
<Der> Generalsekretär trägt <die> Erkl(ärung) <des> Politbüros nicht mit.
Über <die> Sitzung mit den Bezirksleitungs-Sekretären <habe ich mich> "geschämt".

Kleiber[25]:
Für Veränderung <bei den> Medien.

- 6 -

Mückenberger:
<Die> Erklärung <des> Politbüros ist nur Öl ins Feuer.[26]

Inge Lange:
Für Argumente S. Lorenz.
<Auf dem> VIII. Parteitag hat Erich <die> Wende herbeigeführt.
Einfluß <von> G. Mittag auf Erich <Honecker ist> zu stark.

---

24 Richtig muß es vermutlich heißen: Antrag.
25 Kleiber schlug einer mündlichen Auskunft Schürers zufolge auch die Abberufung Joachim Herrmanns vor, was Schürer aber offensichtlich nicht notierte.
26 Trotz dieses Satzes unterstützte Mückenberger laut Schürer den Antrag Stophs.

<Die> ökonomischen Grundfragen (?) sind die Hauptangriffe (?).
G. Schürer hat die Hauptverantwortung (?).[27]

M. Müller:
Es ist 5 Minuten vor 12.
Der Norden ist auch voller Spannungen.

J. Herrmann:
<Wir brauchen eine> Art und Weise <der Berichterstattung>, die diesem Leben gerecht wird.

- 7 -

Werner Walde:
Für Vorschlag W. Stoph.
Nicht einverstanden, daß wir <ein> Signal brauchen.
Wenn wir überzeugt wären <*unvollständig*>.
Erich Honecker ist nicht in der Lage <*unvollständig*>.
Er ist eine große Persönlichkeit.
Die Sache geht vor der <*unvollständig*>.
Die DDR bleibt ein <???>.
Wieder eine Woche verloren.
Kurz- und mittelfristige Maßnahmen.

Gerhard Müller:
Für <die Ablösung> E. Honecker<s> und <die Einsetzung von> E. Krenz.
Ganz straffe Führung <des> Politbüros durch <den> Generalsekretär.
<Die> 1. Sekr. der Bezirksleitungen <müßten> an Punkt 1 <der Tagesordnung der Sitzungen des Politbüros immer teilnehmen, wenn die> "polit(ische).
Lage <der> DDR" <erörtert wird>.
Wie geht es mit der Prod(uktion) weiter.
<Der> Plan 1990 muß auf den Tisch.
Wir bauen Schleifmaschinen - wo bleiben diese.
Artikel über Strolche in Dresden.

Gen. E. Mielke:
In tiefer Bewegung zugehört.
Vorschlag <ist> richtig.

- 8 -

Lage sehr sehr ernst.
Wir werden auch als Politbüro angegriffen.
Mut, rechtzeitig was zu sagen.
Bedenken: Viele haben Vorschläge gehabt.
<Die> Bevölkerung erwartet Antwort.
Es geht um die Macht.
<Ein> Teil <der Dinge> ist Feindtätigkeit.
Während wir sitzen, hat sich die Lage schon verändert.

---

27 Inge Lange schlug Schürer zufolge die Abberufung Mittags vor, was er jedoch ebenfalls nicht festhielt.

Vielleicht <muß man> auf manches verzichten.
<In den> Betrieben <herrscht> noch Ruhe.
Versorgung spielt große Rolle.
Kontinuierlich <e> Arbeitsprod(uktivität).
Honecker soll nicht nach Erklärungen suchen, sondern <den> Vorschlag <von> Stoph akzeptieren.
Wir haben vieles mitgemacht.
Wir können doch nicht anfangen, mit Panzern zu schießen.
Erich Schluß: Ich akzeptiere das.

Egon Krenz:
Heute geht es um <die> Einheit und Geschlossenheit <der Partei> und <das> Schicksal der DDR.
Vor einer Woche <haben wir> eine wahre Einschätzung <über die> Tiefe <der> politischen Krise <gegeben>.
Ausreise Situation (?).

- 9 -

Signale hat es gegeben.
<Ich will> nicht wiederholen, was gesagt wurde.
1985/86 <haben wir uns> abgeschottet gegenüber <der> Entwicklung.
    Was ist Erneuerung.
    Nicht kopieren <was in der Sowjetunion ist>.
Tiefe - Sozial(ismus) DDR nur mit UdSSR - nicht <in> Distanz.
1986 Einschätzung Demokratie, <aber es wurde> konzeptionell <daran> nicht gearbeitet.

Versorgung DDR nicht mit UdSSR vergleichbar.

Kommu(nistische) Offenheit mit Gorbatschow.
DDR angeblich in Ordnung.
Vertrauen, daß er das in die Hand nimmt.

Mir tut das weh! Erklärung ist Kompromiß.
Erich hat das alles nicht verstanden.

Nicht dem Volk zumuten, daß Kontinuität gebrochen wird.
Kollektivität muß Entwicklung (?) bestimmen.

- 10 -

In wenigen Tagen kann es zu Emotionen kommen.
Stolpe <hatte ein Gespräch> mit Jahn.
<Die> Partei muß <ihre> führende Rolle wahrnehmen.

Es gibt <für Erich Honecker eine> sehr ehrenhafte Lösung.
Bereit, die Verantw(ortung) zu übernehmen.
Es muß aber zu einer anderen Atmosphäre im Politbüro kommen.

Jarowinsky:
Bei Begegnung mit Walter Ulbricht: Die Zeit ist gekommen. Das hat Erich <Honecker> gesagt.
75 Mrd. Außenwirtschaft belastet, 100 Mrd. Staatshaushalt.

Komplexe Maßnahmen <sind notwendig>.
<Ich war> erschüttert über <die> Beratung mit <den> 1. Sekretären <der> Bezirksleitung.

E. Krenz braucht die Unterstützung.

Schabowski:
Blick auf morgige Tagung <des Zentralkomitees> richten.
Personelle Entscheid(ungen) <treffen>.
Viel hängt <morgen> von E. Krenz ab.

- 11 -

Mielke <hat den> Ernst der Lage <unterstrichen>.
Wir sind in einer Krise.
Polit(ische) Krise mit polit(ischen) Mitteln lösen.

Wir müssen <eine> neue ökonomische Politik ausarb(eiten).
Egon <Krenz'> Linie <muß sein> Kontinuität und Erneuerung.
<Die> Erklärung <von voriger Woche haben wir nur> gegen <den> Widerstand des Generalsekretärs <durchgesetzt>.

<Die> Medienfrage <ist eine> ganz zentrale Frage. Nicht Hosenscheißer-Arbeit. <Auf> wiss(enschaftlich)-konstr(uktiver) Basis <müssen wir> ihnen <die> Probleme darlegen.
Katalog der Erneuerung <vorlegen>.

<Die> Thesen <von Otto> Reinhold kann man vergessen: <Das ist alles> verwaschenes Zeug!

<Die heutige> Entscheidung hat enorme Bedeutung.

Internationale Verantwortung der DDR.
Wenn DDR kaputt geht.
Wir leben nicht auf der Insel der Seligen.

Wir haben <eine> schwere Situation.
Wir haben nicht die Mittel, um <die> Einheit von Wirtschafts- und Sozialpolitik auszuführen.

- 12 -

Als Führung <müssen wir> auf eigenen Beinen stehen.
Selbst <die> Autorität von Egon Krenz ist schon in Frage gestellt.

Neue Etappe für Arbeit des Politbüros hat <schon> begonnen.
Sofort Meldung <fertig machen>.

<Die> Abberufung <muß auch> vom <Vorsitz des Nationalen> Verteid(igungs)rates <und> Vorsitz des Staatsrates <erfolgen>.

Nichts vergessen.

<Die> ZK-Tagung <soll> nicht zu organisatorischen Fragen <stattfinden>.
Rede E. Honecker.
Erklärung E. Krenz.

Erich Honecker:
Zu <den> Problemen seine Meinung <sagen>:
Tief getroffen, daß <der> Vorschlag von Stoph kam. Was wir zwei Tage diskutiert haben <, war>, <daß wir> - in <der> Krise - <die> Einheit <der Partei> erhalten <müssen>. <Ich muß davor> warnen, daß damit <*mit seiner Ablösung, d. Hrsg.*> <die> inneren Probleme beruhigt sind. <Der> Feind wird weiter heftig arbeiten. Nichts wird beruhigt <werden>.

<Die> Partei hat <einen> Vertrauensschwund, aber sie ist noch handlungsfähig.

- 13 -

Wir haben gemeinsam <die> Republik geschaffen. <Der> Sozialismus steht nicht zur Disposition.
<Die> Teilnahme <der> UdSSR und anderer hoher Gäste <*am 40. Jahrestag, d. Hrsg.*> zeigt <den> Platz in der Welt, den <die> DDR <einnimmt>. <Das war eine> Sympathieerklärung <für die DDR>.

<In der> UVR <hat der Sozialismus> verloren, <in der> VRP <hat er> keine Macht <mehr>.
Errungenschaften der DDR nicht antasten. Bei <den> Demonstrationen <gibt es> Leute mit Eisenstangen und Mitläufer.

<Die> Arbeiter- und Bauernmacht <ist> nicht erpressbar.
 <Das> Auswechseln von Personen auf <der> ZK<-Tagung> zeigt,
 daß wir erpreßbar sind.
<Der> Gegner wird <das ausnutzen>.
Die gleichen Pflichten gibt es für uns alle.

Am 19. <Oktober> <findet eine> Sitzung <zur> Frage <des Verhältnisses von> Kirche und Staat <statt>.
Mielke wollte immer Pfarrer verhaften lassen.
<Der> Gegner differenziert uns auseinander

<Die> Hoffnungen gehen weit über alle Möglichkeiten.
 Personell.
 <???>
 <???> <???> <???>

- 14 -

<Ich habe das> Sekretariat niemals über <das> Politbüro gestellt.
<Ich übernehme die> Verantwortung vor den Arbeitern, Bauern und der Intelligenz <für die> sozialistische Demokratie.
Warum Angriff auf Kant zugelassen.
<Der> XII. Parteitag <ist> einberufen. Das 7. Plenum <hat> alle Grundfragen enthalten.
Keine Position bezogen.
Ehrlichkeit: Vor Reiseverord(nung).

Mielke: 1 Mio <Menschen> wollen DDR verlassen.
<   Die> Grenzsicherung war notwendig gegen Ausplünderung der DDR (100 Mrd.).

Damals <war die> Partei in <einer> anderen Situation.
Damals konnte man nicht in die Betriebe gehen.
Jetzt <kommt der> Hauptstoss von <der> Intelligenz.
<Die> Stimmungswelle hat sich geändert.
<Wir haben Fragen der> Leistung, <des> Warenangebot<s>, <der> Medien besprochen.
<Über die> Einheit <von> Wirtschafts- und Sozialpolitik wurde immer Übereinst(immung) <erzielt>.
U. - ohne Investitionen keine Verbesserung <des> Warenangebot<s>.
Was ist Erneuerung? Welche Richtung <soll eingeschlagen werden>?
Bisher <gibt es> keine Linie.
Zum Neuen Forum <gibt es> keine Stellungnahme.

- 15 -

Gestern <16. Oktober, Tag der Montagsdemonstration in Leipzig, d. Hrsg.> haben <die> Betriebe sich zurückgehalten.
<Es gibt eine> Doppelzüngigkeit der Kirche.
Demonstrat(ionen) ohne Provokationen.
Wer offen gegen <die> Arbeiter- und Bauernmacht ist, gegen den muß man auftreten.
Seit 1970 <ist das> Nationaleinkommen auf 3,5 Bill. Mark <gestiegen>.
Liest Halbritters Erfolgsbericht vor. - Wohnungsbauprogramm.
(Halbritter hat seinen Vorschlag eingepackt in die Summe der Erfolge).
Man kann mit Preiserhöhungen viel verderben.
<Ich> respektiere die Beschlüsse des Politbüros.
       Mit <der> Ablösung <der> Kader <bin ich> nicht einverstanden.
In <der> UVR hat <dieser> erste Schritt auch nicht geholfen.
<Hier haben> Genossen <gesprochen>, von denen ich das nie erwartet habe.
Wenn alle Bezirkssekretäre meinen, das Mandat <zu haben, dann sollen sie reden>.
<Aber> nur, wenn alle da sind.

- 16 -

<Es ist> bedauerlich, <daß ich im August und September> außer Verkehr gewesen bin.

Ich sage das nicht als geschlagener Mann, sondern als Genosse, der bei voller Gesundheit <ist>.

Kapazitäten für eine Million Telefone.

(Quelle: BArch/P, E-1-56321)

Dok. 5
Schreiben von Alexander Schalck an Egon Krenz, 24.10.1989[28], mit der Anlage: "Vermerk über ein informelles Gespräch des Genossen Alexander Schalck mit dem Bundesminister und Chef des Bundeskanzleramtes der BRD, Rudolf Seiters, und mit dem Mitglied des Vorstandes der CDU, Wolfgang Schäuble, am 24.10.1989"

A. Schalck Berlin, den 24.10.1989

Generalsekretär des
Zentralkomitees der SED

Genossen Egon Krenz

Lieber Genosse Krenz!

Beiliegend wird der

> Vermerk über ein informelles Gespräch des Genossen Alexander Schalck mit dem Bundesminister und Chef des Bundeskanzleramtes der BRD, Rudolf Seiters, und dem Mitglied des Vorstandes der CDU, Wolfgang Schäuble, am 24.10.1989

übermittelt.

Unter dem Gesichtspunkt, daß der Vermerk durch Dich auch gegebenenfalls anderen Genossen zur Kenntnis gegeben wird, habe ich einleitend nochmals ausführlich auf der Grundlage der Direktive die von mir erfolgten Darlegungen zu unseren prinzipiellen Positionen und Vorschlägen ausführlich wiedergegeben. Die Ausführungen meiner informellen Gesprächspartner und die Schlußfolgerungen sind ab Seite 8 der Information zusammengefaßt.

Bitte um Kenntnisnahme und Zustimmung zu den empfohlenen Schlußfolgerungen.

Mit kommunistischem Gruß
(Unterschrift)

Anlage

---

28 Das Schreiben ist von Krenz handschriftlich mit dem Rückvermerk versehen: "Gen. A. Schalck. Einverstanden! Wo notwendig, bitte PB Vorlage vorbereiten. Kr. 26.10.1989."

Vermerk über ein informelles Gespräch des Genossen Alexander Schalck mit dem Bundesminister und Chef des Bundeskanzleramtes der BRD, Rudolf Seiters, und mit dem Mitglied des Vorstandes der CDU, Wolfgang Schäuble, am 24.10.1989

Einleitend habe ich mich für die kurzfristige Gesprächsbereitschaft bedankt und Bundesminister Seiters gebeten, Bundeskanzler Helmut Kohl beste Grüße des Generalsekretärs des ZK der SED und Vorsitzenden des Staatsrates der DDR, Egon Krenz zu übermitteln.

Wir gehen davon aus, daß es für beide Seiten wünschenswert und von Interesse ist, einen konstruktiven Meinungsaustausch zu anstehenden Fragen kurzfristig auch auf informeller Ebene zu führen. Dabei ist die DDR grundsätzlich bereit, auf der Grundlage der bewährten Prinzipien der Gleichberechtigung und Achtung der gegenseitigen Interessen eine enge Zusammenarbeit auf allen Gebieten zu entwickeln, zum Nutzen beider Seiten und im Interesse der Menschen in beiden deutschen Staaten.

Ich habe, ausgehend von der Rede des Generalsekretärs des ZK der SED, Egon Krenz, vom 18. Oktober 1989 und der heutigen Volkskammererklärung, eindeutig dargelegt, daß es die feste Absicht und der Wille der Parteiführung und der Regierung der DDR ist, innenpolitisch weitgehende Erneuerungen und Reformen durchzusetzen. Hierbei handelt es sich nicht um taktische Erwägungen, sondern um eine strategische Linie, die darauf gerichtet ist, solche Veränderungen einzuleiten und zu realisieren, die den Bedürfnissen der Bürger der DDR entsprechen.

Anhand einer Reihe bedeutsamer und aktueller Fragenkomplexe wie der Wirtschaftspolitik und der Versorgung der Bevölkerung, der Umweltpolitik, der Reisefreiheit sowie nicht zuletzt der Medienpolitik werden spürbare Veränderungen und Erneuerungen eingeleitet und zu diesen Fragen ein umfangreicher Dialog mit allen Schichten der Bevölkerung geführt. Dabei geht die DDR unter Berücksichtigung ihrer 40jährigen Entwicklung davon aus, daß die sozialistische Ordnung der DDR nicht zur Disposition steht. In diesem Prozeß der Erneuerung wird die SED in einem ehrlichen Miteinander mit allen konstruktiven gesellschaftlichen Kräften auch weiterhin die führende Rolle einnehmen.

Es wurde von mir bekräftigt, daß die BRD-Regierung davon ausgehen kann, daß in diesem Sinne ein tiefgreifender und umfassender Erneuerungsprozeß in der DDR eingeleitet wird, der insbesondere auch mit weiteren Maßnahmen der demokratischen Mitbestimmung und dem Ausbau der Rechtsstaatlichkeit in der DDR verbunden sein wird.

Es sollte im Interesse beider Seiten liegen, das in den gegenseitigen Beziehungen zwischen der DDR und der BRD Erreichte auf keinen Fall aufs Spiel zu setzen, sondern zu bewahren und unter Berücksichtigung der neuen Chancen und Möglichkeiten auszubauen.

Die DDR ist bereit, auf der Basis der Gleichberechtigung und zum gegenseitigen Vorteil auf vielen Gebieten weitergehende Schritte der Zusammenarbeit mit der BRD zu sondieren und zu verhandeln. Das betrifft die politischen Beziehungen ebenso wie die Handelsbeziehungen, den Ausbau der wirtschaftlichen und wissenschaftlich-technischen Kooperation, Fragen des Umweltschutzes, des Verkehrs, des Post- und Fernmeldewesens bis hin zur kulturellen und touristischen Zusammenarbeit.

Die DDR ist bereit, das Ihrige dafür zu tun, um die Beziehungen zwischen der DDR und der BRD auf eine neue Stufe zu heben und ein friedliches und geregeltes Nebeneinander beider deutscher Staaten zu ermöglichen.

Wie die neuen Möglichkeiten und Chancen genutzt werden können, wird wesentlich davon bestimmt werden, inwieweit die BRD ebenfalls zu einem Ausbau der

Zusammenarbeit auf der Basis sachlicher, vernünftiger und vom gegenseitigen guten Willen getragener Politik gegenüber der DDR bereit ist.
Ich habe darauf aufmerksam gemacht, daß gegenwärtig in der BRD besonders über die Medien nicht unerhebliche Kräfte wirksam sind, die unverhüllt Kampagnen gegen die DDR führen und die Konfrontation schüren.
Das betrifft z.B. die Ausreiseproblematik von DDR-Bürgern genauso wie die Vorverurteilung und Verleumdung von Politikern der DDR und deren Absichten sowie bereits eingeleiteter Maßnahmen.
Es sollte klar sein, daß Kampagnen gegen die DDR vieles aufs Spiel setzen, was zwischen den beiden deutschen Staaten zum Nutzen der europäischen Sicherheit und der Menschen vertraglich vereinbart und erreicht werden konnte.
Es ist aus unserer Sicht eine unabdingbare Notwendigkeit, die im wohlverstandenen Interesse der Menschen in beiden deutschen Staaten liegt, wieder zu einer von Sachlichkeit, Vernunft und gutem Willen getragenen Politik überzugehen und alles zu tun, um beruhigend auf die Lage einzuwirken.
Die DDR will keine Konfrontation, weder nach innen noch nach außen.
Nicht zuletzt sollte davon ausgegangen werden, daß die Durchführung der geplanten Erneuerungen in der DDR nicht durch ständige Einmischungen in die inneren Angelegenheiten der DDR behindert oder sogar gefährdet wird.
Es bedarf sicher keiner näheren Begründung, daß vieles Neue allseitig und klug durchdacht werden muß und für die Ausarbeitung ausgewogener, wirkungsvoller Maßnahmen auch Zeit benötigt wird.
Ich habe dargelegt, daß mit großer Ernsthaftigkeit und Intensität gegenwärtig am Reisegesetz für DDR-Bürger gearbeitet wird. Dabei werden außerordentlich großzügige und weitreichende Regelungen ins Auge gefaßt, die für die DDR mit Sicherheit mit erheblichen weiteren ökonomischen Belastungen, aber auch mit bedeutenden Risiken des Mißbrauchs verbunden sind.
Die DDR erhebt bekanntlich seit langem die Forderung, daß die BRD die von ihr vertretene "Obhutspflicht für alle Deutschen" aufgibt und betrachtet die völkerrechtswidrigen Praktiken der BRD hinsichtlich der DDR-Staatsbürgerschaft als ein ernstes Hindernis bei der Verwirklichung vorgesehener neuer Schritte.
Die DDR erwartet daher, daß zumindest einige der wesentlichen praktischen Unzuträglichkeiten der Nichtanerkennung der Personalhoheit der DDR ausgeräumt werden. Bei gutem Willen müßte es z.B. der BRD-Regierung möglich sein, mit Inkrafttreten der neuen Reiseregelung für DDR-Bürger solche Praktiken wie
- Ausstellung von vorläufigen Reiseausweisen der BRD an Bürger der DDR bei deren zeitweiligem Aufenthalt in der BRD,
- Ausstellung von Pässen der BRD an Bürger der DDR durch diplomatische Vertretungen der BRD in Drittstaaten oder
- die Aufnahme von Bürgern der DDR in diplomatischen Vertretungen der BRD einzustellen.
Des weiteren habe ich darauf hingewiesen, daß bekanntermaßen die Zulassung eines faktisch unbegrenzten Reiseverkehrs zwischen beiden deutschen Staaten zum langjährigen Katalog aller maßgeblichen BRD-Politiker gehörte und dies als ein außerordentlich wichtiger Faktor für die Verbesserung der Gesamtbeziehungen angesehen wurde.
Wenn sich die DDR zu diesem Schritt entschließt, kann sie nicht außer acht lassen, daß damit bedeutende neue zusätzliche ökonomische Belastungen auf sie zukommen. So haben erste Berechnungen ergeben, daß ohne höhere Bereitstellung von Reisezahlungsmitteln allein durch die besonders im ersten Jahr zu erwartende Vervielfachung der Zahl der Reisen und damit die anfallenden Zahlungen an die Bundesbahn die gegenwärtigen Aufwendungen von insgesamt ca. 160 Mio. DM auf ca. 500 Mio. DM ansteigen würden. Darin sind keine neuen Maßnahmen zur Ausstattung mit Reisezahlungsmitteln enthalten.

Im Interesse einer schnellen Einführung dieser Regelungen, im Interesse der Entwicklung der Gesamtbeziehungen und im Interesse der Menschen sollten deshalb für einen Ausgleich der zusätzlichen ökonomischen Belastungen gemeinsam Lösungen gefunden werden.
Derartige Lösungen könnten aus unserer Sicht in einem pauschalen Zuschußbetrag für derartige Aufwendungen und/oder in Formen der Übernahme bzw. Verringerung des Minussaldos der Deutschen Reichsbahn, der der Bundesbahn zu erstatten ist, bestehen.
Ich habe betont, daß dabei selbstverständlich davon ausgegangen wird, daß derartige Regelungen unmittelbar dem Reiseverkehr zugute kommen.
Ich habe im einzelnen die Bereitschaft bekräftigt, im Sinne des Grundlagenvertrages Wege und Möglichkeiten zu prüfen, um langfristig die Beziehungen zwischen der DDR und der BRD
- enger und vertraglich geregelt zu gestalten,
- kooperative und ständige Formen der wirtschaftlichen, ökologischen, politischen, kulturellen, humanitären und touristischen Zusammenarbeit zu entwickeln.

Es besteht aus unserer Sicht die konkrete Möglichkeit, unter Beachtung der bewährten Prinzipien der Gleichberechtigung, Achtung der Souveränität und Nichteinmischung zum gegenseitigen Vorteil Sondierungsgespräche bzw. Verhandlungen zwischen Bevollmächtigten beider Seiten aufzunehmen, um längerfristig orientiert die Beziehungen auf eine neue Stufe zu heben. So wäre es aus unserer Sicht z.B. denkbar, sich kurzfristig über Möglichkeiten des Ausbaus der Wirtschafts- und Handelsbeziehungen einschließlich der Wirtschafts- und Wissenschaftskooperation bis hin zu Überlegungen der Einführung von Formen der Zusammenarbeit, wie sie derzeitig mit anderen sozialistischen Staaten erprobt werden, zu verständigen und auch diesbezügliche vertragliche Regelungen zu schaffen bzw. auszubauen.
Dies gilt sinngemäß auch für die anderen angesprochenen Bereiche der Zusammenarbeit, so z.B. des Umweltschutzes.
Zu solchen neuen, weitreichenden Überlegungen gehört auch, wie bestimmte angestrebte Projekte auf dem Gebiet des Verkehrswesens effektiver zum beiderseitigen Vorteil realisiert werden können. So wäre es z.B. überlegenswert, ob der vorgesehene Ausbau und die Elektrifizierung der Eisenbahnstrecke Berlin - Hannover kurzfristiger und effektiver gestaltet werden kann, indem das Gesamtprojekt seitens der DDR gegenüber BRD-Firmen ausgeschrieben wird und in diesem Rahmen Formen gefunden werden, die die ökonomischen Interessen der DDR berücksichtigen.
Auch auf dem Gebiet des Post- und Fernmeldewesens ist die DDR zu weitergehenden Absprachen bereit. Derartige Verhandlungen könnten aus unserer Sicht noch in diesem Jahr aufgenommen werden.
Durch Seiters und Wolfgang Schäuble wurden meine Darlegungen mit Aufmerksamkeit und großem Interesse zur Kenntnis genommen. Es wurde von beiden übereinstimmend begrüßt, daß außerordentlich kurzfristig auf diesem informellen Wege ein Meinungsaustausch zu vielen anstehenden Fragen geführt werden kann. Dabei erklärte Seiters, daß Bundeskanzler Kohl und die BRD-Regierung grundsätzlich ebenfalls davon ausgehen, daß Wege gefunden werden sollten, um die Beziehungen zwischen beiden deutschen Staaten weiter zu entwickeln.
Durch Seiters und Schäuble wurde in diesem Gespräch ausgehend von meinen Darlegungen zu vielen Fragen der Innenpolitik der DDR und zur weiteren Gestaltung der Beziehungen eine Reihe von Fragen aufgeworfen. Dabei ist einzuschätzen, daß das gesamte Gespräch und auch die aufgeworfenen Fragenkomplexe von beiden Gesprächspartnern sachlich gestellt wurden.

Diese Fragen haben aus ihrer Sicht besonders den Sinn, schnellstmöglich Standpunkte und Antworten der Bundesregierung zu ermöglichen. Hierbei handelt es sich um folgende Fragenkomplexe:
- Seitens der BRD wird mit großer Aufmerksamkeit und auch mit Sorge die wirtschaftliche Entwicklung der DDR in den letzten Jahren beobachtet. Dabei stellt sich insbesondere die Frage der Effektivität der DDR-Wirtschaft und auch die Zunahme der Verschuldung. Unter diesem Gesichtspunkt würde die von der DDR vorgeschlagene weitere Entwicklung der wirtschaftlichen Zusammenarbeit bis hin zu neuen Formen, z.B. Fragen der Bildung gemischter Gesellschaften, der Kapitalbeteiligung und des Kapitaltransfers, entsprechende Regelungen erfordern, die von der DDR zu treffen wären.
Gleichzeitig wäre es erforderlich, z.B. durch Bürgschaften Kredite für ausgewählte gemeinsame Projekte abzusichern und gegebenenfalls zusätzliche Kreditquellen zu mobilisieren.
Derartige Entscheidungen wären aus der Sicht der BRD nur gerechtfertigt, wenn die DDR ihrerseits bestimmte Fragen ihrer Wirtschaftspolitik durchdenkt und so entscheidet, daß eine Wende zu größerer Effektivität in der Volkswirtschaft der DDR entsteht.
Es wäre aus der Sicht der BRD z.B. erforderlich, daß ein Abbau ungerechtfertigter Subventionen erfolgt und Schritte und Reformen eingeleitet werden, die die internationale Konkurrenzfähigkeit der DDR-Betriebe sichern.
- Zum vorgesehenen Reisegesetz wurde zum Ausdruck gebracht, daß dies als bedeutender Fortschritt gewürdigt wird. Es sei jedoch aus der Sicht der BRD darauf zu verweisen, daß bereits bei der gegenwärtigen Regelung, wonach die BRD DDR-Bürgern jährlich ein "Begrüßungsgeld" von 100,- DM zahlt, ein bedeutender Teil der ökonomischen Aufwendungen für den Reiseverkehr durch die BRD getragen wird.
Was die neuen zusätzlichen Belastungen anbetrifft, so sei man bereit, darüber nachzudenken, in welcher Form ein weiterer Ausgleich der der DDR entstehenden Aufwendungen erfolgen könnte. So wäre es z.B. von ihrer Seite überlegenswert, ob bei allen Reisen von DDR-Bürgern in die BRD die Kosten für die Rückfahrt von der BRD übernommen werden könnten.
Was die politischen Fragen anbetrifft, die von der DDR in diesem Zusammenhang aufgeworfen wurden, so sei eine veränderte Position der BRD in der Frage der DDR-Staatsbürgerschaft auszuschließen.
Innenpolitisch sei ein Abgehen von der bekannten Haltung der BRD zur Staatsbürgerschaftsfrage nicht denkbar.
Was praktische Einzelfragen betrifft, so würden sich diese bei Einführung der neuen Reiseregelung der DDR ohnehin auf Einzelfälle reduzieren.
In diesem Zusammenhang wurde auf ausdrücklichen Wunsch von Bundeskanzler Kohl vorgetragen, daß es für die BRD von eminenter politischer Bedeutung sei, daß kurzfristig eine Klärung des Status durch die DDR für diejenigen Bürger erfolgt, die über Ungarn bzw. mit den Zügen aus Prag und Warschau in die BRD ausgereist sind. Dabei wird von einer analogen Regelung ausgegangen, wie sie jetzt mit den DDR-Bürgern in der DDR-Botschaft in Warschau erfolgt (offizielle Entlassung aus der Staatsbürgerschaft der DDR).
Des weiteren wurde darauf aufmerksam gemacht, daß bei Reisefreiheit für alle DDR-Bürger zu erwarten ist, daß Westberlin ein Reiseschwerpunkt bildet und gewissermaßen die Hauptlast zu tragen hat. Es wäre daher angezeigt, zu überlegen, inwieweit auch anstehenden Westberliner Interessen auf anderen Gebieten durch die DDR Rechnung getragen werden kann.
Zu der erneut aufgeworfenen Frage des organisierten Tourismus habe ich darauf aufmerksam gemacht, daß die DDR durchaus bereit ist, ihren organisierten Tourismus in kapitalistische Staaten, darunter auch in die BRD, im Rahmen

der finanziellen Möglichkeiten zu entwickeln. Es muß jedoch gleichzeitig dazu festgestellt werden, daß der organisierte Tourismus aus der BRD in die DDR sich nicht in dem von der BRD-Seite bisher eingeschätzten Maße entwickelt hat.

(Quelle: PdV)

Dok. 6
Ton-Aufzeichnung eines Telefonats zwischen Egon Krenz und Helmut Kohl, 26.10.1989, 8.30 - 8.44 Uhr[29]

Berlin, den 26. Oktober 1989

Gespräch zwischen dem
Generalsekretär des ZK der SED, Genossen Egon K r e n z,
und dem Bundeskanzler der BRD, Herrn Helmut K o h l,
am 26. Oktober 1989, von 8.30 Uhr bis 8.44 Uhr.

Gen. K.:
Ja, guten Morgen, Herr Bundeskanzler.
Herr K.:
Ja, guten Morgen.
Gen. K.:
Hier ist Krenz. Ich freue mich, Sie zu hören zu so früher Stunde.
Herr K.:
Das ist unser erstes Gespräch, und ich hoffe, daß diesem Gespräch viele gute Gespräche folgen werden. Das erste, was ich sagen will, Herr Staatsratsvorsitzender, ich wünsche Ihnen für diese wichtige und sehr, sehr schwierige Aufgabe - in etwa kann ich mir vorstellen, was Ihnen alles bevorsteht, was Sie zu tun haben - eine glückliche Hand und Erfolg. In unserem Interesse, im Interesse der Bundesregierung und auch vor allem in meinem Interesse ist nicht, daß sich die Entwicklung in der DDR in einer Weise darstellt, daß eine ruhige, vernünftige Entwicklung unmöglich gemacht wird.
Gen. K.:
Herr Bundeskanzler, ich bin Ihnen sehr dankbar für Ihre Worte. Sie haben mir ja in Ihrem Telegramm Kraft gewünscht und jetzt eine gute Hand. Beides brauch' ich im Interesse der Menschen in diesem Land. Und ich denke, wenn wir vernünftig miteinander umgehen, dann wird es auch für beide deutschen Staaten gut sein.
Herr K.:
Also, mein erster Wunsch ist, um das gleich vorweg zu sagen, daß wir schon regelmäßig miteinander telefonieren, und auf meiner Seite, das hat sich jetzt beim ersten Mal halt anders entwickelt, besteht überhaupt nicht der Wunsch, daß wir das jedes Mal publizieren.
Gen. K.:
Aha.

---

29 Das Dokument trägt auf der ersten Seite den handschriftlichen Rückvermerk von Egon Krenz: "Mitgliedern und Kandidaten des PB. 26.10./Egon Krenz."

Herr K.:
Wenn wir glauben, es sei vernünftig, zum Telefonhörer zu greifen und einfach miteinander reden.
Gen. K.:
Das ist eine gute Idee. Da bin ich sehr aufgeschlossen. Miteinander reden ist immer besser, als übereinander reden.
Herr K.:
Es ist inzwischen so möglich, daß ich, um einmal ein Beispiel zu nennen, ganz selbstverständlich gleicherweise zum Telefonhörer greife und den Generalsekretär in Moskau anrufe oder umgekehrt. Und das wünsche ich mir auch, daß das zwischen uns in dieser Weise geschieht.
Gen. K.:
Also abgemacht, Herr Bundeskanzler. Wenn Sie Probleme haben, würde ich sagen, greifen Sie zum Hörer, wenn ich Probleme habe, greife ich zum Hörer, und wir werden dann sicherlich Wege finden, um das, was wir im Gespräch andeuten, durch unsere Beauftragten näher noch beraten zu lassen.
Herr K.:
Also, das ist das Thema Kontakte. Zu dem Punkt, glaube ich, ist es auch ganz nützlich, wenn der Bundesminister Seiters etwa gegen Ende November, zweite Novemberhälfte, einen Termin vereinbart und zu Ihnen kommt.
Gen. K.:
Ja, ich wäre einverstanden. Ich nehme an, Herr Bundeskanzler, Sie haben sich informieren können über den Inhalt meiner beiden Reden, die ich gehalten habe. Ich habe von einer Wende gesprochen und meine das ernst.
Herr K.:
Auf das Thema will ich gleich noch mal kommen. Ich wollt nur noch zu dem Thema "Kontakt" sagen -.
Gen. K.:
Ja.
Herr K.:
Also ich wollte sagen, und das sollt man jetzt auch noch gar nicht sagen, sondern soll's sagen, wenn's dann so weit ist und der Termin vereinbart ist, daß Herr Seiters rüberkommt und daß man dann - daß Sie mal mit ihm noch einmal reden können, was ja ein bissel besser ist als am Telefon.
Gen. K.:
Unbedingt. Durch meinen Beauftragten wurden ja Vorschläge übermittelt, ich nehme an, Sie sind informiert.
Herr K.:
Ja.
Gen. K.:
Es wäre also wünschenswert, baldmöglichst dazu die Positionen der Bundesregierung zu erfahren. Und dazu könnten dann auch offizielle Verhandlungen zwischen Bundesminister Seiters und Außenminister Fischer geführt werden, und sicherlich bei der Gelegenheit auch ein Gespräch mit mir.
Herr K.:
Für mich ist vor allem wichtig das Letztere.
Gen. K.:
Ja.
Herr K.:
- er die Gelegenheit hat, Sie zu treffen.
Gen. K.:
Ja. Es wäre vor allem wünschenswert, Herr Bundeskanzler, möglichst bald auch Ergebnisse zu erreichen, die darauf hinweisen, daß beide Seiten bestrebt sind, die Beziehungen auf eine - ich darf das wohl so sagen - auf eine neue Stufe zu heben.

Herr K.:
Ja, ich hab da durchaus Interesse dran. Ich hab mit großem Interesse natürlich Ihre Reden gelesen und ich brauche Ihnen nicht zu sagen, daß jetzt sich viele Hoffnungen an das alles knüpfen. Ich will paar Beispiele nennen, die für uns natürlich, aus unserer Sicht besonders wichtig sind. Das ist das Thema zur Neuregelung der Reisefreiheit. Das ist natürlich ein ganz erheblicher Punkt. Das ist das Thema der in Aussicht genommenen Amnestie für Leute, die wegen illegalen Grenzübertritts zur Republikflucht verurteilt wurden. Das ist das Thema wegen der weiteren Verfolgung von Leuten, die bei Ausschreitungen, bei Demonstrationen festgenommen wurden. Und dann ein ganz, ganz wichtiger Punkt aus unserer Sicht - das werden Sie wohl verstehen - daß von Ihrer Seite die Bereitschaft besteht, eine positive Lösung für die sogenannten Botschaftsflüchtlinge - die Leute brauchen ja dann ihre Urkunden, die Frage von Umzugsgut und vergleichbare Sachen, Zeugnissen.
Wenn man hier, und da sage ich Ihnen ganz offen, mit Ihrem Namen einen großzügigen Schritt verbinden kann - ich sag bewußt auch mit Ihrem Namen - einen großzügigen Schritt verbinden kann, wird es eine ganz erhebliche Wirkung nicht nur hier haben, sondern ich bin sicher, auch in der DDR.
Gen. K.:
Hm, hm. Also, was meine Rede betrifft, die Sie genannt haben, Herr Bundeskanzler, so möchte ich sagen, daß ich mit vollem Bewußtsein die Wende angesprochen habe. Wende bedeutet aber jedoch keinen Umbruch, da hoffe ich, stimmen Sie mit mir überein, daß eine sozialistische DDR auch im Interesse der Stabilität in Europa ist.
Herr K.:
Also, Herr Generalsekretär, ich kann nur wiederholen, was ich Gorbatschow bei jeder Gelegenheit sage: Wir haben das deutsche Problem, aber das deutsche Problem ist ein wichtiger Teil der europäischen und der Weltprobleme. Und ich will alles tun, und ich hoffe, wir alle wollen das tun, daß jetzt die Abrüstungsverhandlungen in Wien und anderswo ein wesentliches Stück weiterkommen. Wir werden eine vernünftige Entwicklung der Abrüstung und Entspannung nur bekommen, wenn wir regionale Spannungen nicht verstärken, sondern versuchen, zu minimieren. Und in diesem Sinne will ich schon sagen, daß das, was Sie angekündigt haben, von ganz großer Bedeutung ist, und daß wir auch in diesem Sinne - glaube ich - eine vernünftige Lösung finden müssen, wenn Probleme auftreten.
Gen. K.:
Ich bin Ihnen für diese Worte sehr dankbar, zumal ich davon ausgehe, daß wir beide Interesse daran haben, daß man alles tun sollte, daß man die gegenseitige Schuldzuweisung sozusagen abbaut, daß man auch nicht gegenseitig sich Ratschläge erteilt, die nicht annehmbar sind.
Durch meinen Beauftragten habe ich ja in dieser Beziehung auf informellem Wege die Haltung der DDR dazu deutlich gemacht, und ich glaube, es ist im Interesse der Menschen und auch der Sicherung des Friedens, alle Möglichkeiten zu finden, das in den gegenseitigen Beziehungen Erreichte nicht nur zu bewahren, sondern zielstrebig auszubauen. Dazu möchte ich meine prinzipielle Bereitschaft, die Bereitschaft auch der Führung, sowohl des Politbüros wie des Staatsrates, bekräftigen, und dabei gehe ich davon aus, was ich auch gestern mit Herrn Mischnik besprochen habe, unbeschadet grundsätzlicher Unterschiede in politischen Grundfragen die Zusammenarbeit auf vielen Gebieten auszubauen und auch auf den Gebieten, Herr Bundeskanzler, die Sie angesprochen haben. Wir haben schon in voller Souveränität unseres Landes die Frage der Reisefreiheit besprochen. Wir werden ein entsprechendes Gesetz ausarbeiten. Ich verhehle nicht, daß es uns nicht ganz leicht fallen wird. Wir gehen aber mit Ernsthaftigkeit

und mit Intensität an diese Arbeit und wollen noch, daß vor Weihnachten dieses Gesetz in Kraft tritt. Allerdings hat die neue Regelung für die DDR erhebliche zusätzliche ökonomische Belastungen. Seitens der DDR muß nachgedacht werden, aber vielleicht kann auch seitens der BRD nachgedacht werden, ob nicht zumindest einige praktische Fragen zukünftig so gehandhabt werden, daß die Respektierung der Staatsbürgerschaft der DDR deutlicher wird. Ich formuliere absichtlich "deutlicher wird". Denn wenn wir ein großzügiges Reisegesetz haben, gibt es ein paar praktische Maßnahmen, über die man durchaus nachdenken kann, Herr Bundeskanzler.

Herr K.:
Herr Staatsratsvorsitzender! Ich will jetzt in dem Zusammenhang einfach mal wiederholen, was ich damals Ihrem Vorgänger gesagt habe, und das war, glaube ich, eine ganz wichtige Arbeitsgrundlage. Es gibt in unseren Beziehungen eine Reihe von Grundfragen, wo wir aus prinzipiellen Gründen nicht einig sind, und nie einig werden. Wir haben da zwei Möglichkeiten. Das eine, daß wir uns über diese Themen unterhalten und zu keinem Ergebnis kommen, das ist relativ fruchtlos. Oder aber - und das schätze ich sehr viel mehr, und das glaube ich, ist auch der richtige Weg -, daß man eben die gegenseitigen Ansichten respektiert und in allen Feldern, wo man vernünftig zusammenarbeiten kann, die Zusammenarbeit zum Wohle und im Interesse der Menschen sucht. Denn, diese Grundlage muß ja wichtig sein. Es sind ja jetzt, kein Selbstzweck, sondern was für die Menschen zu tun. Und in diesem Sinne glaube ich, ist es jetzt sehr wichtig, daß wir unseren, nach diesem Gespräch jetzt beginnenden Gesprächskontakt intensiv pflegen und aufbauen. Es sind viele Erwartungen und übrigens natürlich nicht nur in Deutschland, sondern auch bei unseren Nachbarn in West und Ost, ob wir fähig sind, eine vernünftige Linie der Zusammenarbeit fortzusetzen. Es gibt ja gute Anfänge.

Gen. K.:
Ja, ich bin da vollkommen Ihrer Meinung. Ich habe ja auf dem Zentralkomitee meiner Partei formuliert: "Unsere Hand ist ausgestreckt". Ich habe das gestern wiederholt. Wir sind bereit, das Unsere zu tun, neue Formen, sowohl der wirtschaftlichen Zusammenarbeit zu entwickeln und zu fördern und auch sehr konstruktiv heranzugehen, an alle Gebiete der Zusammenarbeit, zum Beispiel für den Umweltschutz, für das Verkehrswesen, für das Post- und Fernmeldewesen bis hin zum Tourismus, und auch die Fragen, die Sie im Zusammenhang mit den Bürgern angesprochen haben, die unser Land auf diese oder jene Weise verlassen haben, werde ich die Justizorgane unseres Landes bitten, auf der Grundlage vorhandener Gesetze und auf der Grundlage neu zu schaffender Regelungen und Gesetze, entsprechende Lösung zu finden. Sie haben völlig Recht, man muß diese Dinge so regeln, daß sie im Interesse der Menschen liegen.

Herr K.:
Ja. Also Herr Generalsekretär! Machen wir das so, wie besprochen.

Gen. K.:
Ja.

Herr K.:
Und wenn irgendwas anliegt, warten wir nicht lange ab und reden miteinander.

Gen. K.:
Jawohl. Und ich bitte Sie einfach, daß der Herr Seiters mit meinem Beauftragten Kontakt aufnimmt, um eventuell einen Termin zu vereinbaren, damit dann die Dinge schnell in Gang gesetzt werden können.

Herr K.:
Ja.

Gen. K.:
Denn der Zeitfaktor spielt ja in der Politik immer eine große Rolle, Herr Bundeskanzler.
Herr K.:
Noch eine Schlußbemerkung. Ich denke, wir sollten beide das Gespräch heute öffentlich bestätigen.
Gen. K.:
Ja.
Herr K.:
Und wir sollten zum zweiten sagen, jetzt nicht Details, da halte ich gar nichts davon, denn da werden nur Erwartungen erweckt und ein Druck erweckt, die uns beiden gar nicht hilft, daß wir die Gespräche fortsetzen, daß wir ankündigen, daß in absehbarer Zeit auch die Beauftragten intensiv die Gespräche fortsetzen. Da würde ich aber keinen Zeitplan öffentlich nennen, sondern nur die allgemeine Ankündigung und daß unser gemeinsames Interesse ist, im Sinne des Dienstes an den Menschen in der DDR und in der BRD, die notwendigen Möglichkeiten auszuschöpfen, um den Menschen zu helfen. Je mehr Details wir bekanntgeben, um so mehr Druck erzeugen wir, weil wir dann jeden Tag gefragt werden, was habt ihr getan.
Gen. K.:
Ja. Ich bin Ihnen dankbar dafür, Herr Bundeskanzler. Wir werden eine solche Information auch unseren Presseorganen geben. Auf Details werden wir verzichten. Und ich werde sicherlich hinzufügen, daß der erste Kontakt, den wir miteinander hatten, doch ein recht aufrichtiger war und in einer sehr angenehmen Atmosphäre verlaufen ist.
Herr K.:
Ja, sehr einverstanden.
Gen. K.:
Ja?
Herr K.:
Ja.
Gen. K.:
Ich danke Ihnen, Herr Bundeskanzler. Ich wünsche Ihnen auch alles, alles Gute und auch bei den Problemen, die Sie zu bewältigen haben, wie Sie zu Beginn sagten, eine gute Hand, viel Kraft. Ich hoffe, Sie sind in bester Gesundheit.
Herr K.:
Ja, Gott sei Dank, ja.
Gen. K.:
Und wünsche Ihnen, daß alles, alles gut verläuft. Ich meine, Sie haben ja die Operation überstanden; wenn das alles gut gelaufen ist, gute Kraft weiterhin, Herr Bundeskanzler.
Herr K.:
Ja. Danke schön. Wiedersehen.
Gen. K.:
Wiedersehen. Alles Gute!
Herr K.:
Danke schön!

(Quelle: PdV, auch in: SAPMO-BArch, ZPA-SED, IV 2/2.039/324)

Dok. 7
Gerhard Schürer/Gerhard Beil/Alexander Schalck/Ernst Höfner/Arno Donda, Analyse der ökonomischen Lage der DDR mit Schlußfolgerungen, Vorlage für das Politbüro des Zentralkomitees der SED, 30.10.1989

Gerhard Schürer	Berlin, 30. Oktober 1989
Gerhard Beil	36 Ex., je 24 Blatt
Alexander Schalck	37 Ex., 24 Blatt
Ernst Höfner	
Arno Donda	

Vorlage
für das Politbüro des Zentralkomitees der SED

Betreff:	Analyse der ökonomischen Lage der DDR mit Schlußfolgerungen
Beschlußentwurf:	1. Die Analyse der ökonomischen Lage der DDR mit Schlußfolgerungen wird zur Kenntnis genommen; den Schlußfolgerungen wird zugestimmt. 2. Die Analyse und die Schlußfolgerungen sind in ausgewogener Form dem Entwurf der Rede des Generalsekretärs, Genossen Egon Krenz, für die 10. Tagung des ZK zugrunde zu legen.
	(Unterschrift) Gerhard Schürer
Zur Behandlung der Vorlage sind einzuladen:	Gerhard Schürer, Gerhard Beil, Alexander Schalck, Ernst Höfner, Arno Donda
Die Vorlage wurde ausgearbeitet von:	
Begründung:	Beschluß des Politbüros vom 24. Oktober 1989, Punkt 1

Verteiler:

1.- 30. Ex. Politbüro des ZK der SED
31. Ex. Genosse Schürer
32. Ex. Genosse Ehrensperger
33. Ex. Genosse Beil
34. Ex. Genosse Schalck
35. Ex. Genosse Höfner
36. Ex. Genosse Donda

Geheime Verschlußsache
b 5 - 1158/89
37. Ausf. Seiten 1-22
Vernichtung: 31.12.1989

Geheimhaltungsgrad darf
nicht verändert werden.

Analyse
der ökonomischen Lage der DDR mit Schlußfolgerungen

Ausgehend vom Auftrag des Generalsekretärs des ZK der SED, Genossen Egon Krenz, ein ungeschminktes Bild der ökonomischen Lage der DDR mit Schlußfolgerungen vorzulegen, wird folgendes dargelegt:

I.

Die Deutsche Demokratische Republik hat beim Aufbau der entwickelten sozialistischen Gesellschaft bedeutende Erfolge erreicht, die auch international anerkannt werden. In einer zur Vorbereitung des XII. Parteitages ausgearbeiteten Analyse werden die auf vielen Gebieten erreichten bedeutenden Erfolge bei der Entwicklung der Volkswirtschaft der DDR ausführlich dargelegt, die hier nur zusammengefaßt eingeschätzt sind.
Es wurde ein dynamisches Wachstum des Nationaleinkommens über einen Zeitraum von 17 Jahren in Höhe von rd. 4 % durchschnittlich jährlich realisiert, wobei sich das Wachstum in der letzten Zeit im Zusammenhang mit dem Rückgang der produktiven Akkumulation verlangsamte.
Auf dem Wege der Intensivierung wurden volkswirtschaftlich wichtige qualitative Aufgaben gelöst. Beim Einsatz von Roh- und Werkstoffen verminderte sich der spezifische Verbrauch gegenüber 1980 auf 74 %, wobei die Zielstellungen des Fünfjahresplanes 1986 - 1990 zur Senkung des spezifischen Materialverbrauchs nicht erreicht wurden.
Bedeutende Ergebnisse wurden bei der Anwendung von Schlüsseltechnologien erreicht.
Wir haben in der Mikroelektronik als eines der wenigen Länder der Welt die Entwicklung und Produktion mikroelektronischer Bauelemente einschließlich eines wesentlichen Teils der dazu erforderlichen speziellen Produktionsausrüstungen für hochintegrierte Schaltkreise gemeistert. Dabei wird infolge des ungenügenden Standes der Arbeitsteilung ein breites Sortiment an mikroelektronischen Erzeugnissen entwickelt und produziert. Die Kosten für diese Erzeugnisse betragen z. Z. ein mehrfaches des internationalen Standes. Ihr Einsatz in der Volkswirtschaft der DDR und im Export muß gegenwärtig mit über 3 Mrd. M pro Jahr gestützt werden. Die weitere Entwicklung verlangt dringend die Vertiefung der Kooperation, besonders mit der UdSSR.
Durch steigende Leistungen in der pflanzlichen und tierischen Produktion in der Landwirtschaft wurde der wachsende Verbrauch der Bevölkerung an Nahrungsmitteln sowie die Versorgung der Industrie mit Rohstoffen gewährleistet. Die aufeinanderfolgenden unterdurchschnittlichen Ernten in den Jahren 1988 und 1989 erfordern jedoch wiederum Getreideimporte aus dem NSW, die durch hohe Anstrengungen in den vergangenen Jahren bereits abgelöst waren.

Das Verkehrswesen wurde mit dem Schwerpunkt der Verlagerung der Transporte von der Straße auf die Eisenbahn entwickelt und die Elektrifizierung von 20 auf 40 % erhöht. Der Ausbau der Infrastruktur, darunter das Straßenwesen, mußte insgesamt aufgrund der zurückgehenden Akkumulationskraft vernachlässigt werden; der Verschleißgrad des Autobahn- und Straßennetzes ist hoch.
Das Realeinkommen der Bevölkerung verbesserte sich allein im Zeitraum 1980 - 1988, wo sich in vielen Ländern die Lebenslage der Werktätigen verschlechterte, um 4,4 % durchschnittlich jährlich.
Das ist disproportional zum Wachstum des produzierten Nationaleinkommens mit 4,2 %.
Seit 1970 wurden mehr als 3 Millionen Wohnungen neugebaut bzw. rekonstruiert und damit für 9 Millionen Menschen, d. h. mehr als die Hälfte der Bevölkerung der DDR, qualitativ neue Wohnbedingungen geschaffen.
Infolge der Konzentration der Mittel wurden zur gleichen Zeit dringendste Reparaturmaßnahmen nicht durchgeführt und in solchen Städten wie Leipzig, und besonders in Mittelstädten wie Görlitz u. a. gibt es tausende von Wohnungen, die nicht mehr bewohnbar sind.
Auf der Grundlage unseres sozialistischen Planungssystems konnten eine Reihe wichtiger Reformen, insbesondere die intensive Entwicklung der Volkswirtschaft in allen Hauptbereichen, rechtzeitig gewährleistet werden.
Die Feststellung, daß wir über ein funktionierendes System der Leitung und Planung verfügen, hält jedoch einer strengen Prüfung nicht stand. Durch neue Anforderungen, mit denen die DDR konfrontiert war, entstanden im Zusammenhang mit subjektiven Entscheidungen Disproportionen, denen mit einem System aufwendiger administrativer Methoden begegnet werden sollte. Dadurch entwickelte sich ein übermäßiger Planungs- und Verwaltungsaufwand. Die Selbständigkeit der Kombinate und wirtschaftlichen Einheiten sowie der Territorien wurde eingeschränkt.
Die Disproportionen im volkswirtschaftlichen Maßstab, zwischen den Zweigen sowie die schnellere Entwicklung der Finalerzeugnisse gegenüber der Zulieferproduktion konnten dadurch jedoch nicht eingeschränkt werden.
Die Bildung und Ausgestaltung der Kombinate war ein richtiger und bedeutender Schritt zur Entwicklung der Leitung und Planung. Die vorgegebene Strategie, daß die Kombinate alles selbst machen sollten, führte zu bedeutenden Effektivitätsverlusten, die sich aus der objektiv notwendigen Vertiefung der Arbeitsteilung und zunehmenden Kooperation ergebenden Effekte konnten nicht genutzt werden. Dadurch trat u. a. eine Tendenz der Kostenerhöhung ein, wodurch die internationale Wettbewerbsfähigkeit abnahm.
Das bestehende System der Leitung und Planung hat sich hinsichtlich der notwendigen Entwicklung der Produktion der "1000 kleinen Dinge" sowie der effektiven Leitung und Planung der Klein- und Mittelbetriebe und der örtlichen Versorgungswirtschaft trotz großer Anstrengungen zentraler und örtlicher Organe nicht bewährt, da ökonomische und Preis-Markt-Regelungen ausblieben.
Die Anwendung und Weiterentwicklung des Prinzips der Eigenerwirtschaftung ist richtig. Diese Prinzipien können aber nur effektiv gestaltet werden, wenn reale Pläne mit entsprechenden Reserven in den Bilanzen die Grundlage sind. Nur unter diesen Bedingungen kann die Flexibilität und Beweglichkeit der Wirtschaft verbessert werden. Infolge der hohen Konsumtionsrate fehlen dazu jedoch materielle und finanzielle Mittel.
Um ein ungeschminktes Bild unserer wirtschaftlichen Lage zu geben, muß im Zusammenhang mit der insgesamt positiven Entwicklung auf bedeutsame Probleme der Sicherung der Akkumulation, der Proportionalität, des Entwicklungstempos und der Verwirklichung des Leistungsprinzips hingewiesen werden.

Im internationalen Vergleich der Arbeitsproduktivität liegt die DDR gegenwärtig um 40 % hinter der BRD zurück. Im Einsatz des gesellschaftlichen Arbeitsvermögens sowie der zur Verfügung stehenden Ressourcen besteht ein Mißverhältnis zwischen dem gesellschaftlichen Überbau und der Produktionsbasis.
Die Verschuldung im nichtsozialistischen Wirtschaftsgebiet ist seit dem VIII. Parteitag gegenwärtig auf eine Höhe gestiegen, die die Zahlungsfähigkeit der DDR in Frage stellt.

Die ökonomische Lage der DDR wird durch folgende Hauptfakten gekennzeichnet:

1. Die Auswirkungen des Rückgangs der Akkumulationsrate von 29 % im Jahre 1970 auf 21 % laut Plan 1989, die ausschließlich zu Lasten der produzierenden Bereiche gegangen ist, sind schwerwiegender als bisher eingeschätzt.
Die Rate der Akkumulation für produktive Investitionen ging von 16,1 % 1970 auf 9,9 % 1988 zurück.
Der Anteil der Akkumulation in den nichtproduzierenden Bereichen einschließlich Wohnungsbau ist seit den 70er Jahren mit einem Anteil von etwa 9 % gleichgeblieben.
Während die Akkumulation in den produzierenden Bereichen im Zeitraum 1970 - 1988 auf 122 % stieg, erhöhten sich die Investitionen im nichtproduzierenden Bereich einschließlich Wohnungsbau auf 200 %. Dabei sind durch die Konzentration der Mittel auf den Wohnungs- und Gesellschaftsbau bestimmte, für die Versorgung der Bevölkerung wichtige Bereiche, wie das Gesundheitswesen, vernachlässigt worden.
Die Konzentration der ohnehin zu geringen Investitionen auf ausgewählte Zweige hat zum Zurückbleiben in anderen Bereichen, darunter der Zulieferindustrie, geführt. Hinzu kommt, daß große Investitionsobjekte mit bedeutendem Aufwand nicht den geplanten Nutzen erreicht haben.
Auf einer Reihe von Gebieten sind modernste und hocheffektive Ausrüstungen vorhanden, wie z. B. in der Mikroelektronik, im Werkzeug- und Verarbeitungsmaschinenbau und auf Teilgebieten der Leichtindustrie, der Möbelindustrie sowie im Bereich Glas- und Keramikindustrie. Insgesamt hat sich jedoch der Verschleißgrad der Ausrüstungen in der Industrie von 47,1 % 1975 auf 53,8 % 1988 erhöht, im Bauwesen von 49 % auf 67 %, im Verkehrswesen von 48,4 % auf 52,1 % und in der Land-, Forst- und Nahrungsgüterwirtschaft von 50,2 % auf 61,3 %. In bestimmten Bereichen der Volkswirtschaft sind die Ausrüstungen stark verschlissen, woraus sich ein überhöhter und ökonomisch uneffektiver Instandhaltungs- und Reparaturbedarf ergibt. Darin liegt auch eine Ursache, daß der Anteil der Beschäftigten mit manueller Tätigkeit in der Industrie seit 1980 nicht gesunken ist, sondern mit 40 % etwa gleichblieb.
Zugleich war mit dem ungenügenden Einsatz von Nationaleinkommen für die Akkumulation in den produzierenden Bereichen verbunden, daß eine Reihe wissenschaftlich-technischer Ergebnisse nicht in die Produktion überführt werden konnten und der Anteil des Zuwachses an Nationaleinkommen aus der Senkung des Produktionsverbrauchs, der 1981 - 1985 im Zusammenhang mit der Heizölablösung 30 - 35 % betrug, in der Folgezeit zurückging.
Der Rückgang der produktiven Akkumulation ist Hauptursache für das Abschwächen des Wachstumstempos der Produktion und des Nationaleinkommens, das vor allem ab 1986 wirksam wurde, sowie zunehmender Disproportionen.
Das Wachstumstempo des Nationaleinkommens 1986 - 1990 liegt voraussichtlich mit 3,6 % bei abnehmender Tendenz bedeutend unter den erreichten

Ergebnissen bis 1985. Dieser Faktor des langjährigen Rückgangs der produktiven Akkumulation wird auch nach 1990 noch wirken.

2. Im Zeitraum seit dem VIII. Parteitag wuchs insgesamt der Verbrauch schneller als die eigenen Leistungen. Es wurde mehr verbraucht als aus eigener Produktion erwirtschaftet wurde zu Lasten der Verschuldung im NSW, die sich von 2 Mrd. VM 1970 auf 49 Mrd. VM 1989 erhöht hat. Das bedeutet, daß die Sozialpolitik seit dem VIII. Parteitag nicht in vollem Umfang auf eigenen Leistungen beruht, sondern zu einer wachsenden Verschuldung im NSW führte.

Hinzu kommt, daß das Tempo der Entwicklung der Geldeinnahmen der Bevölkerung höher war als das des Warenfonds zur Versorgung der Bevölkerung. Das führte trotz eines hohen Niveaus der Versorgung zu Mangelerscheinungen im Angebot und zu einem beträchtlichen Kaufkraftüberhang.

Betrachtet man als Basiszeitraum des nächsten Fünfjahrplanes die Jahre 1986 - 1989 zeigt sich folgendes Bild:

- Die Hauptkennziffern von Leistung und Verbrauch haben sich im Zeitraum 1986 - 1989 durchschnittlich jährlich wie folgt entwickelt:

Wachstum des Nationaleinkommens	3,6 %
Warenfonds zur Versorgung der Bevölkerung	4,0 %
Nettogeldeinnahmen der Bevölkerung	4,3 %
Realeinkommen pro Kopf der Bevölkerung	4,5 %

Die Leistungsentwicklung blieb hinter den Planzielstellungen zurück. Demgegenüber wurden die Ziele auf den Gebieten der Konsumtion, des Wohnungsbaus und der Sozialpolitik übererfüllt.

Der Fünfjahrplan 1986 - 1990 sah gegenüber dem Ist von voraussichtlich 3,6 % ein durchschnittlich jährliches Wachstum des Nationaleinkommens von 4,8 % vor. Die Differenz zur tatsächlichen Entwicklung beträgt 1986 - 1990 36 Mrd. M volkswirtschaftliches Endprodukt. Der Rückstand bei der industriellen Warenproduktion beträgt 88 Mrd. M.

Der Ausgleich zwischen diesem Leistungsrückstand und der Erfüllung der sozialpolitischen Aufgaben führte zur Senkung der Akkumukation, zur Erhöhung der inneren Verschuldung und der zunehmenden Aufnahme ausländischer Kredite.

- Einer besonderen Beachtung bedarf die Entwicklung des Verhältnisses zwischen Kaufkraft und Warenfonds.

Die Nettogeldeinnahmen sind mit 4,3 % jährlich schneller gewachsen als die Warenfonds mit 4 %. Für den langfristigen Zeitraum 1980 - 1989 ergibt sich ein Verhältnis von 138,9 % Steigerung der Nettogeldeinnahmen zu 131,4 % Steigerung des Warenfonds. Das führte zu einem permanenten, sich ständig vergrößernden Kaufkraftüberhang.

Das Verhältnis der notwendigen schnelleren Steigerung der Arbeitsproduktivität gegenüber dem Durchschnittslohn hat sich in diesem Zusammenhang abgeschwächt und im Jahre 1987 aufgrund des Zusammenfallens mehrerer ungünstiger Faktoren (strenger Winter, starke Ernteausfälle) umgekehrt. Für den Zeitraum 1986 - 1989 zeigt sich durchschnittlich jährlich folgendes Bild:

Verhältnis der Steigerung der Arbeitsproduktivität zur Entwicklung des Durchschnittslohnes

geplant   1,54 : 1
Ist   1,20 : 1

Die Entwicklung der Struktur der Konsumtion im Zusammenhang mit der grundlegenden Frage des Verhältnisses zwischen individueller und gesellschaftlicher Konsumtion und des im Parteiprogramm dazu formulierten Grundsatzes, daß die Erhöhung des materiellen und kulturellen Lebensniveaus der Werktätigen sich auch weiterhin hauptsächlich über das Arbeitseinkommen als wichtigste Einkommensquelle vollziehen wird, zeigt folgendes:
Während sich im Zeitraum 1986 - 1989 die Geldeinnahmen der Bevölkerung durchschnittlich jährlich um 4,3 % erhöhten, sind die indirekten Einkommen aus gesellschaftlichen Fonds, als wichtiger Bestandteil des Realeinkommens (oft auch zweite Lohntüte genannt) um 4,9 % durchschnittlich jährlich angewachsen.
Das Tempo der Entwicklung der Zuwendungen für die Bevölkerung aus dem Staatshaushalt einschließlich der Subventionen für Wohnungswesen, stabile Preise, Tarife, Bildungswesen, Gesundheitswesen, Kultur, Sport und Erholung beträgt 1986 - 1988 rund 7 % durchschnittlich jährlich.
Aus der schnelleren Entwicklung der Nettogeldeinnahmen gegenüber den Warenfonds zur Versorgung der Bevölkerung ergibt sich im Zeitraum 1986 - 1989 ein aktueller, direkt auf den Binnenmarkt wirkender Kaufkraftüberhang von 6,0 Mrd. M.
Das entspricht etwa dem Zuwachs der Nettogeldeinnahmen der Bevölkerung eines ganzen Jahres.
Die Spareinlagen einschließlich Versicherungssparen erhöhten sich von 136 Mrd. 1985 auf 175 Mrd. M Ende 1989. Das Wachstum beträgt damit durchschnittlich jährlich 6,5 %.
Die Zinszahlungen an die Bevölkerung betragen 1989 voraussichtlich 5 Mrd. M. Das ist mehr als der gesamte Jahreszuwachs des Warenfonds im Jahre 1989. Das Wachsen der Spareinlagen ist einerseits Ausdruck des Vertrauens der Bevölkerung zur gesellschaftlichen Entwicklung und des Wunsches, mit wachsendem Lebensstandard über persönliche Reserven zu verfügen, hängt aber andererseits zum Teil mit nicht realisierbaren Kaufwünschen, besonders nach langlebigen und hochwertigen Konsumgütern, zusammen (PKW, HiFi-Anlagen u.ä.).

- Die Verbindlichkeiten des Staatshaushaltes gegenüber dem Kreditsystem entwickelten sich aufgrund der höheren Ausgaben gegenüber den erreichten Einnahmen von rd.: 12 Mrd. M 1970 auf 43 Mrd. M 1980 und 123 Mrd. M 1988.
In den Jahren 1989 und 1990 können die höheren Ausgaben des Staatshaushaltes gegenüber den Einnahmen nur durch zusätzliche Kreditaufnahme in Höhe von 20 Mrd. M erreicht werden, so daß die Gesamtverschuldung 1990 insgesamt 140 Mrd. M beträgt. Geldumlauf und die Kreditaufnahme des Staates, darunter wesentlich aus den Spareinlagen der Bevölkerung, sind schneller gestiegen als die volkswirtschaftliche Leistung. Die ungenügende Erhöhung der Effektivität im volkswirtschaftlichen Reproduktionsprozeß, die Angleichung der Industrieabgabepreise an den im internationalen Vergleich zu hohem Aufwand sowie die wachsende Verschuldung des Staatshaushaltes hat zu einer Schwächung der Währung der DDR geführt.

3. Der Fünfjahrplan 1986 - 1990 für das NSW wird in bedeutendem Umfang nicht erfüllt. Bereits in den Jahren 1971 - 1980 wurden 21 Mrd. VM mehr importiert als exportiert. Das ist im Zusammenhang mit der dazu erforderlich gewordenen Kreditaufnahme und den Zinsen die Hauptursache des heutigen außergewöhnlich hohen Schuldenberges.

Ab 1981 wurden die Anstrengungen darauf gerichtet, die entstandene Belastung der Zahlungsbilanz durch Einschränkungen der Importe zu verringern. Im Zeitraum 1981 - 1985 wurden Exportüberschüsse insbesondere im Zusammenhang mit der Ablösung von Heizöl durch Braunkohle und Erdgas und den Export von Erdölprodukten zu günstigen Preisen erzielt.

Diese Exportüberschüsse ermöglichten, den "Sockel" von 1980 - 1986 etwa auf gleichem Niveau in Höhe von 28 Mrd. VM zu halten. Ab 1986 gingen die Exportüberschüsse insbesondere im Zusammenhang mit der Reduzierung der Preise für Erdölprodukte zurück; sie betrugen von 1986 - 1988 nur noch rd. 1 Mrd. VM, während allein die Kosten und Zinsen für Kredite in diesem Zeitraum etwa 13 Mrd. VM ausmachten. Das bedeutete eine grundlegende Änderung der ökonomischen Situation in der DDR.

Die Exportziele des Fünfjahrplanes 1986 - 1990 werden aufgrund der fehlenden Leistung und ungenügenden Effektivität mit 14 Mrd. VM unterschritten und der Import mit rd. 15 Mrd. VM überschritten. Darin sind die durchgeführten Importe an Maschinen und Ausrüstungen im Umfang von 6,9 Mrd. VM zur Leistungssteigerung, insbesondere in der metallverarbeitenden Industrie sowie der Mikroelektronik, enthalten.

Damit ergibt sich anstelle des geplanten Exportüberschusses von 23,1 Mrd. VM ein Importüberschuß im Zeitraum 1986 - 1990 von 6 Mrd. VM.

Das war mit einem schnellen Anstieg des "Sockels" auf 49 Mrd. VM Ende 1989 verbunden, d. h. auf 190 % gegenüber 1985. Die eingetretene Höhe des "Sockels" entspricht damit etwa dem 4fachen des Exports des Jahres 1989.

Mit den geplanten Valutaeinnahmen 1989 werden nur etwa 35 % der Valutaausgaben insbesondere für Kredittilgungen, Zinszahlungen und Importe gedeckt. 65 % der Ausgaben müssen durch Bankkredite und andere Quellen finanziert werden. Das bedeutet, daß die fälligen Zahlungen von Tilgungen und Zinsen, d. h. Schulden mit neuen Schulden bezahlt werden. Zur Finanzierung der Zinsen müssen mehr als die Hälfte des Einnahmenszuwachses des Staatshaushaltes eingesetzt werden.

Bei der Einschätzung der Kreditwürdigkeit eines Landes wird international davon ausgegangen, daß die Schuldendienstrate - das Verhältnis von Export zu den im gleichen Jahr fälligen Kreditrückzahlungen und Zinsen - nicht mehr als 25 % betragen sollte. Damit sollen 75 % der Exporte für die Bezahlung von Importen und sonstigen Ausgaben zur Verfügung stehen. Die DDR hat, bezogen auf den NSW-Export, 1989 eine Schuldendienstrate von 150 %.

Die Lage in der Zahlungsbilanz wird sich nach dem erreichten Arbeitsstand zum Entwurf des Planes 1990 weiter verschärfen. Der "Sockel" wird bei einem NSW-Exportüberschuß von 0,3 - 0,5 Mrd. VM auf ca. 57 Mrd. VM Ende 1990 ansteigen. Die Kosten und Zinsen betragen 1990 insgesamt über 8 Mrd. VM.

Wenn der Anstieg des "Sockels" verhindert werden soll, müßte 1990 ein Inlandsprodukt von 30 Mrd. M aufgewendet werden, was dem geplanten Zuwachs des Nationaleinkommens von 3 Jahren entspricht und eine Reduzierung der Konsumtion um 25 - 30 % erfordert.

Es wird eingeschätzt, daß zur Aufrechterhaltung der Zahlungsfähigkeit folgende Exportüberschüsse erreicht werden müssen:

-Mrd. VM -	1990	1991	1992	1993	1994	1995
Exportüberschuß	2,0	4,6	6,7	9,2	10,2	11,3

Unter diesen Bedingungen entwickelt sich der "Sockel" wie folgt:

-Mrd. VM -	1990	1991	1992	1993	1994	1995
"Sockel"	55,5	62,0	63,0	62,0	60,0	57,0

Für einen solchen Exportüberschuß bestehen jedoch unter den jetzigen Bedingungen keine realen Voraussetzungen.
Die Konsequenzen der unmittelbar bevorstehenden Zahlungsunfähigkeit wäre ein Moratorium (Umschuldung), bei der der internationale Währungsfond bestimmen würde, was in der DDR zu geschehen hat. Solche Auflagen setzen Untersuchungen des IWF in den betreffenden Ländern zu Fragen der Kostenentwicklung, der Geldstabilität u. ä. voraus. Sie sind mit der Forderung auf den Verzicht des Staates, in die Wirtschaft einzugreifen, der Reprivatisierung von Unternehmen, der Einschränkung der Subventionen mit dem Ziel, sie gänzlich abzuschaffen, den Verzicht des Staates, die Importpolitik zu bestimmen, verbunden.
Es ist notwendig, alles zu tun, damit dieser Weg vermieden wird.

II.

Welche Schlußfolgerungen können angesichts dieser Situation vorgeschlagen werden?
1. <u>Die grundsätzlichen gesellschaftlichen Ziele, die für die Zukunft gestellt werden, müssen mit den wirtschaftlichen Möglichkeiten des Landes unter Berücksichtigung der charakterisierten ökonomischen Situation in Übereinstimmung gebracht werden.</u>
<u>Es ist eine grundsätzliche Änderung der Wirtschaftspolitik der DDR verbunden mit einer Wirtschaftsreform erforderlich.</u>
Die grundlegende Aufgabe der neuen Wirtschaftspolitik besteht darin, Leistung und Verbrauch wieder in Übereinstimmung zu bringen. Es kann im Inland nur das verbraucht werden, was nach Abzug des erforderlichen Exportüberschusses für die innere Verwendung als Konsumtion und Akkumulation zur Verfügung steht. Das bedeutet, daß der Zuwachs des im Inland verwendeten Nationaleinkommens zur Sicherung der Zahlungsfähigkeit der DDR gegenüber dem NSW in den nächsten Jahren deutlich niedriger liegen muß als die Entwicklung des produzierten Nationaleinkommens.

Grundlegende Aufgaben sind:

- Das vorhandene Leistungsvermögen unseres Landes ist umfassend auszuschöpfen durch konsequente Stärkung der produktiven Akkumulation vorrangig in Zweigen, die zur Erreichung eines wachsenden NSW-Exportüberschusses einen maximalen Beitrag zur Sicherung der Liquidität zu leisten haben zu Lasten der Investitionen in den nichtproduzierenden Bereichen bereits mit dem Plan 1990.
- Die vorhandenen Kräfte und Ressourcen sind auf die Lösung der Zulieferprobleme und die Gewährleistung der volkswirtschaftlichen Verflechtungen als

bedeutende Voraussetzung der Steigerung der Leistungsentwicklung und der Arbeitsproduktivität, auf den Export zur Sicherung der Rohstofflieferungen aus der UdSSR und einen wachsenden NSW-Exportes sowie die Lösung der Versorgungsaufgaben der Bevölkerung zu konzentrieren.
- Es ist eine Umstrukturierung des Arbeitskräftepotentials erforderlich, um das Mißverhältnis zwischen produktiven und unproduktiven Kräften in der gesamten Wirtschaft und im Überbau zu beseitigen, d. h. drastischer Abbau von Verwaltungs- und Bürokräften sowie hauptamtlich Tätiger in gesellschaftlichen Organisationen und Einrichtungen.
- Als Grundfrage der konsequenten Durchsetzung des sozialistischen Leistungsprinzips ist die Erhöhung der Einnahmen direkt an höhere Leistungen zu binden. Das erfordert zugleich für nicht gebrachte Leistungen, Schluderei und selbstverschuldete Verluste Abzüge vom Lohn und Einkommen.
- Die Investitionen sind für die Erhaltung, Modernisierung und Rationalisierung einzusetzen, um eine bedeutende Einschränkung von Arbeitsplätzen zu erreichen, den eingetretenen Aderlaß von Arbeitskräften auszugleichen und Arbeitskräfte für die neuen Prioritäten zu gewinnen.
- Zur Gewährleistung der Stabilität des Binnenmarktes und der Sicherung des NSW-Exportfonds müssen grundlegende Veränderungen in der Subventions- und Preispolitik erfolgen bei Erhaltung der sozial begründeten, den volkswirtschaftlich möglichen entsprechenden Maßnahmen.
Alle Elemente der Subventions- und Preispolitik, die dem Leistungsprinzip widersprechen sowie zur Verschwendung und Spekulation führen, sind zu beseitigen.
Ausgehend von der Lage kann bei der Einschränkung der Subventionen kein voller Ausgleich gezahlt werden. Es sind weitere, die Durchsetzung des Leistungsprinzips fördernde, kaufkraftbindende Maßnahmen erforderlich.
Gleichzeitig sind Maßnahmen zur Kaufkraftbindung durch die Steigerung der Produktion hochwertiger Konsumgüter sowie durch höhere Veredlung zum Beispiel eigener landwirtschaftlicher Rohstoffe wie Milch und Fleisch, durch Entwicklung von Dienstleistungen und Gewerbe bzw. Bildung von Sachvermögen durch industriellen Eigenheimbau und eventuellen Kauf von Etagenwohnungen vorzuschlagen.
- Die Stärkung der produktiven Akkumulation erfordert, für die kommende Zeit eine Reduzierung der eingesetzten Ressourcen für den komplexen Wohnungsbau, der gegenwärtig 75 % aller Investitionen in den nichtproduzierenden Bereichen beansprucht.
Hinsichtlich des Wohnungsbaus ist vor allem auf der Grundlage der Nutzung der Kapazitäten in den Territorien schwerpunktmäßig die Werterhaltung und Modernisierung vorhandener Wohnsubstanz zu sichern.
Modernisierung, Erhaltung und Neubau von Wohnungen, vor allem in den vorhandenen Wohngebieten, sind auf das engste mit der Wohnraumwirtschaft und der Wohnungspolitik als Ganzes zu verbinden.

Auf diese Weise ist eine wesentliche Erhöhung des gesamten volkswirtschaftlichen Reproduktionsprozesses und eine Beschleunigung der Kostensenkung zu verwirklichen; durch Entwicklung der Produktionsstruktur mit hoher Devisenrentabilität muß der Beitrag zum Nationaleinkommen erhöht werden.

2. Durchführung einer Wirtschaftsreform mit sofort wirksamen und langfristig wirkenden Maßnahmen

Als erster Schritt ist eine bedeutende Senkung des Planungs- und des Verwaltungsaufwandes auf allen Ebenen notwendig.

Vorhandene Elemente einer bürokratischen Zentralisierung in Leitung und Planung, deren Bearbeitung und Lösung nicht in der Zentrale möglich und erforderlich sind, sind abzuschaffen und die Eigenverantwortung der Kombinate und Betriebe wesentlich zu erhöhen.

Dazu gehören

- Abschaffung der zentralen Planung und Abrechnung der Tagesmeldungen sowie der zentralen Dekaden- und Monatsplanung.
- Reduzierung der Aufgaben des Staatsplanes Wissenschaft und Technik von 3800 Positionen auf 600 bis 800 Positionen, die inhaltlich entscheidend sind und zentral beeinflußt und entschieden werden müssen. Gleichermaßen ist die Zahl der Staatsaufträge von rund 40 auf 25 einzuschränken. Die Möglichkeit der Abschaffung der Erneuerungspässe ist im Zusammenhang mit der Ausgestaltung der bestehenden Pflichtenhefte zu prüfen.
- Die Bilanzierung der Erzeugnissortimente ist den Kombinaten als Hauptproduzenten zu übertragen. Es darf keine formale Festlegung der Erneuerungsrate der Produktion geben.
- Die Verantwortung der Kombinate und Betriebe für den Prozeß der Plandurchführung ist als Voraussetzung für flexibles Reagieren entsprechend den Bedürfnissen des inneren und äußeren Marktes im Rahmen der ihnen zur Verfügung stehenden Fonds wesentlich zu erhöhen. Es müssen effektive Kooperationsbeziehungen im Rahmen der Volkswirtschaft der DDR sowie international, besonders mit der UdSSR, organisiert werden.
Die Übernahme von Klein- und Mittelbetrieben durch Kombinate bzw. ihre Auslastung durch zentral bilanzierte Auflagen ist einzustellen bzw. zu prüfen, wo sie wieder ausgegliedert werden können.
- Die Verantwortung der Produzenten sowie der örtlichen Staatsorgane für die Deckung des Bedarfs, insbesondere an Erzeugnissen der 1000 kleinen Dinge, ist durch Schaffung besserer materieller Voraussetzungen für die Klein- und Mittelbetriebe sowie für Handwerk und Gewerbe zu unterstützen; den ökonomischen Wirkungen von Angebot und Nachfrage und entsprechender Preisbildung auf diesem Gebiet ist größerer Spielraum zu geben.
Die Steuergesetzgebung für Handwerk und Gewerbe ist sofort zu überarbeiten. Die Arbeitskräfteregelungen und die Investitionsmöglichkeiten sind großzügiger zu gestalten.
- Im Rahmen der auszuarbeitenden Grundsätze für die Eigenerwirtschaftung der Mittel durch Kombinate, Betriebe, Genossenschaften einschließlich Handwerks- und Gewerbebetriebe ist ein Schwerpunkt darauf zu legen, Initiativen zur zusätzlichen Valutaerwirtschaftung materiell zu stimulieren. Sie sind an den Valutaeinnahmen zu beteiligen.
- Die Rolle des Geldes als Maßstab für Leistung, wirtschaftlichen Erfolg oder Mißerfolg ist wesentlich zu erhöhen.
- Der Wahrheitsgehalt der Statistik und Information ist auf allen Gebieten zu gewährleisten.

Insgesamt geht es um die Entwicklung einer an den Marktbedingungen orientierten sozialistischen Planwirtschaft bei optimaler Ausgestaltung des demokratischen Zentralismus, wo jede Frage dort entschieden wird, wo die dafür nötige, größere Kompetenz vorhanden ist.

III.

Es ist eine neue Stufe der Zusammenarbeit der DDR mit der UdSSR zu verwirklichen.
Das erfordert die Durchführung einer Politik der Zusammenarbeit zwischen unseren beiden Ländern ohne Vorbehalte und die Beseitigung des zwiespältigen Verhaltens zur Umgestaltung in der UdSSR.
Nach Abstimmung der Rohstofflieferungen der UdSSR und der Bezahlware der DDR dafür ist als nächster Schritt die Koordinierung der Zusammenarbeit, Kooperation und Arbeitsteilung auf den Gebieten der Elektrotechnik und Elektronik sowie des Maschinenbaus notwendig. Dies gilt insbesondere für die weitere Entwicklung der Zusammenarbeit auf dem Gebiet der höchstintegrierten Schaltkreise der Mikroelektronik und Rechentechnik.
Die Produktion und Lieferungen der DDR müssen von dem mit der Umgestaltung sich wesentlich ändernden Investitionsbedarf der UdSSR ausgehen. Dabei ist die Konversion von Betrieben der Verteidigungsindustrie zu unterstützen.
Es darf keine Vorbehalte zu neuen Formen der Zusammenarbeit geben (gemeinsame Betriebe). Entscheidend ist die Berechnung von Aufwand und Nutzen.
Gegenüber den anderen sozialistischen Ländern ist die konstruktive Zusammenarbeit unabhängig von der Unterschiedlichkeit der eingeschlagenen Wege bei Wahrung der ökonomischen Interessen der DDR konsequent fortzuführen. In den Rohstofflieferungen muß die Gegenseitigkeit und auf dem Gebiet der metallverarbeitenden Industrie die Arbeitsteilung unter Nutzung der vorhandenen Potenzen der DDR erweitert werden.

IV.

Auch wenn alle diese Maßnahmen in hoher Dringlichkeit und Qualität durchgeführt werden, ist der in Abschnitt I dargelegte, für die Zahlungsfähigkeit der DDR erforderliche NSW-Exportüberschuß nicht sichtbar.
1985 wäre das noch mit großen Anstrengungen möglich gewesen. Heute besteht diese Chance nicht mehr. Allein ein Stoppen der Verschuldung würde im Jahre 1990 eine Senkung des Lebensstandards um 25 - 30 % erfordern und die DDR unregierbar machen. Selbst wenn das der Bevölkerung zugemutet würde, ist das erforderliche exportfähige Endprodukt in dieser Größenordnung nicht aufzubringen.
Aus diesem Grunde wird über die vorgenannten Schlußfolgerungen hinaus folgendes vorgeschlagen:

4. Es ist ein konstruktives Konzept der Zusammenarbeit mit der BRD und mit anderen kapitalistischen Ländern wie Frankreich, Österreich, Japan, die an einer Stärkung der DDR als politisches Gegengewicht zur BRD interessiert sind, auszuarbeiten und zu verhandeln:

a) Im Interesse der Stärkung der produktiven Akkumulation sind alle Formen der Zusammenarbeit mit Konzernen und Firmen der BRD sowie anderen kapitalistischen Ländern zu prüfen mit dem Ziel, mehr Waren für den Außen- und Binnenmarkt aus der Leistungssteigerung bereitzustellen. Die Refinanzierung ist aus diesen Objekten zu gewährleisten, wobei ein ökonomischer Nutzen für die DDR bzw. ein Export auf Drittmärkte ermöglicht werden muß.
b) Die DDR ist interessiert, mit Konzernen und Firmen der BRD und anderen Ländern zu kooperieren, Lizenzen und Technologien zu übernehmen, Leasinggeschäfte durchzuführen sowie die Gestattungsproduktion weiter zu entwickeln, wenn der Aufwand refinanziert und ein Gewinn erreicht werden kann.

c) Zur Modernisierung von mittleren und Kleinbetrieben sowie von Handwerk und Gewerbe, besonders in der Textilindustrie, der Schuhindustrie, Glas- und Keramik, Lebensmittelindustrie und Nahrungsgüterwirtschaft, deren Produktion unmittelbar versorgungswirksam werden kann, sind Kredite aufzunehmen, die durch Leistungssteigerung dieser Betriebe fristgemäß refinanziert werden.

d) Die DDR ist an der Beratung einiger großer Objekte der Zusammenarbeit auf dem Gebiet der Energie, des Umweltschutzes, der Chemie und anderer Zweige, für die jeweils einzeln intensive Verhandlungen erforderlich sind und deren Realisierung im Interesse beider Partner liegt, interessiert.

e) Zur Erhöhung der Attraktivität des Tourismus aus kapitalistischen Ländern in die DDR sind auf der Grundlage der Refinanzierungsmöglichkeiten weitere Kapazitäten zu rekonstruieren bzw. zu erweitern. Es ist zu prüfen, daß gegenwärtig nicht voll genutzte Kapazitäten, die weder der Bevölkerung noch dem organisierten Tourismus zur Verfügung stehen, teilweise in die Kapazitätserweiterung für den NSW-Tourismus aufgenommen werden.

Es muß mit aller Deutlichkeit darauf hingewiesen werden, daß der Ausweg aus der Lage die Verwirklichung der vorstehend insgesamt dargelegten Maßnahmen zur Veränderung der Wirtschafts- und Gesellschaftspolitik erfordert.

Die Vorschläge zur ökonomischen Kooperation mit der BRD und anderen kapitalistischen Ländern sind ohne die in den Abschnitten II und III genannten Maßnahmen nicht durchführbar. Sonst würde ein Eintreten der Zahlungsunfähigkeit nicht vermeidbar sein sondern beschleunigt werden.

Alle genannten Maßnahmen müssen bereits 1992 zu höheren Valutaeinnahmen für die Sicherung der Liquidität des Staates führen. Trotz dieser Maßnahmen ist es für die Sicherung der Zahlungsfähigkeit 1991 unerläßlich, zum gegebenen Zeitpunkt mit der Regierung der BRD über Finanzkredite in Höhe von 2 - 3 Mrd. VM über bisherige Kreditlinien hinaus zu verhandeln. Gegebenenfalls ist die Transitpauschale der Jahre 1996 - 1999 als Sicherheit einzusetzen.

Diese Vorschläge erhöhen die Verschuldung der DDR weiter und stellen ein Risiko dar. Die Verschuldung wird jedoch langfristig und refinanzierbar konzipiert und ist verbunden mit dem Zeitgewinn für die grundsätzliche Änderung der Wirtschaftspolitik der DDR und der Vermeidung eines Diktats des Internationalen Währungsfonds.

Zur Untersetzung der dargelegten Grundlinie der neuen Wirtschaftspolitik und als Voraussetzung für dazu erforderliche Entscheidungen sowie zur detaillierten Ausarbeitung der Vorschläge und Objekte für die ökonomische und wissenschaftlich-technische Zusammenarbeit mit der BRD und anderen kapitalistischen Ländern ist es erforderlich, durch die Staatliche Plankommission ein Gesamtkonzept der Entwicklung der Volkswirtschaft für den Zeitraum 1991 - 1995 auszuarbeiten und dem Politbüro im Dezember vorzulegen.

Die Verwirklichung der dargelegten Maßnahmen erfordert eine straffe staatliche Leitung und Organisation.

V.

Mit diesen in Abschnitt IV dargelegten Vorschlägen läßt sich die DDR als Land des Sozialismus, als Mitglied des Warschauer Paktes und des Rates für Gegenseitige Wirtschaftshilfe leiten von der Politik der friedlichen Koexistenz von Staaten unterschiedlicher Gesellschaftsordnung, von der Politik des Dialogs der Vernunft und der Entspannung.

Dabei schließt die DDR jede Idee von Wiedervereinigung mit der BRD oder der Schaffung einer Konföderation aus.

Wir sehen in unseren Vorschlägen jedoch einen Weg in Richtung des zu schaffenden europäischen Hauses entsprechend der Idee Michail Sergejewitsch Gorbatschows, in dem beide deutsche Staaten als gute Nachbarn Platz finden können. *Um der BRD den ernsthaften Willen der DDR zu unseren Vorschlägen bewußt zu machen, ist zu erklären, daß durch diese und weitergehende Maßnahmen der ökonomischen und wissenschaftlich-technischen Zusammenarbeit DDR - BRD noch in diesem Jahrhundert solche Bedingungen geschaffen werden könnten, die heute existierende Form der Grenze zwischen beiden deutschen Staaten überflüssig zu machen.*[30] Dies müßte jedoch verbunden werden mit eigenen politischen und ökonomischen Vorschlägen der BRD zur Entspannung und zur ökonomischen Unterstützung der DDR, wobei die Tatsache zu berücksichtigen ist, daß unserem Land in der Zeit der offenen Staatsgrenze laut Einschätzung eines Wirtschaftsinstitutes der BRD ein Schaden von ca. 100 Mrd. Mark entstanden ist.

Als Zeichen der Hoffnung und der Perspektive ist die DDR bereit, 1995 zu prüfen, ob sich die Hauptstadt der DDR und Berlin (West) um die gemeinsame Durchführung der Olympischen Spiele im Jahre 2004 bewerben sollten.

(Quelle: PdV)

Dok. 8
Schreiben von Gerhard Schürer an Egon Krenz, 27.10.1989:
Zur Zahlungsfähigkeit der DDR (Zusatzinformation zur GVS "Analyse der ökonomischen Lage der DDR mit Schlußfolgerungen")

Genossen Stoph
zur Information

Generalsekretär des
ZK der SED und Vorsitzenden
des Staatsrates der DDR
Genossen Egon Krenz
Marx-Engels-Platz
Berlin
1 0 2 6

Berlin, 27.10.89

Lieber Genosse Egon Krenz!

Zu Deiner Information übergebe ich Dir in der Anlage ein Zusatzmaterial zur Zahlungsfähigkeit der DDR.
Wir haben die darin enthaltenen Fakten nicht in die Analyse der ökonomischen Lage der DDR aufgenommen, da sie, wie vom Politbüro festgelegt, weiterhin strengster Geheimhaltung unterliegen müssen.

Mit sozialistischem Gruß
(Unterschrift)
Gerhard Schürer

Anlage

---

[30] Der kursiv gesetzte Passus wurde in der dem Reinschriftenprotokoll der Politbüro-Sitzung vom 31.10.1989 beigelegten Fassung dieser Vorlage gestrichen.

Gerhard Schürer

Geheime Kommandosache
b 5 - 1156/89
2. Ausf. Blatt 1-3

Berlin, 27. Oktober 1989

Zur Zahlungsfähigkeit der DDR (Zusatzinformation zur GVS "Analyse der ökonomischen Lage der DDR mit Schlußfolgerungen"

Die Zahlungssituation der DDR im Handel mit dem NSW ist dadurch gekennzeichnet, daß wir zur Einhaltung unserer Zahlungsverpflichtungen aus Krediten und Zinsen sowie zur Durchführung jährlicher Importe bereits jetzt weitestgehend von kapitalistischen Kreditgebern abhängig sind.
Die jährliche Kreditaufnahme der DDR liegt bei 8 - 10 Mrd. VM. Das ist für ein Land wie die DDR eine außerordentlich hohe Summe, die bei ca. 400 Banken jeweils mobilisiert werden muß.
Kapitalistische Banken haben für ihre Kreditausreichung gegenüber den sozialistischen Ländern - ebenso wie gegenüber Entwicklungsländern - Länderlimite festgelegt.

Die weitere Beschaffung von Krediten in den Jahren bis 1995 ist maßgeblich abhängig von
- der Wirkung politischer Faktoren auf die Kreditvergabebereitschaft kapitalistischer Banken und der Haltung der Regierungen solcher Länder wie Japan und der BRD, die zu den wichtigsten Kreditgebern der DDR gehören;
- der wirtschaftlichen Entwicklung der DDR, insbesondere der Außenhandelsentwicklung, der Kostenentwicklung, der Akkumulationskraft, der Geldstabilität, der Arbeitskräfteentwicklung usw.;
- der Beibehaltung relativ hoher Anlagen bei ausländischen Banken, die als Guthaben der DDR in Erscheinung treten, auch wenn es sich um Depositen und bereits mobilisierte, noch nicht eingesetzte Kredite handelt.
Bei Wahrung der Geheimhaltung über den tatsächlichen Charakter dieser "Guthaben" tragen sie ganz wesentlich zum Ansehen der DDR als zuverlässiger Kreditnehmer bei.

Diese "Guthaben" bestehen aus:
- Guthaben von Ausländern in Form von Depositen und Einlagen, die unsere Banken aufgenommen und wieder eingelegt haben, in Höhe von 5,3 Mrd. VM
- mit kapitalistischen Banken vertraglich vereinbarte Kredite, die bis zu ihrem Einsatz von uns angelegt werden, in Höhe von 8,4 Mrd. VM
- Umlaufmitteln des Bereiches Kommerzielle Koordinierung von 2,7 Mrd. VM
- Valutaguthaben von DDR-Bürgern 0,3 Mrd. VM.

Bei Informationen über Gutgaben der DDR, die durch ausländische Banken oder Kreditinstitutionen erfolgen, werden alle diese Mittel als "Guthaben der DDR" angesehen, da die tatsächlichen Quellen diesen Banken nicht bekannt sind.
Für die Kreditwürdigkeit der DDR ist das sehr positiv, für die tatsächliche Verschuldung jedoch wirkungslos.
Bei einer Einbeziehung dieser Faktoren in unseren Ausweis der Verschuldung müßten sowohl Forderungen als auch Verbindlichkeiten in gleicher Höhe aufgenommen werden.
Der Saldo aus Forderungen und Verbindlichkeiten daraus bleibt unverändert.

Im Interesse der Notwendigkeit der Erhaltung der Kreditwürdigkeit ist eine absolute Geheimhaltung dieser Fakten erforderlich. Sie dürfen deshalb auch künftig nicht in die Abrechnung der Planzahlungsbilanz einbezogen werden.

(Quelle: PdV)

Dok. 9
Niederschrift des Gesprächs von Egon Krenz und Michail Gorbatschow am 1.11.1989 in Moskau[31]

Berlin, 1.11.1989

Niederschrift
des Gesprächs des Genossen Egon Krenz, Generalsekretär des ZK der SED und Vorsitzender des Staatsrates der DDR, mit Genossen Michail Gorbatschow, Generalsekretär des ZK der KPdSU und Vorsitzender des Obersten Sowjets der UdSSR, am 1.11.1989 in Moskau

---

Nach der äußerst herzlichen Begrüßung wies Genosse Egon Krenz darauf hin, er habe die Losungen des ZK der KPdSU zum 72. Jahrestag der Oktoberrevolution in der "Prawda" gelesen. Besonders habe ihn die Losung "Gruß dem Oktober, Gruß den sozialistischen Ländern" berührt.
Genosse Michail Gorbatschow gab seiner Freude darüber Ausdruck, daß Genosse Krenz noch vor den Oktoberfeiertagen nach Moskau gekommen sei. Dies symbolisiere, daß beide Parteien und Staaten nach Verwirklichung der Ideale der Oktoberrevolution streben.
Er hieß Genossen Krenz im Namen aller Genossen des Politbüros des ZK der KPdSU und der Führung der Sowjetunion sowie in seinem eigenen Namen auf das herzlichste in Moskau willkommen. Man habe trotz eines äußerst angespannten Zeitplanes versucht, Umstellungen vorzunehmen, um diesen Tag für ausführliche Gespräche mit Genossen Krenz zu gewinnen. Er hoffe vor allem auf eine lebendige Information über die Entwicklung in der DDR. Obwohl Informationen darüber eingegangen seien, sei der Bericht des Genossen Krenz darüber für ihn von außerordentlicher Bedeutung. Jede noch so ausführliche Information erfordere eine gründliche Einschätzung, und wer könne diese präziser vornehmen als die Genossen aus der DDR.
Gegenwärtig sehe alle Welt, daß die SED einen Kurs auf rasche Veränderungen eingeschlagen habe. Jedoch auch die Ereignisse entwickelten sich sehr schnell, und man dürfe nicht hinter ihnen zurückbleiben, dies sei eine langjährige Erfahrung der Sowjetunion. Genosse Gorbatschow wies darauf hin, er habe bereits in

---

31 Die Niederschrift ist mit den Stempelaufdrucken: "Geheime Verschlußsache - ZK 02 - 618" sowie "Beh. Protokoll Nr. 49/9. vom 7.11.1989" versehen. Sie trägt zudem den handschriftlichen Vermerk von Krenz: "Streng Geheim! Allen Mitgliedern und Kandidaten des PB. 1.11.89 E. Krenz." - Die Niederschrift wurde am 7.11.1989 auch den Mitgliedern und Kandidaten des Zentralkomitees in Vorbereitung der 10. Tagung als Lesematerial zur Einsicht gegeben, vorher jedoch um einige zentrale Passagen im Gesamtumfang von zwei Seiten der Originallänge gekürzt. Stephan/Küchenmeister (1994) haben leider nur die bereinigte Version dokumentiert. Die den Mitgliedern des ZK vorenthaltenen Passagen sind in dieser Abschrift *kursiv* gesetzt.

Berlin gesagt, daß der Zeitpunkt für Veränderungen nicht verpaßt werden dürfe. Ein Dialog mit der Gesellschaft sei erforderlich. Anders könne eine führende Partei nicht handeln. Sie müsse sich einerseits die Zeit nehmen, die Lage gründlich zu analysieren und ihre politische Orientierung auszuarbeiten. Andererseits entwickle sich das Leben mit eigener Dynamik, und man müsse verhindern, daß ein Knäuel von Problemen entstehe, das nicht mehr entwirrt werden kann.

Genosse Gorbatschow empfahl, sich von den komplizierten Problemen keinen Schrecken einjagen zu lassen. Aus eigener Erfahrung wisse er, daß Genossen zuweilen niedergedrückt seien, weil man in der Sowjetunion nach mehreren Jahren Umgestaltung noch so große Probleme zu lösen habe. Er sage ihnen dann immer, die Partei selbst habe die Umgestaltung gewollt. Sie habe die Volksmassen in die Politik einbezogen. Wenn jetzt manche Prozesse nicht so laufen, wie man sich das vorgestellt habe, wenn es stürmische und emotionsgeladene Auseinandersetzungen gebe, dann müsse man auch damit fertig werden, und dürfe keine Angst vor dem eigenen Volk bekommen.

Er wolle damit nicht sagen, in der Sowjetunion habe man die Perestroika schon voll gepackt. Das Pferd sei gesattelt, aber der Ritt noch nicht vollendet. Man könne immer noch abgeworfen werden. Andererseits seien bereits umfangreiche Erfahrungen gesammelt worden, die große Bedeutung haben. Jetzt beginne in der Sowjetunion die Etappe der vertieften Arbeit zur Fortsetzung der Umgestaltung.

Volk und Partei der DDR stehen gegenwärtig ebenfalls vor grundlegenden Veränderungen. Dazu wünsche er Genossen Krenz Erfolg. Die Sowjetunion werde natürlich in diesem Prozeß an der Seite der Genossen in der DDR stehen. Dies sei niemals in Frage gestellt worden, auch dann nicht, als Probleme auftauchten, die eigentlich hätten offen beraten werden müssen. Es habe für die Sowjetunion und die KPdSU niemals einen Zweifel daran gegeben, daß die Deutsche Demokratische Republik ihr engster Freund und Verbündeter sei. Nach dem Volk der DDR sei das sowjetische Volk wahrscheinlich dasjenige, das der DDR bei ihren Vorhaben am meisten Erfolg wünsche. In diesem Sinne wolle er Genossen Krenz zu seinem Besuch in Moskau begrüßen.

Genosse Egon Krenz dankte für diese Begrüßung und übermittelte herzliche Grüße aller Genossen des Politbüros des ZK der SED. Er dankte dafür, daß Genosse Gorbatschow so schnell Zeit für dieses Gespräch gefunden habe. Des weiteren dankte er ihm für seinen Besuch anläßlich des 40. Jahrestages der Gründung der DDR in Berlin und besonders für das Gespräch mit dem gesamten Politbüro des ZK der SED, das viele Dinge vorangebracht habe. Dies betreffe vor allem die Bemerkung, daß man nicht zu spät kommen darf, sonst werde man vom Leben bestraft werden.

Genosse Gorbatschow warf ein, damit habe er eigentlich über sich selbst gesprochen.

Genosse Krenz legte dar, diese Bemerkung des Genossen Gorbatschow und sein gesamtes Auftreten hätten im Politbüro großen Widerhall gefunden. Dadurch sei der Prozeß der Auseinandersetzung über die weitere Politik der Partei eingeleitet worden.

Die SED könne mit Fug und Recht feststellen, daß seit ihrem letzten Parteitag große Erfolge errungen wurden. Anläßlich des 40. Jahrestages der Gründung der DDR konnte die Bilanz gezogen werden, daß sehr viel Gutes und Bleibendes für die Menschen geschaffen wurde. Man könne also auf einem guten Fundament aufbauen.

Die Bevölkerung habe der Partei jedoch übelgenommen, daß insbesondere durch die Massenmedien eine Scheinwelt geschaffen wurde, die mit den praktischen Erfahrungen der Menschen im Alltagsleben nicht übereinstimmte. Dadurch kam es zu einem Vertrauensbruch zwischen Partei und Volk. Dies sei eigentlich das Schlimmste, was einer Partei passieren kann.

Manche sagen, die Ursache dafür sei darin zu suchen, daß die Parteiführung in den letzten drei Monaten die innenpolitische Lage nicht richtig eingeschätzt habe. Sie habe Sprachlosigkeit demonstriert, als so viele Menschen die DDR verließen. Dies sei ein schlimmer Vorwurf. Hinzu kam, daß in dieser schwierigen Situation neben politischen Fehlern auch ein wichtiger psychologischer Fehler gemacht wurde: In der Presse wurde geschrieben, daß wir diesen Leuten keine Träne nachweinen. Das verletzte tief die Gefühle vieler Mütter und Väter, Verwandter, Freunde und Genossen dieser Menschen, denen ihr Weggang großen Schmerz bereitete.

Trotz dieser Tatsachen sei man sich im Politbüro des ZK der SED einig, daß die politische Krise, in der sich die DDR jetzt befinde, nicht erst im Sommer dieses Jahres entstanden sei. Viele Probleme hätten sich seit längerer Zeit angesammelt. Heute könne man sagen, die Hauptursache bestehe darin, daß der Ansatz für den XI. Parteitag der SED nicht richtig war, nicht auf einer realen Einschätzung der Lage beruhte. Bei der Lösung ökonomischer Fragen ging man von subjektiven Auffassungen aus, die zu wenig die in der Partei und im Volke verbreiteten Meinungen widerspiegelten. Aus bedeutsamen internationalen Entwicklungen - in der Sowjetunion, in anderen sozialistischen Ländern - und auch aus der innenpolitischen Entwicklung der DDR wurden nicht die richtigen Schlußfolgerungen gezogen.

Genosse Krenz bat, ihn richtig zu verstehen: Wenn man einen Verbündeten hat und mit diesem durch dick und dünn gehen will, darf man diese Freundschaft nicht nur in Deklarationen und Kommuniqués festschreiben und darf nicht auf Distanz gehen, wenn es um die Lösung konkreter ökonomischer und anderer Fragen geht, sondern muß als Freund fest zueinander stehen und die auftauchenden Probleme gemeinsam lösen.

Er sehe heute ein großes Problem darin, daß sowohl junge als auch ältere Leute zur Entwicklung des Sozialismus in der DDR Vorbehalte haben, weil sie plötzlich spürten, daß in Grundfragen der Entwicklung des Sozialismus zwischen der Sowjetunion und der DDR kein Schulterschluß mehr vorhanden war. Dies sei ein Problem der DDR; die Barrieren seien von ihrer Seite aufgebaut worden. Die Menschen aber seien heute gebildet und klug. Sie sahen sehr gut, daß zwar die richtigen Worte gebraucht wurden, die Taten jedoch dem nicht entsprachen.

Genosse Gorbatschow warf ein, die Menschen in der DDR erhielten außerdem auch Informationen aus der Sowjetunion, die sie selbständig analysierten. Sie wurden auch aus dem Westen informiert und zogen ihre Schlußfolgerungen.

Genosse Krenz stellte fest, man habe in der DDR leider viele Fragen der Umgestaltung in der Sowjetunion der Beurteilung des Gegners überlassen und nicht den Dialog mit den Menschen darüber geführt. Dies geschah ungeachtet dessen, daß Genosse Gorbatschow Genossen Erich Honecker bei einem der ersten Treffen geraten hatte, daß man sich mit Auffassungen durchaus auseinandersetzen solle, die in sowjetischen Publikationen auftauchten und mit denen man nicht einverstanden sei.

Genosse Krenz wies darauf hin, das Verbot des "Sputnik" in der DDR habe dazu geführt, daß der Gegner die Frage nach der Mündigkeit der DDR-Bürger aufwerfen konnte. Den Genossen und parteilosen Bürgern, die sich darüber empörten, ging es nicht in erster Linie um den Inhalt des "Sputnik". Das Problem bestand darin, daß die Führung der DDR einerseits zusah, wie die Bevölkerung jeden Abend viele Stunden Sendungen des Westfernsehens empfängt, es andererseits aber verbot, eine sowjetische Zeitschrift zu lesen. Dies war ein tiefer Einschnitt im politischen Denken der Bürger der DDR. Deshalb habe man nach dem 9. Plenum des ZK der SED als einen der ersten Schritte auch die Wiederaufnahme des "Sputnik" in die Postzeitungsliste angeordnet.

Genosse Gorbatschow warf ein, die DDR habe auch jetzt das Recht, Kritik an Äußerungen sowjetischer Presseorgane zu üben, mit denen sie nicht einverstanden sei. In der sowjetischen Presse könne man heute die verschiedensten Dinge lesen, in dieser Hinsicht könne ihn kaum noch etwas erschüttern. Als Beispiel fügte er an, daß kürzlich eine Zeitung aus einer baltischen Republik einen bekannten sowjetischen Ökonomen dahingehend zitierte, in Moskau werde eine Verschwörung vorbereitet.

Genosse Krenz stimmte zu, wenn Zeitungen im eigenen Lande kritische Fragen aufgreifen, dann komme man sehr schnell in den Dialog. Heute sei unter den DDR-Bürgern zu hören, daß die "Aktuelle Kamera" schon jetzt interessanter sei als das Westfernsehen.

Genosse Krenz betonte, bei allen Unvollkommenheiten und Problemen in der DDR sowie angesichts der Tatsache, daß noch keine geschlossene Konzeption für die weitere Entwicklung vorliege, sei doch eines erreicht worden: Die Probleme der DDR werden jetzt nicht mehr über den Westen in die DDR hereingetragen, sondern in unserem Lande selbst erörtert.

Das ist sehr wichtig, warf Genosse Gorbatschow ein.

Genosse Krenz legte dar, obwohl er wisse, daß Genosse Gorbatschow gut über die Vorgänge informiert sei, denn er selbst habe mit Botschafter Genossen Kotschemassow viele ausführliche Gespräche geführt, wolle er dennoch sagen, daß der Weg zum 9. Plenum des ZK der SED sehr kompliziert war.

Als Genosse Krenz von seiner Reise aus China zurückkehrte, hatte er sich entschlossen zu handeln. Nach Beratung mit Genossen Willi Stoph kam man überein, daß er eine Erklärung des Politbüros zu aktuellen Problemen der Entwicklung in der DDR vorschlagen werde. Der Entwurf dieser Erklärung war im Grunde genommen sehr verwässert, weil zunächst die Absicht bestand, die Situation der Sprachlosigkeit gemeinsam mit Genossen Erich Honecker zu überwinden. Deshalb war man bereit, auf eine Reihe Kompromisse einzugehen.

Genosse Krenz übergab den Entwurf der Erklärung Genossen Honecker. Dieser rief ihn später an und erklärte folgendes:

1. Wenn Genosse Krenz die Erklärung im Politbüro einbringe, werde er dies als einen Schritt gegen sich persönlich betrachten. Er selber habe niemals etwas gegen die Genossen Wilhelm Pieck und Walter Ulbricht unternommen.
   Genosse Krenz kommentierte, das sei zwar nicht die Wahrheit, wurde aber so gesagt.
   Genosse Gorbatschow warf ein, an die Sache mit Genossen Ulbricht erinnere er sich selbst noch sehr genau.
2. Genosse Honecker erklärte, wenn Genosse Krenz die Erklärung im Politbüro einbringe, werde er die Führung der Partei spalten. Genosse Honecker werde sich dafür einsetzen, daß diese Erklärung nicht beschlossen werde.
3. Wenn Genosse Krenz die Erklärung im Politbüro einbringe, habe er damit zu rechnen, daß die Kaderentscheidungen, die früher oder später im Politbüro eingebracht würden, anders aussehen als bisher geplant. Damit meinte er Genossen Krenz persönlich.

Genosse Krenz legte den Entwurf der Erklärung gegen den Willen des Genossen Honecker dem Politbüro zur Beratung vor. Genosse Honecker, der die Sitzung leitete, erklärte dies ausdrücklich. Nach langer Beratung ergab sich die Situation, daß mit Ausnahme eines Genossen alle anderen Mitglieder des Politbüros sich für die Erklärung aussprachen. Am Abend des ersten Tages dieser zweitägigen Sitzung des Politbüros wurde der Versuch unternommen, eine Kommission zu bilden, der neben Genossen Krenz noch die Genossen Günter Mittag und Joachim Herrmann angehören sollten. Das Ziel bestand darin, die Erklärung weiter zu verwässern. Auf Forderung des Genossen Krenz wurde Genosse Günter Scha-

bowski zur Mitarbeit in der Kommission herangezogen. Beide kämpften gemeinsam für die Annahme dieser Erklärung, was schließlich auch erreicht wurde.
Genosse Gorbatschow bemerkte dazu, politisch sei ihm dies alles klar. Menschlich betrachte er die Entwicklung jedoch als ein großes persönliches Drama des Genossen Honecker. Er habe zu ihm stets gute menschliche Beziehungen unterhalten, und es habe auf diesem Gebiet keine Probleme gegeben. Er habe jedoch bei Genossen Honecker in den letzten Jahren mit Erstaunen bestimmte Veränderungen festgestellt. Wenn dieser auf eigene Initiative vor zwei oder drei Jahren grundlegende Korrekturen an der Politik angebracht hätte, wären solche Verluste und Schwierigkeiten wie gegenwärtig nicht notwendig und möglich gewesen. Genosse Erich Honecker habe sich offensichtlich für die Nummer 1 im Sozialismus, wenn nicht sogar in der Welt gehalten. Er habe nicht mehr real gesehen, was wirklich vorgehe.
Genosse Egon Krenz legte dar, er selbst sei von dieser Entwicklung persönlich sehr betroffen, da sein Lebensweg lange Zeit eng mit dem des Genossen Erich Honecker verbunden war.
Genosse Gorbatschow warf ein, dies habe im Westen auch bestimmte Spekulationen hervorgerufen. Davor solle man jedoch keine Furcht haben.
Genosse Krenz fuhr fort, die Veränderung sei mit Genossen Honecker im Jahre 1985 vor sich gegangen, als Genosse Gorbatschow zum Generalsekretär des ZK der KPdSU gewählt wurde. Plötzlich sah sich Genosse Honecker einem jungen dynamischen Führer gegenüber, der neue Fragen auf sehr unkonventionelle Weise anpackte. Bis zu dieser Zeit habe er sich selbst in dieser Rolle gesehen. Allmählich ging ihm der Realitätssinn verloren. Das schlimmste war, daß er sich zunehmend nicht mehr auf das Kollektiv, sondern nur noch auf Genossen Günter Mittag stützte.
Genosse Gorbatschow stellte die Frage nach der Rolle des Genossen Joachim Herrmann.
Genosse Krenz erläuterte, Genosse Herrmann habe im wesentlichen Weisungen des Genossen Honecker ausgeführt, ohne eigenes einzubringen. Genosse Mittag habe dagegen Genossen Honecker beeinflußt, Mißtrauen gegenüber anderen Mitgliedern des Politbüros geschürt und auf taktische wie strategische Entscheidungen des Genossen Honecker in egoistischer Weise Einfluß genommen.
Genosse Krenz berichtete, am Vortage sei im Politbüro eine Analyse der wirtschaftlichen Situation behandelt worden. Im Vorfeld wurde gefordert, ein ungeschminktes Bild der realen Situation der Volkswirtschaft der DDR zu erhalten. Eine solche Analyse sei im Politbüro noch niemals diskutiert worden.
Genosse Gorbatschow wies darauf hin, daß er sich in derselben Lage befunden habe. Er kannte auch den Staatshaushalt nicht, als er Generalsekretär wurde. Bereits zur Amtszeit des Genossen Andropow hätten er und Genosse Ryshkow den Auftrag erhalten, die Lage in der Volkswirtschaft zu untersuchen, weil man spürte, daß dort etwas faul war. Als sie jedoch die volle Wahrheit herausfinden wollten, wurden sie zurückbeordert. Heute sei ihm klar, warum das geschah. Im Grunde genommen existierte der Staatshaushalt damals gar nicht mehr. Die Folgen davon habe man heute noch auszubaden.
Genosse Krenz erläuterte, man sei auf dem 9. Plenum mit dem Vorsatz angetreten, der Wahrheit ins Auge zu sehen. Wenn er jedoch die Wahrheit über die Volkswirtschaftslage vor dem ZK darlege, dann könne dies einen Schock mit schlimmen Folgen auslösen.
Genosse Gorbatschow warf ein, in der Sowjetunion sei die reale Lage der Volkswirtschaft der DDR bekannt gewesen. Man sei auch über die Beziehungen zur BRD und darüber informiert gewesen, was dort für Probleme heranreiften. Die Sowjetunion sei immer bemüht gewesen, ihre Pflichten gegenüber der DDR zu erfüllen. Abgesehen von der Tatsache, daß wegen großer innerer Schwierigkeiten

2 Millionen Tonnen Erdöl gestrichen werden mußten, habe man stets verstanden, daß die DDR ohne die Sowjetunion nicht funktionieren kann. Diese Unterstützung sei die internationalistische Pflicht der Sowjetunion. Man habe sich jedoch gleichzeitig gefragt, warum die Sowjetunion in dieser Lage ständig in so aufdringlicher Weise mit den Erfolgen der DDR traktiert wurde. Dies war besonders schwer zu ertragen, weil man die wirkliche Lage der DDR kannte. Genosse Gorbatschow sagte, er habe einmal versucht, mit Genossen Honecker über die Verschuldung der DDR zu sprechen. Dies sei von ihm schroff zurückgewiesen worden, da es solche Probleme nicht gebe. Genosse Honecker habe sich offensichtlich als Retter des Vaterlandes gefühlt. Die ganze Entwicklung sei ein großes persönliches Drama für ihn.
Da er eine hohe Funktion innehatte, wurde daraus ein großes politisches Drama. Genosse Gorbatschow betonte, er habe sich bis zum Schluß stets um ein gutes menschliches Verhältnis bemüht. Dies war nicht leicht, weil er die Aussprüche und die wirkliche Meinung des Genossen Honecker kannte. Er habe dies jedoch toleriert, weil es wichtigere Dinge gab.
Genosse Krenz betonte, man müsse auch berücksichtigen, daß viele Genossen die Probleme seit langem erkannt hatten. Sie schwiegen jedoch, um die Einheit und Geschlossenheit der Partei zu wahren. In der Sitzung des Politbüros am 31.10.1989 habe er zum ersten Mal so deutlich empfunden, wie sehr das richtige Prinzip der Einheit und Geschlossenheit der Partei in bestimmten Situationen zum Hemmnis werden kann, wenn die Probleme nicht offen und ehrlich beim Namen genannt werden.
Genosse Gorbatschow äußerte die Überzeugung, wenn Genosse Honecker nicht so blind gewesen wäre und sich nicht nur auf Genossen Mittag gestützt, sondern sich auch mit Genossen Krenz oder Genossen Stoph beraten hätte, dann hätte es eine andere Entwicklung geben können. Besonders Genosse Willi Stoph habe ihm leid getan, weil er in den letzten Jahren von Genossen Honecker faktisch sehr erniedrigt worden sei.
Genosse Gorbatschow bemerkte, er sei besonders negativ davon berührt gewesen, wie man mit Genossen Modrow umgesprungen sei.
Genosse Krenz informierte dazu, er habe vor zwei Jahren bereits einmal faktisch den Auftrag erhalten, Genossen Modrow abzusetzen. Damals forderten die Künstler zweier Dresdner Theater, die Perestroika auch in der DDR durchzuführen. Genosse Honecker war zu dieser Zeit gerade im Urlaub. Er rief Genossen Krenz an und beauftragte ihn, nach Dresden zu fahren. Dort sollte er die Auseinandersetzung mit dem Ziel der Ablösung des Genossen Modrow führen. Genosse Krenz fuhr nach Dresden und führte ein sehr offenes Gespräch mit Genossen Modrow. Man fand eine taktische Lösung, die darauf hinauslief, Genossen Modrow zwar zu kritisieren, ihn aber nicht von seiner Funktion abzulösen.
Genosse Gorbatschow sagte, Genosse Krenz habe einen sehr tiefen und wichtigen Gedanken ausgesprochen, daß man nämlich keine formale Einheit der Partei zulassen dürfe. Auf der Grundlage verschiedener Meinungen, der Achtung der Auffassung anderer müsse sich diese Einheit herausbilden. Probleme entstünden immer dann, wenn ein Führer versuche, seine Position um jeden Preis zu halten, und nur noch Zustimmung von seiner Umgebung erwarte. Man habe in der Sowjetunion gesehen, wie Genosse Honecker das Politbüro immer mehr erweiterte, um in diesem großen Gremium einen Genossen gegen den anderen ausspielen zu können. Das sei nicht richtig gewesen.
Genosse Gorbatschow berichtete, im Politbüro des ZK der KPdSU sage heute jeder offen, was er denke. Wenn das jemand hören würde, würde er glauben, die Partei stehe vor dem Zusammenbruch. Dies sei aber nicht der Fall. Selbst Mitarbeiter der Genossen, die an den Sitzungen teilnehmen, erhielten zuweilen das Wort.

Genosse Krenz warf ein, für eine solche Arbeitsweise sei viel Zeit notwendig.
Genosse Gorbatschow erläuterte, im Politbüro des ZK der KPdSU nehme man sich diese Zeit. Manchmal würde er die langen Debatten gern stoppen. Dann nehme er sich zusammen und achte darauf, wenn er Schlußfolgerungen ziehe, die Genossen nicht zu verletzen. Die Linie, die er als richtig erkannt habe, setze er durch, aber stets unter Berücksichtigung der Meinung der anderen Genossen. Dies habe eine völlig neue Situation geschaffen. Dadurch werde verhindert, daß große Fehler gemacht werden.
Genosse Schachnasarow, persönlicher Mitarbeiter des Genossen Gorbatschow, der an dem Gespräch teilnahm, ergänzte, die Linie werde nicht mit administrativen Mitteln, sondern durch Argumentation und Überzeugung durchgesetzt.
Genosse Krenz brachte zum Ausdruck, er habe das Politbüro des ZK der SED noch niemals so emotionalisiert erlebt wie in der letzten Zeit.
Genosse Gorbatschow warf ein, solche kontroversen Sitzungen, die über zwei Tage andauern, habe es im Politbüro des ZK der KPdSU auch gegeben - einmal bei der Diskussion über den Brief von Nina Andrejewa und ein weiteres Mal bei der Erörterung der langfristigen ökonomischen Orientierung.
Genosse Krenz erläuterte, die sowjetischen Genossen seien zwar über die ökonomische und politische Lage der DDR gut informiert, er wolle trotzdem die gegenwärtige ökonomische Situation charakterisieren, weil sie der Führung der SED gegenwärtig bei politischen Entscheidungen, die dringend notwendig sind, die Hände bindet.
Genosse Gorbatschow habe zu Recht darauf hingewiesen, daß die sozialökonomische Lage in der DDR anders sei als in der Sowjetunion. Die DDR verfüge über eine sehr gut ausgebildete Arbeiterklasse, die bereit sei, Leistungen zu vollbringen, und Besorgnis äußerte, daß das Leistungsprinzip schlecht angewendet wird.
Genosse Gorbatschow ergänzte, auch westdeutsche Vertreter hätten gegenüber sowjetischen Genossen geäußert, die Sowjetunion solle doch das System der Berufsausbildung aus der DDR übernehmen. Dies werde dort hoch eingeschätzt. Für die Sowjetunion sei es einfacher, dieses System aus einem Land mit gleicher Gesellschaftsordnung zu übernehmen, als Erfahrungen aus der BRD.
Genosse Krenz betonte, Genosse Gorbatschow habe auch mit der Feststellung recht gehabt, daß die Situation auf dem Lande in der DDR anders sei, als in der Sowjetunion. Die Klasse der Genossenschaftsbauern in der DDR sei mit dem Dorf fest verbunden. Die Intelligenz sei bereit, ihren Beitrag zu leisten. Jeden Tag erhalte Genosse Krenz zwischen 600 und 800 Briefe. Darunter befänden sich zahlreiche Studien von Wissenschaftlern, die seit langem in bestimmten Schubladen ruhen. So habe er kürzlich eine sehr interessante Studie von Genossen Koziolek, Direktor des Instituts für sozialistische Wirtschaftsführung, auf den Tisch bekommen, die drei Jahre in der Schublade von Genossen Mittag lag.
Die ökonomische Situation der DDR sei dadurch gekennzeichnet, daß die Akkumulationsrate für produktive Investitionen stark zurückging, was sich auch in einem Absinken des Wirtschaftswachstums insgesamt ausdrückte. Der gegenwärtige Fünfjahrplan werde nicht erfüllt werden. In den Zeitungen wurde bis vor kurzem jedoch ständig von einer Erfüllung und Übererfüllung der Pläne berichtet.
Genosse Gorbatschow warf ein, in der Sowjetunion sei immer eingeschätzt worden, daß die veröffentlichten Zuwachsraten in der DDR um ca. 2 Prozent zu hoch seien.
Genosse Krenz stellte fest, da habe man noch gut gerechnet. Vieles sei in diesem Bereich durch die Industriepreisreform verdeckt worden. Durch höhere Industriepreise konnten zwar die Zuwachsraten ausgewiesen werden, die realen Waren waren aber nicht vorhanden.

Die Kosten der Erzeugnisse der Mikroelektronik betragen ein Mehrfaches des internationalen Standards. Ihr Einsatz in der Volkswirtschaft der DDR und im Export müsse gegenwärtig mit über 3 Milliarden Mark jährlich gestützt werden. Für die DDR gebe es jedoch keinen anderen Weg als den, die Schlüsseltechnologien zu entwickeln. Es sei auch erforderlich, bei der Mikroelektronik weiter voranzuschreiten. Man dürfe die Kostenfrage dabei jedoch nicht unterschätzen. Es dürfe auch nicht außer acht gelassen werden, daß die Bevölkerung Fragen stelle. Einerseits werde über die Entwicklung des 1-Megabit-Speicherschaltkreises und andere Errungenschaften der Mikroelektronik berichtet, andererseits mangele es an Konsumgütern, die dieses Niveau des wissenschaftlich-technischen Fortschritts widerspiegeln. Dies sei ein weiterer Ausdruck des Widerspruchs zwischen Wort und Tat.
Hier sei man bei einer Kernfrage angelangt. Es seien Gefahren für die Stabilität im Lande und für die weitere Erfüllung der Zahlungsverpflichtungen gegenüber dem Ausland entstanden.
Zur Zahlungsbilanz der DDR gab Genosse Krenz folgende Information: Bis Ende des Jahres 1989 werde die Auslandsverschuldung auf 26,5 Milliarden US-Dollar, das heißt, 49 Milliarden Valutamark anwachsen.
Die Bilanz in konvertierbaren Devisen sehe Ende 1989 folgendermaßen aus:
Einnahmen: 5,9 Milliarden US-Dollar
Ausgaben: 18 Milliarden US-Dollar
Das Defizit betrage also 12,1 Milliarden US-Dollar. Dies bedeute, daß neue Kredite aufgenommen werden müssen. Es sei abzusehen, daß dieses Mißverhältnis noch weiter anwachsen werde.
Genosse Gorbatschow fragte erstaunt, ob diese Zahlen exakt seien. So prekär habe er sich die Lage nicht vorgestellt.
Genosse Krenz legte dar, man müsse jetzt Kredite aufnehmen, um alte Schulden zu begleichen. Gegenwärtig müßten allein für die Zinszahlungen 4,5 Millionen US-Dollar[32] aufgewendet werden, was 62 Prozent des jährlichen Exporterlöses der DDR in Devisen entspreche.
Genosse Krenz betonte, die hohe Auslandsverschuldung sei vor allem dadurch zustande gekommen, daß in der Zeit der Kreditblockade gegenüber den sozialistischen Ländern Kredite zu sehr hohen Zinsen aufgenommen werden mußten. Die Situation werde dadurch besonders prekär, daß gleichzeitig neue Anforderungen an die Volkswirtschaft entstanden und neue Erwartungen in der Bevölkerung aufgetaucht sind, die nicht befriedigt werden können. Der Zustand der Zahlungsbilanz sei gegenwärtig in der DDR nicht bekannt. Wenn man real vorgehen und das Lebensniveau ausschließlich auf die eigene Leistung gründen wollte, müßte man es sofort um 30 Prozent senken. Dies sei jedoch politisch nicht zu verantworten.
Genosse Gorbatschow gab zu dieser Problematik aus eigener Erfahrung folgenden Rat: Genosse Krenz und die Führung der SED müsse jetzt in allgemeiner Form einen Weg finden, um der Bevölkerung mitzuteilen, daß man in den letzten Jahren über seine Verhältnisse gelebt habe. Dies könne Genossen Krenz persönlich jetzt noch nicht angelastet werden. *Allmählich sei es jedoch notwendig, die ganze Wahrheit auszusprechen.* Zunächst brauche man Zeit für eine umfassende Analyse. Später sei jedoch eine volle Information nicht zu umgehen, weil man sonst die zunehmenden Schwierigkeiten Genossen Krenz selbst anlasten werde. Die Gesellschaft müsse jedoch heute bereits allmählich an diesen Gedanken gewöhnt werden.

---

32 Schreibfehler im Original. Richtig muß es heißen: 4,5 *Milliarden* US-Dollar. Diese Zahl steht auch in den undatierten "Empfehlungen für das Gespräch des Genossen Egon Krenz mit Genossen Michail Gorbatschow" (SAPMO-BArch, ZPA-SED, IV 2/2.039/329, Bl. 21).

Genosse Krenz wies darauf hin, man wolle auf der nächsten Tagung des ZK der SED darauf hinweisen, daß man über die Verhältnisse gelebt habe.
Er berichtete, auf einer der letzten Sitzungen des Politbüros habe Genosse Alfred Neumann darauf verwiesen, daß die Situation, in der Genosse Erich Honecker die Funktion des Generalsekretärs übernahm, sich von der heutigen grundsätzlich unterschied. Er nannte drei Unterschiede:
1. waren 1971 die Staatsfinanzen in Ordnung.
2. bestand damals eine intakte Regierung, die sofort Maßnahmen einleiten konnte.
3. hatte man eine intakte Partei.
Genosse Gorbatschow wies erneut darauf hin, daß diese Lage ihn sehr an die Sowjetunion erinnere. Als in den 60er Jahren Genosse Breschnew die Funktion des Generalsekretärs übernahm, wurde zwar schlecht über Genossen Chruschtschow gesprochen, aber die Läden waren damals voll von Waren. Als 2. Sekretär des Parteikomitees der Region Stawropol mußte er sich damals mit dem Problem beschäftigen, wo die großen Mengen Butter und Fleisch, die man produziert hatte, gelagert werden könnten. Damals wurde der Fettgehalt der Milch erhöht, um dieses Problem zu lösen. Man plante sogar, Fleisch und Butter in den Gletschern des Elbrus im Kaukasus zu lagern. Der Verbrauch betrug damals allerdings 42 Kilogramm Fleisch pro Kopf. In der Region wurden 750.000 Tonnen Butter produziert. Heute würden 66 Kilogramm Fleisch pro Kopf verbraucht, dazu 18 Kilogramm Fisch. Die Region produziere 1,5 Millionen Tonnen Butter. Trotzdem seien die Läden leer. Die Hauptursache bestehe darin, daß der Markt gestört sei. Die Menschen hätten viel Geld in den Händen, und es mangele an Waren.
Genosse Krenz erläuterte, eine weitere Aufgabe der DDR auf ökonomischem Gebiet bestehe darin, die Zahlungsfähigkeit der DDR zu erhalten. Wenn der IWF ein Mitspracherecht bekomme, dann könnte eine äußerst ungünstige politische Situation eintreten.
Genosse Gorbatschow äußerte dazu, eine wichtige Sicherung für die Volkswirtschaft der DDR seien die Rohstofflieferungen aus der UdSSR. Diese seien für den nächsten Fünfjahrplan abgestimmt worden. Die Sowjetunion werde alles daran setzen, um ihre eingegangenen Verpflichtungen zu erfüllen. Dies werde die Lage der DDR etwas erleichtern.
Wichtig sei jedoch auch die Fortführung der prinzipiellen und flexiblen Politik gegenüber der BRD. Es müsse vermieden werden, daß die BRD über die bekannten Mechanismen Druck auf die DDR ausüben könne. Natürlich müsse man stets so handeln, daß die Entscheidungen in Berlin und nicht in Bonn gefällt werden. Aber man müsse die Beziehungen erhalten und dabei große Flexibilität zeigen.
Genosse Krenz stimmte dem voll zu. Was die Rohstoffe betreffe, so sei die DDR für diese Lieferungen außerordentlich dankbar. Leider wüßten nicht alle Menschen genau, was dies für die DDR bedeute. Genosse Schürer habe einmal eine Rechnung zusammengestellt, welche Kosten entstehen würden, wenn die DDR diese Rohstoffe auf dem kapitalistischen Markt kaufen müßte. Ende der 70er/Anfang der 80er Jahre habe man in der Propaganda auch offen gesagt, daß die DDR ohne diese Rohstoffe nicht leben könnte. Man werde nunmehr diese und ähnliche Tatsachen wieder stärker betonen.
Genosse Gorbatschow wies darauf hin, daß dies in realistischer Weise ohne großes Getöse geschehen müsse.
Genosse Krenz betonte, eine außerordentlich wichtige Frage sei die weitere Konkretisierung der Arbeitsteilung zwischen der DDR und der UdSSR. Man müsse die Barrieren abbauen, die in der ökonomischen Zusammenarbeit entstanden

seien. Einziges Kriterium sei die ökonomische Effektivität der Zusammenarbeit und der gegenseitige Nutzen.
Genosse Gorbatschow wies darauf hin, daß die Arbeitsteilung auch in der Sowjetunion selbst ein großes Problem sei. Beim Übergang zur regionalen wirtschaftlichen Rechnungsführung stellten viele Republiken, die vorwiegend Rohstoffe lieferten, die Frage der Neuaufteilung des Nationaleinkommens mit den Republiken, wo die Finalproduktion konzentriert sei. Sie drohten, wenn diese Proportionen nicht verändert würden, könne es zu einer Einstellung der Rohstofflieferungen kommen. Darüber werde im Obersten Sowjet beraten.
Vor einigen Tagen habe im Obersten Sowjet der bekannte Ökonom Schmeljow gefordert, daß ein realer Bericht über die ökonomischen Beziehungen der Sowjetunion zum Ausland, besonders zu den sozialistischen Ländern, vorgelegt werden sollte.
Genosse Krenz erklärte die Bereitschaft der DDR, die Arbeitsteilung weiter zu verstärken.
Genosse Gorbatschow wies darauf hin, daß er Genossen Honecker lange Zeit zu überzeugen versucht habe, die Kooperationsbeziehungen zur Sowjetunion zu verstärken. Dieser sei zwar für Direktbeziehungen, aber nicht für die Entwicklung der Kooperation gewesen. Als Beispiel für eine gut funktionierende Kooperation nannte Genosse Gorbatschow das Lada-Werk, das aus Ungarn und Polen Zulieferteile erhalte, wofür in diese Länder Pkw geliefert würden. Allein durch den Verkauf von Rohstoffen aus der Sowjetunion könne der Handel nicht wesentlich erweitert werden.
Genosse Krenz stimmte dem zu. Er erklärte sich auch mit den Bemerkungen des Genossen Gorbatschow über die Beziehungen zur BRD einverstanden. Er bat darum, klarer darzulegen, welchen Platz die SU der BRD und der DDR im gesamteuropäischen Haus einräumt. Dies sei für die Gestaltung der Beziehungen zwischen der DDR und der BRD von großer Bedeutung. Er erläuterte weiter, daß zwischen der DDR und anderen sozialistischen Ländern ein wichtiger Unterschied bestehe. Die DDR sei in gewisser Weise das Kind der Sowjetunion, und die Vaterschaft über seine Kinder müsse man anerkennen.
Genosse Gorbatschow stimmte dem zu und verwies auf ein Gespräch des Genossen Jakowlew mit Zbigniew Brzezinski. Dort wurde unter anderem die Frage erörtert, ob man sich eine Situation vorstellen könne, in der die Wiedervereinigung Deutschlands Realität werde. Brzezinski betonte, für ihn wäre das der Zusammenbruch.
Genosse Gorbatschow begrüßte, daß Genosse Krenz diese Frage aufgeworfen habe. Bisher haben die DDR, die Sowjetunion und die anderen sozialistischen Länder in dieser Frage eine richtige Linie verfolgt. Diese habe zur Anerkennung der Existenz zweier deutscher Staaten, zur internationalen Anerkennung der DDR, zu ihrer aktiven Rolle in der Welt, zum Abschluß des Moskauer Vertrages und anderer Verträge sowie letztendlich zur Konferenz von Helsinki geführt.
In jüngsten Gesprächen mit Margret Thatcher, Francois Mitterand, aber auch mit Jaruzelski und Andreotti sei klar geworden, daß all diese Politiker von der Bewahrung der Realitäten der Nachkriegszeit, einschließlich der Existenz zweier deutscher Staaten, ausgehen. Die Fragestellung nach der Einheit Deutschlands werde von ihnen allen als äußerst explosiv für die gegenwärtige Situation betrachtet. Sie wollten auch nicht, daß der Warschauer Vertrag und die NATO aufgelöst werden, deshalb seien sie für ein Verbleiben Polens und Ungarns im Warschauer Vertrag. Das Gleichgewicht in Europa sollte nicht gestört werden, weil niemand wisse, welche Folgen dies habe.
Auch die USA bezogen bisher eine ähnliche Haltung. Gegenwärtig gäbe es jedoch unter den Verbündeten der BRD viele Diskussionen. Man sympathisiere in

Worten mit den Sorgen der BRD über das geteilte Deutschland. In den USA gab es dazu in der letzten Zeit einige Nuancen, die noch zu untersuchen seien.
Genosse Schachnasarow warf ein, diese Aussagen seien doch wohl mehr für das breite Publikum bestimmt.
Genosse Gorbatschow stimmte zu und betonte, in der Praxis setzten die USA ihre alte Linie weiter fort. Nach seiner Meinung bestehe in der Gegenwart die beste Politik darin, die bisherige Linie weiterzuführen.
Der gleichen Meinung sei auch Willy Brandt. Er habe erklärt, für ihn wäre das Verschwinden der DDR eine eklatante Niederlage der Sozialdemokratie, denn sie betrachte die DDR als eine gewaltige Errungenschaft des Sozialismus. Wenn er sich auch von den Kommunisten abgrenze, so betrachte er die Sozialdemokratie doch als einen Zweig der Arbeiterbewegung und halte an der sozialistischen Idee fest. Bahr habe dies offen im Klartext ausgesprochen.
Für die sozialistischen Länder, so betonte Genosse Gorbatschow, sei es am besten zu betonen, daß die gegenwärtige Lage ein Ergebnis der geschichtlichen Entwicklung sei. Niemand komme jedoch darum herum, daß zwischen den beiden deutschen Staaten mannigfaltige menschliche Kontakte bestehen. Diese könnten nicht verhindert werden, man müsse sie unter Kontrolle halten und steuern. Dazu sei es notwendig, einige Korrekturen an der Politik anzubringen, um das Verständnis des Volkes zu erlangen. Genosse Gorbatschow bot an, daß darüber mit den sowjetischen Genossen beraten werden könne.
Es wäre sehr schädlich, die Beziehungen zwischen der DDR und der BRD zu verringern oder gar abzubrechen. Er wolle in diesem Zusammenhang auf folgende Momente hinweisen:
1. Es komme darauf an, die Beziehungen im Dreieck DDR - BRD - Sowjetunion besser zu koordinieren. Darüber habe er auch mit Genossen Honecker gesprochen. Die Sowjetunion wußte aus anderen Quellen, wie sich die Beziehungen zwischen der DDR und der BRD entwickeln. *Sie wisse sogar nach drei Tagen, was im Nationalen Sicherheitsrat der USA beraten wurde. Andererseits wüßten auch die USA über die Entwicklung in der Sowjetunion gut Bescheid, so sei nun einmal die Lage.* Deshalb sei es völlig unnötig, unter engen Bündnispartnern voreinander Geheimnisse zu haben.
Genosse Gorbatschow wies darauf hin, daß es vor Jahren ein gemeinsames Büro gab, das die Beziehungen der DDR und der Sowjetunion zur BRD koordinierte. Seinerzeit sei es von den Genossen Mittag und Tichonow geleitet worden. Es habe seine Tätigkeit stillschweigend eingestellt, müsse jedoch wiederbelebt werden.
Genosse Krenz erwähnte, Genosse Honecker sei froh gewesen, daß er die Entscheidungen über Reisen in die BRD oder nach China allein treffen konnte. Er sei sehr dafür, Formen auf Arbeitsebene zu finden, durch die die gemeinsame Politik gegenüber der BRD und Westberlin besser abgestimmt und koordiniert werden könne.
Genosse Gorbatschow empfahl, diese Frage im Politbüro des ZK der SED oder in einem noch engeren Kreis zu beraten.
2. Es gelte auch, die Beziehungen in diesem Dreieck genau zu betrachten. Die Sowjetunion sei bestrebt, den Partner BRD enger an sich zu binden. Dann werde auch die DDR eine günstigere Position in diesem Dreieck haben. In der BRD gebe es Bestrebungen in dieser Richtung. Sie sei bereit, mit der Sowjetunion breit zusammenzuarbeiten, erwarte jedoch, daß die Sowjetunion bei der Wiedervereinigung Hilfestellung leiste. Man spreche davon, daß der Schlüssel dafür in Moskau liege. Dies sagten auch die Amerikaner. Dies sei für sie eine sehr bequeme Ausrede. Sie sprächen gegenüber der BRD von ihrer Unterstützung für die Wiedervereinigung, verwiesen jedoch stets auf die Schlüsselrolle Moskaus. Moskau solle den Schwarzen Peter zugeschoben be-

kommen. Andererseits seien die USA nicht erfreut darüber, daß es zu einer Annäherung zwischen Bonn und Moskau auf ökonomischem und politischem Gebiet komme. In der Praxis sei allerdings bisher noch nicht viel geschehen. Man dürfe auf diesem Gebiet auch nichts übereilen, denn die Vertreter der BRD brauchten ihre Zeit.
Für die DDR sei es wichtig, ihre Beziehungen zur BRD zu erhalten und kontinuierlich weiter zu entwickeln. Dabei sei Vorsicht geboten, damit der ideologische Gegner keine Positionen erhalte, die er ausnutzen könne. Es werde also dabei bleiben, daß die DDR die Rohstoffe aus der Sowjetunion erhalte und gleichzeitig ihre Beziehungen zur BRD weiter entwickle, um andererseits zu vermeiden, in die Umarmung der BRD zu geraten.
3. Für die DDR sei es wichtig, auch mit anderen Ländern außer der BRD die Beziehungen zu entwickeln. Auch hier könne mit der Sowjetunion eng zusammengearbeitet werden. Ungarn und Polen seien auf diesem Gebiet bereits sehr aktiv. Ihnen bleibe auch gar nichts anderes übrig. Oft werde die Frage gestellt, was die Sowjetunion in dieser Situation tue. Sie könne ökonomisch jedoch sehr wenig tun. Es sei absurd, sich vorzustellen, die Sowjetunion könne 40 Millionen Polen aushalten. Die Ursache liege bereits bei Gierek, der Kredite in Höhe von 48 Milliarden Dollar aufnahm. Nunmehr haben die polnischen Genossen bereits 52 Milliarden zurückgezahlt und haben immer noch 49 Milliarden Schulden.
Im Januar 1987 erhielt Genosse Kadar ein Ultimatum vom IWF, in dem zahlreiche Forderungen gestellt waren, bei deren Nichterfüllung mit der Einstellung der Kredite gedroht wurde.
Genosse Krenz wies darauf hin, daß dies nicht unser Weg sei.
Genosse Gorbatschow betonte, in den Beziehungen DDR-BRD gäbe es solche Probleme auch. Man wußte in der Sowjetunion, daß die Mikroelektronik der DDR in starkem Maße auf westlicher Elementebasis aufgebaut wurde. *Genosse Krenz bemerkte, daß daran auch Genosse Mielke mit seinem Ministerium Anteil habe.* Außerdem wurden auch sowjetische Elemente verwendet. Daraus ergebe sich heute, daß man stärker zusammenarbeiten muß. Es müsse jedoch eine ausgewogene Zusammenarbeit sein, in der deutliche Prioritäten gesetzt werden.
Zusammenfassend bemerkte Genosse Gorbatschow, es gehe darum, die bisherige Politik weiterzuführen, die Erfolge gebracht habe. Darauf könne die DDR und ihr Volk stolz sein.
Es gebe keinen Grund, Vermutungen anzustellen, wie sich die deutsche Frage einmal lösen wird. Die gegenwärtigen Realitäten müßten berücksichtigt werden. Dies sei das wichtigste.
Wenn die Tendenz der Annäherung in Europa mehrere Jahrzehnte lang anhalte und sich die Integrationsprozesse unabhängig von den Gesellschaftssystemen, jedoch bei eigenständiger Entwicklung der Politik, Kultur, des Entwicklungsweges und der Traditionen fortsetzen und der Austausch von geistigen und materiellen Gütern sich entwickle, dann könne die Frage möglicherweise eines Tages anders stehen. Aber dies sei heute kein Problem der aktuellen Politik. In der aktuellen Politik müsse die bisherige Linie weitergeführt werden. Genosse Gorbatschow bat Genossen Krenz, dies den Genossen des Politbüros zu übermitteln. Darüber gäbe es auch Verständigung der Sowjetunion mit ihren früheren Partnern aus der Zeit der Antihitlerkoalition.
Genosse Krenz wies darauf hin, daß diese Politik ideologisch abgesichert werden muß. Genosse Honecker habe Anfang der 80er Jahre die bekannten fünf Geraer Forderungen gestellt. In der Folgezeit habe die DDR zwar einerseits mit der BRD zahlreiche gegenseitig vorteilhafte Verträge abgeschlossen, die BRD habe sich aber bei keiner der fünf Forderungen bewegt. Dies habe in der DDR zu bestimmten falschen Vorstellungen geführt. Da zahlreiche prominente Vertreter der

DDR in die BRD reisten, stellten auch die einfachen Bürger diese Forderung. Man spreche viel von allgemein menschlichen Werten, hier sei jedoch ein allgemeines deutsches Problem entstanden. Deshalb sei die Entideologisierung der Beziehungen für das Verhältnis BRD-DDR eine sehr komplizierte Frage. Sie stehe anders als in den Beziehungen zwischen anderen Staaten. Entideologisierung würde hier den Verzicht auf die Verteidigung des Sozialismus bedeuten. Fragen wie die Mauer und das Grenzregime zur BRD würden neu aufgeworfen. Die DDR befinde sich in der komplizierten Situation, diese nicht mehr recht in die heutige Zeit passenden aber weiterhin notwendigen Dinge zu verteidigen.

Genosse Gorbatschow äußerte die Meinung, daß dies alles neu durchdacht werden müsse. Die Zeit sei dafür reif. Wenn die DDR nicht die Formel dafür finde, die es ermögliche, daß die Menschen ihre Verwandten besuchen könnten, dann wäre das für die Gesellschaft der DDR ein sehr unbefriedigender Zustand. Die DDR werde erneut Ultimaten gestellt bekommen. Sie müsse jedoch die Initiative selbst in die Hand nehmen. in der Sowjetunion sei man bereit, über solche Maßnahmen zu beraten. Die DDR spüre jedoch besser, was zu tun sei. Es sei sicher notwendig, einige konkrete Schritte zu tun, die man aber stets mit bestimmten Verpflichtungen und Aktionen der anderen Seite verknüpfen müsse. Es sei an der Zeit, auf Kanzler Kohl, der nun Kontakt zu Genossen Gorbatschow und Genossen Krenz hergestellt habe, stärkeren Druck auszuüben. In der BRD werde die nationale Problematik sehr stark in der Politik ausgenutzt. Es gebe Leute in den Regierungsparteien, die Kohl loswerden wollten. Er habe jedoch auf das Pferd des Nationalismus gesetzt. Es gebe auch noch schärfere Forderungen aus dem rechten Lager. Der CDU-Abgeordnete Todenhöfer habe sich mit einem Brief an die USA und die Sowjetunion gewandt und dort die sofortige Wiedervereinigung Deutschlands gefordert. In der BRD werde mit diesem Thema wild spekuliert.

Genosse Krenz erläuterte vorgesehene Maßnahmen der DDR zu diesem Fragenkomplex:

1. Die DDR werde versuchen, jeden Schußwaffengebrauch an der Grenze zu verhindern. Entsprechende Weisung sei an die Grenztruppen ergangen. Es werde nur geschossen, wenn akute Gefahr für Leben und Gesundheit der Grenzsoldaten bestehe.
2. Der Entwurf des neuen Reisegesetzes sei im Politbüro verabschiedet und dem Ministerrat übergeben worden, der ihn zur öffentlichen Diskussion stellen werde. Er solle noch vor Weihnachten in der Volkskammer angenommen werden.

Nach diesem Gesetz werde jeder DDR-Bürger die Möglichkeit erhalten, einen Paß und ein Ausreisevisum für Reisen in alle Länder zu erwerben. Der Kreis der aus Sicherheitsgründen davon Ausgenommenen werde sehr eng gehalten.

3. Leider sei die DDR nicht in der Lage, Reisende mit genügend Valutamitteln auszustatten. Man könne nicht weiter über seine Verhältnisse leben. Mit der Veröffentlichung des Reisegesetzes werde ein Kommentar erscheinen, in dem dargelegt werde, daß die aus dem Umtausch bei Reisen von BRD-Bürgern in die DDR erlösten Mittel nicht ausreichen, um DDR-Reisende mit Valuta auszustatten.

Genosse Gorbatschow schlug vor hinzuzufügen, daß ein Weg die allmähliche Herstellung der Konvertierbarkeit der Mark der DDR wäre. Dies wäre ein Anreiz für die Werktätigen, besser zu arbeiten, eine höhere Arbeitsproduktivität und Qualität anzustreben, wodurch solche Ziele erreichbar würden.

Genosse Krenz legte weitere Schritte der Führung der SED in den nächsten Tagen und Wochen dar. Am 8. November 1989 werde das 10. Plenum des ZK einberufen werden. Dort solle die Frage beantwortet werden, wie es in der DDR weitergeht. Wenn auf diese Frage keine seriöse Antwort erfolge, werde die Parteiführung weiterhin vom ZK unter Kritik genommen werden.

Genosse Gorbatschow berichtete, die internationale Reaktion vor allem auf die Rede des Genossen Krenz vor der Volkskammer sei sehr positiv gewesen. Nach seiner Rede auf dem 9. Plenum des ZK der SED herrschte Skepsis vor. Die Reaktion war sehr vorsichtig. Nunmehr gehe es darum, den positiven Eindruck weiter zu vertiefen.

Genosse Krenz wies darauf hin, die an die sowjetischen Botschafter in den verschiedenen Ländern ausgegebenen Weisungen hätten dazu viel beigetragen.

Genosse Gorbatschow informierte, er habe von allen wichtigen Staatsmännern, an die er sich wandte, positive Antworten erhalten.

Genosse Krenz berichtete, er habe von ihnen allen Glückwunschtelegramme erhalten, darunter auch von Bundeskanzler Kohl. Mit letzterem hatte er ein kurzes Telefongespräch. Kohl verwies auf seinen ständigen Kontakt mit Genossen Gorbatschow und empfahl, diesen auch mit Genossen Krenz aufzunehmen. Genosse Krenz erwiderte, es sei immer besser, miteinander zu reden als übereinander. Kohl brachte sogleich konkrete Vorschläge zum Reiseverkehr, zu Umweltfragen, zu den Beziehungen zu Westberlin u. a. vor. Genosse Krenz sagte zu, mit dem Beauftragten des Bundeskanzlers alle konkreten Fragen zu erörtern. Kohl wollte vor allem über Fragen sprechen, zu denen man sich einigen könne, nicht zu solchen, wo man nicht übereinstimme. Genosse Krenz wies Kohl ausdrücklich darauf hin, sowohl die DDR als auch die BRD hätten eigene Interessen. Er müsse damit rechnen, daß er die Interessen der DDR konsequenter als bisher vertreten werde. Kohl sei während des Gesprächs sehr aufgeregt gewesen. Er habe die Sätze häufig nicht beendet.

Genosse Gorbatschow schätzte ein, Kohl sei keine intellektuelle Leuchte, sondern ein Kleinbürger. Von diesen Schichten werde er auch am besten verstanden. Aber er sei trotz allem ein geschickter und hartnäckiger Politiker. Schließlich sei auch Reagan populär gewesen und habe sich relativ lange gehalten. Das treffe auch auf Kohl zu.

Genosse Krenz schätzte ein, das 10. Plenum des ZK der SED werde sehr stürmisch verlaufen. Viele Genossen bereiteten sich vor und wollten sprechen. Die Diskussion sei nicht offiziell vorbereitet worden. Die Zeiten der Ergebenheit gegenüber dem Politbüro seien vorbei. Es werde scharf die Frage der Verantwortung des Politbüros als Kollektiv für die entstandene Lage gestellt werden. Das betreffe auch seine eigene persönliche Verantwortung. Er hoffe, man werde eine kluge Antwort auf diese Frage finden.

Auf dem Plenum soll ein Aktionsprogramm beschlossen werden. Die Ursache liege darin, daß das 7. und 8. Plenum des ZK vom Leben überholt wurden. Das vorgesehene Aktionsprogramm soll die Richtung der weiteren Arbeit kurz umreißen. Man werde versuchen, die Frage zu beantworten, worin ein besserer, modernerer und attraktiverer Sozialismus bestehe, welche Werte des Sozialismus verteidigt werden müßten und welche diskussionswürdig seien.

Auf dem Plenum werde über eine radikale Wirtschaftsreform gesprochen werden. Die Regierung erhalte den Auftrag, die Hauptrichtungen auszuarbeiten. Klar sei, daß man die Antworten im Sozialismus und nicht in der freien Marktwirtschaft suchen werde.

Die zweite Frage sei die breite Entfaltung der sozialistischen Demokratie. Eine Reihe neuer Gesetze sei in Vorbereitung. Ein großes Problem seien die Wahlen. Hier wurde bereits erklärt, daß wir alle Erfahrungen früherer Wahlen ausnutzen und ein neues Wahlgesetz vorbereiten wollen. Es werde auch um Fragen der Verfassung, so die Pressefreiheit, die Offenheit und die Freiheit und Würde der Persönlichkeit gehen. Die Frage der führenden Rolle der Partei unter den neuen Bedingungen müsse erörtert werden. Es gelte Kritik und Selbstkritik stärker zu entwickeln, um Subjektivismus auszuschließen. Die Veränderungen gingen bis zu

dem Vorschlag, die Amtsperiode für die Funktion des Generalsekretärs und für weitere hohe Funktionen zeitlich zu begrenzen.
Auf dem Plenum werden auch Kaderfragen behandelt werden, informierte Genosse Krenz. Zu denen, die um ihre Entbindung von den Funktionen gebeten haben, gehören die Genossen Mielke, Neumann, Mückenberger, Hager und Axen.
Genosse Sindermann begründete seine Absicht, noch bis zum Parteitag im Amt zu bleiben. Die Forderungen der Partei nach Kaderveränderungen gehen jedoch noch weiter.
Genosse Gorbatschow schätzte Genossen Stoph sehr hoch ein. Er sei in den letzten Jahren in einer schwierigen Situation gewesen. Er habe seine Würde auch bewahrt, als er durch Genossen Mittag förmlich an die Wand gespielt wurde. Er habe jedoch stets in entscheidenden Situationen eine sehr prinzipielle Position bezogen. Man dürfe nicht alle alten Genossen in einen Topf werfen.
Genosse Krenz brachte sein Bedauern über den Fall des Genossen Tisch zum Ausdruck. Er sei nunmehr zum Rücktritt gezwungen. Der Grund bestehe darin, daß er in einer Fernsehübertragung einen schweren politischen Fehler begangen habe. Er lastete die Verantwortung für die entstandene Lage vor allem den Kadern an der Basis an. Die Gewerkschaftsfunktionäre hätten nach seinen Worten ihre Pflichten deswegen nicht erfüllt, weil sie zu sehr auf die Parteisekretäre in den Betrieben gehört hätten. Dies habe große Empörung unter den Gewerkschaftsmitgliedern hervorgerufen. Im Politbüro sprach man sich dafür aus, diese Frage nicht hier zu entscheiden, um die Selbständigkeit der Gewerkschaften nicht zu beeinträchtigen. Der Bundesvorstand des FDGB habe seine Entscheidung zu dieser Frage zunächst bis zum 17.11. vertagt. Auch das wurde jedoch von den Gewerkschaftsmitgliedern weithin nicht akzeptiert. Man sprach sogar von der Möglichkeit einer Spaltung der Gewerkschaft, wenn Genosse Tisch nicht zurücktrete. Nunmehr habe Genosse Krenz einen Anruf erhalten, daß Genosse Tisch umgehend zurücktreten werde.
Zu den in der DDR weiterhin stattfindenden Demonstrationen äußerte Genosse Krenz, die Situation sei nicht einfach. Die Zusammensetzung der Demonstranten sei unterschiedlich. Unter ihnen wirkten einige wirkliche Feinde. Ein großer Teil seien Unzufriedene oder Mitläufer. Die Führung der SED sei entschlossen, politische Probleme mit politischen Mitteln zu lösen. Die Demonstrationen würden legalisiert und man werde keine Polizei gegen sie einsetzen.
Die Lage entwickle sich jedoch nach einer eigenen Dynamik. Für das Wochenende sei eine große Demonstration mit möglicherweise einer halben Million Teilnehmer in Berlin geplant. Initiatoren seien die Künstler und einige ihrer Verbände.
Genosse Gorbatschow gab hierzu folgende Information:
Vor seinem Besuch in der DDR erhielt er über Raissa Maximowna Gorbatschowa in ihrer Funktion im sowjetischen Kulturfonds einen Brief des Kulturbundes der DDR zugeleitet. Dort wurde die Situation in der DDR geschildert und darauf hingewiesen, daß der Kulturbund sich mit einem Appell an das Volk der DDR wenden werde, wenn zum Jahrestag keine Reaktion der Parteiführung erfolge.
Genosse Krenz bekräftigte, wenn Erich Honecker zum Jahrestag eine andere Rede gehalten hätte, hätte sich die Lage anders gestalten können. Zur Demonstration habe das Politbüro entschieden, die Parteimitglieder zur Teilnahme aufzurufen. Unter den 17 Rednern werde auch Genosse Schabowski sein, um zu verhindern, daß die Opposition auf dieser Demonstration unter sich bleibe. Man wolle alles für einen friedlichen Ablauf tun, *habe jedoch bestimmte Vorsichtsmaßnahmen treffen müssen. Durch eine Maßnahme solle verhindert werden, daß ein Massendurchbruch durch die Mauer versucht werde. Das wäre schlimm, denn dann müßte die Polizei eingesetzt und müßten gewisse Elemente*

eines Ausnahmezustandes eingeführt werden. Eine solche Entwicklung sei nicht sehr wahrscheinlich, aber man müsse darauf vorbereitet sein.
Bei der Demonstration seien folgende Losungen zu erwarten:
- Nennen der Verantwortlichen für die entstandene Lage
- Rücktritt der Alten im Politbüro
- Veränderungen der Zusammensetzung der Regierung
- Reisemöglichkeiten
- Veränderung der Stellung der Gewerkschaft und des Jugendverbandes
- Neues Wahlrecht
- Zulassung einer Opposition
- Abschaffung von Privilegien
- Presse- und Meinungsfreiheit
- Verbesserung der Versorgung und kontinuierlichere Produktion.

Gegenwärtig sei man bemüht, keine Kriminalisierung der Demonstranten zuzulassen und sehr vorsichtig vorzugehen. Die Frage der Anerkennung des "Neuen Forums" sei noch nicht entschieden. Bisher könne man deren Orientierung noch nicht voll einschätzen. *Es müsse verhindert werden, daß sich etwas ähnliches entwickle wie die Solidarnosc in Polen.*
Genosse Gorbatschow teilte sowjetische Erfahrungen aus der ersten Etappe der Umgestaltung zu diesen Fragen mit. Damals entstanden viele informelle Organisationen und andere Bewegungen. Die Führung stand ihnen skeptisch gegenüber. Gute und schlechte wurden dabei in einen Topf geworfen. Dabei wurde in einigen Republiken Zeit verloren. Diese Bewegungen wurden nicht mit der Tätigkeit der Partei verbunden, wodurch es zu einer Polarisierung kam. Einige dieser Kräfte entwickelten sich zu einer Opposition gegen die Politik der Umgestaltung und vertreten separatistische, nationalistische und antisozialistische Auffassungen.
Man dürfe in solchen Fragen keine Zeit verlieren. Antisozialistische und kriminelle Elemente seien die eine Seite. Aber insgesamt könne man das Volk nicht als Feind betrachten. Wenn es sich gegen die Politik auflehne, müsse man überlegen, was an der Politik zu ändern sei, damit sie den Interessen des Volkes und dem Sozialismus entspricht. Man dürfe den Zeitpunkt nicht verpassen, damit solche Bewegungen nicht auf die andere Seite der Barrikade geraten. Die Partei dürfe solchen Problemen nicht ausweichen, sie müsse mit diesen Kräften arbeiten. In der Sowjetunion tue man das jetzt, aber es sei bereits sehr spät. Diese Organisationen hätten bereits ihre eigenen Führer hervorgebracht und ihre eigenen Prinzipien ausgearbeitet.
Wo es sich um Antisowjetismus handle, dort hätten Kommunisten nichts zu suchen. Aber in der Mehrheit seien dies beunruhigte Werktätige, die sich um zahlreiche vernachlässigte Fragen sorgen.
Genosse Krenz bekräftigte, daß die SED in diesem Sinne an das Problem herangehen wolle. Dies werde jedoch ein langer Prozeß sein.
Anknüpfend an diese Äußerungen des Genossen Gorbatschow bat Genosse Krenz zu prüfen, ob der Erfahrungsaustausch mit den Abteilungen des ZK der KPdSU zu einer Reihe von Fragen, in denen in der Sowjetunion bereits jahrelange Erfahrungen vorliegen, intensiviert werden könnte. Dies betreffe die Bereiche Parteiorgane, Sicherheitsfragen u.a. Generell sollte der Erfahrungsaustausch zwischen den Abteilungen der Zentralkomitees wieder verstärkt werden.
Genosse Gorbatschow begrüßte dies.
Genosse Krenz teilte mit, die SED werde in nächster Zeit erneut Kader zur Ausbildung an sowjetische Parteischulen entsenden.
Genosse Krenz verwies auf einige gegenwärtig offene Probleme auf dem Gebiet der ökonomischen Zusammenarbeit. Dazu gehören:

- eine bessere Auslastung der Fährverbindung Mukran-Klaipeda, die für den Import und Export von großer Bedeutung sei,
- bessere gegenseitige Vertragstreue,
- Prüfung der Möglichkeit für eine weitere Erhöhung der Erdgaslieferungen aus der UdSSR, wofür die DDR sehr dankbar wäre,
- eine Vereinbarung über weitere Lieferungen von Pkw "Lada" in die DDR, da im Moment Fragen der Versorgung der Bevölkerung, u.a. mit Pkw, in der Diskussion eine sehr brisante Rolle spielen. Hier wirke sich aus, daß die Spareinlagen in der DDR außerordentlich hoch und die innere Staatsverschuldung gewaltig seien. Unter der Bevölkerung sei sehr viel Geld im Umlauf. Dazu komme ein systematischer Abkauf von Waren insbesondere durch polnische Bürger.

Genosse Gorbatschow bestätigte dies auch für die Sowjetunion.

Genosse Krenz betonte, für die SED bleibe es das Entscheidende, den Gleichklang der Herzen mit der KPdSU und der UdSSR wieder herzustellen, der für uns lebenswichtig sei. Die Bereitschaft dazu sei auf sowjetischer Seite immer vorhanden gewesen, auf unserer Seite habe es jedoch bestimmte Störungen gegeben. Er wolle im Auftrage des Politbüros des ZK der SED erklären, daß beide Parteien wieder zu den Methoden zurückkehren sollten, alle Fragen, die uns bewegen, offen und ehrlich aufzuwerfen. Die Rufe "Gorbi, Gorbi" während der Demonstrationen in Berlin hätten gezeigt, daß es unmöglich sei, das gute Verhältnis der jungen Leute und der gesamten Bevölkerung der DDR zur Sowjetunion zu zerstören, auch wenn die Führung hier versagt habe.

Genosse Gorbatschow berichtete, das schwierigste bei der Teilnahme am 40. Jahrestag der DDR sei für ihn gewesen, daß er diese Stimmung spürte und sich an der Seite Erich Honeckers dabei sehr unwohl gefühlt habe.

Genosse Krenz warf ein, ihm sei sogar vorgeworfen worden, diese Stimmung, insbesondere der Jugendlichen, organisiert zu haben. Es war jedoch einfach der Ausdruck der wahren Haltung der Menschen.

Genosse Gorbatschow betonte, daß der Besuch des Genossen Krenz so kurz nach seiner Wahl außerordentlich notwendig für die gegenseitige Abstimmung am Beginn der neuen Etappe gewesen sei. Es gehe darum, gemeinsam zu demonstrieren, daß man zusammenstehe, daß die Entwicklung in der Sowjetunion der DDR sehr nahe sei und umgekehrt. Dies sei wichtig auch für die anderen sozialistischen Länder und für die ganze Welt. Auch in der BRD werde man sich dafür interessieren, worüber sich Gorbatschow und Krenz abgestimmt haben.

Genosse Gorbatschow hob hervor, daß er alle geäußerten Gedanken des Genossen Krenz im Prinzip teile. Sie seien von der realen Situation diktiert. Für die SED sei es jetzt sehr wichtig, nicht die Initiative zu verlieren. Die Prozesse verliefen sehr dynamisch und könnten sich weiter beschleunigen. Die Führung der Partei müsse entsprechend reagieren. Wenn die Prozesse an Spontaneität gewinnen oder die politische Orientierung verlieren, dann wäre das ein großes Unglück. Es könne dadurch eine ausweglose Lage entstehen. Dann wäre es möglich, daß falsche Losungen die Lage bestimmen und die Situation von anderen Kräften genutzt werden könne.

Genosse Gorbatschow wies darauf hin, daß er in dieser Sache eigene Erfahrungen gemacht habe. Durch das Zögern der Führung hätten sich in der Sowjetunion einige Probleme stark zugespitzt, das betreffe insbesondere die Wirtschaft. Genosse Krenz habe mit Recht betont, das kommende Plenum müsse eine Einschätzung der komplizierten Lage treffen. Diese Einschätzung müsse ausgewogen aber entschieden sein. Genosse Gorbatschow erinnerte in diesem Zusammenhang an das Januar-Plenum des ZK der KPdSU von 1987. Dort war zum ersten Mal formuliert worden, daß die Partei die Verantwortung für die bisherige Entwicklung übernimmt. Gleichzeitig wurde ein konkretes Programm der Umgestaltung vorgeschlagen. Möglicherweise werde die Entwicklung in der DDR in anderen Etappen verlaufen. Für das Ansehen des Generalsekretärs sei es jedoch außerordentlich wichtig, daß der Generalsekretär sehr verantwortungsbewußt und mit großer Achtung vor der Wahrheit an die Probleme herangehe. Sonst werde ihm keiner Glauben schenken.

Genosse Krenz warf ein, es gäbe jetzt schon Kritik dafür, daß der Rücktritt des Genossen Honecker mit gesundheitlichen Gründen erklärt wurde.

Genosse Gorbatschow meinte, auch hier würden weitere Erklärungen notwendig werden.

Genosse Gorbatschow bezeichnete es als richtig, auf dem Plenum erste Konturen der Politik der nächsten Periode anzudeuten und ein entsprechendes Aktionsprogramm anzunehmen. Ein detaillierter Plan sollte noch nicht ausgegeben werden, weil dies den Generalsekretär als überheblich erscheinen lassen könnte, da er offensichtlich sich keine Zeit nehme, um Vorschläge und Empfehlungen von allen Seiten gründlich zu studieren und zu überdenken. Die Hauptrichtungen des Aktionsprogramms zeichneten sich jedoch schon klar ab - mehr Sozialismus, Erneuerung, Demokratisierung. Man werde das, was in der Vergangenheit gut und nützlich war, übernehmen. Dies betreffe z.B. die soziale Orientierung der Wirtschaft der DDR, die stets ihre starke Seite war. Das dürfe nicht aufgegeben werden. Dies sei ein Potential der DDR, mit dem sie wuchern könne.

Auf dem Gebiet der Kaderpolitik würden sicher entscheidende Veränderungen auf dem Plenum bevorstehen. Genosse Mielke wollte mit seinem Rücktrittsgesuch sicherlich als alter Kommunist anderen ein Beispiel geben. Dies ermögliche es Genossen Krenz, die Kaderfragen von den inhaltlichen Fragen der Erneuerung zu trennen. *Sicherlich könne man nicht die Frage des kollektiven Rücktritts des Politbüros oder der Regierung stellen, aber* tiefgreifende Kaderveränderungen seien zweifellos notwendig. Das Plenum müßte dazu den ersten Schritt tun. Es wäre zu empfehlen, einige kluge und originelle Köpfe aus dem ZK in das Politbüro zu wählen und auch prominente Vertreter der Kultur und der Wissenschaft als Mitglieder oder Kandidaten in das ZK aufzunehmen. Das würde das Ansehen dieser Gremien erhöhen. Was die Person des Genossen Honecker betreffe, so könne man ihn im Plenum sicher weiterhin verteidigen, es sei jedoch fraglich, ob das gegenüber der Gesellschaft weiterhin möglich sei. Das Volk habe sich erhoben und sage heute offen seine Meinung. Man dürfe sich also nicht nur auf das Plenum des ZK, sondern müsse sich auch auf die Gesellschaft orientieren. Auch hier gelte es, die Zeichen der Zeit nicht zu verpassen. Die Gesellschaft werde weiterhin die Frage nach der Verantwortung für die Lage stellen, und auch aus diesem Grunde seien tiefgreifende Kaderveränderungen notwendig.

Bei den konsequenten Veränderungen der Politik dürfe es nicht zu einer vollständigen Negation der Vergangenheit kommen. Das wäre auch eine Mißachtung des Volkes, das die bisherigen Errungenschaften der DDR geschaffen hat. Man sollte also eine Form der dialektischen Negation finden, bei der das Gute beibehalten wird, was zur Stärkung des Sozialismus beiträgt, und Neues hinzugefügt wird, was das Leben hervorbringt.

Genosse Gorbatschow betonte, Genosse Krenz stehe in dem Ruf, ein mutiger Mensch zu sein. Ein Generalsekretär könne den Problemen auch nicht ausweichen, sondern müsse sie auf sich nehmen, er müsse stets unter Berücksichtigung der konkreten Situation handeln und die Entwicklungen in der Gesellschaft sehr genau berücksichtigen. Das Hervorbringen neuer Ideen und ihre Durchsetzung - all das erwarte man von einem Generalsekretär.

Genosse Gorbatschow äußerte seine volle Zustimmung zu den Gedanken des Genossen Krenz über die Beziehungen zur BRD. Es gelte, auf diesem Gebiet die Zusammenarbeit und die Koordinierung zwischen der DDR und der Sowjetunion

wieder zu beleben. Jeder wisse über die Beziehungen des anderen zur BRD gut Bescheid. Man sollte also kein Geheimnis daraus machen, sondern zusammenarbeiten und daraus Nutzen ziehen. Auch die BRD verfüge über die notwendigen Informationen und sei an der Zusammenarbeit sehr interessiert. Richtig sei auch die Überlegung des Genossen Krenz, die Zusammenarbeit stärker unter die Kontrolle der Parteien zu nehmen. Deshalb begrüße er den Vorschlag, den Erfahrungsaustausch zwischen den Abteilungen der Zentralkomitees wieder zu intensivieren. Dasselbe treffe auch auf die Sekretäre der ZK zu. Die Arbeitsebene und enge Kontakte in diesem Bereich seien jedoch das wichtigste. Auch die gemeinsame Arbeit der Akademien für Gesellschaftswissenschaften sollte wieder verstärkt werden. *In diesem Zusammenhang erkundigte sich Genosse Gorbatschow nach dem Schicksal von Genossen Otto Reinhold. Er galt stets als einer, der Genossen Honecker besonders intensiv zugearbeitet habe.*
Genosse Krenz teilte mit, Genosse Reinhold habe ebenfalls die "Wende" vollzogen. Dies sei quasi über Nacht geschehen. Man habe ihm eine Formulierung in einer Fernsehdiskussion übelgenommen, in der er sich für frühere Äußerungen entschuldigte, die ihm genau vorgeschrieben worden seien.
Genosse Gorbatschow erwähnte im Scherz, daß Genosse Otto Reinhold 10 Abweichungen des Genossen Gorbatschow vom Marxismus-Leninismus ausgearbeitet hatte.
Genosse Krenz informierte auch über das Schicksal des Genossen Hans Albrecht, bisher 1. Sekretär der Bezirksleitung Suhl. Er bewältigte seine Arbeit nicht mehr. Außerdem nahm man ihm im ZK eine Äußerung übel, die es bisher über einen Generalsekretär des ZK der KPdSU noch nicht gab. Er hatte nämlich auf dem letzten Plenum des ZK geäußert, Genosse Gorbatschow sei während seines Besuches in der BRD nicht klassenmäßig aufgetreten. Genosse Albrecht werde bereits in den nächsten Tagen als 1. Sekretär der Bezirksleitung nicht mehr zur Verfügung stehen.
Genosse Gorbatschow legte dar, es komme jetzt darauf an, den schöpferischen Marxismus, den Sozialismus im Leninschen Sinne, das heißt, den humanen und demokratischen Sozialismus wiederzubeleben, in dem der Mensch wirklich spüre, daß dies seine Gesellschaft ist und nicht die Gesellschaft einer Elite. Dieser Prozeß sei jedoch nicht leicht durchzusetzen. Dies habe er zum Beispiel während seines Besuchs in Kuba gespürt. Dort habe zunächst eine sehr angespannte Atmosphäre geherrscht. Er selbst legte jedoch dar, daß die Umgestaltung aus Entwicklungsfaktoren der Sowjetunion resultiere und für die Lösung der sowjetischen Probleme erforderlich sei. Die Frage, ob der Sozialismus in der Sowjetunion gelinge oder mißlinge, habe jedoch für die ganze Welt Bedeutung, darunter auch für Kuba. Die Sowjetunion begrüße andererseits alle Maßnahmen, die die KP Kubas unter ihren Bedingungen für notwendig halte. Sie vertraue ihrer Verantwortlichkeit und ihrer Kompetenz. Es gehe darum, erläuterte Genosse Gorbatschow, daß die revolutionäre Perestroika niemandem aufgezwungen werden könne. Auch in der DDR mußte die Situation dafür erst heranreifen, dafür sei der Prozeß jetzt sehr kompliziert und schmerzhaft.
Genosse Gorbatschow wies darauf hin, daß er gegenüber den Genossen aus der DDR stets größte Zurückhaltung geübt habe. Das Ziel habe darin bestanden, keine Mißstimmung in den Beziehungen aufkommen zu lassen, obwohl die Lage in der DDR sehr gut bekannt war. Man habe Geduld gezeigt, weil man verstand, daß die Partei und die ganze Gesellschaft für diese Veränderungen erst heranreifen mußten.
Heute geht es in den sozialistischen Ländern darum, daß jeder selbst nachdenkt. Andererseits existierten bestimmte Kriterien und Grundzüge für den Sozialismus in allen Ländern.

Genosse Gorbatschow berichtete zum Abschluß des Gesprächs über innere Probleme der Sowjetunion. Er informierte, daß er am gleichen Tage die Diskussion mit führenden Ökonomen fortsetzen werde. Gegenwärtig gebe es in allen Bereichen sehr kontroverse Debatten über die weitere Entwicklung der Sowjetunion. Manche forderten die Wiedereinführung des Privateigentums an Produktionsmitteln und die Nutzung kapitalistischer Methoden, andere forderten die Zulassung weiterer politischer Parteien, man streite darum, ob die Sowjetunion sich als Föderation oder als Konföderation weiterentwickeln soll. Besonders auf ökonomischem Gebiet nehmen diese Auseinandersetzungen immer stärker prinzipiellen Charakter an. Es gebe bereits Genossen, die eine andere Vorstellung von der Wirtschaftsentwicklung haben und aus Enttäuschung über die bisherigen Mißerfolge versuchten, der KPdSU kapitalistische Rezepte aufzuzwingen. Die Arbeiterklasse habe das sofort erkannt und reagiere darauf mit Aufrufen, die Diktatur des Proletariats zu verstärken. Es gebe auch Forderungen, wieder zum alten administrativen Befehlssystem zurückzukehren. Dies wäre jedoch für die Sowjetunion ein Unglück.

Die gegenwärtigen Auseinandersetzungen zeigten deutlich, daß es sich bei der Perestroika um eine echte Revolution handelt. Genosse Gorbatschow brachte mit aller Entschiedenheit zum Ausdruck, daß er jedoch nicht zulassen werde, daß sich die Konfrontation bis zu bürgerkriegsähnlichen Zuständen oder anderen Formen blutiger Ereignisse entwickle. Die Lage sei jedoch sehr zugespitzt, und es handle sich um einen echten politischen Kampf. Deshalb sei es erforderlich zu beweisen, daß der Sozialismus in der Lage ist, sich weiterzuentwickeln, sich zu vervollkommnen und sein Potential voll zu entfalten. Eine Schwäche des Sozialismus bestehe darin, daß Veränderungen in der Führung jederzeit zu starken Erschütterungen führen könnten. Dies liege darin, daß das Volk in die Entscheidungen nicht einbezogen werde, daß die demokratischen Mechanismen noch nicht in vollem Maße wirkten. Diese müsse man jedoch voll in Aktion setzen. Es gehe darum, die Gesellschaft weiter zu konsolidieren, ihre schöpferischen Kräfte zu mobilisieren und Klarheit darüber zu schaffen, welche Art sozialistischer Gesellschaft aufgebaut werden soll. Alle konkreten Vorschläge und konstruktiven Ideen seien dafür gefragt. Ein aktuelles Problem in der Sowjetunion sei die Auseinandersetzung mit denjenigen, die ernsthaft die Rückkehr zum Privateigentum an Produktionsmitteln fordern. Manche hätten zu diesem Zweck sogar schon Zitate von Marx und Lenin ausgegraben, mit denen sie zu beweisen versuchten, daß Privateigentum nicht Ausbeutung bedeuten müsse. Nach ihrer Meinung sei das Hauptproblem der Charakter der Macht, mit deren Hilfe man das Privateigentum für oder gegen das Volk einsetzen könnte.

Genosse Gorbatschow verwies darauf, daß es durchaus Formen des Privateigentums - im Handwerk, auf dem Lande - geben könne, wie sie zum Beispiel in der DDR existierten. Dies sei jedoch eher individuelles Eigentum. Diese kleinen Formen seien für die sozialistische Gesellschaft kein großes Problem. In der Sowjetunion gebe es jedoch Kräfte, die weitergehen wollten. Genosse Gorbatschow sagte voraus, daß auch der DDR solche Diskussionen bevorstehen könnten, um so mehr, da das kapitalistische Beispiel dort geographisch sehr nahe sei. Es handle sich bei der BRD noch dazu um ein sehr wohlhabendes kapitalistisches Land, dessen Existenz in den politischen Debatten stets zu spüren sein werde.

Genosse Krenz brachte zum Ausdruck, sein Entschluß zu handeln habe festgestanden, als er im Gespräch des Genossen Gorbatschow mit dem Politbüro des ZK der SED feststellte, daß Genosse Honecker die Darlegungen des Genossen Gorbatschow nicht verstand oder nicht verstehen wollte.

Genosse Gorbatschow sagte, er hatte in diesem Gespräch den Eindruck, als ob er Erbsen gegen die Wand geworfen hätte. Er hege keinerlei Groll gegen Genossen Honecker, sondern sei nur traurig darüber, daß dieser nicht selbst diese Ent-

wicklung vor zwei oder drei Jahren eingeleitet habe. Diese Periode hätte zum Höhepunkt in seinem Leben werden können. Schließlich habe die DDR unter seiner Führung sehr viel erreicht. All das sei gemeinsam mit der Partei und mit dem Volk geschafft worden. Deshalb dürfe es auf gar keinen Fall negiert werden. Das wäre eine Mißachtung des Volkes, das dann im Grunde genommen umsonst gelebt hätte. Die Entwicklung müsse sehr dialektisch betrachtet werden. Dabei seien sowohl der Fortschritt der Gesellschaft, der Vorlauf für die Zukunft und das große Potential zu sehen als auch die Faktoren, die die gesellschaftliche Entwicklung in der letzten Zeit bremsten.
Genosse Krenz stimmte dem zu und bedankte sich in herzlichen Worten für das ausführliche und tiefgründige Gespräch.

(Quelle: SAPMO-BArch, ZPA-SED, J IV 2/2A/3255)

Dok. 10
Schreiben von Alexander Schalck an Egon Krenz, 3.11.1989[33]

A. Schalck   Berlin, 03.11.1989

Generalsekretär
des Zentralkomitees der SED

Genossen Egon Krenz

Lieber Genosse Krenz!

Bundesminister Seiters hat sich vereinbarungsgemäß am 03.11.1989, 12 Uhr, gemeldet. Es besteht Bereitschaft, ein weiteres Gespräch in Vorbereitung seines Besuches am 30.11.1989 für den 07.11.1989, 12 Uhr, in Bonn zu vereinbaren. Er machte dabei aufmerksam, daß substantielle verbindliche Angebote zum Komplex Reisen noch nicht möglich sind, da die entsprechenden Gremien in der BRD erst nach dem 14.11.1989 zu verbindlichen Aussagen imstande sind. Seiters betont, daß es zwischen der Tagung des Zentralkomitees und diesem Termin keine Zusammenhänge gibt.
Bitte um Zustimmung, das Gespräch mit Seiters am 07.11.1989 wahrnehmen zu können.

                                                            Mit sozialistischem Gruß
                                                                (Unterschrift)

(Quelle: PdV)

---

33 Handschriftlicher Vermerk von Egon Krenz auf dem Blatt: "Einverstanden. 4.11./Egon Krenz."

Dok. 11
Schreiben von Alexander Schalck an Egon Krenz, 6.11.1989[34], mit der Anlage: "Vermerk über ein informelles Gespräch des Genossen Alexander Schalck mit dem Bundesminister und Chef des Bundeskanzleramtes der BRD, Rudolf Seiters, und dem Mitglied des Vorstandes der CDU, Wolfgang Schäuble, am 06.11.1989"[35]

Alexander Schalck   Berlin, 06. November 1989

Generalsekretär
des Zentralkomitees der SED
Genossen Egon Krenz

Lieber Genosse Krenz!

Beiliegend übermittle ich den
  Vermerk über die geführten Gespräche mit Bundesminister Seiters und
  dem Mitglied des CDU-Vorstandes Schäuble.
Seiters wird im Verlaufe des heutigen Abends Gelegenheit haben, gemeinsam mit Schäuble den Bundeskanzler zu informieren. Sollten sich daraus bereits erste verwertbare Informationen ergeben, würde er mich am 07.11.1989 telefonisch informieren.
Ich bitte um Kenntnisnahme und Festlegung für das weitere Vorgehen.
Aufgrund der mir gegenwärtig übertragenen Vollmacht für die informelle Verhandlungsführung mit der Regierung der BRD bitte ich Dich herzlich um Zustimmung, daß ich in dieser Zeit von meiner Seite aus an keiner öffentlichen Diskussion einschließlich des Fernsehens teilnehme, um zu verhindern, daß durch mich informell diskutierte Varianten durch mögliche Unachtsamkeiten in die Öffentlichkeit kommen. Sollten diese Verhandlungen abgeschlossen sein, stehe ich selbstverständlich, vorausgesetzt Deiner Zustimmung, für die öffentlichen Medien weiter zur Verfügung.

                                             Mit sozialistischem Gruß
                                             (Unterschrift)

Anlage

                                                     Berlin, den 06.11.1989

Vermerk über ein informelles Gespräch des Genossen Alexander Schalck mit dem Bundesminister und Chef des Bundeskanzleramtes der BRD, Rudolf Seiters, und dem Mitglied des Vorstandes der CDU, Wolfgang Schäuble, am 06.11.1989

Anknüpfend an das am 24.10.1989 geführte informelle Gespräch habe ich nochmals einleitend Grundpositionen der DDR zur weiteren politischen und wirt-

---

34 Handschriftlicher Vermerk von Krenz auf dem Anschreiben: "Kr. 7.11.89."
35 Der Vermerk trägt auf der ersten Seite die handschriftliche Notiz von Krenz: "Gen. Schalck. 1) Dank! 2) Erbitte zusammenhängendes Material für Gespräche mit Seiters. 12.11./Kr."

schaftlichen Zusammenarbeit mit der Regierung der BRD und dem Senat von Berlin (West) dargelegt. Ich habe insbesondere darauf hingewiesen, daß seitens der DDR Bereitschaft besteht, in Durchführung der übernommenen Verpflichtungen im Rahmen des KSZE-Prozesses die gesellschaftliche Entwicklung zu erneuern und eine konstruktive, dem Sozialismus und der DDR dienende Zusammenarbeit der SED mit den anderen demokratischen Parteien durchzuführen.
Im Rahmen der beschlossenen Ausarbeitung von Gesetzen zur Sicherung der Rechtsstaatlichkeit wird das Strafgesetzbuch der DDR im Hinblick auf die Erweiterung der persönlichen Freiheiten, der Meinungsäußerung und anderer Fragen den neuen Erfordernissen angepaßt.
Zur Sicherung des Reise- und Besucherverkehrs ist die DDR bereit, zwischen der Hauptstadt der DDR und Berlin (West) großzügige Regelungen in bezug auf die Neueröffnung von Grenzübergangsstellen zu treffen.
Die Durchführung dieser Maßnahmen ist mit großen finanziellen und materiellen Aufwendungen verbunden.
Es wird davon ausgegangen, daß diese Kosten zu einem hohen Maße von der BRD-Seite getragen werden.
Es wurde des weiteren darauf hingewiesen, daß die DDR bereit ist, die wirtschaftliche Zusammenarbeit einschließlich der Einführung neuer Formen, wie z.B. Joint Ventures und Kapitalbeteiligungen in ausgewählten Zweigen und Bereichen zu entwickeln. Dabei wird davon ausgegangen, daß, soweit es sich um mittelständische und Kleinbetriebe handelt, die Bundesregierung notwendige Kreditbürgschaften übernimmt.
Die DDR wäre bereit, in den nächsten zwei Jahren objektgebunden langfristige Kredite, die aus den neu zu schaffenden Kapazitäten zu refinanzieren sind, bis zur Höhe von 10 Mrd. VE aufzunehmen. Dabei wird davon ausgegangen, daß die Rückzahlung der Kredite erst nach Beginn der vollen Produktion beginnt und die Kredite über eine Laufzeit von mindestens 10 Jahren auszureichen sind.
Des weiteren wird seitens der DDR im Zusammenhang mit der neuen Stufe einer viele Gebiete umfassenden Zusammenarbeit das Erfordernis gesehen, die Bereitstellung zusätzlicher Kreditlinien in freien Devisen, die beginnend im Jahre 1991 jährlich 2 - 3 Mrd. DM betragen könnten, zu erörtern.
Im Hinblick auf den vorgesehenen Besuch von Bundesminister Seiters am 30.11.1989 in der DDR und seine offiziellen Gespräche mit dem Generalsekretär des Zentralkomitees der SED und Vorsitzenden des Staatsrates der DDR, Egon Krenz, sowie mit Außenminister Oskar Fischer, wurde Seiters darüber informiert, daß die DDR bereit ist, in einem "Verständigungsprotokoll" verbindliche Absprachen über den Ausbau der Handels- und Wirtschaftsbeziehungen, weitere Verhandlungen zu Fragen des Umweltschutzes, Verhandlungen über die weitere Gestaltung der Post- und Fernmeldebeziehungen sowie über weitere Vorhaben zu treffen.
Als aktueller dringlicher Schwerpunkt wurde Seiters gebeten, Bezug nehmend auf die am 24.10.1989 geführten Gespräche den Standpunkt der Bundesregierung zu den Möglichkeiten einer Beteiligung an den zusätzlichen Aufwendungen der DDR für den vorgesehenen großzügig erweiterten Reise- und Besucherverkehr auf der Grundlage eines neuen Reisegesetzes darzulegen.
Seiters bedankte sich für die Darlegungen und stellte fest, daß diese für die Bundesregierung und die zu treffenden Entscheidungen von Gewicht sind.
Zu den von mir geäußerten Vorstellungen, den reisenden Bürgern der DDR die Möglichkeit zu geben, einmal jährlich Reisedevisen in Höhe von 300 DM zu einem Umtauschkurs von 1 DM = 4,40 M zu erwerben, wurden von Seiters folgende Überlegungen dargelegt:
- Unter der Voraussetzung, daß der Mindestumtausch aufgehoben wird, könnte ein valutaseitiger Reisezahlungsfonds mit Mitteln der BRD eingerichtet wer-

den (bei 12,5 Mio. Reisenden wäre das eine Größenordnung von rd. 3,8 Mrd. DM).
Gleichzeitig entfällt das bisher von der BRD gezahlte Begrüßungsgeld von 100 DM jährlich pro Person.
Die bisher von der DDR eingenommenen Beträge des Mindestumtausches (rd. 400 Mio. DM) wären mit der Bildung des zentralen Reisefonds abgegolten.
- Der von den Bürgern der DDR für die Reisedevisen umgetauschte Markbetrag (bei 12,5 Mio. Reisenden rd. 16,7 Mrd. M jährlich) wird als zweckgebundener Fonds vorgesehen, über dessen Verwendung die BRD mitbestimmt.

Nach den Vorstellungen der BRD sollte dieser Fonds für die Errichtung von Grenzübergangsstellen, Umweltschutzmaßnahmen oder für andere gemeinsam interessierende Projekte, z.B. auf dem Gebiet des Verkehrswesens und des Post- und Fernmeldewesens, eingesetzt werden.

Die BRD geht des weiteren davon aus, daß die notwendige Anzahl auszubauender Grenzübergangsstellen zwischen der Hauptstadt der DDR und Berlin (West) sowie zwischen der DDR und der BRD errichtet und geöffnet wird. Dabei sind teilweise Provisorien vorzusehen, die dann schrittweise weiter auszubauen sind.

Damit ist eine ordnungsgemäße Grenzabfertigung des steigenden Reise-, Besucher- und Transitverkehrs zu gewährleisten.

Die Finanzierung muß nach Vorstellungen der BRD aus den Markbeträgen des umgetauschten Reisefonds erfolgen.

Über Fragen der Kosten im Eisenbahnverkehr könne eventuell weiter nachgedacht werden.

Seiters erklärte offen, daß zur innenpolitischen Durchsetzung und Begründung dieser vorgeschlagenen Grundsätze seitens der DDR einigen politischen Erfordernissen Rechnung getragen werden müßte.

Er nannte in diesem Zusammenhang die Möglichkeit der Wiedereinreise von Bürgern, die die DDR gesetzlich oder ungesetzlich verlassen haben, so daß alle DDR-Bürger, bis auf Einzelfälle, die zu begründen wären, zu Besuchszwecken wieder in die DDR einreisen können.

Er machte keinen Hehl daraus, daß es nach der "Sonnabend-Veranstaltung" in Berlin große Zurückhaltung seitens der verantwortlichen Politiker der Regierungskoalition gäbe.

Seiters machte des weiteren deutlich, daß eine endgültige Antwort heute unter keinen Umständen gegeben werden kann und seine Vorstellungen erste Konturen sind, die er freibleibend äußerte.

Durch Schäuble wurde offensichtlich in enger Abstimmung mit dem Bundeskanzler dargestellt, daß viel davon abhänge, daß in der Rede des Generalsekretärs auf der 10. Tagung des ZK der SED die Glaubwürdigkeit des Kurses der Wende und Erneuerung sowie der angekündigten Reformen deutlich werden, und daß für die Durchführung glaubwürdige und auch neue Personen die Verantwortung übernehmen.

Ein Grundproblem sei dabei Artikel 1 der Verfassung der DDR, der die führende Rolle der marxistisch-leninistischen Partei beinhaltet.

Schäuble empfahl dringend, deutlich zu machen, daß die SED bereit ist, um einen friedlichen Übergang zu einer von allen politischen, gesellschaftlichen und kirchlichen Organisationen getragenen Entwicklung zu ermöglichen, die Verfassung der DDR entsprechend dem heutigen Stand der gesellschaftlichen Entwicklung und in Durchführung der übernommenen KSZE-Verpflichtungen zu ändern.

Diese Verfassungsänderung sollte beinhalten, die führende Rolle der SED durch eine konstruktive, dem Sozialismus und der DDR dienende Zusammenarbeit im Konsens aller demokratischen Kräfte neu auszugestalten.

Dabei empfahl Schäuble, Kirchenvertretern in der DDR einen gebührenden Platz einzuräumen.
Hinsichtlich der nach dem 13.08.1961 zum Schutz der DDR errichteten Staatsgrenze gegenüber Berlin (West) vertrat auch Schäuble die Auffassung, in Übereinstimmung mit dem KSZE-Prozeß diese Grenze durch die Einrichtung neuer Grenzübergangsstellen durchlässiger zu machen.
Schäuble verdeutlichte nochmals, daß bei allen Wirtschafts- und Finanzentscheidungen die BRD-Regierung immer davon ausgeht, daß die DDR ihre Subventionen entscheidend abbaut.
Schäuble brachte zum Ausdruck, daß bei vielen Politikern der BRD Unverständnis über die zurückhaltende Informationspolitik zu den Vorkommnissen am 7./8. Oktober 1989 besteht. Die DDR wäre nach seiner Auffassung im Interesse ihrer Glaubwürdigkeit gut beraten, wenn sie die direkt verantwortlichen Polizei- und Sicherheitsbeamten benennen und die veranlaßten Maßnahmen bekanntgeben würde.
Auch in der BRD komme es manchmal zu Übergriffen, die geahndet werden.
Ansonsten wird dieses Thema von bestimmten Kräften immer wieder neu hochgespielt.
Zu den anderen Fragen der Entwicklung der Zusammenarbeit, insbesondere auf wirtschaftlichem Gebiet, sowie zu den Kreditfragen seien noch weitere Überlegungen durch die Bundesregierung erforderlich. Derzeitig sei man noch nicht in der Lage, konkrete Vorschläge für verbindlich zu treffende Absprachen zu unterbreiten.
Auch hier wurde deutlich, daß die BRD-Regierung eine abwartende Haltung einnimmt und zumindest die Ergebnisse der 10. Tagung abwarten will.
Schäuble empfahl abschließend nochmals dringend, daß der Generalsekretär Egon Krenz in seiner Rede die geäußerten Gedanken aufgreift. Anderenfalls wäre Bundeskanzler Kohl nicht in der Lage, vor dem Bundestag finanzielle Hilfen aus den Steuergeldern der BRD zu begründen.

(Quelle: PdV)

Dok. 12
Schreiben von Alexander Schalck an Egon Krenz, 7.11.1989[36]

A. Schalck   Berlin, 07.11.1989

Generalsekretär
des Zentralkomitees der SED
Genossen Egon Krenz

Lieber Genosse Krenz!
Bundesminister Seiters informierte mich über die Ergebnisse, die nach dem gestern geführten Gespräch mit ihm und Schäuble durch den Bundeskanzler wie folgt an den Vorsitzenden des Staatsrates der DDR beantwortet werden:
Der Verlauf der gestrigen Demonstration in Leipzig und die sich in den letzten Stunden entwickelnde Bewegung von spontanen Ausreisen aus der DDR in die BRD haben in der Öffentlichkeit der BRD und zunehmend besonders auch in Kreisen der SPD die Forderung hervorgerufen, daß in der DDR, wenn man ent-

---

36 Krenz hat dieses Schreiben mit seiner Paraphe "Kr." versehen.

sprechende materielle und finanzielle Unterstützung der BRD in Anspruch nehmen möchte - das bezieht sich auch auf finanzielle Regelungen zum Reiseverkehr - bereit sein sollte, öffentlich durch den Staatsratsvorsitzenden zu erklären, daß die DDR bereit ist, die Zulassung von oppositionellen Gruppen und die Zusage zu freien Wahlen in zu erklärenden Zeiträumen zu gewährleisten.
Dabei ist zu beachten, daß dieser Weg nur möglich wäre, wenn die SED auf ihren absoluten Führungsanspruch verzichtet. Sie sollte bereit sein, im Konsens mit allen gesellschaftlichen Kräften, Kirchen und Religionsgemeinschaften über eine echte Erneuerung mit dem Ziel der Verwirklichung eines demokratischen Sozialismus gleichberechtigt zu beraten und sich daraus ergebende Entscheidungen einheitlich zu tragen.
Unter diesen Bedingungen hält der Bundeskanzler vieles für machbar und alles denkbar.
Bundesminister Seiters ist bevollmächtigt, zu weiteren informellen Gesprächen ständig zur Verfügung zu stehen.
Bitte um Kenntnisnahme.

Mit sozialistischem Gruß
(Unterschrift)

(Quelle: PdV)

Dok. 13
Schreiben von Oskar Fischer an Willi Stoph, 7.11.1989[37], mit der Anlage: Minister für Auswärtige Angelegenheiten, "Vermerk über ein Gespräch zwischen Genossen Oskar Fischer und dem sowjetischen Botschafter Genossen W. I. Kotschemassow am 7. 11. 1989, 11.45 Uhr, Berlin, 7.11.1989"

MINISTERRAT DER DEUTSCHEN DEMOKRATISCHEN REPUBLIK
DER MINISTER FÜR AUSWÄRTIGE ANGELEGENHEITEN

Mitglied der Politbüros des
ZK der SED
Vorsitzenden des Ministerrates
der DDR
Genossen Willi S t o p h
B e r l i n

Berlin, 7. November 1989

Werter Genosse Stoph!
Mit der Bitte um Kenntnisnahme übermittle ich als Anlage einen Vermerk über mein heutiges Gespräch mit Genossen Botschafter W. I. Kotschemassow.
Die Maßnahmen (Ziffer 2, 4, 5, 7) sind veranlaßt worden. Über die Antwort der sowjetischen bzw. tschechoslowakischen Seite wird sofort nach Eingang gesondert informiert.

Mit sozialistischem Gruß
(Unterschrift)
Oskar Fischer

Anlage

Verteiler: <u>Gen. Krenz</u>

---

37 Das Dokument trägt keinen Eingangsstempel und ist mit dem Stoph-Kürzel "St." handschriftlich abgezeichnet.

Minister für Auswärtige
Angelegenheiten   Berlin, 7. 11. 1989

Vermerk
über ein Gespräch zwischen Genossen Oskar Fischer und dem sowjetischen Botschafter Genossen W. I. Kotschemassow am 7. 11. 1989, 11.45 Uhr

Das Gespräch fand auf Wunsch des Ministers, Genossen Fischer, statt.

I.

Genosse Oskar Fischer informierte darüber, daß im Politbüro die Problematik der Ausreisen von DDR-Bürgern und die damit verbundenen Probleme in der CSSR (Blockierung der Grenzübergangsstellen...) beraten worden sei. Es bestehe die Pflicht, die tschechoslowakischen Genossen zu entlasten. Die Grenze DDR/BRD werde nicht geöffnet, weil sie unkontrollierbare Wirkung hätte. Ebenso könne die Grenze zur CSSR nicht geschlossen werden.
Folgende Maßnahmen seien beabsichtigt:
1. Die Kampagne in den Medien, die DDR-Bürger zum Hierbleiben zu veranlassen, wird verstärkt. Es werde versucht, auch andere bestimmte Leute dafür zu gewinnen. Zugleich sollen in dieser Kampagne die Rückkehrer aus der BRD wirksam gemacht werden.
2. Die Kampagne gegen die BRD hinsichtlich der "Obhutspflicht" wird ebenfalls verstärkt. Dabei ist die Unterstützung unserer Verbündeten erwünscht. Unsere Botschafter in Westeuropa sind angewiesen, gleiches zu erwirken.
3. Der Teil des Reisegesetzes, der sich mit der ständigen Ausreise von DDR-Bürgern befaßt, wird vorgezogen.
4. Mit der CSSR ist zu beraten, ob es ihr Entlastung bringen würde, ihre Grenzübergangsstelle zu Bayern[*] in die Ausreise einzubeziehen. Zugleich soll sie gefragt werden, ob sie die Grenze zur DDR schließen kann. Dies hieße allerdings, die gutwilligen DDR-Bürger zu bestrafen. Würde die DDR schließen, gäbe es eine Machtprobe.
5. Die DDR wird in Bonn informieren, was hinsichtlich der Ausreise von DDR-Bürgern auf sie zukommt. Es wird entschieden verlangt, daß sie gegen die Einreise von DDR-Bürgern auftritt. Wir werden sie bei ihrem eigenen Wort nehmen.
6. Genosse Schabowski wird heute die Blockparteien und Genosse Jarowinsky die Kirchenvertreter über diese Dinge informieren.
7. Genosse Ziebart wird vom Minister sofort informiert, da er heute in Prag um 13.15 Uhr einen Termin bei Genossen Lenart hat.

Genossen Krenz ist die Meinung von Genossen Gorbatschow sehr wichtig sowohl hinsichtlich des gesamten Problems als auch hinsichtlich der Absichten zum Reisegesetz. Die DDR wäre für Unterstützung dankbar.
Genosse Kotschemassow dankte für die Information. Er schlug vor, als zusätzliche Maßnahme auch die ehemaligen Verbündeten (USA, Großbritannien, Frankreich) einzubeziehen, um diese zu veranlassen, Druck auf die BRD auszuüben.
Genosse Fischer hielt das für gut.
Genosse Kotschemassow sicherte die sofortige Weiterleitung nach Moskau und Rückantwort zu.

[*] Brambach / Vojlanov (Cheb)

(Quelle: BArchP, D C-20 4933)

Dok. 14
Schreiben von Oskar Fischer an Egon Krenz, 8.11.1989[38]

MINISTERRAT DER DEUTSCHEN DEMOKRATISCHEN REPUBLIK
DER MINISTER FÜR AUSWÄRTIGE ANGELEGENHEITEN

Generalsekretär des Zentralkomitees
der Sozialistischen Einheitspartei Deutschlands
und Vorsitzenden des Staatsrates der DDR

Genossen Egon Krenz
B e r l i n

Berlin, 08.11.1989

Werter Genosse Krenz!

Weisungsgemäß übermittelte der Gesandte unserer Vertretung in Bonn, Gen. Glienke, am 7. 11. 1989 an den Abteilungsleiter im BRD-Bundeskanzleramt, Duisberg, (Seiters war nicht in Bonn) die Information, daß die DDR beabsichtige, den Teil des Reisegesetzes, der sich mit ständiger Ausreise befaßt, sobald als möglich in Kraft zu setzen. Dabei wurde die Erwartung zum Ausdruck gebracht, daß die BRD entschiedener gegen Ausreisen von DDR-Bürgern auftritt.
Duisberg sagte sofortige Information an Kohl zu. Die Absicht der DDR wurde begrüßt. Für die eingetretene Situation trage die Bundesregierung keine Verantwortung. Sie läge vor allem bei der früheren Führung der DDR. Führende Vertreter der BRD-Regierung hätten in letzter Zeit die DDR-Bürger mehrfach dazu aufgefordert, in der DDR zu bleiben. Kohl werde dies auch heute vor dem Bundestag tun. Der Umfang der Ausreisen belaste auch die BRD. Ein Arbeitsstab unter Leitung von Seiters habe beraten, wie die Lage gemeistert werden könne. Dabei sei man zu der Auffassung gekommen, daß die DDR-Führung alles tun müsse, um das Vertrauen der Bürger wiederzugewinnen. Die BRD könne nur wenig tun. Duisberg stimmte zu, daß beide Seiten der gegenwärtigen Psychose entgegenwirken müßten.
Duisberg bat um kurzfristige Information über den Zeitpunkt des Inkrafttretens des Teiles des Reisegesetzes, der die ständigen Ausreisen betrifft.
Ich bitte um Kenntnisnahme.

Mit sozialistischem Gruß
(Unterschrift)
Oskar Fischer

(Quelle: BArchP, D C-20 4933)

---

38 Das Dokument trägt den Eingangsstempel "Vorsitzender des Ministerrates, Eing.: 8. Nov. 1989" und ist mit dem Stoph-Kürzel "St." handschriftlich abgezeichnet. Fischer hat auf dem Brief handschriftlich folgenden Vermerk angebracht: "Gen. Stoph, z. Kts. Mit Gruß Fischer, 8/XI."

Dok. 15
Sitzungsmaterial/MR-Umlauf, Vorlage: Zeitweilige Übergangsregelung für Reisen und ständige Ausreise aus der DDR, Berlin, den 9.11.1989

Sitzungsmaterial
MR-Umlauf

Berlin, den 9. November 1989

Mitglieder des Ministerrates

Es wird gebeten, beiliegende Beschlußvorlage

    Zeitweilige Übergangsregelung für Reisen VVS b2-937/89
    und ständige Ausreise aus der DDR

    Vorsitzender des Ministerrates

bis <u>h e u t e</u> , Donnerstag, den 9. November 1989, 18.00 Uhr

im Umlaufverfahren zu bestätigen.

                                                                                                                       < Möbis[39] >

Sitzungmaterial MR-Umlauf <9.11.89> V 1204/89	Vertrauliche Verschlußsache b2-937/89 <40>. Ausf. 4 Seiten
Titel der Vorlage:	Zeitweilige Übergangsregelung für Reisen und ständige Ausreise aus der DDR
Einreicher der Vorlage:	Vorsitzender des Ministerrates gez. Willi Stoph

Berlin, den 9. November 1989

                              B e s c h l u ß v o r s c h l a g

Der beiliegende Beschluß zur zeitweiligen Übergangsregelung für Reisen und ständige Ausreise aus der DDR wird bestätigt.

                              B e s c h l u ß v o r s c h l a g

Zur Veränderung der Situation der ständigen Ausreise von DDR-Bürgern nach der BRD über die CSSR wird festgelegt:
1.   Die Verordnung vom 30. November 1988 über Reisen von Bürgern der DDR in das Ausland (GBl. I Nr. 25 S. 271) findet bis zur Inkraftsetzung des neuen Reisegesetzes keine Anwendung mehr.

---

39 Harry Möbis, seit 7.11.1989 Leiter des Sekretariats des Ministerrates.

2. Ab sofort treten folgende zeitweilige Übergangsregelungen[40] für Reisen und ständige Ausreisen aus der DDR in das Ausland in Kraft:
   a) Privatreisen nach dem Ausland können ohne Vorliegen von Voraussetzungen (Reiseanlässe und Verwandschaftsverhältnisse) beantragt werden. Die Genehmigungen werden kurzfristig erteilt. Versagungsgründe werden nur in besonderen Ausnahmefällen angewandt.
   b) Die zuständigen Abteilungen Paß- und Meldewesen der VPKÄ in der DDR sind angewiesen, Visa zur ständigen Ausreise unverzüglich zu erteilen, ohne daß dafür noch geltende Voraussetzungen für eine ständige Ausreise vorliegen müssen. Die Antragstellung auf ständige Ausreise ist wie bisher auch bei den Abteilungen Innere Angelegenheiten möglich.
   c) Ständige Ausreisen können über alle Grenzübergangsstellen der DDR zur BRD bzw. zu Berlin (West) erfolgen.
   d) Damit entfällt die vorübergehend ermöglichte Erteilung von entsprechenden Genehmigungen in Auslandsvertretungen der DDR bzw. die ständige Ausreise mit dem Personalausweis der DDR über Drittstaaten.
3. Über die zeitweiligen Übergangsregelungen ist die beigefügte Pressemitteilung am 10. November 1989 zu veröffentlichen.

<u>Verantwortlich:</u> Regierungssprecher beim Ministerrat der DDR

Pressemitteilung

Berlin (ADN)
Wie die Presseabteilung des Ministeriums des Innern mitteilt, hat der Ministerrat der DDR beschlossen, daß bis zum Inkrafttreten einer entsprechenden gesetzlichen Regelung durch die Volkskammer folgende <u>zeitweilige Übergangsregelung</u> für Reisen und ständige Ausreisen aus der DDR ins Ausland in Kraft gesetzt wird:
1. Privatreisen nach dem Ausland können ohne Vorliegen von Voraussetzungen (Reiseanlässe und Verwandtschaftsverhältnisse) beantragt werden. Die Genehmigungen werden kurzfristig erteilt. Versagungsgründe werden nur in besonderen Ausnahmefällen angewandt.
2. Die zuständigen Abteilungen Paß- und Meldewesen der VPKÄ in der DDR sind angewiesen, Visa zur ständigen Ausreise unverzüglich zu erteilen, ohne daß dafür noch geltende Voraussetzungen für eine ständige Ausreise vorliegen müssen. Die Antragstellung auf ständige Ausreise ist wie bisher auch bei den Abteilungen Innere Angelegenheiten möglich.
3. Ständige Ausreisen können über alle Grenzübergangsstellen der DDR zur BRD bzw. zu Berlin (West) erfolgen.
4. Damit entfällt die vorübergehend ermöglichte Erteilung von entsprechenden Genehmigungen in Auslandsvertretungen der DDR bzw. die ständige Ausreise mit dem Personalausweis der DDR über Drittstaaten.

(Quelle: BStU, ZA, MfS-Arbeitsbereich Neiber 553, Bl. 15-19)

---

40 "Zeitweilige Übergangs" wurde im Text handschriftlich gestrichen.

Dok. 16
"Wie wir's machen, machen wir's verkehrt!"
Die Behandlung der Reiseregelung auf der 10. Tagung des Zentralkomitees, 9.11.1989, 15.47 - 15.55 Uhr (Tonbandabschrift[41])

(Uhrzeit: 15.47 Uhr[42])

"**Egon Krenz:**
Genossinnen und Genossen! Bevor Günther das Wort nimmt, muß ich noch einmal von der Tagesordnung abweichen. Euch ist ja bekannt, daß es ein Problem gibt, das uns alle belastet: die Frage der Ausreisen. Die tschechoslowakischen Genossen empfinden das allmählich für sich als eine Belastung, wie ja früher auch die ungarischen. Und: Was wir auch machen in dieser Situation, wir machen einen falschen Schritt. Schließen wir die Grenzen zur CSSR, bestrafen wir im Grunde genommen die anständigen Bürger der DDR, die dann nicht reisen können, und auf diese Art und Weise ihren Einfluß auf uns ausüben. Selbst das hätte aber auch nicht - würde nicht dazu führen, daß wir das Problem in die Hand bekommen, denn die ständige Vertretung der BRD hat schon mitgeteilt, daß sie ihre Renovierungsarbeiten abgeschlossen hat. Das heißt, sie wird öffnen, und wir würden auch dann wieder vor diesem Problem stehen.

Und der Genosse Willi Stoph hat als amtierender Vorsitzender des Ministerrates eine Verordnung vorgeschlagen[43], die ich jetzt hier doch verlesen möchte, weil sie vom Politbüro bestätigt worden ist, aber doch solche Wirkung hat, daß ich das Zentralkomitee nicht ohne Konsultation lassen möchte.

'Beschluß zur Veränderung der Situation der ständigen Ausreise von DDR-Bürgern nach der BRD über die CSSR

Es wird festgelegt:

1. *Die Verordnung vom 30. November 1988 über Reisen von Bürgern der DDR in das Ausland findet bis zur Inkraftsetzung des neuen Reisegesetzes keine Anwendung mehr.*

2. *Ab sofort treten folgende zeitweilige Übergangsregelungen für Reisen und ständige Ausreisen aus der DDR in das Ausland in Kraft:*

    a) Privatreisen nach dem Ausland können ohne Vorliegen von Voraussetzungen (Reiseanlässe und Verwandtschaftsverhältnisse) beantragt werden. Die Genehmigungen werden kurzfristig erteilt. Versagungsgründe werden nur in besonderen Ausnahmefällen angewandt.
    b) Die zuständigen Abteilungen Paß- und Meldewesen der Volkspolizeikreisämter in der DDR sind angewiesen, Visa zur ständigen Ausreise unverzüglich zu erteilen, ohne daß dafür noch geltende Voraussetzungen für

---

41 Wörtliche, vom Verfasser vorgenommene Übertragung der Tonbandaufzeichnung der 10. Tagung des Zentralkomitees der Sozialistischen Einheitspartei Deutschlands vom 8.-10. November 1989. - Sowohl die gedruckte und veröffentlichte Fassung als auch die nichtveröffentlichte, archivierte stenografische Niederschrift (vgl. SAPMO-BArch, ZPA-SED, IV 2/1/707, Bl. 132-135) enthalten wesentliche Abweichungen vom gesprochenen Wort.
42 Das Zentralkomitee unterbrach seine Sitzung dem Protokoll zufolge bis 15.30 Uhr. Der erste Redner nach dieser Pause - R. Winter, der Generaldirektor der Fritz-Heckert-Werke - sprach 17 Minuten.
43 Vgl. Dok. 10.

eine ständige Ausreise vorliegen müssen. Die Antragstellung auf ständige Ausreise ist wie bisher auch bei den Abteilungen Innere Angelegenheiten möglich.
c) Ständige Ausreisen können über alle Grenzübergangsstellen der DDR zur BRD bzw. zu Berlin (West) erfolgen.
d) Damit entfällt die vorübergehend ermöglichte Erteilung von entsprechenden Genehmigungen in Auslandsvertretungen der DDR bzw. die ständige Ausreise mit dem Personalausweis der DDR über Drittstaaten.

3. *Über die zeitweiligen Übergangsregelungen ist die beigefügte Pressemitteilung am 10. November zu veröffentlichen.'*

Diese Mitteilung hat folgenden Wortlaut:

'Wie die Presseabteilung des Ministeriums des Innern mitteilt, hat der Ministerrat der DDR beschlossen, daß bis zum Inkrafttreten einer entsprechenden gesetzlichen Regelung durch die Volkskammer folgende zeitweilige Übergangsregelung für Reisen und ständige Ausreisen aus der DDR ins Ausland in Kraft gesetzt wird.'

Und dann kommen faktisch die vier Punkte, die ich nicht noch einmal vorzulesen brauche.
Ich sagte: Wie wir's machen, machen wir's verkehrt. Aber das ist die einzige Lösung, die uns die Probleme erspart, alles über Drittstaaten zu machen, was dem internationalen Ansehen der DDR nicht förderlich ist. Genosse Hoffmann?

Hans-Joachim Hoffmann:
Genosse Krenz, könnten wir nicht dieses Wort 'zeitweilig' vermeiden? Das erzeugt andauernd den Druck, als hätten die Leute keine Zeit und müßten sofort und so schnell wie möglich. Könnten wir nicht - ich kenn' den Gesamttext jetzt nicht - können wir das nicht vermeiden oder umschreiben?

Vors. Egon Krenz:
Ja, man muß schreiben: 'Entsprechend der gesetzlichen Regelung durch die Volkskammer folgende Übergangsregelung' und einfach 'zeitweilig' streichen dann. Übergangsregelung ist ja eine zeitweilige.

Friedrich Dickel:
Bis zum Inkrafttreten des Reisegesetzes.

Egon Krenz:
Also bis zum Inkrafttreten des Reisegesetzes geltende folgende Dinge, ja?
(Gemurmel)
Einverstanden, ja?
(Gemurmel)
Genosse Dickel, siehst Du da eine Schwierigkeit? Ist richtig so, ja?
(Gemurmel)

Friedrich Dickel:
Was die Veröffentlichung angeht - vielleicht wäre doch zweckmäßig nicht das Ministerium des Innern, obwohl wir die faktische Durchführung machen, daß das Presseamt des Ministerrates das veröffentlicht. Denn das ist ja eine Verordnung des Vorsitzenden des Ministerrates.

Egon Krenz:
Ich würde sagen, daß der Regierungssprecher das gleich macht, ja. (Zwischenruf) Bitte?
(Gemurmel)

Manfred Banaschak:
Wenn wir einen solchen Passus aufnehmen, der besagt 'zeitweilig' oder 'Übergangslösung', könnte das nicht eher die Wirkung haben, daß man meint, wer weiß, was kommt, ...
(Unruhe, Zwischenrufe)

Egon Krenz:
Deshalb wird gesagt, daß wir sowohl 'zeitweilig' wie auch 'Übergangsregelung' vermeiden und sagen: Bis zum Inkrafttreten des Reisegesetzes, das von der Volkskammer zu beschließen ist, wird das und das und das angeordnet. - Einverstanden, Genossen? - Gut. Danke schön. Das Wort hat Günther Jahn.
(leise, bei abgeschaltetem Saalmikrophon, nur zu seinen Nachbarn im Präsidium):
Das ist doch immer gut, so was zu machen.
(Laut, mit Saalmikrophon):
Nach Günther Jahn folgt Günter Sieber."

(Uhrzeit: 15.55 Uhr)

(Quelle: SAPMO-BArch, SED-ZPA, TD 738.)

Dok. 17
Schreiben des Ministers der Justiz an das Sekretariat des Ministerrates, betr.: Zeitweilige Übergangsregelung für Reisen und ständige Ausreise aus der DDR, 9.11.1989[44]

MINISTERRAT
DER DEUTSCHEN DEMOKRATISCHEN REPUBLIK
MINISTERIUM DER JUSTIZ
DER MINISTER

9. November 1989

Sekretariat des Ministerrates
Genossen Sauer[45]
Klosterstraße 47
Berlin
1020

Zeitweilige Übergangsregelung für Reisen und ständige Ausreise aus der DDR

Werter Genosse Sauer!
Dem Beschlußvorschlag zu einer zeitweiligen Übergangsregelung für Reisen und ständige Ausreise aus der DDR wird aus folgenden Gründen nicht zugestimmt:
1. Der Beschluß sieht entgegen der Verordnung vom 30. November 1988 über Reisen von Bürgern der DDR in das Ausland keine Beschwerdemöglichkeit bei Versagen von Genehmigungen vor. Auch die gerichtliche Nachprüfung ablehnender Entscheidungen, die in der Verordnung vom 30. November 1988 als rechtsstaatliche Errungenschaft angesehen wurde, ist im Beschlußvorschlag nicht enthalten.
2. In Ziffer 2 a) wird festgelegt, daß die Genehmigungen kurzfristig erteilt werden. Eine konkrete Frist ist nicht vorgesehen. Der Begriff "kurzfristig" ist äußerst auslegungsfähig. Die Bürger werden annehmen, daß die bisherigen Fristen von 30 Tagen gemeint sind.
3. Ebenfalls in Ziffer 2 a) wird festgelegt, daß Versagungsgründe nur in besonderen Ausnahmefällen angewandt werden. Es ist nicht definiert, was Versagungsgründe sind. Die Bürger werden annehmen, daß die im § 6 des Entwurfs des Reisegesetzes festgelegten umfassenden Versagungsgründe, die in der öffentlichen Diskussion auf absolute Ablehnung gestoßen sind, in diese Übergangslösung hinein interpretiert werden.
4. In Ziffer 1 wird dargelegt, daß die Verordnung vom 30. November 1988 keine Anwendung mehr findet. Eine solche Festlegung ist juristisch nicht möglich. Die Verordnung vom 30. November 1988 muß aufgehoben werden.

Die Nichtzustimmung bezieht sich auch auf die in der Anlage enthaltene Pressemitteilung.

Mit sozialistischem Gruß
I.V. (Unterschrift)
Dr. Wittenbeck[46]

(Quelle: BArch/P, C-20, I/3-2867, Bl. 52)

---

44 Das Dokument trägt als Eingangsstempel den 16. November 1989, lag aber nach Aussage von Siegfried Wittenbeck, Harry Möbis, Klaus Mehnert, Wolfgang Petter und Gerhard Lauter bereits am 9.11.1989 im Sekretariat des Ministerrats vor. Handschriftlich ist vermerkt: "Genosse Mehnert zum Vorgang. 16.11. Sauer", und: "Gen. Petter. S. Ziffer 4 nochmals prüfen. Mehnert. (ohne Datum)."
45 Manfred Sauer, Stellvertreter des Leiters des Sekretariats des Ministerrates.

Dok. 18
Fernschreiben des MdI, betr.: Privatreisen und ständige Ausreisen nach dem nichtsozialistischen Ausland, 9.11.1989[47]

Fernschreiben-Fernspruch-Funkspruch Nr.
Dringlichkeitsstufe Flugzeug < Wagner[48] >

An Chef d. BDVP,	BDVP 1-15	
alle Ltr. d. VPKÄ, Stellv.	RdB 1-15	
d. Vorsitzenden f. Inneres	alle VPKÄ und Räte der	
d. RdB und RdK/Stadtbezirke	Kreise und Stadtbezirke	09.11.1989

Betreff: Privatreisen und ständige Ausreisen nach dem nichtsozialistischen Ausland

---

Der Ministerrat der DDR hat beschlossen, daß bis zum Inkrafttreten einer entsprechenden gesetzlichen Regelung der Volkskammer folgende Bestimmungen für Privatreisen und ständige Ausreisen in das Ausland mit sofortiger Wirkung in Kraft gesetzt werden:
1. Privatreisen nach dem Ausland können ohne Vorliegen von Voraussetzungen (Reiseanlässe und Verwandtschaftsverhältnisse) beantragt werden. Die Genehmigungen werden kurzfristig erteilt. Versagungsgründe werden nur in besonderen Ausnahmefällen angewandt.
2. Die zuständigen Abteilungen Paß- und Meldewesen der VPKÄ in der DDR sind angewiesen, Visa zur ständigen Ausreise unverzüglich zu erteilen, ohne daß dafür noch geltende Voraussetzungen für eine ständige Ausreise vorliegen müssen. Die Antragstellung auf ständige Ausreise ist wie bisher auch bei den Abteilungen Innere Angelegenheiten möglich.
3. Ständige Ausreisen können über alle Grenzübergangsstellen der DDR zur BRD bzw. zu Berlin (West) erfolgen.
4. Damit entfällt die vorübergehende Erteilung von Genehmigungen in Auslandsvertretungen der DDR bzw. die ständige Ausreise mit dem Personalausweis der DDR über Drittstaaten.

Zur Verwirklichung wird festgelegt:

<u>Privatreisen</u>

1. Zur Beantragung der Reise sind vom Bürger nur 2 Anträge und eine Zählkarte entgegenzunehmen. Das Gespräch mit den Bürgern reduziert sich auf die Prüfung der ordnungsgemäßen Ausfüllung dieser Unterlagen.
Auf der Rückseite des Antrages ist nur die Angabe des Ziellandes zu fordern. Nicht mehr zu fordern sind der Anhang zum Antrag, Urkunden, Bescheinigungen usw.

---

46 Dr. Siegfried Wittenbeck, 1. Stellvertreter des Justizministers.
47 Der Text des Fernschreibens wurde um 19.30 Uhr in der Fernschreibstelle des MdI abgegeben und lief um 21.19 Uhr bei den Empfängern auf. Die BDVP Potsdam etwa gab das Telegramm um 21.25 Uhr an die Volkspolizeikreisämter des Bezirks weiter (vgl. Archiv des Polizeipräsidiums Potsdam, Ordner Fernschreiben Okt.89 - Dez. 90, PM).
48 Generaloberst Karl-Heinz Wagner, Stellvertreter des Ministers des Innern und Chef des Stabes.

2. Die Übergabe der Zählkarte an die KD des MfS entfällt. Sie ist als Arbeitsbeleg im PM zu verwenden.
   Zwischenbelege, BC-Ausdrucke u. ä. sind nicht mehr zu fertigen.
3. Reisen sind nur noch zu versagen, wenn Gründe gemäß §§ 13 Abs. 1, Abs. 2 (bezüglich aktiver Zugehörigkeit zu bewaffneten Organen), 14 Abs. 1 Buchstabe b) vorliegen.
4. Prüfungen haben ausschließlich zum Antragsteller anhand der BC-Datei oder der Kartei zu erfolgen.
   Informationen über K-Vermerke und über Zugehörigkeit zu bewaffneten Organen sind den Anträgen zur Entscheidung beizufügen.
   Außerdem sind die Informationen zu K-Vermerken an die Kriminalpolizei zur Bewertung und Meinungsäußerung zu übergeben.
5. Entsprechend den Wünschen der Bürger können Genehmigungen (Visa) zur ein- oder mehrmaligen Reise für maximal 30 Reisetage mit einer Gültigkeit bis höchstens 6 Monaten erteilt werden.
   Die visierten Pässe können auf Wunsch der Bürger postalisch übersandt werden. Dazu sind entsprechende Vereinbarungen mit dem zuständigen Hauptpostamt hinsichtlich der Anwendung des normalen Einschreibeverfahrens (Sammelauflieferung) zu treffen. Bei vereinbarter Übersendung sind bei der Beantragung die Gebühren zu erheben.
6. Die zeitweilige Einziehung der Personalausweise und Wehrdienstausweise entfällt. Die Bürger sind zu belehren, daß diese Dokumente in der Wohnung sicher aufzubewahren sind.
7. Die Bearbeitungszeit richtet sich nach den Reisewünschen der Bürger. Das schließt Sofortreisen ein.
8. Das Verfahren für Reisen von Rentnern und Invaliden bleibt von diesen Festlegungen unberührt. Die Abstimmung mit den rentenzahlenden Stellen bei Beantragung von Reisen für Invaliden ist nur dann vorzunehmen, wenn Hinweise vorliegen, daß die Angaben nicht stimmen.

Ständige Ausreisen

1. Sprechen Bürger der DDR zwecks ständiger Ausreise bei den VPKÄ, PM, vor, ist ein Antrag, Vordruck PM 67 g, entgegenzunehmen.
2. Im Personalausweis ist ein Visum zur ständigen Ausreise zu erteilen. Die polizeiliche Abmeldung ist vorzunehmen. Die Bürger sind aufzufordern, Wehrdienstausweise mit den Einberufungsbefehlen "M" abzugeben.
3. Diese Personen einschließlich mitreisende Minderjährige sind listenmäßig zu erfassen (Name, Geburtsname, Vorname, PKZ, Wohnanschrift, Zielland). Diese Liste ist täglich auf dem Dienstweg an das MdI, HA IA, den Rat des Kreises, Abteilung Innere Angelegenheiten, und die KD MfS zu übersenden.
4. Soweit Bürger die Entlassung aus der Staatsbürgerschaft fordern, sind sie an die zuständige Abteilung Innere Angelegenheiten zu verweisen.
5. Werden Bürger bei den Abteilungen Innere Angelegenheiten oder Genehmigungsangelegenheiten vorstellig, um einen Antrag auf ständige Ausreise zu stellen, ist entsprechend den Festlegungen im Schreiben vom 26.10.1989 an die Stellvertreter der Vorsitzenden für Inneres zu verfahren.
   Genehmigungen für ständige Ausreisen können ohne Entlassung aus der Staatsbürgerschaft der DDR erteilt werden.
   Soweit Bürger Anträge auf Entlassung aus der Staatsbürgerschaft stellen, jedoch die Bearbeitung dieses Antrages nicht abwarten und sofort ausreisen wollen, ist der Antrag entgegenzunehmen. Diesen Bürgern ist mitzuteilen, daß die Aushändigung der Entlassungsurkunde durch die Ständige Vertretung der DDR in der BRD bzw. die zuständige Botschaft oder konsularische Ver-

tretung der DDR erfolgt. Um das zu gewährleisten, sind sie aufzufordern, diesen rechtzeitig ihre neue Wohnanschrift im Ausland mitzuteilen. In diesen Fällen ist die Urkunde über die Entlassung aus der Staatsbürgerschaft der DDR über das Ministerium für Auswärtige Angelegenheiten, HA Konsularische Angelegenheiten, der zuständigen Botschaft der DDR kurzfristig zu übersenden.
6. Ständige Ausreisen gemäß Ziffer 1 sind nur zu versagen, wenn es sich bei den Antragstellern um Angehörige der Schutz- und Sicherheitsorgane sowie der Zollverwaltung der DDR handelt.

Der Personalbestand des Paß- und Meldewesens sowie der Abteilung Innere Angelegenheiten ist gründlich einzuweisen. Eine entsprechende Unterstützung ist zu gewährleisten. Das Zusammenwirken mit der Kreisdienststelle MfS ist zu sichern.

<i.V. Wagner (Generaloberst)>

Minister des Innern
und Chef der DVP

Dickel
Armeegeneral

<Grüning[49] 9.11.89>
<Gerbitz[50] 09.11.89>

(Quelle: PdV)

Dok. 19
Fernschreiben des Ministers für Staatssicherheit an die Leiter der Bezirksverwaltungen 1-15, 9.11.1989

<103635>   <Vsch/2992/89 E>

TELEGRAMM

Dringlichkeit Flugzeug   Fu/FS-Nr.: 260

Absender: Minister
Empfänger: Leiter der BV 1-15

Berlin, den 9.11.1989

Um die gegenwärtige Praxis der ständigen Ausreise mit PA der DDR über das Territorium der ČSSR zu verändern, beschloß der Ministerrat der DDR bis zum Inkrafttreten des neuen Reisegesetzes die Verordnung vom 30.11.1988 nicht mehr anzuwenden. Dazu erfolgt eine Information an die Öffentlichkeit.

Genehmigungen für Privatreisen oder ständige Ausreisen können für jeden Bürger der DDR ohne Vorliegen von Voraussetzungen unverzüglich erteilt werden, es sei denn, es handelt sich um Angehörige der Schutz- und Sicherheitsorgane bzw. bei Privatreisen darüber hinaus, wenn Gründe im Sinne der §§ 13 Abs. 1 und 14 Abs. 1 Buchstabe b. der o. g. Verordnung vorliegen.

---

49 Generalmajor Egon Grüning, Stellvertreter des Chefs des Stabes des MdI.
50 Oberst Hans-Joachim Gerbitz, stellvertretender Leiter der Hauptabteilung Paß- und Meldewesen des MdI.

Ständige Ausreisen können bei den VPKÄ-Paß-Meldewesen oder bei den Abteilungen Inneres beantragt werden.
Vom Ministerium für Außenhandel wird veranlaßt, daß Pkw ohne besondere Genehmigung ausgeführt werden können.
Ständige Ausreisen können über alle GÜSt nach der BRD bzw. nach Westberlin erfolgen.
Detaillierte Festlegungen zur Verfahrensweise und die Notwendigkeit des engen Zusammenwirkens mit den Diensteinheiten des MfS sind in einer Weisung des Ministers des Innern enthalten.
Im Rahmen des engen politisch-operativen Zusammenwirkens sind die erforderlichen sicherheitspolitischen Maßnahmen durchzuführen.

gez. Neiber
Generalleutnant

(Quelle: BStU, ZA, MfS-SdM 2275, Bl. 58; auch vh. als: BStU, ZA, MfS-Dok.-Nr. 103635)

Dok. 20
Information des Ministeriums für Staatssicherheit über die Entwicklung der Lage an den Grenzübergangsstellen der Hauptstadt zu Westberlin sowie an den Grenzübergangsstellen der DDR zur BRD, Berlin, 10. November 1989

Berlin, 10. November 1989

Information

über die Entwicklung der Lage an den Grenzübergangsstellen der Hauptstadt zu Westberlin sowie an den Grenzübergangsstellen der DDR zur BRD

Mit Bekanntgabe der Ausreisemöglichkeiten für DDR-Bürger auf der durch Genossen Schabowski gegebenen Pressekonferenz und nachfolgenden Verlautbarungen der Medien setzte gegen 20.00 Uhr des 9. 11. 1989 an den Grenzübergangsstellen der Hauptstadt zu Westberlin nach zögerlichem Beginn ein rasch ansteigender Zulauf von DDR-Bürgern ein, die unter Berufung auf die o. g. Verlautbarungen ihre Ausreise nach Westberlin verlangten. Sie kündigten an, so lange vor den Grenzübergangsstellen auszuharren, bis ihnen die Ausreise entsprechend den Verfahrensweisen, die bei Ausreisen vom Territorium der CSSR in die BRD praktiziert wurden, gestattet werde.
Als aufgrund der unüberschaubaren Menschenmengen vor einigen Grenzübergangsstellen und nach dem Eindringen zahlreicher Personen in die Grenzübergangsstelle Bornholmer Straße abzusehen war, daß die Situation nicht länger zu beherrschen sein werde, wurde etwa gegen 23.30 Uhr auf zentrale Weisung mit der Abfertigung der Personen zur Grenzpassage nach Westberlin begonnen.
Seit diesem Zeitraum bis 4.00 Uhr des heutigen Tages reisten insgesamt
ca. 68 000 DDR-Bürger
zu Fuß bzw. mit ca. 9 700 Pkw nach Westberlin aus. Bis zum gleichen Zeitpunkt erfolgte die Rückreise von insgesamt
ca. 45 000 DDR-Bürgern
mit ca. 5 200 Pkw.
Es war nicht an allen Grenzübergangsstellen durchgängig möglich, die Personalausweise der DDR-Bürger mit Paßkontrollstempel zu versehen.

Trotz der entstandenen komplizierten Lage kam es nicht zu Zwischenfällen oder Provokationen, vereinzelt sogar zu Sympathiebezeugungen gegenüber uniformierten Kräften.

Zur Lage an der Staatsgrenze West und Westring

Die Ausreise von DDR-Bürgern ohne entsprechende Grenzübertrittsdokumente begann an der Staatsgrenze West und Westring in der Regel erst gegen 00.00 Uhr.
Obwohl sich die Bürger kaum äußerten, aber durchweg fröhlich gestimmt waren, war erkennbar, daß ihr Entschluß zur Reise auf die Veröffentlichungen in den westlichen Medien zurückzuführen war.
Insgesamt reisten über die Grenzübergangsstellen der Staatsgrenze West bis 04.00 Uhr

      2 638 DDR-Bürger mit
      1 206 Kfz

zum besuchsweisen Aufenthalt bzw. zur ständigen Ausreise aus. Schwerpunkte bildeten die Grenzübergangsstellen
Marienborn/A.[51] mit   767 Personen
Selmsdorf mit   344 Personen
Zarrentin mit   223 Personen.
Von den insgesamt ausgereisten DDR-Bürgern reisten bis 04.00 Uhr

      278 Personen mit
      121 Kfz

wieder in die DDR ein.
Über die Grenzübergangsstellen der Staatsgrenze Westring reisten

      2 766 DDR-Bürger mit
      986 Kfz

zum besuchsweisen Aufenthalt bzw. zur ständigen Ausreise aus.
Bisher reisten

      543 DDR-Bürger mit
      214 Kfz

wieder in die DDR zurück.
Durch Reisende wurde bekannt, daß der Bürgermeister von Duderstadt in einer Gaststätte für die auf vorgenannte Weise ausgereisten DDR-Bürger einen Empfang gab.
An der Grenzübergangsstelle Hirschberg versuchten insgesamt 7 Personen aus der BRD kommend an der Grenzübergangsstelle journalistisch tätig zu werden. Sie wurden zurückgewiesen mit der Begründung, sich an die dafür zuständigen Organe der DDR zu wenden. Ein gleicher Versuch wurde durch 4 Personen an der Grenzübergangsstelle Salzwedel unternommen.

Lageentwicklung am 9./10. 11. 1989
Grenzübergangsstelle Invalidenstraße

Ausreise: ca. 8 000 DDR-Bürger
         ca. 5 000 Kfz
Wiedereinreise: ca. 6 000 DDR-Bürger
         ca. 3 000 Kfz.

Besonders ab 24.00 Uhr kam es zu einer starken Konzentration von Bürgern der DDR in Pkw und als Fußgänger, die nach Westberlin ausreisen wollten.

---

51 Marienborn/Autobahn.

Im Vorfeld der Grenzübergangsstelle auf Westberliner Territorium versammelten sich zu diesem Zeitpunkt ca. 4 000 - 5 000 Westberliner Bürger. Auf dem Territorium der Grenzübergangsstelle im Einreisebereich aus Westberlin befanden sich ca. 500 Westberliner, die im Sprechchor riefen: "Wir wollen rein". Durch diese 500 Westberliner wurde der Ausreiseverkehr der Pkw stark behindert. Um 1.25 Uhr wurde der Druck durch die Westberliner Bürger immer stärker und sie drangen dabei über Mauern und Sperreinrichtungen sowie die Tore der Grenzübergangsstelle in dieselbe ein.
Unter den Westberlinern befand sich der Regierende Bürgermeister von Berlin (West) Walter Momper.
Ausgerüstet mit einem Megaphon bestieg er einen Tisch und forderte durch das Megaphon die Bürger beruhigend auf, die Ein- und Ausreise einzustellen. Dem wurde nicht Folge geleistet. Um 1.35 Uhr sprach Momper im westlichen Vorfeld durch das Megaphon und forderte die Westberliner Bürger auf, das Territorium zu verlassen, damit die DDR-Bürger nach Westberlin passieren können; sie möchten den Verkehr nicht behindern, um diese historische Stunde nicht zu verderben. Er freue sich, gemeinsam mit den Westberlinern die Ostberliner begrüßen zu können. Der Aufenthalt des Momper im Vorfeld dauerte etwa 30 Minuten.
Beobachtungen ergaben, daß Diepgen sich gleichfalls unter diesen Personen befand. Die in der Grenzübergangsstelle aufenthältlichen DDR-Bürger und Westberliner feierten teils unter Alkohol dieses Ereignis.
Eine Abfertigung war nur im Pkw-Bereich möglich. Um 3.30 Uhr war die Normallage wieder hergestellt und die Abfertigung der Ein- und Ausreisenden konnte aufgenommen werden.

Grenzübergangsstelle Bornholmer Straße
(Stand: 10. 11. 1989, 4.00 Uhr)

Ausreise: ca. 20 000 DDR-Bürger
                             ca. 1 050 Kfz
Wiedereinreise: ca. 20 000 DDR-Bürger
                             ca. 600 Kfz.

Die ersten DDR-Bürger erschienen gegen 19.50 Uhr an der Grenzübergangsstelle zur Ausreise nach Westberlin, die Abfertigung wurde gegen 21.00 Uhr aufgenommen. Vor der Grenzübergangsstelle stauten sich die Pkw in Doppelreihe auf der Schönhauser Allee und Prenzlauer Allee.
Gegen 23.00 Uhr war ein enormer Personen- und Kfz-Zulauf zu verzeichnen, in dessen Folge etwa 30 Minuten später mehrere tausend Fußgänger auf die Grenzübergangsstelle drängten, so daß der Pkw-Verkehr eingestellt werden mußte. Dieser Druck hielt bis gegen 01.30 Uhr des 10. 11. 1989 an. Aufgrund des enormen Andranges konnten die Personalausweise nicht gestempelt werden.
DDR-Bürger äußerten sich gegenüber den Kontrollkräften, daß sie nun an das glauben, was zu den Reisemöglichkeiten verkündet wurde.

Grenzübergangsstelle Chausseestraße
(Stand: 10. 11. 1989, 4.00 Uhr)

Ausreise: ca. 11 100 DDR-Bürger
                             ca. 1 900 Kfz
Wiedereinreise: ca. 9 300 DDR-Bürger
                             ca. 1 600 Kfz.

Seit 22.50 Uhr kam es zu einem konzentrierten Zulauf von DDR-Bürgern, und seit 23.40 Uhr wurde die Ausreise unter Vorlage des Personalausweises gestattet. Der überwiegende Teil der DDR-Bürger waren Einwohner der Hauptstadt. Ab 2.00 Uhr traten verstärkt auch Bürger aus den Bezirken Potsdam und Frankfurt/Oder in Erscheinung.

Grenzübergangsstelle Bahnhof Friedrichstraße
(Stand: 10. 11. 1989, 4.00 Uhr)

Ausreise: ca. 2 300 DDR-Bürger
Wiedereinreise: ca.   750 DDR-Bürger

Die Lage war insgesamt ruhig.
Die Personalausweise aller ausreisenden Bürger wurden mit Paßkontrollstempel versehen.

Grenzübergangsstelle Friedrich-/Zimmerstraße
(Stand: 10. 11. 1989, 4.00 Uhr)

Ausreise: 5 325 DDR-Bürger
Wiedereinreise: 442 DDR-Bürger

Die Ausreise der Personen erfolgte ab 0.05 Uhr zu Fuß, da sich im Vorfeld der Grenzübergangsstelle eine Menschenmenge von ca. 1 000 Personen angesammelt hatte, die ein Passieren der Grenzübergangsstelle mit Fahrzeugen unmöglich machte. Die mit Fahrzeugen zur Ausreise erscheinenden Ausländer, einschließlich der Diplomaten, wurden zur Grenzpassage an die Grenzübergangsstelle Heinrich-Heine-Straße verwiesen.
Seitens der Personen auf Westberliner Territorium kam es zum Teil zu provokativen Verhaltensweisen.
Die Ansammlung reduzierte sich bis 04.00 Uhr auf etwa 300 Personen.
Die Personalausweise der wieder einreisenden DDR-Bürger wurden dokumentiert. Im Gegensatz zu den Westberlinern, die sich im Vorfeld aufhielten, traten die DDR-Bürger freundlich und korrekt auf.

Grenzübergangsstelle Heinrich-Heine-Straße
(Stand: 10. 11. 1989, 4.00 Uhr)

Ausreise: ca. 4 000 DDR-Bürger
                    ca.   800 Pkw
Wiedereinreise: ca. 1 100 DDR-Bürger
                    ca.   150 Pkw

Gegen 23.00 Uhr des 9. 11. 1989 erschienen die ersten DDR-Bürger an der Grenzübergangsstelle (ca. 100 Personen und 10 Kfz), deren Anzahl sich schlagartig erhöhte, so daß gegen 23.35 Uhr mit der Ausreiseabfertigung begonnen werden mußte. Vor der Grenzübergangsstelle stauten sich die Pkw zeitweise in Dreierreihen bis auf ca. 400 m. Die Personalausweise der ausreisenden DDR-Bürger wurden mit einem Paßkontrollstempel versehen und zusätzlich dokumentiert.
Im westlichen Vorfeld der Grenzübergangsstelle fanden sich ca. 300 Personen ein, von denen sich etwa 100 zeitweilig auf dem Territorium der Grenzübergangsstelle aufhielten und riefen: "Wir wollen rein!"

Grenzübergangsstelle Oberbaumbrücke
(Stand: 10. 11. 1989, 4.00 Uhr)

Ausreise:	ca. 1 800 DDR-Bürger
Wiedereinreise:	ca. 1 100 DDR-Bürger

Bis gegen 22.00 Uhr hatten sich mehrere 100 Personen vor der Grenzübergangsstelle eingefunden und forderten ihre Ausreise nach Westberlin. Um 22.25 Uhr wurde mit der Abfertigung - die Personalausweise wurden gestempelt - begonnen. Aufgrund der enorm anwachsenden Personenzahl wurde das Stempeln der Personalausweise gegen 24.00 Uhr eingestellt, ausgenommen die Personen, die erklärten, daß sie nicht wieder in die DDR zurückkehren würden.

Um 24.00 Uhr betraten etwa 300 aus Westberlin kommende Personen die Grenzübergangsstelle. Sie wurden durch Sicherungskräfte an der Einreise in die DDR gehindert.

Grenzübergangsstelle Rudower Chaussee
(Stand: 10. 11. 1989, 4.00 Uhr)

Ausreise:	ca. 903 DDR-Bürger
	ca. 266 Kfz
Wiedereinreise:	ca. 212 DDR-Bürger
	ca. 65 Kfz

Die ersten DDR-Bürger erschienen gegen 23.00 Uhr, und eine viertel Stunde später wurde die Abfertigung aufgenommen. Alle ausreisenden DDR-Bürger - entsprechend den Kfz-Kennzeichen handelte es sich vorwiegend um Personen aus den Bezirken Berlin und Potsdam - erhielten in den Personalausweis einen Paßkontrollstempel-Abdruck.

Versuche von Westberlinern, ohne gültige Grenzübertrittsdokumente in die Hauptstadt einzureisen, wurden unterbunden.

Grenzübergangsstelle Sonnenallee
(Stand: 10. 11. 1989, 4.00 Uhr)

Ausreise:	ca. 9 600 DDR-Bürger
	ca. 1 700 Kfz
Wiedereinreise:	ca. 3 000 DDR-Bürger
	ca. 450 Kfz

Der Schwerpunkt der Ausreisen lag in der Zeit von 23.30 Uhr bis 1.30 Uhr.
Das Anbringen von Paßkontrollstempeln war nur zeitweilig möglich.
Es kam zu keinen provokativen Handlungen.

(Quelle: BStU, ZA, MfS-Arbeitsbereich Neiber 553, Bl. 30-40)

Dok. 21
MfS/Hauptabteilung I, Grenzkommando Mitte, Abteilung Abwehr, Vorkommnisse am 9./10. November 1989 im Grenzabschnitt Brandenburger Tor, Grenzregiment 36, Berlin, 10. November 1989

Hauptabteilung I Berlin, 10. November 1989
Grenzkommando Mitte
Abteilung Abwehr

VORKOMMNISSE
am 9./10. November 1989 im Grenzabschnitt Brandenburger Tor,
Grenzregiment 36

Nach Veröffentlichungen im Fernsehen der DDR, daß Möglichkeiten der direkten Ausreise über alle Grenzübergangsstellen nach der BRD und Berlin (West) ab sofort bestehen, entwickelte sich im Grenzabschnitt des Grenzregimentes 36, Brandenburger Tor, folgende Lage:
Gegen 19.50 Uhr wurden auf dem Podest auf dem Mittelstreifen der "Straße 17. Juni" in Berlin (West) eine Kamera und 5 Scheinwerfer aufgebaut.
Bis ca. 22.20 Uhr versammelten sich bis zu ca. 300 Personen in lockeren Gruppen im grenznahen Gebiet Berlin (West). Zugleich erfolgten Interviews einzelner Personen.
Um 21.03 Uhr und 21.49 Uhr erfolgten durch die Grenztruppen jeweils Verweisungen von jeweils einer männlichen Person von der Panzermauer. Diesen Verweisungen wurde Folge geleistet.
Gegen 23.57 Uhr erkletterten ca. 10 - 15 Personen von Berlin (West) aus die Panzermauer. Den erfolgten Verweisungen der Grenztruppen, das Gebiet der DDR umgehend zu verlassen, kamen diese Personen nicht nach.
Zum gleichen Zeitpunkt hatten sich mehrere Hundert Personen im Bereich Unter den Linden/Otto-Grotewohl-Straße - unmittelbar an den Rollgittertoren - zum Pariser Platz in der Hauptstadt der DDR angesammelt.
Gegen 01.10 Uhr drangen von diesen ca. 100 Personen über die Rollgitter in den Sicherungsbereich der Grenztruppen ein.
Zu diesem Zeitpunkt wurde dieser Grenzabschnitt durch 2 Züge der Kompanie Brandenburger Tor und 1 AbK der Offiziershochschule der Grenztruppen in Stärke von insgesamt ca. 100 Angehörige der Grenztruppen gesichert.
Bis ca. 02.00 Uhr drangen weitere ca. 1000 Personen von der Otto-Grotewohl-Straße aus in den Sicherungsbereich ein und durchbrachen die Sicherungsketten der Grenztruppen, die ohne jegliche Gewaltanwendung ihren Dienst versahen.
Zwischen den Rollgittern und dem Brandenburger Tor hielten sich anschließend ca. 500 Personen und vor dem Brandenburger Tor bis zur Panzermauer 500 weitere Personen auf. Gleichzeitig waren auf der Panzermauer ca. 200 - 300 Personen aufenthältig.
Den Aufforderungen der Grenztruppen über Lautsprecher, den Pariser Platz und die Panzermauer zu verlassen, wurde nicht Folge geleistet.
Es wurde gegröhlt, Sekt getrunken u. a.
Wie viele DDR-Personen exakt nach Berlin (West) gelangten, konnte nicht festgestellt werden. (Vorliegende Erkenntnisse: 7-8 Personen)
Nach Auslösung der erhöhten Gefechtsbereitschaft im Grenzkommando Mitte um 00.20 Uhr, wurden folgende Reservekräfte in den Abschnitt am Brandenburger Tor verlegt und eingesetzt:
- 1 AbK der OHS in Stärke von 47 AGT um 01.30 Uhr in Marsch gesetzt;
- 1 AbK der OHS in Stärke von 69 AGT um 02.10 Uhr in Marsch gesetzt;

- 1 Zug vom GAR-39 in Stärke von 19 AGT um 01.50 Uhr in Marsch gesetzt;
- 1 AbK des GAR-40 in Stärke von 108 AGT um 02.05 Uhr aus Oranienburg in Marsch gesetzt;
- 1 Zug vom GAR-39 in Stärke von 28 AGT um 03.05 Uhr in Marsch gesetzt;
- 1 AbK vom GAR-40 in Stärke von 120 AGT um 03.20 Uhr am Brandenburger Tor eingetroffen;
- 1 Zug vom GAR-39 in Stärke von 25 AGT um 03.20 Uhr am Brandenburger Tor eingetroffen;
- 30 Offiziere vom Führungsorgan GK-Mitte (bis 02.00 Uhr am Brandenburger Tor).

Insgesamt wurden 546 AGT im Abschnitt des Brandenburger Tores eingesetzt (inklusive der ständigen Sicherungskräfte im Abschnitt BBT).
Die Stärke der Personenansammlungen im Sicherungsbereich veränderten sich im Laufe der Zeit ununterbrochen.
Gegen 02.40 Uhr befanden sich zwischen dem Rollgitter und dem Brandenburger Tor ca. 300 Personen, zwischen Brandenburger Tor und der Panzermauer ca. 600 Personen und auf der Panzermauer weitere 300 Personen.
Bis zum Eintreffen der Reservekräfte sicherten die Kräfte der Grenztruppen die Flanken des Bereiches am Brandenburger Tor, um ein Eindringen in die Abschnitte zum Reichstagsufer und zum Potsdamer Platz zu verhindern.
Ab ca. 03.00 Uhr wurden durch die eingesetzten Reservekräfte verstärkt Maßnahmen der gewaltlosen Zurückdrängung der Personengruppen aus dem Sicherungsbereich der Grenztruppen durchgeführt.
Um 03.20 Uhr war der Bereich zwischen dem Brandenburger Tor und den Rollgittern von Personen geräumt. (Pariser Platz)
Zu diesem Zeitpunkt befanden sich vor dem Brandenburger Tor bis zur Panzermauer ca. 100 Personen und auf der Panzermauer ca. 300 Personen.
Um 04.30 Uhr war der gesamte Bereich zwischen der Panzermauer und den Rollgittern von allen Personen geräumt.
Auf der Panzermauer befanden sich um 04.30 Uhr noch ca. 200 - 300 Personen.
Im Vorfeld Westberlins hielten sich zum gleichen Zeitpunkt ca. 2000 - 3000 Personen auf.
Durch das GK-Mitte wurden Sperr-Kfz (4 Lkw) an der linken Flanke des Bereiches BBT sichtbar bereitgestellt und zu diesem Zeitpunkt mittels Lautsprecher Aufforderungen zum besonnenen und gewaltlosen Verlassen des Bereiches BBT an die Personenansammlung gerichtet. Die Handlungen des GK-Mitte wurden effektiv durch Kräfte der DVP (Stärke 100 Genossen) unterstützt (Absperrung am freundwärtigen Rollgitter und Einsatz im Handlungsraum der GT)
Während des bisherigen Verlaufs des Ereignisses kam es zu keinerlei Ausschreitungen.
Verteiler:
1. Ex. -   Minister für Staatssicherheit, Armeegeneral Mielke
2. Ex. -   1. Stellv. d. Ministers für Staatssicherheit, Generaloberst Mittig
3. Ex. -   Stellv. d. Ministers für Staatssicherheit, Generalleutnant Schwanitz
4. Ex. -   Stellv. d. Ministers für Staatssicherheit, Generalleutnant Neiber
5. Ex. -   Leiter der Hauptabteilung I, Generalleutnant Dietze
6. Ex. -   Stellv. d. Ltr. d. HA I beim KGT, Oberst Nieter
7. Ex. -   Leiter Abt. Abwehr, GK-Mitte, Oberst Leonhardt
            Leiter der Abteilung Abwehr
            <Unterschrift>
            Leonhardt
            Oberst

(Quelle: BStU, ZA, MfS-Arbeitsbereich Neiber 553, Bl. 45-47)

Dok. 22
Aktennotiz des Chefs des Hauptstabes, Friedrich Streletz, für den Minister für Nationale Verteidigung, Heinz Keßler, Berlin, den 10.11.1989

Berlin, den 10.11.1989

Aktennotiz
für den Minister für Nationale Verteidigung

Zur Entwicklung der Lage auf dem Territorium der DDR, in der Nationalen Volksarmee und den Grenztruppen der DDR mit Stand vom 10.11.1989, 05.00 Uhr, gestatte ich mir, Ihnen zu melden:

1. In der Hauptstadt der DDR, BERLIN, führte die Festlegung, reise- und ausreisewilligen Bürgern der DDR das Passieren der Grenzübergangsstellen mit Personalausweis zu gestatten, zu teilweise unkontrollierbaren Aktivitäten.
An allen Grenzübergangsstellen zu BERLIN (WEST), besonders zu der Friedrich-/Zimmer- bzw. Bornholmer Straße verließen ab 21.30 Uhr am 09.11.1989 eine nicht feststellbare Zahl von DDR-Bürgern zu Fuß und mit Fahrzeugen die DDR, wobei ein großer Teil sich nur zeitweilig auf WEST-BERLINER Territorium aufhielt und dann in die Hauptstadt zurückkehrte.
Bis in die frühen Morgenstunden hielten diese Bewegungen von DDR-Bürgern in beiden Richtungen an.
Im Grenzabschnitt BRANDENBURGER TOR kam es in den Nachtstunden am 10.11.1989 zwischen 00.10 Uhr und 03.00 Uhr zum Betreten der Grenzanlagen durch Bürger aus BERLIN (WEST) und der Hauptstadt der DDR.
Mit Kräften der Grenztruppen der DDR und der Deutschen Volkspolizei konnte die Ordnung in diesem Bereich ohne Gewaltanwendung wiederhergestellt werden.
Alle Personen wurden ständig aufgefordert, sich an die ab 10.11.1989 in Kraft tretenden Festlegungen der Regierung der DDR zu halten und die dort aufgezeigten Möglichkeiten zum zeitweiligen bzw. ständigen Verlassen der DDR zu nutzen.
Im Verlaufe aller Aktivitäten kam es zu keinen Ausschreitungen gegen Angehörige der Schutz- und Sicherheitsorgane der DDR.

2. An der Staatsgrenze zur BRD reisten über alle Grenzübergangsstellen bis 03.00 Uhr am 10.11.1989 je 100 bis 300 Personen aus der DDR aus. Der Ausreiseverkehr wird bis 08.00 Uhr vermutlich in diesem Rahmen anhalten.

3. In den Bezirken der DDR waren in den Abendstunden des 09.11.1989 folgende Aktivitäten durchgeführt worden:

Demonstrationen:
ROSTOCK, durch SED organisiert   ca. 6.000
ROSTOCK, durch Kirche organisiert   ca. 20.000
COTTBUS, mit ca. 60% SED-Mitgliedern   ca. 10.000
GERA   ca. 6.000
ERFURT   ca. 40.000
LEINEFELDE   ca. 12.000
KARL-MARX-STADT   ca. 8.000
DRESDEN   ca. 1.000

STENDAL	ca. 2.000
TETEROW	ca. 2.000
RÖBEL	ca. 2.000
SCHÖNEBECK	ca. 2.000
OSCHERSLEBEN	ca. 1.500
ZITTAU	ca. 1.000

Dialogveranstaltungen:
NEUBRANDENBURG-NEUKAHNE	ca. 1.000
SANITZ	ca. 500

4. Durch die Grenztruppen der DDR wurden wegen erfolgten bzw. versuchten ungesetzlichen Grenzübertritts im Zusammenwirken mit den anderen Schutz- und Sicherheitsorganen insgesamt 45 Personen festgenommen, davon an der Staatsgrenze der DDR
  - zur BRD   2 Personen
  - zu BERLIN-WEST   1 Person
  - zur CSSR   41 Personen
  - zur VR POLEN   1 Person.

5. Im Ministerium für Nationale Verteidigung, in den Kommandos der Teilstreitkräfte der Nationalen Volksarmee, der Grenztruppen der DDR sowie der Militärbezirke III und V wird die ERHÖHTE FÜHRUNGSBEREITSCHAFT aufrechterhalten.
Die Informationsbeziehungen und Verbindungen des Zusammenwirkens waren ständig gewährleistet.

6. In der Nationalen Volksarmee und den Grenztruppen der DDR befinden sich 179 Hundertschaften in 2 bis 3 Stunden-Bereitschaft, davon
  - in den Landstreitkräften   138
  - in den LSK/LV   13
  - in der Volksmarine   7
  - in den Grenztruppen der DDR   12
  - in den dem MfNV unmittelbar unterstellten Truppen   9

Ich bitte um Kenntnisnahme bzw. Ihre Weisung.

Streletz
Generaloberst

(Quelle: Privatarchiv Mader)

Dok. 23
Information des Ministers für Nationale Verteidigung, Heinz Keßler, für Egon Krenz, 10.11.1989

MINISTERRAT
DER DEUTSCHEN DEMOKRATISCHEN REPUBLIK
MINISTERIUM FÜR NATIONALE VERTEIDIGUNG
DER MINISTER

Berlin, den 10.11.1989

Generalsekretär des Zentralkomitees der
Sozialistischen Einheitspartei Deutschlands und
Vorsitzenden des Nationalen Verteidigungsrates
der Deutschen Demokratischen Republik
Genossen Egon K r e n z

Information
zur Lage im Verantwortungsbereich
des Ministeriums für Nationale Verteidigung
mit Stand: 10.11.1989, 04.00 Uhr

Entsprechend Ihrem Befehl Nr. 11/89 gestatte ich mir, Ihnen folgendes zu melden:

1. Durch die Bezirks- und Kreiseinsatzleitungen der DDR wird die angewiesene ERHÖHTE FÜHRUNGSBEREITSCHAFT beigehalten.
Im Ministerium für Nationale Verteidigung, in den Kommandos der Landstreitkräfte, der Luftstreitkräfte und Luftverteidigung, der Volksmarine, der Grenztruppen der DDR und der Militärbezirke III und V wird die ERHÖHTE FÜHRUNGSBEREITSCHAFT aufrechterhalten.
2. Für den Einsatz zur Unterstützung der Schutz- und Sicherheitsorgane sowie zur Verstärkung der Grenzsicherung sind gegenwärtig 179 Hundertschaften der Nationalen Volksarmee und der Grenztruppen der DDR vorbereitet.
Sie befinden sich in der 2 - 3 Stunden-Bereitschaft.
Aus diesem Bestand können bei Notwendigkeit kurzfristig Gruppierungen zum Einsatz in Schwerpunktgebieten gebildet werden:
 - in der Hauptstadt der DDR, BERLIN   bis zu 25 Hundertschaften
 - im Raum LEIPZIG   bis zu 33 Hundertschaften
 - im Raum DRESDEN   bis zu 34 Hundertschaften
 - in weiteren größeren Städten je 5 bis 10 Hundertschaften.
Beim Entstehen einer schwierigen Sicherheitslage können innerhalb von vier bis sechs Stunden weitere Kräfte bereitgestellt werden.
3. Im Zusammenhang mit der durch die Regierung der DDR getroffenen Entscheidung, das Passieren der Staatsgrenze der DDR zur BRD bzw. BERLIN (WEST) für Bürger der DDR nur mit Personalausweis zu gestatten, kam es insbesondere in der Hauptstadt der DDR, BERLIN, zu teilweise unkontrollierbaren Aktivitäten.
Am 09.11.1989, ab 21.30, Uhr passierten eine große Anzahl von DDR-Bürgern zu Fuß und mit Fahrzeugen die Grenzübergangsstellen an der Staatsgrenze in Richtung BERLIN (WEST), wobei viele Bürger sich nur zeitweilig auf WESTBERLINER Territorium aufhielten bzw. aufhalten.
Konkrete Zahlenangaben sind dazu nicht zu machen.

An der Staatsgrenze der DDR zur BRD kam es an allen Grenzübergangsstellen bis 03.00 Uhr am 10.11.1989 zu durchschnittlich 100 bis 300 Ausreisen bei weiter anhaltendem Zustrom.
Um 00.10 Uhr am 10.11.1989 bestiegen am Brandenburger Tor aus Richtung BERLIN (WEST) Bürger WESTBERLINS und Bürger unserer Hauptstadt, die nach Passieren der Grenzübergangsstellen wieder auf diesem Weg zurückkehren wollten, die Mauer.
Bis gegen 03.00 Uhr drangen ca. 600 DDR-Bürger in den Grenzraum am Brandenburger Tor ein und bestiegen zum Teil die Grenzsicherungsanlagen.
Durch die Grenztruppen der DDR und Kräfte der Deutschen Volkspolizei wird die Ordnung wieder hergestellt.
Weitere Kräfte der NVA, Stadtkommandantur BERLIN, wurden in Bereitschaft versetzt.
Alle Maßnahmen wurden ohne Gewaltanwendungen durchgeführt.
Im Zusammenhang mit allen genannten Aktivitäten kam es zu keinen Ausschreitungen gegen die Angehörigen der Schutz- und Sicherheitsorgane der DDR.
4. Ein weiterer Einsatz von Kräften der Nationalen Volksarmee und der Grenztruppen der DDR zur Durchsetzung von Sicherheit und Ordnung war nicht erforderlich.
5. Die Informationsbeziehungen und Verbindungen des Zusammenwirkens werden auf allen Ebenen, einschließlich mit dem Stab der Westgruppe der Streitkräfte der UdSSR, zuverlässig gewährleistet.

H. Keßler
Armeegeneral

Zusätzliche Informationen zum Geschehen in der Hauptstadt der DDR, BERLIN, im Zeitraum vom 09.11. bis 10.11.1989.

Durch das Kommando der Grenztruppen der DDR wurde informiert, daß die Paßkontrollorgane die Genehmigung hatten, bis 10.11.1989, 08.00 Uhr, Bürger der DDR nur mit Personalausweis (ohne Visa bzw. anderen Formalitäten) die Staatsgrenze der DDR zu BERLIN (WEST) passieren zu lassen.
Nach Rückfrage beim Ministerium für Staatssicherheit wurde von Generalleutnant N e i b e r die Richtigkeit dieser Verfahrensweise bestätigt.
Beim Zusammentreffen von Bürgern aus BERLIN (WEST) und der Hauptstadt der DDR an der Mauer am BRANDENBURGER TOR unter Verletzung der Grenzordnung kam es zu Szenen der Verbrüderung und dem Anstoßen mit Sekt.
Es wurde große "Freude" über die einsetzenden Regelungen der Regierung der DDR zum Ausdruck gebracht.
Bis in die frühen Morgenstunden des 10.11.1989 wurde mit Kräften der Grenztruppen der DDR und der Deutschen Volkspolizei die Ordnung am BRANDENBURGER TOR wieder hergestellt.
Diese Maßnahmen verliefen ohne Gewaltanwendung unter ständigen Hinweisen auf die ab 08.00 Uhr am 10.11.1989 in Kraft tretenden Reiseerleichterungen für Bürger der DDR.
Erbetene Zahlenangaben über das Passieren der Staatsgrenze zu BERLIN (WEST) wurden durch das Ministerium für Staatssicherheit an den Führungsdienst im MfNV nicht übergeben bzw. konnten laut Meldungen nicht bestimmt werden.
Im Verlaufe der Nacht zum 10.11.1989 wurden alle Grenzübergangsstellen in BERLIN durch DDR-Bürger ununterbrochen in beiden Richtungen genutzt.

Eine Vielzahl dieser Bürger machte lediglich eine Visite in BERLIN (WEST) und kehrte zurück.
Die Bewegungen erfolgten zu Fuß, mit Fahr- bzw. Motorrädern und Kraftfahrzeugen, einschließlich WESTBERLINer Taxis, die DDR-Bürger in die DDR zurückbrachten.
Gegenüber Bürgern von BERLIN (WEST) wurden die bestehenden Bestimmungen zum Grenzübertritt in die DDR in Anwendung gebracht.
Außer am BRANDENBURGER TOR kam es an der Grenze zu BERLIN (WEST) zu keinen weiteren Grenzverletzungen.
Insgesamt kam es gegenüber Angehörigen der Grenztruppen sowie anderen Schutz- und Sicherheitsorganen der DDR zu keinen Provokationen bzw. Ausschreitungen oder Angriffen.
Im Grenzabschnitt BRANDENBURGER TOR sind zur Verstärkung der Grenzsicherung 2 Kompanien der Grenztruppen der DDR zusätzlich eingesetzt worden.
Mit Bereitschaft 12.00 Uhr am 10.11.1989 werden in das Objekt "HÖLZERNER SEE" weitere Kräfte herangeführt:
- 3 Unteroffiziersausbildungskompanien der Unteroffiziersschule der Grenztruppen PERLEBERG und
- 3 Offiziersschülerkompanien der Offiziershochschule der Grenztruppen SUHL.

(Quelle: Privatarchiv Mader)

Dok. 24
Befehl Nr. 12/89 des Vorsitzenden des Nationalen Verteidigungsrates der DDR über die Bildung einer operativen Führungsgruppe des Nationalen Verteidigungsrates der DDR vom 10.11.1989

DEUTSCHE DEMOKRATISCHE REPUBLIK

NATIONALER VERTEIDIGUNGSRAT
DER VORSITZENDE

B e f e h l Nr. : 12/89

des Vorsitzenden des Nationalen Verteidigungsrates
der Deutschen Demokratischen Republik

über

die Bildung einer operativen Führungsgruppe des Nationalen
Verteidigungsrates der Deutschen Demokratischen Republik

vom 10. 11. 1989

Zur Beherrschung der unter den gegenwärtigen Bedingungen bestehenden komplizierten sicherheitspolitischen Situation in der Deutschen Demokratischen Republik und dem sich daraus ergebenden Erfordernis, auf jede weitere Zuspitzung der Lage kurzfristig und angemessen zu reagieren

BEFEHLE ICH:

1. Mit Wirkung vom 10. 11. 1989 ist eine operative Führungsgruppe unter Leitung des Stellvertreters des Ministers für Nationale Verteidigung und Chef des Hauptstabes, Genossen Generaloberst Streletz zu bilden.
2. Mitglieder der operativen Führungsgruppe:
   - Stellvertreter des Ministers für Staatssicherheit,
     Genosse Generalleutnant Neiber
   - Stellvertreter des Ministers des Innern und Chef des Stabes,
     Genosse Generaloberst Wagner
   - Stellvertreter des Ministers für Auswärtige Angelegenheiten der DDR,
     Genosse Kurt Nier
   - Stellvertreter des Ministers und Chef der Grenztruppen,
     Genosse Generaloberst Baumgarten
   - Leiter der Abteilung Parteiorgane des Zentralkomitees der SED,
     Genosse Heinz Mirtschin
   - Leiter der Arbeitsgruppe für Organisation und Inspektion beim Ministerrat, Genosse Harry Möbis

   Die oben genannten Mitglieder der operativen Führungsgruppe haben zur Gewährleistung ihrer Tätigkeit entsprechende Arbeitsgruppen zu bilden.
3. Die operative Führungsgruppe hat
   - Informationen über die Gesamtlage auf dem Territorium der DDR zu sammeln und zu analysieren,
   - ununterbrochen die Lage des Gegners einzuschätzen sowie
   - Schlußfolgerungen bzw. Vorschläge für gesamtstaatliche Führungsentscheidungen vorzubereiten.
4. Die Arbeitsgruppen der Mitglieder der operativen Führungsgruppe haben ab 10. 11. 1989, 16.00 Uhr, ihre Tätigkeit im Lage- und Informationszentrum des Ministeriums des Innern aufzunehmen.

   Das Arbeitsregime für die Arbeitsgruppen legt der Leiter der operativen Führungsgruppe in Abstimmung mit dem Stellvertreter des Ministers des Innern und Chef des Stabes fest.
5. (1) Meldungen an den Generalsekretär des ZK der SED
      - über die Gesamtlage auf dem Territorium der DDR   - täglich 09.00 Uhr
      - über schwerwiegende besondere Vorkommnisse   - sofort

   (2) Die Mitglieder der operativen Führungsgruppe haben täglich bis 04.00 Uhr kurzgefaßte Lagemeldungen entsprechend ihrer Zuständigkeit an das Lage- und Informationszentrum des Ministeriums des Innern zu übergeben.
6. Dieser Befehl tritt mit sofortiger Wirkung in Kraft und hat Gültigkeit bis auf Widerruf.
7. Die Ziffer 9 des Befehls des Vorsitzenden des Nationalen Verteidigungsrates der DDR Nr. 11/89 vom 3. 11. 1989 wird außer Kraft gesetzt.

Berlin, 10. November 1989

<Unterschrift>
Egon K r e n z
Generalsekretär des Zentralkomitees der
Sozialistischen Einheitspartei Deutschlands
und Vorsitzender des Nationalen Verteidigungsrates der Deutschen Demokratischen
Republik

(Quelle: PdV)

Dok. 25
Egon Krenz, Beschlußentwurf für das Politbüro des ZK der SED, 10.11.1989[52]

Beschlußentwurf für das Politbüro des ZK der SED

Genosse Schalck wird beauftragt, die Regierung der BRD informell über die Maßnahmen der DDR zu informieren und die Erwartung zum Ausdruck zu bringen, daß die BRD-Regierung die getroffenen Maßnahmen unterstützt.
Desweiteren geht die DDR-Seite unter Bezugnahme auf das letzte informelle Gespräch und die übermittelten Informationen davon aus, daß unmittelbar nach der zu erwartenden Veröffentlichung entsprechender Beschlüsse der Partei- und Staatsführung in weitere informelle Gespräche zur Entwicklung der Beziehungen zwischen der DDR und der BRD eingetreten werden kann. Es ist kurzfristig ein Spitzengespräch zwischen dem Generalsekretär des ZK der SED und Vorsitzenden des Staatsrates der DDR, Egon Krenz, und Bundeskanzler Kohl anzustreben.

< Unterschrift >
Egon Krenz
< 10.11.89 >

(Quelle: PdV)

Dok. 26
Aktennotiz von Alexander Schalck über einen Telefonanruf von Franz Bertele am 10.11.1989

Bertele am 10.11.89[53]

Die Bundesregierung erbittet eine sofortige Schaltung einer Standleitung zwischen dem Bundeskanzleramt und der Ständigen Vertretung der Bundesrepublik Deutschland. Außerdem wird um Einrichtung einer Standleitung zwischen dem Bundeskanzleramt und einer Vermittlungsstelle in Berlin (Ost) gebeten, die eine sofortige Verbindung zum Staatsrat und zur Regierung der Deutschen Demokratischen Republik herstellen kann.
Außerdem bittet die Bundesregierung darum, daß vorläufig in der aktuellen Situation zur Gewährleistung des Fernsprechverkehrs der Ständigen Vertretung fünf Standleitungen (Mietleitungen) von der Ständigen Vertretung nach Berlin (West) mit Zugang zum öffentlichen Netz der Deutschen Bundespost eingerichtet werden.
Ferner teilt die Bundesregierung mit, daß als Notmaßnahme für eine Übergangszeit sofort drei stationäre Funktelefone in der Ständigen Vertretung aufgestellt werden, um den Fernsprechverkehr abwickeln zu können.

(Quelle: PdV)

---

52 Das Dokument ist von von Schalck mit dem handschriftlichen Vermerk versehen: "Genn. Brachhaus. Gen. Paul. zdA (zu den Akten, d.Vf.). 11/11.89."
53 Von Schalck handschriftlich eingetragene Überschrift des Dokuments. Daneben notierte Schalck handschriftlich auf dem Dokument: "Genn. Brachhaus. Gen. D. Paul z.K. Gen. M. Moller z.K. Z.d.A. AS 11/11."

Dok. 27
"Im Parteiaktiv herrscht Unverständnis zu den beschlossenen Reisemöglichkeiten" - Auszugsweise Abschrift der Ton-Aufzeichnung des 3. Beratungstages der 10. Tagung des Zentralkomitees der SED am 10.11.1989

(Uhrzeit: 9.05 Uhr)

"Egon Krenz:
Genossinnen und Genossen! Wir setzen unsere Beratung fort. Ich halte es für richtig, daß auf Grund bestimmter Ereignisse einige Genossen noch das Wort ergreifen, bevor wir dann zum Aktionsprogramm reden. Zu diesen Genossen zählt zunächst Genosse Gerhard Schürer und dann Genosse ..."

(Anm. d. Herausgebers: Krenz wird an dieser Stelle durch einen Zuruf zur Geschäftsordnung unterbrochen. Frank Fichte, Parteiorganisator im Kombinat Fortschritt, fordert eine Entscheidung darüber, "ob Genossen, die die Lage verschuldet haben, noch im ZK verbleiben können." Auch Genossen, die ein bestimmtes Alter erreicht hätten, sollten für sich die Frage klären, ob sie nicht von sich aus zurücktreten sollten, solange sie das noch in Ehren könnten.
Krenz gibt nun bekannt, daß die erst zwei Tage zuvor gewählten Politbüro-Mitglieder Hans-Joachim Böhme, Werner Walde, Johannes Chemnitzer und Inge Lange ihren Rücktritt aus dem Politbüro erklärt haben. Er schlägt vor, die Kaderdiskussion erst nach Abschluß der Diskussion zu führen und die Frage nach den Verursachern der Situation von der Zentralen Parteikontrollkommission klären zu lassen.
Kurt Hager meldet sich und erklärt sich bereit, zu seiner Verantwortung zu sprechen; Krenz stellt ihm das frei, bittet aber darum, nicht zu vergessen, "daß wir heute abend mit dem Aktionsprogramm auseinandergehen müssen."
Karl Kayser ergreift das Wort und gibt bekannt, daß er Fichtes Vorschlag, daß Genossen aus Altersgründen zurücktreten sollen, für sich in Anspruch nehmen möchte.
Krenz erteilt Schürer das Wort und sagt leise zu seinem Nachbarn am Präsidiumstisch: "Es ist fürchterlich!"
Schürer entsetzt das Plenum erneut mit einem detaillierten Bericht über den Weg in die Pleite: "Mit dem sozialpolitischen Programm 1971, das - so muß ich sagen -, so große und positive Wirkungen hatte, wurde die Weiche, wenn damals auch nur um Zentimeter, in die falsche Richtung gestellt. Von da an fuhr der Zug von den Realitäten weg, und zwar immer schneller." Schürer beendet seinen Beitrag um 9.30 Uhr.
Helmut Müller, der 2. Sekretär der SED-Bezirksleitung von Berlin, fordert Werner Jarowinsky, Politbüro-Mitglied und im ZK-Sekretariat für den Außenhandel zuständig, zu seiner Verantwortung für die Außenwirtschaft Stellung zu nehmen. Jarowinsky bekennt sich zu seiner Verantwortung und beklagt den fehlenden Mut, angesichts der heraufziehenden Krise im Politbüro nicht nachhaltiger auf Veränderungen in der Wirtschaftspolitik zu gedrängt zu haben: "Es war die Angst und die Furcht vor solch rigorosen Eingriffen, die, wie in Polen, eine solche Lage hätte schaffen können des Absinkens des Lebensstandards und die Angst, vor dem Volk diese Konsequenzen offen darzulegen und das Volk um Mithilfe zu bitten (...)." Nach seinem Beitrag entsteht eine Diskussion über Jarowinskys weitere Mitgliedschaft im Politbüro.
Offenbar unmittelbar nachdem Fritz Streletz ihn über den dritten Anruf des sowjetischen Botschafters, der mit Nachdruck eine Erklärung für die Ereignisse der Nacht verlangt, informiert hat, ergreift Egon Krenz gegen 9.50 Uhr das Wort:)

Egon Krenz:
Genossen, ich bitte um Verständnis. Ich weiß nicht oder ob viele den Ernst der Lage erkannt haben. Der Druck, der bis gestern auf die tschechoslowakische Grenze gerichtet war, ist seit heute Nacht auf unsere Grenze gerichtet. Es besteht eine große Gefahr, daß uns viele Menschen verlassen. Obwohl, ein positives Zeichen ist, von denen, die heute Nacht nach West-Berlin gegangen sind, der Druck war nicht zu halten, es hätte nur eine militärische Lösung gegeben, Genossen, damit wir uns einig sind, durch das besonnene Verhalten unserer Grenzsoldaten, unserer Genossen vom MdI, vom MfS, ist die Sache mit großer Ruhe bewältigt worden, und über zwei Drittel derer, die heute Nacht West-Berlin besucht haben, sind inzwischen wieder auf ihren Arbeitsplätzen hier. Das ist ein positives Signal. Aber der Druck nimmt weiter zu. (...)

(In der Frage der Verschuldung und der wirtschaftlichen Lage, so Krenz im weiteren, müsse man so vorgehen, " - hier bitte ich Euch, den Opportunismus zu verstehen -, daß wir keinerlei Angaben nach draußen geben, die die internationalen Banken dazu bringen, diese Dinge gegen uns auszunutzen. Das, glaube ich, ist außerordentlich wichtig." Er berichtet, daß zwischenzeitlich ein Antrag eingegangen sei, Günter Mittag "wegen gröblichster Verstöße gegen die innerparteiliche Demokratie, gegen die Partei- und Staatsdisziplin sowie wegen Schädigung des Ansehens der Partei" aus dem Zentralkomitee auszuschließen.
Für den Fall, daß weiterhin Rücktrittsforderungen gegenüber Mitgliedern des neuen Politbüros gestellt würden, droht Krenz an, die Vertrauensfrage für den Generalsekretär zu stellen. Das ZK stimmt nun dem Ausscheiden von Böhme, Chemnitzer, Walde und Lange zu und wählt Semmelmann als Mitglied des Politbüros und Sekretär für Landwirtschaft ins Politbüro nach. Die Kaderdiskussion für das Spitzengremium der SED soll damit beendet sein.
Anschließend - es ist mittlerweile kurz nach 10.00 Uhr - wird die Diskussion fortgesetzt. Es sprechen der stellvertretende Stasi-Chef Rudi Mittig über die Lage aus der Sicht des MfS, Kurt Hager über seine Verantwortung, die Wende und die Gefahr einer Konterrevolution und als letzter Diskussionsredner Günter Schabowski über die alten Fehler und den zukünftigen Inhalt der Medienpolitik.
Um 11.00 Uhr, direkt nach Schabowskis Beitrag, wird die Sitzung für eine halbe Stunde unterbrochen.)

(Uhrzeit: 11.35 Uhr)

Egon Krenz:
Genossinnen und Genossen! Das Wort hat Siegfried Lorenz.

Siegfried Lorenz:
Liebe Genossinnen und Genossen! Wir sind uns wohl alle darüber im klaren, daß mit der Beratung und der Behandlung des Aktionsprogramms unserer Partei eine große Erwartungshaltung verknüpft ist, in den Reihen unserer Partei, unter den Funktionären. Und man kann auch nicht außer acht lassen, daß der Entwurf dieses Aktionsprogramms doch unter recht dramatischen Bedingungen zustandekommt. Wir haben es mit einer ständig wechselnden, sich verschärfenden Situation im Lande und auch in den Reihen unserer Partei zu tun. Und man muß auch in Rechnung stellen, daß vom Zentralkomitee gefaßte Beschlüsse zu Beginn unserer Plenartagungen fortdauernd, man kann schon sagen: stündlich in Frage gestellt werden und dadurch die Verunsicherung wächst, die Lähmung der Partei und auch die Unzufriedenheit zunimmt.

Wir müssen ganz nüchtern von dieser Situation ausgehen, weil daraus für uns alle die hohe Verantwortung erwächst für die nächsten Schritte, die wir hier mit unserem Plenum zu beschließen haben. Wir müssen selbstverständlich über den Tag hinausblicken. Wir müssen Schritte finden, die helfen, die Partei zu formieren. Wir müssen mit unbedingter Ehrlichkeit und Aufrichtigkeit vor unsere Partei treten. Wir müssen ein konstruktives Angebot für einen Neubeginn machen und gut überlegen, daß auf dieser Grundlage wieder eine Vertrauensbasis, wenn auch nicht über Nacht, aber doch wieder geschaffen werden kann.

Unter diesen Gesichtspunkten gestattet mir, zu dem euch vorliegenden Entwurf, den euch die Redaktionskommission unterbreitet, der etwa 25 Genossen des Plenums ja hier selbst angehörten, ein Wort zu sagen:

Erstens: Es handelt sich um eine neue Vorlage. Ich bitte deshalb, den alten Bezugspunkt des ersten Entwurfs nicht mehr zu Rate zu ziehen. Die Grundlage dieser neuen Vorlage ist selbstverständlich die Rede unseres Generalsekretärs zu Beginn unseres Plenums und auch die Grundgedanken oder viele Grundgedanken aus dem ersten Entwurf. Natürlich mußten und müssen wir berücksichtigen, daß mittlerweile eine Flut von Zuschriften und Vorschlägen aus Grundorganisationen und Kreisleitungen zugegangen sind, die wir bemüht waren, weitgehenst in den Entwurf mit einzubeziehen. Hinzu kommen Standpunkte und Überlegungen namhafter Gesellschaftswissenschaftler und anderer Persönlichkeiten des öffentlichen Lebens, die uns in verschiedener Art und Weise kurzfristig auch zugeleitet wurden. Wir stellen auch in Rechnung die Tatsache, daß es mittlerweile einige öffentliche Wortmeldungen gibt, Standpunkte, Positionspapiere, die in unseren Parteizeitungen, in der Berliner Zeitung, in der Dresdener Zeitung und anderen, auch im Zentralorgan, abgedruckt waren. Und schließlich verfolgten wir aufmerksam die Positionen der Blockparteien und gesellschaftlichen Organisationen. Selbstverständlich sind die zahlreichen Hinweise aus der Diskussion des Plenums und auch schriftlich formulierte Hinweise aus den Reihen des Zentralkomitees berücksichtigt worden. Ich möchte dafür danken.

Natürlich, ich muß hier zu Beginn der Behandlung sagen, wir dürfen nicht außer acht lassen, daß der Druck stündlich wächst. Er ist elementar. Er ist aber auch hier und dort organisiert. Wir stehen dieser Tatsache gegenüber und müssen deshalb eine entsprechende Entscheidung auf dieser Grundlage treffen.

Zum Zweiten: Das Grundanliegen des Entwurfes, wie die Überschrift das bereits zum Ausdruck bringt, ist, Schritte zur Erneuerung des Sozialismus zu gehen, sicher erste Schritte. Aber daß es sich um Schritte, um eine Erneuerung handelt, das ist die klare und eindeutige Absicht, das ist der durchgehende Gedanke, der dem Entwurf zugrunde liegt, und hier gibt es auch volle Übereinstimmung unter allen Mitgliedern der Redaktionskommission. Dem Sozialismus mit mehr Demokratie eine neue Dynamik zu verleihen, klare Positionslichter zu radikalen Reformen auf dem sozialistischen Fundament unserer Entwicklung, auf dem Fundament des Erreichten vorzuschlagen, das ist die Absicht. Natürlich handelt es sich hier um Schritte, die unverzüglich, unmittelbar nach unserem Plenum in Angriff zu nehmen sind, wo wir nicht zögern dürfen, weil ja viel auf dem Spiele steht. Zugleich aber, und auch darauf möchte ich verweisen, dürfen wir bestimmte Prozesse, besonders das, was unseren Wirtschaftsmechanismus angeht, nicht überstürzt, unbedacht oder gar konfus angehen, um die Grundlage des Alltagslebens womöglich zu gefährden.

Zum Dritten: Ich muß hier das Plenum darüber informieren, weil das in verschiedenerlei Hinsicht auch in der Redaktionskommission eine wesentliche Rolle gespielt hat. Bei aller notwendigen Konsequenz für die Erneuerung, für die wir sind, und daran kann es keinerlei Zweifel geben, und da gibt es auch völlige Übereinstimmung in der Redaktionskommission, aber es gibt genauso Übereinstimmung darüber, daß es wenig Sinn hätte und auch verantwortungslos wäre, wenn wir mit kurzatmigen Versprechungen hervortreten würden. Ich bin selbst der Überzeugung, daß wir keine Politik der ungedeckten Schecks machen können oder das Ausmalen von Bildern, ohne auch ein Gefühl für Realitätssinn zu haben. Über die ökonomische Situation ist im Referat und in der andauernden Diskussion im Plenum in aller Schärfe gesprochen worden, mit klaren und offenen Worten. Das Volk und die Partei weiß davon erst tropfenweise Bescheid. Das heißt, wir haben es mit der Tatsache zu tun, daß auf der einen Seite der Erwartungsdruck für rasche Veränderungen, auch auf ökonomischem Gebiet, auf dem Gebiet der Versorgung, auf dem Gebiet der Gewährleistung der materiell-technischen Bedingungen der Produktion wächst, sich sogar eskaliert, und immer neue, immer unrealistischere Forderungen hervortreten, die, nebenbei gesagt, auch eine Basis schon deshalb bekommen, weil sie erstrebenswert auch sind. Ich will das nicht außer acht lassen. Aber das steht in überhaupt keinem Verhältnis zu unserer ökonomischen Situation und zu dem, was sich im Lande seit langem entwickelt hat. Mit diesem Widerspruch kann die beste Redaktionskommission nicht fertig werden. Ich muß das so offen und so ehrlich hier bekennen. Wir müssen deshalb das verbinden mit einer offenen Darlegung, daß für vieles keine ökonomischen Möglichkeiten bestehen, und daß der Denkansatz nicht nur schlechthin sein kann in mehr und höheren Forderungen, sondern in einer völlig neuen Herangehensweise, die wir brauchen bei der Gestaltung unseres wirtschaftlichen Lebens im Sinne der Vorschläge, die Genosse Egon Krenz im Referat gemacht hat, die auch in der Diskussion dargelegt worden sind, nicht zuletzt durch Genossen Hans Modrow als demjenigen, der ja vorgesehen ist, die Regierungsbildung zu übernehmen.

Zum Vierten: Ich möchte als grundsätzlichen Gedanken doch noch hier ins Gespräch bringen, daß wir die Überlegung, daß es sich hier um ein Dokument handelt, das wir nach vorn offen halten, zur Diskussion stellen, nicht als der Weisheit letzter Schluß bezeichnen, sei es, wie es sei, wie das Dokument dann letzten Endes auch formuliert wird, doch mit ins Auge fassen, damit wir das große geistige Potential unserer Partei auch fortan für die weitere Ausgestaltung entsprechend mit einbeziehen können. Ich will hier nicht verschweigen, daß dieses Dokument in der jetzigen Gestalt sicher Bestand haben kann, wie wir es auch immer beschließen, bis zur Parteikonferenz und wahrscheinlich dann weiterer Präzisierungen und Vervollkommnungen bedarf. Ich will aber auch nicht die Tatsache außer acht lassen, daß es nach wie vor über die Entscheidung unseres Plenums zur Durchführung einer Parteikonferenz viele, nicht nur zwiespältige, sondern deutlich ablehnende Auffassungen gibt, die mit der Forderung verbunden sind, unbedingt einen außerordentlichen Parteitag und noch dazu zum gleichen Zeitpunkt, den wir für die Parteikonferenz ins Auge gefaßt haben, fordern. Es sind nicht nur Einzelstimmen, es ist eine massive Forderung. Wir müssen diese Frage auch in die Erörterung einbeziehen, weil es keinen Sinn hat, Dinge zu verdrängen, die nur einmal auf der Tagesordnung stehen. Die Redaktionskommission selbst bleibt selbstverständlich bei dem Vorschlag, den das Zentralkomitee ja einstimmig beschlossen hat, aber ich muß die Frage hier zumindest in Erwägung bringen.

Die letzte Bemerkung schließlich, fünftens: Ich bitte um Entschuldigung, wenn dieses Dokument stilistisch gesehen und auch zum Teil durch Verschreibungen einige Unsauberkeiten enthält. Es ist unter etwas komplizierten Bedingungen zustande gekommen. Ich würde das Zentralkomitee lediglich bitten, solche Art von Bemerkungen, solche Art von Hinweisen, die die Redaktion, die Stilistik, die Verschreibungen usw. betreffen, nicht zum Hauptgegenstand der Erörterung hier zu machen, sondern das sachlich den Genossen der Redaktionskommission zu übermitteln und bitte vor allen Dingen, die Diskussion über Inhalt, die Denkansätze, über die Substanz zu führen, weil das das Entscheidende ist. Ich danke.

Vors. Egon Krenz:
Dankeschön. Ihr habt gehört die generellen Bemerkungen. Ich schlage folgende Verfahrensweise vor, daß ich zunächst die Frage stelle, ob es generelle Bemerkungen gibt oder ob es besser ist, seitenweise durchzugehen.

Alois Bräutigam:
Ich hätte eine prinzipielle Frage. Es wird auf der letzten Seite zu Recht natürlich zu Fragen der Entwicklung der Jugend, der Gewerkschaften usw. gesprochen. Aber es wird kein Wort über die antifaschistischen Widerstandskämpfer und über die Veteranen der Arbeit gesagt. Und deshalb wäre meine Bitte, auf Seite 2, wo es heißt: 'Das in 40 Jahren Arbeiter-und-Bauern-Macht auf deutschem Boden Erreichte ...' zu ergänzen, wofür die Antifaschisten, die Veteranen der Arbeit, alle Bürger unseres Landes ihre Kraft eingebracht haben. Diese Ergänzung möchte ich von der prinzipiellen Seite her vorschlagen.
Ich möchte sagen, ich habe ständigen Kontakt mit dem Zentralausschuß der Volkssolidarität. Die Erwartungen der Veteranen auf dem Lande sind hier, sind drückend.

Vors. Egon Krenz:
Jawohl. Ich würde sagen - in diesem Falle machst Du ja einen ganz konkreten Vorschlag -, daß wir solche Vorschläge dann auf den Seiten machen, damit wir uns konzentrieren und vielleicht doch seitenweise durchgehen.

???:
Ich habe nur die Frage: Können wir das Aktionsprogramm in der Endfassung heute mit nach Hause nehmen? Ich möchte ohne das Aktionsprogramm nicht heimfahren. Ich habe morgen um neun Uhr die Parteiaktivisten im Kreis zusammen und auch Bezirksleitungssitzung. Und alles mitzuschreiben, wie das hier dann in der Diskussion formuliert wird, wird mir wahrscheinlich nicht gelingen. Deswegen die Frage.

Vors. Egon Krenz:
Deshalb nur die Bitte erst einmal, daß wir seitenweise durchgehen, und dann muß der Genosse Lorenz antworten, wie lange er braucht, um das fertigstellen zu lassen.

Heinz Keßler:
Ich habe eine Frage. Ist in die Fragestellung mit einbezogen: Parteikonferenz oder Parteitag? Oder wollen wir das extra behandeln?

Vors. Egon Krenz:
Die Frage Parteikonferenz oder Parteitag ist ja entschieden. Wir haben ja gestern den Beschluß gefaßt, eine Parteikonferenz zu machen.
(Unruhe)
Oder wollen wir diese Frage schon wieder in Frage stellen? Ich glaube nicht. Genosse Lorenz!

???:
Genosse Generalsekretär! Ich muß noch einmal darauf aufmerksam machen, es wurde hier gesagt, dem Politbüro liegen Schreiben, Dokumente vor zur Einberufung eines außerordentlichen Parteitages. Wir haben uns für die Parteikonferenz entschieden.

Siggi Lorenz sagt, es sind nicht nur einzelne, es sind auch Organisationen. Im Statut heißt es aber, wenn ein Außerordentlicher Parteitag nicht einberufen wird, können diejenigen Organisationen, die das fordern, ein Komitee bilden, das das Recht eines Zentralkomitees hat, und den Parteitag einberufen. - Das ist die Spaltung der Partei. Ich bitte, daß wir das doch noch einmal ernsthaft prüfen. Das ist § 35, Abschnitt 4. Das ist eine wichtige Frage. Wenn wir sagen: Wir haben entschieden - was passiert dann?

Egon Krenz:
Bitte schön, Genosse Reinhold!

Otto Reinhold:
Die Forderungen der Kommunisten, der Grundorganisationen, an den X. Parteitag (gemeint ist das 10. Plenum, d. Hg.), ausdrücklich unter Beachtung der Gedanken, daß sich diese Forderungen trotz der Kenntnis des Beschlusses zur Durchführung der Parteikonferenz ergeben, sehen folgendermaßen aus: die Einberufung eines thematisch und zeitlich begrenzten außerordentlichen Parteitages in diesem Jahr, auf diesem Parteitag ein neues Zentralkomitee zu wählen, das den Anforderungen der neuen Parteipolitik voll gewachsen ist und das sich auf die Mehrheit der Mitglieder der Partei stützen kann; die Delegierten zu diesem außerordentlichen Parteitag in demokratischer und direkter Wahl zu wählen; sich auf dem außerordentlichen Parteitag die Wende der Parteipolitik ...
(Krenz klingelt)
... von den Kommunisten bestätigen zu lassen ... *(Reinhold unterbricht)*

Egon Krenz:
... nein, nein, ich hatte nur geklingelt, damit du besser zu verstehen bist ...

Otto Reinhold:
... und damit die Unumkehrbarkeit zu demonstrieren und auf dem außerordentlichen Parteitag Ergebnisse parteierzieherischer Maßnahmen gegen die Hauptverantwortlichen der Partei und Gesellschaft darzulegen und hiervon die Mitglieder des ZK nicht auszuschließen. Das sind die Gedanken der Grundorganisationen, die zur Zeit in einem breiten Maße als Forderungen erhoben werden und die zur Diskussion stehen müssen.
(Zurufe: Ja!)
(Unverständliche Zurufe, Unruhe im Saal)

Egon Krenz:
Ja bitte, wer wünscht das Wort? Genosse Stoph?

Willi Stoph:
Laut Statut muß ein außerordentlicher Parteitag in zweimonatlicher Frist einberufen werden, so daß es also gar nicht möglich ist, in diesem Jahr einen außerordentlichen Parteitag zu machen, wie Genosse Albrecht vorhin vorgeschlagen hat. Außerdem, wir haben heute den 10. November, Genossen. Heute ist veröffentlicht, in Schlagzeilen, die "4. Parteikonferenz der SED für den 15. bis 17. Dezember einberufen". Das hat das ZK gestern beschlossen, und ich bin der Meinung, wir können nicht alle Stunde oder alle paar Stunden die Beschlüsse wieder aufheben, sondern wir müssen als Partei solche Kraft haben *(Unruhe; Krenz klingelt)*, daß wir die gesamte Partei mobilisieren für die Durchführung dieses Beschlusses.
(Zurufe: Richtig! Das ist richtig!)

Egon Krenz:
Bitte schön!

Christa Hermann:
Was Genosse Stoph gesagt hat, es wurde von Genossen Siegfried Lorenz vorhin gesagt, daß der Druck von verschiedenen Richtungen kommt. Kann man das definieren? Wir haben zwei Millionen Kommunisten, und ich weiß nicht, ob die übergroße Mehrheit dieser Kommunisten - ich kann für den Kreis im Moment nicht sprechen, weil ich die Lage nicht genau erkennen kann - diesen Sonderparteitag fordert. Ich vertrete den Beschluß, den wir gestern gefaßt haben, so, um auch einen Parteitag gründlich vorbereiten und Ergebnisse vorlegen zu können.

Egon Krenz:
Genosse Kant, dann Genosse Junker.

Hermann Kant:
Die Forderung nach einem Sonderparteitag geht doch davon aus, daß eine Parteikonferenz nicht zu leisten vermag, was von einem Parteitag erwartet wird. Ich sehe eigentlich nur einen Ausweg aus dieser Klemme: Wenn wir beschließen - soweit das Statut uns das erlaubt -, daß wir die Parteikonferenz mit allen Möglichkeiten ausstatten, die der Parteitag sonst hätte, damit das Inhaltliche, was hier verlangt wird, gesichert bleibt.

Egon Krenz:
Genosse Junker!

Wolfgang Junker:
Ich muß voll und ganz das unterstützen, was Willi Stoph gesagt hat, bei dem Beschluß jetzt bleiben. Worauf stütze ich mich? Ich habe heute morgen im Ministerium eine Beratung mit einem Teil der Kommunisten durchgeführt. Sie ist für diese 4. Baukonferenz ..,
(Große Heiterkeit. Zuruf: Alles ist Baukonferenz!)
... entschuldigt bitte, Genossen, man darf sich doch einmal versprechen, wenn man Bauarbeiter ist. Also bin ich für diese Sache.
Ich will jetzt sagen, gestern abend ich habe auch, oder heute Nacht, mit meiner Frau gesprochen über die Wohnbezirksparteiorganisation. Die waren gestern, so viele wie niemals zuvor waren gestern auf einer Wohnbezirksparteikonferenz und haben die 10. Tagung ausgewertet. Dort ist auch gesagt worden: Endlich haben Sie das gemacht mit der Parteikonferenz, ja. Und ich muß der Genossin, meiner Vorrednerin hier, sie war auch gestern meine Vorrednerin, voll und ganz zustimmen. Zwei Millionen Kommunisten, und wir dürfen nicht nur emotional so und so. Wenn wir das wieder aufheben, Genossen, den Beschluß, den wir gestern gefaßt haben, dann kommt die Politbürogeschichte noch dazu, was heute am Ende ist, und ich sage, am Montag können wir uns dann als ZK-Mitglieder nicht mehr sehen lassen in unseren Grundorganisationen.

Vors. Egon Krenz:
Ich stimme ab. Gibt es andere Meinungen als die, die hier vorgetragen wurde - ja bitte, Genosse Görlich.

Günter Görlich:
Hermann Kant hat gesagt, daß wir die Parteikonferenz ausstatten sollen mit den Möglichkeiten eines ... ist das überhaupt möglich?

Vors. Egon Krenz:
Es gibt zur Parteikonferenz im Parteistatut folgende Bemerkung: "Die Parteikonferenz behandelt dringende Fragen der Politik und Taktik der Partei und beschließt darüber. Sie kann Mitglieder und Kandidaten des Zentralkomitees und der Zentralen Revisionskommission, die ihre Pflichten nicht erfüllt haben, abberufen und die Zahl der Mitglieder aus den Reihen der Kandidaten ergänzen sowie Kandidaten in das Zentralkomitee und die Zentrale Revisionskommission wählen." - Bitte!

Hans Modrow:
Genossen, ich würde den Vorschlag machen, daß wir jetzt zunächst über das Aktionsprogramm seitenweise diskutieren, daß wir über weitere Informationen uns einen Überblick verschaffen, wie sich die Entwicklung der Situation zu dieser Frage bis zum Ende unserer Tagung entwickelt. Wir sind heute morgen informiert worden, daß in verschiedenen Berliner Parteiorganisationen eine Bewegung sich entwickelt für einen außerordentlichen Parteitag und bereits versucht wird, auch solche Koordinierungsgruppen zu einer Vorbereitung zu bilden. Deshalb meine ich, daß wir zunächst einmal abstimmen sollten über das Aktionsprogramm. In der Zeit können wir uns weitere Informationen verschaffen. Wir sind doch nicht gezwungen, jetzt unmittelbar diesen Beschluß zu fassen, und wenn wir am Ende der Tagung auf der Grundlage weiterer Informationen auf diesem Standpunkt beharren, der jetzt hier gesagt wurde, daß wir zur Parteikonferenz weiter stehen, dann wird das am Ende der Tagung mitbeschlossen.

Vors. Egon Krenz:
Genosse Hager.

Kurt Hager:
Erstens schlage ich vor, beim gestern gefaßten Beschluß über die Einberufung der Parteikonferenz zu bleiben. Zweitens schlage ich vor, den Passus aus dem Statut morgen auf der ersten Seite zu veröffentlichen über die Rolle der Parteikonferenz.

(Zustimmende Rufe aus dem Saal:
- Unbedingt.
- Das wissen nämlich die meisten gar nicht.
- Oder in den Medien heute noch.)

Vors. Egon Krenz:
So, also Genossinnen und Genossen, ich denke, wir sollten so verfahren. Wer dafür ist, daß wir den Beschluß, den wir gestern gefaßt haben, zur Durchführung der Parteikonferenz aufrechterhalten, den bitte ich um Handzeichen. Dankeschön. - Gegenstimmen? - Stimmenthaltungen? - Drei Gegenstimmen. Aber trotzdem sind die Gegenstimmen sozusagen verpflichtet, die Idee der Parteikonferenz zu vertreten. Und wir müssen die Sache so machen, wie wir sie im Statut festgelegt haben.

Jetzt geht es um weitere prinzipielle Fragen. Also Seite 1, und Genosse Lorenz muß dann sofort sagen, wie er dazu steht im Auftrag der Redaktionskommission. Wer wünscht das Wort zu Seite 1? - Genosse Banaschak.
(Zurufe: Aufstehen!)
Ich bitte die Genossen, aufzustehen und zum Saal zu sprechen.

Manfred Banaschak:
Der letzte Satz auf der Seite 1 scheint mir inhaltlich erwägbar zu sein: radikale, revolutionärere Formen ...

Siegfried Lorenz:
Nein. Das heißt, revolutionäre Formen ...

Manfred Banaschak:
... ich würde vorschlagen statt dessen: revolutionärer als was stellen, und wäre nicht besser, radikale ist auch schwer zu begreifen, wer sich alles als Radikaler beweisen möchte, welchen Inhalt er darin sehen mag.
Mein Vorschlag wäre statt dessen zu sagen, tiefgreifende Veränderungen sind dafür unerläßlich, Komma, die - gleich fortsetzen - den Arbeitern, Bauern, den Geistesschaffenden und allen anderen Werktätigen dienen.

Vors. Egon Krenz:
Gibt es dagegen Einspruch?

???:
Ich bin dagegen, weil dieser Begriff ...
(Zurufe: Jawohl! Richtig!)

Siegfried Lorenz:
Ich bitte um folgendes. Hier ist eine Veränderung nicht vorgenommen. Wir würden vorschlagen zu streichen das Wort "aufgeklärten und demokratisierten Sozialismus", sondern zu bleiben bei "Konzeption für einen modernen Sozialismus". Über die demokratische Seite ist weiter hinten noch die Rede.
Und zweitens zu verwenden "radikalere Formen sind dafür unerläßlich".
(Zustimmung aus dem Saal: Sehr richtig!)

Egon Krenz:
Einverstanden? - Gut, weiter zu Seite 1. Bitte.

Wilhelm Ehm:
Ich habe eine Anfrage, Genosse Krenz. Beim 3. Absatz: Das Zentralkomitee der SED hat zugelassen, daß ernste Fehler des abgelösten Politbüros Partei und Republik in eine tiefe Krise geführt haben.
Ich muß hier erklären, daß ich da nicht zustimmen kann, da ich von all diesen Sachen auf ökonomischem Gebiet keinerlei Kenntnisse hatte. Ich war bis vor zwei Jahren Stellvertreter des Ministers und Chef der Volksmarine und habe mit den ökonomischen Fragen, die heute hier so eine große - und gestern - Rolle gespielt haben, absolut nichts zu tun. Und deswegen kann ich dem nicht zustimmen. Ich fühle mich nicht verantwortlich.

Egon Krenz:
Bitte.

???:
Ich möchte mich dieser Meinung des Genossen anschließen. Genossen, das macht sehr betroffen, wenn hier so formuliert wurde, obwohl wir auch unsere Meinung den Genossen der Redaktionskommission aus unserem Bereich gesagt haben, daß das Zentralkomitee sich heute für diese Lage in der Partei und in der Republik für diese tiefe Krise zu verantworten hat.
Es sind viele hier unter uns, die seit relativ kurzer Zeit, seit unserem XI. Parteitag, Kandidaten oder Mitglieder des Zentralkomitees sind. Genossen, ich muß euch sagen, wir sind auch in einen tiefen, inneren Gewissenskonflikt geraten.
Wir haben heute hier und in den letzten Stunden sehr viel gehört, was sich in unserer Partei, in unserem Zentralkomitee, in unserer Parteiführung gezeigt hat.

Und ich muß sagen, ich kann so - als Mitglied des Zentralkomitees - dem ich ein halbes Jahr lang angehöre -, und zwar seit der vorletzten Zentralkomitee-Tagung, kann ich mich so nicht dazu stellen. Ich bin der Auffassung, daß wir formulieren, daß das Zentralkomitee durch das Politbüro nicht in die Lage versetzt wurde, die Situation im Land genau zu erfassen, zu analysieren, und deshalb unser Land, unsere Partei in diese Situation geraten sind. So in etwa sinngemäß.
(Zwischenruf: Sehr richtig!)
So würde ich mich dafür bekennen, vor Ort mit meinen Kommunisten und mit unseren Bürgern im Bezirk Suhl zu diskutieren. Aber so, wie es hier steht, nicht.
(Zwischenruf: Richtig!)

Vors. Egon Krenz:
Also als Vorschlag: Die 10. Tagung des Zentralkomitees hat sich kritisch und selbstkritisch mit der Lage im Land befaßt. Das Zentralkomitee wurde durch das abgelöste Politbüro nicht in die Lage versetzt, eine reale Einschätzung vorzunehmen. - Ja?

Kurt Hager:
Einspruch.

Egon Krenz:
Ja bitte.

Kurt Hager:
Ich glaube, daß diese Formulierung doch dann wieder dem Zentralkomitee zuviel Verantwortung zuweist.
Ich würde folgenden Vorschlag machen: Die 10. Tagung des Zentralkomitees hat sich kritisch und selbstkritisch mit der Lage im Land befaßt. Sie hat ernste Fehler des abgelösten ..., sie hat festgestellt, daß ernste Fehler des abgelösten Politbüros Partei und Republik in eine tiefe Krise geführt haben. Das Ansehen der Partei bei Millionen Werktätigen wurde geschädigt.
(Unruhe im Saal)

Vors. Egon Krenz:
Genosse.

???:
Es tut mir leid. Ich muß mich hier gegen diesen an sich gutgemeinten Vorschlag des Genossen Hager aussprechen.
(Zwischenruf: Lauter!)
Ich muß mich leider gegen diesen Vorschlag aussprechen. Entsprechend dem Statut legt das Politbüro vor dem Zentralkomitee Rechenschaft ab. Das hat es getan, wie auch immer.
(Große Unruhe, Empörung)

Karl Kayser:
Das ist nicht getan worden. *(Sehr erregt)* Wir sind belogen worden, die ganze Zeit über. Ich habe keine Schuld daran, wirklich nicht. Und ich weigere mich auch, das anzuerkennen und nach Hause zu fahren, um zu sagen, du bist schuldig dran. Ich bin erschüttert über das, was ich hier gehört habe. In mir ist alles zerbrochen. Mein Leben ist zerstört. Ich habe geglaubt an die Partei, so bin ich mit der Muttermilch erzogen worden. Ich habe an die Genossen geglaubt!

Egon Krenz:
(Betreten) Bitte!

???:
Leider geht es dir nicht allein so, sondern wem eigentlich hier im Saal nicht? Nur, nur unsere Parteimitglieder und Kandidaten stellen diese Frage an uns als Mitglieder und Kandidaten des Zentralkomitees, warum wir sie als Angehörige des höchsten Organs in diese selbe furchtbar erschütternde Situation gebracht haben.
      (Unruhe. Zwischenruf: Hätt'ste doch gefragt vorher!)
Moment! Ich möchte ...

Egon Krenz:
Also Genossen, macht doch bitte nicht mit Zwischenrufen ... Moment ... bitte ...
      (Unruhe. Zwischenruf: Der Vorschlag des Genossen Hager ist
      sehr gut.)
      (Zwischenruf: Jawohl!)
Es wird vorgeschlagen, über den Vorschlag des Genossen Hager abzustimmen.
      (Unruhe)
Bitte!

???:
Ich bitte, daß ich zu Ende sprechen darf. Ich möchte darauf verweisen, daß die Forderungen, die nachdrücklich zunehmen nach einem außerordentlichen Parteitag, ihre wesentlichste Begründung nach meiner Kenntnis darin haben, daß man dem Zentralkomitee eine große Verantwortung mit zuschreibt. Das ist eine der Hauptbegründungen.
      (Unruhe)
Und wenn wir nicht bei einer Formulierung, wie sie die Genossen vorgeschlagen hat, bleiben, und das Zentralkomitee ganz herausnehmen, glaube ich persönlich, daß wir damit keine Resonanz finden, das wollte ich hier sagen. Ich wäre für diese vorgeschlagene Möglichkeit.

Egon Krenz:
Genosse Laßner!

Gerd Laßner:
Ich möchte einmal ganz emotionslos folgendes sagen: Die Fehler, die gemacht worden sind, sind durchaus aufzählbar, Ökonomie etwa, endlich aufzählbar. Ich kann unter meine Wissenschaftler treten und die Frage beantworten, warum ich hier nicht danach gefragt habe. Ich habe nicht gewußt, daß die Finanzen der Genosse Mittag in der Form verwaltet, und nicht der, der die Schecks unterschreibt, die Staatsbank oder der Finanzminister.
Deswegen übernehme ich nicht die Verantwortung, hier nicht nach dem Geld gefragt zu haben, wenn es nicht vorgelegt wurde. Und ich glaube, bei zwei, drei anderen Punkten liegen die Dinge ähnlich.

Egon Krenz:
Bitte schön!

Christa Hermann:
Ich möchte auf die Veröffentlichung meines Diskussionsbeitrags im gestrigen 'Neuen Deutschland' verweisen. Ich habe hier gesagt, und dazu stehe ich, und das ist veröffentlicht worden. Ja, ich möchte auch sagen, ich bin belogen worden. Ich glaube, so deutlich muß das auch, und da unterstütze ich auch den Vorschlag vom Genossen Hager, aus meiner persönlichen Überzeugung, daß ich mich, so

wie ich das gesagt habe, in den wenigen Jahren, in denen ich hier mitarbeiten darf, belogen fühle. Ich glaube, das muß man auch so zum Ausdruck bringen, daß hier ein ZK insgesamt nicht die Verantwortung trägt.

Egon Krenz:
Ich habe den Eindruck, Genossinnen und Genossen, daß es notwendig ist, über den Antrag des Genossen Hager abzustimmen.
(Unruhe)
Nein? - Bitte, Genosse Hager!

Kurt Hager:
Ich möchte eine Ergänzung zu dem vorschlagen, was ich gesagt habe. Man könnte so formulieren: Das Ansehen der Partei bei Millionen Werktätigen wurde geschädigt. Das Zentralkomitee stellt zugleich fest, daß das bisherige Politbüro keine wahrheitsgetreue Information an das Zentralkomitee über die Lage gegeben hat.
(Unruhe. Zwischenruf von Christa Hermann: Da fehlt auch noch ein Stückchen!)
Na ja, da kann man noch weitergehen.

Christa Hermann:
Das Zentralkomitee war über lange Zeit nach meiner Auffassung nicht in der Lage, so wie wir heute diskutieren, wie wir uns heute um das Aktionsprogramm der Partei für die Erneuerung bemühen, in realer Kenntnis der Lage unseres Landes ...

Kurt Hager:
... Einverstanden ...

Christa Hermann:
... solche Entscheidungen zu treffen und so dafür hier zu wirken. Das haben wir heute hier erfahren, wie ernst die Situation in der gesamten Partei ist, wie ernst sie in unserem ganzen Land für den Sozialismus, für die Macht der Arbeiter und Bauern ist. Und darum geht es mir eigentlich. Denn wir müssen die Sache ja nach vorn stellen.

Kurt Hager:
Ich bin ja mit dir einverstanden.

Christa Hermann:
Ich bin der Auffassung, daß wir - jetzt muß ich mich konzentrieren - daß wir etwa so formulieren sollten: Die 10. Tagung des Zentralkomitees hat sich kritisch und selbstkritisch - dazu stehe ich auch - mit der Lage im Lande, man kann auch sagen, mit der Lage in der Partei, befaßt. Wir haben uns mit der Lage im Land und der Partei befaßt. Und wir müssen feststellen, daß wir durch die Führung, durch das Politbüro oder durch das abgelöste Politbüro, über einen längeren Zeitraum nicht in der Kenntnis der konkreten Situation, der Lage unseres Landes und in der Partei, gelebt haben, daß das zu der Krise in der Partei und in unserer Republik geführt hat.
(Zuruf: Zu umständlich!)
Na ja, das ist zu lang, aber ...

Egon Krenz:
Genossen, jetzt hat Genosse Stoph das Wort. Und ich bitte doch, bei dem Grundsatz zu bleiben, daß wir nach Möglichkeit eine konkrete Formulierung anbieten.

Willi Stoph:
Ich möchte mich für den Vorschlag des Genossen Hager aussprechen, mit einer Ergänzung: Das Zentralkomitee hat dazu festgestellt, daß der Generalsekretär, der abgelöste Generalsekretär, und das zurückgetretene Politbüro Partei und Republik in eine tiefe Krise geführt haben. Warum Genossen? Heute morgen haben wir das Protokoll bestätigt, oder gestern morgen, gestern haben wir bestätigt das Protokoll von der 9. Tagung, und auf der 9. Tagung wurde beschlossen, das Protokoll liegt vor, das haben alle bestätigt, daß der Generalsekretär aufgrund seines eigenen Wunsches und auf Antrag des Politbüros, ja, von der Funktion als Generalsekretär und Mitglied des Politbüros und Sekretariats, was er ja nicht drin hatte in seinem Antrag, abgelöst wird.
So, und heute, in dem Aktionsprogramm, kann man nichts was anderes schreiben, wie im Protokoll steht, was das Zentralkomitee bestätigt hat. Und auf der 10. Tagung ist das Politbüro zurückgetreten und über den Rücktritt des Politbüros wurde hier abgestimmt, wenn ich das richtig verstanden habe.
(Zuruf: Darüber sollten wir abstimmen!)
(Unruhe; Zurufe: Abstimmen!)
Wir müssen uns doch an das halten, was wir beschlossen haben gestern, heute vorgestern. Habe ich mich klar genug ausgedrückt?

Egon Krenz:
Genosse Lorenz, hast du die Formulierung aufgenommen? Ich muß jetzt ..., ich kann nicht alles überblicken und noch hier den Satz im Kopf behalten.

Siegfried Lorenz:
Ich muß sagen, ich würde bei der von Genossen Hager nicht zuletzt, sondern vorher stehenden Formulierung bleiben. Ich würde zweitens den Gedanken von Genossen Stoph nur insofern noch verwenden wollen, daß ernste Fehler des abgelösten Generalsekretärs und des Politbüros ...

Egon Krenz:
Genosse!

Erich Hahn:
Ich bin auch dem Wesen nach für den Vorschlag von Genossen Hager einschließlich der Ergänzung, bitte sehr, das ist nicht die Frage. Ich stimme auch mit den Genossen überein, die davon ausgehen, daß die Verantwortung eine unterschiedliche war. Aber ich bin dagegen, an diesem Zusammenhang das Zentralkomitee als Ganzes von jeglicher Verantwortung freizusprechen, das geht nicht. Das geht nicht ...
(Zuruf)
Ja, das steht jetzt aber bis jetzt, das steht nicht mehr drin. Es müßte eine Formulierung gefunden werden ...
(Zuruf: Es steht drin selbstkritisch!)
Selbstkritisch ...

Siegfried Lorenz:
... kritisch und selbstkritisch wäre ein Angebot. Wenn es zu schwach ist, muß man es verstärken.

Erich Hahn:
Ich wollte darauf hinaus, daß das Zentralkomitee die Verantwortung dazu zu tragen hat ...
(Zuruf: ... daß es seine Rechte nicht durchgesetzt hat!)
... diese Lage zu lange geduldet zu haben oder so ähnlich.
(Unruhe)

Egon Krenz:
Genossinnen und Genossen, man kann nun sagen, was man will, aber außerhalb der ZK-Tagungen, in den Kaffeepausen, haben auch ZK-Mitglieder anders diskutiert als hier am Rednerpult. Also wir wollen die Dinge auch nicht vereinfachen. Es ist richtig, daß die Informationen nicht ausgereicht haben. Aber ich habe in meinem Referat gesagt: Ich bekenne mich. Und ich denke, wir sollten hier nicht eine solche Situation schaffen, daß einer dem anderen gewissermaßen sagt, so und so. Wir haben gemeinsam Verantwortung, und die Unterschiedlichkeit der Verantwortung ist hier in dem neuen Text enthalten. - Bitte schön!

???:
Ich habe einen Kompromißvorschlag. Und zwar: Die 10. Tagung des Zentralkomitees hat sich kritisch und selbstkritisch mit seiner eigenen Arbeit, mit der Lage der Partei und mit der Lage im Lande befaßt. Und dann so fortfahren, wie Genosse Hager das gesagt hat.
(Zustimmung, vereinzeltes Klatschen)

Egon Krenz:
Einverstanden?
(Zurufe: Ja!)
Kann man über diese Formulierung abstimmen?
(Zurufe: Ja!)
Wer dafür ist, den bitte ich um das Handzeichen. - Dankeschön. Gegenstimmen? - Stimmenthaltungen? - Also klar. - Weitere Bemerkungen auf Seite 1? - Bitte schön!

???:
Ich habe eine Frage: Hier soll eine Konzeption, eine überzeugende Konzeption für den modernen Sozialismus erarbeitet werden. Ich nehme an, daß diese Konzeption auf der Parteikonferenz vorgelegt werden muß. Sind Aufträge ausgelöst oder wer übernimmt die Arbeit?

Siegfried Lorenz:
Das ist nicht möglich. In fünf Wochen ist das unmöglich.

Egon Krenz:
Also ich glaube nicht, daß wir so anspruchsvoll sein können, der nächsten Parteikonferenz eine Konzeption oder sagen wir auch ein Parteiprogramm vorzulegen. Wenn die nächste Parteikonferenz stattfindet, dann sollten wir den Beschluß fassen, den ordentlichen Parteitag, zu dem man sowieso noch Stellung nehmen muß, wann der mal stattfindet, den Vorschlag zu unterbreiten, ein neues Programm der Partei zu erarbeiten. Aber, Genossen, ich bitte doch um Verständnis, ich weiß ohnehin noch nicht genau, was wir auf der Parteikonferenz

sagen, geschweige denn jetzt schon eine Konzeption des modernen Sozialismus zu haben.

(Zuruf: Ich würde "überzeugend" streichen. Nur einfach: Konzeption. Ob die dann überzeugend sein wird, werden wir ja dann sehen, wenn sie vorliegt.)

Siegfried Lorenz:
Einverstanden.

Egon Krenz:
Ja. Weitere Bemerkungen zu Seite 1? - Bitte schön!

???:
Ja, zum zweiten Absatz. Genosse Lorenz sagte bereits, daß es Hunderte Hinweise gab. Ich habe das eigentlich vermißt und würde vorschlagen, nach dem 2. Absatz einzuordnen: Die Grundlagen dieses Aktionsprogramms sind die hundertfachen Hinweise und Kritiken der Bevölkerung, die in Briefen und anderer Form geäußert wurden. Das also das, was aus der Republik eingegangen ist im Zentralkomitee, auch hier seinen Niederschlag findet. Ich bin persönlich beauftragt worden ...

(Unruhe)

Egon Krenz:
Es ist so, daß ja hier vorne ganz eindeutig steht, es bedurfte der friedlichen Massenproteste der Bevölkerung, der Willensbekundung vieler politischer Organisationen usw. Ich glaube, das ist identisch.
(Zustimmende Zurufe)
Ja? - Danke schön, so beschlossen.

(Uhrzeit: etwa 12.35 Uhr)

Günter Schabowski *(leise zu Krenz am Präsidiumstisch, im Saal nicht zu hören)*:
Egon, gestattest du gerade eine kurze Unterbrechung?

Egon Krenz:
Ja.

Günter Schabowski:
Also, ich glaube, Egon, man müßte doch dem Zentralkomitee kurz diese Sache hier mitteilen, aus der resultiert, daß ... 14.00 Uhr ... die Vorsitzenden der Blockparteien zusammenzubitten, um mit Hans Modrow und mir die Frage der sofortigen Einsetzung, Bildung einer Regierung zu besprechen. ... Gibst du uns die Vollmacht, daß wir bei den Block-Vorsitzenden anrufen ...?

Egon Krenz *(laut über das Saal-Mikrophon)*:
Genossen, es ist eine erwartete, sehr komplizierte Lage entstanden. Die Lage hat sich in der Hauptstadt, in Suhl und in anderen Städten äußerst zugespitzt. Es macht sich Panik und Chaos breit. Arbeiter verlassen Betriebe. 100 Werktätige haben im VEB Elektromechanik Kaulsdorf aufgehört, zu produzieren. Im Berliner Glühlampenwerk steht die Produktion an mehreren Fließreihen in der Hochdrucklampe. Im Bereich der Stadtwirtschaft/Stadttechnik wird das Funktionieren unter großen Anstrengungen aufrechterhalten. Auch in Potsdam haben viele Werktätige die Betriebe zeitweilig bzw. für längere Zeit verlassen, um sich an

den Meldestellen der VPKAs, um sich dorthin zu begeben. Beachtenswert: verstärkte Abkäufe von hochwertigen Konsumgütern. Im Parteiaktiv herrscht Unverständnis zu den beschlossenen Reisemöglichkeiten. Aus Erfurt wird informiert, daß es am Grenzübergangspunkt Wartha einen starken Andrang gibt. Die Beunruhigung unter den Genossen ist groß, weil niemand die ökonomischen Auswirkungen und Konsequenzen richtig voraussehen kann. Es herrscht die Meinung vor: Wir stehen vor dem Ausverkauf. Bürger, die im Besitz von Forumschecks sind, fordern den Rücktausch in D-Mark. Im Bezirk Schwerin gibt es eine starke Bewegung auf den Sparkonten. An den Sparkassen im Bezirk Dresden wird ein verstärkter Kundenstrom beobachtet. Vom Grenzübergang Leistungen im Bezirk Erfurt wird soeben informiert, daß der PKW-Stau über 3 km beträgt. Der Sender 100,6 in Westberlin habe für den Abend 19.30 Uhr zu einer Gesamtberliner Kundgebung auf dem Breitscheidplatz in Berlin (West) aufgerufen.
Der Genosse Modrow und der Genosse Schabowski werden sofort Kontakt mit den Vorsitzenden der Blockparteien aufnehmen, daß wir unmittelbar eine Regierung bilden. Unmittelbar eine Regierung, man muß den Modus klären, daß die Regierung handlungsfähig ist, auch wenn sie nicht gewählt ist. Aber es muß eine handlungsfähige Regierung sein. Gibt es Fragen dazu, Genossen?

???:
Egon, können wir unter solchen Umständen in dieser sehr ernsten Situation nicht ganz kurz hier, wenn wir auch noch nicht mit allen und jeder Formulierung einverstanden sind, so schnell wie möglich zum Abschluß dieses Dokuments kommen, damit wir an unsere Kampfplätze gehen können? Das ist mein Vorschlag.

Egon Krenz:
Trotzdem müssen wir fragen, ob es grundlegende Veränderungen gibt zu diesem Dokument oder ob wir es im Prinzip beschließen können? - Bitte?

???:
Ich habe noch ein Problem, das möchte ich im Auftrag der Bezirksparteiorganisation Schwerin stellen. Hier wird von den Genossenschaften gesprochen. Und wir haben ja nach 1945 volkseigene Güter gebildet und haben auch eine Arbeiterklasse. Und ich meine, wir müßten mit einem Satz das wenigstens erwähnen. Ansonsten brauche ich nicht in mein Kollektiv zurückkommen, und wir alle nicht in unseren Bezirk Schwerin. Da muß "VEG und LPG", oder ... . Wir können nicht sagen, daß die Wirtschaftsreform nur für die Genossenschaften zutrifft. Guckt euch die volkseigenen Güter an! Sollen wir weiter verfallen? Sollen die Dörfer verfallen? Wir haben unseren Gewinn abgeführt, die ganzen Jahre an den Staat.

Egon Krenz:
Du schlägst vor, die VEG mit einzufügen? Gut, einverstanden! - Genosse Axen!

Hermann Axen:
Genossinnen und Genossen! Die Information, die der Generalsekretär eben vorgetragen hat, erfordert, daß die von uns gewählte Parteiführung und daß die staatlichen Organe alle, und wir alle, jetzt das Wichtigste tun, was wir können, nämlich um den Sozialismus zu schützen, zu verteidigen, und die Arbeit im Land, die Ordnung aufrechtzuerhalten. Deshalb sollten wir unsere Tagung nicht mit der an sich sehr notwendigen, gründlichen Formulierung des Dokumentes weiter verlängern, sondern das Dokument abschließen, die Kaderfragen lösen und den Genossen der Parteiführung, des Politbüros, des Sekretariats und der Regie

rung die Möglichkeit geben, die notwendigen Maßnahmen zur Sicherung des Sozialismus zu ergreifen.
(Zwischenruf: Richtig!)

Egon Krenz:
Genosse Hager!

Kurt Hager:
Das Wichtigste scheint mir zu sein, daß in der nächsten halben Stunde oder Stunde ein Appell der befreundeten Parteien und gesellschaftlichen Organisationen oder der Regierung an die Bürger der DDR erfolgt, in dem klar gesagt wird, jetzt ist - ich will mich mal, sagen wir, noch nicht druckreif ausdrücken - : Jetzt ist Ruhe die erste Bürgerpflicht! Jetzt geht es nicht darum, allen möglichen Gerüchten zu folgen. Jetzt geht es darum, das Vertrauen in die Stabilität unserer Währung zu haben. Auf jeden Fall würden mir schon fünf Sätze genügen, in denen jeder Bürger aufgefordert wird, keine Panik, kein Chaos zu entwickeln, sondern Ruhe zu halten. Das scheint mir das Allernötigste und Unmittelbarste zu sein.
Zweitens: Das Aktionsprogramm könnten wir ziemlich rasch über die Runden bringen, wenn keine grundsätzlichen Einwände sind. Man könnte der Redaktionskommission jetzt die schriftlichen Veränderungsvorschläge geben. Ich zum Beispiel habe nur ein einziges Thema noch. Das will ich formulieren. Aber mit der Vollmacht, noch heute das Aktionsprogramm fertigzustellen und allen Mitgliedern des ZK auszuhändigen, damit sie es mit herausnehmen.

Egon Krenz:
Also Genossen, ich stelle zur Entscheidung:
Erstens: Alle Genossinnen und Genossen, die Vorschläge zum Aktionsprogramm haben, übergeben diese Genossen Lorenz persönlich, und Genosse Lorenz prüft in Übereinstimmung mit denen, die diesen Antrag stellen, ob es zweckmäßig und notwendig ist, sie aufzunehmen. Kann man sich so einigen?
(Zustimmung)
Also erstens: Das Aktionsprogramm wird im Prinzip bestätigt. Die Überarbeitung erfolgt durch den Vorsitzenden der Redaktionskommission in Übereinstimmung mit jenen Genossen, die weitere Vorschläge unterbreiten.
Zweitens: Es sind einige Kadervorschläge zu beschließen. Es liegen verschiedene Anträge vor, auf die ich jetzt - ich bitte um Verständnis - nicht eingestellt war. Sie lauten:
1. Genosse Günter Mittag wird entsprechend dem Statut der Partei, Artikel 14, wegen gröblichster Verstöße gegen die innerparteiliche Demokratie, gegen die Partei- und Staatsdisziplin sowie die Schädigung des Ansehens der Partei aus dem Zentralkomitee ausgeschlossen. Die ZPKK wird beauftragt, sich mit dem Verhalten und den Fehlleistungen des Genossen Günter Mittag zu beschäftigen. Ich möchte zuerst Genossen Günter Mittag bitten, ob er die Absicht hat, etwas dazu zu sagen? - Nicht. Gibt es Meinungen dazu, Genossen?
(Nicht zu verstehende Zurufe; Durcheinander)
Was kann er dann nicht?
(Zuruf: Wenn er ausgeschlossen ist, ist ja die Parteikontrollkommission nicht mehr zuständig! - Lautstarker Widerspruch: Er bleibt doch Mitglied der Partei! - Zuruf: Du hast nicht zugehört.)
Er wird ausgeschlossen nicht als Mitglied der Partei, sondern als Mitglied des Zentralkomitees.

2. Es ist eine Kommission zu bilden, die die Ursachen und die persönlichen Verantwortlichkeiten für die gegenwärtige ökonomische Situation in der DDR untersucht. Verantwortlich: Genosse Herger, Genosse Eberlein. - Kann man dem folgen?
(Einzelner Zuruf: Ja!)
3. Euch liegen Arbeitsgruppen vor.
(Zurufe: Nein!)
Liegen nicht vor? Ach, die liegen nur dem Politbüro vor.

Margarete Müller:
Darf ich noch etwas sagen, wenn es um Kaderfragen geht: Es mehren sich die Stimmen von draußen, daß ich auch ausscheiden sollte. Entschuldigung, wenn ich das jetzt sage...
(Unruhe)

Egon Krenz:
Genossen, bleibt vernünftig!

Margarete Müller:
Ja, ich bin vernünftig. Ich will bloß noch sagen: Ich bin die einzige, die hier dann im Politbüro wäre, die keinen Aufgabenbereich hat ...
(Zuruf: ... ja, das kommt nachher! - Unruhe)
Ich möchte bloß, daß wir heute nicht auseinandergehen, und dann in acht Tagen stehen wir wieder vor dem Problem.
(Unruhe; Zuruf: Nein!)
Ich habe mir das lange überlegt.

Egon Krenz:
Also, ich würde sagen, diese Frage wurde entschieden vorhin. Und wir sollten jetzt abstimmen über den Antrag, der in bezug auf Genossen Günter Mittag gestellt worden ist. Möchte sich jemand dazu äußern?
(Zuruf: Abstimmen!)
Wer dafür ist, den bitte ich um das Handzeichen. - Wer dagegen ist ...? - Stimmenthaltung? - Damit ist der Beschluß einstimmig angenommen.
Zweitens, Genossen, hat der Genosse Kayser vorgeschlagen, daß jene Genossen, die das verspüren, auch dem Zentralkomitee erklären, daß sie von ihrer Funktion zurücktreten. Genosse Achim Herrmann hat ebenfalls einen solchen Antrag an das Präsidium eingereicht. Die Frage wäre also, zu entscheiden, machen wir das heute oder überlassen wir das der Parteikonferenz?
(Unverständliche Zurufe)
Bitte?
(Zuruf: Heute!)

Günter Kleiber:
Ich schlage vor, das der Parteikonferenz zu überlassen. Wenn die Genossen Kayser und der Genosse Herrmann jetzt anfangen, wird der Druck wieder auf uns kommen, daß weitere ZK-Mitglieder ..., dann können wir gleich die Parteikonferenz hier abhalten ... . Ich bitte die Genossen, daß zurückzuziehen.
(Zuruf: Einverstanden, ich schließe mich dem sofort an.)

Egon Krenz:
Einverstanden so, ja? Oder gibt es andere Meinungen? Also ist der Vorschlag ... *(blättert)* Gibt es weitere Fragen, die zu entscheiden wären, Genossen? - Bitte?

???:
Wenn ich das richtig verstanden habe, steht der Antrag des Genossen Herrmann?
(Zurufe: Nein! - Weitere unverständliche Zurufe)

Egon Krenz:
Die Frage wäre, vom Genossen Achim Herrmann ...
(Zwischenruf: Ziehe zurück!)
Also beschließen wir nicht über diese Fragen. Gibt es weitere Vorschläge zur Beschlußfassung?
Genossinnen und Genossen! Ich bitte ...
(Unruhe)
... das Kommunique vorzulesen. - Hast du eins?
(Zwischenruf: Was ist mit den Arbeitsgruppen, Egon?)

Siegfried Lorenz:
Genossen! Es gibt eine Vorlage zur Bildung von Arbeitsgruppen.
(Unruhe)
Die Frage ist, ob ich die vorlesen soll.
(Zuruf: Ja, das geht am schnellsten!)
Das sind viele Namen, das ist alles möglich. Ich könnte mir vorstellen, daß wir die in einem Umlauf an alle Mitglieder und Kandidaten des Zentralkomitees geben, den Rücklauf bis Dienstag im Politbüro haben und dann eine Entscheidung herbeiführen.

Egon Krenz:
Einverstanden, ja?
(Zurufe: Ja!)
Also Dienstag im Politbüro behandeln und dann in Umlauf geben, ja?
(Zuruf: Nein!)
Heute? Wie soll das praktisch gemacht werden?
(Unverständliche Zurufe)

Siegfried Lorenz:
Mit dem Aktionsprogramm wird die Vorlage ausgegeben, und wer bessere und andere Vorschläge hat: unverzüglich an Büro Politbüro, und am Donnerstag wird eine Entscheidung herbeigeführt durch das Politbüro.

Egon Krenz:
Gut. Das Wort hat Genosse Schwertner zum Entwurf des Kommuniqués. Ich bitte, sehr genau hinzuhören, weil das ist jetzt natürlich hier unter sehr komplizierten ... - ja bitte?

???:
Genosse Krenz! Ich bitte um Entschuldigung, aber ich habe heute früh einen Anruf bekommen. Die Genossen haben mir von zu Hause bestellt, wenn das Zentralkomitee sich nicht von einigen Genossen verabschiedet, hebeln wir dich aus, daß du aus dem Zentralkomitee herauskommst. Wir müssen über den Antrag von Genossen Fichte noch einmal diskutieren. Es gibt, ich habe das hier gemerkt, Bewegung und auch andere Meinungen, daß wir das nicht bis zur Parteikonferenz verschieben sollten. Es ist die Frage, wie sie in den Bezirken im Prinzip steht: Wenn nicht einer geht - ich weiß nicht, ob wir damit noch eine Lösung erreichen -, daß dann am Ende vielleicht alles 'rausgefeuert wird. Ich bitte darum, daß noch einmal darüber gesprochen wird.

Egon Krenz:
Dann bin ich für einen Kompromißvorschlag, daß wir in das Kommuniqué aufnehmen: Eine Gruppe von Genossen hat die Bitte geäußert, von den Pflichten eines Mitglieds und Kandidaten des Zentralkomitees entbunden zu werden. Diese Bitte wird der Zentralen Parteikonferenz zur Entscheidung vorgelegt.
(Zuruf: Das ist halbherzig, das können wir nicht machen.)
Nicht?
(Zurufe: Das geht nicht!)
Geht nicht?

Hans-Joachim Willerding:
Darf ich mal was sagen, Genossen? Ich bin einer von denen, die erst seit 1986 unserem Zentralkomitee angehören. Und ich muß sagen, ich empfand es immer als große Ehre, unserem Kollektiv anzugehören und auch in so eine Funktion gewählt worden zu sein. Aber ich glaube, eine der wichtigsten Lehren besteht darin, daß jeder von uns sehr ehrlich das hier ausspricht, was ihm auf dem Herzen liegt. Und ich möchte doch ein paar Sachen sagen. Wir sind uns einig, daß die Lage sehr kompliziert ist in unserem Land, aber ich glaube, worüber wir uns noch nicht einig sind, ist, worin die eigentliche Ursache liegt. Und die liegt hier. Wir diskutieren darüber, ob die Glaubwürdigkeit unseres Zentralkomitees größer oder kleiner wird. Ich glaube, niedriger kann sie nicht mehr werden. Die Arbeiter kommen aus den Betrieben, die Genossen, die fordern uns in Dutzenden oder Hunderten Telegrammen. Unter diesem Aspekt, glaube ich, müssen wir Entscheidungen treffen, Entscheidungen, die es ermöglichen, daß die Genossen in den Gruppen und Grundorganisationen sich um eine einheitliche Führung zusammenscharen. Weil ich glaube, weder die Geschichten mit der Grenze noch die zweieinhalb Tage, die wir hier diskutieren, sind dazu angetan, nicht mal das Parteiaktiv um uns zusammenzuschließen. Also insofern halte ich diesen Vorschlag vom Genossen Fichte für unbedingt diskutierungswürdig, weil ich glaube, das Vertrauen in das Zentralkomitee, unabhängig davon, wer welche Verantwortung trägt - und da gibt es auch viel Ungerechtes dabei bei den Vorwürfen, das weiß ich -, aber unabhängig davon ist das Vertrauen in unser Zentralkomitee nicht mehr vorhanden, nicht einmal in unserem Parteiaktiv.
Und ich glaube, unter diesem Aspekt muß man auch den Vorschlag sehen, einen außerordentlichen Parteitag einzuberufen. Ich habe mich vorhin hier der Stimme enthalten, das habt ihr vielleicht gesehen, weil es mehrheitlich anders gesehen wurde. Wir haben auch darüber diskutiert, daß man die Kaderfrage besonders herausstellen muß im Zusammenhang mit der Parteikonferenz. Aber ich glaube, es ist eine der Kernfragen gegenwärtig, und wir dürfen gerade in so einer Situation nicht mit der Macht spielen, und wir tun das, Genossen. Weil die Kernfrage ist unsere Partei, und die Partei versteht uns nicht. Danke schön.

Egon Krenz:
Und worin besteht dein Antrag?

Hans-Joachim Willerding:
Mein Vorschlag, - wir müssen ja wissen, worum wir kämpfen -, mein Vorschlag besteht darin, daß sich Genossen melden und sagen: Wir stellen unser Amt im Zentralkomitee zur Verfügung.
(Starker Beifall)
Wir geben der Parteikonferenz die Möglichkeit, neue Genossen in dieses Zentralkomitee als Kandidaten aufzunehmen, die dann auch Mitglieder des Zentralkomitees werden müssen. Ich glaube, das sind wir den Genossen in den Gruppen und den Grundorganisationen schuldig.

Egon Krenz:
Genosse Kayser!

Kayser:
Ich stelle meine Funktion, Mitglied des Zentralkomitees lange gewesen zu sein, zur Verfügung, aber: Die Gründe zwischen Genossen Herrmann seinem Rücktritt und meinen sind weit auseinanderliegend.
(Zwischenruf: Jawohl!)
Ich übernehme keinerlei Verantwortung.
(Zwischenruf: Richtig!)
Ich trete nicht aus! Ich wünsche nicht, in der gleichen Liste genannt zu werden, denn dann bleibe ich drin, das ist klar, denn ich habe damit überhaupt nichts zu tun. Ich trete aus: ein Grund - altersmäßig, und das zweite ist, Genossen, mich ekelt das alles an.

Egon Krenz:
Mich auch, ja.

Kayser:
Ich finde das katastrophal. *(Mit überschlagender Stimme:)* Ich beneide die Genossen Rodenberg und Abusch, die das nicht mehr erleben mußten. Deswegen trete ich aus, aber nicht wegen Herrmann, und da möchte ich nicht auf einer Liste genannt werden - auf gar keinen Fall. Wenn Ihr es differenzieren könnt, dann ja, sonst nein.

Egon Krenz:
Also Genossen, dann ... bitte, Genosse Wilfried Poßner!

Wilfried Poßner:
Genosse Generalsekretär! Ich möchte hier mit Nachdruck und voller Verantwortung den Antrag stellen, Genossen Herrmann aus dem ZK auszuschließen. Wir können sonst nicht mehr bestehen. Ich möchte das in aller Deutlichkeit sagen.
(Zwischenruf: Und das genügt nicht!)
Das ist etwas anderes als diese Erklärung eben.

Egon Krenz:
Es gibt den Vorschlag, Genossen Achim Herrmann aus dem Zentralkomitee auszuschließen. Achim, möchtest du dich dazu äußern?

Joachim Herrmann:
Ich trage alle Konsequenzen aus den Fehlern, die hier zur Sprache gekommen sind, im Zusammenhang mit der Lage, die dadurch entstanden ist.

Egon Krenz:
Dankeschön. Gibt es Fragen? Gibt es gegenteilige Auffassungen? Wenn das nicht der Fall ist, stimmen wir darüber ab. Wer dafür ist, den bitte ich um Handzeichen. - Gegenstimmen? - Stimmenthaltungen? - Eine Stimmenthaltung. Damit ist der Beschluß gefaßt. Ich habe ihn nicht zu kommentieren, aber ...
Genossen, an die Arbeit, und zwar...
(Zurufe)
Bitte?
(Nicht zu verstehender Zuruf)
Ja, das Kommunique kommt ja noch ... Bitte?

???:
Ich selbst gehöre ja zu denen, die innerhalb von Stunden durch Entscheidungen in eine Funktion übernommen worden sind. Und ich habe mein ganzes Leben versucht, mit dieser Partei zu leben. Ich sage das ganz in vollem Bewußtsein. Aber was ich hier erlebt habe, ist so deprimierend, so erschütternd, daß ich's nicht verwinden kann. Ich sage das so ehrlich. Und wenn jetzt gesagt wird: An die Arbeit! Wie sollen wir denn jetzt an die Arbeit gehen? Die Partei ist kaputt im Grunde genommen!
(Lautstarke Zurufe: Nein! Nein!)
Aber entschuldigt, wir kriegen aus Schwerin am laufenden Band, jetzt z.B., Meldungen mit der Forderung nach der Gründung einer neuen Partei. Im Hydraulikwerk in Parchim sind 50 Genossen gestern ausgetreten. Und so weiter. Es ist eine Lawine. Ich möchte nur darauf hinweisen.
(Unruhe)

Egon Krenz:
Genossen! Es hat immer schwere Zeiten gegeben. Aber wir dürfen nicht den Mut verlieren, und wir müssen deshalb den Auftrag, den wir hier bekommen haben, früher auseinanderzugehen, so verstehen, daß wir jetzt überall zu kämpfen haben in den Betrieben.
(Beifall)
Und deshalb, bevor ich noch ein paar abschließende Worte sage, hat das Wort der Genosse Schwertner.

Edwin Schwertner:
Kommuniqué: Vom 8. bis 10. November 1989 fand in Berlin die 10. Tagung des Zentralkomitees der SED statt. Zu Beginn der Tagung erklärte der Generalsekretär des ZK der SED, Genosse Egon Krenz, den Rücktritt des bisherigen Politbüros, das für die entstandene Lage die volle Verantwortung übernommen hat. Dieser Vorschlag wurde vom Zentralkomitee einstimmig angenommen. Mit der anschließenden Wahl wurde ein neues Politbüro und Sekretariat des ZK in Einzelabstimmung zu den vorgeschlagenen Kandidaten gewählt.
Im Verlauf der Diskussion während der 10. Tagung des ZK wurden Fakten und Entscheidungen von Bezirksleitungen der SED zu einigen neugewählten Mitgliedern und Kandidaten des Politbüros bekannt, die zu dem Vorschlag führten, die Genossen Hans-Joachim Böhme, Johannes Chemnitzer, Werner Walde und die Genossin Inge Lange von ihren Funktionen zu entbinden.
Das Zentralkomitee bestätigte Genossen Egon Krenz in seiner Funktion als Generalsekretär des ZK.
Dem Politbüro des Zentralkomitees der SED gehören auf Beschluß der 10. Tagung des ZK als Mitglieder die Genossen Werner Eberlein, Wolfgang Herger, Werner Jarowinsky, Heinz Keßler, Siegfried Lorenz, Hans Modrow, Wolfgang Rauchfuß, Günter Schabowski und Gerhard Schürer an.
Zu Kandidaten des Politbüros wurden die Genossin Margarete Müller und die Genossen Günter Sieber und Hans-Joachim Willerding gewählt.
Sekretär des Zentralkomitees wurde Genosse Helmut Semmelmann.
Genossen Klaus Höpcke wählte das Zentralkomitee zum Vorsitzenden der Kulturkommission beim Politbüro und Genossen Prof. Dr. Gregor Schirmer zum Vorsitzenden der Kommission Wissenschaft und Bildung beim Politbüro. Beide Genossen nehmen an den Sitzungen des Politbüros und des Sekretariats als ständige Gäste teil.

Das Zentralkomitee beschloß, der SED-Fraktion in der Volkskammer zu empfehlen, Genossen Hans Modrow bei der Neubildung der Regierung für die Wahl zum Vorsitzenden des Ministerrates der DDR vorzuschlagen.

Genosse Günter Mittag wurde entsprechend dem Statut der Partei, Artikel 14, wegen gröblichster Verstöße gegen die innerparteiliche Demokratie, gegen die Partei- und Staatsdisziplin sowie Schädigung des Ansehens der Partei aus dem Zentralkomitee ausgeschlossen. Ebenso wurde Genosse Joachim Herrmann aus dem Zentralkomitee ausgeschlossen.

Die ZPKK wurde beauftragt, sich mit dem Verhalten und den Fehlleistungen des Genossen Günter Mittag zu beschäftigen und gegen weitere Genossen, die gegen das Statut der Partei verstoßen haben, entsprechende Maßnahmen einzuleiten.

Das Zentralkomitee beauftragte das Politbüro, eine Kommission zu bilden, die die Ursachen und die persönlichen Verantwortlichkeiten für die gegenwärtige ökonomische Situation in der DDR untersucht.

In einer programmatischen Rede ...

Egon Krenz:
Streich' mal gleich "programmatisch". Schreib: "In einer Rede"!

Edwin Schwertner:
In einer Rede formulierte Genosse Egon Krenz die Aufgaben der Partei im Prozeß der Erneuerung der Partei und des Sozialismus in der DDR. Er analysierte die Ursachen, die zur gegenwärtigen politischen Krise in der DDR führten, und begründete Garantien dafür, daß Fehlentwicklungen wie in der Vergangenheit ein für allemal ausgeschlossen werden.

Genosse Krenz begründete den Entwurf eines Aktionsprogramms der SED, das dem Zentralkomitee zur Diskussion und Beschlußfassung unterbreitet wurde.

Das Zentralkomitee wählte eine Redaktionskommission, die auf der Grundlage des Referats des Genossen Egon Krenz und der vielen Hinweise und Vorschläge von Mitgliedern des Zentralkomitees sowie der Wortmeldungen tausender Genossen und parteiloser Bürger des Landes an das ZK den Entwurf zur Beschlußfassung fertigstellte.

Das Referat und das Aktionsprogramm gelten als Grundlage für die Vorbereitung der 4. Parteikonferenz, die zum 15. bis 17. Dezember 1989 nach Berlin einberufen wurde.

In Verbindung damit berief das Zentralkomitee Arbeitsgruppen aus Mitgliedern des ZK und weiteren Genossen für die Ausarbeitung von Analysen und Vorschlägen zur Vorbereitung der 4. Parteikonferenz und des XII. Parteitages.

In der Diskussion ergriffen 30 Genossinnen und Genossen das Wort. Weitere 69 Diskussionsmeldungen lagen vor. Alle Namen der Genossen, die sich zur Diskussion gemeldet haben, werden in der Presse veröffentlicht.

Das Zentralkomitee empfahl der Regierung der DDR, eine Regelung für Reisen und ständige Ausreisen aus der DDR in Kraft zu setzen, die bis zur Beschlußfassung über das Reisegesetz gültig ist.

Das ZK sprach allen Mitgliedern der Partei und parteilosen Bürgern für die zahlreichen Briefe und Eingaben, die in diesen Tagen das ZK erreichten und mit denen die Sorge um das weitere Gedeihen des Sozialismus in der DDR und die Bereitschaft zur aktiven Mitarbeit zum Ausdruck gebracht wurden, den Dank aus.

Egon Krenz:
Gibt es Bemerkungen zum Kommuniqué?

Johannes Chemnitzer:
Ich habe eine Bemerkung. Im Zusammenhang mit unserer Abberufung wurde gesagt, daß "Fakten und Entscheidungen der Bezirksleitungen" vorgelegen haben. Ich möchte nur das Wort "Fakten" hier noch einmal erklärt haben. Es könnte dann die Frage kommen: Welche Fakten?
(Zwischenrufe)

Egon Krenz:
"Entscheidungen der Bezirksleitungen" stimmt aber bei der Genossin Lange nicht. Das stimmt nur bei euch.

Edwin Schwertner:
Ich dachte an den Antrag und an den Diskussionsbeitrag der Genossin Hermann mit den 40.000 Beschäftigten ihres Kombinats ...

Christa Hermann:
Entscheidungen reicht.

Egon Krenz:
Entscheidungen, ja?

Edwin Schwertner:
Einfach "Entscheidungen"?

Egon Krenz:
Gut. Heinz!

Heinz ???:
Im Text gibt es eine Stelle im Zusammenhang mit dem Ausschluß - darf ich mal sehen - da wird dann gesagt, das ZK beauftragt das Politbüro, eine Kommission zu bilden, die die Ursachen und die persönliche Verantwortlichkeit für die gegenwärtige ökonomische Situation in der DDR untersucht. Das ist richtig, aber das kommt hinten noch mal, oder?
(Zurufe: Nein! Nein!)

Egon Krenz:
Zur Vorbereitung des Parteitages sollten die eigentlich sein ...

Heinz Keßler:
Entschuldigung.

Egon Krenz:
Ja. Vielleicht nehmen wir den Abschnitt 'raus, daß wir empfohlen haben, eine Erklärung hier über Reisen zu machen.
(Gemurmel)
Bitte?

???:
Nach der jetzigen Formulierung haben wir nur zwei Sekretäre des ZK, den Generalsekretär und Genossen Semmelmann.

Egon Krenz:
Nein.
(Gemurmel)

Das ist aber richtig, wir müssen die Formulierung aufnehmen, zu Mitgliedern des Politbüros sind die und die und die, Sekretäre sind die und die.

Edwin Schwertner:
Sekretäre miterwähnen, ja.

Egon Krenz:
Genosse Poßner!

Wilfried Poßner:
Ich schlage vor, einzufügen, daß eine Broschüre mit allen Diskussionsbeiträgen kommt.

Egon Krenz:
Alle Namen werden veröffentlicht, die Beiträge werden in einer Broschüre veröffentlicht, oder wie? Bitte!

???:
Ich möchte nur noch einmal auf diese Formulierung zurückkommen, die im Zusammenhang mit den Untersuchungen gegen den Genossen Mittag geführt wird. In einem späteren Satz heißt es: "Die ZPKK beschäftigt sich mit ... ." Ich bin dafür, dort auch zu sagen "untersucht" die Sache. Denn es müssen ja Konsequenzen herauskommen. Die Zusammenarbeit mit dieser Kommission, die die Verfehlungen untersucht, müssen ja im Grunde genommen übereinstimmen.

Edwin Schwertner:
"Zu untersuchen"!

Egon Krenz:
Gut. Bitte Genosse Naumann!

Herbert Naumann:
Man muß genau prüfen die Zahl der Diskussionsredner. Wenn die hier im Kommuniqué genannte nicht mit der von uns veröffentlichten übereinstimmt, kriegen wir Schwierigkeiten, müssen wir eine Erklärung finden.

Egon Krenz:
Also müßt ihr nochmal genau abstimmen die Zahl der Diskussionsbeiträge, ja? Gut. Bitte!

???:
Beim Passus über das Aktionsprogramm wird nur darauf hingewiesen, daß es dem Zentralkommitee zur Beratung und Beschlußfassung vorgelegt wurde. Es wird aber nichts gesagt, welche Verbindlichkeit wir diesem Aktionsprogramm beimessen. Meiner Meinung nach, wie vorhin diskutiert wurde, daß es zumindest als Arbeitsgrundlage im Hinblick auf die Vorbereitung der 4. Parteikonferenz gilt.

Edwin Schwertner:
Das steht hier: "Das Referat und das Aktionsprogramm gelten als Grundlage für die Vorbereitung der 4. Parteikonferenz" usw..

Egon Krenz:
Einverstanden?

(Zurufe: Ja!)
Genossen, dann bitte ich, über das Kommuniqué abzustimmen. Wer damit einverstanden ist, den bitte ich um das Handzeichen. - Danke. - Gegenstimmen? - Stimmenthaltungen? - Das ist nicht der Fall. Damit ist das Ergebnis unserer Tagung zusammengefaßt.
Ich bitte die 1. Bezirkssekretäre, egal, ob sie noch Verantwortung tragen oder nicht, aber alle 1. Bezirkssekretäre und die Mitglieder des Politbüros und des Sekretariats zu einer Besprechung, zu der ich auch bitte aufgrund der Lage Genossen Stoph, Genossen Mielke und Genossen Dickel.

(Ende: 13.10 Uhr)

(Quelle: SAPMO-BArch, ZPA-SED, TD 738)

Dok. 28
Mündliche Botschaft Michail Gorbatschows an Helmut Kohl, 10.11.1989[54]

13.11.1989
4 Ex.

Mündliche Botschaft Michail Gorbatschows an Helmut Kohl

Wie Ihnen natürlich bekannt ist, hat die Führung der DDR einen Beschluß gefaßt, der den Bürgern dieses Landes die Möglichkeit der freien Ausreise über die Grenzen zur BRD und zu Berlin (West) ermöglicht. Es ist verständlich, daß dieser Beschluß der neuen Führung der DDR durchaus nicht leichtgefallen ist. Zugleich bestätigt er aufs neue, daß gegenwärtig in der DDR tiefe und bedeutsame Veränderungen vor sich gehen. Die Führung der Republik handelt zielstrebig und dynamisch im Interesse des Volkes, sie entfaltet einen breiten Dialog mit verschiedenen Gruppen und Schichten der Gesellschaft.
Erklärungen aus der BRD, die vor diesem politischen und psychologischen Hintergrund abgegeben werden, die unter Losungen der Unversöhnlichkeit gegenüber der realen Existenz zweier deutscher Staaten Emotionen und Leidenschaften anheizen sollen, können kein anderes Ziel verfolgen, als die Lage in der DDR zu destabilisieren und die sich dort entwickelnden Prozesse der Demokratisierung und Erneuerung aller Bereiche des gesellschaftlichen Lebens zu untergraben.
Wir haben die Mitteilung erhalten, daß heute in Berlin (West) ein Meeting stattfinden wird, an dem offizielle Vertreter aus der BRD und Berlin (West) teilnehmen werden. Zur gleichen Zeit ist auch ein Meeting in der Hauptstadt der DDR geplant.
Bei den gegenwärtig faktisch offenen Grenzen und den gewaltigen Menschenströmen in beiden Richtungen kann eine chaotische Situation mit unübersehbaren Folgen entstehen.
Angesichts der Kürze der Zeit und der zugespitzten Situation habe ich es für notwendig erachtet, Sie im Geiste der Offenheit und des Realismus zu ersuchen, Ih-

---

54 Die mündliche Botschaft Gorbatschows übermittelte der sowjetische Botschafter in Bonn, Julij Kwizinskij, am 10. November 1989 während der Kundgebung vor dem Schöneberger Rathaus in Berlin an Kohls Berater Horst Teltschik (vgl. Kwizinskij 1993, S. 15; Teltschik 1991, S. 19/20). Der SED-Führung wurde die schriftliche Ausfertigung dieser Mitteilung von der sowjetischen Botschaft in Ost-Berlin mit Datum vom 13. November 1989 überstellt.

rerseits die notwendigen und äußerst dringlichen Maßnahmen zu treffen, damit eine Komplizierung und Destabilisierung der Situation nicht zugelassen wird.

(Quelle: SAPMO-BArch, ZPA-SED, IV 2/2.039/319, Bl. 15/16)

Dok. 29
Mündliche Botschaft Michail Gorbatschows an Präsident Francois Mitterand, Premierminister Margaret Thatcher und Präsident George Bush, 10.11.1989

13.11.1989
4 Ex.

Mündliche Botschaft Michail Gorbatschows an Präsident François Mitterand, Premierminister Margret Thatcher und Präsident George Bush

Ausgehend von der ziemlich extremen Situation, die gegenwärtig im Zusammenhang mit den Ereignissen in der DDR, ihrer Hauptstadt und Berlin (West) entstanden ist, und unter Hinweis auf die nach meiner Überzeugung richtigen und zukunftsträchtigen Beschlüsse der neuen Führung der DDR habe ich soeben dem Kanzler der BRD, Helmut Kohl, eine mündliche Botschaft übermittelt. Ich erachte es für notwendig, auch Sie über deren Inhalt zu informieren.
Laut vorliegenden Meldungen soll heute in Berlin (West) ein Meeting stattfinden, an dem offizielle Vertreter aus der BRD und Berlin (West) teilnehmen werden. Parallel dazu ist auch ein Meeting in der Hauptstadt der DDR geplant. Bei den gegenwärtig faktisch offenen Grenzen und den gewaltigen Menschenströmen in beiden Richtungen kann eine chaotische Situation mit unübersehbaren Folgen entstehen.
Ich habe an Kanzler Helmut Kohl appelliert, er möge die notwendigen und äußerst dringlichen Maßnahmen treffen, damit eine Komplizierung und Destabilisierung der Situation nicht zugelassen wird.
Unser Botschafter in Berlin wurde angewiesen, sofort Kontakt mit den Vertretern der Administrationen der drei Mächte in Berlin (West) aufzunehmen. Ich hoffe, daß auch Sie Ihrem Vertreter entsprechende Weisungen erteilen, damit die Ereignisse nicht einen Verlauf nehmen, der nicht wünschenswert wäre.

Insgesamt möchte ich hervorheben, daß gegenwärtig in der DDR tiefe und bedeutsame Veränderungen vor sich gehen. Wenn aber in der BRD Erklärungen laut werden, die auf ein Anheizen der Emotionen im Geiste der Unversöhnlichkeit gegenüber den Nachkriegsrealitäten, d.h., der Existenz zweier deutscher Staaten, abzielen, dann können solche Erscheinungen politischen Extremismus nicht anders eingeschätzt werden, denn als Versuche, die sich jetzt in der DDR dynamisch entwickelnden Prozesse der Demokratisierung und Erneuerung aller Bereiche des gesellschaftlichen Lebens zu untergraben. Mit Blick auf die Zukunft kann dies eine Destabilisierung der Lage nicht nur im Zentrum Europas, sondern auch darüber hinaus nach sich ziehen.

Ich möchte der Hoffnung Ausdruck geben, daß all dies Ihr Verständnis findet.

(Quelle: SAPMO-BArch, ZPA-SED, IV 2/2.039/319, Bl. 20/21)

Dok. 30
Aktennotiz des Chefs des Hauptstabes, Friedrich Streletz, für den Minister für Nationale Verteidigung, Heinz Keßler, Berlin, den 11.11.1989

Berlin, den 11.11.1989

Aktennotiz
für den Minister für Nationale Verteidigung

Zur Entwicklung der Lage auf dem Territorium der DDR, in der Nationalen Volksarmee und in den Grenztruppen der DDR mit Stand vom 11.11.1989, 04.00 Uhr, gestatte ich mir, Ihnen zu melden:

1. In der Hauptstadt der DDR, BERLIN, kam es in den Abend- und Nachtstunden am 10.11. bzw. 11.11.1989 im Grenzabschnitt BRANDENBURGER TOR auf westlicher Seite zu einer Zusammenrottung von ca. 3000 Personen, davon ca. 900 Personen auf der Mauer.
An der GÜST POTSDAMER PLATZ versuchten ca. 1000 Personen mit Hilfsmitteln die Grenzmauer zu zerstören.
An allen Grenzübergangsstellen gab es umfangreiche Bewegungen. Eine starke Überfüllung entstand zeitweilig an der Grenzübergangsstelle INVALIDENSTRASSE, der durch gemeinsame Anstrengungen von Angehörigen der WESTBERLINER POLIZEI und der Deutschen Volkspolizei begegnet wurde, um einen geregelten Ablauf zu gewährleisten.
Bis zum gegenwärtigen Zeitpunkt wurden registriert:
an den GÜST zur BRD
- ca. 49 436 Ausreisen
- ca. 18 585 Einreisen;
an den GÜST zu BERLIN (WEST)
- ca. 308 100 Ausreisen
- ca. 239 800 Einreisen.
W. Brandt befand sich zeitweilig zum Besuch von Freunden in der Hauptstadt der DDR, BERLIN.

2. Durch die Grenztruppen der DDR wurden wegen versuchten ungesetzlichen Grenzübertritts insgesamt 34 Personen festgenommen.
Davon an der Staatsgrenze der DDR
- zu BERLIN (WEST) 1 Person
- zur CSSR 28 Personen
- zur VR POLEN 2 Personen
sowie in Richtung der DDR
- von der BRD 1 Person
- von BERLIN (WEST) 2 Personen.

3. In den Bezirken der DDR sind in den Abendstunden des 10.11.1989 folgende Aktivitäten durchgeführt worden:
Demonstrationen:
KARL-MARX-STADT ca. 30.000 Teilnehmer
(AUERBACH, FLÖHA, KLINGENTHAL, MARIENBERG, SCHWARZENBERG)
SUHL ca. 1.200 Teilnehmer
(ZELLA-MEHLIS, SCHLEUSINGEN)

GERA ca. 9.000 Teilnehmer
(KAHLA, SAALFELD, SCHLEIZ)

4. Im WKK Zittau weigerten sich fünf männliche Bürger, ihrer Einberufung zu den Bausoldaten Folge zu leisten. Sie forderten die offizielle Anerkennung als Wehrdienstverweigerer und die Möglichkeit, zivilen Wehrersatzdienst zu leisten. Ihre Forderung wird vom örtlichen Pfarrer unterstützt.

5. Im Ministerium für Nationale Verteidigung, in den Kommandos der Teilstreitkräfte der Nationalen Volksarmee, der Grenztruppen der DDR sowie der Kommandos der Militärbezirke III und V wird die "ERHÖHTE FÜHRUNGSBEREITSCHAFT" aufrechterhalten.
Die Informationsbeziehungen und Verbindungen des Zusammenwirkens waren ständig gewährleistet.

6. In der Nationalen Volksarmee und den Grenztruppen der DDR befinden sich gegenwärtig 178 Hundertschaften in 2 bis 3-Stundenbereitschaft, davon
   - in den Landstreitkräften   138
   - in den LSK/LV   13
   - in der Volksmarine   7
   - in den Grenztruppen der DDR   12
   - in den dem MfNV unmittelbar unterstellten Truppen   8.

Ich bitte um Kenntnisnahme bzw. Ihre Weisung.

Streletz
Generaloberst

(Quelle: Privatarchiv Mader)

Dok. 31
Ton-Aufzeichnung eines Telefonats zwischen Egon Krenz und Helmut Kohl, 11.11.1989, 10.13 - 10.22 Uhr

Persönliche Verschlußsache
ZK 02 652

G e s p r ä c h zwischen dem
Generalsekretär des ZK der SED, Genossen Egon K r e n z,
und dem
Bundeskanzler der BRD, Herrn Helmut K o h l;
am 11. November 1989, 10.13 Uhr bis 10.22 Uhr

Gen. K.:
Ja, Guten Morgen, Herr Bundeskanzler.
Herr K.:
Ja, Guten Morgen.

Gen. K.:
Hier ist Krenz. Obwohl die Atmosphäre zwischen uns beim ersten Gespräch sehr gut war, verhindert jetzt offensichtlich die Technik unsere konstruktive und schnelle Arbeit.
Herr K.:
Nein, das glaube ich nicht, ich glaube, das klappt schon sehr gut. Also, Herr Generalsekretär, ich wollte erstens einmal sagen, daß ich sehr, sehr begrüße, diese sehr wichtige Entscheidung der Öffnung.
Gen. K.:
Das freut mich sehr.
Herr K.:
Das, was jetzt hier möglich ist, trägt, glaube ich, sehr, sehr zu einer positiven Entwicklung bei und vor allem einer Entwicklung, die, was ich noch einmal nachdrücklich unterstreichen will, ich habe das ja auch am Donnerstag im Bundestag gesagt, es ist nicht unser Ziel, und schon gar nicht mein Ziel, daß möglichst viele Leute aus der DDR rausgehen, sondern unsere gemeinsame Politik muß sein, daß die Leute zufrieden sind und in ihrer eigenen Heimat bleiben, aber daß sie rüber und 'nüber gehen können, sich besuchen, miteinander sprechen, ist ganz wichtig. Ich glaube, wir stehen jetzt in einem ganz wichtigen Zeitabschnitt, ein Zeitabschnitt, in dem sehr viel Vernunft und gar keine Aufgeregtheit am Platz ist, sondern eine ruhige Gelassenheit, um die richtigen Entscheidungen zu treffen. Ich habe dieser Tage gesagt, ich habe den dringenden Wunsch, daß ich in einer sehr nahen Zukunft mit Ihnen zusammentreffe und möchte einfach heut früh vorschlagen, - ich muß heute noch wieder zurück nach Polen, ich habe den Besuch unterbrochen, und ich darf auf keinen Fall in der schwierigen Lage, die aus der Geschichte heraus mit Polen besteht, dort den Eindruck erwecken, daß wir die polnischen Dinge gering achten. Mein Vorschlag ist, daß zur Vorbereitung unseres Gesprächs, Ende der jetzt beginnenden Woche, Herr Seiters zu Ihnen kommt, daß man dann einmal den Rahmen absteckt, daß wir dann bald darauf einen Termin ausmachen - wobei ich Ihnen gleich sagen will, ich komme auf keinen Fall nach Ostberlin, aber an einen anderen Ort drüben in der DDR. Ich möchte bei der Gelegenheit auch, wenn es geht, den neuen Ministerpräsidenten, den Sie ja wahrscheinlich in den nächsten Tagen wählen werden, kennenlernen, und daß wir dann mit, ohne zeitlich in Bedrängnis zu sein, sehr intensiv das tun, was die Diplomaten eine tour d'horizon nennen, aber wir beide sind keine Diplomaten, sondern in einem offenen und direkten Gespräch einmal überlegen, was geht und was nicht geht. Und ich glaube aber, es ist gut, wenn Seiters, den Sie aber auch, glaube ich, gar nicht kennen, - den Termin könnten wir dann im Detail ausmachen - unsere Vorstellung ist, weil wir ja hier noch einem Haufen Dinge zu erledigen haben, die gar nichts mit dieser Sache zu tun haben, wenn ich nicht da bin, daß der vielleicht im letzten Drittel der nächsten Woche rüberkommt, wie er das vorher ja auch gemacht hat - den Termin kann man ja dann ausmachen, und daß er auch bei dieser Gelegenheit den Ministerpräsidenten, den Sie, glaube ich, am Montag oder Dienstag wählen werden, kennenlernt.
Gen. K.:
Also, Herr Kohl, zunächst danke ich Ihnen, daß Sie unsere Maßnahmen, die wir zum Reiseverkehr getroffen haben, so hoch einschätzen. Wir haben sie als Bekräftigung unserer Politik der Erneuerung getroffen, im Interesse der Menschen, und ich glaube, es wäre sehr gut, wenn wir auch bei der praktischen Durchführung überall Sachlichkeit, Berechenbarkeit und guten Willen an den Tag legen, überall, auch bei Organen, die sozusagen unmittelbar die Dinge zu lenken und zu leiten haben. Denn nach wie vor bleibt ja die Grenze. Und die Grenze soll durchlässiger gemacht werden. Wir haben also sehr viele Vorschläge dazu bereits unterbreitet. Dazu gehören auch die direkte Öffnung von Grenzübergängen. Also

ich wäre sehr, sehr dafür, Herr Bundeskanzler, wenn wir vor allem bestimmte Emotionen ausräumen, bei Leuten, die nun am liebsten alles über Nacht beseitigen möchten. Aber die Grenze durchlässiger zu machen, bedeutet ja noch nicht, die Grenze abzubauen. Da wäre ich Ihnen also sehr dankbar, wenn Sie in dieser Beziehung beruhigend einwirken könnten.
Herr K.:
Na ja, ich hab ja gestern mehrmals mit Berlin gesprochen. Und ich habe immer wieder darauf hingewiesen, daß das, was meine Politik, daß jede Form von Radikalisierung gefährlich ist.
Gen. K.:
Jede Form von Radikalisierung ist gefährlich. Da stimme ich Ihnen vollkommen zu.
Herr K.:
Wir werden uns nicht zu unterhalten brauchen, was für Gefahren das sein könnten, das kann sich jeder leicht ausrechnen.
Gen. K.:
Ja. Denn ich gehe ja davon aus, Herr Bundeskanzler, daß wir bei einer Frage absolut übereinstimmen. Wenn auch die Zielstellungen unterschiedlicher Art sind, aber daß gegenwärtig die Wiedervereinigung Deutschlands nicht auf der Tagesordnung steht.
Herr K.:
Ja, das ist natürlich vom Grundverständnis her - sind wir da ganz anderer Meinung. Weil wir halt auf die Verfassung der Bundesrepublik Deutschland vereidigt sind, und da steht ja das Selbstbestimmungsrecht drin. Wir interpretieren natürlich das Ergebnis des Selbstbestimmungsrechts anders wie Sie. Bloß das ist jetzt nicht das Thema, das uns im Augenblick am meisten beschäftigt. Sondern im Moment muß uns beschäftigen, daß wir zu vernünftigen Beziehungen zueinander kommen. Und daß die Menschen dies auch akzeptieren.
Gen. K.:
Ja, und wir sind für diese Beziehungen bereit. Und zwar auf allen Gebieten: Auf dem Gebiet der Wirtschaft, des Umweltschutzes, des Verkehrs, des Post- und Fernmeldewesens, der Kultur und auch im humanitären Bereich. Und deshalb begrüße ich sehr Ihren Vorschlag, daß Herr Seiters noch in dieser Woche zu uns kommt.
Herr K.:
Also, das wird, wollen wir mal so sagen, gegen Ende der Woche sein.
Gen. K.:
Gegen Ende der Woche wird bei uns die Volkskammertagung sein, aber ich werde sicherlich die Möglichkeit finden, aus der Volkskammer -.
Herr K.:
Wann ist die Volkskammertagung?
Gen. K.:
Die Volkskammertagung wird mit großer Wahrscheinlichkeit zur Regierungsbildung und Regierungserklärung am Freitag und Sonnabend sein. Und am Donnerstag werde ich möglicherweise in der CSSR sein.
Herr K.:
Nein, nein, ich finde, es wäre ganz falsch, wenn Seiters vor der Volkskammer da wäre. Da lassen Sie uns doch mal überlegen, daß er vielleicht am Tag danach kommt.
Gen. K.:
Daß Seiters vielleicht, sagen wir mal, am folgenden Montag kommt, also Montag in einer Woche.
Herr K.:
Ja, das ist sehr gut. Das können wir schon ausmachen.

Gen. K.:
Ja. Montag in einer Woche.
Herr K.:
Lassen Sie mich einmal eine Sekunde in meinen Kalender gucken. Das wäre dann der 20.
Gen. K.:
Das wäre der 20. Ja.
Herr K.:
Also können wir bongen.
Gen. K.:
Ja.
Herr K.:
Die Uhrzeit ist, sagen wir mal -. Wir können, wir lassen heute beide raus, daß der Seiters am Montag, dem 20. kommt.
Gen. K.:
Jawohl.
Herr K.:
Uhrzeit brauchen wir nicht zu sagen.
Gen. K.:
Montag, 20. Alles andere kann durch unsere Beauftragten geklärt werden, Herr Bundeskanzler.
Herr K.:
Und wenn noch irgend etwas ist, Herr Krenz, um das klar zu sagen jetzt, das ist ja eine Situation, die leicht dramatisch werden könnte, dann greifen Sie zum Telefon und ich umgekehrt.
Gen. K.:
Ja, unbedingt, Herr Bundeskanzler.
Herr K.:
Das ist jetzt sehr wichtig.
Gen. K.:
Ich bin sehr froh, daß Sie weiter heute nach Polen fahren werden, denn Polen ist unser östlicher Nachbar, mit dem uns sehr viel verbindet. Wenn Sie den Herrn Präsidenten sehen und den Herrn Ministerpräsidenten und die anderen Persönlichkeiten, sagen Sie ihnen ruhig, daß wir telefoniert haben.
Herr K.:
Ja, werde ich ihm gerne erzählen.
Gen. K.:
Ja, und sagen Sie ihm auch auf diesem Wege einen herzlichen Gruß.
Herr K.:
Ja, mache ich gern.
Gen. K.:
Und alle anderen Fragen, wie gesagt, können dann Seiters und die entsprechenden Herren besprechen, und ich bin gerne bereit, mit Herrn Seiters Punkt für Punkt durchzugehen, weil ja doch eine Reihe Fragen, die jetzt mit dem Reiseverkehr in Verbindung stehen, noch konkret besprochen werden müssen. Und es wäre sicherlich nicht gut, wenn jetzt die Dinge sich dramatisch entwickeln. Was uns betrifft, haben Sie sicherlich gehört, daß wir eine Tagung des Zentralkomitees unserer Partei hatten, die Führung der Partei sehr, sehr verjüngt haben. Das ist sicherlich ein guter Schritt. Wir sind zu radikalen Reformen bereit. Wir arbeiten zusammen mit anderen politischen Kräften, auch mit den Kräften der Kirche. Also, wir bringen eine Reihe von Vorleistungen, Herr Bundeskanzler, die Sie ja auch immer unterstrichen haben in Ihren Gesprächen mit uns. Und ich denke, es ist eine gute Atmosphäre entstanden, um auch Dinge zu klären, die auch mit dem ökonomischen Bereich zusammenhängen, für den Reiseverkehr.

Herr K.:
Ja.
Gen. K.:
Denn diese Dinge können wir allein nicht lösen. Und da bitte ich um Ihr Verständnis und auch um Ihre Vorschläge, wie das ja zwischen unseren Beauftragten bereits andiskutiert worden ist.
Herr K.:
Ja. Also machen wir es so?
Gen. K.:
Machen wir es so, Herr Bundeskanzler. Ich wünsche Ihnen für Ihre Kabinettsrunde Erfolg und alles Gute und dann einen erfolgreichen Abschluß Ihrer Visite nach Polen.
Herr K.:
Also, wiedersehen dann.
Gen. K.:
Herr Bundeskanzler, wie wollen wir mit der Veröffentlichung verfahren?
Herr K.:
Sagen wir jetzt ganz einfach, wir haben ein intensives Gespräch gemacht.
Gen. K.:
Ein intensives Gespräch.
Herr K.:
Sie können auch ruhig sagen, daß ich begrüßt habe, daß die Grenzen jetzt geöffnet sind.
Gen. K.:
Sie haben begrüßt, daß die Grenzen geöffnet sind.
Herr K.:
Das ist ein wichtiger Wunsch von uns. Und daß wir das Gespräch fortsetzen. Wo es notwendig, telefonisch.
Gen. K.:
Fortsetzen, telefonisch.
Herr K.:
Daß am 20. Seiters zu Ihnen kommt.
Gen. K.:
Daß am 20. Seiters kommt.
Herr K.:
Daß wir uns dann anschließend in der DDR treffen. Aber ich muß noch einmal sagen, nicht in Ostberlin.
Gen. K.:
Ja, ist in Ordnung. Daß wir uns in der DDR treffen, und Sie meinen, nicht in der Hauptstadt.
Herr K.:
Ja, ist gut.
Gen. K.:
Ist in Ordnung.
Herr K.:
Bitte schön.
Gen. K.:
Danke schön, wiederhören!

(Quelle: SAPMO-BArch, ZPA-SED, IV 2/2.039/328, Bl. 55-61)

Dok. 32
Information über den Inhalt eines Telefongesprächs zwischen Michail Gorbatschow und Helmut Kohl am 11.11.1989[55]

13.11.1989
4 Ex.

Information
über den Inhalt des Telefongesprächs zwischen Michail Gorbatschow und Helmut Kohl

---

Das Gespräch fand am 11. November auf Initiative des Bundeskanzlers statt.
Der Kanzler erklärte, daß er auf die mündliche Botschaft Michail Gorbatschows antworten wolle, die ihm am Vortage vor Beginn des Meetings in Berlin (West) übergeben wurde.
Helmut Kohl stellte fest, in der BRD begrüße man den Beginn der Reformen in der DDR und wünsche, daß sie in einer ruhigen Atmosphäre durchgeführt werden. Er sagte: "Ich lehne jegliche Radikalisierung ab und wünsche keine Destabilisierung der Lage in der DDR."
Der Kanzler gab zu, daß die Mehrheit der Bürger der DDR, die in den letzten Tagen die Grenze zur BRD überschritten haben, dort nicht für ständig bleiben wollen. Dabei versicherte er, daß die Führung der BRD dies auch nicht anstrebe. Nach seinen Worten wäre eine Massenumsiedlung in die BRD eine absurde Entwicklung. "Wir wollen, daß die Deutschen bei sich zu Hause ihre Zukunft bauen." Kohl teilte mit, daß er sich auf eine Begegnung mit Krenz Ende November vorbereitet. Dabei bemerkte er, daß die neue Führung der DDR unter den gegenwärtigen Bedingungen die Reformen im Lande dynamisch realisieren sollte.
Zu den gegenwärtigen tiefgreifenden Veränderungen in der Welt betonte Michail Gorbatschow, daß diese in verschiedenen Ländern natürlich unterschiedlich verlaufen und sich nach Formen und Tiefe unterscheiden können. Dabei ist es jedoch erforderlich, daß die Stabilität erhalten bleibt und alle Seiten ausgewogen handeln.
Insgesamt verbessert sich die Basis für die gegenseitige Verständigung. Wir kommen einander näher, und das ist sehr wichtig.
Was die DDR betrifft, so hat ihre gegenwärtige Führung ein weitreichendes Programm. Alle diese Fragen müssen jedoch sorgfältig durchgearbeitet werden, und dafür braucht man Zeit.
Ich verstehe, daß gegenwärtig alle Europäer und nicht nur sie die Ereignisse in der DDR verfolgen. Dies ist ein sehr wichtiger Punkt in der Weltpolitik. Tatsache ist aber auch, daß die BRD und die Sowjetunion sowohl aus historischen Gründen als auch wegen des Charakters ihrer gegenwärtigen Beziehungen ein größeres Interesse an dieser Entwicklung haben.
Natürlich ist jede Veränderung mit einer bestimmten Instabilität verbunden. Wenn ich also von Aufrechterhaltung der Stabilität spreche, meine ich, daß alle Seiten ihre gegenseitigen Schritte sehr genau durchdenken sollten.
Ich glaube, Herr Bundeskanzler, gegenwärtig erleben wir eine historische Wende zu anderen Beziehungen und zu einer anderen Welt. Wir sollten nicht zulassen, daß dieser Wende durch ungeschickte Aktionen Schaden zugefügt wird. Auf kei-

---

55 Das Dokument ist wie Dok. 36 eine Information der sowjetischen Botschaft in Ost-Berlin an den Generalsekretär der SED. - Teltschik zufolge kam das Telefonat zwischen Kohl und Gorbatschow am 11. November 1989 um 12.00 Uhr zustande (vgl. Teltschik 1991, S. 27/28).

nen Fall sollte die Entwicklung durch ein Forcieren der Ereignisse in eine unvorhersehbare Richtung, ins Chaos gelenkt werden. Das wäre in keiner Hinsicht wünschenswert.
Deshalb nehme ich sehr ernst, was Sie mir in unserem Gespräch gesagt haben. Und ich hoffe, daß Sie Ihre Autorität, Ihr politisches Gewicht und Ihren Einfluß nutzen werden, um auch andere in dem Rahmen zu halten, die der Zeit und ihren Erfordernissen entspricht.
Kohl stimmte den Ausführungen Michail Gorbatschows zu. Nach seinen Worten sei diese Frage auf der Sitzung der Regierung der BRD in diesem Sinne erörtert worden.
Der Kanzler betonte sein Interesse, die Kontakte weiterzuführen, darunter auch im Zusammenhang mit der DDR.

(Quelle: SAPMO-BArch, ZPA-SED, IV 2/2.039/319, Bl. 17-19)

Dok. 33
Information über den Inhalt eines Telefongesprächs zwischen Eduard Schewardnadse und Hans-Dietrich Genscher am 11.11.1989[56]

13.11.1989
4 Ex.

Inhalt des Telefongesprächs zwischen Eduard Schewardnadse und Hans-Dietrich Genscher

---

Das Gespräch fand am 11. November 1989 auf Initiative des Außenministers der BRD statt.
Hans-Dietrich Genscher:
Ich begrüße Sie herzlich, Herr Minister. Erlauben Sie mir, zunächst meine Dankbarkeit auszudrücken, daß ich in diesen für unser Volk so bewegenden Stunden die Möglichkeit habe, mit diesem Gespräch unseren Dialog fortzusetzen, den wir bei unseren vergangenen Begegnungen über die Zukunft unserer Völker und Europas geführt haben.
Ich möchte feststellen, daß die neue Führung der DDR bedeutsame Beschlüsse gefaßt hat, die wir begrüßen. In diesem Zusammenhang möchte ich erwähnen, daß die BRD, wie ich bereits in meinem kürzlichen Gespräch mit dem Außenminister der VR Polen in Warschau erklärt habe, an allen früher geschlossenen Verträgen und übernommenen Verpflichtungen festhält - an den Verträgen von Moskau, Warschau und Prag sowie am Vertrag über die Grundlagen der Beziehungen zwischen der DDR und der BRD. Wir sind für die weitere Entwicklung des KSZE-Prozesses, für Fortschritte bei der Abrüstung und meinen, daß man die entsprechenden Verhandlungen mit noch größerer Energie vorantreiben sollte.
Wir messen der beim Besuch des Herrn Generalsekretärs Michail Gorbatschow in Bonn unterzeichneten gemeinsamen Erklärung besondere Bedeutung bei, die die Möglichkeit für die Weiterentwicklung der Beziehungen zwischen unseren Ländern auf der Grundlage des Moskauer Vertrages eröffnet hat.
Wir schätzen die Rolle hoch ein, die Herr Michail Gorbatschow und Sie, Herr Minister, bei den wesentlichen Veränderungen spielen, die in den letzten Jahren

---

56 Das Dokument ist wie das vorhergehende eine Information der sowjetischen Botschaft in Ost-Berlin an den Generalsekretär der SED.

in der Welt vor sich gehen. Wir schätzen sehr das Verständnis, das die Sowjetunion den gegenwärtigen Prozessen in der DDR entgegenbringt. Wir sind daran interessiert, daß der Prozeß der Reformen in den Ländern Ost- und Mitteleuropas sich ohne Brüche und Erschütterungen entwickelt. Wir streben nicht danach, die bei diesen Prozessen auftretenden Schwierigkeiten einseitig auszunutzen, aus ihnen einseitige Vorteile zu ziehen. In Europa müssen stabile Rahmenbedingungen erhalten bleiben, mehr noch, ihnen muß noch größere Stabilität verliehen werden. Wir sind überzeugt, daß alle in der jetzigen Lage umsichtig und mit Verantwortungsgefühl handeln müssen.
Diese unsere Auffassung habe ich meinen Kollegen in Washington, London und Paris, unseren NATO-Verbündeten und EG-Partnern dargelegt. Bei dieser Gelegenheit möchte ich auch sagen, daß ich mich mit großen Erwartungen auf meinen bevorstehenden Besuch in Moskau vorbereite.

Eduard Schewardnadse:
Ich danke Ihnen, Herr Minister. Meinerseits möchte ich feststellen, daß ich unseren Meinungsaustausch für sehr nützlich halte. Ich meine, wir sollten diese Praxis auch in Zukunft fortsetzen. Ich danke Ihnen, Herr Minister, daß Sie hier die Initiative ergriffen haben.
Wir sind über den Inhalt Ihrer Gespräche in Warschau informiert. Die von Ihnen dort dargelegten Gedanken halten wir für ausgewogen und realistisch.
In den Ländern Osteuropas finden gegenwärtig wirklich tiefgreifende und bedeutsame Veränderungen statt. Sie wissen, Herr Minister, daß es sich um differenzierte Prozesse handelt, die in den einzelnen Ländern ihre Spezifik und auch ihre Schwierigkeiten haben.
Wir gehen davon aus, daß es unter diesen Bedingungen sehr wichtig ist, die Stabilität zu bewahren, provokatorische Aufrufe oder gar Aktionen zu vermeiden, die die Lage nicht nur in einem einzelnen Lande, sondern auch in Europa insgesamt destabilisieren könnten.
In besonderem Maße gilt es die Stabilität in der Deutschen Demokratischen Republik aufrechtzuerhalten, wo die neue Führung kühne, ungewöhnliche Entscheidungen getroffen hat, die nach unserer Auffassung völlig richtig sind. Es scheint uns sehr wichtig zu sein, in der jetzigen extremen Situation keine unberechenbare Entwicklung der Ereignisse zuzulassen.
Michail Gorbatschow hat gestern dem Herrn Bundeskanzler eine Sonderbotschaft übermittelt. Jedoch waren leider in der Rede Helmut Kohls auf dem Meeting Thesen enthalten, die zu Besorgnis Anlaß geben. In der gegenwärtigen Etappe ist es besonders wichtig, daß alle Seiten wirklich großes Verantwortungsbewußtsein an den Tag legen, um all das Positive zu bewahren, das in den letzten Jahren durch gemeinsame Anstrengungen auf dem Gebiet der Gewährleistung der Stabilität in Europa erreicht wurde. Ich denke, Herr Minister, Sie stimmen mir zu.

Hans-Dietrich Genscher:
Wie schon gesagt, ich unterstreiche, daß die Regierung der BRD für die Erhaltung der Stabilität in Europa und für die weitere Entwicklung auf dem festgelegten und bereits gebahnten Weg eintritt. Ich bekräftige unser uneingeschränktes Festhalten an den geschlossenen Verträgen, an der Schlußakte sowie an Fortschritten auf dem Gebiet der Abrüstung.
Ich möchte besonders hervorheben, daß ich in dieser bedeutsamen historischen Zeit die Möglichkeit des offenen Meinungsaustausches mit Ihnen und unsere vertrauensvollen Beziehungen außerordentlich hoch schätze.

Eduard Schewardnadse:
Meinerseits möchte ich sagen, daß ich den vertrauensvollen Beziehungen zu Ihnen, Herr Minister, große Bedeutung beimesse. In der Sowjetunion schätzt man Ihren persönlichen Beitrag zum Zustandekommen der positiven Veränderungen in Europa in den letzten Jahren. In der gegenwärtigen komplizierten Etappe, in der tiefgreifende Veränderungen in vielen Ländern vor sich gehen, ist es sehr wichtig, die positiven Tendenzen in der europäischen Entwicklung zu erhalten, das Vertrauen zu mehren, die Stabilität zu stärken und die Bedingungen für ein Abgehen von der militärischen Konfrontation zu schaffen.

Hans-Dietrich Genscher:
Ich stimme Ihnen voll zu, Herr Minister. Ich möchte noch einmal meine Dankbarkeit für das heutige Gespräch mit Ihnen zum Ausdruck bringen. Ich bitte Sie, auch Herrn Generalsekretär Michail Gorbatschow meine herzlichen Grüße und besten Wünsche zu übermitteln. Ich freue mich auf unsere bevorstehende Begegnung in Moskau.

(Quelle: SAPMO-BArch, ZPA-SED, IV 2/2.039/319, Bl. 22-25)

Dok. 34
Aktennotiz des Chefs des Hauptstabes, Friedrich Streletz, für den Minister für Nationale Verteidigung, Heinz Keßler, Berlin, den 12.11.1989

Berlin, den 12.11.1989

Aktennotiz
für den Minister für Nationale Verteidigung

Zur Entwicklung der Lage auf dem Territorium der DDR, in der Nationalen Volksarmee und in Grenztruppen der DDR mit Stand vom 12.11.1989, 07.00 Uhr, gestatte ich mir, Ihnen folgendes zu melden:

1. In den Bezirken der DDR wurden keine nennenswerten Maßnahmen mit Demonstrationscharakter durchgeführt.
   Zu erwarten sind Demonstrationen am 12.11.1989 mit jeweils 10.000 bis 15.000 Teilnehmern
   - in LEIPZIG
   - in PLAUEN
   - in MARIENBERG und
   - in ANNABERG.
   Einzelne Kundgebungen wie in POTSDAM waren durch die Kreisleitungen der SED organisiert.

2. In der Hauptstadt der DDR, BERLIN, wurden an der Staatsgrenze zu BERLIN (WEST) im Verlaufe des 11.11.1989 drei zusätzliche Grenzübergangsstellen eröffnet (EBERSWALDER STRASSE, PUSCHKINALLEE, JANNOWITZBRÜCKE).
   Die Aktivitäten konzentrierten sich auf den Abschnitt des BRANDENBURGER TORES. Die Besetzung der Grenzmauer durch ca. 1.000 Provokateure wurde gegen 08.50 Uhr ohne größere Zwischenfälle unterbunden.

In diesem Abschnitt kamen drei Hundertschaften der Stadtkommandantur zum Einsatz.

Im Ergebnis mehrerer Proteste der Grenztruppen und eines Treffens des Stabschefs des Grenzkommandos MITTE mit dem Polizeipräsidenten von BERLIN (WEST) leitete die WESTBERLINER Polizei Sicherungsmaßnahmen ein, die zur Stabilisierung der Lage beitrugen.

Im Verlaufe des 11.11.1989 passierten ca. 500.000 Bürger der DDR die Grenzübergangsstellen nach BERLIN (WEST).

Die Eröffnung der zusätzlichen Grenzübergangsstelle POTSDAMER PLATZ ist am 12.11.1989 ab 08.00 Uhr vorgesehen.

3. An der Staatsgrenze zur BRD wurden gegen 16.00 Uhr zwei zusätzliche Grenzübergangsstellen eröffnet (STAPELBURG, ELLRICH).

    Im Verlaufe des Tages kam es beiderseits der Staatsgrenze zur BRD zu zahlreichen Personenansammlungen, bei denen die Einrichtung weiterer Grenzübergangsstellen gefordert wurde.

    Im Verlaufe des Tages passierten ca. 210.000 Bürger der DDR die Staatsgrenze zur BRD.

    In den Morgenstunden des 12.11.1989 sind weitere neun zusätzliche Grenzübergangsstellen zur Eröffnung vorbereitet.

4. Aus der ERHÖHTEN GEFECHTSBEREITSCHAFT in den Zustand der STÄNDIGEN GEFECHTSBEREITSCHAFT wurden am 11.11.1989 von 12.00 bis 15.00 Uhr zurückgeführt:
    - die 1. Mot.-Schützendivision
    - das Luftsturmregiment 40.

5. Am 11.11.1989 bis 18.00 Uhr wurden die als Einsatzkräfte zur Unterstützung der Schutz- und Sicherheitsorgane gebildeten 179 Hundertschaften aufgelöst. Die Kräfte wurden wieder in die militärische Struktur aufgenommen.

6. Zur Verstärkung der Grenzsicherung im Bereich der Hauptstadt der DDR, BERLIN, wurden insgesamt sechs Kompanien aus dem Bestand der Truppenteile der 1. Mot.-Schützendivision und des Luftsturmregiments 40 vorbereitet. Auf Entschluß der Kommandeure der Grenztruppen der DDR können 13 Kompanien, davon
    - 6 Offiziersschülerkompanien und
    - 7 Unteroffiziersschülerkompanien
    für diese Aufgabe zum Einsatz gebracht werden.

7. Die Maßnahmen der ERHÖHTEN FÜHRUNGSBEREITSCHAFT werden weiterhin verwirklicht
    - durch die Einsatzleitungen der DDR
    - im MfNV
    - in den Kommandos der Teilstreitkräfte sowie
    - in den Kommandos der Militärbezirke III und V.

8. Die Chefs der Teilstreitkräfte haben mit Unterstützung ministerieller Stellvertreter des Ministers für Nationale Verteidigung am 11.11.1989 bis 21.00 Uhr die Verwirklichung der Festlegungen des Befehls Nr. 105/89 des Ministers für Nationale Verteidigung vorbereitet.

9. Wegen versuchten bzw. vollzogenen ungesetzlichen Grenzübertritts wurden 15 Personen festgenommen, davon an der Staatsgrenze der DDR
 - zur BRD 1 Person
 - zur CSSR 14 Personen.

Ich bitte um Kenntnisnahme bzw. Ihre Weisung.

Streletz
Generaloberst

(Quelle: Privatarchiv Mader)

Dok. 35
Information über ein Gespräch des Botschafters der UdSSR in der DDR, Wjatscheslaw Kotschemassow, mit dem Botschafter der USA in der BRD, Vernon Walters, am 12.11.1989[57]

15.11.1989
4 Ex.

Information
über ein Gespräch des Botschafters der UdSSR in der DDR, Wjatscheslaw Kotschemassow, mit dem Botschafter der USA in der BRD, Vernon Walters, am 12.11.1989

Der Botschafter der UdSSR in der DDR, Wjatscheslaw Kotschemassow, empfing den Botschafter der USA in der BRD, Vernon Walters, als Chef der amerikanischen Administration in Berlin (West). Walters hatte angesichts der aktuellen Entwicklung der Lage im Geltungsbereich des Vierseitigen Abkommens um ein dringendes Treffen gebeten, wobei er sich auf eine Weisung aus Washington bezog.
Vernon Walters stellte fest, Michail Gorbatschow habe USA-Präsident George Bush bekanntlich eine Botschaft gesandt, in der Besorgnis der sowjetischen Seite über möglichen Mißbrauch im Zusammenhang mit dem Beschluß der Führung der DDR über die freie Ausreise von Bürgern der Republik ins Ausland sowie über eine mögliche Destabilisierung der Lage in Mitteleuropa zum Ausdruck gebracht worden war. Walters betonte, daß man in Washington diese Besorgnis teilt. Die amerikanische Seite sei ebenfalls bestrebt, eine Zuspitzung der Situation in diesem Raum zu vermeiden.
Präsident Bush und Außenminister Baker begrüßten die Entscheidung der Regierung der DDR und wiesen darauf hin, daß sie der Schlußakte von Helsinki entspricht. Die USA wie auch Frankreich und Großbritannien seien immer für den freien und ungehinderten Verkehr in "ganz Berlin" eingetreten. Deshalb begrüßten sie die Öffnung der Grenze für die Bewohner des "sowjetischen Sektors von Berlin und die Bürger der DDR", bemerkte Vernon Walters. Er brachte die Hoffnung zum Ausdruck, daß die Bewegungsfreiheit in "ganz Berlin sowie zwischen Berlin und der DDR" auch in Zukunft in vollem Umfang gewährleistet

---

57 Auch dieses Dokument ist eine Information der sowjetischen Botschaft in Ost-Berlin an den Generalsekretär der SED.

werde. Er wies auf den Umstand hin, daß die überwiegende Mehrheit der DDR-Bürger, die die Reisefreiheit in den Westen genutzt haben, nicht dort geblieben, sondern in die Republik zurückgekehrt sind. In der BRD waren Befürchtungen laut geworden, daß der Strom der Übersiedler zu stark werden könnte. Die Entwicklung zeigt jedoch, daß diese Befürchtungen unbegründet waren. Durch ihre Entscheidung hat die Regierung der DDR "Dampf abgelassen". Wenn die Menschen spüren, daß ihnen die Reisefreiheit garantiert ist, werden sie auch nach Hause zurückkehren.

Die amerikanische Seite, sagte Vernon Walters weiter, sei befriedigt darüber, daß Michail Gorbatschow in seiner Botschaft an George Bush die Unterstützung der Sowjetunion für den Demokratisierungsprozeß in der DDR zum Ausdruck brachte. In diesem Zusammenhang werde in Washington auch die kürzliche Erklärung von Egon Krenz begrüßt, daß in der Republik freie Wahlen stattfinden werden, was nach Meinung der USA mehr als alles andere dazu beitragen werde, die Lage in der DDR zu entspannen.

Vernon Walters betonte, daß die USA, Großbritannien und Frankreich ihre Verantwortung in den "Berliner Angelegenheiten" sehr ernst nehmen. Er erklärte, daß kaum jemand wirklich an der Komplizierung der Situation in diesem Raum interessiert sein kann. Im Gegenteil, die drei Westmächte seien bestrebt, die Entwicklung unter Kontrolle zu halten und keinerlei Exzesse oder Unruhen im Zusammenhang mit der Öffnung der Grenze "in Berlin" zuzulassen. Dabei fänden sie volles Verständnis auch des Senats und der Polizei von Westberlin.

Sofort nach der ersten Information der sowjetischen Botschaft an die amerikanische Administration vom 10. November d.J. habe die amerikanische Seite Kontakt mit den Vertretern der beiden anderen Mächte in der Stadt und mit den Westberliner Behörden aufgenommen. Es wurden die notwendigen Maßnahmen vor allem am Brandenburger Tor und am Potsdamer Platz ergriffen, wodurch die Lage dort entspannt werden konnte. Diese Fragen wurden auch bei der Begegnung der Botschafter der drei Mächte in der BRD mit dem Regierenden Bürgermeister von Berlin (West) am Abend des 11. November erörtert.

Der amerikanische Botschafter schätzte die Zusammenarbeit der Behörden von Berlin (West) mit den Behörden der Hauptstadt der DDR hoch ein. Dabei verwies er auf die Begegnung Walter Mompers mit dem Oberbürgermeister von Berlin, Erhard Krack am 12. November und auf das gute Zusammenwirken der Polizeiorgane beider Seiten in der entstandenen Situation. Der Polizeipräsident von Berlin (West) habe Vernon Walters sogar gebeten, der östlichen Seite seinen Dank für ihr so konstruktives Verhalten zum Ausdruck zu bringen.

Der Botschafter der USA betonte, er bringe ausschließlich seine persönliche Meinung zum Ausdruck und wolle sich nicht "in unsere inneren Angelegenheiten einmischen". Nach seiner Auffassung bleibe an der Berliner Mauer weiterhin ein "Spannungsherd" bestehen. Er meinte das Brandenburger Tor, das für viele Deutsche einen "Magnet" und ein "Symbol" darstelle. Ungeachtet der insgesamt ruhigen Lage an der Berliner Mauer einschließlich des Brandenburger Tors versammelten sich dort auf beiden Seiten bedeutende Menschenmassen. Nach Meinung von Vernon Walters könnte das Problem endgültig gelöst werden, wenn man am Brandenburger Tor einen Grenzübergang einrichtet.

Vernon Walters betonte, nach seinem Eindruck von Besuchen an einigen Punkten der Grenze von Berlin (West) zur Hauptstadt der DDR sei er der Meinung, daß sich die Situation dank der Anstrengungen beider Seiten normalisiert und im weiteren kaum Konflikte zu erwarten seien. Die drei Westmächte und die Behörden von Berlin (West) würden alles Notwendige unternehmen, um jegliche Komplikationen zu vermeiden.

Der Botschafter der USA versicherte, in Washington verstehe man sehr gut, welche Folgen Spannungen im deutschen Raum insbesondere im Vorfeld des sowjetisch-amerikanischen Gipfeltreffens im Mittelmeer haben könnten. Die USA messen den Beziehungen zur UdSSR gewaltige Bedeutung bei, sind sich deren Einwirkung auf die Entwicklung der internationalen Lage bewußt und "wollen nichts tun, was das große und heldenhafte Volk der Sowjetunion beunruhigen oder beleidigen könnte", betonte Vernon Walters. Er brachte seine Überzeugung zum Ausdruck, daß die Thematik der jüngsten Ereignisse in der DDR in den Gesprächen Michail Gorbatschows mit George Bush bei Malta einen nicht geringen Raum einnehmen werde. Die amerikanische Seite halte dies bei der Vorbereitung des nächsten "umfassenden" Treffens der führenden Repräsentanten beider Länder für überaus wichtig. Die internationale Entwicklung verlaufe in guter Richtung, und man sollte sie auf diesem Kurs halten. Natürlich gebe es in den sowjetisch-amerikanischen Beziehungen Fragen, in denen keine Einigkeit erzielt werden kann. Dies dürfte jedoch kein Grund für Feindschaft sein. Das Hauptproblem habe im gegenseitigen Mißtrauen bestanden, was beide Länder veranlaßt habe, das Wettrüsten zu betreiben. In vertrauensbildenden Maßnahmen sieht Vernon Walters den Weg zur Reduzierung der angehäuften Waffen und zur Verbesserung der bilateralen Beziehungen.

<u>Der Botschafter der UdSSR in der DDR</u> erklärte, daß er die von Vernon Walters zum Ausdruck gebrachte positive Einschätzung der Veränderungen in der Welt sowie der sowjetisch-amerikanischen Beziehungen teilt. Sie haben gewaltige Bedeutung für die Welt im allgemeinen und für Europa im besonderen. Die dynamische internationale Entwicklung habe offensichtlich auch das Bedürfnis der führenden Repräsentanten beider Länder geweckt, ein neues Treffen durchzuführen, um zu einem weiten Kreis von Problemen einen informellen Meinungsaustausch zu führen. In der UdSSR hofft man, daß durch das bevorstehende Gipfeltreffen die erreichten positiven Veränderungen konsolidiert werden können.

Die Welt hat dazu keine Alternative, betonte Wjatscheslaw Kotschemassow. Jeder andere Weg würde nur zur Konfrontation führen. Die Veränderungen in der Politik der UdSSR tragen revolutionären Charakter und sind von dem Bestreben diktiert, konstruktive Lösungen für alle Probleme unter Berücksichtigung der Positionen der beteiligten Seiten auszuarbeiten. Dies ist besonders wichtig in Europa, wo sich ebenfalls bedeutsame Fortschritte abzeichnen. Die Sowjetunion hat faktisch mit allen europäischen Partnern ihre Beziehungen verbessert, was für die Errichtung des gemeinsamen Hauses Europa nicht unwesentlich ist und den Interessen aller Seiten entspricht. Dabei haben wir keinerlei Absicht, die USA von der Entwicklung in Europa abzukoppeln. Wir verstehen die Rolle der USA in Europa, und deshalb wären solche Bestrebungen unrealistisch und unvernünftig. Wir halten es, im Gegenteil, für wichtig, unsere Beziehungen allseitig zu entwickeln. Komplizierte und seit langem bestehende Probleme sollten uns dabei nicht aufhalten. Auf der Grundlage von Gleichberechtigung und gegenseitiger Berücksichtigung der Interessen muß aktiv nach Lösungen gesucht werden. Wir sind froh, daß der sowjetisch-amerikanische Dialog jetzt in diesem Geiste geführt wird.

Wjatscheslaw Kotschemassow stellte weitgehende Übereinstimmung der UdSSR und der USA bei der Einschätzung der Veränderungen in der DDR fest. Die Sowjetunion unterstützt voll und ganz die Maßnahmen, die von der Führung der Republik im Interesse der Menschen ergriffen wurden. Diese Schritte entsprechen vollständig der Schlußakte von Helsinki und dem Wiener Schlußdokument. Sie sind von humanem Charakter und ergeben sich organisch aus den Prozessen, die sich gegenwärtig in der DDR entfalten. Die neue Führung des Landes unternimmt bedeutende Anstrengungen, um in der Republik tiefgreifende Reformen durchzuführen.

In dieser Situation, betonte der Botschafter der UdSSR in der DDR, muß unsere gemeinsame Aufgabe darin bestehen, die Bedeutung der Ereignisse in der DDR richtig zu verstehen und mit all unseren Möglichkeiten zur Aufrechterhaltung der Stabilität in Mitteleuropa, insbesondere in Berlin (West), beizutragen. Wenn eine so große Zahl von Menschen die Stadt besucht, können Probleme auftreten. In Berlin (West) agieren verschiedene extremistische Kräfte, z.B. die Partei der sogenannten "Republikaner", die die Situation zur Festigung ihrer politischen Positionen und zur Destabilisierung der Lage ausnutzen möchten. Die DDR hat sich aus humanitären Überlegungen zu zahlreichen Schritten bereitgefunden. Wenn es von westlicher Seite zu Exzessen oder Ausschreitungen von Rowdys kommt, dann könnte das die große und gute Sache untergraben, die von der DDR begonnen wurde.

Wjatscheslaw Kotschemassow brachte seinen Dank für die positive Reaktion der amerikanischen Administration in Berlin (West) auf das Ersuchen der sowjetischen Botschaft und die operativen Maßnahmen zur Gewährleistung der Ordnung an der Grenze zum Ausdruck. Er bat Vernon Walters, auf westlicher Seite alles Notwendige zu tun, um eine Komplizierung der Situation in Berlin (West) zu verhindern. Dies ist vor allem jetzt, im Anfangsstadium, wichtig, denn im weiteren wird sich die Situation zweifellos beruhigen. Der Botschafter der UdSSR in der DDR vereinbarte mit dem Botschafter der USA, daß operative Kontakte zwischen der sowjetischen Botschaft und der amerikanischen Administration in Berlin (West) zu diesen Fragen aufrechterhalten werden.

Der Prozeß der Veränderungen, die in der DDR begonnen haben, hat unumkehrbaren Charakter angenommen, fuhr Wjatscheslaw Kotschemassow fort. Er kann an der sensiblen Trennlinie zweier Gesellschaftssysteme und militärpolitischer Bündnisse in Mitteleuropa zu einer qualitativ neuen Situation führen, was den Interessen beider Seiten entsprechen würde. Vieles wird hier natürlich auch vom Verhalten der USA und der UdSSR abhängen. Deshalb, so betonte der Botschafter der UdSSR in der DDR, sei es wichtig, Zurückhaltung an den Tag zu legen. Unsere gemeinsame Aufgabe muß es sein, die Schaffung solcher äußerer Bedingungen zu fördern, die es der DDR gestatten, die notwendigen Veränderungen ohne Komplikationen durchzuführen.

Wjatscheslaw Kotschemassow wies auf kürzliche Äußerungen einiger politischer Persönlichkeiten der BRD, u.a. des Bundeskanzlers Helmut Kohl, hin, die in völlig entgegengesetztem Geiste verfaßt waren. Jetzt hat sich der Ton dieser Erklärungen verändert. Die DDR und die BRD haben ein Treffen auf höchster Ebene vereinbart, wo die führenden Repräsentanten beider Länder einen weiten Kreis von Fragen erörtern können.

Die Sowjetunion begrüßt dies und tritt für die Existenz zweier gleichberechtigter demokratischer deutscher Staaten ein, deren Beziehungen sich auf allen Gebieten erfolgreich entwickeln.

Vernon Walters reagierte mit sichtbarer Freude auf diese Erklärung des Botschafters der UdSSR in der DDR. Er betonte, nicht nur in den USA, sondern auch in der Regierung der BRD verstehe man die Realitäten sehr gut und sei sich bewußt, daß Fortschritt in diesen Fragen ohne entsprechende Berücksichtigung der Interessen der UdSSR und ihrer Verbündeten unmöglich sei. Der amerikanische Botschafter ist der Meinung, daß Bonn jetzt eine konstruktivere Position einnimmt, obwohl man nicht ausschließen kann, daß einzelne Politiker im Rahmen des jetzt beginnenden Wahlkampfes erneut in die frühere Rhetorik verfallen können.

Vernon Walters interessierte sich dafür, wie es mit der Antwort der sowjetischen Seite auf die kürzlichen Vorschläge der drei Mächte im Rahmen der "Berlin-Initiative" stehe. Er bemerkte, daß man in Washington damit beträchtliche Hoffnungen auf eine Verbesserung der Situation in "Berlin" verbindet, der in der gegenwärtigen neuen Lage besonders große Bedeutung zukomme.

Wjatscheslaw Kotschemassow antwortete, daß die von den drei Mächten aufgeworfenen Fragen gegenwärtig unsererseits sorgfältig geprüft werden und die Antwort unmittelbar nach Abschluß dieser Arbeit erfolgen wird. Wir hoffen, daß ungeachtet aller bestehenden Schwierigkeiten die Möglichkeit gefunden wird, im Rahmen des Vierseitigen Abkommens vom 3. September 1971 Lösungen für diesen komplizierten Komplex von Problemen zu erreichen.

(Quelle: SAPMO-BArch, ZPA-SED, IV 2/2.039/319, Bl. 26-33)

Dok. 36
Schreiben des Ministers für Nationale Verteidigung, Heinz Keßler, an Egon Krenz vom 13.11.1989: Abschrift eines Fernschreibens des Chefs des Stabes der Westgruppe der Streitkräfte der UdSSR, W. Fursin, an Generaloberst Fritz Streletz, 12.11.1989

MINISTERRAT
DER DEUTSCHEN DEMOKRATISCHEN REPUBLIK
MINISTERIUM FÜR NATIONALE VERTEIDIGUNG
Der Minister

                            Berlin, den 13.11. 1989
                            Tgb.-Nr.: A-278 /89

Generalsekretär des Zentralkomitees der
Sozialistischen Einheitspartei Deutschlands und
Vorsitzenden des Nationalen Verteidigungsrates
der Deutschen Demokratischen Republik
Genossen Egon K r e n z

Werter Genosse K r e n z !
Als Anlage beigefügt gestatte ich mir, Dir ein Schreiben des Chefs des Stabes der Westgruppe der Streitkräfte der UdSSR, Genossen Generalleutnant F u r s i n , zu übersenden, der sich entsprechend unserer Bitte an die bei der Westgruppe der Streitkräfte der UdSSR akkreditierten Militärverbindungsmissionen gewandt hat.
Aus dem Schreiben ist ersichtlich, daß
- die Westalliierten Verständnis für die Entscheidung der Regierung der Deutschen Demokratischen Republik bezüglich der veränderten Regelungen des grenzüberschreitenden Verkehrs von Bürgern der DDR nach der BRD und BERLIN (West) zeigen und
- erforderliche Maßnahmen für Sicherheit und Ordnung unterstützen.

Wir werden auch weiterhin mit dem Oberkommandierenden der Westgruppe der Streitkräfte der UdSSR, Genossen Armeegeneral S n e t k o w , ein enges Zusammenwirken, insbesondere in dieser komplizierten Periode, gewährleisten.
Ich bitte um Kenntnisnahme.

                        Mit sozialistischem Gruß
                        <Keßler, 12.11.>
                        H. Keßler
                        Armeegeneral
                        <Str[58], 12.11.89>

---

58 Unterschriftskürzel von Generaloberst Fritz Streletz.

Abschrift eines Fernschreibens
des Chefs des Stabes der Westgruppe der Streitkräfte der UdSSR

Stellvertreter des Ministers
für Nationale Verteidigung der DDR
und Chef des Hauptstabes
der Nationalen Volksarmee
Genossen Generaloberst Fritz S t r e l e t z
BERLIN

Werter Genosse Generaloberst!
Ich teile Ihnen mit, daß entsprechend einer Bitte des Ministers für Nationale Verteidigung der DDR, Armeegeneral Heinz K e ß l e r , der Stab der Westgruppe über die beim Oberkommandierenden der Westgruppe der Streitkräfte akkreditierten ausländischen Militärverbindungsmissionen
- das Oberkommando der USA-Landstreitkräfte Europa sowie
- die Oberkommandos der britischen und französischen Streitkräfte in Deutschland
aufgerufen hat, sich aus den Ereignissen herauszuhalten, die mit der Entscheidung der Regierung der DDR für eine veränderte Regelung des grenzüberschreitenden Verkehrs von Bürgern der DDR nach der BRD und BERLIN (West) im Zusammenhang stehen, und diese als Akt eines souveränen Staates zu betrachten.
Eine diesbezügliche Erklärung des Stabes der Westgruppe ist den Chefs der Missionen am Sonntag, dem 12. 11. 1989, um 09.15 Uhr fernmündlich mitgeteilt worden.
Die Missionschefs haben die unverzügliche Weiterleitung dieser mündlichen Erklärung an ihre Stäbe bestätigt.
Um 13.30 Uhr wurden die Chefs der akkreditierten ausländischen Militärverbindungsmissionen nach POTSDAM in die Abteilung Internationale Verbindungen des Stabes der Westgruppe der Streitkräfte der UdSSR gerufen, wo ihnen die Erklärung des Oberkommandos der Westgruppe zu den Ereignissen an der Grenze der DDR zur BRD und zu BERLIN (West) überreicht wurde.
Darin äußert das Oberkommando der Westgruppe der Streitkräfte der UdSSR den Wunsch, daß die Oberkommandos
- der britischen Streitkräfte in Deutschland,
- der USA-Landstreitkräfte Europa und
- der französischen Streitkräfte in Deutschland
die von der DDR-Regierung getroffenen Maßnahmen verständnisvoll als Akt eines souveränen Staates betrachten mögen,
- sich jeglicher Einmischung in diese Ereignisse enthalten und
- die erforderlichen Schritte unternehmen werden zur Wahrung der öffentlichen Ordnung in ihren Zuständigkeitsbereichen,
- um etwaigen Störungen der Ordnung und Mißverständnissen vorzubeugen, die die Situation in der DDR ebenso wie in der BRD und BERLIN (West) komplizieren könnten.
Im Auftrage des Oberkommandos der britischen Streitkräfte in Deutschland erklärte der Chef der britischen Mission, daß alle Fragen des Aufenthaltes von DDR-Bürgern in BERLIN (West) und in der BRD ausschließlich von Zivilbehörden behandelt werden.
Die britischen Armeeangehörigen seien angewiesen, sich aus den Ereignissen völlig herauszuhalten.
Der Chef der US-amerikanischen Mission erklärte im Namen seines Oberkommandos, daß die USA-Truppen ihrer normalen Arbeit nachgingen, während Ver-

treter des Oberkommandos der USA mit Amtspersonen in BERLIN (West) und in der BRD zusammenwirken, um jene bei der Lösung auftretender Fragen erforderlichenfalls zu unterstützen.
Gleichzeitig gab er zu verstehen, daß das USA-Oberkommando Einwände erheben würde, falls Armeeangehörige der NVA der DDR BERLIN (West) besuchen sollten.
Der Chef der <u>französischen Mission</u> erklärte, daß er die Haltung des USA-Oberkommandos voll und ganz unterstütze.
Am Ende der Zusammenkunft wurde den Chefs der akkreditierten ausländischen Militärverbindungsmissionen erklärt, daß ungeachtet des veränderten Grenzübergangsregimes an der DDR-Grenze zu BERLIN (West) es den Mitgliedern der akkreditierten ausländischen Militärverbindungsmissionen nach wie vor nur erlaubt sei, die militärische Fahrbahn an der Grenzübergangsstelle "Glienicker Brücke" zu benutzen.

Mit kommunistischem Gruß

12. 11. 1989
W.Fursin
Generalleutnant

(Quelle: BArch/P, MZA, Strausberg AZN 32666, Bl. 240-43)

Dok. 37
Schreiben von Alexander Schalck an Egon Krenz, 15.11.1989, mit der Anlage: "Vermerk über das informelle Gespräch des Genossen Alexander Schalck mit dem Bundesminister und Chef des Bundeskanzleramtes, Rudolf Seiters, am 15.11.1989"

A. Schalck
Berlin, den 15.11.1989

Generalsekretär des
Zentralkomitees der SED
Genossen Egon Krenz

Lieber Genosse Krenz!
Beiliegend der Vermerk über meine informellen Gespräche in Bonn in Vorbereitung des Besuches von Bundesminister Seiters am 20.11.1989.
Ausgehend von der Delegation, die Seiters am 20.11.1989 begleitet, wird vorgeschlagen, daß an Deinem Gespräch um 16.30 Uhr seitens der DDR
Genosse Hans Modrow, Genosse Oskar Fischer, Genosse Alexander Schalck, Genosse Horst Neubauer und Genosse Karl Seidel teilnehmen.
Sofern Staatssekretär von Würzen teilnimmt, sollte von unserer Seite auch Genosse Gerhard Beil teilnehmen.
Bitte um Zustimmung.

Mit sozialistischem Gruß
(Unterschrift)

<u>Anlage</u>

Berlin, den 15.11.1989

Vermerk
über das informelle Gespräch des Genossen Alexander Schalck mit dem Bundesminister und Chef des Bundeskanzleramtes, Rudolf Seiters, am 15.11.1989

Das Gespräch und die Verhandlungen gestalteten sich außerordentlich kompliziert.
Es wurde deutlich, daß offensichtlich auch in der Bundesregierung und Regierungskoalition unterschiedliche Standpunkte zur weiteren Zusammenarbeit mit der DDR bestehen und starke Kräfte dafür plädieren, keine direkten Mittel zur Reisefinanzierung der DDR zur Verfügung zu stellen.
Eine primäre Rolle in den Gesprächen spielten nach wie vor Grundfragen der weiteren Gestaltung des politischen Systems der DDR.
Die BRD-Seite hält es erstens für außerordentlich wichtig, daß offiziell von Seiten der SED eine Änderung des Artikels 1 der Verfassung der DDR angekündigt wird.
Zweitens würde nach Auffassung der BRD eine eindeutige Festlegung, daß bereits im Jahre 1990 Kommunalwahlen stattfinden, zur Glaubwürdigkeit der im Aktionsprogramm getroffenen Aussagen beitragen.
Derartig kurzfristig anberaumte Kommunalwahlen könnten auch noch unter der derzeitigen Verfassung - ausgenommen des jetzigen Artikels 1 - stattfinden. Es müßte deutlich gesagt werden, daß danach 1991 Volkskammerwahlen bereits unter den Bedingungen einer insgesamt überarbeiteten Verfassung stattfinden.
Die BRD-Seite geht drittens davon aus, daß sowohl zu den Kommunalwahlen als auch zu den Volkskammerwahlen jeweils auf der Grundlage der geltenden Verfassung neue Parteien und Gruppierungen, die sich zur Wahl stellen, zugelassen werden.
In Vorbereitung des Gespräches zwischen dem Staatsratsvorsitzenden und dem Ministerpräsidenten der DDR einerseits und dem Bundeskanzler andererseits müsse eindeutig geklärt werden, wie die DDR diese Fragen handhaben wird. Lediglich eine Zusage zur Prüfung dieser Fragen sei nicht ausreichend.
Seiters brachte zum Ausdruck, daß aus Sicht des Bundeskanzlers ein derartiges Gespräch mit dem Staatsratsvorsitzenden der DDR und Generalsekretär des ZK der SED, Egon Krenz, und mit dem Vorsitzenden des Ministerrates der DDR, Hans Modrow, in der letzten Woche vor dem Weihnachtsfest möglich wäre, wenn in den Gesprächen mit Bundesminister Seiters am 20.11.1989 seitens der DDR-Führung eindeutig positive Signale in der dargelegten Richtung gegeben werden.
In diesem Zusammenhang brachte Seiters eindeutig die Meinung des Bundeskanzlers zum Ausdruck, wonach von der DDR-Führung keine Verhandlungen mit Politikern erfolgen sollten, die nicht kompetent sind.
Es gehe aus Sicht des Bundeskanzlers nicht an, daß andere "Jubelfeiern" machen, während die Bundesregierung die Arbeit leistet, verhandelt und die Verantwortung zu tragen hat.
So würde es z.B. die offiziellen Verhandlungen mit der Bundesregierung außerordentlich erschweren, wenn eine etwaige Öffnung des Brandenburger Tores als neuer Grenzübergang ohne vorherige Kenntnis der Bundesregierung mit anderen Parteien und Politikern erfolgt. Kohl würde sich in diesem Falle persönlich brüskiert fühlen.
Das weitere Gespräch konzentrierte sich auf folgende Fragen:
1. Reiseverkehr

Es wurde von Seiters nunmehr auch die Liberalisierung des Reiseverkehrs von West nach Ost gefordert. Das betrifft vor allem folgende Fragen:
- längerfristige Visaerteilung für BRD-Bürger und Westberliner bei Einreisen in die DDR sowie Möglichkeit der Visaerteilung für die DDR einschließlich Berlin.
- Aufhebung der Einreiseverweigerung für ehemalige DDR-Bürger einschließlich derjenigen, die die DDR ungesetzlich verlassen haben.
- Benutzung des gesamten Berliner Autobahnringes für den Transitverkehr BRD/Berlin (West).
- Großzügigere Regelungen bei der Einfuhr von Geschenken in die DDR, insbesondere Abschaffung bzw. starke Reduzierung der Zollgebühren.
2. Seiters sprach eine Reihe weiterer Einzelfragen an, die teilweise bereits in vorherigen Gesprächen gestellt wurden.
Das betrifft:
- Status der über Prag, Budapest und Warschau ausgereisten DDR-Bürger.
- Entscheidungen zu angeblich noch in der DDR inhaftierten "politischen Häftlingen", darunter Fluchthelfer.
3. Weitere Zusammenarbeit auf dem Gebiet der Wirtschaft.
Die BRD-Seite geht davon aus, daß in gemeinsamen Kommissionen alle anstehenden Fragen einer verstärkten Zusammenarbeit einschließlich neuer Formen auf den Gebieten Wirtschaft, Umwelt, Wissenschaft und Technik sowie Post- und Fernmeldewesen beraten und gemeinsame Vorstellungen ausgearbeitet werden. Das betrifft z.B. auf wirtschaftlichem Gebiet solche Fragen, wie Privatkapital in der DDR behandelt würde, welche gesetzlichen Investitionsschutzbestimmungen erarbeitet werden, wie der Kapitaltransfer erfolgt und insbesondere Fragen des Eigentums.
4. Auf dem Gebiet des Post- und Fernmeldewesens wird von der BRD eine dringliche Aufgabe darin gesehen, unter Einsatz von Mitteln beider Seiten eine großzügigere, den internationalen Erfordernissen entsprechende Kommunikation zu ermöglichen. Diese Fragen sollten auch im Mittelpunkt der Verhandlungen über die neue Postpauschale stehen.
5. Zur Elektrifizierung einer Eisenbahntransitstrecke zwischen Berlin und Hannover sollten die Verhandlungen weitergeführt werden, wobei unter den neuen Reiseanforderungen Streckenführung, Ausschreibung des Vorhabens und Leistungen der DDR neu überdacht werden sollten.
6. Die BRD hält es für erforderlich, daß Verhandlungen auf dem Gebiet des nichtkommerziellen Zahlungsverkehrs eingeleitet und kurzfristig Fortschritte erzielt werden.
7. Es wäre gemeinsam zu klären, wie der vorgeschlagene Austausch von Zeitschriften erfolgen soll.

Außerordentlich kompliziert gestalteten sich auch die Gespräche zu unserem Vorschlag, einen gemeinsamen zentralen Reisefonds zu bilden, der im wesentlichen DM-seitig von der BRD finanziert wird.
Politisch einflußreiche Kreise sind mehr für den Weg der Gewährung von Krediten, damit die DDR aus eigener Leistung heraus mehr Exporte erbringen kann, deren Erlöse teilweise für Reisezahlungsmittel eingesetzt werden könnten.
Sofern überhaupt ein gemeinsamer Reisefonds zustande kommt, hat die BRD eindeutig erklärt, daß eine Größenordnung von 300 DM pro Jahr und Reisenden vom Volumen her für die BRD nicht denkbar sei.
Es wird in jedem Fall die Forderung erhoben, daß die DDR auch andere Positionen aus ihren Valutaeinnahmen sowie den Mindestumtausch für Reisezahlungsmittel einsetzt.
Die DDR sollte deshalb ihre Vorstellungen noch einmal durchdenken.

Auch seitens der BRD wird in Abhängigkeit von den eingangs dargelegten politischen Fragen überlegt, ob eventuell in einer Größenordnung von 50 DM pro Reisenden und Jahr ein "Zuschuß" erfolgen könne. In diesem Fall würde jedoch davon ausgegangen, daß auch über die Markbeträge bei einem noch festzulegenden Umtauschsatz von der BRD verfügt wird.
Seiters bat hinsichtlich des Besuchsablaufes am 20.11.1989 in Berlin um Verständnis, daß es ihm erst möglich sei, um 16.30 Uhr das vereinbarte Gespräch im Staatsrat zu führen.
Er geht davon aus, daß er vom Staatsratsvorsitzenden, Genossen Krenz, und vom Vorsitzenden des Ministerrates, Genossen Modrow, empfangen wird, wobei ein gemeinschaftliches Gespräch vorgesehen werden sollte.
Seiters wird begleitet vom Leiter der BRD-Vertretung, Bertele, dem Abteilungsleiter im Bundeskanzleramt, Duisberg, und vom Abteilungsleiter im Innerdeutschen Ministerium, Dobiey, sowie dem Leiter seines Büros, Speck.
Des weiteren werde von seiner Seite geprüft, ob der Staatssekretär im Bundeswirtschaftsministerium, von Würzen, ebenfalls teilnimmt. Darin käme zum Ausdruck, daß auch intensiv über die neue Etappe der wirtschaftlichen Zusammenarbeit gesprochen wird.
Seiters brachte abschließend zum Ausdruck, daß er es für außerordentlich zweckmäßig halten würde, wenn er die Möglichkeit hätte, in einem "Sechsaugengespräch" mit Genossen Krenz und Genossen Modrow über die eingangs dargelegten politischen Fragen zu sprechen.

(Quelle: SAPMO-BArch, ZPA-SED, IV 2/2.039/328, Bl. 63-69)

Dok. 38
Schreiben von Alexander Schalck an Werner Eberlein, 2.12.1989

Alexander Schalck   Berlin, 02.12.1989

Vorsitzender
der Zentralen Parteikontrollkommission
Genossen Eberlein

Lieber Genosse Eberlein!
Beiliegend übermittle ich Dir die Abrechnung der Erwirtschaftung von Betrieben für das ZK der SED mit den Originalunterschriften für die Auftragserteilung, für die durchgeführte Revision und bestätigte Entlastung durch den Leiter der Abteilung Finanzverwaltung und Parteibetriebe, Genossen Wildenhain, bzw. Karl Raab.
Aufgrund der Beratung im Politbüro am 01.12.1989 in eigener Sache nach der Diskussion in der Volkskammer der DDR hatte ich das Gefühl, daß meine Partei bereit war, mich gegen diesen Rufmord, diese Unwahrheiten, Lügen, Halbwahrheiten und auch Wahrheiten zu verteidigen. Nach den Mitteilungen, die mich heute im Laufe des Tages erreichten, ist es dem Genossen Modrow nicht möglich gewesen, den Vorsitzenden des Volkskammerausschusses, Dr. Toeplitz, davon abzuhalten, Befragungen zu meiner Person, speziell zu dem Bau und der Vermietung von Häusern, zu vermeiden.

Ich habe all meine Beweggründe dargelegt, aus welchen Gründen ich keine Möglichkeiten sehe, in diesem Volkskammerausschuß zu Fragen, die darüber hinaus an mich gestellt werden, wahrheitsgemäß Auskunft zu geben. Da strafrechtliche Konsequenzen angedroht wurden bei Nicht- oder Falschaussage, übermittle ich Dir diese Unterlagen.

Ich habe veranlaßt, daß nach meiner durch Genossen Modrow angekündigten Ablösung als Staatssekretär und Leiter des Bereiches, Genosse Dieter Paul, Leiter der Hauptabteilung III des Bereiches, mit sofortiger Wirkung die von mir in der Politbürositzung erwähnten teilweise im Ausland angelegten Guthaben als letzte Einsatzreserve bei Eintritt der Zahlungsunfähigkeit des Staates, die nach meiner Auffassung Ende dieses Jahres bzw. Anfang des nächsten Jahres eintreten wird, um schwerwiegendste volkswirtschaftliche Konsequenzen mindestens mildern zu können, dem Vorsitzenden des Ministerrates, Genossen Hans Modrow, melden wird.

Aufgrund der von der Volkskammer ausgegangenen Diskussion und des in den westlichen Medien ausgedehnten Rufmordes gegen meine Person sehe ich keine Chancen, daß mich meine Partei schützen kann.

Als Rechtsbeistand wurde Rechtsanwalt Dr. Ullmann berufen, er vertritt auch meine Interessen gegenüber der Generalstaatsanwaltschaft, und in allen anderen Fragen, die mich berühren, zu Anschuldigungen auch gegenüber dem Bereich vertritt mich Genosse Prof. Vogel.

                              Mit sozialistischem Gruß
                              (Unterschrift)

Anlagen

Kopie Unterlagen zum Haus am Golliner See
Abrechnung Parteivermögen
Dokument zum Bereich
Brief an den zeitweiligen Ausschuß... v. 29.11.

(Quelle: Deutscher Bundestag/12. Wahlperiode, Beschlußempfehlung und Bericht des 1. Untersuchungsausschusses nach Artikel 44 des Grundgesetzes, Drucksache 12/7600, Anlagenband 3, Dokument 749, S. 3225/3226)

III. Quellennachweis

1. Archive

Allgemeiner Deutscher Nachrichtendienst, Abteilung Archiv/Dokumentation. Berlin.
Archiv und Bibliothek des Zentralinstituts für sozialwissenschaftliche Forschung der Freien Universität Berlin. Berlin.
Archiv der Oberfinanzdirektion Berlin, Zollabteilung. Berlin.
Archiv des Bundesbeauftragten für die Unterlagen des Staatssicherheitsdienstes der ehemaligen Deutschen Demokratischen Republik
 - Zentralarchiv Berlin.
 - Außenstelle Berlin.
 - Außenstelle Chemnitz
 - Außenstelle Halle.
 - Außenstelle Magdeburg.
 - Außenstelle Potsdam.
 - Außenstelle Rostock.
 - Außenstelle Schwerin
 - Außenstelle Suhl.
Associated Press. Berlin.
Berliner Mauer-Archiv, Hagen Koch. Berlin.
Bibliotheks- und Informationssystem des Fachbereichs Politische Wissenschaft der Freien Universität Berlin, Abteilung Archiv und Dokumentation. Berlin.
Bundesarchiv, Militärisches Zwischenarchiv. Potsdam.
Bundesarchiv, Abteilungen Potsdam. Berlin und Potsdam.
Bundesministerium des Innern, Außenstelle Berlin, Altschriftgutverwaltung. Berlin (ehem. Verwaltungsarchiv des Ministeriums des Innern der DDR, jetzt Bundesarchiv, Abteilungen Potsdam).
Der Polizeipräsident in Berlin, Dez. VB 132-AG Archiv. Berlin.
Der Polizeipräsident in Berlin, Polizeihistorische Sammlung. Berlin.
Deutsche Presseagentur, Datenbank. Hamburg.
Deutsche Welle (und ehem. RIAS-TV), Archiv. Berlin.
Deutsches Rundfunkarchiv, Standort Berlin, Fernseharchiv (ehem. DFF). Berlin.
Deutschland Radio (ehem. RIAS), Abteilung Dokumentation und Archive. Berlin.
Landesarchiv Merseburg. Merseburg.
Landespolizeidirektion Leipzig, Innerer Dienst/Registratur.
Norddeutscher Rundfunk, ARD-Aktuell, Koordination, Archiv. Hamburg.
Polizeipräsidium Frankfurt (Oder), Archiv. Frankfurt/Oder.
Polizeipräsidium Potsdam, Archiv. Potsdam.
Privatarchiv Koop. Bonn.
Privatarchiv Mader. Strausberg.
Privatarchiv Rochna. Berlin.
Privatarchiv des Verfassers. Berlin.
Regierungspräsidium Halle, Chef der Polizei, Archiv. Halle.
Regierungspräsidium Magdeburg, Chef der Polizei, Dez. 23-Archiv. Magdeburg.
Reuters. Berlin.
Sender Freies Berlin, Redaktion ARD-Aktuell, Archiv. Berlin.
Spiegel-TV. Hamburg.
Stiftung Archiv der Parteien und Massenorganisationen im Bundesarchiv. Berlin.
Zweites Deutsches Fernsehen, Studioarchiv. Berlin.

2. Gespräche mit Zeitzeugen

Die politischen und beruflichen Amts- und Funktionsbezeichnungen beziehen sich auf das Jahr 1989. Die mit *) gekennzeichneten Gespräche wurden mit Prof. Dr. Theo Pirker, Prof. Dr. M. Rainer Lepsius und Dr. Rainer Weinert, die mit **) markierten Gespräche mit Prof. Dr. Peter Steinbach durchgeführt. Telefonisch eingeholte Auskünfte sind mit ***), schriftliche Mitteilungen an den Verfasser mit ****) kenntlich gemacht.

Lothar *Ahrendt*, Kandidat des Zentralkomitees der SED, Stellvertreter des Ministers des Innern (bis 17.11.1989), Minister des Innern (18.11.1989-18.3.1990), Generalleutnant, 4.12.1994***.

Harald *Altmann*, Stabschef des Luftsturmregiments-40 der Landstreitkräfte der Nationalen Volksarmee, 1990 Kommandeur, 14.1.1995.

A. *R.*, Oberstleutnant, Divisionsstab des Grenzkommandos Mitte der Grenztruppen der DDR, 27.6.1995.

Klaus-Dieter *Baumgarten*, Generaloberst, Mitglied des Zentralkomitees der SED, Stellvertreter des Ministers für Nationale Verteidigung und Chef der Grenztruppen der DDR, 21.12.1994 und 20.3.1995**.

Hans-Dieter *Behrendt*, Oberstleutnant, Stellvertretender Leiter der Abteilung VI (Paßkontrolle) der BVfS Potsdam, 9.11.1994.

Hans-Christian *Catenhusen*, Soldat im Grundwehrdienst in der 1. Motorisierten Schützendivision, Truppenteil Beelitz, 3.1.1996.

Dr. Karl-Heinz *Christoph*, Leiter der Abteilung Verwaltungsrecht im Ministerium der Justiz (MdJ), 31.8.1993 und 14.9.1993.

Friedrich *Dickel*, Armeegeneral, Mitglied des Zentralkomitees der SED, Minister des Innern (bis 10.11.1989), Mitglied des Nationalen Verteidigungsrates der DDR, 30.3.1992.

Dr. Claus-Jürgen *Duisberg*, Leiter des Arbeitsstabes Deutschlandpolitik im Bundeskanzleramt, 4.5.1994.

Frank *Durré*, freier Bildjournalist, 29.7.1996.

Werner *Eberlein*, Mitglied des Politbüros und Zentralkomitees der SED, 1. Sekretär der SED-Bezirksleitung Magdeburg, Mitglied des Nationalen Verteidigungsrates der DDR, 15.12.1992.

Riccardo *Ehrman*, Journalist, 1989 Mitarbeiter der italienischen Nachrichtenagentur ANSA in Berlin, 12.4.1994***.

Dr. Valentin *Falin*, Mitglied des Zentralkomitees der KPdSU, Leiter der Internationalen Abteilung des ZK der KPdSU, 27.8.1992.

Oskar *Fischer*, Mitglied des Zentralkomitees der SED, Minister für Auswärtige Angelegenheiten (bis 18.3.1990), 29.11.1993.

Manfred *Flegel*, NDPD, Stellvertretender Vorsitzender des Ministerrates der DDR, Vorsitzender des Staatlichen Vertragsgerichts, 7.4.1992.

Heinz *Geschke*, Oberst, Stellvertreter Grenzsicherung des Kommandeurs des Grenzkommandos Mitte der Grenztruppen der DDR, 9.11.1994 und 5.12.1994.

Christian *Glass*, Journalist, ZDF (ehemals RIAS-TV), 19.3.1994***.

Joachim *Goldbach*, Generaloberst, Stellvertreter des Ministers für Nationale Verteidigung und Chef Technik und Bewaffnung der NVA, 20.9.1994, 21.12.1994 und 20.3.1995**.

Sylvia *Gräfe*, Archivarin, Internes Parteiarchiv des Zentralkomitees der SED, 27.5.1994.

Manfred *Grätz*, Generalleutnant, Stellvertreter des Ministers für Nationale Verteidigung und Chef Rückwärtige Dienste, von Jan. bis Sept. 1990 Chef des Hauptstabes, 12.9.1995.

2. Gespräche mit Zeitzeugen

Eberhard *Grashoff*, Pressesprecher der Ständigen Vertretung der Bundesrepublik Deutschland in Ost-Berlin, 21.4.1994.
Werner *Großmann*, Generaloberst, Stellvertreter des Ministers für Staatssicherheit und Leiter der Hauptverwaltung Aufklärung des MfS, 5.12.1994.
Dr. Siegfried *Hähnel*, Generalmajor, Leiter der Bezirksverwaltung für Staatssicherheit Berlin, 13.9.1995.
Dr. Manfred *Heinrich*, persönlicher Mitarbeiter des Ministers für Wissenschaft und Technik, 26.7.1995****.
Oberstleutnant *Hennig*, Stellvertreter des Kommandeurs der 1. Motorisierten Schützendivision für Technik und Bewaffnung, 19.6.1995.
Dr. Wolfgang *Herger*, Mitglied des Zentralkomitees der SED, Leiter der Abteilung Sicherheitsfragen des ZK der SED (bis 8.11.1989), Mitglied des Nationalen Verteidigungsrates der DDR, ab 8.11.1989 Mitglied des Politbüros und ZK-Sekretär für Sicherheit, 5.3.1992, 24.11.1994 und 19.9.1995.
Hans-Joachim *Heusinger*, Stellvertretender Vorsitzender der LDPD, Stellvertretender Vorsitzender des Ministerrates der DDR, Minister der Justiz, 21.10.1993.
Albrecht *Hinze*, Journalist, Süddeutsche Zeitung, 9.3.1994***.
Theodor *Hoffmann*, Admiral, Stellvertreter des Ministers für Nationale Verteidigung und Chef der Volksmarine der NVA, Minister für Nationale Verteidigung (18.11.1989-18.3.1990), 27.6.1994.
Harald *Jäger*, Oberstleutnant, Stellvertreter des Leiters der Paßkontrolleinheit an der Grenzübergangsstelle Bornholmer Straße, 7.8.1995 und 13.9.1995.
Egon *Krenz*, Mitglied des Politbüros, ZK-Sekretär für Sicherheit (bis 17.10.1989), Generalsekretär des ZK der SED (18.10.-3.12.1989), Vorsitzender des Staatsrates und des Nationalen Verteidigungsrates der DDR (ab 24.10.1989), 2.4.1992 und 20.4.1994.
Valentin *Koptelzew*, Leiter des Sektors DDR in der Internationalen Abteilung des ZK der KPdSU, 22.10.1992.
Prof. Dr. Helmut *Koziolek*, Mitglied des Zentralkomitees der SED, Direktor des Zentralinstituts für sozialistische Wirtschaftsführung beim ZK der SED, 2.5.1994*, 1.9.1994 und 6.10.1994.
Prof. Dr. Claus *Krömke*, Persönlicher Mitarbeiter des ZK-Sekretärs für Wirtschaft, 18.10.1993* und 1.4.1995.
Dr. Hans-Joachim *Krüger*, Oberst, Stellvertretender Leiter der Hauptabteilung VII des MfS, 11.3.1992 und 7.12.1994.
Prof. Dr. Lothar *Krumbiegel*, Leiter der Rechtsabteilung des MfNV, 30.8.1995***.
Rainer *Kuntzsch*, Oberstleutnant im Stab des Kommandos der Grenztruppen der NVA, 2.10.1995****.
Dietmar *Landmann*, Kommandeur des Artillerieregiments I der 1. Motorisierten Schützendivison, 21.4.1994.
Gerhard *Lauter*, Oberst, Leiter der Hauptabteilung Paß- und Meldewesen des Ministeriums des Innern, 24.2.1992 und 28.5.1994.
Dr. Udo *Lemme*, Oberst, Leiter der Rechtsstelle des MfS, 28.2.1992 und 22.4.1994.
Gert *Lohß*, Kommandeur des Grenzregiments 42 des Grenzkommandos Mitte, 18.9.1995****.
Siegfried *Lorenz*, Mitglied des Politbüros und Zentralkomitees der SED, 1. Sekretär der SED-Bezirksleitung Karl-Marx-Stadt, 21.6.1992.
Hans-Jürgen *Mader*, Oberstleutnant, Leiter der Abteilung Zivilrecht in der Rechtsabteilung des Ministeriums für Nationale Verteidigung, 1989/90 Leiter des Ausschusses zur Untersuchung von Amtsmißbrauch, Korruption und persönlicher Bereicherung in der NVA und den Grenztruppen der DDR, 24.1.1995.
Georg *Mascolo*, Journalist, Spiegel-TV, 5.3.1996***.

Dr. Igor *Maximytschew*, Erster Gesandter der Botschaft der UdSSR in der DDR, 23.5.1994 und 13.6.1994.

Dr. Klaus *Mehnert*, Leiter der Rechtsabteilung des Sekretariats des Ministerrates der DDR, 27.10.1993.

Dr. Werner *Melzer*, Oberst, Leiter des Sekretariats des Ministeriums für Nationale Verteidigung, 21.8.1995.

Rainer *Menzel*, Oberstleutnant, Stellvertreter des Leiters der Politischen Hauptverwaltung im Grenzkommando Mitte der Grenztruppen der DDR, ab 10.11.1989 Pressesprecher des Grenzkommandos Mitte, 9.11.1994 und 24.7.1995.

Wolfgang *Meyer*, Pressesprecher des Ministeriums für Auswärtige Angelegenheiten, ab 7.11.1989 Regierungssprecher und Mitglied des Ministerrates der DDR, 1.2.1995.

Peter *Miethe*, Konteradmiral, Stellvertretender Leiter der Abteilung Sicherheitsfragen des ZK der SED, ab 8.11.1989 amtierender Leiter der Abteilung Sicherheitsfragen des ZK der SED, 19.3.1992 und 10.1.1995.

Heinz *Mirtschin*, Mitglied des Zentralkomitees der SED, Leiter der Abteilung Parteiorgane des ZK der SED, 10.1.1995****.

Dr. Günter *Mittag*, Mitglied des Politbüros (bis 17.10.1989), ZK-Sekretär für Wirtschaft (bis 17.10.1989), Mitglied des Nationalen Verteidigungsrates der DDR, 10.12.1993*.

Dr. Hans *Modrow*, 1. Sekretär der SED-Bezirksleitung Dresden und Mitglied des Zentralkomitees der SED, ab 8.11.1989 Mitglied des Politbüros, vom 13.11.1989 bis 18.3.1990 Vorsitzender des Ministerrates der DDR, 4.1.1995.

Dr. Harry *Möbis*, Leiter der Abteilung Organisation und Inspektion des Ministerrates der DDR, ab 7.11.1989 Leiter des Sekretariats des Ministerrates der DDR, Staatssekretär, 18.8.1992 und 11.7.1994.

Walter *Momper*, SPD, Regierender Bürgermeister von Berlin, 7.3.1996.

Michelle *Neubert*, Journalistin, NBC, 11.7.1995***.

Wolfgang *Petter*, Stellvertretender Leiter der Rechtsabteilung des Sekretariats des Ministerrates der DDR, 5.11.1993.

Jan-Pierre *Porenski*, Oberst, Regimentsarzt des Luftsturmregiments-40 der Landstreitkräfte der Nationalen Volksarmee, 28.12.1994.

Günter *Pötschke*, Mitglied des Zentralkomitees der SED, Generaldirektor des Allgemeinen Deutschen Nachrichtendienstes (ADN), 9.12.1994.

Peter *Priemer*, Oberst, Kommandeur der 1. Motorisierten Schützendivision, 4.5.1994.

Wolfgang *Rauchfuß*, Mitglied des Zentralkomitees der SED, Stellvertretender Vorsitzender des Ministerrates der DDR, Minister für Materialwirtschaft, ab 8.11.1989 Mitglied des Politbüros und ZK-Sekretär für Wirtschaft, 26.7.1993 und 2.9.1993*.

Friedhelm *Rausch*, Generalmajor, Präsident der Volkspolizei Berlin, 28.6.1995.

Günter *Schabowski*, Mitglied des Politbüros und Zentralkomitees der SED, 1. Sekretär der SED-Bezirksleitung Berlin, ab 8.11.1989 ZK-Sekretär für Medien, 24.4.1990, 5.6.1990 und 24.1.1993.

Dr. Alexander *Schalck*, Mitglied des Zentralkomitees der SED, Leiter des Bereiches Kommerzielle Koordinierung im Ministerium für Außenhandel, Staatssekretär, 15.10.1992, 20.8.1993 und 29.9.1993*.

Georg *Schertz*, Polizeipräsident in Berlin, 15.1.1996.

Oberstleutnant *Schneider*, Stellvertreter des Kommandeurs der 1. Motorisierten Schützendivision für Ausbildung, 2.5.1996.

Dr. Rolf *Schönfeld*, Oberstleutnant, Regimentsarzt im Artillerieregiment I der 1. Motorisierten Schützendivison, 16.4.1994.

Prof. Dr. Dieter *Schröder*, Chef der Senatskanzlei von Berlin, 10.4.1996.

Dr. Joachim *Schunke*, Oberst, Persönlicher Mitarbeiter des Ministers für Nationale Verteidigung, 4.8.1995.

Dr. Gerhard *Schürer*, Kandidat des Politbüros und Mitglied des Zentralkomitees der SED, ab 8.11.1989 Mitglied des Politbüros der SED, stellvertretender Vorsitzender des Ministerrates der DDR und Vorsitzender der Staatlichen Plankommission, 11.2.1992, 21.2.1992, 25.2.1993*, 21.5.1993*, 14.3.1995 und 31.5.1995.

Dr. Edwin *Schwertner*, Leiter des Büros des Politbüros der SED, 30.3.1992 und 6.1.1995.

Manfred *Sens*, Major, Diensthabender Offizier der Grenztruppen der DDR an der GÜST Bornholmer Straße, ab 10.11.1989 Kommandant der GÜST, 11.9.1995.

Günther *Sieber*, Mitglied des Zentralkomitees der SED, Leiter der Abteilung Internationale Verbindungen des ZK der SED, ab 8.11.1989 Mitglied des Politbüros der SED, 20.10.1993.

Horst *Skerra*, Generalleutnant, Chef des Stabes der Landstreitkräfte der NVA, ab 1.1.1990 Chef der Landstreitkräfte, 9.9.1995.

Horst *Stechbarth*, Generaloberst, Mitglied des Zentralkomitees der SED, Stellvertreter des Ministers für Nationale Verteidigung und Chef der Landstreitkräfte der NVA, 12.12.1994 und 18.7.1995.

Fritz *Streletz*, Generaloberst, Mitglied des Zentralkomitees der SED, Stellvertreter des Ministers für Nationale Verteidigung und Chef des Hauptstabes der NVA, Sekretär des Nationalen Verteidigungsrates der DDR, 8.12.1994, 21.12.1994 und 28.3.1996.

Dr. Horst *Teltschik*, Leiter der Abteilung Auswärtige und Innerdeutsche Beziehungen, Entwicklungspolitik und Äußere Sicherheit im Bundeskanzleramt, 7.10.1992.

Peter *Thomsen*, Oberstleutnant, Stabschef des Grenzregiments 44 des Grenzkommandos Mitte, 12.11.1994 und 11.12.1994.

Harry *Tisch*, Mitglied des Politbüros (bis 8.11.1989) und Zentralkomitees der SED (bis 3.12.1989), Vorsitzender des Bundesvorstandes des FDGB (bis 2.11.1989), 9.12.1993* und 1.3.1994.

Karl-Heinz *Wagner*, Generaloberst, Stellvertreter des Ministers des Innern und Chef des Stabes, 24.4.1995 und 12.5.1995.

Volker *Warkentin*, Journalist, Reuters, 20.3.1994***.

Hans-Werner *Weber*, Oberst, Leiter der Zentralstelle für Neuerer- und Erfindungswesen im Ministerium für Nationale Verteidigung, 27.9.1994.

Siegfried *Wenzel*, Stellvertreter des Vorsitzenden der Staatlichen Plankommission für den Bereich Volkswirtschaftliche Gesamtrechnung, 15.6.1992, 25.2.1993*, 21.5.1993* und 13.9.1993.

Dr. Siegfried *Wittenbeck*, Stellvertreter des Ministers der Justiz, 8.10.1993.

Dr. Günther *Wyschofsky*, Mitglied des Zentralkomitees der SED, Minister für Chemische Industrie (bis 17.11.1989), 2.11.1992, 2.9.1993*, 31.3.1994 und 5.5.1994.

3. Literatur

Aanderud, Kai-Axel, 1991: Die eingemauerte Stadt. Die Geschichte der Berliner Mauer, Recklinghausen.

Abramowski, Wanja, 1992: Im Labyrinth der Macht. Innenansichten aus dem Stasi-Apparat, in: Bernd Florath/Armin Mitter/Stefan Wolle (Hg.), Die Ohnmacht der Allmächtigen, Berlin, S. 212-233.

Ackermann, Eduard, 1994: Mit feinem Gehör. Vierzig Jahre in der Bonner Politik, Bergisch-Gladbach.

Ahrenth, Joachim, 1993: Der Westen tut nichts! Transatlantische Kooperation während der zweiten Berlin-Krise (1958-1962) im Spiegel neuer amerikanischer Quellen, Frankfurt am Main.

Albrecht, Ulrich, 1992: Die Abwicklung der DDR, Opladen.

Alt, Helmut, 1987: Die Stellung des Zentralkomitees der SED im politischen System der DDR, Köln.
Andert, Reinhold/Herzberg, Wolfgang, 1991: Der Sturz. Erich Honecker im Kreuzverhör, Berlin/Weimar.
Arbatow, Georgi, 1993: Das System. Ein Leben im Zentrum der Sowjetpolitik, Frankfurt/Main.
Arbeitsgemeinschaft 13.August, 1993: Grenzen durch Berlin und durch Deutschland, Berlin.
Arbeitsgemeinschaft 13.August, 1994: Grenzen durch Berlin und durch Deutschland, Berlin.
Ash, T. Garton, 1990: Ein Jahrhundert wird abgewählt, Wien.
Ash, T. Garton, 1993: Im Namen Europas. Deutschland und der geteilte Kontinent, München/Wien.
Auerbach, Thomas, 1995: Vorbereitung auf den Tag X. Die geplanten Isolierungslager des MfS, hrsg. v. Bundesbeauftragten für die Unterlagen des Staatssicherheitsdienstes der ehemaligen DDR, Reihe B, Nr. 1/95, Berlin.
Auswärtiges Amt (Hg.), 1990: Umbruch in Europa. Die Ereignisse im 2. Halbjahr 1989. Eine Dokumentation, Bonn.
Autorenkollektiv, 1969: Politische Ökonomie des Sozialismus und ihre Anwendung in der DDR, Berlin-Ost.
Axen, Hermann, 1996: Ich war ein Diener der Partei, Berlin.
Backerra, Manfred (Hg.), 1992: NVA. Ein Rückblick für die Zukunft, Köln.
Bahr, Ekkehard, 1990: Sieben Tage im Oktober. Aufbruch in Dresden, Leipzig.
Bahrmann, Hannes/Links, Christoph, 1994: Chronik der Wende. Die DDR zwischen 7. Oktober und 18. Dezember 1989, Berlin.
Bahrmann, Hannes/Links, Christoph, 1995: Chronik der Wende 2. Stationen der Einheit. Die letzten Monate der DDR, Berlin.
Baker, James A., 1996: Drei Jahre, die die Welt veränderten. Erinnerungen, Berlin.
Baker, James A., 1996: Drei Jahre, die die Welt veränderten. Erinnerungen, Berlin.
Barzel, Rainer, 1976: Es ist noch nicht zu spät, München/Zürich.
Bassistow, Juri W., 1994: Die DDR - ein Blick aus Wünsdorf, in: Aus Politik und Zeitgeschichte. Beilage zur Wochenzeitung Das Parlament Nr. 40, 7. Oktober 1994, S. 46-53.
Bayerischer Landtag, 1994: Schlußbericht des Untersuchungsausschusses betreffend bayerische Bezüge der Tätigkeit des Bereichs "Kommerzielle Koordinierung" und Alexander Schalck-Golodkowskis, 12. Wahlperiode, Drucksache 12/16598, 6.7.1994 (unkorrigiertes Exemplar).
Behrendt, Hans-Dieter/Böhnke, Hans/Frotscher, Kurt/Geschke, Heinz/Hanisch, Wilfried/Krug, Wolfgang/Wegner, Günter, 1994a: Nachbetrachtungen zur Grenzöffnung am 9. November 1989, Teil 1. Herausgegeben vom Brandenburger Verein für politische Bildung "Rosa Luxemburg" e.V., Potsdam.
Behrendt, Hans-Dieter/Böhnke, Hans/Frotscher, Kurt/Geschke, Heinz/Hanisch, Wilfried/Krug, Wolfgang/Wegner, Günter, 1994b: Nachbetrachtungen zur Grenzöffnung am 9. November 1989, Teil 2. Herausgegeben vom Brandenburger Verein für politische Bildung "Rosa Luxemburg" e.V., Potsdam.
Beil, Gerhard, 1993: Marketing statt Marxismus, in: Margarita Mathiopoulos, Das Ende der Bonner Republik, Stuttgart, S. 121-127.
Bender, Peter, 1994: Die Öffnung der Berliner Mauer am 9. November 1989, in: Johannes Wilms (Hg.), Der 9. November. Fünf Essays zur deutschen Geschichte, München, S. 66-82.
Bering, Henrik, 1995: Outpost Berlin. The History of the American Military Forces in Berlin 1945-1994, Chicago/Berlin/Tokyo/Moscow.
Beschloss, Michael R./Talbott, Strobe, 1993: Auf höchster Ebene. Das Ende des Kalten Krieges und die Geheimdiplomatie der Supermächte 1989-1991, Düsseldorf (usw.).

Beyme, Klaus von, 1994: Systemwechsel in Osteuropa, Frankfurt am Main.
Blees, Thomas, 1996: Glienicker Brücke, Berlin.
Bortfeldt, Heinrich, 1992: Von der SED zur PDS, Bonn/Berlin.
Bortfeldt, Heinrich, 1993: Washington - Bonn - Berlin. Die USA und die deutsche Einheit, Bonn.
Böttcher, Peter, 1990: Legende und Wirklichkeit - Wer öffnete am 9. November die Mauer? In: Berliner Zeitung, 9. November 1990, S. 3.
Bourdieu, Pierre, 1992: Homo academicus, Frankfurt am Main.
Brinkschulte, Wolfgang/Gerlach Hans Jörgen/Heise, Thomas, 1993: Freikaufgewinnler, Frankfurt-M./Berlin.
Broder, Henryk, 1994: Erbarmen mit den Deutschen, Hamburg.
Brunner, Georg, 1993: Der politische Umbruch in Ungarn, in: Göttinger Arbeitskreis (Hg.), Die revolutionäre Umwälzung in Mittel- und Osteuropa, Berlin, S. 71-82.
Brus, Wlodzimierz, 1975: Sozialisierung und politisches System, Frankfurt/-Main.
Buch, Günther, 1987: Namen und Daten wichtiger Personen der DDR, Berlin/Bonn, 4. Auflage.
Bundesministerium für innerdeutsche Beziehungen (Hg.), 1980: Zehn Jahre Deutschlandpolitik. Die Entwicklung der Beziehungen zwischen der Bundesrepublik Deutschland und der Deutschen Demokratischen Republik 1969-1979. Bericht und Dokumentation, Bonn.
Bundesministerium für innerdeutsche Beziehungen (Hg.), 1985: DDR Handbuch, Band 1 und 2. Wissenschaftliche Leitung: Hartmut Zimmermann, Köln, 3. überarbeitete und erweiterte Auflage.
Bundesministerium für innerdeutsche Beziehungen (Hg.), 1986: Innerdeutsche Beziehungen. Die Entwicklung der Beziehungen zwischen der Bundesrepublik Deutschland und der Deutschen Demokratischen Republik 1980-1986. Eine Dokumentation, Bonn.
Bundestag, Deutscher, 1992: Erste Beschlußempfehlung und erster Teilbericht des 1. Untersuchungsausschusses nach Artikel 44 des Grundgesetzes, 12. Wahlperiode, Drs. 12/3462, 14.10.1992.
Bundestag, Deutscher, 1994a: Beschlußempfehlung und Bericht des 1. Untersuchungsausschusses nach Artikel 44 des Grundgesetzes (BT-Drs. 12/7600), Bonn.
Cate, Curtis, 1980: Riss durch Berlin. Der 13. August 1961, Hamburg.
Catudal, Honoré M., 1981: Kennedy in der Mauerkrise, Berlin.
Conradt, Sylvia/Heckmann-Janz, Kirsten, 1990: Berlin halb und halb. Von Frontstädtern, Grenzgängern und Mauerspechten, Frankfurt am Main.
Crome, Erhard/Franzke, Jochen, 1993: Die SED-Führung und die Wiener KSZE-Konferenz 1986-1989, in: Deutschland Archiv 8, S. 905-914.
Dahn, Daniela/Kopka, Fritz-Jochen (Red.), 1991: Und diese verdammte Ohnmacht. Report der unabhängigen Untersuchungskommission zu den Ereignissen vom 7./8. Oktober 1989 in Berlin, Berlin.
Daschitschew, Wjatscheslaw, 1993: Die Wechselwirkung der gegenseitigen Beziehungen zwischen der Bundesrepublik Deutschland, der DDR und der Sowjetunion im Zeitraum 1970-1989, in: Deutschland Archiv 12, S. 1460-1470.
Daschitschew, Wjatscheslaw, 1995: Die sowjetische Deutschlandpolitik in den achtziger Jahren, in: Deutschland Archiv 1, S. 54-67.
Der Bundesbeauftragte für die Unterlagen des Staatssicherheitsdienstes der ehemaligen Deutschen Demokratischen Republik, 1995: Die Organisationsstruktur des Ministeriums für Staatssicherheit 1989, Berlin.
Deutschland 1989: Dokumentation zu der Berichterstattung über die Ereignisse in der DDR und die deutschlandpolitische Entwicklung, hrsg. v. Presse- und Informationsamt der Bundesregierung, Bonn.

Dissberger, Karl-Heinz, 1992: Bewaffnung und Ausrüstung, in: Ders. u.a., Vom Himmel auf die Erde ins Gefecht. Fallschirmjäger der Nationalen Volksarmee, Düsseldorf, S. 162-195.
Drescher, Anne/Herbstritt, Georg/Mothes, Jörn, 1994: Aufbruch '89. Über den Beginn der Wende in Schwerin, Dokumentation, hrsg. v. Landesbeauftragten für Mecklenburg-Vorpommern für die Unterlagen des Staatssicherheitsdienstes der ehemaligen DDR, Schwerin.
Dümde, Claus, 1990a: Wie kam es zum Sturm auf die Mauer? In: Neues Deutschland, 3./4. November 1990, S. 9.
Dümde, Claus, 1990b: Die längste Nacht der DDR, in: Neues Deutschland, 11. November 1990, S. 9.
Eisenfeld, Bernd, 1995: Die Zentrale Koordinierungsgruppe. Bekämpfung von Flucht und Übersiedlung, in: Henke, Klaus-Dietmar u.a. (Hg.), Anatomie der Staatssicherheit. MfS-Handbuch, Berlin.
Elbe, Frank/Kiessler, Richard, 1993: Ein runder Tisch mit scharfen Ecken. Der diplomatische Weg zur deutschen Einheit, Baden-Baden.
Eppelmann, Rainer, 1993: Fremd im eigenen Haus, Köln.
Falin, Walentin, 1993: Politische Erinnerungen, München.
Filmer, Werner/Schwan, Heribert, 1991: Opfer der Mauer, München.
Filmer, Werner/Schwan, Heribert, 1992: Wolfgang Schäuble. Politik als Lebensaufgabe, München.
Fischbach, Günter (Hg.), 1990: DDR-Almanach '90. Informationen, Zahlen, Stuttgart/München/Landsberg.
Fricke, Karl Wilhelm/Marquardt, Bernhardt, 1995: DDR Staatssicherheit, Bochum.
Funkhaus Berlin (Hg.), 1990: Radio im Umbruch. Oktober 1989 bis Oktober 1990 im Rundfunk der DDR, Berlin.
Geisler, Michael E., 1992: Mehrfach gebrochene Mauerschau: 1989-1990 in den US-Medien, in: Rainer Bohn/Knut Hickethier/Eggo Müller (Hg.), Mauer-Show. Das Ende der DDR, die deutsche Einheit und die Medien, Berlin, S. 257-275.
Geißel, Ludwig, 1991: Unterhändler der Menschlichkeit, Stuttgart.
Gerlach, Manfred, 1991: Mitverantwortlich. Als Liberaler im SED-Staat, Berlin.
Geschichte der SED, 1978: Geschichte der SED. Abriß, Berlin.
Gill, David/Schröter, Ulrich, 1991: Das Ministerium für Staatssicherheit. Anatomie des Mielke-Imperiums, Berlin.
Glaeßner, Gert-Joachim, (Hg.), 1988: Die DDR in der Ära Honecker, Opladen.
Glaeßner, Gert-Joachim, 1977: Herrschaft durch Kader, Opladen.
Goldberg, Robert/Goldberg, Gerald Jay, 1990: Anchors. Brokaw, Jennings, Rather and the Evening News, New York.
Göpel, Helmut, 1993a: Die Berlin-Operation, in: Klaus Naumann (Hg.), NVA. Anspruch und Wirklichkeit, Berlin/Bonn/Herford, S. 286-299.
Göpel, Helmut, 1993b: NVA-Landstreitkräfte, in: Klaus Naumann (Hg.), NVA. Anspruch und Wirklichkeit, Berlin/Bonn/Herford, S. 77-120.
Gorbatschow, Michail S., 1987: Perestroika. Die zweite russische Revolution, München.
Gorbatschow, Michail S., 1993: Gipfelgespräche. Geheime Protokolle aus meiner Amtszeit, Berlin.
Görtemaker, Manfred, 1994: Unifying Germany 1989-1990, London.
Greenwald, G. Jonathan, 1993: Berlin Witness. An American Diplomat's Chronicle of East Germany's Revolution, Pennsylvania.
Gutzeit, Martin, 1993: Der Weg in die Opposition, in: Walter Euchner (Hg.), Politische Opposition in Deutschland und im internationalen Vergleich, Göttingen, S. 84-114.
Gysi, Gregor/Falkner, Thomas, 1990: Sturm aufs Große Haus, Berlin.

Haendcke-Hoppe, Maria, 1978: DDR-Außenhandel vor altneuen Problemen, in: Deutschland Archiv Nr. 12, S. 1286-1291.
Haendcke-Hoppe, Maria, 1983a: DDR-Außenwirtschaft unter neuen Vorzeichen, in: Deutschland Archiv Nr. 4, S. 378-385.
Haendcke-Hoppe, Maria, 1983b: DDR-Außenhandel im Zeichen schrumpfender Westimporte, in: Deutschland Archiv Nr. 10, S. 1066-1071.
Haendcke-Hoppe, Maria, 1984: Konsolidierung in der DDR-Außenwirtschaft, in: Deutschland Archiv Nr. 10, S. 1060-1068.
Haendcke-Hoppe, Maria, 1987: Die DDR-Außenwirtschaft am Beginn der Fünfjahrplanperiode 1986-90, in: Deutschland Archiv Nr. 1, S. 49-55.
Haendcke-Hoppe, Maria, 1988: Erfolge und Mißerfolge in der Außenwirtschaft, in: Forschungsstelle für gesamtdeutsche wirtschaftliche und soziale Fragen (Hg.), Die Wirtschaftspolitik der Ära Honecker - ökonomische und soziale Auswirkungen, Teil 1, Bonn, S. 51-67.
Haendcke-Hoppe, Maria, 1989: Die Außenwirtschaftsbeziehungen der DDR und der innerdeutsche Handel, in: Werner Weidenfeld/Hartmut Zimmermann (Hg.), Deutschland-Handbuch. Eine doppelte Bilanz 1949-1989, München/Wien, S. 639-652.
Haendcke-Hoppe, Maria, 1994: Zum ökonomischen Erbe der SED-Diktatur, in: Wolfgang-Uwe Friedrich (Hg.), Totalitäre Herrschaft - totalitäres Erbe. German Studies Review, Special Issue, S. 47-65.
Hahn, Annegret/Pucher, Gisela/Schaller, Henning/Scharsich, Lothar, 1990: Protestdemonstration Berlin DDR - 4.11.89, Ost-Berlin.
Harrison, Hope M., 1993: Ulbricht and the Concrete "Rose". New Archival Evidence on the Dynamics of Soviet-East German Relations and the Berlin-Crisis 1958-1961, Washington, D.C. (The Woodrow Wilson Center).
Harrison, Hope M., 1995: Soviet-East German Relations after World War II, in: Problems of Postcommunism, Sept./Oct. 1995, S. 9-17.
Heber, Norbert/Lehmann, Johannes, 1990: Keine Gewalt. Der friedliche Weg zur Demokratie, Berlin.
Helwig, Gisela, (Hg.), 1995: Rückblicke auf die DDR. Festschrift für Ilse Spittmann-Rühle, Köln.
Herger, Wolfgang, 1990: Schild und Schwert der Partei, in: Jean Villain, Die Revolution verstößt ihre Väter. Aussagen und Gespräche zum Untergang der DDR, Bern, S. 104-130.
Hertle, Hans-Hermann, 1991: Vor dem Bankrott der DDR. Dokumente des Politbüros des ZK der SED aus dem Jahre 1988 zum Scheitern der "Einheit von Wirtschafts- und Sozialpolitik". Berliner Arbeitshefte und Berichte zur sozialwissenschaftlichen Forschung Nr. 63, Berlin.
Hertle, Hans-Hermann, 1992a: Der Weg in den Bankrott der DDR-Wirtschaft, in: Deutschland Archiv 2, S. 127-145.
Hertle, Hans-Hermann, 1992b: Staatsbankrott. Der ökonomische Untergang des SED-Staates, in: Deutschland Archiv 10, S. 1019-1030.
Hertle, Hans-Hermann, 1992c: "Das reale Bild war eben katastrophal!" Gespräch mit Gerhard Schürer, in: Deutschland Archiv 10, S. 1031-1039.
Hertle, Hans-Hermann, 1995a: Die Diskussion der ökonomischen Krisen in der Führungsspitze der SED, in: Theo Pirker/Rainer Lepsius/Rainer Weinert/Hans-Hermann Hertle, Der Plan als Befehl und Fiktion. Wirtschaftsführung in der DDR, Opladen, S. 309-346.
Hertle, Hans-Hermann, 1995b: Der 9. November 1989 in Berlin, in: Materialien der Enquete-Kommission "Aufarbeitung von Geschichte und Folgen der SED-Diktatur in Deutschland" (12. Wahlperiode des Deutschen Bundestages), hrsg. vom Deutschen Bundestag, Band VII/1: Widerstand, Opposition, Revolution, Baden-Baden 1995, S. 787-872.
Hertle, Hans-Hermann, 1995c: "Jede Konfrontation ist zu vermeiden!" Gespräch mit den Generälen Klaus-Dieter Baumgarten, Joachim Goldbach und Fritz Streletz über den Fall der Mauer aus der Sicht der NVA und der Grenztruppen der DDR, in: Deutschland Archiv 9, S. 905-919.

Hertle, Hans-Hermann, 1995d: "Kontrollen eingestellt - nicht mehr in der Lage - Punkt!" Wie die Mauer an der Bornholmer Straße fiel. Gespräch mit Harald Jäger, ehemaliger stellvertretender Leiter der Paßkontrolle am Grenzübergang Bornholmer Straße, Deutschland Archiv 11, S. 1127-1134.

Hertle, Hans-Hermann, 1995e: Schabowskis Zettel. Zur politischen Chronologie des Mauerfalls, in: Der Fall der Mauer - das ungeklärte Mysterium. Materialien einer Podiumsdiskussion, hrsg. v. Brandenburger Verein für politische Bildung Rosa Luxemburg e.V., Potsdam 1995, S. 17-29.

Hertle, Hans-Hermann/Pirker, Theo/Weinert, Rainer, 1990: "Der Honecker muß weg!" Protokoll eines Gespräches mit Günter Schabowski am 24. April 1990, Berlin (Berliner Arbeitshefte und Berichte zur sozialwissenschaftlichen Forschung Nr. 35).

Hertle, Hans-Hermann/Weinert, Rainer/Wilke, Manfred, 1991: Der Staatsbesuch, Berlin.

Hoffmann, Theodor, 1993: Das letzte Kommando. Ein Minister erinnert sich, Berlin/Bonn/Herford.

Hoffmann, Wolfram, 1993: Die Besetzung West-Berlins, Potsdam (maschinengeschriebenes Ms.).

Höhmann, Hans-Hermann, 1990: Die Wirtschaft der UdSSR im 12. Planjahrfünft: auf der Suche nach Wegen aus der Krise, in: Hannes Adomeit/Hans-Hermann Höhmann/Günther Wagenlehner (Hg.), Die Sowjetunion unter Gorbatschow, Stuttgart/Berlin/Köln, S. 140-161.

Honecker, Erich, 1980: Aus meinem Leben, Berlin-Ost.

Honecker, Erich, 1992a: Erich Honecker zu dramatischen Ereignissen, Hamburg.

Honecker, Erich, 1992b: "Ich bin am Ende meiner Erklärung. Tun Sie, was Sie nicht lassen können", Berlin.

Honecker, Erich, 1994: Moabiter Notizen, Berlin.

Horn, Gyula, 1991: Freiheit, die ich meine. Erinnerungen des ungarischen Außenministers, der den Eisernen Vorhang öffnete, Hamburg.

Hübner, Werner, 1992: Die Entwicklung der Sicherheitsinteressen der DDR im Rahmen des Ost-West-Konflikts, in: Gregor Gysi/Uwe-Jens Heuer/Michael Schumann (Hg.), Zweigeteilt. Über den Umgang mit der SED-Vergangenheit, Hamburg, S. 132-137.

HWWA-Institut für Wirtschaftsforschung Hamburg, 1994: Gutachten "Die Bedeutung des Bereiches Kommerzielle Koordinierung für die Volkswirtschaft der DDR", in: Deutscher Bundestag, Beschlußempfehlung und Bericht des 1. Untersuchungsausschusses nach Artikel 44 des Grundgesetzes (BT-Drs. 12/7600, Anhangband), Bonn, S. 3-158.

Initiativgruppe 4.11.1989, 1990: 40 Jahre DDR - TschüSSED. Ausstellung der 'Initiativgruppe 4.11.89' im Museum für Deutsche Geschichte und im Haus der Geschichte der Bundesrepublik Deutschland, Berlin.

Jakowlew, Alexander, 1992: Offener Schluß. Ein Reformer zieht Bilanz, Leipzig/Weimar.

Janson, Carl-Heinz, 1991: Totengräber der DDR. Wie Günter Mittag den SED-Staat ruinierte, Düsseldorf/Wien/New York.

Jarausch, Konrad H., 1995: Die unverhoffte Einheit 1989/90, Frankfurt/M.

Jeschonnek, Friedrich, 1992: Fallschirm- und Luftsturmtruppe der Nationalen Volksarmee - eine einführende Betrachtung, in: Karl-Heinz Dissberger u.a., Vom Himmel auf die Erde ins Gefecht. Fallschirmjäger der Nationalen Volksarmee, Düsseldorf, S. 3-14.

Jeschonnek, Günter, 1988: Ausreise - das Dilemma des ersten deutschen Arbeiter- und Bauern-Staates? In: Ferdinand Kroh (Hg.), "Freiheit ist immer Freiheit ..." Die Andersdenkenden in der DDR, Frankfurt am Main/Berlin, S. 234-270.

Joas, Hans/Kohli, Martin (Hg.), 1993: Der Zusammenbruch der DDR, Frankfurt am Main.

John, Antonius, 1991: Rudolf Seiters. Einsichten in Amt, Person und Ereignisse, Bonn/Berlin.
Józsa, Gyula, 1992: Von der Implosion des politbürokratischen Systems in Ungarn zum Rechtsstaat und zum Parteienpluralismus. Berichte des Bundesinstituts für ostwissenschaftliche und internationale Studien 23, Köln.
Kaiser, Karl, 1991: Deutschlands Vereinigung. Die internationalen Aspekte, Bergisch-Gladbach.
Karau, Gisela, 1992: Grenzerprotokolle. Gespräche mit ehemaligen DDR-Offizieren, Frankfurt (Main).
Keßler, Heinz, 1996: Zur Sache und zur Person, Berlin.
König, Klaus (Hg.), 1991: Verwaltungsstrukturen der DDR, Baden-Baden.
Koop, Volker, 1993: Ausgegrenzt. Der Fall der DDR-Grenztruppen, Berlin.
Köppe, Ingrid, 1993: KOKO - Ein deutsch-deutsches Geheimdienstunternehmen, in: Bündnis 90/Die Grünen (Hg.), Pressedienst Nr. 216/1992, 1.10.1992.
Kornai, János, 1980: Economics of Shortage, Volume A and B, Amsterdam/New York/Oxford.
Kosta, Jiri, 1978: Abriß der sozialökonomischen Entwicklung der Tschechoslowakei 1945-1977, Frankfurt/Main.
Kotschemassow, Wjatscheslaw, 1993: Moskau interessierte sich nicht mehr für die DDR, in: Moskau News Nr. 1/Januar 1993, S. 4.
Kotschemassow, Wjatscheslaw, 1994: Meine letzte Mission, Berlin.
Koziolek, Helmut, 1996: Das Scheitern eines Reformsversuchs, in: Hans Modrow (Hg.), Das Große Haus von außen, Berlin, S. 54-78.
Krenz, Egon, 1990: Wenn Mauern fallen, Wien.
Krenz, Egon, 1992: Anmerkungen zur Öffnung der Berliner Mauer im Herbst 1989, in: Osteuropa 4, S. 365-369.
Krenz, Egon, 1994: Der 9. November 1989. Unfall oder Logik der Geschichte? In: Siegfried Prokop (Hg.), Die kurze Zeit der Utopie. Die 'zweite DDR' im vergessenen Jahr 1989/90, Berlin, S. 71-87.
Kroll, Hans, 1967: Lebenserinnerungen eines Botschafters, Köln/Berlin.
Krömke, Claus, 1994: Der personelle und politisch-ökonomische Strategiewechsel in der DDR 1970/71, Berlin (unveröff. Ms.).
Krüger, Joachim, 1993a: Die Haltung der SED-Führung zur UdSSR in den Jahren 1985-1989, Teil 1, in: Europa-Dialoge. Zeitschrift für europäische Politik und Dialog 3, S. 6-13.
Krüger, Joachim, 1993b: Die Haltung der SED-Führung zur UdSSR in den Jahren 1985-1989, Teil 2, in: Europa-Dialoge. Zeitschrift für europäische Politik und Dialog 4, S. 15-20.
Küchenmeister, Daniel (Hg.), 1993: Honecker - Gorbatschow. Vieraugengespräche, Berlin.
Küchenmeister, Daniel/Stephan, Gerd-Rüdiger, 1994: Gorbatschows Entfernung von der Breschnew-Doktrin, in: Zeitschrift für Geschichtswissenschaft 8, S. 713-721.
Kuhn, Ekkehard, 1992: Der Tag der Entscheidung. Leipzig, 9. Oktober 1989, Berlin/Frankfurt am Main.
Kuhn, Ekkehard, 1993: Gorbatschow und die deutsche Einheit, Bonn.
Kuppe, Johannes, 1989: Die deutsch-deutschen Beziehungen aus der Sicht der DDR, in: Werner Weidenfeld/Hartmut Zimmermann (Hg.), Deutschland-Handbuch. Eine doppelte Bilanz 1949-1989, München/Wien, S. 551-567.
Kurz, Friedrich, 1991a: Ungarn 89, in: Dieter Grosser/Stephan Bierling/Friedrich Kurz: Die sieben Mythen der Wiedervereinigung, München, S. 123-163.
Kurz, Friedrich, 1991b: Ost-Berlin/Das Ende der Mauer, in: Dieter Grosser/Stephan Bierling/Friedrich Kurz: Die sieben Mythen der Wiedervereinigung, München, S. 165-191.

Kusch, Günter/Montag, Rolf/Specht, Günter/Wetzker, Konrad, 1991: Schlußbilanz DDR. Fazit einer verfehlten Wirtschafts- und Sozialpolitik, Berlin.
Kusmin, Iwan, 1995: Die Verschwörung gegen Honecker, in: Deutschland Archiv 3, S. 286-290.
Kwizinskij, Julij A., 1993: Vor dem Sturm. Erinnerungen eines Diplomaten, Berlin.
Lange, Oskar, 1977: Ökonomisch-theoretische Studien, Frankfurt am Main/Köln.
Lemke, Michael, 1995: Die Berlinkrise 1958 bis 1963, Berlin.
Leonhardt, Karl/Schunke, Joachim, 1994, Sicherung der Grenze - eine Unmenschlichkeit? In: Reinhard Brühl u.a. (Hg.), Kalter Krieg auf deutschem Boden. Geschichte, Standpunkte, Dokumente, Berlin, S. 38-52.
Leonhardt, Karl/Schwillo, Alfred, o.J. (1993): Die Lage an der Grenze in den 70er und 80er Jahren, in: Autorenkollektiv (Hg.), Zwei Staaten, zwei Paktsysteme und ihre Grenze, Berlin, S. 22-29.
Lepsius, M. Rainer, 1994a: Die Bundesrepublik - ein neuer Nationalstaat? In: Berliner Journal für Soziologie 1, S. 7-12.
Lepsius, M. Rainer, 1994b: Die Institutionenordnung als Rahmenbedingung der Sozialgeschichte der DDR, in: Hartmut Kälble/Jürgen Kocka/Hartmut Zwahr (Hg.), Sozialgeschichte der DDR, Stuttgart, S. 17-29.
Lepsius, M. Rainer, 1995: Handlungsräume und Rationalitätskriterien der Wirtschaftsfunktionäre in der Ära Honecker, in: Theo Pirker/Rainer Lepsius/Rainer Weinert/Hans-Hermann Hertle, 1995: Der Plan als Befehl und Fiktion. Wirtschaftsführung in der DDR, Opladen, S. 347-362.
Lewytzkyj, Borys, 1967: Die Kommunistische Partei der Sowjetunion, Stuttgart.
Lochen, Hans-Hermann/Meyer-Seitz, Christian (Hg.), 1992: Die geheimen Anweisungen zur Diskriminierung Ausreisewilliger. Dokumente der Stasi und des Ministerium des Innern, Köln.
Löffler, Hans-Georg, 1992: Gefechtsbereitschaft - das Ziel der Ausbildung, in: Manfred Backerra (Hg.), NVA. Ein Rückblick für die Zukunft, Köln, S. 91-112.
Lorenz, Siegfried, 1992: Die Faust leider nur in der Tasche, in: Brigitte Zimmermann/Hans-Dieter Schütt (Hg.), Ohnmacht. DDR-Funktionäre sagen aus, Berlin, S. 144-158.
Ludes, Peter (Hg.), 1990: DDR-Fernsehen intern, Berlin.
Ludwig, Harald, 1971: Die SED vor dem VIII. Parteitag, in: Deutschland Archiv 6, S. 584-597.
Ludz, Peter Christian, 1977: Die DDR zwischen Ost und West, München.
Machiavelli, Niccolo, 1925: Vom Staate. Gesammelte Schriften, 1. Band, München.
Mahncke, Dieter, 1995: Das Berlin-Problem - die Berlin-Krise 1958-61/62, in: Materialien der Enquete-Kommission "Aufarbeitung von Geschichte und Folgen der SED-Diktatur in Deutschland" (12. Wahlperiode des Deutschen Bundestages), hrsg. vom Deutschen Bundestag, Band V/2 Deutschlandpolitik, innerdeutsche Beziehungen und internationale Rahmenbedingungen, Baden-Baden 1995, S. 1767-1821.
Mathiopoulos, Margarita, 1993: Das Ende der Bonner Republik, Stuttgart.
Maximytschew, Igor F., 1994a: Der Fall der Berliner Mauer, Berlin (Ms.).
Maximytschew, Igor F., 1994b: Gorbatschow'sche Perestroika der internationalen Beziehungen als Wegbereiter der deutschen Einheit, Berlin (Ms.).
Maximytschew, Igor F./Hertle, Hans-Hermann, 1994a: Die Maueröffnung, Teil I und II, in: Deutschland Archiv 11, S. 1137-1158.
Maximytschew, Igor F./Hertle, Hans-Hermann, 1994b: Die Maueröffnung, Teil III, in: Deutschland Archiv 12, S. 1241-1251.
McAdams, A. James, 1991: Germany Divided. From the Wall to Reunification, Princeton.

Meissner, Boris, 1993: Partei und Parteiführung unter Gorbatschow, in: Hannes Adomeit/Hans-Hermann Höhmann/Günther Wagenlehner (Hg.), Die Sowjetunion unter Gorbatschow, Stuttgart/Berlin/Köln, S. 30-64.
Merton, Robert K., 1936: The Unanticipated Consequences of Purposive Social Action, in: American Sociological Review, 1. Jg. 1936, S. 894-904.
Merton, Robert K., 1995: Die Self-Fulfilling Prophecy, in: Ders., Soziologische Theorie und soziale Struktur, Berlin/New York, S. 399-413.
Meuschel, Sigrid, 1988: Auf der Suche nach Madame L'Identité? Zur Konzeption der Nation und Nationalgeschichte, in: Gert-Joachim Glaeßner (Hg.), Die DDR in der Ära Honecker, Opladen, S. 77-93.
Meuschel, Sigrid, 1992: Legitimation und Parteiherrschaft in der DDR, Frankfurt am Main.
Meyer, Gerd, 1991: Die DDR-Machtelite in der Ära Honecker, Tübingen.
Militärlexikon 1973: Militärverlag der Deutschen Demokratischen Republik, Berlin, 2. Auflage.
Mittag, Günter, 1991: Um jeden Preis, Berlin/Weimar.
Mitter, Armin/Wolle, Stefan (Hg.), 1990: Ich liebe euch doch alle! Berlin.
Mitter, Armin/Wolle, Stefan (Hg.), 1994: Der Tag X. Quellen und Forschungen zum 17. Juni 1953, Berlin.
Mitter, Armin/Wolle, Stefan, 1993: Untergang auf Raten. Unbekannte Kapitel der DDR-Geschichte, München.
Modrow, Hans, 1991a: Aufbruch und Ende, Hamburg.
Modrow, Hans, 1991b: Ein Staatssekretär als Exempel. Der Fall Schalck-Golodkowski - eine Chronik und einige Anmerkungen, in: Die Zeit Nr. 46, 8.11.1991, S. 11.
Momper, Walter, 1991: Grenzfall, München.
Murphy, Austin, 1995: The Last Year of a Country that Never Existed. The Truth behind the Collapse of the Berlin Wall, Salt Lake City.
Naimark, Norman M., 1992: "Ich will hier raus". Emigration and the Collapse of the German Demokratic Republic, in: Ivo Banac (Hg.), Eastern Europe in Revolution, New York, S. 72-95.
Nakath, Detlef/Stephan, Gert-Rüdiger, (Hg.), 1995: Von Hubertusstock nach Bonn, Berlin.
Nakath, Monika, 1993: SED und Perestroika. Hefte zur DDR-Geschichte Nr. 9, Berlin.
Naumann, Gerhard/Trümpler, Eckhard, 1990: Von Ulbricht zu Honecker, Berlin.
Naumann, Klaus (Hg.), 1993: NVA. Anspruch und Wirklichkeit, Berlin/Bonn/Herford.
Neues Forum Leipzig, 1989: Jetzt oder nie - Demokratie! Leipziger Herbst '89, Leipzig.
Neues Forum, 1990: Die ersten Texte des Neuen Forum, Berlin.
Nitz, Jürgen, 1995: Länderspiel, Berlin.
Offe, Claus, 1993: Wohlstand, Nation, Republik, in: Hans Joas/Martin Kohli (Hg.), Der Zusammenbruch der DDR, Frankfurt/Main, S. 282-301.
Oldenburg, Fred, 1991a: Die Implosion des SED-Regimes. Berichte des Bundesinstituts für ostwissenschaftliche und internationale Studien Nr. 10, Köln.
Oldenburg, Fred, 1991b: Moskau und die Wiedervereinigung Deutschlands. Berichte des Bundesinstituts für ostwissenschaftliche und internationale Studien Nr. 38, Köln.
Oldenburg, Fred, 1992: Die Deutschlandpolitik Gorbatschows 1985-1991. Berichte des Bundesinstituts für ostwissenschaftliche und internationale Studien Nr. 17, Köln.
Oldenburg, Fred, 1993: Der Zusammenbruch des SED-Regimes und das Ende der DDR, in: Göttinger Arbeitskreis (Hg.), Die revolutionäre Umwälzung in Mittel- und Osteuropa, Berlin, S. 103-161.

Oldenburg, Fred, 1994: Das Dreieck Moskau - Ost-Berlin - Bonn 1975-1989. Berichte des Bundesinstituts für ostwissenschaftliche und internationale Studien Nr. 54, Köln.

Oldenburg, Fred, 1995: Eine endliche Geschichte. Zum Verhältnis DDR - UdSSR 1970-1990, in: Gisela Helwig (Hg.), Rückblicke auf die DDR. Festschrift für Ilse Spittmann-Rühle, Köln, S. 163-174.

Oldenburg, Fred/Stephan, Gert-Rüdiger, 1995: Honecker kam nicht bis Bonn, in: Deutschland Archiv 8, S. 791-805.

Opp, Karl-Dieter/Voß, Peter, 1993: Die volkseigene Revolution, Stuttgart.

Pechmann, Roland/Vogel, Jürgen, (Hg.), 1991: Abgesang der Stasi, Braunschweig.

Petschull, Jürgen, 1989: Die Mauer. Vom Anfang und vom Ende eines deutschen Bauwerks, Hamburg, 2. aktualisierte und erweiterte Auflage.

Petzold, Frank, 1994: Der Einfluß des MfS auf das DDR-Sperrgebiet an der innerdeutschen Grenze und an der Ostseeküste 1952-1990, Kiel (unveröff. Staatsexamensarbeit).

Pirker, Theo, 1977: Die verordnete Demokratie. Grundlagen und Erscheinungen der "Restauration", Berlin.

Pirker, Theo, 1990: Restauration und Reform. Die Krise und der Zerfall kommunistischer Herrschaftssysteme, Berliner Arbeitshefte und Berichte zur sozialwissenschaftlichen Forschung Nr. 20, Berlin.

Pirker, Theo/Lepsius, Rainer/Weinert, Rainer/Hertle, Hans-Hermann, 1995: Der Plan als Befehl und Fiktion. Wirtschaftsführung in der DDR, Opladen.

Podewin, Norbert, 1995: Walter Ulbricht. Eine neue Biographie, Berlin.

Pond, Elizabeth, 1993: Beyond the Wall. Germany's Road to Unification, Washington D.C.

Poßner, Wilfried, 1995: Immer bereit! Kämpfen, Spielen, Fröhlich sein, Berlin.

Potthoff, Heinrich, 1995: Die 'Koalition der Vernunft'. Deutschlandpolitik in den 80er Jahren, München.

Protokoll der 10. Tagung des Zentralkomitees der Sozialistischen Einheitspartei Deutschlands 8. bis 10. November 1989, o.O. (Berlin-Ost).

Protokoll der Verhandlungen des VIII. Parteitages der Sozialistischen Einheitspartei Deutschlands, 15. bis 19. Juni 1971, Berlin, Band 1 und 2.

Protokoll der Verhandlungen des XI. Parteitages der Sozialistischen Einheitspartei Deutschlands, Berlin, 17. bis 21. April 1986, Berlin.

Pryce-Jones, David, 1995: Der Untergang des sowjetischen Reiches, Reinbek.

Przybylski, Peter, 1991: Tatort Politbüro, Berlin.

Przybylski, Peter, 1992: Tatort Politbüro. Band 2: Honecker, Mittag und Schalck-Golodkowski, Berlin.

Rehlinger, Ludwig A., 1991: Freikauf. Die Geschäfte der DDR mit politisch Verfolgten 1963-1989, Berlin/Frankfurt am Main.

Reinhold, Otto, 1982: Die Wirtschaftsstrategie der SED, Berlin-Ost.

Reuth, Ralf Georg/Bönte, Andreas, 1993: Das Komplott, München/Zürich.

Richert, Ernst, 1964: Das zweite Deutschland, Gütersloh.

Riese, Hajo, 1990: Geld im Sozialismus. Zur theoretischen Fundierung von Konzeptionen des Sozialismus, Regensburg.

Roesler, Jörg, 1993: Der Einfluß der Außenwirtschaftspolitik auf die Beziehungen DDR-Bundesrepublik, in: Deutschland Archiv 3, S. 558-572.

Roggemann, Herwig, 1989: Die DDR-Verfassungen. Einführung in das Verfassungsrecht der DDR, Berlin, 4. neubearbeitete und erweiterte Auflage.

Ross Range, Peter, 1991: When Walls Come Tumbling Down: Covering The East German Revolution, Washington, D.C.

Rühle, Jürgen/Holzweißig, Gunter, 1986: 13. August 1961. Die Mauer von Berlin, Köln, 2. erweiterte Auflage.

Sächsischer Landtag, 1994: Schlußbericht des Sonderausschusses zur Untersuchung von Amts- und Machtmißbrauch infolge der SED-Herrschaft zum 1. Untersuchungsgegenstand, Drucksache 1/4773 zu DS 1/213, 20.5.1994
Sarotte, Mary Elise, 1993: Elite Intransigence and the End of the Berlin Wall, in: German Politics 2/1993, S. 270-287.
Schabowski, Günter, 1990: Das Politbüro, Hamburg.
Schabowski, Günter, 1991: Der Absturz, Berlin.
Schalck-Golodkowski, Alexander/Volpert, Heinz, 1970: Zur Vermeidung ökonomischer Verluste und zur Erwirtschaftung zusätzlicher Devisen im Bereich Kommerzielle Koordinierung des Ministerium für Außenwirtschaft der Deutschen Demokratischen Republik, Potsdam (Dissertation), in: Deutscher Bundestag, 12. Wahlperiode, Erste Beschlußempfehlung und erster Teilbericht des 1. Untersuchungsausschusses nach Artikel 44 des Grundgesetzes vom 14.10.1992 (Drucksache 12/3462), S. 123-312.
Schäuble, Wolfgang, 1993: Der Vertrag. Wie ich über die deutsche Einheit verhandelte, München.
Schell, Manfred/Kalinka, Werner, 1991: Stasi und kein Ende. Die Personen und Fakten, Frankfurt am Main/Berlin.
Schewardnadse, Eduard, 1991a: Die Zukunft gehört der Freiheit, Reinbek.
Schewardnadse, Eduard, 1991b: "Das ist meine Tragödie", in: Der Spiegel 22/1991, S. 161-169.
Schneider, Eberhard, 1994: Die politische Funktionselite in der DDR, Opladen.
Schnibben, Cordt, 1990: "Diesmal sterbe ich, Schwester", in: Der Spiegel 41/1990, S. 102-109.
Schorlemmer, Friedrich, 1990: Frieden vor Einheit sagen, in: Peter Neumann (Hg.), Träumen verboten. Aktuelle Stellungnahmen aus der DDR, Göttingen, S. 45-56.
Schüddekopf, Charles (Hg.), 1990: "Wir sind das Volk!" Flugschriften, Aufrufe und Texte einer deutschen Revolution, Reinbek.
Schulze, Winfried, 1989: Der 14. Juli 1789. Biographie eines Tages, Stuttgart.
Schumann, Karl F., 1995: Flucht und Ausreise aus der DDR, in: Materialien der Enquete-Kommission 'Aufarbeitung von Geschichte und Folgen der SED-Diktatur in Deutschland', hrsg. v. Deutschen Bundestag, Bd. V/3, Baden-Baden, S. 2359-2401.
Schürer, Gerhard, 1994: Die Wirtschafts- und Sozialpolitik der DDR, in: PDS (Hg.), Ansichten zur Geschichte, Band 3, S. 131-171.
Schürer, Gerhard, 1996: Gewagt und Verloren. Eine deutsche Biographie, Frankfurt (Oder).
Seiffert, Norbert, 1992: Strukturen und Einsatzgrundsätze der NVA-Luftlandetruppe, in: Karl-Heinz Dissberger u.a., Vom Himmel auf die Erde ins Gefecht. Fallschirmjäger der Nationalen Volksarmee, Düsseldorf, S. 57-107.
Shell, Kurt L., 1965: Bewährung und Bedrohung. Führung und Bevölkerung in der Berlin-Krise, Köln/Opladen.
Sieber, Günther, 1992: Ustinow tobte, Gorbatschow schwieg, in: Brigitte Zimmermann/Hans-Dieter Schütt (Hg.), Ohnmacht. DDR-Funktionäre sagen aus, Berlin, S. 217-234.
Sieber, Günther, 1994: Schwierige Beziehungen. Die Haltung der SED zur KPdSU und zur Perestroika, in: Hans Modrow (Hg.), Das Große Haus. Insider berichten aus dem ZK der SED, Norhaven, S. 71-95.
Simon, Gerhard/Simon, Nadja, 1993: Verfall und Untergang des sowjetischen Imperiums, München.
Spittmann, Ilse, 1971: Warum Ulbricht stürzte, in: Deutschland Archiv 6, S. 568-69.
Staadt, Jochen, 1993: Die geheime Westpolitik der SED 1960-1970, Berlin.
Stalin, Josef, 1953: Ökonomische Probleme des Sozialismus in der UdSSR, Berlin-Ost.
Staritz, Dietrich, 1985: Geschichte der DDR 1949-1985, Frankfurt am Main.

Stephan, Gerd-Rüdiger (Hg.), 1994: "Vorwärts immer, rückwärts nimmer!" Interne Dokumente zum Zerfall von SED und DDR 1988/89, Berlin.
Stephan, Gerd-Rüdiger, 1993: Die letzten Tagungen des Zentralkomitees der SED 1988/89, in: Deutschland Archiv 3, S. 296-325.
Stokes, Gale, 1993: The Walls Came Tumbling Down. The Collapse of Communism in Western Europe, New York/Oxford.
Strauß, Franz Josef, 1989: Die Erinnerungen. Berlin.
Streletz, Fritz, 1995: Es bestand nie die Absicht, die Berliner Grenze wieder zu schließen, in: Deutschland Archiv 9, S. 901-905.
Süß, Walter, 1990: Weltgeschichte in voller Absicht oder aus Versehen? In: Das Parlament Nr. 46-47, S. 8-9.
Süß, Walter, 1994: Entmachtung und Verfall der Staatssicherheit. Ein Kapitel aus dem Spätherbst 1989, hrsg. v. Bundesbeauftragten für die Unterlagen des Staatssicherheitsdienstes der ehemaligen DDR, BF informiert 5/1994, Berlin.
Süß, Walter, 1995: Die Demonstration am 4. November - ein Unternehmen der Stasi? In: Deutschland Archiv 12, S. 1240-1252.
Szabo, Stephen F., 1992: The Diplomacy of German Unification, New York.
Teltschik, Horst, 1991: 329 Tage. Innenansichten der Einigung, Berlin.
Thalheim, Karl C., 1982: Die Wirtschaftsentwicklung, in: Göttinger Arbeitskreis (Hg.), Die innere und äußere Lage der DDR, Berlin.
Thatcher, Margret, 1993: Downing Street No. 10. Die Erinnerungen, Wien/New York/Moskau.
Thaysen, Uwe (Hg.), 1996: Der Zentrale Runde Tisch der DDR. Wortprotokoll der Sitzungen und Dokumente, Opladen (i.E.).
Thaysen, Uwe, 1990: Der Runde Tisch. Oder: Wo blieb das Volk? Opladen.
Thomas, William I., 1965: Person und Sozialverhalten, hrsg. v. Edmund H. Volkert, Neuwied am Rhein/Berlin.
Tietzel, Manfred/Weber, Marion/Bode, Otto F., 1991: Die Logik der sanften Revolution, Tübingen.
Tschernajew, Anatoli, 1993: Die letzten Jahre einer Weltmacht, Stuttgart.
Turner, Henry Ashby Jr., 1992: Germany from Partition to Reunification, New Haven.
Ulbricht, Walter, 1967: Zum neuen ökonomischen System der Planung und Leitung, Berlin.
Ulbricht, Walter, 1968: Zum ökonomischen System des Sozialismus in der DDR, Berlin.
Ulrich, Ralf, 1990: Die Übersiedlerbewegung in die Bundesrepublik und das Ende der DDR, Berlin.
Voslenksy, Michael S., 1987: Nomenklatura. Die herrschende Klasse der Sowjetunion in Geschichte und Gegenwart, München, 3. Auflage.
Voslenksy, Michael S., 1989: Sterbliche Götter. Die Lehrmeister der Nomenklatura, Erlangen/Bonn/Wien.
Voß, Hans, 1993: Konstruktivität und Dilemma der DDR-Außenpolitik. Ein Bericht des stellvertretenden Delegationsleiters der DDR über das Wiener Folgetreffen der KSZE (1986-1989), in: 1999, Heft 1, S. 91-99.
Walters, Vernon A., 1994: Die Vereinigung war voraussehbar, Berlin.
Weber, Hans-Werner, 1992: Gläubigkeit, Opportunismus und späte Zweifel. Anmerkungen zu den Veränderungen im politisch-moralischen Bewußtsein des Offizierskorps der NVA, in: Manfred Backerra (Hg.), NVA. Ein Rückblick für die Zukunft, Köln, S. 43-66.
Weber, Hermann, 1991: DDR. Grundriß der Geschichte, Hannover (überarbeit. Neuaufl.).
Weber, Hermann, 1993: Die DDR 1945 bis 1990, München.
Weidenfeld, Werner, 1989: Deutschland 1989. Konturen im Rückblick auf vierzig Jahre, in: Werner Weidenfeld/Hartmut Zimmermann (Hg.), Deutschland-Handbuch. Eine doppelte Bilanz 1949-1989, München/Wien, S. 13-31.

Weinert, Rainer, 1995: Wirtschaftsführung unter dem Primat der Parteipolitik, in: Theo Pirker/Rainer Lepsius/Rainer Weinert/Hans-Hermann Hertle, 1995: Der Plan als Befehl und Fiktion. Wirtschaftsführung in der DDR, Opladen, S. 285-308.

Weiß, Gebhardt, 1990: "Neues Denken" und Handeln in der sowjetischen Abrüstungs- und Rüstungskontrollpolitik, in: Hannes Adomeit/Hans-Hermann Höhmann/Günther Wagenlehner (Hg.), Die Sowjetunion unter Gorbatschow, Stuttgart/Berlin/Köln, S. 297-328.

Wendt, Hartmut, 1991: Die deutsch-deutschen Wanderungen - Bilanz einer 40jährigen Geschichte von Flucht und Ausreise, in: Deutschland Archiv 4/1991, S. 386-395.

Wenzel, Otto, 1993: Der Tag X. Wie West-Berlin erobert wurde, in: Deutschland Archiv 12, S. 1360-1371.

Wenzel, Otto, 1995: Kriegsbereit. Der Nationale Verteidigungsrat der DDR 1960 bis 1989, Köln.

Wenzel, Siegfried, 1992: Wirtschaftsplanung in der DDR. Berliner Arbeitshefte und Berichte zur sozialwissenschaftlichen Forschung Nr. 75, Berlin.

Whitney, Craig R., 1993: Advocatus Diaboli. Wolfgang Vogel - Anwalt zwischen Ost und West, Berlin.

Wilhelmy, Frank, 1995: Der Zerfall der SED-Herrschaft, Münster/Hamburg.

Wippler, Reinhard, 1978: Nicht-intendierte Folgen individueller Handlungen, in: Soziale Welt 2, S. 155-179.

Wolf, Herbert, 1991: Hatte die DDR je eine Chance? Hamburg.

Wolf, Herbert, 1993: Entwicklung und Struktur der Planwirtschaft der DDR, in: PDS (Hg.), Ansichten zur Geschichte der DDR, Band 1, Bonn/Berlin, S. 149-169.

Wolle, Stefan, 1992: Der Weg in den Zusammenbruch, in: Eckhard Jesse/Armin Mitter (Hg.), Die Gestaltung der deutschen Einheit, Bonn/Berlin, S. 73-110.

Wrede, Hans-Heinrich, 1990: KSZE in Wien, Köln.

Wyden, Peter, 1995: Die Mauer war unser Schicksal, Berlin.

Zapf, Wolfgang, 1993: Die DDR 1989/90 - Zusammenbruch einer Sozialstruktur? In: Hans Joas/Martin Kohli (Hg.), Der Zusammenbruch der DDR, Frankfurt/Main, S. 29-48.

Zimmerling, Zeno/Zimmerling, Sabine, 1990: Neue Chronik DDR, Berlin.

Zimmermann, Hartmut, 1980: Die DDR in den 70er Jahren, in: Günter Erbe u.a., Politik, Wirtschaft und Gesellschaft in der DDR, Opladen, S. 13-89.

Zimmermann, Hartmut, 1994: Überlegungen zur Geschichte der Kader und der Kaderpolitik in der SBZ/DDR, in: Hartmut Kälble/Jürgen Kocka/Hartmut Zwahr (Hg.), Sozialgeschichte der DDR, Stuttgart, S. 322-356.

Zwahr, Hartmut, 1993: Ende einer Selbstzerstörung. Leipzig und die Revolution in der DDR, Göttingen.

4. Film- und Tondokumentationen

Filmdokumentationen

"DDR öffnet Grenzen", SFB-Sondersendung (Nordkette der ARD), 9.11.1989.

Grenzdurchbruch 89, Regie: M.J. Blochwitz (NVA-Dokumentarfilm D 483).

Spiegel-TV, Der 9. November 1989. Dokumentarfilm, Autor: Georg Mascolo, 4.11.1990.

Fünf Wochen im Herbst. Protokoll einer deutschen Revolution, Spiegel-TV, 1990.

"Tage im November. Stimmen und Wege", Dokumentarfilm von Marcel Ophüls, Gemeinschaftsproduktion der BBC, von RTL plus und DFF 2. Tag der Erstsendung: 9. November 1990 (DFF 2, 20.00 - 22.00 Uhr).

Die Große Freiheit, Teil 1: Der Traum von Budapest. Ein Film von Friedrich Kurz und Guido Knopp. Buch und Regie: Friedrich Kurz, ZDF 1994.
Die Große Freiheit, Teil 3: - Das Wunder von Berlin. Ein Film von Ekkehard Kuhn und Guido Knopp. Buch und Regie: Ekkehard Kuhn, ZDF 1994.
"Fünf Jahre nach dem Fall der Mauer", Dokumentarreportage von Theodor Baltz u.a., RTL-Nachtjournal Spezial, 6.11.1994.

Fernseh-Nachrichtensendungen

AK-Zwo, DDR-Fernsehen, 2. Programm, 9.11.1989, 22.28 Uhr.
Aktuelle Kamera, DDR-Fernsehen, 1. Programm, 9.11.1989, 19.30 - 20.00 Uhr.
Heute, ZDF, 9.11.1989, 19.00 Uhr.
Pressekonferenz von Günter Schabowski im Internationalen Pressezentrum, 9.11.1989, 18.00 - 19.01 Uhr.
Tagesschau, ARD, 9.11.1989, 20.00 - 22.16 Uhr.
Tagesthemen, ARD, 9.11.1989, 22.42 - 23.22 Uhr.

Ton-Dokumente

"Gemeinschaftssendung von RIAS I und RIAS II zur Öffnung der Berliner Mauer in der Nacht vom 9. zum 10. November 1989" (Deutschland-Radio Berlin, Dokumentation/Archiv, 677-566/A/I-II, 19 cm; 95 Min.).

5. Zeitungen

Die Andere. Berlin.
Berliner Kurier am Sonntag. Berlin.
Berliner Morgenpost. Berlin.
Berliner Zeitung. Berlin.
Bild-Zeitung.
Bulletin des Presse- und Informationsamtes der Bundesregierung. Bonn.
BZ. Berlin.
Corriere della Sera. Mailand.
Focus. München.
Frankfurter Allgemeine Zeitung. Frankfurt am Main.
Frankfurter Rundschau. Frankfurt am Main.
Freie Presse. Karl-Marx-Stadt (Chemnitz).
Freiheit. Halle.
Leipziger Volkszeitung. Leipzig.
Märkische Volksstimme. Potsdam.
Der Morgen. Berlin.
Moskau News. Moskau.
Neue Berliner Illustrierte. Berlin.
Neue Zürcher Zeitung. Zürich.
Neues Deutschland. Berlin.
Rheinischer Merkur. Bonn.
Sächsische Zeitung. Dresden.
Schweriner Volkszeitung. Schwerin.
Der Spiegel. Hamburg.
Süddeutsche Zeitung. München.
Der Tagesspiegel. Berlin.
Die Tageszeitung. Berlin.
Volksstimme. Magdeburg.
Die Welt. Bonn.
Wochenpost. Berlin.
Die Zeit. Hamburg.

Abkürzungsverzeichnis

ADN	Allgemeiner Deutscher Nachrichtendienst
AdW	Akademie der Wissenschaften
AGB	Arbeitsgesetzbuch
AGM	Arbeitsgruppe des Ministers
AIM	Archivierter Inoffizieller Mitarbeiter
AK ZWO	Aktuelle Kamera, Zweites Fernsehen der DDR
AKG	Auswertungs- und Kontrollgruppe
AMS	Ausländer-Meldestelle
ANSA	Agenzia Nazionale Stampa Associazione
ASt.	Außenstelle
ASTA	Antragsteller auf ständige Ausreise
AZN	Archiv-Zugangsnummer
BArch	Bundesarchiv
BArch/P	Bundesarchiv, Abteilungen Potsdam
BdL	Büro der Leitung
BDVP/BdVP	Bezirksbehörde der Deutschen Volkspolizei
BK	Bundeskanzler
BLN	Berlin
BMiB	Bundesministerium für innerdeutsche Beziehungen
BRD	Bundesrepublik Deutschland
BStU	Der Bundesbeauftragte für die Unterlagen des Ministeriums für Staatssicherheit der ehemaligen DDR
BUVO	Bundesvorstand
BVfS	Bezirksverwaltung für Staatssicherheit
CDU	Christlich-Demokratische Union Deutschlands
CFS	Chiffriertes Fernschreiben
CHS	Chef des Hauptstabes
CSLaSK	Chef des Stabes der Landstreitkräfte
CSSR	Tschechoslowakische Sozialistische Republik
DABA	Deutsche Außenhandelsbank
DDR	Deutsche Demokratische Republik
DPA	Deutsche Presseagentur
DSt.	Dokumentenstelle
DV	Dienstvorschrift
DVP	Deutsche Volkspolizei
FAZ	Frankfurter Allgemeine Zeitung
FDGB	Freier Deutscher Gewerkschaftsbund
FDJ	Freie Deutsche Jugend
FS	Fernschreiben
FStW	Funkstreifenwagen
GBl.	Gesetzblatt
Gen.	Genosse
GK-Dos	Geheime Kommandosache
GKM	Grenzkommando MITTE
GO	Grundorganisation
GR	Grenzregiment
GSSD	Gruppe der sowjetischen Streitkräfte in Deutschland
GT	Grenztruppen
GÜST/GÜSt	Grenzübergangsstelle
GVS	Geheime Verschlußsache
HA	Hauptabteilung

HLE	Halle
Hptm	Hauptmann
IA	Innere Angelegenheiten
IPA	Internes Parteiarchiv
IME	Inoffizieller Mitarbeiter für einen besonderen Einsatz
INF	Intermediate-Range Nuclear Forces (nukleare Mittelstreckenwaffen)
IWF	Internationaler Währungsfonds
KD	Kreisdienststelle für Staatssicherheit
KDfS	Kreisdienststelle für Staatssicherheit
KfS	Komitee für Staatssicherheit
KGB	Komitet Gossudarstwenoi Besopasnoti
KP	Kontrollpunkt
KMB	Kommando des Militärbezirks
KOKO	Bereich Kommerzielle Koordinierung
KPdSU	Kommunistische Partei der Sowjetunion
KSZE	Konferenz über Sicherheit und Zusammenarbeit in Europa
KVP	Kasernierte Volkspolizei
LAPOLDIR	Landespolizeidirektion
LAPOLPRÄS	Landespolizeipräsidium
LaSK	Landstreitkräfte
LDPD	Liberal-Demokratische Partei Deutschlands
LPZ	Leipzig
LStR	Luftsturmregiment
Ltr.	Leiter
MB	Militärbezirk
MEZ	Mitteleuropäische Zeit
MdI	Ministerium des Innern
MdJ	Ministerium der Justiz
MfAA	Ministerium für Auswärtige Angelegenheiten
MfNV	Ministerium für Nationale Verteidigung
MfS	Ministerium für Staatssicherheit
MBG	Magdeburg
MR	Ministerrat
Ms	Manuskript
MSD	Motorisierte Schützendivision
MZA	Militärisches Zwischenarchiv
NATO	Nord-Atlantik-Pakt (North Atlantic Treaty Organization)
NÖS(PL)	Neues Ökonomisches System (der Planung und Leitung)
NSW	Nichtsozialistisches Wirtschaftsgebiet
NVA	Nationale Volksarmee
NVR	Nationaler Verteidigungsrat
ODH	Operativer Diensthabender
OibE	Offizier im besonderen Einsatz
OLZ	Operatives Lagezentrum
ÖSS	Ökonomisches System des Sozialismus
OpD	Operativ-Diensthabender (militärisch)
PA	Personalausweis
PArch	Privatarchiv
PB	Politbüro
PDM	Potsdam

Abkürzungsverzeichnis

PdV	Privatarchiv des Verfassers
PdVP	Präsidium der Volkspolizei Berlin
PHV	Politische Hauptverwaltung
PKE	Paßkontroll-Einheit
PM	Paß- und Meldewesen
POLPRÄS	Polizeipräsident
POLPRÄS	Polizeipräsidium
POZW	Politisch-operatives Zusammenwirken
RdB	Rat des Bezirkes
RdK	Rat des Kreises
REGPRÄS	Regierungspräsidium
RGW	Rat für Gegenseitige Wirtschaftshilfe
RIAS	Rundfunk im amerikanischen Sektor
RS	Rechtsstelle
RVO	Rechtsverordnung
SAPMO	Stiftung Archiv der Parteien und Massenorganisationen der DDR
SDP	Sozialdemokratische Partei
SdM	Sekretariat des Ministers
SED	Sozialistische Einheitspartei Deutschlands
SGAO	Staatsgeheimnis-Anordnung
SPD	Sozialdemokratische Partei Deutschlands
SPK	Staatliche Plankommission
SPW	Schützenpanzerwagen
Stasi	Staatssicherheitsdienst
StäV	Ständige Vertretung
SU	Sowjetunion
UA	Untersuchungsausschuß
UdSSR	Union der Sozialistischen Sowjetrepubliken
USAP	Ungarische Sozialistische Arbeiterpartei
UUK	Unabhängige Untersuchungskommission
UVR	Ungarische Volksrepublik
VE	Verrechnungseinheiten
VM	Valutamark
vorl.	vorläufig
VP	Volkspolizei
VPI	Volkspolizei-Inspektion
VPKA	Volkspolizei-Kreisamt
VPKÄ	Volkspolizeikreisämter
VS	Verschlußsache
VVS	Vertrauliche Verschlußsache
WGSS	Westgruppe der Sowjetischen Streitkräfte in der DDR
Wsg.	Weisung
WV	Warschauer Vertrag
ZA	Zentralarchiv
ZAIG	Zentrale Auswertungs- und Informationsgruppe
ZDF	Zweites Deutsches Fernsehen
ZGA	Zentrales Gewerkschaftsarchiv
ZK	Zentralkomitee
ZKD	Zentraler Kurierdienst
ZKDS	Zentraler Kurierdienst für Staatsgeheimnisse
ZKG	Zentrale Koordinierungsgruppe
ZPA	Zentrales Parteiarchiv

Vom Ende der DDR zur deutschen Einheit

Gert-Joachim Glaeßner
Der schwierige Weg zur Demokratie
Vom Ende der DDR zur deutschen Einheit
2., durchges. Aufl. 1992. 230 S. Kart.
ISBN 3-531-12318-1
Dieses Buch untersucht die Ursachen für den Zusammenbruch und Sturz des politischen Systems in der DDR und beschreibt den komplizierten und widerspruchsvollen Weg des Übergangs zur Demokratie. Neben den inneren Aspekten werden auch die europäischen Konsequenzen des Weges zur staatlichen Vereinigung Deutschlands dargestellt und analysiert. Besondere Beachtung wird schließlich den Problemen des sozialen und kulturellen Zusammenwachsens zweier höchst unterschiedlicher Teilgesellschaften gewidmet.

Christiane Lemke
Die Ursachen des Umbruchs 1989
Politische Sozialisation in der ehemaligen DDR
1991. 297 S. (Schriften des Zentralinstituts für sozialwiss. Forschung der FU Berlin, Bd. 62) Kart.
ISBN 3-531-12232-0
Dieses Buch zeigt, daß eine der wesentlichen Ursachen für den dramatischen Zusammenbruch des Staatssozialismus in der DDR 1989/90 im systemtypischen Prozeß der politischen Sozialisation zu sehen ist. Vorgelegt wird eine Analyse der politischen Sozialisation bis 1989/90, die nicht nur staatlich organisierte politische Erziehung behandelt, sondern erstmals auch informelle Sozialisationszusammenhänge der „zweiten Gesellschaft" systematisch untersucht.

Theo Pirker / M. Rainer Lepsius / Rainer Weinert / Hans-Hermann Hertle
Der Plan als Befehl und Fiktion
1995. 383 S. Kart.
ISBN 3-531-12632-6
Mit zehn leitenden Wirtschaftsfunktionären der DDR haben die Autoren im Jahre 1993 ausführliche Gespräche geführt. Ziel war es, die Struktur der Entscheidungsprozesse zu erkunden, die informellen Beziehungen und die Kriterien der Willensbildung zu analysieren. Diese Gespräche vermitteln ein eindringliches Bild der Kontaktstrukturen, Willensbildung, Entscheidungsfindung und Anpassungszwänge, die die Wirtschaftspolitik und Wirtschaftsführung der DDR bestimmt haben.

"(...) Ein sehr empfehlenswertes Buch, das sich wohltuend von zahlreichen 'Schnellschüssen' zur DDR-Geschichte abhebt."
Deutschlandradio, 21.4.1996

WESTDEUTSCHER VERLAG
Abraham-Lincoln-Str. 46 · 65189 Wiesbaden
Fax 0611/78 78 420